데살로니가인들과
모두를 위한 바울의 복음

데살로니가인들과
모두를 위한 바울의 복음

지은이 | 김세윤
옮긴이 | 황진기
초판 발행 | 2023. 5. 19.
등록번호 | 제1988-000080호
등록된 곳 | 서울특별시 용산구 서빙고로65길 38 두란노빌딩
발행처 | 사단법인 두란노서원
영업부 | 2078-3352   FAX | 080-749-3705
출판부 | 2078-3331

책 값은 뒤표지에 있습니다.
ISBN 978-89-531-4471-2   03230

독자의 의견을 기다립니다.
tpress@duranno.com   http://www.Duranno.com

두란노서원은 바울 사도가 3차 전도여행 때 에베소에서 성령 받은 제자들을 따로 세워 하나님의 말씀으로 양육하
던 장소입니다. 사도행전 19장 8-20절의 정신에 따라 첫째 목회자를 돕는 사역과 평신도를 훈련시키는 사역, 둘째
세계선교(TIM)와 문서선교(단행본잡지) 사역, 셋째 예수문화 및 경배와 찬양 사역, 그리고 가정·상담 사역 등을
감당하고 있습니다. 1980년 12월 22일에 창립된 두란노서원은 주님 오실 때까지 이 사역들을 계속할 것입니다.

데살로니가인들과
모두를 위한
바울의 복음

Paul's Gospel
for the
Thessalonians
and
Others

김세윤
지음

두란노

감사의 말씀

본서에 수록된 논문들을 작성하고 책으로 엮어 펴내는 이 모든 과정에서 도움을 주었던 모든 분들께 감사를 드립니다. 무엇보다 고(故) 랄프 마틴(Ralph P. Martin) 교수에게 감사의 마음을 표현하고 싶습니다. 마틴 박사는 Word Biblical Commentary 시리즈의 초대 신약 주석 편집자로서 그 시리즈에 포함된 필자의 은사 브루스(F. F. Bruce) 교수님의 데살로니가전후서 주석을 개정하는 영광스러운 일을 필자에게 맡겨 주었습니다. 필자가 이 두 서신들에 대해 심도 있는 연구를 수행하고, 또 이렇게 본서에 수록된 여러 논문들을 저술하게 된 것은 마틴 박사 덕분입니다.

필자가 수년 동안 데살로니가전후서와 관련된 이 논문들과 주석을 저술할 수 있도록 연구 조교들과 비서들, 좋은 연구 환경을 제공해준 풀러 신학교(Fuller Theological Seminary)에 심심한 감사를 표합니다. 데살로니가전후서 주석과 본서에 수록된 논문들을 저술하고 편집하는 마지막 단계들은 독일의 튀빙엔에서 이뤄졌습니다. 지난 2년 동안 필자를 방문교수로 초청하여 머물 수 있도록 해주신 튀빙엔대학과 개신교 신학부 그리고 2019년 가을학기에 필자를 리서치 펠로우로 후원해주신 알렉산더 폰 훔볼트 재단(Alexander von Humboldt Foundation)에도 감사를 표합니다.

튀빙엔대학 개신교 신학부에서 필자를 방문교수로 다시 한 번 초청하는 일에 힘써 준 오랜 친구인 헤르만 리히텐베르거(Hermann Lichtenberger) 교수에게 감사드리고, 따뜻하게 환영해준 미카엘 틸리(Michael Tilly) 교수와 크리스토프 란트메써(Christof Landmesser) 교수에게도 감사를 드립니다. 필자를 격려해주시고 지혜로운 조언을 해주신 페터 쉬툴막허(Peter Stuhlmacher) 교수님께 이번에도 많은 빚을 졌습니다. 비록 COVID-19 때문에 이메일로 대화를 나눌 수밖에 없었지만 라이너 리스너(Rainer Riesner) 교수와 이번에 다시 교제를 하게 된 것도 참 좋았습니다. 박사과정 학생

으로 필자가 필요한 자료를 구하는 일이나 컴퓨터 관련 일로 필자에게
도움을 준 김창회, 오경진 두 분께도 감사합니다. 또한 지난 40년 동안 여
러 차례 튀빙엔에 머물렀을 때와 마찬가지로 이번에도 필자 부부에게 여
러 가지 잡다한 일들에 대해 실제적인 도움을 준 도리스와 위르겐 폴리
츠(Doris and Jürgen Pollitz) 부부께 감사의 마음을 표현할 수 있어 많이 기쁩
니다.

　본서에 실린 논문들 중에 좀더 오래 전에 저술한 글들은 지금은 작고
한 풀러신학교 교수출판서비스 담당이었던 수전 칼슨 우드(Susan Carlson
Wood)가 저널들과 논문집들에 출판할 때 편집의 수고를 했고, 최근에 저
술한 글들은 찰스 리 아이언스(Charles Lee Irons) 박사가 편집하였습니다.
그는 본서 전체의 교열 작업도 해주었습니다. 색인 작업은 황진기 박사
가 담당해주었습니다. 이렇게 멋진 작업을 해주신 세 분들께 감사를 표
합니다. 필자가 여러 저널들과 논문집들에 출판했던 논문들을 본서를 위
해 재사용할 수 있도록 허락해준 여러 출판사들에게도 감사를 표하고 싶
습니다.

　본서가 WUNT 1시리즈로 출판될 수 있도록 해주신 그 시리즈의 편집
장인 외르그 프라이(Prof. Jörg Frey) 교수와 신학 및 유대교 연구부 부장인
엘레나 뮐러(Frau Elena Müller) 씨에게 감사를 표합니다. 뮐러 씨는 토비아
스 쉬테블러(Tobias Stäbler) 씨, 마르쿠스 키르히너(Markus Kirchner) 씨, 그리
고 일제 쾨니히(Ilse König) 씨를 비롯한 여러 동료 직원들과 함께 언제나
꼼꼼하면서도 효율적으로 수고하여 본서를 아주 멋지게 만들어 주었습
니다. 이 모든 분들께 감사를 드립니다.

　필자는 본서를 랄프 마틴(Ralph P. Martin) 전 대학원장과 로버트 마이
(Robert P. Meye) 전 학장을 기리며, 또한 풀러신학교에서 함께 가르쳤던 도
널드 해그너(Donald A. Hagner) 박사와 로버트 존스턴(Robert K. Johnston) 박사
의 우정에 감사하는 마음으로 헌정합니다. 이분들은 필자가 풀러의 교수
진에 합류하도록 격려해주었고 변치 않는 우정으로 필자의 풀러에서의
삶과 사역에 든든한 버팀목이 되어 주었습니다.

8

마지막으로, 필자가 학자로서 활동하는 이 오랜 세월 동안 사랑과 격려로 저를 끊임없이 지원해준 아내 엄예선과 언제나 저를 응원해주는 두 딸 송이와 한이에게 특별한 기쁨으로 감사의 마음을 표현하고 싶습니다.

2021년 7월
튀빙엔에서

김세윤

약어표

AB	Anchor Bible
AJEC	Ancient Judaism and Early Christianity
AnBib	Analecta Biblica
ANRW	*Aufstieg und Niedergang der römischen Welt: Geschichte und Kultur Roms im Spiegel der neueren Forschung*
ATANT	Abhandlungen zur Theologie des Alten und Neuen Testaments
BBR	*Bulletin for Biblical Research*
BDAG	Walter Bauer, Frederick W. Danker, William F. Arndt, and F. Wilbur Gingrich, *Greek-English Lexicon of the New Testament and Other Early Christian Literature*. 3rd ed. Chicago: University of Chicago Press, 2000.
BDF	Friedrich Blass, Albert DeBrunner, and Robert W. Funk, *A Greek Grammar of the New Testament and Other Early Christian Literature*. Chicago: University of Chicago Press, 1961.
BECNT	Baker Exegetical Commentary on the New Testament
BETL	Bibliotheca Ephemeridum Theologicarum Lovaniensium
Bib	*Biblica*
Billerbeck	H. L. Strack and P. Billerbeck, *Kommentar zum Neuen Testament aus Talmud und Midrasch*. 6 vols. München: Kessinger, 1922-61.
BJRL	*Bulletin of the John Rylands University Library of Manchester*
BKAT	Biblischer Kommentar, Altes Testament
BNTC	Black's New Testament Commentaries
BTB	*Biblical Theology Bulletin*
BZ	*Biblische Zeitschrift*

BZNW	Beihefte zur Zeitschrift für die neutestamentliche Wissenschaft
CBQ	*Catholic Biblical Quarterly*
ConBNT	Coniectanea Biblica: New Testament Series
DPL	*Dictionary of Paul and His Letters*. Edited by G. F. Hawthorne and R. P. Martin. Downers Grove, IL: InterVarsity, 1993.
EDNT	*Exegetical Dictionary of the New Testament*. 3 vols. Edited by G. Schneider and H. Balz. Grand Rapids: Eerdmans, 1990(ET of *EWNT: Exegetisches Wörterbuch zum Neuen Testament*)
EKKNT	Evangelisch-katholischer Kommentar zum Neuen Testament
ETL	*Ephemerides Theologicae Lovanienses*
EvT	*Evangelische Theologie*
ExAud	*Ex Auditu*
ExpTim	*Expository Times*
FRLANT	Forschungen zur Religion und Literatur des Alten und Neuen Testaments
FS	*Festschrift*
HKNT	Handkommentar zum Neuen Testament
HNT	Handbuch zum Neuen Testament
HThKNT	Herders Theologischer Kommentar zum Neuen Testament
HTR	*Harvard Theological Review*
IB	*Interpreter's Bible*
ICC	International Critical Commentary
JBL	*Journal of Biblical Literature*
JSJSup	Supplements to the Journal for the Study of Judaism
JSNT	*Journal for the Study of the New Testament*
JSNTSup	Journal for the Study of the New Testament Supplement Series
JSPSup	Journal for the Study of the Pseudepigrapha Supplement Series
JTS	*Journal of Theological Studies*

KEK	Kritisch-exegetischer Kommentar über das Neue Testament
LCL	Loeb Classical Library
MHT	James H. Moulton, Wilbur F. Howard, and Nigel Turner. A *Grammar of New Testament Greek*
MM	James H. Moulton and George Milligan. *The Vocabulary of the Greek Testament*. London, 1930. Repr., Peabody, MA: Hendrickson, 1997
NCB	New Century Bible
NICNT	New International Biblical Commentary on the New Testament
NIDNTT	*New International Dictionary of New Testament Theology*. 4 vols. Edited by C. Brown. Grand Rapids: Eerdmans, 1975-85.
NIGTC	New International Greek Testament Commentary
NovT	*Novum Testamentum*
NovTSup	Supplements to Novum Testamentum
NTD	Das Neue Testament Deutsch
NTS	*New Testament Studies*
PG	Patrologia graeca. Edited by J.-P. Migne, 162 vols. (Paris, 1857-86)
PNP	S. Kim, *Paul and the New Perspective: Second Thoughts on the Origin of Paul's Gospel*. Grand Rapids: Eerdmans; WUNT 140; Tübingen: Mohr Siebeck, 2002.
PFG	N. T. Wright, *Paul and the Faithfulness of God*. vol. 2. Christian Origins and the Question of God 4. Minneapolis: Fortress, 2013.
ÖTK	Ökumenischer Taschenkommentar zum Neuen Testament
RB	*Revue biblique*
RGG	*Religion in Geschichte und Gegenwart*. 3rd edition. 6 vols. Edited by K. Galling *et al*. Tübingen: Mohr Siebeck, 1957-65.
RTR	*Reformed Theological Review*
SBLDS	Society of Biblical Literature Dissertation Series

SBLMS	Society of Biblical Literature Monograph Series
SBS	Stuttgarter Bibelstudien
SD	Studies and Documents
SNT	Studien zum Neuen Testament
SNTSMS	Society for New Testament Studies Monograph Series
SP	Sacra Pagina
STDJ	Studies on the Texts of the Desert of Judah
TBei	*Theologische Beiträge*
TDNT	*Theological Dictionary of the New Testament*. 10 vols. Edited by G. Kittel and G. Friedrich (ET of *ThWNT: Theologisches Wörterbuch zum Neuen Testament*). Translated by G. W. Bromiley. Grand Rapids: Eerdmans, 1964-76.
ThWAT	*Theologisches Wörterbuch zum Alten Testament*. Edited by G. J. Botterweck, et al. 9 vols. Stuttgart: Kohlhammer, 1973-2000.
TU	Texte und Untersuchungen
TynBul	*Tyndale Bulletin*
TZ	*Theologische Zeitschrift*
WBC	World Biblical Commentary
WMANT	Wissenschaftliche Monographien zum Alten und Neuen Testament
WUNT	Wissenschaftliche Untersuchungen zum Neuen Testament
ZAW	*Zeitschrift für die alttestamentliche Wissenschaft*
ZNW	*Zeitschrift für die neutestamentliche Wissenschaft und die Kunde der älteren Kirche*
ZTK	*Zeitschrift für Theologie und Kirche*

서론

본 논문 선집은 필자가 Zondervan 사를 통해 출간 예정인 Word Biblical Commentary Series의 *데살로니가전후서 주석*의 보조서(companion)로 의도된 것이다.[1] 본서에 수록된 대부분의 논문들은 필자가 주석 집필하는 중에 함께 저술한 것들이다. 그 중에는 주석 집필을 위한 사전 연구논문 (*Vorarbeiten*) 성격을 띤 글들도 있지만 주석에 다 담아내기 어려운 몇 가지 중요한 주제들과 이슈들에 대한 보다 자세한 토론을 제시하는 논문들도 있다.

본서 *1장*에 수록된 논문에서 필자는 데살로니가인들이 바울이 데살로니가에 "들어감"(εἴσοδος, 살전 1:5-6, 9-10; 2:1, 13; 3:6), 곧 당시 헬라 도시들에 출입하는 떠돌이 견유학파 철학자들과 소피스트들의 행실과는 뚜렷하게 대조되는 그의 사도적 행실에서 드러나는 그가 전하는 복음의 진리를 보았기 때문에(살전 2:1-12) 그 복음을 받아들였고 심한 박해에도 불구하고 기독교 신앙을 가지게 되었다는 점을 데살로니가전서 1-3장에서 바울이 어떻게 다섯 번 확증하는지를 관찰한다. 이와 같은 사실로 인해 바울은 데살로니가전서의 처음 세 장에서 세 번이나 하나님께 감사를 드리는데 (1:2 + 5-6; 2:13; 3:6-10) 이로써 데살로니가전서의 첫 부분 전체(살전 1-3장) 는 바울서신 전체에서 가장 길 뿐만 아니라 가장 통상적이지 않은 감사 부분이 된다. 바울이 자신의 사도로서 "들어감"과 데살로니가인들의 믿음을 다섯 번 연관 지어 표현하는 말들이 서신의 첫 번째 부분이자 주요 부분에 해당되는 1-3장 전체를 마치 붉은 실처럼 관통하고 있다. 이러한 새로운 관찰과 왜 바울이 자신의 "들어감"이 어떠했는지를 구체적으로

---

[1] 필자의 WBC 주석은 원래 2022년 본서와 동시 출간 계획이었으나 Zondervan 사의 주석 출판 일정이 변경되어 2023년 가을에 출간될 예정이다.

진술함으로써 자신의 주장을 뒷받침하면서 그 "들어감"과 그들의 믿음을 거듭 연관 짓는지(2:1-12)에 대한 탐구는 바울이 이 서신을 쓰게 된 배경과 목적을 우리가 파악하고 더 나아가 양식비평과 수사비평이 이 서신을 해석하는 데 얼마나 가치 있는 접근인지를 판정하는 데 도움이 된다. 필자는 바울이 데살로니가인들의 믿음과 자신의 사도적 행실을 다섯 번 연관 짓는 것에 대한 적절한 이해가 데살로니가전서의 올바른 해석을 위해 결정적이라고 주장한다.

살전 1:9b-10은 바울이 데살로니가인들에게 전하고 데살로니가인들이 믿게 된 복음의 요약이다. 따라서 본서 2장에 수록된 논문에서 필자는 이 구절에 나오는 각 단어나 구나 절은 고전 15:3-5에서와 마찬가지로 내러티브나 교리 전체를 집약하여 소개하는(encapsulate) 핵심 단어나 표제어로 간주되어야 하며, 그 단어들과 구들, 심지어 요약문 전체는 데살로니가전서에서 복음을 요약하는 또 다른 구절들 즉 살전 4:14, 2:11-12, 5:9-10뿐만 아니라 복음을 반영하는 살전 3:11-13의 바울의 간구 기도와도 연관 지어 해석할 필요가 있다고 주장한다. 이와 같은 절차를 통해 필자는 살전 1:10이 롬 5:8-10과 8:1-4, 32-34과 밀접하게 연결된다는 점을 발견하고 살전 1:10의 복음은 본질적으로 롬 1:2-4 + 16-17의 복음과 같은 것이라는 결론을 내린다. 이와 같은 절차를 통해 바울이 데살로니가인들에게 전한 복음과 나중에 로마서를 통해 로마인들에게 전한 복음 사이의 기본적인 통일성과 연속성이 부각된다. 더 나아가 이 연구 전체는 왜 바울이 복음을 예수께서 "하나님의 아들"이신 것으로 정의하고(롬 1:1-4, 9; 고후 1:18-20; 갈 1:16; 참고. 행 9:20), 또 그 복음을 칭의 곧 죄의 사면과 죄인들을 하나님 나라로 회복시킴으로 표현하는지에 대한 이해를 돕는다. 그렇게 함으로써 이 연구는 또한 바울의 하나님의 아들의 복음(롬 1:3-4, 16-17 + 8:31-39; 고전 15:23-28; 골 1:13-14)이 예수의 하나님 나라 복음과 아주 밀접하게 상응하는 것임을 우리가 확인할 수 있게 해준다.

대다수의 신약학자들은 데살로니가전서를 현존하는 바울서신 중 가장 이른 시기에 기록된 서신으로 간주한다. 그렇기 때문에 이들은 자주

이 서신에 특별히 바울의 칭의 교리가 안 나온다는 점과 미래적 종말론에 초점이 있다는 점을 강조하면서 이 서신을 바울 초기 신학의 증거로 여긴다. 이와 같은 이해를 바탕으로 학자들이 데살로니가전서의 초기 단계에서 갈라디아서와 로마서와 같은 원숙한 단계로 바울의 신학에 실질적 발전(substantial development)이 있다는 이론을 주창하는 일이 상당히 흔하다. 데살로니가전서가 보통 AD 50년에 기록된 것으로 간주되기 때문에 갈라디아서가 그보다 2년 정도 앞서 기록되었다고 주장하는 이들의 경우에도 데살로니가전서를 바울의 이른 시기 서신으로 받아들이는 것은 문제시하지 않는다. 하지만 다수 견해에 반대하여, 데살로니가전서와 바울의 후기 서신들 사이에 바울의 복음에 있어 본질적인 통일성과 연속성이 있다는 주장을 더욱 공고히 하기 위해 필자는 앞장에서 고려한 것들 외에 다른 요소들도 고려한다. 따라서 본서 3장의 논문에서 필자는 한걸음 더 나아가 바울의 칭의 교리가 데살로니가전서에도 함축적으로 혹은 핵심 요소를 집약하여 소개하는 방식으로, (고린도전서에서와 같이) 부분적으로는 칭의와 병행이 되는 은유인 성화를 상황화시킨 형태(contextualized form)로 표현되어 있음을 주장한다. 필자는 또한 그 교리와 더불어 주 예수 그리스도의 현재적 통치(살전 3:11-13)와 성령의 역사(살전 4:8-9)와 같은 바울의 다른 교리들도 마찬가지로 핵심 요소를 집약하여 소개하는 형태로 그 서신에 나타남을 보여준다. 바울이 이와 같은 교리들을 명시적으로 언급하거나 자세히 풀어 설명하지 않은 것은 복음 *자체*에 대한 강해(exposition)나 복음을 제시하는 올바른 형태에 대한 논증이 이 짧은 서신에서 바울이 다뤄야 하는 데살로니가 교회의 필요의 일부는 아니었기 때문이라고 필자는 설명한다. 더 나아가 필자는, 잘 훈련된 유대교 신학자였던 바울이 이 서신을 쓰기 전에 이미 약 16-18년 동안 그리스도인으로서 신학적 성찰과 사역을 경험한 가운데 있었다는 연대기적 사실을 보다 현실적 차원에서 고려해야 함을 제안한다. 16-18년은 데살로니가전서와 로마서 사이의 약 7년 기간의 2배에 해당한다. 필자는 또한 칭의 교리의 형성 계기를 안디옥 논쟁으로 거슬러 올라가면서도 안디옥 논쟁 이후 서신인 데살로니가전서에 이 교리가 안 나온다는 점을 칭의 교리가 후기에 발전된 것이라는 자신들의 주장을 지지하는 근거로 강조하는 많은 학자들(특히 새 관점 지지자들)의 견해에 논리적인 모순(incongruity)이 있음을 지적한다. 데살로니가전서와 바울의 후기 서신들 사이에 바울의 종말론에 있어 실질적인 발전(substantial development)이 있다는 문제와 관련하여 필자는 데살로니가전서가 바울의 "이미 그러나 아직"의 종말론적 구도에서 미래적인 차원에 초점을 두는 것은 상황에 대한 대응 차원(situation-conditioned nature)이었음을 보여준다.

데살로니가전서 연구 중에 필자는 다음의 네 가지 사실들을 함께 고려하면서 놀라움을 금치 못했다: (1) 바울은 종말론적 가르침을 위해 살전 5:2에서 예수의 인자 말씀들을 인용하고(마 24:43-44//눅 12:39-40) 아마도 살전 4:16에서도 또 다른 인자 말씀을 인용하고 있을 가능성이 크다(마 24:30-31//막 13:26-27); (2) 바울은 고전 9:19-22; 10:33-11:1에서와 같이 살전 2:6-8에서 막 10:45//마 20:28의 인자 말씀(대속물 말씀)을 반영하면서 자신의 사도적 행실에 대해 설명한다; (3) 바울은 인자 말씀(막 14:21-25과 그 병행 구절들)인 성만찬 말씀을 고린도인들에게 전수하는 동안(고전 11:23-26) 데살로니가전서를 썼다; (4) 어떤 학자들은 살전 1:10에 인용된 복음은 원래 "인자"에 대한 언급을 포함하고 있었는데 바울이 "인자"를 "[하나님의] 아들"로 바꾸었다고 생각한다.[2] 따라서 본서 4장에 수록된 논문에서 필자는 예수의 다양한 종류의 인자 말씀들이 바울의 기독론과 구원론과 종말론 형성에 어떻게 기여했는지를 보여주고자 한다. 따라서 필자는 예수 전승 곧 하나님 나라에 대한 예수의 가르침과 예수가 자신을 하나님 나라 혹은 왕권을 가지신 인자(단 7:13-14)로 설명하는 말씀들이 바울이 자기 복음을 정리하여 표현하는 데 기초 역할을 했다는 결론에 이르게 된다. 이로 볼 때 본서 2장에서 확증한 바와 같이 예수의 하나님 나라 복음과 바울의 하나님의 아들 혹은 칭의의 복음 사이에 아

---

2   이 주제에 대한 논의를 위해서는 아래 219-224 페이지를 보라 (본서 4장 섹션 1).

주 밀접한 내용적 상응(material correspondence)이 있는 것이다.

본서 5장의 논문에서 필자는 데살로니가전서와 기타 서신들에 있는 바울의 구원론적 진술들(특히 내어줌의 형식 혹은 그 변형을 담고 있는 진술들)과 목회적/권면적 가르침들에 예수의 대속물 말씀과 성만찬 말씀의 보다 많은 반영들이 있음을 보여주고자 한다. 그리고 예수의 이와 같은 말씀들이 바울의 구원론의 가장 근본적인 토대를 제공했을 뿐 아니라 바울이 예수의 모범을 따라 사도적 사역을 형성하는 데 결정적인 영향을 미쳤다고 결론짓는다.

본서 6장에서 필자는 살전 4:13-18과 5:1-11의 종말에 대한 가르침 부분에서 바울이 다루는 두 가지 이슈들(곧 주 예수 그리스도의 파루시아 전에 죽게 된 신자들에 대한 데살로니가인들의 슬픔과 주의 날의 정확한 시점에 대해 그들이 가졌던 염려)이 종말에 대한 가르침의 일환으로 바울이 그들에게 제시한 바 있는 마 24:30-31//막 13:26-27과 마 24:43-44//눅 12:39-40과 같은 인자의 오심에 대한 예수의 말씀들에 대한 부적절한 이해에서 생겨난 것임을 논증한다. 필자는 바울이 데살로니가인들이 그 말씀들을 우리의 구원을 위한 주 예수 그리스도의 죽음과 부활의 복음에 비추어 적절하게 이해하도록 도움으로써 그들을 안심시키려 한다(살전 4:14; 5:9-10)고 주장한다. 따라서 이 장의 연구는 위의 본서 4장과 5장에서 펼쳐 보인 논지를 뒷받침한다.

데살로니가인들이 인자의 오심에 대한 예수의 몇몇 말씀들을 적절하게 이해하지 못한 탓에 어떻게 주 예수의 임박한 파루시아를 기다리는 가운데 염려하게 되었는지를 살펴보았기 때문에, 본서 7장에서 필자는 일부 데살로니가 그리스도인들의 게으름의 문제(살전 4:11-12; 5:14; 살후 3:6-15)가 적어도 부분적으로는 그들이 눅 12:22-34//마 6:25-34 + 19-21 등과 같은 예수의 말씀들에 대해서뿐만 아니라 인자의 오심에 대한 예수의 말씀들에 대해서도 편향된 이해를 한 데서 기인했을 가능성에 대해 고려한다.

본서 8장에서 필자는 이 질문을 다룬다: 바울은 어떤 의미에서 데살로니가 교회를 자신의 "소망이나 기쁨이나 자랑의 면류관" 혹은 자신의 "영광과 기쁨"이라 부르는가(살전 2:19-20)? 필자가 이 질문을 하게 된 것은 많은 설교자들이 이 구절을 단순히 공로주의적으로 강해하고 있는데 많은 주석가들이 이 문제에 대한 진지한 토론을 피하거나 관련 본문에 대해 혼동되는 말을 하는 것으로 보이기 때문이다. 이 질문에 대한 비평적 탐구를 통해 필자는 바울의 칭의 교리 테두리 안에서 행한대로 심판을 받는 것과 선한 행위에 대해 상을 받는 것에 대한 그의 가르침에 대해 논의하고 그렇게 함으로써 그의 칭의 교리의 구조를 밝혀내는 데 도움을 받았다.

신약성경에 대한 반제국적 해석이 상당 기간 동안 유행하고 있다. 많은 학자들은 특히 로마 제국의 슬로건 혹은 "평안과 안전"의 "복음"에 대한 바울의 공개적 비판(살전 5:3)과 주와 신의 아들인 로마 황제가 지방의 도시를 방문하는 파루시아(*parousia*)의 장엄한 광경을 연상시키는 주 예수의 강림/재림(*parousia*)에 대한 그의 논의(살전 4:13-18)를 가리키면서, 데살로니가전서를 바울이 하나님의 아들 주 예수 그리스도(다윗의 자손 왕; the Davidic King)의 "복음"을 반제국적으로 제시한 가장 명백한 증거로 간주한다. 따라서 본서 *9장*에서는 데살로니가전서가 실제로 반제국적 메시지를 제시하고 있는 것으로 해석될 수 있는지를 면밀하게 검토하고자 한다. 그리고 본서 *10장*에서는 바울이 실제로 로마 제국을 전복시킬 의도로 복음을 전했는지 알기 위해 바울을 반제국적으로 해석하는 가장 영향력 있는 해석자들 중 한 사람인 톰 라이트(N.T. Wright)의 연구를 비평하는 방식으로 바울의 복음 설교 전반에 대해 면밀하게 살피고자 한다.

본서 *11장*에서는 살전 4-5장과 빌 2-4장, 롬 12-13장에 공통적으로 나오는 바울의 권면을 면밀히 살핌으로써 초기 서신들 중 하나인 데살로니가전서와 후기 서신들인 로마서와 빌립보서 사이에 본질적인 통일성과 연속성이 있다고 보는 견해를 더욱 공고히 한다. 필자는 또한 그리스도인들을 위한 바울의 권면은 기본적으로 아담적 실존 방식을 거슬러 거룩하고 의로운 삶을 살아가라는 권면(롬 1:18-32)이라고 주장한다.

본서에 필자는 데살로니가후서에 대한 논문 두 편을 포함했다. 데살로
니가전후서 주석 작업을 하는 동안 필자가 가장 놀랍게 생각한 것 중 하
나는 데살로니가후서에 바울의 칭의 교리가 분명하게 제시되고 있음을
발견한 것이다. 따라서 본서 12장에서는 데살로니가후서 1-2장에 제시
되어 있는 칭의 교리에 대해 다루고자 한다. 주의 날에 대해 혼동을 겪으
면서 그날 일어날 최후의 심판 때문에 염려하는 박해받는 그리스도인들
을 안심시키기 위해 바울은 "불법의 사람(무/불법자)"의 장차 나타남과 주
예수 그리스도의 파루시아에 대한 간단한 시나리오를 제시한다(2:1-8).
그러나 이것보다 더 놀라운 것은 이 본문을 감싸고 있는 구절들(1:5-12와
2:9-17)에서 바울이 하나님이 그 "공의의 심판"에서 복음을 믿는 그들을
위해서는 구원의 판결을 내리시는 데 반해 그들을 박해하는 믿지 않는
자들은 정죄를 행하실 것이라는 메시지를 거듭 제시하고 있다는 사실이
다. 바울은 이렇게 할 때 로마서 1-2장의 단어들과 주제들을 많이 반영
하고 심지어 롬 1:16-17에 제시된 칭의 교리의 핵심 주장을 일반화한 형
태로 두 번(살후 1:8-10에서는 긍정적 형태로 2:10-12에서는 부정적 형태로) 제시하
고 있다. 따라서 바울의 칭의 교리는 데살로니가전서에보다 후서에서
더욱 분명하게 나타난다고 볼 수 있다. 이와 같은 사실은 데살로니가후
서를 바울의 저작으로 보는 주장에 힘을 더해주며 또한 바울의 초기 서
신들과 후기 서신들에 제시된 복음의 통일성과 연속성에 대한 필자의
견해를 강화해준다.

살후 1-2장에서의 주 예수 그리스도의 파루시아 때 하나님의 "공의
로운 심판"에 대한 바울의 강조가 더 많은 관심을 받아야 마땅함에도 역
사적으로 학자들은 살후 2:3-8의 "불법의 사람(무/불법자)"과 "막고 있는
것"(τὸ κατέχον)과 "막고 있는 자"(ὁ κατέχων) 등의 암호 같은 언급들과 더불
어 바울이 거기서 간단하게 제시하는 종말론적 시나리오에 더욱 매료되
어 왔다. 그래서 필자는 본서 13장에서 바울이 롬 11:25-26에서 밝히는
하나님의 종말론적 구원 계획("신비")에 대한 이해가 데살로니가후서 2장
의 시나리오를 올바르게 해석하는 열쇠가 됨을 제안한다. 필자는 바울이

말하는 "불법의 사람"은 칼리굴라(Caligula)와 같지만 그보다 훨씬 더 잔혹한 방식으로 행동할 미래의 가이사, 그런 의미에서 사탄의 궁극적인 대리자(ultimate agent)라 할 "수퍼 칼리굴라(Super-Caligula)"를 가리킨다고 설명한다. 그리고 바울이 말하는 "막고 있는 자"는 그 당시 재위 중이던 글라우디오 황제를 가리키며 "막고 있는 것"은 로마 제국을 가리킨다. 바울이 글라우디오 황제와 로마 제국을 이렇게 부르는 것은 글라우디오와 로마 제국이 온 세상(oecumene)에서 법과 질서를 (상대적으로 잘) 유지함으로써 바울이 모든 나라들에 선교 사역을 하여 이방인의 충만한 수가 하나님 나라에 들어갈 수 있게 하고, 이와 같은 일이 온 이스라엘의 회개와 구원을 촉발하여 주 예수 그리스도의 파루시아가 이루어질 수 있게 할 시간과 다른 제반 여건을 제공해주기 때문이다.

본서 14장은 개인들 간의 관계에서 바울이 보복을 금지하는 것과 하나님의 보응하여 갚으시는 심판에 대한 가르침 사이의 긴장에 대해 다룬다. 이 짧은 연구는 특히 바울이 어떻게 "하나님의 공의로운 심판"에 대한 교리(살후 1:5; 롬 2:5)와 그리스도 안에서 베풀어 주신 하나님의 은혜의 복음 곧 하나님이 경건치 못한 자를 의롭다 하시고 원수 된 자들을 자기와 화목케 하신다는 교리를 양립 가능한 것으로 제시하는지에 초점을 맞춘다. 필자는 그리스도 안에 있는 하나님의 은혜의 계시의 빛 아래서 바울이 하나님의 심판 교리를 믿지 않고 악을 행하는 자들이 하나님의 구원의 사랑을 거부하는 것을 그대로 내버려두시는 것으로 재해석한다고 조심스럽게 제안한다.

그리스도를 본받음(Imitatio Christi)은 바울에게 중요한 주제로 그의 윤리에 대한 이해와 소위 "바울-예수 논쟁"의 올바른 해결과 관련하여 중요한 함의들을 가진다. 본서 15장에서 필자는, 바울이 고전 8-10장에서 그리스도인들이 우상의 제물을 먹어도 되는가의 문제를 다루면서 예수께서 유대 정결법을 무시하고 죄인들과 함께 식사하는 모범과 예수의 몇몇 말씀들에서 지침들을 도출하고 있음을 보여준다. 필자는 "그리스도를 본받음"이라는 주제를 통해 바울이 그리스도께서 성육신과 십자가 죽음

서 론

을 통해 자신을 내어주심만이 아니라 혹은 역사적 예수의 어떤 행위들만
도 아니라 그와 같은 행위들과 결부된 예수의 가르침 역시 염두에 두고
있다고 주장한다. 이와 관련하여 필자는 예수의 대속물 말씀(막 10:45//마
20:28)의 특별한 중요성을 강조한다(고전 9:19-22; 10:33-11:1; 또한 참고. 롬 15:1-
3). 따라서 이 연구는 본서 *1-6장*에서 필자가 설명한 예수와 바울 사이의
밀접한 연속성에 대한 견해를 강화시켜 줄 뿐 아니라 본서의 *4장*과 *5장*
의 결론을 뒷받침해준다.

  본서 *16장*에서는 바울이 하나님이 그 아들 주 예수 그리스도를 통해
하시는 구원적 통치에 대한 복음의 종말의 전령으로서의 자기 이해(롬
1:3-5)에 대해 다룬다. 하나님의 구원적 통치는 인류를 "이 세상의 신"(고후
4:4) 혹은 "흑암의 권세"(골 1:13-14)의 통치에서 건져내신다. 필자는 바울
이 자신의 사도직을 이와 같이 이해하면서 복음을 온 세상(*oecumene*)에 선
포하여 이방인의 충만한 수를 하나님 나라로 인도하고, 그렇게 함으로써
온 이스라엘의 회개와 구원을 촉발하여 주 예수 그리스도께서 다시 오셔
서 온 세상의 구속을 완성하시게(롬 11:25-26) 하려고 한다고 설명한다. 필
자는 바울이 하나님의 구원 계획과 자신의 사도직에 대한 이와 같은 이
해를 다메섹에서의 복음의 계시와 사도로 부름 받은 소명을 주로 이사야서
6장과 40-66장의 주의 종에 관한 구절들과 다른 관련된 구절들(또한 참고.
신 32:21)의 빛 아래서 해석함으로써 발전시키게 되었음을 주장한다. 필자
는 더 나아가 종말에 이방인들이 시온에 순례 올 것에 대한 구약과 유대
교의 기대의 부분적인 성취와 로마 제국의 동반부에 있는 "이방인의 충
만한 수"를 하나님 나라로 인도하는 일을 완료했음을 보여주는 징표의
일환으로 바울은 로마 제국의 서반부 지역에서의 선교를 시작하기 위해
로마로 가기에 앞서(롬 15:14-32) 로마 제국의 동반부에 있는 교회들의 대
표자들과 함께 예루살렘 교회를 위한 그들의 헌금을 전달하고자 예루살
렘으로 여행한 것이라고 주장한다. 이와 같은 핵심 논지는 본서 *13장*의
핵심 논지와 일정 부분 잘 맞아 떨어지며 따라서 각 장의 논지를 서로 뒷
받침해준다.

본서 *17장*에서는 목회자로서의 바울에 대해 살펴보고 바울이 어떻게 복음을 전하고 목회 사역을 감당했는지에 대해 연구한다. 바울은 신약성경에 여러 편의 서신을 남겼는데 이 서신들 전부가, 심지어 로마서까지도 기본적으로 목회적 성격을 지니고 있다. 그렇기 때문에 바울의 서신들은 1세기의 몇몇 헬라 도시 교회들의 다양한 목회적 상황에 대해 증언할 뿐만 아니라 그 교회들이 그가 설교한 "그 복음에 합당한 삶"을 살아가야 할 필요를 돕기 위한 바울의 노력들에 대해서도 증언해준다. 물론 우리가 바울이 쓴 서신들에 주로 의지해야 하는 그런 상황이기 때문에 이런 종류의 연구는 한계가 있다. 그럼에도 필자는 이 연구가 적어도 바울이 사람들에게 인식되기를 바랐던 목회자로서의 자화상을 제시할 수 있기를 희망한다.

본서 *18장*의 주제는 "바울과 폭력"이다. 바울에 대한 "반제국적 해석"과 상당히 흡사하게도 "반폭력적 해석" 또한 오늘날 어떤 성서학자들 그룹에서는 꽤 유행되고 있다. 반제국적 해석은 성경의 어떤 책들을 우리가 보다 잘 이해할 수 있도록 해주며, 우리의 신학적 담론의 사회-정치적 효과들(socio-political effects)에 대해 우리가 보다 세심한 관심을 가질 수 있도록 도와주는 (의외의) 유익들이 있다. 마찬가지로 반폭력적 해석 역시 우리가 성경에 분명하게 제시되어 있는 폭력적 사고와 언어들에 대해 인지하고 우리가 신학적 담론과 설교에서 사용하는 언어가 가학적 결과를 가져오거나 폭력을 조장할 잠재적인 가능성에 더욱 세심한 주의를 기울이도록 돕는 유익들이 있다. 그러나 이 두 가지 해석에는 이러한 해석 운동 진영의 일부 극단적 지지자들 혹은 "열심당원들"에게서 분명하게 확인하게 되는 과도함의 문제가 있다. 따라서 본서 *18장*에서는 바울의 가르침이 폭력적인지 혹은 그의 언어가 폭력을 조장하는지에 대해 답변하기 위해 다음과 같은 질문들에 대해 논의하고자 한다. 반폭력적 해석의 주창자들이 폭력을 독자중심적으로 혹은 피해자에 초점을 맞춰 정의하는 것은 어느 정도로 현실적이거나 적합하다 할 수 있는가? 거짓에 대한 "비판"이나 악한 행실에 대한 "심판"/"정죄," 진리, 정의, 자유, 평화를 위

한 "싸움"과 같은 언어를 사용하지 않는 것이 현실적으로 가능한가? 혹
은 이런 언어를 폐기한다고 인류의 공통적인 선이 확대되는가? 필자는
"반폭력적 해석"의 주창자들 중 다수가 폭력적인 "열심당원"이었던 바울
이 "평화주의자" 사도로 바뀐 것과 자기희생을 통해 사탄의 세력에 대해
승리를 거두신 그리스도 예수의 복음을 그가 전한 것과 그가 교회에게
그리스도 예수를 본받아 자기를 희생하는 사랑("그리스도의 [율]법")의 "무
기"를 가지고 죄와 죽음의 세력들과 "싸울" 것을 권면한 것의 의미를 적
절하게 이해하고 음미하기를 등한시하는 경향을 지적한다. 필자는 바울
이 자기를 내어주는 사랑에 대한 그 자신의 가르침을 심지어 대적자들에
게도 얼마나 잘 실천했는지를 평가하고자 한다. 이 연구에서 필자는 그
의 가르침의 영향사(Wirkungsgeschichte)를 평가하는 것은 시도하지 않았다.
필자의 판단으로는 영향사는 다양한 시대와 장소의 교회가 바울의 가르
침을 어느 정도로 이해했는지 혹은 오해했는지, 그리고 잘 적용했는지,
혹은 잘못 적용하거나 아예 적용하지 못했는지에 따라 긍정적일 수도 있
고 부정적일 수도 있을 것이다.

　　앞서의 연구들은 대부분 여러 가지 다양한 경우들에 각기 별도로 진
행되고 완성되었다. 더욱이 이 연구들 중 일부는 상호 연관된 주제를 다
루기에 상당 부분 중첩이 되고 불가피하게 일부 중복되는 부분들이 있
다. 이 점에 대해 독자들의 너그러운 양해를 구한다.

　　마지막으로 본서 부록에 1985년에 쓴 "예수와 성전"이라는 글을 실었
음을 밝힌다. 부록에 대한 설명은 650페이지를 참고하기 바란다.

목차

감사의 말씀 _006
약어표 _009
서론 _013

1장 —— 데살로니가전서 1-3장의 구조 및
기능과 데살로니가전서의 저술 동기 및 목적 _028

2장 —— 복음으로서의 하나님의 아들 예수
(살전 1:9-10, 롬 1:3-4) _086

3장 —— 바울이 데살로니가인들에게 전한 복음:
데살로니가전서와 바울의 후기 서신들에서의
바울 복음의 연속성과 통일성 _120

4장 —— 바울의 하나님의 아들 예수의 복음을 위한
기초로서의 예수의 인자 말씀들
(살전 1:9-10, 롬 1:3-4) _218

5장 —— 데살로니가전서와 바울의 다른 서신들에 반영된
예수의 대속물 말씀(막 10:45//마 20:28)과
성만찬 말씀(막 14:21-25과 그 병행 구절들) _244

6장 —— 데살로니가전서 4:13-5:11에서의 예수 전승 _ 274

7장 —— 어떤 데살로니가인들의 게으름 _ 302

8장 —— 바울의 "소망이나 기쁨이나 자랑의 면류관"으로서의
데살로니가 교회(살전 2:19-20): 행함에 따른 심판과
선행에 대한 상급 혹은 바울의 칭의 교리의 구조 _ 308

9장 —— 바울은 데살로니가전서에서
반제국적 복음을 전하는가? _ 342

10장 —— 바울과 로마 제국 _ 352

11장 —— 바울의 공통적인 권면(살전 4-5장; 빌 2-4장; 롬 12-13장)과
로마서 1:18-32과 12:1-2 사이의 상응 및
롬 12-13장의 통일성 _ 398

12장 —— 데살로니가후서 1-2장에서의 바울의 칭의 교리와
그 교리의 바울 신학과 데살로니가후서에 대한 함의들 _ 436

13장 —— "무/불법자"를 "막고 있는 것"(τὸ κατέχον)과
"막고 있는 자"(ὁ κατέχων)(살후 2:1-12) _ 462

14장 —— "내 사랑하는 자들아, 너희가 친히 원수를 갚지 말고
하나님의 진노하심에 맡기라"(롬 12:19; 참고. 살후 1:5-7):
사도 바울과 동해형법(lex talionis) _ 486

15장 —— 그리스도를 본받음(Imitatio Christi)(고전 11:1):
우상의 제물 문제를 다룰 때 바울은
어떻게 예수 그리스도를 본받는가(고전 8-10장) _ 500

16장 —— 종말의 전령으로서의 바울   _ 550

17장 —— 목회자 바울: 그의 설교와 사역   _ 578

18장 —— 바울과 폭력   _ 616

부록 —— 예수와 성전   _ 650

                    본서 논문들의 최초 출판 정보   _ 704
                    참고문헌   _ 707
                    저자 색인   _ 760
                    주제별 색인   _ 768

======================== **1장** ========================

데살로니가전서 1-3장의 구조 및
기능과 데살로니가전서의 저술 동기 및 목적

데살로니가전서 1-3장은 서신의 감사 부분으로 보인다. 하지만 다른 서신의 감사 부분과는 비교가 안 될 정도로 긴데다 세 개의 감사기도(1:2-5 혹은 1:2-10[1]; 2:13; 3:9-10)와 그 사이에 두세 개의 이야기들([1:6-10]; 2:1-12; 2:17-3:8)을 포함하고 있다는 점에서 특이하다. 더욱이 복음의 유효성(혹은 데살로니가인들의 믿음)과 바울이 선교사로서 데살로니가에 들어감(εἴσοδος)을 다섯 번이나 연관 짓는 표현들이 마치 붉은 실과도 같이 감사 부분 전체를 관통하고 있다. 이와 같은 현상들은 감사 부분의 구조와 기능에 대해서 뿐만 아니라 이 부분과 데살로니가전서의 나머지 두 장들의 관계에 대해 다양한 질문들을 하게 만든다. 그리고 이 질문들은 데살로니가전서를 적절하게 이해하고 그 저술 동기와 바울의 저술 목적을 명확히 규정하기 위해 중요하다.

---

1 주석가들은 보통 살전 1:2-10 전체를 감사 부분으로 간주한다. 하지만 1:6-10은 특별히 데살로니가인들이 가지게 된 믿음을 칭찬하면서 감사의 이유를 부연 설명하는(5절) 이야기로 보는 게 더 나은 것 같다. 다음 섹션 8 "살전 1-3장의 구조 및 기능"과 필자의 주석에서 살전 1:6에 대한 코멘트를 참고하라.

1. (a) 복음의 유효성(혹은 데살로니가인들의 믿음)과 (b) 바울의 들어감 (εἴσοδος)의 오중적 연결

1:5　(a) ὅτι τὸ εὐαγγέλιον ἡμῶν οὐκ ἐγενήθη εἰς ὑμᾶς ἐν λόγῳ μόνον ἀλλὰ καὶ ἐν δυνάμει καὶ ἐν πνεύματι ἁγίῳ καὶ [ἐν] πληροφορίᾳ πολλῇ [따라서 6b절: δεξάμενοι τὸν λόγον ἐν θλίψει πολλῇ μετὰ χαρᾶς πνεύματος ἁγίου],

　　　(b) καθὼς οἴδατε οἷοι ἐγενήθημεν [ἐν] ὑμῖν δι᾽ ὑμᾶς.

1:9-10　(b) αὐτοὶ γὰρ περὶ ἡμῶν ἀπαγγέλλουσιν ὁποίαν εἴσοδον ἔσχομεν πρὸς ὑμᾶς,

　　　(a) καὶ πῶς ἐπεστρέψατε πρὸς τὸν θεὸν ἀπὸ τῶν εἰδώλων δουλεύειν θεῷ ζῶντι καὶ ἀληθινῷ　καὶ ἀναμένειν τὸν υἱὸν αὐτοῦ ἐκ τῶν οὐρανῶν, ὃν ἤγειρεν ἐκ [τῶν] νεκρῶν, Ἰησοῦν τὸν ῥυόμενον ἡμᾶς ἐκ τῆς ὀργῆς τῆς ἐρχομένης.

2:1　(b) Αὐτοὶ γὰρ οἴδατε, ἀδελφοί, τὴν εἴσοδον ἡμῶν τὴν πρὸς ὑμᾶς

　　　(a) ὅτι οὐ κενὴ γέγονεν,

2:13　(b) Καὶ διὰ τοῦτο [= 2:2-12에 묘사된 그의 εἴσοδος] καὶ ἡμεῖς εὐχαριστοῦμεν τῷ θεῷ ἀδιαλείπτως,

　　　(a) ὅτι παραλαβόντες λόγον ἀκοῆς παρ᾽ ἡμῶν τοῦ θεοῦ ἐδέξασθε οὐ λόγον ἀνθρώπων ἀλλὰ καθώς ἐστιν ἀληθῶς λόγον θεοῦ, ὃς καὶ ἐνεργεῖται ἐν ὑμῖν τοῖς πιστεύουσιν.

3:6　Ἄρτι δὲ ἐλθόντος Τιμοθέου πρὸς ἡμᾶς ἀφ᾽ ὑμῶν καὶ εὐαγγελισαμένου ἡμῖν

　　　(a) τὴν πίστιν καὶ τὴν ἀγάπην ὑμῶν,

　　　(b) καὶ ὅτι ἔχετε μνείαν ἡμῶν ἀγαθὴν πάντοτε, ἐπιποθοῦντες ἡμᾶς ἰδεῖν καθάπερ καὶ ἡμεῖς ὑμᾶς

　　　(a-b/ b-a/ b-a/ b-a/ a-b - 정확한 교차대조구조는 아님)

(1) 살전 1:5에서 바울은 데살로니가인들 가운데서의 자신의 선교 혹은 복음의 성공을 그들 가운데서 자신이 보여준 행실과 연관 짓는다. 언뜻 보기에는 1:5의 καθὼς οἴδατε οἷοι ἐγενήθημεν [ἐν] ὑμῖν δι᾽ ὑμᾶς와 그 앞에 나오는 주절 ὅτι τὸ εὐαγγέλιον ἡμῶν οὐκ ἐγενήθη εἰς ὑμᾶς ἐν λόγῳ μόνον ἀλλὰ καὶ ἐν δυνάμει καὶ ἐν πνεύματι ἁγίῳ καὶ [ἐν] πληροφορίᾳ πολλῇ의 연결이 다소 어색해 보인다. 하지만 이와 같은 연결이 단지 여기서만이 아니라 살전 1-3장의 비교적 짧은 지면에 네 번 더 반복되고 있음을 고려할 때 이와 같은 연결에 어떤 중요한 논리와 핵심적인 의미가 있을 수 있음을 짐작해볼 수 있다. 만일 그렇다면 그 논리를 발견하고 그 의미를 이해하는 것이 살전 1-3장에 나타나는 바울의 주요 관심과 논증을 이해하는 열쇠가 되는 것이 마땅하다. 그런데 이미 1:5에서 바울은 자신의 선교사로서의 행실이나 데살로니가인들이 그 행실을 제대로 이해한 것이 자신의 복음이 말로만이 아니라 성령의 능력으로 나타나심과 큰 확신으로 그들에게 임하게 하는 데(그래서 그들이 많은 환난에도 불구하고 성령의 기쁨으로 복음을 받아들이게 하는 데, 6b절) 도구 역할을 했다고 생각하고 있음을 우리가 알 수 있다.

(2) 1:9-10에서 바울은 마게도냐와 아가야, 또 다른 지역의 사람들이 하는 말을 보고한다. 그들은 바울이 데살로니가인들에게 어떻게 들어갔는지(εἴσοδος)와 그들이 어떻게 구원을 위해 우상을 버리고 참되신 하나님께로 돌아왔는지에 대해 이야기한다. 비록 차용한 단어이기는 하지만 여기서 바울은 다시금 자신의 선교의 성공(데살로니가인들의 회심과 믿음)을 그 자신의 선교사로서의 "들어감" 혹은 행실과 연관 짓고 있다. 바울이 1:5에서 καθώς라는 접속사로 어떻게 자신의 행실이 선교의 성공의 원인이 되었는지를 시사했다면, 여기 1:9-10에서는 ὁποίαν εἴσοδον ἔσχομεν πρὸς ὑμᾶς를 데살로니가인들의 회심과 믿음에 대한 언급(καὶ πῶς ἐπεστρέψατε πρὸς τὸν θεόν ...) 앞에 강조적 위치에 둠으로써 그렇게 한다.

(3) 2:1에서 바울은, 비록 여기서는 자신의 선교적 성공을 부정 진술문이라는 보다 절제된 형식으로 표현하기는 하지만(ὅτι οὐ κενὴ γέγονεν;

"열매가 없게 되지 않은 줄" 혹은 "헛되지 않은 줄"), 다시금 자신의 선교사로의 εἴσοδος(들어감)를 그 성공과 연관 짓는다. 바울은 여기서 자신의 εἴσοδος(들어감)를 동사(οἴδατε; "너희가 안다")의 첫 번째 직접 목적어로 명시하고 거기에 ὅτι οὐ κενὴ γέγονεν 절("열매가 없지 않은 줄" 혹은 "헛되지 않은 줄")을 부가설명적 목적어(an epexegetical object)로 덧붙임으로써 1:9-10에서와 비슷한 효과를 낸다.

사실 2:1은 1:9-10의 구조에 상응하도록 그렇게 구성되어 있다. 분명 이것은 1:9-10의 생각과 병행이 되는 생각을 1:8의 ἀλλ' ἐν παντὶ τόπῳ ἡ πίστις ὑμῶν ἡ πρὸς τὸν θεὸν ἐξελήλυθεν, ὥστε μὴ χρείαν ἔχειν ἡμᾶς λαλεῖν τι와 연관 지어 표현하기 위한 것이다. 마게도냐 사람들과 아가야 사람들 "스스로가"(αὐτοί) 바울이 데살로니가인들에게 "들어감"이 얼마나 흠잡을 데 없었는지, 그리고 그런 들어감이 어떻게 데살로니가인들에게 놀라운 회심을 가져왔는지를 말하고 있다. 이 때문에 바울은 "아무 말도 할 것이 없"었다(1:8). 바울은 2:1에서 왜 아무 말을 할 필요가 없었는지에 대해 또 다른 이유들을 제시한다: "왜냐하면 우리가 너희 가운데 들어간 것(εἴσοδον)이 헛되지 않은 줄을 너희가 친히(αὐτοί) 아나니."

> 바울은 "아무 말도 할 것이 없다"(1:8).
> "왜냐하면 우리의 흠잡을 데 없는 εἴσοδος(들어감)와 너희의 놀라운 회심에 대해 그들이 스스로 말하기 때문이다(αὐτοὶ γάρ ... ἀπαγγέλλουσιν)"(1:9-10).
> "왜냐하면 우리의 εἴσοδος(들어감)가 헛되지 않은 줄을 너희가 친히 알기 때문이다 (αὐτοὶ γάρ ... οἴδατε)"(2:1).[2]

그러나 ὥστε μὴ χρείαν ἔχειν ἡμᾶς λαλεῖν τι(1:8)라는 문구는 4:9과 5:1에 나오는 비슷한 표현들과 같은 역언법(paralipsis)에 해당된다. 그리고

---

2 이 구조는 감사 부분이 1:10에서 끝나고 2:1에서 새로운 섹션이 시작된다고 보려는 시도가 근거가 약함을 잘 보여준다.

2:2-12에서 바울은 계속해서 4:10과 5:2-11에서와 마찬가지로 자기가 아무 말도 할 필요가 없다고 말한다. 우리가 앞서 1:5, 9-10과 2:1에서 바울이 자신의 εἴσοδος(들어감)와 자신의 선교의 성공의 관계에 대해 방금 관찰한 바에 한 가지를 덧붙이자면, 2:2-12에서 바울이 자신의 εἴσοδος(들어감)에 대해 길게 강조하며 자세히 되새기는 것은 자신의 εἴσοδος(들어감)나 그것에 대한 데살로니가인들의 이해가 여기서 주요 관심사임을 분명하게 시사해준다.

(4) 바울은 "그들 스스로가 말하는 것"(1:9a)과 "너희가 친히 아는 것"(2:1a) 곧 하나님이 하나님의 복음을 전하라고 주신 사명을 자신이 수행함에 있어 흠잡을 데가 없었다는 것을 입증하기 위해 2:2-12에서 자신의 들어감(εἴσοδος)에 대해 자세히 되새긴 다음에 2:13에서는 1:5, 9-10와 2:1의 생각을 재진술한다. 2:13을 시작하는 καί는 2:13과 그 앞의 내용을 연결시킨다. 따라서 그 다음에 오는 διὰ τοῦτο("이러므로" 혹은 "이 때문에")는 뒤에 나오는 2:13b에 있는 ὅτι절을 가리키기보다 거꾸로 그 앞에 오는 2:1-12을 가리키는 것으로 보는 것이 보다 자연스럽다. 만일 2:13b과 연결되는 경우라면 2:1-12에서 2:13로의 전환이 너무 갑작스러울 것이다. 하지만 바울이 여기서 자신이 선교사로서의 εἴσοδος(들어감)가 흠잡을 데 없었던 것에 대해서만 하나님께 감사한다고 말하는 것으로 본다면 이상할 것이다. 문법적으로 볼 때는 διὰ τοῦτο(2:2-12: 바울 자신의 선교사로서 흠잡을 데 없는 εἴσοδος[들어감])와 ὅτι절(왜냐하면 데살로니가인들이 바울의 메시지를 하나님의 말씀으로 받아들였기 때문에) 모두 바울이 하나님께 감사하는 이유가 될 수 있다.[3] 그러나 이 두 가지는 서로 분리된 이유일 수 없다. 1:5, 9-10과

---

3 참고. T. Holtz, *Der erste Brief an die Thessalonicher*(EKKNT 13; Zürich: Benziger; Neukirchen: Neukirchener, 1986; [2]1990), 97(주 435). 2:13의 εὐχαριστοῦμεν(우리가 감사한다) 동사가 두 개의 이유를 가지는 것은 1:9의 ἀπαγγέλλουσιν(그들이 말한다)와 2:1의 οἴδατε(우리가 안다)와 같은 술어 동사들과 3:6의 분사형 εὐαγγελισαμένου(기쁜 소식을 전하다)가 목적어를 이중적으로 가지는 것에 상응한다. 이 이중 목적어는 바로 바울의 εἴσοδος(들어감)와 복음의 성공으로서의 데살로니가인들의 믿음이다. διὰ τοῦτο는 전자를 가리키고 ὅτι는 후자를 가리킨다.

2:1에서 우리가 바울이 거듭 자신의 εἴσοδος(들어감)를 자신의 선교의 성
공 이유로 연관 짓는 것을 살펴보았다. 그렇기 때문에 우리는 바울이 여
기서도 διὰ τοῦτο를 ὅτι 절에서 말하는 것과 연관 짓고 있다고 가정해
야 한다. 바울은 하나님이 하나님의 복음을 전하도록 맡기신 사명을 자
기 자신이나 사람들을 기쁘게 하기보다 하나님을 기쁘시게 하는 방식대
로 신실하게 잘 감당한 사실에 대해 감사한다(2:2-12). 왜냐하면 그 사실
이 그가 하나님께 감사하는 진짜 이유, 곧 데살로니가인들이 바울이 전
한 메시지를 "사람의 말로 받지 아니하고 하나님의 말씀으로" 받도록 하
는 결과를 가져왔기 때문이다.

　간단히 말하자면, 2:13에서 바울은 자신의 사도로서의 신실한
εἴσοδος(들어감)가 데살로니가인들로 하나님의 말씀을 받아들이게 이끈
것에 대해 감사한다. 따라서 2:13의 생각은 사실상 1:2+5의 생각의 반복
이라 할 수 있다.[4]

　(5) 3:6에서 바울은 디모데가 데살로니가 교회를 방문하고 돌아와 전
한 기쁜 소식에 대해 언급한다. 그 소식의 핵심은 두 가지다. "너희의 믿
음과 사랑 그리고 너희가 우리에 대해 좋게 기억하여… 너희도 우리를
간절히 보고자 한다는 것." 1:5, 9-10; 2:1, 13에서와 마찬가지로 여기서
도 바울은 데살로니가인들의 믿음(자신의 선교의 성공적인 결과)과 그들이 자
신에 대한 좋은 기억을 간직한 채 그에 대해 긍정적인 태도를 가지고 있
음(바울 자신의 εἴσοδος[들어감]에 대해 그들이 긍정적으로 인식하고 있는 것에 대한 표
현)을 연결시킨다. 3:7-8에서 바울은 두 가지 사실을 간단하게 "너희 믿
음"과 너희가 "주 안에 굳게 선" 것으로 말한다. 역순이기는 하지만 이미
1:8-10에서 바울은 이와 같은 연결을 지은 바 있다. 거기서 바울은 "각
처에 퍼진" 데살로니가인들의 "믿음"을 자신이 그들 가운데 어떤 모양으
로 들어갔는지(εἴσοδος)와 그들의 회심과 믿음으로 자세히 풀어 설명했다

4　1:5이 복음이 독자들에게 미친 강력한 효과를 그 복음을 전한 설교자의 관점에서 기술하는
　　것이라면 2:13은 똑같은 효과에 대해 복음을 받은 사람의 관점에서 기술하는 것이다.

(1:8-10). 이것은 바울의 마음에서는 자신의 데살로니가인들에게 들어감(εἴσοδος)과 데살로니가인들의 믿음이라는 두 가지 사실이 분리할 수 없게 하나로 묶여 있음을 보여준다. 어쨌든 데살로니가인들이 그 믿음과 사랑과 소망을 간직하고 있을 뿐 아니라 바울을 여전히 긍정적으로 인식하고 있다는 디모데의 보고는 그들이 "주 안에 굳게 서" 있다는 징표다. 이 소식을 듣고 바울은 염려를 내려놓고 크게 안도하게 되었고 하나님께 대한 열정적인 감사를 쏟아낸다(3:6-9).

1:5, 9-10; 2:1, 13; 3:6에 표현되어 있는 바울의 εἴσοδος(들어감)와 복음의 강력한 효과/데살로니가인들의 믿음의 오중적 연결은 분명 데살로니가전서의 처음 세 장을 붉은 실처럼 관통하고 있다.

처음의 네 구절들은 바울의 데살로니가에 교회를 개척하기 위해 들어감(εἴσοδος)과 그 성공적 결과 곧 복음의 강력한 효과들과 데살로니가인들이 믿음에 이르게 된 일에 대한 동일한 언급을 반복한다. 먼저는 바울 스스로 이 진술을 하고(1:5) 마게도냐와 아가야 등지 사람들의 증언들을 이것을 확증해주는 것으로 언급하고(1:9-10) 데살로니가인들이 그 사실을 확인하도록 초청한 다음(2:1), 그 자신이 이 사실을 재확인함으로써 마무리한다(2:13).

그런 다음 3:6에서는 이 진술이 현재에도 계속 타당한 채로 남아 있음을 디모데가 확증해준 것에 대해 보고한다. 살전 1-3장을 관통하는 붉은 실로서의 바울의 들어감과 그의 선교의 성공적 결과의 오중적 연관은 1-3장에 나오는 몇몇 단어들과 어구들의 주해를 위해 그리고 이 장들의 구조와 기능에 대한 이해 및 서신 전체의 기록동기와 목적의 이해를 위해 많은 중요한 함의들을 가진다.

2. 주해적 함의들

바울의 선교적 들어감과 복음의 성공의 오중적 병행의 한 가지 분명한 함의는 1:5의 원인절(ὅτι ... ὑμᾶς)을 바울이 독자들의 택하심을 아는 것(1:4)에 대해서라기보다는 1:2의 감사에 대한 직접적인 이유

(εὐχαριστοῦμεν)로 봐야 한다는 것이다. 살전 2:13과 3:6-9과 1:2-5에 공통
적으로 나오는 긴밀한 병행이 이것을 분명하게 시사해준다.

살전 2:13에서 바울은 독자들이 자신의 흠 없는 εἴσοδος(들어감)를 보
고서 자신의 메시지를 하나님의 말씀으로 받은 것에 대해 감사하고 3:6-
9에서는 그들이 바울의 선교사로서의 εἴσοδος(들어감)에 대해 계속 긍정
적으로 인식하면서 자신들의 믿음을 지키고 있음에 대해 하나님께 감사
한다.

따라서 그의 탁월한 εἴσοδος(들어감)를 보고 그들이 복음을 받아들인
것이기 때문에 바울이 1:2-5에서 복음이 그들 가운데 가져온 강력한 효
과들에 대해 하나님께 감사하고 있다고 이해하는 것이 지극히 자연스럽
다. 1:3-4의 εὐχαριστοῦμεν과 연결된 세 개의 분사구들(μνείαν ποιούμενοι
… μνημονεύοντες … εἰδότες)은 바울의 감사의 부대상황을 묘사해준다.

기도 중에 (그들의 믿음과 사랑과 소망을) "기억하고"(그들을 택하심을) "안다"
는 어구들 역시 그가 하나님께 감사하는 이유를 제시한다. 그런데 이 어
구들은 보다 일반적인 이유들을 제시하는 데 반해 1:5의 ὅτι절은 바울이
이 경우에 감사하는 보다 구체적인 이유를 진술한다. 바울이 보다 구체
적인 이유를 제시하는 것에 강조점이 놓이는 것은 이 이유를 세 개의 분
사구문들과 달리 문맥에서 두드러진 위치에 두거나 2:13과 3:6-9에서 그
내용을 반복하는 것을 통해(2:13의 경우는 구조적 병행도 있다) 분명하게 시사
된다.

오중적 병행은 2:1의 ὅτι οὐ κενή γέγονεν를 그의 εἴσοδος(들어감)가 힘
이 없지 않았다는 그런 의미가 아니라 열매가 없지 않았다는 의미로 받
아들일 수 있게 해준다. 에이브러햄 맬허비(Abraham Malherbe)는 바울이 보
통 κενός를 후자의 의미로 사용하고 있다는 점을 인정한다(고전 15:10, 14,
58; 고후 6:1). 하지만 맬허비는 여기서는 전자의 의미로 취하고서 2:1-12에
서 바울이 "힘이 없는 말과 대담한 솔직함"을 대조시키는 철학적 전통을
따르고 있는 것이며 "여덟 절에서 다섯 개의 복합 반대 명제들 중 첫 번
째인 2:1-2에 나오는 반대 명제의 두 번째 요소는 그의 사역의 결과보다

는 그 성격과 상관이 있다"고 주장한다.[5] 사실 2:2-12에서의 바울의 진술들은 자신의 εἴσοδος(들어감)가 그 성격에 있어 흠잡을 데가 없었음을 시사한다. 하지만 이 진술들이 바울의 들어감이 힘이 없는 것과 대조되는 힘 있는 것이었음을 말한다고 보기는 어렵다. 맬허비는 더 나아가 1:5에 호소한다.[6] 언뜻 보기에는 바울의 복음이 데살로니가인들에게 "말로만 이른 것이 아니라 또한 능력과 성령과 큰 확신으로" 된 것이라는 바울의 주장은 맬허비의 해석을 뒷받침하는 것으로 보인다. 그러나 거기서 바울이 진술하는 것은 자신의 εἴσοδος(들어감)의 결과이지 자신의 εἴσοδος(들어감) 자체가 아니다. 앞서 살펴본 대로 1:9-10; 2:13; 3:6의 병행 구절들이 이 점을 분명히 보여준다. 바울의 εἴσοδος(들어감)는 놀라운 결과를 가져왔고 따라서 "열매가 없지 않았"던 것이다. 그러나 데살로니가인들에게 또 다른 εἴσοδος(들어감)를 가질 수 없었기 때문에 바울은 자기 "수고가 헛된 것이 될까"(καὶ εἰς κενὸν γένηται ὁ κόπος ἡμῶν), 다시 말해 교회를 세우기 위해 데살로니가에 처음 들어간 일이 가져온 놀라운 결과가 아무것도 아닌 게 될까 봐 두려워해야 할 충분한 이유가 있었다. 왜냐하면 "시험하는 자"가 그들을 유혹하고 있고 그들이 "흔들리게 될"(3:3-5) 위험성이 있었기 때문이다. 하지만 디모데는 바울의 εἴσοδος(들어감)의 놀라운 결과가 아직 데살로니가 교회 안에 여전히 이어지고 있다는 기쁜 소식을 전해왔다(3:6-8). 따라서 바울은 1:2+5, 2:13에서 하나님께 돌린 감사를 3:9에서도 반복해야 했던 것이다. 따라서 2:1의 ὅτι οὐ κενὴ γέγονεν는 3:5의 εἰς κενὸν γένηται ὁ κόπος ἡμῶν과 함께 취해야 한다. 그렇다면 1:5, 9-10; 2:13; 3:6; 2:1의 사중적 병행과 후자(3:5)의 이 문구는, 바울의 통상적인 용법과 달리 바울이 전자(2:1)의 문구로 자신이 데살로니가인

---

5 A. J. Malherbe, *The Letters to the Thessalonian*(AB 32B; New York: Doubleday, 2000), 135-36(그는 고전 15:14에 사용된 그 단어 역시 전자의 의미[힘이 없지 않았다]로 잘못 해석한다); I. H. Marshall, *1 and 2 Thessalonians*(NCBC; Grand Rapids: Eerdmans, 1983), 62-63도 참고하라. 그러나 후자(열매가 없지 않았다)의 의미를 위해서는 E. Best, *The First and Second Epistles to the Thessalonians*(BNTC; London: Black, 1972), 89-90을 보라.

6 Malherbe, *Thessalonians*, 136; 또한 Marshall, *Thessalonians*, 63.

들에게 εἴσοδος(들어감)가 "열매가 없지 않았"음을 의미한다는 점을 분명히 해준다.

오중적 병행에 대한 인정은 살전 1:2-3:13 섹션 전체를 분리할 수 없게 연결된 하나의 단위로 볼 수 있게 해준다. 오중적 병행은 2:13의 καὶ ἡμεῖς("우리도")를 그 앞에 나오는 내용과의 이상한 단절을 표시하기보다 1:9-10와 2:1의 생각이 계속됨을 나타내는 것으로 볼 수 있게 한다:[7]

> 왜냐하면 그들이 우리의 흠잡을 데 없는 들어감(εἴσοδος)과 너희의 회심에 대해 "그들이 스스로(αὐτοὶ γὰρ ...) 말한다"(1:9-10)
>
> "왜냐하면 우리가 너희 가운데 들어간 것(εἴσοδος)이 헛되지 않은 줄을 너희가 친히 (αὐτοὶ γὰρ ...) 안다"(2:1)
>
> [2:2-12에서 들어감(εἴσοδος)을 기술함]
>
> "그리고 우리도(καὶ ἡμεῖς) 우리의 들어감(εἴσοδος, = διὰ τοῦτο, 이러므로)이 너희가 복음을 받도록 이끈 것에 대해 하나님께 감사한다"(2:13).

더욱이 이 병행은 우리가 2:17-3:10을 "사도적 임재"(apostolic parousia)라는 미심쩍은 제목의 별도의 섹션으로 보기보다 1:2-3:13 섹션 전체의 하나의 핵심 부분으로 볼 수 있게 해주며 1:2-10을 그 뒤에 따르는 내용과 분리된 파편조각처럼 만들지 않게 해준다.[8]

---

7 Marshall, *Thessalonians*, 76은 마륵센(W. Marxsen)이 καὶ ἡμεῖς을 1:8-9의 마게도냐인들과 아가야인들 등과 연관 지어 해석하는 것(*Der erste Brief an die Thessalonicher* [Zürich: Theologischer Verlag, 1982], 47)에 반대한다. 이들이 감사를 한다는 언급이 없다는 것이다. 그러나 그들의 감사는 바울의 εἴσοδος(들어감)와 그것이 가져온 놀라운 결과에 대해 그들이 열정적으로 하는 보고에 함축되어 있는 것으로 볼 수 있다. 이와 같은 연결을 인정하지 못한 탓에 주석가들 사이에 많은 불확실성이 생겨났으며 쉬미탈스(W. Schmithals)의 경우 2:12과 2:13 사이에 별도의 서신을 추가하여 하나의 편지로 만든 것이라고 주장하기까지 했다(*Paulus und Gnostiker* [Hamburg: Herbert Reich—Evangelischer Verlag, 1965], 96-97). 2:13-16을 서신에 삽입된 부분으로 보는 견해에 대한 반론을 위해서는 아래 주 60을 보라.

8 앞의 주 2를 보라. 반면 H. Boers, "The Form Critical Study of Paul's Letters. 1 Thess as a Case Study," *NTS* 22(1976): 141-54는 살전 1-3장을 감사 부분(1:2-10)과 사도적 변증 부분(2:1-12)과 사도적 임재 부분(2:17-3:13)으로 나눈다. 스스로가 "바울의 서신들

3. 왜 바울은 이와 같은 연관을 지으며 자신의 εἴσοδος(들어감)가 흠잡을 데 없음을 강조하는가?

그렇다면 왜 바울은 살전 1-3장에서 자신의 εἴσοδος(들어감)의 성공적 결과를 다섯 번이나 언급하는가? 왜 2:1-12에서 자신의 εἴσοδος(들어감)에 대해 그렇게 체계적으로 자세히 되새김하는가? 이것은 다른 어떤 서신에서도 취하지 않는 방식이다(고후 1-7장과의 비교를 위해서는 아래를 보라). 그 이유는 분명 자신의 수고 혹은 εἴσοδος(들어감)가 "시험하는 자"[9]의 유혹 혹은 박해를 통해 그 결과가 무효로 돌아갈까 봐 염려하는 것과 관련이 있다:

(1) 바울은 시험하는 자가 독자들을 유혹하여 자신의 εἴσοδος(들어감)

이 어떤 하나의 특정한 패턴에 맞아야 한다고 가정하는" 것의 위험성을 경고함에도 불구하고(142), 그는 데살로니가전서가 "보다 정상적인 구조"를 가지고 있음을 입증하려고 열심히 이러한 요소들을 찾으려는 것 같다(ibid., 152; J. L. White, *The Body of the Greek Letter*[SBLDS 2; Missoula: Scholars Press, 1972], 70-72, 76-77 역시 비슷한 입장을 취한다). 그러나 2:17-3:13을 "사도적 임재"로 간주하는 것은 다소 무의미해 보인다. "사도적 임재"(apostolic parousia)라는 용어는 바울 신학자들 사이에 양식비평적 개념으로 폭넓게 사용되고 있다. 그런데 만일 이 용어가 바울 자신의 방문에 대해서 말하거나 특사나 편지를 보내는 것에 대해 말함으로써 그 자신의 사도적 임재를 가져옴으로써 독자들의 의식에 영향을 미치려는 노력을 가리키는 것이라면(참고. R. W. Funk, "The Apostolic *Parousia*: Form and Significance," in *Christian History and Interpretation: Studies Presented to John Knox*[ed. W. R. Farmer, C. F. D. Moule, R. R. Niebuhr. Cambridge: Cambridge University Press, 1967], 249-68) 데살로니가전서의 단지 한 부분만이 아니라 (3:9에서의 바울의 열정적인 감사의 배경을 설명하는 것이 주목적인 2:17-3:13은 분명 이 부분이 될 수 없다) 데살로니가전서 전체를 그렇게 불러야 할 것이다. 2:1-12을 "핵심 부분(the central section)"으로 떼어내는 것(Boers, "Form Critical Study," 152) 역시 입증되지 않은 양식비평적 근거로 2:13-16을 제거하는 것(ibid., 151-52) 만큼이나 작위적이다. 마찬가지로 화이트(White)가 2:1-4; 2:5-16; 2:17-3:10 각각을 "본문-시작 부분," "본문-중간 부분," "본문-종결부분"이라고 명명하는 것(*Body*, 70-72, 76-77) 역시 상당히 작위적이다. 데살로니가전서에 미리 가정한 패턴을 주입하기보다 데살로니가전서의 독특성을 주의 깊게 관찰하고 그 특성에 근거하여 서신의 구조와 성격을 판가름하는 것이 보다 바람직하다. 참고. Jan Lambrecht, "Thanksgivings in 1 Thess 1-3," in *The Thessalonians Debate: Methodological Discord or Methodological Synthesis?* (ed. K. P. Donfried and J. Beutler; Grand Rapids: Eerdmans, 2000), 154-55. 38-39페이지를 보라.

9 3:5의 "시험하는 자"는 하나님의 대적 사탄을 가리킨다. 하지만 바울은 분명 여기서 그 자신이 데살로니가로 돌아가는 것을 방해할 뿐 아니라(2:18) 데살로니가의 믿는 자들을 유혹하고 박해함으로써 사탄의 앞잡이 노릇을 하고 있다고 믿는 기독교 신앙을 반대하는 인간 대적자들을 염두에 두고 있다.

의 열매가 헛된 것이 될까 봐 염려했다(3:5).

(2) 그런데 디모데가 데살로니가인들이 믿음을 지키고 있으며 바울의 εἴσοδος(들어감)에 대해 여전히 긍정적인 생각을 하고 있다는 기쁜 소식을 가져왔다(3:6).

그렇다면 시험하는 자의 공격은 정확히 어떤 형태를 띠고 있었는가? 바울이 자신의 εἴσοδος(들어감)와 독자들의 믿음에 대해 긍정적으로 말할 때 전자를 후자의 원인으로 제시하며 그것도 다섯 번이나 반복하고 있다는 사실에서 우리는 시험하는 자가 바울의 εἴσοδος(들어감)에 대해 흑색선전을 하여 독자들로 하여금 그들이 새롭게 가지게 된 믿음에서 이탈하게 하려고 시도하였음을 가정해 보게 된다. 그런데 정확하게 그의 εἴσοδος(들어감)의 어떤 면을 시험하는 자가 공격했던 것일까? 5:1b (καθὼς οἴδατε οἷοι ἐγενήθημεν [ἐν] ὑμῖν δι᾽ ὑμᾶς)에서 οἷοι ἐγενήθημεν이라는 표현을 통해 바울은 그의 εἴσοδος(들어감)의 순전성(integrity)을 그 성공의 이유로 구체적으로 지목하는 것처럼 보인다. 따라서 시험하는 자가 구체적으로 그의 εἴσοδος(들어감)의 순전성(integrity)에 대한 흑색선전을 펼치고 있었을 가능성을 생각해 보게 된다. 1:5b의 생각을 자세히 풀어 설명하는 2:2-12이 이 가능성을 확증해준다. 2:1에서 바울은 마게도냐인들과 아가야인들과 다른 사람들이 그의 εἴσοδος(들어감)와 그 놀라운 열매(1:9-10)에 대해 증언한 바를 독자들 스스로가 확증하게 하고 자신이 ὥστε μὴ χρείαν ἔχειν ἡμᾶς λαλεῖν τι("우리는 아무 말도 할 것이 없노라") (1:8)라고 말한 근거를 제시하면서 이렇게 말한다: "형제들아 우리가 너희 가운데 들어간 것이 헛되지 않을 줄을 너희가 친히 아나니(αὐτοὶ γὰρ οἴδατε, ἀδελφοί, τὴν εἴσοδον ἡμῶν τὴν πρὸς ὑμᾶς ὅτι οὐ κενὴ γέγονεν)."

바울의 이 진술은 그 뒤에 따르는 구절들(2:2-12)에서 그가 입증하고자 하는 주장이다. 그러나 2:2-12에서 바울이 실제로 보여주는 것은 하나님이 옳게 여기시는 종으로서 그의 εἴσοδος(들어감)의 순전성이지 그의 들어감의 능력이나 지혜나 수사적 기교나 그런 종류의 다른 어떤 것이 아니다. 그런데 왜 그의 εἴσοδος(들어감)의 순전성이 그 들어감이 열매가 없

40

지 않았다는 것을 증명하는 힘을 가지는가? 바울이 자신의 εἴσοδος(들어감)의 순전성을 그 성공의 이유로 간주하고 있다는 전제 아래서만 그가 2:2-12에서 보여주는 것이 그의 εἴσοδος(들어감)가 헛되지 않았다는 2:1b의 주장에 대한 논거가 될 수 있다. 독자들이 처음부터 바울의 εἴσοδος(들어감)의 순전성을 보고 그가 전한 복음을 믿고 받아들이게 되었다는 전제 아래서만이 우리는 자신의 εἴσοδος(들어감)의 순전성을 가리킴으로써(2:2-12) 자신의 선교적 성공(2:1)을 입증하려는 바울의 시도를 이해할 수 있다. 따라서 여기서 우리는 시험하는 자가 데살로니가에서 바울로 인해 회심하게 된 사람들을 유혹하여 그들이 새롭게 가지게 된 믿음에서 떠나게 하고자 바울의 εἴσοδος(들어감)의 순전성을 콕 집어 비방하고 있으며 따라서 바울이 그들로 하여금 믿음을 굳게 붙들게 하기 위해 순전성을 입증하여 보여주고 있다는 합리적인 추론을 해볼 수 있다.

4. 2:1-12에서 바울이 자신의 εἴσοδος를 되새김하는 맥락

데살로니가에서의 바울의 εἴσοδος(들어감)와 그 성공에 대한 진술을 다섯 번 반복하는 것에 대한 관찰로부터 얻게 된 이 결론은 살전 2:1-12에서 바울이 자신의 εἴσοδος(들어감)의 순전성에 대해 실제로 입증하여 보여주는 바를 당시 헬라 도시들을 떠도는 철학자들과 연설가들의 관행을 배경삼아 그리고 고린도후서에서 바울이 비슷하게 입증하여 보여주는 것과 비교하여 면밀하게 관찰해 볼 때 더욱 공고하게 될 수 있다.

2:1에서 바울은 독자들이 알고 있는 대로의 데살로니가에서의 자신의 성공적인 εἴσοδος(들어감)에 대해 핵심 논지 같은 진술(thesis-like statement)을 한다. 그리고 나서 2:2-12에서 그는 그 εἴσοδος(들어감)의 특징들을 자세히 설명한다. 다시 2:2에서 바울은 데살로니가에서의 자신의 εἴσοδος(들어감)의 특징들에 대해 요약 진술을 하고 이어지는 구절들에서 그것에 대해 자세히 설명한다. 중요한 것은 그가 많은 반대와 박해 가운데서도 하나님이 주시는 힘으로 하나님의 복음을 솔직하고 담대하게 전한 것(ἐπαρρησιασάμεθα)이다. 그가 이렇게 할 수 있었던 것은 그의 설교나

데살로니가인들에게 우상들로부터 살아 계신 하나님께로 돌이켜 구원을 받으라는 그의 권면(παράκλησις)이 그릇된 가르침이나(ἐκ πλάνης) 불건전한 동기(ἐξ ἀκαθαρσίας)에서 나오지 않았고 속임의 요소(ἐν δόλῳ)를 포함하고 있지 않았기 때문이다. 또한 바울이 기본적으로 하나님이 복음을 맡길 만큼 하나님께 인정받는 사람으로서 말씀을 전하기(δεδοκιμάσμεθα ὑπὸ τοῦ θεοῦ πιστευθῆναι τὸ εὐαγγέλιον) 때문이다. 이 하나님의 위임은 바울이 하나님께 대해 (단지 그분에게만) 책임을 다하게 했고 그 결과 그는 마음을 감찰하시는(τῷ δοκιμάζοντι τὰς καρδίας ἡμῶν) 하나님을 온전히 의식하는 가운데 설교 사역을 감당하며 또한 하나님을 기쁘시게 하기만을(ἀρέσκοντες) 추구했다. 하나님의 위임에 대한 바로 이와 같은 인식 때문에 바울은 사람들과 그들의 의견에 매이지 않을 수 있었다. 따라서 그는 데살로니가에서 복음을 전할 때 청중을 기쁘게 하고자(ἀρέσκοντες) 아첨의 말을 할(ἐν λόγῳ κολακείας) 필요가 없었고 그들에게 박수 받기(δόξα, "영광")를 구하지도 않았다. 더 나아가 자기 마음을 감찰하시는 하나님을 의식하기에 그는 불순한 동기를 품거나 속임수를 사용하지 않았다. 그는 분명 청중에게서 재정적 이익(ἐν προφάσει πλεονεξίας)을 취할 목적으로 아첨이나 기타 다른 간교한 방법을 사용하지도 않았다. 그리스도의 사도로서 바울은 데살로니가 교회로부터 재정적 지원을 요구할 수 있었다(ἐν βάρει εἶναι). 하지만 그는 자기 손으로 일하여 경비를 충당했고(τὸν κόπον ἡμῶν καὶ τὸν μόχθον) 교회의 누구에게도 재정적인 짐을 지우지(ἐπιβαρῆσαι) 않았다. 바울의 사도로서 기본 자세는 권위주의나 자기 추구와는 거리가 멀었고 유순하고 (ἤπιοι)[10] 자기희생적이었다. 사실 그는 유순한 유모가 아이들을 돌보듯이 데살로니가에서 개종한 사람들을 향한 큰 사랑으로 그들과 복음뿐만

---

10 대다수의 최근 주석가들처럼 νήπιοι(어린아이 같은) 대신 ἤπιοι(유순한)를 원문으로 하여 2:7을 읽어본 것이다. 이 독법에 대한 논의를 위해서는 Malherbe, *Thessalonians*, 145-46를 보라. 필자는 데살로니가전서 주석에서는 종국적으로는 ἤπιοι 대신 νήπιοι로 본문을 읽게 되었다. 하지만 이와 같은 변화에도 불구하고 필자가 여기서 제시하는 주장의 본질은 크게 바뀌지 않는다.

아니라 자기 자신도 나눠줄 준비가 되어 있었다(μεταδοῦναι ὑμῖν οὐ μόνον τὸ εὐαγγέλιον τοῦ θεοῦ ἀλλὰ καὶ τὰς ἑαυτῶν ψυχάς). 요약하자면, 그의 εἴσοδος(들어감)는 온전히 거룩하고 의롭고 흠이 없는 것이었다(ὁσίως καὶ δικαίως καὶ ἀμέμπτως). 이러한 들어감이 그로 하여금 큰 반대에도 불구하고 솔직하고 담대하게 말할 수 있게 한 것이다. 따라서 마치 아버지가 자녀들에게 말하듯, 바울은 데살로니가인들에게 솔직하고 담대하게 우상들로부터 돌이켜 살아 계신 하나님께로 돌아올 것을 권면했고, 그들이 그렇게 했을 때 그들에게 하나님의 나라와 영광에 들어가기에 합당한 삶을 살아갈 것을 권면했다.

지금까지 우리가 2:1-12에서 바울이 자기 εἴσοδος(들어감)에 대해 말한 것을 알기 쉽게 풀어 설명해 보았다. 그런데 에이브러햄 맬허비(Abraham J. Malherbe)는 바울이 2:1-12에서 자신에 대해 말하는 것과 디오 크리소스톰(Dio Chrysostom)이 *Oration to the Alexandrians*(*Orationes* 32)에서 자신에 대해 추천하는 말 사이에 밀접한 병행이 있음을 보여주었다.[11] 디오는, 살전 2:1-12에서 바울이 사용하는 똑같은 어휘와 유사한 반제적 형식들을 사용하면서 바울이 거리를 두는 그 악덕들을 들어 떠돌이 철학자들을 비판하고 자기 자신을 바울이 주장하는 덕목들을 체현해 내는 참 철학자로 내세운다.[12] 맬허비는 디오가 반제적 형식들을 어떤 구체적인 고소에 대한 대응으로 자신의 개인적 순전성을 변호하기 위해서 사용하는 것이라기보다는 자기 자신을 떠돌이 사기꾼 철학자들과 대조되는 이상적 철학자로 제시하기 위해 그렇게 하고 있다고 관찰하고서 2:1-12에서 바울이 자기 자신에 대해 말하는 것 역시 비슷한 방식으로 이해해야 한다고 결론을 내린다. 바울은 여기서 어떤 개인적인 고발에 대해 변론을 제시하

11 A. J. Malherbe, "'Gentle as a Nurse': The Cynic Background to 1 Thess ii," *NovT* 12 (1970): 203-17는 M. Dibelius, *An die Thessalonicher I, II*(HNT 11; Tübingen: Mohr Siebeck, 1937), 7-11가 처음 제안한 바를 발전시킨다.

12 자세한 비교를 위해서는 Malherbe, "Gentle as a Nurse," 206-17, 특히 216-17페이지를 참고하라.

는 것이 아니라 디오와 같은 진지한 견유학파 철학자들이 1세기 헬라 세
계에서 사용했던 어휘와 반제적 용어들을 가지고 자신의 순전성에 대해
강조하고 있다는 것이다.[13]

학자들은 대체로 맬허비의 관찰을 인상 깊게 여겼지만 일부 학자들은
2:1-12에서 바울이 자신을 단지 이상적 철학자로만 묘사하고 있다는 그
의 결론은 받아들이기 어려운 것으로 바르게 이해했다. 그래서 예를 들
어 하워드 마샬(I. Howard Marshall) 같은 경우 "만일 그랬어야만 하는 그런
상황에 있지 않았다면, 왜 기독교 설교자인 바울이 자기 자신을 굳이 이
상적인 철학자로 묘사하는 그런 수고까지 했어야 했을까?" 하고 의문을
제기한다.[14]

브루스 윈터(Bruce W. Winter)는 아첨의 말과 다른 수사적 기교들로 포
장한 속임의 말을 수단으로 삼아 돈과 좋은 평판과 칭찬을 추구한다고
철학자들로부터의 비난을 받는 사기꾼들이 사실은 떠돌이 소피스트들
이었다고 본다.[15] 윈터에 의하면, 1세기 소피스트들은 한 도시에 들어갈
때 널리 통용되는 관행(convention)에 따라 그 도시에 "들어갔다"(εἴσοδος).[16]
바울이 1:9; 2:1에서 εἴσοδος(들어감)라는 준 전문 용어(quasi-technical term)
를 사용하고 있다는 사실은 그가 소피스트들의 이와 같은 관행을 염두
에 두고 있음을 시사해준다. 2:1-12에서 바울은 자신이 소피스트들이 가
진 것으로 여겨지는 악덕들과는 상관이 없고 그것들과 반대되는 덕목들
을 가지고 있다고 말하면서 자기의 εἴσοδος(들어감)를 소피스트들의 들
어감과 대조시킨다.[17] 고전 2:1-5와 3:1-2에서 바울이 고린도에서의 그

13　Ibid., 17.
14　Marshall, *Thessalonians*, 61; 비슷하게 R. Riesner, *Paul's Early Period: Chronology, Mission Strategy, Theology*(Grand Rapids: Eerdmans, 1998), 369.
15　B. W. Winter, "The Entries and Ethics of the Orators and Paul(1 Thess 2.1-12)," *TynBul* 44 (1993): 54-74; 참고. C. vom Brocke, *Thessaloniki—Stadt des Kasander und Gemeinde des Paulus*(WUNT 2/125; Tübingen: Mohr Siebeck, 2001), 143-51.
16　Winter, "Entries," 57-60.
17　Ibid., 67-68.

44

의 εἴσοδος(들어감)에 대해 묘사하는 내용은 그가 의도적으로 소피스트들
의 εἴσοδος(들어감)과 상반되는 방식으로 고린도에 들어갔음을 분명하게
시사해 줌으로써 이와 같은 해석에 더욱 힘을 실어준다.[18] 이와 같은 관
찰들에 근거하여 윈터는 바울이 살전 2:1-12에서 데살로니가에서의 자
신의 εἴσοδος(들어감)를 자세히 되새기는 것은 데살로니가인들이 자신의
εἴσοδος(들어감)에 대해 소피스트식 관행을 따라 오해하지 않게 하기 위
함이라고 결론을 내린다.[19]

하지만 윈터는 2:1-12에 변증의 요소 또한 있다는 점은 부인한다.[20] 그
럼에도 그는 이 구절들에서 "바울이 예리하고도 간명한 대조들을 제시
하고 있는 것"의 의미를 놓치지는 않는데 이 대조들은 "세상 사람들이 그
를 선생으로 보기 때문에 바울로서는 [데살로니가인들에게] 자신의 사
역에 대해 잘못 판단하지 않도록 경고해야 할 긴급한 필요가 있었"음을
시사해준다.[21] 하지만 윈터는 2:13-3:10에 나타나는 바울의 많은 염려와
그에 상응하는 큰 기쁨은 제대로 이해하지 못하는데 이 구절들에는 바울
의 긴박감이 훨씬 더 선명하게 나타나 있다. 독자들은 새롭게 가지게 된
믿음 때문에 자기 동족들에게 박해를 당하고 있다(2:14; 3:3-4). 그런 때에
"시험하는 자"가 그들을 시험하고 있다(3:5). 시험과 박해를 한꺼번에 경
험하게 될 때 그들이 실제로 흔들릴(σαίνεσθαι) 가능성이 충분히 있다(3:3).
그래서 아직 약한 그들의 믿음에 대해 염려하는 마음이 크기에(참고. 3:10)
바울은 그들에게 가려고 거듭 시도했는데 번번이 좌절할 수밖에 없었다
(2:18). 그런 상황이었기에 바울은 더욱 절박한 심정을 가지게 되었다. "이
러므로 우리가 참다 못하여 우리만 아덴에 머물기를 좋게 생각하고 우리
형제 곧 그리스도의 복음을 전하는 하나님의 일꾼인 디모데를 보내노니
이는 너희를 굳건하게 하고 너희 믿음에 대하여 위로함으로 아무도 이

---

18 Ibid., 68-70.
19 Ibid., 71.
20 Ibid., 73.
21 Ibid., 72.

여러 환난 중에 흔들리지 않게 하려 함이라… 이러므로 나도 참다 못하여 너희 믿음을 알기 위하여 그를 보내었노니 이는 혹 시험하는 자가 너희를 시험하여 우리 수고를 헛되게 할까 함이니"(3:1-5). "우리가/나도 참다 못하여"라는 어구를 두 번 반복하는 절박감을 주목해 보라. 그리고 독자들이 고난 때문에 흔들리거나 "시험하는 자"의 유혹에 빠져 믿음에서 떠나게 되지 않을까 바울이 노심초사하는 것을 눈여겨보라.

그와 같은 때에 디모데가 독자들이 믿음에 굳게 서 있으며 그들이 바울의 긍정적인 면들을 여전히 기억하고 있고 그를 보기를 간절히 원한다는 기쁜 소식을 가지고 왔다(εὐαγγελισαμένου)(3:6). 그 기쁜 소식은 바울에게 그가 고린도에서 당면하고 있던 고난과 역경을 모두 잊어버리게 만들 만큼 커다란 위안을 가져다주었다(3:7). 이것은 마치 사형선고가 뒤집어진 것과 같았다. "우리가 이제는 살리라!"(3:8). 이 기쁨의 외침은 그의 애끓는 염려의 깊이를 더욱 부각시켜 준다. 바울이 하나님께 감사를 쏟아내는 것 역시 마찬가지다(3:9).

이제 그렇다면, 여기서 바울의 많은 염려와 큰 안도감, "시험하는 자"와 박해에 대한 언급들, 독자들을 돕고자 데살로니가로 가려 했던 거듭된 시도들, "시험하는 자"와 박해에 대응하기 위해 디모데를 실제로 보낸 것을 보면서도 우리가 데살로니가에서 믿은 지 얼마 안 된 기독교 회심자들을 박해하고 또 그들이 새롭게 가지게 된 믿음에서 떠나게 하려고 적극적으로 시도하는 기독교 신앙의 대적자들의 실제적 존재를 인정하지 않을 수 있겠는가?[22]

따라서 살전 2:1-12의 맥락과 그 목적을 보다 정확하게 규명하기 위해서는 다음의 세 가지 사실들을 함께 고려해야 함이 분명하다:

　(1) 독자들이 새롭게 가지게 된 믿음을 포기하게 하려고 그들에게 압력을 가하는 대적자들이 실제로 존재하고 있다.

22　데살로니가의 이교도들이 데살로니가의 그리스도인들에게 가했을 가능성이 있는 사회적 불이익에 대해서는 J. M. G. Barclay, "Conflict in Thessalonica," *CBQ* 55(1993): 513-16을 참고하라.

(2) 바울은 독자들이 복음을 받아들인 것과 자신의 εἴσοδος(들어감)를 다섯 번 연관짓는다.

(3) 2:1-12에서 바울은 자신의 εἴσοδος(들어감)를 소피스트들이나 떠돌이 사기꾼 철학자들의 경멸스러운 εἴσοδος(들어감)와 대조하여 "거룩하고 의롭고 흠 없는" 들어감으로 제시하고 있다.

이 세 가지 사실들을 적절히 인정할 때 2:1-12에서 바울이 자신의 εἴσοδος(들어감)를 자세하게 되새김하는 맥락이 분명해진다. 독자들로 하여금 새롭게 가지게 된 믿음에서 떠나게 만들기 위해 대적들은 분명 바울을 돈과 명예를 위해 기만적인 수사학으로 위장된 거짓 가르침을 가지고 청중을 현혹하는 사기꾼 말쟁이들 중 하나로 폄하하고 있다.[23] 그런 떠돌이 소피스트들과 철학자들 현상이 잘 알려져 있고 그들의 악덕에 대한 비판이 광범위하게 퍼져 있는 상황에서는 바울의 εἴσοδος(들어감)에 대한 이와 같은 공격이 기독교로 회심한 사람들에게 그들이 바울에게 받은 교리를 버리도록 설득하는 가장 효과적인 방안이었을 것이다.

대적자들은 또한 바울이 데살로니가에서의 박해를 피해 갑자기 빠져나간 일을 지적하면서 바울을 반대를 피해 자기 제자들을 곤경에 빠트린 채 도망친 사기꾼 연사들 중 하나로 여기도록 만들었던 것 같다.[24] 다음과 같은 사실들이 이와 같은 이해를 뒷받침한다: 바울은 빌립보에서 큰 고난을 당한 다음에 데살로니가에서도 많은 반대를 받음에도 불구하고 복음을 솔직하고 담대하게 전했다고 주장한다(2:2); 바울은 독자들이 믿음을 위해 고난을 받음으로써 자기 자신과 주 예수를 본받는 자가 된 것을 칭찬한다(1:6; 2:14-16); 바울은 고난이 그리스도인들의 공통된 운명이라는 것을 이전에 이미 말했다고 한다(3:4); 그리고 다른 무엇보다, 바

---

23 이 연구는 트라우고트 홀츠(Traugott Holtz)가 일관되게 제시해온 견해를 뒷받침한다. 그의 견해를 위해서는 *Thessalonicher*, 93-94; idem, "On the Background of 1 Thess 2:1-12," *in The Thessalonians Debate: Methodological Discord or Methodological Synthesis?* (ed. K. P. Donfried and J. Beutler; Grand Rapids: Eerdmans, 2000), 69-80을 보라.

24 참고. Bruce W. Winter, "Is Paul among the Sophists?," *RTR* 53(1994): 32; 또한 Malherbe, "Gentle as a Nurse," 208-09.

울은 그들에 대한 큰 염려에 대해, 그들에게 가려고 여러 번 시도한 것에 대해, 그리고 디모데를 보내어 그들을 돕고자 한 것에 대해 자세하게 강조하여 말한다(2:17-3:10; 또한 참고. 2:8).

바울은 대적자들이 데살로니가에서의 바울의 선교사로서의 εἴσοδος(들어감)에 대해 퍼트리는 흑색선전이 독자들로 하여금 자신들이 새롭게 가지게 된 믿음을 포기하게 해 그의 "수고가 헛되게" 될까 심히 염려했다(3:5). 그러나 독자들이 그 흑색선전에 잘 맞서서 바울의 선교사로서의 사역에 대해 깊이 감사하고 있으며 믿음을 지키고 있다는 기쁜 소식을 디모데가 가져왔다.

디모데가 가져온 이 기쁜 소식은 바울이 데살로니가전서를 쓰게 된 직접적인 동기가 된다(3:6). 하지만 데살로니가의 그리스도인들이 바울의 εἴσοδος(들어감)에 대한 대적자들의 흑색선전에 잘 맞서고 있다는 디모데의 보고를 들었음에도 바울이 2:1-12에서와 같이 자신의(들어감)의 순전성을 분명하게 보여주어야 할 필요가 여전히 있다고 느낀 이유는 무엇일까?

5. 바울은 자신을 하나의 모델로 제시하고 있는가 아니면 상대방의 선의를 얻으려는 수사적 목적(a Philophronetic Purpose)이 있는가?

폭넓은 지지를 받는 한 가지 견해는 바울이 이 본문에서 자신을 데살로니가의 회심자들이 본받을 모델로 제시하고 있다는 것이다.[25] 맬허비(Malherbe)[26]는 분명 이 견해를 2:1-12에서 바울이 스스로를 이상적인 철

---

25 이 견해를 지지하는 최근 학자들의 긴 목록을 보려면, A. D. Weima, "An Apology for the Apologetic Function of 1 Thess 2.1-12," *JSNT* 68 (1997): 76-79를 보라. 또한 S. Walton, *Leadership and Lifestyle: The Portrait of Paul in the Miletus Speech and 1 Thess*(SNTSMS; Cambridge: Cambridge University Press, 2000), 154-56을 참고하라.

26 Malherbe, "Gentle as a Nurse," 217; idem., *Paul and the Thessalonians*(Philadelphia: Fortress, 1987), 74; idem, Thessalonians, 153-56. G. Lyons, *Pauline Autobiography: Toward a New Understanding*(SBLDS 73; Atlanta: Scholars Press, 1985), 178-221는 또 다른 영향력 있는 주창자였다.

학자로 제시하고 있다는 자신의 주장의 논리적인 결론으로 간주한다. 이 견해를 뒷받침하기 위해 맬허비는 "바울이 여기서 자신에 대해 말하는 것과 나중에 독자들에게 조언하는 내용 사이의 직접적인 상관성"을 시사하는 증거로 "부정에서 난 것이 아님: 2:3/4:7; 사랑: 2:8/3:12; 4:9; 5:13; 수고: 2:9/4:11; 흠 없음: 2:10/5:23; 각 사람에게 관심을 가지고 대함: 2:11/5:11; 권면: 2:12/5:11; 경계함: 2:11/4:6; 위로함: 2:12/4:18; 5:14; 윤리적 삶과 연결되는 하나님의 부르심: 2:12/5:23-24"[27]을 열거한다.

하지만 이 목록은 설득력이 있다고 보기 어렵다. 우선 "윤리적 삶과 연결되는 하나님의 부르심"은 바울이 *자기 자신에 대해* 말하는 방식이 아니다. 그리고 "사랑하다," "권면하다," "경계하다," "위로하다"는 바울이 권면을 위해 사용하는 상투적인 어휘들이다. 이 표현들은 바울의 다른 서신들에서와 같이 살전 4-5장에서도 바울이 2:1-12에서 자신에 대해 말하는 것과 실제로 어떤 상관관계도 없이 나타난다. 예를 들어 바울은 4:18; 5:11, 13, 14에서 *자신이 하는 것과 같이* (혹은 한 것과 같이) 독자들이 서로 사랑해야 한다거나 위로해야 한다거나 권면해야 한다는 것을 시사하지는 않는다. 독자들이 5:11의 "피차(ἀλλήλους) 권면하고 서로(εἰς τὸν ἕνα) 덕을 세우라"라는 바울의 권면을, 그가 아버지가 그 자녀에게 하듯 각 사람에게(ὡς ἕνα ἕκαστον ὑμῶν ὡς πατὴρ τέκνα ἑαυτοῦ) 권면했던(2:11) 것을 본받아 서로에게 개인적인 관심을 보이라는 말로 받아들였을지는 의문이다.

맬허비는 다른 곳에서 2:1-7에 나오고 다시 4:1-8에도 나오는 "하나님을 기쁘시게 함"(2:4/4:1)과 "탐심 혹은 분수를 넘어섬"(2:5/4:6), "부정"(2:3/4:7), 이 세 가지도 그 증거로 든다.[28] 그러나 4:3-8에서 독자들에

---

27 Malherbe, *Thessalonians*, 156.
28 Malherbe, *Thessalonians*, 81. 그런데 맬허비는 이 세 가지와 함께 2:8-12에서 발견할 수 있는 것들을 도덕적인 상투어로 이해할 수 있음을 인정함으로써 자신의 주장을 약화시킨다. Lyons, *Pauline Autobiography*, 218-19도 이것들 중 일부와 별로 설득력이 없어 보이는 몇 가지 추가적인 요소들을 나열한다. 바울이 살전 1-3장(특히 2:1-12)에서 자기 자신을 독자들을 위한 모델로 제시하고 있는 것으로 만들려는 그의 지속적인 노력(189-218 페이지)은 주해를 통해 입증하여 보여주기보다 사변을 통해 만들어낸 것을 보여주

게 거룩함을 지키고 부정과 탐심을 멀리하라고 권면할 때 바울이 정말로 2:1-12에서 묘사한 그 자신의 사도로서의 εἴσοδος(들어감)를 염두에 두고 있는가? 바울이 불순하고 탐욕스러운 동기 없이 복음을 전하고자 한 자신의 노력과 회심자들이 성적인 부정함과 탐욕으로 속이는 일이 없는 삶을 살아야 할 의무를 그렇게 직접적으로 연관시킬 수 있을지는 의문이다.[29] 맬허비 스스로가 2:3의 "부정"의 의미(참된 철학자가 "자기 이성, 곧 자신의 지배 원리를 순수하게 가지는 것"과 반대되는 것)와 4:7의 "부정"의 의미(성적인 부정)를 구분하고, 2:5의 "탐욕"의 의미(재정적 탐욕)와 4:6의 "탐욕"의 의미(성적인 이익을 취함)를 구분한다.[30] 더 나아가 바울은 해당 문맥에서 자신의 모범과 자신이 지지하는 독자들의 바람직한 행동을 연관 지어 생각하고 있다는 어떤 힌트도 주지 않는다. 독자들이 부정과 욕심 없이 성화의 삶을 살아가도록 동기를 부여하기 위해 바울은 하나님의 뜻(4:3, 8)과 주의 심판(4:6), 데살로니가에서 처음 선교 사역을 할 때 준 가르침과 경고(4:1-2, 6), 성령의 일하심(4:8)에 호소하지만 그 자신이 보여준 모범에 대해서는 희미한 암시조차 하지 않는다. 4:1에서 바울은 독자들에게 하나님을 기쁘시게 하는 삶을 살 것(ἀρέσκειν θεῷ)을 권면하는데 여기서도 마찬가지로 자신이 전에 가르친 것에 호소한다. 4:9에서 서로 사랑하라고 권면할 때도 바울은 *하나님의 가르침을 받은 대로* 그렇게 하라고 말한다!

　4:11에서도 같은 현상을 관찰하게 된다. 살후 3:7-10을 고려해 볼 때

는데 이것은 본받음의 모티프가 전혀 존재하지 않는 곳에서 그 모티프를 만들어내는 전형적인 독단(arbitrariness)에서 그 절정에 이른다: "3:7과 9의 병행이 되는 표현들—'모든 궁핍과 환난 가운데서'와 '너희로 말미암아 모든 기쁨으로 기뻐하니'—은 1:6에서 언급한, 데살로니가인들이 환난 중에서도 성령으로 기뻐한 것에 대한 이전의 언급을 연상시킨다. 본받음의 호혜성으로 인해, 바울이 명시적으로 그렇게 말하지 않음에도, 그는 그들을 본받는다(1:6). 그들은 바울을 완전하게 본받은 자들이고 그의 진정한 친구이기에 그의 또 다른 자아(*alter ego*)가 된다"(218페이지).

29　참고. Marshall, *Thessalonians*, 61.

30　Malherbe, *Thessalonians*, 140와 234, 142와 242; 모델 이론의 또 다른 주창자인 Wanamaker, *Thessalonians*, 95, 157, 97, 155를 참고하라. 필자는 Lyons, *Pauline Autobiography*, 195의 견해에는 반대한다.

우리는 바울이 여기서 데살로니가인들에게 손으로 일하라고 권면할 때 그 자신의 모범 역시 염두에 두고 있는지(2:9)를 질문해 보게 된다.[31] 하지만 4:11에서도 바울은 처음 선교사역을 할 때 제시한 명령(καθὼς ὑμῖν παρηγγείλαμεν)만을 언급한다! 사실 살전 4:11을 살후 3:7-10과 비교해 볼 때 배우게 되는 것이 많다. 살후 3:7-10에 보면 바울이 필요한 경우 자기가 손으로 일하는 것을 게으른 데살로니가인들에게 본보기로 삼을 수 있고(can) 실제로 그렇게 한다(does)는 점은 분명해 보인다. 하지만 살전 4:11에서는 그렇게 하지 않고 다만 자신이 이전에 주었던 권면에 호소한다는 사실은 바울이 여기서 자신을 모범으로 생각하고 있지 않음을,[32] 혹은 보다 정확히 말하자면 살전 2:9에서 자신이 손으로 하는 수고에 대해 적은 것을 다시금 떠올리고 있지 않음을 분명하게 시사해주는 것 같다.

그런데 바울은 살전 3:12에서는 그 자신이 데살로니가의 독자들을 사랑한 것을 그들이 본받아야 할 모범으로 제시한다. 살전 4-5장의 권면 부분의 주요 주제를 말해주는 3:11-13의 간구 기도 안에 이 언급이 나오기 때문에 바울이 권면 부분 전체를 사랑과 "흠 없는 거룩함"으로 요약하면서 12절에서 "우리가 너희를 사랑함과 같이"라는 표현으로 이것을 가리키고 있다고 볼 수 있다. 이것이 사실이라면, 살전 4-5장에서 바울이 2:1-12에 묘사된 그 자신의 εἴσοδος(들어감)에 대해 명시적으로 언급하지 않음에도 불구하고 우리가 바울이 자신의 "거룩하고 의롭고 흠 없는" 하나님을 기쁘시게 하는 삶(2:1-12)을 독자들이 본받기를 바라는 마음이 4:1-12의 권면의 저변에 깔려 있는 것으로 봐야 할 수도 있다.

---

31 따라서 "모델" 이론의 지지자들은 이 이론을 뒷받침하는 증거로 4:11에 집착하는 것 같다. 예를 들어 Lyons, *Pauline Autobiography*, 201; J. Schoon-Janssen, *Umstrittene 'Apologien' in den Paulusbriefen: Studien zur rhetorischen Situation des 1. Thessalonicherbriefes, des Galaterbriefes und des Philipperbriefes*(Güttingen: Vandenhoeck & Ruprecht, 1991), 60; Wanamaker, *Thessalonians*, 103; Malherbe, *Thessalonians*, 249를 보라.

32 나중에 일부 데살로니가인들의 게으름 문제가 더욱 심각하게 될 때 바울은 살후 3:7-10에서 자신이 이전에 주었던 가르침(살후 3:6, 10)을 상기시키는 것에서 한 걸음 더 나아가 자신이 보여준 모범을 강조하게 된다.

하지만 이와 같은 바람이 설사 있었다고 하더라도, 살전 2:1-12에서 바울이 자신의 사도로서의 εἴσοδος(들어감)의 순전성을 보여주는 부분적이고 이차적인 목적일 뿐 일차적 목적은 될 수 없다. 왜냐하면 한편으로 우리가 앞서 살펴봤듯이 살전 2:1-12에서 바울이 자신의 εἴσοδος(들어감)에 대해 하는 진술과 4-5장에 독자들을 위해 권면하는 내용 사이에 직접적인 연관이 없다고 말할 수는 없기 때문이다.[33] 4:1-12에서 바울이 독자들로 하여금 거룩한 삶을 살아가게 하고자 자신이 처음 선교를 하는 동안 그들에게 베풀었던 가르침과 명령에 호소하고(네 번이나! 4:1, 2, 6, 11) 기타 많은 것들에 호소하지만 우리가 살핀 대로 자신의 모범은 전혀 시사하지 않는다는 사실은 실로 충격적이다. 다른 한편으로는 살전 2:1-12에서 바울이 자신의 εἴσοδος(들어감)에 대해 자세히 되새김하는 내용에는 단순히 거룩한 삶의 모범만 있는 것이 아니라 사도로서의 지위나 설교자로서의 역할과 관련된 기타 요소들도 포함되어 있다. 이 요소들은 독자들에게 적용되기 어려운 것들이며 따라서 권면 부분에는 이에 상응하는 내용이 나오지 않는다. 만일 2:1-12에서 단지 자신을 독자들이 본받을 거룩한 삶의 본으로 제시하기를 원한 것이라면 왜 바울은 자신의 사도적 사명(2:4)과 자신이 전한 복음이 순수하고 참된 것(2:3)과 자신이 속임수(ἐν δόλῳ)나 아첨하는 말(ἐν λόγῳ κολακείας)이 아닌 담대함으로(παρρησία) 말씀을 전한 것(2:2, 3, 5)과 아버지로서 권면하는 것(2:11-12)을 강조하고 있는가? 혹은 어떻게 그는 서신의 독자들이(지도자들을 염두에 두고 있지 않음을

---

33 모델 이론을 주창하는 대부분의 주석가들이 바울이 4-5장에서 제시하는 권면과 2:1-12에서 제시하는 것으로 추정하는 모범을 연결시키는 구체적인 사례들을 보여줌으로써 그 자신들의 이론의 근거를 제시하는 일을 등한시한다는 점은 주목할 만한 사실이다. 쇼온-얀슨(Schoon-Janssen)은 "데살로니가전서 나머지 장들의 문맥과 내용적으로 연결되는 2장"이라는 상당히 기대되는 부제를 달아 한 섹션을 시작하지만 2:9이 4:11과 연결된다는 것 말고는 다른 예를 제시하지는 못한다(Schoon-Janssen, *Umstrittene 'Apologien,'* 62-63; 또한 참고. Wanamaker, *Thessalonians,* 103). 하지만 그 마저도 위에서 보여준 바와 같이 잘못된 관찰이다. 더 나아가 그는 4:11의 ἡσυχάζειν이 2:10을 반영하는 것으로 보려고 한다. 하지만 이 시도는 그의 이론의 약점만 드러나게 한다.

주목하라) 자신의 사도로서의 행실을 본받아야 한다고 생각하겠는가?[34]

사실 데살로니가전서에 바울이 독자들에게 자기를 본받으라고 요구하는 내용이 없는 것은 눈에 띄는 일이다. 왜냐하면 그는 다른 서신들에서는 본받음의 요구를 자주 하기 때문이다(고전 4:16-17; 11:1; 갈 4:12; 빌 3:17; 4:9; 살후 3:7-12; 또한 참고. 고전 4:6; 8:13; 9:24-27; 14:18).[35] 사실 회심자들이 자기를 "본받는"다는 생각은 바울이 데살로니가전서를 쓰는 때에도 있다. 왜냐하면 독자들이 바울 자신과 주와 유대에 있는 교회들을 "본받는 자" 된 것에 대해 말하고 있기 때문이다(1:6; 2:14). 그러나 바울이 염두에 두고 있는 것은 그들이 많은 환난 가운데서 복음을 받아들인 것이지 2:1-12에서 자신이 보여주는 덕목을 본받은 것이 아니다.[36] 만일 2:1-12에서 바울이 그 자신을 독자들이 본받을 모델로 제시할 뜻이 있었다면, 본받음의 요구를 하는 것을 가장 당연하게 기대할 수 있는 서신은 바울서신 전체를 통틀어 볼 때 데살로니가전서여야만 한다. 왜냐하면 다른 어느 서신에서도 바울은 자신의 사도로서의 순전성을 그렇게 체계적이면서도 간명하게 요약하여 진술하고 있지 않기 때문이다. 만일 그렇게 의도적이고도 자세히 자신을 독자들이 본받을 모델로 제시하고서는 자신이 그렇게 자

---

34 와나메이커(Wanamaker)는 2:1-12이 독자들이 본받을 모델을 제시하는 기능을 한다고 단도직입적으로 말하지는 않으나 다음과 같은 성가신 문장(a cumbersome sentence)으로 표현한다: "2:1-12은 사실 독자들이 바울이 가르친 행동 패턴을 따르고 있는지를 재확인하는 기능을 한다"(*Thessalonians*, 91). 이로써 와나메이커는 바울이 어느 곳에서도 독자들에게 자신의 모범을 따르라고 요청하지 않으며 그보다는 자기가 이미 가르친 바를 따르라고 자주 그와 같이 요청한다고 자신이 인정한 것을 부인하는 것이 아닌가? 더욱이 와나메이커는 2:1-12에서 바울이 데살로니가 교회의 "지도자들"을 위해 자신을 모델로 제시한다고도 말하는데 이것 역시 바울이 여기서 설교자와 목회자로서의 자신의 행동에 대해 말하는 것은 공동체 안에서 비슷한 리더십 역할을 맡은 사람들에게는 적용될 수 있겠지만 일반 성도들에게는 적용되기가 쉽지 않다고 스스로 인정한 것을 부인하는 게 아닌가?

35 본받음의 요구가 나오는 모든 곳에서 바울이 자신의 본을 그가 제시하는 권면과 직접적으로 연관짓고 있다는 점도 주목하라.

36 모델 이론의 지지자들은 박해에도 바울이 복음을 담대하게 전한 것(2:2)과 박해에도 독자들이 복음을 기쁘게 받아들인 것(1:6) 사이에 병행이 있음을 가리킬지도 모르겠다. 하지만 그런 경우 이들은 2:3-12의 나머지 내용과 그 주제가 나오지 않는 4-5장을 어떻게 할 것인지 설명해야 할 것이다.

주 사용하는 본받음의 요구도 하지 않거나 혹은 자신의 권면을 그 모범
과 연관 짓는 것조차 하지 않는다면 아주 이상한 일일 것이다.

　여기서 우리는 살전 1-3장에서 바울이 자신의 εἴσοδος(들어감)에 대해
말을 다섯 번 반복하는 것에서 발견하게 되는 근본적인 사실 역시 주목
해야 한다: *자신의 εἴσοδος(자신의 흠잡을 데 없는 사도로서의 사역)에 대해 말
할 때마다 바울이 그것을 독자들에게 미친 효과(그들이 복음을 받아들인 것)
의 관점에서 생각하지 그것의 독자들이 따를 모범으로서의 성격의 관점
에서 생각하지는 않는다*(특별히 2:1-12를 거기에서 진술한 자신의 순전성의 결과를
직접적으로 언급하는 2:13과 비교해보라; 1:5-10; 2:17-3:10도 보라).

　따라서 본받음의 요구가 전혀 안 나온다는 점과 바울이 본문에서 자
기 자신에 대해 말하는 것과 나중에 독자들에게 하라고 권면하는 내용
사이에 상관성이 없는 점, 2:1-12에 독자들이 본받음에 적용될 수 없는
몇몇 요소들이 있다는 점은 이 구절에서 바울이 자신을 독자들이 본받을
모델로 제시하고 있다는 견해에 대한 강력한 반박 논거가 된다.

　2:1-12에 대해 모델 이론을 제안하는 것 외에도 와나메이커는 맬허비
의 또 다른 제안을 수용한다. 2:1-12이 바울이 4-5장에서 하고자 하는
권면이 잘 받아들여질 수 있도록 독자들과 좋은 관계를 수립하고자 하
는, 1-3장의 상대방의 선의를 얻으려는 수사적(philophronetic) 섹션의 한 부
분이라는 것이다.[37] 와나메이커는 이 견해를 2:1-3:10이 헬라의 수사학에
따라 기록된 서신의 진술부(*narratio*)에 해당된다는 자신의 이론과 통합시
킨다. 이 진술부에서 바울은 4-5장의 권면을 제시하기 위해 "그의 독자
들과 자신의 에토스 혹은 신뢰도를 쌓아 올리는"[38] 것에 주안점을 둔다
는 것이다.[39] 그러나 맬허비나 와나메이커 그 어느 누구도(2:1-12을 포함하

---

[37]　Ibid., 90-91. 참고. A. J. Malherbe, "Exhortation in First Thessalonians," *NovT* 25(1983): 240-46; idem, *Thessalonians*, 104-05, 133-34.

[38]　Wanamaker, *Thessalonians*, 49-50.

[39]　Ibid., 49-50, 146; 또한 참고. B. C. Johanson, *To All the Brethren: A Text-Linguistic and Rhetorical Approach to 1 Thess*(CBNT 16; Stockholm: Almqvist & Wiksell International, 1987), 157-60.

54

여) 2-3장을 상대방의 선의를 얻으려는 수사적 기교로 보는 이 견해가 어떻게 2:1-12에 대해 그들이 제시하는 모델 이론과 연결되는지에 대한 적절한 설명을 제시하지 못한다. 2:1-12에서 바울은 자신의 행실의 순전성을 독자들이 본받을 모델로 제시하고 있는가, 아니면 그들의 신뢰를 얻어 그들이 자신의 권면을 잘 받아들이도록 준비하시키 위해 그렇게 하고 있는 것인가? 독자들이 이미 바울에 대해 긍정적인 생각을 하고 있고 그에 대해 좋은 기억을 간직하고 그를 보기를 간절히 바란다(3:6)는 것을 디모데의 보고를 통해 알게 된 상황에서 바울이 그렇게 애를 써야 할 이유는 무엇인가? 설령 그렇다고 치더라도 4-5장에서 바울이 제시하는 권면의 실제 내용은 모델 이론을 뒷받침해주지 않는 것과 마찬가지로 상대방의 선의를 얻으려는 수사적 기교를 강조하는 이론도 뒷받침해주지 않는다.[40] 4:13-5:11에는 독자들이 바울의 종말론에 대한 가르침에 대해 비판적이어서 바울이 그 가르침들을 독자들에게 효과적으로 제시하기 위해 먼저 자신의 "에토스나 신뢰성"을 확립할 필요가 있었다는 어떤 힌트도 나오지 않는다. 리용스(Lyons)와 맬허비(Malherbe)를 인용하면서[41] 와나메이커(Wanamaker)는 4-5장에 나오는 바울의 도덕적 권면의 일반적이고 전통적이며 논쟁과 상관없는 성격을 강조한다.[42] 그러나 그렇다면 어떤 헬라의 청중에게라도 제시했을 법한 통상적이고 논쟁과 상관없는 도덕적 권면을 제시하기 위해[43] 바울이 이미 자신에 대해 호의적인 독자들(3:6)을 대상으로 자기 에토스를 세우거나 그들과 래포를 형성하기 위해 2-3장의 그렇게 긴 섹션을 할애할 필요를 느꼈을까? 또 바울이 청중의 도덕적

---

40 바울의 다른 서신들에는 보통 감사 부분에 상대방의 선의를 얻으려는 수사적 기교의 요소들이 있는데 이와 마찬가지로 살전 1-3장에도 그런 요소들이 있음을 부인할 필요는 없다. 그러나 문제는 1-3장 혹은 2-3장 전체가 주로 살전 4-5장의 교훈을 위한 수사적 기교이자 상대방의 선의를 얻으려는 수사적 준비라고 보는 것이다.

41 Lyons, *Pauline Autobiography*, 220; Malherbe, "Exhortation," 250-52.

42 Wanamaker, *Thessalonians*, 61, 146.

43 참고. S. Kim, "Paul's Common Paraenesis(1 Thess. 4-5; Phil. 2-4; and Rom. 12-13): The Correspondence between Romans 1:18-32 and 12:1-2 and the Unity of Romans 12-13." *TynBul* 62(2011): 109-39 (이제 본서 *11장*에 재 출판되어 있음).

성숙에 대해 전반적으로 만족스럽게 생각하는데 그들에게 그런 전통적이고 논쟁과 무관한 도덕적 권면을 제시하기 위해 다른 곳에서는 하지 않는 체계적인 방식으로 자신의 도덕적 온전함을 그들이 본받아야 할 모델로 보여주어야 할 필요를 느꼈을까? 만일 바울이 그렇게 한 거라면, 그것은 도리어 효과를 반감시키는 지나친 일이 되었을 것이다! 또한, 각각 개인적으로 잘 알지 못하는 회중과 아주 제어하기 어려운 회중에게 훨씬 더 논쟁적인 가르침과 권면을 제시해야 했던 로마서와 고린도전서에서 독자들이 자신의 가르침을 보다 잘 받아들일 수 있도록 바울 자신의 에토스를 세우는 데 있어 데살로니가전서에서만큼 많은 지면을 할애하지 않는다는 사실은 매우 이상한 일이 될 것이다. 그러므로 살전 2-3장에 상대방의 선의를 얻으려는 수사적 목적이 있다고 보는 이론을 주장하려면 맬허비와 와나메이커는 왜 바울이 자신의 에토스를 세우기 위해 그렇게 상당한 지면을 할애해야 할 필요를 느꼈는지를 설명해야 한다. 만일 바울의 의도가 단지 단순하고 평범한 권면을 나눠주고자 독자들과의 사이에 우호적인 관계를 확립하는 것이었다면 왜 그가 독자들(2:1, 2, 5, 9, 10, 11)과 심지어 하나님(2:5, 10)을 자신의 순전성을 확증해 줄 증인으로 반복하여 불러 세울 만큼 그것을 강조할 필요를 느꼈는지를 이들은 설명해야 한다.[44] 맬허비와 와나메이커는 상대방의 선의를 얻으려는 노력들에서 변증의 요소를 인정하지 않고서 그 이유들을 설명할 수 있겠는가?[45] 이 모든 이유들로 2-3장에서 권면을 위한 목적만 인정하고 심지어 2:1-12에서도 변증적 목적을 부인하는 오늘날의 유행하는 이론은 거부되어야 한다.

---

44 Schoon-Janssen, *Umstrittene 'Apologien,'* 45-46, 역시 2:1-12에서 우정 서신의 모티프를 강조하면서 이것에 대해 설명하는 일은 무시한다.

45 Wanamaker, *Thessalonians*, 61와 Schoon-Janssen, *Umstrittene 'Apologien'*도 결과적으로 이 점은 인정한다. 수사비평의 방법을 적용하고 1:2-3:13를 전체적으로 상대방의 마음을 누그러뜨리는 수사적 기교(philophronesis)로 봄에도(157-60) 2:1-12의 "예기적 변증 기능(an anticipatory apologetic function)"을 명시적으로 인정하는 Johanson, *To All the Brethren*, 164-65을 참고하라.

6. 고린도후서와의 비교

(a) 고후 1-7장과의 병행

"모델" 이론을 주장하는 학자들이 독자들이 대적자들의 유혹에 넘어가 믿음에서 떠나게 될 가능성에 대해 바울이 많이 염려하고 있다는 사실(2:17-3:10)을 적절히 주목하지 못하는 것은 불행한 일이다.[46] 그 실제적인 위험에 맞서서 바울이 2:1-12에서 자신의 εἴσοδος(들어감)의 순전성을 보여주는 것과 1-3장에서 독자들의 믿음과 자신의 εἴσοδος(들어감)를 다섯 번 연관 짓는 것은 분명 위에서 보여준 것처럼 변증적 목적이 있는 것 같다. 이제 위에서 제기한 질문에 대해 다시 살펴보면서 이 결론을 강화시키고 명료하게 할 필요가 있다. 그 질문은 바울의 εἴσοδος(들어감)에 대한 대적자들의 흑색선전을 독자들이 잘 버텨내고 있다고 디모데가 보고 했는데 왜 바울은 여전히 2:1-12에서 그들에게 자신의 εἴσοδος(들어감)의 순전성을 보여줘야 할 필요를 느꼈을까 하는 것이다.

이 지점에서 살전 1-3장과 고린도후서 사이에, 특별히 이 두 서신 각각에서 바울이 자신의 순전성을 예시하는 것 사이에 많은 유사점들이 있음을 관찰하는 것이 도움이 된다. 살전 2:2에서와 같이 고후 3:12에서 바울은 매우 솔직하고 담대하게 말한다(πολλῇ παρρησίᾳ χρώμεθα, 또한 참고. 고후 7:4). 전자(살전 2:4)에서와 같이 고린도후서에서도 바울은 자신의 담대함(παρρησία) 곧 자신의 솔직하고 담대한 권면(παράκλησις)의 근거로 하나님이 자기에게 주신 사도적 사명을 제시한다(고후 3:4-6; 5:19-20). 데살로니가전서에서 자신이 전하는 것이 그릇된 교리가 아니라 하나님의 복음이기 때문에 솔직하고 담대하게 전할 수 있다는 점을 암시하는 것과 마찬가지로 바울은 고린도후서에서도 자신이 솔직하고 담대하게 전하는 것은 수건으로 가려진 모세 언약과 달리 결코 능가할 수 없는 영광 가운데서 드러난, 성령 안에서 생명을 위한 하나님의 새 언약의 복음을 자신이 전하기 때문이라고 말한다(고후 3:4-18). 빌립보와 데살로니가에 있는 그

---

46 참고. Barclay, "Conflict in Thessalonica," 512.

의 대적자들은 그를 잘못된 교리를 가르치는 사기꾼(πλάνος)으로 고소하고 그를 박해했다. 바울은 이것을 살전 2:3에서 잘 암시한다. 마찬가지로 고후 6:8에서도 바울은 자신이 사도로서 당하는 고난 목록에 이와 같은 고소를 포함시킨다. 이와 같은 고소에 맞서서 자신이 진실된 사람이라는 점(ἀληθής, 고후 6:8)과 진리를 말한다는 점(ἐν λόγῳ ἀληθείας, 고후 6:7)을 강조하면서 바울은 자신이 사실은 하나님의 말씀을 맡은 사역을 수행하고 있기에 반대와 박해에 직면한 가운데서도(고후 4:7-16; 6:1-10) 낙심하거나(ἐγκακοῦμεν) 부끄러운 혹은 솔직하지 못한 방법에 의지하지 않는다고 주장한다(고후 4:1-2). 이것은 데살로니가에서 박해 가운데서도 수행했던 솔직하고 담대하게 전하는 일(살전 2:2)을 고린도에서도 계속하기 위함이다. 하나님이 직분을 주셨다는 인식이 있었기에 바울은 데살로니가에 있는 사람들에게서 영광(δόξα)을 구하는 일을 피할 수 있었다(살전 2:6). 이와 같은 인식은 또한 그가 고린도에 있는 사람들에게 추천의 편지 없이 사역할 수 있게 해주었고(고후 3:1-6) 자기를 높인다는 생각 없이 예수 그리스도께서 주이심을 전파하는 데 초점을 맞출 수 있게 했다(고후 4:5). 살전 2:4에서와 같이 고후 5:10-11에서 바울은 하나님이 심판하실 것(δοκιμάζειν)을 의식하고 사도로서의 사역을 하고 있음을 시사한다. 이와 같은 인식이 있었기에 바울은 데살로니가(ἀρέσκοντες, 살전 2:4)와 고린도에서(εὐάρεστοι, 고후 5:9) 사역을 하는 가운데 하나님을 기쁘시게 하는 것만을 추구할 수 있었다. 이와 같은 인식이 있었기에 바울은 어떤 불순한 동기들에 사로잡히거나 아첨이나 위장된 신실함으로 그 불순한 동기들을 가리는 일을 하지 않을 수 있었다(살전 2:3-5). 마찬가지로 고린도에서도 "숨은 부끄러움의 일"(τὰ κρυπτὰ τῆς αἰσχύνης)을 버리고 "속임으로 행하거나 하나님의 말씀을 혼잡하게 함으로 기만하기"를 거부하면서(μὴ περιπατοῦντες ἐν πανουργίᾳ μηδὲ δολοῦντες τὸν λόγον τοῦ θεοῦ, 고후 4:2) 하나님과 사람들에게 투명한 방식으로 사역을 할 수 있었다(고후 3:12-4:2; 5:11). 데살로니가에서 자기 욕심을 순전한 겉모양 뒤에 감춘 채(προφάσει πλεονεξίας) 복음 전하는 일을 통해 금전적 이득을 취하기를 거부했듯이(살전 2:5) 고린도에서도

58

많은 사람들과 달리 바울은 이익을 위해 하나님의 말씀을 혼잡하게 하기 (καπηλεύοντες)를 거부하고[47] "순전한 사람으로서[εἰλικρινείας], 하나님께 사명을 받은 자로서, 그리스도 안에서 하나님 앞에서 [그는 말한다]"(고후 2:17).[48]

데살로니가에서 교회 성도들에게 재정적 짐을 지우지 않았듯이(살전 2:9) 고린도에서도 바울은 어느 누구에게서도 재정적인 이익을 취하지 않았다(고후 7:2). 비록 사도로서 주께서 친히 말씀하신 권리 곧 교회의 지원을 받을 권리가 있었지만 바울은 그 권리를 사용하지 않았다(고전 9:14-17). 그 대신 바울은 데살로니가에서와 마찬가지로(살전 2:9) 고린도에서도 직접 열심히 일하여 생활비를 조달한다는 정책을 견지했다(고후 6:5). 데살로니가에서 바울은 권위주의적인 방식으로 행동하기보다 마치 자기 아이들을 돌보는 유모와 같이 부드럽고(ἤπιος, 혹은 "아이 같고," νήπιοι) 자기희생적인 방식으로 목회적 돌봄을 제공했다(살전 2:7-8). 고린도에서도 그는 마찬가지로 고린도인들 위에 군림하려 하지 않았으며(고후1:24) 그 대신 그리스도를 위해 그들의 종으로 그들을 섬겼다(고후 4:5). 따라서 데살로니가에서의 자신의 εἴσοδος(들어감)의 특성을 온전한 거룩함(ὁσίως)과 의(δικαίως)와 흠 없음(ἀμέμπτως)으로 요약한 것과 비슷하게(살전 2:10) 바울은 고린도에서의 자신의 들어감(εἴσοδος)도 다음과 같이 요약한다: "왜냐하면 우리의 자랑은 이것이니 곧 우리가 세상에서, 그리고 더더욱 여러분에 대해

47 여기서 사용된 καπηλεύειν의 개념과 연관되는 속임과 욕심에 대해서는 S. J. Hafemann, *Suffering and Ministry in the Spirit*(Grand Rapids: Eerdmans, 1990), 98-176; M. E. Thrall, *The Second Epistle to the Corinthians*(ICC; Edinburgh: T&T Clark, 1994), 1.210-15와 R. F. Hock, *The Social Context of Paul's Ministry: Tentmaking and Apostleship*(Philadelphia: Fortress, 1980), 53과 주 23을 참고하라.
48 Hafemann, *Suffering*, 175-76은 고후 2:17과 살전 2:3-10 사이에 밀접한 병행이 있음을 주목하고 "바울의 '변증'의 구조와 내용"을 공통적으로 발견한다. 이 병행은 분명 놀라운 것이지만 필자는 여기서 살전 2:1-12과 고린도후서 사이에 여전히 보다 광범위한 병행이 있음을 보여주고자 한다. 아래(주 68-69와 그 주변 문장들)에서 우리는 더 나아가 살전 1-3장과 고후 1-7장 사이에 이야기 부분과 결합된 감사 부분이 보여주는 보다 광범위한 구조적 병행을 보여줄 것이다.

서 거룩함과 경건한 진실함으로[ἐν ἁπλότητι καὶ εἰλικρινείᾳ τοῦ θεοῦ] 행했으며, 세상의 지혜가 아니라 하나님의 은혜에 의지하여 행하였음을 우리의 양심이 증언하기 때문이다"(고후 1:12). 하나님의 종으로서 바울은 그 자신이 깨끗함(ἐν ἁγνότητι)과 진실된 말과 의의 무기를 갖춤(διὰ τῶν ὅπλων τῆς δικαιοσύνης)과 기타 다른 덕목들을 갖춤으로써 어느 누구에게도 걸림돌 (προσκοπήν)이 되지 않게, 그 누구도 자기 사역을 흠잡을 수 없게 했음(ἵνα μὴ μωμηθῇ ἡ διακονία)을 힘주어 말한다(고후 6:3-10). 데살로니가인들에게 자기의 넘치는 사랑을 확신케 하듯이(살전 2:8) 바울은 고린도인들에게도 그와 같은 사랑을 확신시킨다(고후 6:11-13; 7:3). 데살로니가인들에게와 마찬가지로(살전 2:11-12) 바울은 고린도인들에게도 아버지가 아들에게 하듯 말한다(고후 6:13). 데살로니가인들에게 그들을 자기 나라와 영광으로 들어가게 부르신 하나님께 합당한 삶을 살라고 권면하듯이(살전 2:12) 고린도인들에게도 "하나님의 은혜를 헛되이 받지 말라"고 권면한다(고후 6:1; 참고. 고전 4:14-21).

(b) 고후 10-13장과의 병행들

고후 1-7장에서 바울의 사도로서의 순전성을 보여주기 위해 사용된 몇 가지 단어들과 개념들은 고후 10-13장에 다시 나오기 때문에 고후 10-13장 역시 살전 2:1-12과 비교해 볼 수 있다.

자신이 교활하게 속임수로 고린도인들에게서 이익을 챙겼다는 비난(ἀλλὰ ὑπάρχων πανοῦργος ὑμᾶς ἔλαβον)을 강하게 부인하면서 바울은 그자신이나 자기 특사인 디도 혹은 그 누구도 그들에게서 이득을 취한(πλεονέκτειν, x 2) 일이 없다고 항변한다(고후 12:16-18). 고린도인들의 마음에 바울의 순전성에 대한 그런 의심의 씨를 뿌리는 바울의 대적들은 거짓 사도들이요 속이는 일꾼들이다(ἐργάται δόλιοι, 고후 11:13). 이들은 교활함으로 고린도인들을 속이고(ἐν τῇ πανουργίᾳ) 그들을 미혹하여 그들이 그리스도에 대한 신실하고 순전한 헌신에서 멀어지게 만드는 자들이다(고후 11:3). 왜냐하면 바울이 전파한 예수나 복음과 다른 예수 혹은 복음을 전함으로 그리고 바울이 그들로 받게 한 영과 다른 영을 줌으로써 이 "지극히 크다는 사도들(superlative apostles)"은 고린도인들이 자기들에게 순종하게 하기 때문이다. 바울은 자신이 수사적 기교에서는 부족함을 인정한다. 하지만 바울은 자신이 지식에 있어서는 부족함이 없으며 모든 일에서 이 점을 분명하게 드러냈다고 주장한다(ἀλλ' ἐν παντὶ φανερώσαντες ἐν πᾶσιν εἰς ὑμᾶς)(고후 11:3-6). 이와 같은 진술을 통해 바울은 결과적으로 자기 대적자들의 설교가 그릇된 지식에서 나오기(ἐκ πλάνης) 때문에, 다시 말해 그들이 잘못된 복음을 가졌기 때문에 그들은 δόλος(속임)와 πανουργία(속임수)의 방법에 호소하지만 자신은 복음에 대한 정확한 지식을 가지고 수사적 기교에 의지하지 않고 그 복음을 있는 그대로 분명하게(παρρησία) 전했다고 주장하고 있다. 바울은 "진리를 거슬러 아무것도 할 수 없고 오직 진리를 위한다"는 것을 염두에 두고 있다(고후 13:8). 하지만 대적자들은 자신들의 배경과 연줄과 영적인 혹은 수사적인 능력을 자랑하면서 허세를 떨고 그렇게 함으로써 고린도인들을 자신들의 종으로 삼고 그들을 약탈하여 그들에게서 이익을 취한다(고후 11:20).**49**

하지만 바울은 근본적으로 렘 9:22-23(역자 주: 맛소라/칠십인경 본문과 달리 한글성경의 경우 9:23-24)의 "자랑하는 자는 주에 대해 자랑하라"는 말씀의 정신과 "옳다 인정함을 받는(δόκιμος) 자는 자기를 칭찬하는 자가 아니요 오직 주께서 칭찬하시는 자"라는 판단(고후 10:17-18; 참고. 고전 1:31)에 의거하여 자신의 사도적 자세를 확정했다. 따라서 바울은 사람들로부터 영광을 얻고자 자기를 자랑하는 유혹을 물리치고서(고후 12:6-10) "그리스도의 온유와 관용으로"(διὰ τῆς πραΰτητος καὶ ἐπιεικείας τοῦ Χριστοῦ) 그리고 겸손하게 사도로서의 권위를 행사한다(고후 10:1). 더 나아가 그는 그 자신이

---

49 물론, 여기서 자신의 대적자들에 대한 바울의 명시적 혹은 함축적 묘사가 어느 정도까지 객관적인 역사적 진실을 나타내는지는 알 수 없다. 본 논문의 목적을 위해 필자는 바울이 어떻게 자신의 대적자들을 인식하였고 또 그들과 차별화하여 자기 자신을 어떻게 이해했을지를 묘사할 따름이다. 고린도후서에 나오는 바울의 대적자들에 대한 난제에 관한 최근 연구를 위해서는 M. E. Thrall, *The Second Epistle to the Corinthians*(ICC; Edinburgh: T&T Clark, 2000), 2.926-45를 참고하라.

자기를 통해 믿게 된 사람들에게 아버지 된 자라는 자기이해를 가지고
서 "어린아이가 부모를 위하여 재물을 저축하는 것이 아니요 부모가 어
린아이를 위하여 한다"고 믿는다. 그래서 고린도의 그리스도인들의 사
랑하는 아버지로서 바울은 "[그들의] 영혼을 위해 크게 기뻐하므로 재물
을 사용하고 또 그 자신까지도 내어줄" 준비가 되어 있다(고후 12:14-15).
따라서 부족한 가운데서도 그는 어느 누구에게도 짐을 지우지 않고자(οὐ
κατενάρκησα/ἀβαρῆ/οὐ κατεβάρησα) 그들에게 후원을 받을 사도적 권리를 겸
허하게 내려놓는다(고후 11:7-9; 12:13-14, 16). 직접 열심히 수고하여 일하고
(κόπῳ καὶ μόχθῳ, 고후 11:27) 마게도냐 형제들에게서 약간의 도움을 받으면
서 바울은 고린도 교회에 복음을 값없이 전했다(고후 11:7-9).

　　그러나 권위주의적이고 자기를 높이고 자기 이익을 추구하는 "지극
히 크다는 사도들"의 영향을 받아 고린도인들은 바울의 유순하고 자기
를 낮추는 자세에 대해 오해하고 그를 나약한 사람, 어리석은 사람으로
오인했다(고후 10:10; 11:16). 그들은 특히 바울의 재정 원칙을 오해하여 그
것을 그의 나약함의 징표로 여겼고 심지어 교활함의 징표로 여겼다(고후
12:13-18). 그래서 이런 오해에 대응하여 바울은 "지극히 크다는 사도들"
이 하는 방식대로 자기를 자랑한다(고후 11-12장). 그럼에도 바울은 고린도
인들이 그렇게 할 수밖에 없게 만들어 한 일이지만 자랑하는 일 그 자체
는 어리석은 일이라고 말하면서(고후 12:11) 결국 자신의 진짜 자랑은 자신
의 약함과 그리스도를 위한 고난에 있다는 역설적 진리를 확증한다. 왜
냐하면 약함과 고난 가운데서 그리고 이 두 가지를 통해서 그리스도의
능력이 드러나기 때문이다(고후 12:9-10). 따라서 "그리스도께서 [바울 안
에서] 말씀하신다는 증거(δοκιμήν)"를 찾는 고린도인들에게(고후 13:3) 바울
은 이런 소망을 표현한다: "너희는 우리가 ἀδόκιμοι(증거 없는 자)가 아님
을 알게 될 것이다"(고후 13:6; 또한 참고. 고후 10:18). 고후 10-13장에서 바울
은 자신의 대적자들과 회심자들의 강력한 도전들 가운데서도 이와 같이
매우 솔직하고 담대하게 말한다. 하지만 여전히 바울은 자신이 갈 때 그
리스도의 능력으로 그들을 담대함으로 다룰 것임(θαρρῆσαι τῇ πεποιθήσει ᾗ

λογίζομαι τολμῆσαι)을 경고한다(고후 10:1-6; 13:1-4). 위의 두 섹션에서 제시한
비교점들은 살전 2:1-12과 고린도후서 두 부분이 병행이 됨을 보여주는 충
분한 증거가 될 것이다. 하지만 이와 같은 병행을 보다 분명하게 하기 위해
이 두 본문들에 공통적으로 사용되는 몇 가지 단어들과 개념들을 다음과 같
이 목록화해볼 수 있을 것이다: παρρησία(살전 2:2 / 고후 3:12; 7:4); πλάνος(살
전 2:3 / 고후 6:8); δόλος(살전 2:3 / 고후 4:2; 11:3; 12:16); δοκιμάζειν(살후 2:4 /
고후 13:3-6; 참고. 고후 5:10-11); ἀρέσκειν θεῷ(살전 2:4 / εὐάρεστος [θεῷ] 고후
5:9); πλεονεκτεῖν/πλεονεξία(살전 2:5 / 고후 7:2; 12:17-18; 참고. καπηλεύειν, 고
후 2:17); δικαίως(살전 2:10 / 고후 6:7; 11:15); βάρος(살후 2:7, 9 / 고후 11:9; 12:16);
κόπος καὶ μόχθος(살전 2:9 / 고후 6:5; 11:27). 그 외에도 두 본문들에 다음
과 같은 동의적 개념들도 있다: παρρησία(살전 2:2 / θαρρῆσαι/τολμῆσαι 고후
10:2); οὐδὲ ἐξ ἀκαθαρσίας(살전 2:3; ἁγνότης 고후 6:6; 11:3); οὔτε ζητοῦντες
δόξαν(살전 2:6 / καυχᾶσθαι 고후 10:17-18; 12:6-10); ἤπιος(살전 2:7 / πραΰτης καὶ
ἐπιείκεια 고후 10:1); ὁσίως(살전 2:10 / ἁγνότης 고후 6:6; 11:3); ἀμέμτως(살전 2:10
/ μὴ μωμηθῆναι 고후 6:3; 참고. 빌 2:15); βάρος(살후 2:7, 9 / καταναρκᾶν 고후 11:9;
12:13-14).[50]

7. 살전 1-3장의 변증적 기능

이와 같이 고후 1-7장과 마찬가지로 고후 10-13장도 단어들과 개념
들, 생각들에서 살전 2:1-12과 밀접한 병행을 보인다. 하지만 고후 1-7장
이 애정 어린 어조를 통해 살전 2:1-12과 또 다른 병행을 보이는 데 반
해 고후 10-13장은 매우 논쟁적인 어조를 가지고 있다는 점에서 살전
2:1-12과 대조된다. 살전 2:1-12과 고후 1-7장에서는 바울이 자신의
εἴσοδος(들어감)의 순전성을 차분하고 애정 어린 방식으로, 데살로니가

---

50 Schmithals, *Paulus und die Gnostiker*, 98-112 역시 살전 2:1-12과 고린도후서 사이
    에 병행이 있음을 관찰하지만 불행하게도 그는 이와 같은 관찰을 살전 2:1-12에서 바
    울이 영지주의적 비판에 대해 자기를 변호한다는 설득력 없는 이론을 논증하는 데 사
    용한다.

인들과 고린도인들을 신뢰하는 가운데 보여주는 데 반해 고후 10-13장
에서는 순전성에 대해 보다 적극적으로 시비를 거는 사람들에 대해 매
우 감정적인 논쟁 형식으로 자신의 순전성의 증거를 제시한다. 이와 같
은 비교점들은 살전 2:1-12의 성격과 기능을 밝히는 유용한 열쇠를 제
공한다. 고후 10-13장과 달리, 살전 2:1-12은 마치 데살로니가의 회심
자들이 자신의 사도직의 온전함에 대해 의심하는 것인양 바울이 논쟁에
서 자기를 변증하는 그런 성격의 변증은 분명 아니다. 반대로 살전 2:1-
12은 데살로니가인들이 믿음을 견지하고 있으며 바울 자신에 대한 좋은
기억을 간직하고 있다는 디모데가 전한 기쁜 소식에 대한 반응으로서(살
전 3:1-10) 바울이 여기서 데살로니가에서의 자신의 εἴσοδος(들어감)를 자
세히 되새김하는 내용이다. 여기서 바로 이런 점에서 고후 1-9장이 살
전 1-3장과 병행된다는 점을 관찰하는 것이 매우 중요하다. 데살로니가
인들에 대해 디모데가 전해준 기쁜 소식을 듣고서 데살로니가전서를 쓰
듯이(살전 3:6) 바울은 고린도후서 역시 고린도인들에 대해 디도가 전해준
기쁜 소식을 듣고서 고린도후서를 쓴다(고후 7:6-7). 바울은 디모데가 데
살로니가인들이 믿음을 지키고 있고 여전히 자신에 대해 좋게 생각하고
있다는 기쁜 소식을 전해줬을 때 그들의 믿음에 대해 가졌던 염려가 사
라지고 희열을 가지게 되었다(살전 3:1-10). 이 희열은 바울이 고린도인들
의 믿음과 자기 자신에 대해 좋게 생각하는 것에 대해 디도가 기쁜 소식
을 전해줬을 때 그들의 믿음에 대한 염려가 사라지고 희열을 느끼게 된
것과 매우 유사하다(고후 1:3-7; 2:12-17; 7:2-16). 고린도인들이 바울의 사역
에 대해 바람직한 이해로 돌이켰다는 디도가 전해준 기쁜 소식이 바울이
고후 1-7장에서 자신의 사도적 지위에 대해 자세히 되새김하게 되는 계
기가 되었듯이(고후 1:12-7:16), 살전 1-3장에서도 데살로니가인들의 믿음
과 바울의 εἴσοδος(들어감)에 대한 긍정적 이해(바울에 대한 좋은 기억과 그를
만나기를 원하는 갈망이 샘처럼 솟아 나오게 되는)는 디모데가 전하는 기쁜 소식
이 바울이 자신의 εἴσοδος(들어감)와 그 놀라운 결과를 길게 되새김하게
되는 계기가 된다. 같은 종류의 환희는, 살전 1-3장에서와 마찬가지로 고

후 1-7장에서도 바울로 하여금 자신의 염려와 돕는 이를 보낸 일, 그후에 그가 가지게 된 안도감에 대한 이야기들을 자신의 순전함(온전함)의 증거들과 결합시키도록 만든다.[51]

고후 1-7장에서 바울이 보다 명시적인 언어를 사용하는 것에서 주석가들은 고린도 교회에 바울의 대적자들이 있었으며, 이들의 영향 아래서 고린도 교회가 그의 사도적 사역에 대해 의심하게 되었다고 쉽게 추론했다. 이와 같은 상황은 분명 바울이 많은 염려를 가지게 했다. 하지만 디도가 고린도의 그리스도인들이 이제 바울의 사도직에 대한 오해를 떨쳐버렸다는 기쁜 소식을 전했고 이로 인해 바울은 크게 안도의 숨을 쉴 수 있었고 자신의 사도적 자세에 대해 다소 도취적인 분위기에서 되새김할 수

---

51 참고. M. M. Mitchell, "New Testament Envoys in the Context of Greco-Roman Diplomatic and Epistolary Conventions: The Example of Timothy and Titus," *JBL* 111 (1992), 641-62 (특히 651-62페이지). 미첼은 이와 같은 병행을 관찰하고서 살전 3:6-10과 고후 7:5-16이 "놀라울 정도로 유사한 두 본문"임을 시인한다(653). 미첼은 바울이 그리스-로마 세계에서 특사의 보고에 대해 서신으로 답장하는 일반적 관행을 이 두 본문에서 채택하고 있음을 보여준다고 주장한다(필자는 이 정보를 *New Testament Studies*의 비평자에게서 알게 되었다). 데살로니가전서와 고린도후서에서 바울이 특사와 관련된 사회적, 문학적 관행을 따르고 있다 하더라도, 이것이 반드시 이 두 서신에서 그가 표현하는 역사적 사실들과 그의 감정적 반응들의 진정성을 감소시키는 것은 아니다. 사실 미첼이 인용하는 그리스-로마 세계의 예들에는 고후 1:12-7:16에서 바울이 자신의 사도적 지위를 광범위하게 되새김하는 것이나 살전 2:1-12에서 자신의 사도적 εἴσοδος(들어감)를 되새김하는 것, 이 두 가지에 가깝거나 혹은 이에 비길 만한 어떤 내용도 나오지 않는다(참고. A. Bash, *Ambassadors for Christ: An Exploration of Ambassadorial Language in the NT*[WUNT 2/92; Tübingen: Mohr Siebeck, 1997], 34-35. 배쉬는 헬라의 외교적, 서신적 관행의 패턴에 따른 미첼의 살전 3:6-10과 고후 7:5-16 해석을 거부한다). 더욱이 이 두 서신들 사이의 병행은 살전 3:6-10과 고후 7:5-16에 국한되지 않는다. 살전 1-3장과 고후 1-7장은 공통적으로 바울의 감사/축복, 바울의 고난과 염려/여행 계획/돕는 이를 보냄, 바울의 칭찬, 바울의 도취적 진술들(euphoric statements), 사도적 변증 등이 한데 섞여 있는 등 전체적으로 광범위하게 유사한 패턴을 보인다. 살전 2:1-12과 고후 1-7장(또한 10-13장) 사이에 *바울이 자신의 사도로서의 순전성(온전함)을 입증하기 위해 사용한 단어들과 개념들과 생각들에서* 병행이 있음과 위에서 언급한 광범위한 패턴 면에서 병행이 있음을 인정하는 것은 두 서신에서 바울이 헬라 세계에서의 사기꾼 연설가들에 빗대어 자기를 비판하는 유사한 비판들에 맞서고 있음과 따라서 고린도후서에서와 같이 살전 2:1-12에도 변증적 목적이 있다는 점을 보이고자 하는 필자의 목적을 이루기에 충분하다. 이 두 서신 사이의 문학적-수사적 병행을 이보다 더 밀접하게 끌고 가는 것은 너무 멀리 가는 것이다.

있게 되었다. 따라서 여기서 우리는 위에서 살전 1-3에 대해 물었던 비슷한 질문을 해야 한다.

고린도인들이 바울의 사도적 사역에 대해 바람직한 이해로 돌이켰는데 왜 바울은 여전히 고후 1-7장에서 그 사역의 정당성과 순전성의 증거를 보여줄 필요를 느끼는가? 이는 자신의 사도로서의 순전성에 대한 고린도인들의 적절한 이해를 공고히 함으로 비방자들이 다시 생긴다 해도 그들이 오도되지 않게 하기 위한 것임이 분명하다.

고후 10-13장이 고후 1-9장보다 뒤에 기록된 것이라면, 바울의 염려가 옳았음을 입증하는 증거가 되었을 것이다. 왜냐하면 고후 1-9장을 기록한 이후에 바울이 디도의 방문 이후 바울이 염려하던 비방이 고린도에서 다시금 터져 나왔다는 새로운 소식을 접하고 그가 고후 10-13장에서 자신의 사도로서의 순전성을 아주 논쟁적인 방식으로 변호해야 했던 그런 상황을 가정해야 하기 때문이다. 만일 고후 10-13장이 고후 1-9장보다 앞서, 아마도 "눈물의 편지"의 한 부분으로 기록된 것이라면(고후 2:4), 고후 10-13장에서 바울이 자신의 사도로서의 순전성(온전함)을 강하게 변호하는 것은 바울로서는 고린도인들에 대해 의도했던 효과를 거둔 것이었을 것이다. 하지만 우리는 또한 바울이 고후 1-7장에서 고린도인들이 자신의 사도로서의 순전성(온전함)에 적절한 이해를 가진 것에 대해 칭찬하고 오해가 다시는 생겨나지 않도록 예방하기 위해 자신의 사도로서의 순전성(온전함)에 대해 자세히 입증할 필요를 느꼈을 것이라고 생각해 볼 수도 있다.

내용 면에서 그리고 그 내용을 기록하게 한 직접적인 계기에 있어 지금까지 관찰한 살전 1-3장과 고후 1-7장 간의 밀접한 병행은 고후 1-7장의 목적과 밀접하게 병행되는 살전 1-3장의 목적을 추론하는 데 도움이 된다. 위에서 본 바와 같이 데살로니가의 그리스도인들이 대적자들이 바울의 사도로서의 εἴσοδος(들어감)의 순전성에 대한 흑색선전을 잘 이겨내고 있다는 디모데의 보고를 듣고 바울은 많은 위로를 받았다. 그러나 바울은 이들이 흑색선전에 계속 노출되어 있기 때문에 그들의 어리고 약한 믿음에 대해 여전히 염려하고 있다(3:10-13).[52] 가까운 미래에 그들의 믿음을 굳게 하기 위해 직접 방문할 가능성이 없다는 상황으로 염려가 더욱 커지게 된다(3:10-11). 따라서 서신을 쓰면서 바울은 고후 1-7장에서 하는 것과 비슷한 일을 한다. 다시 말해 그들이 대적자들의 흑색선전에 넘어가 믿음을 저버리지 않게 하기 위해[53] 바울은 자신의 εἴσοδος(들어감)의 순전성에 대한 그들의 긍정적인 인식을 더욱 공고히 하려고 한다.[54] 이 점은 바울에게 매우 중요한데 그것은 그의 메시지, 곧 복음이 설교자로서의 자신의 순전성과 함께 서거나 넘어지게 되기 때문이다. 만일 바울이 사기꾼 연설가들 중 하나로 폄하되면, 그의 복음도 거짓 교리로 폄하될 것이고 데살로니가인들의 믿음도 손상을 입게 될 것이다.[55] 따라서 바울로서는 자신의 순전성을 변호하고 독자들이 대적자들의 계속되는 흑색선전에 맞서 자신의 순전성에 대한 긍정적인 이해를 견지하도록 돕는 것이 절대적으로 필요하다.

---

52 3:3의 ταύταις를 데살로니가전서를 쓸 때 박해가 계속되고 있음을 시사하는 증거로 취하는 Barclay, "Conflict in Thessalonica," 514를 참고하라. Johanson, *To All the Brethren*, 57 또한 참고하라. 필자는 Wanamaker, *Thessalonians*, 42의 견해에는 반대한다.

53 고린도후서에서 바울의 사도로서의 εἴσοδος(들어감)의 순전성에 대해 비방하는 대적자들은 고린도 교회의 구성원들 중 일부이거나 밖에서 교회로 들어온 어떤 그리스도인들이다. 반면 살전 1-3장에서의 대적자들은 기독교 신앙에 반대하는 이방인들이다. 그렇다고 하더라도 이 두 서신에서 바울이 가진 염려는 같다. 왜냐하면 비방하는 자들이 교회 안의 그리스도인들이든 아니면 교회 밖 이교도들이든 간에 바울의 사도로서의 εἴσοδος(들어감)에 대한 비방은 같은 결과 곧 고린도나 데살로니가에 있는 그리스도인들의 믿음을 혼들어 놓는 동일한 결과를 초래할 것이기 때문이다.

54 따라서 2:1-12의 변증적 요소에 대해 설명하기 위해, 와이마(Weima, "Apology," 98)와 길만(J. Gillman, "Paul's ΕΙΣΟΔΟΣ: The Proclaimed and the Proclaimer[1 Thess 2,8]," in *The Thessalonian Correspondence*[ed. R. F. Collins; Leuven: Leuven University Press, 1990], 62-70, 68-69)처럼 바울의 순전성을 의심하는 독자들에 대한 바울의 염려를 상정할 필요가 없다. 이들이 이와 같이 상정하는 것은 3:6b의 의미를 지금까지 관찰해온 대로, 바울이 자신의 εἴσοδος(들어감)와 데살로니가인들의 믿음을 연관 짓기를 다섯 번 반복한다는 맥락 속에서 이해하지 못한 결과다. 참고. M. Tellbe, *Paul between Synagogue and State: Christians, Jews, and Civic Authorities in 1 Thessalonians, Romans, and Philippians*(ConBNT 34; Stockholm: Almqvist & Wiksell, 2001), 99.

55 참고. Holtz, *Thessalonicher*, 94.

그러나 이 변증적 목적은 단지 대적자들의 유혹과 핍박에서 독자들을 보호하려는 소극적인 시도만은 아니다. 참된 변증의 보다 적극적이고 선교적인 측면 또한 있다. 자신의 εἴσοδος(들어감)의 흠잡을 데 없는 순전성을 입증하여 보여줌으로써 바울은 독자들이 벧전 3:15의 용어를 사용하자면 "[그들 안에 있는] 소망의 이유를 설명해주기를 요청하는 사람에게 변증(apologia)할 준비가 되어 있게 하려고 적극적인 노력을 한다." 이것은 바울이 독자들의 마게도냐와 아가야에서의 열성적인 복음 전도와 거기 있는 믿는 자들에게 박해 가운데서도 복음을 기쁘게 받아들인 모범이 된 것을 칭찬하는 한편으로 그 믿는 자들이 자신의 εἴσοδος(들어감)와 독자들의 놀라운 회심에 대해 긍정적으로 평가하며 하는 보고를 그가 강조하고 있다는 사실을 통해서도 드러난다(1:7-10). 이 보고는 분명 독자들이 마게도냐인들과 아가야인들에게 그의 메시지 곧 복음을 받아들이도록 설득하려 할 때 바울의 εἴσοδος(들어감)가 사기꾼 연사들의 그것과는 완전히 다른 것임을 가리켰을 것임을 시사한다. 따라서 1:7-10은 독자들이 이미 바울의 흠 없는 εἴσοδος(들어감)를 그의 메시지(복음)를 "잘못되고 불순한 동기"에서 나오는 사기꾼들의 메시지와는 차별화되는 구원의 참된 교리로 전하는 도구로 사용해 왔음을 말해준다. 이와 같은 이유 때문에 독자들을 모범으로 삼게 된 마게도냐와 아가야의 신자들은 바울의 εἴσοδος(들어감)와 독자들의 놀라운 회심에 대해 말하게 된 것이다. 그러므로 2:1-12에서 자신의 흠 없는 εἴσοδος(들어감)에 대해 자세히 되새김으로써 바울은 또한 독자들이 그와 같은 방식으로 복음 전하는 것을 지지하고자 하는 것이다.

따라서 자신의 εἴσοδος(들어감)의 흠 없는 순전성의 증거를 체계적으로 제시하면서 바울은 대적자들의 비방에 맞서 독자들의 믿음을 보호하고 이들에게 비방을 물리치고 수용적인 사람들에게 복음을 전할 효과적인 도구를 갖추게 하고자 다른 무엇보다 바울의 들어감에 대한 그들의 긍정적인 생각을 견고히 하고자 애쓴다. 다시 말해, 바울은 독자들이 자신의 흠 없는 εἴσοδος(들어감)를 가리킴으로 대적자들이 그를 거짓 교리를 퍼트리는 사기꾼 연사로 폄하하려는 시도들을 물리치도록 돕고 수용적인 사람들에게 자신의 메시지 곧 복음에 대해 긍정적인 인상을 주려는 것이다(참고. 살전 4:9-12; 벧전 2:11-12).

이와 같은 복합적인 변증적 목적을 위해 바울은 수사적 효과의 극대화를 꾀한다. 독자들에게 바울의 흠 없는 εἴσοδος(들어감)와 그것이 독자들 자신의 믿음에 대해 가져온 유효한 결과를 상기시켜 주는, 그 εἴσοδος(들어감) 자체에 대한 진술을 다섯 번 반복하는 것은 분명 강력한 수사적 효과를 위해 고안된 것이다. 이것이 자신의 일방적인 주장이 아님을 보여주기 위해 바울은 그들 스스로도 자신의 εἴσοδος(들어감)를 알고 있거나 인정하고 있다는 점에 거듭 호소한다(1:5; 2:1 [강조적 αὐτοί에 주목하라]; 참고. 3:3b-4). 그리고 마게도냐와 아가야, 다른 곳에 있는 사람들이 이 εἴσοδος(들어감)에 대해 증언하는 말도 가져와 인용한다(1:9-10, 강조적 αὐτοί에 주목하라). 하지만 바울은 자신의 εἴσοδος(들어감)에 대한 요약 진술만 되풀이하지 않는다. 자신의 εἴσοδος(들어감)의 순전성에 대한 대적자들의 공격에 맞서 그것에 대한 독자들의 긍정적인 생각을 공고히 해야 하기 때문에 바울은 들어감에 대한 일반적인 언급을 단순 반복하기보다 들어감의 순전성을 증언하는 구체적인 특징들을 최소한 한 번은 자세히 되새김할 필요가 있음을 알게 된다.[56] 따라서 2:1의 주장을 제시하고 나서 2:2-12에서는 εἴσοδος(들어감)의 특징들을 묘사함으로써 그 주장의 근거를 제시한다. 위에서 보았듯이 이것은 바울이 비슷한 상황에서 고린도후서에서 하는 것과 매우 유사하다(특별히 2:12-4:15; 5:11-6:11; 7:2-4). 살전

56 J. S. Vos, "On the Background of 1 Thess 2:1-12: A Response to Traugott Holtz," *in The Thessalonians Debate: Methodological Discord or Methodological Synthesis?* (ed. K. P. Donfried and J. Beutler; Grand Rapids: Eerdmans, 2000), 83는 2:1-12에서 바울이 자기를 추천하는 것은 독자들의 "첫 수용적 태도"를 강화함으로써 "그에 대한 그들의 수용적 태도가 지속될 수 있게 하려는" 것이라고 적절하게 인정한다. 그러나 보스는 왜 바울이 이렇게 해야만 했는지에 대해서는 설명하지 못하는데 이것은 그가 데살로니가에 바울을 비판하는 자들이 실제로 있었음을 인정하지 않고(82) 우리 본문의 경우 자기 추천과 변증을 불필요하리 만치 예리하게 구분하는 데서 기인한다.

2:1-12의 경우는 무엇보다 일련의 반제적 진술들(2:1-8: "… 가 아니고… 인")
로 제시되고 있는 것이 놀랍다. 이러한 진술들로 바울은 자기를 사기꾼
연사와는 대조되는 하나님의 참 종이자 데살로니가인들의 참 목회자임
을 힘주어 제시한다. 자신의 흠 없는 εἴσοδος(들어감)의 특징들에 대한 그
들의 지식이나 기억 혹은 그들이 이 특징들을 증언하는 자 됨에 대한 바
울의 반복적인 호소 역시 마찬가지로 놀랍다(2:1, 2, 5, 9, 10, 11).[57] 이와 같은
호소로 바울은 단순히 자신의 주장에 대한 그들의 동의를 얻으려는 것
이라기보다 그들이 이 특성들을 실제로 경험한 일들에 대해 상기시키고
이 특성들에 대한 그들의 긍정적인 생각을 공고히 하고자 한다. 바울은
더 나아가 두 번이나 하나님을 증인으로 소환하기까지 함으로써 이 특성
들이 참된 것임을 강조한다(2:5, 10). 자신의 흠 없는 εἴσοδος(들어감)의 결
과로 그들이 복음을 받아들인 것(혹은 믿음 위에 굳게 서 있는 것)을 세 번이나
하나님께 감사드리는 이유로 삼음으로써(1:2+5; 2:13; 3:6-9) 바울은 다시금
강력한 수사적 효과를 거둔다. 왜냐하면 하나님께 드리는 감사를 통해
바울은 독자들이 자신의 εἴσοδος(들어감)를 적절하게 이해한 것과 그것에
대해 믿음으로 잘 반응한 것에 대해 그들을 암묵적으로 칭찬하고 그럼으
로써 독자들이 이 두 가지를 계속 견지하도록 격려하고 있기 때문이다(이
는 제의적 혹은 심의적 수사학의 경우에 해당된다!).[58]

따라서 우리는 살전 1-3장 전체와 특히 2:1-12에, 비록 고후 10-13장

---

57 이 한 가지 현상에 대한 적절한 이해를 위해서는 Holtz, "Background of 1 Thess 2:1-12," 71-72; Weima, "Apology," 85-86을 보라.

58 최근 일부 주석자들이 주장하듯이(예: Wanamaker, *Thessalonians*; 반대되는 의견의 예로는 Malherbe, *Thessalonians*, 96와 본 장의 주 77을 보라) 바울이 실제로 고대 수사학 교과서들을 따라 데살로니가전서를 쓰면서 서신 전체가 한 편의 제의적 수사학(epideictic rhetoric)의 산물이 되게 했을지는 의문이다. 그러나 살전 2:1-12이 변증적 성격을 가지는 것과 달리 세 개의 감사하는 말들과 서신 내 다른 요소들이 제의적 수사학의 효과를 가진다는 점은 부인할 수 없다. 세 개의 감사하는 말들이 바울의 사도로서의 순전성에 대한 독자들의 긍정적인 이해를 확증해준다면, 2:1-12의 변증적 수사학은 불신 대적자들의 비판에 맞서 그의 사도로서의 사역의 순전성을 변호해준다. 따라서 이 두 부분은 두 개의 다른 목적을 성취하지만 궁극적으로는 같은 목적 곧 독자들로 하여금 그들이 가진 믿음과 바울의 εἴσοδος(들어감)에 대한 긍정적인 이해 두 가지 모두를 견지하도록 격려하는 데 기여한다.

과는 다르겠지만, 고후 1-7장과 같은 변증적 목적이 있음을 인정해야 한
다.⁵⁹ 데살로니가의 그리스도인들이 자신의 사역의 순전성에 흠집을 내
는 대적자들의 지속적인 흑색선전에 넘어가지 않게 하기 위해 바울이 이
와 같은 변증을 하는 것이기 때문에 이 변증적 목적은 궁극적으로는 그
들이 잘못된 선전에 맞서서 그들의 믿음을 지키라고 권면하는 권면적 목
적에도 기여를 한다. 살전 1-3장에서 바울은 자신의 사도적 사역에 대한
변증을 통해 권면적 목적을 성취하고자 하는 것이다.

8. 살전 1-3장의 구조 및 기능

이제 살전 1-3장의 구조와 기능을 이해하기 위해 이 장들이 가진 다음과
같은 세 가지 특징들을 함께 살피는 것이 중요하다: (1) 독자들이 복음을 받
아들인 것을 바울의 흠 없는 εἴσοδος(들어감)와 결합시키는 오중적 진술이
본문 전체를 붉은 실과도 같이 관통하고 있다. (2) 이 진술은 세 번 반복
되는 감사의 이유가 된다. (3) 세 번 반복되는 감사에는 그 이유로서 바
울의 εἴσοδος(들어감)와 독자들의 믿음에 대한 진술만 나오는 것이 아니라
세 번 반복되는 박해에 대한 언급도 같이 나온다(1:2 + 5-6; 2:13-14; 3:1-10).

우리는 바울의 흠 없는 εἴσοδος(들어감)를 통한, 독자들 가운데서의 복
음의 성공에 대한 1:5의 첫 진술이 바울이 1:2에서 감사하는 주된 이유
라는 점을 이미 살핀 바 있다. 이 진술에 곧 이어 독자들이 많은 환난 가
운데서도 성령의 기쁨으로 말씀을 받은 점에서 바울과 주를 본받는 자
가 되었다는 말이 나온다(1:6). 바울은 박해 가운데서 그들이 기쁨으로 믿
음을 가지게 된 것을 말한 다음에 그들의 믿음에 대한 칭찬 한 마디를 더
할 기회를 그냥 지나칠 수 없겠다는 생각을 한다. 그래서 그는 독자들이 마

---

59 살전 2:1-12의 변증적 목적을 지지하는 최근 연구를 위해서는 Holtz, "Background
of 살전 2:1-12," 69-80; Johanson, *To All the Brethren*, 164-65; Riesner,
Early Period, 369-70; Weima, "Apology," 73-99; T. D. Still, *Conflict in
Thessalonica*(JSNTSS 183; Sheffield: Sheffield Academic Press, 1999), 126-49; vom
Brocke, *Thessaloniki*, 143-51를 보라.

게도냐와 아가야의 모든 신자들에게 본이 되었음을 말하고 그들의 선교
적 열심과 성공을 특별히 칭찬한다(1:7-8). 하지만 바울은 자신의 흠 없는
εἴσοδος(들어감)와 그 결과로서의 독자들의 놀라운 회심에 대해 앞서 말한
것을 강화시켜 줄 마게도냐와 아가야와 다른 모든 지역의 사람들의 보고를
인용함으로써(1:9-10) 다시금 주 관심사로 재빨리 돌아온다. 그런 다음 그 진
술에 대해 독자들이 동의해주기를 바라면서(2:1) 그는 자신의 εἴσοδος(들어
감)의 흠 없음의 증거를 구체적으로 제시하여 보여준다(2:2-12).

바울이 이와 같이 입증하여 보여주는 것은 왜 독자들이 그의 메시지를
그저 사람의 말이 아니라 하나님의 말씀으로 받았는지를 분명히 해준다
(2:13). 그러니까 2:2-12에서 자신의 흠 없는 εἴσοδος(들어감)를 입증하여 보
여줌으로써 바울은 사실상 1:5-6에서 한 진술의 근거를 제시한 것이다. 그
래서 2:2-12에서 입증하여 보여주는 내용 말미에서 바울은 1:5-6의 주장
을 입증이 된 것으로 재진술하고 1:2에서 말한 감사를 다시 언급한다(2:13).
1:2+5에서 자신의 흠 없는 εἴσοδος(들어감)를 통해 독자들 가운데서 복음
이 성공을 거둔 것에 대한 감사를 말한 다음에 곧 이어 그들이 고난 가운
데 복음을 받아들임으로써 자신과 주를 본받는 자 되었다는 언급을 하듯
이(1:6), 2:13에서도 바울은 독자들이 복음을 받아들인 것에 대한 감사의
말에 이어 그들이 자신들의 동족들부터 박해를 받는 점에서 유대의 교
회들을 (그리고 주 예수와 선지자들과 바울 자신을) "본받는 자" 되었다는 언급을
한다(2:14-16).**60** 따라서 2:13-14은 다름 아닌 1:2+5-6를 재진술한 것이다:

---

60 필자는 2:13-16를 후대의 삽입으로 보려는 시도들에 반대한다. 이와 같은 시도의 예로
는 K.-G. Eckart, "Der zweite echte Brief des Paulus an die Thessalonicher," *ZTK*
63(1961): 30-44; B. Pearson, "1 Thess 2:13-16: A Deutero-Pauline Interpolation,"
HTR 64(1971): 79-94; Boers, "The Form Critical Study of Paul's Letters," 151-52;
D. Schmidt, "1 Thess 2:13-16: Linguistic Evidence for an Interpolation," *JBL*
102 (1983): 269-79이 있다. 지금은 대체로 받아들여지지 않는 이 견해는(C. J. Schlueter,
Filling up the Measure: Polemical Hyperbole in 1 Thess 2.14-16[JSNTSS 98; Sheffield: Sheffield
Academic Press, 1994]; M. Bockmuehl, "1 Thess 2:14-16 and the Church in Jerusalem," *TynBul*
52[2001]: 1-31를 보라), 여기에 다른 편지(2:13-4:1)가 결합되어 있다고 보는 대체로 받아들
여지지 않는 또 다른 견해(앞의 주 8을 보라)와 마찬가지로 여기서 제시한 살전 1-3장의 구

살전 2:13-14	살전 1:2 + 5-6
2:13a εὐχαριστοῦμεν τῷ θεῷ ...	1:2 εὐχαριστοῦμεν τῷ θεῷ ...
2:13b ὅτι παραλαβόντες λόγον ἀκοῆς παρ' ἡμῶν τοῦ θεοῦ ... ἐδέξασθε ... λόγον θεοῦ	1:5a ὅτι τὸ εὐαγγέλιον ἡμῶν ...
2:13aa διὰ τοῦτο (τὴν εἴσοδον ἡμῶν, 2:1-12)	1:5b καθὼς οἴδατε οἷοι ἐγενήθημεν ...
2:14-16 ὑμεῖς γὰρ μιμηταὶ ἐγενήθητε ... ἐπάθετε ... τὸν κύριον ... ἡμᾶς ...	1:6 καθὼς ὑμεῖς μιμηταὶ ἡμῶν ἐγενήθητε καὶ τοῦ κυρίου, δεξάμενοι τὸν λόγον ἐν θλίψει πολλῇ ...

바울이 이 모든 것에 대한 기억을 되새기는 이유는 독자들이 여전히 박해를 받고 있고 바울 자신에 대한 흑색선전에 노출되어 있어서 그들의 믿음에 대한 염려가 크기 때문이다. 2:17-3:5에서 바울은 사탄이 독자들을 박해하며 유혹하고 있고 자기가 가서 그들을 돕지 못하게 사탄이 방

___

조를 인식하지 못한 데서 비롯된 것이다. 데살로니가인들이 박해에도 불구하고 기쁨으로 믿음을 가지게 되었다는 생각은 바울이 1:7-8에서 그들의 믿음에 대해 칭찬의 말을 더하게 되는 촉발제가 되듯이 여기서도 유대에 있는 교회들이 유대인들에게 박해를 받은 것처럼 데살로니가인들도 자신들의 동족에게서 박해를 받는다는 생각은 바울로 하여금 유대인들이 주와 선지자들과 바울 자신을 박해하는 것에 대해 몇 마디를 보태게 하는 촉발제가 된다. 바울은 아마도 자기 동족들로부터 추방당하고 박해를 받는 데살로니가의 믿은 지 얼마 안 된 그리스도인들에게 기독교 신앙을 옹호하는 자들은 주 예수와 선지자들과 바울 자신이 증언하는 것처럼 항상 자기 동족들로부터 고난을 당하게 마련이라는 점(참고, 3:3-4)을 보여줌으로써 그들을 위로하려고 했을 것이다. 아니면 바울이 여기서 유대인들의 박해를 강조하는 것은 일부 유대인들이 이방인 대적자들을 부추겨 자기를 비방하고 데살로니가의 그리스도인들을 박해하게 만든다고 의심하기 때문일 수도 있다(Holtz, *Thessalonicher*, 94가 이렇게 주장한다). 만일 이것이 사실이라면, 데살로니가의 유대인들은 바울을 거짓 교리로 사람들을 미혹하는 거짓 선지자라고 고발했을 것이다(참고, 행 17:1-9). 어떤 학자들이 2:1-12(특히 3절)에 대해 바울이 이와 같은 고발에 대해 자기를 변호하는 의미가 있다고 보는 것은 바로 이와 같은 가능성 때문이다. W. Horbury, "1 Thess ii.3 as Rebutting the Charge of False Prophecy," *JTS* 33(1982): 492-508; K. O. Sandness, *Paul—One of the Prophets?* (WUNT 2/43; Tübingen: Mohr Siebeck, 1991), 185-223을 보라. 이 두 저자는 거짓 선지자에 대한 유대인들의 고발이 얼마나 쉽게 1세기 당대의 사기꾼 철학자들에 대한 헬라 세계의 비판과 결합될 수 있는지를 보여준다.

해하는 이 절박한 상황에 대해 이야기한다. 그런 다음 그는 디모데가 가져온 좋은 소식 곧 대적자들의 박해와 바울의 εἴσοδος(들어감)의 순전성에 흠집을 내는 흑색선전을 통한 유혹에도 불구하고 독자들이 그 믿음을 지키고 있으며 바울의 εἴσοδος(들어감)에 대한 기억을 소중히 간직하고 있다는 소식에 대해 말한다(3:6). 이와 같이 바울은 우리가 살핀 바와 같이 우리 본문에서 독자들의 믿음과 그 자신의 εἴσοδος(들어감)를 다섯 번째로 연관 지어 말한다. 1:5-6와 2:13-14에서와 같이 여기서도 이 진술은 독자들의 고난에 대한 언급과 연관된다(3:3-5). 그러고 나서 바울은 디모데의 좋은 소식으로 자신이 얼마나 안도하게 되었는지를 말한다("우리가 이제는 살리라!") (3:7-8). 이 안도감에서 바울은 이렇게 흥분하여 말한다. "너희에 대해, 우리 하나님 앞에서 너희에 대해 느끼는 모든 기쁨에 대해 우리가 하나님께 어떤 감사를 드릴꼬!" "우리가 우리 하나님 앞에서 너희로 말미암아 모든 기쁨으로 기뻐하니 너희를 위하여 능히 어떠한 감사로 하나님께 보답할까!"(3:9). 여기서 우리는 바울이 감사하는 이유가 독자들이 단순히 자신의 εἴσοδος(들어감)에 대해 적절하게 이해하고 믿음을 지키고 있다는 사실 때문이라기보다 *박해와 시험에도 불구하고* 이렇게 하고 있다는 사실 때문임을 분명히 알 수 있다.

따라서 3:1-10은, 바울이 2:1-12에서 자신의 εἴσοδος(들어감)의 순전성의 증거를 제시하여 보여주는 이유를 이해하는 데 도움을 주는 것과 마찬가지로 그가 1:2-6과 2:13-14에서 독자들의 고난에 대한 언급과 감사의 말들을 결합시키고 있는 이유를 이해하는 데도 도움을 준다. 바울은 독자들이 자신의 εἴσοδος(들어감)에 대한 적절한 이해를 가지고 믿음을 가지게 된 것과 대적자들의 박해와 자신의 εἴσοδος(들어감)에 대해 비방하는 흑색선전의 유혹에도 불구하고 그 자세를 견지하는 것에 대해 하나님께 세 번 감사의 말을 반복한다. 2:17-3:10에서는 바울이 자신의 큰 염려와 그 이후에 얻게 된 안도감에 대해 말함으로써 박해에도 불구하고 믿음 안에 서 있는 것에 대한 감사를 표현하고 있다면, 1:6과 2:14에서는 각각 접속사 καί와 이유와 근거를 제시하는 γάρ를 통해 독자들이 박해에도 불구하고 복음을 기꺼이 받아들인 것이 자신의 εἴσοδος(들어감)의 흠 없음만큼이나 복음의 성공 이유였음을 시사함으로써 바울은 동일한 감사를 표현하고 있다.

따라서 살전 1-3장의 주된 구조는 다음과 같이 요약될 수 있다:

(a) *1:2-6에서의 감사* : 바울의 흠 없는 εἴσοδος(들어감)와 독자들이 박해에도 불구하고 복음을 기쁨으로 받아들인 덕에 복음이 성공을 거둔 것에 대한 감사.

 - 1:8-10에서 다른 사람들이 확증해주는 보고에 호소함으로 구체화함(독자들의 모범이 되는 믿음에 반영되는 복음의 성공에 초점을 맞춤).

 - 2:1-12에서 독자들이 아는 바에 호소하여 구체화함(바울의 εἴσοδος[들어감]의 흠 없음에 초점을 맞춤).

(b) *2:13-14에서의 감사* : 1:2-6의 감사로 다시 돌아감(독자들이 복음을 받아들였다는 측면에서 복음의 성공을 재진술함으로써). 독자들이 복음을 받아들이게끔 한 이유에 대한 구체적인 설명들(특히 2:1-12의 설명)을 제시함.

 - 이 감사의 배경: 대적자들의 박해와 시험 및 독자들의 믿음에 대한 바울의 염려: 2:17-3:5.

(c) *3:3-9에서의 감사* : 독자들이 지속적인 박해와 시험에도 불구하고 믿음을 지키며 바울의 εἴσοδος(들어감)에 대한 긍정적 이해를 견지하는 것에 대한 감사(1:2-6과 2:13-14의 감사의 확증).

이 구조는 살전 1-3장의 통일성, 곧 1:2-3:13이 같은 이유로 같은 감사를 세 번이나 반복하는 하나의 긴 감사 부분임을 보여준다.[61] 이 구조

---

61 서신의 편집 이론들을 주장하는 학자들의 견해에 반대한다. 이들은 본 연구에서 확인된 살전 1-3장의 세 가지 특별한 특징들을 인식하지 못한 것만 드러낼 따름이다(앞의 주 60을 보라).

는 슈버트(P. Schubert)가 오랫동안 견지해온 주장이 옳음을 확증해준다. 1:2-3:13의 구조에 대한 자세한 분석을 통해 슈버트는 본문 전체가 바울의 다른 서신에 나오는 감사 부분의 형태적 특징과 잘 맞아 떨어지는 하나의 확장된 감사 부분이라는 결론에 도달한다. 그는 2:1-12과 2:17-3:8에서 바울이 자기 이야기를 하는 것은 "곁길로 빠지는 것(digressions)"이라기보다 빌 1:5, 7b-8와 롬 1:10-13의 개인 이야기와 같이 감사 부분에서 통상적으로 발견되는 요소라고 주장한다.[62] 더 나아가 그는 바울의 감사 부분의 끝에 으레 나오는 마지막 문구와 마찬가지로 3:10의 마지막 문구인 δεόμενοι εἰς τὸ ἰδεῖν ὑμῶν τὸ πρόσωπον καὶ καταρτίσαι τὰ ὑστερήματα τῆς πίστεως ὑμῶν도 살전 1-3장의 감사 섹션 전체가 이 구절에서 절정에 이르게 됨을 보여준다.[63] 그러고 나서 4:1의 λοιπὸν οὖν이 "엄격한 의미에서의"[64] 서신의 결론을 가리킨다는 이해와 1:2-3:13의 감사 부분의 길이에 대한 이해(43개 절로 서신의 5분의 3에 해당함)에 근거하여[65] 슈버트는 "감사 자체가 데살로니가전서의 본문을 이룬다"는 결론에 이른다.[66]

　살전 1-3장에서 바울이 복음의 성공/독자들의 믿음을 자신의 εἴσοδος(들어감)와 다섯 번이나 연관 짓고 그것을 세 번 반복하여 말하는 독자들의 박해에 대한 언급과 세 번 반복하는 감사의 말들과 유기적으로 하나로 연결되게 하는 것(integral connection)을 해석의 열쇠로 사용하여 본 연구는 슈버트의 이 모든 논점들을 확증하게 되었다. 그러나 슈버트는

62　Paul Schubert, *Form and Function of the Pauline Thanksgivings*(BZNW 20; Berlin: Töpelmann, 1939), 19-21. P. T. O'Brien, *Introductory Thanksgivings in the Letters of Paul*(NovTSup 49; Leiden: Brill, 1977), 144; Malherbe, *Thessalonians*, 103-05, 133-34도 보라. 굳이 여기에서 곁길로 빠지는 이야기(digression)를 찾아내고자 한다면 아마도 2:15-16이 그 경우에 해당할 것이다. 그러나 거기에서조차도, 만일 홀츠의 이론이 옳다면, 그것은 곁길로 빠지는 이야기가 아니다. 앞의 주 60을 보라.

63　Schubert, *Form and Function*, 20-23.

64　Ibid., 25.

65　Ibid., 17.

66　Ibid., 26.

살전 1-3장의 감사 부분의 이 특징들을 관찰하지 못한 탓에 감사 부분의 원래적인 부분으로서의 개인 이야기의 기능에 대해서는 적절히 설명하지 못한다.[67] 그러나 살전 1-3장의 구조의 특징들에 대한 새로운 관찰은 감사 부분에서 2:1-12과 2:17-3:8의 이야기들이 어떤 통합적 기능을 수행하는지, 그리고 왜 이 이야기들이 빌립보서(1:5, 7b-8)와 로마서의 감사 부분에 있는 이야기들(1:10-13)보다 풍성한지를 분명하게 이해하는 데 도움이 된다.

살전 2:14-3:8은 주로 바울이 드리는 감사의 배경을 제시하는 중요한 기능을 한다. 독자들이 지속적인 박해를 받고 있기에 바울의 염려가 컸고 디모데의 사역의 결과에 대한 기쁨이 컸던 점을 고려할 때, 바울이 하나님께 열정적으로 감사하는 이 배경에 대해 자세히 설명하는 것을 보는 것은 전혀 이상한 일이 아니다. 바울은 고린도후서에서도 똑같이 하고 있다. 바울이 어떤 식으로 고후 2:14-17의 열정적인 감사에 대해 설명하고 있는지를 주목해 보라. 고후 1:8-2:1에서 그는 자신이 당하는 고난과 독자들을 방문하려 했던 계획을 지킬 수 없게 된 상황과 그로 인해 빚어진 독자들과의 관계적 어려움과 디도의 사역에 대한 긴 설명으로 감사의 배경을 설명하고 있다(참고. 고후 7:5-16).[68]

우리는 이미 살전 2:1-12의 이야기가 살전 1-3장의 감사 부분 내에서 수행하는 필수적인 기능에 대해 관찰한 바 있다. 데살로니가인들이 대적자들의 흑색 선전에도 불구하고 바울의 εἴσοδος(들어감)에 대한 긍정적인

---

67 O'Brien, *Introductory Thanksgivings*, 141-61의 경우에도 동일한 실패를 발견할 수 있다. 그는 슈버트와 같이 1:2-3:13을 하나의 감사 부분으로 인정하지만 이야기는 완전히 빼 버리고 단지 1:2-5; 2:13; 3:9-13만을 다룬다. Wanamaker, *Thessalonians*, 90는 이러한 실패를 양식비평적 접근을 반대하고 자신의 수사적 접근을 옹호하는 데 이용한다. 그러나 와나메이커의 접근법이 가진 문제에 대해서는 다음의 주 77을 보라. 필자는 이 연구를 통해 전통적인 양식비평적 접근법이 했던 것보다 보다 주의 깊게 1-3장의 구조를 관찰해 봄으로써 이야기 부분들을 비롯하여 이 장들의 서로 다른 부분들이 어떻게 하나의 통일성 있는 단위를 형성하고 있는지를 보여줄 수 있기를 바란다.

68 고후 1:8-2:13의 이 요소들은 2:14-3:8의 그 요소들과 꽤 밀접한 병행을 이룬다. 바로 다음 주를 보라.

인식을 가지고 복음을 받아들인 데 대해 하나님께 감사하면서 바울은 그들이 대적자들의 지속적인 흑색선전에 넘어가지 않게 하고 그들이 이 공격들을 물리칠 도구를 갖추게 하고 더 나아가 적극적으로 복음 전도 사역을 수행할 수 있게 하기 위해 자신의 εἴσοδος(들어감)에 대한 그들의 긍정적인 인식을 보다 견고하게 할 필요가 있다. 따라서 바울은 2:1-12의 이야기에서 자신의 εἴσοδος(들어감)의 순전성의 증거를 제시한다. 다시 말하지만, 이것이 바로 바울이 고후 3:1-7:4에서도 하는 일이다. 고후 2:14-17에서 바울은 고린도인들이 바울의 사도로서의 사역에 대한 적절한 이해로 돌이키게 되었다는 디도가 전한 기쁜 소식이 가져다준 위로에 대해 하나님께 감사를 드린 후에 고후 7:5-16에서 하나님의 위로에 대해 감사하는 말을 다시 하기 전에 고후 3:1-7:4에서 자신의 사도직의 정통성과 순전성(온전함)에 대해 먼저 설명한다. 우리는 앞서 바울이 이렇게 하는 것은 본질적으로 살전 2:1-12과 같은 목적 때문이라고 말한 바 있다. 따라서 바울이 하나님께 감사드리는 맥락에서 살전 2:1-12에서 하는 일을 여기서도 하고 있다는 것은 전혀 이상한 일이 아니다. 다시 말해 살전 2:1-12와 2:17-3:8에 나오는 두 개의 이야기 부분을 살전 1-3장의 감사 부분의 본래적 부분으로 보는 데는 아무 문제가 없다.[69]

바울의 감사 부분의 양식에 대해 율법주의적 개념을 가진 사람들만이 살전 1-3장이 감사 부분이라면 바울이 고후 1-7장에서 하는 것을 여기서는 하면 안 된다고 말할 것이다. 바울서신의 감사 부분들에 대한 양식 비평적 분석은 유용한 도구이다. 하지만 이 도구를 사용할 때 이 부분들의 공통점뿐만 아니라 각기 나름대로의 차별성 역시 인정할 만큼 유연성

---

69 살전 1-3장과 고후 1-7장 사이의 구조적 병행은 다음과 같이 도표로 정리해 볼 수 있다:

살전 1-3장	고후 1-7장
2:1-12 이야기(사도로서의 순전성)	3:1-7:4a 이야기(사도로서의 순전성)
2:13 감사의 말	7:4b-16 하나님의 위로에 대한 감사와 기쁨
2:14-3:8 이야기(배경: 고난, 여행 계획, 디모데의 사역)	1:8-2:13 이야기(배경: 고난, 여행 계획, 디도의 사역 등)
3:9 감사의 말	2:14-17 감사의 말

을 가져야 한다. 바울이 기본적으로 같은 감사를 세 번 반복하고, 똑같은 감사의 이유를 다섯 번 반복해서 말하고, 고난을 세 번 반복하는 감사의 말과 직접 연관 지어 그 배경으로 세 번 반복하는 것에 대한 관찰은 분명 우리가 살전 1:2-3:13 전체를 분리할 수 없는 하나의 감사 부분으로 볼 것을 요청한다.[70] 이것을 인정한다면, 바울서신의 감사 부분에 대한 양식 비평적 분석은 살전 1-3장의 감사 부분이 다른 서신의 감사 부분과는 비교가 안 될 만큼 긴 점과 감사를 세 번 반복하는 점, 긴 이야기 부분을 포함하는 점 등의 독특성을 충분히 고려하여 조정되어야 한다.

9. 데살로니가전서 첫 번째 부분의 목적

슈버트가 우리가 관찰한 살전 1-3장의 감사 부분의 구조의 특징들을 인정하지 않는 탓에 초래된 또 다른 심각한 결과는 감사 부분의 기능이나 목적을 적절하게 설명할 수 없다는 것이다. 슈버트는 다른 서신들에서는 감사 부분이 서신의 동기와 내용을 시사하는 서론적 기능을 하지만 데살로니가전서에서는 감사 부분 자체가 바울의 주된 관심 전부를 포함하고 있다고 올바르게 지적한다. 하지만 슈버트가 바울의 관심을 단순히 "그의 [바울의] 데살로니가 교회에 대한 지속적인 염려와 바람에 대한 자세하고 정감 어린 개인적인 진술"로 말하는 것은[71] 매우 실망스러운 일이다. 만일 1-3장에서의 바울의 주된 관심이 독자들의 모범적인 믿음과 그들이 처음에 박해에도 불구하고 복음을 받아들이고 또 현재에도 계속되는 박해에도 불구하고 믿음을 신실하게 지키는 것에 대해 하나님께 진심 어린 감사를 표현하는 데 있다고 주장하는 것이 슈버트가 의미하는 것이라면[72] 이것은 물론 정확한 판단이다. 하지만 슈버트의 결론은 이 감

---

70 따라서 1:2-10을 이어지는 내용과 분리시키거나 2:13-16을 후대의 삽입으로 보거나 2:17-3:10을 "사도적 임재"라는 의심스러운 제목을 달아 별도의 섹션으로 보는 것은 잘못된 것이다. 앞의 주 8을 보라.

71 Schubert, *Form and Function*, 26.

72 Ibid.: "… 데살로니가전서의 감사 부분은 한 가지 중요한—서신적—기능이 있다. 사실 그 기능은 서신 전체의 기능이다: 감사 부분이 곧 서신이며 따라서 서신의 '본론'이다." 참

사 부분이 또한 가지고 있는 권면적이고 변증적인 목적들을 분명하게 인정하지 못한다는 점에서 적절치 못하다.

　우리는 먼저 바울이 이 감사의 말을 개인적인 기도에서가 아니라 대적자들로부터 시험과 박해를 당하고 있는 데살로니가의 그리스도인들에게 보내는 서신에서 자신의 감사를 간증하고 있다는 점을 인정해야 한다. 다시 말해 바울은 그들의 놀라운 믿음에 대해 자신이 하나님께 감사드리는 것임을 알려주고 있다. 그렇다면 1-3장에서 바울이 그들의 모범이 되는 믿음에 대해 세 번 하나님께 감사할 때 그는 하나님께 진심으로 감사하는 마음을 표현하는 동시에 그 믿음에 대해 독자들을 암묵적으로 칭찬하고 있기도 하다. 그들의 고난에 대해 세 번 반복하여 말하고 그 고난에 대해 매우 큰 염려를 표현함으로써(2:17-3:5), 바울은 독자들에게 공감하는(즉, 그들과 함께 고난을 당하는) 마음을 전하고 그렇게 함으로 그들을 위로하고자 한다. 그들이 복음을 위해 고난을 받음으로써 주 예수와 바울 자신과 유대의 교회들과 선지자들을 "본받는 자들"이 되었음(1:6; 2:14)을 거듭하여 강조하고 그리스도인들은 마땅히 고난을 당할 것이라고 전에 제시한 가르침을 상기시키는 것(3:4)은 특별히 고난 받는 독자들에게 위로를 주기 위한 것이다. 이것은 독자들에 대해 하나님의 사랑을 받고 하나님의 선택 받은 자라고 하는 바울의 진술이 그들에게 확신을 주기 위해 고안된 것과 마찬가지 이치다(1:4). 그들이 당하는 이 고난을 배경으로 하여 바울은 독자들을 "마게도냐와 아가야의 모든 믿는 자들에게 본"으로 세우고 그들이 복음을 기쁨으로 받아들인 것과 온전한 회개와 식지 않는 소망과 선교를 위한 적극적인 봉사(1:7-10)에 대해, 곧 그들의 "믿음의 역사와 사랑의 수고와 소망의 인내"(1:3)에 대해 칭찬한다. 하지만 무엇보다 자신이 감사하는 이유인 그들의 믿음을 그들의 고난에 대한 언급과 나란히 언급하되 세 번이나 그렇게 함으로써 바울은 그들이 박해에도 불구하고 복음을 받아들이고 또한 믿음에 굳게 선 것에 대하여 강도 높

고. Malherbe, *Thessalonians*, 104.

은 칭찬을 암묵적으로 전달한다. 독자들을 위로하고, 안심시키고, 칭찬하는 이 모두가 그들이 박해와 시험에도 불구하고 믿음에 거하도록 격려하려는 하나의 목적으로 모아진다.[73]

2:17-3:10에서 바울이 독자들이 대적자들에게 박해받는 것을 세 번 반복해서 언급하면서 자신이 그와 같은 박해에 대해 가진 많은 염려에 대해 길게 이야기를 하는 것은 살전 1-3장의 감사 부분 전체의 배경을 이룬다는 점을 놓칠 수 없게 한다. 반면 바울이 복음의 성공 혹은 독자들의 믿음을 자신의 εἴσοδος(들어감)와 다섯 번 연결시키되, 2:1-12에서는 자신의 εἴσοδος(들어감)의 순전성을 강조하여 입증하여 보여주는 것은 바울이 자신의 들어감의 순전성에 더 큰 강조점을 둔다는 점을 분명히 해준다. 왜냐하면 우리가 살펴본 바와 같이 대적자들의 압력이 바울의 εἴσοδος(들어감)에 대한 흑색선전의 형태를 띠기 때문이다. 따라서 바울이 감사의 말에서 독자들이 복음을 받고 기독교 신앙을 지킴, 그들이 바울의 εἴσοδος(들어감)에 대해 긍정적인 인식을 가짐, 그들이 박해를 받음, 이 세 가지 요소를 결합시킨 것에서 우리는 그가 독자들이 복음을 받아들이고 기독교 신앙을 지키는 것에 대해 하나님께 감사하는 것이 단순히 일반적인 성격의 박해에 직면해서라기보다 바울의 εἴσοδος(들어감)에 대한 흑색선전에 초점을 맞춘 박해를 당하는 가운데 감사한다는 것을 알 수 있다.

따라서 세 번 반복하는 감사의 말에서 바울은 하나님께 감사하는 한편으로 또한 독자들이 대적자들의 흑색선전을 잘 견뎌낸 것에 대해 강조하며 칭찬하고 있다. 이 칭찬을 통해 바울은 그들이 자신의 εἴσοδος(들어감)에 대한 긍정적인 견해를 견지하도록 격려하고 있다. 다시 말해 그

---

73 참고. Malherbe, *Thessalonians*, 85-86. 따라서 1-3장에는 심의적 수사학의 요소가 있다. 바울이 헬라의 수사학 교과서들을 따라 데살로니가전서 전체를 썼다는 이론이나 살전 2-3장이 수사적 구조에서 *narratio*(진술부)에 해당된다는 이론을 지지하지는 않지만 감사 부분의 제의적 혹은 심의적 수사학적 특성과 권면적 기능을 강조한 최근의 수사학 비평자들의 기여는 인정해야 한다(특히 Wanamaker, *Thessalonians*, 90-91).

는 독자들이 대적자들의 계속되는 흑색선전에 넘어가지 않도록 하기 위해 자신의 εἴσοδος(들어감)에 대한 독자들의 긍정적인 인식을 공고히 하고자 한다. 우리가 살펴본 바와 같이 이것이 감사 부분에 바울이 자신의 εἴσοδος(들어감)의 순전성에 대해 조직적이고도 간명하게 입증하여 제시하는 것을 포함하는 이유다(2:1-12). 2:17-3:13 전체에서 바울이 자신의 지속적인 목회적 관심을 애정 어린 말로 표현하고 또 그들을 돕기 위해 애썼던 일이나 특별히 디모데를 그곳에 보낸 것에 대해 설명해주는 것 역시 바울의 εἴσοδος(들어감)에 대한 그들의 긍정적인 인식을 공고히 하고 그들을 안심시키고 그들이 믿음 안에 굳게 거하도록 격려하려는 목적으로 고안된 것이다.

따라서 살전 1-3장의 감사 부분은 독자들의 믿음에 대해 하나님께 감사하고, 박해에도 불구하고 그들이 바울의 εἴσοδος(들어감)에 대한 긍정적인 인식을 견지하고서 믿음에 굳게 서도록 격려하고, 그들이 그의 사역과 메시지에 대한 대적자들의 흑색선전을 물리치도록 돕는다는 이 세 가지 주된 목적을 가지고 있다.

그리고 감사 부분은 도입을 위한 목적도 가지고 있다. 1:3의 "너희의 믿음의 역사와 사랑의 수고와 우리 주 예수 그리스도에 대한 소망의 인내," 이 전통적인 세 가지에 대한 언급을 통해 바울은 나중에 더욱 자세히 다루고자 하는 세 가지 주제를 도입하고 있는 것 같다. 바울은 감사 부분에서 이 세 가지를 조금 다루지만 나중에 각각에 대해 보다 충분히 다룰 것이다(믿음의 역사: 1:5-10; 2:13-16; 3:6-9; 사랑의 수고: 1:8; 4:9-10; 5:12-15; 소망의 인내: 1:10; 4:13-5:11). 그러나 이후에 4-5장에서 더 자세히 펼치게 될 주제들(사랑, 거룩함, 종말론적 소망)의 실제적인 도입은 감사 부분을 마무리하는 3:11-13의 간구 기도에서 이루어진다(참고. 빌 1:9-11). 따라서 살전 1:2-3:13의 감사 부분은 바울의 다른 서신들의 감사 부분들이 가지는 이전형적인 기능 또한 가지고 있다. 하지만 다른 서신과는 비교가 안 될 정도로 긴 감사 부분(1:2-3:10)이 이어지는 4-5장의 섹션에서는 다뤄지지 않는 다른 중대한 관심사들을 다루는 데 치중한 반면 나중에 다룰 주제를 도입하는 기능은 전환적 성격의 간구 기도에서만 나오고 있다는 사실은 분명히 도입적 기능이 부차적인 것임을 가리킨다. 이것은 살전 1-3장의 감사 부분이 단순히 "도입부 역할을 하는 감사의 말"이라기보다는 위의 세 가지 목적을 포함하는 서신의 본론을 구성한다는 것을 의미한다.

10. 살전 4-5장

4:1을 도입하는 λοιπὸν οὖν은 뒤따르는 내용이 실제로 서신의 본론에 덧붙여진 결론적 권면임을 시사한다. 그러나 4-5장의 주된 주제들이 감사 부분의 끝에서 소개되고 있다는 사실(3:11-13)로 볼 때 이 두 장은 단순히 부록 정도로 취급될 수 없다.

이 사실은 감사 부분의 길이와 그 주제들의 무게와 더불어 이 부분 역시 서신의 본문을 구성한다는 것을 시사한다. 따라서 우리는 데살로니가 전서를 크게 두 부분으로 구성된 것으로 볼 수 있다. 1:2-3:13이 첫째 부분을 이루고 4:1-5:24이 두 번째 부분을 이룬다. 성화의 삶과 교회 안팎에서의 건강한 공동체적 삶을 위한 실천적 권면과 독자들을 괴롭혀온 종말에 대한 소망의 몇 가지 포인트들을 분명히 설명하는 것을 통해[74] 두 번째 부분 역시 "[그들의] 믿음이 부족한 것을 보충하고"(3:10) 그리하여 그들의 믿음을 강화하는 중요한 기능을 한다.[75]

그러나 이 두 부분 중에서 바울은 분명 첫 번째 부분에 더 큰 강조점을 둔다. 이것은 이 두 부분에서 바울이 다루는 주제들의 성격과 이 주제들을 다루는 방식을 비교할 때 분명하게 드러난다. 첫 번째 부분에서 바울은 독자들이 그 믿음을 견지하고 믿음에서 떨어지지 않도록 돕는 보다 중요한 과제를 수행한다. 그는 이 권면하고 변증하는 과제를 수행함에

---

[74] 데살로니가에서 돌아온 디모데는 바울과 실라에게 데살로니가의 믿는 자들이 박해에도 불구하고 주 예수에 대한 믿음을 지키고 있다는 것뿐만 아니라 이들이 이 세 가지 영역에서의 몇 가지 구체적인 이슈들과 관련하여 여전히 보다 많은 가르침을 받아야 한다는 긴급한 필요 역시 보고했음이 분명하다.

[75] 우리 서신 전체에 대한 양식비평과 수사비평의 적용 가능성과 두 번째 부분의 구조와 특성에 대한 자세한 내용을 위해서는 필자가 쓴 주석의 제2부에 대한 서론을 보라.

있어 보다 감성적인 접근을 한다. 하지만 두 번째 부분에서는 독자들의 도덕적, 공동체적 삶을 향상시키는 상대적으로 덜 필수적이거나 덜 긴급한 과제를 수행한다(4:1-12; 5:12-22). 그리고 바울은 이 과제를 종말적 소망에 대한 자세한 내용에 대해 설명을 덧붙이면서 대체로 전승에 속하는 도덕적 권면들을 제시함으로써[76] 수행한다(4:13-5:11). 두 번째 부분의 부차적 성격은 4:1을 여는 λοιπὸν οὖν(그러므로 끝으로)이라는 도입문구를 통해서도 분명히 드러난다. 이런 점에서 슈버트가 감사 부분에 대해 이 섹션이 "바울이 제시하고자 하는 주된 정보를 전부 포함하고 있다. 서신 내에서 그 중요성에 있어 이에 필적할 다른 주제는 없다…"[77]고 말한 것은

76　Kim, "Paul's Common Paraenesis"을 보라 (본서의 11장).

77)　Schubert, *Form and Function*, 26. 필자는 Wanamaker, *Thessalonians*, 49-50, 90-91가 수사비평적 접근을 통해 암묵적으로 4-5장을 주된 부분(*probatio*: 논증부)으로 간주하고 1-3장을 단지 그 주된 섹션을 준비하는 *exordium*(서론) (1:2-10)과 *narratio*(진술부) (2:1-3:10)로 간주하는 것에는 반대한다. 그는 주제적 접근에 대해 "서신들의 논증의 통일성과 그 전체적인 구조의 논리에 충분히 주의를 기울이지 않은 채 서신들을 파편화하여 주제를 따라 배열하는 경향이 있다"고 주장하면서 그와 같은 접근을 거부한다(45; 비슷한 비판을 위해서는 R. Jewett, *The Thessalonian Correspondence: Pauline Rhetoric and Millenarian Piety*[Philadelphia: Fortress, 1986], 68을 참고하라). 휴스(F. W. Hughes)는 "The Rhetoric of Letters"(*The Thessalonians Debate: Methodological Discord or Methodological Synthesis?* [ed. K. P. Donfried and J. Beutler; Grand Rapids: Eerdmans, 2000], 194-240)라는 논문에서 "서신적 분석"은 "한 서신의 구조와 기능이 어떻게 그 서신의 내용과 그 저자의 의도와 연결되는지"를 잘 설명하지 못하지만, 수사적 분석은 이 문제를 매우 잘 설명할 수 있으며 그렇게 함으로써 연구하는 그 서신의 삶의 정황(*Sitz im Leben*)을 확립하는 것을 도울 수 있다고 주장하면서(215) 동일한 포인트를 지적한다. 그러나 "The Rhetoric of 1 Thess"(*The Thessalonian Correspondence*[BETL 87; ed. Raymond J. Collins; Leuven: Leuven University Press, 1990], 94-116)라는 논문에서 제시하는 데살로니가전서에 대한 실제 수사적 분석에서 그는 이것을 보여주지 못하고 다만 같은 주장만 반복한다(특히 108페이지를 보라). 위에 언급한 논문에 대한 후속 논문으로 같은 책(*The Thessalonian Correspondence*, 241-54)에 실린 또 다른 논문에서 그는 이상하게도 "비록 바울의 서신들과 유사바울서신들[살전후]에 대한 수사적 분석이 바울과 그 제자들의 목회적 실천에 대해 놀라울 정도로 생생한 통찰을 제공했지만, 이 분석적 방법은 바울이 다루고 있는 데살로니가인들의 사회적 문화적 상황에 대한 이해에 상대적으로 적은 기여를 했다"라고 시인한다(253). 필자의 서신적 연구(와 그에 근거한 필자의 주석)가 데살로니가전서의 여러 부분들의 통일성, 서신 전체 구조의 논리, 서신의 삶의 정황, 그리고 서신에 나타나는 바울의 의도를 와나메이커와 휴스의 수사적 분석들보다 훨씬 더 일관성 있게 설명해주었기를 바란다(와나메이커와 휴스와 위더링턴[B. Witherington]이 살전 4-5장에 대한 수사적 비평의 방법을 혼란스럽게 적용한 것에 대한 보다

84

합당하다.

결론

우리는 살전 1-3장의 다음 세 가지 특징이 데살로니가전서에서 이 특별하게 긴 감사 부분을 적절하게 해석하는 열쇠가 됨을 살펴보았다: (a) 독자들이 복음을 받아들인 것을 바울의 흠 없는 εἴσοδος(들어감)와 연결시키는 오중적 진술이 전체 본문을 붉은 실처럼 관통한다; (b) 이 진술은 세 번 반복하는 감사의 말에 대한 이유를 제시하기 위한 것이다; (c) 세 번 반복하는 감사의 말과 함께 박해에 대한 언급도 세 번 반복된다. 이 세 가지 특징은 감사 부분의 통일성을 확증하는 데 도움이 된다. 이 부분과 고린도후서 1-7장이 동기, 어조, 어휘, 구조, 및 내용 면에서 밀접한 병행을 이루는 것이 살전 1-3장의 불가분리한 감사 부분에 나오

자세한 비평을 위해서는 필자의 주석의 제2부: 권면[4:1-5:24]을 보라). 와나메이커를 반대하는 입장으로 E. Krentz, "1 Thess: Rhetorical Flourishes and Formal Constraints" in *The Thessalonians Debate: Methodological Discord or Methodological Synthesis?* (ed. K. P. Donfried and J. Beutler; Grand Rapids: Eerdmans, 2000), 317도 참고하라. 데살로니가전서를 그리스-로마 수사학 교과서들에 따라 쓰여진 것으로 보려는 견해들을 반박하는 논문에서 크렌츠(Krentz)는, "제의적 수사학에서는 *narratio*(진술부)가 사용되는 일이 거의 없"으며 "*narratio*(진술부)는 법정적 수사학에 적절하게 속한다"는 사실에도 불구하고 주윗Jewett)이 "'서신의 절반'인 1:6-3:13을 *narratio*(진술부)로 간주한 것"에 대한 미첼(M. Mitchell)의 비판을 인용한다(305; Jewett, Thessalonian Correspondence, 72-74,을 비판하는 M. Mitchell, *Paul and the Rhetoric of Reconciliation*[Louisville: Wesminster/John Knox, 1993], 1-19,을 인용하면서). 미첼과 크렌츠의 주윗에 대한 비판은 와나메이커에게도 적용된다. 앞의 53-55페이지를 보라. 바울이 고대 수사학 교과서들의 규칙을 따라서 서신을 썼다는 견해에 대한 반론으로는 여기서 인용하는 크렌츠의 논문 외에도 다음 연구들도 보라. A. J. Malherbe, *Ancient Epistolary Theorists*(SBLSBS 12; Atlanta: Scholars Press, 1988), 1-11; M. Hengel, *The Pre-Christian Paul*(London: SCM, 1991), 58; S. E. Porter, "The Theoretical Justification for Application of Rhetorical Categories to Pauline Epistolary Literature," in *Rhetoric and the New Testament: Essays from the 1992 Heidelberg Conference*(ed. S. E. Porter and T. H. Olbricht; JSNTSup 90; Sheffield: JSOT Press, 1993), 115-16; Winter, "Is Paul among the Sophists?," 35; J. A. D. Weima, "What Does Aristotle Have to Do with Paul? An Evaluation of Rhetorical Criticism," *Calvin Theological Journal* 32 (1997): 458-68; P. K. Kern, *Rhetoric and Galatians*(SBTSMS 101; Cambridge: Cambridge University Press, 1998).

는 두 가지 이야기 곧 2:1-12과 2:14-3:8의 중요한 기능을 설명할 수 있게 해준다. 살전 2:1-12을 한편으로 당시 소피스트들의 εἴσοδος(들어감) 관행과 비교하고 다른 한편으로 고린도후서에서 바울이 제시하는 변증(apologia)과 비교해보는 것은 2:1-12의 변증적 목적을 이해하고 전체적으로 권면하기 위해 디자인된 살전 1-3장의 감사 부분 내에서 바울의 변증의 구체적인 특성을 분명하게 설명하는 데 도움이 된다. 바울이 자신의 εἴσοδος(들어감)가 흠이 없음을 보여주는 것은 그 εἴσοδος(들어감)에 대해 독자들이 가지는 긍정적인 이해를 공고히 함으로써 그들이 믿지 않는 대적자들이 그를 사기꾼 연설가들 중 하나로 폄하하며 퍼트리는 흑색선전을 효과적으로 물리칠 수 있게 하기 위함이다. 살전 4-5장의 성격과 서신의 이 두 번째 부분과 첫 번째 부분(살전 1-3장)과의 관계는 이와 같은 결론을 강화시켜 준다. 왜냐하면 이 두 가지가 2:1-12에서 바울이 자신을 독자들이 본받을 모델로 제시한다는 이론과 첫 번째 부분이 두 번째 부분에 대해 단순히 상대방의 선의를 얻으려는 수사적 목적(philophronetic)에만 기여한다는 이론 두 가지 모두에 대한 반증이 되기 때문이다. 이와 같은 발견들로 인해 우리는 데살로니가전서의 성격을 다음과 같이 요약해 볼 수 있다. 데살로니가전서는 바울이 독자들의 모범이 되는 믿음을 견고하게 하기 위해서 보내는 목회적 서신이다. 바울은 주로 그들이 복음 전도자로서의 그의 순전성 이슈에 초점을 맞춘 대적자들의 박해와 고난을 이겨내도록 돕고, 그들이 성화의 삶과 건강한 공동체적 삶을 살도록 권면하고, 그들이 가지고 있는 종말적 소망의 몇 가지 포인트들을 명확하게 설명함으로써 그들의 믿음을 견고히 하고자 한다.

2장

복음으로서의 하나님의 아들 예수
(살전 1:9-10, 롬 1:3-4)

살전 1:9b-10은 바울이 데살로니가에서 처음 선교사역을 하는 동안 데살로니가인들에게 전했던 복음을 반영한다. 이 구절은 바울이 하나님 의 아들 예수를 자신의 복음 선포의 핵심 요소로 삼았음을 시사하는데 이 점은 다메섹 도상에서 "이방인들 가운데 [하나님의 아들의] 복음을 전하도록" 사명을 받았다는 그의 증언(갈 1:16 참고. 행 9:20)과 다른 곳에서 그가 복음을 하나님의 아들로 정의하는 것과 잘 부합된다(롬 1:1-4, 9; 고후 1:18-20). 마틴 헹엘(Martin Hengel) 교수와 함께 이 놀라운 사실을 관찰하면 서[1] 필자는 왜 바울이 자신이 비교적 드물게 사용하는 이 기독론적 칭호 를 자신의 복음의, 바로 그 정의는 아니라 하더라도, 한 가지 핵심 요소로 삼는지에 대해 생각해보고자 한다. 살전 1:9b-10은 이 문제에 대해 어떤 빛을 비춰주는가? 헹엘이 "주 예수께서 잡히시던/넘겨지시던 밤에 떡을 가지사"(고전 11:23)라는 하나의 절(clause)에서 수난설화 전체를 재구성할

---

1 *Der Sohn Gottes*(Tübingen: Mohr Siebeck, 1975), 20-23.

수 있다고 제안하는 것²에서 영감을 얻어 필자는 살전 1:9b-10을 가지고 바울이 데살로니가인들에게 전했던 복음의 전체 모양을 재구성해보고자 한다.³ 이 글을 통해 "하나님의 아들"이 바울에게 어떤 의미였으며 왜 복음 설교에서 바울이 이 칭호를 핵심 개념으로 삼았는지를 보다 정확하게 배우게 되었으면 하는 바람을 가져본다.⁴

바울은 데살로니가의 그리스도인들에게 서신을 쓰면서 살전 1:2-5에서 자신의 선교사로서의 덕스러운 행실을 보고서 그들이 받아들인 복음이 그들 가운데 가져온 강력한 효과들에 대해 감사함으로 시작한다(1:2-5). 그런 다음 1:6-10에서 바울은 그들의 모범적인 믿음과 마게도냐와 아가야와 다른 곳들에서 행한 복음전도 사역에 대해 그들을 칭찬한다. 1:9-10에서 바울은 마게도냐인들과 아가야인들과 다른 이들이 "우리[곧 바울과 동역자들]에 대해 우리가 너희에게 어떻게 들어갔는지[εἴσοδος]와 너희가 어떻게 우상에게서 하나님께로 돌이켜 살아 계시고 참되신 하나님을 섬기고 또한 하나님이 죽은 자로부터 살리신 그의 아들 곧 우리를 장차 오는 진노에서 건지시는 예수께서 하늘로부터 오시기를 기다리는지"에 대해 보고하는 것을 인용하며 그들을 칭찬한다. 데살로니가의 믿는 자들은 분명 바울과 그의 팀이 보여주는, 보통의 떠돌이 소피스

---

2 필자는 이 제안을 헹엘 교수에게서 여러 번 직접 들었다. 출판된 그의 논문 "Das Mahl in der Nacht, 'in der Jesus ausgeliefert wurde' (1 Kor 11,23)," *Studien zur Christologie. Kleine Schriften IV*(WUNT 201; ed. C.-J. Thornton; Tübingen: Mohr Siebeck, 2006), 451-95를 참고하라.

3 데살로니가전서에서 바울은 독자들 가운데서 선교하는 동안에 그들에게 주었던 가르침을 통상적인 경우보다 훨씬 많이 언급한다(2:11-12; 3:4; 4:1-2, 6, 11; 참고. 5:1-2). 이것은 본 연구에 힘을 실어주는 요소다. 하지만 본 논문에 몇 가지 제한점이 있는데 이를 위해서는 아래 주 47을 보라.

4 이 논문은 Word Biblical Commentary 시리즈의 데살로니가전후서 주석(Grand Rapids: Zondervan, forthcoming)을 준비하는 과정에서 발전시키게 된 몇 가지 아이디어들을 한데 모으고 필자가 이전에 출판한 글들을 보다 발전시킨 것이다. 여기서 필자의 이전 저술들에 대한 언급을 많이 하는 것은 바로 이런 이유 때문이다. 이 논문은 필자의 저서 *Justification and God's Kingdom*(Tübingen: Mohr Siebeck, 2018)의 전체 내용 개관(a synopsis)을 위해 사용되기도 했다. 따라서 이 논문의 어떤 자료들은 그 책의 여러 부분들에서 보다 자세하게 다뤄진 바 있다. 필자가 이전에 출판한 저술들에 대한 언급이 많은 점과 일부 반복되는 부분들에 대해 독자들의 너그러운 양해를 구한다!

트들과 견유학파 철학자들과는 사뭇 다른 차별화된 선교사로서의 행실 (εἴσοδος)에 감동을 받고[5] 바울의 복음을 진리 곧 하나님의 말씀으로 받아들이게 되었다(2:13). 그리고 마게도냐와 아가야와 다른 곳들에서 복음전도를 위해 힘쓰는 가운데 그들은 분명 바울의 εἴσοδος(들어감)를 복음의 신뢰성을 보여주는 중요한 근거로 인용하면서 자신들의 믿음에 대해 증언했을 것이다. 마게도냐인들과 아가야인들과 다른 이들이 데살로니가의 그리스도인들이 우상숭배에서 기독교 신앙으로 놀랍게 돌이킨 것에 대해서만이 아니라 바울의 εἴσοδος(들어감)에 대해서도 말한 것은 바로 이 때문이었을 것이다(1:9-10). 바울은 데살로니가 그리스도인들의 믿음을 "살아계시고 참되신 하나님을 섬김"과 "하나님이 죽은 자들로부터 살리신 그의 아들 곧 우리를 장차 오는 진노에서 건지시는 예수를 하늘로부터 기다림"으로 요약한다(1:9b-10). 이것이 바울이 전했고 데살로니가의 믿는 자들이 받고 믿게 된 복음을 반영하는 것임이 분명하다(1:5).

1. 바울 복음의 요약으로서의 살전 1:9-10

바울이 처음 선교를 할 때 데살로니가인들에게 전했던 복음을 반영하는 9b-10절은 사실상 그 복음의 요약이다.[6] 에이브러햄 맬허비(Abraham J.

---

5 참고. S. Kim, "Paul's Entry (εἴσοδος) and the Thessalonians' Faith (1 Thess 1-3)," *NTS* 51(2005): 519-42 (본서에서는 *1*장에 수록되어 있다).

6 어떤 학자들은 1:9b-10이 바울 이전부터 있었던 신앙고백 형식이나 세례 찬송이나 선교적 가르침을 인용한 것이라고 주장했다. G. Friedrich, "Ein Tauflied hellenistischer Judenchristen," *TZ* 21(1965): 502-16; E. Best, *The First and Second Epistles to the Thessalonians*(BNTC; London: Black, 1972), 85-87; U. Wilckens, *Die Missionsreden der Apostelgeschichte*(WMANT 5; Neukirchen: Neukirchener, 1974), 81-91 등이 그 예다. 그러나 최근의 주석가들 중에는 이 견해를 거부하는 이들도 있다. T. Holtz, *Der erste Brief an die Thessalonicher*(EKKNT; Zürich: Benziger; Neukirchen: Neukirchener, 1990), 55-59; C. Wanamaker, *The Epistles to the Thessalonians*(NIGTC; Grand Rapids: Eerdmans, 1990), 85 등이 그 예다. 필자는 이 구절들을 바울의 것으로 취하는 주석가들을 지지하며 이를 위해 몇 가지 추가적인 논증을 제시한 바 있다: S. Kim, *Paul and the New Perspective: Second Thoughts on the Origin of Paul's Gospel*(Grand Rapids: Eerdmans; Tübingen: Mohr Siebeck, 2002), 90-91. 또한 참고. M. D. Hooker, "1 Thess 1, 9-10: A Nutshell—but What Kind of Nut?" in *Geschichte—Tradition—Reflexion,*

Malherbe)는 이 두 절들을 바울이 전한 복음에 대한 요약이 아니라 "그들
[데살로니가인들]이 회심하게 된 바("what [the Thessalonians] had converted to)"
의 요약으로 본다.[7] 하지만 이것은 근거가 없는 구분법이다. 왜냐하면 이
절들에 요약된 데살로니가인들의 "믿음"(8절)은 바로 바울이 그들에게 전
한 복음을 그들이 받아들인 것을 가리키기 때문이다. 모나 후커(Morna D.
Hooker) 역시 9b-10절의 진술을 통해 "바울이 데살로니가인들에게 자신
이 전한 복음과 그 복음이 그들의 삶의 방식에 대해 지니는 함의들을 상
기시키고 있다"고 인정하면서도 필자가 여기서 제안하는 해석[8]을 강하게
반대한다.[9] 후커는 이 구절들이 "복음 자체의 요약"이 되기에는 "전적으
로 부적절하다"고 믿는다. 왜냐하면 바울의 복음 선포가 다음과 같은 흐
름을 가졌을 것으로 생각하기 어렵기 때문이라는 것이다:

1. 너희 우상들을 버리고 참되시고 살아 계신 하나님께 돌아오라.

2. 하나님을 섬기라.

3. 하나님의 아들이 하늘로부터 내려오시기를 기다리라.

4. 그의 이름은 예수이며 하나님이 그를 죽은 자로부터 살리셨다.

5. 예수께서 다가오는 진노에서 우리를 구원하실 것이다.[10]

여기서 "예수의 죽음은 단지 부수적으로만(incidentally) 언급되며 그의 부
활에 대한 언급 역시 거의 보조 진술(an aside)에 그친다"고 주장하면서, 후

Festschrift für M. Hengel zum 70. Geburtstag(ed. H. Cancik, H. Lichtenberger. and P.
Schäfer; Tübingen: Mohr Siebeck, 1996), 3:437-41.

7   A. J. Malherbe, *The Letters to the Thessalonians*(AB; New York: Doubleday, 2000),
132.

8   참고. Kim, *PNP*, 91-92.

9   M. D. Hooker, "Concluding Reflections: 'Our Gospel Came to You, Not in Word
Alone but in Power Also' (1 Thess 1:5)," in *Not in the Word Alone: The First Epistle
to the Thessalonians*(ed. M. D. Hooker; St. Paul's Abbey-Rome: "Benedictina" Publishing,
2003), 158.

10   Ibid., 158.

커는 이것은 "복음의 이상한 요약"이 될 것이라고 말한다.[11]

하지만 후커의 주장은 9b-10절에 대한 가장 상상력이 결여되고, 문자주의적이고, 원자론적인(atomistic) 해석을 대변한다. 그녀는 이것이 바울이 아마도 3개월 남짓한 기간 동안 선포하고 깊이 있게 강해했던 (expounded) 복음의 "요약"일 뿐이며 이 복음의 전문이 아니라는 점을 잊은 것임이 분명하다. 여기서 "예수의 죽음은 단지 부수적으로만 언급된다"고 불평함으로써 그녀는 이 요약을 원자론적으로만 이해하여 여기 나오는 예수의 죽음에 대한 언급을 4:14과 5:9-10에 나오는 예수의 죽음에 대한 보다 자세한 언급(또한 참고. 1:6; 2:14-15)과 연관 지어 보는 것을 소홀히 하는 문제만 드러낸다. 하지만 5:9-10은 두고라도 4:14이 바울이 데살로니가인들에게 "죽음의 형식(death-formula)"(그리스도께서 우리/우리 죄를 위해 죽으셨다")이나 "믿음-형식(pistis-formula)"(그리스도께서 우리/우리 죄를 위해 죽으시고 부활하셨음을 믿음)[12]을 가르쳤음을 분명히 보여주기 때문에 10절의 "하나님이 그를 죽은 자들 가운데서 다시 살리셨다"는 문구는 바울의 복음선포의 핵심 요소를 적절하게 요약한 것으로 볼 수 있다(참고. 고전 15:1-5). 후커는, 바울이 데살로니가인들에게 자기들의 신들을 버리고 "참되시고 살아 계신 하나님"께 돌아오라고 요구할 때 왜 그 신들은 단지 "우상"에 불과하고 자신이 믿는 하나님, 예수 그리스도의 아버지가 "참되시고 살아 계신 하나님"이신지를 틀림없이 설명했을 것임(참고. 4:5)을 상상하지 못하는 게 분명하다. 그런 설명도 없이 어떻게 데살로니가의 그리스도인들이 자기 신들을 우상으로 알고 버리고서 이스라엘의 하나님을 참되시고 살아 계신 하나님으로 알고 그 하나님께로 돌이킬 수 있었겠는가? 후커는 맬허비와 같이 인위적인 구분을 하면서 9b-10에서 "바울은… 복음 자체에 대해 진술하기보다 그 복음에 대한 데살로니가인들의 *반응*(response)에 대해 진술하고 있다"[13]고 주장한다. 그렇다면 그녀는

---

11 Ibid.
12 참고. W. Kramer, *Christ, Lord, Son of God*(SBT 50; London: SCM, 1966), 19-44.
13 Hooker, "Concluding Reflections," 158 (강조는 그녀의 것임).

바울의 복음 선포에 이런 설명이 포함되지 않았는데도 데살로니가인들이 어떤 방식으로든지 그와 같은 반응을 하게 된 것이라고 상상하는 것인가? 바울이 그들에게 예수의 죽음과 부활과 하나님의 아들로서 하늘로 높임 받으신 것에 대해 가르치지 않았다면 어떻게 데살로니가인들이 예수라는 이름을 가진 하나님의 아들이 죽으시고, 부활하시고 지금은 하늘에 계신다고 믿게 될 수 있었을까? 바울이 그들에게 그리스도의 파루시아(parousia)와 최후의 심판과 그리스도께서 믿는 자들을 구원하심에 대해 가르치지 않았다면 어떻게 데살로니가인들이 하나님의 아들 예수를 기다리고 그가 다가오는 진노에서 건져 주실 것에 대한 소망을 가지게 될 수 있었을까? 9b-10절은 분명 바울이 우리가 다른 서신들에서 확인할 수 있는 그의 복음 선포의 이 모든 핵심 요소들을 데살로니가인들에게 가르쳤음을 말해준다. 사실 후커 자신도 데살로니가전서와 바울의 다른 서신들에 있는 기독론적, 신학적 진술들의 빛 아래서 9b-10절의 짧은 문장들에 함축되어 있는 "신학과 기독론"에 대해 계속해서 자세히 강해한다.[14] 이렇게 볼 때 후커 역시 암묵적으로는 이 구절들을 바울의 가르침의 요약으로 다루고 있는 것이다!

9b-10절이 바울이 데살로니가인들에게 전한 복음을 요약한 것이라는 견해는 고전 15:3b-5a이 바울이 고린도인들에게 전한 복음을 다음과 같이 요약한 것이라고 보는 견해보다 이상한 견해가 결코 아니다:

1. 그리스도께서 성경대로 우리 죄를 위해 죽으셨다;
2. 장사 지낸 바 되셨다;
3. 성경대로 죽은 자 가운데서 사흘만에 살아나셨다;
4. 게바에게 보이셨다.

후커는 이 네 어구들을 바울의 복음의 "요약"으로 인정할 것이다. 왜냐하면 바울이 이 어구들을 가지고 자신이 고린도인들에게 전한 복음을, 심지어 자신이 설교 때 사용했던 "언어적 표현(wording)"를 그대로 반영

14   Hooker, "Concluding Reflections," 159-62.

하면서(τίνι λόγῳ ...), 다시 제시하는 것임을(reproducing) 명시적으로 말하고 있기 때문이다(고전 15:1-2). 그런데 그녀가 9b-10절을 바울의 복음의 요약으로 이해하는 것에 대해 반대 논증을 펼치는 방식을 보면서 이런 질문을 하게 된다: 후커는 바울이 어떤 설명이나 근거 제시도 없이 고린도에서 이 네 어구만 반복했다고 그렇게 상상하는가? 고전 15:3b-5a의 각어구는 분명 전체 이야기 혹은 교리를 요약하는 표제어(summary heading)에 해당된다. 이와 비슷하게 살전 1:9b-10의 각각의 단어나 어구, 절 역시 전체 이야기나 교리를 집약하여 소개하는 키워드 혹은 요약으로 간주해야 한다. 고전 15:3b-5a에서 바울이 자신이 전한 복음을 전승의 언어로 요약한다면, 살전 1:9b-10에서는 표면적으로는 데살로니가인들의 "믿음"에 대한 마게도냐인들과 아가야인들과 다른 이들이 하는 보고를 간단하게 인용하는 방식을 취한다(8절). 하지만 우리가 살펴본 바와 같이 9b-10절에 간단하게 요약된 데살로니가인들의 믿음은 그의 복음에 대한 반응이기에 이것은 그의 복음 선포 내용을 반영하는 것이다. 자신의 복음 선포를 반영하는 데살로니가인들의 믿음에 대한 보고를 인용하는 것이 바울 자신이기에 9b-10절에서 바울이 자신의 복음을 충실하게 반영할 수 있게끔 그 보고를 인용하고 있다고 보는 데는 많은 상상력이 필요하지 않다. 따라서 9b-10절을 바울 복음의 요약으로 보는 것에 대한 후커의 반대논리는 성립될 수 없다.

9b-10절이 바울이 데살로니가인들에게 전한 복음의 요약이며 따라서 이 절들에 나오는 각각의 단어나 어구나 절은 전체 이야기나 교리를 요약적으로 담아내는 키워드나 표제로 간주해야 하기 때문에 이 서신과 바울의 다른 서신에서의 가르침의 빛 아래서 단어들과 어구들과 요약 전체를 설명할 필요가 있다. 이런 식으로 볼 때, 복음의 가장 단순 명확한 요약에는 고전 15:3-5의 복음 정의에서 구원 사건의 초점이라 할 수 있는 그리스도의 죽음과 부활뿐만 아니라 그리스도께서 하늘에 계신 하나님 우편에 하나님의 아들로 높임 받으심과 장차 있을 그의 파루시아와 그가 이루실 구원의 완성 역시 포함되어 있는 것이 분명하다. 따라서 살전

2장 | 복음으로서의 하나님의 아들 예수(살전 1:9-10, 롬 1:3-4)

1:9-10은 고전 15:3b-5a보다 더 풍부한 복음의 요약이다! 아무튼 여기서 바울이 하나님의 아들 예수를 자신이 전한 복음의 이와 같은 요약의 중심에 둠으로써 다른 곳에서 자신의 복음을 하나님의 아들로 정의하거나 요약한 것(롬 1:1-4, 9; 고후 1:18-20; 갈 1:16; 참고. 행 9:20)을 상기시키고 있음을 특별히 주목할 만하다.

2. 하나님의 아들의 대속을 통해 하나님의 진노에서 건지심

하나님의 아들이 "장차 오는 진노에서 우리를 건지고자" 오실 것이기에 하나님의 아들이 곧 "복음," 좋은 소식이라는 것은 살전 1:9-10에서 분명히 나타난다.[15] 바울서신에서 "복음"을 하나님의 아들로 정의하는 모든 구절들(롬 1:1-4, 9; 갈 1:11-12, 15-16; 고후 1:18-20; 살전 1:5, 9-10) 중에서 바울이 이 정의에 대해 곧바로 그 구원론적 근거를 제시하면서 자세히 설명하는 것은 살전 1:9-10이 유일하다. 따라서 우리는 왜 바울이 하나님의 아들을 복음을 정의하는 핵심 용어로 삼기를 좋아하는지 이해할 수 있게 하는 단서를 이 절들에서 찾을 수 있다. 하지만 이 구절이 워낙 압축적으로 구성되어 있어서 그 함의들을 가능한 충분히 알기 위해서는 주의 깊게 그 단서를 풀어나갈 필요가 있다.

이런 추론이 우리 논의의 출발점이 될 수 있을 것이다: 바울이 독자들에게 하나님의 아들 예수께서 최후의 심판 때 그들을 하나님의 진노에서

15　살전 1:9-10에 반영되어 있는 바울 복음의 첫 번째 요소는 유일신론(monotheism)과 그 논리적 요청이다. 신으로 여기는 다른 모든 신들은 단지 우상에 불과한 반면 오직 한 분 하나님만 "살아 계시고 참되신 하나님"(9b절)이시기에 모든 인간들은 우상숭배를 회개하고 이 하나님을 "섬겨야" 한다. 다신교적 이방인들 가운데서 바울이 복음의 이 근본적인 요소를 강조했음이 분명하다(참고. 고전 8:4-6; 다음 주 23을 보라). 그러나 한 분 하나님만 "살아 계시고 참되신 하나님"으로 계신다는 선언 자체는 "복음"을 구성하거나 좋은 소식이 되지 못할 것이다. 그 하나님이 우리를 위한 구원을 가져오신다고 선포될 때 그 소식은 좋은 소식이 될 것이다. 이것이 바로 우리 본문의 두 번째 요소의 관심사다. 따라서 여기서 우리는 10절의 하나님의 아들의 사역에 대한 강해에 초점을 맞추고자 한다. 그 아들의 사역은 사실은 우리의 구원을 위한 홀로 하나이신 "살아 계시고 참되신 하나님"의 사역이기 때문이다.

94

건지실 것이라고 가르쳤다면 바울은 또한 어떻게 그리고 왜 예수께서 그렇게 하실 것인지 또 그렇게 하실 수 있는지에 대해서도 분명 설명을 했을 것이다. 바울은 하나님의 아들 예수께서 우리를 하나님의 진노에서 건지실 것이고 건지실 수 있다는 것을 어떻게 가르쳤을까? 하워드 마샬(I. Howard Marshall)이 이 질문을 제기하고 살전 5:9-10과 롬 5:9을 가지고 그 답을 제시하려고 시도한 것은 높이 살 만하다.[16] 살전 5:9-10은 바울이 예수께서 우리를 하나님의 진노에서 건지심을 우리를 위한 대신적 죽음(vicarious death)과 분명하게 연결시키고 있음을 보여준다. 하지만 어떻게 예수의 대신적 죽음이 우리가 하나님의 진노에서 건짐을 받는 결과를 가져올 수 있는가? 롬 5:8-9에서 바울은 대답한다: 그것은 예수의 대신적 죽음은 곧 우리 죄의 속죄를 위한 죽음이었기 때문에 현재에 있어 우리의 칭의를 가져오는데 이 칭의는 최후의 심판 때 확증되어 "우리가 그로 말미암아 진노하심에서 구원을 받을 것"이기 때문이다.

바울은 그 다음 절에서 "[하나님의] 아들의 죽음"을 통해 현재 누리는 화목과 "그의 생명"을 통한 종말의 구원의 관점에서 이 사실에 대해 보다 자세히 설명한다(롬 5:10). 롬 5:10 하반절의 "그의 생명"이라는 문구는 분명 하나님의 아들이신 그리스도의 부활(생명)을 가리킨다. 왜냐하면 이 문구가 상반절의 "[하나님의] 아들의 죽음"와 나란히 사용되고 있기 때문이다. 롬 5:10b의 장차 있게 될 "그의 생명(곧 하나님의 아들의 부활 생명)을 통한 구원"은 롬 5:9b의 장차 있게 될 "그로 말미암아 [하나님의] 진노하심에서 구원받음"을 다른 표현으로 반복하는 것이기에 이 두 구절(롬 5:9b, 5:10b)은 우리가 그리스도의 죽음과 부활에 참여하는 것뿐만 아니라[17] 롬 8:34c-e에서와 같이 부활하시고 하나님의 아들로 높임 받으신 그리스도께서 최후의 심판 때 중보하심 역시 염두에 두고 있는 것 같다[18](또한 참고.

---

16 I. H. Marshall, *1 and 2 Thessalonians*(NCC; Grand Rapids: Eerdmans, 1983), 59.

17 참고. J. D. G. Dunn, *Romans 1-8*(WBC; Waco, TX: Word, 1988), 260; J. A. Fitzmyer, *Romans*(AB 33; New York: Anchor, 1992), 401.

18 마찬가지 견해로, O. Michel, *Der Brief an die Römer*(KEK; Göttingen: Vandenhoeck

히 7:25; 다음 논의를 보라).

살전 1:10에서 바울이 그리스도의 죽음을 언급하는 것을 볼 때 우리는
1:9b-10에 반영된 복음을 전할 때(살전 1:5) 적어도 살전 5:9-10의 생각이
그 복음 선포에 포함되어 있었을 것이라고(따라서 1:10에 십자가 신학[*theologia
crucis*]이 암시되어 있다고) 안전하게 추정해볼 수 있을 것이다. 그렇다면 바
울이 롬 5:8-10에서와 같이 (데살로니가에서 복음을 전하면서) 그와 같은 생각
을 자세히 풀어 설명하기도 했을까? 데살로니가전서에 의/칭의 언어가
없다는 점을 지적하며, 많은 비평가들은 이 가능성을 부인할 것이다. 그
러나 그렇다면, 바울은 예수의 대신적 죽음과 최후의 심판 때 우리가 하
나님의 진노에서 건지심을 받는 것(이것은 결국은 "칭의"의 행위다) 사이의 연
결에 대해 어떻게 설명했을 것인가? 롬 5:8-10이 그리스도께서 *하나님의
아들로서 우리 죄를 속죄하시기 위해 죽으셨다*는 것뿐만 아니라 우리가
*그의 (부활) 생명을 통해 진노에서 구원받을 것*에 대해서도 어떻게 확증
하는지를 주목해 보라. 이 진술과 살전 1:10의 문장 간의 놀라우리 만치
유사한 몇 가지는 결코 놓칠 수 없다: "[하나님께서] *죽은 자들 가운데서
살리신… [하나님의] 아들 곧 장차 오는 진노에서 우리를 구원하시는 예
수.*" 이 비교를 통해 우리는 예수께서 하나님의 아들로서 죽으심에 대한
언급이 롬 5:8-10에서 설명한 대신적 속죄(vicarious atonement)를 축약한 것
임을 알게 된다.

이 견해는 더 나아가 갈 4:4-5와 롬 7:24-8:4; 8:31-34에 나오는 하나
님의 아들에 대한 유사한 진술들과의 비교를 통해 뒷받침될 수 있다. 갈
4:4-5에서 바울은 하나님이 "그 아들을 보내사 … 율법 아래에 있는 자들
을 속량하심[ἐξαγοράσῃ]"에 대해 말한다. 이 속량은 그리스도께서 십자
가에서 우리를 대신하여 율법의 저주를 지심으로 이루신 "율법의 저주로
부터의 속량"(ἐξηγόρασεν ἐκ τῆς κατάρας τοῦ νόμου)을 의미한다(갈 3:13). "율법

& Ruprecht, 1978), 183; P. Stuhlmacher, *Der Brief an die Römer*(NTD; Göttingen:
Vandenhoeck & Ruprecht, 1989), 76; D. J. Moo, *The Epistle to the Romans*(NICNT; Grand
Rapids: Eerdmans, 1996), 311.

의 저주"는 바로 하나님의 진노의 표현 혹은 그 근거이기에 율법의 저주로부터의 속량은 하나님의 저주로부터의 건져냄(ῥύεσθαι)이다. 롬 7:24-8:4에서 바울은 죄의 법의 종이 된 자연적 인간이 절망 가운데 외치는 절규를 들려준다. "이 사망의 몸에서 누가 나를 건져내랴[ῥύσεται]?" 그리고 나서 바울은 하나님이 예수 그리스도를 통해 그 구원을 이루셨다고 답한다. 하나님은 자기 아들을 보내셔서 우리 죄를 위해 우리를 대신하여 그 몸에 정죄함(κατάκριμα)을 짊어지게 하셨다. 그의 아들 안에서 하나님이 행하신 이 구원의 행위의 결과는 정죄로부터의 해방 곧 하나님의 진노로부터 건져내심이다. 따라서 갈 4:4-5에서와 마찬가지로 롬 7:24-8:4에서도 바울은 하나님의 아들을 하나님이 자기 진노에서 건지시는 사역을 성취하시는 대행자(agent)로, 그의 죽음을 그 건지심의 근거로 제시한다.

이와 같은 생각은 롬 8:31-34에서 다시 나온다. 칭의의 복음에 대한 강해의 절정에서 바울은 하나님이 예정하시고, 부르시고, 의롭다 하신 이들의 구원의 완성("영화롭게 하심")에 대한 확신을 표현하고서(롬 8:28-30), 최후의 심판 때 우리의 의롭다 하심(혹은 하나님의 진노로부터 건져내심)을 완성하실 것을 다시 확신시키기 위해, 바울은 먼저 하나님의 사랑에 대해 언급한다: "자기 아들을 아끼지 아니하시고 우리 모든 사람을 위하여 내주신 이가 어찌 그 아들과 함께 모든 것을 우리에게 주시지 아니하겠느냐?" 둘째로, 바울은 우리를 택하신 하나님이 우리를 의롭다 선언하시는 재판장이시라는 사실을 언급한다. 셋째로, 바울은 그리스도의 사역에 대해 언급한다(34절): Χριστὸς [Ἰησοῦς] ὁ ἀποθανών, μᾶλλον δὲ ἐγερθείς, ὃς καί ἐστιν ἐν δεξιᾷ τοῦ θεοῦ, ὃς καὶ ἐντυγχάνει ὑπὲρ ἡμῶν("죽으시고, 부활하시고, 하나님의 우편에 계시고, 우리를 위해 중보하시는 이는 그리스도 예수시다"). 따라서 하나님이 우리를 위해 자기 아들을 내어주심(32절)과 그리스도의 죽음에 대한 언급들(34b절)은 여기서 앞에 나온 8:3-4(과 5:8-10)의 생각, 곧 하나님이 우리를 사랑하셔서 자기 아들을 보내시고 우리를 의롭다 하기 위해 대신적 속죄의 죽음에 내주셨다는 점을 다시금 반복하는 것이다.

따라서 로마서 5:8-10, 7:24-8:4, 8:31-34와 갈 4:4-5은 살전 5:9-10과

더불어 *하나님의 아들*의 대신적 속죄의 죽음, 즉 대속의 죽음(vicarious and atoning death)이 우리의 칭의 혹은 우리를 하나님의 진노에서 건져내심을 위한 것임을 확인해줌으로써 살전 1:9-10의 하나님의 아들의 죽음에 대한 간단한 언급이 이와 같은 생각의 요약인 것과 바울이 하나님의 아들의 죽음을 복음으로 간주한다는 것을 우리가 이해할 수 있게 해준다. 왜냐하면 *하나님의 아들*의 죽음이 우리의 속죄를 이루었으며 마찬가지로 최후의 심판 때 하나님의 진노로부터의 궁극적인 건지심을 가져올 것이기 때문이다.

3. 하나님의 아들의 중보를 통해 하나님의 진노에서 건지심

롬 8:34에서 바울은 그리스도께서 죽으신 사실을 언급한(34b절) 후에 그의 부활과 높임 받으심과 중보에 대해 언급한다. 그리스도께서 모든 악의 세력들을 물리치고 부활하셨고 지금은 하나님의 전권을 받은 자(=하나님의 아들)로서 하나님의 우편에 앉아 계신다. 그는 누가 우리를 고소한다 해도 우리가 정죄함을 받는 일이 없도록 지금 그리고 하나님의 최후의 심판 때 우리를 위해 중보하시는 분이시다.[19] 여기서 그리스도의 부활과 하나님 우편에 앉아 계심(μᾶλλον δὲ ἐγερθείς, ὃς καί ἐστιν ἐν δεξιᾷ τοῦ θεοῦ)에 대한 언급의 경우 "주" 혹은 "하나님의 아들"이라는 칭호가 보다 부합했을 것이다(우리 본문처럼 시 110:1을 마찬가지로 반영하는 빌 2:9-10와 고전 15:24-28을 참고하라). 갈 4:4-5와 롬 7:24-8:4의 유비들은 또한 정죄에서 건지심

---

19 M. Hengel, "Sit at My Right Hand!," in *Studies in Early Christology*(Edinburgh: T&T Clark, 1995), 159은 ἐντυγχάνει의 현재 시제를 가리키면서, 바울이 그리스도의 현재적 중보와 최후의 심판 때의 중보 모두를 염두에 두고 있으며 그리스도의 현재적 중보는 성령의 중보와 병행이 되는 것(롬 8:26-27)으로 본다고 말한다. 이 해석은 정당하지만 여전히 그 문맥에 나오는 ἐγκαλεῖν, κατακρίνειν 등의 언어와 ὁ δικαιῶν으로서의 하나님(8:33-34)은 여기서 초점이 여전히 최후의 심판에 있음을 시사한다. P. Stuhlmacher, "Christus Jesus ist hier, der gestorben ist, ja vielmehr, der auch auferweckt ist, der zur Rechten Gottes ist und uns vertritt," in *Auferstehung - Resurrection: The Fourth Durham-Tübingen Research Symposium*(WUNT 135; ed. F. Avemarie and H. Lichtenberger; Tübingen: Mohr Siebeck, 2001), 355-57를 보라.

을 받는 것에 대해 말하는 이 맥락에서 "하나님의 아들" 칭호가 사용되었을 가능성을 시사한다. 하지만 여기서 "그리스도" 칭호가 대신 사용된 것은 이 칭호가 죽음 형식과 확고하게 결합되어 있기(Χριστὸς [Ἰησοῦς] ὁ ἀποθανών) 때문이며[20] 바울이 바로 앞의 32절에서 사용한 하나님의 "아들"과는 다른 표현을 사용하고 싶어했기 때문[21]인 것이 분명하다. 어떤 경우든지 간에 롬 8:34은 롬 8:32(ὅς γε τοῦ ἰδίου υἱοῦ οὐκ ἐφείσατο ἀλλ᾽ ὑπὲρ ἡμῶν πάντων παρέδωκεν αὐτόν)의 사고의 연속이기에 롬 8:34에서 바울이(롬 5:8-10; 7:24-8:4과 갈 4:4-5에서와 같이) 그리스도께서 하나님의 아들로서 우리를 위해 속죄 혹은 구속을 이루신 것으로 그리고 하나님의 아들로 높임 받아 "하나님 우편에" 앉아 계시다고 생각하는 것이라고(참고. 롬 1:3-4; 고전 15:24-28) 추정해볼 수 있다. 그러므로 바울은 여기서 그리스도께서 하나님의 아들로서 하나님 우편에서 우리를 위해 드리는 중보를 통해(롬 8:34c-e; 참고. 히 4:14-16) 그리고 십자가에서 이루신 속죄를 통해(롬 8:32a, 34b; 참고. 롬 3:24-26; 4:25) 우리를 정죄로부터 건지신다고 말하고 있는 것이다. 십자가에서 이루신 속죄가 롬 5:8-10; 7:24-8:4; 갈 4:4-5에 나오는 생각과 같은 것이라면 우리를 위한 중보는 추가적인 생각이다. 우리를 위한 중보에 대한 언급을 통해 바울은 최후의 심판 때 우리가 의롭다 함을 받게 되는 것을 이중적으로 확고하게 만드는 것 같다.

그리스도 예수께서 하나님의 아들로서 최후의 심판 때 중보하심을 통해 우리를 하나님의 진노에서 건지신다는 이 생각은 살전 1:10에도 함축적으로 들어있는 것 같다. 살전 3:12-13이 이 가능성을 시사하는데 여기서 바울은 데살로니가의 그리스도인들을 위해 기도하면서 "주 예수께서 그 성도들과 함께 오시고" 그들이 하나님의 심판석 앞에 서게 될 때 주 예수께서 "너희가… 사랑이 더욱 많이 넘치게 하시고… 그래서 너

---

20   참고. Kramer, *Christ, Lord, Son of God*, 26-28.

21   롬 5:8, 10의 하나님의 "아들"과 "그리스도"의 상이한 용법은 롬 8:32, 34에서의 용법과 정확한 병행을 보인다(뒤집어진 순서): "그리스도께서 우리를 위해 죽으셨다" (5:8//8:34)와 "그의 아들의 죽음" (5:10//8:32).

희 마음이 거룩함에 흠이 없게 하시기"를 기도한다. 여기서 바울은 분명 하나님의 아들이신 주 예수께서 최후의 심판 때 신자들을 위해 중보하시는 것에 대해 생각하고 있다. 따라서 살전 5:9-10을 통해 우리가 살전 1:10에 하나님의 아들 그리스도 예수께서 그의 속죄를 통해 최후의 심판 때 우리를 하나님의 진노에서 건지신다는 생각이 함축적으로 들어있음을 알게 되는 것과 마찬가지로 살전 3:12-13을 통해서 우리가 살전 1:10에 하나님의 아들이신 그리스도 예수께서 그의 중보를 통해 궁극적인 구원이 이루어지게 하신다는 생각이 암시되어 있음을 알게 된다.

롬 8:34에 제시된 하나님의 진노나 정죄로부터 우리를 건지시는 아들의 사역의 두 요소(속죄와 중보)는 살전 1:10에도 함축적으로 들어있는 것 같다.[22] 우리는 이미 롬 5:8-10에서 하나님의 아들의 속죄와 중보라는 동일한 결합이 최후의 심판 때에 신자들을 하나님의 진노에서 건지시는 수단이 됨을 살펴본 바 있다. 따라서 살전 1:10은 로마서의 이 두 구절들 (5:8-10과 8:32-34)과 밀접한 병행을 이룬다.[23] 살전 1:10에서 하나님의 진노

---

22 참고. Hengel, "Sit at My Right Hand!," 159.

23 살전 1:9-10와 롬 2:4-6 사이의 밀접한 유사점들도 주목해 보라. 이 유사점들은 후자(롬 2:4-6)를, 당연한 말이지만, 롬 1:18-2:3과 이어지는 내용으로 읽을 때 분명하게 드러난다. 롬 2:4-6에서 참되신 하나님을 섬기는 피조물 된 자들의 의무를 버리고 우상을 섬기는 온갖 악을 행하는 이방인들 (롬 1:18-31)을 정죄하는 자들에 대해 말하면서 바울은 그들이 자기들이 우상을 섬기는 이방인들에 대해 비판하는 "바로 그 똑같은 일"을 한다고 비판한다 (롬 2:1-3). 그리고 나서 바울은 그들이 "우둔한 마음"을 가지고 회개치 않으면 오로지 "진노와 하나님의 의로운 심판의 날"에 하나님의 "진노"를 쌓게 될 뿐이라고 경고하면서(롬 2:4-9) "회개"(μετάνοια)를 촉구한다. 살전 1: 9-10에서 데살로니가의 그리스도인들에게 그들이 우상을 버리고 하나님을 섬기고자 돌아와서 다가오는 하나님의 진노로부터 구원 받을 것을 이제 기대하고 있다고 언급하는 것은 분명 데살로니가에서 선교하는 동안 바울이 롬 1:18-2:9에 제시한 것이나 그가 아덴에서 제시한 것(행 17:22-31)과 비슷한 용어로 복음을 전했을 것임을 시사해준다. 살전 1:9-10과 롬 1:18-2:9 사이의 이 병행과 전자(살전 1:9-10)와 롬 5:8-10 및 8:32-34 사이의 병행에 비추어 볼 때, 살전 1:9-10의 죽은 자 가운데서 부활하시고 우리를 오는 진노에서 구하기 위해 하늘로부터 오시는 하나님의 아들 예수에 대한 짧은 언급은 바울이 롬 1:1-17에서 처음 소개하고 롬 3:21-8:39에서 자세히 펼쳐 보인 하나님의 아들 예수의 복음의 요약으로 보인다. 이 관찰은 바울이 로마서에서 제시한 것과 기본적으로 동일한 복음을 데살로니가에서도 전했음을 보다 분명하게 해준다(살후 1-2장과 롬 1-2장이 "하나님의 공의로운 심판"에 대한 진술에서 보이는 광범위한 병행에서 얻게 되는 똑같은 결론에 대해서는 아래의 본서 12장에 수록한 논문 "데살로니가후서 1-2장에서의 바울의 칭의 교리와 그

로부터 건지심에 대해 말하는 문맥에서 나오는 하나님의 아들의 죽음에 대한 언급이 우리로 하여금 이 구절을 살전 5:9-10과 롬 5:8-9a+10a, 롬 8:32a+34b 뿐만 아니라 롬 7:24-8:4와 갈 4:4-5 (속죄)과도 연관 지어 해석하도록 이끈다면, 부활하여 하나님 우편에 앉아 계신 하나님의 아들의 그림[24]과 그의 파루시아에 대한 생각은 이 구절을 살전 3:13과 롬 5:9b+10b, 롬 8:34c-e (중보)와 연관 지어 해석하도록 이끈다. 하나님의 아들은 그 자신이 강림하시고 최후의 심판이 있게 될 때 우리를 하나님의 진노에서 건지시되, 자신이 십자가에서 이루신 속죄를 근거로 할 뿐 아니라 우리를 위한 적극적인 중보를 통해서도 그렇게 하실 것이다.[25] 살전 1:10에서 하나님의 아들의 죽음에 대한 언급은 단지 에둘러 표현되어 있을 뿐 강조되는 것은 아니기 때문에 그의 속죄라는 요소는 배경에 남아 있고 그의 중보라는 요소가 주요 초점을 이루고 있다고 말할 수 있을 것이다.

교리의 바울 신학과 데살로니가후서에 대한 함의들" 445-49, 454-59 [섹션 1.c와 2]를 참고하라). 이와 같은 복음 선포에 반응하여 데살로니가의 그리스도인들은 우상숭배를 회개하고 돌이켜 자기들을 위해 죽고 부활하신 하나님의 아들 예수를 믿음으로써 살아 계시고 참되신 하나님을 섬기게 되었다. 따라서 이들은 이제 최후의 심판이 그들에게는 하나님의 진노가 아니라 그 진노에서 건지심이 될 것임을 확신 있게 기대할 수 있게 되었다. 그래서 그들은 하나님의 아들 예수가 그들의 구원을 완성시켜 주실 것을 간절히 기다린다 (참고. 살전 5:9). 보다 자세한 논의를 위해서는 아래 주 46을 보라.

24 이것은 살전 1:10에 나오는 하나님의 아들 칭호와 그의 부활에 대한 언급 및 "하늘" 개념에 함축적으로 들어있다.

25 그리스도의 속죄와 최후의 심판 때의 그리스도의 중보의 유기적 연결에 대한 논의를 위해서는 P. Stuhlmacher, *Biblische Theologie des Neuen Testaments*, vol. 1: *Grundlegung von Jesus und Paulus*(Göttingen: Vandenhoeck & Ruprecht, 1992), 335를 참고하라: "최후의 심판 때 높임 받은 그리스도께서는 자신의 대신적 속죄의 죽음이 자기를 믿는 죄인들에게 그 효력을 발하게 하실 것이며 이런 의미에서 δικαιῶν(의롭게 하시는 이)이신 하나님 앞에서 그들의 대언자로서 그들을 위해 중보하실 것이다(롬 8:34; 참고. 사 53:12). 보다 자세한 설명을 위해서는, 롬 4:25와 8:34이 어떻게 사 53장의 종의 사역을 반영하는 이 두 요소들을 유기적으로 하나로 연결하는지를 보여주는 Stuhlmacher, "Christus Jesus ist hier, der gestorben ist …," 355-57을 보라.

4. 복음으로서의 하나님의 아들[26]

살전 1:10과 롬 5:9-10과 롬 8:32-34, 이 세 병행 구절들에서 바울이
최후의 심판 때에 하나님의 진노 혹은 정죄에서 건지시는 예수의 사역을
설명하기 위해 *하나님의 아들*이라는 칭호를 사용하는 것은 주목할 만하
다(롬 7:24-8:4; 갈 4:4-5도 참고하라). 이 세 구절들 모두에서 바울이 구원의 완
성을 최후의 심판 때 하나님의 정죄로부터 건져내심이라는 측면에서 말
하고 있고 그 중 두 곳에서는(롬 5:9-10과 살전 1:10) 심지어 *하나님의 진노*
를 명시적으로 언급하기까지 한다는 점 역시 주목할 만하다. 그리스도
예수께서 하나님의 아들로서 자신의 십자가에서의 우리의 속죄를 위한
대신적 죽음을 통해 그리고 하나님 우편에서 중보하심을 통해 하나님의
정죄 혹은 진노에서 우리를 구원하시기 때문에 바울이 자신의 복음을 하
나님의 아들로 정의하거나 요약하기를 좋아하는 것은 이해할 만하다.[27]

그리스도 예수를 하나님의 아들로 인정하는 것과 그리스도께서 속죄
와 중보를 통해 죄인들을 하나님의 진노에서 건져내시는 것 사이의 이와
같은 연결을 통해 우리는 롬 1:3-4과 16-17에 나오는 복음에 대한 유명
한 이중적 정의의 통일성을 이해할 수 있다. 롬 1:3-4에서 바울은 "하나
님의 복음"(1:1)을 "[하나님의] 아들"에 관한 것으로 정의한다:

> "그는 육신으로는 다윗의 씨에서 나셨고 성결의 영으로는 죽은 자로부터
> 부활하심을 통해 능력 있는 하나님의 아들로 선언되셨다.
> 곧 예수 그리스도 우리 주시다."

두 개의 관계사절로 표현된 복음에 대한 이 정의가 예루살렘 교회의
신앙고백을 반영한다는 것과 바울이 부활하여 "능력 있는 하나님의 아

---

26 이 섹션의 내용은 필자의 책 *Justification*의 2-5, 10장에서 보다 자세히 다룬다.
27 Kramer, *Christ, Lord, Son of God*, 184-85가 이 모든 것을 간과하고 바울이 "하나님
의 아들" 칭호를 특별한 주제들을 위해서가 아니라 다양한 문맥에 그때 그때 집어넣은 것
으로 생각한다는 것은 불행한 일이다.

들"[28]로 세움 받은 그리스도("다윗의 씨"- 참고. 롬 15:12)를 우리 "주" 예수 그리스도로 해석하고서 그 신앙고백을 인용한다는 것[29]은 널리 인정되는 바다. 이 신앙고백의 두 번째 부분(4절)은 그 내용에 있어 롬 8:34와 같다: 하나님의 아들이신 그리스도(롬 8:32)는 "죽은 자로부터 부활하시고 하나님 우편에 계신다."[30] 하나님은 시 110:1을 성취하시어 부활을 통해 그리스도를 자기 우편으로 높이시고 그리스도께서 자신을 대신하여 주로서의 권세("주")를 행사하게 만드심으로써 그리스도("다윗의 씨")가 삼하 7:12-14과 시 2:7을 성취하는 하나님 아들이심을 선언하셨다. 따라서 그리스도는 이제 "능력 있는 하나님의 아들" 곧 하나님의 능력을 행사하는 하나님의 아들이시다.

고전 15:23-28에서 바울은 이 고백에 들어있는 생각들을 자세히 펼쳐 보인다. 하나님은 만물이 자기 아들 그리스도에게 복종케 함으로써 그를 만물 위에 왕으로 세우셨다. 따라서 하나님의 아들 그리스도께서는 마지막 원수인 사망을 포함하여 모든 거역하는 악의 세력들을 정복하기 위해 하나님 아버지께로부터 위임 받은 하나님의 왕권을 행사하신다. 이 과업을 완수할 때 하나님의 아들 그리스도께서는 그 왕권을 하나님 아버지께 돌려드릴 것이다. 이것은 하나님 나라가 현재에는 하나님의 아들 그리스도의 나라로 나타나는 것을 의미한다. 골 1:13-14에 "[하나님의] 사랑하는 아들의 나라"에 대한 명시적인 언급이 나오고 구원을 사탄의 나라("어둠의 권세 잡은 자")로부터 건짐 받아 "우리가 그 안에서 구속 곧 죄 사함을 가지는" 하

---

28 대다수의 최근 주석가들이 인정하듯이(예: E. Käsemann, *Commentary on Romans*[Grand Rapids: Eerdmans, 1980], 12; C. E. B. Cranfield, *The Epistle to the Romans*[ICC; Edinburgh: T&T Clark, 1975], 1:62; Dunn, *Romans* 1-8, 14; Moo, *Romans*, 48-49), "능력 있는 (in power)"은 ὁρισθέντος라는 분사가 아니라 "하나님의 아들"과 연결된 것으로 봐야 한다(이와 다른 견해로는 R. Jewett, *Romans*[Hermeneia; Minneapolis: Fortress, 2007], 107). 다음의 네 페이지 내용은 비슷한 시기에 작성한 필자의 다른 논문 "Paul as an Eschatological Herald," in *Paul as Missionary*(ed. T. Burke and B. Rosner; Edinburgh: T&T Clark, 2011; 아래 본서 16장에 재 출판되어 있다)과 일부 자료를 공유한다.

29 "하나님의 아들"과 "주"는 둘 다 하나님의 우편에 높임 받으신 그리스도에 대한 칭호로 사용될 수 있다(다음 주를 참고하라). 전자는 우리가 그리스도와 하나님과의 관계("상속자")에 보다 주의를 기울이게 하고, 후자는 그리스도에게 위임된 하나님의 능력을 실제로 행사하는 것에 보다 주의를 기울이게 한다.

30 Hengel, "Sit at My Right Hand!," 157을 참고하라.

나님의 아들의 나라로 옮겨짐으로 설명하는 것은 이런 이유에서다. 이 모든 것들을 통해 바울이 롬 1:3-4의 신앙고백을 복음으로 소개하는 것을 충분히 이해할 수 있게 된다. 이 신앙고백이 복음인 것은 하나님이 다윗의 자손 메시아 예수를 자기를 대신하여 구원의 왕권을 행사하고 우리를 사탄의 나라에서 건지시는 자기 아들 혹은 부왕으로 세우셨음을 선언하기 때문이다. 그런데 이것은 가이사 곧 로마 황제를 신의 아들로 이해하고 그의 탄생이나 즉위를 εὐαγγέλιον으로 간주하는 것에 익숙한 그리스-로마 세계의 많은 사람들에게는 너무나 이해할 만한 일이었을 것이다. 그래서 로마서의 어떤 이방인 독자들은 1:3-4에서 바울이 예수께서 가이사 대신 참 황제로 즉위하심의 εὐαγγέλιον(복음)을 선언하는 것인지를 궁금해할 수도 있다. 유대인 독자들로서는 이런 인상을 보다 강하게 받았을 수도 있다. 왜냐하면 롬 1:3-4의 복음의 도입과 15:12의 결론적 선언 사이에서 예수께서 다윗의 자손 메시아로서 왕적 통치를 하신다는 언급이 수미쌍관을 이루게 함으로써 바울은 분명 이 유대인 독자들에게 서신의 본론에서 유대인의 국가적 소망의 관점에서 메시아 예수의 왕적 통치의 복음에 대한 강해를 기대하게 하기 때문이다. 하지만 로마서 본론에서 바울은 로마 제국을 시온에 회복될 다윗의 나라로 대체하는 것에 대해 한 마디 언급도 하지 않는다. 그 대신 바울은 단지 하나님의 아들 예수의 구원 사역을 그의 속죄의 죽음과 부활로 제시하고 그가 가져온 구원을 어떤 정치적 박해로부터의 건져 냄이 아니라 죄의 권세와 육신과 율법과 죽음을 극복하는 것으로 설명한다.[31] 바

---

31 게오르기(D. Georgi)는 롬 1:3-4의 예수의 메시아적 왕권에 대한 고백과 바울이 제국의 선전 (imperial propaganda)에서 두드러지는 신의 아들, 주, 복음, 구원, 의, 믿음, 평화, 자유, 소망 등의 용어들과 개념들을 사용하고 있다는 점을 강조하면서 로마서에 대한 반제국적 읽기를 주장한다 ("God Turned Upside Down," in *Paul and Empire*[ed. R. A. Horsley; Harrisburg, PA: Trinity, 1997], 148-52; 참고. N. T. Wright, "Paul's Gospel and Caesar's Empire," in *Paul and Politics: Ekklesia, Israel, Imperium, Interpretation; Essays in Honor of Krister Stendahl*[ed. R. A. Horsley; Harrisburg, PA: Trinity, 2000], 166-73; idem, *Paul: In Fresh Perspective*[Minneapolis: Fortress, 2005], 76-79). 그러나 로마서의 본론에는 가이사의 통치에 대해 도전하거나 로마의 의와 평화와 구원(σωτηρία)의 허상을 드러내는 것으로 간주될 만한 내용이 별로 없다. 그래서 게오르기는 로마서에서 바울이 자신의 반제국적 복음을 "암호(protective code)" 형태로 제

울은 메시아 예수께서 이방인들을 정치적으로 통치하는 일에 유대인들이 참여할 것에 대해서도 일절 언급을 않는다. 그 대신 유대인들뿐만 아니라 이방인들도 그리스도 예수를 믿음으로 의롭다 함과 구원을 얻게 된다고 설명하는 일에 집중한다. 따라서 바울은 예수께서 다윗의 자손 메시아로서 조상들에게 주신 약속을 성취하기 위해 이스라엘을 위해 하시는 사역이 어떻게 이방인들로 하나님께 영광을 돌리게 하고 그들이 메시아 왕국에서 소망과 기쁨에 이스라엘과 함께 참여하게 하는 결과를 가져오게 되는지(15:7-13)를 경축하고자(celebrate) 일련의 구약인용들(시 17:50; 신 32:43; 시 117:1; 사 11:10)로 서신의 절정에 이른다.

바울이 롬 1:3-4에서 로마 제국의 "복음"에 반대하기 위해 복음을 제시하는 지의 여부에 대한 질문을 다루기에 앞서 우리는 먼저 이 복음이 예루살렘 교회와 또한 사도 바울이 예수의 하나님 나라 복음을 예수 그리스도의 죽음과 부활에 비추어 새롭게 진술한 것(re-presentation)임을 이해할 필요가 있다. 이 신앙고백을 통해 예루살렘 교회는 육신으로 계시는 동안 메시아로서 하나님 나라를 대표하신 예수를 하나님이 죽은 자들 가운데서 살리심으로써 그 예수가 성령을 통해 신적 능력을 행사하는 자기 아들이심을 확증하셨다고 선언한다.

우리가 살펴본 바와 같이 고전 15:23-28에서 바울은 하나님이 자기 아들 그리스도 예수에게 자신의 왕권을 현재에 위임하심에 대해 말함으로, 그리고 골 1:13-14에서는 "[하나님의] 사랑하시는 아들의 나라"에 대해 언급함으로써 예루살렘 교회의 이 복음을 충실하게 대변하고 있다

시한다고(혹은 "숨긴다고"로 말해야 할 수도 있겠다) 주장한다 (ibid., 148-57). 이렇게 게오르기는, 비슷한 생각을 가진 다른 저자들이 바울서신에 대한 반제국적 해석을 제안할 때 종종 그렇게 하듯이, 자기 케익을 먹기도 하고 간직하려고도 하는 식의 불가능한 시도를 한다. 아무튼, 바울이 한편으로는 예수 그리스도의 복음을 반제국적인 복음으로 제시하고 다른 한편으로는 13:1-7에서 로마의 그리스도인들에게 로마의 권세자들에게 복종하고 세금을 바치라고 권면한다는 것은 상상하기 어렵다. S. Kim, *Christ and Caesar: The Gospel and the Roman Empire in the Writings of Paul and Luke*(Grand Rapids: Eerdmans, 2008), 특히 16-21페이지와 본서의 아래 *10장*과 *11장*을 보라.

(represents).

바울이 그의 서신들에서 하나님 나라를 겨우 몇 번 정도만 언급한다
고 이야기하는 사람들이 종종 있다(롬 14:17; 고전 4:20; 6:9, 10; 15:50; 갈 5:21; 골
4:11; 살전 2:11-12; 살후 1:5; 참고. 고전 15:24; 골1:13). 하지만 바울은 하나님 나라
를 적어도 여덟 번 정도 언급함으로 자신이 예수의 하나님 나라 복음에
대해 알고 있음을 보여주고 있다는 사실을 인정하는 것이 중요하다. 사
실 바울이 하나님 나라 복음에 대해 알고 있었다는 것은 그리 놀랄 일이
아니다. 바울이 롬 1:4에서 "능력을 행사하는 [하나님의] 아들"을 "주"로
해석하고 고전 15:23-28과 골 1:13-14에서는 이것을 하나님이 자기 왕
권을 자기 아들 예수 그리스도에게 위임하심으로 설명한다는 사실은(고
전 8:6; 빌 2:9-11 참고) 바울이 "주" 예수 그리스도에 대한 빈번한 언급을 통
해 사실은 하나님의 아들 예수 그리스도의 현재적 왕권을 표현하고 있음
을 이해하게 해준다. 하나님의 아들이 하나님을 대신하여 하나님 아버지
께 위임받은 왕적 권세를 가지고 악의 세력들을 멸하심에 대해 말하는
고전 15:23-28과 "어둠의 권세에서 구원하여 [하나님의] 사랑하시는 아
들의 나라로 옮김"에 대해 말하는 골 1:13-14은 분명 바울이 사탄의 나라
와 대척점에 있는 하나님 나라에 대해 선포한 예수 복음의 종말론적 의
미를 그대로 간직하고 있음을 시사한다(예: 막 3:22-27//마 12:22-30//눅 11:14-
23; 눅 10:18; 13:10-17).

그런데 예수께서 사탄의 나라에서 건짐받아 하나님 나라에 들어가는
것에 대해 이해한 한 가지 방식은 죄 용서와 그 죄의 모든 나쁜 영향 곧
사탄의 왕권에 복종한 데서 생겨나는 다양한 형태의 고통들로부터의 해
방이었다. 이것은 주께서 가르치신 기도에 이미 분명하게 표현되어 있다
(눅 11:2-4//마 6:9-13). 이 기도에서 하나님 나라의 임함에 대한 간구는 죄
용서를 위한 간구와 사탄의 유혹에 관한 간구와 연결된다. 더욱이 이와
같은 이해는 막 2:1-12과 그 병행 구절에 있는 중풍병자를 예수께서 고
치신 이야기에서도 분명하게 나타난다. 여기서 하나님의 왕적 권세를 행
사하는 인자되신 예수(단 7:13-14)는 중풍병자에게 그의 죄가 용서받았음

을 선언하심으로 그를 고쳐 주신다. 예수께서 하나님 나라에서의 구속을 죄 용서와 죄인들을 하나님께로 회복시킴(죄인들이 하나님께로 돌아옴)으로 이해했다는 점은 예수께서 하나님 나라의 담지자로서 죄인들을 [사탄의 나라에서 하나님 나라에 들어오도록] 부르러 오셨다고 선언하면서, 완성된 하나님 나라 잔치의 첫 맛으로 죄인들에게 제공하신 식탁교제에서 가장 선명하게 드러난다(막 2:15-17과 그 병행 구절들; 마 15:24; 눅 15:1-32; 19:1-10; 마 11:19//눅 7:34; 참고. 마 8:11//눅 13:29; 막 14:25과 그 병행 구절들).³² 이와 같은 이해는 더 나아가 성전에 대한 예수의 태도와 그 자신의 죽음에 대한 예수의 관점을 고려할 때 더욱 입증될 수 있을 것이다. 이 두 고려는 예수의 하나님 나라 복음과 자신의 죽음의 관계에 대한 예수의 관점을 확인하는데 도움이 될 것이다.³³ 그러나 물론 이런 논쟁이 될 만한 주제는 여기서 다룰 수 없다. 여기서는 바울이 분명히 성만찬 말씀(막 14:17-25과 그 병행 구절들; 고전 11:23-26)과 대속물 말씀(막 10:45//마 20:28; 고전 9:19, 22; 10:33; 살전 2:6-8; 또한 참고. 딤전 2:5-6; 딛 2:13-14)을 예수의 진정성 있는 말씀으로 매우 중요하게 여기고 있다는 점을 관찰하는 것으로 충분하다. 이와 같은 사실은 바울이 그리스도 예수의 죽음을 속죄를 이루고 우리를 "성도" 곧 하나님의 거룩한 백성 혹은 그의 나라로 만드는 언약을 맺는 제사(참고. 고전 6:1-11)라고 믿는 것은 교회의 부활절 이후 고백들뿐만 아니라(예: 롬 3:24-26; 4:25; 고전 15:3-5; 11:23-26) 그 예수 자신의 가르침이 분명하다고 생각한

---

32 하나님 나라에 대한 예수와 바울의 가르침 사이의 상응점들에 대한 보다 자세한 내용을 위해서는 D. Wenham, *Paul: Follower of Jesus or Founder of Christianity?* (Grand Rapids: Eerdmans, 1995), 71-80을 참고하라. 웬함은 예수와 바울이 공통적으로 하나님 나라를 의와 연관 짓는 것(롬 14:17; 고전 6:9-10; 갈 5:21; 살전 2:12; 참고. 마 5:20; 6:33; 막 2:17; 눅 15:7, 10; 18:14)의 중요성을 파악하고자 애쓰는데 이와 같은 노력은 예수와 바울이 하나님 나라를 죄 용서 혹은 죄인들의 구원과 연관 짓는 것에 대한 우리의 관찰을 통해 더욱 힘을 얻게 될 것이다.

33 참고. S. Kim, "Jesus - the Son of God, the Stone, the Son of Man, and the Servant: The Role of Zechariah in the Self-Designations of Jesus," *Tradition and Interpretation in the New Testament: Essays in Honor of E. Earle Ellis for His 60th Birthday*(ed. G. F. Hawthorne and O. Betz; Grand Rapids: Eerdmans; Tübingen: Mohr Siebeck, 1987), 134-48. 본서의 부록: "예수와 성전"을 보라.

말씀들에도 근거한 것임을[34] 시사하기 때문이다. 그러므로 바울은 하나
님의 아들의 나라를 골 1:13-14에서는 "구속 곧 죄 사함"의 관점에서 그
리고 고전 15:23-28에서는 마지막 원수인 사망(구체적으로 "죄의 삯," 롬 6:23)
을 멸함의 관점에서 해석함으로써 그리고 하나님의/하나님의 아들의 나
라가 사탄의 나라와 전쟁을 벌이고 있다는 종말론적 의미를 간직함으로
써, 예수의 하나님 나라 복음을 부활절 이후 관점에서 충실하게 다시 진
술하고 있다(re-presents).[35]

그런데 "어둠의 권세"를 이기는 하나님의 아들의 나라를 "구속 곧 죄
사함"의 관점에서 해석하는 골 1:13-14과 사망을 하나님의 아들께서 하
나님의 왕권을 가지고 멸하실 모든 "원수들" 가운데 "마지막 원수"로 명
명하는 고전 15:23-28 (죄와 율법과 사망의 연합에 대한 주 예수 그리스도의 파루
시아 때의 마지막 승리에 대해서는 고전 15:51-57를 참고하라)은 분명 이 두 범주
가 사실은 동전의 양면임을 시사한다. 예수께서 하나님 나라 복음에서
죄 용서와 죄의 악영향들에서의 해방의 관점에서 사탄의 나라에서 건지
심의 묵시론적 의미를 구체화하듯이(concretize), 바울 역시 하나님의 아들
의 복음을 죄 용서와 죄의 결과인 죽음에서 건져내심의 관점에서 구체
화한다. 갈 1:4은 이 점을 보다 잘 보여준다. 왜냐하면 이 구절에서 바울
이 그리스도께서 자신을 "우리 죄를 위한" 속죄의 죽음에 내주신 목적을
"이 악한 세대" 곧 "이 세상의 신"이 다스리는 세대로부터 "건지심"으로
구체화하기 때문이다(고후 4:4; 또한 참고. 고전 2:6-8). 그러므로 우리를 하나
님의 아들을 통해 사탄의 나라에서 건져내어 하나님의 아들 그리스도께

---

34 참고. S. Kim, "*Imitatio Christi*(1 Corinthians 11:1): How Paul Imitates Jesus Christ
in Dealing with Idol Food(1 Corinthians 8-10)," *BBR* 13(2003): 193-226(본서의 *15*장에
재 출판되었음). 참고. R. Riesner, "Back to the Historical Jesus through Paul and His
School(The Ransom Logion—Mark 10.45; Matthew 20.28)," *JSHJ*1(2003): 171-99. 본서 *4*장
("바울의 하나님의 아들 예수의 복음을 위한 기초로서의 예수의 인자 말씀들[살전 1:9-10, 롬 1:3-4]")과 5장
("데살로니가전서와 바울의 다른 서신들에 반영되어 있는 예수의 대속물 말씀[막 10:45//마 20:28]과 성만찬
말씀[막 14:17-25과 그 병행 구절들])을 보라.

35 필자의 *Justification*, 129-33에 나오는 자료를 여기서 다시 사용하는 것에 대해 양해를
구한다.

108

서 하나님을 대리하여 통치하시는 하나님 나라로 옮기시는 것은 사탄과
그 우상 대리자들에게 순종했던 우리 죄를 용서하는 행위인 동시에 우
리를 살아 계시고 참되신 하나님, 우리 창조주와 올바르고 적절한 관계
로 회복시키는 행위다(참고. 살전 1:9-10). 따라서 칭의는 사실상 주권 이전
(*Herrschaftswechsel* or lordship-transfer)이다.[36]

그렇다면 롬 1:3-4와 1:16-17에 나오는 복음에 대한 두 정의의 통일성
을 이해하기 어렵지 않다. 고전 15:23-28(참고. 15:51-57)과 골 1:13-14에서
와 마찬가지로 바울은 로마서 1장에서 나란히 제시하는 복음의 두 정의
를 통해 하나님이 자기 아들 예수를 세워 자신의 왕권을 행사하게 하심
(1:3-4)을 하나님이 의롭다 하시는 의의 관점에서(1:16-17) 확증하고 있음
을 알 수 있다. 로마서에서 바울은 하나님이 의롭다 하시는 의의 범주로
혹은 모든 믿는 자들을 의롭게 하는 결과를 가져오는 그리스도의 죽음과
부활의 범주로 복음을 제시하는 데 집중한다. 그러나 바울은 우리가 의
롭다 함을 받음의 인간론적 초점을 위한 보다 거대한 우주적 프레임으
로서 그 배경에 놓여 있는 사탄의 세력들을 멸함이라는 범주 역시 음미
해보게 한다(참고. 롬 1:18-32; 8:18-39; 12:1-2; 16:20). 따라서 바울은 로마서에
서도 하나님의 아들 그리스도께서 하나님의 왕적 권능으로 사탄의 세력
들로부터 우리를 구원하시는 사역이 우리가 의롭다 함을 얻게 하는 혹은
우리가 하나님과의 올바른 관계로 회복되어 창조주 하나님의 나라로 회
복되게 하는 결과를 가져오는 그의 속죄 사역과 중보 사역과 같은 것임
을 가르친다.[37]

---

36 참고. E. Käsemann, "Gottesgerechtigkeit bei Paulus," in *Exegetische Versuche und Besinnungen*(vol. 2; Göttingen: Vandenhoeck & Ruprecht, 1966), 185-93.
37 롬 8:31-39에서도 바울이 최후의 심판 때 의롭다 함을 얻음 혹은 죄를 사면받음을 사탄의 세력들로부터의 구원으로 제시한다는 점을 주목하라. 8:33, 34, 35, 39의 네 개의 τίς 절이 보여주는 병행이 특별히 이 점을 분명하게 해준다(39절의 "... τις κτίσις ἑτέρα δυνήσεται ἡμᾶς χωρίσαι ἀπὸ τῆς ἀγάπης τοῦ θεοῦ ..."라는 절은 의문사 τίς를 가진 그 앞의 세 개의 질문들에 대한 답으로 제시된 것이다). 롬 12:1-2 역시 의롭다 함을 받은 자들은 곧 "이 세대"로부터 구속함을 받은 자들이라는 생각을 함축적으로 내포한다(참고. 고후 4:4; 고전 2:6-8).

로마서 1장의 복음에 대한 두 정의에 대해 우리가 이와 같은 해석에 이르게 되는 것은 단지 롬 1:3-4과 고전 15:23-28; 골 1:13-14 사이의 병행 때문만은 아니다. 바울은 이미 롬 1:3-4 자체에서 이와 같은 해석을 위한 많은 시사점들을 제시한다.[38] 우리는 이미 롬 1:4과 8:32-34이 그리스도께서 하나님 우편으로 높임 받으신 하나님의 아들 부왕(viceroy)이라는 생각에서(시 110:1) 서로 병행이 됨을 주목해 본 바 있다. 이제 롬 1:3과 갈 4:4을 비교해보라:

(περὶ τοῦ υἱοῦ αὐτοῦ)

τοῦ γενομένου ἐκ σπέρματος Δαυὶδ κατὰ σάρκα ... (롬 1:3)

ἐξαπέστειλεν ὁ θεὸς τὸν υἱὸν αὐτοῦ,

γενόμενον ἐκ γυναικός ... (갈 4:4)

이 두 구절을 비교해보면 바울은 롬 1:3-4에서 περὶ τοῦ υἱοῦ αὐτοῦ라는 도입문구를 통해 그 고백이 아들의 선재하심과 그가 하나님의 초월을 기원으로 가짐과 그의 성육신이라는 개념들을 담도록 하고 있음이 분명해진다. 이 비교는 우리가 롬 1:3을 갈 4:4와 같은 생각을 표현하기 위해 바울이 "보냄의 형식"을 사용하는 롬 8:3과도 비교해보게 이끈다. 그렇다면, 롬 1:3-4의 고백의 두 가지 내용, 곧 선재하시는 아들이 다윗의 자손 메시아로 성육신 하신 것에 대한 고백(1:3)과 죽은 자 가운데서 부활하심을 통해 혹은 그의 부활 때부터(ἐκ) "능력을 행사하는 하나님의 아들"로 세움 받으신 것에 대한 고백(롬 1:4), 그 두 사이에서 바울이 하나님의 아들의 죽음을 통한 구속 사역을 의식하고 있는 것으로 가정해 볼 수 있는데 바울은 이것을 롬 8:3-4와 갈 4:4-5, 롬 5:8-10, 8:32-34에서 "보냄의 형식"을 통해 확증해준다(롬 8:32와 갈 2:20의 "내어줌의 형식"과도 비교해 보

---

38 다음의 몇 문단에서 필자의 *Justification*, 53-64에 포함된 자료들을 재사용하는 것에 대해 독자들의 양해를 구한다.

라).³⁹ 그렇다면, 롬 1:3-4의 고백을 인용할 때 바울은 고전 15:23-28과 골 1:13-14에서 제시한 생각들뿐만 아니라 앞서 언급한 로마서와 갈라디아서 구절들에서 말하는 생각들도 염두에 두고 있었을 것이다. "하나님의 복음"은 하나님이 보내셔서 다윗의 씨로(이스라엘의 메시아로) 태어나게 하셨고, 죄를 위한 대신적 속죄의 죽음으로 내어주셨으며, 자기 우편에 높이셔서 자신을 대신하여 능력을 행사하게 하시고(다시 말해 우리를 죄와 사망의 사탄의 나라에서 건져 하나님의 의와 생명의 나라로 옮기게 하시고) 최후의 심판 때 우리를 위해 중보하게 하신 하나님의 아들에 관한 것이다.⁴⁰

복음은 하나님의 아들과 함께 혹은 그 아들을 통해 이루신 하나님의 구원 행위들에 대한 선포다. 따라서 바울이 롬 1:17에서 "[복음]에 하나님의 의가 나타난다"고 말하는 것은 상당히 이해할 만하다. 왜냐하면 하나님의 그와 같은 구원 행위들에 하나님이 이스라엘과 또 온 피조물과 맺으신 언약에 대한 하나님의 신실하심이, 죄 때문에 하나님으로부터 멀어졌던 자들을 하나님과 올바른 관계로 회복되도록 이끄시는 하나님의 신실함이 드러나기 때문이다. 하나님의 의 곧 언약적 신실하심은 무엇보다 자기 아들 그리스도를 보내시고 대속적 죽음에 내어주시는 행위 자체에 드러났다(롬 3:21-26). 하지만 이 신실하심은 또한 복음 곧 하나님의 그와 같은 행위들에 대한 소식에도 드러난다(롬 1:17). 1:2에서 바울은 이미 복음은 하나님이 "성경에서 그 선지자들을 통해 미리 약속하신" 것을 성취하셨음을 말해준다고 함으로써 복음의 이와 같은 특성(곧 하나님의 언

---

39 참고. G. Bornkamm, *Paulus*(Stuttgart: Kohlhammer, 1969), 250-51: "이로써 이 칭호[하나님의 아들]가 정확히 바울의 칭의 교리 안에서 확고한 자리를 가지며[갈 1:15f.; 3장; 4장; 롬 8장] 그 자체로 그리스도의 죽음과 부활의 구속적 의미를 포함한다는 것[롬 5:10; 8:29]은 이해할 만하다."

40 여기서 "원자론적(atomistic)" 주해를 보다 편안히 여기는 이들은 롬 1:3-4의 짧은 구절 안에 너무 많은 것을 주입하여 읽는 것(eisegesis)이 아닌가 하고 미심쩍게 여길 수도 있다. 하지만 필자는 이들에게 바울이 보다 이른 시기의 서신들에서 설명했고 또 로마인들에게 보내는 그 같은 서신에서 너무나 감탄하면서 다시 설명하고자 하는 하나님의 아들의 구원 사역의 그런 요소들에 대한 생각 없이 이 구절에서 하나님의 아들의 복음을 도입할 수 있다고 생각하는 것이 얼마나 현실적인지를 묻고 싶다.

약적 신실함 혹은 "의"의 구현")을 강조했다. 따라서 1:2와 1:17a 모두 복음 안
에 구현된 하나님의 의를 확증해 줌으로써 1:1-4과 1:16-18의 복음에 대
한 두 정의는 통일성이 있는 것으로 봐야 한다는 견해를 강화해준다. 누
구든지 복음을 믿거나 혹은 복음을 믿음으로 받아들이는 사람은 하나님
의 의(즉, 언약의 약속을 신실하게 지키셔서 자기 아들을 통해 이루신 그의 구원 행위들)
의 덕을 입어 의롭게 된다(다시 말해 죄 사함을 받고 하나님과 올바른 관계로 회복
된다). 따라서 그는 죄와 사망의 사탄의 나라에서 구속 혹은 건져내심을
받고 하나님의 의와 생명의 나라로 옮김을 받는다. 다시 말해 그는 사탄
의 나라에서 그 종으로 살았던 것 때문에 당하게 된 하나님의 진노에서
건짐을 받고(참고. 롬 1:18; 2:1-11; 5:8-10; 살전 1:10; 5:9-10) 하나님 나라의 모든
축복을 "유업으로 받을" 하나님 나라 백성이 되거나(참고. 고전 6:9-10; 15:50;
갈 5:21; 살전 2:12; 살후 1:5) 그리스도의 하나님 아들 됨에 참여함으로 그의
형상을 본받게 될(하나님의 아들, 그와 같이 될) 하나님의 자녀가 되어 하나님
의 영광을 "유업으로 받는다"(8:14-17, 29-30; 또한 갈 4:4-6).[41] 따라서 다시 말
하지만, 롬 1:6에서 바울이 복음을 "모든 믿는 자에게 구원을 주시는 하
나님의 능력"으로 정의하는 것은 상당히 이해할 만하다.[42]

　　롬 1:1-4, 9 + 16-18에서 복음을 이와 같은 방식으로 도입하는 것은
롬 8:3-4, 31-39에서 우리를 의롭다 하시거나 우리를 최후의 심판 때 속
죄와 중보를 통해 정죄에서 건지시는 하나님의 아들로 복음에 대한 강해
를 마무리하는 것과 수미쌍관(*inclusio*)을 이룬다.[43] 복음에 대한 강해의 절

41　칭의의 긍정적인 면 곧 창조주 하나님과의 올바른 관계로의 회복은 물론 하나님의 자녀로
　　하나님의 가족 안으로 입양됨으로 표현될 뿐만 아니라 하나님 나라의(예: 살전 2:12) 혹은
　　하나님의 아들의 나라 곧 예수 그리스도가 하나님의 아들("상속자" 혹은 "부왕")로서 하나님을
　　대신하여 다스리는 하나님 나라의(골 1:13) 백성됨으로도 표현될 수 있다. 하나님의 아들
　　의 나라는 또한 "주 안에" 있음(예: 빌 4:4; 살전 3:8) 곧 그리스도의 주권(lordship)의 영역 안에
　　있음으로 표현될 수도 있다. 믿는 자들은 세례 때 "예수는 주시다"(롬 10:9)는 고백을 통해
　　그리스도의 주권의 영역 안으로 옮김받아 그의 주권에 의지하고 순종하는 가운데 "의로운
　　자"로 살아가게 되는 것이다.

42　참고. Bornkamm, *Paulus*, 128-29, 249-51.

43　롬 1:16과 롬 8:34이 함께 막 8:38과 그 병행 본문들과 눅 12:8-9//마 10:32-33에 있는

정에서 바울은 자기 아들을 통한 구원의 행위들에서 드러나는 우리를 향한 하나님의 사랑을 승리의 감격 가운데 경축한다. 왜냐하면 그 사랑이 모든 사탄의 세력들을 물리치고 구원의 완성에 이르기까지 우리를 신실하게 지키실 것이기 때문이다(8:31-39; 참고. 28-30절). 롬 8장에서의 바울의 설명은 바울이 서신의 도입부에서(1:3-4, 16-17) 하나님의 아들 주 예수 그리스도에게서 드러난다고 말한 하나님의 의(혹은 언약적 신실함)에 대한 강해와 그 종말론적 적용으로 보인다.

바울이 *하나님의 아들 그리스도 예수*(혹은 하나님이 그와 함께/그를 통해 하시는 행위들)에 대해 하나님의 "의" 혹은 언약적 신실함을 체현하는 것으로 생각하기 때문에 롬 1:3-4와 1:16-17의 복음에 대한 두 정의의 통일성에 우리 견해는 고후 1:18-20에서의 바울의 강조적 진술을 통해서도 잘 뒷받침받는다. 왜냐하면 거기서도 바울이 자신이 이전에 고린도인들에게 전했던 복음을 "하나님의 아들 예수 그리스도"로 요약하면서, "*하나님은 신실하시다… 왜냐하면 우리가 너희 가운데서 전한 하나님의 아들 예수 그리스도… 그 안에서는 항상 예이기 때문이다. 하나님의 모든 약속들이 그 안에서 예가 되기 때문이다.*"라고 선언하고 있기 때문이다. 바울로서는 이와 같이 *하나님의 아들*(예수 그리스도)이 자기 백성에 대한 하나님의 신실하심을 체현한다.

고전 1:9에서 우리는 똑같은 생각을 발견한다. "*너희를 부르셔서 자기 아들 예수 그리스도 우리 주 안에 참여케 하신*[κοινωνία] *하나님은 신실하시다.*" 하나님은 우리가 세례 받을 때 믿음을 통해 하나님의 아들의 우리를 위한 대신적 속죄의 죽음의 효력이 우리에게 적용되게 하시려 혹은 발생하게 하시려 우리를 부르셨으며 따라서 우리가 그의 대속적 죽음을 통해 우리의 내포적 대리자(inclusive substitute)[44]가 되신 하나님

예수의 인자 말씀을 반영한다는 견해(참고. 빌 1:19-20)를 위해서는 아래 228-32페이지를 보라. 이 견해는 로마서의 두 구절이 수미쌍관을 이룬다는 제안을 보다 강화시켜 준다.

44 이 "내포적 대리자(inclusive substitute)" 개념을 위해서는 H. Gese, "Die Sühne," *in Zur biblischen Theologie: Alttestamentliche Vorträge*(München: Kaiser, 1977),

의 아들 안에 포함되는 혹은 참여하는 일이 실제로 일어나게 되었다. 이
와 같이 우리가 하나님의 아들의 κοινωνία 안에 들어가게 혹은 그의 아
들 되심에 참여하게 되었고[45] 그의 영을 함께 가짐으로 우리가 예수처
럼 하나님을 "아빠"라고 부르고 "그리스도와 함께 하나님의 공동상속자
[συγκληρονόμοι]"가 되어 하나님의 영광을 "유업으로 받기"를 기대할
수 있게 되었다(롬 8:14-17; 갈 4:4-6). 이제 고전 1:9에 있는 이 진술이 그 앞
에 있는 고전 1:7b-8의 진술에서 바울이 표현하는 확신("… 너희가 우리 주
예수 그리스도의 나타나심을 기다린다. 그는 너희를 우리 주 예수 그리스도의 날에 책망할
것이 없는 자로[ἀνεγκλήτους] 서도록 끝까지 견고케 하실[βεβαιώσει] 것이다")의 근거
로 제시되고 있다는 점을 주목해 보라. 하나님은 자기 아들로 우리를 위
해 속죄 제물이 되게 하시고 우리로 그의 아들됨에 참여하도록 하심으로
자기 언약에 신실하심을 친히 증명하셨다. 그와 같이 신실하시기에 하나
님은 또한 우리가 끝까지 인내하여 최후의 심판 때 의롭다 하심을 온전
히 얻게 하실 것이다. 그러나 7-8절은 사실상 주 예수 그리스도께서 최
후의 심판 때 우리가 이 구원의 완성을 누리게 도우실 것임을 말씀한다.
7-8절과 9절 간의 논리관계는 우리가 주 예수 그리스도께서 하나님의
대행자로서 이 일을 하시는 것으로 읽을 것을 요청하기 때문에 하나님의
아들 주 예수 그리스도께서 하실 일은 궁극적으로는 자기 백성과 피조물
에 대한 신실함에서 우리 구원의 전 과정이 이루어지게 하실 분이신 하

95-97; O. Hofius, "Sühne und Versöhnung; zum paulinischen Verständnis des
Kreuzestodes Jesu," in *Paulusstudien*(WUNT 51; Tübingen: Mohr Siebeck, 1989), 41-48;
Stuhlmacher, *Biblische Theologie*, 1:138, 193, 198; W. Pannenberg, *Christ—
God and Man*(London: SCM, 1968), 264ff.을 참고하라.

45 고전 1:9의 κοινωνία는 10:16-17에서와 같은 의미로 해석되어야 한다: 성찬의 잔과
떡을 마시고 먹는 것은 각각 우리가 우리를 위해 흘리신 그리스도의 피와 우리를 혹
은 많은 사람을 위해 내어주신 바 된 그리스도의 몸에 참여하는 것이 실제로 일어나
게 한다(actualizes) (비슷한 견해로 A. C. Thiselton, *The First Epistle to the Corinthians*[NIGTC;
Grand Rapids: Eerdmans, 2000], 104; 또한 W. Schrage, *Der erste Brief and die Korinther (1. Kor
1,1-6,11)*[EKKNT 7/1; Zürich: Benziger; Neukirchen: Neukirchener, 1991], 123를
참고하라).

114

나님의 일인 것으로 간주해야 한다. 그러나 여전히 7-8절의 주 예수 그리스도의 구원의 행위들에 대한 진술에 살전 3:13에서와 마찬가지로 최후의 심판 때 그가 중보하신다는 생각이 암시되어 있는 것으로 볼 수도 있다. 그렇다면 우리는 여기서 적어도 하나님의 아들 칭호와 롬 8:32-34에서와 같이 그의 중보를 통해 성도들을 굳게 지킨다는 생각이 간접적으로 연결되어 있음을 주목해볼 수 있다. 그렇다면 이 사실과 하나님의 아들 주 예수 그리스도의 나타나심을 기다린다는 생각을 통해 고전 1:7b-9은 살전 1:10와 롬 8:18-19 + 31-39와 밀접한 병행을 이루고 있는 것이다. 하나님의 언약적 약속들을 실제로 수행하시는 하나님의 대행자로서 하나님의 아들 예수는 우리를 위한 속죄를 통해 우리를 하나님과의 바른 관계로 회복시키셨으며(곧 우리를 그의 자녀와 상속자로 삼으셨으며) 최후의 심판 때 자신의 중보를 통해 그 칭의를 완성시킬 것이다. 따라서 하나님의 아들은 곧 복음을 의미하는 것이다.

요약과 결론

살전 1:9-10은 데살로니가인들이 굳게 붙든 바울 복음의 요약이다(참고. 살전 1:5). 데살로니가전서와 바울의 다른 서신들의 관련 구절들에 비추어 해석할 때 이 요약에 다음과 같은 생각이 포함되어 있음을 알게 된다: 예수는 우리 죄를 위해 죽고 부활하신 그리스도시다(참고. 4:14; 5:9-10); 그는 주와 하나님의 아들로 높임 받으셨다; 그는 세상을 심판하고 자기 백성들을 구원하기 위해 오실 것이다(참고. 3:12-13; 4:13-5:11). 그의 구원은, 부정적으로 표현하자면 하나님의 진노로부터 건져내심(참고. 5:9)이고, 긍정적으로 표현하자면 자기 백성 혹은 자녀로 택하심(참고. 1:4) 혹은 하나님 나라와 그의 영광으로 부르심(참고. 2:12) 혹은 부활하셨고 다시 오시는 주와 항상 함께 사는 것(참고. 4:17; 5:10)이다. 이 구원은 하나님의 아들 그리스도 예수의 우리를 위한 대속적 죽음을 통해 이루어졌으며(참고. 4:14; 5:9-10) 그리스도께서 다시 오실 때 하나님의 아들과 주로서 하나님의 심판석 앞에서 드릴 중보를 통해 완성될 것이다(참고. 3:12-13). 그리스도의 속죄와 중보를 통해 구원을 얻기를 기다리는 믿는 자들은 기독교 신앙의 대적자들의 손에 많은 고통을 당함에도 불구하고(2:12; 4-5장) "주 안에 굳게 서서"(3:8) 성령의 도우심을 통해(4:8) 주께 복종함으로 거룩하고 절제된 삶, 특별히 사랑의 삶을 계속 이어갈(3:12-13; 4:1-2) 필요가 있다.

이 메시지는 기본적으로 바울의 다른 서신들의 메시지와 같다. 살전 1:10과 롬 5:8-10; 7:24-8:4, 32-34; 갈 3:13; 4:4-6 등과 같은 바울의 다른 서신들의 핵심 구절들 사이에는 밀접한 유사점이 있다. 이 모든 구절들은 그리스도 예수의 하나님의 아들로서의 대속적 죽음이 최후의 심판 때 우리를 하나님의 진노 혹은 정죄함에서 건져내시는 수단임을 확인해준다. 롬 5:8-10과 8:32-34는, 그와 같은 구원을 위한 예수 그리스도의 대속적 죽음만이 아니라 그의 중보에 대해 언급하거나 암시한다는 점에서 살전 1:10과 특별히 밀접하다. 이것은 바울이 갈라디아인들과 로마인들에게 그랬던 것처럼 데살로니가인들에게도 복음을 칭의의 범주로 전했음을 의미한다![46]

이 구절들이 공통적으로 확인해주는 것, 곧 그리스도 예수께서 하나

---

46 위의 주 23을 보라. 그리고 아래 *12장* "데살로니가후서 1-2장에서의 바울의 칭의 교리와 그 교리의 바울 신학과 데살로니가후서에 대한 함의들"도 보라. 위의 주 39에서 인용한 Bornkamm, *Paulus*, 250-51의 말 또한 참고하라. 물론 이 해석은 바울이 갈라디아서와 로마서에서처럼 데살로니가전서에서 칭의 교리를 명시적으로 제시하지 않는다는 사실을 지적하면서 바울이 나중에 그것을 발전시켰다고 주장하는 대다수의 학자들의 견해와는 거리가 있다. 하지만 이들은 보통 데살로니가전서에서는 바울이 1:9b-10; 4:14; 5:9-10 등의 구절들에서 자신의 복음을 요약하는 것 외에는 자신의 복음을 어떤 비중 있는 방식으로는 설명하지 않는다는 사실을 고려하지 않는다. 이들은 이 요약 진술들을 실증주의적이고 원자론적 방식으로 그저 구원 사건의 뼈대 정도로 다루는 것 이상의 함의를 밝혀내려는 진지한 노력도 하지 않는다. 마치 몇몇 단어들이 바울의 복음 설교의 간단한 요약이라기보다 그가 복음을 전할 때 실제로 말한 전부인 것처럼 말이다. 이 일반적인 가정에 반대하는 견해로는 M. Hengel and A. M. Schwemer, *Paul between Damascus and Antioch*(Louisville: Westminster John Knox, 1997), 301-10; R. Riesner, *Paul's Early Period: Chronology, Mission Strategy, Theology*(Grand Rapids: Eerdmans, 1998), 394-403; 필자의 글 "Justification by Grace and through Faith in 1 Thess," in *PNP*, 85-100을 보라. 그리고 S. Kim, "Paul's Common Paraenesis(1 Thess 4-5; Phil 2-4; and Rom 12-13): The Correspondence between Romans 1:18-32 and 12:1-2 and the Unity of Romans 12-13," *TynBul* 62(2011): 109-39 (본서 *11장*에 재 출판되어 있음)도 참고하라.

님의 아들로서 십자가에서 자신의 속죄 제사를 통해 그리고 최후의 심판 때 중보하심을 통해 죄인들을 하나님의 진노에서 건져 주신다는 것은 우리가 롬 1:3-4와 16-17의 복음에 대한 유명한 두 정의의 통일성을 이해하는 데 도움을 준다. 롬 1:3-4은 예루살렘 교회가 부활절 이후에 예수의 하나님 나라 복음을, 지상에 계실 때 메시아로서 하나님 나라를 대표하셨던 예수를 하나님이 죽은 자 가운데서 살리심으로 그가 성령을 통해 하나님의 능력을 행사하는 하나님의 아들이심을 확증해주셨다는 선언으로 새롭게 진술한 것(re-presentation)이다. 바울은 고전 15:23-28에서는 현재에 하나님이 자기 왕권을 그 아들 그리스도 예수에게 위임하신 것에 대해 말하고 골 1:13-14에서는 "[하나님의] 사랑받는 아들의 나라"에 대해 말함으로써 이 복음을 충실하게 대변하고 있다(represents). 롬 1:3-4과 고전 15:23-28, 골 1:13-14 사이의 이 병행은 바울이 롬 1장에서 복음에 대한 두 정의를 나란히 제시함으로써 하나님이 예수를 자기 아들로 세우시고 자기 왕권을 행사하게 하신 것(1:3-4)을 하나님의 의롭다 하시는 의로 확증하고 있는 것(1:16-17) 임을 알도록 이끈다. 이것은 바울이 하나님의 아들 그리스도의 왕권을 고전 15:23-28에서는 그가 (죄와 율법과) 사망을 멸하심으로(참고. 15:51-57) 확증하고 골 1:13-14에서는 "구속 곧 죄 사함"으로 확증하고 있는 것과 마찬가지다. 이와 같이 확증함으로써 바울은 예수의 하나님 나라 복음과 예수께서 하나님 나라를 주로 죄 용서와 죄인들을 하나님께 회복시키는 것으로 확증하신 것을 충실하게 새롭게 진술하고(re-presents) 있는 것이다.[47]

---

47 이 글은 보다 확장된 연구의 1부에 해당된다. 여기에서는 지면관계상 생략된 2부에서 필자는 살전 1:10의 하나님의 아들이 장차 하늘로부터 오신다는 생각은 예수의 인자의 오심에 대한 말씀의 생각을 바울이 재 진술하는 것이며(참고. 살전 3:13; 4:13-5:11) 바울이 대속을 위해 내어줌이 되고(막 10:45//마 20:28; 막 14:21-25과 그 병행 구절들) 최후의 심판 때에 자기 백성들을 위해 중보하시는(눅 12:8-9//마 10:32-33; 막 8:38과 그 병행 구절들) 인자에 대한 예수의 말씀들에 기초하여 대속적 죽음과 중보를 통해 우리를 하나님의 진노에서 구원하시는 하나님의 아들의 복음을 전한 것임을 계속해서 논증한다. 이 논증은 바울의 복음과 예수의 복음 사이의 밀접한 연속성을 더 한층 입증하고 또한 바울이 데살로니가에서 전한 복음을 여기 1부에서 한 것보다 훨씬 더 온전히 재구성하기 위한 것이다. 2부는 아래 본서

이 모든 것을 고려해볼 때 바울에게 복음은 무엇이었는지를 보다 잘 이해하게 된다. 바울로서는 예수 그리스도를 하나님의 아들로 시인하는 것은 창조 사역뿐만 아니라 구속 사역에서도 전권을 가진 대행자가 되도록 하나님이 그를 보내셨음을 의미한다(참고. 골 1:13-20; 고전 8:6). 따라서 예수 그리스도는 하나님의 아들로서 하나님을 대신하여 하나님의 왕권을 행사하여 우리를 사탄의 죄와 사망의 나라에서 구속하여 하나님의 의와 생명의 나라로 옮기신다. 이 구속은 예수의 십자가에서의 우리를 위한 대신적 속죄의 죽음과 최후의 심판 때의 중보를 통해 이루어진다. 따라서 예수는 하나님의 진노에서 우리를 건지시며 우리를 의롭게 하신다. 다시 말해 우리의 죄 사함과 하나님과의 올바른 관계로의 회복을 가져옴으로써 우리가 다시 한번 창조주의 무한한 사랑과 부요함 가운데 살아가도록, 혹은 바울의 은유로 표현하자면, 하나님의 자녀로서 그의 영광을 유업으로 받도록 하신다. 하나님의 아들 예수 그리스도의 이 모든 구원 행위는 궁극적으로 하나님의 구원 행위다. 왜냐하면 하나님이 선재하신 아들을 보내사 인간으로 태어나게 하시고 그를 우리를 위한 대신적 속죄의 죽음에 내어주시고, 자신의 왕권을 행사하고 우리를 위해 중보하도록 그를 자기 우편으로 높이셨기 때문이다(시 110:1, 4). 하나님은 자기 백성과 온 피조물과의 언약에 신실하시기에 그의 아들을 통해 이 구원 행위들을 이루셨다. 따라서 하나님의 아들 예수 그리스도는 하나님의 언약적 신실함 혹은 그의 사랑의 체현이다(롬 5:8-10; 8:32; 참고. 갈 2:20). 하나님의 아들 예수 그리스도를 "복음" 곧 온 세상을 위한 하나님의 구원의 좋은 소식이라 부르는 이유가 바로 여기에 있다. 따라서 바울은 롬 1:3-4, 9과 고후 1:19-20에서뿐만 아니라 살전 1:10과 갈 1:16에서도(참고. 고전 1:7-9, 골 1:13-14) 복음을 하나님의 아들로 요약한다.

만일 하나님의 아들 예수 그리스도가 하나님의 능력을 온전히 입은

4장 "바울의 하나님의 아들 예수의 복음을 위한 기초로서의 예수의 인자 말씀들(살전 1:9-10, 롬 1:3-4)"에 수록되어 있다.

118

구원(과 창조의) 대행자이시고 따라서 하나님의 언약적 신실함이나 의나 사랑을 체현하신 분이시라면 그는 하나님의 계시자 곧 하나님의 형상이시다(고후 4:4, 6; 골1:15-20). 예수 그리스도는 초월자 하나님의 내재성(immanence)이 구체화된 형상이시다. 그는 참으로 "임마누엘" 곧 우리와 함께하시는 하나님이시다(참고. 마 1:23; 사 7:14). 여기서 하나님의 아들 주 그리스도 예수께서 삼위일체 하나님의 한 위격을 이루신다는 통찰이 시작된다(예컨대 고전 8:6; 요 1:1-18; 5:19-24; 14:8-11; 계 4-5장를 참고하라).[48] 오직 하나님의 아들 그리스도 예수 안에서만, 초월자(전능자)이신 하나님의 사랑을 통한 내재하심 안에서만[49] 인간과 모든 피조물이 자신들의 유한성과 그 결과인 죽음을 극복하고 생명—"영생"(오는 세대의 생명 혹은 하나님 나라, 곧 신적 생명)을 얻을 소망을 가진다. 그가 없이는 인간들은—무신론자들이건(이들은 하나님은 없다 하고 자신들은 유한한 존재들일 뿐이기에) 범신론자들이건(이들은 우리 외에는[extra nos] 하나님이 없다고 여기기에) 이신론자들이건(이들은 우리를 위해[pro nobis] 오는 하나님은 없다고 믿기에) 간에—그들 자신의 유한한 자원에 내버려둠을 당한다(인본주의). 이것이 바로 하나님의 아들 곧 우리와 함께 하시고 우리를 위하시는 초월의 하나님이 인류와 온 피조물에게 복음이 되는 궁극적인 이유다.[50]

---

48 이 통찰의 구약과 유대교 내에서의 종교사적 혹은 전승사적 배경에 대한 자세한 설명을 위해서는 Hengel, *Sohn*, 35-89과 더 나아가 R. Bauckham, *Jesus and the God of Israel: God Crucified and Other Studies on the New Testament's Christology of Divine Identity*(Grand Rapids: Eerdmans, 2008)을 참고하라.

49 바울은 하나님의 의나 신실하심이나 사랑을 예수께서 하나님의 아들이시라는 고백과 명시적으로 연관 지어 강조하지만 하나님의 전능한 능력에 대해서는 그렇게 하지 않는다. 하지만 바울은 하나님을 창조주로, 그의 아들 그리스도를 창조와 구속의 대행자로(골 1:13-20) 시인하는 것에서뿐만 아니라 특히 하나님이 예수를 죽은 자 가운데서 살리시고 그를 높이셔서 하나님의 아들 혹은 "주"로서 사망을 비롯한 모든 악의 세력들을 정복하게 하셨다는 진술들(롬 1:3-4; 8:31-39; 고전 15:23-28; 살전 1:10; 참고. 빌 2:9-11; 3:20-21; 고전 1:18-25)에서도 자주 하나님의 전능하신 능력을 전제하거나 암시한다.

50 참고. Bornkamm, *Paulus*, 250; Hengel, *Sohn*, 144.

Paul's Gospel for the Thessalonians and Others

=== **3장** ===

바울이 데살로니가인들에게 전한 복음 : 데살로니가전서와 바울의 후기 서신들에서의 바울 복음의 연속성과 통일성

1. 살전 1:10과 롬 1:2-4 + 16-17의 통일성

앞장에 수록된 논문에서 필자는 다른 무엇보다 다음 세 가지 주장을 펼쳤다. (1) 살전 1:9b-10의 데살로니가 그리스도인들의 "믿음"에 대한 언급이 표면적으로는 보고 형태를 띄지만 사실은 바울이 그들에게 전하고 그들이 "하나님의 말씀"으로 받아들였던 복음(1:5; 2:13)을 그가 요약한 것이다. (2) 살전 1:10에서 죽으시고 부활하시고 최후의 심판 때 우리를 하나님의 진노에서 구원하기 위해 오실 하나님의 아들로 요약된 복음은 롬 1:2-4 + 16-18에 요약되어 있고, 롬 5:8-10에서는 짧게 새로 진술되어 있으며, 롬 8장에서는 자세히 설명되어 있는 복음과 동일한 복음이다. (3) 이것은 데살로니가전서와 로마서가 하나님이 자기 아들 예수 그리스도를 통해—그의 십자가에서의 대속의 죽음과 최후의 심판 때 중보를 통해—죄인들을 의롭게 하신다는 본질적으로 동일한 복음을 제시하고 있음을 보여준다.

2. 바울이 비시디아 안디옥(행 13:16b-48)과 데살로니가에서(행 17:1-9) 전한 복음과 롬 1:1-17에 기록된 복음 사이의 병행

이 견해는 바울이 비시디아 안디옥(행 13:16b-52)과 데살로니가에서(행 17:1-9) 전한 복음에 대한 누가의 보고를 통해 뒷받침을 받는다. 우선, 비시디아 안디옥에서의 바울의 설교가 롬 1:1-5 + 16-17의 바울의 복음과 얼마나 밀접한 병행을 보이는지를 보라:

(a) 예수, 다윗의 "씨"(σπέρμα): 행 *13:23* // 롬 *1:3*.

(b) 바울은 하나님이 조상들에게 약속(ἐπαγγελίαν)으로 주셨고 우리에게 이루어지게 하신 복음을 전한다(εὐαγγελιζόμεθα): 행 *13:32-33*(혹은 *17-37*) // 롬 *1:1-2*.

(c) 하나님은 시 2:7에 "너는 내 아들이라 오늘 내가 너를 낳았다"라고 기록된 것처럼 예수를 다시 살리셨다(ἀναστήσας): 하나님은 "그를 죽은 자 가운데서 살리셔서(ἀναστήσας) 더 이상 썩어짐을 당하지 않게 하셨다. [그리고] 이렇게 말씀하셨다. '내가 네게 다윗의 거룩하고 신실한 [축복?]을 주겠다.'" 이것은 사도행전 13:22-23에 비추어 삼하 7:12-16과 시 2:7에 약속된 다윗의 왕권에 대해 가리키는 것으로 볼 수 있다. 따라서 사도행전 13장의 설교는 롬 1:4의 "'다윗의 씨'를 죽은 자 가운데서 일으키심으로 [ἐξ ἀναστάσεως νεκρῶν] 능력을 행사하는 하나님의 아들로 세우셨다 [ὁρισθέντος]"는 문구를 보다 자세히 설명한다: 행 *13:33-35* // 롬 *1:4*.

(d) 죽은 자 가운데서 다시 살리신 다윗의 씨/하나님의 아들 예수를 통해 "죄 사함이 너희에게 선포되었다"; "모세의 율법으로는 아무도 그 어떤 것에서도 *의롭게 될*[δικαιωθῆναι] 수 없지만 그를 통해 믿는 모든 *자*[πᾶς ὁ πιστεύων]가 의롭다 함을 얻는다 [δικαιοῦται]: : 행 *13:38-39* // 롬 *1:3-4 + 16-17*(+ 롬 *3:20-26; 8:3-4;*

갈 2:16).

(e) 롬 1:17에서는 합 2:4이 인용되는 데 반해 행 13:41에서는 합 1:5이 인용된다. 하지만 인용된 하박국 구절들은 하나님이 그리스도 안에서 이루신 구원 역사에 대한 복음을 믿고 하나님의 구원을 덕 입도록 청중을 격려하는 같은 목적을 이룬다. 후자(합 1:5)가 믿지 못하면 멸망에 이르게 될 것임을 경고함으로 부정적인 방식으로 그 목적을 이룬다면 전자(합 2:4)는 긍정적인 방식으로 그 목적을 이룬다: 행 13:41 // 롬 1:17.

(f) 유대인들의 반대에 맞서 바울과 바나바는 "담대히 말했다"(παρρησιασάμενοι): 행 13:46 // 롬 1:16: "나는 복음을 부끄러워하지 않는다" οὐ γὰρ ἐπαισχύνομαι τὸ εὐαγγέλιον (참고. 빌 1:20; 고후 3장; 행 28:31).[1]

(g) "하나님의 말씀을 마땅히 너희 [곧 유대인들]에게 먼저 말해야 했다… 우리가 이방인들에게 간다": 행 13:46 // 롬 1:16b; 2:9-10: "먼저는 유대인에게요 또한 헬라인에게로다."

(h) "내가 너를 이방의 빛으로 삼아 너를 통해 땅 끝까지 구원이 미치게 하겠다"(사 49:6; 참고. 42:6, 16): 행 13:47 // 갈 1:15 (참고. 고후 4:6); 롬 1:1+5, 14.[2]

(i) 이방인들이 영생을 위해 복음을 "믿었다": 행 13:48 // 롬 1:16-17.

(j) 바울은 이방인 신자들에게 "하나님의 은혜 안에 계속 거할 것"을 촉구했다(행 13:43)—바울의 칭의의 교리의 핵심 단어인 "은혜" 용어에 주목하라.

(k) 행 13:16b-42에 설명된 복음(즉 롬 1:2-4의 복음)을 행 13:44, 46, 48, 49에서 "하나님/주의 말씀"으로 반복해서 부름 // 롬 1:1에서는 롬

---

1 참고. W. van Unnik, "The Christian Freedom of Speech in the NT," *Sparsa Collecta*(Part Two; Leiden: Brill, 1980), 269-89, 특히 277-78페이지; 또한 N. T. Wright, *Paul: A Biography*(San Francisco: HarperOne, 2018), 390.

2 참고. S. Kim, "Isaiah 42 and Paul's Call," in *PNP*, 101-27.

1:2-4의 복음을 "하나님의 복음"으로 부름("하나님의 말씀"이라 부르는
살전 2:13을 참고).[3]

행 13:16b-52과 롬 1:1-4 + 16-17 사이의 이와 같은 밀접한 병행은 분
명 비시디아 안디옥에서 바울이 로마서 구절에서 인용하는 예루살렘 교
회의 복음 곧 예수가 메시아 곧 다윗의 씨로서 죽은 자들로부터 일으킴
을 받고 하나님을 대리하여 왕적 권능을 행사하는 하나님의 아들로 높임
받았다는 복음(롬 1:2-4)을 전했다는 점과 바울이 이 복음을 전할 때 그 구
원론적 의미를 복음을 믿는 모든 자를 하나님이 의롭게 하신다는 표현을
통해(롬 1:16-17) 자세히 강해했다는 점을 분명하게 시사한다.

바울이 데살로니가에서 한 선교에 대한 보고에서(행 17:1-9) 누가는 바
울이 거기서 전한 복음을 예수가 메시아이심과 그의 죽음과 부활의 필연
성의 관점에서 요약한다(2-3절). 그런 다음 그는 바울이 자기들 회당에서
복음을 전하는 것을 들은 유대인들이 "가이사의 명"을 거역하여 "또 다른
왕 예수가 있다"는 메시지를 전하는(6-7절) 반역자들이라며 그와 그의 선
교팀을 데살로니가의 관리들(politarchs)에게 고발한 것에 대해서도 보고한
다.[4] 아래 세 가지 포인트는 실제로 바울이 비시디아 안디옥에서 전한 긴
설교의 본질적 요소들을 요약한 것이다:

(a) "예수는 메시아시다"(17:3b) 〈예수는 다윗의 씨다(행 13:22-23).

(b) 바울은 성경으로부터 "메시아가 고난 받고 죽은 자 가운데서 살아
     나는 것은 필연적인 일이었다"는 것을 설명하고 입증했다(17:2-3a)
     〈예수의 고난과 십자가 죽음과 부활은 예언들 혹은 하나님의 약속
     들을 따라 일어났다(행 13:26-37).

---

3 이 병행들 중 몇몇은 주석가들도 인정하지만(참고. C. S. Keener, Acts: *An Exegetical*
    Commentary. vol. 2. *3:1-14:28*[Grand Rapids: Baker, 2013], 2069-99) 우리가 여기 제시한 것만큼
    인정하지는 않는다. 단언컨대, 행 13장의 설교 전체에 제시된 복음과 롬 1:1-17에서 바울
    이 설명하는 복음 사이의 본질적인 통일성에 주목한 사람은 아무도 없었다.
4 이 일들에 대해서는 필자의 데살로니가전후서 WBC 주석 서론의 4. B를 보라.

124

(c) "예수는 왕이시다"(17:7) 〈하나님이 다윗의 씨 예수를 죽은 자 가운 데서 부활하게 하시고 시 2:7에 따라 그를 자기 아들로(다윗의 자손 왕) 선언하셨다(행 13:32-36).⁵

바울이 데살로니가와 비시디아 안디옥에서 전한 복음의 이 세 가지 공통적인 포인트들은 바울이 롬 1:1-5에서 인용하는 복음의 포인트들과 정확하게 상응한다. 이 분석은, 누가가 행 13:16b-47에서 바울의 전형적인 복음 설교를 비시디아 안디옥에서의 그의 선교와 연관 지어 아주 자세하게 보고한 다음에, 행 17:1-7에서는 데살로니가에서의 바울의 복음 설교를 축약하여 그 핵심 요소들의 제목들만 언급하는 것임을 분명히 해준다. 그러므로 우리는 행 17:1-9에 제시된 바울의 데살로니가 설교의 세 가지 포인트들이 롬 1:1-5에서 "하나님의 복음"의 주요 포인트들과 상응한다는 점과 누가가 비시디아 안디옥에서뿐만 아니라 데살로니가에서도 누가가 바울이 그 복음을 전하는 것으로 제시한다는 점을 이해할 수 있다. 데살로니가에서의 바울의 복음 설교를 축약한 보고에서 누가는 바울이 "하나님의 복음"을 구원론의 관점에서 칭의 교리로 설명하는 내용(롬 1:16-17)을 명시적으로 언급하지는 않는다. 그럼에도 누가가 비시디아 안디옥에서의 바울의 복음 설교에 대해 보다 상세히 보고할 때는 그런 설명을 포함하고 있음을 볼 때 바울이 데살로니가에서도 복음 설교에 그런 설명을 포함했지만 누가의 주된 관심이 어떻게 바울의 복음이 데살로니가에서 심문을 받고 추방당하는 상황을 촉발시켰는가를 설명하는데 있기 때문에 행 17:1-9에서는 이를 생략한 것으로⁶ 생각할 수 있다.

5 누가가 어떻게 바울이 "매 안식일마다"(곧 한 번 이상의 안식일에) 고린도 회당에서 전한 복음을 그 핵심 중의 핵심이라 할 "예수는 그리스도[메시아]시다"(행 18:4-5)라는 말로 축약시키는지 주목해 보라. 분명 누가는 바울이 데살로니가에서 전한 복음에 대한 자신의 축약적 보고(행 17:1-9)가 바울이 비시디아 안디옥에서 전한 복음 설교에 대한 자신의 보다 풍성한 보고(행 13:16b-52)에 의지하여 이해되도록 의도하고 있는 것이다.

6 사실 그가 빼버린 것은 아니다. 왜냐하면 "메시아의 고난과 죽음과 부활의 마땅함(ἔδει)"(행 17:3)이라는 강한 말로 누가가 자신이 행 13:38-41에서 표현한 생각, 곧 메시아의 죽음은 믿는 자의 "죄 사함" 혹은 "의롭다 함"을 위한 속죄였다는 생각(= 롬 1:16-17)을 축약적으로 말하고 있음이 명백하기 때문이다.

따라서 비시디아 안디옥과 데살로니가에서의 바울의 복음 설교에 대한 누가의 보고들은 왜 롬 1:3-4 + 16-17의 복음과 데살로니가인들에게 전한 복음을 바울이 스스로 요약해서 소개하는 내용(살전 1:9-10; 4:14; 5:9-10) 사이에 우리가 확증한 것 같이 그렇게 많은 상응점들이 있는지를 이해하는 데 도움이 된다.

바울이 비시디아 안디옥과 데살로니가에서 전한 복음에 대한 누가의 보고들과 바울 자신이 데살로니가인들에게 전한 복음을 요약하여 제시한 내용 사이의 이 짧은 비교는 바울이 "그의 아들에 관한 하나님의 복음"을 전하라는 사도적 소명(롬 1:1-5; 참고. 갈 1:15-16; 고후 1:18-22; 참고. 행 9:20)에 얼마나 충실했는지를 보여준다.

바울이 비시디아 안디옥과 데살로니가에서 전한 복음에 대한 누가의 보고들과 데살로니가에서 전한 복음을 바울 자신이 요약하여 제시한 내용 사이의 상응점들은 또 다른 함의들을 지닌다:

(a) 바울이 복음을 롬 1:2-5 + 16-17로 제시한 것은 로마서를 쓸 당시에 처음으로 한 일도, 안디옥 사건의 여파로 비로소 하게 된 일도 아니다(누가가 바울이 이런 형태로 복음을 전하는 것을 예루살렘의 사도회의[행 15장] 이전에 위치시키고 있음을 주목하라). "모세의 율법[의 행위]으로가 아니라" 하나님의 아들 그리스도 예수의 죽음과 부활의 복음에 대한 믿음을 통한 칭의의 복음은 그가 언제나 전한 복음이었다.[7] 따라서 살전의 다른 곳들(예를 들어 3:12-13; 4:1-8; 5:23과 필자의 주석에서 각 해당 구절에 코멘트한 내용을 참고하라)은 물론이고 바울이 데살로니가에서 개척 선교를 하는 동안 전한 복음의 요약들(1:9-10; 4:14; 5:9-10)에도 이 복음이 반영되어 있다.[8] 이 복음이 비시디아 안디옥에서의

---

7 바울이 세 개의 다른 서신들에서 강조한 주장(갈 1:15-16; 롬 1:1-5; 고후 1:18-22) 곧 자신이 하나님의 아들에 대한 복음을 전하도록 하나님께 사도로 부름을 받았다는 주장의 함의를 다시 생각해보라.
8 데살로니가후서에 바울의 칭의 복음이 보다 명시적으로 있음에 대해서는 본서의 *12장*을 보라.

설교에서 보다 길고 전형적인 형태로 나오고(행 13:16-47) 데살로니가(행 17:1-9)와 고린도에서(행 18:1-7)의 설교들에서는 아주 축약된 형태들로 나오는 이유가 바로 여기 있다(고린도에서의 설교에 대한 논의를 위해서는 아래 섹션 3을 보라).

(b) 칭의는 행 13:38-39, 46에서 "죄 사함"과 영생을 얻음으로 설명된다. 그리고 이와 비슷하게 살전 1:10; 5:9-10; 살후 1:5-12; 2:9-14에서도 칭의는 하나님의 진노 혹은 정죄에서 건져내심과 영생과 하나님의 영광을 얻음으로 설명된다.

(c) 하지만 누가의 보고들이나 데살로니가전후서에서, 심지어 비시디아 안디옥의 회당의 유대인들을 "아브라함 가족의 후손"이라 부르는 곳에서도(행 13:26), 칭의는 이방인 신자들이 "아브라함의 가족"에 가입하는 것으로 설명되지는 않는다(이는 바울의 칭의 교리의 기원과 의미를 설명할 때 이 범주에 초점을 맞추는 "바울에 대한 새 관점" 지지자들의 주장과 배치된다).

3. 율법에 대한 언급이 없는 것의 중요성

바울이 로마서와 갈라디아서, 빌립보서에서 자세히 강해하는 칭의의 교리의 경우 율법과 그 행위에 대한 바울의 비판적 입장이 핵심 요소다. 그러나 데살로니가전후서의 경우 율법에 대한 언급이 전혀 없다. 이 사실이 우리가 앞서 도출한 결론 곧 살전 1:10에 요약된 복음은 바울이 로마서에서 자세히 강해하는 복음과 본질적으로 같다는 결론에 어떤 영향을 미치는가?

살전 1:9b-10과 헬라 유대교의 개종을 위한 설교 사이의 몇 가지 유사점을 관찰하면서 페터 쉬틀막허(Stuhlmacher)[9]는 이 둘 사이의 세 가지

---

9 P. Stuhlmacher, *Das paulinische Evangelium: I. Vorgeschichte*(FRLANT 95; Göttingen: Vandenhoeck & Ruprecht, 1968), 261-62. 사실 1:10의 기독론적 언급은 기독교 복음의 독특한 핵심이기 때문에 이 둘 사이의 유사점은 단지 부분적이다. 그럼에도 1:9b-10의 복음에서 바울이 율법에 대한 언급 없이 이방인들이 참되고 살아 계신 이스라엘의 한

본질적인 차이점에 주목한다. 그 중 하나는 헬라 유대교의 개종 설교에
서는 유일신 신앙이 율법 특히 모든 율법의 요약으로서의 제1계명과 연
결되지만 살전 1:9b-10에서는 율법에 대한 언급이 없다는 것이다. 살전
1:9b-10에서 바리새인 출신으로 율법에 대해 "열심이 있었던"(갈 1:13; 빌
3:6) 바울이 율법과 할례에 대한 언급 없이 이방인들이 참되고 살아 계
신 한 분 하나님께로 돌아와 그를 섬기는 것에 대해 말하는 것은 정말 주
목할 만한 일이다. 그런 바울이 최후의 심판 때 하나님의 진노에서 구원
받음에 대해 말할 때 율법에 대한 언급 없이 다만 죽고 부활하신 하나님
의 아들 예수를 강조하여 언급하기만 한다는 것(살전 1:9-10; 5:9-10)은 놀
라운 일이다. 이것은 살전 4:1-8에서 바울이 율법에 대한 언급 없이 단
지 예수 그리스도의 주되심과 성령의 역사에 대해서만 언급하면서 성화
(sanctification)를 위한 금지명령을 주는 것과 같은 맥락이다. 비록 그 금지
명령들이 율법의 익숙한 부분들을 이루지만 말이다(아래를 보라). 거기서
바울은, 비록 자신이 그다지 오래지 않은 때에 하나님의 뜻의 구현으로
서의 율법의 모토 아래서 살고 또 그 율법을 위해 싸웠었음에도, 율법에
대한 일체의 언급 없이 데살로니가인들의 성화가 "하나님의 뜻"임을 강
조하고 있는 것이다(4:3).

이 사실들이 그저 율법을 아디아포론(adiaphoron)의 문제로 간주하기로
한 바울의 결정을 반영할 뿐이라고 주장하는 사람들은 그의 바리새적 배
경이나 그의 이방인 선교의 맥락을 충분히 고려하지 않는다. 우리가 보
기에 이 사실들로부터 내릴 수 있는 유일한 현실적인 결론은 바울이 하
나님과의 올바른 관계를 맺게 되는 것은 율법을 통해서라는 이전의 바리
새인 때 가졌던 신념을 버렸다는 것과 이 올바른 관계는 "율법의 행위들
을 통해서가 아니다(not by the works of the Law)"라고 주장하게 되었다는 것이
다. 따라서 살전 1:10과 이 구절과 연관된 구절들에서의 구원론적 진술들

분 하나님께 돌아와 최후의 심판 때 그의 진노에서 구원받는 것에 대해 말하고 있다는 사
실의 중요성은 아무리 강조해도 지나치지 않다.

(3:12-13; 4:14; 5:9-10; 5:23 등)은 바울이 자신의 복음을 형성할 때 칭의와 성화를 위한 오직 *그리스도(solus Christus)*의 원리가 이미 율법과의 대조를 통해 잘 정립되어 있었음을 분명하게 시사해주는 것으로 받아들여야 한다. 다시 말해 이 구절들은 칭의(혹은 성화)는 *(율법의 행위 없이, 오로지) 그리스도 [에 대한 믿음]로 말미암음*[10]을 선언하는 것으로, 그리고 그 교리가 바울이 데살로니가전서를 쓰기 전에 이미 만들어져 있었음을 시사하는 것으로 간주되어야 한다.

사도행전에서 누가는 바울이 그 복음을 비시디아 안디옥에서만이 아니라 고린도와 심지어 데살로니가에서도 전했음을 시사한다. 바울이 고린도의 회당에서 전한 복음을 "그리스도[메시아]는 예수시다"라는 최소한의 단어들로 축약하여 제시한 다음에(행 18:4-5; 위의 주 5를 참고하라) 누가는 고린도의 유대인들이 총독 갈리오 앞에서 "율법을 어기면서 하나님을 경외하라고 사람들을 권한다"(행 18:12-13)고 바울을 고소했다고 보고한다. 이 보고를 "메시아는 예수시다"라는 바울이 전한 복음의 요약과 함께 놓고 볼 때, 유대인들의 이 고소가 바울이 메시아는 바로 십자가에 죽고 부활하신 예수이시며 메시아적 (곧 종말의) 구원은 율법을 통해서가 아니라 그를 통해서 얻어질 수 있고 따라서 율법의 행위들은 불필요하다고 전했다는 것 말고 다른 어떤 것을 암시할 수 있겠는가? 따라서 고린도 교회에서 바울이 설교한 것을 아주 압축한 보고에서조차 누가는, 바울이 고린도의 회당에 있는 유대인들과 이방인으로 하나님을 경외하는 자들에게 "매 안식일마다" "메시아는 예수시다"(행 18:4)라는 주장만 반복한 것이 아니라, 비시디아 안디옥의 회당에서 한 것처럼(행 13:26-41, 43) 이 복음의 핵심적인 주장과 함께 그 구원론적 의미에 대한 설명을 그들에게 주었기에 그들이 메시아이신 예수의 죽음과 부활 안에서 하나님의 은혜로,

---

10 데살로니가전후서에서 바울이 믿음에 대해 반복하여 언급한 부분들: 살전 1:3, 8, 3:2, 5, 6, 7, 10; 5:8; 살후 1:10(x 2), 11; 2:11, 12, 13; "복음에 대한 (믿음의) 순종"에 대한 함축적 언급이 살후 1:8에 나오고 살후 1:3-4와 3:2에 세 번 더 나오는 것을 참고하라; 행 13:38-41 또한 참고하라.

율법의 행위를 통해서가 아니라 그 복음에 대한 믿음을 통해 종말의 구원("죄 사함" 혹은 "칭의")을 얻을 수 있게 했음을 분명하게 시사하고 있는 것이다. 바울이 비시디아 안디옥 회당에서 전한 복음에 대한 누가의 자세하고 명시적인 보고와 더불어 바울이 고린도 회당에서 전한 복음에 대한 축약된 형태지만 여전히 많은 것을 시사하는 누가의 보고는 우리가 다음과 같은 합리적인 추정을 할 수 있게 해준다. (1) 데살로니가에서도 바울은 그곳 회당에 있는 유대인들과 하나님을 경외하는 이방인들 앞에서 "그리스도의 죽음과 부활의 필연성"에 대해 주장을 하면서(행 17:2-3) 율법의 문제를 언급하고 그리스도의 죽음과 부활의 복음을 믿음을 통해, 따라서 율법의 행위 없이 의롭다 함을 받는다는 똑같은 교리를 설명했다. (2) 그러나 누가는 바울이 "메시아의 죽음과 부활의 필연성"에 대해 "성경을 가지고" 유대인들과 "변론하는 것"(διελέξατο)에 대해 언급하면서 그의 설교의 이 요소를 단지 축약적 형태로 제시한다.[11] 왜냐하면 바울이 데살로니가 회당에서 "세 안식일" 동안, 한편으로는 그 구원론적 의미에 대한 설명 없이, 다른 한편으로는 율법에 대한 언급 없이(우리의 칭의를 율법을 지키는 것에 대한 질문은 물론이고 근본적으로는 율법과 메시아의 죽음의 관계에 대한 언급 없이) 그런 변론을 할 수 있었으리라고 상상하기는 매우 어렵기 때문이다.

그렇다면 왜 누가는 고린도 회당에서의 바울의 설교에 대해 보고할 때와는 다르게(행 18:23-13) 데살로니가 회당에서의 바울의 복음 설교에 대한 보고에서는 바울이 율법의 무능함과 불필요함의 문제를 다룬 것에 대해 암시조차 하지 않는가? 그것은 데살로니가에서 회당 논쟁에서 유대인들이 바울이 율법을 거부한 것을 문제 삼기는 했지만 그 때문에 그 도시의 관리들 앞에 바울을 고소한 것은 분명 아니었기 때문이다. 왜냐

---

11 행 17:2-3의 바울의 설교에 대한 누가의 묘사는 역사적으로 매우 정확한 사실이다. 바울이 이 방법 말고 다른 어떤 방법으로 데살로니가나 다른 지역의 회당에 있는 유대인들과 하나님을 경외하는 이방인들로 십자가에 죽고 부활하신 메시아 예수의 복음을 받아들이도록 설득할 수 있었겠는가?

하면 그들이 바울과 그의 사역에 반대하는 행동을 하도록 관리들을 보다 효과적으로 설득할 수 있는 방법으로 정치적 고발의 방법(행 17:6-9)이 있었기 때문이다.[12]

그러나 우리가 여기서 주장하는 것처럼 만일 바울이 데살로니가 회당에서 복음을 전할 때도 율법의 문제에 대해 다루었다면, 왜 데살로니가 교회에 보내는 두 서신에서 이 문제를 언급하지 않는가? 그 대답은 간단하다. 그럴 필요가 없었기에 그렇게 하지 않은 것이다. 교회 안의 그 누구도 율법에 대한 질문을 하고 있지 않기에 바울로서는 그럴 필요가 없었다. 데살로니가의 유대교 회당에서 복음을 전할 때에는 거기 있는 유대인들이 율법에 근거하여 십자가에 죽고 부활하신 메시아 예수 안에서 구원받음에 대한 바울의 복음을 반대했기에 율법의 문제를 다뤄야 했다(참고. 살전 2:15-16). 그러나 이제 십자가에 죽으시고 부활하신 그리스도를 믿는 믿음을 통해 그리고 율법의 행위 없이 얻는 구원에 대한 바울의 회당 변론을 듣고 이미 믿게 된 이방인 신자들을 위주로 하여 몇몇 유대인 신자들로 이루어진 데살로니가 교회에 편지를 쓰면서는 바울 스스로가 율법 문제를 제기할 이유가 없었다. 바울로서는 율법을 언급할 이유도 없었다. 왜냐하면 바울이 데살로니가전후서를 쓰는 것은 그가 전한 구원의 교리를 *자세히 강해하기* 위함이 아니라 자신들의 이방인 대적자들에게서 핍박을 받고 있는, 그 자신을 통해 믿게 된 지 얼마 안 된 회심자들을

---

12 일부 비평적인 학자들은 바울의 복음에 대한 유대인들의 두 가지 다른 고발 곧 바울의 복음이 로마 황제에 대해 반역적이라는 데살로니가에서의 고발과, 율법에 반하는 것이라는 고린도에서의 고발을 누가가 바울이 심문 받은 두 경우에 대한 이야기를 하면서 이 두 곳 모두에서 두 고발을 반복하는 대신 각각의 고발을 두 다른 이야기들로 분산시킴으로써 바울의 복음에 대한 유대인들의 관점의 문제를 아주 경제적인 방식으로 분명하게 드러내려는 문학적 기교의 결과로 돌릴지도 모른다. 이런 견해에 약간의 진리가 있을 수도 있다. 하지만 여기서 누가의 보고는 역사적 사실들을 반영하는 것일 수 있다. 데살로니가의 유대인들이 바울에 대한 정치적 고발이 자신들의 목적을 이루는 데 보다 효과적이고 충분하다고 쉽게 생각했을 개연성과 더불어 고린도의 유대인들이 바울이 데살로니가에서 정치적인 고발로 심문을 받았을 때 그 효과가 적었음에 대해 듣고 이번에는 바울이 유대교의 선한 종교적 도덕적 삶을 공격하여 사회의 평화를 방해하는 것을 고발하기로 결정했을 가능성도 고려해 보라.

위로하고 보다 안심시키고 그들이 종말과 관련된 염려들을 잘 극복하도
록 돕고 그들에게 성화와 치리에서 성장해 나갈 것을 권면하기 위함이었
다. 이 목적들을 위해서는 데살로니가에서 개척 선교를 할 때 전한 복음
(특별히 그 복음의 긍정적이면서도 안심케 해주는 핵심 요소들)을 요약한 것(살전 1:9-
10; 2:12b; 4:14; 5:9-10)과 몇몇 가르침들(살전 4:1-2, 6, 11-12; 살후 2:15 등)을 상
기시켜주고 성화와 치리를 위한 개인과 공동체적 삶을 위한 몇몇 새로
운 권면들과 그들이 오해하고 있는 복음의 종말론적 요소들에 대하여 몇
가지 해명을 제공하는 것으로 충분했다. 만일 바울이 그리스도의 대속의
죽음과 재림 때 하나님의 심판 보좌 앞에서 중보하심이 믿는 자들의 칭
의에 미치는 효력과 충분성에 대해 설명하는 과정에서 살전 1:10와 5:9-
10에 요약된 복음을 *자세히 강해하려* 했다면 그는 데살로니가 교회의 몇
몇 유대인 신자들이 믿지 않는 동족의 지속적인 반대와 괴롭힘으로 인해
이 복음에 대한 믿음에서 떨어져 나갈 가능성을 미리 차단하기 위해서
율법은 칭의에 이르게 할 능력이 없으며 율법의 행위들은 불필요하다는
짧은 언급을 해야 할 필요를 느꼈을지도 모른다(살전 2:2-6, 14-16과 필자의
주석에서 이 구절들에 대해 코멘트한 내용을 참고하라). 그러나 데살로니가전서 어
디에서도 살전 1:10와 5:9-10의 복음을 자세히 강해하지 않는다. 심지어
살후 1:5-12와 2:9-14에서 그리스도의 복음을 믿음을 통한 칭의의 교리
를 반복하여 언급함으로 데살로니가의 그리스도인들을 위로하고 안심시
키고자 할 때도 바울은 그 교리를 자세히 강해하지 않고 다만 최후의 심
판 때 데살로니가의 그리스도인들은 복음에 대한 믿음에 근거하여 하나
님 나라에 합당한 자로 여김을 받고 영생과 영광을 얻겠지만 그들의 박
해자들 곧 믿지 않는 이방인들은 정죄를 받고 멸망당하게 될 것임을 거
듭 확인해준다.[13]

사실 바울이 만일 데살로니가의 그리스도인들에게 모세 율법의 준수

---

13 아래 본서 *12장* "데살로니가후서 1-2장에서의 바울의 칭의 교리와 그 교리의 바울 신학
과 데살로니가후서에 대한 함의들"을 보라.

는 그들의 칭의 혹은 성화를 위해 필요치 않다고 가르칠 필요를 느꼈다면 그가 그것을 명시적으로 가르쳤을 것이라는 힌트들이 살전 4:1-8에 있다. 우선 4:1-2에서 바울이 그들에게 바울이 그들 가운데서 선교하는 동안 "주 예수 그리스도로 말미암아"(διὰ τοῦ κυρίου Ἰησοῦ) "그들이 어떤 삶으로 하나님을 기쁘시게 할지"에 대한 "명령들"(παραγγελίαι)을 주었음을 상기시킨다는 사실을 주목하라. 여기서 바울은 주 예수의 사도 혹은 전권을 가진 대행자로서 실제로 주 예수께서 주신 그 "명령들"을 제시했다 (참고. 고전 7:10, 25; 14:37). 다음으로 3절에서 바울이 계속해서 자신이 데살로니가인들에게 전달한 주 예수의 "명령들"이 그들의 성화를 위한 "하나님의 뜻"과 관련이 있음을 시사한다는 점을 주목하라. 따라서 여기서 바울은 "주 예수"께서 하나님의 왕권 혹은 주권을 완전하게 위임 받은 대변자이자 실행자시라는 그의 복음의 근본적인 요소를 반영하고 있음이 분명하다(롬 1:3-5; 고전 15:23-27; 빌 2:6-11; 골 1:13-14). "다윗의 씨" 예수는 하나님의 왕권 혹은 뜻을 실행하기 위해 그의 이름("주")을 유업으로 받기 위해 죽은 자 가운데서 부활하셔서 "능력을 행사하는 하나님의 아들"로 높임을 받으셨다. 따라서 "주 예수"는 믿는 자들에게 "어떻게 행하여 하나님을 기쁘시게 함"으로 "하나님의 뜻"이 그들에게 이뤄지게 할지에 대해 명령을 주시는 분이다. 그리고 주 예수의 사도 혹은 그에게서 전권을 받은 대행자로서 바울은 주 예수를 대신하여 데살로니가의 믿는 자들에게 그 명령들을 전했다(참고. 롬 1:1-5) (필자의 주석 4:1-2에 대한 코멘트를 보라). 그리고 4:8b에서 바울이 그들의 성화를 위해 하나님이 자신의 성령을 선물로 주셨음에 어떻게 호소하는지도 주목해 보라. 여기서 바울이 겔 36:27와 37:6에 나오는 하나님의 약속, 곧 하나님이 회복된 자기 백성들 안에 자신의 영을 주셔서 그들로 하나님의 "율례와 규례"를 행하게 하여 그들이 우상숭배한 죄와 부정(ἀκαθαρσία)과 불법(ἀνομία)에서 정결케 되어 하나님의 거룩함(ἁγιασθῆναι)을 나타내게 하시겠다고 하신 약속(36:22-32)을 반영하고 있음은 널리 인정되는 바다. 하지만 우리 구절에서는 단순히 내주하시는 성령이 성화의 대행자(agent)로 제시될 뿐 겔 36:27의 하나

님의 "율례와 규례"에 대한 언급은 빠져 있다. 3-6a절의 도덕적 금지명령
들이 실제로 율법의 율례들 안에 들어있기 때문에 이와 같은 누락은 특
별히 놀랍다. 비록 바울은 하나님의 뜻이 율법 안에 고정되어 있다는 유
대교의 이해를 잘 알지만(참고. 롬 2:18; 시 40:8) 우리 본문에서는 하나님의
뜻의 요건(3절)을 제시하면서 주 예수 그리스도(1-2절)와 하나님의 성령
(8절)에 대한 언급만 할 뿐 율법에 대해서는 전혀 언급하지 않는다. 이것
은 그리스도께서 하나님의 뜻의 계시의 수단으로서의 토라를 대체하셨
으며(참고. 롬 10:4; 갈 3:21-4:7), 주 예수께서 하나님의 뜻의 대표자이자 실행
자이시며, 따라서 우리의 성화는 모세의 율법의 계명을 준수함으로써가
아니라 하나님이 우리에게 주신 성령의 인도하심과 능력 주심을 덕 입어
주 예수 그리스도께 믿음으로 순종함으로써(롬 1:5; 15:18; 16:26; 고후 9:13; 살
후 1:8) 혹은 "그리스도의 율법"을 지킴으로써(고전 9:21; 갈 6:2)[14] 유효하게
된다는 바울의 이해를 반영한다. 따라서 4:1-8은 바울의 그리스도-율법,
성령-율법의 반제들을 암묵적으로 포함하고 있다.[15] 바울은 이 반제들을
갈라디아서와 로마서에서 율법의 행위 없이 그리스도에 대한 믿음을 통
한 칭의에 관한 교리의 한 부분으로 설명한다(보다 자세한 내용은 필자의 주석
의 4:8에 대한 설명을 보라).[16] 따라서 우리는 4:1-8에서 바울이 율법을 언급할
필요가 있었다면 쉽게 이 두 반제들로 표현했을 것임을 알 수 있다. 그럴
필요가 없었기에 바울은 데살로니가 그리스도인들에게 단지 긍정적인
방식으로 그들이 성령의 도우심에 힘입어 자신이 주 예수의 사도로서 그
들에게 전달해준 주 예수의 명령들에 순종함으로써 성화에 있어 자라갈

---

14 본서 *11장*에 수록된 필자의 논문 "그리스도를 본받음(*Imitatio Christi*) (고전 11:1)"을 보라.

15 참고. V. Rabens, *The Holy Spirit and Ethics in Paul: Transformation and
Empowering for Religious-Ethical Life*(WUNT 2/283. Tübingen: Mohr Siebeck, 2010),
298. 래번스는 바울이 4:3-8에서 성령의 선물들과 대조하는 음란과 색욕, 속임, 부정이
갈 5:19-21이 말하는 "육체의 일"임을 주목하고서 여기에 롬 7-8장과 갈 5장의 성령-율
법 대조에 함께 속하는 바울의 성령-율법의 대조의 예표(prefiguration) 역시 있다고 생각
한다.

16 또한 필자의 저서 *PNP*, 157-63; *Justification*, 73-87를 보라.

수 있다고 가르친다.

이와 같은 이유들로 우리는 데살로니가전서에 율법에 대한 언급이 없는 것을 바울의 "율법의 행위로써가 아니라 그리스도를 믿는 믿음으로써 의롭다 함을 받음"에 대한 칭의 교리가 바울이 데살로니가전서를 쓸 당시에는 아직 형성되지 않았다는 증거로 간주하려는 시도를 배격한다. 오히려 율법에 대한 언급이 없는 것을, "율법의 행위로써가 아닌"이라는 이 부분이 바울이 개척 선교 동안에 데살로니가 회당에서 전한 복음의 일부분이었음에도 데살로니가의 믿는 자들에게 보내는 두 편의 서신에서 특별히 그것을 언급하지 않은 것은 그럴 필요가 없었기 때문임을 말해주는 증거로 보는 것이 훨씬 더 합리적이다.[17]

4. 데살로니가전서의 바울의 복음과 로마서와 갈라디아서의 바울의 복음의 본질적 통일성

데살로니가전서에 바울의 칭의 교리가 있다는 것을 부인하기 위해 많은 학자들은 이 서신에 칭의 교리의 핵심 용어인 δικαιοσύνη/δικαιοῦν이 없다는 점 역시 가리킨다. 하지만 율법에 대한 언급이 없다는 사실과 마찬가지로 이 사실도 데살로니가전서에서 바울이 1:9b-10; 4:14; 5:9-10에서 자신의 복음을 요약하여 제시할 뿐(또한 참고. 2:12; 3:12-13) 그 복음을 (혹은 자신의 구원론을) 자세하게 설명하지 않는다는 사실로 설명될 수 있다. 위에서 보여준 바와 같이 진짜 문제는 비평적 학자들이 그 세 가지 형식들에 포함된 단어 몇 가지를 바울이 데살로니가에서 선교를 하는 동안 했던 복음 설교의 짧은 요약으로 보기보다는 바울이 복음 설교에서 실제로 말하거나 반복했던 것의 전부인 양 그 형식들을 구원 사건에 대해 단지 뼈대 같은 언급 정도로 원자론적으로 취급하는 것 말고는 그 형식들의 함의들을 밝히려는 진지한 노력을 전혀 하지 않는다는 것이다. 이들은 1:10의 "장래의 노하심에서 건지심"이나 그리스도께서 "[믿는 자

들의] 마음을 굳건하게 하셔서 주 예수의 파루시아 때 *하나님 [곧 그의 심판석] 앞에서 거룩함에 흠이 없게 하심*"(3:13)이 칭의가 아니면 어떤 것을 의미하는지 질문조차 하지 않는다. 이들은 우리가 [하나님의] 진노가 아니라 구원을 얻게 하시고자 그리스도께서 우리를 위해 죽으신 것(5:9-10)이 그리스도께서 우리의 칭의를 위해 우리 죄를 대속해주심을 의미하는 게 아니라면 도대체 무엇을 의미하는지도 질문하지 않는다.

하지만 이 구절들에 δικαιοσύνη/δικαιοῦν이라는 특정한 용어가 없다는 사실이 이 구절들이 하나님의 최후의 심판 때 칭의가 아닌 다른 어떤 것을 *의미하게* 만드는가? *주해(exegesis)가 주어진 단어들의 의미를 해석하는(interpret)* 수준으로 나가는 것이 아니고, 그 단어들을 그냥 문자적으로 *반복하는(repetition)* 최소주의적 차원(minimalistic level)에 머물러야 하는가?

이러한 일반적인 경향과는 반대로, 데살로니가전서에서의 바울의 복음의 요약들에 대해 롬 1:3-4 + 16-18; 5:8-10; 7:24-8:4; 8:31-39; 갈 1:16; 2:20; 4:4-5와 비교하여 제시하는 이 설명[18]으로부터 우리는 바울이 로마서와 갈라디아서에서 하나님의 아들을 통해 드러난 하나님의 은혜로 말미암는 의로 설명하는 본질에 있어 동일한 복음을 데살로니가인들에게도 전했다는 결론에 이르게 된다.

따라서 살전 1:9b-10의 바울의 복음의 요약에 초점을 맞춘 이 연구는 헹엘(Hengel)과 쉬베머(Schwemer)가 데살로니가전서의 다양한 특징들에 대한 보다 폭넓은 검토를 통해 도달한 결론을 확증해주는데, 그 특징들은 바울이 믿음에 대해 강조하고 복음 혹은 하나님의 말씀을 믿음과 연결시키는 것, 바울이 하나님의 선택과 신실한 인내를 강조하는 것(1:4; 2:12; 4:7; 5:9, 23-24), 바울의 그리스도의 대신적 속죄의 죽음(5:10)과 그의 부활을 통한 종말의 구원에 관한 교리, 바울이 복음을 최후의 심판 때 하나님의 진노에서 건지심으로 선포하는 것, 믿음 안에서 사는 삶을 성령의 능력 안

---

18 자세한 것은 본서 *2장*의 섹션 2, 3을 보라.

에서의 성화의 관점으로 가르치는 것 등이다.[19] 따라서 헹엘과 쉬베머는, 데살로니가에서 개척 선교를 하는 동안 바울이 "예정론적 은혜의 선택과 최후의 심판 때 죄인들에 대한 법정적 '칭의' 둘 다"를 설교했다고 결론 내리면서 데살로니가(와 고린도)에서 선교하는 동안 바울의 기독론과 구원론은 로마서에 있는 것과 본질적으로 같은 것이었음을 힘주어 확언한다.[20]

이와 같이 초기 서신(설령 가장 이른 서신이 아니라 하더라도)인 데살로니가전서와 바울의 후기 서신들 사이에 매우 강력한 신학적 연속성이 있다. 바울이 데살로니가전서와 로마서, 빌립보서와 같은 후기 서신들에서 기본적으로 같은 권면을 제시한다는 사실은 이 결론을 더욱 뒷받침한다.[21] 그러나 대다수의 학자들은 데살로니가전서에서 후기 서신들로 가면서 실질적 발전들(substantial developments)(특히 구원론과 종말론에서)이 있었을 것이라고 단순히 가정하고는 이 가정을 뒷받침하고자 데살로니가전서에 칭의 교리가 "없다"는 것을 지적하기 좋아한다. 따라서 데살로니가전서와 후기 서신들 사이에 바울의 구원론의 연속성과 불연속성의 질문을 좀더 면밀하게 검토해볼 필요가 있다.

---

19 M. Hengel and A. M. Schwemer, *Paul Between Damascus and Antioch: The Unknown Years*(Louisville: Westminster/John Knox, 1997), 304-08. 또한 참고. O. A. Rainbow, "Justification according to Paul's Thessalonian Correspondence," *BBR* 19(2009): 249-74(251페이지 주 8에 특별히 주목하라: 거기서 그는 "하나의 성경적 개념[이 경우는 칭의]을 특정한 단어[이 경우는 δικαιοσύνη, δικαιοῦν/δικαιοῦσθαι 등]와 동일시하는 것"에 대한 J. Barr, *The Sematics of Biblical Languag*[Glasgow: Oxford University Press, 1961], 206-62의 혹평에 대해 언급하고 R. von Bendemann, "'Frühpaulinisch' und/oder 'spätpaulinisch'? Erwägungen zu der These einer Entwicklung der paulinischen Theologie am Beispiel des Gesetzesverständnisses," *EvT* 60(2000): 225도 인용한다: "그러나 데살로니가전서의 특징이 되는 거룩함과 성화에 대한 이야기는 그 내용에 있어 바울의 후기 서신들에 나오는 δικαιοσύνη와 δικαιοῦν 용어와 먼 것이 아니다"[Rainbow 역]). "성화"와 "칭의" 사이의 병행과 데살로니가전후서와 고린도전후서에서 "성화"는 "칭의"를 수신자들의 이교적 환경에 상황화시킨 것이라는 견해에 대해서는 아래 섹션 20을 보라.

20 Hengel and Schwemer, *Paul*, 307. Kim, *PNP*, 85-99; Rainbow, "Justification" 또한 참고하라. 아래 *12장* "데살로니가후서 1-2장에서의 바울의 칭의 교리와 그 교리의 바울 신학과 데살로니가후서에 대한 함의들"도 보라.

21 아래 *11장* "바울의 공통적인 권면"을 보라.

5. 토마스 죄딩: "본질적 통일성"과 "실질적 발전"

이 과제를 위해서는 필자가 판단하기로는 토마스 죄딩(Thomas Söding)의 자세한 연구논문("Der Erste Thessalonicherbrief und die frühe paulinische Evangeliumsverkündigung. Zur Frage einer Entwicklung der paulinischen Theologie")[22]이 가장 유익하다. 죄딩(200)은 데살로니가전서의 구원론적 진술들이 바울이 나중에 형성시킨 칭의의 교리와 본질적인 면에서 일치하고 있음을 주장하면서 이 견해를 뒷받침하는 근거로 은혜의 우선성, 예수의 죽음과 부활에 토대를 둠, 믿음의 구원론적 중요성, 율법의 구원론적 중요성에 대한 암묵적 부정, 변증적 종말론(미래적 요소에 보다 초점을 맞추고 있음에도 불구하고)과 그 윤리적 함의들을 제시한다.

그러나 죄딩(200-01)은 여전히 바울이 다음과 같은 본질적인 요소들을 가진 칭의 교리를 명시적으로 제시하게 된 것은 빌립보서 3장과 갈라디아서의 배경을 형성하는 후속적인 갈등들 때문이라고 믿는다. 그가 제시하는 칭의 교리의 본질적 요소들은 다음과 같다. 칭의 교리를 근본원리로 만듦, 믿음과 율법의 행위들 사이의 반제를 예리하고 교리적 차원으로 표현함, 십자가 중심적 구원론, 급진적 죄론, 믿음의 원리를 강조하고 성경에서 그 원리를 도출함, 율법의 구원론적 중요성을 명시적으로 부인함, 율법으로부터의 자유에 대한 강조, 믿음과 사랑의 관계에 대한 설명, 권면의 정초를 의롭다 하시는 은혜와 성령의 일하심에 둠, 십자가에 죽고 부활하신 그리스도의 주권을 성령의 권능과 연관 지음.

따라서 죄딩(201)은 자신의 견해를 다음과 같이 두 가지 차원으로 요약한다. "한편으로 칭의의 신학은 바울이 초기에 이미 추구했던 기독론과 구원론의 동일한 선상에 있다." 그러나 "다른 한편으로, 빌 3장과 갈라디아서는 본질적으로는 변함이 없는 신학적 주제를 단지 새로운 표현 형식들로 제시한 것이라기보다는... 바울의 신학이 질적으로 새로운 단계

---

22 *Biblische Zeitschrift* 35(1991): 180-203. 이 논문의 인용은 필자가 번역한 것임을 밝힌다.

138

로 들어가게 된 것을 보여주는 이정표가 된다. 칭의 교리는 기독교 율법
주의자들과의 갈등 가운데서 필요하게 된, 바울의 초기 구원론의 실질적
발전(substantial development)이다."

따라서 죄딩의 연구는 결과적으로 데살로니가전서에 칭의의 교리가
없음을 강조하면서 칭의 교리가 안디옥이나 갈라디아에서의 논쟁의 영
향으로 나중에 생겨난 것이라 주장하는 학자들과[23] 데살로니가전서에 칭
의 교리가 함축적으로 들어있음을 강조하는 학자들[24] 사이를 중재하는
입장을 제시한다. 그러나 위에서 언급한 죄딩의 요약 결론은 그런 중도
적 입장을 취하면서 주류 학계의 입맛에 맞게 양보를 한다는 자신의 (아
마도 무의식적인) 사전 결정과는 어긋나는 것 같다. 왜냐하면 그 결론에 이
르게 한 그의 관찰과 논증들은 오히려 데살로니가전서와 후기 서신들 사
이에 칭의 교리에 있어서의 본질적 통일성(essential unity)이 있는 것과 데살
로니가전서와 후기 서신들 사이에 단지 형식적인 발전(formal development)
만 있음을 인정하라고 요청하는 것 같기 때문이다.

아무튼 바울의 후기 서신들에서의 칭의 교리가 그의 초기 구원론의
"단지 새로운 표현 형식들"에 불과한 것이 아니라 그것의 본질적 변화 혹
은 "실질적 발전"을 나타낸다는 죄딩(201)의 견해는 올바른 판단은 아닌
것 같다. 데살로니가전서에 율법에 대한 언급이 없다는 점을 고려할 때
이 서신에서의 바울의 구원론적이고 윤리적인 가르침에 율법의 구원론
적, 윤리적 역할에 대한 단지 "함축적" 부정만 포함되어 있다고 보는 것
은 옳다. 마찬가지로 데살로니가전서가 칭의 교리를 명시적으로 자세히
펼쳐 보이지 않으면서 바울의 후기 서신들의 "칭의의 교리와 중요한 포

23 예를 들어, J. Becker, *Paul: Apostle to the Gentiles*(Louisville: Westminster/Knox, 1993),
279-304; U. Schnelle, *Apostle Paul: His Life and Theology*(originally Berlin: de
Gruyter, 2003; ET by M. E. Boring; Grand Rapids: Baker Academic, 2005), 133-37, 277-301; J.
D. G. Dunn - 아래를 보라.
24 예를 들어, R. Riesner, *Paul's Early Period: Chronology, Mission Strategy,
Theology*(Grand Rapids: Eerdmans, 1998), 394-403; Hengel and Schwemer, *Paul*, 98-
105; Kim, *PNP*, 85-100.

인트들에서 일치하는" 구원론을 제시하고 있기 때문에(Söding, 200) 이 교리가 데살로니가전서에 단지 "함축적으로 있다"고 보는 것 역시 옳다. 그러나 이 "함축적인 성격"을 바울이 율법에 대한 분명한 생각을 갖추지 못했으며 율법의 행위 없이 믿음을 통해 의롭다 함을 받는다는 교리를 아직 형성하지 못했다는 징표로 이해하면 안 된다. 오히려 갈라디아서와 로마서, 빌립보서 3장에서 명시적이고, 조직적이고, 아주 분명한 형태로 이 교리를 제시하는 것은 각 서신들의 작성 동기 즉 유대주의자들의 도전을 물리쳐야 하는 필요의 관점에서 설명될 수 있는 반면 데살로니가전서에서의 "함축적 성격"의 경우는 칭의와 율법에 대한 교리들을 설명할 동기나 필요가 존재하지 않았다는 관점에서 설명될 수 있다.

6. "데살로니가전서와 주요 서신들 사이의 거리"

죄딩(185)은 이 견해를 강하게 거부하지만 사실상 그의 관찰과 논증들은 이 결론을 가리킨다. 그(183)는 자신의 논문의 주요 부분을 시작하면서 "[데살로니가전서와] 주요 서신들 사이의 거리(distance)"를 강조한다. 이를 위해 죄딩(184)은 바울의 후기 서신들에 나오지만 데살로니가전서에는 안 나오는 중요한 단어들과 주제들을 제시한다. *dikaiosynē*(의)와 칭의, 율법, 행위들(works), 기독교적 자유, 화해, 입양(아들 됨), 예수 그리스도의 십자가, 그리스도의 선재와 높임 받음, 죄와 사망의 권세(dominion), 자기 자랑의 유혹과 인간의 육체/육신적 성격, 성경 인용, 명시적 교회론. 죄딩(184-85)은 또한 주요 서신들과 데살로니가전서에 공통적으로 나오지만 데살로니가전서에서는 다르게 표현된 몇몇 주제들에도 주목한다:

> 현재적 종말론은 미래적 종말론의 그림자 안에만 있다. 현재적 구원은 부활하신 그리스도의 사역과 단지 느슨하게만 연결되어 있다. 성령은 하나님과 긴밀하게 연결되지만 예수 그리스도와 역동적 통일성을 이루는 것으로 인식되지는 않는다(참고. 고전 15:45; 고후 3:17). *Syn Christo*(그리스도와 함께, 살전 4:14; 5:10)는 미래적 완성과만 연관될 뿐 그리스도와 함께 고난 받음(롬 8:17)과 그리스도와 함께 장사됨(롬 6:4), 그리

스도와 함께 십자가에 못박힘(갈 2:19)을 포함하는 그리스도와의 현재적 교제와는 연결되지 않는다. 믿음은 율법의 행위들과 자기 자랑과 대조되는 것으로 이해되기 보다 박해 가운데 인내하는 것 곧 신실함으로 이해된다. 2:15f.의 유대인들에 대한 부정적인 견해는 롬 9-11장의 이스라엘에 대한 다른 견해와 조화될 수 없다….

7. 데살로니가전서에 특정 단어나 주제가 안 나오는 것의 중요성을 평가할 때 바울 이전 자료와 바울의 배경, 다른 서신들의 힌트들 역시 고려하기

그러나 죄딩(186)은 곧바로 바울의 주요 서신들에서 인용되는 바울 이전 전승들을 관찰하고 이 서신들에서의 힌트들과 초대교회의 상황들과 바울의 유대적 배경을 고려함으로 이와 같은 발견의 중요성을 평가절하한다. 따라서 죄딩은 고전 15:3-5의 복음과 주의 만찬 의식, "고전 6:11f.; 12:12f.; 갈 3:26ff.; 롬 6:1-11의 배경에 있는 세례 전승"이 바울의 초기 설교의 레퍼토리에 속한" 것임을 인정한다. 갈 3:1; 6:12, 14와 고전 2:2(참고. 1:17, 23)를 언급하면서 죄딩(186)은 또한 바울의 초기 설교에 있어 십자가 신학의 중요성을 인정한다. 율법과 칭의에 대한 질문들에 대해서도 죄딩(187)은, 비록 데살로니가전서에 안 나오고 빌 1-2, 4장과 고린도전서에는 단지 주변적으로만 나옴에도 다음과 같은 주장을 펼친다:

> … 여전히 *nomos*(율법)와 *dikaiosynē*(의)는 처음부터 바울에게 중요한 주제들이었을 개연성이 매우 크다. 초기 유대교에서 이 두 가지가 매우 중요했음은 논란의 여지가 별로 없다. 그렇다면 유대 전통과 대결하는 가운데 그 신학적 정체성을 결정해야 했던 유대 기독교에서도 이 두 가지는 뜨거운 이슈였을 것이다. 율법 문제와 연관되는 많은 공관복음 본문들이 이 점을 매우 강조한다. 바울 이전 전승에서도 칭의는 중요한 질문이다. 기독교 율법주의자들과의 갈등들 이전 시기의 것으로 추정될 수 있는 바울의 율법에 대한 논의들은 그 주제에 대해 보다 오랜 기간 강도 높은 씨름을 했음을 시사한다.

죄딩(187, 주 20)은 바울 이전 전승에서도 δικαιοσύνη θεοῦ 용어와 칭
의의 구원론이 잘 확립되어 있었다는 자신의 주장을 입증하기 위해 롬
3:24-26; 4:25; 6:1-11; 8:29-30; 고전 1:30; 6:11; 고후 5:21을 인용한다.
그런 다음 그(187, 주 21)는 기독교 율법주의자들과의 갈등들 이전에 바울
이 율법 문제로 "오랜 기간 강도 높은 씨름"을 했다는 증거로 고전 9:20;
15:56; 고후 3장을 인용한다.

　바울의 서신들에 인용된 바울 이전 전승과 고린도전후서에 있는 율법
을 비판하는 진술들이 칭의 교리가 데살로니가전서 이전에 형성되어 있
었는지 혹은 그렇지 않은지에 대한 토론을 위해 제공하는 간접적 증거를
고려하는 것은 죄딩의 큰 장점이다. 사실 칭의 교리가 후대에 발전되었
다고 주장하는 대부분의 학자들은 그렇게 하는 것을 소홀히 여긴다. 물
론 죄딩이 이와 연관하여 인용하는 모든 구절들(예, 롬 6:1-11; 8:29-30; 고전
1:30; 6:11; 12:12-13; 고후 5:21; 갈 3:26-28)이 실제로 바울 이전 전승을 반영하
는 것인지는 논란의 여지가 있다. 하지만 적어도 롬 3:25-26과 4:25이 바
울 이전 전승을 반영한다는 것은 널리 인정된다. 그런데 이 경우, 우리가
데살로니가전서를 쓰기 전에 바울이 이 두 개의 바울 이전으로 돌릴 수
있는 구원론적 형식들을 알게 되었고 소중하게 여기게 되었다고 가정할
수 있다면, 이 구절들은 데살로니가전서에 δικαιοσύνη (θεοῦ)와 δικαιοῦν
용어가 없는 것은 이 서신의 저술 동기 면에서 바울이 이 용어들을 언급
할 특별한 필요가 없었기 때문이라고 설명하는 우리 시도를 뒷받침해준
다. 이 구절들은 데살로니가전서에 이 용어들이 없는 것을 칭의 교리가
후대에 발전되었다는 근거로 사용하려는 어떤 시도도 무력화시키기에
충분하다. 이것은 우리가 이 바울 이전 자료들을 바울이 최후의 심판 때
우리가 흠 없는 자로 설 수 있게 하기 위해 하나님 혹은 주 예수께서 일
하심을 강조하는 데살로니가전서 구절들(3:13; 5:23)과 바울이 구원을 그
리스도의 대속적 죽음과 중보를 통해 하나님의 진노에서 건져내심으로
정의하는 것(1:10; 5:9-10)과 적절하게 연관 지을 때 더욱 그러하다. 칭의
교리가 후대에 발전된 것이라고 주장하는 학자들은 이렇게 연관 지어 보

142

는 것을 거의 시도조차 하지 않는다.[25] 비슷하게 죄딩은 고전 9:20; 15:56; 고후 3장(또한 참고. 고전 7:19)을 바울이 "기독교 율법주의자들과의 갈등들 이전에 율법에 대해 오랜 기간 강도 높은 씨름"(187)을 한 증거로 인정함 으로써, 바울이 나중에 빌립보서 3장과 갈라디아서, 로마서에서는 기독 교 율법주의자들과의 갈등 상황에서 율법의 구원론적 중요성을 명시적 으로 거부하게 되었다는, 그리고 데살로니가전서에서는 바울이 율법을 그렇게 명시적인 방식으로 거부하지 않았기에 아직 칭의 교리를 형성하 지는 못했다(201)는 자신의 나중 진술들과 명백한 모순을 일으키지는 않 는다 해도 그 진술들을 약화시킨다.

바울이 (데살로니가에서) 고린도에 처음 왔을 때 오직 십자가에 못 박히 신 그리스도만을 전하기로 결심했다고 말하는 고전 2:2 뿐만 아니라 고 전 1:17, 23과 갈 3:1; 6:12, 14 역시 고려하여 죄딩(186)이 바울의 초기 설 교에서 십자가 신학(*theologia crucis*)의 중요성을 인정한 것은 잘한 일이다. 하지만 다시금 그는 이렇게 인정함으로써 자신이 데살로니가전서에 "예 수 그리스도의 십자가"에 대한 언급이 없음에 대해 강조한 것을 상당히 의미 없는 것으로 만든다. 그리고 이와 같은 인정은 "십자가 중심의 구원 론"을 빌립보서 3장과 갈라디아서, 로마서에서 기독교 율법주의자들과 의 갈등 가운데 바울이 나중에 발전시킨 칭의 교리의 징표로 보고자 하 는 그의 시도(201)와도 배치된다. 주석가들이 일반적으로 인정하는 바와 같이 바울은 AD 50년 데살로니가를 떠나 고린도로 간지 불과 몇 개월 안 된 때에 데살로니가전서를 썼다. 더욱이 바울은 고린도에서, 그 자신 이 힘주어 증언하는 대로 그리스도의 십자가에 집중하여 설교하고 있었 을 때(고전 1:17, 23; 2:2) 이 서신을 썼다. 그런데도 데살로니가전서에서 바 울은 그리스도의 십자가를 구체적으로 언급하지 않았다. 그렇다면 이와 같은 누락 현상을, 데살로니가전서 이후의 "십자가 중심의 구원론"의 발 전의 관점에서 설명하기보다 (그 저술 동기나 수신자들의 필요에 의해 결정되는)

---

25 하지만 Hengel and Schwemer, *Paul*, 306을 참고하라.

데살로니가전서의 주제의 관점에서 설명하는 것이 보다 합리적이지 않
겠는가? 죄딩이 살전 1:10; 4:14; 5:9-10(또한 참고. 2:15)에서 바울이 그리스
도의 죽음에 대해 언급한 것들을 자신이 바울의 다른 서신들에서 가져온
증거들로부터 적절하게 인정하는 바, 바울의 초기 설교에서의 십자가 신
학(theologia crucis)의 중심성과 연관 지어 읽지 못하는 것은 참 안타까운 일
이다.

　　이 예들은 죄딩이 데살로니가전서에 어떤 단어나 주제가 없는 것의
중요성을 평가하기 위해 바울 이전 자료와 초대교회의 상황들, 바울의
배경, 바울의 다른 서신들에서 취한 힌트들을 고려한다는 자신의 방법에
충실하지 못한 탓에 불필요한 문제를 야기하고 있음을 보여준다. 사실
우리는 이 요소들의 중요성에 대해 단지 피상적으로만 인정하기보다 그
요소들을 철저하게 고려해야 한다. 예를 들어, 만일 바울의 "바리새인 서
기관"[26]으로서의 배경과 그의 다른 서신들에 분명하게 제시되어 있는 그
의 일상적 실천을 진지하게 고려한다면 바울이 데살로니가전서에서 그
성경적 근거를 통해 생각해보지도 않은 채 중요한 신학적 진술들을 했을
것이라고 생각하지는 않을 것이고, 따라서 서신에 성경에 대한 구체적
언급이 없다는 점을 죄딩처럼 평가하지는 않을 것이다. 도리어 우리는
다시금 서신을 쓰게 된 동기의 관점에서 성경 구절에 대한 언급이 없음
을 설명할 것이다. 데살로니가에 있는 믿은 지 얼마 안 된 회심자들을 위
로하고 안심시키고, 종말론적 소망의 몇 가지 포인트들에 대해 분명하게
설명하고, 그들의 개인적 성화의 삶과 공동체적 치리 및 조화를 진작시
키기 위해 급하게 쓰는 짧은 편지에서 바울은 자신이 전한 복음을 그 성
경적 근거를 대면서 유대교의 율법주의나 헬라의 지혜주의에 대한 논박
을 곁들이면서 자세히 설명할 필요를 느끼지 못했을 것이다. 바울의 배
경과 그의 다른 서신들에서 볼 수 있는 신학적 방법을 충분히 고려해 봄
으로써 우리는 오히려 에스겔서 36-37장에 대한 매우 진지한 주석적 작

26　Ibid., 101.

업이 살전 4:8의 배경이 된다는 점을 강조할 수 있을 것이다(필자의 주석에서 관련 구절에 대한 코멘트를 보라).

8. 데살로니가전서에 안 나오는 바울의 단어들과 주제들

사실 죄딩(184-85)이 데살로니가전서가 바울의 주요 서신들과 다른 점을 강조하기 위해 이 서신에 안 나오는 것으로 나열한 단어들과 주제들 전부가 후기 혹은 주요 서신들 전부에 명시적으로 있는 것은 아니다. 이 중 어떤 것들은 한 서신에는 있지만 다른 서신에는 없다. 예를 들어 "화해/화목"은 갈라디아서와 빌립보서에서도 나오지 않으며 "죄와 사망의 다스림"은 갈라디아서와 빌립보서에서 율법의 행위 없이 믿음을 통해 의롭다 함을 받는다는 교리에 대해 매우 중요한 토론을 하는 맥락에서도 명시적으로 언급되지 않는다. 믿는 자들이 그리스도의 죽음과 부활에 참여하는 것 혹은 그들의 그리스도와의 현재적 교제, 즉 그리스도와 함께 고난 받음(롬 8:17)과 그리스도와 함께 장사됨(롬 6:4), 그리스도와 함께 십자가에 못박힘(갈 2:19)을 위해 사용하는 σὺν Χριστῷ 형식은 고린도전후서에도 나오지 않는다. 더욱이 위의 의미를 위해 사용된 형식이 데살로니가전서에 없음을 죄딩이 강조하는데 이는 고전 6:11-12; 12:12-13; 갈 3:26-28; 롬 6:1-11에 반영된 세례 전승이 바울 이전 것이며 "바울의 초기 설교의 레퍼토리에 속한다"는 자신의 주장(186)과 긴장 관계에 놓이게 된다! 이에 덧붙여 빌립보서와 로마서에 "명시적 교회론"이 있는지도 의문이다. 빌립보서에서조차도 바울이 거기서 기독론적 찬송시(2:5-11)를 인용하는 것을 빼면 "선재"는 없을 것이다. 만일 일부 학자들이 생각하는 것처럼 그 찬송시와 롬 8:3-4와 갈 4:4-5의 보냄의 형식이 바울 이전 전승이라면, 데살로니가전서에 그리스도의 "선재" 개념이 없다는 것을 근거로 이 생각을 후기에 발전된 것으로 주장할 수는 없을 것이다. 따라서 바울의 네 개의 주요 서신들과 빌립보서에서 수집한 단어들과 개념들을 (로마서를 제외하고는) 이 후기 서신들 중 어떤 것도 다 가지지 않은 상황인데 죄딩이 한 편의 짧은 서신인 데살로니가전서에서 이 모든 것이 나오

기를 기대하는 것은 잘못된 것이다. 설령 그 목적이 분명히 제한적일 수
밖에 없는 짧은 서신과 길이도 훨씬 더 길고 바울의 신학에 대한 보다 자
세한 설명을 포함하고 있는 바울의 일부 다른 서신들 사이에 신학적 통
일성이 있음을 인정할 수 있다 해도 데살로니가전서에 그 단어들과 개념
들은 물론 다른 단어들과 개념들 역시 명시적으로 있어야 할 것으로 가
정하는 것은 온당치 못하다.

9. 그리스도의 "높임 받으심"과 믿는 자들이 "입양됨"

　　죄딩은 데살로니가전서에 그리스도의 "높임 받으심" 개념도 없다고
생각하는데 이는 다만 그의 주해 방법의 한계만 드러낼 뿐이다. 만일 이
개념이 데살로니가전서에는 없고 단지 나중에 발전되는 것이라면, 어떻
게 바울이 "주 예수 그리스도"께서 하늘로부터 오심과 믿는 자들이 들림
을 받아 공중에서 주를 만나게 될 것에 대해 말할 수 있으며(4:13-5:11) 어
떻게 1:10와 3:11-13과 같은 구절들을 글로 쓸 수 있었겠는가? 죄딩이 여
기서 시 110:1, 2; 시 2:7 등에 근거하여 그리스도께서 하나님의 아들과
주로 높임 받으셨다고 말하는 예루살렘 교회의 오랜 전승들을 바울이 사
용하는 것에서(예, 롬 1:3-4; 고전 15:23-28; 190-191페이지에서 죄딩 자신이 시인하는
내용도 참고하라) 힌트를 발견하는 그 자신의 방법을 왜 포기해버리는지 이
상할 따름이다.

　　죄딩은 데살로니가전서에는 안 나오는 바울의 주요 서신들의 단어들
과 개념들 목록에 "입양됨"도 포함한다. 하지만 "높임 받으심"의 경우와
마찬가지로 이것은 데살로니가전서에 어떤 개념들에 대한 명시적 언급
이 없는 것의 중요성을 평가하기 위해 바울의 배경과 바울이 바울 이전
전승들을 사용하는 것과 다른 서신들에서의 힌트 등을 고려할 것을 그
자신이 올바르게 제안한 것을 무시하는 문자적인 혹은 최소주의적인 주
해(minimalistic exegesis)의 또 한 가지 예다. 만일 자기 자신이 제안한 방법
에 충실한다면, 바리새적 유대인이었다가 기독교 사도가 된 바울이 살전
1:1, 3; 3:11-13에서 이스라엘의 하나님을 거듭 "우리 아버지"로 부름으

로써 데살로니가의 *이방인* 신자들에게도 아버지가 되심을 말하는 이 놀라운 사실의 중요성을 결코 놓치지 않을 것이다(바울이 데살로니가전서에서 데살로니가의 믿는 자들을 "형제 자매들"[ἀδελφοί]로 부르는 횟수가[14회] 다른 어떤 서신들에서보다도 비율적으로 훨씬 높다는 점 역시 참고하라).

바울이 하나님이 그들을 "택하심"과 그들을 "거룩케 하심"과 그들을 하나님 나라로 "부르심"에 대해 말한다는 사실(1:4; 2:12; 4:7; 5:24)의 중요성 역시 그가 이해하지 못하는 일이 결코 없을 것이다. 1:6에서 바울은 그들이 많은 환난에도 "성령의 기쁨으로" 복음을 받은 것에 대해 말한다. 따라서 이 구절과 4:8, 5:19-20은 그들이 회심할 때 성령을 받았음을 분명히 한다. 비록 세례에 대한 언급이 데살로니가전서에는 안 나오지만 이것을 근거로 데살로니가의 믿는 자들이 하나님 나라로 초청을 받고(2:12) "하나님 아버지와 주 예수 그리스도 안에 있는… *ekklēsia*(교회)"(1:1)에 가입될 때 세례 역시 받았으리라는 것을 부인하는 학자는 없으리라 생각한다. 그렇다면 우리가 이 구절들을 바울의 주요 서신들의 고전 1:13-17; 10:1-2; 갈 3:1-5 같은 구절들과 특히 롬 10:9-10의 옛 세례 형식들과 고전 12:3, 롬 8:15-17, 더 나아가 갈 4:6-7과 연결해서 해석하는 것이 지나치게 작위적인 해석(eisegesis)일까? 이 모든 구절들로부터 다른 곳에서와 같이 데살로니가에서도 바울이 믿는 자들, 특히 이방인 신자들에게 자신이 믿는 이스라엘의 하나님을 "아버지"(abba)로 부르고 그들이 세례를 받고 성령 받을 때 예수 그리스도를 "주"라고 고백하라고 가르친 것이라 추론한다면 틀린 것이겠는가? 오히려 υἱοθεσία 라는 단어 자체가 데살로니가전서에 안 나오기 때문에 이 서신에 "입양됨"(양자됨) 개념이 없다고 결론을 내리는 것이야말로 주해 혹은 해석의 과제를 저버리는 것이 될 것이다.

"높임 받으심"와 "입양됨" 이 두 가지 예들은 데살로니가전서에 나오지 않는 용어들임에도 우리가 바울이 하나님을 "우리 아버지"로 부르고 예수 그리스도를 "주"요 하나님의 "아들"로 부르는 것의 중요성을 바울의 유대교 신학자로서의 배경과 바울 이전 신앙고백들을 그가 사용하는 방식, 다른 서신들에서의 가르침에 비추어 이해하고 이와 같은 개념들이 데살로니가전서에 분명히 들어있음을 인정하는 것이야말로 합리적일 뿐 아니라 실제로 마땅한 일임을 우리에게 분명히 가르쳐준다. 그렇다면, 이와 비슷하게 우리는 바울이 구원을 최후의 심판 때 하나님의 아들 우리 주 예수 그리스도를 통해 하나님의 진노에서 건지심(1:10; 5:9-10; 또한 참고. 3:12-13; 5:23-24)의 관점에서 정의하는 것 역시 그 자체만 떼어 원자론적으로 보기보다 바울의 유대교 신학자로서의 배경과 바울 이전 신앙고백들을 바울이 사용하는 방식들(예: 롬 3:24-26; 4:25)과 그의 다른 서신들, 특히 롬 5:8-10; 7:24-8:4; 8:31-39; 갈 4:4-5의 병행 구절들에서의 가르침에 비추어 살펴봐야 한다(위의 논의와 앞장의 논문을 보라). 그렇다면, 바울이 여기서 구원을 칭의(죄 사함 혹은 정죄로부터 건져냄)의 범주로 개념화하고 있으며 따라서 데살로니가전서에 δικαιοσύνη/δικαιοῦν 용어 자체는 없을지라도 칭의 교리가—분명 함축적인 방식이기는 하지만 그럼에도 여전히 확신을 가지고—들어있다고 결론을 내리는 것이 훨씬 더 합리적인 것 같다.

10. 성령의 능력을 통한 주의 현재적 구원 역사

데살로니가전서에서 "현재적 종말론은 미래적 종말론의 그림자 안에만 있다" "현재적 구원은 부활하신 그리스도의 사역과 단지 느슨하게만 연결되어 있다"는 죄딩(184)의 관찰은 주 예수 그리스도의 파루시아에 대한 독자들의 오해를 교정함으로 그들이 종말의 구원에 대해 안심하게 하려는 서신의 주요 목적을 가지고 쉽게 설명될 수 있다. 이 목적 때문에 바울은 미래적 종말론에 집중하게 되고 그리스도께서 죽음과 부활을 통해 이루시고 독자들이 이미 누리게 된 구원에 대한 자세한 설명을 하지 않게 된 것이다. 현재적 구원에 대해 자세히 설명하지 않다 보니 자연스럽게 데살로니가전서에서 현재적 구원을 높임 받으신 주의 현재적 사역으로 설명할 기회 역시 없게 되었다. 이 사실은 왜 주의 사역이 죄딩이 주장하듯이(184, 191), 성령의 사역과 보다 명시적으로 역동적 통일성을 이루는 방식으로 제시되지 않는지에 대한 설명이 될 수도 있다.

하지만 바울은 구원의 현재적 차원을 전적으로 무시하지 않는다. 믿는 자들의 성령에 대한 경험들(1:5-6; 5:19-20)과 믿는 자들의 성화를 위해 주께서 현재적 도움을 주심(3:12-13), 믿는 자들의 성화를 위한 성령의 현재적 도우심(4:8), 믿는 자들이 더 이상 "어둠 가운데" 있지 않고 "빛의 자녀들과 낮의 자녀들"이 된 것(5:4-5) 등이 그 예라 할 수 있다. 면밀한 주해는 또한 데살로니가전서에서도 바울이 어떻게 성령의 역사를 높임 받으신 주의 현재적 역사로 이해하는지를 보여준다. 이것은 우리가 데살로니가전서에서 바울이 하는 다음의 진술들을 나란히 놓고 볼 때 분명하게 드러난다:

3:8: 바울은 데살로니가의 믿는 자들이 "주 안에 굳게 서 있기에" 안도를 한다.

3:12-13: 바울은 간구하는 기도를 다음과 같이 표현한다. "또 주께서 우리가 너희를 사랑함과 같이 너희도 피차간과 모든 사람에 대한 사랑이 더욱 많아 넘치게 하사 너희 마음을 굳건하게 하시고 우리 주 예수께서 그의 모든 성도와 함께 강림하실 때에 하나님 우리 아버지 앞에서 거룩함에 흠이 없게 하시기를 원하노라"(여기서 바울은 이어지는 4장과 5장에서 다룰 주제들을 소개한다. 특히 이 기도를 시작하는 절이 어떻게 4:1-8과 4:9-12에서 다룰 성화와 사랑의 주제들을 소개하는지 주목해 보라).

4:2: 바울은 "주 예수로 말미암아"(다시 말해 전적인 위임을 받은 사도로서 주 예수의 권위를 가지고) 믿는 자들의 성화를 위한 "명령"을 주었다.

4:3, 7, 9: 바울은 믿는 자들의 성화와 형제 사랑은 그들을 향한 "하나님의 뜻"이라고 말한다(그들의 구원을 하나님의 뜻으로 말하는 5:9을 참고).

4:8: 바울은 하나님이 믿는 자들에게 그들의 성화를 위해 성령을 주신다고 말한다.

5:23-24: 기본적으로 3:12-13의 기도를 축약적인 형태로 반복하는 마무리 기도에서 바울은 하나님 자신이 믿는 자들을 온전하게 거룩하게 해

주시기를 기도한다.

이 일련의 진술들의 요점은 다음과 같이 요약해볼 수 있다:

(1) 믿는 자들이 성화와 서로를 향한 형제 사랑에서 자라는 것은 "하나님의 뜻"(곧 하나님 아버지께서 원하시는 바)이다.

(2) 주 예수께서 바울을 자기 사도로 보내셔서 자기를 대신하여 데살로니가인들에게 성화를 위한(곧 "하나님의 뜻"의 실현을 위한) "명령"을 주게 하셨다. 이 사실의 함의에 주목하라. 주 예수는 하나님 뜻의 대변자이자 실행자이시다; 예수는 자기 사도로 세우신 바울을 통해 하나님의 뜻을 실행하신다; 바울은 주 예수를 대신하여 믿는 자들의 성화를 위한 "명령"을 제시함으로 "하나님의 뜻"이 그들에게 성취되게 한다(필자의 주석에서 4:2에 대한 코멘트와 4:3-6에 대한 해설을 보라).

(3) 그들이 "주 안에 굳게 설 때" 다시 말해 의지하고 순종함을 통해 그의 주권에 대한 헌신을 견고하게 유지할 때 주 예수께서 그들이 사랑에서 (그리고 성화에서도 마찬가지로) 자라가게 하신다.

(4) 주 예수께서 그들의 마음을 견고히 세우셔서 하나님의 심판석 앞에서 거룩함에 흠이 없게 하신다.

(5) 하나님께서 그들에게 그들의 성화를 위해 자신의 영을 주신다.

(6) 간단히 요약하자면, 하나님께서 그들의 성화를 이루신다.

그런데 여기서 이 여섯 가지 주장들의 상호관계에 대해 바울의 다른 서신들에서의 보다 분명한 가르침들에 비추어 다음과 같은 생각의 흐름을 드러낸다고 이해하면 부적합하겠는가?

(1) 주 예수께서 믿는 자들의 성화와 사랑에서의 성장을 위한 하나님의 뜻을 실행하신다.

(2) 주 예수께서 하시는 일(즉 믿는 자들로 성화와 사랑에서 성장할 수 있게 하는 것)은 곧 성령이 하시는 일이다.

(3) 따라서 주 예수께서는 하나님의 일이기도 한 자기 일을 하시되 하나님의 성령의 능력으로 그리고 자신의 대행자인 사도 바울의 권면을 통해서 하신다.

(4) 따라서 주 예수께서는 믿는 자들의 성화와 궁극적 구원을 위한 하나님의 뜻을 성취하신다(5:9).

(5) 요약하자면, 하나님은 자신의 뜻(믿는 자들의 성화)을 자기 대행자(주 예수)를 통해 그의 성령의 능력으로 이루신다.

따라서 바울이 데살로니가전서에서 구원의 현재적 과정(믿는 자들의 성화와 사랑에서의 성장)에 대한 자신의 이해를 주 예수께서 하나님의 뜻을 성령을 통해 실행하신다는 삼위일체적 틀 안에서 함축적으로 제시하고 있다고 보는 것이 충분히 가능한 것 같다.

주 예수께서 성령을 통해 이루시는 구원의 현재적 단계 혹은 과정이 데살로니가전서에서는 분명 몇몇 다른 서신들에서와 같이 펼쳐 보이거나 설명되어 있지 않다(롬 8장과 갈 5장을 특별히 참고하라). 그래서 우리는 데살로니가전서에 산재해 있는 진술들에서 이러한 구원의 현재적 단계나 과정을 다른 서신들에서 취한 보다 분명한 빛의 도움을 받아 추론할 수밖에 없다. 하지만 이것은 우리가 위에서 진술한 서신의 구체적인 저술 동기와 목적의 관점에서 설명이 가능하다. 만일 이 설명을 거부한다면 그 대안이 무엇인가? 바울이 실현된 종말론과 주와 성령의 일하심의 역동적 통일성을 데살로니가전서 이후에야 발전시켰다는 말인가? 그러나 이 대안은 시 110:1에 근거하여 부활하신 그리스도의 현재 주가 되심을 긍정한 것이 바울 이전의 오랜 전승이었다는 사실(참고. 롬 1:3-4)로 인해 그 개연성이 떨어지는 것 같다. 바울은 다메섹에서 높임 받은 하나님의 아들 주 예수 그리스도의 환상에서 그리스도께서 현재 주가 되심이 확증된 것을 보았을 때 그리스도인으로 사는 초기 시절부터 이 오랜 전승을 받아들였고 그 주로부터 사도적 위임을 받았다(참고. 고전 9:1; 갈 1:13-17 등). 만일 유대교 신학자였던 바울이 다메섹에서 그리스도의 현현을 통해 십

자가에 죽고 부활하신 예수께서 오랫동안 기다려온 메시아 혹은 종말의
구원자이시라는 확증을 받는 것을 보고 약속된 종말론적 성령을 나눠 주
심을 이어서 경험했을 때 성취된 종말론의 의미를 발전시키지 못했다면
정말로 이상한 일이었을 것이다.

11. "의롭다 하시는 은혜와 성령의 일하심에 정초를 둔" 권면

데살로니가전서에서의 믿는 자들의 현재적 구원(성화에서의 성장)의 삼
위일체적 틀에 대한 이와 같은 고려는 주요 서신들에서와는 달리 데살로
니가전서에서는 권면이 "의롭다 하시는 은혜와 성령의 일하심에 정초를
두지 않고 있다"는 죄딩(201)의 주장을 반박하는 데 도움이 된다. 당연히
4:8은 이 주장의 두 번째 부분과 완전히 모순된다. 하지만 4:7 역시 이 주
장의 첫 번째 부분이 틀렸음을 말해준다. 이 구절에 대한 홀츠(T. Holtz)의
멋진 코멘트를 보라: "'하나님이 부르셨다'는 어구는 하나님이 교회의 구
성원들을 이미 그들이 자신들의 행위를 통해 되어야 할 존재로 만드셨다
(what they through their deeds should be)는 생각을 함축적으로 포함한다. 왜냐하
면 하나님의 부르심은 무엇이 되라는 요구라기보다 그 존재를 설정하는
창조 행위(an act of creation that sets the being)이기 때문이다."[27] 그래서 하나님
은 믿는 자들을 "거룩함으로" 부르셨다. 그들을 자기 나라에 들어가도록
부르심으로써(2:12; 참고. 1:4), 하나님은 그들을 거룩하게 하심으로써 혹은
자기를 위해 성별하시어 그들이 자신의 거룩한 백성으로 살게 하셨다.
그러므로 데살로니가의 믿는 자들은 이제 우상숭배(1:9)와 이방신을 믿는
이웃들의 부도덕성(4:3-5)을 완전히 피하고 서로를 그리고 모두를 사랑하
면서(4:9-11) 거룩한 삶을 살아야 한다. 이와 같이 그들의 거룩함은 곧 하
나님의 뜻이고(4:3) 주 예수께서 하나님이 그들에게 주신 성령을 통해(4:8)
그들이 거룩함에서 성장하도록 그들을 도우신다(3:12-13). 삼위일체 하나
님의 이 거룩케 하시는 은혜에 근거하여 바울은 4:1-8에서 거룩하고 의

---

27 Holtz, *Thessalonicher*, 165.

로운 삶을 위한 권면을 제시한다.

여기서 바울이 "칭의" 용어 대신 "성화" 용어들을 통해 이 가르침을 베푼다는 점은 인정할 수 있다. 하지만 고전 6:9-11은 "성화"와 칭의"가 동의어는 아니지만 밀접한 연관이 있음을 보여주며 우리 본문인 살전 4:3-8(또한 참고. 3:13; 5:23-24)과 고전 6:9-11(또한 참고. 1:2, 30) 두 곳 모두에서 바울은 데살로니가와 고린도의 믿는 자들의 이교적 배경("부정한" 이방인이 하나님의 거룩한 백성이 됨)과 이교의 우상 숭배와 부도덕성에 그들이 계속 노출되는 것을 염두에 두고서 "성화"의 범주를 선택한 것으로 보인다(아래를 보라). 롬 6:19-22은 기본적으로 고전 6:9-11과 살전 4:3-8과 같은 인상을 준다. 그리고 이 세 구절은 공통적으로 롬 1:18-32에 제시된 이교도들의 부도덕성을 반영하면서 "성화"를 강조한다(필자의 주석의 살전 4:3-8에 대한 코멘트를 보라).[28] 아무튼 데살로니가전서에서의 권면은 믿는 자들을 자신과 올바른 관계로 이끄시고 그들을 다스리시는 그 아들 예수의 주권과 그들을 인도하시고 능력을 주시는 자신의 성령을 통해 그들을 지키시는 하나님의 은혜를 그 토대로 한다는 점에서 다른 서신들에서의 권면과 상응한다.[29]

12. 믿음 혹은 오직 믿음

데살로니가전서에서의 바울의 신학을 주요 서신들의 그것과 구별하려는 노력의 일환으로 쬐딩(185)은 데살로니가전서에서 "믿음은 기본적으로 율법의 행위들과 열광주의자들의 잘못된 자기 자랑과 대조되는 것으로 이해되기보다 박해 가운데 인내하는 것 곧 신실함(Glaubenstreue)으로 이해된다"[30]고 주장한다. 바울은 비교적 긴 서신인 빌립보서에서 πίστις

---

28 본서 11장 "바울의 공통적인 권면", 427-30페이지 또한 보라.

29 데살로니가전서에서의 바울의 권면적 가르침과 로마서, 빌립보서, 갈라디아서 등에서의 권면적 가르침 사이의 밀접한 병행에 대한 보다 포괄적인 연구를 위해서는 아래 398-434페이지를 보라.

30 최근 N. K. Gupta, *Paul and the Faith Language of Paul*(Grand Rapids: Eerdmans, 2020), 79-85 역시 데살로니가전서에서의 바울의 믿음 용어를 주로 "신실함"의 의미로 취

/ πιστεύειν 단어군을 6회 사용하고, 데살로니가전서보다 세 배 긴 고린도전서에서는 16회 사용하는데 데살로니가전서라는 짧은 서신에서는 12회나 사용한다. 데살로니가전서에서 사용되는 대부분의 경우에 바울은 πίστις라는 명사를 목적어에 해당되는 수식어 없이 "너희 믿음"(1:8; 3:2, 5, 6, 7, 10)이라는 문구로 사용하며, τοῖς πιστεύουσιν와 같은 분사 구문을 절대적 용법으로 사용한다. "너희 믿는 자들"(2:10, 13)과 "마게도냐와 아가야에 있는 모든 믿는 자들"(1:7). 이것은 분명 독자들이 그 개념을 잘 이해하고 있음을, 다시 말해 바울이 데살로니가에서 잠시 선교사역을 하는 동안 데살로니가인들에게 믿음에 대해 철저하게 가르쳤음을 시사한다.[31] 그리고 바울이 그 개념을 데살로니가인들의 기독교적 실존 전체의 특징을 설명하기 위해 사용하고 믿음을 그리스도인들을 비그리스도인들과 구별하는 본질적인 징표로 이해한다는 것을 시사한다.

그러나 독자들의 믿음을 그들이 그리스도인임을 구별 짓는 본질적인 징표로 제시할 때 바울이 그들이 박해 가운데 인내하는 것만 염두에 두고 있는 것이 아니다. 살전 1:5-8과 2:10-13은 그들이 복음을 하나님의 참된 말씀으로 받은 것을 바울이 그들의 믿음의 가장 근본적인 차원으로 간주하고 있음을 보여준다.[32] 그리고 살전 4:14는 바울이 그렇게 하는 것은 그들이 말씀을 그와 같이 받음으로써 복음을 통해 선포된 그리스도의 죽음과 부활의 역사적 구원 사역의 효력이 그들에게 적용되기(is appropriated) 때문이다(참고. 롬 3:24-26; 고전 15:1-5, 11; 갈 2:16-21 등). 데살로니가전서에서의 바울의 πίστις 용례를 보면(3:2, 5, 6, 7) 이 근본적인 의미와 함께 박해에도 불구하고 주 예수 혹은 기독교에 대한 헌신 가운데 인내함(곧 "신실함")이라는 의미도 분명 있다. 왜냐하면 그 개념은 "주 안에 굳게 섬"(3:8)과 병행을 이루며 "이 환난들 중에 흔들리지 않음"(3:3)과 대조

해야 한다고 주장했다. 필자의 주석에서 살전 1:2-10에 대해 코멘트 한 다음에 나오는 해설부의 "믿음과 '믿음의 일'"이라는 섹션에서 제시한 이에 대한 필자의 반론을 보라.

31 Hengel and Schwemer, *Paul*, 305을 참고하라.
32 Ibid., 304.

되는 것으로 제시되기 때문이다. 그러나 이 의미는 반드시 그 자체 안에 신뢰와 소망의 차원들도 포함한다. 왜냐하면 우리가 주 예수께 대한 헌신에서 인내할 수 있는 것은 오직 그가 도우실 것을 신뢰하고 그의 건져주심을 소망할 때이기 때문이다. 더 나아가 바울 자신이 독자들에게 가서 "[그들의] 믿음에서 부족한 것을 채우기"를 간절히 간구한다고 말할 때(3:10) 그는 "믿음"이라는 말로 믿음으로 아는 차원을 포함하는 그들의 그리스도인으로서의 실존 전체를 가리키는 것 같다. 그들과의 짧은 선교 기간 동안 복음에 대해 그가 제공할 수 있었던 것보다 훨씬 더 깊고 넓은 지식을 제공함으로써 바울은 그들이 그 신뢰와 소망에서 자라도록 도와서 그들이 더 잘 인내함으로 박해를 견뎌낼 수 있게 할 수 있기를 소망한다. 바울은 주 예수께서 재림하실 때 있을 최후의 심판을 염두에 두고 기도에 대한 이 진술을 주께서 자신이 독자들에게 갈 수 있게 하셔서 그들이 사랑과 거룩함에서 자라도록 도울 수 있게 해달라는 실제 기도로 뒷받침한다(3:11-13). 여기서 우리는 바울이 "[그들의] 믿음의 부족한 것"이라는 말로 주로 염두에 두었던 것은 복음의 종말론적 요소들과 복음의 사랑과 거룩함에 대한 요구들에 관한 독자들의 부족한 지식과 그들이 실제로 사랑과 성화의 삶을 실천하는 것이었음을 알 수 있다. 바울은 그들에게 곧바로 갈 수 없기 때문에 적어도 임시로 데살로니가전서라는 서신을 통해, 특히 4-5장에서 이런 것들에 대해 추가적인 가르침을 베풀고 그들에게 더 큰 사랑과 성화의 삶을 실천하도록 권면함으로써 "[그들의] 믿음의 부족한 것"을 보충하려 한다. 따라서 "믿음"은 우리에게 사랑과 성화의 삶을 실천하라고 요구하고 또 그렇게 할 능력을 주시는 주께 대한 순종도 포함한다는 것이 분명해진다. 이에 비추어 우리는 1:3의 "믿음의 역사"라는 어구와 3:6의 "믿음과 사랑"을 연결시켜 놓은 표현이 믿음의 순종이라는 차원을 가리키는 것으로 이해할 수 있다.

따라서 데살로니가전서에서의 바울의 "믿음" 개념의 사용과 관련하여 우리는 다른 서신들의 용법에 따라 확인할 수 있는 모든 요소 혹은 차원들을 확인할 수 있다. 그렇기 때문에 죄딩이 데살로니가전서에서 기독교에 대한 헌신으로 인내한다는 요소만 보고 특히 "믿음과 사랑의 관계에 대한 분명한 설명"이 없는 것을 강조하는 것은 잘못되었다(201). 물론 바울이 데살로니가전서에서 두 개념의 관계에 대해 "분명하게 설명하지" 않은 것은 맞다. 하지만 갈 5:6의 경구 같은 형식(the epigrammatic formula)을 제외하면 바울이 다른 어떤 서신에서 그 관계에 대해 실제로 "분명하게 설명하고 있는가?" 주해가들은 여전히 바울이 다른 서신들에서 이 두 개념들에 대해 말하는 진술들이 정확히 그 관계를 설명하려는 의도에서 제시된 것이 아님에도 바울이 이해하는 두 개념들의 관계를 추론하는 것을 어렵게 여기지는 않을 것이다. 똑같은 주해 방법을 데살로니가전서의 믿음과 사랑에 대한 바울의 진술들에 적용할 경우 우리가 여기서 보여준 것처럼 어떻게 바울이 이 두 가지를 서로 연결시켜 생각하고 있는지를, 다른 서신들에서의 그 진술들에 대해서와 마찬가지로 추론해 볼 수 있다.

그렇다면, 유대교 신학자로서 율법에 열심이 있었던 바울이 이제 데살로니가의 이방인들이 그리스도의 죽음과 부활의 복음을 믿음으로써 그 구원 사건 혜택을 누리고 하나님의 가족과 하나님 나라의 일원이 된다고 가르치면서 율법에 대한 언급 없이 그렇게 한다는 것은 무엇을 의미하는가? 다루는 주제가 "열심당적" 바리새 사상을 가진 사람이라면 율법에 대해 언급하는 것이 마땅한 그런 문맥들에서(1:9-10; 4:1-8) 바울이 믿음을 그리스도 안에서 구원을 얻는 수단이자 기독교적 실존의 두드러진 징표로 강조할 때, 자신의 오직 믿음으로(sola fide)의 원리를 드러내고 율법에 대해 이전에 가졌던 헌신에서 그가 "돌아섰음(conversion)"을, 다시 말해 율법의 행위들에 대해 이전에 가졌던 생각을 버렸음을 반영하는 것이 아닌가? 그렇다면 데살로니가전서에 구원의 수단으로서의 믿음과 율법의 행위들 사이의 대조가 함축적으로 있다고 봐야 하지 않는가?

죄딩(198)은 스스로 "데살로니가전서는 바울이 율법과 상관없는 복음을 전했다는 분명한 증거다"라고 말한다. 하지만 그는 다른 많은 학자들과 마찬가지로 데살로니가전서에 믿음과 율법의 행위들(혹은 인간의 지혜) 사이의 명시적 대조가 없음을 지적하면서 데살로니가전서 이후 오랫동안 바울이 칭의의 교리를 아직 발전시키지 못했다고 주장한다. 하지만 데살로니가전서에서 강조되는 "믿음으로"의 원리의 필연적 추론으로 바울의 마음속에 "율법의 행위로써가 아닌"의 원리가 있음을 인정하기를 이와 같이 거부하는 것은 그의 바리새적 배경과 데살로니가전서의 기록 동기와 성격을 무시하는 것이며 또한 초대교회의 역사를 무시하는 것이다(이에 대해서는 아래를 보라). 데살로니가전서에서 바울은 독자들이 정상에서 벗어난 부분들을 바로잡는다든지 밖에서 들어온 사람들의 도전들을 논박한다든지 하는 그 어떤 방식으로도 자신의 구원론에 대해 *자세히 펼쳐 보이지(unfold)* 않는다. 따라서 이 서신에서 바울은 로마서와 갈라디아서와 빌립보서 3장에서 하듯 구원 혹은 칭의(하나님의 진노로부터 건져 주심)를 그리스도를 믿음을 통해서라고 설명하거나 주장하지 않는다. 그러므로 데살로니가전서에는 구원이 믿음을 통해서라고*(is)* 주장하는 단도직입적인 진술은 없다. 그럼에도 불구하고 우리는 바울이 독자들의 믿음에 대해 말하는 진술들을 그 문맥 속에서 관찰해 봄으로써 이 서신에 그 교리가 함축적으로 들어있는 것으로 판단하게 된다. 바울이 구원이나 칭의가 그리스도를 믿음을 통해서라고 설명하거나 주장하지 않기 때문에 구원이나 칭의가 율법의 행위로 말미암지 않는다고 말하지 않는 것 또한 자연스러울 따름이다. 데살로니가의 믿는 자들이 삼 개월 남짓 전에 바울이 그리스도의 대속적 죽음과 부활에 대해 자신들에게 베푼 가르침에 대해 의문을 제기하지 않는데 몇몇 다른 이슈들에 대해 다루기 위해 쓰는 편지에서 왜 바울이 그 가르침에 대해 군이 설명하거나 주장해야 하는가? 그들이 갈라디아의 믿는 자들처럼 "율법의 행위들"에 마음을 쓴다거나 고린도의 믿는 자들처럼 자신들의 지혜/지식과 영적 능력을 자랑하지 않는데 바울이 그런 문제들을 다루면서 그것들을 믿음과 대조시켜야 하는 이유가 무엇인가? 이와 같이 데살로니가전서의 기록 동기의 관점에서 볼 때 바울이 이 서신에서 구원론에 대해 자세히 풀어 설명하는 것은 전혀 요청되는 바가 아니었다. 그렇기에 바울은 자신의 구원론적 가르침을 자세히 강해하기보다 다른 목적을 위해 하는 진술들에 "믿음으로

구원받음"의 교리를 단지 간접적으로 반영하고 있는 것이다. 이 상황이
구원의 수단으로서의 율법(의 행위들)이나 인간의 지혜에 대한 언급을 바
울이 하지 않는 것을 적절하게 설명해주는 것 같다(위의 섹션 3을 보라).

13. 율법과 상관없는 복음

사실 죄딩(198-99) 스스로가 이 모든 것을 인정한다:

> 데살로니가전서는 바울이 율법과 상관없는 복음을 전했다는 분명한 증거다. 물론
> 율법으로부터의 자유가 서신의 주제가 되는 것은 아니다. 율법(*nomos*)과 그 "행위
> 들"과는 어떤 마찰(confrontation)도 없다. 이것은 바울이 율법주의의 유혹에 노출되
> 지 않은 이방인 그리스도인들에게 편지를 쓴다는 사실 때문임이 분명하다. 율법으
> 로부터의 자유가 전제되어 있음은 너무나 자명하다. 바울은 율법으로부터의 자유
> 를 변호하거나 그 근거를 제시할 어떤 필요도 느끼지 않는다. 하지만 그럼에도 이
> 서신은 율법으로부터의 (사실상의) 자유가 신학적으로 그럴듯해 보이게 하고 사실 어
> 떤 의미에서는 필연적이게 만드는 신학적 전제들을 분명히 드러낸다. 하지만 이 전
> 제들은 바울이 데살로니가전서에서 긍정적으로 가르치는 바의 반대쪽으로만 가시
> 적인 것이 된다. 데살로니가전서가 (이미) 예수의 죽음과 부활에서 하나님의 구원 의
> 지의 종말론적 현시를 보고 전체 신학을 그 위에 세우고 있음이 분명하다. 예수의
> 죽음과 부활은 복음을 보편적이게 하고 유대인과 이방인 모두를 불러 *교회* 안에 들
> 어오게 할 뿐 아니라 믿음을 인간들의 반응으로 요구하기도 하는데, 이 믿음은 하나
> 님의 성령의 인도하심을 받아 복음을 받아들이고 박해 가운데서도 신실함을 드러
> 내며 주(*kyrios*)를 통한 건지심을 소망하고 사랑으로 말미암은 윤리적 행위를 지속해
> 나간다. 따라서 율법은 암묵적으로(*implicitly*) 그 구원의 방도로서의 기능이 폐기된
> 다… 그렇다면 비록 믿음(과 사랑)과 율법의 행위 간의 대조가 발전되어 있지 않지만,
> 율법이 믿음의 실천이나 윤리에 있어서 어떤 역할도 하지 못한다는 것은 일관되어
> 보인다(저자의 강조임).

이것은 데살로니가전서에서 바울의 율법에 대한 가르침에 대한(혹은

보다 정확하게는 율법에 대한 언급이 없는 것에 대한) 탁월한 설명이다. 여기서 죄딩은 분명 데살로니가전서에서 바울이 은연 중에 율법의 행위들을 거부한다는 점과 그럼에도 바울이 그것을 명시적으로 말하지 않는 것은 서신의 저술 동기와 성격 때문이라는 점을 분명히 인정한다.

그렇기 때문에 왜 죄딩이 데살로니가전서에 율법에 대한 논의와 율법의 행위들, 믿음과 율법의 행위들 사이의 대조, 기독교적 자유와 그 외 다른 단어들과 주제들(여기에 대해서는 위의 논의를 보라)에 대한 명시적 언급들에 그토록 많은 의미를 부여하여 데살로니가전서와 바울의 주요 서신들 사이의 "거리"를 강조하는지(184-85), 그리고 갈라디아서와 로마서와 빌립보서 3장에 자세히 강해하는 칭의 교리는 데살로니가전서에서의 바울의 구원론을 "단지 새로운 표현 형식들로 제시하는 것이라기보다" 그 구원론의 본질적인 변화 혹은 "실질적 발전(substantial development)"으로 봐야 한다고 주장하는지(201) 이해하기가 어렵다. 우리가 보기에는 데살로니가전서에 함축적으로 들어있는 칭의 교리와 후기 서신들에 명시적으로 설명되어 있는 그 교리의 형태 사이에 본질적 통일성이 있음을 인정하고 죄딩이 데살로니가전서에는 없는 것으로 나열한 포인트들을(육신과 죄, 사망의 문제도 여기에 더하여) 단지 유대주의 율법주의자들에 대항하여 그 교리를 바울이 설명하고 변론을 하는 과정에서 자연스럽게 표현하게 된(사실상 보다 예리하게 표현하게 된) 그 교리의 특징들로 보는 것이 훨씬 더 합리적인 것 같다. 갈라디아서와 로마서의 칭의 교리의 본질적인 요소인 율법-성령의 대조조차도 새로운 "실질적 발전"이 아니다. 이 대조도 살전 4:8에 이미 함축적으로 들어있다(필자의 주석에서 관련 구절에 대한 코멘트와 해설을 보라).

14. 고린도전후서의 증거

여기 제시한 우리 견해는 고린도 서신의 증거로 뒷받침된다. 고린도전후서에는 로마서와 갈라디아서에서와 같이 칭의 교리에 대한 자세한 설명이 나오지는 않는다. 하지만 고린도전후서에 이 교리가 함축적으로 들

어있다는 것은, 데살로니가전서에서와 마찬가지로 바울이 기본적으로
이 서신들에서 가르치는 그리스도의 대속적 죽음과 부활에 기반한 율법
과 상관 없는 구원론을 통해 확인할 수 있다(예: 고전 1:30; 6:9-11; 15:1-5, 55-
56; 고후 5:14-6:2).[33] 사실, 다음과 같은 사실들은 고린도전후서에 칭의 교리
가 함축적으로 들어있는 것을 데살로니가전서의 경우보다 훨씬 더 분명
하게 파악할 수 있게 해준다: (a) 고전 1:30; 6:11; 고후 3:9; 5:21에서 바울
이 δικαιοσύνη/δικαιοῦν 용어를 실제 사용하고 있다; (b) 하나님의 최후
의 심판에 대한 바울의 강조(예: 고전 1:7-9; 3:14-17; 4:5; 5:5; 9:24-27; 고후 5:10);
(c) 고전 15:55-56와 고후 3장에서의 율법의 문제들에 대한 명시적 언급
들과 고전 7:19; 9:20; 고후 3장의 기독교의 율법으로부터 근본적 자유
에 대한 명시적 언급들; (d) 율법-성령의 대조에 대한 암시가 살전 4:8보
다 고후 3장에서 더욱 분명하다(특히 고후 3:9의 "정죄"의 직분으로서의 율법/문
자의 옛 언약과 "의"의 직분으로서의 성령의 새 언약 사이의 대조를 주목하라); (e) 육체
(지혜/지식, 영적 경험, 집안배경, 지위 등)를 자랑함과 대조되는 *십자가의 신학*
(*theologia crucis*)을 매우 강조한다(고전 1-4장; 8-10 장; 12-14 장; 고후 10-13장).
이것은 바울이 여기서 칭의 교리의 근본적인 진리를 유대교의 율법의 행
위들 대신 헬라적인 지혜/지식과 영적 능력에 대한 자랑을 반대하는 방
식으로 적용한 것이다; (f) 바울은 고린도에서 거기 있는 교회와 오래 끌
던 논쟁을 마무리하면서(칭의 교리에 대한 가장 자세한 설명을 담은) 로마서를
썼다.

사실, 고후 5:14-21은 꾸준히 롬 3:24-26; 4:25; 5:8-10; 8:3-4; 갈
3:13-14 등과 더불어 칭의 교리의 핵심 본문들 중 하나로 간주된다. 왜
냐하면 하나님이 인간의 "죄"(παραπτώματα)를 그들에게 돌리지 않으시
고(5:19b) 그리스도를 우리를 대신하여 "죄"("죄인" 혹은 속제제사에 대한 환유
[metonymy])로 삼으시고(5:21a) 우리를 위한 내포적인 대속제물로 삼으심
으로(5:14) 우리가 "하나님의 의"가 되게 하셨다(5:21b; 아마도 "하나님께 의롭다

---

33 참고. Kim, *PNP*, 67-70.

160

함을 받은 자들"에 대한 환유[34])는 바울의 진술들은 위에 언급한 핵심 본문들, 특히 롬 4:25와 8:3-4과 매우 가깝다. 고후 5:14-21에서 칭의보다 화해/화목이 주된 구원론적 범주인 것은 맞다. 하지만 이 두 범주가 롬 5:8-10에서와 마찬가지로 이 구절에서도 상호 밀접하게 연관되는 것 같다. 칭의의 법정적 의미에 초점을 맞추는 이들은 칭의를 화해의 근거로 보려고 할지도 모른다(참고. 롬 5:1). 그러나 만일 칭의에 관계적 의미 역시 들어 있음을 이해한다면 칭의와 화해를 똑같은 실재, 곧 하나님과 인간 사이의 회복된 관계를 표현하는 서로 병행이 되는 은유로 간주할 수도 있다. 칭의가 하나님과 올바른 관계를 가진다는 뉘앙스를 가지는 반면 화해는 하나님과 사랑의 관계를 그 뉘앙스로 가진다. 어떤 경우든지 간에 고후 5:14-21에서는 칭의 교리가 축약된 형태로 나타남을 알 수 있다.

그렇다면 고린도전후서에서 함축적으로 표현되는 혹은 축약된 형태로 나타나는 칭의 교리와 로마서에서 조직적으로 강해되고 논증되는 칭의 교리 사이의 차이들을 어떻게 설명할 수 있는가? 로마서에서의 칭의 교리가 고린도전후서에 함축적으로 들어있는 칭의 교리에 바울이 "단지 새로운 표현 형식들"을 급하게 부여해준 결과물이기라기보다 고린도에서의 논쟁들 끝에 발생한 유대주의 율법주의자들의 새로운 도전들에 대한 반응으로 거기에 본질적 변화 혹은 "실질적 발전"이 있게 한 것이라고 생각하는 것이 개연성이 있는가? 일반적으로 로마서보다 더 이른 시기에 기록된 것으로 알려져 있는 갈라디아서는 이 문제를 한결 더 복잡하게 만들 것이다. 죄딩은 그 자신이 바울이 고전 9:20(바울이 더 이상 율법 아래 있지 않음)과 15:55-56(죄와 사망과 연대한 파괴적인 세력으로서의 율법)과 고후 3장(모세의 율법에 따른 언약은 보지 못하게 하고 정죄하고 죽게 하는 도구)에서 율법에 대해 선언한 내용들이 그가 유대주의 율법주의자들(Judaizing Christian nomists)과 마찰을 겪기 이전부터 율법 문제와 오래 씨름한 결과라고 올바

---

34 참고. O. Hofius, "Sühne und Versöhnung," *Paulusstudien*(WUNT 51; Tübingen: Mohr Siebeck, 1983), 47.

르게 인정한다(187).[35] 유대교 신학자 입장에서는 율법에 대해 가장 혁명
적이었을 이 진술들(참고. 고전 7:19: "할례 받는 것도 아무것도 아니요 할례 받지 아
니하는 것도 아무것도 아니로되…")은 고린도전서를 쓸 즈음에 바울이 이미 율
법에 대한 비판적이고 포괄적인 교리를 발전시켰음을 시사해준다. 이것
은 바울에 대한 새 관점 지지자들이 바울이 칭의 교리를 발전시키게 이
끈 바울과 유대 그리스도인 율법주의자들 간의 갈등에서 핵심적인 역할
을 한 것으로 간주하는 할례와 음식과 정결에 관한 규정들에 대한 근본
적인 평가절하 수준을 넘어서는 것이다. 사실 고전 15:54-57과 롬 7장
사이의 병행들은(특별히 고전 15:56과 롬 7:5, 8-9, 11, 13 사이의 병행과 고전 15:57
[54c-55]과 롬 7:25a; 8:1-2, 31-39 사이의 병행과 고전 15:54-57과 롬 7장이 공통적으로
아담-그리스도 대조의 맥락에서 율법의 문제를 다루고 있다는 사실을 주목하라)[36] 고전
15:54-57에 요약된 율법에 대한 그 가르침을 로마서 7장에서 했던 방식
으로 바울이 고린도전서에서도 풀어 설명할 수도 있었을 것이라고 생각
하게 한다.[37]

　　그러나 고린도전서에서 바울은 갈라디아서나 로마서에서 한 것에 견
줄 수 있는 방식으로 율법에 대한 가르침을 자세히 펼쳐 보이지 않는다.
이것은 분명 그가 서신에서 다루는 이슈들이 율법에 대한 자세한 논의

35　참고. R. von Bendemann, "'Frühpaulinisch' und 'spätpaulinisch'? Erwägungen
zu der These einer Entwicklung der paulinischen Theologie am Beispiel des
Gesetzesverständnis," *EvT* 60(2000): 210-29, 특히 214-19페이지.

36　또한 참고. von Bendemann, "Frühpaulinisch," 223; J. Frey,
"Rechtfertigungstheologie im ersten Korintherbrief," in *Saint Paul and Corinth:
1950 Years since the Writing of the Epistle to the Corinthians*(ed. C. J. Belezos, S.
Despotis, and C. Karakolis, 2 vols.; Athens: Psychogios, 2009), 1:549-85(584페이지를 보라).

37　필자는 Schnelle, *Paul*, 231, 298과는 견해를 달리한다. 쉬넬은 고전 15:56을 바울 후
대에 삽입된 것으로 보고 원래 본문에서 이것을 빼려는 F. W. Horn, "1. Korinther
15,56 - ein exegetischer Stachel," ZNW 82 (1991): 88-105의 시도를 적절하게 논박
한다. 하지만 그는 고린도전서를 작성할 당시에 바울이 율법을 하나의 *adiaphoron*(이럴
수도 저럴 수도 있는 문제)으로 간주한 관계로 "율법에 대한 어떤 이론 없이 선교사역을 수행
했다"고 주장한다. 하지만 고후 3장은 두고라도 고전 7:19; 9:20-21; 15:55-57을 정말
이 주장을 입증할 증거로 사용하는 것이 가능하겠는가?

가 반드시 필요한 것들이 아니었기 때문이다. 그래서 바울은 이 서신에서 구원론적 진술들을 할 때 율법에 대한 언급을 하지 않는다. 하지만 다음의 세 가지 경우에 율법에 대한 언급을 한다. 첫째로, 고전 9:19-22에서 바울은 음식과 정결에 대한 질문에 대한 답을 제시하는 맥락에서 모세 율법에 대한 자신의 입장을 밝힌다(고전 8-10장). 둘째로, 바울은 고전 7:19에서 갈 3:28의 원리를 반영하여 할례에 대해 언급하되(참고. 고전 12:13; 골 3:11) 이 언급이 생겨나게 된 원래 맥락 곧 칭의 교리(참고. 롬 1:16-17)와는 별도로 언급한다. 셋째로, 고전 15:54-57에서 바울은 아담-그리스도 대조의 맥락에서 율법에 대해 언급을 한다. 이는 로마서 5장과 7장과의 병행이 보여주듯이, 바울이 죄와 율법과 사망의 불경건한 연대라는 개념을 아담-그리스도 대조의 한 부분으로 확고하게 발전시켰기 때문이다. 그러나 이 세 경우들에 바울은 율법에 대해 짧게 진술하면 되었지 율법에 대한 체계적인 논의를 할 필요는 없었다. 고린도전서에서는, 이방인 신자들의 구원이나 정통성에 대해 유대주의자들로부터 도전을 받는 상황이 아니었기에 구원론적 진술을 하면서 율법에 대해 자세히 논의할 필요가 없었기 때문이다. 따라서 할례법(고전 7:19)과 음식과 정결에 관한 법(고전 9:20)을 무시하고 율법의 보다 근본적인 문제들을 드러낼 뿐만 아니라(고전 15:55-56) 믿음을 그리스도의 대속적 죽음과 부활의 구원 사건 덕을 보는 수단이 됨을 주장하면서도(고전 1:21; 15:1-5), 고린도전서에서 바울은 (데살로니가전서에서와 마찬가지로) "율법의 행위들"이라는 문구를 언급하거나 그것을 믿음과 대조시키지도 않는다—비록 그리 얼마 되지 않아 로마서에서 믿음과 "율법의 행위들"의 대조를 핵심주제로 삼을 것임에도 말이다.

고후 3장에서 바울은 율법 문제를 논하되 (로마서와 갈라디아서에서와 같이) 그의 구원론에 대한 설명 혹은 변증과 직접적으로 연결 짓지 않고 간접적으로 연결 짓는데 이것은 시내산에서 모세가 옛 언약의 일군으로 소명 받은 것과 대비되는 새 언약의 일군으로서 자신이 사도로 소명 받은 것의 정당성과 우월성을 입증하기 위한 노력의 일환이다. 따라서 바울은

고전 15:55-56에서 요약하고 롬 7장에서 자세히 설명하는 율법의 문제
들에 비견되는 율법의 옛 언약의 문제들(이 언약은 임시적인 것이며, 내주하시는
성령을 통해 마음판이 아닌 돌판에 쓰인 문자이며, 그 언약을 따르는 자들이 보지 못하게
하고 그 마음을 우둔하게 하는 기능을 하고 그들에게 정죄와 죽음을 가져옴)을 지적할
때조차도[38] 결론적으로 구원이나 칭의가 율법의 행위로써가 아니라 하나
님의 은혜로, 우리 믿음을 통해 이루어진다고 명시적으로 주장하지 않는
다. 바울이 그렇게 할 필요가 없는 것은 율법의 구원론적 기능 자체에 대
해 설명하도록 도전을 받는 상황은 아니었기 때문이다. 오히려 다메섹에
서 그리스도께서 나타나셔서 신적 소명을 주셨다는 바울의 호소를 반박
하고 그가 모세 언약과 율법을 무시하고 오로지 예수의 죽음에만 집중한
다는 이유로 그의 복음이 "가리어진 것"(고후 4:3)이라고 비난하는 유대 그
리스도인 대적자들로부터 자신의 사도직의 정통성에 대한 도전을 받게
되었기 때문에,[39] 바울은 시내산에서 하나님의 나타나심을 통해 옛 언약
의 일군으로 모세가 부름 받은 것과 같은 방식으로 다메섹 그리스도 현
현을 통해 자신이 새 언약의 일군으로 부름 받았음을 제시하고 자신의
소명이 모세의 소명보다 우월함을 주장하는 데 초점을 맞춘다.[40] 그리고
바울은 성령을 통한 자신의 새 언약의 사역이 율법을 따른 모세의 옛 언
약의 사역보다 우월함을 입증하기 위해서 단지 이 비교와 대조로만 옛
언약의 사역을 앞서 언급한 부정적인 진술들로 평가절하한다.[41]

---

38 사실 율법의 옛 언약을 "정죄의 직분"(고후 3:9)과 "죽게 하는 직분"(고후 3:7)이라고 명명하
는 것 역시 롬 7장의 요약으로, 고전 15:55-56보다 훨씬 더 짧은 요약으로 볼 수 있다.

39 참고. S. Kim, "2 Corinthians 5:11-21 and the Origin of Paul's Concept of
Reconciliation," *NovT* 39(1997): 371-79(이제 필자의 *PNP*, 226-33에 수록되어 있음).

40 참고. S. Kim, *The Origin of Paul's Gospel*(Tübingen: Mohr Siebeck, 1981, 21984; Grand
Rapids: Eerdmans, 1982), 233-39.

41 고린도전후서의 율법에 비판적인 진술들에 대한 보다 자세한 논의를 위해서는 아래 섹션
20을 보라.

15. 결론: 데살로니가전서와 고린도전후서에 함축적으로 제시된 칭의 교리와 이 서신들과 로마서, 갈라디아서, 빌립보서 3장의 본질적 통일성

따라서 위에서 논한 고린도전후서의 특징들(의/칭의 용어에 대한 보다 명시적 언급들; 고후 5:14-21에 축약적으로 표현된 속죄 교리와 화해, 칭의; 율법과 육체를 자랑함에 대한 부정적인 언급들)은 이 서신들에 함축적으로 표현되는 율법의 행위 없이 믿음을 통해 의롭다 함을 얻는다는 교리를 데살로니가전서의 경우보다 훨씬 더 가시적이게 만들어 준다. 이 특성들은 로마서에서의 바울의 논증들을 축약한 것일 수 있다. 따라서 로마서의 칭의 교리는 바울이 로마서를 쓰기 전에 고린도와 다른 지역들에서 전했던 복음의 본질적인 변화 혹은 "실질적 발전(substantial development)"을 나타내는 것이기보다는 그 복음에 대한 보다 명시적이고 체계적인 구원론적 설명으로 보아야 한다.

칭의 교리와 관련하여 고린도전서(AD 53-56?)와 로마서(AD 56-57) 사이에 "실질적(substantial)" 발전을 찾을 수 없다면[42] 데살로니가전서(AD 50)와 고린도전후서 사이에서는 그런 발전을 찾을 수 있는가? 우리가 데살로니가전서에서 칭의 교리를 함축적으로 드러내는 특징들에 대해 검토한 것을 놓고 볼 때 고린도전후서보다 데살로니가전서에 이 교리가 보다 약한 정도로 보인다고 해서 이것을 데살로니가전서와 고린도전후서 사이에 이 교리의 "실질적" 발전이 있었음을 가리키는 것으로 보아서도 안 된다. 오히려 데살로니가전서가 보다 적은 이슈들을 다루기에 바울이 고

---

42 고린도전후서에 칭의 교리가 함축적으로 들어있음을 보여주는 것으로 간주되는 이 서신들의 특징들 외에도 이 두 서신들을 쓴 때와 로마서를 쓴 때의 간격이 짧다는 점과 바울이 고린도에서 로마서를 썼다는 사실(참고. 롬 16장) 역시 고린도전후서와 로마서 사이에 "실질적" 발전이 있다고 보는 이론의 개연성을 떨어뜨린다. S. Schreiber, *Der erste Brief an die Thessalonicher*, ÖTK 13:1 (Gütersloh: Gütersloher Verlagshaus, 2014), 69의 현명한 판단을 참고하라: "현존하는 모든 바울서신은 길지 않은 기간에 생성되었는데(아마도 50-56년) 이 중 어떤 서신도 바울 신학의 전체 그림을 조직적으로 펼쳐 보이지 않기 때문에 신학적 발전을 증명할 가능성은 어쨌든 제한적일 수밖에 없다."

린도전후서에서 제시하는 그런 류의 논점을 제시할 기회가 그만큼 적었던 훨씬 더 짧은 서신이라는 점을 감안하여 판단해야 한다. 예를 들어 데살로니가에서는 음식과 정결법에 대한 논쟁이 없었으며 바울이 아담-그리스도 대조를 자세히 설명할 필요가 있는 그런 일도 없었기에 바울로서는 고전 7:19; 9:20b; 15:55-56에서 제시했던 율법에 대한 주장들을 할 기회가 없었다. 사실 바울이 데살로니가전서를 쓴 지 겨우 2년 지난 후에 쓴 고린도전서에서 제시한 그와 같이 혁명적이고 정리된 생각을 담은 진술들을 감안해 볼 때 바울이 데살로니가의 이방인 신자들을 하나님이 택한 백성이라 말하고(1:4; 2:12) 그들이 그리스도의 대속의 죽음에 근거하여 하나님의 진노에서 종말의 구원을 받을 것에 대해 말하고(1:10; 5:9-10) 성화에 대한 가르침을 베풀되(4:1-8) 이 모든 것을 율법에 대한 어떤 언급도 없이 할 수 있었던 것은 바로 데살로니가전서를 쓸 당시에 고린도전서에 표현된 율법에 대한 비판적 관점을 그가 이미 견지하고 있었기 때문이라고 생각하는 것이 보다 합리적인 것 같다.

따라서 데살로니가전서에서보다는 칭의 교리가 보다 잘 드러나 보이지만 여전히 데살로니가전서에서와 같이 그 교리에 대한 명시적인 설명은 나오지 않는 고린도전후서에서의 증거는 데살로니가전서에서 고린도전후서를 거쳐 로마서에 이르기까지 바울 복음의 본질적 통일성이 있다는 우리 견해와 데살로니가전서와 고린도전후서에 칭의 교리가 단지 함축적으로만 들어있는 것은 후대에 발전된 것이기 때문이라기보다는 그 서신들에서 자세히 강해할 필요가 없었기 때문이라고 설명하는 우리의 시도를 뒷받침해준다. 데살로니가전서와 고린도전후서에서 바울은 이방인 회심자들에게 율법을 강요하려는 유대주의자들의 시도를 물리치기보다 그들의 다른 필요들을 채우고자 한다.

16. 바울의 회심/소명과 초기교회 역사의 맥락에 대한 고려

이러한 결론은 초대교회 역사의 맥락에서 칭의 교리의 발전을 고찰함으로써 더욱 확증될 수 있다. 위에서 우리는 죄딩이 데살로니가전서의 신학을 평가할 때 바울 이전 자료와 초대교회의 상황들과 바울의 배경과 바울의 다른 서신들의 힌트들을 고려해야 한다는 그 자신의 방법에 충실하지 못한 것에 대해 유감을 표명한 바 있다. 죄딩이 만족스럽지 못한 판단에 이르도록 만든 그의 연구의 또 다른 약점은 바울의 회심/소명과 그의 연대기를 진지하게 다루지 못한다는 점이다. 죄딩은 율법에 대해 매우 열심이었던 바리새인 출신의 바울이(갈 1:13-14; 빌 3:5-6) 율법을 버렸고(새 관점주의자들의 표현을 빌자면) 데살로니가의 이방인들에게 할례와 다른 "언약의 표지들(badges of the covenant)"을 요구하지 않은 채 복음을 전했다는 사실의 중요성을 충분히 진지하게 간주하지 않는다. 죄딩 자신이 바르게 강조하듯이, 바울이 데살로니가전서에서 율법에 대한 언급 없이 최후의 심판 때 하나님의 진노에서 건지심에 대해 가르치고 성화된 삶을 위한 권면들을 베푼다면, 그것은 단순히 그가 율법을 잊어버렸거나 율법을 아디아포론(*adiaphoron*)의 문제로 간주하기 때문이 아니다. 이것은 이전에 바리새인으로 율법에 열심이었던 사람으로서는 상상도 하기 어려운 일이다.[43] 바울이 그렇게 할 수 있는 것은 그가 율법에 대해 많은 생각을 했고 그 결과 율법이 구원과 성화에서 가지는 기능에 대해 부정적인 결론에 도달하게 되었기 때문이다. 더욱이 바울이 회심하고 소명을 받고서 (AD 32-34) 그렇게 오랫동안 최후의 심판 때 건지심을 받을 때 율법이 어떤 역할을 하는지에 대한 분명한 이해에 이르지 못했거나 그렇게 할 필요를 느끼지 못했을 것이라고 상상하기는 어렵다. 데살로니가전서를 쓸 즈음에는(AD 50) 이전에 "바리새인 서기관"이었던 바울이 이제 사도로서 적어도 16년간 사역을 감당한 원숙한 기독교 신학자가 되었다는 점을 우리가 고려해야 한다.[44]

---

43 예루살렘 교회의 지도자 중 하나였던 유대 그리스도인 "선지자" 실라/실루아노(참고. 행 15:22, 31)가 바울이 데살로니가전서를 작성하는 때 참여하여(참고. 1:1) 그와 같은 일을 했을 것이라고 상상할 수도 없다.

44 참고. Hengel and Schwemer, *Paul*, 11-15.

17. 바울의 회심과 소명

바울의 회심/소명과 그의 연대기에 대한 과소평가는 필자가 바울의
칭의 교리에 대한 제임스 던(J. D. G. Dunn)의 견해에 대해 제기했던 이슈
들 중 하나였다(필자의 *PNP*, 22-53). 던이 필자에게 답변을 했지만,[45] 이슈는
여전히 남아 있다. 던("New Perspective," 37)은 이제 "바울이 칭의가 믿음에서
시작되는 것으로 이해하고 있음은 아마도 처음부터 분명하고 확실했을
것이다"라고 말하고 심지어는 "*그리스도인으로서 처음 복음 전도를 할
때부터(from his first evangelistic outreach)*… [바울은] 하나님의 구원의 의는 모
든 사람을 위한 것, 곧 먼저는 유대인을 위한 것이지만 이방인, 곧 이방인
인 이방인들을 위한 것이라는 복음을 전하면서 이방인들에게 유대교 회
심자(proselytes)가 될 것을 요구하지 않았다"(저자 자신의 강조). 하지만 던(36)
은 여전히 "'믿음으로 말미암고 율법의 행위로 말미암지 않음(*and not from
works of the law*)'이라는 반제 형식은 아마도 예루살렘과 안디옥에서의 자
기 동족 유대인 신자들과의 대결[갈 2.1-16]의 결과였을 것이다"라고 주
장한다(저자 자신의 강조. 그는 같은 의견을 이미 자신의 저서 *Theology of Paul*[371-72]
에서도 표명한 바 있다).[46] 따라서 던은 비판적인 신학자였던 바울이 자신의
율법에 대한 "열심"에서 "믿음으로 말미암는 칭의에 대한 [확고한] 이해"
로 돌아서게 된 일과 그가 이방인들에게 칭의와 그들이 하나님의 백성
에 가입되는 것에 대한 복음을 전하면서 할례 받을 것을 요구하지 않기
로 결정한 일이 필연적으로 (공개적 가르침에서는 아니라 해도) 적어도 그의 마
음속으로는 이미 가지고 있었던 "율법의 행위로써가 아니다"라는 반제적
추론과 관련되어 있었을 가능성에 대해 여전히 진지하게 고려하지 않고
있는 것이다.[47]

---

45 Dunn, "The New Perspective: What, Whence and Whither," in *The New
Perspective on Paul*(revised ed.; Grand Rapids: Eerdmans, 2008), 36-41.
46 이와 관련한 논의를 위해서는 필자의 *PNP*, 96와 본 장 주 35를 보라.
47 사실 필자로서는 "(공개적 가르침에서는 아니라 해도) 적어도 그의 마음속으로는"이라는 비현실
적인 표현을 쓸 수밖에 없는 오늘날의 학계의 토론의 상황이 그다지 유쾌하지는 않다(던과
비슷한 몇 가지 견해들의 예를 위해서는 아래를 보라). 또한 이 유쾌하지 않은 상황으로 인해 필자는

던("New Perspective," 37)은 여전히 바울의 회심 이전의 "열심"(갈 1:13-14; 빌 3:4-6)이 그로 하여금 "다른 민족과의 접촉에도 더럽혀지지 않는 거룩함을 비롯하여 유대인으로서 '흠 없음'을 유지하도록 이끌었다"고만 주장할 뿐이다. 그는 바울이 다메섹 도상에서 율법의 *부추김을 받은*(law-inspired) 자기 "열심"이 잘못된 것임을 발견했을 때의 충격이 그의 율법에 대한 이해에 어떤 영향을 가져왔겠는지, 그리고 그와 같이 열심 있던 유대인 신학자 바울이 할례나 율법 준수를 요구하지 않고 이방인들에게 복음을 전하기 위해 율법에 대해 어떤 결단을 했어야 했는지에 대해 진지하게 고려하지 않는다. 그가 이런 질문들을 소홀하게 다루는 문제와 바울이 회심과 소명 이후 십년도 훨씬 지난 때에 예루살렘 공의회와 안디옥 사건에서 처음으로 이방인들을 위한 할례와 음식의 이슈들을 심각하게 다루게 되었다는 그가 은연 중에 드러내는 그런 입장에 대한 필자의 비판(필자의 *PNP*, 22-45, 51-53)에 대해 답할 때도 던은 필자의 논점에 미치지 못한 채 기본적으로 필자가 이전에 비판했던 오래된 주장들만 반복한다.

던("New Perspective," 38)은 도리어 "왜 할례와 식탁 교제 이슈가 그렇게

보통의 상황이라면 전혀 불필요할 혹은 심지어 사소한 질문으로 여겨질 수 있는 다음과 같은 질문들을 던지게 된다. 바울이 그렇게 명백하고도 중요한 신학적 표현을 자기 마음 속에만 간직하고 가르침에서는 전혀 언급하지 않았다는 것을 상상할 수 있겠는가? 바울이 바나바와 안디옥 교회를 함께 섬기고(행 11:25-26) 또 다른 곳들에서 이방인 선교를 위해 함께 동역하면서(행 13-14장) 이전에 예루살렘 교회의 지도자였던(행 4:36-37; 11:22) 바나바와 율법 문제를 논의하지 않고 또 이방인 신자들이 할례 없이 (그리고 율법의 다른 행위들 없이) 의롭다 함을 받는다는 복음에 대해 그의 동의를 구하지도 않았을 것이라 상상할 수 있겠는가? 만일 바나바가 그러한 형태의 복음에 동의하지 않았더라면 어떻게 그가 안디옥 교회의 공동 대표로서 바울과 함께 예루살렘 공의회에서 그 복음을 대변할 수 있었겠는가(갈 2:1-10; 행 15:1-35)? 그리고 만일 그들이 안디옥 교회에서 유대인 신자와 이방인 신자 모두에게 할례와 음식법과 정결에 관한 규정들이 그들에게는 크게 문제되지 않는다고 가르치지 않았다면, 어떻게 "야고보에게서 온 어떤 이들"이 안디옥에 와서 이방인과의 식탁 교제에 반대하기 전에 유대인 신자들과 이방인 신자들 간에 그런 식탁 교제가 가능했겠으며, 또 바울은 야고보에게서 온 "할례당"의 압력으로 베드로뿐만 아니라 바나바까지 그 식탁 교제에서 물러난 것을 두고 *외식*이라고 비판할 수 있었겠는가(갈 2:11-14)? 보다 제시한 논의는 아래 섹션 19를 보라.

여러 해가 지나도록 제기되지 않다가 나중에야 비로소 제기되게 되었는가" 하는 "중요한" 질문을 필자가 무시한다고 비판한다. 필자가 "할례와 정결법에 대한 질문들을 제기한 것이 바울이 아니라 *그의 동족 유대인 신자들이라는 사실을 무시한다*"(던의 강조임)는 것이다. 그러고 나서 던("New Perspective," 39)은 스스로 두 번째 질문에 대해 이렇게 답한다: "이 질문에 대한 부분적인 대답은 아마도 박해자 바울에게는 할례의 울타리를 무너뜨리는 일들이 이슈가 되었겠지만 사도로서의 바울에게는 그렇지 *않았다. 왜냐하면 사도 바울이 회심을 하게 된 것은 바로 그런 것들로부터(from)이기 때문이다*"(그의 강조임). 던이 아마 의도한 그런 의미에서는 아니라 하더라도 그의 이 대답 자체는 옳다고 생각한다. 하지만 불행하게도 던은 기독교 박해자였다가 사도가 된 사람이 어떻게 자기 신학을 거꾸로 뒤집어 할례가 별 이슈가 아니라고 결정할 수 있는지에 대해 한 번도 설명하지 않는다. 그 결정이 이미 "율법의 행위로 말미암음이 아님(적어도 할례를 통해서가 아님)"을 의미하지 않는가? 아니면 던은 바울이 자신의 회심을 그가 더 이상 율법을 이방인들과 견주어 생각할 필요가 없어졌다는 의미로 받아들였다고 가정하거나 바울이 이방인들에게 복음을 전하면서 할례와 정결법을 준수하라고 요구하지 않는 헬라파 유대 그리스도인들을 자신이 박해하게 만들었던 그 할례와 정결법을 회심 이후로는 일절 생각하지 않게 되었다고 가정하는 것인가? 그러나 이것은 현실성이 거의 없을 뿐 아니라 갈 1:13-14와 빌 3:5-6에서 바울이 자신의 회심과 소명에 대해 직접 증언하는 것과도 배치된다. 이 구절들에서 바울은 자신이 율법에 대한 열심에서 교회를 핍박하였음을 거듭하여 진술하고 있다.

오히려 그 자신이 할례와 정결에 관한 율법들을 가장 중요한 이슈로 여기던 열성적 바리새적 유대교 신앙으로부터 돌아서게 된[converted] 바로 이런 이유로(다시 말해 그 자신이 이방인들이 그리스도의 구원을 덕 입은 데 그와 같은 율법들이 필수적인 것은 아니라는 결정을 하게 된[had come to the decision] 바로 그 이유 때문에) 바울은 이방인 선교 사역을 수행하면서 그들에게 그 율법들을 지키라고 요구하지 않은 것이다. 그리고 자신이 이방인 회심자들에게 그 율법들을 지키라고 요구하지 않았기 때문에 바울 스스로 그런 이슈들을 제기할 필요가 없었던 것이다. 그 이슈들이 자기 마음속에서 분명하게 정리가 된 때, 데살로니가인들이나 그 어느 누구도 그 이슈들을 제기하지 않는데 바울이 그 이슈들을—이방인 회심자들이 주를 이루는 그들에게 쓰는 서신에 최소한 그 흔적을 남길 만큼이라도 진지하게—논의하자고 제안해야만 할 이유가 어디에 있는가? 자신이 사도로서 이방인 회심자들에게 그 율법들을 지키기를 요구하지 않는 것에 대한 도전이 없는데 왜 바울이 먼저 그 이슈들을 제기하고 그 이슈들에 대해 논박해야 하는가? (이 이슈들을 다루는 것이 필요하다고 여길 주제가 없기 때문에 바울이 다만 이 이슈들에 대해 암시만 하는 고전 7:17과 9:20을 참고하라.)

따라서 필자는 왜 던이 이 이슈들을 제기한 것이 바울 자신이 아니라 다른 유대 그리스도인들이었다는 사실이 회심과 소명의 영향으로 바울이 마음으로 이 이슈들을 일찍이 해결했다고 보는 필자의 견해를 반박하는 논거가 된다고 생각하는지 이해할 수 없다. 무엇보다도, 이전에 "열심당적" 바리새인이었던 바울이 이방인들의 유대교로의 개종을 위한 율법의 요구사항들과 관련하여 바울을 반대하여 그 이슈들을 제기한 유대인 그리스도인들만큼 예민하지 못했다고 생각할 수 있는가? 할례와 음식법의 이슈들을 제기한 것이 바울이 아니라 유대 그리스도인들이었다는 사실이 정말로 이 이슈들에 대한 바울의 생각이 나중에 발전한 것임을 가리키는가? 필자가 보기에는 그와 반대로 이 사실은 바울의 생각이 초기에 발전했음을 가리킨다.

바울이 이방인 가운데서 복음을 전하면서 이방인 회심자들에게 그 율법들을 준수하라고 요구하지 않았기 때문에 회당의 유대인들과 일부 유대 그리스도인들이 경각심을 가지고서 바울의 복음과 선교 방식에 대해 도전하기 시작하였고, 이 때문에 바울은 할 수 없이 그 율법들과 율법 전체에 부정적인 입장을 표명하여 자신의 복음과 선교 방식을 변호하게 되었을 것이다. 이 견해가 바울서신과 사도행전의 명시적, 암묵적 증거들의 뒷받침을 받고 있지 않은가? (위 섹션 2와 3을 보라). 우리는 바울이 "의롭다 함은 믿음으로 말미암고 율법의 행위로 말미암음이 아니다"라는 형식을 이미 마음속에 가지고 있지 않았더라면 이전에 율법에 대해 정말 열심이던 바리새인이었던 그가 이방인들에게 나가 복음을 전하면서 어떻게 그리스도에 대한 믿음만을 요구할 뿐 율법 준수는 요구하지 않을 수 있었을지도 질문해봐야 한다.

18. 예루살렘 공의회와 안디옥 논쟁

우리 견해는 또한 던의 첫 번째 질문에 대해서도 보다 만족스러운 설명을 제공한다. 이 질문에 대한 던의 답변은, 바울에 관한 한 만족스럽지 못하다. 던은 다음과 같이 말한다("New Perspective," 38).

> 이방인 신자들은 처음에는 하나님을 경외하는 이방인들 곧 지역의 회당을 출입하며 유대교의 신념들과 관습들 중 일부를 받아들이지만 할례는 받지 않은 이방인들과 같이 애매한 상황에 있는 것으로 간주되었다. 경종이 울리기 시작한 것은 이방인 회심자들이 수적으로 유대인 신자들보다 많아지기 시작한 그때에서였다. 예외(할례 받지 않은 하나님을 경외하는 이방인들)가 법칙(rule, 이방인 신자들)이 되고 있었다. 이것이 예루살렘에서 문제가 되었던 이슈인데 바울의 선교에 긍정적인 방향으로 만족스럽게 해결되었다(갈 2.1-10). 유대인 신자들의 경우, 특히 이 이방인 신자들과의 관계를 맺는 가운데, 어느 정도의 토라 준수가 기대되는지에 대한 또 다른 이슈는 분명 아직 충분히 인지되지 못했거나 예루살렘에서 미해결 상태로 혹은 모호한 채로 남겨졌다. 그래서 유대인 신자들이 이방인 신자들과의 식탁 교제를 불가능하게 할 (보다 높은) 수준의 토라 준수를 계속해야 한다고 주장했을 때 안디옥 사건이 일어나게 된 것이다(2.11-14).

그리스도 예수를 믿는 어떤 유대인들은[48] 그리스도를 믿는 이방인들

---

48   아마도 바울이 "할례당"(τοὺς ἐκ περιτομῆς, 갈 2:12), "야고보에게서 온 사람들"이라 부르는

172

을 어떤 면에서 유대교 회당에 출입하는 하나님을 경외하는 사람들에 견줄 수 있다고 생각했을 것이다. 하지만 바울이 이방인 회심자들을 그렇게 여겼다는 것은 믿기 어렵다. 사실 회심 전의 바울조차도 자신이 박해했던 헬라파 유대 그리스도인들이 이방인들을 하나님을 경외하는 자들로 만드는 일에 가담한 것으로 생각했다고 믿기는 어렵다. 헬라파 유대 그리스도인들이 이방인들을 하나님의 거룩한 백성이 되게 한다는 어떤 주장도 없이 단지 몇몇 하나님을 경외하는 이방인들을 얻으려고 했는데 바울이 그들을 그렇게 폭력적으로 핍박했겠는가? 다메섹에서 회심과 소명의 경험을 하고서 바울이 스스로 그들 중 하나가 되어 그들이 했던 일을 한다는 것은 상상이나 할 수 있는가? 사실 사도로서 소명을 받을 때 바울이 하나님을 경외하는 이방인들의 숫자를 늘리고자 자신이 "무할례의 복음"(갈 2:7)을 위임 받았다고 생각했다는 증거는 없다. 그와 반대로 모든 증거가 바울이 그리스도의 구원의 복음을 이방인들에게 전하여 그들을 종말의 구원 공동체 안으로 들어가게 하여 무할례인 모습 그대로지만 여전히 그리스도를 믿는 유대인들과 마찬가지로 하나님의 백성 혹은 하나님의 자녀가 되게 하는 일로 부름을 받았다고 느꼈다는 사실을 가리킨다. 따라서 특별히 유대에 있는 일부 유대인 그리스도인들이 부활절 이후 교회의 처음 몇 년 동안 이방인 신자들의 할례 문제에 대해 진지하게 생각하지 못했을 수 있음은 충분히 상상할 수 있다. 하지만 이방인들 가운데 활발하게 복음을 전했던 선교사 바울이 그 이슈를 직면하지 못한 채 혹은 그 이슈를 마음으로 해결하지 못한 채로 사도로서의 사명을 감당하느라 동분서주했다고 생각하기는 쉽지 않다. 바울의 인생에 두 가지 독특한 특징들이 있는데 가장 열성적 바리새주의에서 기독교로 회심한

사람들과 같은 사람들. 갈 2:11-14에서의 바울의 안디옥 논쟁에 대한 묘사는 그들이 안디옥에 와서 할례 받지 못한 이방인으로 그리스도를 믿는 자들과 유대인 신자들의 동등성을 부정하기 전에는 안디옥 교회의 유대인 신자들 스스로는 그것을 의심하지 않았다. 그 이유가 무엇인가? 바울이 안디옥에서 롬 1:3-5, 14, 16-17과 갈 3:28의 관점에서 복음을 명시적으로 전하지 않았다면 이런 일이 일어날 수 있었겠는가?

것과 율법을 무시하는 이방인 선교에 대해 폭력적으로 박해하던 사람에서 이방인 선교의 주된 사역자로 회심하게 된 것이 그것이다. 이 두 특징의 결합은 그가 이방인 선교에 착수하기 전에 자신의 회심과 이방인을 위한 사도로서의 소명과 연관 지어 마음속으로 할례, 정결법 등의 이슈들을 해결했을 것이라는 가정을 요청한다. 여기에 바울을 다른 유대 그리스도인들과 더욱 차별화되게 하는 것 곧 그의 서기관으로서의 훈련과 신학적 통찰력에 대한 고려는 이 견해를 더욱 강화시킨다는 점을 덧붙일 수 있다.

이방인 회심자들의 수가 늘어나 상당한 세력이 되면서 유대 그리스도인들이 이방인 회심자들에게 할례를 요구하는 문제를 심각하게 제기하게 되었다는 것은 실제로 역사적으로 개연성이 있는데 갈 2:1-10와 15장이 이러한 주장을 뒷받침한다. 동일한 사건을 가리키는지의 여부와 상관없이 두 구절 모두 이 문제가 예루살렘 사도회의에서 다루어졌다는 사실을 증언한다. 하지만 갈 2:1-10은 이 사도회의에서 논의하기도 전에 바울이 이방인들 가운데서 전파해온(갈 2:2) "무할례자들에게 전하는 복음"을 확고하게 정립하고 있었음(갈 2:7)을 분명히 한다. 누가는 바울이 비시디아 안디옥에서 모세의 율법으로써가 아니라 믿음으로써 의롭다 함을 받음에 관한 칭의 교리 형태로 복음을 전한 일(행 13:16-48, 특히 38-41절; 위의 섹션 2를 보라)을 사도회의(행 15장) 이전에 위치시킴으로써 바울의 이 주장을 뒷받침한다. 바울이 할례 받지 않은 이방인 그리스도인인 디도를 그 회의에 (아마도 "예 A"로서) 데리고 간 것과 "거짓 형제들"의 압력을 성공적으로 버텨낸 것(갈 2:2-5)은 사도회의 이전에도 이방인 신자들에게 할례를 요구하지 않는다는 분명한 원리를 세우고 있었음을 암시한다. 갈 2:1-10와 행 15장은 예루살렘 사도회의에서 이방인 신자들의 할례 문제가 교회 전체 앞에서 정식으로 혹은 공식적으로(formally or officially) 제기되고 해결되었음을 증언한다. 하지만 이 두 구절이 바울이 선교했던 다른 곳들에서도 이 문제가 이미 제기되었을 가능성을 배제하는 것은 아니다.

사실, 바나바와 마가, 실라와 같은 유대인 그리스도인들뿐만 아니라

디도와 같은 이방인 그리스도인(들)로 구성된 선교팀 내에서 벌써 이 문제가 제기되어 바울이 그것을 다루어야 했을 가능성이 훨씬 크다. (바울이 유대인들에게 사십에 하나 감한 매를 다섯 번 맞은 것[고후 11:24]은 단순히 십자가에 달리신 예수를 메시아로 전했기 때문이었다기보다는 예수를 믿는 이방인 신자들을 야훼-주 [Yahweh-kyrios]의 백성의 일원이 되게 할 때 율법을 무시했기 때문일 가능성이 매우 크다. 이 모든 매질이 예루살렘 공의회와 고린도후서 사이에 일어난 것은 아니겠지만 적어도 그 중 일부는 예루살렘 공의회 이전에 있었던 일일 가능성 역시 크다.[49]) 할례 문제가 제기되었을 때 바울이 세운 교회들의 일부 유대인 그리스도인들조차 그 문제에 대한 바울의 설명을 받아들이지 못했을 수 있고, 다른 헬라파 전도자의 선교 지역들에 있는 일부 유대인 그리스도인들도 같은 어려움을 경험했을 수 있고, 바울의 선교 지역들이나 다른 헬라파 전도자의 선교 지역들을 방문한 예루살렘에서 온 일부 유대인 그리스도인들도 이 문제에 대해 경각심을 가지게 되었을 수 있다. 따라서 이 유대인 그리스도인들의 비판은 바울과 다른 헬라파 선교사들뿐만 아니라 예루살렘 교회 지도자들을 점점 더 성가시게 했을 수 있다. 그와 같은 불편한 상황이 점점 더 위중해짐에 따라 (만일 갈 2:1-10이 행 11:27-30에 상응하는 경우라면) 바울이 바나바(와 디도)와 함께 안디옥교회 대표로 기근 구제를 위해 예루살렘을 방문하여, 이 방문을 이방인 신자의 할례 문제에 대해 예루살렘 사도들과 협의할 기회로 삼았거나 (만일 갈 2:1-10이 행 15장에 상응하는 것이라면) 안디옥 교회의 리더들이 이 문제에 대해 공식적인 협의를 하기로 결정했을 것이다.

필자가 보기에 이것은 바울과 누가 두 사람 모두가 제공하는 증거에 기초한 그럴 듯한 재구성이다. 어쨌든 예루살렘 공의회는 할례 문제가 처음으로 제기된 경우라기보다는 그 문제에 대한 이전의 논쟁들이 절정에 이르게 되고 공식적으로 해결을 하게 된 경우였다. 따라서 할례 문제에 관한 한, 던의 질문("왜 할례 문제와 식탁 교제 문제가 그렇게 여러 해 동안 일어나

---

49 참고. Furnish, *Thessalonians*, 71-72.

지 않았는가?")은 그 타당성이 상당히 떨어진다. (행 15:1-2을 완전히 무시한 채) 갈 2장에 대한 가장 최소주의적이고 문자주의적인 읽기와 가장 상상력이 없는 역사적 재구성만이 우리가 일부 유대 그리스도인들이 예루살렘에서 사도들이 모인 자리에서 그 모임이 있게 된 그 어떤 사전 역사와 무관하게 갑작스럽게 할례 문제를 제기하게 된 것이라고 가정하도록 이끌 것이다(필자의 *PNP*, 32-34을 보라).

바울은, 헬라파 유대 그리스도인들이 (던의 새 관점의 용어를 빌어 표현하자면) 하나님의 백성의 정체성의 근본적인 표식인 할례의 거룩성을 깨트린 것 때문에 "열심"에 대한 그의 신학적 확신에서 그들을 박해한 바 있고, 다메섹 도상에서 하나님의 아들 그리스도 예수 안에 있는 구원에 대한 복음을 하나님의 계시로 받고 그 복음을 이방인들에게 전하라는 소명을 받은 자로서(갈 1:11-17; 롬 1:1-5) 유대교에 대한 자기 "열심"이 잘못된 것이고 따라서 그와 같은 "열심"을 부추긴 율법은 효력이 없게 되었으며, 그래서 이방인들에게 할례를 요구하지 않으면서 복음을 전해야 한다는 것을 깨닫게 되지 않을 수 없었다. 이와 같이 바울은 다메섹에서의 회심을 경험하고 소명을 받은 여파로 할례 문제를 직면하게 되었고, 칭의는 그리스도를 믿는 믿음을 통해서이지 적어도 율법의 이 행위와는 상관이 없다고 마음속으로 결론 내리게 되었다(이런 연유로 유대인으로서는 가장 혁명적인 선언을 하게 된다. "할례 받는 것도 아무것도 아니요 할례 받지 아니하는 것도 아무것도 아니로되," 고전 7:19). 그리고 나서 유대인 그리스도인들이 이방인 회심자들에게 할례를 요구하지 않는다는 자신의 정책을 비판할 때마다 바울은 이들과 그 이슈에 대해 논의를 하고 할례와 율법에 대한 모든 문제에 대해 더욱 깊고 세밀하게 신학적 논증들을 발전시켜 나간 것임에 틀림없다. 따라서 바울은 예루살렘에서 나중에 발생한 이슈에 대한 중대한 논쟁에 대해 신학적으로 잘 준비되어 있었음이 분명하다.

바울이 음식법과 이방인 그리스도인들과의 식탁 교제 문제를 해결한 것 역시 마찬가지 방식으로 이해해야 한다. 이전에 율법을 위한 "열심당"이었던 바울이, 심지어 베드로와 바나바까지도, "야고보에게서 온 어떤 이들"(갈 2:12)이 안디옥에 이르러 이방인 신자들과 함께 먹는 것을 비판하기까지 이 이슈를 직면하지 않고 그것에 대한 진지한 신학적 성찰도 하지 않았다고 생각하는 것은 비현실적인 상상이다(적어도 누가는 그렇게 본다: 행 10:1-11:18을 보라!) "야고보에게서 온 어떤 사람들"이 도착하여 논쟁이 터지기까지는 안디옥과 다른 곳들에서 일부 유대인 그리스도인들이 바울과 바나바에게 이 문제를 제기하지 않았다고 생각하는 것 역시 현실적이지 못하다. 던("New Perspective," 39)은 필자를 비판하고자 마크 사이프리드(Mark Seifrid)를 인용한다: "바울과 함께 이방인 선교를 위해 동역했던 바나바가 보다 일찍 바울이 갈라디아서에서 제시하는 논쟁의 [여기에 던은 '그리고 신학의'를 추가한다] 전체 그림을 알게 되었는데도 안디옥에서 흔들렸을 거라고 상상하기는 어렵다."⁵⁰ 그러나 이것은 안디옥 논쟁보다 훨씬 이전에 칭의는 (적어도) 그 율법의 행위 곧 음식법의 준수와 상관없이 그리스도에 대한 믿음으로 말미암는다는 것을 바울이 마음으로 분명히 확신했다는 견해에 대한 무게감 있는 반론은 되지 못한다. 우선, 바나바나 베드로가 갈라디아서에서의 바울의 주장에 대해 읽거나 듣고서 나중에 바울의 칭의 교리를 지지하기 위해 돌아왔는지 우리는 당연히 알지 못한다. (유대인 그리스도인 교회는 물론이고) 초대교회 전반에서 이 교리의 영향사(Wirkungsgeschichte)의 증거가 미미하기 때문에 이 질문에 대해 우리가 확신을 가지기는 어렵다.⁵¹ 이 점을 고려할 때 바나바가 갈라디아서에서의 바울의 주장들을 이미 알았더라면 안디옥에서 흔들리지 않았을 것이라고 단순히 가정하는 것이, 그리고 이 가정으로부터 바울이 갈라디아서에서의 신학적 주장과는 다르고 보다 약한 신학적 주장을 안디옥에서 했을 것임에 틀림없다고 추론하는 것이 얼마나 근거가 약한지를 알게 된다. 어떤 진지한 학자도 안디옥이나 그 이전에 벌써 바울이 갈라디아

50 M. Seifrid, *Justification by Faith: The Origin and Development of a Central Pauline Theme*(NovTSup 68; Leiden: Brill, 1992), 180.
51 참고. T. Aono, *Die Entwicklung des paulinischen Gerichtsgedanken bei den Apostolischen Vätern*(Bern, et al.: Peter Lang, 1979).

서에서 나중에 제시하려고 하는 칭의 교리를 심오하게 제시하는 길고도
난해한 가르침을 베풀었다고 주장하지는 않을 것이다. 하지만 갈 2:14-
21에서 바울은 자신이 안디옥에서 한 말을 요약하여 보고하는데, 적어도
이 내용이 안디옥에서 상당한 분량으로 실제로 제시되었으며, 바울이 안
디옥 사건 이전에도 하나님의 아들 그리스도 예수의 십자가 상에서의 대
속적 죽음에 대한 복음과 자신의 회심의 경험, 자신과 그들이 공통적으
로 가진 그리스도에 대한 믿음과 그들의 현재적 기독교적 실존에 호소하
면서 유대인 그리스도인 대적자들을 논박하는 비슷한 논증을 펼쳤을 것
이라고 충분히 상상해 볼 수 있다(아래 섹션 19를 보라).

어떤 신학적인 이유와/나 다른 이유 때문에 바나바가 흔들리게 되었
는지는 정확하게 알지 못한다. 하지만 그와 베드로가 교회의 평화나 (곧
예루살렘 교회 내와 아마도 안디옥 교회 내의 평화—바울이 고전 8-10장에서 "약한 자들"
을 대하는 것과 같은 방식으로 "야고보에게서 온 어떤 사람들"을 대함으로써) 이방인들
과의 교제에 대해 점점 그 정도를 더해가는 열심당적인 위협에서 유대인
교회를 보호하는 것을 신학적 일관성보다 더 중요하게 여겼을 수 있음
을 쉽게 상상해볼 수 있다.[52] 그들이 바울의 신학적 논증과 성경 주해에
완전히 동의할 수는 없었을 가능성도 생각해 볼 수 있을 것이다. 사실 (부
드럽게 표현하자면) 모든 유대인 그리스도인들이 갈라디아서에서의 바울의
신학적, 성경적 논증에 설득되어 갈라디아서 이후로는 율법 준수를 요구
하지 않는 그의 이방인 선교에 대한 반대를 멈춘 것은 아니라는 사실에
비추어 볼 때 위에 언급한 사이프리드와 던의 주장은 터무니없이 순진한
가정에 기초한 것임이 분명히 드러난다. 우리 시대에 이르기까지 교회사
전체를 통틀어(참고. 벧후 3:16) 갈라디아서에서의 바울의 논증과 주해를 전
적으로 인정하는 데 어려움을 겪은 신학자나 성경 해석자들이 부족했던

---

52 참고. M. F. Bird, "The Incident at Antioch(Gal 2.11-14): The Beginnings of
      Paulinism," *in Earliest Christian History: History, Literature, and Theology.*
      Essays from the Tyndale Fellowship in Honor of Martin Hengel(WUNT 2/320; ed.
      M. F. Bird and J. Maston; Tübingen: Mohr Siebeck, 2012).

적이 없었다!

안디옥 논쟁에 대한 최근의 한 연구("The Incident at Antioch[Gal 2,11-14]: The Beginnings of Paulinism")에서 마이클 버드(M. F. Bird)는 던을 비롯한 다른 학자들의 지지를 받아 널리 받아들여지는 견해, 곧 바울의 율법의 행위 없이 믿음을 통해 의롭다 함을 받는다는 교리가 예루살렘 사도회의에서의 논쟁과 안디옥 사건을 통해 형성되었다는 주장을 보다 정밀하게 다듬은 버전을 제시하려 한다. 던과 비슷하게 버드는 "믿음을 통한 의"의 교리가 "기독교의 아주 이른 전통"에 뿌리를 두고 있음과(333) "바울주의"(Paulinism)의 시작을 위해 다메섹 계시가 결정적인 중요성을 지니고 있음(358) 모두 인정한다. 그럼에도 불구하고 버드 역시 던과 마찬가지로 예루살렘 공의회에서 바울이 이방인 신자들의 할례에 반대하는 주장을 성공적으로 펼쳤고, 예루살렘의 기둥 같은 사도들로부터 자신의 무할례의 복음에 대해 인정을 받았으며(341-42) 나중에 안디옥 사건에 가서야 바울이 이방인 신자들에게 할례와 유대인 그리스도인들과의 식탁 교제를 위해 음식법의 준수를 요구하면 안 된다는 첫 번째 공적인 주장을 펼쳤다고 제안한다(357-58). 그러니까 버드와 던의 실제적 차이는(그런 차이가 정말 있다면), 던은 안디옥 사건에서 바울이 "믿음으로 말미암고 율법의 행위로 말미암지 않은 (칭의)"에 대해 처음으로 "형식화한 것(formulation)"으로 말하는 데 반해 버드(357)는 그때 거기서 바울이 이와 같은 칭의에 대해 "첫 번째 공적인 표현을 한 것(first public expression)"에 대해 말한다는 것이다.

"첫 번째 공적인 표현"이라는 문구를 통해 버드가 말하고자 하는 바가 무엇인가? 이 문구를 통해 그는 예루살렘 공의회와 안디옥에서 일부 사도들과 교회의 다른 리더들과 논쟁하는 가운데 "첫 번째 공적인" 표현을 하기 전에 바울이 이미 자기 마음속으로 이미 일종의 "사적인" 결심을 했거나 이 두 사건보다는 덜 공식적인 경우들에 심지어 일종의 "사적인" 표현을 바울이 이미 했을 가능성 혹은 개연성을 은연 중에 허용하는 것인가?

여기서 던과 버드의 근본적인 문제는 두 가지다. 이 두 사람은, 한편으로, 바울의 칭의 교리의 시작점으로서의 다메섹 계시의 중요성을 인정하면서도 율법에 열심이었던 박해자가 회심하여 이방인의 사도로 소명을 받은 다메섹 경험을 실제로는 진지하게 고려하지 않는다. 그래서 이들은 *바울 자신이 소아시아와 헬라에서 선교 사역을 하면서 복음을 전했던 유대교 회당 안에 있던 유대인들과 예루살렘 공의회와 안디옥 논쟁 때 있던 유대인 그리스도인들이 나중에 제기했고 그 후에 갈라디아의 유대주의 대적자들로 인해 더욱 심화된 율법의 문제들을 그때 거기서 이미 직면했다는 점을* 제대로 인식하지 못한다. 다른 한편으로, 던과 버드 모두 다메섹 사건과 예루살렘 공의회/안디옥 사건 사이에 존재하는 15년이라는 긴 세월이[53] 바울의 신학적 발전에 대해 시사하는 바를 무시한다. 필자는 학식 있는 신학자이자 율법에 열심이 있다가 이방인을 위한 사도가 된 바울이 자신의 이방인을 위한 "'믿음으로 말미암는' 의"의 복음에서 "율법의 행위로 말미암음이 아니"라는 추론을 명시적으로 이끌어 내기까지 예루살렘 공의회와 안디옥 사건에 이르는 12년 혹은 그 이상의 시간이 필요했다고 믿기 어렵다.

타이센(G. Theissen)은[54] 바울의 칭의 교리의 기원을 갈라디아에서의 유대주의자들과의 갈등까지 미룸으로써 이 문제를 보다 악화시킨다(타이센 자신은[363] 갈라디아서 연대를 고린도후서 이전으로 잡지만, 칭의 교리의 갈라디아 기원을 옹호하는 이들은 보통 갈라디아서의 연대를 로마서에 가깝게 잡는다). 타이센(219-20)은 회심 때 바울이 율법 문제를 직면했음을 인정하지만 여전히 "바울이 [갈라디아서와 빌 3장에 기록된 유대주의자들의 도전을 받았을 때] 다만 자신의 회심을 끄집어 내어 공론화를 위한 주장을 도입하는 데 사

---

53 J. D. G. Dunn, *Beginning from Jerusalem*(Grand Rapids: Eerdmans, 2009), 504, 512,은 이 두 사건의 시기를 AD 47-48으로 잡는다; Bird, "The Incident at Antioch(Gal 2.11-14)," 340, 역시 비슷한 의견이다.

54 *The Religion of the Earliest Churches: Creating a Symbolic World*(ET by J. Bowden; Minneapolis: Fortress, 1999), 217-23.

용했다"고 제안한다. 이와 같은 입장에 반대하여 쉬넬(*Paul*, 298-99)은 적절하게 질문한다: "근본적인 통찰이 20년간 묻혀 있다가 유대주의자들과의 대결에서야 비로소 폭발력 있게 드러났다는 말인가?"

하지만 칭의 교리의 기원을 갈라디아에서의 갈등에서 찾고자 하는 쉬넬의 시도 역시 설득력이 없다. 그의 시도는 두 가지 개연성이 없는 주장에서 출발한다. 한편으로 그는 다메섹 사건과 예루살렘 공의회, 안디옥 논쟁이 칭의 교리의 발전에 미친 영향을 축소시킨다(97-100, 136-37). 다른 한편으로 그는 "내포적 칭의론과 배타적 칭의론(inclusive and exclusive doctrine of justification)"을 구분한다. 그러고는 고린도전후서에는 (다시 말해 갈라디아서 이전에는) 성령의 능력으로 (율법에 대한 어떤 관심도 없이) 세례 받고 중생 받음을 가리키는 칭의의 내포적 교리의 증거만 있고 배타적 교리는 갈라디아에서의 갈등을 통해서만 발전하게 되는데 이는 유대인과 유대인 그리스도인들의 "죄와 관련하여 특권적인 지위(privileged hamartological status)"뿐만 아니라 칭의에 있어 율법의 "신인협력적 역할(a synergistic role)"을 배제하는 결과를 가져왔다고 주장한다(300-01).

쉬넬(298; 위를 보라)이 이런 류의 구분을 할 수 있는 것은 고린도전서에서 바울이 율법을 단순히 아디아포론(*adiaphoron*)으로 여기고 율법에 대한 이론을 전혀 반영하고 있지 않다는 말도 안 되는 주장을 통해서 뿐이다. 쉬넬에 따르면, 어쨌든 갈라디아에서의 갈등을 통해 바울은 예루살렘 공의회에서의 갈등이나 안디옥 논쟁과는 완전히 다른 상황을 만나게 되었고 그래서 갈라디아서에서 "칭의의 배타적 교리"를 발전시키게 되었다는 것이다. 따라서 쉬넬(299)은 일반적으로 널리 알려진 칭의 교리는 "바울의 사상에 있어 매우 새로운 통찰과 주장을 대변한다"고 주장한다. 한 곳에서 쉬넬(100)은 자신의 입장을 다음과 같이 요약한다. "칭의와 율법이라는 주제(*subject matter*)는 회심 이후로 바울과 항상 함께 있어왔지만 갈라디아서와 로마서에 제시되어 있는 것과 같은 칭의와 율법에 관한 교리(*doctrine*) 형태로는 아니었다." 하지만 문제는 어떻게 "바울과 항상 함께 있어온" "칭의와 율법이라는 주제"가 회심 이후 20년 동안, 그것도 예루살렘 공의회와 안디옥 논쟁을 거친 이후에도 그가 고린도전서에서 "칭의의 내포적 교리"만을 발전시킨 채 율법은 그저 아디아포론(adiaphoron)로만 이해하게 했는지(Schnelle, 298), 그리고 갈라디아서와 로마서에서 그렇게 심오한 새로운 통찰과 복잡한 논증을 가진 "칭의의 배타적 교리"를 갑작스럽게 형성하게끔 이끌었느냐는 것이다.[55] 이런 점에서 쉬넬은 타이센에게 제기했던 질문에 대해 만족스러운 답을 그 자신도 찾지 못한 것 같다.

따라서 칭의 교리의 기원을 갈라디아에서의 논쟁에서 찾으려는 타이센과 쉬넬의 시도들은 그 기원을 안디옥 논쟁에서 찾으려는 던과 버드의 시도보다도 더 현실성이 없다. 위에서 말한 것과 같이, 바울은 예루살렘 공의회와 안디옥 논쟁 이전에 12년 혹은 그 이상을 이방인 선교를 하는 동안, 바나바와 같은 유대인 그리스도인들이 포함된 자신의 선교팀 내에서는 물론 다양한 선교지들에서, 자신이 회심하고 소명 받을 때와 이방인 선교 초창기에[56] 자기 마음속으로 먼저 제기했었고 예루살렘 공의회와 안디옥 논쟁을 통해 보다 "공식적으로" 다뤄져야 했던 문제들을 반복적으로 직면했다고 보는 것만이 현실성 있는 가정이다. 따라서 이 두 사건 전에 바울이 "그리스도 예수를 믿음으로 말미암고 율법의 행위로 말미암지 않는"이라는 두 개의 수식어구를 가지고 칭의 교리를 발전시켰으며, 이것을 바나바와 같은 유대인 동역자들과 또한 베드로와도 논의하여 그들의 승인을 받은 것이고(참고. 갈 2:14-16), 바울이 예루살렘 공의회에서 이방인 신자들에게 할례를 요구하는 것에 반대할 때 그리고 그 후에 안디옥에서 유대인 그리스도인들이 이방인 그리스도인들과 식탁교제하다가 물러간 일(이것은 이방인 그리스도인들에게 할례와 음식법을 준수하라고 요구

---

55 쉬넬(Schnelle)이 "주제"와 "교리"를 다음과 같이 구분하는 것 역시 똑같이 현실성이 없고 작위적이다: "살전과 고전후에서의 최후의 심판에 대한 선언은 이와 같이 하나님 앞에 있는 존재로서의(coram deo) 인간을 바울 신학의 만연한 주제(pervasive theme)로 받아들이는 것을 가리킨다. 이것은 칭의의 주제에 속하지만 갈라디아서와 로마서에서 발견되는 칭의의 교리와 인과관계에 있지는 않다"(Paul, 190, 저자의 강조임).

56 참고. Hengel and Schwemer, Paul, 45: 바울은 칭의의 복음을 일찍이 그의 아라비아 선교 때도 벌써 가르쳤다 (갈 1:17).

하는 것과 다를 바 없는 일이다)로 논쟁을 할 때 바로 그 교리에 기초하여 논증을 펼쳤다고 믿는 것이 훨씬 더 그럴 듯하다. 필자가 보기에는, 이런 가정만이 안디옥 사건에서 베드로와 바나바와 나머지 유대인 그리스도인들의 "외식" 혹은 "연기하는 것"에 대해 바울이 표출하는 분노와(갈 2:13) 이전에 박해자였던 바울이 율법 준수를 요구하지 않고 이방인 선교를 하는 것과 또 바나바가 그런 선교에 바울과 함께 협력하는 것을 성공적으로 설명할 수 있다(다음 섹션을 보라). 버드 자신도, 예루살렘 공의회와 안디옥 논쟁 이전에도 바울은 "안디옥 교회의 이방인들과 율법에 대한 입장" 곧 이 교회가 할례를 이방인 그리스도인들에게 요구하지 않기로 한 정책과 이 교회의 유대인 그리스도인들이 이방인 그리스도인들과 함께 식탁 교제를 하는 관행의 "가장 으뜸가는 변호자"였다고 말하면서(341) 이 점을 인정하는 것 같다.

회심하고 소명을 받은 때부터 예루살렘 공의회와 안디옥 논쟁 이 두 사건 사이의 오랜 기간 동안 바울은 율법 준수를 요구하지 않는 이방인 선교를 정당화해야 할 상황을 자주 접하면서 칭의 교리에 대한 통찰을 계속 심화시켰고, 성경에 대한 더 많은 성찰을 통해 그 교리를 뒷받침하는 주장들을 더욱 예리하게 다듬었으며, 그 교리를 표현하는 방식도 개선했다고 가정하는 것이 자연스러울 따름이다. 다시 강조하지만, 여러 사도들과 다른 그리스도인들과의 이 두 중요한 논쟁과 나중에 갈라디아에서 겪게 된 위기는 바울에게 자신의 칭의 교리를 가다듬는 이 여정을 계속해서 진행하게 하는 커다란 자극이 되었을 것이라고 믿는 것이 가장 자연스럽다. 하지만 필자로서는, 바울이 처음에는 "믿음을 통한" 의의 복음을, 그것도 예루살렘 공의회와 안디옥 사건의 결과로서 전했다거나 혹은 심지어 더 나중에 갈라디아에서의 위기의 결과로서만 "율법의 행위로 말미암음이 아니"라는 부정문으로 그 복음을 보완했다고 믿는 것보다 바울이 회심/소명의 때와 이방인 선교를 시작할 때 사이에 믿음으로 말미암고 율법의 행위로 말미암지 않는 칭의에 대한 교리의 본질적인 특징들을 발전시키기를 마쳤다고 보는 것이 더욱 그럴듯한 것 같다.

19. 예수와 예루살렘 교회와 관련된 칭의 교리의 기원에 대한 새로운 관찰들

지금까지 우리는 바울의 믿음으로 말미암고 율법의 행위로 말미암지 않는 칭의 교리의 기원의 이른 연대를 지지하는 논증을 함에 있어서, 바울의 회심/소명, 이방인 선교, 예루살렘 공의회에서의 논쟁과 안디옥 논쟁, 서신들 등 거의 그의 연대기에 한정하여 논증을 펼쳤다. 하지만 바울 이전 자료(롬 4:25; 고전 15:3-4, 11:23-26와 같은)가 이 교리의 발전에 어떤 역할을 했을 수 있는지에 대해서는 적절하게 파악해 보지 않았다. 그런데 던과 버드가 대변하는 널리 받아들여지는 견해뿐만 아니라 타이센과 쉬넬이 제시하는 견해를 반박하고자 우리가 앞서 제시한 논증들을 사실상 거의 불필요하게 만들 내용부터 시작해야 할 것 같다. 필자가 의미하고자 하는 것은 갈 2:16a([εἰδότες δὲ ὅτι] οὐ δικαιοῦται ἄνθρωπος ἐξ ἔργων νόμου ἐὰν μὴ διὰ πίστεως Ἰησοῦ Χριστοῦ)와 롬 3:28([λογιζόμεθα γὰρ] δικαιοῦσθαι πίστει ἄνθρωπον χωρὶς ἔργων νόμου)에 경구문(gnomic sentence)으로 제시된 "율법의 행위로 말미암음이 아니요 오직 예수 그리스도를 믿음으로 말미암아" 의롭다 함을 받는다는 칭의 교리가 안디옥 논쟁 이전에 생겨났을 뿐 아니라 아마도 예루살렘 교회로까지, 그리고 그 내용에 있어서는 예수에게까지 그 기원을 거슬러 올라가는 것도 가능할 수 있다고 최근에 주장한 일부 독일 학자들의 견해에 먼저 주의를 기울일 필요가 있다는 것이다.

갈 2:16a의 경구문과 롬 3:28의 그 변이형이 칭의와 관련하여 *상황에 반응하는 임시적인 성격의*(*ad hoc*) 진술들이 아니라 공식적으로 만들어진 교리 진술을 반영한다는 점은 다음의 몇 가지 방식을 통해 드러난다. 먼저, 갈 2:16a의 진술의 다음 특징들을 주목해 보라. (a) 일반화시킨 주어 ἄνθρωπος("사람이," 롬 3:28도 참고). 바울은 이것을 또 다른 일반화시킨 표현인 "육체"(any flesh)라는 말로 바꿔 말한다(ἐξ ἔργων νόμου οὐ δικαιωθήσεται πᾶσα σάρξ, 갈 2:16c; ἐξ ἔργων νόμου οὐ δικαιωθήσεται πᾶσα σάρξ ἐνώπιον αὐτοῦ, 롬 3:20도 참고; 참고. 시 143:2); (b) 무시간적 현재 수동태 직설법 표현 δικαιοῦται(갈 2:16a; 현재시제 수동태 분사형 δικαιοῦσθαι, 롬 3:28도 참고); (c) 도입

184

어 εἰδότες. 이 표현은 갈 2:16a에서 그 뒤에 이어지는 ὅτι 절의 내용이 일
반적으로 인정되는 지식 혹은 믿음인 것을 시사한다(참고. 롬 6:9; 고후 4:4).
갈 2:16 같은 절 안에서 ὅτι 절의 형식을 두 번 반복하는 방식 또한 주목
해 보라. 먼저는 칭의와 그 형식에 대한 지식을 가지고서 "본래 유대인이
요 이방 죄인[으로 태어난 것]이 아닌 우리"(갈 2:15)인 베드로와 바나바와
안디옥에 있는 다른 유대인 그리스도인들과 바울 자신이 그 형식에 따
라(갈 2:16b) 의롭다 함을 얻은 것을 주장하기 위해서이고, 그다음 두 번째
로는 이 칭의 교리가 진리임을 재확인하기 위해서이다(갈 2:16c: "율법의 행
위로써는 의롭다 함을 얻을 육체가 없기 때문이다").[57] 갈 2:11-17의 문맥에서 바울
은 16절에 제시된 칭의 교리에 대한 공통적인 지식과 경험이 바울과 바
나바와 안디옥의 다른 유대인 그리스도인들과 바울 자신이 유대교의 음
식법을 어기고 "이방인과 같이 살면서"(14c절) 거기 있는 이방인 그리스도
인들과 식탁교제를 하도록 이끌었다고 설명한다. 그러나 "야고보에게서
온 어떤 이들"이 안디옥에 왔을 때, 베드로와 바나바와 다른 유대인 그리
스도인들은 "이방인을 유대인답게 살게 하려고" 다시 말해 그들이 하나
님의 백성의 구성원으로 혹은 의인으로 인정받기 위해 유대교의 음식법
을 지킬 것을 요구하면서 식탁 교제에서 떠나 물러갔다(11-14절). 바울이
보기에 이 행동은 베드로와 바나바와 다른 유대인 그리스도인들 편에서
자기들이 알고(εἰδότες, 2:16a) 또 믿고 있던(ἐπιστεύσαμεν, 2:16b) 그리스도를
믿음으로 말미암고 율법의 행위로 말미암지 않는 칭의의 교리의 진리를
부정하는 것이나 다름없었다. 따라서 그 행동은 그들 편에서 "외식"의 행

---

57 갈 2:16a은 독립적으로 만들어진 바울 이전의 교리적 진술인데 바울이 그것을 여
기서 인용하는 것으로 봐야 할 이런 이유들과 그외 다른 이유들을 위해서는, 예를
들어 M. Theobald, "Der Kanon von der Rechtfertigung(Gal 2,16; Röm 3,28)—
Eigentum des Paulus oder Gemeingut der Kirche?," in *Worum geht es in der
Rechtfertigungslehre?* (ed. T. Söding; Freiburg: Herder, 1999), 135-40을 보라. H.
Stettler, "Did Paul Invent Justification by Faith," *TynBul* 66(2015): 167-70; R.
Riesner, "Rechtfertigung aus Glauben—wie früh? Ein chronologischer und
exegetischer Beitrag zum Reformationsjubiläum," *TBei*(2017): 303 역시 참고하라.

동이었고 "복음의 진리"를 배반함이었다(2:13-14). 갈 2:11-17의 문맥으로
볼 때 바울은 14절의 "복음의 진리"라는 말로 "율법의 행위로 말미암음이
아니요 오직 예수 그리스도를 믿음으로 의롭다 함을 받는다"는 공통적으
로 인정되는 교리(16a절)를 가리키는 것이 분명하다. 이와 같은 문맥에 대
한 관찰은 16a절의 경구 같은 형식[58]이 사실은 교리적 선언, 곧 안디옥 논
쟁 이전에 만들어지고 베드로와 바나바와 다른 유대인 그리스도인들과
바울과 안디옥에 있는 이방인 그리스도인들이 나중에 외부적 압력 때문
에 논쟁이 벌어지기 이전에 공통적으로 지지했던 "복음" 자체였다는 점
을 더욱 분명하게 해준다.

어떤 독일 학자들은 갈 2:16a//롬 3:28의 형식을 잘 확립된 기본적 교
리선언문 혹은 근본적 교리선언문인 *Basissatz*나 *Grundsatz*나 *Lehrsatz*
로 부른다.[59] 이 형식을 "안디옥 신학의 합의 선언문(Konsensaussage[consensus
statement])" 혹은 그것의 "공동체적 기초 선언문(Gemeindegrundsatz[communal
foundation statement])"으로 간주하고서, 베커(J. Becker)는 바울이 그것을 안디
옥의 그리스도인들과 함께 작성했다고 생각한다.[60] 갈 2:16과 롬 3:28의
형식에 대한 중요한 논문에서, 테오발트(M. Theobald)는 이와 비슷하게 교
리선언문(*Lehrsatz*)은 기본적 교리선언문(*Basissatz*)이거나 바울보다 먼저 그
리스도인 된 사람들의 경험을 압축된 형태로 표현한 안디옥 교회의 공
통적인 선교 신학적 "원리(canon)"이며 바울이 사도회의 이전에 이 진술
을 만드는 데 참여했고 이것을 자신의 칭의 교리의 기본적 교리선언문

---

58 참고. Theobald, "Kanon," 141-49. 테오발트는 이 형식이 헬라 문학의 장르사
(*Gattungsgeschichte*)의 맥락에서 볼 때 γνῶμαι나 *sententiae*의 범주(역자 주 : 경구 혹은 격언)
에 들어간다고 판단한다.

59 앞의 주 53에 인용된 저자들을 보라. 또한 C. Burchard, "Nicht aus Werken des
Gestezes Gerecht, sondern aus Glauben an Jesus Christus—seit wann?," in
*Geschichte - Tradition - Reflexion 3: Frühes Christentum: Festschrift für Martin
Hengel*, ed. H. Cancik, H. Lichtenberger, and P. Schäfer(Tübingen: Mohr Siebeck,
1996), 406-07 (405-15)를 참고하라.

60 J. Becker, *Paulus der Apostel der Völker*, 3rd ed. (Tübingen: Mohr Siebeck, 1998), 101,
303-04.

186

(*Basissatz*)으로 만들었다는 점에서 바울에 의한 것이라고 볼 수도 있을 것이라고 제안한다.[61] 불카르트(C. Burchard)는 바울 자신이 다메섹 경험으로부터 그리고 이방인 선교를 위하여 근본적 교리선언문(*Grundsatz*)을 도입했을지 아니면 그가 박해했던 헬라파 그리스도인들에게서 배웠을지에 대해 고찰한다. 하지만 그것을 "아는" "우리" 속에 베드로를 포함한다는 사실(갈 2:11-17)을 가리키면서, 그는 이 교리선언문이 예루살렘의 아람어를 말하는 가장 이른 시기의 믿는 자들에게까지 거슬러 올라갈 수 있으며 고전 11:23-25(과 그 병행 구절들)와 15:3-5와 같이 기독교의 초석(Christian *Urgestein*[primary rock])의 하나로 간주되어야 할 수 있다고 생각한다.[62]

최근 쉬테틀러(H. Stettler)와 리스너(R. Riesner)는 이와 같은 기원 추적을 시도했다. 리스너의 시도는 아주 광범위하게 이뤄졌기에 아래에서 우리는 그의 자료를 종종 재배열하고 우리의 관찰과 주장을 추가하면서 그 시도를 요약하고자 한다. 리스너는 (a) 신약의 바울서신에서만 그리고 기본적 교리선언문(*Basissatz*)과 연관되어 나오는 "율법의 행위"(ἔργα νόμου)라는 문구는(갈 2:16[x 3]; 3:3, 5, 10; 롬 3:20, 28) 그 상응하는 표현이 구약 히브리성경이나 칠십인경에는 없는데 쿰란문헌(מעשי התורה, 4QMMT(= 4Q398) 14-17 ii 3; מעשי בתורה, 1QS 5:21; 6:18)에는 나온다는 관찰[63]로부터 시작한다. 리스너는 계속해서 (b) 에세네파 공동체 안에서도 칭의는 중요한 문제였는데, 어떤 본문들은 칭의가 오직 하나님의 은혜로 주어진다고 하는 반면(1QS 9:12-15; 1QH 4:36-37 등) 다른 본문들은 율법을 신실하게 행하지 않고는 칭의가 이루어지지 않는다고 가르치고 있음(1QS 3:5-6; CD 16:5 등; 특별히 4Q398 ii 7-8: "율법의 행위" [ii 3]를 올바르고 신실하게 하는 것이 최후의 심판 때 그 행위를 하는 사람들에게 의로 여겨질 것이다[참고. 창 15:6; 롬 4:3])에 주목한다. 그런 다음 리스너는 (c) 예루살렘의 남서쪽 언덕에 예루살렘 교회가 처음 모

61 Theobald, "Kanon," 131-92(특히 131, 156-67, 159).
62 Burchard, "Nicht aus Werken des Gestezes," 408-10.
63 Riesner, "Rechtfertigung," 207-10.

였던 장소에서 멀지 않은 곳에 에세네파 구역(an Essene Sector)이 위치하고 있었다는 새로운 고고학적 발견을 소개한다. 이 증거에 착안하여 리스너는 (d) 행 6:7에서 누가가 주목한 일("… 허다한 제사장의 무리도 이 도에 복종하니라")을 많은 에세네파 사람들이 기독교 신앙을 가지게 된 것에 대한 언급이라고 본다.[64] 이 모든 것에서 리스너는 기본적 교리선언문(Basissatz)은 예루살렘 교회가 에세네파 출신 회심자들을 위해 에세네파의 칭의에 대한 이해를 반박해야 할 필요에서 시작되었으며, 구체적으로는 세례를 주어 베드로와 바나바 주변 그룹들로 그들을 받아들일 때 에세네파가 자신들의 언약 공동체에 입회하기 위해 "율법의 행위"를 요구하는 것(1QS 5:20-23; 6:13-23)에 대한 반제적 짝으로 이 기본적 교리선언문이 만들어졌다고 추론한다. 베드로가 단지 AD 41/42까지만 예루살렘에서 리더로 있었기 때문에, 리스너는 기본적 교리선언문(Basissatz)이 그 해 이전에 만들어졌고 바울이 다메섹 회심/소명 이후 "3년" 뒤에 예루살렘에 있는 베드로를 방문한 동안에(갈 1:18) 혹은 나중에 안디옥에서 바나바에게서 그것에 대해 알게 되었을 것이라고 생각한다.

기본적 교리선언문(Basissatz)에 있는 "율법의 행위로써가/로 말미암음이 (아니라)"(ἐξ ἔργων νόμου)이라는 문구의 기원에 대해 이와 같이 설명한 후에 리스너는 그 반대 짝인 긍정적 문구로 눈을 돌려 "예수 그리스도를 믿음으로 말미암아/로써"(διὰ πίστεως Ἰησοῦ Χριστοῦ) 문구[65]의 기원에 대해 설명한다. 이 문구는 빌 3:9을 제외하면 모두 기본적 교리선언문(Basissatz)과 연관해서만 나타난다(갈 2:16, 20; 3:22; 롬 3:22, 26). 리스너는, 초

---

64 여기서 리스너("Rechtfertigung," 209)는 O. Cullmann, "Das Rätsel des Johannesevangeliums im Licht der Handschriftenfunde," in *Vorträge und Aufsätze 1925-1962*(ed. K. Fröhlich; Tübingen: Mohr Siebeck, 1966), 260-91 (279)과 J. Jeremias, *Die theologische Bedeutung der Funde am Toten Meer*(Göttingen: Vandenhoeck & Ruprecht, 1962), 19를 따른다.

65 Riesner, "Rechtfertigung," 210-11. 리스너 역시 이 구절들의 πίστις Ἰησοῦ Χριστοῦ 라는 문구를 "예수 그리스도의 믿음" 대신 "예수 그리스도를 믿음"이라는 의미로 받아들여야 한다고 옳게 주장한다.

188

대교회가 그리스도의 구원 사건을 "복음"(εὐαγγέλιον)이라고 부른 것이 구약성경, 특별히 네 번째 야훼의 종의 노래(사 53:1: שמע/ἀκοή; Tg: בסרא; 참고. 사 52:7: מבשר/εὐαγγελίζεσθαι)에서 유래하듯 기본적 교리선언문과 다른 곳에서 사용되는 "칭의" 용어도 이 네 번째 야훼의 종의 노래(사 53:11: "나의 의로운 종이 자기 지식으로 많은 사람을 의롭게 하며[יצדיק צדיק עבדי לרבים/δικαιῶσαι δίκαιον εὖ δουλεύοντα πολλοῖς] 또 그들의 죄악을 친히 담당하리로다")에서 유래한다는 사실을 지적하면서 기본적 교리선언문(Basissatz)의 "믿음"(πίστις/πιστεύειν) 용어 역시 이 노래(사 53:1: "우리가 전한 것/복음을 누가 믿었느냐?" [מי האמין לשמעתנו/τίς ἐπίστευσεν τῇ ἀκοῇ ἡμῶν;])에 뿌리를 두고 있다고 주장한다. 롬 10:14-17의 옛 세례 형식과 바울이 그것을 자세하게 설명한 내용은 이 견해에 신빙성을 더해준다. 왜냐하면 바울이 거기에서 그리스도에 대한 ἀκοή(소식) 혹은 εὐαγγέλιον(복음)에 대한 믿음이 "칭의"와 "구원"을 가져온다는 주장의 근거를 제시하기 위해 사 52:7와 53:1을 결합하여 인용하기 때문이다. 갈 3:1-5에서는, 기본적 교리선언문(Basissatz)에 대한 자신의 주장 곧 칭의는 그리스도 예수를 믿음으로 말미암고 율법의 행위로 말미암음이 아니라는 주장(2:16)의 근거로 바울은 갈라디아인들이 "율법의 행위를 통해서"가 아니라 십자가에 달리신 그리스도의 메시지(3:1b)를 "믿음으로 들음으로써"(NRS) 혹은 "믿게 하는 들음을 통해서"(ἐξ ἀκοῆς πίστεως, 3:2, 5) 성령을 받는 경험을 한 사실에 호소한다.[66] 여기서 두 번 반복되는 ἀκοή πίστεως라는 어구는 바울이 이사야서 53장을 생각하면서 논증을 펼치고 있음을 분명하게 시사하는 데 반해 ἀκοή πίστεως라는 어구를 ἐξ ἔργων νόμου라는 어구와 병치시켜 두 번 반복하는 것은 (십자가에 달리신 그리스도에 대한) ἀκοή πίστεως가 갈 2:16의 πίστις

---

66 Riesner, "Rechtfertigung," 211를 참고하라. 리스너는 오토 베츠(O. Betz)가 여기서 ἀκοή πίστεως를 "믿음을 요구하는 메시지(Botschaft, die Glauben heischt)"로 번역한 것을 지지한다("Die Übersetzung von Jes 53[LXX, Targum] und die Theologia Crucis," in O. Betz, *Jesus, der Herr der Kirche: Aufsätze zur biblischen Theologie II*[WUNT 52; Tübingen: Mohr Siebeck, 1990], 197-216[205 주 12]).

Ἰησοῦ Χριστοῦ와 같은 것이며 (세례 때) 성령 받음이 칭의를 얻는 것과 같거나 그에 수반되는 일임을 시사한다.

따라서 기본적 교리선언문(Basissatz)의 "율법의 행위로 말미암음이 아니요/로써가 아니라(not by the works of the Law)"라는 문구가 초대교회와 에세네파 공동체와의 상호작용에서 기원하는 데 반해 그 긍정적 문구 짝인 "예수 그리스도를 믿음으로 말미암는 줄/으로써(through faith in Jesus Christ)"는 초대교회가 예수 그리스도의 구원 사건을 이사야서 53장의 종의 노래를 가지고 해석한 데서 기원한다고 생각하는 것이 합리적인 것 같다. 리스너는 이와 같은 사실들을 고전 15:3-5에서의 하나님의 구원 행위에 대한 요약과 연관짓는데[67] 이 요약은 초대교회가 사 53장의 빛 아래서 "복음"으로 만든 것이고 바울은 자기 이전에 사도 된 사람들에게서 이것을 받아서 그들과 함께 사도들의 공통된 복음으로 전한 것이다(고전 15:1-5, 11). 고전 15:1-2에서 바울은 고린도인들이 이 복음을 받아들임으로, 다시 말해 복음을 믿음으로 구원을 받았다고 말한다. 한 걸음 더 나아가 바울은 고전 15:3-5에서 복음을 네 개의 절로 요약하여 제시한 것을 롬 10:9-10(우리가 앞서 살펴보았듯이 이 구절은 뒤에 이어지는 구절들에서 사 53장을 가지고 보다 자세히 설명된다)에서는 하나의 절로 요약하고("하나님께서 [주 예수를] 죽은 자 가운데서 살리셨다") 우리 마음으로 그 복음을 믿고 그 믿음의 결과로 우리 입술로 "예수는 주시다"라고 고백함으로 우리가 "의롭다 함을 얻고" "구원을 얻는다"고 선언한다. 이 모든 것이 기본적 교리선언문(Basissatz)의 한 부분인 "예수 그리스도를 믿음으로 말미암는" 칭의(여기서 "예수 그리스도"는 "복음"이 선포하는 예수 그리스도의 죽음과 부활을 통한 하나님의 구원 역사를 줄인 말이다)는 베드로와 다른 사도들이 이끄는 예루살렘 교회가 그리스도 사건을 사 53장 예언의 성취로 해석함으로써 만들어낸 바울 이전 교리 진술임을 아주 분명하게 해준다.

비록 리스너가 롬 4:24-25을 이런 맥락에서 논의하지는 않지만, 이

---

67   Riesner, "Rechtfertigung," 211; 또한 Stettler, "Did Paul Invent," 170-72를 보라.

190

견해는 그 구절을 통해서도 한층 강화될 수 있다. 거기서 바울은 "우리가 범죄한 것 때문에 내줌이 되고[παρεδόθη] 또한 우리를 의롭다 하시기 위하여 살아나신[ἠγέρθη] 예수 우리 주를 죽은 자 가운데서 살리신[ἐγείραντα] [하나님]을 믿는 자들"의 칭의(4:22)에 대해 말한다. 25a절은 원래 예루살렘 교회가 셈어로 작성했던 진술이었는데 바울이 고린도 교회에 전수해준 복음 형태 곧 "그리스도께서 우리 죄를 위해 죽으셨다"(고전 15:3b)라는 헬라식 표현으로 변경된 것일 개연성이 높다.[68] 따라서 우리는 25절의 2개 부분으로 구성된 고백 형식을 고전 15:3-5의 사도들의 공통 복음의 셈어 원본 혹은 한 변이형으로 볼 수도 있을 것이다. 이제 이 고백이 어떻게 사 53:10-12의 언어로 표현되고 있는지를 주목해 보라. 이 구절에서 야훼께서는 자기 종을 "속건/속죄 제물"(אשם/LXX: περὶ ἁμαρτίας, 10절; 혹은 διὰ τὰς ἁμαρτίας αὐτῶν, 12절; 또한 참고. Tg Isa 53:5a: בער יתנא אתמסר [이 문구는 비록 성전 파괴를 가리키고 있기는 하지만 25a절과 정확하게 병행을 이룬다])로 "세우셨고/주셨다"(תשים /δῶτε) (10절) 혹은 그 종이 "자기 생명"을 "속건/속죄 제물"로 "쏟으셨다." 그리고 그런 고난을 받은 후에 그 종은 "의로운 자"로서 그 자신이 "많은 사람들의 죄악을 담당하며 범죄자를 위하여 기도했기[יפגיע 사 53:12 MT/ יבעי Tg Isa 53:4, 11, 12] 때문에" "많은 사람들을 의롭게 할[δικαιῶσαι/יצדיק]" 수 있다.[69] 따라서 고전 15:3-5의 "복음"보다도 롬 4:25의 두 부분으로 이뤄진 이 형식이 그리스도 사건을 사 53장 예언의 성취로 해석함으로써 예루살렘 교회가 기본적 교리선언문(Basissatz)의 긍정적 부분을 만든 것임을 훨씬 더 명확하게 해준다.

여기서 우리는 누가가 행 2:22-40과 3:11-26에서 베드로의 설교에 대해 보고한 내용과 예루살렘 공의회에서 베드로가 한 말에 대해 보고하는 내용(행 15:7-11) 역시 베드로와 예루살렘 교회가 기본적 교리선언문

---

68 참고. M. Hengel, *The Atonement: A Study of the Origins of the Doctrine in the New Testament*(London: SCM, 1981), 49-50.

69 더 자세한 것을 필자의 *Justification*, 38-39를 보라.

(Basissatz)을—바울서신을 통해 우리에게 알려진 것과 정확하게 똑같은 형
태는 아니더라도 적어도 그 핵심 내용을—만들었다는 견해를 지지할 가
능성 역시 고려해 보고자 한다.

먼저, 베드로의 오순절 설교(행 2:22-40)의 여러 포인트들 중 다음 포인
트들에 주목해 보라:

(1) 2:23-24에서 베드로는 "하나님의 정하신 뜻과 미리 아신 대로 내
    어준(ἔκδοτον) 바 되고, 너희가 법 없는 자들의 손을 빌려 못 박아
    죽였으나 하나님께서 그 사망의 고통에서 풀어 살리신(ἀνέστησεν)
    예수"를 선포한다.

(2) 2:30-36에서 베드로는 계속해서 하나님께서 예수를 죽은 자 가운
    데서 살리셨고 다윗이 예언한 대로 그를 자기 우편에 높이셨고(시
    110:1), 그에게 성령을 주셨고, 그렇게 하심으로 그를 다윗에게 하
    신 맹세(시 132:11; 89:4; 삼하 7:12-16)를 따라 주와 그리스도가 되게 하
    셨다고 선언한다.

(3) 2:37-40에서 베드로는 청중들 곧 "천하 각국에서 온" 순례자들에
    게(행 2:5) "회개하여 … 예수 그리스도의 이름으로 세례를 받고 죄
    사함을 받"음으로써 성령을 받으라고 요구한다. 또한 이 약속은 그
    들과 그들 자녀들과 "모든 먼 데 사람 곧 주 우리 하나님이 얼마든
    지 부르시는 자들에게" 하신 것이라고 말하면서(39절) "이 패역한
    세대에서 구원함"을 받으라고 한다.

그 다음으로, 나면서 못 걷게 된 사람을 고친 후에 베드로가 성전에서
한 설교(행 3:11-26)의 여러 포인트들 중에 다음 포인트들에 주목해 보라:

(1) 베드로는 유대인들이 빌라도에게 "넘겨주어"(παρεδώκατε) 죽인 "그
    의 종"이자 "거룩하고 의로운 이"인 예수를 하나님이 죽은 자 가운
    데서 "살리시고"(ἤγειρεν) "영화롭게 하셨다"(ἐδόξασεν)고 설교한다
    (행 3:13-15).

(2) 베드로는 못 걷는 사람을 고친 것이 자신이나 요한 "개인의 권능
    과 경건" 때문이 아니라고 말하고(행 3:12) 그가 완전히 낫게 된 것

은 그가 예수의 이름을 믿었기 때문이라는 점을 강조해서 선언하기 위해 복잡한 문장으로 말한다. "그 이름을 믿으므로 그 이름이 그를 성하게 했으며 예수로 말미암아 난 그 믿음이 그가 완전히 낫게 했다"(행 3:16).

(3) 마지막으로 베드로는 하나님이 선지자들을 통해 미리 하신 말씀의 성취로 그리스도가 고난을 당하신 것이라 선언하고 청중들에게 회개하여 죄 사함을 받고 그리스도 예수의 파루시아 때에 종말의 구원(만물의 "새롭게 됨[ἀνάψυξις]"과 "회복[ἀποκατάστασις]")을 받으라고 말한다(행 3:18-21).

이제 다음과 같은 사실들을 고려해 보라:

(a) 위에서 제시한 베드로의 오순절 설교의 포인트 (2)는 바울이 롬 1:3-4에서 인용하는 예루살렘 복음과 매우 유사하다(본서 2장 섹션 4를 참고하라).

(b) 위에서 제시한 베드로의 오순절 설교의 포인트 (3)은 바울이 롬 1:3-5의 기독론적으로 표현된 복음의 구원론적 의미를 롬 1:14, 16-17에서 강해한 것에 상응하는 것 같다(본서 2장 섹션 4를 참고하라): 하나님이 예수를 죽은 자 가운데서 살리시고 다윗에게 하신 맹세와 다윗의 예언을 성취하여 그를 주와 그리스도로 높이신 것은 모든 나라와 사람들("천하 각국" 혹은 "모든 먼 데 사람")이 바울의 용어 중 세례 때 고백하는 "그리스도 예수 주를 믿음으로"와 같다고 볼 수 있는 "회개와 예수 그리스도의 이름으로" "죄 사함"(바울의 용어로 표현하면 "칭의")과 구원을 얻을 수 있음을 의미한다(참고. 롬 10:9-13; 아래를 보라).

(c) 성전에서 한 설교에서 베드로는 사 52:13-53:12의 고난 받는 야훼의 종에 대한 반영과 암시를 통해 예수와 그의 고난에 대해 진술한다: "[하나님의] 종"(παῖς, 행 3:13, 26//사 52:13)과 "의로운 이"(δίκαιος)(행 3:14//사 53:11)로서 "그리스도는 예언대로 고난을 당[해야]했

고"(행 3:18//사 53) "하나님이… 그의 종을 영광스럽게 하셨다"(행 3:13//사 52:13, ὁ παῖς μου καὶ ὑψωθήσεται καὶ δοξασθήσεται σφόδρα). 그 결과로 회개(와 그를 믿음을; 아래를 보라)를 통해 사람들이 죄 없이 함을 받게 된다(행 3:19//사 53:12).[70]

(d) 성전에서 행한 설교에서 베드로가 이와 같이 예수께서 사 53장과 다른 곳에 있는 예언들을 성취하신 것으로 제시하기 때문에(행 3:18), 우리는 그가 유대인들이 예수를 "넘겨줌"(παρεδώκατε, 행 3:13)에 대해 말하고 하나님이 그를 죽은 자 가운데서 "살리심"(ἤγειρεν ἐκ νεκρῶν, Acts 3:15; ἀναστήσας, 행 3:26)에 대해 말하는 용어들이 각각 사 53:10, 12와 사 52:13; 53:11-12에 (함축된) 생각을 암시하는 것으로 볼 수 있다(참고. 행 3:13: 하나님이 "너희가 넘겨준 그의 종 예수를 영화롭게 하셨다[ἐδόξασεν]"). 베드로가 예수께서 *내준 바*(ἔκδοτον) 되셨지만 하나님이 그를 *살리셨다고*(ἀνέστησεν) 말하는 오순절 설교에서도 마찬가지 암시를 볼 수 있다(행 2:23-24). 사 53:10에서는 하나님이 그 종을 내주는 혹은 넘겨주는(תשׂים/δῶτε) 것으로 되어 있는 데 반해 행 3:13(과 아마도 2:23)에서는 예수를 "넘겨준" 것이 유대인들이라고 베드로가 말하는 것은 사실이다. 하지만 예수를 죽음으로 "내어준" 일이 "하나님이 정하신 뜻과 미리 아신 대로"(행 2:23) 혹은 하나님이 "모든 선지자의 입을 통하여 미리 알게 하심"을 따라(행 3:18) 이뤄졌기에 베드로는 유대인들이 예수를 죽음에 "내어주는" 행위에서 하나님의 손을 보았을 개연성이 크다.[71]

(e) 두 설교 모두에서 베드로가 예수 그리스도의 죽음과 부활이 선지자들로 예언하신 하나님의 계획의 성취로 일어났다고 선언하고 성전 설교에서는 이와 같은 해석을 위해 사 53장을 특별히 염두에

---

70 참고. Keener, *Acts*, 2:1084-85, 1087-88.
71 참고. 예수의 성만찬 말씀들(막 14:17-21//마 26:20-25//눅 22:21-23): 유다가 예수를 "넘겨주"지만(παραδώσει) 사실은 인자가 (성경) 예언에 나온 대로 혹은 (하나님에 의해) 정해진 대로 "넘겨지게 되는"(παραδίδοται) 방식이다.

두고 있음을 분명히 하기 때문에 우리는 베드로가 청중들에게 그 그리스도 사건에 회개와 그리스도를 믿음으로 반응하여(아래 [h]를 보라) 죄 용서 혹은 죄 사함을 받으라고 말할 때 그가 은연 중에 예수의 죽음이 사 53:10-12의 예언에 따라 "많은 사람"(רבים/πολλῶν) 혹은 모든 사람의 죄를 위한 속죄제사라고 가정한다고 생각할 수 있다.

(f) 행 2:23-24와 3:13-15, 18-19에서 베드로가 말하는 것은, 예루살렘의 유대인 청중들이(궁극적으로는 하나님께로서 말미암은 일이기는 하지만) 예수를 죽음에 넘겨주는 역할을 한 것에 대한 책임—이것은 베드로가 이 두 설교를 예수의 십자가 죽음과 부활 이후 얼마 지나지 않아 제시한 것이기에 적절하다—을 강조함에도 불구하고 롬 4:25에 있는 (아마도 예루살렘 교회에서 유래한) 형식과 롬 1:3-4(와 1:16-17)의 (예루살렘) 복음을 재진술한 것으로 볼 수 있다.

(g) 오순절 설교에서 베드로가 죄 용서와 함께 자기 설교를 들은 청중들이 회개하고 예수 이름으로 세례를 받음으로 받게 될 성령의 선물에 대해 언급한다는 점 역시 주목할 만하다. 이것은 갈라디아의 그리스도인들이 세례 받을 때(율법의 행위가 아니라 믿음을 통해) 의롭다 함을 받고 또한 성령을 받았다는 바울의 함축적인 시사(implicit suggestion) (갈 3:2)를 상기시킨다.

(h) 베드로의 두 설교 사이의 병행을 나타내는 아래 도표를 보라:

(1) 베드로의 성전 설교의 진행(행 3:12-21):

(A) 못 걷는 사람이 낫게 된 것은 베드로나 요한의 "능력"이나 "경건" 때문이 아니었다(12절)

(B) [그것은 못 걷는 사람이 넘겨줌이 되고 부활하신 예수를 믿음을 통해서다.]

(Ba) 유대인들은 예수를 빌라도에게 넘겨주어 죽게 했지만, 하나님이 그를 죽은 자 가운데서 살리셨다(13-15절)

(Bb) [못 걷는 사람의] 예수 이름에 대한 믿음이 그를 치유했다(16절)

(Ba′) 유대인들은 무지 가운데 행했지만 하나님은 그것을 통해 자신이 미리 약속하신 계획 곧 자기 그리스도가 고난을 받아야 하는 그 계획이 이루어지게 하셨다(17-18절).

(Bb′) "그러므로 너희가 회개하고 돌이켜 너희 죄 없이함을 받으라." 그러면 "새롭게 됨"과 "만물의 회복"이 주 예수 그리스도의 재림 때에 있게 될 것이다(19-21절).

(2) 베드로의 오순절 설교와 성전 설교 사이의 병행:

(A) 너희가 예수를 내주었으나 하나님은 자기 계획을 따라 그를 다시 살리셨다(행 2:23-24, 36)

// 너희가 예수를 넘겨 주었지만 하나님은 그를 다시 살리셨고(행 3:13-15) 그렇게 함으로써 하나님은 자기 선지자들로 미리 약속하신 바 곧 그리스도가 고난을 받아야 한다는 말씀을 이루셨다(행 3:17-18).

(B) 회개하고 예수 그리스도의 이름으로 세례를 받으라(행 2:38)

// 회개하라(행 3:19a) (그리고 예수 이름을 믿으라, 3:16; 아래를 보라.)

(C) 너희 죄 사함을 얻도록(행 2:38)

// 너희 죄 없이 함을 받도록(행 3:19)

(D) 이 패역한 세대에서 구원을 받도록(행 2:40)

// "새롭게 됨[ἀνάψυξις]" 혹은 그리스도 재림 때에 "만물의 회복 [ἀποκατάστασις]"(행 3:20-21).

따라서 이 두 설교 사이의 병행은 이 두 설교를 통해 선포된 복음의 핵심이 동일함을 보여준다. 유일한 차이라고 한다면 오순절 설교에서는 예수 그리스도를 죽음에 내어주시고 그를 죽은 자 가운데서 살리신 하나님의 구원 사역의 효력을 유대인 청중이 누릴 수 있는 수단으로 "회개하고 예수 그리스도의 이름으로 세례를 받음"을 언급하는 데 반해(행 2:38) 성전 설교에서는 회개만을 언급한다는 점이다(행 3:19a). 하지만 성전 설교의 흐름에서 Bb(행 3:16)와 Bb′ (3:19-21) 사이의 병행은 베드로가(혹은 누

196

가가) 앞의 구절(행 3:16)에서 예수를 내어주시고 다시 살리신 하나님의 구원 사역의 덕을 입는 수단으로 "그[예수 그리스도의] 이름을 믿음"이라는 동의적 표현을 두세 번 반복했기에 행 2:38의 "그리고 예수 그리스도의 이름으로 세례를 받음"이라는 문구를 행 3:19에서는 반복하지 않기로 한 것임을 분명하게 보여준다.[72] 이것은 이해할 만한데 바울이 인용하고 자세히 강해하는 바울 이전의(즉 예루살렘 교회의) 세례 형식(롬 10:9-13)에 따르면, 세례는 우리가(혹은 바울의 설명 대로 유대인이나 헬라인이나 차별이 없이; 행 2:39의 베드로 역시 참고) 하나님에 의해 내어줌이 되고 일으킴을 받으신 예수 그리스도에 대한 믿음을 공식적으로 고백하고, "주"라는 그의 "이름"을 부르고, 그렇게 하여 예수의 구원하시는 주권의 영역으로 옮김을 받아 구원을 얻게 되는(바울의 용어로 표현하자면 "죄 용서" 혹은 "칭의") 사건이기 때문이다. 따라서 우리는 행 3:19에서는 "회개하라"는 명령형 표현 다음에 구원의 수단으로서의 세례나 예수 그리스도의 이름을 믿는 믿음에 대한 언급이 누락된 데 반해—몇 절 앞의 행 3:16에서 믿음을 거듭 강조한 것에 비추어 볼 때—행 2:38에서는 "예수 그리스도의 이름으로 세례를 받음"이 그 자체로 "그리스도에 대한 믿음"을 고백한다는 생각을 포함하고 있음을 이해해야 한다.

(i) 리스너를 따라 롬 10:9-13와 갈 3:1-5을 면밀히 살피는 가운데 우

72　Ba//Ba´와 Bb//Bb´의 병행으로 베드로는 못 걷는 사람이 (하나님에 의해 죽음에 넘겨지고 살리심을 받은) 예수 그리스도에 대한 믿음을 통해 치유(혹은 구원)를 얻은 것을 이용하여 구원(죄 용서와 종말의 구원)이 그 그리스도 예수의 이름을 믿음으로써 얻어진다는 복음 진리를 예시한다. 이러한 우리의 해석은 베드로 자신이 이 일 후에 예루살렘 산헤드린 앞에서 행한 연설 가운데 자신의 성전 설교의 핵심을 요약하는 부분에서 확증된다: "너희가 십자가에 못 박고 하나님이 죽은 자 가운데서 살리신 나사렛 예수 그리스도의 이름으로 이 사람이 건강하게 되어 너희 앞에 섰느니라… 다른 이로써는 구원을 받을 수 없나니 천하 사람 중에 구원을 받을 만한 다른 이름을 우리에게 주신 일이 없음이라" (행 4:8-12). 이러한 베드로의 요약은 또한 치유/구원을 얻는 수단의 한 표식(indicator)인 행 4:10의 "예수 그리스도의 이름으로"라는 문구가 행 3:16의 "그[예수 그리스도의] 이름을 믿음으로"의 축약형임을 보여주며 그럼으로써 앞서 롬 10:9-13에 대한 언급에서 제안했듯이, 행 2:38의 "예수 그리스도의 이름으로 [ἐπί] [세례를 받고]"라는 문구에 예수 그리스도에 대한 믿음이라는 생각이 함축적으로 들어있을 개연성을 높여준다.

리는 앞서 예루살렘 교회가 그리스도 예수의 죽음과 부활의 "복음"
에 대한 *믿음*이 그 복음에 제시된 구원, 즉 그리스도께서 사 53장
의 야훼의 종의 역할을 성취하셔서 속죄 제사를 드림으로 이루신
그 구원("칭의" 혹은 "죄 용서")을 덕 입은 수단이 된다는 이해를 발전시
킨 것이 사 53:1의 영감에 힘입은 것이라고 제안한 바 있다. 베드
로가 자신의 두 설교들 특히 성전 설교에서 사 53장을 많이 반영하
거나 암시하고 있는 것을 이제 보았기에 우리는 행 3:16-20에서 베
드로가 "[그리스도 예수의]의 이름에 대한 믿음"을 죄 용서와 종말
의 구원을 얻는 수단으로 제시할 때 사 53:1을 암시하며 행 2:38-
41에서도 은연중에 그렇게 한다고 가정해볼 수 있다.[73]

(j) 오순절 선교와 성전 설교 모두에서 베드로가 그리스도를 죽음에
내어주고 그를 살리셔서 주가 되게 하신 하나님의 구원 역사에 대
한 복음을 전하고 사람들에게 그 복음을 (혹은 그리스도 예수를) 믿음
으로 하나님의 이 구원 사역의 덕을 입어 "죄 용서/죄 사함"과 종
말의 구원을 받으라고 초청한다는 사실과, 성전 설교에서는 베
드로가 치료나 구원에 대한 인간의 "개인적 권능과 경건"의 효력
(efficacy)을 강하게 부인하기까지 하면서(3:12) 그렇게 한다는 사실의
중요성을 이해하는 것이 우리의 현재 목적상 아주 중요하다.[74] 그
러니까 베드로는 복음을 기본적으로 기본적 교리선언문 형태로—
그리스도 예수를 믿음으로 말미암고 율법의 행위로 말미암지 않는

---

73 베드로는 여기서 사 53:1과 더불어 예수께서 "너의 믿음이 너를 구원하였느니라"는 선언
과 함께 병자들을 치유하시는 것을 직접적으로 목격했던 경험도 반영하고 있을 수 있다
(막 5:34; 10:52[과 그 병행 구절들]; 눅 17:19; 또한 참고. 막 2:1-12[과 그 병행 구절들]; 마 8:5-13; 눅 7:47-
50; 아래를 보라).

74 행 3:12에서 베드로가 말하는 것은 못 걷는 사람 "개인의 권능과 경건"이 아니라 자신과
동료 사도 요한의 그것을 말한다. 그렇다 하더라도, 이 형식은 구원을 위해서는 그리스도
를 믿는 믿음만이 유일하게 효력이 있고 인간의 자원이나 덕은 효력이 없다는 원칙을 베
드로가 인식하고 있었음을 시사해준다. 그러므로 만일 베드로에게 질문해본다면 그는 못
걷는 사람의 "경건"(혹은 "율법의 행위들")이 치유나 구원에 대해 효력을 가질 수 없다고 대답
할 것이라 가정해볼 수 있을 것이다.

칭의의 관점에서 전한다!

요약하자면, 오순절 설교와 성전 설교 모두에서 베드로는 롬 1:3-4(+ 1:16-17)와 4:25에 인용된 바울 이전 예루살렘의 형식들에 초점을 맞추고서 그리스도의 구원 사건을 특별히 사 53장의 종의 노래의 성취로 해석하면서 본질적으로는 바울과 똑같은 방식으로 복음을 전한다. 그렇게 함으로써 베드로는 우리가 바울서신을 통해 아는 칭의 교리의 기본적 교리선언문(Basissatz)의 한 형태를 제시한다: 죄 용서(혹은 칭의)는 우리를 위해 죽으시고 부활하신 그리스도에 대한 믿음으로 얻는 것이지 우리의 "능력과 경건"으로(혹은 율법의 행위로 말미암아) 얻는 것이 아니다!

베드로가 예루살렘 사도회의 때 한 연설에 대해 보고하면서(행 15:7-11) 누가는 베드로가 하나님은 이방인들이 유대인들과 차별 없이 복음을 듣고, 심지어 유대인들도 멜 수 없는 율법의 멍에를 메지 않고, "그 복음을 믿음으로 그들의 마음이 깨끗함을 얻게" 하기를 기뻐하시며 유대인 신자들에게 하신 것과 마찬가지로 이방인 신자들에게도 성령을 주신다고 선언하는 것으로 묘사한다. 그리고 누가는 베드로가 기본적 교리선언문(Basissatz)을 선언함으로 자신의 연설을 마친 것으로 제시한다: "우리는 우리가 주 예수의 은혜로[따라서 믿음으로(9절) 그리고 율법의 멍에를 멤이 없이(10절)] 그들처럼 구원 받을 줄을 믿는다"(행 15:11)![75] 따라서 예루살렘 사도회의 때 베드로의 연설은 그가 행 2-3장의 오순절 설교와 성전 설교에서 전했던 복음에 대해 우리가 여기서 제시한 해석이 올바른 것임을 확증해준다.

사도행전 연설들의 역사적 가치에 대해 대체로 회의적인 일부 학자들에게는, 우리가 여기서 제시한 이 모든 관찰들이 별 의미 없는 것일 수도 있다. 하지만 우리에게는, 행 2, 3, 15장에 있는 베드로의 세 연설들(행 4:8-12의 산헤드린 앞에서의 연설도 참고)은 야고보에게서 안디옥에 온 사람들

75 참고. C. S. Keener, *Acts. An Exegetical Commentary*. vol. 3 15:1-23:35(Grand Rapids: Baker, 2014), 2231-39. 키너는 행 15:7-11의 베드로의 연설에 반영된 베드로의 구원론과 바울의 은혜와 믿음을 통한 구원 교리 사이의 연속성에 주목한다.

의 압력으로 베드로가 그것을 배척하기 전에는 베드로와 바울 자신이 칭
의 교리의 기본적 교리선언문(Basissatz)을 함께 가지고 있었다는 바울의
주장(갈 2:11-16)의 가장 명확한 증거를 제시한다는 점에서 소중하다. 아
니면 똑같은 말을 뒤집어 표현하자면 바울에 대한 이 주장은 누가가 보
고하는 베드로의 설교들과 연설의 핵심 골자의 역사적 진정성을 뒷받침
해준다.[76] 만약 누가가 사도행전 2장과 3장의 베드로의 두 설교를 하나는
오순절에 다른 하나는 예루살렘 성전 경내에서 한 것으로 제시한 것이
정확하다면, 예수의 죽음과 부활 이후에 초대교회가 생겨나자마자 베드
로가 칭의 교리의 기본적 교리선언문(Basissatz)이 되는 메시지를 예루살렘
에 있는 (히브리파와 헬라파) 유대인들을 위한 복음으로 전했다는 것은 매우
놀라운 일이다.

그런데 리스너는 이 기본적 교리선언문(Basissatz)의 기원을 부활절 이
전 예수 전승으로까지 거슬러 올라간다.[77] 이를 위해 리스너는 먼저 예수
께서 대속물 말씀(막 10:45//마 20:28)에서 자신을 사 53장의 야훼의 종과 동
일시하고 계심을 지적한다.[78] 이 대속물 말씀은 바울이 그의 서신들 여러
곳에서 암시하고 있기도 한데(롬 4:25; 고전 10:33-11:1; 15:3-5; 갈 1:4 등) 리스
너는 바울이 기본적 교리선언문(Basissatz) (갈 2:16a)을 뒷받침하는 문맥 속
에서, 그리스도는 "하나님의 종"이지 "죄의 종"이 아니라는 명백한 의미
를 전하는 갈 2:17의 수사적 질문은 물론이고 갈 2:20의 "나를 사랑하사

---

76 참고. Keener, *Acts*, 3:2239: "[행 15:7-11의 베드로 연설의] 정밀한 말을 누가가 어디에
서 가져왔든지 간에 바울은 베드로가 자신의 견해[갈 2:7, 9, 14; 그리고 만일 같은 경우
에 대해 말하는 것이라면 아마도 2:15-16]를 알고 승인했음을 전제한다." 약 2:14-26은,
비록 그리스도에 대한 믿음이 율법의 행위를 배제할 수 없고 그 안에서 이들을 통합해야
한다고 주장하기는 하지만, 주의 형제 야고보 역시 기본적 교리선언문(Basissatz)의 원리
를 공유했음을 시사하는 것으로 이해될 수 있다(또한 참고. 약 5:14-15). 칭의는 그리스도에
대한 믿음에 의해 얻어지는데 이것은 선행의 열매를 맺게 하는 참된 믿음이라는 것이다.
77 Riesner, "Rechtfertigung," 212-14.
78 이를 위해 리스너(ibid., 212)는 자신의 논문 "Back to the Historical Jesus through Paul
and His School(The Ransom Logion—Mark 10:45; Matthew 20:28)," *JSHJ* 1.2(2003): 171-
99을 소개한다. 본서 5장 "데살로니가전서와 바울의 다른 서신들에 반영되어 있는 예수
의 대속물 말씀(막 10:45//마 20:28)과 성만찬 말씀(막 14:21-25과 그 병행 구절들)"을 보라.

나를 위하여 자기 자신을 버리신 하나님의 아들"이라는 내어줌의 형식에 서도 이 말씀을 어떻게 반영하는지에 특별히 주목한다.[79] 리스너는 또한 롬 4:25의 고백이 사 53:11과 대속물 말씀을 반영하고 있는 것에 주목한 다.[80] 따라서 이 고백으로 예루살렘 교회는 분명히 예수 그리스도께서 사 53:11이 예언하고 그 자신이 대속물 말씀과 이와 관련된 성만찬 말씀(막 14:21-25[과 그 병행 구절들])에서 하리라고 말씀한 대로 주의 종의 사명을 성 취하셨음을 고백했다. 이는 부활절 이후 예루살렘 교회가 예수의 사명과 죽음, 부활을 이사야서 53장의 성취로 해석하도록 이끈 것이 예수 자신 의 가르침이었음을 의미한다.[81] 그렇다면, 기본적 교리선언문(Basissatz)의 긍정적 부분(예수 그리스도를 믿음을 통한 칭의)의 형성 기원을 예수 그리스도 의 사명을 예루살렘 교회가 이사야서 53장에 비추어 해석한 것으로 거슬 러 올라갈 뿐 아니라 제자들에게 그렇게 하라고 가르치신 예수 자신에게 로까지 거슬러 올라가는 것은 정당하다.

기본적 교리선언문(Basissatz)의 기원을 예수에게로 거슬러 올라가기 위 해 리스너는 또한 예수의 바리새인과 세리 비유를 가리킨다(눅 18:9-14). 이 비유에서 예수는 성전에서 기도하는 두 사람을 대조하는데 한 사람은 바리새인으로 자기 의에 대한 확신이 있으며 하나님 앞에서 자신의 의 로운 행위들을 자랑한다. 다른 한 사람은 자기는 가망 없는 죄인이라고 참회하면서 하나님의 자비를 구한다. 예수는 바리새인보다 세리가 "의 롭다 함을 받고(δεδικαιωμένος) (성전에서) 자기 집으로 돌아갔다"고 선언하 신다. 여기서 리스너는 쉬테틀러의 이 비유에 대한 자세한 연구를 언급

---

79 이 구절과 롬 8:3-4, 32; 갈 4:4; 요 3:16, 17; 요일 4:9-10의 보냄/내어줌의 형식에서 "하 나님의 아들"은 대속물 말씀의 "인자"를 가리키고 "보내셨다"와 "(내어) 주셨다"는 표현은 각각 대속물 말씀의 ἦλθεν과 δοῦναι를 가리킨다는 견해를 위해서는 본서 5장 섹션 2를 보라.

80 Riesner, "Rechtfertigung," 212.

81 Stettler, "Did Paul Invent," 194, 역시 마찬가지 주장을 한다. 베드로의 성전 설교에서 관찰한 사 53장에 대한 수많은 반영과 암시들이 이 견해를 확증해준다.

한다.[82] 쉬테틀러는 이 비유의 셈어적 특징들[83]과 자비와 용서를 강조하는 예수의 특징적인 사역과 가르침들, 이를 테면 두 빚진 자 비유(눅 7:41-43), 포도원 농부 비유(마 20:1-16), 탕자 비유(눅 15:11-32), 죄인들과 세리들과의 식탁 교제와 바리새인들에게 걸림이 되는 그 행동을 "나는 의인을 부르러 온 것이 아니라 죄인을 부르러 왔다"고 말씀하시며 정당화하신 일(막 2:13-17//마 9:13//눅 5:27-32)[84]과 일관된 면들을 관찰함으로써 이 비유의 진정성을 입증한다. 그러고 나서 비록 이 비유에 ἔργα νόμου와 πίστις Ἰησοῦ Χριστοῦ 같은 용어들이 실제로 사용되지는 않지만 이 비유가 바리새인은 "율법의 행위"의 예가 되는 행위들에 대해 자랑하고 있는 것으로 묘사하는 반면, 세리는 하나님의 자비에만 의지하는 것으로 그리는데 이것은 기본적 교리선언문(Basissatz)의 "예수 그리스도에 대한 믿음"에 상응하는 것이라고 관찰하면서, 쉬테틀러는 이 비유에서 예수가 결과적으로 갈 2:16과 롬 3:28의 기본적 교리선언문에 요약된 내용 곧 율법의 행위로

---

82 기본적 교리선언문(Basissatz)이 궁극적으로는 예수 자신의 가르침에서 기원한다는 견해를 지지하는 이 비유에 대한 자세한 논의를 위해서는 ibid., 173-80를 보라.

83 Ibid., 178-80 (Jeremias, *Parables*, 140-42를 따라서).

84 Stettler, "Did Paul Invent," 180. P. Tan-Gatue, *The Coherence of Justification in Luke 18:9-14 with Authentic Jesus Tradition*(Eugene: Wipf and Stock, 2021)의 비슷하지만 보다 포괄적인 연구도 참고하라. 쉬테틀러는 특히 예수의 가르침의 "의인이 아니라 죄인을"이라는 대조와 "바울의 칭의에 대한 전통적 진술들" 사이에 나타나는 병행을 강조한다. 모든 공관복음에서 이 기사는 예수의 중풍병자 치료 직후에 나타난다(막 2:1-12//마 9:1-8//눅 5:17-26). 따라서 "죄인을 부르러 왔다(ἦλθον)" (함축적으로는 병든 자들을 고치기 위해, 막 2:17//마 9:12-13//눅 5:31-32)는 예수의 주장이 인자가 땅에서 죄를 사하는 "권세"(혹은 함축적으로는 병든 자들을 고치는 능력, 막 2:10//마 9:6//눅 5:24)가 있다고 앞서 말한 예수의 주장과 연관되어 있다는 것을 복음서 기자들이 알고 여기에서 반영하고 있는 것이라고 우리가 감히 그렇게 제안해도 좋지 않을까? 우리가 여기서 예수께서 자신이 야훼의 종으로서 자신의 대신적 고난(참고. 사 53:5)과 대속적 죽음(참고. 사 53:10-12)을 통해, 곧 "자기 목숨을 많은 사람의 대속물로 주심으로"(막 10:45//마 20:28) 죄악 되고 병든 인류에게 죄 사함과 치유 (즉, 구원, 참고. 시 103:3-4)를 가져오기 위해 하나님의 "권세와 영광과 나라"를 받은 "그 '사람의 아들'"로 "왔다"고(단 7:13-14; "인자 같은 이가 ... 와서אָתָה/ἤρχετο]) 함축적으로 주장하고 계시다고 봐도 되지 않을까? 다시 말해서, 막 2:10[과 그 병행 구절들]과 막 2:17[과 그 병행 구절들]에 나오는 관련 주장들을 통해 예수께서 사실은 단 7장과 사 53장의 예언을 이루시기 위해 "인자가 자기 목숨을 많은 사람의 대속물로 주려고 왔다[ἦλθεν]"는 대속물 말씀과 같은 주장을 하고 있는 것으로 이해해도 좋지 않을까?

말미암지 않고 (그리스도 안에 있는) 하나님의 은혜에 대한 믿음으로 말미암아 의롭다 함을 얻음에 대해 가르치신다고 주장한다.[85] 따라서 그녀는 바울 이전 예루살렘 교회가 기본적 교리선언문이나 칭의 교리의 원리를 예수의 대속물 말씀(막 10:45[와 그 병행 구절들])과 성만찬의 말씀(막 14:24[와 그 병행 구절])뿐만 아니라 이 비유를 기초하여 만들었을 가능성 혹은 심지어 개연성에 대해 고찰한다. 그리고 그녀는 바울이 이 예수 전승들을 다메섹 회심과 소명 이후 처음으로 예루살렘을 방문한 동안에 베드로와 야고보에게 받았거나(갈 1:18-19) 좀더 후에 그의 동역자들인 바나바나 실라에게서 받아서 교리로 더욱 발전시켰을 수 있다고 생각한다.[86]

눅 18:9-14의 예수의 비유에 대한 쉬테틀러의 이와 같은 해석을 승인하고 리스너는 계속해서 공관복음의 기적 이야기들(막 5:34; 10:52[와 그 병행 구절들]; 눅 17:19; 참고. 마 8:5-13)과 예수께서 여인의 많은 죄를 사해주신 이야기(눅 7:47-50)에서 반복적으로 나오는 "네 믿음이 너를 구원했다"는 선언의 중요성을 평가한다. 이와 같은 예수 전승들이 바울의 믿음에 대한 이해에 영향을 미쳤다는 영(M. Yeung)의 견해를 인용하면서[87] 리스너는 이 전승들이 예루살렘 교회에도 똑같은 영향을 미쳤다고 생각할 수 있다고 제안한다.[88] 그는 또한 합 2:4를 "하나님이 그 행위와 의의 교사에 대한 믿음을 근거로 심판의 집에서 구원하실 유다 집의 율법을 준행하는 자들을 가리키"는 것으로 해석하는 1QpHab 8:1-2의 의미를 높이 평가한다. 이 구절에서 리스너는 예루살렘 교회가 칭의의 수단으로 율법의 행위 대신 믿음을 강조할 뿐 아니라 그 믿음은 메시아 예수에 대한 믿음(πίστις

85 Stettler, "Did Paul Invent," 182-84. 롬 3:28이 이 비유의 전체 메시지의 요약을 제시한다고 보는 것 외에도 그녀는 또한 롬 3:20, 23, 24-25, 27이 이 비유의 세부 사항들을 반영하고 있다고 본다.
86 Ibid., 189-94.
87 M. Yeung, *Faith in Jesus and Paul. A Comparison with Special Reference to 'Faith That Can Remove Mountains' and 'Your Faith Has Healed/Saved You'*(WUNT 2/147; Tübingen: Mohr Siebeck, 2002), 170-95.
88 Riesner, "Rechtfertigung," 213.

Ἰησοῦ Χριστοῦ)이지 "의의 교사에 대한 믿음"이 아님도 분명히 함으로써 에세네파의 칭의에 대한 이해와 대조되는 기본적 교리선언문(Basissatz)을 발전시켰음을 보여주는 추가적인 증거를 본다.[89]

우리로서는 쉬테틀러와 특히 리스너의 이와 같은 논증들이 상당히 설득력이 있기에 갈 2:16a의 칭의 교리의 기본적 교리선언문(Basissatz)을 부활절 직후에 처음 만든 것은 예루살렘 교회였으며 예수 그리스도의 구원 역사를 예루살렘 교회가 예수 자신의 가르침과 사역에 따라 이사야서 53장에 비추어 해석함으로써 그렇게 했다는 그들의 결론을 받아들이는 방향으로 기울어지게 된다.[90]

거기서부터는 바울이 다메섹 회심/소명 이후 예루살렘을 처음 방문했을 때(혹은 자기가 박해했던 헬라파 유대인 그리스도인들에게서 그것을 처음 배우고 나중에 예루살렘 방문 가운데 확증을 받게 되었을 때) 이 기본적 교리선언문을 얼마나 열정적으로 받아들였을지는 상상하기 어렵지 않다. 왜냐하면 그 진술은 그야말로 바울 자신이 다메섹 도상에서 경험한 것을 정확하게 표현해 주는 것이었기 때문이다.

이러한 발견은 바울이 다메섹에서의 그리스도의 나타나심을 경험한 일에서부터 시작하여 칭의 교리를 데살로니가전서 훨씬 전에 발전시켰음을 확증하기 위해 우리가 위에서 제시한 바울의 연대기에 근거한 우리

89　Ibid., 214.

90　이 견해는 경건치 못한 죄인들을 (그리고 따라서 이방인들도) 율법의 행위 없이 은혜로 믿음을 통해 의롭다 하심에 대한 바울의 복음(유대주의자들이 율법 준수를 고집하는 것에 대한 그의 비판과 함께 자세히 설명된)과 예수의 죄 용서에 대한 선언과 죄인들을 하나님 나라로 받아들이심(복음서에서 바리새인들과 서기관들이 보다 엄격한 율법 준수를 주장하는 것에 대해 비판하는 가운데 수반된) 사이의 신학적 통일성이 어떻게 생겨나게 되었는가에 대한 질문에 대해 그럴듯하게 설명한다. 불트만(R. Bultmann)은 이 둘 사이의 신학적 통일성을 강조했지만 그 통일성을 전승사적으로 설명하려는 어떤 시도도 거부하기에 이 질문을 수수께끼로 남겨두었다("Die Bedeutung des geschichtlichen Jesus für die Theologie des Paulus," in *Glauben und Verstehen*[Tübingen: Mohr Siebeck, 1933], 1:191-202; 참고. E. Jüngel, *Paulus und Jesus*[HUT 2; . Tübingen: Mohr Siebeck, 41972], 263-73). 따라서 바울이 안디옥에서 베드로가 그들이 함께 공유한 복음의 기본적 교리선언문(Basissatz)을 어긴 것에 대해 그를 책망한 것은 궁극적으로 그들이 주 예수의 복음을 배반한 것에 대한 책망이었다.

의 논증들과 일치한다. 이 견해를 위해 우리는 위에서 바울이 율법을 위한 열심에서 그리스도를 믿음으로 돌이키게 하고 그가 이방인의 사도가 되게 한 다메섹에서의 그리스도 현현과 그의 서기관 훈련과 신학적 통찰력, 그의 이방인 선교 경험들, 바울서신에 인용되는 바울 이전의 케리그마 형식들 등의 중요성만 살펴보았다. 이제 이 새로운 요소를 추가해보자. 데살로니가전서를 쓰기(즉 약 AD 36-37년) 전에 그리스도인으로 살았던 처음 16-17년 동안이라는 비교적 이른 시기에 바울은 예루살렘 사도들에게서 칭의 교리의 기본적 교리선언문(Basissatz)을 예수의 죽음과 부활 이후에 사도들이 그 진술을 만들도록 이끈 예수 전승과 함께 받았다. 그렇다면 바울이 칭의 교리를 그리스도인으로 살고 또 사도로서 사역을 하게 된 아주 이른 시기에 발전시키기 시작하여 성경을 통한 주된 논증들과 주요한 신학적 함의들과 함께 충분히 발전된 형태를 가지게 되었다고 생각하는 것이 훨씬 더 합리적이다. 바울은 이 모든 것들을 그의 회심과 데살로니가전서를 작성하던 때 사이의 16년 동안에, 그 후반부보다는 전반부에, 자세하게 정리했을 것이다.[91] 우리가 보기에는 이렇게 생각하는 것이 바울이 이 모든 것들을 데살로니가전서와 로마서 사이의 7년 동안에 했다고 가정하는 것보다 더 안전하다.

이 견해는 데살로니가전후서의 지지를 받는데 이 서신들의 많은 구절들이 이 교리를 함축적으로 담고 있으며 필자가 본서의 여러 논문들과 필자의 데살로니가전후서 주석에서 보여주려 한 것과 같이 이 두 서신들과 로마서 사이에 많은 연속성이 있음을 보여준다.

---

91 만일 갈라디아서가 AD 48년에 기록되어 AD 50년에 기록된 데살로니가전서보다 먼저 기록된 것이라면, 갈라디아서에 제시된 칭의 교리에 대한 잘 발전된 성경적, 신학적 논증들은 이 견해를 훨씬 더 그럴듯하게 만들어 준다. 왜냐하면 유대주의자들이 와서 갈라디아의 그리스도인들에게 할례를 받고 율법을 지켜야 한다고 선동하는 그런 순간에 이 논증들을 발전시켰다고 생각할 수는 없기 때문이다. 물론 그의 칭의 교리가 온전한 형태를 갖춘 후에도 바울은 성경에서 배우게 되는 새로운 통찰들과 예수 전승, 이방인 선교 사역에서의 경험 등을 통해 그 세부적인 내용을 계속해서 다듬었을 것이 분명하다(앞의 섹션 18의 마지막 문단을 참고하라).

20. 예루살렘 공의회와 안디옥 논쟁 이후 서신들인 데살로니가전서와 고린도전후서에서의 상황화

따라서 필자는, 바울의 "'믿음으로 말미암고 율법의 행위로 말미암지 않는' 칭의"의 교리가 처음으로 "형성된 것" 혹은 "공적으로 표현된 것"이 안디옥 사건 때라고 주장하는 던과 버드의 주장을 당연한 것으로 받아들이기보다 그 교리의 형성 시기를 다메섹 계시 사건과 바울의 이방인 선교 초기까지 거슬러 올라가는 쪽으로 더 마음이 기울어진다. 하지만 안디옥 사건을 칭의 교리의 최종 기한(*terminus ad quem*)으로 인정한다 하더라도 일단 이것을 인정하고 나면, 안디옥 논쟁 이후 서신들인 데살로니가전서와 고린도전후서에 이 교리가 안 나온다고 주장하면서 칭의 교리의 후대 발전을 주장하는 것은 더 이상 가능하지 않다.[92] 그러므로 왜 데살로니가전서와 고린도전후서에 이 교리에 대한 언급이나 설명이 없느냐 하는 질문을 이 교리의 기원을 예루살렘 공의회와 안디옥 사건으로 거슬러 올라가려는 이들과 다메섹 계시와 바울의 이방인 선교의 시작으로까지 거슬러 올려가려는 이들 모두 직면하게 된다.

우리로서는 이 질문에 대해 유일하게 만족스러운 답은 (1) 칭의 교리가 바울의 복음 설교의 근본적인 형태에 속한다는 것과 (2) 데살로니가전후서와 고린도전후서에 이 교리가 함축적으로 들어있다는 것과 (3) 데살로니가와 고린도에 있는 교회들의 상황과 필요에 따라 이 교리가 상황화된 형태로 나타난 것이라는 것, 이 세 가지를 인정하는 것이다. 위에서 우리는 이 세 가지, 특별히 앞의 두 가지를 입증해 보여주고자 했다. 이제 바울의 회심/소명 경험과 초대교회 역사에 비추어 그 시도를 더욱 공고히 하고자 한다.

위에서 우리는 데살로니가전서와 고린도전후서를 칭의 교리가 명시적으로 설명된 서신들과 비교한 다음, 이 교리가 데살로니가전서와 고린도전후서에도, 비록 단지 함축적으로기는 하지만, 있다고 주장했다. 그

92　참고. Riesner, *Paul's Early Period*, 402; von Bendemann, "Frühpaulinisch," 226.

런데 데살로니가전서와 고린도전후서가 예루살렘 공의회와 안디옥 논쟁 이후에 기록되었다는 사실을 고려할 때 그 주장은 훨씬 더 힘을 얻게 된다.[93] 바울은 고린도전서에서 할례 받는 것도 할례 받지 않는 것도 아무것도 아니며(고전 7:19), 한때 유대교 신학자였던 자신이 "율법 아래 있지 않으며"(고전 9:20-21) (우상숭배와 연관되는 음식과 정결 문제를 다루는 맥락에서 한 진술), 율법이 사망을 가져오는 "죄의 권세"(고전 15:55-56)라고 선언한다. *바울이 얼마 전까지 오직 그리스도를 믿음으로써, 할례 없이, 음식법과 정결법을 준수함 없이 이방인들이 의롭다 함을 받는다는 것을 위해 싸웠던 자로서 이와 같은 것들을 썼다는 사실을 진지하게 고려한다면, 할례와 율법에 대한 이 진술들이 이제 어떻게 보이는가?* "(믿음으로 말미암고) 율법의 행위로 말미암음이 아니"라는 그의 형식을 반영하는 것으로 보이지 않는가? 다시 말하지만, 바울이 예루살렘과 안디옥에서 칭의는 "믿음으로 말미암고 율법의 행위로 말미암지 않는다"고 벌써 그렇게 주장했던 사람으로서 고전 15:57 ("우리 주 예수 그리스도로 말미암아 우리에게 승리[νῖκος]를 주시는 하나님께 감사하노니")의 송영을 율법과 죄와 사망이라는 파괴적인 세력들에 사로잡힌 인간들에게 구원의 기쁜 소식으로 제시하고 있다(고전 15:54-56)는 사실이 의미하는 바를 잘 음미해보라. 그렇다면, 고전 15:54-57이 "율법의 행위로 말미암음이 아니요"(55-56절) "주 예수 그리스도를 믿음으로 말미암아"(57절) 얻게 되는 칭의의 교리를 반영하는 것으로 볼 수 있지 않겠는가? 우리는 고전 15:55-56의 율법과 죄와 사망의 치명적인 연대에 대한 바울의 진술이 롬 7장에서 강해하는 가르침의 짧은 요약처럼 보인다고 이미 제안한 바 있다.

---

93 일부 독일 학자들이 최근 제시한 견해 곧 칭의 교리의 기본적 교리선언문(*Basissatz*) ("율법의 행위로 말미암음이 아니고 그리스도를 믿음으로 말미암음")이 부활절 이후 곧바로 벌써 만들어졌다는 견해를 진지하게 받아들인다면 이 주장은 당연히 훨씬 더 힘을 얻게 될 것이다(위의 섹션 19를 보라). 하지만 (특히 영어권에서) 대부분의 학자들이 칭의 교리의 기원을 바울의 삶과 이방인을 위한 사역의 맥락 속에서만 논의하기 때문에 여기서 우리는 설령 이런 제한된 관점을 따른다 해도 데살로니가전서와 고린도전후서에 그 교리가 있음을 확신을 가지고 인정할 수 있다고 주장하고자 한다.

　그렇다면, 고전 15:57의 "승리"에 대한 송영은 바울이 승리의 기쁨에 가득차서 기쁜 소식 곧 복음을 선언하는 것("그러므로 이제 그리스도 예수 안에 있는 자에게는 결코 정죄함이 없나니…," 롬 8:1-2)에서 시작하여 불타오르는 투지를 가지고 주 예수 그리스도 안에서의 "승리"(ὑπερνικῶμεν, 37절)를 경축하는 것으로 마치는(롬 8:31-39) 롬 8장의 가르침의 축약으로 보인다. 따라서 고전 15:54-57에서 바울이 진술하는 바들이 롬 7장의 율법/육신/죄/사망에 대한 가르침과 롬 8장의 칭의에 대한 가르침을 요약한 것으로 보인다는 사실과 바울이 예루살렘과 안디옥에서 칭의가 "믿음으로 말미암고 율법의 행위로 말미암음이 아니"라고 이미 주장했던 사람으로서 고린도전서를 쓰고 있다는 사실을 명심하라. 그럴 때 바울이 고전 1:30과 6:11에서 기독론적, 구원론적 진술을 하면서 사용하는 칭의 교리의 핵심 용어들인 δικαιοσύνη와 δικαιοῦν이 그 교리를 축약적으로 표현하는 것임을 인정하는 것이 어렵지 않을 것이다.[94]

　고린도후서에 대해서도 마찬가지 관찰을 할 수 있다. 고후 3장에서 바울은, 모세 율법과 그 율법에 대한 유대인들의 해석에 대해 충격적일만큼 비판적인 견해를 밝히면서 정죄(κατάκρισις)와 죽음의 직분으로서의 율법의 모세 언약과 의(δικαιοσύνη)와 생명의 직분으로서의 성령의 새 언약을 구분한다(고후 3:6-8). "정죄"와 "의"의 언어는 근본적으로 칭의의 범주에 속한다. 그런데 이 대조를 또 다른 의(δικαιοσύνη)에 관한 구절, 곧 자신의 사도직에 대한 바울의 변증과 같은 문맥에 있는 고후 5:21에 적용하면 합당하지 못한 일이겠는가? 고후 5:21에서 바울은, 하나님이 주신 "화목케 하는 직분"에 대한 자신의 설명과 독자들에게 "하나님과 화목하라"는 자신의 호소(고후 5:18-20)가 롬 3:24-26; 4:25와 8:3-4에 견줄 만한 그

---

94 Schnelle, *Paul*, 233은 "고린도전서에서 발견되는 십자가와 십자가와 결부된 의에 대한 이해는, 다른 데서 나온 기본 개념들을 끌어들이지 말고, 그 자체로서 이해되어야 한다"고 주장하는데 필자의 생각은 다르다. 바울의 한 서신에서 제시하는 가르침을 그 서신 이전에 발전시킨 생각들에 대한 언급 없이 읽는 것이 가능하거나 추천할 만한가? 바울이 자기 마음을 백지 상태(tabula rasa)로 만들기 위해 마음을 지운 후에 각각의 편지를 썼단 말인가?

리스도의 속죄 사역과 우리의 칭의에 대한 경구 형태의 진술로[95] 그 정점에 이르게 한다. 이 문맥과 바울에게 화해/화목과 칭의가 서로 밀접하게 연관되어 있다는 사실(참고. 롬 5:1-11)을 생각하면서 다시금 바울이 예루살렘 공의회와 안디옥 논쟁 때 칭의는 "믿음으로 말미암고 율법의 행위로 말미암음이 아니"라고 주장했던 사람으로서 이 모든 진술들을 하고 있다는 사실이 의미하는 바를 잘 음미해보라.

그럴 때, 우리는 이 진술들이 바울의 칭의 교리를 반영하고 있음을 알 수 있으며 또한 바울이 고후 3:6-8의 대조를 "모세의 율법의 언약으로써가 아니라 [오히려] 성령의 새 언약으로써," 곧 그리스도의 속죄 제사를 통해 맺어진 "새 언약"으로써(고후 5:14, 21; 참고. 고전 11:25)라는 대조 형식으로 만들어 칭의 교리를 자세히 강해하는 것이 얼마나 쉬웠겠는지를 인정할 수 있을 것이다.

그렇다면, 고린도전후서가 예루살렘 공의회와 안디옥 논쟁 이후에 기록된 서신들로서 (갈라디아서와) 로마서보다 그렇게 오래 전에 기록된 것은 아니라는 점을 감안할 때, 바울이 그럼에도 불구하고 고린도전후서에서 칭의 교리를 암시하기만 할 뿐 그 교리를 자세히 펼쳐 보이는 것은 고사하고 구체적으로 언급조차 하지 않는 것은 어떻게 설명하겠는가? 그런데 "율법의 행위로 말미암음이 아니고 믿음으로 말미암아 의롭다 함을 받음"에 관한 칭의 교리를 이미 만들어낸 사람으로서 바울이 고린도 서신에서 고린도인들이 자신들의 "육체"를 자랑하는 것을 비판한다는 사실(특히 고전 1-4장; 8-10장; 12-14장; 고후 10-13장)을 기억한다면, 이 비판이 빌 3:2-11에서 그가 유대주의자들이 "육체"를 "자랑하"거나 "신뢰하는" 것에 대한 비판과 병행이 됨을 우리가 더 잘 인식할 수 있다(참고. 갈 3-6장; 롬 2-3장; 7-8장). 그리고 바울이 칭의 교리의 근본 진리를 고린도의 헬라적 상황에, 특히 유대주의자들이 율법의 행위를 "자랑하는" 문제에 견줄 수

---

95 M. E. Thrall, *The Second Epistle to the Corinthians*(ICC; Edinburgh: T&T Clark, 1994), 1:442-44,의 고후 5:21에 대한 코멘트를 참고하라.

있는 고린도인들이 자신들의 지혜/지식과 영적 경험을 "자랑하는" 문제
에 적용하고 있음을 더욱 분명하게 알 수 있다. 왜냐하면 이 두 가지 모
두 형태만 다르지 "하나님이 우리의 지혜와 의로움[δικαιοσύνη]과 거룩
함과 구원함으로 삼으신" 십자가에 달리신 그리스도를 자랑하기보다 "육
체"(인간적 자원과 성취)를 "자랑하는" 것이기 때문이다(고전 1:30-31//빌 3:3).[96]
고린도전서에서는 유대주의 율법주의자들의 문제를 다루지 않기에 이
서신에서 율법에 대한 다양한 부정적 진술들로 암시를 하면서도 "율법의
행위로써가 아니라 (그리스도 안에 있는 하나님의 은혜로)"라는 명시적 형식을
사용할 필요가 없다. 그 대신 헬라인들이 지혜/지식에 의지하는 문제를
다루고 있기에, 바울은 그 형식을 "세상의 지혜로써가 아니라(하나님의 지
혜인 십자가에 달리신 그리스도로 말미암아)"라는 말로 그 형식을 새롭게 진술한
다(re-presents) (고전 1-4장).

　따라서 고린도전후서에 칭의 교리에 대한 명시적인 언급이 없다는 점
을 들어 이 교리의 늦은 발전이나 제한적인 중요성을 주장하기보다 이
진리를 율법의 행위를 통한 칭의에는 관심이 없고 지식과 지혜를 통한
구원에 관심이 있는 헬라 청중에게 맞게 상황화시키는 바울의 능력에 우
리가 감탄해야 마땅하다.[97] 고전 15:55-56의 율법과 죄와 사망의 불경건
한 연대에 대해 말하는 충격적인 형식이 율법 문제에 대한 바울의 길고
도 심오한 성찰을 전제하듯이 고린도전후서에서 칭의 교리를 바울이 헬
라 청중에게 상황화 시키는 것 역시 그 교리에 대한 그의 깊은 신학적 성
찰들과 그가 그 교리를 단지 선교적, 교회론적 교리로서가 아니라 근본

---

96 참고. P. Stuhlmacher, *Biblische Theologie des Neuen Testaments*(Göttingen:
　Vandenhoeck & Ruprecht, 1992), 1:333-34.

97 참고. Hengel and Schwemer, *Paul*, 302, 특히 308페이지: "바울은 모든 서신에서 항
　상 수신자들의 특별한 질문들과 필요들에 대해 이야기한다는 점을 되새기는 것이 중요
　하다. 그는 결코 경직된 '교조적' 신학자가 아니다. 따라서 그는 같은 메시지를, 곧 자신에
　게 맡겨진 복음을 상황에 따라 풍성하고 다양한 은유들로 다양한 측면들에 초점을 맞추
　면서 제시할 수 있다." J. Eckert, "Zur Erstverkündigung des Paulus," *Theologie im*
　Werden(ed. J. Hainz; Paderborn, 1992), 297와 필자의 *PNP*, 67-70, 100도 참고하라.

적인 구원 교리로서, 어떤 형태의 인본주의도 반대하는 하나님의 복음의 가장 효과적인 표현으로 이해하는 것을 전제한다.[98]

데살로니가전서가 *예루살렘 공의회와 안디옥 논쟁 이후에 기록된 서신*이라는 사실을 염두에 두고서 이 서신의 증거를 검토하게 되면, 우리는 이 두 사건들로부터(던과 버드는 AD 47-48년으로 그 연대를 잡는다. 위를 보라) 불과 2년 뒤에 기록된 이 서신에 이 두 사건에서 있었던 열띤 논쟁들에 대한 어떤 반영도 없다는 명백한 사실(갈 2장에서 바울이 이 사건들에 대해 열정적인 보고들과 대조해보라)로 인해 금방 충격을 받는다. 이것은 어떤 것이 그 자체로 얼마나 중요하든지 간에 그것이 데살로니가의 상황에 적실성이 없는 경우라면 바울이 그것을 언급하는 것을 어떻게 생략해버릴 수 있는지를 보여준다. 그래서 데살로니가전서에서는 할례와 율법에 대한 언급이 없고 유대인과 이방인 간의 식탁 교제에 대한 이야기도 없는 것이다. 그러므로, 학자들이 보통은 이 사실을 무시하지만, 데살로니가전서에 이 두 사건들에서의 논쟁에 대한 성찰이 없는 것은 바울이 그 논쟁들을 통해 확증한 칭의 교리가 없는 것만큼이나 중요하다. 사실 이 두 가지는 성격상 동전의 양면과 같다. 데살로니가전서에 칭의 교리에 대한 명시적 언급이 없는 것은 예루살렘 공의회와 안디옥 논쟁에서 다루었던 그 이슈들에 대한 명시적 성찰이 없기 때문이다(참고. 필자의 주석의 2:1-4 끝에 있는 해설의 "데살로니가전서의 바울에 대한 유대인들의 반대"를 참고하라).

그러나 이 두 사건들에서 믿음으로 말미암고 율법의 행위로 말미암지 않는 칭의에 대한 교리를 지지하는 강력한 논증을 한 이후에 불과 2년 정도 지나 바울이 데살로니가전서를 썼다는 사실을 염두에 두면서 이 서신에 있는 다음 가르침들을 생각해보라: (1) 하나님께서 이방인 신자들을 택하셔서 자기 자녀와 백성 되게 하셨다(일부 새 관점주의자들에 따르면, 이것이 바울이 예루살렘 공의회와 안디옥 논쟁을 통해 개발하게 된 칭의 교리의 핵심 의미

---

98 이 점에서 "바울에 대한 새 관점"(최소한 1980년대와 90년대 사이에 제시된 새 관점 버전)과 필자는 견해를 달리한다.

다) (살전 1:1, 2, 4; 2:12; 3:11-13; 4:7; 5:24); (2) 하나님께서 그들에게 박해 가운데서도 복음을 기쁨으로 받을 수 있도록(1:6), 하나님의 뜻을 행하고 거룩함/성화에서 자라가도록 성령을 주셨다(살전 4:8; 또한 참고. 5:19-22); (3) 그들은 하나님의 아들 예수의 속죄와 중보를 통해 최후의 심판 때 하나님의 진노에서 건지심을 받을 수 있다(살전 1:10; 3:13; 4:14; 5:9-10); (4) 그들이 복음을 하나님의 말씀으로 받은 것에 대해 말하는 문맥(살전 1:6-10; 2:13; 4:14)과 그들이 주 안에 굳게 서 있음에 대해 말하는 문맥(살전 3:6-8)에서 할례나 율법에 대한 언급은 없는데 반해 그들의 믿음에 대한 강조는 있다. 이 가르침들을 얼마 전에 예루살렘과 안디옥에서 있었던 두 논쟁에 비추어 본다면, 이 가르침들에 그 두 논쟁과 그 논쟁들에 대해 그들이(바울이) 내린 결론, 곧 칭의 교리가 반영되어 있는 것으로 보이지 않는가? 따라서 데살로니가전서가 예루살렘 공의회와 안디옥 논쟁 이후에 기록된 서신들임을 충분히 의식하고 이 서신을 읽는다면 칭의 교리가 그 안에 함축적으로 들어있음을 우리가 보다 쉽게 인정할 수 있다.

성화는 데살로니가전서의 주요 주제들 중 하나다(2:10; 3:13; 4:3, 7; 5:23; 또한 참고. 살후 2:13). 앞서 우리는 어떻게 바울이 데살로니가전서에서 하나님이 선택하여(1:4; 2:12; 4:7; 5:24) 거룩하게 하신(3:12-13; 4:7-8; 5:23-24) 은혜와 성령의 일하심(4:8)의 토대 위에서 거룩하고 의로운 삶을 위한 권면(4:1-8)을 제시하는지와, 또 이것이 바울이 로마서와 갈라디아서에서 하나님이 의롭다 하시는 은혜와 성령의 일하심의 토대 위에서 권면을 제시하는 것과 얼마나 밀접한 유비를 이루는지도 살펴보았다. 바울은 하나님이 데살로니가의 이방인들이 "자기 나라로 들어와" "[그에게] 합당하게 살도록" 그들을 "부르셨음"에 대해 가르치고(2:12) 나중에 이 가르침을 하나님이 그들이 "하나님의 뜻"에 순종하여 "거룩한"의 삶을 살도록(4:3) 그들을 "성화로" "부르신" 것으로(4:7, 이렇게 그들은 거룩한/거룩하게 된 자들, 곧 "성도들"이 되었다; 참고. 1:4) 바꾸어 표현한다. 이 가르침에서 "성화"라는 말로 제시되기는 했지만 다른 서신들에서 바울이 칭의에 대해 가르치는 것과 동등하다는 사실에 주목하라. 칭의는 죄인들이 사면 혹은 죄 사함을 받고 하나님과 올바른 관계로 회복되어(이와 같이 의롭다 함을 받은 자, 의인이 되어) 하나님의 다스림에 순종하여 의로운 삶을 살아감을 의미한다.[99] 바울은 데살로니가전서(3:13; 5:23)에서는 주 예수 그리스도의 재림 때 있을 하나님의 심판을 성화의 범주로 표현하지만 그 병행 구절들인 빌 1:10-11(필자의 주석에서 살전 3:13와 5:23에 대한 코멘트를 보라)과 롬 8:31-39(참고. 고전 1:6-8; 빌 3:6; 특별히 골 1:22에서는 법정적, 제의적 용어들을 뒤섞어 사용하는 것에 주목하라; 빌 2:15)에서는 그것을 칭의의 범주로 설명한다. 이것은 데살로니가전서의 성화 개념이 다른 곳에서의 칭의 개념과 동등함을 의미한다. 따라서 우리가 앞서 제안한 바와 같이 데살로니가전서에서 바울은 유대주의자들의 도전이 없기에 칭의 개념(과 죄와 율법에 대한 논의)을 언급하지 않고 대신 데살로니가의 믿는 자들의 이교적 배경("부정한" 이방인들이 하나님의 거룩한 백성이 되었다, 1:4, 2:12; 4:7; 5:24)과 그들이 계속해서 이교의 우상숭배와 부도덕에 노출되어 살아가는 점(4:1-8)을 감안하여 성화 개념을 사용하기로 하는 것 같다(필자의 주석에서 살전 3:12-13에 대한 해설을 보라).

바울이 고전 1:2, 30; 6:1-12에서 의/칭의와 거룩함/성화를 연관 짓고 성화를 강조한다는 점에서(또한 참고. 3:17; 6:19; 7:14, 34; 고후 1:12), 고린도전서에 대해서도 마찬가지를 말할 수 있다. 로마서의 경우, 바울은 롬 6:19-

---

99 칭의를 죄의 사면으로서만이 아니라 하나님과 올바른 관계로의 회복과 사탄의 나라에서 하나님의 아들 예수 그리스도가 왕권 혹은 주권을 현재에 행사하는 하나님 나라로 옮겨짐(곧 "주권 이전") (롬 1:3-4; 고전 15:23-27; 빌 2:9-11; 골 1:13-14)으로도 이해하는 것에 대해서는 필자의 *Justification*, 59-72를 보라. 그 책(73-76)에서 "성화" 역시 이전(transfer)의 용어로 설명되는데 그 이유는 성화가 우리가 하나님의 소유가 되기 위해 사탄으로 인해 오염된 세상으로부터 분리되어 거룩하신 하나님께 성별되는 것을 의미하기 때문이다. 따라서 우리의 "성화"("우리가 하나님의 거룩한 백성의 일원이 되는 것"을 의미)는 구원을 위한 "칭의"("우리가 하나님의 의로운 백성의 일원이 되는 것")와 병행이 되는 은혜다(참고. 고전 6:11; 또한 1:30). 따라서 우리가 세례 받을 때 우리의 칭의를 선취적으로 받지만(예: 롬 5:1-2, 9; 10:9-10; 고전 6:11) 그 완성은 최후의 심판 때 있는 것(예: 롬 2:12-13; 3:30; 5:19; 8:31-39; 갈 5:4-5; 살전 1:10; 5:9-10)과 마찬가지로, 우리의 성화 역시 우리가 세례 받을 때 선취적으로 얻게 되지만(우리는 이미 "성화되었다", 곧 "성도"가 되었다; 예: 롬 1:7; 15:26; 고전 1:1-2; 16:1; 고후 1:1; 9:1; 살전 4:7), 그 완성은 최후의 심판 때에 있게 된다(살전 3:12-13; 5:23; 골 1:22). 그리고 우리가 현재 칭의의 과정 가운데 있듯이(예: 롬 6장) 마찬가지로 현재 "성화"의 과정 가운데 있기도 하다(예: 살전 3:12-13; 5:23; 4:1-8; 롬 6:19-22; 12:1-2). 칭의와 성화의 현재적 과정 개념에 대해서는 Ibid., 74-91를 보라.

22(와 그와 관련된 12:1-2)에서만 성화 개념을 언급한다. 바울은 성화를 칭의
와 밀접하게 연관 지어 최소한 두 개념이 부분적으로라도 중첩되게 한
다(하나님께 순종하여 의로운 삶을 사는 것은 성화의 진전을 이루는 것이며 따라서 "의의
열매"[빌 1:11]는 곧 "거룩함에 이르는[εἰς] 열매[롬 6:19, 22]"다).**100** 롬 6:19-22에서
바울은 주로 죄와 칭의라는 보다 유대적인 범주를 통해 제시하는 복음
에 대한 설명(참고. 롬 1:18-32) 안에 로마의 그리스도인들에게 특히 이교적
"부정함"(19절)과 "부끄러운 행위"(21절)에 대한 경고를 삽입하기 원하는
마음을 표현하고 있는 것 같다. 따라서 롬 6:19-22의 증거는 데살로니가
전서에서 (그리고 고린도전서에서도) 바울이 헬라적 배경을 가진 믿는 자들을
위해 자신의 칭의 교리를 상황화한다는 견해를 뒷받침해준다.

이제 다음 네 가지 사실들을 생각해보라. (1) "성화" 언어는 "의/칭의"
언어보다 덜 자주, 더 적은 수의 바울서신에 나온다(믿는 자들을 "성도," 거룩
하게 된 자들로 부르는 언급들을 제외한다면). (2) "성화" 언어가 나올 때, 칭의 언
어와 밀접하게 연관되거나 병행 관계로 나온다. (3) 칭의 교리가 명시적
으로 설명되는 서신들에서뿐만 아니라 "성화" 언어가 나오는 데살로니가
전후서와 고린도전후서에서도 바울은 궁극적 구원을 주 예수 그리스도
의 파루시아 때 있을 하나님의 최후의 심판 때 건짐 받음으로 제시한다
(예: 고전 1:6-9; 3:5-4:5; 5:5; 10:31; 고후 5:10; 살전 1:10; 3:12-13; 5:9-10, 23; 살후 1:5-
10; 2:9-14). (4) 살전 3:12-13과 5:23-24(참고. 살후 2:13-14; 롬 6:19-21; 골 1:22;
빌 2:15)에서 바울은 심지어 "성화" 언어를 "칭의"라는 법정적 언어가 보다
자연스러울 하나님의 최후의 심판 때의 구원이라는 틀 속에 둔다(이 두 구
절 모두에서 ἄμεμπτος/ἀμέμπτως라는 법정적 개념이 "성화" 언어와 같이 사용된다는 점
을 특히 주목하라; 필자의 주석에서 살전 3:13와 5:23에 대한 코멘트를 보라). 이와 같은

---

100 이 구절이 개신교 교리학의 *구원의 서정(ordo salutis)*이라는 개념이 생겨나게 하는 데 일
조한 것은 분명하다. 그 개념에 의하면 성화는 칭의의 단계에 뒤따라오는 구원의 단계로
이해된다. 하지만 이 구절은 그런 교리를 세우기에는 너무나 작은 기초다. 그리고 바울
서신에서 거룩함/성화 용어와 의/칭의 용어가 그 용법에 있어 병행됨을 보여주는 압도
적인 증거들은, 우리가 여기서 간략하게 보여주는 것과 같이 그러한 이해를 뒷받침하지
않는다.

사실들은, 칭의는 바울의 구원론의 주된 혹은 근본적인 범주이고 성화는 칭의를 헬라 청중들에게 상황화 시키기 위해 사용하는 병행적 범주라는 것을 확증해준다. 따라서 데살로니가전서와 고린도전후서에서 바울이 칭의 교리를 자세히 펼쳐 보이지 않고 그 대신 그것을 성화의 관점에서 상황화하지만, 이 서신들에서도 그가 칭의 교리를 주된 구원론으로 삼고 있음이 분명하다.

결론

살전 1:9-10의 복음의 요약에 대한 본 연구는 바울이 데살로니가인들에게 전한 복음이 그가 다른 교회들에서 전한 복음과 본질적으로 같은 것이며 하나님의 아들 그리스도 예수의 속죄와 중보를 통해 최후의 심판 때 하나님의 진노에서 건짐 받음 곧 칭의 교리에 초점이 맞춰져 있다는 점을 보여주었다. 본 연구의 결론과 그 함의들은 다음과 같이 정리해볼 수 있을 것이다:

(1) 믿음으로 말미암고 율법의 행위로 말미암지 않는 칭의에 대한 교리는 고린도전후서에서와 같이 데살로니가전서에도 함축적으로 들어 있다(본서의 *12장* "데살로니가후서 1-2장에서의 바울의 칭의 교리와 그 교리의 바울 신학과 데살로니가후서에 대한 함의들" 또한 참고하라).

(2) 이것은 바울이 이방인들에게 전한 복음 선포에서 충분히 예상할 수 있는 일이다. 왜냐하면 그는 헬라파 유대 그리스도인들이 복음을 전하면서 율법의 행위를 요구하지 않는 것 때문에 그들을 박해했었는데 하나님이 십자가에 달리신 예수를 자기 아들로 계시하시고 자신을 이방인의 사도로 부르신 것—다메섹 도상에서 받은 계시와 소명—을 통해 칭의가 그리스도를 믿음으로 말미암고 율법의 행위로 말미암지 않는다는 것을 깨닫게 되었기 때문이다.

(3) 데살로니가전서와 고린도전후서가 기록된 시기가 바울이 이방인 선교의 매우 중대한 순간들인 예루살렘 공의회와 안디옥 논쟁에

서 칭의 교리를 지지하는 논증을 강력하게 펼친 이후라는 것을 (그
로부터 그리 오래 지나지 않은 때) 감안할 때 이 서신들에 칭의 교리가
함축적으로 들어있는 것은 충분히 기대할 수 있는 일이다.

(4) 갈라디아서와 로마서, 빌립보서 3장에서는 칭의 교리가 유대주의
자들의 도전을 받는 상황이었기에 바울은 칭의 교리로 그가 전하는
복음을 설명하고 변증했다. 그리고 갈라디아서와 빌립보서 3장에서
는 이를 위해 심지어 자신의 회심/소명 경험도 그 근거로 사용했다.

(5) 데살로니가와 고린도에서와 같이 유대주의자들의 그와 같은 도전
이 없었던 곳에서는 그럴 필요가 없었기에 "율법의 행위"에 대한
명시적인 언급 없이 그리스도 안에서의 하나님의 구원에 대한 복
음을 전했다. 데살로니가전서와 고린도전서에서 바울은 칭의 교
리를 여러 축약된 형태로 반영하면서 복음을 선택과 성화의 범주
로 제시했다. 따라서 그는 이방인 신자들을 자기의 거룩한 백성으
로 삼으시는 하나님의 은혜에 대해 강조하고 그들에게 이교적 환
경에서 우상숭배와 부도덕의 일에 상관하지 말 것을 경고하고자
칭의 교리의 진리를 헬라 청중의 필요에 맞게 상황화했다.

(6) 바울은 고린도에서 유대인들의 "육체"(율법의 행위)에 대한 신뢰 혹
은 자랑에 버금가는 헬라적 형태의 "육체"(지혜/지식과 영적 경험 같은
것에 대한)에 대한 신뢰 혹은 자랑을 대하게 되었을 때, 고린도전서
에서도 지혜/지식과 영적 경험에 대한 헬라인들의 자랑을 반대하
기 위해 "그리스도를 믿음"과 "율법의 행위" 사이의 대조의 신학적
의미를 상황화했다. 따라서 바울은 이와 같이 칭의 교리를 고린도
의 이방인 신자들의 필요에 맞게 상황화한 것이다.

(7) 데살로니가에서는 헬라적 형태의 "육체"를 신뢰하는 문제조차 접
하지 않았기 때문에, 데살로니가전서와 같은 짧은 서신에서 그 문
제에 대해 공격할 이유가 없었다. 따라서 바울은 그리스도의 사역
(속죄와 중보)과 최후의 심판에서 하나님의 진노로부터 건짐 받음
곧 칭의의 완성을 위해 믿음과 주와 성령의 도우심을 통해 거룩

함에서 자라가는 것의 필요성만 강조했다(살전 3:12-13; 4:8). 더욱이
이 서신의 목적이 복음을 설명하거나 변증하는 것이 아니라 독자
들에게 종말의 구원에 대한 소망을 가지고 믿음에 굳게 서 있으라
고 권면하는 것이었기에 바울은 그리스도의 사역과 믿음과 성화
의 필요에 대해 언급할 때조차도 구원론을 체계적으로 설명하거
나 논증하는 방식이 아니라 확신과 격려를 제공하는 다양한 문맥
들에 흩어져 있는 짤막한 진술들을 통해서 그렇게 했다.

(8) 바울이 (a) 인간의 곤경을 근본적으로 하나님 앞에서의 죄 문제로
이해하고, (b) 그리스도의 구원 행위를 우리 죄를 위한 속죄로 이
해하고, (c) 종말의 구원을 최후의 심판 때 하나님의 진노에서 건짐
받음 혹은 사면으로 이해하는 한, 칭의가 바울의 복음 설교의 가장
근본적인 범주임을 인정할 필요가 있다. 하지만 칭의는 최후의 심
판 때의 사면과 그 현재적 선취뿐만 아니라 하나님과의 올바른 관
계로의 회복이기도 하기 때문에 그 의미가 성화, 화해, 양자됨과 같
은 다른 구원론적 은유들을 통해서, 그리고 보다 근본적으로는 주
권 이전(lordship transfer)의 은유(사탄의 나라에서 건짐 받아 하나님 나라로 들
어감; 참고. 골 1:13-14)를 통해서 표현될 수도 있음을 볼 필요가 있다.

(9) 로마서와 갈라디아서, 빌립보서 3장에서 바울이 자세한 설명과 정
교한 형식, 열띤 논증, 믿음으로 말미암고 율법의 행위로 말미암지
않는 칭의에 대한 교리의 자세한 성경적 근거들을 통해 복음을 제
시하는 것은 유대주의자들의 도전에 맞서 복음을 변증해야 할 필
요가 있었기 때문임을 우리가 인정한다. 그럼에도 우리는 여전히
이 서신들과 데살로니가전서(와 데살로니가후서, 고린도전후서) 사이의
본질적 통일성과 내용적 연속성을 인정해야 한다. 이 두 그룹의 서
신들은 큰 틀에서 볼 때 똑같은 복음을 수신자들의 다양한 필요에
따라 그 전하는 형태에 변화를 준 것으로 이해할 필요가 있다.[101]

---

101 참고. H. Hübner, *"Pauli theologiae proprium,"* NTS 26(1980): 458; Eckert, "Zur

(10) (바울이 신참 신학자가 아니라 적어도 사도로서 15년 사역 경력이 있는 원숙한
신학자요 노련한 선교사이자 목회자로서 쓴) 데살로니가전서와 (데살로니
가전서를 쓴지 2년 내지 6-7년 뒤에 쓴) 다른 후기 서신들 사이의 신학
적 연속성 혹은 불연속성에 대해 탐구하면서, 본 연구는 데살로
니가전서에 논쟁의 키워드가 발견되지 않으면 그 개념을 (데살로
가전서에서뿐만 아니라 그 서신을 쓸 당시의 바울 신학 전체에 있어서도) 없는
것으로 단정해버리는 "실증주의적 주해(positivistic exegesis)"의 한계
와 데살로니가전서 자체 안에 있는 한 단어 혹은 한 구절을 바울
의 신학적 발전과 초대교회 역사라는 역사적 맥락에 대한 고려
없이 해석하는 "원자론적 주해(atomistic exegesis)"의 한계를 보여주
었다. 따라서 바울의 자서전적 정보(그의 유대교 배경, 회심/소명, 오랜
이방인 선교 경험, 예루살렘 공의회와 안디옥 논쟁)와 바울이 물려받은 바
울 이전 자료, 초대교회 역사, 청중, 서신의 기록 동기와 목적, 바
울의 다른 서신들로부터의 힌트들을 충분히 고려하는 가운데[102]
데살로니가전서에서 한 단어의 명시적 의미(denotation)와 함축적
의미(connotation)를 찾아내고 하나의 문구나 문장이나 주제의 온전
한 함의들(implications)을 끄집어 내는 보다 통전적인 상황적 주해(a
more wholistic contextual exegesis)[103]가 요청된다.

이와 같은 결론은 데살로니가후서에 칭의 교리가 보다 분명하게 있음
을 인정할 때 더욱 강화될 것이다. 이에 대해서는 본서 12장 "데살로니가
후서 1-2장에서의 바울의 칭의 교리"를 보라.

Erstverkündigung des Paulus," 297; Hengel and Schwemer, *Paul*, 302, 308.

102 데살로니가전서에서 바울의 다른 서신들에로의 바울 종말론의 발전에 대한 문제에 대해
서는 필자의 주석 살전 5:1-11에 대한 코멘트 끝에 있는 해설을 보라.

103 참고. Barr, *Semantics of Biblical Language*, 269: "신학적 진술을 언어적으로 담
아내는 수단은 보통 문장(sentence)과 보다 큰 단위의 문장들 복합체(the still larger literary
complex)이지 결코 단어나 유형론적, 구문론적 메커니즘이 아니다"(233, 235-36, 249-50,
265-66 또한 참고하라).

4장

바울의 하나님의 아들 예수의 복음을 위한
기초로서의 예수의 인자 말씀들
(살전 1:9-10, 롬 1:3-4)

바울은 네 번에 걸쳐 복음을 하나님의 아들 예수로 정의하거나 요약
한다(롬 1:3-4, 9; 고후 2:18-20; 갈 1:15-16; 살전 1:9-10; 참고. 행 9:20). 본서 *2장*에
수록된 "복음으로서의 하나님의 아들 예수(살전 1:9-10, 롬 1:3-4)"라는 논문
은 본래 컨퍼런스 발표 논문으로 시작되었는데, 필자는 이 논문에서 바
울이 복음을 왜 이와 같이 정의하거나 요약하는지, 또 하나님의 아들은
바울 자신에게 무엇을 의미하는지를 바울이 데살로니가에 교회를 개척
할 당시에 데살로니가인들에게 전했던 복음을 재구성하는 방식으로 설
명하려 했다. 그 연구에서 필자가 밝혀낸 것 중 하나는 바울이 전한 하나
님의 아들 예수의 복음과 예수가 전한 하나님 나라의 복음 사이에 내용
적 상응(material correspondence)이 있다는 것이다. 그런데 거기서는 지면 관
계상 예수와 바울 사이의 전승사적 연속성을 이 내용적 상응 차원에서
더 깊이 있게 논하지 못했다. 따라서 여기 이 논문을 통해 그 미완의 과
제를 완수하고자 한다.[1]

---

1 본고는 본서 *2장* 논문의 후속편으로서 *2장*을 여러 곳에서 언급할 필요가 있다. 그리고 *2장*

1. 예수의 인자 말씀들의 반영

위의 *2*장에서 필자는, 바울이 전한 복음, 곧 속죄와 중보를 통해(롬 5:8-
10; 8:3-4, 31-34; 갈 4:4-5; 살전 1:9-10; 5:9-10; 등) 우리를 죄와 사망의 권세로
다스리는 사탄의 나라에서 구속해주신(롬 1:3-4, 16-17 + 8:31-39; 고전 15:23-
28; 골1:13-14) 하나님의 아들 곧 하나님의 부왕(viceroy)이신 그리스도 예수
에 관한 복음이 예수 자신이 전파하신 하나님 나라 복음과 밀접하게 상
응한다는 점을 확인했다.[2] 이와 같은 상응은 어떻게 생겨나게 되었는가?
살전 1:10의 어구 표현 방식은 바울이 복음을 하나님의 아들의 속죄와
중보로 제시할 때 예수의 실제 말씀들의 영향이 있었는지에 대해 진지
하게 질문하게끔 이끈다. 많은 학자들은 살전 1:10에서 바울이 초대교회
의 신앙고백 혹은 케리그마 형식에서 원래 "인자"로 되어 있던 것을 하나
님의 "아들"로 바꿔 표현했을 가능성을 제기했다.[3] 이들은 복음서 전승에
서 "인자"가 종말의 심판자로 하늘에서 내려온다는 언급들이 반복적으로
나온다는 사실을 이와 같은 견해의 주된 근거로 든다. 하지만 이 견해와
는 상반되게, "인자"라는 표현은 신약에서 오로지 예수의 입술에서만 나
온다. 그리고 초대교회의 신앙고백이나 혹은 설교에서 "인자"가 사용되
었음을 보여주는 증거도 없다(행 7:16이 명백한 단 하나의 예외일 것이다). 이와
같은 사실에 비추어, 그리고 살전 1:9b-10을 바울-이전 형식으로 볼 수
없다는 점[4]을 고려해볼 때, 바울이 다른 곳에서 그렇게 한 것처럼(참고. 롬

이 그러했듯이, 본고도 필자가 이전에 출판한 몇몇 연구들 위에 세워가는 방식을 취하게 된
다. 이러한 이유들로 여기서도 필자의 저서들에 대한 언급이 많이 나온다. 이 점에 대해 독
자들의 너그러운 이해를 바란다!
2 이 견해에 대한 보다 자세한 내용을 위해서는 필자의 *Justification*, 127-39을 보라.
3 예를 들면, E. Schweizer, ὁ υἱὸς τοῦ ἀνθρώπου, *TDNT* 8:370, 383; U. Wilckens,
"Der Ursprung der Überlieferung der Erscheinung des Auferstandenen," in
Dogma und Denkstrukturen, E. Schlink FS(ed. W. Joest and W. Pannenberg; Göttingen:
Vandenhoeck & Ruprecht, 1963), 83-84 n. 67; G. Friedrich, "Ein Tauflied hellenistischer
Judenchristen," *TZ* 21(1965): 502-16. J. Dupont, "Filius meus est du," *RSR* 35(1948):
525; L. Cerfaux, *Christ in the Theology of St. Paul*(New York: Herder and Herder, 1959),
440-41도 보라.
4 예를 들어, Friedrich, "Tauflied," 502-16; E. Best, *The First and Second*

1:3-4, 9; 고후 1:19-20; 갈 1:16; 또한 행 9:20) 데살로니가에서도 애초에 "하나님의 아들"이라는 말로 복음을 전파했다고 생각하는 것이 훨씬 낫다.

그럼에도 불구하고, 위에 언급한 학자들의 견해는 여기에 나오는 "하나님의 아들"과 복음서 전통에 나오는 "인자" 사이에 나타나는 연관성을 강조한다는 점에서 가치가 있다. 어떻게 바울은 복음을 하나님의 아들의 오심이라는 말로 간결하게 요약하되 예수 전승에서 인자의 오심에 대한 말씀을 연상시키는 언어로 제시하게 되었는가? 이것은 바울이 데살로니가에서 장차 하나님의 아들이 하늘로부터 나타나셔서 세상을 심판하시고 자신의 백성을 구원하실 것임을 설교할 때 장차 인자가 심판과 구원을 위해 하늘에서 내려올 것이라는 예수의 가르침에 근거하여 그렇게 한 것임을 시사하는가?

이와 같은 가능성을 생각해보게 되는 것은 살전 4:13-5:11에 여러 "인자" 말씀들이 반영되어 있는 듯이 보인다는 사실에서 기인한다.[5] 만일 살전 4:13-5:11에서 바울이 예수께서 하신 여러 "인자" 말씀들을 반영하고 있다는 우리의 해석이 옳다면, 우리는 바울이 인자의 오심에 관한 그 말씀들 속에서 "인자"를 "주"라는 칭호로 대체하거나 혹은 데살로니가인들에게 그 말씀들에서 "인자"는 주 예수를 가리키는 것으로 이해하라고 가르쳤을 것이라고 추정해야 한다. 고전 11:23-26이 이 가능성을 확증해준다. 복음서 전승에서 예수께서는 주의 만찬을 "인자"로서 제정하

Epistles to the Thessalonians(BNTC; London: Black, 1972), 85-87; U. Wilckens, *Die Missionsreden der Apostelgeschichte*(WMANT 5; Neukirchen: Neukirchener, 1974), 81-91의 견해에는 반대하는 입장으로 T. Holtz, *Der erste Brief and die Thessalonicher*(EKKNT; Züricher: Benziger; Neukirchen: Neukirchener, 1990), 55-59; C. Wanamaker, *The Epistles to the Thessalonians*(NIGTC; Grand Rapids: Eerdmans, 1990), 85; Kim, *PNP*, 90-91 등을 보라. 또한 참고. M. D. Hooker, "1 Thess 1, 9-10: A Nutshell—but What Kind of Nut?" in *Geschichte—Tradition—Reflexion*, M. Hengel FS(ed. H. Cancik, H. Lichtenberger. and P. Schäfer; Tübingen: Mohr Siebeck, 1996), 3:437-41.

5 본서 *6장*에 재 출판된 필자의 논문 "The Jesus Tradition in 1 Thess 4.13-5.11," *NTS* 48(2002), 225-42를 보라.

신다. 예수께서는 자신이 극으로 제시하려는 주제를 선포하심으로 마지막 만찬의 드라마를 시작하신다: "인자는 자기에 대하여 기록된 대로 가거니와 인자를 파는[παραδίδοται; 넘겨주는] 그 사람에게는 화가 있으리로다"(막 14:21//마 26:24). 마지막 만찬에서 떡과 잔을 매개로 한 예수의 몸짓과 그의 해석의 말들은 인자의 "감"과 "넘겨짐", 곧 그의 죽음과 연관된다. 누가는 그 말씀을 마지막 만찬극의 주제를 결론적으로 요약하는 말로 제시함으로써 같은 의미를 전달한다(눅 22:22). 요한도 마찬가지로 마지막 만찬 자리에서 예수께서 인자의 떠남과 "영광 받음"—자신의 죽음을 가리켜—에 대해 말씀하신 것으로 이야기하며(요 13:31-35), 성찬 제정의 말씀을 "내 살을 먹고 내 피를 마시는" 것이라는 말로 요약한다(요 6:53).[6] 그러나 바울이 주의 만찬 제정에 대한 언급을 어떻게 시작하고 끝내는지를 보라. 바울은 "주 예수께서 잡히시던[παρεδίδετο] 밤에 떡을 가지사..."(고전 11:23)로 시작하고 "너희가 이 떡을 먹으며 이 잔을 마실 때마다 주의 죽으심을 그가 오실 때까지 전하는 것이니라"(고전 11:26)라는 말로 맺는다. 복음서 전승에 따르면, 예수께서는 인자가 "넘겨질"[παραδίδοται] 것에 대해 거듭 알리셨으며[7] 마지막 만찬이 있던 밤에 인자로서 유다에 의해 "넘겨지셨다"(막 14:21//마 26:24//눅 22:22). 다시 강조하지만, 복음서 전승에서 예수는 다름 아닌 인자의 "오심"에 대해 알리신다.[8] 그러나 고전 11:23에서 바울은 마지막 만찬의 밤에 "인자" 예수가 아닌 "주" 예수가 "넘겨졌다"고 말한다. 그리고 고전 11:26에서는 "인자" 대

---

6   이 모든 포인트들에 대해서는, S. Kim, *"The 'Son of Man'" as the Son of God*(WUNT 30; Tübingen: Mohr Siebeck, 1983; Grand Rapids: Eerdmans, 1984), 45-49를 보라.

7   막 9:31//마 17:22//눅 9:43; 막 10:33//마 20:18//눅 18:31-32; 막 14:21//마 26:24// 눅 22:22; 막 10:41//마 26:45; 마 26:2; 눅 22:48; 24:6; 또한 참고. 막 8:31//눅 9:22// 마 16:21; 막 9:12; 막 10:45//마 20:28. 요한이 인자의 "넘겨짐[παραδιδόναι]"을 인자가 "들림"[ὑψωθῆναι] 혹은 "영광 받음"으로 번역한 것도 참고하라(요 3:14; 8:28; 12:23, 34; 13:31; 참고. 6:62).

8   막 8:38//눅 9:26; 막 13:26//마 24:30//눅 21:27; 마 24:27//눅 17:24; 마 24:37//눅 17:26; 마 24:39//눅 17:30; 마 24:44//눅 12:40; 눅 21:36; 마 25:31; 막 14:62//마 26:64; 눅 17:22; 18:8; 21:36.

222

신에 "주"의 "죽으심"과 "오심"을 말한다. 이것은 분명 바울이 마지막 만찬에 관한 복음서 전승과 인자의 죽음("넘겨짐")과 장차 오실 것에 대한 말씀들에 대한 복음서 전승에서 "인자"를 "주"로 대체시켰음을 시사한다. 따라서 살전 4:13-5:11과 고전 11:23-26은 예수의 인자에 대한 말씀들을 그가 세운 교회들에 전수하거나 그 말씀들에 기초하여 가르침을 베풀 때 바울이 "인자"를 "주"로 바꾸었음을 더불어 확증해준다. 그래서 바울은 마 24:30-31//막 13:26-27과 마 24:43-44//눅 12:39-40에 나오는 인자 말씀들을 각각 반영하면서도 "주"께서 "오심"(παρουσία) 혹은 믿는 자들을 모으기 위해 하늘에서 내려오심(살전 4:15-17)과 "주의 날"이 밤에 도둑같이 "이를 것"에 대해 말씀한다(살전 5:2). 이것은 물론 초대교회가 하나 같이 신앙고백과 복음 설교에서 "인자"라는 칭호를 피한 것과도 일맥상통한다.

따라서 살전 4:13-5:1이 바울이 종말의 심판과 구원을 위해 인자가 오심에 관한 예수의 여러 말씀들을 반영하고 있다는 사실에서 우리는 다음과 같은 삼중적 결론에 이르게 된다: (1) 바울은 데살로니가에서 개척 사역을 하는 동안 새로 믿게 된 사람들에게 주 예수 그리스도께서 심판과 구원을 위해 장차 오실 것을 가르칠 때 예수의 인자 말씀들을 가지고 가르쳤다; (2) 살전 4:13-5:11에서 데살로니가의 믿는 자들에게 쓰면서 바울은 다시금 예수의 같은 말씀들을 염두에 둔 채 주 예수의 장차 오심에 대해 말한다; (3) 바울은 개척 사역을 하는 동안 그리고 데살로니가전서를 기록하는 동안 예수의 말씀들의 "인자"를 "주"라는 칭호를 사용하여 표현했거나 표현하고 있다. 이러한 삼중적 결론에 비추어볼 때, 우리는 바울이 살전 3:13에서도 소원을 아뢰는 간구를 쓸 때 인자 말씀들 중 일부를 염두에 두고서 또 "인자"를 "주"라는 칭호로 바꿔 표현하고 있다고 말할 수 있다: "[주께서] 너희 마음을 굳건하게 하시고 우리 예수께서 그의 모든 성도와 함께 강림하실 때에 하나님 우리 아버지 앞에서 거룩함에 흠이 없게 하시기를 원하노라"(참고. 막 14:62//마 26:64//눅 22:69; 마 24:30-31//막 13:26-27; 막 8:38//마 16:27//눅 9:26; 마 25:31-33; 필자의 주석에서 살전 3:13에 대한 코멘트를 보라).

이러한 결론은 물론 살전 3:13; 4:13-5:11에 예수의 인자 말씀들이 반영되어 있다고 보는 시도들을 강력하게 반박하는 비평적 학자들과는 완전히 다른 입장이다. 그런데 바울이 살전 5:2에서 "도둑" 말씀(마 24:43-44//눅 12:39-40)을 사용했다는 것이 거의 일반적으로 받아들여지기 때문에 바울이 최소한 예수의 그 인자 말씀을 사용했다는 것에서 우리가 얻은 중요한 통찰들은 바울 신학의 발전을 이해하는 데 다음과 같은 커다란 함의들을 지님을 벌써부터 일깨워준다: (1) 바울은 그의 종말론적 기대를 발전시킬 때 예수의 말씀들을 사용했다; (2) 바울은 예수의 인자 말씀들을 사용할 때, 거기 나오는 인자를 예수의 자기 칭호로 이해했다; (3) 바울은 주 예수 그리스도께서 장차 *재림하실 것*에 대한 자신의 기대를 예수의 인자 말씀에서 발전시켰거나 적어도 그 기대를(설령 그 기대를 다른 자료에 의지하여 발전시켰다고 치더라도) 예수의 인자 말씀으로 뒷받침했다. 죽고 부활하신 예수 그리스도의 장차(두 번째) 오심에 대한 초대교회의 믿음의 기원과 관련하여 예수의 인자의 장차 오심에 대한 말씀들을 부활절-이후 교회가 해석한 것이라고 보는 것보다 더 나은 이론이 없는 것 같다.[9] 그렇기 때문에 바울이 부활하신 예수를 다메섹에서 본 이후에 바울-이전의 교회의 그 믿음과 함께 그 믿음의 기초가 되었던 일부 인자 말씀들을 전수받았다고 생각하는 것이 가장 간단하다.[10] 그렇다면 바울은 인자의 장차 오심(ἔρχεσθαι)에 대한 말씀들을 그 배경이 되는, 다니엘이 환상 중에 "인자 같은 이"가 오는 것을(ἤρχετο / παρῆν, LXX) 보는 단 7:13에 비추어 봄으로써, 그리고 헬라 통치자들이 자기가 통치하는 도시들을 순방(παρουσία)할 때 행하는 장엄한 의식을 반영함으로써 주 예수 그리스도의 παρουσία(파루시아, 강림)라는 구체적 용어를 발전시켰을

---

9 Hengel, "Sit at My Right Hand!," 133을 참고하라.
10 바울이 자신의 서신들에서 오직 하나의 인자 말씀, 곧 "도둑" 말씀을 반영하는 것만 인정한다 하더라도 그가 그 한 말씀만 받았다기보다 인자가 장차 올 것에 대한 더 많은 말씀들을 그 말씀과 함께 받았을 것이라고 생각하는 것이 보다 현실적이다.

224

수 있다(고전 15:23; 살전 2:19; 3:13; 4:15; 5:23; 살후 2:1, 8).[11] 이러한 추측은 바울이 παρουσία라는 용어를 사용하는 것이 정확히 살전 4:15과 고전 15:23-28에서라는 사실로 한층 더 힘을 얻게 된다. 살전 4:15(과 서신 내 다른 관련 본문들)은 최소한 일부 학자들이 예수의 여러 인자 말씀들이 반영되는 것으로 보는 문맥 가운데 있으며, 고전 15:23-28의 경우는 단 7장이 강하게 반영되어 있는 한편으로 예수의 몇몇 인자 말씀들도 반영되어 있다고 볼 수 있기 때문이다(아래를 보라). 바울이 살전 4:13-5:11에서 적어도 예수의 인자가 장차 오실 것에 대한 말씀 하나("도둑" 말씀)를 사용하고 있음이 거의 확실하고, 예수의 다른 말씀들 역시 사용하고 있을 개연성이 있다는 사실은 바울이 종말론을 발전시키는 데 예수의 인자 말씀들이 얼마나 중요했는지를 드러내 보여준다. 이것은 우리로 하여금 바울이 자신의 신학의 다른 측면들을 발전시키기 위해 예수의 다른 종류의 인자 말씀들 역시 사용했는지[12]를 살펴보게 만든다.

---

11 O. Betz, *Jesus und das Danielbuch. Band II: Die Menschensohnworte Jesu und die Zukunftserwartung des Paulus(Daniel 7,13-14)* (Frankfurt: Peter Lang, 1985), 130-31도 그렇게 본다. "바울이 παρουσία라는 말을 예수의 '인자' 말씀들이나 그 다니엘적 배경이 반영되는 문맥들에서만 사용한다"는 관찰에 대해서는 Kim, *PNP*, 197, 주 119도 참고하라. παρουσία 용어는 약 5:7, 8; 벤후 1:16; 3:4; 요일 2:28에서도 주의 재림을 위해서 사용되고 마 24:3, 27, 37, 39에서는 예수와 동일시되는 인자의 오심을 위해 사용된다. 그러나 바울서신이 아닌 이 서신들은 바울서신보다 훨씬 나중에 기록된 것들이고 마 24장에서 인자의 오심(ἔρχεσθαι)을 παρουσία 용어로 진술한 것은 복음서에 병행되는 구절이 없으므로 바울이 주 예수 그리스도의 장차 오심에 παρουσία 용어를 적용한 것은 전례가 없는 일이라고 생각하는 것이 안전한 것 같다(이 결론은 마태와 다른 저자들도 독립적으로 이와 같은 용법을 발전시켰을 가능성을 배제하지는 않는다).

12 지금까지, 바울이 살전 4:13-5:11와 다른 곳들에서 예수의 인자 말씀을 사용하고 있음을 인정하는 학자들조차도 그것의 신학적 의미를 온전히 이해하지 못했으며, 바울 신학의 다양한 측면들을 예수의 인자 말씀들과 연관 지어 설명하려는 어떤 진지한 시도도 하지 않았다(바울의 아담 기독론을 예수의 인자 말씀과 연관 지으려 시도했던 소수의 학자들을 예외로 하면). 이들 중 일부는 분명, 바울이 예수 전승을 알고 또 사용하는 것에 대해 불트만 학파가 가진 급진적인 회의론의 지속적인 영향과 예수의 말씀에서 인자가 예수의 자기 칭호인 점이나 메시아적 의미를 가지고 있음을 부인하는 비평적 이론들에 맞서 그러한 시도를 하는 것이 쉽지 않았을 것이다. 그러나 그러한 회의론이나 비평이론들은 바울이 살전 4:13-5:11에서 주 예수 그리스도의 심판과 구원을 위해 종말에 오시는 것을 가리키기 위해 하나 이상의 예수의 인자 말씀들을 이용하고 있음을 인정하는 이들에게 실제로 어떤 영향도 줄 수

2. 하나님 아들의 중보를 통해 하나님의 진노에서 건짐 받는다는 생각에 반영된 예수의 인자 말씀들(눅12:8-9//마 10:32-33; 막 8:38//눅9:26//마 16:27)

바울이 개척 선교 사역을 하는 동안 데살로니가인들에게 인자의 오심에 대한 예수의 말씀들을 가지고 주 예수께서 심판과 구원을 위해 장차 오실 것에 대해 가르쳤고 데살로니가전서를 통해 여전히 가르치고 있다면 살전 1:10에서 바울이 데살로니가인들에게 전한 복음을 간단히 요약한 것 역시 그와 같은 바울의 가르침을 반영할 개연성이 크다. 바울이 데살로니가의 믿는 자들에게 가르칠 때 종말의 심판과 구원을 위해 인자가 하늘에서 오심에 대한 예수의 말씀들을 사용했기 때문에 데살로니가의 믿는 자들은 "하나님이 죽은 자 가운데서 살리신 [하나님의] 아들 곧 우리를 장차 오는 진노에서 구하시는 예수를 기다리게" 되었다. 여기서 확인하게 되는 또 다른 사실 역시 중요한데 곧 주 예수께서 심판과 구원을 위해 장차 오실 것을 예수의 인자의 오심에 대한 말씀들로 가르치면서 바울이 예수의 말씀들에서 "인자"를 "주"라는 칭호로 바꿔 표현한다는 것이다. 이것은 우리로 하여금 바울이 때때로 예수 말씀에서 "인자"를 "하나님의 아들" 칭호로도 바꿔 표현하고 또 살전 1:10에 있는 바울 복음의 요약 역시 이를 반영한다고 가정하게 이끈다.

이와 같은 가정은 다음과 같은 점들을 고려할 때 더욱 확증된다. 살전 3:12-13에서의 바울의 기도("우리 주 예수께서 그의 모든 성도와 함께 강림하실 때에" 하나님 아버지의 재판석 앞에 설 때 "주께서…너희도…사랑이 더욱 많이 넘치게 하사…거룩함에 흠이 없게 하시기를 원하노라…")에 비추어볼 때, 살전 1:10에서 바

없다. 왜냐하면 그렇게 인정함으로써 그들은 바울이 예수 전승을 사용했다는 사실뿐만 아니라 적어도 바울은 예수께서 인자를 자기 칭호로 사용하여 자신이 종말의 심판자이며 구세주인 것을 밝히신 것으로 믿었다는 사실 또한 인정하는 것이기 때문이다—바울의 그런 믿음이 예수가 친히 그렇게 하셨다는 견해를 강화시켜 주기는 하겠지만, 적어도 원리적으로는 역사적 예수가 실제로 그렇게 했는지 안 했는지와 상관없이. (바울이 예루살렘의 지도자 출신인 바나바와 실라/실루아노와 밀접한 연관이 있다는 점[행 4:36-37; 15:22,32]과 특별히 바울의 데살로니가 선교와 살전 4:13-5:11을 기록할 때 실라 역시 그 저술 과정에 참여했다는 사실[살전 1:1]을 주목하라).

울이 하나님의 아들이 파루시아 때 믿는 자들을 하나님의 진노에서 건지신다고 말할 때 그는 그 기도의 문구들과 함께 하나님의 아들이 하나님 아버지 앞에서 중보하심에 대해 생각하고 있는 것이라고 추측해 볼 수 있다(참고. 롬 5:9-10; 8:32-34).[13] 하지만 위에서 우리는, 살전 4:13-5:11에서 바울이 주의 "오심"(παρουσία)에 대해 진술한 것에 반영된 인자의 오심에 대한 몇몇 말씀들에 비추어 볼 때, 살전 3:13에서 바울이 "주 예수의 강림(parousia)"에 대해 말할 때도 그 인자 말씀들을 의식하고 있다고 이미 결론 내린 바 있다. 주 예수께서 "그의 모든 성도들과 함께" 오신다는 언급이 이를 뒷받침해준다. 살전 4:13-18에서 바울은 그리스도인들이 주와 함께 오는 것으로 말하지 않고 내려오시는 주를 공중에서 만나기 위해 올라가는 것으로 말하기 때문에, "그의 모든 성도들"로 바울이 구약-유대교 전승(예: 시 68/LXX 67:17; 단 7:10; *1 En.* 1:6-9)에서 하나님의 현현사건에 종종 함께 참여하는 것을 목격하게 되는 천사들을 가리키는 것이 틀림없다. 단 7:9-14을 반영하는 예수 전승에서 인자가 천사들과 함께 오기 때문에(막 8:38; 13:27; 마 13:41; 25:31) 그리고 마 24:30-31//막 13:26-27과 같은 몇몇 예수의 "인자" 말씀들이 데살로니가전서에 반영되는 것처럼 보이기 때문에 살전 3:13의 현재 문구가 마 24:30-31//막 13:26-27; 막 8:38//눅 9:26//마 16:27; 마 25:31-33과 같은 말씀들을 반영하고 있다고 추측하는 것이 합리적이다. 살전 3:12-13에서 바울은 주 예수께서 믿는 자들을 하나님의 재판석 앞에 흠 없는 자로 설 수 있게 해주시는 것으로 말하기 때문에[14] 그는 특별히 막 8:38//눅 9:26//마 16:27와 같은 말씀을 염두에 두고 있는 것으로 보인다: 만일 독자들이 박해를 받는 중에도 인자(혹은 주 예수)와 그의 말씀을 부끄러워하지 않고(살전 1:5-6; 2:13-14; 3:3-6) 도리어 "주 안에 굳게 서"고(살전 3:8) 사랑의 계명에 대해 신실함을 지킨다면(살전 3:12), 그는[인자는] 그들을 자기 제자들로 인정하고 하나님의 재판석 앞

---

13 이러한 추측과 관련한 보다 자세한 논증을 위해서는 본서 *2장* "복음으로서의 하나님의 아들 예수(살전 1:9-10, 롬 1:3-4)," 97-100페이지를 보라.

14 이 구절에 대한 이러한 해석에 대해서는 필자의 주석에서 관련 구절에 대한 코멘트를 보라.

에서 그들을 흠 없게 세우시거나 그들의 의를 확증해주실 것이다. 따라서 그는 재판장이신 하나님 앞에서 그들을 위해 중보하실 것이고 그들은 하나님의 정죄하심 곧 그의 진노에서 건지심을 받을 것이다.

바울이 롬 1:16 + 8:34와 빌 1:19-20에서 막 8:38//눅 9:26//마 16:27; 눅 12:8-9//마 10:32-33을 반영한다는 사실은 살전 3:13에서도 이 구절들을 반영한다는 우리 견해에 더욱 힘을 실어준다. 바울은 그리스도 예수의 복음을 전파한 것 때문에 생사가 달린 재판을 받는 중에 빌 1:19-20에서 "예수 그리스도의 성령의 도우심[ἐπιχορηγία]"으로 풀려나게 될 것을 확신한다. 이는 항상 그래왔던 것처럼 바울은 어떤 상황에서도 복음을 "부끄러워하지" 않을 것이며 오히려 "담대하게 선포함으로써"(ἐν πάσῃ παρρησίᾳ) 그리스도를 "높일" 것이기 "때문"(ὅτι)이다(참고. 롬 1:16; 고후 3:12). 바울로서는 그리스도의/하나님의 성령의 중보(롬 8:9, 26-27)는 하나님의 아들 그리스도 예수께서 하나님 우편에서 하시는 중보와 같거나 그 중보에 상응한다(롬 8:34). 빌 1:19의 "예수 그리스도의 성령의 도우심 [ἐπιχορηγία]"이라는 문구를 가지고 바울은 분명 하나님의 아들 그리스도의 성령이 재판 때 중보하심을 가리킨다.[15] 이제 곧 있을 재판 때 자신이 그리스도와 그의 복음을 부끄러워하지 않고 모든 담대함으로 그리스도의 위대함을 선언할 것이기 때문에 바울은 그리스도 예수의 성령이 자기를 위해 중보하시고 자기는 무죄 방면될 것을 확신한다. 눅 12:8-9(//마 10:32-33)에서 예수는 말씀하신다: "내가 또한 너희에게 말하노니 누구든지 사람 앞에서 나를 시인하면 인자도 하나님의 사자들 앞에서 그를 시인할 것이요 사람 앞에서 나를 부인하는 자는 하나님의 사자들 앞에서 부인을 당하리라." 종종 제안되는 바와 같이 막 8:38은 이 Q자료 말씀의 하반절 부정적 진술의 마가식 변형일 수 있다: "누구든지… 나와 내 말을 부끄러워하면[ἐπαισχυνθῇ] 인자도 아버지의 영광으로 거룩한 천

---

15 바울이 이러한 표현을 선택하는 것은 눅 12:8-9//마 10:32-33과 막 8:38//눅9:26//마 16:27의 생각과 막 13:11; 눅12:11-12; 마 10:20의 생각, 곧 재판 때 성령의 도우심을 결합하고자 함일 수 있다.

사들과 함께 올 때에 그 사람을 부끄러워하리라[ἐπαισχυνθήσεται]." 그렇다면, 빌 1:20의 αἰσχυνθήσομαι라는 핵심 단어는 막 8:38//눅 9:26의 ἐπαισχυνθήσεται에 상응하는 반면 빌 1:19-20의 사고 구조는 눅 12:8-9//마 10:32-33과 막 8:38//눅 9:26//마 16:27의 예수의 "인자" 말씀에 정확하게 상응함을 알 수 있다.[16] 따라서 빌 1:19-20에서 바울은 예수의 "인자" 말씀을 반영하고 있을 개연성이 매우 크다.[17]

이전에 쓴 글에서[18] 필자는 롬 1:1-4 + 16-18에서 복음을 도입하는 것과 롬 8:31-39에서 최후의 심판 때 하나님의 진노 혹은 정죄함에서 우리를 건지시는 하나님의 아들에 대한 언급으로 마무리하는 것 사이에 수미쌍관(*inclusio*)이 있음을 관찰한 바 있다. 따라서 이 두 부분을 결합시켜 볼 경우 롬 1:16의 복음을 "부끄러워하지(ἐπαισχύνομαι) 않는다"는 바울의 선언과 롬 8:34의 하나님의 아들 그리스도께서 최후의 심판 때 중보하실 것에 대한 그의 기대에서도 막 8:38//눅 9:26//마 16:27; 눅 12:8-9//마 10:32-33의 예수의 "인자" 말씀의 반영을 볼 수 있다.[19] 하나님의 아들의

---

16 우리는 눅 12:8-9//마 10:32-33과 막 8:38//눅9:26//마 16:27의 예수의 "인자" 말씀의 반영을 요일 2:28에서 신자들에게, 적그리스도가 예수를 "부인하도록"(ἀρνεῖσθαι) 계속 압력을 가함에도 불구하고(요일 2:18-27, 특히 22-23절), 그리스도 안에 "거하면," 다시 말해 예수를 그리스도와 하나님의 아들로 계속 "시인하면"(ὁμολογεῖν), "주께서 나타내신 바 되면 그가 강림하실[*parousia*] 때에 우리로 담대함[παρρησίαν]을 얻어 그 앞에서 부끄럽지 않게 될[αἰσχυνθῶμεν ἀπ᾽ αὐτοῦ] 것"이라는 그 권면에서도 발견할 수 있어야 한다(참고. S. S. Smalley, *1, 2, 3 John*[WBC 51; Waco, TX: Word, 1984], 131). 요일 2:18-29의 사고 구조와 세 개의 핵심 단어들(ὁμολογεῖν; ἀρνεῖσθαι; αἰσχύνεσθαι)이 이 가능성을 강하게 시사한다. 따라서 빌 1:19-20; 요일 2:28 (+ vv. 22-23절)과 롬 1:16 + 8:34이 (아래를 보라) 우리가 논의해온 "인자" 말씀들(눅 12:8-9//마 10:32-33과 막 8:38//눅 9:26//마 16:27)을 반영하며 이 말씀들의 지속적인 중요성과 Q 말씀(눅 12:8-9//마 10:32-33)과 마가 말씀(막 8:38//눅 9:26//마 16:27)의 통일성을 증언해준다.

17 이 모든 포인트들에 대한 보다 자세한 예시를 위해서는 Kim, *PNP*, 203-04를 보라.

18 본서 2장 "복음으로서의 하나님의 아들 예수(살전 1:9-10, 롬 1:3-4)," 111페이지를 보라.

19 롬 1:16과 8:34는 빌 1:19-20보다 살전 1:10과 3:13의 해석에 보다 많은 적실성을 가진다. 왜냐하면 로마서 본문들은 막 8:38//눅 9:26//마 16:27과 눅 12:8-9//마 10:32-33의 인자 말씀을 하나님의 최후의 심판에 적절하게 적용한 것을 보여주는 반면, 빌립보서 본문은 그 말씀의 원리를 종말론과 무관한 인간 법정의 상황에 적용한 것을 보여주기 때문이다.

복음에 대한 설명(롬 1:1-4, 9)을 복음을 믿는 자들을 의롭다 하는 하나님
의 의의 나타남의 관점에서 결론 맺으면서(롬 1:16-17) 바울은 그리스도로
대신적 속죄의 죽음을 당하게 하신 하나님의 사랑과 최후의 심판 때 높
임 받은 그리스도의 중보하심을 가리킴으로써 믿는 자들이 얻을 궁극적
인 칭의와 승리를 확언한다(롬 8:31-39). 그리스도께서 하나님의 아들로서
하나님 우편에 앉아 우리를 위해 중보하신다는 이 본문의 핵심 이미지
(8:32, 34)는 자연스럽게 스데반이 본 하나님 우편에 서 계신 인자의 환상
(행 7:56)과 비교해 보도록 이끈다. 누가는 분명 독자들이 행 7:56에서 눅
12:8-9(//마 10:32-33)의 "인자" 말씀에 기록된 예수의 약속이 성취된 것을
알게 되기를 의도한다. 행 7:56과 롬 8:34는 눅 12:8-9(//마 10:32-33)의 인
자 말씀의 상반절, 곧 긍정적인 진술 부분을 반영하는 것일 수 있다: "내
가 또한 너희에게 말하노니 누구든지 사람 앞에서 나를 시인하면 인자
도 하나님의 사자들[천사들] 앞에서 그를 시인할 것이요."[20] 앞서 본 것
처럼 막 8:38(//눅 9:26)은 Q 말씀의 두 번째 부분 곧 부정적 진술을 "부끄
러워하다"라는 충격적인 개념으로 표현한다: "누구든지… 나와 내 말을
부끄러워하면[ἐπαισχυνθῇ] 인자도 아버지의 영광으로 거룩한 천사들
과 함께 올 때에 그 사람을 부끄러워하리라[ἐπαισχυνθήσεται]." 롬 1:16a
에서 바울은 이 말씀을 반영하는 것 같다: "내가 복음을 부끄러워하지

---

20 마찬가지 견해로는, P. Stuhlmacher, "Jesustradition im Römerbrief?" *TBei* 14(1983):
250; idem, "Christus Jesus ist hier, der gestorben ist, ja vielmehr, der auch
auferweckt ist, der zur Rechten Gottes ist und uns vertritt," in *Auferstehung -
Resurrection: The Fourth Durham-Tübingen Research Symposium*(WUNT 135; ed.
F. Avemarie and H. Lichtenberger; Tübingen: Mohr Siebeck, 2001), 356; Wenham, *Paul*, 128.
D. Crump, *Jesus the Intercessor: Prayer and Christology in Luke-Acts*(WUNT
2/49; Tübingen: Mohr Siebeck, 1992; Grand Rapids: Baker, 1999), 196; D. M. Hay, *Glory
at the Right Hand: Psalm 110 in Early Christianity*(SBLMS 18; Nashville: Abingdon,
1973), 130-31; Crump, *Jesus the Intercessor*, 15에 인용된 J. Dupont, "'Assis à
la droite de Dieu': L'interprétation du Ps 110,1 dans le Nouveau Testament," in
*Resurrexit: Actes du Symposium International sur la Résurrection de Jésus (Rome
1970)* (Rome, 1974), 380 또한 참고하라. 행 7:56에 눅12:8 (//마 10:32)이 반영된 것에 대해
서는 Crump, op. cit., 190-91, 200을 보라.

[ἐπαισχύνομαι] 아니하노니."[21]

그렇다면, 롬 1:16a의 바울의 고백과 롬 8:34e에서 그리스도께서 자기를 위해 중보하실 것에 대한 확신이 눅 12:8-9//마 10:32-33과 막 8:38//눅 9:26의 말씀을 통해 연결됨을 알 수 있다: 바울은 사람들 앞에서 인자/하나님의 아들과 그의 복음을 부끄러워하지 않기에(롬 1:16a) 인자/하나님의 아들이 바울 자신을 부끄러워하지 않으시고 하나님 우편에서 자기를 위해 중보하실 것을 확신하는 것이다(롬 8:34e). 바울은, 독자들이 하나님의 아들의 복음을 부끄러워하지 않고 계속 믿음에 거하는 한, 하나님의 아들이 하나님 우편에서 그들을 위해 중보하시기에 그들이 모든 악의 세력들을 이기고 칭의와 구원을 온전하게 얻게 될 것을 확신한다. 이와 같이 바울은 롬 1:16과 8:36에서 눅 12:8-9//마 10:32-33과 막 8:38//눅 9:26의 예수의 "인자" 말씀을 반영하고, 복음에 대한 설명의 시작과 끝 부분에서 반영한 그 말씀으로 복음에 대한 설명 전체를 감싼다. 따라서 바울은 하나님 우편으로 높임 받은 하나님의 아들이신 그리스도께서 그의 백성들을 위해 중보하신다는 생각을 시 110:1, 4과 사 53:12과 함께 그 주의 말씀을 창의적으로 반추함으로써 발전시킨 것 같다. 인자 말씀을 반영할 때 바울은 그 말씀의 배경이 되는 다니엘서 말씀 또한 의식한 것일 수 있다: 롬 8:31-39은 단 7장에서 천상의 재판정의 보좌 장면뿐만 아니라 하나님의 백성들이 보존되고 원수의 세력들의 잔인한 박해에도 승리를 거두는 그림 역시 연상케 한다. 그렇다면, 그리스도/하나님의 아들이 "하나님 우편에" 계시고 우리를 위해 중보하신다고 고백할 때 바울은 시 110:1, 4 만큼이나 단 7:9-27 역시 반영하고 있는 것일 수 있다.

만일 롬 1:16과 8:34이 이와 같이 눅 12:8-9//마 10:32-33과 막 8:38//눅 9:26의 예수의 인자 말씀을 반영하고 있다면, 바울이 예수의 말씀의 "인자"를 "하나님의 아들"로 표현하고 있음이 분명하다(롬 1:3-4, 9; 8:32-

---

21 마찬가지 견해로는, Wenham, *Paul*, 163; 또한 참고. Cranfield, *Romans*, 86; J. A. Fitzmyer, *Romans: A New Translation with Introduction and Commentary*(AB 33; New York: Doubleday, 1993), 255.

34). 롬 (1:16 +) 8:34에서 바울이 막 8:38//눅 9:26; 눅 12:8-9//마 10:32-33의 예수의 인자 말씀을 반영하면서 하나님의 아들이신 그리스도께서 최후의 심판 때 중보하실 것에 대해 말한다는 사실은 살전 3:13에서 그가 예수의 똑같은 인자 말씀을 염두에 두고서 주 예수 그리스도께서 하나님의 심판 보좌 앞에서 믿는 자들을 위해 중보하실 것을 암시하는 것이라는 견해에 더욱 힘을 실어준다. 이 사실은 더 나아가 살전 1:10에서도 바울이 예수의 그 약속에 따라 최후의 심판 때 하나님의 아들이신 예수께서 중보하심을 생각하고 있을 개연성을 더욱 높여준다.[22] 데살로니가에서 개척 선교를 할 때 바울은 분명 예수의 이 말씀에 호소하면서 하나님의 아들이신 예수께서 최후의 심판 때 믿는 자들을 위해 중보하시고 그들을 하나님의 진노에서 건져 주실 것이라고 가르쳤을 것이다. 이것에 기초하여 바울은 그들에게 박해에도 불구하고 복음을 부끄러워하거나 부인하지 말고 복음에 대한 믿음에 굳게 거하라고 권면했을 것이다. 만일 살전 1:6-8에 예수께서 제자들을 부르신 말씀(막 8:34과 그 병행 구절들)과 예수의 씨 뿌리는 자 비유(막 4:3-9과 그 병행 구절들) 및 그 해석(막 4:16-20과 그 병행 구절들)이 반영되어 있다고 보는 리고(B. Rigaux)와 웬함(D. Wenham)의 견해가 옳다면,[23] 바울은 이 말씀들로도 그들을 권면했을 수 있다. 그래서 그들은 예수의 씨뿌리는 자 비유에서 "돌 밭"으로 지칭되는 사람들과 달리 "말씀을 기쁨으로 받고" "환난"이 일어날 때도 떨어져 나가지 않았던 것이다(또한 참고. 살전 2:13-15; 3:3-8). 그들은 예수께서 믿는 자들에게 십자가를 지고 자기를 따르라는 부르심에 응답하여 "많은 환난 가운데서도 말씀을 받아" "주를 본받는 자들이 되었다." 그렇게 하여 그들은 비유에서 "좋은 땅"으로 지칭되는 사람들과 같이 많은 열매를 맺게 되었는데 바울은 살전 1:7-8에서 그 열매에 대해 그들을 칭찬한다. 그러므로 그들

---

22   참고. A. Y. Collins and J. J. Collins, *King and Messiah as Son of God*(Grand Rapids: Eerdmans, 2008), 103-05.

23   B. Rigaux, *Saint Paul: Les Epîtres aux Thessaloniciens*(Paris: Jl. Gabalda, 1956), 380-81; Wenham, *Paul*, 87-88.

은 막 8:38//눅 9:26; 눅 12:8-9//마 10:32-33의 예수의 말씀에 있는 약속을 따라 인자/하나님의 아들이신 예수께서 최후의 심판 때 자신들을 위해 중보하시고 자신들을 하나님의 진노에서 건져 주실 것을 확신을 가지고 기대할 수 있다.

만일 이 모든 것이 맞다면, 막 8:38//눅 9:26; 눅 12:8-9//마 10:32-33의 예수의 인자 말씀이 바울이 주/하나님의 아들이신 그리스도 예수께서 최후의 심판 때 믿는 자들을 위해 중보하신다는 생각을 발전시키는 데 핵심적인 기여를 했으며[24] 살전 1:10과 3:12-13이 이것을 반영한다고 결론 내릴 수 있을 것이다.

3. 하나님의 아들의 속죄를 통해 하나님의 진노에서 건짐 받는다는 생각에 반영된 예수의 인자 말씀들과 대속물 말씀(막 10:45//마 20:28), 성만찬 말씀(막 14:21-25과 그 병행 구절들)

위의 두 번째 논문에서[25] 필자는, 살전 4:14; 5:9-10; 롬 5:8-10; 7:24-8:4; 8:32-34; 갈 4:4-5에 비추어, 살전 1:10이 하나님의 아들 예수께서 최후의 심판 때 자신의 속죄 제사에 근거하여 그리고 자신의 중보를 통해 믿는 자들을 하나님의 정죄에서 건져내시리라는 바울의 가르침을 반영한다고 주장한 바 있다.

그리고 방금 우리는 바울이 살전 1:10에서 하나님의 아들의 중보라는 생각을 암시할 때 눅 12:8-9//마 10:32-33과 막 8:38//눅 9:26의 인자 말씀을 반영하면서 그 말씀에서 "인자"를 "[하나님의] 아들"로 바꾸어 표현했을 개연성이 크다는 점을 살펴보았다. 이제 살전 1:10에서 하나님의 아들의 대속적 죽음에 대해 암시할 때(참고. 5:9-10) 바울이 대속물 말씀(막

---

24 사 53장이 이러한 생각을 발전시키는 데 한 기여에 대해서는 본서 8장 "바울의 '소망이나 기쁨이나 자랑의 면류관'으로서의 데살로니가 교회(살전 2:19-20)," 337페이지 (그리고 주 38). 그리고 필자의 *Justification*, 39과 더 나아가 Stuhlmacher, "Christus Jesus ist hier," 355-57도 보라.

25 위의 2장 "복음으로서의 하나님의 아들 예수(살전 1:9-10, 롬 1:3-4)," 93-100.

10:45//마 20:28)과 성만찬 말씀(막 14:21-25과 그 병행 구절들)과 같은 인자 말씀들 역시 반영하고 있는 것은 아닌지를 살펴볼 필요가 있다.

성만찬 말씀의 경우 예수께서 그 말씀을 인자 말씀으로 주셨는데 바울이 자신이 가진 버전(고전 11:23-26)에서 원래 예수 전승에 있던 "인자"를 의식적으로 "주"로 바꿔 표현한 것임을 이미 살펴본 바 있다. 따라서 바울은 "주께서" "넘겨지심"에 대해, "주의 죽으심"과 "주의 오심"에 대해 말한다. 대속물 말씀에 대해서는, 아래 다음 장에 수록된 논문에서 필자는 고전 9:19, 22; 10:33과 살전 2:6-9에서 대속물 말씀을 반영하면서 바울이 자신의 사도로서의 사역을 "섬기려 하고 자기 목숨을 많은 사람들을 위한 대속물로 주려고 오신" 인자 되신 예수를 본받는 예로 제시하고 또한 고린도인들에게 바울 자신을 본받음으로써 예수를 본받으라고 권면한다(고전 10:33-11:1).

그 논문에서 필자는 또한 바울이 그리스도의 죽음에 대한 다양한 핵심적인 구원론적 형식들에서 이 대속물 말씀과 성만찬 말씀을 어떤 방식으로 반영하는지를 보여주고자 한다. 이 두 가지 사실들을 보여줌으로써 그 말씀들이 바울의 복음과 그의 사도적 자세, 권면의 가르침을 위한 기초를 형성한다고 필자는 주장한다. 따라서 우리는 살전 1:10과 5:9-10에서 바울이 예수의 죽음을 속죄로 이해한 것 역시 예수의 대속물 말씀과 성만찬 말씀을 반영한다고 볼 수 있다. 보다 자세한 논증을 위해서는 아래 그 논문을 보라.

4. 하나님의 아들 예수의 왕되심에 대한 생각에 예수의 인자 말씀과 그 배경이 되는 다니엘서(단 7장) 역시 반영되어 있는가?

예수께서 하나님의 아들로서 왕이 되심을 말하는 구절들에도 예수의 인자 말씀들이 반영되어 있는가(고전 15:23-28; 롬 1:3-4; 8:31-39; 골1:13-14)? 이 질문에 답하기 위해서는 먼저 고전 15:23-28에 두드러져 보이는 다니엘서 배경을 주목할 필요가 있다. 오토 베츠(Otto Betz)는 다니엘서 7장과 기타 연관된 다니엘서 본문들을 반영하는 바울 본문들의 여러 가지 특

징을 발견한다.²⁶ 베츠의 관찰과 주장을 정리하면 다음과 같다: (1) 고린
도 서신들 본문에서 "다음에는-그 후에는"(ἔπειτα - εἶτα) 식으로 종말론적
사건들을 시간적인 순서로 매기는 것은 다니엘이 종말론적 사건들의 순
서를 매기는 방식을 반영한다(참고. 단 9:24-27) (121). (2) ἀπαρχή(첫 열매)라
는 표현을 통해(고전 15:20, 23), 그리스도는 "잠든 자들 중" 처음으로 부활
하신 분을 의미하기도 하지만 "첫 열매"(re'shîth hab-bikûrîm)의 제사를 의미
할 수도 있다. 이 제사적 그림 언어는 단 7:13의 함의에 상응하기도 한다.
단 7:13에서 "인자 같은 이"가 하나님 앞으로 "인도됨"은 아람어로 제의
적 단어인 haqreb(=히브리어 hiqrîb)로 묘사된다. 바리새인의 달력을 따라 바
울은 그리스도께서 니산 14일에(요 19:14, 31에서와 같이) 유월절 어린양으로
죽으시고(고전 5:7) 부활절 때(니산 16일) "첫 열매"로 하나님께 드린 바 되신
것으로 간주한다(122). (3) 죽은 자로부터 부활한 첫 열매로서 그리스도
께서 (첫) 아담이 인류에게 가져온 죄와 사망을 이기시고 생명에 이르는
길을 여심으로 "그리스도에게 속한 자들"이 그가 강림하실(parousia) 때 이
(부활) 생명을 얻게 될 것이다(고전 15:21-23). 그런데 바울이 여기서 제시하
는 "첫 열매"인 그리스도와 "그리스도에게 속한 자들"의 관계는 단 7장의
"인자 같은 이"와 "지극히 높은 자의 성도들" 사이의 관계에 상응한다. 이
성도들은 마지막에 부활을 약속 받는 지혜로운 자들이자 의로운 자들이
며(단 12:1-3) "인자 같은 이"는 이들 하나님의 종말의 백성의 내포적 대표
(inclusive representative)이시다(123, 131)²⁷. (4) 여기서 바울이 그리스도의 파루
시아에 대해 말하는 것은 단 7:13의 "인자 같은 이"의 "옴"(παρῆν)이라는
표현을 반영한다(130-31, 위를 보라). (5) 하나님의 아들 그리스도 예수께서
모든 악한 세력들을 멸하신다는 비전을 통해 바울은 짐승의 나라들의 심
판과 멸망 그리고 "인자 같은 이"와 하나님의 백성의 승리에 대한 단 7장

26 Betz, *Danielbuch*, 121-43.
27 Betz, *Danielbuch*, 123, 131. 참고. 롬 8:14-17, 29-30: 하나님의 아들은 "맏아들"이시
며 믿는 자들은 하나님의 성령에 힘입어 그의 아들 되심에 참여하며 의롭다 하심과 영광
스럽게 됨을 얻게 된다.

의 예언의 성취를 그려낸다(124, 131-34).[28]

이런 특성들 외에도 베츠(124, 134-41)는 바울이 시 8:5-7과 110:1의 도움을 받아 단 7:13-14에서 마지막에 그리스도께서 왕권을 하나님 아버지께 드린다는 생각(고전 15:24)[29]과 그 전제가 되는 그리스도께서 제한된 기간 동안 하나님 아버지로부터 왕권을 받은 것이라는 생각을 얻게 된 것으로 관찰한다(참고. 고전 15:25-27). 여기서 베츠의 설명이 약간 복잡해진다. 그래서 필자는 그의 유익한 요점들 중 일부를 사용하면서 필자의 설명을 덧붙여 그것을 새로 진술하고자 한다(re-present). 베츠는 삼하 7:12-14에 나오는 나단의 신탁에 대한 메시아적 해석이 단 7:14의 배경을 이룬다고 생각한다.[30] 이전에 율법학자였던 바울은 그 사실을 알 수 있었을 것이고 그 지식이 바울로 하여금 고전 15:24-28에서 단 7:14을 반영하면서 메시아 예수를 하나님 아버지의 왕권을 받은 하나님의 아들로 말하도록 이끌 수 있었을 것이다. 하지만 다메섹에서 그리스도 현현 사건을 단 7:9-14에 비추어 해석하면서 바울은 예수 그리스도께서 곧 다니엘에게 "인자 같은 이" 즉 하나님 곁의 보좌에 좌정하여 "권세와 영광과 왕권"을 받으실 것으로 예언된 인물로 나타나신 천상적 인물이시며, 따라서 예수는 하나님 "아버지"로부터 그 모든 신적 권한들을 말 그대로 "물려받은" 하나님의 "아들"이심을 먼저 깨달을 수 있었을 것이다. 바울은 나단의 신탁이 그리스도 안에서 성취되었음을 보았을 것이다. 다메섹 도상에서 그

---

28 Hengel, "Sit at My Right Hand!," 164 역시 참고하라.

29 Betz, *Danielbuch*, 128-29는 이 생각을 성경에서 독특한 것으로 본다. 왜냐하면 메시아 왕국이 영원토록 있게 될 것을 성경이 보통 강조하기 때문이다(예: 삼하 7:13-14; 시 110:4; 단 7:14; 요 12:34; 계 11:15). 그리스도의 왕권이 모든 악의 세력들을 그리스도께서 마침내 멸망시킨 후에 온 우주에서 하나님 아버지의 완성된 나라에 이르는 혹은 복종하는 환상을 통해 계 19-22장은 고전 15:24-28과 긴밀한 병행을 이룬다. 하지만 계시록조차도 그리스도께서 하나님 아버지께 "왕권을 넘겨드린다(παραδιδόναι)"고 명시적으로 말하지는 않는다. 따라서 적어도 이 명시성은 바울에게 독특한 것이라 말할 수 있다. 바울의 명시적 언어에서 우리는 바울이 그리스도 예수께서 하나님의 아들로서 하나님 아버지로부터 받은 혹은 물려받은 왕권을 가지고 계시다는 것을 분명히 의식하고 있었음을 알 수 있다.

30 Betz, *Danielbuch*, 131,주 2; 랍비들이 "인자 같은 이"를 다윗의 자손 메시아로 해석하는 것을 참고하라.

리스도께서 하늘 영광 가운데 나타나심을 직접 경험한 일은 바울이 자기보다 먼저 그리스도인 된 자들이 전한 케리그마 곧 그리스도 예수를 죽은 자들 가운데서 살리심으로써 하나님이 그를 자기 우편으로 높이셔서 시 110:1을 성취하셨다는 선포가 옳았음을 알도록 이끌었을 것이다. 이 경험은 더 나아가 바울로 하여금 그리스도의 인격과 사역을 해석하기 위해 하나님의 아들이 보좌에 앉으심에 대해 말하고 있는 것처럼 보이는 본문들인 단 7:9-14과 시 110:1을 한꺼번에 취하도록 이끌었을 것이다.[31] 바울이 더 나아가 시 8:5-7을 이 두 구약 본문들과 연관 지었을 것임을 쉽게 상상해 볼 수 있다. 왜냐하면 시 8편은 단 7:9-14과 시 110:1이 시사하는 것처럼 만물 혹은 모든 원수의 세력들을 복종케 한다는 생각을 언급할 뿐만 아니라 단 7:13에서와 같이 영광과 존귀와 왕권을 받는 "인자" 역시 언급하고 있기 때문이다.[32] 물론 여기서 우리의 목적상 보다 중요한 것은, 바울이 단 7:9-14; 삼하 7:12-14; 시 2:7-9; 8:5-7; 110:1을 그리스도의 인격과 사역을 해석하기 위해 함께 사용하게 된 정확한 절차를 확인하는 일이라기보다는 고전 15:23-28에서 바울이 그와 같은 목적을 위해 이 모든 구절들을 함께 사용한다는 사실을 확인하는 것이다. 이 모든 구약 본문들이 바울이 부활하여 높임 받은 그리스도께서 하나님의 아들로서 모든 악의 세력들을 정복하도록 하나님 아버지의 왕권을 위임 받

---

31 바울은 이와 같이 두 본문을 함께 취하는 유대교 전통을 따랐다(참고. *Midr. Tehillim* on Ps 2:7; 또한 막 14:62과 그 병행 구절들—Betz, *Danielbuch*, 138도 그렇게 본다).

32 또한 참고. 시 80(79 LXX):15-18: "만군의 하나님이여… 이 포도나무를 돌보아 주소서 당신의 오른손으로 심으신 줄기요 당신이 힘있게 하신 인자(υἱὸν ἀνθρώπου)니이다 … 당신의 오른쪽에 있는 자(ἄνδρα) 곧 당신을 위하여 힘 있게 하신 인자(υἱὸν ἀνθρώπου)에게 당신의 손을 얹으소서." 이 구절은 단 7:9-14; 삼하 7:12-14; 시 8:5-7; 110:1과 중요한 유사점들을 공유한다. 따라서 인자이신 그리스도 예수를 하나님의 아들로 해석하면서 나중에 언급된 구절들을 암시할 때 바울은 그 구절들과 함께 시 80:15-18도 암시하고 있을 개연성이 매우 크다. 참고. Hengel, "Sit at My Right Hand!," 169. 그러나 바울서신과 신약의 다른 곳에서 시 80:15-18은 다른 구절들만큼이나 분명하게 암시되고 있지는 않기 때문에, 비록 롬 1:3-4과 8:32-34, 고전 15:23-28과 같은 본문들을 해석하는 데 이 구절을 다른 구절들과 함께 고려해야 한다고 믿지만, 이 구절을 다른 구절들과 함께 인용하지는 않을 것이다.

으셨음을 이해하는 데 도움을 주었다는 것을 확인하는 것으로 충분하다. 시 8:5-7과 110:1은 그리스도께서 왕권을 위임 받으신 기간에 제한이 있음을 이해하도록 이끌었다. 시 110:1은 하나님이 모든 원수들을 복종시키기"까지" 메시아에게 왕권을 주시기로 결정하신 것을 보여주기 때문이다. 고전 15:24-26에서 그리스도가 모든 원수의 세력들을 복종케 하거나 멸하실 것이라고 주장하고 나서 바울이 고전 15:27-28에서 그 주장을 하나님을 원수의 세력들을 정복하시는 분으로 소개하는 시 110:1과 8:7(또한 참고. 시 2:8-9)을 인용함으로써 그 근거를 제시한다는 점을 주목하라. 바울이 이렇게 할 수 있는 것은 그리스도께서 원수의 세력들을 정복하시는 실제 사역을 하실 때 하나님의 왕권의 대행자로서 이 일을 하시기에 그리스도의 일은 사실상 하나님의 일인 것을 그가 이해하기 때문이다. 권세를 위임하시는 하나님과 위임 받은 대행자이신 그리스도께서 구원 사역에 있어 하나임을 분명히 하기 위해 바울은 우리 본문 고전 15:23-28에서 "아버지-아들" 용어를 사용한다. 어쨌든, 우리는 바울이 어떻게 단 7:13-14; 삼하 7:12-14; 시 8:7; 110:1을 함께 연관 지음으로써 하나님의 아들 그리스도께서 하나님의 온 피조물의 구속을 위해 하나님을 거역하는 모든 세력들을 멸하라는 하나님 아버지께서 위임하신 사명을 완수하게 될 때 자기 왕권을 하나님 아버지께 드릴 것이라는 상당히 특징적인 생각을 발전시키게 되는지를 알 수 있다.

따라서 고전 15:23-28에서 우리는 단 7장뿐만 아니라 삼하 7:12-14; 시 8:7; 110:1의 도움도 받아 하나님의 아들 그리스도 예수가 하나님 아버지로부터 왕권을 위임 받으신 것이라는 이해를 발전시킨다는 것임을 알 수 있다. 그러나 그렇다면, 이와 같은 이해를 위해 단 7장을 사용할 때 예수의 인자 말씀들 또한 염두에 두지 않았겠는가? 위에서 우리는 바울이 예수의 인자 말씀들을 알고 있고 또 사용하고 있음을 살펴보았다. 그리고 데살로니가전서에서 인자의 "옴"(ἔρχεσθαι)에 대한 예수의 말씀 중 일부를 반영하여 주의 "강림"(parousia)에 대해 말함으로써 바울은 자신이 이 말씀들을 단 7:13(παρῆν)을 배경으로 하여 이해하고 있음을 보여준다는 점 역시 살펴보았다. 따라서 다메섹에서 그리스도의 현현을 경험하고 그 후에 자기보다 먼저 그리스도인 된 자들에게서 예수의 인자 말씀들에 대해 듣게 되었을 때 바울은 단 7장을 생각하게 되었을 것이다. 그리고 이 경험들은 바울이 예수께서 인자라는 자기 칭호를 사용하신 의도를 단 7장에 비추어 보다 온전하게 혹은 명시적으로 해석하는 데 도움이 되었을 것이다. 적어도 바울이 살전 4:16-17에서 사용하는 마 24:30-31//막 13:26-27의 인자 말씀은 바울이 이와 같이 해석하게 이끌었을 것이다. 왜냐하면 이 인자 말씀은 단 7:13-14에 대한 분명한 반영을 포함하고 있기 때문이다. 필자의 주석과 본서에 수록된 "데살로니가전서 4:13-5:11에서의 예수 전승"이라는 논문(본서의 6장)에서, 필자는 데살로니가인들이 주의 "강림"(parousia)을 기다리다가 많은 염려에 빠지게 된 것은 바울이 예수의 인자의 "옴"(parousia)에 대한 말씀들에 근거하여 주의 "강림"에 대해 가르쳤기 때문이며, 따라서 살전 4:13-5:11에서 바울은 그들이 그 인자 말씀들의 진정한 의미를 그리스도의 죽음과 부활의 구원사건에 대한 근본적인 케리그마에 비추어 이해하도록 도움으로써 그들의 염려를 누그러뜨리려 한다고 주장했다. 그렇다면, 살전 4:13-5:11을 쓴 지 그리 오래지 않은 때에 쓴 고전 15:23에서 그리스도의 "강림"(parousia)에 대해 말하면서 바울이 살전 4:13-5:11(또한 참고, 살전 3:12-13; 5:23; 1:10)에서 암시하고 있는 마 24:30-31//막 13:26-27; 마 24:43-44//눅 12:39-40 등과 같은 인자 말씀들을 염두에 두었을 것으로 생각해볼 수 있다.

고전 15:23-28과 살전 1:10 사이에 유사점들이 있고, 우리가 위에서 살펴보았듯이, 살전 1:10에서도 바울이 인자의 "오심"(parousia)에 대한 예수의 말씀들을 염두에 두고 있기 때문에 고전 15:23-28에서도 마찬가지로 그 말씀들을 염두에 두고 있다고 추측해 볼 수 있다. 더욱이 고전 15:23-28과 막 14:61-62//마 26:57-68의 예수 전승 사이에 주목할 만한 유사점이 있다. 막 14:61-62//마 26:57-68에서 우리는 예수의 그리스도와 하나님의 아들 되심이 다음의 네 전승/본문들에 대한 반영과 결합되어 있음을 본다: (1) 예수의 인자 말씀(들); (2) 다니엘서 7장; (3) 시

110:1; (4) 삼하 7:12-14[33](시 80:15-18 또한 참고). 이 유사점을 바울이 고전 15:23-28에서 막 14:61-62//마 26:57-68의 이 예수 전승도 반영하고 있음을 시사하는 것으로 간주할 수 있지 않을까?

만일 바울이 예수의 인자 말씀들과 단 7장과 시 110:1, 삼하 7:12-14 및 기타 구약 본문들(예: 시 8; 80)을 연결 지어 보고 거기에 비추어 예수를 이해했다면, 롬 1:3-4에서도 바울이 삼하 7:12-14(//시 2:7-9)과 시 110:1과 예수의 하나님 나라 복음뿐만 아니라 예수의 "인자"라는 자기 칭호와 그 배경이 되는 단 7장 역시 염두에 두고 있다고 가정해 볼 수 있다.[34] 롬 1:3-4이 간결한 문장으로 만들어진 신앙고백문이기 때문에 문학적 상응관계를 수립함으로써 이 가정을 입증하기는 어렵다. 하지만 롬 1:3-4이 예수의 인자 말씀들과 단 7장이 반영되고 있음을 관찰한 고전 15:23-28과 롬 8:32-34 사이에 보이는 밀접한 유사점들을 가리키는 것에서 한 단계 더 나아가, 우리는 그 다음 구절(즉 롬 1:5)에 제시된 바 모든 열방이 하나님의 아들 주 예수 그리스도께 복종해야 한다는 생각에 호소해볼 수 있다. 그 생각은 단 7:14b의 반영으로 간주될 수 있기 때문이다. 단 7:13-14에서 천상적 인물인 "인자 같은 이"는 하나님께 인도되어 "권세와 영광과 나라"를 수여받고(따라서 하나님 보좌 옆에 좌정하시는 것으로 이해할 수 있다; 단 7:9에서 "보좌들"이라는 복수형이 사용되었음을 주목하라. 참고. 시 80:18) "모든 백성들과 나라들과 다른 언어를 말하는 모든 자들이 그를 섬기게 하

---

33 산헤드린에서 예수를 심문할 때 대제사장이 던진 두 개의 질문들(막 14:53-65//마 26:57-68), 곧 예수가 새 성전을 짓겠다고 주장하느냐, 예수가 자신을 메시아 곧 하나님의 아들이라고 주장하느냐 하는 이 두 질문들은 삼하 7:12-14에 대한 메시아적 해석에 기초한 것이다. 삼하 7:12-14에 따르면, 하나님이 아들로 삼으신 다윗의 자손/메시아는 성전을 지을 자다(본서에 부록으로 수록된 필자의 논문 "예수와 성전"을 참고하라).

34 보다 정확하게 말하자면, 사실 예수의 죽음과 부활 후에 롬 1:3-4의 복음을 문구로 만든 것은 예수의 제자들이었다. 제자들은 구약 본문들에 비추어, 예수의 하나님 나라 복음과 그에게서 반복해서 들었던 "인자" 말씀들을 반추함으로 이 복음을 발전시켰다. 그리고 바울은 그들이 만든 복음을 받아들임으로써 그들이 예수를 구약의 예언들을 성취하시고 하나님을 대신하여 인자로서 하나님의 왕권을 행사하시는 다윗의 자손 메시아이자 하나님의 아들로 선포하는 것을 옳다고 인정한 것이다(참고. 롬 1:2).

240

셨다." 하나님이 단 7:13-14a을 성취하셔서 하나님의 아들 메시아 예수를 보좌에 앉히시고 자신의 왕적 권세와 주권을 행사하도록 하셨기 때문에(롬 1:3-4) 바울은 그의 사도로서 단 7:14b을 성취하기 위해 "[주의] 이름을 위해 모든 열방 가운데 믿음의 순종을 가져오는" 사명을 받은 것이다(롬 1:5). 따라서 만일 롬 1:5이 단 7:14b의 반영이라면(또한 참고. 창 49:10; 시 2:7-9; 사 11:10; 52:7-10), 롬 1:3-4에서 바울이 훨씬 더 분명하게 눈에 띄는 삼하 7:12-14과 시 110:1과 예수의 하나님 나라 복음뿐만 아니라 예수의 "인자"라는 자기 칭호와 그 배경이 되는 본문, 단 7장(또한 참고. 시 80:15-18) 역시 마음에 두고 있을 개연성이 매우 크다.

결론

살전 1:9-10은 데살로니가의 믿는 자들이 굳게 붙드는 바울 복음의 요약이다(참고. 살전 1:5-6). 본서의 두 번째 논문에서 이 복음의 요약에 포함된 암시들(allusions)을 데살로니가전서와 바울의 다른 서신들의 연관된 본문들에 비추어 설명함으로써 이 요약의 내용을 보다 자세히 펼쳐 보이는 가운데 우리는 바울의 하나님의 아들의 복음(롬 1:3-4, 16-17 + 8:31-39; 고전 15:23-28; 골 1:13-14)이 예수의 하나님 나라 복음과 밀접하게 상응한다는 것을 발견했다. 어떻게 이와 같은 상응이 생겨나게 되었는지를 설명하기 위해 우리는 "장래의 노하심에서 우리를 건지시는 예수… 그의 아들이 하늘로부터 강림하실 것을… 기다림"이라는 표현을 실마리 삼아 살전 1:10과 바울서신의 다른 관련된 구절들에서 예수의 인자 말씀들의 반영을 찾아보았다. 이와 같은 연구는 소득이 많았다. 살전 1:10에 나오는 하늘에서 오시는 하나님의 아들을 기다린다는 생각은, 살전 4:13-5:11에 비추어 볼 때, 마 24:30-31//막 13:26-27; 마 24:43-44//눅 12:39-40; 눅 21:34-36 등과 같은 심판과 구원을 위해 인자가 하늘에서부터 장차 오실 것이라는 예수의 말씀들에 배경을 두고 있음을 보여준다. 우리는 또한 살전 1:10에 함축되어 있는 하나님의 아들이 최후의 심판 때 하나님의 진노 혹은 정죄함에서 우리를 건져주시기 위해 중보하신다는 생각

이, 살전 1:6과 연결하여 보고(참고. 2:13-15; 3:3-8) 살전 3:12-13과 롬 1:16
+ 8:32-34(참고. 빌 1:19-20)에 비추어 볼 때, 눅 12:8-9//마 10:32-33; 막
8:38//눅 9:26의 인자 말씀을 반영한다는 것을 발견했다.

마지막으로, 우리는 살전 1:10의 하나님의 아들 예수의 죽음에 대한
언급이, 살전 4:14; 5:9-10; 롬 5:8-10; 7:24-8:4; 8:32-34; 갈 1:4; 2:20;
3:13 + 4:4-5에 비추어 볼 때 대속물 말씀(막 10:45//마 20:28)과 성만찬 말
씀(막 14:21-25과 그 병행 구절들)과 같은 인자의 고난에 대한 말씀들을 반영
한다는 것을 발견했다. 바울이 데살로니가에서 떠난 지 얼마 안 된 때 고
린도에서 개척 사역을 하는 동안 고린도인들에게 성만찬 말씀을 전수해
준 사실과(고전 11:23-26) 데살로니가전서 자체(2:6-8)에서 대속물 말씀을
분명하게 반영하고 있다는 사실이 이 견해에 더욱 힘을 실어준다. 살전
2: 6-8은 또한 고전 9:19-22; 10:33-11:1과 함께 바울이 대속물 말씀에
따라 자신의 사도적 자세를 형성할 만큼 그 말씀을 소중하게 여겼다는
증거이기도 하다.

이 모든 것들은 바울이 데살로니가에서 예수 전승을 사용하여 복음을
전했음을 의미한다. 보다 정확하게 말하자면, 예수의 인자 말씀들을 가
지고 바울은 데살로니가인들에게 자신의 대속적 죽음과 중보를 통해 그
들을 하나님의 진노에서 건지시기 위해 하늘에서 오시는 "그 '사람의 아
들'"/하나님의 아들을 기다리라고 가르쳤다.

이 주장을 입증하는 과정에서 우리는 바울이 예수를 하나님의 아들
혹은 주로 부르면서 하는 많은 중요한 기독론적, 구원론적 진술들에서,
그리스도 예수의 왕권(kingship, 롬 1:3-4; 8:32-34; 고전 15:23-28; 골1:13-14)과 강
림(parousia, 살전 1:10; 3:12-13; 4:13-5:11; 고전 11:26; 15:23-28)과 중보(intercession,
살전 1:10; 3:12-13; 롬 5:8-10; 8:32-34)를 표현하는 진술들에서 예수의 인자 말
씀들이 반영되고 있음을 발견했다.

다음 논문(본서 5장)에서 우리는 그리스도의 속죄에 대한 바울의 진술
들, 특별히 하나님이 그 아들을 보내심 혹은 내어주심과 같은 중요한 형
식들에서(롬 8:3-4, 32-34; 갈 2:20; 4:4-5; 또한 참고. 고전 11:23; 갈 1:4) 예수의 인

242

자 말씀들의 반영을 계속 밝혀낼 것이다.[35] 따라서 예수 전승은, 하나님 나라에 대한 예수의 가르침뿐만 아니라 자신을 그 나라 혹은 왕권을 담지하는 "그 '사람의 아들'"로 언급하시는 말씀들 역시 바울이 복음을 형성하는 기초를 제공했을 개연성이 크다. 바울의 하나님의 아들 혹은 칭의의 복음과 예수의 하나님 나라 혹은 죄 용서의 복음 사이에 매우 밀접한 내용적 상응이 있는 근본적인 이유가 바로 여기에 있음이 분명하다.[36]

이 결론은 다음에 이어질 두 논문에서 제시하게 될 살전 4:13-5:11에서의 대속물 말씀(막 10:45과 그 병행 구절)과 성만찬 말씀(막 14:17-21과 그 병행 구절들)과 인자의 종말론적 말씀들의 반영에 대한 보다 자세한 검토를 통해 더욱 강화될 수 있을 것이다.

---

35 바울이 예수의 인자 말씀들에서 "인자"를 하나님의 아들과 주로 표현하는 것을 보여줌으로써 이 논문은 필자의 저서 *The 'Son of Man'' as the Son of God* (하나님의 아들로서의 그 '사람의 아들')에서의 논지를 강화해준다.

36 필자의 *Justification*, 127-39를 보라. 필자는 한편으로 바울의 칭의의 복음과 예수의 하나님 나라 복음 사이에 밀접한 상응이 있음을 인정하면서도 바울이 역사적 예수와 그의 가르침에는 관심이 없었다고 주장하는 불트만과 그의 많은 추종자들의 견해에 반대한다(Bultmann, "Die Bedeutung des geschichtlichen Jesus für die Theologie des Paulus," in *Glauben und Verstehen 1*[Tübingen: Mohr Siebeck, 1933], 188-213; *Exegetica*[Tübingen: Mohr Siebeck, 1960], 210-29와 445-69에 각각 수록된 논문 "Jesus und Paulus"과 "Das Verhältnis der urchristlichen Christusbotschaft zum historischen Jesus").

Paul's Gospel for the Thessalonians and Others

데살로니가전서와 바울의 다른 서신들에 반영된 예수의 대속물 말씀(막 10:45//마 20:28)과 성만찬 말씀(막 14:21-25과 그 병행 구절들)

바울은 그의 서신 여러 곳에서 예수의 대속물 말씀과 그와 관련된 성만찬 말씀을 암시하거나 반영한다. 바울이 자신의 사도로서의 사역을 설명할 때(살전 2:5-9; 고전 9:19, 22; 10:33-11:1)와 믿는 자들에게 그리스도인으로서 적절한 행실에 대해 권면할 때(고전 10:33-11:1) 대속물 말씀을 반영하기 때문에 우리는 그 말씀이 바울의 기독교 윤리를 위한 기초의 일부를 이루고 있음을 알 수 있다. 그러나 그보다 더 중요한 것은 바울이 그리스도의 죽음에 대한 몇 가지 핵심적인 구원론적 형식들에서 대속물 말씀과 성만찬 말씀을 반영하고 있다는 사실이다. 이것은 이 말씀들이 바울이 그리스도의 죽음의 구원론적 의미를 이해하는 토대가 됨을 말해준다.

1. 살전 2:5-9의 예수의 대속물 말씀

바울은 살전 2:3-4에서 자기에게 직분을 맡기시고 계속 그 마음을 감찰하시는 하나님을 기쁘게 하는 방식으로 복음을 전하기 위한 사도적 행실의 원칙에 대해 진술한 후에 살전 2:5-8에서는 어떻게 데살로니가에 들어간 동안(*eisodos*; 선교사로서 들어감) 그 원칙에 부합되게 사도로서의 사역을 실제로 수행했는지에 대해 계속해서 설명한다. 이 본문의 전반부(5-6절)에서 바울은, 이 원칙의 부정적인 면에 부합되게(3절) 그럼에도 거짓 선지자들과 사기꾼 연사들과는 대조적으로 자신이 데살로니가인들로부터 영광과 금전적 이익을 취하려는 불순한 동기를 감추려고 아첨과 다른 수사적 기교를 사용하여 메시지를 전하지 않았다고 말한다. 그런 다음 이 본문의 후반부(7-8절)에서 그는 자신이 어떻게 자기 원칙의 긍정적인 면(4절)에 부합되게 다시 말해 하나님이 위임하신 참 사도의 방식으로 행동했는지를 설명한다. 그리스도의 사도로서 권위를 행사하고 청중들에게서 존경을 요구할 수도 있었지만 바울은 그들 가운데 있는 동안 어린 아이처럼 겸손하고 순수하게 행동했으며, 그들을 위해 기꺼이 자기 목숨까지 나눠 줄 준비를 하고서 헌신된 유모와 같이 그들을 돌봤다.

　　살전 2:8과 그 주변 구절들에서의 바울의 사도로서의 결단과 행동에 대한 이와 같은 설명에서 우리는 바울이 예수의 대속물 말씀(막 10:45// 마 20:28//눅 22:26-27)을 반영하는 것을 들을 수 있다. (1) 먼저, 부정사 μεταδοῦναι("나눠주다")와 τὰς ἑαυτῶν ψυχάς("우리 목숨/우리 자신") 어구는 대속물 말씀의 부정사 δοῦναι("주다")와 τὴν ψυχὴν αὐτοῦ("자기 목숨/자기 자신")를 연상시킨다. (2) 주동사인 εὐδοκοῦμεν("우리가 … 하기를 기뻐했다/… 하기로 마음먹었다")은 대속물 말씀의 주동사 ἦλθεν에 상응하고 인자가 자기 자신을 주기 위해 자발적으로 온 그 정신을 잘 표현한다. (3) 원인절인 διότι ἀγαπητοὶ ἡμῖν ἐγενήθητε("너희가 우리의 사랑하는 자 됨이라")는 대속물 말씀의 배경이 되는 사 43:3-4의 원인절 "네가 내 눈에 보배롭고 존귀하며 내가 너를 사랑하였다"와 유사하다.[1] (4) 살전 2:7("우리는 그리스도의 사도로서 마땅히 권위를 주장할 수 있으나 도리어 너희 가운데서 유순한 자가 되어 유모가 자기 자녀를 기름과 같이 하였으니")의 구조와 생각은 대속물 말씀의 첫 번째 부분에 함축되어 있는 것과 명시적으로 표현된 것 모두와 잘 어울린

1　참고. W. Grimm, *Die Verkündigung Jesu und Deutero-Jesaja*(Frankfurt: Lang, ²1981), 239-68.

다: "[비록 인자가 섬길 것을 요구할 권세가 있지만] 인자는 섬김을 받기 위해서가 아니라 섬기려 왔다." (5) 비슷하게, 살전 2:9에서 바울이 데살로니가인들에게 짐을 지우기를 거절하고 종처럼 힘든 노동을 하는 것에 대해 이야기하는 것은 막 10:43-45a//마 20:26-28a//눅 22:26-27의 정신을 잘 표현하는 것 같다. (6) 살전 2:6에서 바울이 사람들에게서 영광을 구하지 않는다는 생각은 막 10:35-44//마 20:20-27//눅 22:24-26을 요약하여 반영하는 것으로 볼 수 있다. (7) 살전 2:7의 ἐγενήθημεν νήπιοι ἐν μέσῳ ὑμῶν("우리가 너희 가운데서 어린아이들이 되었다")이라는 절은 막 10:43의 누가판 곧 γινέσθω ὡς ὁ νεώτερος ... ἐγὼ δὲ ἐν μέσῳ ὑμῶν εἰμι ὡς ὁ διακονῶν("[너희 중에 큰 자는…] 젊은 자와 같이 되게 하라 … 그러나 나는 섬기는 자로 너희 중에 있노라," 눅 22:26-27)을 거의 문자 그대로 반영하는 것일 수 있다. 설령 살전 2:7에서 νήπιοι 대신 ἤπιοι("유순한")를 원래적인 것으로 읽는다 해도 바울이 여전히 사람들 위에 군림하는 이방인 통치자들과 같이 되지 말라는 예수의 가르침을 효과적으로 반영하는 것으로 볼 수 있다(막 10:42-44과 그 병행 구절들). 마지막으로 (8) 살전 2:6-8에서 바울이 진술들을 제시하는 순서가 막 10:35-45의 순서와 정확하게 병행을 이룬다:

살전 2:6-8	막 10:35-45
"우리는…사람에게서는 영광을 구하지 아니하고 도리어…너희 가운데서 어린아이가 되어"(살전 2:6-7b)	[사람들 사이에서 높은 자리를 구하지 말고 모든 사람의 종이 되라](막 10:35-44과 그 병행 구절들; 눅 22:26의 누가식의 이해를 특히 참고하라.)
"우리는 그리스도의 사도로서 마땅히 권위를 주장할 수 있으나 도리어 너희 가운데서 어린아이가 되었다. [일반적으로 좋인] 유모가 그 자녀들을 돌보듯이…"(살전 2:7)	"[인자가 섬김을 요구할 권위가 있지만; 참고. 단 7:13-14], 인자는 섬김을 받으려 함이 아니라 도리어 섬기려고 왔다…"(막 10:45a)
"우리의 목숨[τὰς ἑαυτῶν ψυχάς]"까지도 너희에게 주기를 기뻐함[εὐδοκοῦμεν]은"(살전 2:8)	"인자가 온[ἦλθεν] 것은… 자기 목숨[τὴν ψυχὴν αὐτοῦ]을 많은 사람의 대속물로 주려 함이라"(막 10:45b)

살전 2:6-8에서 바울이 막 10:35-45//마 20:20-28에 있는 예수의 말씀들을 반영하고 있을 개연성은 그 문맥상 바울이 기본적으로 우리 본문에서와 같은 사도적 자세를 드러내는 본문들인 고전 9:19-22과 10:33에서 막 10:45//마 20:28의 대속물 말씀을 반영하고 있다는 사실로 인해 더욱 힘을 얻게 된다:

고전 9:19, 22	막 10:44-45
"스스로 <u>모든 사람에게 종이 된 것</u>은 <u>더 많은 사람을 얻고자</u> 함이라"(πᾶσιν ἐμαυτὸν ἐδούλωσα, ἵνα τοὺς πλείονας κερδήσω), "…내가 <u>여러 사람에게 여러 모습이 된</u> 것은 아무쪼록 <u>몇 사람이라도 구원하고자</u> 함이라"(τοῖς πᾶσιν γέγονα πάντα, ἵνα πάντως τινὰς σώσω).	"… <u>모든 사람의 종이 되어야</u> 하리라, 인자가 온 것은…섬기려 하고 자기 목숨을 많은 사람의 대속물로 주려 함이니라"(πάντων δοῦλος … ἦλθεν … διακονῆσαι καὶ δοῦναι τὴν ψυχὴν αὐτοῦ λύτρον ἀντὶ πολλῶν).

같은 아이디어와 어휘에 특히 주목하라: 많은 사람을 구원하기 위해 모든 사람의 종이 되는 것; 바울이 자신이 "그리스도의 율법" 아래 있다고 언급함(고전 9:21).

고전 10:33	"모든 사람(πάντα)을 기쁘게 하여 …, 자신의 유익을 구하지 **아니하고,** [도리어] 많은 사람(πολλῶν)의 유익을 구하여 그들로[모든/많은 사람] 구원을 받게 하라"
막 10:45	"섬김을 받으려 함이 **아니라** **도리어** 섬기려 하고 자기 목숨을 …주려 함이니라 [많은/모든 사람을 위하여—πάντων, 막 10:44] 많은 사람(πολλῶν)의 대속물로"

같은 생각과 어휘, 같은 사고 구조, "…이 아니라… 도리어…"; 바울이 이

248

것을 곧바로 그리스도를 본받음으로 설명한 것(고전 11:1)에 주목하라.[2]

필자와는 독립적으로 고전 9:19, 22과 10:33에 대속물 말씀이 반영되어 있음을 확인하면서 리스너(R. Riesner)는 갈 1:4; 2:20; 골 1:13-14과 같은 바울서신의 다른 몇 구절들에도 이 말씀이 반영되어 있음을 보여주었다.[3] 이 중에서 갈 2:20이 막 10:45//마 20:28과 특별히 밀접한 유사점들을 보여준다:

갈 2:20	막 10:45
"나를 사랑하사 <u>나를 위하여</u> (ὑπὲρ ἐμοῦ) 자기 자신을 버리신 (παραδόντος ἑαυτόν) 하나님의 아들."	"<u>인자</u>가···<u>많은 사람의</u>(ἀντὶ πολλῶν) 대속물로 자기 목숨을 주려(δοῦναι τὴν ψυχὴν αὐτοῦ)함이니라."

대속물 말씀에서 단순한 형태의 δοῦναι는 갈 2:20에서는 "인자가 … 넘겨진다[παραδίδοται]"(막 9:31과 그 병행 구절들; 14:21과 그 병행 구절들; 등)는 예수의 수난 예고의 넘겨짐/내어줌 형식을 반영하는 강조형 παραδόντος 로 바뀐다. 대속물 말씀의 τὴν ψυχὴν αὐτοῦ는 딤전 2:5-6에서와 같이 (일반적으로 받아들여지는) 관용적 헬라어 버전인 ἑαυτόν으로 바뀐다; ἀντί라는 전치사는 딤전 2:5-6과 딛 2:13-14에서와 같이 ὑπέρ로 바뀐다; 그리고 πολλῶν은 바울이 이 말씀을 자신에게 적용하므로 ἐμοῦ로 바뀐다(참고. 딛 2:13-14). 살전 2:8에서 διότι ἀγαπητοὶ ἡμῖν ἐγενήθητε("너희가 우리의 사랑하는 자 됨이라")라는 절과 마찬가지로 갈 2:20의 관사와 함께 사용된 분사 구문("나를 사랑하신 [하나님의 아들]" [τοῦ ἀγαπήσαντός με])도 대속물 말씀의 배

---

2 보다 자세한 것은 본서 15장에 재 출판된 필자의 논문 "*Imitatio Christi*(1 Corinthians 11:1): How Paul Imitates Jesus Christ in Dealing with Idol Food(1 Corinthians 8-10)," *BBR* 13(2003): 197-98를 보라.

3 R. Riesner, "Back to the Historical Jesus through Paul and His School(The Ransom Logion - Mark 10:45; Matthew 20.8)," *Journal for the Study of the Historical Jesus* 1(2003): 180-92.

경이 되는 사 43:3-4의 "네가 내 눈에 보배롭고 존귀하며 내가 너를 사랑하였은즉"이라는 원인절을 연상시킨다(위를 보라). 갈 2:20에서 바울이 다시 예수 말씀의 "인자"를 "하나님의 아들"로 바꾸는 것은 이해할 만하다. 이는 다른 곳에서도 규칙적으로 그렇게 하기 때문이다(살전 1:10; 롬 8:32-34; 고전 15:23-28; 갈 1:16 등).[4]

따라서 바울은 여러 다양한 문맥들에서 대속물 말씀을 반영한다. 갈라디아서 2:20은 특별히 중요한데 이 구절이 대속물 말씀에 대해 바울이 알고 있음을 보여줄 뿐만 아니라 그 자신의 그리스도인으로서의 경험을 결정짓는 그리스도 사건에 대한 가장 효과적인 정의로 그 말씀을 소중하게 여긴다는 점 역시 보여주기 때문이다. 고전 9:19, 22, 10:33도 똑같이 중요한데 이는 바울이 대속물 말씀에 따라 혹은 그 말씀을 하신 예수를 본받아(고전 11:1) 자신의 사도적 사역을 형성했음을 이 구절들이 보여주기 때문이다. 고전 9:19, 22에서 바울이 대속물 말씀을 암시하는 것은 분명 그가 교회로부터 재정적 후원을 받지 않고 스스로 일해 필요를 채우는 사도적 자세를 가지도록 영감을 준 것이 바로 대속물 말씀이었음을 시사해준다. 이 결론은 바울이 이어서 자신이 "그리스도의 율법"을 따르는 것에 대해 하는 진술로 더욱 뒷받침을 받는다(고전 9:21).

이제 교회의 물질적 후원에 대한 바울의 사도적 자세와 관련하여 살전 2:1-12과 고전 9장 사이의 밀접한 병행에 주목하라.[5] 이 두 구절 사이의 유사성은 살전 2:6-8과 고전 9:19, 22에 공통적으로 대속물 말씀이 반영되고 있다는 점에서 보다 강화된다:

---

4 앞의 4장 "바울의 하나님의 아들 예수의 복음을 위한 기초로서의 예수의 인자 말씀들(살전 1:9-10, 롬 1:3-4)," 218-33페이지를 보라.

5 또한 참고. Malherbe, *Thessalonians*, 162.

살전 2장	고전 9장
바울은 적절하게 사도적 위임을 받았다: "하나님께 옳게 여기심을 입어 복음을 위탁 받았으니"(살전 2:4).	"내가…사도가 아니냐…나의 사도 됨을 주 안에서 인친 것이 너희라"(고전 9:1-2).
공통적인 어휘 "위탁받았다"(살전 2:4).	"나는 사명을 맡았노라"(고전 9:17).
바울에게는 사도적 권리가 있었으나 섬기기를 선택했다: "너희 가운데서 유순한 자가 되었다"(살전 2:7).	"우리가 먹고 마실 권리가 없겠느냐… 내게 있는 권리를 다 쓰지 아니하는 이것이로다"(고전 9:4-15, 18).
바울은 교회에 물질적 지원을 요구하는 대신 생계를 위해 일했다(살전 2:9).	바울에게는 생계를 위해 일하지 않을 권리가 있다(고전 9:6).
대속물 말씀의 반영(살전 2:6-8).	"내가 모든 사람에게서 자유로우나 스스로 모든 사람에게 종이 된 것은 더 많은 사람을 얻고자 함이라"(고전 9:19, 22).

이와 같이 고전 9장에서처럼 살전 2:1-12에서도 대속물 말씀을 반영하면서 바울은 자신의 재정 정책을 비롯하여 사도로서의 사역을 그 말씀에 따라 형성했음을 시사하고 있다. 대속물 말씀이 말하는 그리스도의 구원의 은혜를 그 자신이 덕 입었기에(갈 2:20) 그리고 그 말씀을 하신 그리스도를 본받는 것을 자신의 사도로서의 사역의 근본 원칙으로 삼았기에(고전 9:19, 22; 10:33-11:1) 바울은 교회로부터 재정적인 혹은 그 어떤 이익도 추구하지 않고 오히려 데살로니가에서 교회를 섬기는 일에 자기 목숨을 내어주기로 굳게 결심했다. 고전 10:33-11:1에서 바울은 고린도인들에게 자신이 대속물 말씀을 하시고 또 그렇게 사셨던 예수 그리스도를 본받듯이 자기를 본받으라고 요청함으로써 대속물 말씀을 사도적 행실을 넘어서 그리스도인으로서 일반적인 행동의 원리로 삼는 데까지 나아간다(참고. 롬 15:1-3).

2. 살전 1:10과 5:10과 이와 연관된 바울의 구원론 본문들에 반영된 예수의 대속물 말씀과 성만찬 말씀

우리는 앞서 갈 2:20의 구원론 본문에서 바울이 어떻게 대속물 말씀을 반영하는지를 이미 살펴보았다(또한 참고. 딤전 2:6; 딛 2:13-14). 바울에게 실존적인 면에서 그 중요한 본문에서 이뤄지는 대속물 말씀의 분명한 반영은 우리를 위한 혹은 우리 죄를 위한 그리스도의 죽음에 대한 구원론의 형식을 포함하고 있는 바울의 다른 본문들에도 대속물 말씀의 반영이 있는가를 탐구하게 만든다.

"그리스도께서 우리를 위해/우리 죄를 위해 죽으셨다[ἀπέθανεν]"는 바울서신에서 반복적으로 나오는 형식("죽음의 형식")[6]이다(예: 롬 5:6, 8; 8:34; 14:15; 고전 8:11; 15:3; 고후 5:14-15; 갈 2:21). 바울은 이 죽음의 형식을 그리스도의 부활에 대한 언급과 함께 자기보다 먼저 그리스도인 된 사람들에게서 받았고(고전 15:1-5) 또 그 자신이나 베드로와 야고보 같은 다른 사도들이나 공통적으로 전하는(고전 15:11) "복음"의 핵심 내용으로 명시적으로 소개한다. "위해서 죽다"(ἀποθνήσκειν ὑπέρ)라는 표현이 구약과 셈족어 문헌에는 나오지 않지만 헬라 문헌에서 빈번하게 사용되고 헬라 유대교 문헌에도 나오기 때문에(예: 2 Macc 7:37-38; 13:14; 4 Macc 6:28-29; 17:21-22),[7] 고전 15:3b의 죽음의 형식은 롬 4:25("우리 주 예수께서는 우리가 범죄한 것 때문에 내줌이 되시고[παρεδόθη] 우리를 의롭다 하시기 위하여 살아나셨다")에 인용되는 예루살렘 교회의 케리그마를 헬라어권에 맞게 바꾼 것일 수 있다.[8] 셈족어에 전형적인 신적 수동태 표현들("παρεδόθη - ἠγέρθη")을 가진 후자(롬 4:25의 죽음의 형식)는 "인자가 넘겨진다[παραδίδοται]…"라는 예수 자신의 수난 예고의 말씀들(막 9:31과 그 병행 구절들)에 대한, 특히 최후의 만찬

---

6 참고. W. Kramer, *Christ, Lord, Son of God*(SBT 50; London: SCM, 1966), 26-30.
7 참고. M. Hengel, *The Atonement: A Study of the Origins of the Doctrine in the New Testament*(trans. J. Bowden; Philadelphia: Fortress, 1981), 6-18.
8 참고. Hengel, *The Atonement: A Study of the Origins of the Doctrine in the New Testament* 49-50.

때 자신의 임박한 죽음을 "많은 사람을 위한" 속죄와 언약을 위해 "인자
가 … 넘겨지는[παραδίδοται]" 것으로 해석하신 것(막 14:21-25과 그 병행 구
절들; 막 10:45//마 20:28의 대속물 말씀도 보라: "인자가 온 것은… 자기 목숨을 많은 사람
의 대속물로 주려[δοῦναι] 함이니라")에 대한 예루살렘 교회의 부활절 이후 케
리그마적 반응이었던 것 같다.[9] 전형적인 예수의 워드 플레이를 보여주
는 막 14:21(과 그 병행 구절들)의 마샬(mashal) 혹은 "수수께끼" 말씀에서 "인
자[בר אנשא]"가 "그 사람"(בר אנשא) 곧 유다에 의해 넘겨지는 것으로 표
현된다. 하지만 거기서 그 일이 성경에 미리 정해진 것이라는 암시는 유
다의 행동의 배경에 궁극적으로 하나님이 계시다는 점과(참고. 행 2:23) 이
표현이 단지 유다의 배반만이 아니라 그 배반 행동으로 촉발된 예수의
수난 사건 전체를 염두에 둔 것임을 시사한다(참고. 막 10:45//마 20:28과 막
14:24[과 그 병행 구절들]에 반영된 사 43:3-4과 53:10-13; 또한 막 14:27//마 26:31에 인용
된 슥 13:7).[10]

앞장에 수록된 논문 "바울의 하나님의 아들 예수의 복음의 기초로서
의 예수의 인자 말씀들"에서 우리는 살전 1:10이 인자가 종말에 오실 것
에 대한 예수의 말씀들에 일정 부분 의지하여 바울이 애초에 *예수께서
하나님의 진노에서 우리를 건지시고자 장차 하나님의 아들로 오실 것*에
대해 전파했음을 시사한다고 주장했다. 그렇다면, 데살로니가인들에게
*예수께서 하나님의 진노에서 우리를 건지시려고 대신적 속죄의 죽음을
죽으셨다고* 전파할 때(참고. 1:10; 4:14; 5:9-10) 바울은 성만찬 말씀(막 14:21-
25 과 그 병행 구절들)과 대속물 말씀(막 10:45//마 20:28)과 같은 인자 말씀들 역
시 의식하고 있었을까?[11] 살전 1:10과 3:13은 물론 4:13-5:11에서도 예수

---

9 참고. Stuhlmacher, *Der Brief an die Römer*(NTD 6; Göttingen: Vandenhoeck & Ruprecht,
1989), 67; idem, *Biblische Theologie des Neuen Testaments: Grundlegung von
Jesus und Paulus*(Göttingen: Vandenhoeck & Ruprecht, 1992), 1:128-43, 191-92; U.
Wilckens, *Der Brief an die Römer (Röm 1-5)* (EKKNT VI/1; Zürich: Benziger; Neukirchen:
Neukirchener, 1978), 279-80; Hengel, *Atonement*, 53-75.

10 참고. C. A. Evans, *Mark 8:27-16:20*(WBC 34B; Nelson, 2001), 377.

11 성만찬 말씀이 인자 말씀이고(참고. 요 6:53) 대속물 말씀이 그것과 연관되어 있다는 견해

의 몇몇 인자 말씀들을 바울이 인용하는 것처럼 보이기 때문에(앞장에 실린 논문과 필자가 주석에서 이 구절들에 대해 코멘트한 내용들을 보라) 이 질문은 언뜻 보기와 달리 그렇게 작위적이지 않다. 사실 성만찬 말씀이 바울에게 얼마나 중요했는지는 고전 11:23-26이 잘 보여주고 있고 고전 9:19, 22; 10:33; 갈 1:4; 2:20; 살전 2:6-8은 바울이 자신의 사도적 자세와 관련하여 막 10:45//마 20:28의 대속물 말씀을 소중하게 여겼음을 잘 보여준다. 따라서 만일 바울이 이 말씀들을 염두에 두지 않고 그리스도의 우리를 위한 대신적 속죄의 죽음에 대해 가르쳤다면 그것은 매우 이상한 일이었을 것이다.

일부 비평적 학자들[12]은 바울이 고전 11:23-26에서 주의 만찬 제정의 말씀들을 인용하는 것은 역사적 예수와 그의 가르침에 대한 별 관심이 없이 단지 교회의 제의적 전통을 전수하는 행위였다는 주장을 펼친다. 하지만 이것은 상당히 현실성 없는 견해다. 또 어떤 비평적 학자들은 설령 살전 2:6-8; 고전 9:19, 22; 10:33에 대속물 말씀이 반영되어 있음을 인정한다 해도 이 구절들은 다만 바울이 대속물 말씀을 그리스도를 본받음(*imitatio Christi*)의 관점에서 바라보고 자신의 사도적 자세를 갖추기 위해 그 말씀을 반추해본 것이지 살전 5:9-10을 포함하는 구원론적 진술들을 발전시키려고 그 말씀을 사용한 것이 아니라고 주장할 것이다. 하지만 갈 1:14과 2:20은 바울의 구원론을 위해 대속물 말씀이 얼마나 중요했는지를 보여준다.

본서 2장의 "복음으로서의 하나님의 아들 예수(살전 1:9-10, 롬 1:3-4)"라는 논문에서 우리는 예수께서 하나님의 아들로서 자신의 속죄적 죽음

들을 위해서는 S. Kim, *"The 'Son of Man"'as the Son of God*(WUNT 30; Tübingen: Mohr Siebeck, 1983; Grand Rapids: Eerdmans, 1985), 39-73을 보라.

12　예를 들어, F. Neirynck, "Paul and the Sayings of Jesus," in *L'Apôtre Paul: Personnalite, Style et Conception du ministere*(BETL 73; ed. A. Vanhoye; Leuven: Leuven University Press, 1986), 265-321(특히 277); N. Walter, "Paul and the Early Christian Jesus-Tradition," in *Paul and Jesus: Collected Essays*(JSNTSS 37; ed. A. J. M. Wedderburn; Sheffield: Academic Press, 1989), 51-80(특히 62-63).

을 통해 (그리고 자신의 중보를 통해) 우리를 하나님의 진노에서 건지실 것이라는 살전 1:10에 간명하게 압축되어 있는 생각을 바울이 어떻게 롬 5:8-10; 7:24-8:4; 8:31-39; 갈 4:4-6에서 자세히 펼쳐 보여주고 있는지를 보았다(필자의 주석의 살전 1:10에 대한 코멘트 또한 보라). 롬 7:24-8:4과 갈 4:4-6에서는 그 생각을 주로 하나님이 우리를 구원하기 위해 자기 아들을 보내심으로 표현한다("보냄의 형식").[13] 그러나 이 구절들에는 하나님이 자기 아들을 속죄적 죽음으로 넘겨주심/내어주심의 형식("내어주심의 형식")을 통해 보다 분명하게 표현되는 생각도 포함되어 있다.[14] 왜냐하면 롬 8:3에서 바울은 "하나님은 자기 아들을 … 속죄제물이 되도록 [περὶ ἁμαρτίας / חטאת] 보내시고 그 육신에 죄를 정하셨다"고 말하고 갈 4:5에서는 "율법 아래 있는 자들을 속량하심(ἐξαγοράσῃ)"이라는 말로 그리스도께서 자신의 대속적 죽음을 통해 이루신 "율법의 저주에서 속량하심"(ἐξηγόρασεν ἐκ τῆς κατάρας τοῦ νόμου, 갈 3:13)을 가리키기 때문이다. 따라서 롬 8:3-4과 갈 4:4-5은 보냄의 형식과 내어줌의 형식은 하나로 연결됨을 보여준다. 마찬가지로, 같은 생각이 롬 8:31-39에서는 내어줌의 형식으로 표현된다: 우리를 사랑하셔서 하나님은 자기 아들 그리스도를 우리를 위해 죽도록 "넘겨주셨고/내어주셨고""[그를] 다시 살리셨다." 죽은 자들 가운데서 다시 살리셔서 그를 자기 우편으로 높이신 것은 그의 속죄와 중보를 통해 우리가 최후의 심판 때 정죄에서 건지심을 받게 하기 위함이다. 롬 4:24-25은, 비록 거기서 일반적으로 사용되는 "하나님의 아들" 대신 "예수 우리 주"를 사용하고[15] 주동사를 신적 수동형으로 하여 "예수는 우리가 범죄한 것 때문에 내줌이 되었다[παρεδόθη]"라고 표

---

13 참고. Kramer, *Christ*, 111-14.
14 참고. Ibid., 115-19.
15 롬 10:9-10에 있는 세례 형식을 축약한 버전의 일부인 롬 4:24의 "예수 우리 주"가 동사 ἐγείραντα와 연결되고, 롬 4:25은 바울이 그 세례 형식(24절)에 덧붙이는 미리 만들어져 있던 신앙고백 형식이며, 25절의 미리 만들어진 신앙고백 형식에서 παρεδόθη와 ἠγέρθη의 원래 주어는 "예수 우리 주"가 아니라 "하나님의 아들"이었을 개연성이 크다고 보는 견해를 위해서는 필자의 *Justification*, 43-45을 보라.

현하지만, 내어줌 형식의 또 다른 경우라 할 수 있다. 갈 2:20에서 바울은
이 내어줌의 형식을 기독론적 진술로 바꾸어 "하나님의 아들이 나를 사
랑하사 나를 위하여[곧 나의 의롭다 함을 위하여; 참고. 21절] 자기 자신을 버리
셨다[παραδόντος ἑαυτόν]"고 말한다. 갈 1:3-4에서 바울은 똑같은 일을 하
는데 "보냄"의 형식과 "내어줌"의 형식에서 보다 일반적으로 쓰이는 "하
나님의 아들" 대신 "우리 주 예수"로 바꾸어 "우리 주 예수 그리스도께서
이 악한 세대에서 우리를 건지시려고 우리 죄를 대속하기 위하여 자기
몸을 주셨다[δόντος ἑαυτόν]"고 말한다(또한 참고. 롬 4:24-25; 8:32, 34; 엡 5:2, 25;
요 3:16-17). 그러나 갈 1:4과 2:21 각각에서 "하나님 곧 우리 아버지의 뜻
을 따라"라는 문구와 "하나님의 은혜"라는 문구를 추가함으로써 바울은
보통의 내어줌의 형식을 통해 강조되는 바 곧 하나님이 구원 사건의 저
자(주관자)이심을 바울은 갈아디아서의 이 두 구절에서 분명하게 확인
한다.

　이제 이 모든 "보냄"의 형식들과 "내어줌"의 형식들의 배경에 막
10:45//마 20:28의 대속물 말씀과 이와 관련된 막 14:21-26의 성만찬 말
씀(과 그 병행 구절)이 있음을 볼 수 있을 것이다. 첫째로, "하나님이 *자기 아*
들을 보내심은(sent his Son in order to) …"이라는 형식(롬 8:3-4; 갈 4:4-6)은, 막
10:45//마 20:28의 "그 '인자'가 온(ἦλθεν) 것은(came in order to) …"이라고
하나님이 자기에 맡기신 사명에 대한 자기 이해를 표현하는 예수의 말씀
을 반영하는 것일 수 있다(또한 참고. 마 11:18-19//눅 7:33-34; 눅 19:10; 참고. "내
가 온[ἦλθεν] 것은[came in order to] …", 예: 막 2:17[과 그 병행 구절들]; 마 10:34-35//
눅 12:49-51; 또한 "내가 보냄을 받은 것은[was sent]…", 예: 마 15:24; 눅 4:18, 43).[16] 던
(J. D. G. Dunn)은, 예수의 하나님에 의해 보냄 받은(사명을 위임 받은) 하나님
의 아들로서의 자기 이해는 포도원 농부의 비유에서 특별히 분명하게 표

---

16 참고. S. J. Gathercole, *The Pre-Existent Son: Recovering the Christologies of
Matthew, Mark, and Luck*(Grand Rapids: Eerdmans, 2006), 특히 177-89. 개더콜은 "내
가 보냄을 받은 것은…"이라는 형식(예: 마 15:24; 눅4:43)과 "나를 보내신 이"라는 형식(예: 막
9:37//눅9:48; 마 10:40; 눅10:16)이 "내가 온 것은…"에 상응한다고 주장한다.

현되는데(막 12:1-12과 그 병행 구절들) 예수의 이와 같은 자기 이해가 보냄의 형식의 형성에 기여했다고 제안한다.[17] 이 견해는 예수의 "인자가 온 (ἦλθεν) 것은…"이라는 말씀들 역시 보냄의 형식의 형성에 기여를 했다는 우리의 제안과도 잘 부합된다. 왜냐하면 예수께서 하나님에게서 받은 자신의 사명을 그 ἦλθεν/ἦλθον 말씀들로 가장 분명하게 표현하셨기 때문이다. *The 'Son of Man'" as the Son of God*이라는 저서(15-37)에서 필자는, "그 '사람의 아들'"(the 'Son of Man'; בר אנשא / ὁ υἱὸς τοῦ ἀνθρώπου)이라는 자기 칭호를 통해 예수께서 단 7:13-14에서 옛적부터 계신 이 옆에 보좌에 앉아 그에게서 "권세와 영광과 나라(왕권)"를 받으시는 천상적 인물인 '인자 같은 이'와 자기를 동일시 하셨다는 것과 그렇기 때문에 이 자기 칭호를 통해 예수는 성경적 숙어로 표현하면 자신이 하나님의 권한들(mandates)을 "상속받고" 그의 부왕(viceroy)으로 일하는 하나님의 "아들"이심을 은근하게 나타내셨다는 점을 주장했다. 따라서 단 7:13-14이 말하는 바로 그 "사람의 아들/인자"로서(곧 하나님의 아들로서) 예수께서 하나님 나라 복음을 선포했고 하나님 아버지를 대신하여 그의 구원의 통치를 대변하셨다. 후속 연구에서 필자는 또한 하나님의 아들로 높임 받은 그리스도를 다메섹 도상에서 자신이 환상 중에 만난 것에 비추어(갈 1:16; 행 9:20) 바울은 다니엘의 환상에서 "인자 같은 이"로 나타난 천상적 인물(단 7:13-14)을 하나님의 아들로 바르게 해석했고 그래서 예수 말씀의 "그 '사람의 아들'"과 "하나님의 아들"을 같은 인물로 인식했다고 제안했다.[18] 따라서 바울이 예수의 말씀들에서 "그 '사람의 아들'"을 "하나님의 아들"(곧 단 7:13-14이 말하는 바와 같이 신적 "권세와 영광과 왕권"을 위임 받은 자)로 혹은 "주"로(곧 하나님을 대신하여 이 신적 권한들을 실제로 행사하는 자; 참고. 시 110:1; 롬 1:3-5; 고전 9:1) 바꾸어 표현할 때 그는 예수의 자기 이해를 올바르게 해석하는 것이다. 그러므로 부활절 이후/다메섹 이후 관점에서 예수의 사역을 거

---

17 J. D. G. Dunn, *Christology in the Making: A NT Inquiry into the Origins of the Doctrine of the Incarnation*(Grand Rapids: Eerdmans, 21989), 38-40.

18 Kim, *PNP*, 206-08.

꾸로 돌아보고 "그 '사람의 아들'이 온[ἦλθεν] 것은…"이라는 예수의 말씀들과 아들로서의 자기 이해를 표현하는 예수의 다른 말씀들의 의미를 음미하는 가운데 바울은 "그 '사람의 아들'"을 "하나님의 아들"로 바꾸고 "하나님이 보내셨다…"는 어구를 통해 하나님이 사명을 위임하심의 의미가 보다 명시적으로 드러나게 함으로 보냄의 형식을 만들어 냈다. 만일 보냄의 형식이 바울 이전에 기원한 것이라면, 이와 같은 해석의 과정이 바울이 다메섹에서의 환상에 비추어 그 형식을 적절하게 변경하는 데 도움을 주었을 것이다. 아무튼, 이와 같은 변형의 한 가지 효과는 하나님의 아들 혹은 부왕("주")으로서의 예수의 사명을 당시 새롭게 생겨나고 있던 유대 지혜 신학의 맥락 속에서 깊이 이해할 수 있게 된 점이다(참고. 고전 8:6; 잠 8:22-31; Sir 24:3-12; Wis 9:10-17; 그리고 다음 구절에 있는 예수의 지혜 말씀들: 마 11:16-19//눅 7:31-35; 마 11:25-27//눅 10:21-22; 마 11:28-30; 마 23:34-36//눅 11:49-51).

둘째로, "하나님의 아들이 *자신을 내주셨다*"(갈 1:4; 2:20)는 형식은 막 10:45//마 20:28의 "그 '사람의 아들'이 온 것은 *자기 목숨/자신을 주려 함*"이라는 문장에 상응하는 반면[19](딤전 2:5-6에서 대속물 말씀의 "자기 목숨/자신"[τὴν ψυχὴν αὐτοῦ]을 헬라어권의 관용적 용법에 맞게 "자기 자신"[ἑαυτόν]으로 번역하는 딤전 2:5-6을 참고하라) "하나님이 *자기 아들을 넘겨/내주셨다*"는 형식(롬 8:32; 또한 4:25)은 성만찬 말씀과 막 9:31(과 그 병행 구절들)과 같은 다른 수난 예고의 말씀들의 "그 '사람의 아들'이 넘겨진다"는 문장에 상응한다는 점 역시 주목하라. 막 10:45//마 20:28와 막 14:21-25(과 그 병행 구절들)의 이 "[내]주다/넘겨주다" 언어는 하나님이 애굽과 구스와 스바를 이스라엘을 위한 속량물(כֹּפֶר)로 주시는 것으로 말씀하는 사 43:3-4과 하나님이 그 종을 "속건 제물"로 혹은 "속죄 제물"(אשם / LXX: περὶ ἁμαρτίας, 10절; 참고. חטא רבים נשא / LXX: ἁμαρτίας πολλῶν ἀνήνεγκεν, 12절)로 "세우시는"(תשים

---

19 참고. J. D. G. Dunn, *The Epistle to the Galatians* (BNC; Peabody, MA: Hendrickson, 1993), 147.

/ LXX: δῶτε, "주시는")(10절) 혹은 그 종이 "속건 제물"로 혹은 "속죄 제물"로 "자기 목숨을 쏟는[העראה / LXX: παρεδόθη, "넘겨지는" / Tg: מסר, "넘겨주는 *delivered*"]"(12절) 것으로 말씀하는 사 53:10-12을 반영한다.[20]

셋째로, 내어줌의 형식에서 하나님 혹은 하나님의 아들의 *사랑*에 대한 강조(롬 8:32, 35, 39; 갈 2:20; 또한 참고. 요 3:16; 요일 4:9-10; 엡 5:2, 25; 롬 5:8-10)는 막 10:45//마 20:28에서 인자가 많은 사람의 구속/구원을 위해 "섬기고" "자기 목숨을 내주"도록 동기를 부여하는 것이 무엇이었는지, 또 무엇이 막 14:21-25(과 그 병행 구절들)에서 하나님이 인자를 대속적인, 언약을 체결하는 죽음으로 넘겨주시게/내어주시도록 동기를 부여했는지를 적절하게 표현해준다. 막 10:45//마 20:28의 배경이 되는 사 43:3-4에서 분명하게 표현하듯이 하나님이 애굽과 구스와 스바를 이스라엘을 위한 속량물(כפר)로 주시는 것은 하나님이 이스라엘을 *사랑*하시기 때문이다.

마지막으로, 하나님이 자기 아들을 보내시는 혹은 내어주시는 구원의 목적을 표현하는 어구나 절이 막 10:45//마 20:28의 목적절("이는 자기 목숨을 많은 사람의 대속물로 주려 함이니라")과 막 14:24(과 그 병행 구절들)의 어절("이것은 많은 사람을 위하여 흘리는 나의 피 곧 언약의 피니라")에 상응한다. 롬 8:3-4, 32-34와 갈 4:4-6(참고. 3:13)에서 바울은 하나님이 우리를 자기 심판에서 건지시려고(즉, 자기 진노에서 건지시려고; 또한 참고. 롬 4:25; 5:8-10) 자기 아들을 대리적 속죄의 죽음을 죽도록 보내시거나 내어주신 것에 대해 말한다. 대신적 속죄와 건지심에 대한 이 생각이 갈 1:4와 2:20에서 축약된 형태로 나오는데 각각 "우리 죄를 위해"(ὑπὲρ τῶν ἁμαρτιῶν ἡμῶν)와 "나를 위해"로 표현되는데 "나를 위해"는 문맥상(21절을 특히 주목하라) "나의 의롭다 함을 위해"를 의미한다. 이 대신적 속죄와 건지심이라는 생각은 막 10:45//마 20:28과 14:24(과 그 병행 구절들), 그리고 이 구절들의 배경을 이루는 구

---

20 참고. J. Jeremias, παῖς θεοῦ, *TDNT* 5:710-11; Grimm, *Die Verkündigung Jesu*, 239-68; O. Betz, "Das Mahl des Herrn bei Paulus," in *Jesus der Herr der Kirche*(WUNT 52; Tübingen: Mohr Siebeck, 1990), 224; Stuhlmacher, *Biblische Theologie*, 1:120-21, 128-40; Evans, *Mark 8:27-16:20*, 120-23.

약 본문들인 사 43:3-4과 53:10-12의 "대속물"(כפר)과 속건 제물(אשם) 개념을 반영한다. 막 10:45의 ἀντὶ πολλῶν("많은 사람을 위한")과 14:24의 ὑπὲρ πολλῶν("많은 사람을 위하여")는 사 53:11-12의 לרבים를 문자적으로 번역한 것으로 딤전 2:6에서는 보다 관용적인 헬라어 표현인 ὑπὲρ πάντων("모든 사람을 위하여")로 바뀐다. 롬 8:32에서 이 셈어적 표현을 ὑπὲρ ἡμῶν πάντων("우리 모든 사람을 위하여")라고 번역함으로써 바울은 내어줌의 형식에 표현된 하나님과 그의 아들의 구속적 은혜를 독자들이 보다 개인적인 것으로 듣게 만든다(참고. 고전 11:24//눅 22:20의 ὑπὲρ ὑμῶν, "너희를 위하는/위하여"). 바울은 갈 2:20에서는 죄인들을 의롭다 하시는 하나님의 아들의 자기를 내주시는 은혜를 자기 자신에게 개인적으로 적용하여 이 문구를 ὑπὲρ ἐμοῦ("나를 위하여")로 번역한다.

따라서 우리 서신(데살로니가전서)과 다른 곳에서 바울이 몇몇 "인자" 말씀들을 사용하고 있고 살전 2:6-8; 고전 9:19, 22; 10:33; 11:23-26; 갈 1:4; 2:20에서 막 10:45//마 20:28의 대속물 말씀과 막 14:21-25(과 그 병행 구절들)의 성만찬 말씀의 의미를 깊이 음미하고 있음을 고려할 때, 우리는 보냄의 형식들과 내어줌의 형식들과 막 10:45//마 20:28과 막 14:21-25(과 그 병행 구절들)의 인자 말씀들 사이의 이 모든 밀접한 상응점들이 바울이 보냄의 형식들과 내어줌의 형식들(롬 4:25; 8:3-4, 32; 갈 1:4; 2:20; 4:4-5)에서 대속물 말씀과 성만찬 말씀을 반영하고 있음을 시사하는 것으로 볼 수 있다.

요한복음의 증거 역시 이 결론을 뒷받침하는 것 같다. 요 3:13-14과 16-17은 와서(혹은 하늘에서 "내려와서") 내어줌이 되신(혹은 "들림 받은") "인자"를 하나님이 세상을 사랑하셔서 믿는 자들을 심판(곧 하나님의 진노, 요 3:36)에서 건지시고 그들에게 영생을 주시기 위해 "보내신" 그리고 "주신" "하나님의 아들"과 동일시한다. 요 6:35-58에서 예수는, 하나님 아버지의 "보냄을 받은" 하나님의 아들로서 하늘에서 "내려오셨고," 인자로서 자기 "살"(בשר /σάρξ /σῶμα)과 "피"를 영생을 위한 "떡"과 "음료"로 주신다(따라서 요 6:53-55은 마지막 만찬의 떡의 말씀과 잔의 말씀을 분명하게 반영한다). 이와 같이 요한복음의 두 본문(요 3:13-17; 6:35-58; 또한 참고. 요 10:11, 15, 17, 18; 15:13; 아래를 보라)에서, 우리는 막 10:45//마 20:28의 대속물 말씀과 막 14:21-25(과 그 병행 구절들)의 성만찬 말씀에 대한 반영을 많이 본다. 따라서 이 반영들은 분명 보냄의 형식과 내어줌의 형식이 예수의 "그 '사람의 아들'이 온 것은…"이라는 말씀들과 "그 '사람의 아들'이 넘겨진다…"는 말씀들, 특히 대속물 말씀과 성만찬 말씀에서 발전된 것임을 시사해준다. 사실 요 3:16-17에 예수의 이러한 말씀들의 분명한 반영들이 있음을 고려할 때 요일 4:9-10의 보냄의 형식("하나님이 자기의 독생자를 세상에 보내신 것은 우리로 그로 말미암아 살게 하려는 것이라…; 하나님은 우리를 사랑하사 우리 죄를 위한 화목 제물[expiation(ἱλασμός/כפרים)]로 그 아들을 보내셨다")은 막 10:45//마 20:28("그 '사람의 아들'이 온 것은 자기 목숨을 많은 사람을 위한 대속물[λύτρον/כפר]로 주려 함이라")의 대속물 말씀을 부활절 이후의 관점에서 "그 '사람의 아들'이 온 것은…"이라는 원래의 형식을 하나님이 자기 아들을 보내신 것은…"이라는 형식으로 바꾸어 표현한 그런 재진술의 하나로 보인다(또한 참고. 요일 3:16; 아래를 보라).

이와 비슷하게 롬 3:21-26의 "모든 믿는 자들"의 "구속"을 위하여 "하나님이 [그리스도 예수를] 화목 제물로 세우셨다"는 핵심 진술 역시 내어줌의 형식의 한 변이형 같아 보이는데 대속물 말씀과 성만찬 말씀을 연상시킨다. 내어줌의 형식이 가진 모든 일반적 요소들이 여기에 있음을 주목하라. 롬 3:21-26의 전체 문맥이 하나님의 행위의 이유로 하나님의 구원의 의와 은혜를 강조하는 것은 일반적으로 내어줌의 형식에서 하나님 혹은 그리스도의 사랑을 강조하는 것과 밀접하게 상응한다. 여기서 하나님이 그리스도를 세우시는 목적은 일반적인 내어줌의 형식에서와 같은데, "모든" 믿는 자들을 자신의 진노에서 건지기 위해 예수를 속죄 제물로 삼으시기 위함이다(참고. 롬 1:18; 2:5; 3:5). 일반적으로 속죄와 구속의 대행자로 사용되는 "하나님의 아들"은 여기서 "그리스도 예수"로 대체된다. 그런데 롬 4:24-25과 갈 1:3-4의 내어줌의 형식에서는 "하나님의 아들"이 각각 "예수 우리 주"와 "우리 주 예수 그리스도"로도 대체된다(또

한 참고. 롬 8:32, 34; 엡 5:2, 25). 일반적으로 사용되는 "넘겨주셨다/내어주셨
다"(παρέδωκεν) 동사 대신 여기서는 "세우셨다"(προέθετο) 동사가 나온다.
그런데 "세우셨다"는 "넘겨주셨다/내어주셨다"의 변이형으로 볼 수 있다
(참고. 사 53:10: 하나님이 종을 "세우심"[שים]은 칠십인경(LXX)에서 "주심"[δῶτε]으로
번역된다. 위와 아래를 보라).

　　롬 3:21-26에서의 대속물 말씀과 성만찬 말씀의 반영들에 대해서는
다음을 주목하라. 무엇보다 먼저 (1) "속량"(ἀπολύτρωσις) 개념은 분명 막
10:45//마 20:28의 "대속물"(λύτρον)과 연결된다. 그리고 25절의 "화목 제
물"(ἱλαστήριον / כפרת)이라는 이 논란이 되는 개념을 어떤 의미로 취하
든 간에, 롬 8:3과 고후 5:21의 "속죄 제물" חטאת)과 같이, 사 43:3-5과
53:10-12을 반영하는 막 10:45//마 20:28과 막 14:24(과 그 병행 구절들)의
"대속물"(כפר)과 "속건 제물"(אשם)과 관련이 된다. "화목 제물" 개념이 뒤
의 두 개념과 같이 죄의 문제를 해결하는 제사를 가리키는 한 그렇다고
할 수 있다(25절의 "그의 피로… 죄를"을 특히 주목하라). (2) 위에서 제안한 바와
같이, 25절의 προέθετο 동사는 대속물 말씀의 배경을 이루는 사 53:10의
שים을 표현한다고 볼 수 있다. 여기서 모러(C. Maurer)가 τίθημι τὴν ψυχήν
μου ὑπὲρ τινῶν라는 형식으로(요 10:11, 15, 17, 18; 15:13; 또한 참고. 요일 3:16)
요한이 "공관복음에서 막 10:45//마 20:28의 δίδωμι τὴν ψυχὴν αὐτοῦ
λύτρον ἀντὶ πολλῶν이라는 [대속물] 말씀을… 사 53:10의 히브리어 표
현인 שים으로 직접 돌아가서… 자기 자신의 방식대로 새로 진술"하고 있
음을 어떻게 관찰하는지를 주목해 보라.[21] 실제로 요 10:10-11(ἐγὼ ἦλθον
ἵνα ζωὴν ἔχωσιν ... Ἐγώ εἰμι ὁ ποιμὴν ὁ καλός. ὁ ποιμὴν ὁ καλὸς τὴν ψυχὴν αὐτοῦ τίθησιν
ὑπὲρ τῶν προβάτων)은 분명 대속물 말씀을 풀어 설명한 것(a paraphrase)으로
보이며(참고. 요일 4:9-10) 우리가 요 10:15, 17, 18; 15:13(또한 참고. 요일 3:16)
에서 대속물 말씀의 반영을 보다 분명하게 인식하는 데 도움을 준다(예수

21　C. Maurer, τίθημι, *TDNT* 8:155-56. 요 1:13, 16에서 발견되는 막 10:45의 반영들에
　　대해서는 필자의 주석에서 살전 2:5-8에 대한 해설을 보라.

께서 십자가에서 대속물 말씀을 성취하시기 전에 그 말씀을 요 13:1-20에서 극으로 표현해 주신 것 또한 참고하라).[22] 따라서 요한이 사 53:10의 שׂים을 τίθημι로 번역하듯이 바울 역시도 롬 3:25에서 이를 비슷하지만 보다 강조의 의미를 띄는 προτίθημι로 번역하는 것으로 보인다. (3) 롬 3:22-23에서 구원 사건의 수혜자로 언급되는 "모든[πάντες]"은, 딤전 2:6; 롬 8:32; 고후 5:14-15에서와 같이 예수의 이 말씀들과 그 이사야적 배경(53:10-12)에 나오는 "많은"(πολλοί)을 반영한다. 마지막으로 (4) 롬 3:21-26에서 하나님의 구원 행위의 이유로 하나님의 구속적 의와 은혜를 강조하는 것은 대속물 말씀과 성만찬 말씀의 배경이 되는 사 43:3-4과 53:10-12에서 하나님의 사랑을 강조하는 것과 밀접하게 상응한다. 따라서 바울은 롬 3:21-26에서 일반적인 내어줌의 형식을 풀어 설명하면서 막 10:45//마 20:28과 14:21-25(과 그 병행 구절들)을 반영하고 있을 개연성이 크다. 이제 갈 2:20에서 하나님의 아들이 자신을 내어주심과 롬 8:32에서 하나님이 자기 아들을 내어주심을 바울이 그 다음 구절들인 갈 2:21(참고. 1:3-4)과 롬 8:34에서 각기 어떻게 그리스도의 죽음으로 다시 새롭게 진술하는지를 주목하라. 이것은 우리로 롬 4:25의 내어줌의 형식과 고전 15:3의 죽음의 형식 사이의 관계를 연상시킨다(위를 보라).

롬 3:21-26과 유사하게, 롬 5:8-10 역시 "넘겨주다/내어 주다"(παραδιδόναι) 동사 만 빼고 내어줌의 형식의 일반적인 성격을 모두 가지고 있다: 하나님이 주어이고, 그의 사랑이 이유로 제시된다. 그의 아들은 속죄의 대행자이며 우리를 그의 진노에서 구속하심을 그 목적으로 하며 "우리를 위하여"라는 어구는 수혜자들을 가리킨다. 거기서 "[하나님이] 자기 아들을 넘겨주셨다/내어주셨다"는 일반적인 형식은 "그리스도께서 우리[죄인들]을 위해 죽으심으로… 자기의 사랑을 확증하셨다(συνίστησιν)"(롬 5:8)와 "그의 아들의 죽음"으로(롬 5:10) 대체되는 것 같다. 여기서 "그의 아들의

---

22 요한의 주석가들이 요한 문헌에 있는 대속물 말씀의 암시들과 반영들을 왜 대체로 무시해왔는지 이상할 따름이다.

죽음"이라는 문구는 "그리스도께서 우리를 위하여 죽으셨다"는 앞서의 죽음 형식(롬 5:8)을 축약하여 재진술한 것으로 "하나님이 자기 아들을 우리를 위해 넘겨주셨다/내어주셨다"와 "그리스도께서 우리를 위해 죽으셨다"는 이 두 형식들을 합쳐 놓은 것임을 주목하라. 롬 3:21-25; 8:3-4; 고후 5:21(또한 참고. 요일 4:9-10)와 달리 롬 5:8-10는 여기서 그리스도의 죽음을 속건 제물이나 속죄 제물 혹은 그 비슷한 말로 명시적으로 언급하지는 않는다. 하지만 롬 4:25; 갈 1:4; 2:20의 내어줌의 형식과 마찬가지로 롬 5:8의 죽음의 형식("우리가 아직 죄인 되었을 때에 그리스도께서 우리를 위하여 죽으셨다") 역시 하나님의 아들의 죽음이 속죄 제사임을 함축적으로 인정하는데 후속절들에서의 이 죽음의 결과들을 강조하는 언급들 곧 "칭의" "화해/화목" "하나님의 진노로부터의 구원"은 그 죽음이 속죄 제사였음을 아주 분명하게 해준다. 따라서 우리는 보냄의 형식과 내어줌의 형식과 그 변형들의 다른 경우들과 마찬가지로 롬 5:8-10 전체 역시 예수의 대속물 말씀과 성만찬 말씀의 영향을 반영하고 있음을 알 수 있다.

고후 5:14-15과 5:21이 고후 5:16-20 전체를 하나로 감싸는 수미쌍관(*inclusio*) 구조를 형성하면서 5:16-20에서 설명하는 새로운 피조물과 화해/화목의 이유를 제시하기 때문에[23] 이 5:14-15과 5:21을 함께 놓고 볼 때 우리는 거기서도 바울이 기본적으로 롬 5:8-10에서 한 똑같은 일을 하고 있음을 알 수 있다. "하나님이 [그리스도를] 우리를 위한 죄[속죄 제물, חמאת]로 삼으신(ἐποίησεν) 것은 우리가 [의롭게] 되게 하려 하심이라"라는 형식(고후 5:21; 참고. 롬 8:3-4)은 롬 3:24-25과 같이 내어줌의 형식의 또 다른 변이형으로 보인다. 이 형식에는 하나님을 주어로 하고, 그리스도를 대행자로, 속죄와 구속(혹은 칭의)을 하나님의 행위의 목적으로 하

---

23 참고. F. Lang, *Die Briefe an die Korinther*(NTD; Göttingen: Vandenhoeck & Ruprecht, 1986), 295; C. Wolf, *Der zweite Brief des Paulus an die Korinther*(THNT; Berlin: Evangelische Verlagsanstalt, 1989), 117, 주 356; 또한 R. P. Martin, *2 Corinthians*(WBC; Waco, TX: Word, 1986), 129; O. Hofius, "Sühne und Versöhnung. Zum paulinischen Verständnis des Kreuzestodes Jesu," in *Paulusstudien*(WUNT 51; Tübingen: Mohr Siebeck, 1989), 45 (33-49).

고, "우리를 위하여" 문구가 그 수혜자를 가리키는 등 내어줌의 형식의
모든 일반적 요소들이 들어있다. 바울이 고후 5:21의 형식에서 표현된 하
나님의 행위에 대해 언급할 때, 고후 6:1에서 이를 요약하여 "하나님의
은혜"로 말할 때, 그 문맥에서 하나님의 사랑에 대한 강조도 보인다(고후
5:14의 그리스도의 사랑에 대한 강조도 주목하라). 달라진 점이 있다면 다음과 같
은 두 가지 정도밖에 없다. 롬 3:24-25; 4:24-25; 갈 1:3-4에서와 마찬가
지로 "하나님의 아들"이라는 일반적 표현 대신 "그리스도"를 사용하기
도 한다는 점(고후 5:20)과 롬 3:25의 "세우셨다"(προέθετο)라는 동사와 마찬
가지로 여기서도 "삼으셨다"(ἐποίησεν)가 일반적으로 사용되는 "내어주셨
다"(παρέδωκεν)를 의미한다는 점이다(고후 5:21의 ἐποίησεν과 롬 3:25의 προέθετο
는 사 53:10의 סﬦש을 반영하는 것일 수 있다. 이 히브리어 동사는 칠십인경에서 διδόναι
동사로 번역되며 칠십인경 사 53:12의 παραδιδόναι 동사와 병행을 이룬다). 따라서 고
후 5:21의 형식은 내어줌의 형식의 변이형인 것이다. 그런데 고후 5:14-
15에서 이 형식이 죽음의 형식("[그리스도께서] 모든 사람을 위해 죽으셨다")으로
제시되고 있음을 주목하라. 따라서 내어줌의 형식과 그 변이형의 다른
경우들과 같이 고후 5:21의 형식이 고후 5:14-15(참고. 롬 8:32; 딤전 2:6)의
"모든 사람을 위하여"라는 문구와 함께 막 10:45//마 20:28의 대속물 말
씀과 막 14:21-25(과 그 병행 구절들)의 성만찬 말씀과 그 구약적 배경이 되는
사 53:10-12(많은 사람을 의롭게 하기 위해 야훼의 종이 속건 제물[סﬡא] 혹은 속죄 제
물[חﬡטﬤ/LXX: περὶ ἁμαρτίας]로 드려짐)을 연상시킨다는 점 또한 주목하라.[24]
　지금까지의 논의를 통해 우리는 다음의 네 가지를 확인했다. (1) 롬
4:24-25; 8:3-4, 32-34; 갈 1:3-4; 2:20-21; 4:4-6의 보냄의 형식들과 내
어 줌의 형식들(딤전 2:5-6; 딛 2:13-14; 요 3:16-17; 요일 4:9-10 또한 참고하라)은
막 10:45//마 20:28의 예수의 대속물 말씀과 막 14:21-26(과 그 병행 구절들)
의 성만찬 말씀에 대한 부활절 이후의 케리그마적 반응들이었다.[25] (2)

24　참고. Stuhlmacher, *Biblische Theologie*, 1:295.
25　Ibid., 1:294-98.

롬 3:21-26; 5:8-10; 고후 5:14-15, 21(또한 참고. 요일 4:9-10)은 내어줌의 형식의 변이형들이거나 이를 재진술한 것들이다. (3) 보냄의 형식과 내어줌의 형식의 경우들과 마찬가지로 그 변이형을 포함하는 본문들도 대속물 말씀과 성만찬 말씀과의 밀접한 상응을 보여준다. (4) 내어줌의 형식들 중 일부(갈 2:20-21; 롬 8:32-34)와 그 변이형들 중 일부(롬 5:8-10; 고후 5:14-15, 21)는 바울이, 그 이전의 그리스도인들이 이미 그렇게 했던 것처럼(참고. 롬 4:25; 고전 15:3), 내어줌의 형식을 일반적으로 죽음의 형식으로 번역하고 있음을 보여준다(또한 참고. 고전 11:23, 26).

이와 같은 포인트들은 살전 5:9-10에서 바울이 예수의 대속물 말씀과 성만찬 말씀을 의식하고 있는지에 대한 우리 논의에 어떤 함의들을 가지는가? 살전 1:10과 5:9-10 모두(참고. 4:14) 바울이 개척 선교를 하는 동안 전파한, 종말에 하나님의 진노로부터 건지심을 받음에 대한 복음을 반영하기 때문에 이 두 본문은 함께 고려해볼 수 있다. 이렇게 이 두 본문을 함께 놓고 볼 때에, 우리는 이 본문들이 기본적으로 롬 5:8-10과 같은 메시지 곧 하나님이 하나님의 아들이신 그리스도의 대속적 죽음을 통해 우리를 자신의 진노에서 건지실 것이라는 메시지를 주고 있음을 보게 된다. 롬 5:8에서 강조되는 하나님의 사랑이 살전 5:9에 강조되는 하나님이 구원하실 것이라는 개념 속에도 함축적으로 표현된다. 롬 5:8-10에서와 마찬가지로 살전 1:10 + 5:9-10에서도 죽음의 형식("그리스도께서 우리를 위해 죽으셨다," 살전 5:9-10; 롬 5:8)은 하나님의 아들의 죽음이라는 축약된 형태로 표현된다는 사실(살전 1:10; 롬 5:10)을 특히 주목하라. 따라서 롬 5:8-10에서와 같이 살전 1:10에서도 우리는 하나님의 아들의 죽음을 "하나님이 자기 아들을 넘겨주셨다/내어주셨다"와 "그리스도께서 우리를 위해 죽으셨다"는 두 형식들을 하나로 결합시킨 것으로 간주할 수 있을 것이다. 사실 바울이 살전 1:10에서 케리그마를 "하나님이 죽은 자들 가운데서 다시 살리신[ἤγειρεν] ⋯ 그의 아들"로 간명하게 표현하는 방식은 만일 그가 그 케리그마를 온전한 형태로 표현하고자 했다면 "다시 살리신"의 짝을 맞추기 위해 그 아들의 죽음에 대해 "[하나님이] 넘겨주신/내어주신(παρέδωκεν)"이라는 동사를 사용했을 것임을 시사해준다. 롬 4:24-25에서 바울이 "예수 우리 주를 죽은 자 가운데서 다시 살리신 [ἐγείραντα] [하나님]"이라는 비슷한 문구를 "넘겨지시고[παρεδόθη] … 부활하신/일으킴을 받으신[ήγέρθη] [예수]"라는 내어줌의 형식으로 (이와 대조적으로 살전 4:14에서는 예수께서 "죽고[ἀπέθανεν] 다시 사셨다[ἀνέστη]") 자세히 설명하고 있는 것처럼 말이다. 따라서 살전 1:10과 5:9-10은 함께 바울이 데살로니가인들에게 내어줌의 형식과 죽음의 형식을 사용하여 하나님의 아들 그리스도 예수의 대속적 죽음을 통한 하나님의 구속/건지심에 대한 복음을 전했음을 시사해주는 것 같다. 그렇다면, 바울은 이 형식들을 사용할 때 보통 그렇게 하는 것처럼 여기서도 이 형식들의 예수의 말씀 근거 곧 대속물 말씀과 성만찬 말씀을 의식하고 있었을 것이다. 따라서 살전 1:10과 5:9-10에서 바울이 자신이 전한 복음을 회상하면서 예수의 그 인자 말씀들을 다시금 의식하고 있을 개연성이 크다. 그러므로 그리스도 사건에 대한 바울의 구원론적 형식들의 보다 넓은 문맥을 고려함으로 얻게 된 이 결론은 우리가 우리 서신(살전 1:10; 3:13)에서, 특히 살전 5:9-10의 근접 문맥(4:13-5:8)에서, 바울이 몇몇 예수의 인자 말씀들을 많이 염두에 두고 있다는 사실과 살전 2:6-8; 고전 9:19, 22; 10:33; 11:23-26; 갈 1:4; 2:20이 바울이 인자 말씀들인 대속물 말씀과 성만찬 말씀을 소중히 여긴다는 것을 보여준다는 사실로부터 추측한 바를 확증해준다. 바울이 데살로니가전서를 고린도에서 개척 선교를 하는 동안 AD 50년에 썼다는 사실, 다시 말해 고린도인들에게 고전 15:3-5에서 말하는 복음과 주의 만찬 제정의 말씀(고전 11:23-26)을 전하던 때에 살전 1:9-10; 4:14; 5:9-10을 기록했다는 사실 역시 바울이 예수의 대속물 말씀과 성만찬 말씀을 염두에 두고서 데살로니가전서의 그 구절들을 쓴 것임을 확증해준다.

3. 예수의 인자 말씀들이 바울의 복음 설교의 구체적인 기반을 형성했다

그리스도 사건으로부터 2천년이라는 간격이 있기에 우리는 "그리스도께서 우리를 위해/우리 죄를 위해 죽으셨다" "하나님이 자기 아들을 속죄적 죽음을 위해 보내셨다 혹은 넘겨주셨다"는 진술들을 "하나님이 세상을 창조하셨다" "하나님이 죄인들을 용서하신다" "하나님이 우리를 부르셨다" "최후의 심판이 있을 것이다" 등과 같이 단지 추상적인 신학적 명제들로 간주하기가 너무 쉽다. 그러나 바울의 경우 이 진술들은 결코 추상적인 신학적 명제들이 아니었다. 바울이 데살로니가인들과 다른 사람들에게 예수를 전할 때 그는 고대 신화 속의 한 인물이나 심지어 이스라엘 역사에서 모세나 아브라함과 같은 조상 영웅에 대해 말하는 것이 아니라 불과 이십여 년 전에 십자가에 못박혀 죽은 동시대 인물 중 한 사람에 대해 말하는 것이었다.[26] 따라서 죽음의 형식이나 보냄의 형식이나 내어 줌의 형식을 제시할 때 혹은 "주 예수께서 넘겨지시던 밤에 떡을 가지사…"라고 말할 때(고전 11:23), 바울은 단순히 신학적 형식을 제시하는 것이 아니라 최근에 일어난 한 사건에 대해, 모든 두려움의 감정과 함께 역사적 구체성에 대한 분명한 인식을 가지고 말하고 있었다. 그 잔인한 사건을 목격한 예수의 제자들이 여전히 주변에 있었고 바울은 종종 그들을 만나기도 했다. 복음서라는 독특한 장르의 책들이 웅변적으로 증언해주는 바와 같이 그들은 하나님과 그의 구원을 이해하기 위해 예수의 가르침과 행적에 대한 기억을 소중히 여기고 이를 진지하게 반추했다. 실라/실라아노는 바울과 함께 데살로니가 선교를 한 동역자요 데살로니가전서의 공동 발신자이기도 하다. 그는 예수의 원래 제자들 중 하나는 아니었지만 적어도 그들과 아주 가까이서 협력했던 사람이었다(행 15:22, 32).

---

26 Kim, *PNP*, 207-08을 참고하라. 거기서 필자는 천상의 중보자적 존재들에 대한 구약 유대교적 용어들과 전승들(예: 단 7:13-14; 시 110:1, 4)을 "동시대 역사와 경험을 공유했던… 한 인간에게(to a human figure … from contemporary history and experience)" 적용하는 "놀랍기 그지 없는" 사실(A. Chester, "Jewish Messianic Expectations and Mediatorial Figures and Pauline Christology," in *Paulus und das antike Judentum: Tübingen - Durham - Symposium*[WUNT 58; ed. M. Hengel and U. Heckel ; Tübingen: Mohr Siebeck, 1991], 76-77)의 의미에 대해 고찰하고 이것은 바울이 "그 '사람의 아들'"이 예수의 자기 칭호인 것과 그가 하나님의 아들로서의 자의식을 가지셨던 것과 그가 하나님 나라를 선포하신 일에 대해 알았을 뿐만 아니라 다메섹에서 부활하여 하나님 우편에 앉아 계신 그리스도를 환상으로 보고 그 모든 것들이 사실임을 확증 받는 그런 경험을 한 것을 가정할 때만 설명이 가능하다는 견해를 제시한다.

만일 바울이 예수의 죽음이 구원의 사건이라는 사실만 제시하려 하고 예수에 대한 다른 모든 것을 무시하는 사람이었다면[27] 어떻게 실라/실라아노가 바울과 함께 일할 수 있었을지 알기가 어렵다. 실라/실루아노는 분명 그 자신이 "선지자"나 복음 설교자이면서(행 15:32) 예수 전승의 구체적인 내용들 곧 예수는 누구셨고, 어떤 말씀과 어떤 행동을 하셨는지, 또 어떻게 십자가에 죽으시고 죽음 이후에 어떻게 부활하신 것을 보이셨는지 등에 대해 알림으로 바울의 설교를 도왔을 것이다. 그러므로 살전 5:9-10에서 바울이 "그리스도께서 죽으셨다"고 말할 때 그 신학적 의미를 의식했을 뿐 아니라 최근에 일어난 십자가 사건에 대한 공포도 고스란히 느끼고 있었을 것이고 하나님의 진노에서 우리를 구원하기 위해 "그리스도께서 우리를/우리 죄를 위해 죽으셨다"고 말할 때 대속물 말씀과 성만찬 말씀을 온전히 의식하고 있었을 것이라고 생각해야 한다.

데살로니가의 일부 헬라인들이 바울의 복음을 받아들였다는 사실 역시 우리가 데살로니가에서 개척 선교 사역을 하는 동안 바울이 그들의 구원을 위해 그리스도가 죽으시고 부활하셨다는 복음을 전할 때(참고. 살전 1:10; 4:14; 5:9-10) 예수의 가르침과 행적들과 예수께서 십자가에 죽고 부활하시기에 이르게 한 사건들의 자세한 내용도 충분히 설명했을 것이라고 생각하도록 이끄는 것이 당연하다. 왜냐하면 바울이 헬라인들을 대상으로 한 풍부한 선교 경험에 기초하여 고전 1:18, 22-23에서 헬라인들에 대해 말하는 것과는 상당히 다르게 데살로니가인들이 너무나 예외라고 할 수밖에 없을 만큼 잘 속는 그런 헬라인들이 아니었다면, 어떻게 그들이 바울이 예수가 어떤 것을 가르쳤고, 그가 어떻게 십자가에 죽게 되셨는지, 왜 십자가에서 가장 끔찍하고 수치스러운 죽음을 맞이하신 것이 그들의 구원을 위한 것이 되었는지에 대해 설명하지 않고 다만 예수 그리스도께서 그들을 위해 죽으셨고 하나님에 의해 죽은 자 가운데서 일으키심을 받았다고 전했는데 그 메시지를 구원의 기쁜 소식으로 이해할 수

---

27 R. Bultmann, *Theology of the New Testament*(London: SCM, 1968), 1:188-89를 참고하라.

있었겠는지 이해하기가 어렵다.[28] 만일 데살로니가인들이 잘 속아 넘어
가는 그런 사람들이었다면 바울은 고전 1:18a, 22-23에서 한 것처럼 헬
라인들이 십자가에 달리신 그리스도에 대해 보이는 태도를 일반화 시켜
말하지는 못했을 것이다. 다른 헬라인들에게 할 때와 마찬가지로 데살로
니가인들에게도 바울은 예수라는 이름의 한 유대인의 십자가 죽음이 그
들을 하나님의 저주에서 구원받게/건짐 받게 하셨다는 가장 강력한 메시
지의 배후 논리를 설득력 있게 설명했을 것임에 틀림없다(참고. 고전 1:18b,
20-21, 24-25). 물론, 바울은 하나님이 예수 그리스도를 다시 살리신 사실
에 호소했을 것이다. 그러나 그것만으로 어떤 헬라인들을 설득할 수 있
었겠는가? 바울이 예수께서 자신의 죽음에 대해 하나님이 주신 사명에
따른 대신적 속죄를 위한 제사로 가르치셨다는 것과 하나님이 그를 죽은
자 가운데서 부활하게 하심으로써 이를 확증하고 그가 옳았음을 확인해
주셨다고 설명하지 않았다면 그들이 어떻게 예수의 부활이 그의 죽음의
구속적 성격을 입증해 보인 것을 알 수 있었겠는가?

바울이 고린도인들에게 성만찬 말씀을 아주 중요한 예식으로 전달해
주어 그들이 모일 때 주의 만찬을 기념하게 했다는 사실(고전 11:23-26)은
그가 예수의 죽음이 대신적 속죄의 사건임을 설명하되 예수 자신의 말씀
을 이용하여 그렇게 하셨다는 점을 확증해준다. 바울이 살전 2:6-8; 고전
9:19, 22; 10:33; 갈 1:4; 2:20에서 대속물 말씀이 얼마나 그에게 소중한지
를 보여준다는 사실 또한 이를 확증해준다. 왜냐하면 바울이 주의 만찬
제도를 그리스도께서 우리를 위해 죽으셨다는 복음 선포와 거의 분리시
켜서 전수했다고 생각하는 것은 불가능하기 때문이다. 그리고 바울이 자
신이 잘 알고 그 의미와 중요성을 너무나 잘 이해하는 대속물 말씀에 호
소하지 않고서 그리스도의 죽음의 의미를 설명했다고 믿는 것 역시 불
가능하기 때문이다. 사실 딤전 2:5-6과 딛 2:13-14의 헬라어권에 맞게

---

28 참고. M. Hengel, "The Origins of the Christian Mission," in *Between Jesus and
Paul*(Philadelphia: Fortress, 1983), 61 주 73(178).

수정한 대속물 말씀은[29] 바울이 세운 헬라어권 사람들의 교회에서도 이 말씀이 아주 소중히 여겨졌음을 증언한다(요한 공동체에서와 마찬가지로: 요 3:13-17; 6:35-58; 10:11, 15, 17, 18; 15:13; 또한 참고. 13:1-20; 요일 3:16; 4:9-10; 위를 보라). 따라서 살전 2:6-8; 고전 9:19, 22; 10:33; 갈 1:4; 2:20과 더불어 딤전 2:5-6; 딛 2:13-14은 헬라인들 가운데서 선교사역을 하면서 설교를 할 때 바울이 그리스도의 죽음의 의미를 대속물 말씀을 규칙적으로 이용하여 설명했음을 분명하게 시사한다. 그러므로, 살전 2:6-8; 고전 9:19, 22; 10:33; 갈 1:4; 2:20 말고도 위의 두 목회서신 본문들 역시 우리가 위에서 보냄의 형식이나 내어줌의 형식이나 죽음의 형식을 가지고 있거나 그와 같은 형식을 반영하는 것이라고 주장한 살전 1:10과 5:9-10을 비롯한 바울의 구절들 배후에 대속물 말씀과 성만찬 말씀이 있다고 보려는 우리의 시도를 뒷받침해준다.

4. 예수의 다양한 인자 말씀들이 바울의 복음 설교로 통합된다

많은 학자들은 복음서의 여러 다른 종류의 인자 말씀들 전부가 예수에게서 기원한 것일 수 없으며 기껏해야 한 종류의 인자 말씀만(인자의 미래적 오심에 대한 일부 말씀들이나 인자로 "인간" "아무개" "나 같은 사람"을 의미하는 일부 말씀들) 예수에게서 기원하고 나머지 종류의 인자 말씀들(특히 인자의 죽음에 대한 말씀들)은 초대교회가 만들거나 적절히 개조한 것이라는 전제를 가지고 연구를 한다.[30] 따라서 그들은 살전 1:10과 5:9-10에서 바울이 그리스도께서 우리를 위한 대속적 죽음을 맞으신 것에 대해 가르치는 것과 살전 1:10; 3:13; 4:13-5:11에서 바울이 주와 하나님의 아들이신 예수의 파

---

29 참고. J. Jeremias, "Das Lösegeld für Viele(Mk 10,45)," in *Abba. Studien zur neutestamentlichen Theologie und Zeitgeschichte*(Göttingen: Vandenhoeck & Ruprecht, 1966), 226; P. Stuhlmacher, *Reconciliation, Law, and Righteousness*(Philadelphia: Fortress, 1986), 18; Riesner, "Back to the Historical Jesus," 180-92.

30 예를 들면, H. E. Tödt, *The Son of Man in the Synoptic Tradition*(London: SCM, 1965), 42-60; R. Leivestad, "Exit the Apocalyptic Son of Man," *NTS* 18(1971/72), 243-67; B. Lindars, *Jesus Son of Man*(Grand Rapids: Eerdmans, 1983), 60-84.

루시아에 대해 가르치는 가르침들의 배후에 예수의 인자 말씀들이 있는 것으로 보려는 우리 시도에 반대할 것이다. 하지만 그들의 전제는 논쟁의 여지가 많다.[31] 그리고 그 전제를 인정한다 해도 그 전제가 여기서 우리가 하는 시도에 영향을 주지는 못한다. 왜냐하면 설사 (신약 정경에 나오는 대로의) 막 10:45//마 20:28과 막 14:21(과 그 병행 구절들)이 초대교회가 만들어(혹은 적절히 개조하여) 예수의 말씀이라고 한 그런 경우라고 판단된다 해도 바울은 그 말씀들을 진정한 예수의 가르침으로 받아들였을 수 있다. 비록 바울이 이 말씀들을 살전 2:6-8; 고전 9:19, 22; 10:33; 11:23; 갈 2:20에서 이용하고 보냄의 형식과 내어줌의 형식과 죽음의 형식에서 그 말씀들을 반영하고 있는 것이 이 말씀들의 진정성을 위해 지금까지 제안된 다양한 주장들에 더욱 힘을 실어주는 것으로 볼 수 있기는 하지만[32] 여기서 우리의 해석을 위해 필요한 것은 바울이 이 말씀들을 예수의 진정한 인자 말씀들로 알았다는 사실밖에 없다.

　바울이 주의 만찬 제정을 "주 예수께서 넘기우시던 밤에…"(고전 11:23)라며 도입하는 말씀은 "인자는 기록된 대로 가거니와… 인자가 넘기우리니(delivered)…"(막 14:21과 그 병행 구절들)라는 마지막 만찬의 핵심 주제 진술을 암시하는 것일 수 있다고 이미 우리가 판단한 바 있다. 예수는 이 인자 말씀의 의미를 제자들에게 떡을 떼어 나눠 주시고 잔을 부으시는 상징적 제스처들과 더불어 주시는 말씀들(막 14:22-25과 그 병행 구절들)을 통해 설명하신다. 바울이 제시하는 성만찬 제정의 말씀의 마지막 말은 "너희가 이 떡을 먹고 이 잔을 마실 때마다 주의 죽으심을 주께서 오시기까지 선포하라"다. 여기서 다시금 우리는 도입문의 내어줌의 형식("[주 예수께서] 넘겨짐이 되셨다")을 마무리하는 문장에서는 (축약된 형태의) 죽음의 형식("주의 죽으심")으로 재 진술하는 것을 본다. 살전 3:13; 4:13-5:11에서 바울이 "주의 오심"을 가지고 예수의 심판과 구원을 위해 장차 오시는 인자에

31　Kim, *"The 'Son of Man',"* 7-14를 보라.
32　Evans, *Mark 8:27-16:20*, 115-25와 거기에 인용된 문헌들을 참고하라.

대한 말씀들을 의식하고 있듯이, 여기서 마무리하는 문장의 "그가[곧 주
께서] 오실 때까지"라는 문구를 통해서도 그렇게 하고 있을 개연성이 매
우 높다.[33] 다시금, 고린도인들에게 "그가 오실 때까지"라는 이 말을 포함
한 성만찬 제정의 말씀들을 전달하는 그 무렵에 바울이 살전 1:10; 3:13;
4:13-5:11에서 주(혹은 하나님의 아들)의 오심을 기다리는 것에 대해 쓰고
있다는 사실을 생각하라. 아니면 그 반대로 데살로니가전서에서 예수의
인자 말씀들을 많이 반영하면서 주의 오심을 기다리는 것에 대해 쓰는
동안에 바울은 고린도인들에게 주의 만찬을 기념하기를 "그가 오실 때
까지" 할 것에 대해 가르치고 있었음을 생각해보라. 그러면 고전 11:23-
26의 주의 만찬 제정의 말씀이 바울이 그리스도의 죽음과 파루시아 두
가지 모두를 예수의 인자 말씀들을 통해 생각하고 있는 점과 따라서 바
울이 두 종류의 인자 말씀들 곧 "인자가 넘겨질 것이다…" 말씀과 "인자
가 올 것이다…" 말씀을 동시에 반영하고 있는 점을 보여주고 있다는 것
을 알 수 있다. 따라서 우리는 데살로니가전서에서도 마찬가지로 바울이
두 종류의 인자 말씀들을 반영하는 것으로, 곧 살전 4:13-5:8에서는 장차
오시는 인자에 대한 말씀들을 반영하고 살전 4:14; 5:9-10(또한 참고. 2:6-8)
에서는 인자가 넘겨지고/내어줌이 된다는 말씀들을 반영하고 있음을 알
수 있다. 실제로 바울은 살전 1:10에서 그 짧은 문장 안에서 이 두 종류
의 인자 말씀을 결합하여 반영하면서 "인자"를 하나님의 아들로 다시 진
술하여 표현하고 있다. 앞서 제시한 "바울의 하나님의 아들 예수의 복음
의 기초로서의 예수의 인자 말씀들"이라는 논문에서 우리는 살전 1:10과
3:13에서 하나님의 아들의 중보라는 개념을 암시할 때 바울은 또한 눅
12:8-9//마 10:32-33과 막 8:38(과 그 병행 구절들)의 인자 말씀들에서 "인
자"를 "하나님의 아들" 혹은 "주"로 대치시켜서 그 인자 말씀들을 반영하
고 있을 개연성이 크다는 것을 보았다. 바울이 전수한 성만찬 말씀의 도

---

33 C. K. Barrett, "Das Fleisch des Menschensohnes(Joh 6,53)," in *Jesus und der
Menschensohn*(Freiburg: Herder, 1975), 351을 보라.

움을 받아 바울이 어떻게 살전 1:10에서 두 종류의 인자 말씀들(장차 오심과 속죄를 위해 자기를 내어주심)을 결합하여 반영할 수 있는지를 설명했기 때문에 이제 그가 어떻게 이 인자 말씀들을 또 다른 종류의 인자 말씀 곧 인자의 중보에 대한 말씀과 통합할 수 있었는지를 설명할 필요가 있다. 막 10:45//마 20:28의 대속물 말씀과 막 14:24(과 그 병행 구절들)의 잔의 말씀의 배경에 있는 사 53:10-12이 여기서 도움이 될 수 있다. 왜냐하면 그 본문에서, 야훼의 종은 속죄 제사와 중보 두 가지 모두를 제공하기 때문이다. 따라서 그 그림이 바울로 하여금 두 종류의 인자 말씀들(속죄와 중보)을 함께 하나의 전체를 이루는 것으로 이해하도록, 그리고 살전 1:10; 롬 5:8-10; 8:32-34에서 하나님의 아들이 강림하여 최후의 심판이 있게 될 때 자기 백성을 하나님의 진노에서 건지실 것을 설명하기 위해 그 아들의 속죄와 중보를 결합하도록 도운 것 같다.

결론

따라서 데살로니가전서와 바울의 다른 서신들의 구원론적, 목회적/권면적 가르침들에서 바울이 예수의 대속물 말씀과 성만찬 말씀을 많이 반영하고 있는데 이것은 이 말씀들이 그의 복음과 그의 사도적 자세와 권면적 가르침의 기초를 형성하고 있음을 보여준다(필자는 요한의 신학에 대해서도 마찬가지 결론을 말할 수 있다고 생각한다. 비록 여기서는 위에서 한 것과 같이 몇몇 핵심적인 요한의 본문들을 가리키는 것 외에 이 주장을 위해 할 수 있는 바가 없기는 하지만). 따라서 바울이 예수의 인자의 장차 오심에 대한 말씀들과 심판/중보에 대한 말씀들을 반영하고 또 예수의 대속물 말씀과 성만찬 말씀을 많이 반영하고 있는 것은 예수와 바울 사이의 강력한 연속성을 시사한다. 바울은 분명 자신의 복음을 예수의 가르침의 기초 위에 세우고 예수의 모범을 따라 자신의 사도적 사역을 갖춰가고 있는 것이다.[34]

---

34 만일 필자가 본서의 4장과 5장에서 제시한 발견들과 6장에서 제시할 발견들이 설득력이 있다면, 이 발견들은 신약에서 가장 치열하게 논쟁되는 이슈들 중의 하나인 복음서 전승에서 "예수와 인자 말씀들"이라는 커다란 이슈에 대해 몇 가지 중대한 함의들을 가질 수 있을 것이다.

====== **6장** ======

데살로니가전서 4:13-5:11의 예수 전승

디모데에게서 데살로니가인들이 주 예수 그리스도의 재림(parousia) 전에 죽은 신자들에 대해 슬퍼하고 있으며 재림의 날짜에 대해서도 염려하고 있다는 보고(살전 3:6-8)를 받고서 바울은 살전 4:13-18과(περὶ τῶν κοιμωμένων) 5:1-11에서(περὶ δὲ τῶν χρόνων καὶ τῶν καιρῶν) 이 질문들을 차례로 다룬다. 하지만 데살로니가인들이 죽은 신자들에 대해 가진 슬픔은 정확하게 어떤 성격의 것인가? 그들은 죽은 신자들은 주의 파루시아 때 구원에 전혀 참여하지 못할 것이라고 생각한 것인가, 아니면 단지 그들이 파루시아 때까지 살아남을 사람들에 비해 어떤 불이익을 가지게 될 것이라고 생각한 것인가? 그들이 그와 같이 생각하게 된 이유는 무엇인가? 데살로니가인들이 죽은 신자들에 대해 느끼는 슬픔과 재림 날짜에 대한 염려 사이에 어떤 관계가 있는가? 우리 본문에서 바울은 명시적으로 "주의 말씀"(살전 4:15)에 호소하며 공관복음에 전수된 예수의 말씀들을 아주 많이 연상시키는 언어로 가르침을 베푼다. 여기서 바울은 예수의 몇몇 말씀들을 암시하고 있는 것인가? 그렇다면 왜 바울은 데살로니가인들의 두 가지 문제들을 보통 그가 하는 것과는 다른 방식으로 예수의 말씀들을 언급하면서 다루는가?

1. 몇 가지 기본적인 주해적 관찰

이 질문들에 답하기 위해 우리는 바울이 우리 본문에서, 특히 그 첫 번째 섹션(살전 4:13-18)에서 말하는 것에 대해 분명하게 이해하는 것에서부터 시작할 필요가 있다. 살전 4:14에서 바울은 데살로니가인들의 슬픔에 대해 간단히 대답한다(살전 4:13). 그러고 나서 후속 절들(15-17절)에서 그는 이 대답을 더 자세히 풀어 설명하고 그 근거를 제시한다.[1] 살전 4:14에서 전제절(protasis)은 조건절인데 귀결절(apodosis)은 비교와 추론의 접속사(οὕτως καί)로 시작된다는 점에서 문법적으로는 이상한 문장을 이룬다. εἰ로 시작되는 전제절은 가정적 조건을 제시하기보다 사실에 대해 진술한다.[2] 그럼에도 이 전제절이 조건절로 작성된 것은 독자들로 하여금 그 고백에 한 번 더 스스로를 일치시켜 보도록 하려는 것이다[3]: "나는 우리가 다 그렇게 믿고 있다고 확신하는데, 만일 우리가 정말로 … 라는 것을 믿고 있다면." οὕτως καί는 추론적이고 비교적인 표현으로 보이는데 "바로 그와 같이"(even so)로 번역할 수 있다. 이 표현은 표현되지 않은 전제를 가리킨다: "(나는 우리가 예수께서 죽으시고 다시 살아나셨다는 것을, 다시 말해 하나님이 그를 죽은 자 가운데서 살리셨음을 믿고 있다고 확신하는데 만일 우리가 정말로 이것을 믿고 있는 것이라면) 바로 그와 같이 하나님이 잠든 자들을 데리고 오시리라…"

살전 4:14의 요약식 결론을 보다 자세히 설명하고 그 근거를 제시하는

---

1 N. Hyldahl, "Auferstehung Christi - Auferstehung der Toten(1 Thess. 4,13-18)," in *Die Paulinische Literatur und Theologie*(ed. S. Pedersen; Arhus: Forlaget Aros, 1980), 121; I. H. Marshall, *1 and 2 Thessalonians*(NCBC; Grand Rapids: Eerdmans, 1983), 125; A. J. Malherbe, *The Letters to the Thessalonians*(AB 32B; New York: Doubleday, 2000), 267을 참고하라.

2 참고. BDF 372.1.

3 T. Holtz, *Der erste Brief an die Thessalonicher*(EKKNT XIII; Zürich: Benziger; Neukirchen: Neukirchener, 1990), 190.

4:16에서는 죽은 자들의 부활이 두드러지게 언급되고, 이 부활은 주 예수 그리스도의 일로 그려진다. 따라서 14절에서 우리는 διὰ τοῦ Ἰησοῦ를 ἄξει와 연결하여 해석해야 하고[4] ὁ θεὸς τοὺς κοιμηθέντας διὰ τοῦ Ἰησοῦ ἄξει 절은 "하나님이 예수를 통해 잠든 자들을 데려올 것이다"라는 의미로 해석해야 한다.

살전 4:14의 σὺν αὐτῷ 어구는 4:17과 5:10에 나오는 그 설명에 비추어 해석되어야 한다. 바울은 4:15-17에서 4:14의 요약식 결론을 "주의 말씀"에 기초하여 자세히 설명하고 그 근거를 제시하면서 먼저 4:15b에서 자신이 제시하고자 하는 "주의 말씀"의 함의를 진술한다[5]: "주께서 강림하실 때까지 우리 살아 남아 있는 자도 자는 자보다 결코 앞서지 못하리라." 그런 다음 살전 4:16-17a에서 바울은 "주의 말씀" 자체를 알기 쉽게 풀어 제시한다(paraphrase): "주께서 호령과 천사장의 소리와 하나님의 나팔 소리로 친히 하늘로부터 강림하시리니 그리스도 안에서 죽은 자들이 먼저 일어나고 그 후에 우리 살아남은 자들도 그들과 함께 구름 속으로 끌어 올려 공중에서 주를 영접하게 하시리니." 바울이 이와 같은 식으로 논의를 전개하는 것은 데살로니가인들의 문제를 즉시 해결하여 그들의 염려를 덜어주기 원하기 때문이다. 4:16-17a에서 "주의 말씀"을 알기 쉽게 풀어 재진술함으로써 바울은 4:14의 결론의 한 부분 곧 ὁ θεὸς τοὺς κοιμηθέντας διὰ τοῦ Ἰησοῦ ἄξει와 4:15b에서 "주의 말씀"에서 이끌어낸 함의의 근거를 제시한다. 하지만 4:17b에서 바울은 4:16-17a에서 쉽게 풀어 재진술한 "주의 말씀"의 또 다른 함의를 이끌어 낸다: "그리하여 우리가 항상 주와 함께 있으리라." 이것은 (4:17a에 인용된 "주의 말씀"의 한 부분과 함께) 4:14의 ἄξει σὺν αὐτῷ 라는 문구를 분명하게 설명하고 그 근거를

4 마찬가지 견해로 Malherbe, *Thessalonians*, 266.
5 마찬가지로, 예를 들어, P. Siber, *Mit Christus leben: Eine Studie zur paulinischen Auferstehungshoffnung*(ATANT 61; Zürich: Theologischer Verlag, 1971), 35-36; Marshall, *Thessalonians*, 126-27; C. A. Wanamaker, *The Epistle to the Thessalonians*(NIGNT; Grand Rapids: Eerdmans, 1990), 171; Malherbe, *Thessalonians*, 269.

제시해준다. 이는 4:14의 ἄξει σὺν αὐτῷ를 4:17의 σὺν κυρίῳ ἐσόμεθα 어구와 같은 의미("그와 함께 있으리라")로 이해해야 함을 뜻한다. 이것은 "*syn autō*는 *eis to einai autous syn autō*와 같은 의미"라는 말허비(A. Malherbe)의 견해[6]를 확증해준다.

더욱이 살전 4:14과 5:9-10이 수미쌍관(*inclusio*)을 이루고 있음을 주목하여 각각을 그리스도께서 강림하실 때 얻게 될 구원에 대한 논의의 시작 부분에서 근본적인 진리를 확인하고(4:14) 결론 부분에서 그 진리를 재확인하는 것으로(5:9-10) 이해할 필요가 있다. 이 두 본문 사이에서 발견되는 병행뿐만이 아니라 5:8의 권면을 통해 5:1-7의 주장에 대한 결론을 제시하는 5:1-11에서의 바울의 논리적 흐름을 통해서도 이 점이 분명히 드러난다: "우리는 낮에 속하였으니 정신을 차리고 믿음과 사랑의 호심경을 붙이고 구원의 소망의 투구를 쓰자." 그리고 나서 5:9-10a에서 바울은 5:8의 권면에 대한 근거를 제시한다: "하나님이 우리를 세우심은 노하심에 이르게 하심이 아니요 오직 우리를 위해 죽으신 우리 주 예수 그리스도로 말미암아 구원을 받게 하심이라." 이와 같이 그는 우리가 해야 하는 바에 대한 근거를 하나님이 하신 일에서 찾는다. 이로써 재림의 날짜를 모르기 때문에 늘 깨어서 절제된 삶을 살아야 한다는 바울의 주장이 완결된다. 하지만 바울은 5:9-10a에서 진술한 하나님의 행위의 목적에 대해 계속해서 설명한다: "우리로 하여금 깨어 있든지 자든지 자기[주 예수 그리스도]와 함께 살게 하려 하셨느니라"(5:10b). 5:1-10의 논증의 맥락에서 이 ἵνα 절은 불필요하며 더 나아가 마르쿠스 라우텐쉴라거(Markus Lautenschlager)와 존 하일(John P. Heil)과 같은 방식으로 잘못 해석하게 될 여지만 남긴다.[7] 따라서 ἵνα 절은 바울이 이 절을 통해 살전 4:13에

6　Malherbe, *Thessalonians*, 267(맙수에스티아의 티오도레[Theodore of Mopsuestia]을 견해를 따라서); 또한 참고. Siber, *Mit Christus leben*, 30.

7　M. Lautenschlager, "Εἴτε γρηγορῶμεν εἴτε καθεύδωμεν: Zum Verhältnis von Heiligung und Heil in 1 Thess 5,10," *ZNW* 81(1990)는 γρηγορεῖν은 결코 살아 있음에 대한 은유로 사용되지 않으며 (42) καθεύδειν은 영적/도덕적 태만의 은유로 사용되지만 죽음을 위한 은유로 사용되는 일이 없고 반대로 κοιμᾶσθαι는 죽음을 위한 은유로

278

서 5:10에 이르는 종말론에 관한 섹션 전체에서의 자기 논증의 결론의
일환으로서 살아남은 신자들과 죽은 신자들 모두의 구원을 강조하고자
한다는 전제 아래서만 이해될 수 있다. 바울이 최종적인 구원을 4:14의
ἄξει σὺν αὐτῷ와 4:17a의 ἅμα σύν … 과 4:17b의 σὺν κυρίῳ ἐσόμεθα를
의도적으로 반영하여 σὺν αὐτῷ ζήσωμεν으로 표현한다는 점 역시 그가
여기서 단지 5:1-11에서의 가르침에 대해서만이 아니라 4:13-5:11에서
의 종말론적 가르침 전체 섹션에 대한 결론을 제시하고 있음을 분명하게
시사한다. 따라서 5:10b의 εἴτε γρηγορῶμεν εἴτε καθεύδωμεν을 통해 바
울은 앞서 4:13-18의 살아남은 신자들과 죽은 신자들을 가리키는 것이
다. 5:10b에 4:17b의 ἅμα가 다시 나오는 것 역시 이를 보여준다. 따라서
4:14과 5:9-10은 수미쌍관을 이룬다.⁸ 그렇다면 4:14의 ἄξει σὺν αὐτῷ는

사용되지만 영적/도덕적 태만의 은유로 사용되는 일이 없다(42-49)고 주장한다. 이와 같
은 언어학적 관찰에 기초하여, 라우텐쉴라거는 살전 5:10의 γρηγορεῖν / καθεύδειν
을 영적-도덕적 부지런함/나태함의 의미로 취해야 한다고 주장하면서 이 구절의 εἴτε
γρηγορῶμεν εἴτε καθεύδωμεν을 이렇게 해석한다: "따라서 우리가 파루시아를 기
다리는 가운데 거룩한 삶을 살든지 아니면 허투루 살든지 간에…" 그렇다면, 라우텐쉴라
거에 의하면, 바울이 이 구절에서 이렇게 말하고 있는 것이다: 하나님이 그리스도를 통해
우리가 구원을 얻도록 정하신 것은 "우리가 파루시아를 기다리는 가운데 거룩한 삶을 살
든지 아니면 허투루 살든지 간에' 우리가 그와 함께 살도록 하기 위함이다." 그러나 (καθ)
εύδειν이 나오는 몇몇 본문들(예: 특히 시 87[88]:6; 단 12:2 - op. cit., 46-49)에 대한 미심쩍은 주
해는 차치하고라도(Malherbe, *Thessalonians*, 300), 그의 해석은 바울이 그 이전 구절들 (5:6-
8)에서 강조하여 제시한 모든 권면들을 스스로 부정하도록 만드는 것이다. 이것은 바울
이 정상적인 사람이라면 그렇게 하기 어려운 일이다. 라우텐쉴라거의 언어학적 논증에 기
반하지만 여기 제시한 문제를 인식하고서 John P. Heil, "Those Now "Asleep'(not dead)
Must be 'Awakened' for the day of the Lord in 1 Thess 5.9-10," *NTS* 46(2000): 464-
71은 5:10에서 바울이 그리스도의 재림 때 "현재 [도덕적 영적 의미에서] '잠들어 있는' 저
데살로니가 그리스도인들은 주 예수 그리스도와 함께 살게 되기 전에 성화의 삶으로 '각
성해야' 함을 의미한다고 말함으로써 라우텐쉴라거의 논지를 개선하고자 한다(471). 그러
나 이것은 근거 없는 생각을 본문에 주입하는 것이다. 더욱이 하일의 주장은 라우텐쉴라거
의 주장을 전혀 개선하지도 못한다. 왜냐하면 하일의 해석에 따르면, 바울은 데살로니가인
들에게 현재에 잠들어 있지 말고 깨어 있어야 함을 강조하고 나서(5:6, 8; 특별히 하일 자신[468]
이 지적하듯이 여기에 세 개의 현재 가정법 표현이 사용됨을 주목하라!) 그들이 파루시아 전에 '각성되는'
한, 그들의 영적, 도덕적 퇴행을 이제 허용하는 것처럼 보이기 때문이다. 그러나 이것은 본
문에서의 바울의 의도에서 명백히 어긋난다.

8 Malherbe, *Thessalonians*, 300을 참고하라.

σὺν αὐτῷ ζήσωμεν의 의미로 해석하여 "그와 함께 살도록 하기 위해 그들을 데려오신다"라는 의미로 해석해야 한다. 주와 함께 산다는 생각은 주와 함께 있다는 생각보다 훨씬 구체적이다. 5:10의 대결론에서 바울은 σὺν αὐτῷ ζήσωμεν을 사용하여 4:14와 17에서 εἶναι σὺν αὐτῷ를 통해 이미 표현한 바 있는 종말론적 소망을 보다 분명하고 확신 있게 표현한다.

그렇다면, 우리는 살전 4:14에서 σὺν αὐτῷ 앞에 εἰς τὸ εἶναι αὐτούς가 생략된 것으로 볼 수 있으며 ἄξει는 διὰ τοῦ Ἰησοῦ과만 함께 취할 수 있을 것이다. 그럴 때, 4:14b 전체는 이렇게 번역될 수 있다: "바로 그와 같이 하나님이 예수를 통해 그 잠든 자들을 그와 함께 데리고 오실 것이다." 아니면 하나님이 죽은 자들을 예수를 통해 부활하게 하심과 그들이 예수와 함께 있도록 하는 두 생각 모두를 한 단어로 결합시키려는 목적을 위해 바울이 여기서 ἄξει를 선택한 것으로 이해할 수도 있을 것이다.

2. 데살로니가인들의 슬픔의 성격

그러면 바울이 데살로니가인들의 문제에 대한 대답으로 살전 4:14에서 죽은 그리스도인들이 "주 예수 그리스도와 함께 있게 하기 위해" 하나님이 그들을 데려오실 것을 말하고 이것을 4:17과 5:10에서 두 번 더 반복한다는 사실은 어떤 의미가 있는가? 왜 바울은 4:17b에서 "주의 말씀"의 함의를 우리가 "주와 함께 있을 것"에서 이끌어내는가? 바울이 데살로니가인들의 문제(들)에 대한 대답의 대결론으로 죽은 그리스도인들과 살아 있는 그리스도인들이 항상 "주 예수 그리스도와 함께 살게 될" 것을 말한다는 사실은 어떤 의미가 있는가? 죽은 그리스도인들과 살아 있는 그리스도인들이 주 예수 그리스도와 함께 있거나 혹은 살게 된다는 소망을 이와 같이 강조하여 반복하는 것은 데살로니가인들의 슬픔의 성격을 시사해주는 것은 아닐까? 그 강조는 분명 그들이 죽은 그리스도인 친척들이 하나님의 아들의 파루시아 때 미래의 종말의 구원에 참여하여(1:9-10) "주 예수 그리스도와 함께 있거나 살"지 못하게 될 것으로 생각했기에 슬퍼했음을 시사한다. 이것은 4:13에서 바울이 그들의 슬픔에 대해 그

280

들이 "소망 없는 나머지 사람들과 같이" 슬퍼한다고 말할 때 시사하는 바로 그것이다. "나머지 사람들"은 "하나님의 진노에 이를 자가 아니라 우리 주 예수 그리스도를 통해 구원 얻을 자로 작정하신"(살전 5:9) "우리" 가운데 속하지 않은 비그리스도인들을 말한다. 따라서 이들은 그리스도의 파루시아 때 멸망을 당하게 될 것이며 결코 그 멸망을 피하지 못할 것이다(5:3). 따라서 이들은 "소망 없는" 자다(4:13). 그러므로 바울이 애초에 데살로니가인들의 슬픔의 성격을 규정한 것과 그 슬픔에 대해 강조하여 제시하는 대답 둘 다 그들이 데살로니가의 죽은 그리스도인들이 주 예수 그리스도의 재림 때 구원에 참여할 수 없을 것으로 생각해서 슬픔에 빠지게 된 것임을 시사해준다.

그렇다면, 왜 바울은 그들의 슬픔에 대해 살전 4:15에서 살아남은 자들이 죽은 신자들보다 앞서지 못할 것이라는 진술로 먼저 대응을 하는가? 이 진술은 4:16-17a에서 인용하고자 하는 "주의 말씀"에서 이끌어내는 함의 혹은 "주의 말씀"을 그 근거로 하여 제시하려는 주장으로 간주될 수 있다. 어느 경우든지 이 진술은 강조적 성격을 띤다. 더 나아가 우리는 4:17과 5:10의 ἅμα 곧 죽은 그리스도인들과 살아남은 그리스도인들의 구원의 동시적 성격에 대한 바울의 강조도 설명해야 한다. 4:15의 진술과 4:17과 5:10의 ἅμα는 데살로니가인들의 슬픔이 죽은 그리스도인들이 그리스도의 파루시아 때까지 살아남은 그리스도인들만큼이나 즉각적으로 구원에 참여하지 못하게 될 것이라고 이해한 데서 생겨났을 가능성을 시사해주는 것처럼 보인다. 그러나 바울이 데살로니가인들이 그런 그릇된 견해 때문에 가지게 된 슬픔을 "소망 없는" 비그리스도인들의 슬픔과 같은 것으로 여길 것인가(4:13)?[9] 데살로니가인들의 슬픔의 성격에 대한 이 정의는 그들이 죽은 신자들이 파루시아 때까지 살아남을 신자들에 비해 가지게 될 *상대적 불이익*에 대해 슬퍼하는 것이라는 해석을 배제하는 것

9 참고. Hyldahl, "Auferstehung," 129.

같다.[10]

이것은 4:13에서 바울이 데살로니가인들의 슬픔을 죽은 신자들에 대한 소망을 완전히 잃은 것으로 정의하는 것과 4:14에서 그가 하나님이 죽은 신자들이 그리스도와 함께 살도록 데려올 것이라고 말하는 그의 원론적 대답에 보다 무게를 두어야 함을 의미한다. 4:15의 진술과 4:17과 5:10에서 두 번 반복하여 사용되어 죽은 신자들이 살아남은 그리스도인들과 동시에 구원을 받을 것임을 강조하는 ἅμα는 단지 부차적 고려만 할 필요가 있을 것이다. 일단 이와 같이 명백하게 모순되는 데이터를 정리하고 나면 두 번째 데이터는 데살로니가인들의 슬픔의 성격과 관련되기보다 죽은 신자들의 구원의 확실함(certainty)을 강조하기를 원하는 바울의 바람과 보다 관련되는 것임을 알 수 있을 것이다. 이 강조가 필요했던 것은 데살로니가인들이 재림 때까지 살아남은 자들만이 구원을 받고 죽은 자들은 구원을 못 받을 것이라 믿었기 때문이다. 이와 같은 믿음을 반박하며 바울은 말한다: "아니다! 죽은 그리스도인들 역시 구원을 받을 것이다! 사실은 여러분, 살아있는 자들보다도 그들이 먼저 재림하시는 주의 구원의 능력을 경험하기 시작할 것이다!"

왜 데살로니가인들은 죽은 그리스도인들이 파루시아 때 구원받을 것이라는 소망을 가지지 못했을까? 죽은 자들의 부활에 대한 개념을 가지지 못했던 것인가? 살전 4:14에서 바울이 그리스도의 죽음과 부활에 대한 믿음을 그들이 재확인하도록 초청하는 것에서 우리는 그가 믿는 자들의 부활에 대해서도 그들에게 가르쳤음을 안전하게 추론해볼 수 있다. 왜냐하면 바울이 그리스도의 부활에 대해 가르치면서 그 부활이 믿는 자들에게 가지는 함의들을 말하지 않았을 것이라고 생각하기는 어렵기 때문이다.

게르하르트 로핑크(Gerhard Lohfink)[11]가 구약과 유대교 묵시 문학에서는

---

10 마찬가지로 U. Luz, *Das Geschichtsverständnis des Paulus*(BevT 49; München: Kaiser, 1968), 319.

11 G. Lohfink, *Die Himmelfahrt Jesu: Untersuchungen zu den Himmelfahrts- und*

282

오직 살아 있는 사람들만이 하늘에 들어가는 것이 허락된다는 것을 보여
준 데서 착안하여, 조셉 플레브닉(Joseph Plevnik)은 데살로니가인들이 죽은
그리스도인들이 부활에 참여하지 못할 것을 염려한 것이 아니라 재림 때
하늘에 들어가는 것에 참여하지 못할 것을 염려한 것이라고 주장한다.[12]
그러나 이것은 이상한 주장이다. 만일 로핑크와 플레브닉이 추정하는 대
로 데살로니가인들이 재림 때 죽은 그리스도인들이 부활하여 살게 될 것
을 알았다면, 그들은 두려움이 없었어야 마땅할 것이다. 왜냐하면 죽은
그리스도인들은 부활하여 곧 바로 살아 있는 자로서 하늘로 올라갈 준비
를 하고 서 있게 될 것이기 때문이다!

따라서 만일 데살로니가인들이 죽은 그리스도인들은 하늘에 들어가
지 못할 것을 염려했다면, 그 염려는 죽은 그리스도인들이 파루시아 때
부활할 것을 그들이 이해할 수 없었던 탓에 생겨났을 것이다. 따라서 데
살로니가인들이 염려하게 된 근본적인 이유는 그들이 부활 교리를 적절
하게 이해하지 못했기 때문이다.[13] 바로 이런 이유 때문에, 바울은 4:14에
서 예수의 죽음과 부활에 대한 근본적인 케리그마와 그 논리적인 귀결로
서의 믿는 자들의 부활에 대해 호소하면서 그들의 두려움을 누그러뜨리
기 시작한다.

그렇다면 왜 이와 같은 실패가 생겨났는가? 아마도 이와 관련하여 데
살로니가인들의 헬레니즘적 배경이나 바울이 그들 가운데서 짧은 기간
사역한 점 등 다양한 요소들을 생각해볼 수 있을 것이다. 더 나아가 살전
5:1-11[14]에서 우리는 데살로니가인들이 즉각적인 파루시아에 대해 흥분
하여 부활 교리에 대해 충분한 주의를 기울이지 못했을 것이라고 추측해

Erhöhungstexten bei Lukas(SANT 2; München: Kösel, 1971), 37-71.

12 J. Plevnik, "The Taking Up of the Faithful and the Resurrection of the Dead in 1 Thess 4:16-18," *CBQ* 46(1984): 274-83; *Paul and the Parousia: An Exegetical and Theological Investigation*(Peabody: Hendrickson, 1997), 69-71, 83, 94-96.

13 참고. Marshall, *Thessalonians*, 120-22.

14 데살로니가인들이 죽은 그리스도인들에 대해 가지는 슬픔과 재림의 날짜에 대한 염려는 분명 살전 4:14-5:11의 종말론적 섹션의 두 부분으로서 함께 취해야 한다.

볼 수도 있다. 하지만 무엇 때문에 그들은 즉각적인 파루시아에 대한 기대를 가지게 되었고 또 그 파루시아에 대해 그렇게 흥분하게 되었을까?

3. 데살로니가인들의 예수 전승에 대한 부적절한 이해와 바울의 교정

필자는 여기서 데살로니가인들이 파루시아에 대해 흥분하고 죽은 신자들에 대해 슬픔에 빠지게 된 것은 바울이 그들에게 전수해준 예수 전승을 그들이 적절하게 이해하지 못한 데 그 주요 원인이 있으며, 그렇기 때문에 살전 4:13-5:11에서 바울이 그들이 예수 전승을 보다 적절하게 이해하도록 도움으로써 문제를 해결하려고 한다는 주장을 제안하고자 한다.

우리 본문에 예수의 종말론적 말씀들 중 일부가 반영된 것이 아닌가 하는 연구가 오랫동안 진행되어 왔다. 이 섹션의 개념들과 어구들, 단어들은 몇몇 공관복음에 전수된 예수의 종말론적 말씀들을 떠올리게 한다. 뿐만 아니라 4:15에서 바울이 "주의 말씀"에 호소하는 것은 이와 같은 가능성을 강력하게 뒷받침해준다.

살전 5:2(과 5:4b)에 인자가 밤에 도둑 같이 알지 못하는 시간에 오신다는 예수의 말씀이 반영되어 있음은 거의 모두가 인정하는 바다(마 24:43-44//눅 12:39-40; 참고. 계 3:3; 16:15; 2 Pet 3:10; *Gosp. Thom.* 21; 103).[15] 많은 주석가들은 살전 5:3b 역시 눅 21:34-36을 반영하는 것으로 본다. 왜냐하면 살전 5:3b의 "임신한 여자에게 해산의 고통(ὠδίν)이 이름과 같이 멸망이 갑자기(αἰφνίδιος ὄλεθρος) 그들에게 이르리니 결코 피하지(ἐκφύγωσιν) 못하리라"는 문장은 눅 21:34-36의 말씀과 밀접한 병행을 이루기 때문이다: 인자의 날이 "뜻밖에(αἰφνίδιος) 덫(παγίς)과 같이 너희에게 임하리라. 이날은 온 지구상에 거하는 모든 사람에게 임하리라. 이러므로 너희는 장차 올 이 모든 일들을 능히 피하고(ἐκφυγεῖν) 인자 앞에 서도록 항상 기도하며

---

15 E. Best, *The First and Second Epistles to the Thessalonians*(BNTC; London: Black, 1972), 191-93는 아마도 최근의 주요 주석가들 중에서 이것을 인정하기 주저하는 유일한 사람일 것이다.

284

깨어 있으라."¹⁶

발터(N. Walter)와 터킷(C. M. Tuckett)과 같은 "최소주의자들"(minimalists)도 이 두 구절들 사이의 밀접한 병행을 완전히 부정하지는 못한다.¹⁷ 하지만 그들은 바울이 예수의 말씀들을 전수했음을 인정하면서도 그와 같은 인정이 지니는 함의는 약화시키려 한다. 발터가, "최소한 [살전] 5.2-4의 경우 바울이 예수 전승에서 말씀들을 취한다는 점을 확신있게 단정할 수 있다"고 진술하면서도 "그 자신이 *예수-전승*을 적용하고 있음을 바울이 의식하고 있었다고 우리가 더 이상 확신할 수 없다"고 주장하기 때문이다.¹⁸ 이것은 지나친 회의주의에서 나온 자포자기적 주장(desperate argument)이다. 물론 이것에 대해서든 다른 어떤 것에 대해서든 간에 그것에 대해 바울이 어떤 심리 상태에 있는지에 우리가 절대적인 확신을 가질 수는 없다. 하지만 근접 문맥에서 바울이 "주의 말씀"에 호소하는 것은 그가 예수-전승을 적용하는 것으로 의식하고 있었음을 확신할 수 있게 해주는 것 같다. 왜냐하면 설령 λέγομεν ἐν λόγῳ κυρίου라는 절을 그저 "주

---

16 예를 들어, L. Hartman, *Prophecy Interpreted*(Lund: Gleerup, 1966), 192-93; F. F. Bruce, *1 and 2 Thessalonians*(WBC 45; Waco, TX: Word, 1982), 110; Holtz, *Thessalonicher*, 216-17; Marshall, *Thessalonians*, 134-35; Malherbe, *Thessalonians*, 292를 참고하라. Hartman, op.cit., 192은 바울의 ὠδίν과 누가의 παγίς가 히브리/아람어 단어 חבל/חבלא의 두 개의 다른 독법을 반영하는 것으로 설명한다. 이 설명을 Holtz, op.cit., 216,는 받아들이지만 L. Aejmelaeus, *Wachen vor dem Ende: Traditionsgeschichtliche Wurzeln von 1. Thess 5:1-11 und Luk 21:34-36*(SESJ 44; Helsinki: Kirjapaino Raamattualo, 1985), 121,와 C. M. Tuckett, "Synoptic Tradition in 1 Thess?," *in The Thessalonian Correspondence*(ed. R. F. Collins; BETL 87; Leuven: Leuven University Press), 174-75은 חבל이 칠십인경에서 παγίς로 번역된 적이 없다는 점을 근거로 이 해석을 거부한다. D. Wenham, *Paul: Follower of Jesus or Founder of Christianity?* (Grand Rapids: Eerdmans, 1993), 315은 바울이 예수의 종말론적인 해산의 고통에 대한 말씀(마 24:8//막 13:8)의 영향을 받아 παγίς를 ὠδίν으로 대체했을 가능성을 고려한다. 학자들은 종종 살전 5:3a에서도 마 24:37-39//눅17:26-27의 반영을 발견하기도 한다.

17 Nikolaus Walter, "Paul and the Early Christian Jesus-Tradition," in *Paul and Jesus*(ed. A. J. M. Wedderburn and C. Wolff; JSNTSS 37; Sheffield: JSOT, 1989), 66-67; Tuckett, "Synoptic Tradition," 171.

18 Walter, "Jesus-Tradition," 67 (강조는 그의 것임).

의 위임과 권위에 힘입어 그가 말한다"[19]는 정도의 의미를 나타내는 것으로 본다 하더라도, 바울이 주 예수의 위임을 그렇게 의식하고 있으면서 도둑같이 오는 주의 날이라는 독특한 이미지를 만든 저자에 대한 의식이 전혀 없이 그 이미지를 사용한다는 것은 그다지 개연성이 없는 일일 것이기 때문이다. 그 이미지가 유대교 문헌에는 안 나오기 때문에 이전에 유대교 신학자였던 바울이 자기보다 먼저 그리스도인 된 사람들에게서 배웠을 것이라고 생각하는 것이 합리적이다. 더 나아가, 예수의 초기 제자들이 이 독특하고 충격적인 이미지를 바울에게 전하면서, 그것을 누가 했는지도 모르는 말씀으로 전수했다기보다는 주 *예수*의 말씀이라고 분명하게 밝히며 전수했을 것이라고 생각하는 것이 보다 합리적이다.[20]

터킷(Tuckett) 역시 살전 5:2에 도둑의 비유가 사용된 것을 인정한다.[21] 하지만 그는 5:3에 예수 전승이 사용된다는 점은 인정하지 않는다. 그는 5:3을 바울이 만들어낸 것으로 보는 애이밀리어스(Aejmelaeus)의 견해[22]를 잘 거부하고서, 이 구절을 "바울이 전해준 것의 일부"로 보고 그 후속 절들에 대해서는 "그 전승을 바울 자신이 수정하고 적용한 것들(Paul's own modifications and applications of his tradition)"을 나타낸다고 주장한다.[23] 그러나 터킷은 눅 21:34-36이 살전 5:3에 의존한 것이라는 데는 애이밀리어스와 의견을 같이한다. 이에서 더 나아가 그는 살전 5:4-8과 "내용적 일치(the substantive agreement)"를 보이는 누가복음 21장의 다른 요소들(예: "술 취한", "그 날") 역시 누가가 살전 5장에서의 바울의 가르침에 의존한 결과로 생겨난 것이라고 주장한다.[24] 따라서 터킷의 결론은 살전 5:1-11에서 바

---

19 Walter, "Jesus-Tradition," 66, citing O. Hofius, "Agrapha," *TRE* II(1978): 104; P. Stuhlmacher, "Jesustradition im Römerbrief?," *TBei* 14(1983): 243.
20 만일 그들이 그 말씀을 주 예수의 말씀으로 분명하게 규정한 게 아니라면 바울 자신이(그들이 벌써 그렇게 한 게 아니라면) 그 말씀을 망령되다 여겼을 것이다. 주께서 밤에 도둑같이 오신다고 하니 말이다!
21 Tuckett, "Synoptic Tradition," 171.
22 Aejmelaeus, *Wachen*, 38-47.
23 Tuckett, "Synoptic Tradition," 173-74(인용은 174페이지에서 가져온 것임).
24 Ibid., 175-76(인용은 175페이지에서 가져온 것임)

울이 서로 다른 기원의 전통들을 사용하는데, 이 중에 5:2의 도둑 이미지
만 예수 전승이라는 것이다.[25] 터킷이 더 나아가 5:3에서 바울이 사용하
는 예수 전승은 아니라고 보는 그 전승이 어디서 왔는지 기원을 밝히지
않는 것은 참 유감스러운 일이다. 필자는 웬함(Wenham)이 터킷의 주장을
효과적으로 반박했고 살전 5:3과 눅 21:34-36 모두 공통적인 예수-전승
에 기반을 둔 것이라고 보는 것이 훨씬 더 간단하다고 올바른 결론을 내
렸다고 판단한다.[26]

    살전 5:4-7에서 바울은 데살로니가인들에게 주의 날이 밤에 도둑같
이 올 것이니 잠자지 말고 깨어 있으라고, 술 취하지 말고 정신을 차리
라고 권면한다. 이것은 눅 12:39-40(//마 24:43-44)의 도둑 비유와 연결되
어 있는 파수꾼 비유(눅 12:36-38; 참고. 마 24:42; 막 13:34-37)와 청지기 비유(눅
12:41-48//마 24:45-51)를 바울이 적용한 것처럼 보인다.[27] 터킷은 공관복음
본문들에서는 "깨어 있는 것(γρηγορεῖν)"이 밤에 하는 일로 되어 있는데 우
리 본문에서는 낮에 하는 일로 되어 있다는 사실을 근거로 이것을 부인
한다.[28] 하지만 다시금 "깨어 있는 것과 행하는 것, 잠자는 것, 어둠, 빛에
대한 바울의 생각은 주의 날에 대해 반추한 데서 직접적으로 발전되는

---

25 Ibid., 176.
26 Wenham, *Paul*, 334-36.
27 마찬가지로 ibid., 308-12; Bruce, *Thessalonians*, 112; Wanamaker, *Thessalonians*,
     184. R. Bauckham, "Synoptic Parousia Parables and the Apocalypse," *NTS*
     23(1977/78): 163-70은 "재림에 대한 비유들이… 초대교회에서 광범위하게 사용되었고"
     "초기 단계부터 수집되고 서로 연결되어 있었"다는 점과 이것을 도둑 비유와 파수꾼 비유
     에서 특별히 잘 확인할 수 있고 그보다 약한 정도이기는 하나 청지기 비유에서도 확인할
     수 있음을 보여준다(인용은 170페이지에서 가져온 것임). C.-P. März, "Das Gleichnis vom
     Dieb: Überlegungen zur Verbindung von Lk 12,39 par Mt 24,43 und 1 Thess
     5,2.4," in *The Four Gospels 1992*, F. Neirynck FS, (ed. F. van Segbroeck et al.; Leuven:
     Leuven University Press, 1992), 633-48 역시 바울이 도둑 비유가 이미 파수꾼 비유와 연결
     되어 있는 것으로, 아마도 청지기 비유와도 연결되어 있는 것으로 알고 있었다고 결론 내
     린다(특히 646-48페이지). W. D. Davies and D. C. Allison, *The Gospel according to*
     Saint Matthew, ICC, vol. III(Edinburgh: T&T Clark, 1997), 385-86은 *Gosp. Thom.* 21
     와 103를 덧붙여 언급하면서 이 견해를 확증한다.
28 Tuckett, "Synoptic Tradition," 170-73.

것이 아니라 그날이 밤에 도둑같이 온다는 생각에서 생겨난다"[29]는 관찰을 통해 웬함은 터킷의 주장을 효과적으로 반박한다.

살전 5:1-11에서 바울은 적어도 네 개의 예수의 말씀들(눅 12:39-40//마 24:43-44; 눅 21:34-36; 눅 12:36-38; 눅 12:41-48//마 24:45-51)을 인용하고 있을 개연성이 크다. 이것은 4:13-18에서도 바울이 예수의 몇몇 말씀들을 반영하고 있다는 견해를 강화시켜 준다. 많은 주석가들은 4:16-17에 공관복음의 인자가 구름을 타고 오시고 택하신 자들을 모으기 위해 나팔 소리와 자기 천사들을 보내시는 것에 대해 말하는 말씀(마 24:30-31//막 13:26-27)이 반영되어 있다고 본다.[30] 그러나 터킷은 이 견해에 반대하는데 그가 드는 첫 번째 이유는 4:16-17과 더 밀접한 병행을 보이는 마태판 말씀이 보통 마태가 마가판 말씀을 편집한 것으로 간주된다는 점이다.[31] 살전 4:16-17과의 병행의 관점에서 마태판과 마가판의 유일한 내용적 차이는 마 24:31의 "나팔"에 대한 언급이다. 그렇다면, 우리가 살전 4:16의 나팔에 대한 언급만 빼고, 살전 4:16-17을 막 13:26-27과 비교해볼 수 있을 것이다. 그런데 이 경우에도 우리는 여전히 살전 4:16-17에 막 13:26-27로 표현된 전승이 반영되어 있을 개연성을 보여주기에 충분한 언어나 개념 상의 밀접한 병행이 이 두 본문 사이에 있음을 발견할 수 있다.[32]

터킷의 보다 강력한 반론은 마 24:30-31//막 13:26-27에 그가 우리 본문에서의 "바울의 논증의 핵심 포인트"로 이해하는 죽은 자들의 부활과 그 부활이 살아 있는 자들이 들려 올라감을 받기 전에 일어날 것에 대한 언급이 없다는 것이다.[33] 우리 본문의 이와 같은 요소들을 바울이 예수의

29 Wenham, *Paul*, 309, n. 36(강조는 추가된 것임).
30 예를 들면, Hartman, *Prophecy*, 189; Hyldahl, "Auferstehung," 130-31; Stuhlmacher, "Jesustradition," 243; Marshall, *Thessalonians*, 126, 129-30; Aejmelaeus, *Wachen*, 84-85; Wanamaker, *Thessalonians*, 171; Wenham, Paul, 306.
31 Tuckett, "Synoptic Tradition," 177.
32 그렇다면 마태와 바울 둘 다 유대교의 묵시문학적 전승에서 자주 사용되는 이미지들을 참고하여 "나팔"에 대한 언급을 추가했을 수도 있다.
33 Tuckett, "Synoptic Tradition," 180.

288

말씀을 해석하고 데살로니가의 상황에 적용한 결과로 보는 이들에 반대하여 터킷은 다음과 같이 주장한다:

> 하지만 전승 자체에는 데살로니가의 상황에 적실한 것을 언급한 것이 없으며 적실성 있어 보이는 부분들은 전부 바울이 편집을 통해 그 전승을 개작한 것들임 (redactional adaptations)에도 불구하고, 바울이 데살로니가인들의 문제에 대한 권위 있는 답변으로 그 전승을 인용해야 한다는 것은 여전히 이상해 보인다. 게다가, 죽은 자들의 부활과 파루시아 때 살아 있는 자와 죽은 자들의 관계에 대해 말함으로써 그 말씀을 데살로니가인들의 문제와 분명하게 연관 짓는 살전 4:16-17의 그 요소들은 명백히 편집적인 것이 아니다.[34]

필자는 이미 살전 4:15b("주께서 강림하실 때까지 우리 살아 남아 있는 자도 자는 자보다 결코 앞서지 못하리라")은 바울이 4:16-17a에서 인용하는 "주의 말씀"에서 이끌어낸 함의라는 것과 바울이 "주의 말씀"을 인용하기도 전에 이 함의를 제시하는 것은 데살로니가인들의 염려의 문제를 곧바로 다루고(4:13) 4:14에서 자신의 주장의 근거를 제시하기를 간절히 바라기 때문이라고 제안한 바 있다. 4:16-17a에서 바울은 "재림 때 살아 있는 자들과 죽은 자들의 관계"에 대해서, 그들이 함께 끌어 올려질 것임을 확인하는 것 말고는 일절 언급하지 않는다. 그들이 함께 끌어 올려질 것이라는 사실은 파루시아 때 살아 있는 신자들이 죽은 신자들보다 결코 앞서지 못할 것이라는, 바울이 앞서 4:15b에서 제시한 진술의 근거가 된다. 따라서 우리가 진짜 물어야 할 질문은 바울이 인자가 하늘의 혹은 하늘과 땅의 사방에서 자기 천사들을 통해 "자기 택하신 자들을 모으신"다는 생각을(마 24:31//막 13:27) 데살로니가인들의 염려를 고려하여 죽은 신자들의 부활을 암시하는 것으로 해석할 수는 없었을까 하는 것이다. 예수의 말씀으로부터 바울은 분명 모든 택함 받은 자들 곧 죽은 자들과 살아 있는 자

---

34 Ibid.

들이 인자 혹은 주와 함께 있기 위해 모아지게 될 것임을 분명히 이해할
수 있었을 것이다. 그렇다면 그는 그 말씀이 죽은 신자들의 부활이 먼저
있을 것을 전제하고 있는 것으로 볼 수 있을 것이다.[35] 데살로니가인들의
염려를 감안하여 바울은 그 말씀의 함의를 강조하는 것이다(4:14b, 16b).

공관복음의 인자의 장차 오심에 대한 말씀들과 달리 요 5:27-29은 부
활을 명시적으로 인자의 오심과 연결시킨다: "무덤 속에 있는 자가 그[인
자]의 음성(φωνή)을 들을 때가 오나니 선한 일을 행한 자는 생명의 부활
로… 나오리라." 요한복음의 이 말씀의 진정성 문제는 차지하고라도 그
연대 역시 가늠하기 어렵기 때문에 우리는 여기서 이 구절을 중요한 증
거로 삼을 수는 없다. 그럼에도 이 구절은 그의 강림 때 인자가 불러 모
으시는 것(φωνή)이 어떻게 신자의 부활과 연관되는 것으로 생각될 수 있
는지를 보여준다. 따라서 요한복음의 말씀은 적어도 우리가 바울이 인자
가 택한 자들을 불러 모은다는 공관복음의 생각이 죽은 자들의 부활이
그 전에 먼저 있을 것을 암시하는 것으로 해석할 수 있었음을 보는 데 도
움이 된다.[36]

따라서 바울이 마 24:30-31//막 13:26-27의 전승에서 데살로니가의
상황과 "상관되는 것을 전혀" 발견하지 못했을 것이라고 주장하는 것은
너무 멀리 나가는 것이다. 그러나 터킷의 질문은 약간의 타당성은 있다.
그의 질문을 이렇게 다시 표현해 볼 수 있을 것이다: 예수의 말씀이 죽은
신자들의 부활과 그들의 구원에 대해서는 명시적으로 언급하지 않는데
왜 바울은 그 말씀을 여기서, 그것도 명시적으로 "주의 말씀"에 호소하
면서 인용하는가? 왜 바울은 죽은 자들의 부활에 대한 가르침을 단순히
자신의 사도로서의 가르침으로 제시하지 않는가? 왜 그는 예수의 죽음

---

35 Aejmelaeus, *Wachen*, 84-85; Marshall, *Thessalonians*, 126도 마찬가지 주장을 한
다. 예수의 인자 말씀의 배경이 되는 다니엘서에 대한 바울의 지식이 이런 해석에 도움이
되었을 것이다. Hartman, *Prophecy*, 189-90과 Hyldahl, "Auferstehung," 130-31이
제안하듯이, 바울은 예수의 말씀을 단 7장에 비추어 이해하면서 그 말씀을 해석하기 위해
단 12:2-3(죽은 자들의 부활)을 활용할 수 있었을 것이다.

36 참고. Marshall, *Thessalonians*, 130.

과 부활에 대한 근본적인 믿음에서 이끌어낸 결론을 죽은 신자들(의 부활
과 그들)을 모으심에 대해 적용하는 살전 4:14에서 그대로 끝내지 않는가?
왜 바울은 고전 15:12-28과 같은 방식으로 4:14에서 자신이 한 말을 더
자세히 설명하지 않는가? 왜 그는 여기서 명시적으로 "주의 말씀"에 호
소하는가(4:15)? 이것은 (우리 본문 말고는 고전 7:10-11; 9:14에서만 볼 수 있는) 보
통의 바울과는 상당히 다른 모습이다.

4:15의 λέγομεν ἐν λόγῳ κυρίου라는 문구를 선지자들이 주께로부터
영감과 사명을 받음을 표현하는 성경적 숙어(참고. 왕상 13:1, 2, 5, 32; 21:35;
대상 15:15; Sir 48:3, 5)로 보는 해석이 인기를 끌고 있다. 그래서 바울이 여
기서 이 표현을 통해 기독교 선지자가 혹은 심지어 그 자신이 선지자로
서 부활하신 주께로부터 받은 선지자적 계시를 가리킨다고 이해하는 것
이다.[37] 이 견해를 위해 종종 우리 본문의 "주의 말씀"은 고전 15:51-52의
"비밀(mystery)"과 비교되는데 이는 그 두 사이에 몇 가지 유사점들이 있기
때문이다. 그러나 "비밀"이라는 개념 자체는 어떤 특정한 형태의 계시를
시사하지 않는다. 롬 11:25-26에서 바울은 아마도 "비밀/신비"라는 말로
자신이 주님께 직접 들은 계시를 가리키기보다 새로운 계시를 성경(사 6;
42; 49; 신 32)과 예수 전승(마 8:11-12//눅 13:28-29; 눅 21:23-24; 등)에 비추어 해
석함으로써 얻게 된 하나님의 구원 계획에 대한 새로운 이해를 가리키는
것 같다.[38] 이와 같이 바울은 고전 15:51-52의 "비밀"로 자신이나 다른 기
독교 선지자가 직접 주님께 들은 계시를 가리키기보다 부활하신 예수의
계시를 예수 전승(나팔, 알지 못한 때 오심)과 성경(단 12:2-3)에 비추어 해석함
으로써 얻게 된 새로운 통찰(부활; εἰκών 언어; 변화)[39]을 가리킬 개연성이 크

37 예를 들어 Best, *Thessalonians*, 191-93; F. Neirynck, "Paul and the Sayings of Jesus," *L'Apotre Paul*(BETL 73; ed. A. Vanhoye; Leuven: Leuven University Press, 1986), 311; Malherbe, *Thessalonians*, 268-69를 보라.

38 S. Kim, "The 'Mystery' of Rom 11.25-26 Once More," NTS 43(1997): 412-29을 보라. 이 논문은 아래 주 39에 소개된 필자의 저서(239-58페이지)에 각주들을 더하여 재 출판되었다. 참고. Wenham, *Paul*, 319-26.

39 S. Kim, *Paul and the New Perspective: Second Thoughts on the Origin of Paul's*

다. 따라서 우리 본문의 λέγομεν ἐν λόγῳ κυρίου라는 문구를 단지 선지
자적 영감을 가리키는 것으로 본다 하더라도, 그것은 살전 4:16-17에서
바울이 (선지자로서 받은) "주의 말씀"을 자신이 직접 들은 말씀으로가 아니
라 예수 전승과 성경(단 7; 12:2-3)에 비추어 해석한 대로 다시 제시하고 있
을 가능성을 배제하지 않는다. 계 3:3과 6:15에서 부활하신 주께서 주시
는 선지자적 말씀들이 육신적 예수의 말씀(도둑 비유!)을 어떻게 이용하는
지 주목해 보라.[40] 마찬가지로 4:16-17과 마 24:30-31//막 13:26-27의 예
수 말씀 사이에 존재하는 부인할 수 없는 유사점들은 4:16-17이 그 말씀
을 포함하는 선지자적 말씀이라는 것을 시사해주는 것으로 간주될 수 있
을 것이다. 그렇다면, λέγομεν ἐν λόγῳ κυρίου를 높임 받으신 주의 선지
자적 말씀을 가리키는 것으로 보든 지상적 예수의 말씀을 가리키는 것으
로 보든 간에, 내용적 차이(material difference)는 별로 없다.

이와 같은 상황에서, 바울이 "주"의 말씀 혹은 명령을 어떤 선지자적
영감에 대한 암시 없이 자신이 직접 제시한다는 점에서 고전 7:10-11과
9:14의 유사한 것은(참고. 고전 11:23-25) 시사하는 바가 크다. 더 나아가, 고
전 7:12, 25에서 바울은 신자와 불신자 사이의 결혼에서 생겨나는 질문들
과 "처녀들"의 결혼에 관한 질문에 대해서는 주 예수의 말씀을 자기가 가

Gospel(Grand Rapids: Eerdmans; Tübingen: Mohr Siebeck, 2001), 165-213을 보라.

40 도둑 비유가 계 3:3과 16:15에서 부활하신 주 예수의 선지자적 말씀들 안에 나타나
는 것을 보고서 어떤 비평적 학자들은 그 비유 자체는 부활하신 주 예수의 이름으로 말
한 기독교 선지자의 말에서 기원하여 나중에 복음서 전승(마 24:43-44//눅 12:39-40)과 다
른 기독교 전승들(살전 5:2, 4; 벧후 3:10; *Gosp. Thom.* 21; 103) 안으로 들어온 것으로 생각하
고 싶어할 수도 있을 것이다. 그러나 계시록에서 선지자 요한이 파수꾼 비유와 함께 예
수의 진정한 말씀인 도둑 비유(눅 12:36-38)를 사용했다는 논증을 위해서는 Bauckham,
"Synoptic Parousia Parables and the Apocalypse," 162-76을 보라. 부활하신 주
의 선지자적 말씀들 중 다수가 지상적 예수의 말씀들과 동화된(assimilated) 것인지의 여
부의 문제에 대해 이와 유사하게 부정적으로 결론을 내린 또 다른 견해들을 위해서는
J. D. G. Dunn, "Prophetic 'I'-Sayings and the Jesus Tradition: The Importance
of Testing Prophetic Utterances within Early Christianity," *NTS* 24(1978): 175-
98; D. E. Aune, *Prophecy in Early Christianity and the Ancient Mediterranean
World*(Grand Rapids: Eerdmans, 1983), 233-45를 보라.

292

지고 있지 않은 것을 유감스러워한다. 그러면서 그는 그런 질문들에 대해서 선지자적 "주의 말씀"을 구할 가능성에 대해 알고 있다는 어떤 시사도 하지 않는다. 따라서 그는 다만 "주의 자비하심을 받아서 충성스러운 자가 된" 자로서(고전 7:25) 자신의 사도적 "의견"을 제시한다. 따라서 적어도 세 경우에 바울이 (지상적) 예수의 말씀들을 명시적으로 인용하지만(고전 7:10-11; 9:14; 11:23-25) 데살로니가전서의 논란이 되는 구절 말고는 그가 선지자적 영감을 통해 주께로부터 받은 말씀에 명시적으로 호소한다는 증거는 없다.⁴¹

마지막으로 근접 문맥 곧 살전 5:2-7에서 바울은 데살로니가인들이 그 말씀들을 자세히(ἀκριβῶς) 안다고 말하면서 지상적 예수의 말씀을 하나 인용하고 다른 두 가지는 반영을 한다. 이것은 바울이 그들에게 자신이 "주"로 부르는 예수의 종말론적 말씀들 몇 가지를 전수해주었음을 시사한다. 따라서 살전 4:13-5:11에서 주의 재림에 대해 논의하는 맥락에서 바울은 분명 지상적 예수의 그 말씀들을 의식하고 있는 것이다.

이와 같은 이유들로 볼 때, λέγομεν ἐν λόγῳ κυρίου라는 문구를 지상적 예수의 말씀을 가리키는 말로 보는 것이 더 나은 것 같다.⁴² 만일 이 문구를 선지자적 말씀으로 보아야 한다면, 우리는 살전 4:16-17과 마 24:30-31//막 13:26-27의 예수의 말씀과의 유사점들과 그 문맥(즉 살전

---

41 고전 2:16에서 바울은 자신이 "그리스도의 마음"을 가졌다고 주장한다. 하나님의 은혜로 사도 곧 주 예수 그리스도에게 모든 것을 위임 받은 대행자로 부름을 받았기에(참고. 롬 1:5; 12:3; 15:15; 고전 3:10; 15:9-10; 갈 1:15; 2:9 등) 바울은 "그리스도의 마음"을 가지고 있다. 따라서 고전 7:12, 25에서 이방인 선교를 하면서 직접적으로 상관된 예수의 말씀이 없는 그런 새로운 상황을 마주하게 되었을 때 바울은 "주의 말씀"의 특별한 "선지자적" 영감을 구하기보다 자기 안에 있는 "그리스도의 마음"을 통해 얻게 된 "의견"을 제시한다. 적어도 고전 7:12-16에서 우리는 "그리스도의 마음"을 가지고 있다는 바울의 주장이 얼마나 합당한지를 확인해 볼 수 있다. 왜냐하면 그는 이혼을 가급적 반대하는 예수의 입장을 신실하게 받아들이고 이 입장을 그가 바리새인으로서 가졌던 연합을 통해 부정하게 됨의 원리(the principle of defilement by association)와 상반되는 예수의 독특한 원리 곧 연합을 통해 거룩하게 됨의 원리(principle of sanctification by association)로 뒷받침하기 때문이다.

42 예를 들어 Marshall, *Thessalonians*, 126; Wenham, *Paul*, 305-06; Holtz, *Thessalonicher*, 184도 마찬가지 입장이다.

5:2-7)에 예수의 말씀들이 있는 것도 고려하여 그 선지자적 말씀이 사실
은 예수 전승을 쉽게 풀어 설명한 것(a paraphrase)을 데살로니가 상황에 적
용한 것이라는 쉬툴막허의 견해에 동의해야 할 것이다.[43]

이 문구를 "선지자적" 말씀으로 보든 아니면 단순히 주해적으로 풀어
설명한 것으로 보든 간에, 앞서 제기한 질문으로 돌아가자면, 바울은 왜
우리 본문에서 "주의 말씀" 곧 마 24:30-31//막 13:26-27에 호소하는가?
바울은 보통 그리스도의 죽음과 부활이라는 근본적인 케리그마의 함의
들을 설명함으로써 죽은 자들의 부활에 대한 소망을 제시한다는 사실(고
전 15장!; 더 나아가 예를 들어 롬 6:4-9; 8:11; 고전 6:14; 고후 4:14; 빌 3:10-11; 골 3:1-4
등도 참고)과 이 경우에 주의 말씀에 호소하는 경우가 드물다는 사실은 왜
그가 우리 본문에서 그리스도의 죽음과 부활에 대한 근본적인 케리그마
에서 도출한 요약을 통한 답변(살전 4:14)의 근거를 "주의 말씀"에 대한 명
시적인 언급을 통해 제시하는지에 대해 질문하게 만든다. 더 나아가, 주
의 말씀이 죽은 자들의 부활에 대해서는 명시적으로 말하지 않기 때문에
그 말씀의 함의로 죽은 자들의 부활을 설명해야 하는 상황에서 바울이
굳이 그렇게 하는 이유는 무엇인가?

우리는 이 질문에 대한 단서를 살전 5:1-11에서 바울이 예수의 말씀을
인용하는 것에서 찾을 수 있다. 염려하는 마음으로 주의 재림의 "때와 시

---

43 Stuhlmacher, "Jesustradition," 243. 심지어 Walter, "Paul and the Early Christian
Jesus-Tradition," 67도 여기서 바울에 의한 "예수 전승과 …. 그 선지자적 적용의 유동
적 혼합(fluid blending of Jesus-tradition)"을 본다. 하지만 어떤 비평가들은 마 24:30-31//
막 13:26-27과 마 24:43-44//눅12:39-40과 같은 인자 말씀들이 실제로는 초기 기독교
선지자들에게서 기원한 것임에도 바울이 그 말씀들을 인자 말씀들로 잘못 알게 된 것일
수 있다고 주장하고 싶어할 수도 있다. 원칙적으로 그 가능성을 완전히 배제할 수는 없
다. 하지만 이 비평가들은 공관복음 저자들의 증언을 거슬러서, 그리고 마 24:43-44//
눅 12:39-40의 경우는 대다수 학자들의 견해를 거슬러서 그 말씀들이 실제로 선지자적
말씀들에서 기원했다는 것을 입증해 보여주어야 할 것이다. 이들은 또한 바울과 (예루살
렘 교회 출신의 "지도자"이자 "선지자"인; 행 15:22, 32) 그의 동역자 실루아노가 선지자적 말씀들을
지상적 예수의 말씀들과 구별할 수 있는 위치에 있었다는 것을 우리가 왜 인정하기보다
부인해야 하는지를 보여줄 필요가 있을 것이다. 참고. Dunn, "Prophetic 'I'-Sayings,"
183-98.

기"를 계산하는 데살로니가인들을 안심시키려고[44] 바울은 "주의 날이 밤에 도둑같이 이를 줄을 너희 자신이 자세히(ἀκριβῶς) 안다"(5:2)고 말한다. 여기서 그는 예수의 말씀(마 24:43-44//눅 12:39-40)을 인용한다. 데살로니가인들은 바울의 가르침을 통해서만 주의 파루시아에 대한 종말론적 기대를 가지게 될 수 있었을 것이다. 바울의 가르침에는 마 24:43-44//눅 12:39-40과 같은 인자의 오심에 대한 말씀들도 포함되어 있었을 것임에 틀림없다. 왜냐하면 그래야만 바울이 마 24:43-44//눅 12:39-40의 말씀을 언급하면서 그들이 이미 그 말씀을 자세히(ἀκριβῶς) "알고" 있기에 그것에 대해서는 그들에게 "쓸 필요가 없다"고 말할 수 있었을 것이기 때문이다(5:1). 그러므로 우리는 바울 자신이 몇 개월 전에 데살로니가에서 개척 선교를 하는 동안 그들에게 최소한 예수의 그 말씀은 전수해주었다고 가정해 볼 수 있다.[45]

---

44 R. Jewett, *The Thessalonian Correspondence: Pauline Rhetoric and Millenarian Piety*(Philadelphia: Fortress, 1986), 96-100이 살전 5:1-11을 "완성된 종말론에 대한 그들의 강력한 경험"에서 기인한 데살로니가인들의 장차 파루시아에 대한 무관심을 입증하는 것으로 해석하는 것을 반박하는 J. M. G. Barclay, "Conflict in Thessalonica," *CBQ* 55(1993): 517를 참고하라.

45 여기서 우리는 5:2의 도입문 형식인 αὐτοὶ … ἀκριβῶς οἴδατε ὅτι …와 고전 3:16; 5:6; 6:2, 3, 9, 15, 16, 19의 "너희는… 알지 못하느냐?" (οὐκ οἴδατε ὅτι …;)는 형식과 비교해볼 필요가 있다. 필자는 "Jesus, Sayings of"(in *Dictionary of Paul and His Letters*[ed. G. F. Hawthorne, R. P. Martin and D. G. Reid; Downers Grove: InterVarsity, 1993], 481-82; Kim, PNP, 259-97에 재 출판됨)라는 논문에서 고린도전서의 이 구절들에 있는 도입 형식이 예수의 다양한 말씀들을 암시하고 있음(alludes to)을 보여주려 했다.

고전	예수의 말씀들
5:6	막 8:15-16과 그 병행 구절들.
6:2, 3	마 19:28//눅 22:29-30
6:9	마 5:20
6:15	예수의 성만찬 말씀들(참고. 고전 11:23-24; 10:16)
6:16	고전 7:10-11에 인용된 예수의 이혼에 대한 말씀(막 10:2-12//마 19:3-12)에 반영된 창 2:24
3:16; 6:19	예수의 성전 말씀들(막 14:58//마 26:61; 막 11:27-12:11과 그 병행 구절들)

따라서 예수의 다양한 말씀들을 암시하는 가운데 8회 사용된 "너희는… 알지 못하느냐?" 형식은 바울이 고린도에서 개척 선교를 하는 동안 예수의 그 말씀들을 고린도인들에게

그렇다면 그 말씀과 아마도 그와 같은 다른 말씀들[46]이 "때와 시기"에 대해 그들이 염려하도록 이끌었을 가능성이 크다. 그런 말씀들은 무엇보다 데살로니가인들로 하여금 파루시아에 대한 기대를 가지게 했다. 하지만 그 말씀들에서 그날이 언제일지 불확실하며 따라서 언제든지 준비되어 있을 필요에 대한 강조도 들어있기에 그들은 재림의 실제 날짜에 대한 염려나 불안도 가지게 되었다. 그들의 염려는 살후 2:1-12에서 분명하게 확인하는 바와 같이 아직 병적인 상태에 이르지는 않은 것 같다. 그럼에도 불구하고 디모데가 바울에게 전달해주었을 "때와 시기"에 대한 그들의 질문에서 바울은 잠재워야 할 정도의 염려와 불안을 감지한다.

그러면 바울은 바로 그 말씀 때문에 그들이 가지게 된 염려를 그 말씀의 인용을 가지고 누그러뜨리기 위해 어떻게 제안하고 있는가? 그 염려를 누그러뜨리기에 앞서, 그는 사실 도둑 비유와 비슷한 예수의 또 다른 말씀을 반영함으로써 그 염려를 증폭시키고 "갑작스러운 멸망"(혹은 주의 심판)이 예상치 못한 시간에 오는 것을 강조한다(살전 5:3). 그렇게 한 뒤에야 비로소 그는 도둑 비유를, 그리스도를 믿음으로써 그들이 이미 구원을 받았고 주의 날에 그 구원의 완성에 참여할 것을 확신할 수 있게 되었다는 기독교의 근본적인 확신에 비추어 재해석함으로써 그들의 염려를

전수해주었음을 분명하게 시사해준다. 고후 5:1의 οἴδαμεν γὰρ ὅτι ... (… 줄을 우리가 아느니라)와 마찬가지로 살전 5:2의 αὐτοὶ ... ἀκριβῶς οἴδατε ὅτι … (너희 자신이 … 자세히 안다) 라는 도입문 형식은 οὐκ οἴδατε ὅτι …; (너희는 … 알지 못하느냐) 라는 도입문 형식의 변이형으로 간주할 수 있다. 이 비교는 바울이 예수의 도둑 비유를 데살로니가인들을 위해 선교 사역을 하는 동안 그들에게 전수해주었다는 견해에 힘을 실어준다. 그 비유의 독특한 성격은 그 견해를 확증해준다. 따라서 고린도전서의 여덟 절의 "너희는 .. 알지 못하느냐?" 형식과 고후 5:1과 살전 5:2의 그 변이형들(또한 참고. 고전 10:16)은 함께 바울이 다양한 교회들을 위한 개척 선교 때 예수의 가르침 혹은 말씀들을 바로 그 예수의 죽음과 부활을 통해 이루신 하나님의 구원에 대한 복음 설교의 한 부분으로 언제나 전수해주었음을 시사해준다. 데살로니가에서 선교하는 동안 바울은 이를 위해 동역자인 실루아노에게서(살전 1:1) 분명 상당한 도움을 받았을 것이다(위의 주 43을 보라).

46 만일 바울이 도둑 비유가 눅 12:35-48의 파수꾼 비유와 청지기 비유와 이미 연결되는 것으로 알고 있었다면(위의 주 27을 보라), 그는 데살로니가인들에게 이 세 비유들을 한꺼번에 전수했을 수 있다.

누그러뜨린다. 그들은 이미 어둠에서 빛으로 옮겨졌다. 그들은 주의 날에 대해 알고 있다. 따라서 주의 날이 언제 오든 간에, 그 날은 도둑과 같이 갑자기 그들에게 닥치지 않을 것이다. 그들은 이와 같은 확신 가운데 염려를 내려 놓고 안심할 수 있다(살전 5:4-5; 참고. 5:9-10). 이와 같은 확신을 준 다음에 바울은 계속해서 예수의 도둑 비유의 정신을 강조한다: 그들은 "깨어 있고" "정신을 차려야" 한다. 다시 말해 믿음과 사랑과 소망으로 잘 훈련된 삶을 영위하면서 주의 날에 다가오는 심판과 구원을 위해 준비해야 한다(5:6-8). 따라서 바울은 예수의 말씀에 대한 부적절한 이해 때문에 그들이 가지게 된 건강하지 못한 염려를 교정하기 위해 그 말씀을 인용하고 그들로 하여금 그 말씀을 근본 복음(5:9-10)과 그들의 구원이 이루어지는 근본 방식(their fundamental salvation occurrence)에 비추어 보다 온전히 이해하도록 도움으로써 그들의 염려 문제를 교정한다. 그렇게 하는 중에도 바울은 무엇보다 그 말씀을 전수한 목적 곧 믿음과 사랑과 소망의 절제된 삶을 살라는 요청을 더 한층 강조하기를 잊지 않는다.[47]

살전 4:15-17의 바울의 "주의 말씀"에 대한 언급 역시 마찬가지 방식으로 이해해야 한다. 데살로니가인들은 바울에게서 마 24:30-31//막 13:26-27과 같은 예수의 말씀들을 받고서 그 말씀들을 편향적으로 이해하여 오직 살아 있는 자들만 주의 파루시아 때 모아지게 될 것으로 생각했다.[48] 인자가 장차 오심에 대한 공관복음의 다른 말씀들과 마찬가지로 그 말씀들에 죽은 자들의 부활에 대한 언급이 없었기 때문에 그들은 단

---

47 특별히 데살로니가인들이 아직 이교 시절 가졌던 도덕적 해이를 완전히 극복하지 못했다는 사실을 고려할 때(참고. 4:3-8), 바울로서는 이것이 중요하다. 따라서 살전 5:2의 도둑 비유를 5:3에서 예수의 또 다른 말씀을 반영함으로 강화시키고 있다.

48 바울이 그들에게 주의 파루시아에 대해 가르친 게 아니라면 어떻게 그들이 파루시아의 날짜에 대해 염려하게 되었을 수 있었겠는가? 그가 주께서 강림하실 때 믿는 자들을 불러 모으시는 것에 대해 가르치지 않았다면 어떻게 그들이 그것에 대한 기대를 가지게 될 수 있었겠는가? 그렇다면 바울은 어떻게 데살로니가인들에게 주의 파루시아와 믿는 자들을 불러 모으심에 대해 가르칠 수 있었을까? 이와 같은 생각들이 분명 복음서의 예수의 인자 말씀들을 연상시키고 있기 때문에 바울이 그 말씀들을 그들에게 가르쳤다고 믿는 것이 합리적이지 않은가?

순하게 주께서 오실 때 살아 있을 자들만 천사들이 불러 모을 것이라고
생각했다. 그들은 주의 파루시아 때 천사들이 택하신 자들을 불러 모을
때 자신들의 죽은 친척들이 어떻게 거기에 있을 수 있는지를 알 수 없었
다. 그래서 그들은 죽은 자들은 구원의 기회를 얻지 못하고 영원히 사라
지게 된 것을 슬퍼하기 시작한 것이다.

이와 같은 부적절한 이해 혹은 오해는 그들이 "부활에 대한 종말론적
기대와 재림에 대한 종말론적 기대를 서로 연결하여 하나의 체계적인 이
해를 갖출" 능력이 없었음을 보여주었다.[49] 그들이 이렇게 할 수 없었던
것은 궁극적으로 바울이 그 말씀들과 종말에 대한 교리(참고. 3:10)를 충분
히 설명할 수 있기도 전에 데살로니가에서 추방을 당한 사실과 데살로니
가의 헬라인들이 바울이 죽은 자들의 부활에 대해 가르치기 시작한 것의
모든 함의들을 쉽게 파악할 수 있었던 것은 아니라는 사실에 그 궁극적
인 이유가 있다.[50]

그러나 바울이 그들에게 전수해준 예수의 말씀들의 성격이 아마도 이
와 같은 실패의 보다 직접적인 원인 제공을 했을 것이다. 우선, 인자가 장
차 오심에 대한 말씀들은 일반적으로 그들에게 주의 파루시아가 임박해
있다는 인상을 주었을 것이고, 따라서 파루시아에 대해 아주 흥분하게
했을 것이다. 그런데 특히 도둑 비유(마 24:43-44//눅 12:39-40)와 그날이 덫/
해산의 고통과 같이 갑자기 온다는 말씀(눅 21:34-36), 파수꾼 비유와 청지
기 비유(눅 12:36-38; 눅 12:41-48//마 24:45-51) 등과 같은 예수의 말씀들은 파
루시아에 대해 그들이 흥분하도록 했을 뿐만 아니라 그 자신들의 구원

---

49 Malherbe, *Thessalonians*, 284; 또한 비슷한 입장으로 Luz, *Geschichtsverständnis*, 321-22; Siber, *Mit Christus Leben*, 20-22도 보라. 그런데 루즈(Luz)와 지버(Siber)가 이 문제를 근본적으로 바울 신학의 구조 안에서 찾으려 시도한다는 점에서 지나친 면이 있다. 참고. 롬 8:18-24; 고전 15장; 고후 5:1-10.

50 고전 15:12, 35과 행 15:18, 32은 헬라인들이 부활 교리를 받아들이는 것이 얼마나 어려 웠는지를 보여준다. 행 26:6-8은 일부 유대인들에게도 이것이 어려운 일이었음을 시사한다. 많은 유대 비문들에 내세에 대한 소망이 결여되어 있다는 충격적인 사실과 그런 소망이 혹 있더라도 종종 그 성격이 모호하다는 관찰을 위해서는 J. S. Park, *Conceptions of Afterlife in Jewish Inscriptions*(WUNT 2/121; Tübingen: Mohr Siebeck, 2000)을 참고하라.

298

에 대해서 염려하게 만들기도 했을 것이다. 왜냐하면 이 말씀들이 심지어 이들 살아남은 신자들조차도 "깨어 있고 정신을 차리지" 않으면 파루시아 때 구원을 받지 못할 수도 있다는 인상을 주었을 것이기 때문이다.[51] 이와 같이 흥분과 염려를 함께 가지게 되는 상황에서 그들은 자신들의 구원에 대한 생각(참고. 살전 1:10; 3:13)과 파루시아의 "때와 시기"를 계산함으로 구원 얻을 것에 대한 확신을 얻고자 하는 시도(5:1)에 몰입하게 되었을 것이다. 이런 상황으로 인해 그들은 죽은 신자들의 부활에 대해 깊이 생각할 여유가 없었을 것이다. 게다가 예수의 그 말씀들에 부활에 대한 언급이 들어있지 않았기 때문에 그들로서는 죽은 신자들의 부활에 대해 생각해야 할 마땅한 이유도 없었을 것이다. 그래서 그들은 그 자신들의 구원에 대해 염려하는 한편, 다른 한편으로 "깨어서 정신 차린" 모습을 하는 것은 그만 두고라도 주의 파루시아 때 거기 있지도 못할 최근에 죽은 동료 신자들에 대해 슬퍼하게 된 것이다.

그러므로 바울은 그들의 슬픔의 원인이 된 "주의 말씀"을 언급하고 그 함의들을 충분히 설명하면서 그 함의들 중 하나가 택한 자들을 불러 모으시기 전에 있을 죽은 자들의 부활임을 강조한다. 그는 "주의 말씀"의 이 함의를 그 말씀을 그리스도의 죽음과 부활의 근본 복음에 비추어 해석함으로써 도출한다(살전 4:14). 그가 전수했을 수 있는 인자의 오심에 대한 다양한 말씀들 가운데서, 바울은 마 24:30-31//막 13:26-27의 말씀을 주로 언급한다. 왜냐하면 그 말씀이 데살로니가인들로 슬픔에 가장 큰 원인 제공을 한 것인 동시에 죽은 성도들의 부활과 살아 있는 성도들과 죽은 성도들 모두를 불러 모으시는 것을 설명하는 데 가장 적합했기 때문이다.[52]

이와 같이 데살로니가인들이 자신들의 죽은 친척과 친구들의 죽음에

---

51 바울이 가르쳤을 수 있는 다른 종말론적 말씀들과 특별히 인자가 심판과 구원을 위해 오신다는 말씀들(아래 주 53을 보라)은 쉽게 똑같은 인상을 주었을 수 있다. 참고. Marshall, *Thessalonians*, 132.
52 참고. Wenham, *Paul*, 309-11.

대해 슬퍼하는 문제를 해결하고 나서, 바울은 우리가 살펴본 것처럼 살
전 5:1-11에서 계속해서 그 염려를 자아내는 말씀들을 근본 복음(9-10절)
과 그들의 구원이 이루어지는 근본 방식(4-5절)에 비추어 보다 적절하게
이해할 수 있게 함으로써 그들의 염려를 누그러뜨린다. 따라서 바울은
우리의 종말론적 본문의 두 섹션 모두에서 그 문제들을 야기한 예수의
말씀들을 명시적으로 언급하고 그리스도 사건에 대한 근본 케리그마에
비추어 그 말씀들에 대한 적절한 해석을 제공함으로써 데살로니가인들
의 문제들을 해결한다.[53]

결론

이 연구에서 필자는 살전 4:13-5:11에서 바울이 데살로니가인들이 예
수의 종말론적 말씀들(마 24:30-31//막 13:26-27; 마 24:43-44//눅 12:39-40; 눅
21:34-36; 눅 12:36-38; 눅 12:41-48//마 24:45-51)을 그리스도의 죽음과 부활의
복음(살전 4:14; 5:9-10)에 비추어 적절하게 이해하도록 도움으로써 그들이

---

[53] 여기 제시한 논지는 위에서 관찰한 예수의 말씀들과 유사하거나 그 말씀들과 연관된 예
수의 몇몇 종말론적 말씀들이 데살로니가전서의 다른 부분들과 바울의 다른 서신들에
도 반영되고 있음을 보여줄 수 있다면 의심의 여지없이 더욱 강화될 것이다. 새로 출판한
PNP, 194-208에서 필자는 그의 서신들 여러 곳들에서 바울이 다양한 예수의 인자 말씀
들을 반영하고 있다는 견해를 자세히 논증했다. 예를 들어 롬 1:16 + 8:34과 빌 1:19-20
은 눅12:8-9//마 10:32-33; 막 8:38과 그 병행 구절들 말씀을 반영한다. 복음서에서 성
만찬 전승은 인자 말씀으로 전수되기 때문에(마 26:24//막 14:21//눅 22:22; 요 6:53; 13:31-35; 또
한 참고. *Acts John* 109; *Gosp. Phil.* 15), 바울이 고전 11:23-26에서 인용하는 전승은 예수께
서 인자라는 자기 칭호를 자신의 수난과 재림과 연관 지어 사용하고 있음을 그가 알고 있
음(23, 26절)을 시사한다. 더 나아가 살전 1:10은, 어떤 학자들이 이미 제안했듯이(참고. E.
Schweizer, "ὁ υἱὸς τοῦ θεοῦ," *TDNT* 8:370, 383; U. Wilckens, "Der Ursprung der Überlieferung der
Erscheinung des Auferstandenen," in *Dogma und Denkstrukturen*[Schlink FS; ed. W. Joest and W.
Pannenberg; Göttingen: Vandenhoeck & Ruprecht, 1963], 83-84 주 67; G. Friedrich, "Ein Tauflied
hellenistischer Judenchristen," *TZ* 21[1965]: 502-16. See further J. Dupont, "Filius meus est tu," *RSR*
35[1948]: 525; L. Cerfaux, *Christ in the Theology of St. Paul*[New York: Herder and Herder, 1959],
440-41), 인자의 오심에 대한 가르침을 반영한다. 이 관찰은 다시 살전 3:13에도(또한 참고.
살후 1:7) 마 24:30-31//막 13:26-27; 막 8:38(과 그 병행 구절); 마 25:31-33 등에 기록된
예수의 인자에 대한 가르침이 반영되고 있음을 인정하게 이끈다. 이와 같은 관찰들은 바
울이 예수의 인자의 오심에 대한 종말론적 말씀들의 수집을 알고 있었고 또 사용했을 개
연성을 높여준다. 이 제안들은 이제 본서의 *4장*과 *5장*에서 보다 자세히 전개되어 있다.

죽은 신자들에 대해 가진 슬픔을 제거하고 파루시아의 정확한 날짜에 대한 그들의 염려를 누그러뜨리려고 한다는 논지를 제시했다. 바울이 이렇게 하는 것은 두 가지 문제 모두 바울이 데살로니가인들 가운데서 선교 사역을 하는 동안 종말론적 가르침들의 일부로 그들에게 전수해주었던 예수의 그 말씀들에 대해 그들이 적절치 못하게 이해한 데서 발생했기 때문이다.[54] 살전 4:13-5:11에서 바울이 자신이 거의 하지 않는 일, 곧 그렇게 짧은 지면에서 "주의 말씀"에 명시적으로 호소하고 또 그렇게 많은 예수의 말씀들을 암시하는 이유가 바로 여기에 있다.

---

54 (원래 논문의 이 지점에 있던 긴 각주는 본서 7장에서 별도의 논문으로 발전시켜 다루고 있기에 여기서는 생략했음을 밝힌다).

Paul's Gospel for the Thessalonians and Others

7장

어떤 데살로니가인들의 게으름

바로 앞에 실은 논문에서 필자는 죽은 신자들의 운명에 대한 독자들의 슬픔과(살전 4:13-18) 재림(parousia)의 날짜에 관한 그들의 염려가(5:1-11) 바울이 그들에게 전수해준 예수의 말씀들을 적절하게 이해하지 못했기 때문이라고 주장했다. 일부 데살로니가 그리스도인들의 게으름의 문제 역시 마찬가지 방식으로 설명이 가능한가? 4:19-20에 대한 주석에서 필자는 그 문제가 그들의 주의 임박한 재림에 대한 기대에서 비롯되었다는 전통적인 견해를 지지하는 논증을 펼쳤다. 그러나 그 기대가 유일한 요인이었을까? 눅 12:22-34//마 6:25-34 + 19-21에 표현되어 있는 예수 전승에 대해 그들이 편향적으로 이해한 것이 또 다른 요인이었을 수도 있는가?

누가복음 12장에서 그 전승은 살전 5:2-7에서 바울이 암시하거나 반영하는 파수꾼 비유(12:35-38)와 도둑 비유(12:39-40), 청지기 비유(12:41-48) 바로 앞에 나온다. 이 가르침에서 예수께서는 제자들에게 음식이나 옷과 같은 매일의 필요에 대해 염려하지 말고 하나님, 곧 그들을 사랑하시는 하늘에 계신 아버지께서 신실하게 공급하실 것을 믿으라고 권면한다(눅 12:22 - 30). 제자들은 그러한 매일의 필요를 구하지 말고 하나님께서 그들에게 주기를 기뻐하시는 하나님 나라를 구해야 한다. 그럴 때 일상의 필요들 또한 그들에게 주어질 것이다(12:31 - 32). 이러한 믿음과 정신으로 제자들은 자기 소유를 팔아 구제함으로써 보물을 땅이 아닌 하늘에 쌓아야 한다(12:33 - 34). 하나님 나라를 구하는 자들로서 제자들은 그 나라를 가져오시는 분인 인자를 온전히 깨어 있으면서 간절히 기다려야 한다. 왜냐하면 인자는 예상치 못한 시간에 도둑과 같이 오실 것이기 때문이다(12:35 - 48).

대부분 매우 가난하였던 독자들은(참고. 고후 8:2), 이러한 가르침을 듣고 하나님 나라를 구하는 일에 전적으로 헌신하기로 결정하고, 어떤 경우에는 심지어 생계를 위해 일하는 것에 관심을 두는 것조차 문자 그대로 멈추게 되었을 수 있다.[1] 그래서 그들은 인자/하나님의 아들과 하나님 나라의 도래에 대한 강한 기대감을 가지고서(살전 1:10; 필자의 주석 관련 구절에 대한 코멘트를 보라; 또한 참고. 살전 2:11 - 12) 한편으로는 염려에 휩싸여 인자/하나님의 아들과 하나님 나라의 도래의 "때와 시기"를 계산하고(살전 5:1) 다른 한편으로는 마게도냐와 아가야의 많은 지역들에서 특별한 열심으로 복음을 전하는 일에 헌신했다(살전 1:7 - 8). 예수의 가르침은 데살로니가 교회의 일부 부유한 자들로 하여금 소유를 팔아 구제하도록(참고. 살전 4:9 - 10; 5:12 - 13; 살후 3:13), 즉 판 금액을 공동체가 사용할 수 있도록 공동기금으로 내어놓게끔 이끌었을 수 있다(참고. 행 2:43 - 46; 4:32 - 37).[2] 그래

---

1 참고. S. Dickey, "Some Economic and Social Conditions of Asia Minor Affecting the Expansion of Christianity," in *Studies in Early Christianity*(ed. S. J. Case; New York: Century, 1928), 393-416. 소아시아와 로마 제국의 다른 지역에 살던 많은 착취 받는 노동자들은 경제적으로 소망이 없는 여건들로 인해 바울의 묵시적 복음을 자신들의 필요들을 채워 주실 것에 대한 약속으로 여기고 보다 기꺼이 받아들일 수 있었을 것이다(411). 그리고 (대부분이 교육을 받지 못했던) 그들은 "바울이 의도했던 것보다 훨씬 더 그의 말을 문자적으로 받아들이는" 경향을 보였을 것이다(414). 필자가 디키의 연구에 주목하게 된 것은 R. Jewett, *Thessalonian Correspondence: Pauline Rhetoric and Millenarian Piety*(Philadelphia: Fortress, 1986), 122-23를 통해서임을 밝힌다.

2 만일 바울이 데살로니가에서 사역하는 동안에 걱정과 염려에 대한 가르침(눅 12:22-31)과

서 공동체 내 어떤 사람들은 자신들의 매일의 필요가 (부유한 동료 신자들의 기부를 통해 채워진 것임에도) 하늘에 계신 아버지의 신실하신 공급하심으로 채워진 것으로 생각하면서 생계를 위해 일하지 않으면서 계속 염려 없이 지냈을 수 있다. 그들은 "이방인" 이웃들의 삶의 방식과 다른, 자신들이 믿음 안에서 새롭게 가지게 된 삶의 방식을 심지어 만족스럽게 여겼을 수 있다(참고. 눅 12:30//마 6:32). 왜냐하면 바울이 하나님께서 그들을 선택하셨다는 점과 그들이 "하나님을 모르는 이방인들"과 어떻게 차별화된 존재인지를 강조함으로써 그들의 사기를 한껏 진작시킨 것처럼 보이기 때문이다(살전 4:5; 다음 구절들도 보라: 1:4, 9; 2:12, 14; 4:3-7, 12, 13; 5:2-9).

이와 같은 삶의 방식을 가지고서 게으른 자들은 자신들이 바울의 본을 따르고 있다고 생각했을 수 있다. 그들이 보기에 바울은 땅 위에 보물을 쌓으려는 욕심이 없는 것은 말할 것도 없고 매일의 필요에 대한 염려도 없이 오로지 하나님 나라의 일에 헌신하고 있었다. 하나님 아버지의 돌보심을 믿었을 때에 그는 실제로 빌립보 그리스도인들이 두 번 보낸 선물을 통해 하나님의 공급하심을 받았다(빌 1:5; 4:15-16). 이것을 보고서 게으른 자들은 부유한 믿음의 형제 자매들에 기대어 사는 것에 대해 양심의 어떤 가책도 없이 그것이 하나님을 신뢰하고 서로를 사랑하는 그리스도인의 정상적인 삶이라고 생각했다.

바울은 자신의 일상의 필요에 대해 염려하지 않았다. 하지만 그것은 그가 생계를 위해 일하기를 멈추고 하나님의 공급하심만 소극적으로 기다렸다는 의미는 아니다. 그는 생계를 위해 손으로 일했다(살전 2:9; 살후 3:7-8). 그는 심지어 데살로니가의 그리스도인들에게 자기와 같이 하라고 명령하기까지 했다(살전 4:11; 살후 3:9-10). 그는 아마도 데살로니가 교

함께 어리석은 부자 비유(12:13-21)—이 두 가지가 누가복음에서는 직접적으로 연관되어 있는 것으로 나타나므로—와 파수꾼 비유와 도둑 비유와 청지기 비유(12:32-48)도 언급했었다면, 어리석은 부자 비유는 부유한 교인들과 게으른 사람들 모두에게 격려가 되었을 수 있다. 부유한 이들은 더욱 고무되어 교회의 공동 기금에 재산을 더 많이 기부하게 되었을 수 있고 게으른 자들은 자신들의 걱정 없는 (하지만 의존적인) 삶의 방식에 대해 더욱 거리낌을 가지지 않게 되었을 수 있다.

회의 부유한 교인들에게는 예수의 가르침의 정신을 따라(눅 12:33; 참고.
고후 9:6-13) 그리고 서로에 대한 사랑을 가지고(살전 4:9-10; 5:12-13; 살후
3:13; 참고. 롬 12:8; 고후 8:14-15) 그 자신들의 재산을 가난한 형제 자매들과
나누도록 격려했을 것이다. 그러나 동시에 가난한 교인들에게는 이웃 사
랑의 의무에 따라 형편이 나은 형제 자매들의 선의를 착취하기를 삼가고
그 손으로 자신들의 생계를 위해 일해야 한다고 설명했다(살전 4:11d; 살후
3:10). 그러나 교회의 어떤 이들은 바울의 가르침과 모범을 마음에 새기지
않았고 형편이 나은 형제 자매들의 선의를 악용하는 게으른 삶의 방식을
통해 교회 내에 상당한 긴장이 생기게 만들었다(참고. 살전 5:14). 눅 12:22-
46과 같은 예수의 말씀을 편향적으로 이해했기 때문에 가지게 된 임박한
재림에 대한 그들의 강렬한 기대와 이와 맞물린 그들의 믿음에 대한 열
심이 아마도 그들의 본성적 이기주의와 힘든 일(!)에 대한 혐오와 결합되
었던 것 같다. 회심 때문에 가족과 공동체에서 쫓겨난 것도 그들에게는
핑곗거리가 되었을 것이다. 이러한 요인들로 인해 그들은 바울의 본의
한쪽 면만 보고 다른 면, 곧 그가 스스로 생계를 위해 일하고 있다는 사
실은 간과하게 되었던 것 같다.

　이러한 이유로 바울은 독자들에게 자기 손으로 일하라고 분명하게 명
령한다(4:11). 이것은 그들의 신앙의 열정을 약화시키고 그들이 하나님 나
라나 나눔(koinōnia)을 실천하는 일에 헌신하지 못하게 하려는 것이 아니
다. 그 반대로 바울은 이와 같은 일들에 대해 독자들을 칭찬한다(1:7-10;
4:9-10; 참고. 고후 8:1-4). 그는 다만 일부 교인들에게 이웃 사랑의 의무를
실천하기 위해서는 자신의 소유를 이웃과 나누는 것만큼이나 이웃에게
짐을 지우지 않는 것도 요청된다는 점을 부드럽게 상기시켜 줌으로써 그
들의 게으름을 교정해주려 했다(2:9; 4:12b). 바울은 그 자신의 모범을 가지
고 이들이 하나님을 믿고 이웃을 사랑하는 것에 대한 예수의 가르침(눅
12:22-34//마 6:25-34+19-21)을 보다 적절히 이해할 수 있도록 은연 중에
돕고자 한다.

　지금까지 제시한 이 해석이 옳다면 데살로니가의 일부 게으른 그리스

도인들의 문제와 그것에 대한 바울의 대처는 그들이 죽은 신자들에 대해 슬퍼하는 문제와 주의 파루시아에 대해 그들이 가진 염려의 문제와 그 두 가지 문제에 대한 바울의 대처와 병행을 이룬다. 그러나 후자(슬픔과 염려의 문제)의 경우와 달리 전자(게으름의 문제)의 경우에는, 데살로니가 전서에 눅 12:22 - 34//마 6:25 - 34 + 19 - 21의 예수 전승의 언어적 반영은 나오지 않는다. 그러므로 여기에 제시하는 일부 데살로니가인들의 게으름의 문제에 대한 해석의 확실성을 주장할 수는 없다. 그럼에도 불구하고, 다음과 같은 사실들을 여기 제시한 대로 함께 고려한다면 그 개연성이 상당히 있어 보인다: (1) 일부 데살로니가의 그리스도인들의 게으름은 주의 임박한 재림(parousia)에 대한 기대와 연관되어 있을 개연성이 매우 크다; (2) 바울은 이 문제를 독자들의 주의 임박한 재림에 대한 기대와 관련된 문제들과 가까운 위치에서 다루고 있다; (3) 주의 임박한 재림에 대한 기대와 관련된 문제들은 바울이 주의 재림에 대해 가르치면서 언급한 예수의 파수꾼 비유, 도둑 비유, 청지기 비유(눅 12:35 - 48)를 이들이 오해한 데서 생겨났으며 그래서 바울이 살전 4:13-5:11에서 예수의 이 말씀들을 바르게 이해하도록 도움으로써 이 문제들을 해결했을 개연성이 높다; (4) 눅 12:22 - 34은 살전 5:2 - 7에 분명히 반영되어 있는 파수꾼 비유, 도둑 비유, 청지기 비유(눅 12:35 - 48)와 연결되어 있는 것으로 보인다.; (5) 우리 본문(살전 4:9 - 12)에서 독자들 중 일부의 게으름의 문제와 이 문제에 대한 바울의 대처 모두, 여기서 보여준 것같이 눅 12:22 - 34(또한 참고. 12:13 - 21)의 예수의 가르침의 관점에서 볼 때 일관성 있게 설명될 수 있다.

Paul's Gospel for the Thessalonians and Others

8장

바울의 "소망이나 기쁨이나 자랑의 면류관"으로서의 데살로니가 교회(살전 2:19-20): 행함에 따른 심판과 선행에 대한 상급 혹은 바울의 칭의 교리의 구조

바울은 빌립보 교회를 자신의 "기쁨이요 면류관"(빌 4:1)이라고 부르는 것과 유사하게 데살로니가 교회를 주 예수의 심판 보좌 앞에서 자신의 "소망이나 기쁨이나 자랑의 면류관"(살전 2:19-20)이라고 부른다. 어떤 의미로 바울은 그들을 이렇게 부르는가?

1. 주석가들의 회피 혹은 혼동

행위에 따른 심판 교리를 가르치는 것처럼 보이는 바울의 다른 구절들을 가리키면서(예: 롬 2:5-16; 14:10-12; 고전 3:10-17; 4:1-5; 5:5; 9:16-27; 고후 5:10; 골 1:21-23), 주석가들은 보통 살전 2:19-20을 바울의 종말론적 상급(eschatological reward)에 대한 기대의 관점에서 해석하지만 그 개념을 보다 분명하게 설명하지는 않는다.[1]

---

1 예를 들면, C. A. Wanamaker, *Commentary on 1 and 2 Thessalonians*(NIGTC; Grand Rapids: Eerdmans, 1990), 124; A. J. Malherbe, *The Letters to the Thessalonians*(AB; New York: Doubleday, 2000), 188. G. D. Fee, *The First and Second Letters to the Thessalonians*(NICNT; Grand Rapids: Eerdmans, 2009), 107-11는 최후의 심판

베스트(E. Best)[2] 역시 살전 2:19에서 종말론적 상급에 대한 바울의 기대를 확인하면서 다음과 같이 말한다: "[바울이] 단순히 [데살로니가의 그리스도인들] 때문에 자신이 종말에 구원받기를 소망한다고 말하는 것이 아니다. 그보다는 상급에 대해 쓰고 있는 것이다"(128). 하지만 그런 다음 20절에 대해 베스트는 다음과 같이 말한다: "여기에서나 19절에서나 예수께서 나타나실 때 그에게 소망이 있을 것이라거나 그가 기쁨이나 영광이나 면류관을 받게 될 것이라는 어떤 생각도 없다. 데살로니가인들이 그의 소망과 기쁨과 영광과 면류관일 것이다…"(129). 이와 같이 말함으로 베스트는 우리를 혼동스럽게 한다.

홀츠(T. Holtz)[3]는 이렇게 주장한다: "당연히 이 말은 (데살로니가인들의) 교회 자체가 사도의 소망과 기쁨과 자랑의 면류관임을 의미하기보다 이 모든 것의 근거가 될 것임을 의미한다"(117). 그는 다음과 같이 반복하여 말한다: "그들 곧 데살로니가 교회 교인들은 바울이 자신을 위해 소중히 생각하는 종말론적 기대의 근거다"(118). 그런데 홀츠의 말은 바울이 데살로니가 교회(와 선교 사역의 수고를 통해 세운 다른 교회들—참고. 빌 4:1; 고후 1:14)를 마지막 심판 때 자신의 구원을 위한 "근거"로 내세우는 것을 염두에 두고 있다는 의미는 아닌 것 같다. 그러면 홀츠는 바울이 데살로니가 교회를 최후의 심판 때 상급(reward) 곧 구원에 더하여 주어지는 상(prize)의 "근거"로 제시하는 것을 생각하고 있음을 의미하는 것인가? 분명 홀츠는 그러한 결론도 피하기를 원할 것이다. 왜냐하면 고전 3:8-15에서 "각 사람이 교회의 덕을 세우는 데 한 일에 근거한 상이나 벌"에 대해 말할 때조

과 상급의 문제에 대해서는 어떤 논의도 피한다. P. T. O'Brien, *The Epistle to the Philippians*(NIGTC; Grand Rapids: Eerdmans, 1991), 475과 G. F. Hawthorne and R. P. Martin, *Philippians*(WBC; Nashville: Nelson, [2]2004), 240 역시 최후의 심판에 대한 어떤 언급도 없이 현재의 관점에서만 빌 4:1에 대해 코멘트한다.

2　E. Best, *The First and Second Epistles to the Thessalonians*(BNTC; London: Black, 1972).

3　T. Holtz, *Der erste Brief an die Thessalonicher*(EKKNT; Zürich: Benziger; Neukirchen: Neukirchener, 1986).

차 바울은 "그와 같은 종말의 심판이 실제로 어떻게 일어나리라고 생각했는지"에 대한 설명을 제시하지 않기 때문이다(121). 그 대신, 홀츠는 살전 2:19-20의 바울의 수사학적 문장들 간에 긴장이 있는 것을 본다고 주장한다: "소망"과 "기쁨" "자랑의 면류관" 등의 개념들은 교회를 세우는 일에서 성공적이었던 것에 대한 "상"(고전 3:8, 14)이나 "칭찬"(고전 4:5)이라기보다 종말의 구원 자체에 대한 표현들이며 따라서 그것들은 교회가 아니라 오직 그리스도에게서만 그 근거를 가진다. 따라서 자신이 수사학적으로 이 개념들을 상반되게 적용하게 된 것을 깨닫고 바울은 소망이나 기쁨이나 자랑의 면류관이 그리스도의 파루시아 때 그의 판단에 달린 것임을 강조하기 위해 ἔμπροσθεν τοῦ κυρίου ἡμῶν Ἰησοῦ ἐν τῇ αὐτοῦ παρουσίᾳ("우리 주 예수의 강림하실 때 그 앞에서")라는 문구를 덧붙인다(121). 홀츠에 따르면, 바울은 또한 이와 같은 수정을 분명히 하기 위해 20절을 추가하는데 더 이상 종말의 구원 자체로서의 의미가 아니라 자신의 사도적 사역의 성공적 수행 때문에 자신이 얻게 되는 특권 혹은 기쁨의 의미로 데살로니가의 그리스도인들을 자신의 "영광과 기쁨"으로 부름으로써 그렇게 한다(121).

그러나 20절의 "영광과 기쁨"을 19절의 "소망과 기쁨과 자랑의 면류관"과 완전히 다른 의미로 보고 결과적으로 20절을 19절의 수정으로 보려는 홀츠의 이러한 시도는 설득력이 거의 없다. 19절의 ἔμπροσθεν τοῦ κυρίου ἡμῶν Ἰησοῦ ἐν τῇ αὐτοῦ παρουσίᾳ이라는 문구에서 바울 자신이 데살로니가 그리스도인들이 자신의 "소망이나 기쁨이나 자랑의 면류관"이라고 인정한 것을 스스로가 약화시키려는 의도를 읽어내는 것 역시 불가능하다. 따라서 우리 본문에 대해 보다 진지한 신학적 논의를 했음에도 홀츠는 베스트와 다른 주석가들을 넘어서지 못했다. 베스트와 마찬가지로 홀츠 역시 결국은 바울이 여기서 자신의 사도로서의 성공적인 사역에 대한 종말의 상에 대한 기대를 말하는 것은 단지 그와 같은 상을—분명 바울의 오직 그리스도 안에 있는 하나님의 은혜를 통해 의롭다 함을 받음에 대한 복음의 관점에서—부정하기 위한 것이라고 말함으로써 자기모순적 코멘트를 하는 것으로 끝나고 만다.

2. 고전 3:5-17: "상을 받고"(14절)

그러나 켄트 잉여(Kent L. Yinger)[4]는 최근 행위에 따른 심판 교리의 일환으로 바울이 랍비 유대교와 마찬가지로 최후의 심판 때 그리스도인 개인의 다양한 행위들에 따라 "차등 적용되는 상급(varying rewards)" 개념을 받아들이는 것이라고 강하게 주장했다(213, 그 외 다른 여러 곳들). 잉여는 고전 3:5-17을 이를 보여주는 가장 분명한 증거로 본다(234). 이 구절에서 바울은 자신과 아볼로와 같이 그리스도의 교회를 세우기 위해 일하도록 사명을 받은 하나님의 종들은 그 수고에 따라 하나님께로부터 그리스도의 μισθός(보수, 상급)를 받을 것이라고 주장한다(고전 3:8). 바울은 주의 날에 심판의 불이 하나님의 종들 각자가 교회를 세우는 데 어떤 종류의 일을 했는지, 곧 그들이 교회를 "금이나 은이나 보석이나 나무나 풀이나 짚" 어떤 것으로 세웠는지를 드러내고 검증할 것인데 만일 그 한 일이 남으면 그는 "상을 받을 것이고"(14절) 타버리면 "해를 받을 것인데 그 자신은 구원을 받겠지만 불 가운데서 받은 것 같을 것이다"(15절)라고 단언한다.

최근에 주석을 펴낸 많은 주석가들과 같이 잉여는 "불을 통해서만"이라는 문구를 "겨우(just barely)" "간신히(by the skin of one's teeth)"라는 의미의 숙어로(참고. 암 4:11; 슥 3:2), 그리고 교회 안에서 하나님의 지혜이신 십자가에 달리신 그리스도의 복음에 합당하게 사역하지 않는 사람들에게 그들의 구원이 심각한 위험에 처했다는 것을 경고하는 것으로 받아들인다. 그럼에도 불구하고 잉여는 고전 3:8-15에서 "상"을 "구원"과는 분명히 구분되는 것으로 본다(219-21). 그는 15절의 충성되지 못한 건축가는 "해를 받으리라"(ζημιωθήσεται)는 진술이 14절의 신실한 건축자는 "상을 받으리라"는 진술과 반제적 병행관계에 있기 때문에 바울이 여기서 충성되

---

4 K. L. Yinger, *Paul, Judaism, and Judgment according to Deeds*(SNTSMS; Cambridge: Cambridge University Press, 1999).

지 못한 건축자가 자기 "상"을 잃게 될 것을 의미한다고 주장한다.[5] 잉여는 신약의 다른 곳에서의 ζημιόω 동사의 용례(빌 3:8; 고후 7:9; 마 16:26//막 8:36//눅 9:25; 요이 8)가 이 해석을 뒷받침한다고 믿는다(218-19). 따라서 그는 바울이 "구원에 상급을 더하여 받거나(14절) 상급 없이 구원만 받는 것(15절)이 가능하다"고 가정하는 것으로 본다(221).[6]

하지만 막 8:36(과 그 병행 구절들)과 고후 7:9는 분명히 추가로 받는 상으로서의 상급을 잃는 것을 말하기보다 구원 자체를 잃는 것에 대해 말한다. 그리고 빌 3:8은 상을 잃는 것을 말하기보다 유대교에서의 특권과 성취를 잃어버리는 것(빌 3:4-7)을 말한다. 사실 빌 3:8의 유비(analogy)는 고전 3:15에서 바울은 복음에 부합되게 사역하지 않고 인간적이고도 육신적인 지혜로 사역한 하나님의 종들은, 마치 율법에 대해 헌신한다고 십자가에 달리신 그리스도의 복음을 반대했던 바리새적 유대인이었던 바울이 자기가 평생 이룬 율법의 의의 일(work of law-righteousness)을 잃어야 했듯이, 그들이 평생 동안 이룬 일(their life-long work)을 잃을 것을 의미한다는 견해를 뒷받침한다. 따라서 충성되지 못한 종들이 "잃게 될" 것은 그들의 "상"이 아니며 최후의 심판의 불에 타서 없어지게 될 것 곧 그들이 인간적인 지혜로 이룬 일생의 일(그들이 분명 하나님의 지혜와 어긋난 육신적, 인간적 지혜―참고. 고전 1:18-25; 3:18-20―의 모든 것이라 할 "나무나 풀이나 짚"으로 지어 올린 것은 최후의 심판의 불로 태워져야 할 것이다)이다! 그렇다면, "상을 받으리라"는 문구와 "해를 받으리라"는 문구의 반제적 병행은 우리로 하여금 "상을 받으리라"는 문구를 최후의 심판의 불에서 시험을 통과하여 남는 것, 신실한 종들이 "금이나 은이나 보석"으로 지어 올린 것, 곧 그들이 복음에 합당하게 교회를 세우기 위해 한 일생의 일을 가리키는 것으로 해석하게 이끈다.

---

5   마찬가지 견해로 D. W. Kuck, *Judgment and Community Conflict: Paul's Use of Apocalyptic Judgment Language in 1 Corinthians 3:5-4:5*(NovTSup 66; Leiden: Brill, 1992), 182도 보라.

6   또한 참고. Kuck, *Judgment and Community Conflict*, 221-22.

3. 고전 9장: "내 상은 복음을 값없이 전하는 것이다"(18절)

그 자신이 바울이 신실한 그리스도인들에게 구원에 더하여 종말의 상급이 주어질 것이라고 가르치고 있다는 견해를 가지고 있음에도 불구하고, 잉여(247-53)는 놀랍게도 고전 9:24-25의 "상"(βραβεῖον)과 "관"(στέφανος)은 상급, 곧 구원에 더해진 상이 아니라 구원 자체로 해석한다. 물론 이것은 올바른 해석이다. 왜냐하면 고전 9:23과 27에서 바울은 "복음[의 축복]의 συγκοινωνός[함께 참여하는 자 혹은 나누는 자]"가 되기 위해 그리고 "자격 없는 자가 되지 않기 위해" 사도로서 복음을 전하는 사역에서 모든 희생과 자기 절제를 실천한다고 말하기 때문이다(9:4-22, 26-27a). 또한 그가 이 모범을 가지고 고린도인들에게(특히 지식을 자랑하는 이들에게) "상" 혹은 "승리자의 관"을 얻고 이스라엘의 출애굽 세대와 같이 구원에서 떨어지지 않기 위해 자신과 같이 절제를 연습하고 경주하라고 권면하고 있기 때문이다(10:1-22).[7]

그런데 바울이 정말로 신실한 그리스도인들이 구원 외에 종말의 상급을 받을 것을 믿었다면 고전 9장이야말로 그가 그 믿음을 표현할 완벽한 본문 아닌가? 여기서 바울은 복음의 은혜적 특성을 가장 분명하게 보여줌으로써 그 복음을 효과적으로 전하기 위해 어떻게 자신이 게바와 야고보와 같은 다른 사도들과 달리 주께서 주신 복음으로 말미암아 살 사도적 권리도 포기하는지에 대해 말한다(9:4-18). 그런 다음 그는 또한 사도적 사명을 효과적으로 완수하기 위해 자신이 "스스로 모든 사람에게 종이 된 것" 혹은 "모든 사람에게 모든 것이 된 것"에 대해 말한다(9:19-22). 이 예들로 바울이 사실은, 고전 3:12의 은유를 사용하여 말하면, 자신이 "금이나 은이나 보석"으로 교회를 "세워 올린 것"에 대해 말하는 것이 아

---

7 참고. S. H. Travis, *Christ and the Judgment of God: The Limits of Divine Retribution in New Testament Thought*(Milton Keynes: Paternoster, ²2008), 160-69. 트레비스는 고전 9:24-27; 빌 3:12-15; 고후 5:10; 골 3:24-25과 엡 6:8-9이 추가적인 상급이나 특별한 등급의 구원에 대한 것이라기보다 최후의 심판에서의 구원 그 자체에 대한 것으로 해석한다.

314

닌가? 여기서 바울이 자신의 사도적 사명을 완수하기 위해 하는 아주 성실한 노력들에 대해 설명하고, 그 설명을 최후의 심판 때 하나님이 내리실 판단—승인이든(바울이 "복음의 축복에 함께 참여하는 자가 됨" 혹은 "상"이나 "관"을 얻음) 불승인이든(바울이 "자격 없는 자가 됨") 간에—에 대한 염려와 연결시키는 것은 바울이 고전 3장에서 말하는 것과 진정한 병행을 이룬다. 따라서 만일 고전 3:8-15에서 바울이 자기 사도적 사명을 효과적으로 완수하는 하나님의 종들은 구원 외에 종말의 상급을 받을 것을 의미한다면, 그가 고전 9:24-25에서 "상"과 "관" 은유가 그런 종말의 상급의 의미를 가지도록 하는 게 자연스럽지 않았을까? 그리고 운동선수의 유비를 가지고 고린도인들에게 경주에서 많은 사람들이 경주하지만 자기 절제로 잘 준비하고 분명한 목표를 세우고 달리는 자만이 "상"이나 "관"을 받는다고 가르치면서 바울이 "상"이나 관"을 다른 경주자들도 받을 구원에 더하여 받게 될 특별한 상급으로 제시하는 것이 자연스럽지 않았을까?

그러나 고전 9장에서 바울은 "상"과 "관"이라는 단어들을 그 개념을 위해 사용하거나 그것을 어떤 식으로든지 암시하지도 않는다. 사실 그 장에서 바울은 주께서 주신 사도로서의 권리들을 내려놓기까지 하면서 자신이 사도적 사명을 신실하게 완수한 것에 대해 "상"(μισθός)을 언급하지 않는다. 그 대신 바울은 자신의 "상"(μισθός)을 일반적인 의미의 "상" 곧 한 일에 대한 보상(recompense)과 구분하면서(9:17; 참고. 롬 4:4) 이 상을 통상적이지 않은 방식으로 정의한다: "내가 복음을 전할 때에 값없이 전하고 복음으로 말미암아 내게 있는 권리를 다 쓰지 아니하는 이것이로다"(9:18). 그의 "상"은 복음을 전한 공로에 대한 보상(recompense)이라기보다 복음을 값없이 전하는 것이다! 하나님께 사도로 사명 받음(9:16)과 그가 그 사명을 완수한 것에 대한 하나님의 판단(9:23-27)의 문맥에서 바울이 표현하는 염려는 우리가 여기서 바울의 "상"에 대한 언급을 그저 가볍게 언어유희(word play)로 취하지는 못하게 한다. 바울이 주제를 제기하는 방식과 그 개념을 통상적이지 않은 방식으로 정의하는 것 모두 그가 여기서 그 개념과 연관되는 문제들에 대해 아주 분명하게 의식하고 있음을 시사한다. 이 모든 것들은 여기 제시된 정의가 바울의 주의 깊은 고려의 결과라는 것을 의미한다. 이 통상적이지 않은 방식의 정의는 바울이 상으로 의미하지 않는 바가 무엇인지를 분명히 한다: 그의 "상"(μισθός)은 자기희생적 사역에 대해 그가 얻게 될 종말의 상이 아니다. 하지만 이 정의는 상에 대해 긍정하는 것이 무엇인지는 분명하게 제시하지 않는다: 왜 복음을 값없이 전하는 것이 바울에게 "상"이 되는가?

4. "자랑의 근거"(고전 9:15)가 그의 "상"인가?

바울이 자신이 복음을 값없이 전한 것을 자신의 καύχημα 혹은 "자랑의 근거"로 언급한다(고전 9:15)는 사실은 그 논리를 설명하는 데 도움이 되는가? 그의 자랑의 요지 혹은 근거는 정확히 무엇인가? 고전 9:16-18에서의 논증의 흐름은 그가 복음을 값없이 전한 *사실*—단지 그가 (복음을 전하는) 자기 사명을 이룬다는 사실만이 아니라 그 사명을 자기희생적으로 혹은 맡은 것 그 이상으로 혹은 복음을 전한 것에 대해 재정적 보상을 얻는 다른 사도들보다 우월한 방식으로 한다는 사실(9:5)—을 자기 자랑의 근거로 여기고 있음을 시사하는 것 같다.

하지만 바울이 여기서 자신이 자기희생적인 방식으로 복음을 전한 이 사실만을 염두에 두고 있다고 믿기는 어렵다. 바울은 자신이 복음을 값없이 전한 그 *결과(result)* 곧 복음을 전하는 그와 같이 희생적으로 그래서 효과적인 방식이 교회를 세우는 것에 미치는 *효과(effect)* 역시 염두에 두고 있는 것 같다. 바울이 사례를 받고 복음을 전하는 것보다 그와 같이 복음을 전하는 것이 훨씬 더 많은 성공적인 결과를 가져온다는 점을 염두에 두고 있음은 9:12에 이미 잘 나타나 있다. 더 나아가, 9:4-18과 밀접하게 연결되어 있는 그 다음 섹션(고전 9:19-27)에 보면 여기서 그의 가장 큰 관심사가 그의 희생적 사역의 결과와 관련되어 있음을 잘 알 수 있다. 바울은 9:19에서 γάρ("왜냐하면")를 통해 자신이 사도로서의 권리를 충분히 사용하지 않고 복음을 값없이 전한 것(9:18)이 사도적 사명을 이루고자(9:16-17) 모든 사람에게 종이 되는 것의 일환임을(9:19) 분명히 한다.

9:19-22에서 바울은 복음을 값없이 전하는 것을 통해 유대인들과 이방인들과 약한 자들과 그 외 다른 사람들을 섬기고 또한 그들의 필요들을 다른 방식들로 채움으로써 자신의 사도적 사명을 완수하고자 어떤 노력을 하는지를 설명한다. 하지만 그는 단순히 자신이 다양한 사람들을 위해 희생적으로 섬기고 있다는 *사실*이나 그 방식을 기술하기보다 그 *결과*, 곧 한편으로 "[그리스도를 위해] 더 많은 사람을 얻는 것"(9:19; 또한 9:20-22에서 계속해서 반복되는 "내가… 얻고자 함이라"라는 목적절을 주목해 보라)과 다른 한편으로 최후의 심판 때 하나님의 인정하심을 통해 그 자신이 구원받는 것(9:23, 27)을 강조하는 데 관심을 둔다.

따라서 바울이 값없이 복음을 전한 것을 자기 καύχημα 혹은 "자랑의 근거"라고 말할 때(9:15), 그는 자신이 이와 같은 방식 곧 복음을 듣는 사람들에게서 사례를 받으면서 복음을 전하는 다른 사도들보다 우월한 방식으로 사도적 사명을 감당하고 있다는 *사실*과 그러한 사역이 가져오는 *효과* 곧 사람들을 구원함에 있어 거두는 보다 성공적인 결과 둘 다를 염두에 두고 있는 것 같다.[8] 전자(사실)에 대한 바울의 "자랑"은 그가 고후 11:5-15(καύχησις)과 고전 15:10에서 자랑하는 것에 상응하는 반면 후자(효과)에 대한 자랑은 고후 10:13-18(καυχᾶσθαι)과 롬 15:17-21(καύχησις)에서 그가 자랑하는 것에 상응한다. 빌 2:14-18에서도 바울은 자신의 희생적인 사역의 열매를 염두에 두고 있다: 그의 희생적 섬김을 통해 "흠이 없고 순전하고… 빛들로 나타날" 교회로 세워지는 빌립보 교회는 "그리스도의 날에 [그가] 헛되이 달음질하거나 수고한 게 아니라는 [그의] καύχημα"가 될 것이다. 따라서 우리는 고전 9:15에서 바울이 값없이 복음을 전하는 것을 자기 καύχημα 혹은 "자랑의 근거"로 여기는 것은 그것

---

8 이것은 살전 1-3장에서 바울이 데살로니가 사역의 성공(즉 데살로니가인들이 복음을 받아들임)의 이유를 반복적으로 자신의 사도적 행실(εἴσοδος)로 돌리고 있음에 비추어 볼 때 보다 잘 이해할 수 있다(본서 1장을 보라). 바울은 자신의 이 사도적 행실을 사기꾼 설교자들의 행실과 대조되는 것으로 묘사하면서 예수의 대속물 말씀을 반영하고(막 10:45과 그 병행 구절들), 우리 본문 고전 9장에서와 같이 복음을 값없이 전파하였음을 강조한다(앞의 247-50페이지를 보라).

이 사도로서의 사명을 완수하는 우월한 방법이고 또 주를 위해 더 많은 열매를 가져오는 것이기에 그가 이 두 가지 모두에 대해 "자랑할" 수 있기 때문이다.

바울이 9:15에서 값없이 복음을 전하는 것을 이와 같이 자기 καύχημα 로 이해하는 것은 9:18에서 그가 값없이 복음을 전하는 것을 자기 μισθός("상")로 부르는 것에 대해서도 빛을 비춰 주는가? 바울은 자신이 복음을 값없이 전하는 것이 자기에게 καύχημα 혹은 "자랑의 근거"를 제공해주기에, 다시 말해 그것이 자신의 우월한 사역 방식과 그 방식을 통해 맺게 된 보다 풍성한 열매에 대해 자기가 자랑할 수 있게 해주기 때문에 그것이 자신의 "상"임을 의미하는가? 만일 그렇다면, 그는 사실상 자신의 μισθός("상")는 자신이 복음을 값없이 전함으로써 얻는 자신의 καύχησις("자랑" 혹은 "자랑할 수 있는 능력")(= 자기 καύχημα, "자랑의 근거")라고 말하는 것이다: 복음을 값없이 전함으로 바울은 자신의 우월한 사역 방식과 그 방식을 통해 맺게 된 보다 풍성한 열매에 대해 "자랑할" 수 있음을 "상"으로 받는 것이다. 그러나 자신의 μισθός("상")에 대해 말할 때 바울이 복음을 값없이 전함으로 자신이 사도적 사명을 다른 사도들보다 더욱 우월한 방식으로 완수하고 있다는 사실 그 자체에 대해 "자랑할" 수 있는 능력을 염두에 두고 있다고 생각해볼 수 있을까? 아마도 그렇게 생각하기는 어려울 것이다. 따라서 그 사실은 바울 자신이 값없이 복음을 전하는 것을 자신의 καύχημα("자랑의 근거")로 부르는 이유를 부분적으로 설명해주지만 왜 그가 그것을 자신의 μισθός("상")로 부르는지에 대해서는 설명해주지 못하는 것 같다. 그러므로, 바울이 복음 전도의 효과(effect)를 염두에 두고서 자신이 값없이 복음을 전하는 것을 자신의 μισθός("상")로 부르는 것이라고 결론을 내려야 할 것 같다. *바울이 값없이 복음을 전하는 것이 그의 μισθός("상")인 것은 그것이 사람들을 얻는 혹은 구원하는 데 더 많은 열매를 맺기 때문이다.*[9]

---

9   참고. C. K. Barrett, *The First Epistle to the Corinthians*(BNTC; London: Black, 1968, 1971), 210.

9:19-22이 이 결론을 뒷받침해준다. 설명을 도입하는 γάρ("왜냐하면," 19절)로 시작되는 이 구절은 18절에서 바울이 자신의 μισθός("상")에 대해 정의하는 말에 곧 이어 나온다. 그렇기 때문에 이 구절은 사도로서의 권리를 다 쓰지 않고 복음을 값없이 전하는 것이 왜 자신의 μισθός("상")인지를 바울이 설명하는 것으로 볼 수 있다. 우리는 이미 바울이 이 본문에서 여섯 번 반복하는 "내가 …를 얻고자 함이라"라는 절을 통해 이와 같은 자기희생적 사역의 열매에 초점을 맞추고 있음을 주목한 바 있다. 사실 이 구절에서 바울이 그와 같은 자기희생적 사역의 풍성한 열매에 예리하게 초점을 맞추는 것은 그가 자기 μισθός("상")로 여기는 것은 그와 같은 사역이 풍성한 열매를 맺는다는 단순한 *사실*을 넘어서 그러한 사역의 풍성한 열매 *자체*임을 시사하는 것일 수 있다.

5. 고전 3장과 9장: 신실한 사역에 대한 "상"은 심판의 불을 통해 영광스러운 것으로 드러나게 될 그 열매다

이 해석은 고전 3장의 μισθός("상")에 대해 우리가 잠정적으로 내린 결론에 근접하게 된다. 고전 9장과 고전 3장 사이에 보이는 병행으로 볼 때 고전 9:3의 μισθός("상")는 고전 3:8, 14-15의 μισθός("상")와 무관한 것으로 볼 수 없다. 하지만 고전 9장에서 바울이 자신의 신실한 사역을 하나님이 승인해주실 것에 대한 기대를 특별한 종말의 상으로 표현하지 않고 다만 자신의 구원으로만 표현한다는 것은 어떤 의미인가? 다시 말해, 고전 9장에서 바울이 "상"을 통해 자신의 희생적인 사역에 대해 하나님이 주시는 특별한 상을 가리키기보다 그와 같은 사역의 효과만을 가리킨다는 것은 어떤 의미인가? 이 구절들은 고전 3:8, 14-15의 "상" 역시 9:18의 "상"과 같은 맥락에서 해석되어야 함을 시사하는 것은 아닌가? 따라서 고전 3장과 9장 사이의 병행과 특별히 이 두 장에서의 공통적인 "상"(μισθός) 개념에 대한 이러한 관찰은 우리가 고전 3:14-15의 "상을 받으리라"와 "해를 받으리라"의 반제적 병행에 대한 관찰을 통해 위에서 확인한 것을 확증해주는 것 같다: *하나님의 신실한 종들이 최후의 심판 때*

받을 "상"(μισθός)은 구원과 별도로 받는 상이 아니라 그들의 신실한 사역
의 효과 혹은 열매, 다시 말해 그들이 복음에 합당하게 교회를 세우는 데
기여한 것 혹은 그들이 "금이나 은이나 보석"으로 세워 올리는 것으로서
심판의 불에도 "남을" 뿐 아니라 그 불을 통해 (있는 그대로의 모습이) "드러
나게" 되는 것이기도 하다(고전 3:13).[10] 혹은 고전 9:19-22의 표현으로 말
하자면 그리스도를 위해 사람들을 얻는 데 거두는 큰 성공이나 빌 2:14-
18의 표현으로 말하자면 "흠이 없고 순전하고… 빛들로 나타날" 교회다.
따라서 심판의 불이 그들의 일을 시험하고 그들이 "금이나 은이나 보석"
으로 교회를 세우는 데 기여했음이 드러날 때, 그들은 "상을 받게 될" 것
이다. 다시 말해 그들이 한 일의 결과가 영광스럽게 빛나는 것을 보게 될
것이다(참고. 벧전 1:7).[11]

6. 하나님의 칭찬(고전 4:1-5)과 바울의 "자랑"(고전 9:15)

위에서 관찰한 것처럼 신실한 사역의 긍정적인 효과와 우월성을 염
두에 두고서 바울은 그와 같은 사역을 "자랑의 근거"와 "상"과 동일시한
다: 심판의 불이 그들의 신실한 사역의 영광스러운 결과(=그들의 "상")를
드러낼 때 하나님의 신실한 종들은 그것을 "자랑"할 수 있을 것이다. 고
전 4:1-5에서 바울은 하나님의 "칭찬"(ἔπαινος)을 받는 것으로 이런 상황
을 가리킨다. 거기서 바울은 주께서 오실 때 그 종들이 그들의 사명 혹은
맡은 일을 단지 겉모양만이 아니라 그들의 마음에서 우러나서 신실하게
감당했는지를 드러내실 것이며 (그들이 신실한 것으로 밝혀질 때) 그들 각자가
"하나님께로서부터 칭찬을 받을" 것임을 시사한다(5절). 이 구절을, 당연
한 말이지만, 그 앞의 3장과 연결해서 읽을 때 우리는 바울이 신실한 사
역의 영광스러운 결과(= "상")를 "자랑"뿐만 아니라 하나님의 "칭찬"과도
연결시키는 것을 알 수 있다. 9:18에서 바울이 복음을 값없이 전한 것(의

---

10 비슷한 입장으로 Travis, *Christ and the Judgment of God*, 172-73.
11 Yinger, *Paul, Judaism, and Judgment*, 218 주 55의 견해에는 미안하지만 동의하지
않는다.

효과)을 자신의 "상"(μισθός)으로 부른 것과, 이렇게 명명하는 것과 3:14-15에서 그가 "상"(μισθός)에 대해 진술하는 것 사이의 병행에서 우리가 도출해낸 "상"(μισθός)에 대한 해석은 우리가 "상"(μισθός)을 4:5의 하나님의 "칭찬"과 9:15의 "자랑의 근거"(καύχημα)와 직접 동일시하는 것은 불가능하게 한다. 하지만 우리는 여전히 후자의 두 개념("칭찬"과 "자랑의 근거")이 "상"(μισθός) 개념과 불가 분리하게 연결되어 있어서 이 두 가지를 하나님의 신실한 종들이 최후의 심판 때 받을 "상"(μισθός)의 본질적인 부분들(혹은 불가분리한 결과들)로 간주할 수 있게 한다는 것을 알 수 있다.

그렇다면 비록 바울이 하나님 나라에서 우월한 지위나 더 높은 등급의 축복을 수반하는 구원 상태를 종말의 "상"의 한 부분으로 고려하는 것은 아니라 하더라도(참고. 마 25:14-30//눅 19:11-27; 또한 마 20:1-16) 그가 여전히 그 종말의 "상"의 한 부분으로 자신의 일에 대해 하나님의 "칭찬"이나 "승인"을 받고 그 일에 대해 "자랑하게" 될 것이라는 소망을 품고 있다고 말할 수 있을 것 같다. 그런데 그렇다면, 하나님의 "칭찬"과 "자랑할" 수 있는 능력을 추가적인 상으로 볼 수도 있지 않겠는가? 고전 4:5과 9:15에서의 바울의 언어는 우리가 이렇게 볼 수 있는 가능성을 열어 두는 것 같다.[12] 하지만 롬 2:29에서는 바울이 하나님의 "칭찬"(ἔπαινος)을 그 앞서 언급한 "영광[δόξα]과 존귀[τιμή]"(롬 2:7, 10)와 함께 추가적인 상보다는 구원 자체와 동일시하는 것 같다는 점을 우리는 잊지 말아야 한다.[13] 우리는 바울이 자신이 사도로서의 사역에 대한 "자랑" 문제에 대해 어떻게 "변증법적인(dialectical)" 태도를 보이는지 역시 주목해야 한다. 예를 들어, 고전 15:8-10에서 어떻게 그가 자신의 사도로서의 성공적인 사역에 대해 "어떤 [다른 사도들]보다 더 많이 수고한" 것으로 "자랑하"지만 곧바로 그 일은 자신이 한 일이라기보다 "[그] 안에 역사하는 하나님의 은혜"로 된 일이라고 말함으로써(참고. 롬 15:17-19) 스스로를 교정하는지 보라.

---

12 참고. Travis, *Christ and the Judgment of God*, 174.
13 참고. Yinger, *Paul, Judaism, and Judgment*, 232.

아이러니한 성격이 매우 강한 고후 10-13장의 소위 말하는 "바보 연설"에서, 바울은 분명 한편으로 자신의 "자랑"의 근거들에 대한 인식과 다른 한편으로 주를 "자랑하는" 것 이외의 모든 자랑은 피해야 할 죄라는 그의 근본적인 신학적 원리(고전 1:31; 고후 10:17; 갈 6:14; 롬 5:1-11; 참고. 렘 9:22-23)에 대한 인식 사이의 이 변증법을 가장 웅변적으로 잘 표현하고 있다(또한 참고. 빌 3장).

7. "상"에 대한 관찰의 요약

이 모든 것으로 볼 때, *바울에게 "상"은 다른 무엇보다 자신의 사도로서의 수고의 결과가 교회를 세우는 데 기여한 것으로 영광스럽게(그가 금이나 은이나 보석으로 세운" 것으로) 드러나는 것이며 다만 부차적으로만 그 결과가 수반하는 것 곧 하나님의 "칭찬"과 "자랑할" 수 있음이라는 점을* 우리가 이해한다면, 바울이 최후의 심판 때 그가 받을 "상"(μισθός)에 대한 비전으로 동기부여를 받아 사도적 사명을 그 누구보다 신실하게 감당했다고 말할 수 있을 것이다. 이렇게 말하는 한편으로, 우리는 바울이 "상"(μισθός, 단지 고전 3:8, 14; 9:18에서만 사용된다; 참고. 골 3:24: ἀνταπόδοσις τῆς κληρονομίας[기업의 상]; 참고. 유대교)[14]이라는 말을 그다지 자주 사용하지 않는다는 사실과 이 "상"을 일반적인 방식과는 다르게 정의한다는 사실(고전 9:18)의 의미를 잘 이해해야 한다. 이 두 가지는 함께 그가 이 단어가

---

14 바울은 μισθός를 고린도전서의 세 구절에서 사도로서의 수고와 연관 지어서만 사용한다. 하지만 그는 그 동의어인 ἀνταπόδοσις를 골 3:24에서 일반적인 선행이나 믿는 자들이 주의 뜻에 순종하여 맺어야 하는 "의의 열매"에 대한 동기부여의 수단으로 사용한다. 골 3:24의 경우와 고전 7:17-24에서의 하나님의 부르심에 대한 바울의 가르침(아래를 보라)과 교회 안에서의 다양한 봉사와 성령의 은사들에 대한 가르침(롬 12:3-8; 고전 12:4-11; 또한 참고. 엡 4:7-12)은 우리가 그가 가진 상 개념을 사도로서의 수고를 넘어 믿는 자들이 예수 그리스도의 주권에 순종하여(혹은 하나님 나라 안에서) 행하도록 부름 받고 또 사명을 받은 다른 모든 종류들의 섬김으로 확장하는 것을 허용한다. 왜냐하면 이 모든 섬김은 하나님 나라의 지상적 표현인 주 예수 그리스도의 교회를 세우는 수단이기 때문이다. 그렇더라도 골 3:24에서 선한 일에 대한 상이 구원에 더하여 받는 상이 아닌 하나님 나라를 "유업으로 받음" 곧 구원 자체로 정의된다는 점을 잘 주목하라.

가질 수 있는 잘못된 신학적 함의에 대해 잘 알고 있었고(참고. 롬 4:4; 고전 9:17) 그래서 이 단어를 사용하기를 주저한 것임을 시사하는 것 같다. 우리는 또한 자신의 사도로서의 사역의 열매들에 대해 "자랑하는"것에 대해 바울이 가진 변증법적이면서도 최대한 그것을 피하려는 태도에 대해서도 잘 이해할 필요가 있다. 이것은 분명 그가 이와 같은 자랑이 가진 신학적인 문제들을 잘 알고 있었음을 보여준다.

이 모든 것은 바울이 하나님과 같은 충만함/온전함(πλήρωμα; 예: 롬 8:29; 참고. 요 1:16)을 의미하는 전포괄적 개념으로서 구원에는 다른 등급들이 있을 수 없으며 구원은 바로 하나님의 충만을 얻는 것이기 때문에 오로지 하나님에 의해서만, 다시 말해 하나님의 은혜로만 이루어질 수 있다는 분명한 신학적 이해를 가지고 있음을 시사한다.

8. 마게도냐의 교회들은 어떤 의미에서 바울의 "면류관"인가?

이와 같은 논의는 바울이 어떤 의미로 데살로니가 교회에 대해 자신의 "소망이나 기쁨이나 자랑의 면류관"이라고 말하고(살전 2:19-20) 빌립보 교회에 대해 자신의 "기쁨과 면류관"이라고 말하는지(빌 4:1)를 이해하는 데 도움이 된다. 바울은 데살로니가 교회와 빌립보 교회를 자신이 주 예수의 파루시아 때 그의 재판석 앞에서 받게 될 "상"의 한 부분이라고 생각하고 있다. 최후의 심판 때 이 교회들은 심판의 불을 통과하여 살아남을 뿐 아니라 그 심판의 불을 통해 우주적인 교회의 일원으로서 그 건축자인 바울이 "금이나 은이나 보석"으로 세워 올린 교회들(고전 3:12-14) 혹은 "흠이 없고 순전하여… 빛들로 나타나는" 교회들(빌 2:15-16; 또한 참고. 살전 3:13; 5:23)임이 드러나게 될 것이다. 따라서 이 교회들은 바울의 사도로서의 수고가 "헛되지" 않았으며(빌 2:16; 갈 2:2; 살전 2:1; 3:5; 또한 참고. 고전 15:10) 오히려 매우 성공적이었음을 보여줄 것이다. 이와 같이 이 교회들은 바울이 자기 경주를 성공적으로 "수행했"다는 증거(proofs)가 된다. 이 교회들은 바울이 추가적인 상으로 "면류관"(στέφανος)을 얻게 되는 근거가 아니라 그가 그 경주에서 승리했음을 증명하는 "면류관"이다(참고. 고전

9:24-27; 빌 2:16; 3:12-14).[15] 심판의 불이 그 "흠이 없는" 교회들이 바울이 "금
이나 은이나 보석"으로 세운 것임을 드러낼 때 그 교회들은 바울이 그토
록 위하여 열심히 수고한 혹은 그렇게 신실하게 경주한 "면류관"임을 증
명해줄 것이며 따라서 그는 "기뻐하고" 그 교회들에 대해 "자랑할" 수 있
는 것이다. 이와 같이 그들은 바울의 "소망"을 의미한다. 그러므로 심판의
불을 통해 바울이 "금이나 은이나 보석"으로 세운 것으로 드러나게 될 이
교회들은 그의 "면류관"이자 그의 "상"이다.

간단히 말하자면, 주 예수 그리스도의 재림 때 하나님의 재판석 앞에
서 거룩함과 의에서 "흠이 없는" 것으로 나타날(살전 3:13; 5:23; 빌 1:10-11;
2:15-16) 데살로니가 교회와 빌립보 교회가 바울의 "상"이요(고전 3:15; 9:18)
"기쁨과 면류관"인 것이다(살전 2:19-20; 빌 4:1).

9. 바울의 구원이자 사역의 열매로서의 "면류관"

위에서 우리는 고전 9:24-25에서 바울이 구원에 더해진 추가적인 상
이 아니라 구원 자체를 가리키기 위해 "면류관"(στέφανος)과 "상"(βραβεῖον)
의 은유를 사용한다는 것을 관찰했다. 빌 3:14에서도 그는 "상"(βραβεῖον)
의 이미지를 비슷한 방식으로 사용하는 것 같다. 최후의 심판에 대한 두
본문에서 바울은 "상"과 같은 의미의 다른 개념들(μισθός라는 단어는 아니지
만) 역시 구원 자체를 가리키기 위해 사용한다(롬 2:5-10; 골 3:24-25).[16] 그렇
다면 바울의 "면류관"(στέφανος)으로서의 데살로니가 교회와 빌립보 교회

---

15   참고. Fee, *Thessalonians*, 107-11. 피는 살전 2:19-20에 대한 코멘트에서 최후의 심
판과 상 문제에 대해서는 언급하지 않았지만 여전히 이렇게 말한다: "여기서도 마찬가지로,
바울은 경기의 이미지를 가지고 주의 재림 때 자신이 승리자의 월계관을 쓰고서 주님 앞에
서 있는 모습을 묘사하고 있다. 그러나 이 경우에 '면류관'은 바로 데살로니가의 믿는 자들이
며, 바울은 그들이 주의 파루시아 때 주 앞에 자기와 함께 있을 것이기 때문에 그들로 인해 매
우 기뻐할 것이다"(110). 또한 참고. Richard, *Thessalonians*, 134; D. Luckensmeyer, *The
Eschatology of First Thessalonians*(NTOA 71; Göttingen: Vandenhoeck & Ruprecht, 2009),
228. 빌 4:1에 대한 비슷한 코멘트를 위해서는 Hawthorne and Martin, *Philippians*, 240,
도 참고하라.

16   참고. Yinger, *Paul, Judaism, and Judgment*, 235.

와 바울의 "면류관"(στέφανος)으로서의 그 자신의 구원의 관계를 어떻게 이해해야 하는가? 고전 9:23-27에서 바울은 그리스도를 위해 더 많은 사람들을 얻기 위한 자기희생적 사역을 자신의 "면류관"(στέφανος)/자신의 구원을 얻는 방안으로 말한다(23절, 바울이 "복음[의 축복]에 함께 참여하는 자"가 됨; 27절, "자격이 없는 자가 되지" 않음―"헛되이 경주한" 것으로 판정나지 않음). 하지만 동시에 그가 "금이나 은이나 보석"으로 곧 그러한 자기희생적 사역으로 세운 교회들이 그의 "상"(고전 9:18)이요 그의 "면류관"(살전 2:19; 빌 4:1)이다. 그의 "면류관"(στέφανος) / "상"(βραβεῖον) / "상"(μισθός)은:

- 바울이 사도로서의 사명을 신실하게 이룸으로써 얻는 그 자신의 구원이다;
- 바울이 사도로서의 사명을 신실하게 이룸으로써 세우는 교회들이다.

10. 구원의 성격과 구조[17]

바울이 "면류관"(στέφανος) / "상"(βραβεῖον) 이미지 사용과 관련하여 보이는 이와 같은 명백한 "불일치(discrepancy)"는 사도적 소명에 대한 그의 이해에 뿌리를 두고 있으며 구원의 성격과 구조에 대한 그의 이해를 나타낸다. 고전 9:16에서 그는 복음을 전하는 사도적 사명을 자신이 짊어져야 할 "숙명"(άνάγκη)으로 말한다. 이 진술을 성경에서 잘 확립된 형식인 "만일 복음을 전하지 아니하면 내게 화가 있을 것이로다"[18]라는 엄숙한 선언으로 보충하면서 그는 이미 그 사명을 성공적으로 이루는 것만이 자신을 구원으로 이끌 것임을 암시한다. 이것은 바울이 고전 9:23과 27에서 각각 긍정적으로 그리고 부정적으로 표현하는 것이다. 우리는 바울이 사도적 사명을 이런 방식으로 이해하는 이유를 갈 1:13-17에서 자신의 사도적 사명에 대해 보다 자세히 보고하는 내용에서 파악할 수 있다. 높임 받으신 그리스도와 만난 일("예수 그리스도의 나타나심," 갈 1:12)을 사 42장

---

17 본 섹션의 일부 내용은 필자의 저서 *Justification*에서 보다 충분히 논의되어 있다.

18 참고. Zobel, "הוי," *ThWAT* 2:382-88; E. Jenni, "הוי," *ThHAT* 1:474ff.

과 49장의 야훼의 종의 소명과 선지자 예레미야의 소명(렘 1:5)에서 가져온 언어를 가지고 설명하면서[19] 바울은 그 사건을 하나님이 자기를 선택하여 그의 종이 되도록 부르신 것으로, 자신에게 하나님의 아들을 나타내신 것으로 말한다. 이것이 바울에게 구원의 사건이었음은 그가 하나님의 은혜에 대해 언급한 것에 암시되어 있다(갈 1:15; 참고. 빌 3:3-10). 하지만 바울이 정말로 강조하는 것은 하나님이 예수 그리스도를 나타내신 목적, 곧 자기에게 사도의 사명을 주셨다는 것이다: "내가 이방인들 가운데서 그[하나님의 아들]를 복음으로 전하기 위해"(갈 1:16b). 다메섹 사건에 대한 이 보고에서 왜 바울이 자신의 구원과 사도적 사명을 하나로 묶는지 이해하는 것은 어렵지 않다. 그를 구원하신 하나님의 목적은 그가 이방인들에게 복음을 전하는 것이었다(또한 참고. 고후 4:6). 그러므로 만일 그가 복음을 전하지 못한다면, 그는 하나님의 목적을 저버리는 것이고 이것은 최후의 심판 때 그가 "자격 없는 자"가 되도록(고전 9:27) 이끌 것이다. 반대로 다양한 그룹의 사람들에게 신실하게 그리고 성공적으로 그 복음을 전함으로써(고전 9:19-22) 그는 그들과 함께 복음의 συγκοινωνός(함께 참여하는 자)가 될 것이다(고전 9:23). 다시 말해 자신이 전한 복음을 받은 사람들과 함께 그 복음 안에 제시된 구원에 참여하게 될 것이다.

바울이 자신의 구원과 사도적 사명을 하나로 묶어서 함께 생각하고 있음은 그가 "부르심(소명)"과 "은혜"와 같은 단어들을 사용하는 용법에도 반영이 된다.[20] 바울은 자신이 사도로 사명 받은 것을 자주 하나님의 χάρις("은혜," 예: 롬 1:5; 12:3; 15:15; 고전 3:10; 15:10; 갈 2:9; 엡 3:2, 7, 8; 빌 1:7)로 말하는데 이것은 참 놀라운 일이다. 왜냐하면 은혜는 보통 그가 하나님의 구원의 행위 혹은 능력을 가리킬 때 사용하는 개념(예: 롬 3:24; 5:2, 15, 21; 6:2; 고후 8:9; 갈 1:6; 2:21; 엡 2:7-8)이기 때문이다. 하나님의 χάρις 개념을 이

---

19 참고. S. Kim, "Isaiah 42 and Paul's Call," in *PNP*, 101-27.
20 참고. A. Satake, "Apostolat und Gnade bei Paulus," *NTS* 15 (1968/69): 96-103; S. Kim, *The Origin of Paul's Gospel*(WUNT 2/4; Tübingen: Mohr Siebeck, 1981, 1984²/Grand Rapids: Eerdmans, 1982; Eugene, OR: Wipf & Stock, 2007), 288-96.

와 같이 이중적으로 사용함으로써 바울은 자신의 관점에서는 하나님의 구원의 행위(χάρις)가 하나님이 자기를 사도로 부르심(χάρις)의 형태로 왔음을 시시하는 것 같다.

하나님의 부르심(καλεῖν/κλητός/κλῆσις) 개념 역시 마찬가지로 두 가지 방식으로 사용되는 것을 관찰할 수 있는데 바울은 이 개념을 자신을 사도로 부르심(갈 1:15; 롬 1:1; 고전 1:1)과 믿는 자들을 믿음과 구원으로 부르심(예: 롬 1:6-7; 8:28-30; 9:24; 고전 1:2, 9, 24; 갈 1:6; 살전 2:12; 4:7) 둘 다를 위해 사용한다. 고전 7:17-24에서 바울은 이 개념을 후자의 개념으로 반복해 사용하지만 두 번 "각 사람은 부르심을 받은 그대로 지내라"(ἕκαστος ἐν τῇ κλήσει ᾗ ἐκλήθη, ἐν ταύτῃ μενέτω, 고전 7:20), "주께서 각 사람에게 나눠 주신 대로, 하나님이 각 사람을 부르신 그대로 행하라"(ἑκάστῳ ὡς ἐμέρισεν ὁ κύριος, ἕκαστον ὡς κέκληκεν ὁ θεός, οὕτως περιπατείτω, 고전 7:17)고 말함으로써 하나님이 믿는 자들을 어떤 임무나 삶의 어떤 과업으로 부르시는 것으로 이해하였음을 암시하기도 한다. 따라서 고전 7:17-24에서 하나님의 부르심에 대한 두 가지 이해를 함께 섞어 놓음으로써 바울은 하나님이 믿는 자들을 믿음/구원으로 부르시는 동시에 그들을 과업으로 부르심을 시사한다.[21] 갈 1:13-17의 바울 자신의 보고는 이 진리를 보여주는 한 예가 될 것이다: 하나님이 그를 다메섹 도상에서 부르신 것은 그의 구원과 그의 사도적 사명 모두를 위한 것이었다. 혹은 하나님이 그를 구원으로 부르심은 그를 이방인의 사도직으로 부르시는 형태로 왔다.

하나님의 부르심과 은혜에 대한 이와 같은 이해는 선취적 종말론 곧 구원의 "이미와 아직"(already - not yet)의 구조를 잘 보여준다. 하나님의 부

---

21 우리가 여기서 "부르심(소명)"과 "은혜"와 같은 단어들을 바울이 사용하는 것에서 관찰하는 두 가지 의미(구원의 선물과 과업을 맡김)는 "(구원의) 선물"과 "(하나님의 주권적 통치의) 능력"으로서의 "하나님의 의"의 두 가지 성격에 상응한다. 후자에 대해서는 E. Käsemann, "'The Righteousness of God' in Paul," in *New Testament Questions of Today*(Philadelphia: Fortress, 1969), 168-82의 설명이 매우 유익하다(특히 170페이지의 표현을 주목하라: "바울이 아는 하나님의 은사 중에 책임과 능력 모두를 전달해주지 않는 그런 은사는 없다"). 따라서 케제만의 설명과 우리 관찰은 서로를 확증해준다.

르심을 통해 믿는 자들은 이미 하나님의 은혜로 말미암은 구원(혹은 구원의 "첫열매")을 받았다. 그리고 믿는 자들은 주 예수 그리스도의 파루시아 때 그 완성을 얻게 될 것이다. 이 구원론을 칭의의 관점에서 표현하자면, 하나님이 믿음/구원으로 부르심을 통해 믿는 자들은 하나님의 은혜로 선취적으로 "칭의" 곧 "의롭다"는 선언을 받는다. 다시 말해 죄를 사면받고 창조주 하나님과 올바른 관계를 회복한다. 그리고 믿는 자들은 최후의 심판 때 이 "칭의"의 완성(혹은 확증)을 받게 될 것이다. 죄의 사면과 하나님과의 올바른 관계로의 회복으로서의 "칭의"는 사실 사탄의 나라에서 주 예수 그리스도께서 하나님 아버지를 대신하여 다스리시는 하나님 나라로 옮겨짐이요(골 1:13-14; 참고. 롬 1:3-4; 고전 15:24-28)[22] 죄와 사망의 나라에서 의와 생명의 나라로 옮겨짐이다(롬 6:1-10, 18, 20-23; 7:4-6). 이와 같은 옮겨짐은 세례 때 인침을 받고 극으로 표현된다. 왜냐하면 우리가 성령의 능력을 힘입고 그 인도하심을 받음으로써 (롬 5:5; 8:2; 갈 3:2, 5, 14을 고전 6:11; 12:13과 비교하라) 그리스도의 죽음과 부활의 복음에 대한 우리 믿음을 고백하고 주의 이름을 부를 뿐만 아니라(롬 10:9-10; 고전 12:3) 하나님을 "아빠(abba)"라 부르기 때문이다(롬 8:15; 갈 4:6).[23] 하나님이 믿음/구원으로 부르심을 통해 그리고 하나님의 은혜로 믿는 자들은 이와 같이 하나님과 올바른 관계에 들어가 그 관계 안에 "서게"(롬 5:2), 다시 말해 그의 나라 안에 살게 혹은 예수 그리스도의 주권 아래(곧 "주 안에서") 살게 되었다. 하나님은 그들의 "칭의"가 완성될 최후의 심판 때까지 그 은혜를 통해 "의롭다 하심"의 상태 곧 그 자신과 회복된 관계 안에서 그들을 보호하실 것이다(롬 5:8-10; 8:18-39; 고전 1:9; 10:13; 갈 5:5; 살전 1:10 등). 그러나 믿는 자들 편에서 하나님과 올바른 관계 안에 서려는 노력이 있어야 한다

---

22 위의 본서 2장에 수록된 논문 "복음으로서의 하나님의 아들 예수(살전 1:10, 롬 1:3-4)," 105-08를 보라. 참고. Käsemann, "The Righteousness of God' in Paul," 176-77, 180. 죄 사면(혹은 용서)만이 아니라 하나님과의 올바른 관계로의 회복 또한 칭의와 관련된다는 견해를 위해서는 본고의 현재 섹션과 "복음으로서의 하나님의 아들 예수(살전 1:10, 롬 1:3-4)"라는 논문(위의 본서 2장으로 재 출판됨)을 수정하고 확대한 필자의 저서 *Justification* 또한 보라.
23 참고. K. Kertelge, *'Rechtfertigung' bei Paulus*(Münster: Aschendorf, 1967), 248-49.

328

(고전 10:12; 빌 4:1; 살전 3:8). 하나님과 올바른 관계 안에 "서는 것"은(죄의 "다스림"[βασιλεύειν] 혹은 "주권"[κυριεύειν] 아래 곧 불순종하는 옛 아담적 실존으로 되돌아가는 대신; 참고. 롬 6:11-19) 그의 왕적 통치에 순종하는 것을 의미한다. 샌더스(E. P. Sanders)가 제2성전기 유대교의 "언약적 율법주의(covenantal nomism)"로서의 성격을 설명하기 위해 고안한 숙어대로 표현하자면[24] 하나님의 은혜와 하나님의 부르심을 통해 믿는 자들은 칭의의 상태 혹은 하나님과 구원의 관계(the saving relationship to God)에 들어가게 되었고(entered) 이제 이들은 예수 그리스도의 주권에 순종함으로써 그 안에 머물러야(stay) 한다.[25]

하나님의 구원의 은혜와 부르심이 믿는 자들로 하여금 그와 올바른 관계에 혹은 주 예수 그리스도의 나라에 들어가게 하고 그 결과로 그들에게 구원의 마지막 완성에 참여하기 위해 주 예수께 순종함으로써 그 관계 안에 설 것을 요구하는 한, 하나님의 구원의 은혜와 부르심은 구원과 함께 하나의 과업, 곧 주 예수 그리스도께 순종하는 과업을 준다. 따라서, 구원을 위한 하나님의 은혜와 부르심은 또한 과업을 위한 하나님의 은혜와 부르심이다. 최후의 심판 때의 구원의 완성이 믿는 자들이 현재 서 있는 구원(하나님과의 올바른 관계 혹은 구원의 관계)의 성취인 한, 하나님과의 그 구원의 관계에서 생겨난 과업의 성취는 주 예수 그리스도의 재림 때 구원의 완성을 위해 필수적이다.

이 과업은 일반적으로는 "의의 열매"를 맺는 것이다(빌 1:11; 참고. 롬 6:11-22; 8:1-4; 12:1-2; 살전 4:3, 7). "의의 열매"는 사실상 "성령의 열매"(갈 5:22-23)인데 그것은 성령의 인도하심과 성령에 의해 힘입음을 통해서만 맺게 되는 것이기 때문이다(갈 5:16-26; 롬 8:1-17; 살전 4:7-8). 이 열매는, 하나님의 왕적 통치 곧 그의 아들 예수께서 "주"로서 하나님의 법("하나님의/

24 E. P. Sanders, *Paul and Palestinian Judaism: A Comparison of Pattern of Religion*(Philadelphia: Fortress, 1977).

25 바울의 칭의 교리와 유대교의 "언약적 율법주의(covenantal nomism)" 사이의 구조적 유사점과 차이점에 대해서는 아래 논의를 보라.

그리스도의 율법", 고전 9:21)을 지킬 것, 곧 믿는 자들의 매일의 삶 가운데 이 중 사랑 계명—하나님 사랑과 이웃사랑—에 순종할 것을 요구함으로써 (막 12:28-34과 그 병행 구절들; 롬 12:1-2; 13:9-10; 고전 8:1-3; 10:31-33; 갈 5:14; 6:2) 하나님을 대신하여 행사하시는(롬 1:3-4; 고전 15:23-28; 골1:13-14) 그 다스림에 순종함으로써 맺게 된다.

하지만 그 과제는 또한 *개인화된* 형태(an *individualized* form)로 나타나기도 한다. 바울은 하나님이 믿는 자들을 "부르심"(καλεῖν)을, 그들에게 이 세상에서 다른 임무와 역할들을 "맡기심"(ἐμέρισεν)으로(고전 7:17, 20; 또한 참고. 롬 12:3-8), 혹은 그들을 교회 안에서 다른 기능들을 하도록 "세우심"(ἔθετο)으로(고전 12:27-30; 롬 12:3-8), 혹은 각 사도에게 그 구별되는 "섬김의 일"(διακονία)을 맡기심으로(고전 3:5) 말한다. 그는 또한 성령이 우리 각자가 개인화된 구체적인 역할(우리의 "부르심")을 수행하도록 "은혜-은사"(χάρισμα)를 주신다고 가르친다(고전 12:4-11; 롬 12:6; 엡 4:7-12). 따라서 성령의 도우심으로 "의의 열매"를 맺는 (일반적인) 과업과 하나님 나라 혹은 주 예수 그리스도의 교회를 위해 믿는 자 각자에게 맡겨진 이 역할(구체적인 과업)을 성령의 "은혜-은사"를 가지고 성취하는 것, 이 두 가지 모두 최후의 심판 때 그의 구원의 완성에 필수적이다.

바울은 자신이 "부르심을 받고" "은혜를 입은" 역할 혹은 자신에게 "맡겨진" 과업은 바로 사도로서 이방인들에게 복음을 전하는 것이라고 확신했다(갈 1:15-16; 2:7; 롬 1:5; 15:15-16; 고전 9:16 등). 그의 과업이 개척 선교를 행하는 것("심는 것"과 "기초를 놓는 것")이라면 아볼로에게 맡겨진 과업은 바울이 터를 닦은 그 위에 세우는 것이다(고전 3:5-10). 따라서 바울을 하나님과 올바른 관계로 회복시킨 혹은 그를 그리스도의 나라에 들어가게 한 하나님의 구원의 은혜와 부르심은 일반적으로는 "의의 열매"를 맺게 하시는 하나님의 은혜와 부르심이요 구체적으로는 이방인들을 위한 사도가 되게 하시는 하나님의 은혜와 부르심이다. 이 과업들을 수행함으로써 바울은 하나님과 구원의 관계 안에 "서 있게 되고" 또한 그 과업들을 완수함으로써 그는 주 예수 그리스도가 재림하셔서 자기 일을 시험하실 때 자신의 칭의 혹은 구원의 완성을 얻게 될 것이다(참고. 고전 3:10-17; 4:1-5; 9:19-27; 빌 3:4-14).

바울이 "의의 열매"를 맺음으로써 그리고 자신의 사도적 사명을 완수함으로써 얻으려고 "경주하는" "면류관"이나 "상(prize)" "상급(reward)"은 그 자신의 구원의 완성이다(고전 9:23-27; 빌 3:12, 14; 참고. 딤후 4:8). 데살로니가 교회와 빌립보 교회 같은 바울의 교회들은 심판 불을 통해 그가 "금"으로 세운 교회로 드러날 것이고, 그렇게 하여 바울이 사도적 사명을 완수했음을(다시 말해 하나님과 구원의 관계에 혹은 그의 나라 안에 신실하게 서 있었음을) 입증해줄 것이다. 바울이 그와 같은 많은 희생적 수고를 통해 세운 이 교회들은 그가 얻기 위해 "경주하거나" 수고한 "면류관" 혹은 "상"이라고 부를 수도 있을 것이다(고전 3:15; 9:18; 빌 4:1; 살전 2:19). 최후의 심판 때 이 교회들은 바울의 사도적 사명의 성취 곧 그가 하나님과 구원의 관계 안에 머물러 있기를 이루었음의 증거로 드러나게 될 것이다. 이와 같이 이 교회들은 바울이 하나님과 구원의 관계 안에 머문다는 다시 말해 자신의 구원의 완성이라는 목표를 성공적으로 성취했음을 드러내는 가시적 상징들(visible symbols)일 것이다. 그렇기 때문에 그 교회들은 그의 "면류관" 혹은 "자랑" 혹은 "상"이다. 따라서 그 교회들과 그의 구원의 완성은 분리할 수 없게(vitally) 서로 묶여 있다. 이것이 바로 그가 "면류관"의 이미지를 가지고 사도적 사명을 신실하게 완수함으로써 얻는 자신의 구원 자체와 자신이 사도적 사명을 신실하게 성취함으로써 세우는 교회들 둘 다를 가리키는 이유다.

11. 은혜를 통한 칭의와 행위에 따른 심판

지금까지 우리는 왜 바울이 때때로 믿는 자들의 궁극적인 구원에 대해 그들의 일/행위에 대한 하나님의 마지막 심판에 달린 것으로 말하고 (롬 2:5-10; 14:10-12; 고후 5:10; 등) 자신의 구원에 대해서도 사도적 사명을 완수한 것에 대한 하나님의 마지막 판단에 달린 것으로 말하는지(고전 9:16, 23-27; 빌 3:12-14; 등)를 설명하고자 했다. 분명한 것은 바울로서는 믿는 자

들의 일에 대한 하나님의 심판을 통해 구원이 완성된다는 이 교리는 하
나님의 은혜로만 그리고 우리 믿음을 통해서만 구원 얻는다는 그의 복음
과 모순되지 않는다는 것이다. 이 두 가지가 하나로 통한다는 것을 보여
주는 것이 과연 가능한가? 이 두 가지가 하나로 통합될 수 있음을 다음의
열 가지 포인트[26]로 결론 삼아 보여주고자 한다:

　1. 우리는 그리스도의 대속의 죽음과 부활 안에서 하나님의 은혜로,
그리스도에 대한 우리의 믿음(곧 "그리스도께서 우리를 *위해* 죽고 부활하셨다"는
믿음)을 통해 의롭다 함을 받는다. 왜냐하면 그 믿음이 그리스도께서 내
포적 대체자(inclusive substitution)로서의 자신의 죽음이 그 효력을 발하게 함
으로써[27] 우리가 세례 받을 때 극으로 표현된 대로 그리스도 *안에서/그*
리스도와 함께 죄에 대해 죽고 그의 부활의 새 생명에 선취적으로 참여
하게 되었다(롬 6:1-10; 골 2:12-15). 따라서 우리는 죄의 사면을 받고 우리
창조주 하나님과 올바른 관계를 회복하게 되어 우리가 그 관계에 서 있
게 된다(롬 5:2). 다시 말해 우리는 "이 세상의 신"인 사탄의 나라에서 건
짐을 받고(고후 4:4) 하나님의 아들 예수 그리스도 주의 나라로 옮김을 받
아서(골 1:13-14) 하나님의 아들 예수의 나라에 혹은 그의 주권 아래 혹은
바울이 간단히 표현하듯이 "주 (예수 그리스도) 안에" 있게 되었다. 우리를

26　참고. Travis, *Christ and the Judgment of God*, 95-99; Yinger, *Paul, Judaism,
　　and Judgment*, 286-91; Wright, Justification, 183-93; J. D. G. Dunn, *The
　　New Perspective on Paul*(Grand Rapids: Eerdmans, ²2008), 80-89; C. H. Cosgrove,
　　"Justification in Paul: A Linguistic and Theological Reflection," *JBL* 106(1987):
　　653-70; 또한 K. P. Donfried, "Justification and Last Judgment in Paul," *in Paul,
　　Thessalonica, and Early Christianity*(Grand Rapids: Eerdmans, 2002), 253-78(원래는 *La
　　Notion biblique de Dieu*[ed. J. Coppens; Gembloux: J. Duculot, 1976], 293-313에 출판되었던 글임)을
　　보라.
27　그리스도의 죽으심에 대한 이러한 이해를 위해서는 H. Gese, "The Atonement,"
　　in Essays on Biblical Theology(Minneapolis: Augsburg, 1981), 93-116; O. Hofius,
　　"Sühne und Versöhnung: Zum paulinischen Verständnis des Kreuzestodes Jesu,"
　　in *Paulusstudien*(WUNT 51; Tübingen: Mohr Siebeck, 1989), 41-48; P. Stuhlmacher,
　　Biblische Theologie des NT, vol. 1: Grundlegung von Jesus und Paulus(Göttingen:
　　Vandenhoeck & Ruprecht, 1992), 138, 193, 198을 참고하라.

위한 구원 역사를 예수 그리스도의 날에 완성하시기 위해(빌 1:6) 하나님
은 자신의 은혜로, 자신의 말씀(살전 2:13)과 자신의 그리스도(고전 1:8-9; 살
전 3:12-13)와 자신의 성령을 통해(롬 8:1-17; 빌 2:12-13; 살전 4:7-8), 계속해서
우리가 그 상태에 있도록 지키신다. 우리 편에서는, *하나님의 지켜 주시*
(고 우리에게 힘주시)는 그 은혜를 덕 입기 위해 우리 믿음을 지속적으로 행
사해야 한다(고전 15:10bc; 갈 2:20de; 빌 2:12; 골1:29a; 살전 4:8a).**28** 하나님에 대한
믿음을 지속적으로 천명해야 한다. 다시 말해 하나님 아버지를 대신하여
하나님의 왕권을 행사하시는 하나님의 아들 주 예수 그리스도께 의지하
고 순종해야 한다. 가치판단과 도덕적 선택을 요하는 모든 경우에 우리
는 "주 예수 그리스도"를 고백해야 한다. 다시 말해 우리 자신을 믿고 우
리에게 죄 짓도록 요구하고 죽음으로 그 대가를 치르게 하는(롬 6:23) "이
세상의 신"(고후 4:4)에게 순종하기보다 주 예수 그리스도를 신뢰해야 한
다. 그런데 우리가 이렇게 할 수 있는 것은 오직 우리가 그리스도의 대
신적 죽음과 부활 안에서 그리스도와의 믿음을 통한 연합을 통해 사탄
과 그의 죄의 세력들 곧 육신과 율법에 종 노릇 하는 것에서 해방되어(롬
6-8; also 갈 3-5) 성령의 인도하심(과 조명하심과 능력 주심)을 받기 때문이다(고
전 12:3).**29** 그와 같은 삶은 "의의 열매"를 맺는데(빌 1:11), 이 열매는 "성령
을 따라 행함"으로써만, 다시 말해 성령의 인도하심을 받고 능력을 입음
을 통해서만 맺게 되는 것이기 때문에(롬 8:1-17; 갈 5:16-26) "성령의 열매"

---

28 고전 15:10ad/10bc; 빌 2:13/12; 갈 2:20abc/20de과 롬 15:15-19와 고후 9:8-10에서
의 하나님의 은혜(divine grace)와 인간의 역할(human agency) 사이의 상호작용에 대한 설
명을 위해서는 J. M. G. Barclay, "'By the Grace of God I Am What I Am': Grace
and Agency in Philo and Paul," in *Divine and Human Agency in Paul and His
Cultural Environment*(ed. J. M. G. Barclay and S. J. Gathercole; London: T&T Clark, 2006),
151-56을 참고하라.

29 이와 같은 이유로 바울은, 하나님의 칭의(곧 사탄의 나라에서 건져내어 하나님의/그의 아들의 나
라에 들어가게 하심)와 성령을 부어 주심이라는 직설법(*indicative*)에 기초하여, 믿는 자들
은 사탄의 나라를 위해 "육체를 따라 행하고/살고" "육체의 일"을 하지 말고 하나님의/그
의 아들의 나라를 위해 "성령을 따라 행하고/살고" "성령의 열매"를 맺어야 한다는 명령
법(*imperative*)을 제시한다(롬 6:11-23; 8:1-7; 갈 5:13-26). 참고. Kim, *Justification*, 80-81,
주 8.

이기도 하다(갈 5:22-23). 이와 같이 "의의 열매" 혹은 선한 일은 "믿음의 역사[ἔργον]"요(살전 1:3; 살후 1:11) πίστις δι' ἀγάπης ἐνεργουμένη 곧 "사랑으로써 역사하는 믿음"의 일이다(갈 5:6).[30]

2. 그러나 "이미와 아직"의 종말론적 상태에서(다시 말해 하나님 나라가 이미 출범했지만 아직 완성되지 않았고 이 세상에서 사탄의 통치가 여전히 실제적인 것으로 남아 있기에) 우리 안에는 하나님(이나 주 예수)보다 우리 자신을 신뢰하도록 이끌고 하나님(이나 주 예수)께 순종하기보다 사탄에게 순종하도록 이끄는 "육체"라는 실재(reality)가 있다. 따라서 가치판단과 도덕적 선택의 모든 순간에 우리는 한편으로는 예수 그리스도의 주권의 요구와 다른 한편으로는 사탄의 주권의 요구 두 경쟁적 요구들을 맞닥뜨리게 된다. 우리는 매 순간 성령의 도우심을 힘입어 "예수는 주시다"라고 고백하고(롬 10:9-10; 고전 12:3), (하나님을 사랑하고 이웃을 사랑하라는) 그의 명령을 따름으로써 우리를 의롭다 하는, 다시 말해 하나님과의 올바른 관계 안에 우리가 머물게 함으로써 우리를 의롭게 만드는 우리 믿음을 실행해야 한다(actualize, 참고. 롬 6:11-23). 하지만 우리 안에 있는 "육체"는 우리를 정반대 방향으로 몰고가서 우리가 우리를 의롭게 하는 믿음을 천명하지 못하고 "육체의 일"을 하게 만든다(갈 5:19-21).

3. 매일의 삶 속에서 "[하나님의/그리스도의] 성령을 따라 행함"으로 하나님께 순종하느냐(=믿음의 천명) 아니면 "육체를 따라 행함"으로 사탄에게 순종하느냐(=믿음의 천명에 실패) 하는 정도에 따라 우리는 더 많은 "성령의 열매"(의의 행위들)를 맺든지 아니면 더 많은 "육체의 일"(악한 행위들)을

---

30 이 과정은 전통적으로 "성화(sanctification)"로 불린다. 그런데 "성화"와 "칭의"가 사실은 병행이 되는 용어들인 한, 이것은 "칭의"의 현재 상태(the present stage)에 대해 잘못 붙여진 이름(misnomer)이다. 왜냐하면 "성화"와 "칭의" 둘 다 우리의 하나님과 회복된 관계를 말하는데 하나는 제의적 관점에서 다른 하나는 법정적 관점에서 그 관계를 말하는 것이며 둘 다 믿음/세례로 시작하여 현재에 계속되고 최후의 심판 때 완성되는 구원의 전체 과정을 염두에 둔 것이기 때문이다. 위의 본서 3장의 논문 "바울이 데살로니가인들에게 전한 복음"의 섹션 20에 있는 데살로니가전후서와 고린도전후서, 로마서 6장에서의 "칭의" 범주를 상황화 시킨 한 형태로서의 "성화"에 대한 논의를 참고하라.

하게 된다(참고. 갈 5:16-24; 롬 8:1-17; 또한 참고. 갈 6:8).

4. 마찬가지로 우리가 하나님이 그 나라를 위해 혹은 교회를 위해 우리 각자에게 맡기신 어떤 과제("부르심")를 수행함에 있어 하나님께(혹은 그의 아들 주 예수께) 순종하고 "성령을 따라 행하느냐"(자기희생적 섬김) 아니면 사탄에 순종하고 "육체를 따라 행하느냐(자기 추구) 하는 정도에 따라 우리는 교회를 "금"으로 짓든지 "짚"으로 "짓는다."

5. "성령/의의 열매"를 많이 맺었거나 교회를 "금"으로 세운 사람들은 하나님의 구원(= 성령을 통해 전달되는 하나님의 은혜)의 덕을 최대한 입은 사람들인 반면 "육체/악의 일들"을 많이 했거나 교회를 "짚"으로 세운 사람들은 그 구원의 덕을 최소한으로 입은 사람들이다.

6. 최후의 심판 때 우리 행위는 불로 시험을 받게 될 것이다(고전 3:10-17). "성령을 따라 행하고" "의의 열매"를 많이 맺고 교회를 "금"으로 세우는 데 기여한 사람들은 심판의 불을 통해 그 행위가 의롭고 "금"이었음이 드러나게 될 것이다. 이것은 그들의 "상급"(reward) 혹은 "상"(prize) 혹은 "면류관"이다(고전 3:14; 9:16-27; 빌 3:14; 4:1; 살전 2:19). 이와 같이 그들은 자신들의 칭의에 대한 확증을 받게 될 것인데 이것이 그들의 구원의 완성이다. 바울 입장에서 보면, 그가 주 예수 그리스도께 혹은 그의 성령에 신실하게 의지하고 순종함으로써 세운 교회들이 "금"으로 세운 것들로 드러나게 될 텐데 이 교회들이 그의 "자랑의 면류관"일 것이다(살전 2:19; 빌 4:1). 이와 같이 드러나는 것을 통해 바울의 칭의/구원이 완성될 것이다. 왜냐하면 그 교회들이 바울이 의롭다 함을 받은 상태에 신실하게 서 있었음을, 그리고 그가 자신의 믿음을 통해 주 예수 그리스도께서 성령을 통해 주관하시는 하나님의 구원을 적절하게 덕 입은 것을 대변해주기 때문이다.

7. 하나님의 은혜를 최소한으로 받아서 "육체의 일들"을 많이 하고 교회를 "짚"으로 세우는 데 그 역할을 한 사람들은 그들의 "육체의 일들"이나 "짚으로 세운 것"이 심판의 불로 타 없어지겠지만(고전 3:15) 그들이 전에 한 번 죄의 사면을 받았고 하나님과의 올바른 관계로 회복된 자들이

고(롬 5:2) 믿음을 통해 하나님의 은혜를 비록 최소한일지라도 덕 입은 경
우라면 가까스로 구원은 받을 것이다("마치 불 가운데서 [빠져나온 것처럼]"). 왜
냐하면 최후의 심판 때 하나님의 아들 그리스도 예수의 중보가 그들을
위해서도 있을 것이기 때문이다(롬 5:9-10; 8:34; 살전 1:10; 3:13).[31] 하지만 전
에 한 번 믿음으로 의롭다 함을 받았지만 그 믿음을 완전히 버렸거나 우
상숭배와 여러 가지 악한 행동들로써 실제로 죄의 "지배" 아래 살았던 사
람들은 이스라엘의 출애굽 세대의 운명을 맞게 될 것이다(고전 10:1-22; 다
음 구절들도 참고: 롬 11:21-22; 고전 3:16-17; 6:9-11; 15:2; 갈 5:4, 21; 6:8; 살전 4:6 등).[32]

　8. 여기서 새 관점주의자들은 바울의 칭의/구원 교리의 패턴 혹은 구
조가 하나님이 그 은혜로 이스라엘을 선택하심과 그들에게 그의 계명들
을 지킴으로써 그 언약 관계 안에 머물라고 요구하심을 인정하는 제2성
전 유대교의 "언약적 율법주의"(covenantal nomism) (E. P. Sanders)와 얼마나 유
사한지를 강조할지도 모른다.[33] 그러나 게더코울(S. J. Gathercole)은, 두 교리

---

31 위의 본서 2장 "복음으로서의 하나님의 아들 예수(살전 1:10, 롬 1:3-4)," 97-100를 보라.

32 이 구절들에서 바울이 그리스도를 믿는 자들에게, "헛되이 믿고" 주 안에 신실하게 머물
지 못하고, "육체의 일"을 하는 사람들은 심판을 받고 하나님의 은혜와 그의 나라에서 끊
어질 것이라고 경고한다는 점을 주목하라. 바울은 (그리스도의 터 위에 세우는 한; 고전 3:10-15)
"짚으로" "세우는 것"을 "잘려 나감을 면할 컷오프 라인"으로 제시하고 믿는 자들에게 하
나님의 예정과 그리스도의 중보 교리들을 통해 그들의 칭의의 완성이 확실함을 강조한다
(롬 8:31-39). 그럼에도 불구하고 그는 "성령의 열매"를 맺기보다 "육체의 일"을 하는 것이
어느 정도까지 그들이 여전히 주 안에 머물러 있는 것으로 혹은 그리스도의 터 위에 세우
는 것으로 용인될지에 대해서는 구체적으로 말하지 않는다(참고. 고전 3:17: 여기서 바울은 기독
교 공동체 혹은 교회인 "하나님의 전을 파괴하는 것"은 그 경계선을 넘어 하나님의 "멸하심"을 초래하는 행위임
을 시사한다). 따라서 믿는 자들은 자신들의 구원을 당연한 것으로 여기고 무책임하게 살 수
없다. 도리어 믿는 자들은 약속된 구원에 대한 믿음의 확신과 "자기의 기쁘신 뜻을 위하
여 [그들 안에서] 소원을 두고 행하게 하시는"(빌 2:12-13) 하나님의 은혜의 덕을 입음으로
써 "[자신들의] 구원을 이루어 가야 할" 자로서 가지는 "두려움과 떨림" 사이의 건전한 긴
장을 유지해야 한다. 믿는 자들은 주 예수 그리스도의 구원의 약속과 주께 순종하라는 명
령 둘 다를 온전히 의식하면서 성령의 도우심을 통해 주 예수 그리스도에 대한 믿음을 계
속해서 확증해야 한다.

33 M. Hooker, "Paul and Covenantal Nomism," in *Paul and Paulinism*, C. K.
Barrett FS(ed. M. D. Hooker and S. G. Wilson; London: SPCK, 1982), 47-56를 참고하라.
Yinger, *Paul, Judaism, and Judgment*, 4 또한 참고하라: "바울과 유대교의 '언약적 율
법주의' 사이의 연속성을 부정한 이들은 유대교 전반에서 은혜-일 축이 바울의 경우보다

사이의 형식적인 유사성 혹은 연속성에도 불구하고 내주하시는 성령(예:
롬 8:1-17; 고전 1:10-13; 6:19; 살전 4:8) 곧 주 예수 그리스도의 영(롬 8:9-10; 빌
1:19)을 통해 "하나님이 그리스도인들에게 능력 주심"이 바울의 칭의 교
리가 유대교의 교리와 근본적으로 다른 점이라고 올바르게 지적한다.[34]

 이것이 사실 바울이 로마서 7-8장에서 보여주고자 하는 바로 그것
이 아닌가(또한 참고. 갈 3-5장)? 이것이 중요한 것은 바리새파 유대인이었
던 바울이 이 말을 하기 때문이다: 그가 어떻게 유대교에서 율법을 지키
는 방식(곧 유대교에서 언약적 관계 안에 머무는 방식)을 "육체를 따라 행함"의 한
부분으로 지칭하는지, 그리고 그 방식의 딜레마와 절망감을 어떤 방식으
로 드러내는지, 어떻게 우리에게 성령을 나눠 주셨다(롬 8:2-4; 갈 3:13-14;
4:4-6)는 복음을 육체적인 율법 준수(육체를 통해 약해지고 죄를 통해 오염된 율법
을 지키려는 노력들—롬 7:7-25; 갈 3:21)의 절망감에서 건지심으로 선언하는지,
"성령을 따라 행하는" 의롭다 함을 받은 그리스도인들이 "율법의 의에 대
한 요구"를 성취할 수 있다고 어떻게 확신하는지(롬 8:3-4)를 보라. 롬 7:7-
25의 "나"를 아담과 이스라엘로 보는 무(D. Moo)의 해석[35]이 옳다면, 하나
님과의 올바른 관계 안에 머무는 유대교의 방식과 기독교의 방식 사이의
이 대조는 정말 인상적인 것이 된다.

 하지만 어떤 이들, 특히 일부 새 관점주의자들은 구약-유대교의 "언약
적 율법주의"에 은혜 교리가 있음을 강조하듯이 성령 교리 역시 구약-유
대교에도 있다는 점을 지적할 수도 있다. 하지만 바울에게 성령을 주심
은 겔 36-37장의 종말론적 성취다(렘 31:31-34; 롬 8:4; 또한 참고. 살전 4:8-9).[36]

훨씬 더 신인협력적이거나 공로주의적임(meritorious)을 보여주지 못했다."

34 S. J. Gathercole, *Where Is Boasting? Early Jewish Soteriology and Paul's
Response in Romans 1-5*(Grand Rapids: Eerdmans, 2002), 131-34. 하지만 바울의 칭의
교리를 유대교의 언약적 율법주의와 근본적으로 차별화하는 것은 단지 성령 교리라기보
다 그의 칭의 교리의 삼위일체적 틀이며 성령 교리 역시 이 틀 안에서 하나님의 아들 주
예수의 현재적 통치와 연결하여 적절하게 이해될 수 있다고 보는 견해를 위해서는 Kim,
Justification(특히 94-97페이지 주 1과 112-13페이지 주 12)을 보라(아래 각주 38도 보라).

35 D. Moo, *The Epistle to the Romans*(NICNT; Grand Rapids: Eerdmans, 1996), 423-31.

36 필자의 주석의 살전 4:8에 대한 코멘트를 보라. 또한 참고. Kim, *PNP*, 158-63;

따라서 성령(곧 그리스도의 영, 롬 8:3-17)을 주심은 율법을("그리스도의 율법"으
로) 적절하게 성취하는 길을 열어주신 것이다(롬 8:3-4; 고전 9:21; 갈 6:2).[37]
그러므로 바울로서는, 그리스도의 대속적인, 언약을 체결하는 죽음과 부
활을 통해 이뤄진 종말론적 구속(롬 3:21-26; 4:25; 고전 11:23-26; 갈 4:4-5; 등)
은 출애굽의 구원의 모형론적 성취로서(고전 5:7; 10:1-4) 유대교의 "언약
적 율법주의" 안에서 모세의 율법을 지켜온 사람들이 접근할 수 있었던
그 어떤 것과도 비교될 수 없다. 마찬가지로 새로운 시대에 주 예수 그리
스도를 믿는 자들을 위한 성령의 역사는 구약-유대교의 유대인들을 위
한 성령의 역사와 비교될 수 없다. 바울은 이와 같은 관점을 가지고 고후
3장에서 복음 시대를 의와 생명을 가져오는 성령으로 정의하는 반면 시
내산 시대는 심지어 정죄와 죽음을 가져오는 문자로 규정하기까지 한다.

그리스도인들 안에 내주하시는 성령의 도우심에 대한 믿음 외에도 하
나님의 아들 예수 그리스도의 중보에 대한 믿음은 바울의 칭의 교리를
유대교의 언약적 율법주의와 구조적으로 차별화되게 하는 또 다른 요소
다. 모든 그리스도인들은 최후의 심판 때 자신들의 선행을 통해서가 아
니라 십자가에서의 그리스도의 속죄와 하나님 우편에서 그리스도께서
하시는 중보를 통해 궁극적인 칭의를 얻는다.[38] 하나님의 성령을 통해 제

그리고 H. Hübner, *Biblische Theologie des NT, vol. 2: Die Theologie des Paulus*(Göttingen: Vandenhoeck & Ruprecht, 1993), 301-05; M. Turner, *The Holy Spirit and Spiritual Gifts*(Peabody: Hendrickson, 21998), 123; V. Rabens, "The Development of Pauline Pneumatology," *BZ* 43(1999): 178-79.

37 Dunn, *Theology of Paul*, 642-58를 참고하라.

38 그리스도의 중보에 대한 이 믿음이 예수의 말씀(들) (눅 12:8-9//마 10:32-33; 막 8:38과 그 병
행 구절들—본서 4장 섹션 2를 보라)뿐만 아니라 그 구약적 배경, 곧 사 53:12(맛소라 본문—참
고. O. Betz, "Die Übersetzung von Jes 53[LXX, Targum] und die Theologia Crucis des Paulus,"
in *Jesus der Herr der Kirche*[WUNT 52; Tübingen: Mohr Siebeck, 1990], 213; P. Stuhlmacher,
"Christus Jesus ist hier, der gestorben ist, ja vielmehr, der auch auferweckt ist, der zur Rechten
Gottes ist und uns vertritt," *in Auferstehung - Resurrection: The Fourth Durham-Tübingen Research
Symposium*[WUNT 135; ed. F. Avemarie and H. Lichtenberger; Tübingen: Mohr Siebeck, 2001],
355-57[351-61]; 특히 J. Ådna, "The Suffering Servant of Isaiah 53 as Triumphant and Interceding
Messiah: The Reception of Isaiah 52:13-53:12 in the Targum of Isaiah with Special Attention to the
Concept of the Messiah," *The Suffering Servant: Isaiah 53 in Jewish and Christian Sources*[ed. B.

338

공되는 하나님의 붙드시는 은혜(sustaining grace)의 덕 입기를 너무 자주 실
패한 그런 그리스도인들은 최후의 심판 때 그리스도의 중보를 필요로 하
는 것이 분명하다. 하지만 성령의 도우심을 통해 "의의 열매"를 많이 맺
은 사람들도, 종말이 오기 전에 육체에서 완전히 자유롭게 되지는 못하
여 그들의 "의의 열매"가 완전할 수 없는 경우라면, 그리스도의 중보가
필요하다.

따라서 구원의 구조를 공유함에도 불구하고 바울의 칭의 교리를 유대
교의 언약적 율법주의와 근본적으로 차별화되게 하는 네 가지 요소들이
있다: (1) 구원은 예수 그리스도의 대속적 죽음과 부활에 기초를 둔다; (2)
하나님의 아들 주 예수 그리스도의 구원적 통치를 통해, 그리고 (3) 세례
때 부어 주시는 그리스도와 하나님의 성령을 통해 그 구원이 지탱된다;
(4) 최후의 심판 때 하나님의 아들 그리스도 예수의 중보를 통해 그 구원
이 완성된다. 그리고 이 네 가지가 바울로 하여금 구원의 전 과정에서 시
종일관 하나님의 은혜를 유대교보다 훨씬 더 많이 강조하게 이끈다.[39]

Janowski and P. Stuhlmacher; Grand Rapids: Eerdmans, 2004], 214-24[189-224]; 독일어 원전 *Der leidende Gottesknecht*[Tübingen: Mohr Siebeck, 1996]의 영어판)에도 기반을 두고 있는 것처럼 보이는 한, 특별히 이사야서 53장의 종의 노래가 유대교에서 메시아 예언으로 해석되었기에 어떤 이들은 이 믿음도 유대교의 언약적 율법주의의 한 부분이라고 말할지도 모르겠다. 그러나 혹 그런 경우라 하더라도 우리는 성령 교리의 경우와 마찬가지로 바울이 여기서도 메시아, 하나님의 아들의 중보에 대한 믿음을 예수 그리스도 안에서 그 구약 예언의 성취를 통해 실제가 된 어떤 것으로(부정적인 말로 표현하자면, 유대교에서는 볼 수 없었던 어떤 것) 제시하고 있고, 그 성취가 유대교의 일부 분파들에서 기대되었던 것(예: Tg Isa 53)과는 다른 형태를 가지게 되었음을 인정하고 있다는 점을 주목할 필요가 있다. 바울이 그리스도의 복음을 구약-유대교의 종말론적 완성으로 제시하는 한, 그의 모든 가르침들은 구약-유대교와(따라서 유대교의 언약적 율법주의와도) 연속성을 가지고 있는 것으로 볼 필요가 있다. 하지만 성취는 예언된 것 혹은 예비적인 것과 비교해볼 때 언제나 새로운 차원 혹은 보다 풍부한 의미를 수반하기 때문에 우리는 그리스도의 복음이 구약-유대교와 달리 가지고 있는 보다 풍부한 의미나 새로운 차원(곧 구약-유대교와의 불연속성) 역시 인정할 필요가 있다. 유대교의 언약적 율법주의의 기초인 출애굽을 통해 하나님이 이스라엘을 구속하신 일과 대비되는 바울의 칭의 교리의 토대인 그리스도의 대속적 죽음과 부활을 통한 하나님의 종말의 구속/건지심(롬 3:23-26; 4:25; 8:3-4; 고후 5:21 등)에 대해서도 마찬가지 언급을 할 필요가 있다.

39 이 견해에 대한 보다 포괄적인 설명은 필자의 책 *Justification*, 31-52, 94-97 주 1을 보라. 던 (Dunn) (*The New Perspective on Paul*, 82-87)은, 성령을 중심의 교리 그 자체가 바울

의 칭의와 심판에 대한 교리와 유대교의 언약적 율법 사이에 어떤 실제적인 차이를 만들
어내는지를 질문하고서, 바울의 그리스도의 중보에 대한 교리를 단지 이스라엘 사람으
로 배교하지 않는다면 종말에 구원을 얻게 된다는 유대교의 확신에 버금가는 어떤 것 정
도로 간주한다(91-92). 바울의 칭의 교리를 유대교의 언약적 율법주의와 비교하는 가운데
바울의 기독론에 대해 자신이 부적절하게 이해한 것에 대해 지적하는 비평자들을 논박
하면서(89-91) 던 (92-96)은 우리가 그리스도의 죽음과 부활에 참여하는 것과 우리가 성령
의 도우심을 통해 그와 같은 형상으로 변할 것에 대한 바울의 가르침이 "하나님의 은혜와
믿음의 순종 사이의 상호관계"의 인식에 있어 바울의 교리와 유대교 교리 사이에 어떤 차
이가 있는지에 대한 질문에 대해 "보다 심오한 답"이 된다고 제안한다. 그럼에도 불구하
고, 던은 그리스도인들이 의의 열매를 맺고 그리스도의 형상으로 변화하는 것에 대한 바
울의 가르침을 그리스도의 대속의 죽음과 부활의 근본적인 효과와 주 예수 그리스도께
서 하나님의 아들로서(참고. 롬 1:3-4; 고전 15:23-28; 골 1:13-14) 그의 (그리고 하나님의) 영을 통해
(참고. 롬 8:9-10) 행하시는 현재의 구원적 통치와는 연결시키지 못한다. 그리고 이것은, 던
에게 있어 그리스도는, "19세기 자유주의와 20세기 후반의 신자유주의"와 거리를 두려는
그의 노력(90)에도 불구하고, 적어도 "성화"(혹은 칭의의 현재적 단계)의 과정에 관해서는 단지
Vorbild(모델, 92-95)로서만 의미를 가진다는 인상만 남긴다. 성령이 부어진 것에 대한 교
리 자체가 기독교와 유대교 사이에 실제로 어떤 차이를 가져오는지에 대해 질문하면서
던은 그리스도인들의 행동의 실제 내용의 관점에서 궁극적인 판단 기준을 제시한다: "왜
냐하면 그리스도인들이 실제로 다른 사람들보다 도드라지게 사랑이 많고 하나님을 사랑
할 뿐 아니라 이웃을 자기 몸같이 사랑하지 않는다면, 사람들은 어디가 다르고 무슨 차이
가 있는지 궁금해할 수밖에 없을 것이기 때문이다"(87). 하지만 그는 이 기준을 자신의 "보
다 심오한 답" 곧 성령의 도우심을 통해 그리스도의 형상으로 변한다는 교리에 적용하지
는 않는다. 바울의 변화 교리의 추종자들이 언약적 율법주의를 따라 사는 유대인들보다
그 도덕적 인품에서 보다 더 "그리스도의 형상"을 닮았는가? 만일 우리가 이 질문에 대해
"예"라고 분명하게 답할 수 없다면, 던에 따르면, 이 두 교리 사이에 실제적인 차이가 없
다고 우리가 마찬가지 결론을 내려야 하는가? 사실 이 두 교리의 추종자들 각자의 도덕적
행동의 질이나 표준에 따른 궁극적인 판단 기준을 가지고 던은 자신의 논의를 주해 차원
에서 내용비평 차원(sachkritischen level)으로, 바울이 서신에서 가르치는 것을 설명하는 차
원에서 그가 가르치거나 주장하는 바가 정말 "참"(합당한 것)인지를 판단하는 차원으로 옮
겨간다. 하지만 내용비평(Sachkritik, material criticism)을 하기 전에 우리는 우리가 지금 바
울의 가르침을 유대교의 가르침과 주해적으로 비교하고 있다는 점과 자신이 전하는 그
리스도의 구원(혹은 칭의)의 복음이 구약-유대교의 성취이며 그리스도의 대속적 죽음과 부
활과 높임 받으신 주 예수 그리스도의 현재적 통치, 성령을 받음, 그리스도의 중보가 현
재의 삶에서와 최후의 심판 때 자신의 복음을 믿는 자들에게 토라 추종자들과는 구별되
는 본질적인 차이를 가져온다고 가르치는 것이 이전에 바리새인이었던 바울 자신임을 잊
지 말아야 한다. 우리는 또한 바울이 롬 3-8장(또한 참고. 롬 9:30-10:21)에서 칭의 교리를 상
대적으로 침착하게 설명할 때만이 아니라 갈라디아(갈 3-6장)와 고린도(고전 5-6장; 고후 3장)
의 회심자들의 실패에 대해 탄식하고 경고할 때도 이와 같은 것들을 주장한다는 점을 주
목해야 한다. 고린도의 그리스도인들의 아주 심각한 도덕적 실패에 대해 호되게 책망할
때조차 바울은 복음이 토라보다 우월함을, 그리스도께서 우리를 율법과 죄와 사망의 연
합 세력들에서 해방시키셨음을 강변한다(고전 15:54-57). 우리가 더 나아가 바울의 칭의 교

9. 따라서 바울로서는, 구원은 철저하게 주 예수 그리스도께서 그의 성령을 통해 하시는 역사로 우리는 믿음, 곧 하나님의 은혜를 통해(빌 1:29; 롬 12:3; 참고. 롬 8:29-30) 혹은 그의 영을 통해(고전 12:3; 참고. 롬 10:9-10) 각성되는 믿음을 통해 그 덕을 입는다. 우리가 하나님과 구원적 관계에 있도록 하나님의 구원적 통치의 대표인 그의 아들 주 예수 그리스도를 통해 그리고 그 자신과 그 아들의 영 곧 성령을 통해(예: 고전 1:8-10; 10:13; 빌 1:6; 2:13; 롬 1:3-4; 5:8-9; 8:1-39) 끝까지 우리를 지탱하시는 분은 바로 하나님이시다. 그리고 우리는 "하나님이 자기의 기쁘신 뜻을 위해 [우리]에게 소원을 두고 행하게 하시기 때문에 두렵고 떨림으로 [우리] 구원을 이룰" 수 있다(빌 2:12-13; 비록 이 진술이 원래 교회의 공동체 차원의 건강과 관련된 의미이지만 그 원리는 개인의 구원에도 적용된다). 따라서 우리가 "의의 열매"를 맺는 것은 "예수 그리스도를 통해서"(빌 1:11) 혹은 "[그의] 영을 따라 행함"으로 곧 그의 영의 인도를 따르고 그 영에 힘입음으로써다(롬 8:1-17; 갈 5:16-24). 하나님 나라를 위해, 다시 말해 주 예수 그리스도의 교회를 "세우기" 위해 우리 각자에게 맡겨진 과업을 수행하는 것은 또한 성령을 통해 우리에게 주어진 χάρισ(μα)("은혜-은사")를 통해서다(롬 12:3-8; 고전 12:4-11). 그래서 바울은 자신의 사도로서의 사역에 대해 "나와 함께하신 하나님의 은혜[의 일]"로(고전 15:10) 그리고 "그리스도께서 이방인들을 순종하게 하기 위하여 나를 통하여 말과 행위로, 표적과 기사의 능력과 성령의 능력으로 역사하신 것"으로(롬 15:17-19) 말하는 것이다(이 구절들에서 하나님의 능력 주시는 은혜를 삼위일체적 관점에서 표현하고 있음을 주목하라).

리에 대해 내용비평을 한다면, 유대교의 언약적 율법주의의 추종자들과만이 아니라 다른 종교들이나 범신론이나 이신론이나 인본주의 추종자들과도 비교하여 내용비평을 해야 한다. 그럴 때 우리는 삼위일체적 유신론으로 뒷받침되는 바울의 칭의 교리가 지성적으로, 도덕적으로 얼마나 설득력이 있는지를 평가할 수 있을 것이다(위의 본서 2장의 마지막 문단을 참고하라). 이 질문에 대한 각 개인의 판단이 그들이 가진 보다 기초적인 세계관과 인간론에 따라 다를 수 있겠지만 말이다. 바울의 칭의 교리가 유대교의 언약적 율법주의와 마찬가지로 신인협력적(synergistic)이라고 보는 연관된 주장(예: Yinger, *Paul, Judaism, and Judgment*, 4; 또한 Dunn, *The New Perspective on Paul*, 87-89)에 대한 반론을 위해서는 필자의 *Justification*, 112-13 주 12를 보라.

10. 요약하자면, 바울에 의하면, 주 예수 그리스도의 파루시아 때 행위에 따른 최후의 심판이 있을 것인데 이 심판에서 신실한 자들은 그들의 궁극적인 칭의와 상을 얻게 될 것이지만 믿음이 없는 자들(불신자들)은 정죄를 받게 될 것이다. 따라서 그리스도인들은 최종적인 칭의와 상을 위해 "의의 열매" 혹은 선한 일을 열매로 맺어야 한다. 그들이 이 열매를 맺을 수 있는 것은 믿음을 통해 (삼위일체) 하나님의 지탱하시고 능력주시는 은혜의 덕을 입음으로써다. 그들의 상은 그들이 한 의의 일과 심판의 불로 영광스럽게 빛나게 될 그들이 하나님 나라와 교회를 위해 한 헌신 곧 "의의 면류관"이다(딤후 4:8). 하지만 그리스도의 대속과 그의 (혹은 하나님의) 영을 통한 구원적 통치 안에 있는 하나님의 은혜를 믿음을 통해 덕 입기를 거부한 자들은 죄와 사망의 나라 곧 사탄의 나라에 속한 자들로 확정될 것이다. 그들에게는 주 예수 그리스도의 중보하심이 없고 다만 정죄만 있을 것이다(예: 롬 2:2-11; 고후 5:10; 살전 5:3; 살후 1:8).

11. 따라서 구원에 있어 하나님의 은혜와 인간의 행위의 통합 혹은 하나님의 은혜를 통한 칭의 교리와 인간의 행위를 따른 심판 교리는 다음과 같은 바울의 형식에서 가장 잘 볼 수 있는 것 같다: "그러나 내가 나 된 것은 하나님의 은혜로 된 것이니 내게 주신 그의 은혜가 헛되지 아니하여 내가 모든 사도보다 더 많이 수고하였으나 내가 한 것이 아니요 오직 나와 함께하신 하나님의 은혜로라"(고전 15:10).

===== **9장** =====

바울은 데살로니가전서에서
반제국적 복음을 전하는가?

살전 2:1 - 4에서 바울은 자신과 자신의 복음을 유대인 거짓 선지자들과 헬라의 사기꾼 철학자들과 그들의 메시지와 대조한다. 바울은 이 구절에서 자신의 복음 곧 "하나님의 복음"을 로마 제국의 복음 곧 그저 인간적인 복음과의 대조를 이끌어내려는 의도도 갖고 있는 것인가? 로마 제국의 선전에 사용되는 "복음"(εὐαγγέλιον) 용어와 우리 본문(살전 2:2, 8, 9, 13; also 1:8; 3:2)에서 바울이 반복하여 자신의 복음을 "하나님의 복음[혹은 말씀]"으로 정의하는 것의 중요성을 지적하면서, 스탠튼(G. N. Stanton)은 말한다: "분명코 구원 곧 '평화와 안전'을 위해 신의 섭리로 가이사를 주셨다는 제국의 복음에 대한 전복(subversion)이 여기에 적어도 함축되어 있다. 그것이 바울이 의도한 부분이었든 아니든 간에, 바울의 말은 데살로니가에서 이렇게 들렸을 것이다."[1] 거짓 선지자들이나 사기꾼 철학자들의 메시지와 달리 3 - 12절의 이 구절(살전 2:2)에서 계속해서 자세히 설명하는 내용이 하나님의 복음과 제국의 복음을 대조하는 것이 바울이 의도

---

1 G. N. Stanton, *Jesus and Gospel*(Cambridge: Cambridge University Press, 2004), 47-48.

였음을 시사하지는 않는 것 같다. 하지만 이 구절에 나오는 바울이 빌립보에서 부당대우를 받은 일과 데살로니가에서 있었던 갈등에 대한 언급들을 각각 사도행전 16:22-24과 17:5-9에 기록된 이야기들에 비추어 본다면 적어도 데살로니가인들은 바울의 복음을 스탠튼이 말하는 것처럼 충분히 그렇게 들었을 수도 있다(필자의 주석에서 살전 2:13-16에 대한 코멘트를 보라).

그러니까 데살로니가인들은, 그리스도 예수께서 자신들을 위해 죽으시고 자신들의 구원을 위해 다시 살아나셨기 때문에(살전 4:14; 5:9-10) 예수께서 하나님의 아들과 주로서 하늘에서 강림하실 때(1:10; 3:13; 4:13-18; 5:1-11) 자신들이 최후의 심판 때 하나님의 진노에서 건지심을 받아 하나님 나라에서 항상 그와 함께 있을 것(2:12)이라는 복음을 바울에게서 듣고서 (그리고 그것을 하나님의 복음으로 받고서) 그리스도의 구원이 참된 구원이고 로마의 "평화와 안전"은 그 구원을 패러디한 것에 지나지 않음을 깨닫게 되었을 수 있다. 이와 같은 깨달음은 그들로 자신이 신이라고 하는 가이사의 주장들을 거부하고(참고. 1:9) 로마의 "평화와 안전"의 복음에 대한 신뢰를 거두게 만들었을 것이다(5:3). 하지만 그 깨달음이 그 당시 아직 모든 개인에게 강요되지는 않았을 황제 숭배에 참여하기를 피하는 것 이상으로 그들이 로마 제국에 불충성하게 만들기도 했을까?[2] 그 깨달음이 그들로 하여금 로마의 통치에 (예를 들어 납세를 거부함으로) 저항하게 하거나 세금 회피보다 훨씬 더 노골적인 방식으로 로마의 전복을 위해 행동하게 했을까? 롬 13:1-7은 그만 두고라도 살전 4:11-12의 바울의 권면은[3] 이 질문과 관련하여 어떤 상관성이 있는가?

일부 학자들이 바울의 복음은 "반제국적(counter-imperial)"이라거나 로마

---

2 참고. P. Oakes, "Re-Mapping the Universe: Paul and the Emperor in 1 Thessalonians and Philippians," *JSNT* 27(2001): 312-14(301-22). 이 논문은 이제 그의 *Empire, Economics, and the New Testament*(Grand Rapids: Eerdmans, 2020), 144-46(135-55)에 재 출판되어 있다.

3 필자의 주석에서 이 구절에 대한 코멘트를 보라.

의 제국주의 이데올로기를 "전복시킨다(subverts)"고 말할 때, 이 말은 정확하게 어떤 의미인가? 필자가 이 표현들을 로마의 이데올로기에 대한 단순히 수동적인 저항 그 이상의 어떤 것을 의미하는 것으로 볼 때,[4] 이 학자들 중 어떤 이들은 필자의 견해에 반대하면서 "반제국적(anti-imperial or counter-imperial)"이라는 말은 단지 "로마 황제와 제국에 대해 대안이 되는 [다윗의 자손] 왕과 왕국을 제공하고 그렇게 함으로써 교회에게 그들이 참되신 왕의 귀환을 간절히 기다리는 동안 사회 안의 한 공동체로서 하나님 나라의 실재(reality)를 따라 살도록 권면하는" 의미라고 말한다.[5] 하지만 예를 들어 하딘(Hardin)이 로마 제국과 가이사의 주권에 대한 "하나의 대안으로서"(따라서 추측건대 그 "대신에") 하나님 나라와 그리스도의 주권에 충성하여 살아간다 할 때, 이것이 데살로니가의 그리스도인들이 로마의 가치와 도덕, 제의 의식들과 같은 것들을 피하는 차원을 넘어서 로마의 시스템과 법과 제도들에 대한 태도와 관련하여 정확하게 혹은 구체적으로 어떤 것을 포함하는지를 분명하게 말하지 않는 것은 유감스러운 일이다. 만일 바울을 "반제국적" 관점에서 해석하는 이들이 바울의 복음이 그리스도인들로 로마의 법을 거부하고, 로마 위정자들에게 저항하고 납세를 거부하도록 이끄는 정도로 "반제국적"이었음을 암시하는 그런 의미라면 왜 그들은 롬 13:1 - 7에서의 바울의 권면을 있는 그대로 받아들이지 못하고 그 권면들을 해명하려는 별스러운 노력을 하는가?[6] 왜 이 해석자들 중 일부는 바울이 자신의 반제국적 메시지를 로마서와 빌립보서, 데살로니가전서(살전 2:13 - 16 등)에서는 암호화하여 숨기지만 동

---

4 S. Kim, *Christ and Caesar*(Grand Rapids: Eerdmans, 2008)를 보라.

5 J. K. Hardin, reviewing my book *Christ and Caesar* in *Themelios* 35.2(2010): 283. 또한 참고. W. Carter's review in *Review of Biblical Literature*(July 2009), 3.

6 예를 들면, N. Elliott, "Romans 13:1-7 in the Context of Imperial Propaganda," in *Paul and Empire*(ed. R. A. Horsley; Harrisburg, PA: Trinity Press International, 1997), 184-204; R. Jewett, *Romans: A Commentary*(Hermeneia; Minneapolis: Fortress, 2007), 780-803; N. T. Wright, *Paul and the Faithfulness of God*(Minneapolis: Fortress, 2013), 1302-03.

시에 그리스도와 교회에 대해서 "복음," "주," "하나님의 아들," "*ekklēsia*," "*parousia(강림)*," "*apantēsis(영접)*," "구원," "평화와 안전," "의/정의" 등과 같은 많은 "제국의" 용어들을 가장 분명하게 보이는 방식으로 적용함으로써 그가 자신의 반제국 메시지를 드러내고 있다는 자기모순적 이론에 호소하는가?[7] 만일 바울이 자신의 "반제국적" 메시지를 받는 사람들이 그 메시지에 근거하여 로마의 이데올로기와 제도들과 법들을 거부하는 분명한 제스처를 가지고 행동하는 것을 볼 의도가 아니었다면, 그 메시지들이 그가 그리스도와 그의 교회에 적용하는 모든 "제국의" 용어들보다 로마의 당국자들에게 더 도전적인 것으로 인식되지도 않았을 그런 때에 왜 그가 그와 같은 메시지를 암호화하여 숨겨야 했을까?[8]

바울의 복음이 모든 인간의 "육체적" 방식에 대해 대안적 존재 방식을 제시하는 것인 한, 이 복음은 분명 로마 제국과 그 방식들을 비롯한 죄로 오염된 모든 인간 제도들과 방식들을 전복시킨다.[9] 그렇다면 그의 복음은 세상적인 것에 반대한다는 이 일반적 의미에서 (혹은 그 하위 범주의 의미로서) "반제국적"이며 이 특성은 로마 제국에 대해 적용되는 만큼이나 파르티아 제국이나 중국 제국에도 적용될 수 있다. 하지만, 로마 제국이 바울의 세계였기에 우리는 그의 "반제국적" 복음을 특별히 로마 제국과 연관 지어 해석하는 것을 인정할 수 있다. 그런데 어떤 특정 본문에서 바울이 실제로 로마 제국과 그 방식들을 겨누고 있다는 것을 어떻게 판별할 수 있는가? 보편화된 황제 숭배와 폭력과 착취의 지배, 잔인함과 착취의 통치, 지배와 저항에 대한 사회과학적 이론들과 같은 전제를 가지고 로마의 이데올로기나 선전 용어들과 병행이 되는 용어들이 서신에 나

---

7 예를 들면, D. Georgi, "God Turned Upside Down," in *Paul and Empire*(ed. R. A. Horsley; Harrisburg, PA: Trinity Press International, 1997), 157; Wright, *Paul and the Faithfulness of God*, 1314-17.

8 참고. Kim, *Christ and Caesar*, 32-33.

9 참고. J. M. G. Barclay, "Why the Roman Empire Was Insignificant to Paul," in *Pauline Churches and Diaspora Jews*(WUNT 275; Tübingen: Mohr Siebeck, 2011), 363-87.

올 때마다 반제국적 의미를 발견하려는 시도는 성공하지 못할 것이다.[10] 옥크스(P. Oakes)가 말하듯이 구체적으로 "우리는 바울이 자신의 "[기독론과] 종말론을 표현할 때 로마를 염두에 두고 있었음을 시사하는 논증들을 필요로 할"[11] 것이다. 따라서 옥크스는 그와 같은 증거를 위해 살전 4:13 - 18을 검토하지만 "[거기서] παρουσία와 ἀπάντησις 언어는 로마의 관행에 대한 경험에서 가져온 것으로 보이지만 이 구절이 로마의 종말론에 대한 의식적인 도전으로 보이지는 않는다"는 것만 발견한다.[12] 살전 5:1 - 11에 대해서 옥크스는, 어느 독자라도 그렇게 하겠지만, 바울이 5:3에서 의도적으로 로마 제국의 이데올로기의 핵심적인 주장을 거부하고 데살로니가의 그리스도인들에게 제국이 평화와 안전에 대하여 주는 약속을 믿지 말라고 조언한다는 점을 인정한다. 그리고 나서 옥크스[13]는 계속해서 이렇게 말한다:

> 바울은 [이와 같이] 대안적 실재에 대한 충성을 앙양하기 위해 현상 유지(status quo)의 가치를 파괴한다. 이것은 해리슨(Harrison)[14]이 주장하는 바와 같이 로마의 종말론에 대한 도전이다. 이것은 로마에 맞서는 기독교다. 그러나 로마의 전복을 추구하는 기독교도 아니요 황제 숭배에 참여하는 것을 반대하는 기독교도 아니다. 이것은 고난 당하는 그리스도인들이 견고하게 서 있게 하기 위해 기독교의 소망이 로마의 소망보다 우월함을 주장하는 것이다.[15]

---

10 Kim, *Christ and Caesar*, 28-33을 보라.

11 Oakes, "Re-Mapping," 315(또한 그의 *Economics*, 148).

12 Oakes, "Re-Mapping," 315-17, 인용은 317페이지에서 가져온 것임; 또한 참고. Malherbe, *Thessalonians*, 304.

13 Oakes, "Re-Mapping," 318.

14 J. R. Harrison, "Paul and the Imperial Gospel at Thessaloniki," *JSNT* 25(2002): 71-96.

15 의도한 것은 아니었겠지만, 옥크스의 이 진술은 필자만 일부 학자들의 "반제국적"(anti-imperial or counter-imperial) 해석이 하딘(Hardin)이 이 말을 정의하는 것 이상의 어떤 것을 의미하는 것으로 보는 것은 아님을 보여준다(위를 보라).

　물론 이것은 살전 4:13 - 18과 5:1 - 11에 대한 올바른 결론이다. 왜냐하면 이 구절들에서, κύριος(주)의 παρουσία(강림)에 대해 말하고 독자들에게 "평화와 안전"에 대한 로마의 약속을 믿지 말라고 조언할 때조차 바울의 주된 관심은 그리스도를 가이사에 맞설 참된 κύριος(주)로 세우는 것도, 그리스도께서 진정한 구원을 가져오는 반면 로마 제국은 단지 그 구원을 흉내 낸 패러디만 약속한다는 것을 증명하는 것도, 독자들에게 로마의 당국자들과 비교하여 어떻게 살아야 하는지에 대해 가르치는 것도 아니었다. 오히려 그의 주된 관심은 죽은 신자들이 그리스도의 부활의 생명에 그들, 살아남은 신자들과 함께 참여하는 것에 대해 독자들이 확신할 수 있게 하고, 주의 날이 정확히 언제인가에 대한 그들의 염려를 누그러뜨리고 주께서 강림하실 때 주와 함께 영원한 생명을 얻을 것에 대한 확신에 찬 소망을 가지고 신실하게 인내함으로 그리스도인의 성화의 삶을 살아가도록 격려하는 것이었다.[16]

　"하나님의 복음"이라는 표현이 세 번 반복되고(2, 8, 9절; 13절도 참고하라) 하나님 나라 개념도 나오는(12절) 살전 2:1 - 12은 어떻게 해석해야 하는가? 이 본문에서 바울은 "하나님의 복음"을 거짓 선지자들과 사기꾼 철학자들의 그저 인간의 말일 뿐인 그 말들과 대조한다. 하지만 바울이 하나님의 복음을 "평화와 안전" 혹은 "구원"에 대한 로마의 복음과도 대조시킨다는 점을 시사하는 그 어떤 것이라도 여기에 있는가? 이 구절에서 바울의 주된 관심은 회심자들이 자신의 선교팀의 "들어감" 혹은 그들이 데살로니가에서 개척 선교를 할 때 보여준 행실에 대해, 거짓 선지자들과 사기꾼 철학자들과 달리, 자신과 동료 선교사들이 그리스도의 사도들로서 "거룩하고 옳고 흠없이" 행했으며(10절) 하나님이 자신들에게 맡기신 하나님의 복음을 신실하게 전하였음을 확실하게 이해하고 확신하

16　필자의 주석에서 4:13-18과 5:1-11에 대한 코멘트를 보라. 거기서 필자는 하나님의 최후의 심판 때 우리가 받게 될 칭의와 재림하시는 주와 우리가 항상 함께 살게 되는 것이 어떻게 반제국/반로마적인 것으로 해석될 수 있는지를 묻는다. 또한 참고. Kim, *Christ and Caesar*, 3-10.

도록 하는 것이다. 12절에서 바울은 하나님이 독자들을 "자기 나라와 영광에 이르게" 부르신 것에 대해 말한다. 만일 스탠튼이 "하나님의 복음"이라는 문구를 위해 사용한 추론을 이 진술에 적용한다면, 우리는 적어도 데살로니가인들은 바울이 여기서 반제국적 메시지를 제시하고 있고, 로마 제국을 하나님 나라로 전복시키려는 것으로 들었을 것이라고 말해야 할 것이다. 그런데 바울이 자신이 데살로니가에서의 개척 선교 동안 독자들에게 "[그들을] 불러 자기 나라와 영광에 이르게 하시는 하나님께 합당히 행하도록" "권면하고 위로하고 명령했다"(11-12절)고 말하기 때문에 다음과 같은 질문을 하게 된다. 로마 제국에는 거스르는 것이지만 하나님 나라에는 어울리는 삶의 방식에 대해 바울은 어떤 가르침을 베풀었겠는가? 혹은 독자들은 자신들이 로마 제국이 아니라 하나님께 충성하기 위해 바울이 어떤 변화를 요구하는 것으로 들었겠는가? 살전 4:1-2에서 바울은 데살로니가인 신자들에게 자신이 그들의 도시에서 개척 선교를 하는 동안 주 예수의 권위를 가지고 이미 "명령한" 그 방식대로 계속해서 살아가면서(περιπατεῖν) 하나님을 기쁘시게 하라고 "요구하고 권면한다." 그리고 나서 그 다음 절들(4:3-8, 12)에서 바울은 그들을 위해 구체적인 도덕적 명령들을 제시하고 이 명령들을 지킴으로써 그들이 "하나님의 뜻"에 순종하고 그렇게 하여 하나님을 기쁘시게 해야 함을 시사한다. 따라서 4:3-8(과 4:12)의 권면들(παρακαλεῖν)이나 명령들(παραγγέλλειν)은 바울이 2:11-12에서 "[그들을] 불러 자기 나라와 영광에 이르게 하시는 하나님께 합당히 행하도록(περιπατεῖν)" 하기 위해 그들에게 주었다고 말하는 권면(παρακαλεῖν)과 명령(μαρτύρεσθαι)의 한 부분인 것이 분명하다. 하지만 4:1-8(과 4:12)의 이 권면들은 단지 성화된 삶, 특히 성적인 정절과 형제 사랑, 조용하고 존경할 만한 삶을 위한 것이다. 따라서 바울이 "하나님의 복음"과 하나님 나라 개념을 사용하는 2:2-12의 경우와 마찬가지로 하나님의 복음에 합당한 혹은 하나님 나라에 충성스럽게 복종하는 삶의 방식을 위한 구체적인 권면을 주는 4:1-8(과 4:12)에도 로마 제국에 대한 도전으로 해석될 수 있는 그 어떤 것도 없다. 따라서 바울이 2:2 - 12에서 염두에 두고 있는 것처럼 보이는 거짓 선지자들과 사기꾼 철학자들 중에 제국을 선전하는 자들이 있었고, 그 선전하는 자들이 바울이 이 본문에서 비판하는 그런 특징들을 보여주었다는 것을 증명할 수 없다면, 그리고 바울이 4:1 - 8에서 독자들에게 경고하는 성적인 욕망과 성적 부정이 헬라의 이교 전반과 연결되기보다 특별히 로마 제국과 연관된 악덕임을 증명할 수 없다면, 2:1 - 12에서 바울이 사용하는 "하나님의 복음"과 "하나님 나라" 개념에서 반제국의 의미를 찾아내기는 어려워 보인다.[17]

살전 1:10은 바울을 반제국적 관점에서 해석하는 이들이 자신들의 이론을 위해 기쁘게 사용하는 또 다른 구절이다. 왜냐하면 이 본문은 그리스도인들이 하나님의 아들 예수께서 그들을 건지시기 위해 하늘로부터 오는 것을 기다리는 것에 대해 말하고 있고, 예수의 하늘로부터의 강림하심(παρουσία)이 살전 4:13 - 5:11에서 실제로 제시되고 있기 때문이다. 그러나 비록 1:10의 간단한 문구가 예수께서 하나님의 아들과 주로서 하나님 우편으로 높임 받으심(과 하나님의 부왕으로서 다스리심)을 암시하기는 하지만, 하나님의 아들 예수께서 십자가에서의 속죄와 최후의 심판 때 중보를 통해 우리를 하나님의 진노에서 건지실 것이라는 의미는 특별히 로마 제국에 대한 정치적인 도전을 주는 것이 별로 없다.[18]

하나님의 아들 주 예수 그리스도(메시아 왕)를 통해 그의 파루시아 때 하나님 나라에서 누리게 될 구원에 관한 바울의 복음이 데살로니가인들에게 로마 제국에 대해 전복적인 메시지로 들렸을 수도 있음을 부인하는

---

17 필자의 주석에서 살전 2:12와 4:1-12에 대한 코멘트(특별히 "외부인들의 존경을 받는" 조용한 삶과 자족적 삶에 대한 코멘트)를 보라. 필자는 미안하지만 K. P. Donfried, "Issues of Authorship in the Pauline Corpus: Rethinking the Relationship between 1 and 2 Thessalonians," *in 2 Thessalonians and Pauline Eschatology.* P. Porkorný *Festschrift*(ed. C. Tuckett; Leuven: Peeters, 2013), 81-113의 견해에는 동의하지 않는다. 돈 프리드(Donfried)는 데살로니가전후서의 대부분의 내용을 반제국적으로 해석하려고 한다. 그는 다른 이들보다 더 일관되게 이와 같은 시도를 하지만 여전히 그렇게 설득력이 있지는 않다.
18 위의 본서 2장 "복음으로서의 하나님의 아들 예수(살전 1:9-10과 롬 1:3-4)를 참고하라.

것은 아니다. 필자의 주석 서론(I. 1. B와 4. B, C, D)에서 필자는 데살로니가인들이 가이사와 로마 제국에 얼마나 충성을 다했는지 그들이 전복적인 메시지에 얼마나 민감했는지에 대해 간단하게 설명한 바 있다. 거기서, 그런 배경을 고려할 때, 필자는 유대인들의 선동으로 데살로니가의 이방인들 중에 불량한 사람들이 바울과 실라를 "가이사의 명을 거역하여" 행하고 "다른 임금 곧 예수라 하는 이가 있다"(행 17:6-7)고 전파하는 혁명가들로 고발하고 박해했다는 행 17:1-7의 누가의 보고가 상당히 믿을 만하다고 판단한다. 반제국적 관점에서 바울을 해석하는 이들은 이 사실만을 강조하는 경향이 있다. 하지만 우리는 바울의 메시지가 데살로니가 사람들에게 로마 제국에 대해 전복적이라고 의심을 받은 사실만 볼 것이 아니라 데살로니가의 읍장들(politarchs)이 반역죄로 고발된 사건에 대해 조사한 후에 야손에게서 보석금만 받고서 바울과 실라를 풀어주어 그들이 선교팀과 다른 곳으로 갈 수 있게 해준 사실(행 17:1-9) 역시 중요하게 봐야 한다고 촉구한 바 있다. 필자는 이 사실과 데살로니가에 계속해서 교회가 (비록 환난 가운데서라도) 존속했다는 사실이 그들이 데살로니가의 당국자들에게 자신들이 전하는 복음에 정치적인 의도가 없음을 성공적으로 잘 설득했음을 시사한다고 주장했다. "불순한(disturbing)" 반제국적 메시지를 표현하는 것으로 들을 수 있는 언어가 포함된 데살로니가전서 구절들에 대해 여기 제시한 우리 설명은 왜 데살로니가의 읍장들이 바울과 실라에 대한 조사에서 그들을 반제국적 설교자로 고소할 이유를 찾지 못했는지를 이해할 수 있게 해준다.

문제는 과거 서구 제국주의와 오늘날 미국 및 기타 강대국의 외교 정책의 일부 요소에 대한 혐오와 제국주의의 나쁜 영향들인 것으로 우리가 올바르게 판단하는 그런 문제의 해결을 위해 성경의 메시지에서 약간의 도움을 얻으려는 우리의 관심을 통해 형성하게 된 우리의 관점이 우리가 바울이 의도한 바 없는 반제국적 메시지를 그에게서 "듣도록" 그렇게 몰고 가는 것은 아닌가 하는 것이다. 아니면 바울 서신들의 원래 수신자들과 그들을 이어서 로마 제국 시기에 그 서신들을 읽은 사람들이 그의 반제국적 메시지를 "듣지" 못한 것인가 하는 것이다. 우리의 조건들의 영향을 받아 우리가 바울의 하나님 나라 혹은 주 예수 그리스도의 주권에 대한 복음의 적용을, 바울 자신은 그렇게까지 하지 않았음에도, 로마의 제국적 상황으로 확장시키는 데 너무 열심을 낸 것은 아닌가 하는 것이다.

　바울의 하나님 나라 혹은 예수 그리스도의 주권에 대한 복음을 제국주의와 우리 시대의 다른 악한 정치적, 경제적, 사회적, 경제적 시스템에 그와 같이 확대해서 적용하는 것이 *해석학적으로*(hermeneutically) 가능하거나 심지어 바람직할 수도 있다. 왜냐하면 그 복음은 본질적으로 죄로 오염되거나 악과 고통을 통한 사탄의 통치의 표식(marks)을 가진 모든 세상적이고 인간적인 것들에 반대하기 때문이다.[19] 하지만 바울이 특히 로마제국을 전복시키려 하지 않고 그의 독자들도 그가 자신들이 그렇게 하도록 (부추기는 것은 말할 것도 없고) 자극을 주는 것으로 생각하지 않는 곳에서 그의 복음을 반제국적이라고 보는 것도 *주해적으로*(exegetically) 정당화될 수 있겠는가?

19　Kim, *Christ and Caesar*, 200-03을 보라.

===== **10장** =====

바울과 로마 제국

바울의 신학을 그의 세 가지 상황(유대교, 헬레니즘, 로마 제국) 속에서 하나의 전체로 해석하는 거창한 계획의 일환으로 라이트(N. T. Wright)는 바울이 자신의 복음을 의도적으로 로마 제국을 암묵적으로 전복시키는 방식으로 표현하는 것으로(formulating) 제시한다. 그는 이 견해를 부분적으로는 바울이 로마를 악한 세력들의 유일무이한 대행자 곧 다니엘서 7장의 네 번째 짐승으로 보았다는 가정 위에 세운다. 따라서 그는 바울을 계시록의 저자 요한의 쌍둥이 형제로 만든다. 하지만 그는 바울이 서신들에서 베푸는 실제 가르침들을 가지고 이 주장을 주해적으로 뒷받침하는 데는 그다지 성공적이지 못한 것 같다. 더욱이 바울이 메시아와 주 되신 예수를 선포한 것을 반제국적인 것이라고 거듭 주장하면서도 주 예수께서 어떻게 하나님이 주신 왕권을 실제로 행사하는지를 한 번도 설명하지 않음으로써 라이트는 바울의 하나님의/그리스도의 나라와 칭의의 복음과 그의 윤리적 가르침과 잘 통합되지 않는 바울의 정치 신학을 제시한다.

1. 바울은 주 예수 그리스도의 복음을 그 로마의 패러디와 대조하는 방식으로 전했다

다이스만(A. Deissmann)의 선구자적 관찰[1] 이래로, 특히 지난 20년 동안, 바울을 반제국적 관점에서 해석하는 이들은 우선, 바울의 설교와 로마의 황제 숭배와 제국의 선전에서 공통적으로 사용되는 하나님의 아들, 주, 복음, 구원, 평화, δικαιοσύνη (의/정의), πίστις(믿음/충성), παρουσία/ ἀπάντησις 등과 같은 광범위한 어휘적 병행에 호소했다. 그러나 *Paul and the Faithfulness of God*[2]이라는 새 책에서 라이트는 이 두 실체들 (entities)에 대한 이야기들 사이의 병행을 보다 강조하고서 그 맥락에서 어휘적 병행을 언급한다. 그는 이야기들과 단어들 사이의 자신이 "거의 기이한(almost uncanny)" 일치라고 부르는 것(1311)에서 아주 깊은 인상을 받아 계속해서 그것을 언급하면서 가장 확실한 말로 바울은 자신의 복음과 로마의 이데올로기 사이의 본질적 갈등을 보지 "않을 수 없었다"는 결론을 이끌어 낸다(1280-83, 그외 여러 곳들). 그래서 그는, 예를 들면, 이야기들을 요약한 다음 그 이야기들을 다음과 같이 나란히 볼 수 있게 한다:

로마는 신의 아들*(divi filius)* [아우구스투스] 그 자신이 거기서 나와서 평화와 정의와 세계 지배를 가져온, 신이 정한 도시와 나라와 문화에 대한 강력한 이야기를 제공했다. 바울은 하나님의 아들*(theou hyios)* [예수 그리스도] 그 자신이 거기서 나와서 평화와 정의와 전 세계적 연대를 추구하는, 신이 정한 백성들의 이야기를 말해주었다 (1282).

그런 다음 라이트는 그 병행으로부터 다음과 같은 추론을 이끌어낸

---

1 A. Deissmann, *Light from the Ancient East: The New Testament Illustrated by Recently Discovered Texts of the Graeco-Roman World*(Grand Rapids: Baker, 1978; ET of the 4th German ed. [1923]), 338-78.

2 (Minneapolis: Fortress, 2013). 아래에서 이 책을 *PFG*로 약식 표기하였고 해당 페이지는 본문의 괄호 안에 숫자로 표기했다.

다:

> 로마는 바울의 복음 이야기에 워낙 적나라한 병행들을 제공해주었기에 로마는 당시 존재하고 있던 많은 제국들 중 하나로서가 아니라 예수와 그 제자 공동체의 메시지에 대한 놀랍게도 구체적인 패러디로서 나타날 수밖에 없었다(1282).

> 제2성전 유대교 세계관을 메시아적으로 재정의한 것으로 보이는 바울 자신의 세계관과 신학의 내적 논리는 그가 로마 제국의 주장들과 이야기와 정책들과 암묵적이든 아니면 명시적이든 갈등할 수밖에 없게 만들었다(1283).

가식, 오만, 거짓 약속에 대한 로마의 이야기가 제국의 주민들을 오도하고 심지어 가이사를 숭배하도록 오도했기 때문에, 바울은 주 예수 그리스도를 통한 정의와 평화와 구원에 관한 참 복음을 선포함으로써 그 망상적 성격을 드러내야 했다. 따라서 라이트는 로마는 "바울의 암묵적 논쟁의 핵심 타깃(a central target of Paul's implied polemic)"이었다고 결론을 내린다(1283).

　라이트는 바울이 유대교의 묵시 전통을 이어받았다는 사실이 이 결론에 더욱 힘을 실어준다고 본다. 라이트에 의하면, 제2성전 유대교에서 묵시적 언어는 "정치적" 의미를 위해 거대 제국들의 흥망에 대해 암호적으로 말하기 위해 사용되었으며, 따라서 묵시문학은 "사회와 정치 비판을 담아내는 주된 도구(a major carrier of social and political critique)"였다. 그 영향력 있는 한 예가 되는 다니엘서도 실제 제국들에 대해 이야기했다(1289-90). 1세기 동안 유대인들은 단 7장의 네 번째 짐승 곧 하나님의 백성들을 신원하여 그들이 열방에 대한 그의 통치에 참여하게 하시는 메시아가 오실 때 멸망당하게 되는 마지막이자 가장 두려운 이방 제국은 로마를 가리킨다고 일반적으로 인정했다(1280-81, 1289). 그래서 바울 역시도 로마를 그렇게 보았다는 것이다(1282, 그 외 여러 곳).

　따라서 라이트는 바울이 메시아 예수께서 보좌에 앉아 열방을 다스리

신다고 선언하는 롬 1:3-4; 고전 15:20-28; 빌 2:6-11; 골 1:15-20; 2:14-
15 등과 같은 구절들과 주 예수 그리스도께서 종말의 구원을 위해 *강림
하심(parousia)*에 대해 말하는 살전 4:13-5:11; 살후 2:1-12; 빌 3:20-21;
롬 8:31-39; 고전 15:20-28, 51-57 등과 같은 묵시적 구절들에서 로마 황
제와 그의 제국에 대한 암묵적인 도전을 제시한다고 본다. 그리고 라이
트는 데살로니가전후서와 로마서가 주 예수 그리스도의 복음을 그것의
로마식 패러디에 대한 분명한 반대 명제로 선언한다고 해석한다. 따라서
라이트는 바울의 복음은 근본적으로 로마를 비판하는 혹은 반제국적 차
원을 가진 것으로 이해되어야 한다고 주장한다.

2. 존 바클레이(John M. G. Barclay): "로마 제국은 바울에게 중요하지 않 았다"

그의 중요한 논문에서[3] 바클레이는 바울의 복음에 대한 라이트의 반
제국적 해석에 대하여 예리한 비판을 제시한다. *PFG*에서 라이트는 바울
의 반로마적 복음에 대한 자기 주장의 핵심 논지를 바클레이와 토론하면
서 새롭게 설명한다. 따라서 우리가 이 두 사람의 논쟁을 따라가면서 라
이트의 저술에 대해 검토를 시작하는 것이 편리할 것이다.

바클레이가 주장하는 핵심 논지는 로마가 바울에게 중요하지 않았기
에 바울이 로마를 자신의 논쟁의 특별한 대상으로 삼지 않았다는 것이
다. 이 주장을 위해, 바클레이는 먼저 바울서신에 로마에 대한 언급이 없
음을 지적한다: 바울은 이교의 우상숭배를 일반적으로 죄라고 말하지만
로마 황제 숭배만 특별한 것으로 다루지 않는다. 바울은 이 세상의 권력
자들과 권세자들과 통치자들에 대해 자주 말하지만 항상 익명으로 말할
뿐 로마와 연관 지어 그들의 정체를 말하지 않는다. 바울은 *로마적인 것
으로서의* 로마 제국에 대한 관심을 보이지 않는다(373-76). 따라서 바클

---

3 J. M. G. Barclay, "Why the Roman Empire Was Insignificant to Paul," in *Pauline
Churches and Diaspora Jews*(Tübingen: Mohr Siebeck, 2011). 이 책에 대한 언급은 괄호한
페이지 숫자로 표현하고자 한다.

356

레이는, "이와 같이 바울은 로마의 제국과 통치자들, 황제 숭배 종교에 대해 말할 수도 있었을 수많은 경우에 로마를 특정하지 않는다"고 결론 내리면서 우상과 세상과 그 통치자들에 대한 바울의 일반적인 성격의 논쟁에서 가이사와 그의 제국에 대한 특별한 언급을 발견하려는 라이트의 시도를 거부한다(375). 그런 다음, 같은 용어들을 사용하는 것이 "그 자체 안에 [그 용어들을] 사용하는 두 실체들(entities) 사이의 경쟁적인 혹은 반제적인(antithetical) 관계를 포함하지는 않는다"는 "일반 원리"(376)를 관찰하면서, 바클레이는 바울의 기독론적 칭호들을 로마가 가이사에게 영예를 돌리는 것을 반대하기 위한 것으로 받아들일 수는 없는데 그것은 그 칭호들이 실제로 그렇게 사용되었다는 증거가 없기 때문이라고 주장한다(376-78).[4] 바클레이는 "바울이 결코 '복음'이나 '구원,' '믿음/충성심'을 로마의 그것과 반제적 관계에 두지 않"으며 "의/정의"를 로마의 의가 아니라 율법의 의와 대조시키기 때문에 바울의 구원론적 용어들에 대해서도 마찬가지를 말해야 한다고 주장한다(379).

바클레이에 따르면, 바울은 가이사와 그의 제국을 자기 논쟁의 특별한 타겟으로 삼지 않는데 이는 그의 정치에 무관심한 경건주의(apolitical pietism) 때문이기보다는 그의 인식론 혹은 세계관 때문이다.[5] 그리스도 사건의 계시를 경험한 이래로 바울은 그리스도 사건에 의해 지음 받은 καινή κτίσις(현재의 그리스도의 교회로 대표되는 "새로운 피조물"; 고후 5:17; 갈 6:14-15)가 "이 세상의 신"(갈 1:4) 혹은 죄와 육체와 죽음을 통해 역사하는 사탄의 혹은 악한 영의 세력들의 지배 아래 있는 κόσμος("세상")와 맞서 싸운

---

4 바클레이(378)는 초대교회 문헌(딤전 2:2; 6:15; 딛 3:1; 벧전 2:13-17; 클레멘트 1서 61; Tertullian, *Apology* 30-34)과 자신의 *Legatio ad Gaium*라는 책에서 유대교 유일신 신앙이 황제 숭배에 대해 가진 거부감을 강조하면서도 하나님과 로마 황제들에 대해 "주"(Master), "주"(Lord), "왕"(king), "은인"(benefactor), "구원자"(savior), 세상에 정의와 평화를 가져오시는 분(bearer of justice and peace to the world)이라는 수식어를 사용하는 필로(Philo)의 증거를 가지고 이 점을 예시한다.

5 참고. M. V. Novenson, "What the Apostles Did Not See," in *Reactions to Empire: Sacred Texts in Their Socio-Political Contexts*(ed. J. A. Dunne and D. Batovici; Tübingen: Mohr Siebeck, 2014), 55-72.

다고 본다. 사탄의 혹은 악한 영의 세력들은 개인적 차원과 사회적 차원, 정치적 차원, 우주적 차원 등 모든 차원에서 역사한다(383-84). 바울은 로마 제국 자체를 그러한 세력들 중 하나로 보기보다(386) 여느 제국과 마찬가지로 자기보다 더 큰 세력들(사탄의 세력 혹은 하나님의 세력)에 의해 채택된 대리자(agent)로 본다(386). 로마 제국이 거짓 주장을 하고 사람들을 억압하는 등 악을 행하는 한, 로마 제국은 "이 세상" 혹은 죄와 죽음을 통해 역사하는 사탄의 세력들의 힘과 지혜로 움직이는 것이며 따라서 스스로 멸망하게 될 운명인 "세상" 혹은 "이 악한 세대"의 한 부분임을 드러내는 것이다(고전 1-2; 살전 5:1-11; 빌 1:27-30; 롬 8:31-39). 하지만 "선한 사람들"을 보호하고 그들에게 상을 주는 기능을 수행하는 한, 로마 제국은 하나님을 섬기는 것으로 인정받고 존경받아야 한다(롬13:1-7) (385). 따라서 바울은 단순히 친로마적인 사람 혹은 반로마적인 사람으로 분류될 수 없다. 중요한 것은, 바울은 로마를 그 자체로 혹은 현대 정치적 해석가들이 만든 정치적 범주들로 보고 그 범주들 안에서 로마를 반대하거나 무대 뒤편으로 보내려고 하는 대신에 "그것[로마]을 종속적이고 파생적인 실체(entity) 수준으로 강등시키고 이 세상의 이야기 안에서 구분될 만한 이름이나 어떤 중요한 역할들을 가진 것으로 보기를 거부했다"는 것이다"(383-85).

따라서 바클레이는 다음과 같이 결론을 내린다. 바울이 "라이트(와 바울을 반제국적으로 해석하는 다른 해석자들)가 상상하는 그런 종류의 의미를 로마 제국에 부여하고 있다"고 보는 것은 "로마에 과도한 존경을 줄 뿐만 아니라 바울 신학을 로마 스스로가 익숙하게 사용했던 정치적 용어들로 축소시키게 될 것이다… 라이트의 해석은 바울 신학에 새로운 차원을 더하기보다 바울이 우주를 재정립하는(remapping) 그 범위와 의미를 약화시킨다"(387).

3. 라이트는 바울을 계시록의 요한의 쌍둥이로 만든다
(a) 바울에게 로마 제국은 독특한 것이었다

라이트는 자신이 (그리고 바울을 반제국적으로 해석하는 다른 이들이) 바울의 복음과 로마 제국의 선전 사이의 어휘적 병행에 호소하는 것에 대한 바클레이의 반론을 거부한다. 라이트는 바울이 분명 유대교의 묵시적 전통 특별히 다니엘서 7장에 빚진 바가 많다는 점과 그가 독특한 현상이라고 생각하는 것, 곧 두 실체들 사이의 이야기적 병행을 바울이 기독론적, 구원론적 용어들을 로마의 주장들과 대조하여 사용하고 있음을 보여주는 충분한 증거로 본다. 다음에서 바울서신의 몇몇 본문들에 대한 라이트의 실제 해석을 면밀히 검토해 볼 텐데, 이 검토는 이 두 요소들이 실제로 얼마나 충분한 증거가 되는지를 보여줄 것이다. 그 부정적인 결과를 감안할 때, 라이트의 이 두 가지에 거듭된 호소는 그가 연역적 논증에만 의지하고 있음을 드러낼 것이다.[6]

그럼에도 불구하고 라이트는 한 가지 중요한 포인트, 곧 바울이 이교의 신들과 인간 통치자들 안에서 그리고 그들을 통해서 역사하는 악한 영의 "세력들"을 보았고 그래서 이 죄와 사망의 "세력들"을 예수 그리스도의 복음의 궁극적인 원수로 규정했다는 데 바클레이와 동의한다(1285-88, 그 외 여러 곳들).[7] 라이트는 이 세계관이 바울로 하여금 로마 제국을 사탄의 꼭두각시로 상대화하고 그 오만한 주장들을 물리치게 이끌었다는 데 바클레이와 동의한다(1287, 1291, 그 외 여러 곳들). 따라서 바클레이의 말(384, 386-87)에 공감하면서 라이트는 다음과 같이 말한다: "로마나 다른 어떤 제국이 어젠다를 너무나 확고하게 설정하게 함으로 그 제국으로 하여금 '그' 적이 되게 하는 것은 그 갑옷과 창 뒤에 숨어 있는 진짜 적들을

---

6 필자의 저서 *Christ and Caesar: The Gospel and the Empire in the Writings of Paul and Luke*(Grand Rapids: Eerdmans, 2008), 30-31를 참고하라.

7 라이트(761-62)는 다메섹에서 십자가에 죽은 예수가 부활하여 높임 받은 메시아와 주로 나타나신 일 역시 바울로 하여금 진짜 원수는 로마 자체가 아니라 죄와 죽음임을 깨닫게 이끌었다고 제안한다.

보지 못하는 것이다"(1287).

그러나 라이트는 바클레이가 이와 같은 고려에서 로마는 바울에게 중요하지 않았다는 결론을 이끌어내는 것에는 반대한다. 그 대신 그는 이 고려를 자신의 반제국 해석을 보다 예리하게 만드는 데 사용한다. 따라서 그는 바울이 악한 영의 세력들이 "함께 모여 가장 최악의 일들을 바로 로마 안에서 그리고 로마를 통해서 하는" 것을 보았고(1311) 마찬가지로 로마를 "'그 [악한 영의] 세력들'이 추구하는 바를 구체화하여 집중적으로 보여주는 현시(instantiation)"로 보았다고 말한다(1318). 따라서 바울이 로마를 단 7장의 네 번째 짐승으로 보았다고 반복하여 주장하면서(1299, 1311, 그 외 여러 곳들) 라이트는 "계시록의 언어로" 이렇게 말한다: "로마 제국을 볼 때 바울은 그 짐승(the Monster)의 모습을 보았다"(1311). 그렇다면 라이트의 견해를 바울이 로마를 사탄의 세력들의 화신 혹은 적어도 그 주된 대리자로 보았다는 것이라고 요약한다면 그것은 불공정한 일이겠는가? 라이트는 이 관점의 근거를 로마의 독특성과 제국으로서의 허세, 곧 바울의 복음과 로마의 제국에 대한 선전 사이에 나타나는 이야기와 어휘의 병행과 로마만이 바울 시대에 전 세계적인 "복종과 충성"을 요구할 수 있었다는 사실과 로마에서 "'사망'의 세력 자체가 그 '하나님의 아들(son of God)'에게로 풀려났다"는 사실에서 찾는다(1311, 1318). 따라서 라이트는, 바울이 로마에 반대한 것은 단순히 로마가 마침, 사탄의 세력들이 여느 다른 통치 세력처럼 함께 일할 수 있었던, 바울 당시 세계의 지배 세력(ruling power)이었기 때문이 아니라(참고. 1273), 오히려 로마의 가이사가 독특한, 그렇기에 필적할 대상이 없는 사탄의 대변자이자 메시아 예수의 정반대 이미지인 독보적인 존재였기 때문이라고 생각한다. 그렇다면 그 자신이 부인함에도 불구하고(1287) 라이트는 결과적으로 바울이 로마를 "그" 적으로 보았다고 주장하는 것이 아닌가?[8]

---

8 참고. C. Heilig, *Hidden Criticism? The Methodology and Plausibility of the Search for a Counter-Imperial Subtext in Paul*(WUNT 2/392; Tübingen: Mohr Siebeck, 2015), 120-21.

360

(b) 유대교 전승에 대한 호소

물론 이 견해는 즉각적으로 한 가지 질문을 제기한다: 그렇다면 바울은 어떻게 로마의 그리스도인들에게 통치자들이 하나님의 종들로서 정의를 집행함으로써 선을 도모한다고 말하면서 그들을 존중하고 복종하라고 권면할 수 있었는가(롬 13:1-7)? 이것을 설명하기 위해 라이트는 유대교의 두 가지 형태의 전승에 거듭 호소한다: (1) 지금 당장은 하나님이 이교의 통치자들로 세계를 다스리도록 세우셨으며 따라서 이스라엘은 그 통치자들에게 복종해야 한다; 하지만 (2) 하나님이 이교도 제국을 심판하고 그 대신 이스라엘을 세계를 다스리는 나라로 세우실 때가 올 것이다(1275, 1283, 그 외 여러 곳들). 한편으로 이 견해에 기초하여 선지자 예레미야는 바벨론에 포로로 잡혀간 유대인들에게 거기 정착하여 "그 성읍의 평안을 구하라"고 충고하고(렘 29:4-7) 다니엘은 이교도 왕과 그 정부를 섬긴 것으로 보인다(단 1-6장). 다른 한편으로 예레미야(50-51장)와 다니엘(7장) 둘 다 오만하고 악한 이교도 제국을 하나님이 심판하시고 자기 백성 이스라엘을 구원하실 것을 예언했다(1274-75). 따라서 라이트는, 똑같은 예레미야서와 다니엘서에서 이교도 통치자들에게 복종하라는 권면이 그들에 대한 비판과 나란히 나온다는 사실(또한 참고. Wis 6:1-5)을 가리키면서 바울은 단지 이 전승을 반영하여 롬 13:1-7(또한 참고. 골 1:15-17)에서는 인간 권세자들에 대한 긍정적인 이해를 표현하고 빌립보서와 골로새서 2장에서는 그들에 대한 날선 비판을 제시하고 있었던 것이라고 주장한다(1274-75, 그 외 여러 곳들). 이에 더하여, 라이트는, 권세자들에 대한 긍정적 이해와 비판을 무미건조한 반대 명제로 보는 것을 현대 서구의 양극적 사고 탓으로 돌리면서(1288, 1307), 바울서신에서 권세자들을 "지지하는" 구절들과 "반대하는" 구절들을 양쪽에 모아두고는 바울을 "획일화된 저울대 위에 올려놓고 '친' 로마 통치냐 '반' 로마 통치냐를 따질 수 없다"고 주장한다(1308).

하지만 유대교 전승이 실제로 로마에 대한 바울의 입장에 대한 라이트의 설명을 뒷받침해줄 수 있는지는 의문이다. 왜냐하면 포로로 잡혀간 유대인들에게 바벨론에서 좋은 시민이 되라는 권면을 제시할 때, 예레미야는(다니엘은 그만두더라도) 바벨론의 통치자들에 대해 바울이 롬 13:1-7에서 (로마의) 통치자들에 대해 말하는 그런 긍정적인 관점에서 말함으로써 바벨론을 지지하지는 않는다. 예레미야가 자신의 충고를 제시하는 것은 분명 바벨론의 정부가 선했기 때문이(because of) 아니라 그 우상숭배와 악독에도 불구하고(in spite of) 그렇게 하는 것이다. 예를 들어 필로는 아우구스투스(Augustus)나 티베리우스(Tiberius)를 단 7장의 "짐승"으로 보면서 동시에 그들에 대한 칭찬을 늘어놓은 것인가(예: *Legatio*, 140-161; 특히 161을 롬 13:3-4과 비교), 아니면 필로가 가이우스(Gaius)에 대해 그가 자신을 신격화하고 악을 행하는 것 곧 단 7장의 "짐승" 같은 것에 대해 비난하면서 다른 한편으로 바울이 롬 13:1-7에서 (로마의) 권세자들에 대해 말하는 것과 비슷한 말을 가이우스에 대해 말했는가? 사실 이교도 제국들을 단 7:1-8을 따라 해석하는 유대인 집단들은 반제국적 태도만을 보였지 예레미야서와 같은 권면으로써 균형을 잡지 않았다. 그리고 이들은 이교 제국들에 대해 실제로 봉기를 일으키거나(마카비가문, 열심당) 가까운 미래에 그렇게 하기를 희망했다(쿰란종파). 라이트 스스로가 회심 이전의 바울이 "강성 바리새인"으로서 그와 같은 종류의 태도를 가졌었음을 시사한다(예: 1283, 1306). 라이트가 "삼마이학파"의 태도로 이름 붙인 이 태도는 유대교 전승의 첫 번째 부분—위의 (1)—을 인정하고 이교 제국의 통치에 맞추는 "힐렐파" 태도와 달리 유대교 전승의 두 번째 부분—위의 (2)—에 초점을 맞춘다(1280).

(c) 바울이 유대교 전승을 수정함

라이트는 바울이 유대교 전승을 그리스도 사건에 비추어 수정했음을 반복하여 강조한다(1274-75, 그 외 여러 곳들). 하지만 바울의 새로운 종말론적 관점에 대한 라이트의 호소는 그의 견해를 뒷받침하기보다는 약화시킨다.

바울의 정치 신학의 경우 "종말론이 전부"라고 주장하면서(1275) 라이트는 다메섹에서의 그리스도 예수의 나타나심을 통해 바울은 하나님이 이미 "이 세상의 통치자들"을 심판하셨으며 메시아 예수가 시 2편과 110편의 성취로 이미 세상을 다스리는 자로 세움을 받았다고 확신했다고 주장한다(1283, 1286). 따라서 그는 "이 세상의 통치자들"을 끝나가는 밤의 한 부분으로 보며 그들의 지배 아래 있는 옛 세계 질서가 이미 와해되는 과정 중에 있는 것으로 간주했다(1298).

이러한 새로운 종말론적 관점은 이교도 세력들에 대한 전통적인 유대교의 입장의 두 번째 부분을 수정한 것과 같다: 메시아는 이미 다스리고 계시고 열방들과 그 통치자들은 이제 그에게 복종하고 하나님은 자기 백성을 메시아 안에서의 승리의 행진을 통해 지금도 인도하신다(고후 2:14; 골 2:15; 롬 8:37) (1299). 그런 다음, 라이트는 보통 하는 것처럼 바울의 종말론의 "지금과 아직"의 구조를 확인한다: 그리스도는 이미 세상을 통치하고 계시지만 ("지금") 그의 모든 원수들을 그 발 아래 정복시키셔야 한다(고전 15:20-28: "아직… 아닌"). 따라서 "아직-아닌"의 요소가 여전히 있는 동안에는 이교도의 악한 통치는 여전히 실제적이었다. 그리고 그렇기 때문에 이교도 통치자들에 대한 전통적인 유대교의 입장 중 첫 번째 부분과 예레미야서 같은 권면("힐렐파" 입장)이 여전히 상관성이 있었다. 따라서 바울은, 예레미야가 포로로 잡혀온 사람들에게 했듯이, 그리스도인들을 향하여 모든 사람들에게 선을 행하고 정부의 권세자들에게 복종함으로써 좋은 이웃과 좋은 시민이 될 것을 권면했다(롬 12:14-13:7; 갈 6:10; 빌 1:27; 살전 5:15) (1279-81, 그 외 여러 곳들). 하지만 바울은, "지금"의 의미를 음미하면서, "권세자들에게 복종하라는 명령을 밤이 이미 깊었고 낮이 이미 동터 왔음을 상기시키는 말로 균형을 맞춤"으로써 전통적인 입장을 수정했다(롬 13:11-14; 살전 5:1-11) (1298).[9]

그럼에도 불구하고 라이트가 왜 바울은 자신이 새로 가지게 된 실현

---

9 여기서 라이트는 "균형을 맞춘다"는 개념으로 정확하게 무엇을 의미하는가? 13:1-7의 통치자들에 대한 복종 명령을 "상대화"시킨다는 의미인가? - 그래서 그것을 "격려"한다는 뜻인가, 아니면 "방해"한다는 뜻인가? 아래 주 28을 참고하라.

된 종말론(realized eschatology)을 가지고, 바 코흐바와 그 추종자들처럼 유대교 전승의 첫 번째 부분을 단순히 무시해버리고 단 7장의 네 번째 짐승으로 간주되는 로마에 대항하는 전면적인 성전(holy war) 교리를 수용할 수는 없었는가를 묻지 않은 것은 참 안타까운 일이다. 라이트가 말하듯이, 회심하기 전에 바울은 강성 바리새인 혹은 "샴마이" 입장을 가지고서 유대교 전승의 첫 번째 부분을 그다지 주목하지 않았을 가능성이 많다. 그렇다면 왜 다메섹 계시 이후에는 "힐렐파"의 입장을 가질 만큼 그 부분을 가치있게 여기게 되었는가? 라이트의 가정 대로라면, 자신이 새로 가지게 된 종말론 때문에 이교도 통치자들에 반대하는 자신의 강경한 입장이 더욱 굳어지게 되었다고 생각하는 것이 더 논리적이지 않은가? 라이트는 스스로 "바울의 관점은 쿰란과… 바 코흐바의 시작된 종말론에… 더 가까웠"으며(1280) "[실현된 종말론] 그 자체가 단순히 바 코흐바의 추종자들이 믿었듯이 '드디어 혁명이 시작되었다!'는 것을 의미했을 것"(1306)임을 인정한다. 바울식의 실현된 종말론이나 바 코흐바식의 실현된 종말론이 없이도 마카비 가문은 유대교 전승의 첫 번째 부분을 제쳐 두고 시리아와 전쟁을 일으킬 수 있었다. 그렇다면 바울은 실현된 종말론을 가지고 로마에 대항하여 똑같은 일을 얼마나 더 할 수 있었겠는가(혹은 마땅히 그렇게 했어야 했겠는가)? 강성 바리새파 반제국주의자였던 바울이 다메섹 계시에서 메시아 예수께서 사탄의 세력들을 물리치시고 세상의 참된 통치자로 세움 받으신 것을 보았을 때, 그가 하나님이 드디어 이교도 통치자들을 심판하셨고 따라서 하나님이 그들에게 맡긴 위임의 *시효가* 만료되었으며 그럼에도 불구하고 그들이 메시아 예수에게 복종하지 않고 세상에 악과 고통이 만연케 하고 심지어 그의 교회를 박해하고 있었기에 마땅히 진멸되어야 한다고 결론을 내리는 것이 보다 자연스럽지 않겠는가?

그러나 라이트는 바울의 새로운 종말론적 관점이 그로 하여금 롬 13:1-7과 11-14에서와 같이 이교도 통치자들에 대한 유대교의 전통적인 태도의 첫 번째 부분을 단지 수정하게만 했다고 생각한다. 하지만 메시아 예수가 이제 세상을 다스리고 계시고 종말의 아직의 성취를 위해 유보되었던 것이 이루어지게 하기 위해 패배한 "이 세상의 통치자들" 혹은 사탄의 세력들을 소탕하는 과정 중에 있다고 선언하면서도(고전 15:20-28) 바울이 여전히 로마에 있는 메시아의 사람들에게 그 자신이 죄와 죽음을 통해 역사하는 사탄의 주된 대리자 곧 단 7장의 네 번째 짐승이라고 본 (로마)의 통치자들을 존중하고 그들에게 복종하라고 명령했다는 것을 믿을 수 있겠는가? 라이트 스스로가 바울이 주 예수의 파루시아와 온 세상의 변화를 기다리는 동안 (아직) 메시아 예수의 사람들은 "한 분 하나님이 쓸어버리고 계시는" 단 7장의 네 번째 짐승인 "로마의 신성모독적 주장을 신빙성 있는 것으로 여기는 실수를 범해서는 안 된다"고 가르쳤다고 말한다(1299). 하지만 로마의 통치자들을 존중하고 복종하는 것이야말로 "로마의 신성모독적 주장을 신빙성 있는 것으로 여기는" 한 방법이 아닌가? 라이트는 롬 13:1-7을 단지 "암묵적으로 표현된 그럼에도 불구하고(an implicit nevertheless)"에 해당되는 것이라고 선언함으로써 이 구절이 해가 되지 않은 것이 되게 만들려고 시도한다(1308). 하지만 바울이 믿는 자들에게 이렇게 말했다는 것을 상상할 수 있겠는가? : "로마 제국을 볼 때 너희가 메시아 예수께서 이미 승리를 거두셨고 멸하시는 과정 중에 있는 단 7장의 짐승의 모습을 볼 수 있다(1311). 그럼에도 불구하고 제국의 통치자들은 여전히 너희의 선을 위해 정의를 유지하는 하나님의 종들이니 그들을 존중하고 그들에게 복종하고 세금을 내라."

따라서 라이트의 이론은 결과적으로 바울을 자기모순에 빠뜨린다. 바울이 로마를 사탄의 세력들의 독특한 대행자 곧 단 7장의 짐승으로 보았다는 자신의 가정을 유지하는 한, 라이트는 고전 15:20-28과 롬 13:1-7 사이에 이교도 통치자들에 대한 유대인들의 두 가지 태도에 호소하거나 그 태도를 종말론적 관점에서 수정한다는 이론에 호소함으로 해소될 수 있는 "명백한 긴장"이 있다고 단지 그렇게 선언하는 것으로는(1280) 빠져나갈 수 없는 것 같다. 라이트의 가정에 의거하여 볼 때 이 두 구절들은 상호 모순을 일으킨다. 물론 바울이 그런 자기모순을 범했을 수도 있다.

하지만 그런 극단적인 결론을 내리기 전에 우리는 라이트의 가정이 롬 13:1-7과 같은 바울서신의 본문들 자체와 그렇게 분명한 모순을 일으키는데, 특히 롬 13:1-7은 그런 가정이 없이도 일관되게 설명이 가능한데, 왜 그 가정을 그대로 고집해야 하는지를 물을 필요가 있다.

(d) 진리와 사랑의 무기를 가지고 사탄의 세력들과 싸우는 거룩한 전쟁

그럼에도 불구하고 적어도 다음 진술의 경우 라이트는 다메섹에서의 그리스도의 계시의 효과를 꽤 적절하게 제시한다:

> 그러나 바울은 일반적인 성격의 혁명을 옹호하지 않았다. 다소 출신의 사울이 강경 보수 바리새인으로서 50년대를 거쳐 60년대와 그 재앙 같은 전쟁이 일어날 때까지 예루살렘에 머물렀더라면 그가 그렇게 했으리라는 것은 의심의 여지가 별로 없다. 그 자신의 정치적 사고에 있어 가장 큰 혁명이 일어난 것은 단순히 메시아가 이제 오셨다는 것을 그가 믿게 되었기 때문이 아니다. 그러한 믿음 자체는 바 코흐바의 추종자들이 믿은 것처럼, 그저 "드디어 혁명이 시작되었다!"는 의미였을 것이다. 그 보다 훨씬 큰 변화가 이스라엘의 하나님의 구원 계획이 *십자가에 달린 메시아의 모습 속에서 묵시적으로 계시된 것과* 함께 왔다. 종말은 단지 시작된 것이 아니었다. *그 종말이 새로운 형태를 가지게 된 것이다*(reshaped). 다른 성취, 다른 종류의 승리, 다른 종류의 정치적 신학(1306, 그의 강조임).

위에서 우리는 라이트가 실현된 종말론에 대한 이 올바른 통찰을 통치자에게 복종하라는 바울의 권면(롬 13:1-7)을 설명하기 위해 어떻게 잘못 사용하는지를 살펴보았다. 그 문제를 제외한다면 우리는 위에 인용한 라이트의 진술에 기쁘게 동의할 수 있다. 예수께서 메시아로, 하나님의 아들로 등극하신 분, 다시 말해 온 세상을 다스리시는 주로 계시된 것(롬 1:3-4; 갈 1:12-17)은 바울이 "드디어 혁명이 시작되었다!"라고 생각하게 이끌었다. 그러나 라이트가 위의 진술을 다른 곳에서 확장하듯이(1287-88), 메시아 예수가 군사 작전을 통해서가 아니라 자신의 십자가와 부활을 통해 승리를 거두셨음을 드러냄으로써 이 계시는 바울로 하여금 메시아 전쟁을 다시 정의하게 이끌었다. 죄와 죽음을 통해 역사하는 사탄의 세력들이 인간 통치자들과 우상들의 배후에서 활동한다는 통찰(과 예수께서 로마를 대적으로 여겨 싸우신 것이 아니라 그 배후의 대적들과 싸우신 것이라는 후속적 지식) 역시 이러한 재정의에 기여했다. 따라서 바울은 메시아 예수의 제자들이 수행해야 할 메시아 전쟁은 어떤 인간 나라 혹은 심지어 로마와 싸우는 것이 아니라 죄와 죽음의 사탄의 세력들과 싸우는 것이며(고전 15:20-28; 엡 6:12),[10] 필요한 전투장비는 칼이나 창이 아니라 "진리의 허리띠와 의의 호심경과 평안의 복음의 신발과 믿음의 방패와 구원의 투구와 하나님의 말씀의 검"(엡 6:10-17; 또한 참고. 고후 6:3-10; 10:3-5; 살전 5:8)임을 이해하게 되었다. 다시 말해, 바울은 "메시아를 따르는 자들이 이제 실행해야 할 승리는 일상적인 의미의 정치적, 군사적 힘을 한 그룹에게서 다른 그룹에게로 이전시키는 것이 아니라 그 힘 자체를 완전히 다른 것으로 바꾸어 놓는 것"—더 위대한 힘 곧 사랑(Love)으로 바꾸어 놓는 것임을 이해하게 되었다(또한 참고. 1282, 1298, 1306-07, 1319).

메시아 전쟁 혹은 거룩한 전쟁에 대한 기독교적 재정의에 대한 이와 같은 이해를 가지고서 라이트는 메시아 전쟁을 바 코흐바의 추종자들이 나중에 추구했던 것과 같은 실제의 정치적인 혁명으로 이해하는 호슬리(R. A. Horsley)와 엘리엇(N. Elliott) 등과 거리를 둔다(1273, 그 외 여러 곳들).[11] 동시에 브라이언(Bryan)[12]과 필자 같은 사람들에 대해 경건주의적으로 "초

---

10 위의 주 7을 참고하라.

11 예를 들면, R. A. Horsley, *Hidden Transcripts and the Arts of Resistance: Applying the Work of James Scott to Jesus and Paul*(Atlanta: SBL Literature, 2004); idem, *Paul and the Roman Imperial Order*(Harrisburg, PA: Trinity Press International, 2004); N. Elliott, *Liberating Paul: The Justice of God and the Politics of the Apostle*(Maryknoll, NY: Orbis, 1994); idem, *The Arrogance of Nations: Reading Romans in the Shadow of Empire*(Minneapolis: Fortress, 2008). 실제로 이 새 저서에서 라이트는 그 이전에 출판한 많은 책들에서 제시했던 바울에 대한 반제국적 해석을 많이 수정하여 제시함으로 초기의 자신과도 거리를 둔다.

12 C. Bryan, *Render to Caesar: Jesus, the Early Church, and the Roman*

자연적이고 '영적인' 세력들"에만 초점을 맞추고 "정치적 현실들"을 무시
한다고 (그릇되게) 비판하면서(1273), 라이트는 사탄의 세력들이 활동을 하
는 것은 "혼돈스러운 무정부 상태"와 "오만한 폭정을 통해서"이며(1288)
"그 나라와 그 나라의 현재적 실재와 미래적 완성에 대한 바울의 비전은
분명 이 세상적인 것으로(emphatically this-worldly) 남아 있었다… 그의 비
전은 현재의 실재의 변화에 대한 것이었지 그것을 버리는 것이 아니었
다"(1307)고 강조한다. 따라서 라이트에 의하면, "정치에 무관심하고 탈역
사적인 영성(an apolitical and dehistoricized spirituality)"을 추구하는 대신(1307) 바
울이 메시아 예수의 복음을 가지고 바 코흐바나 현대의 막스주의자들의
혁명과 같은 종류는 아니라 하더라도 실제 혁명, 곧 로마의 실제 "전복"
을 추구했다는 점을 인정해야 한다는 것이다(1288, 1306-07). 영지주의적
경향이나 막스주의적 경향을 실제로 가진 사람들을 제외하면(1288), 바울
이 변화(transformation)의 의미에서 하나님과 그의 아들 주 예수의 나라의
비전을 가지고 "이 세대/세상"이나 "어그러지고 거스르는 세대"(빌 2:15)의
현재적 실재의 "전복"을 일으키기를 추구했다는 견해에 반대할 사람은
거의 없을 것이다. 그러나 라이트에 대해 다음과 같은 질문이 남는다. 바
울이 정말로 로마를 사탄의 세력들의 독특한 대리자로, 단 7장의 네 번째
짐승으로 생각했는가? 만일 그렇게 생각한 게 맞다면, 구체적으로 어떻
게 그는 로마가 만들어 내고 유지하는 그 현재적 실재의 전복 혹은 변화
를 일으키려 했는가?

(e) 따라서 라이트는 바울을 계시록의 요한의 쌍둥이로 만든다

아래에서 우리는 라이트가 위의 마지막 질문을 어떻게 다루는지를 검
토하고자 한다. 그러나 잠시 그가 바울이 로마를 사탄의 세력들의 독특
한 혹은 주된 대리자요 단 7장의 네 번째 짐승으로 보았다고 주장하는
한, 그의 위의 설명은 바울을 계시록의 요한의 쌍둥이로 만드는 것과 같

Superpower(Oxford: Oxford University Press, 2005); Kim, *Christ and Caesar*.

다는 점을 지적하고 싶다.

바울이 "계시록의 언어로" 로마를 단 7장의 짐승으로 보았다고 주장한 다음(1311) 라이트는 직접 바울과 계시록 사이에서 더 많은 병행들을 이끌어낸다(1317-18). 바클레이의 비판에 맞서 이렇게 함으로써 그는 바울서신에서 로마가 언급되지 않은 경우라도 헤이스의 범주[13]를 이용하여 로마에 대한 많은 반영들과 암시들을 찾으려는 자신의 시도를 정당화한다.

그러나 라이트는 신기하게도 계시록의 요한과 자신이 해석하는 바울사이에서 다음과 같은 더 중요한 병행들은 보지 못한다: (1) 메시아 예수의 복음과 로마 제국의 선전 사이의 "기이한" 이야기적 병행과 기독론적 칭호들과 로마 제국의 칭호들 사이의 평행에 대한 그의 강조와 (2) 따라서 로마 제국의 선전은 메시아 예수의 복음의 독특한 패러디였다는 그의 결론과 (3) 바울이 로마를 사탄의 세력들의 독특한 혹은 주된 대리자 곧 단 7장의 네 번째 짐승으로 보았다는 주장, 이 모든 것이 바울과 가이사를 (1) 단 7장의 네 번째 짐승 곧 용으로 묘사되는 사탄의 주된 대리자이자 (2) 스스로 신들의 이름들을 취하여 자기를 경배할 것과 자기가 온 세상의 주가 됨을 신성 모독적인 주장을 하는 자로 제시하고 (3) 또한 가이사의 *pax romana*의 복음을 메시아 예수의 복음의 패러디로 제시하는 (계 13장; 17장) 요한과 병행이 되게 한다. (4) 메시아 예수께서 자기 십자가와 부활을 통해 사탄에 대해 승리를 거두셨다는 바울의 복음에 대한 라이트의 강조와 교회가 짐승인 로마와 십자가로 혹은 진리와 사랑의 무기를 가지고 메시아 전쟁을 한다는 그의 새로운 교리 역시 바울을 "유다의 사자" 예수께서 "죽임당하"시고 하나님 보좌로 높임 받으신 "어린양"으로서 사탄에 대한 승리를 거두신 것으로 제시하고(계 5장) 자기 교회를 성전의 군사로서 어린양을 따름으로써, 다시 말해 하나님 나라의 참된 복음을 순교를 당하기까지 충성되게 증거함으로써 짐승인 로마와 그 군대에

---

13 R. B. Hays, *Echoes of Scripture in the Letters of Paul* (New Haven: Yale University Press, 1989).

대해 승리를 거두시는 것으로 제시하는 요한(계 7, 11, 12, 14, 17, 19-20)과 병
행이 되게 한다.

따라서 라이트는 바울을 계시록의 요한과 쌍둥이로 만든다.

(f) 그러나 바울은 계시록의 요한과 다르다

바울과 요한 둘 다 예수 그리스도의 복음을 전하기 때문에 메시아 예
수께서 자신의 희생적 죽음과 부활을 통해 사탄에게 승리를 거두셨다는
것과 교회가 자신의 모범을 따름으로써, 다시 말해 자기희생적인 사랑으
로 하나님 나라 복음을 선포함으로써 사탄의 세력들과의 성전을 수행하
라고 가르치시는 것과 같은 몇 가지 내용적인 병행들이 있을 수밖에 없
다. 하지만 바울과 계시록의 요한 사이에는 분명한 차이들도 있다: 요한
이 그 메시지를 분명하게 식별이 가능한 반로마적 언어와 이미지로 전달
하는데 반해 바울은 그렇게 하지 않는다. 우선, 바울은 로마에 대해 "암
호화된" 언어를 사용하지 않는데(살후 2:3-10에 대해서는 아래를 보라) 요한은
여러 번 그것도 겨우 숨길 수 있을 만한 방식들로 그렇게 한다: 치명상을
입으나 낫게 되는 짐승, 666, 자주색 용에 올라탄 여인, 많은 물 위에 앉
은 큰 음녀, 바벨론, "지상의 왕들을 다스리고 전세계에서 오는 상인들을
환영하는 일곱 봉우리 위에 있는 도성 등등"(PFG, 1317). 따라서 계시록은
이와 같이 로마에 대한 것임을 분명히 알아챌 수 있는 이러한 암호들로
바울서신의 상황과는 완전히 다른 상황을 제시한다. 바울서신의 경우에
는 그런 암호가 없어서 라이트는 로마에 대한 암시들을 그 안에서 찾기
위해 헤이스의 방법을 느슨하게 적용해야 하는데[14] 그나마도 쉽게 동의
하기 어려운 결과들을 내놓게 된다(아래를 보라).

바울이 여러 군사 은유를 (종종 경주 은유와 나란히) 다양한 목적 혹은 대
상을 위해 여기 저기서 사용하는 것[15]은 요한이 자신의 특징적인 복음 설

---

14 비평을 위해서는, Barclay, "Why the Roman Empire Was Insignificant to Paul,"
380을 보라.
15 참고. V. C. Pfitzner, *Paul and the Agon Motif*(Leiden: Brill, 1967), 157-64.

교 형식, 곧 예수를 "짐승"과 그 군대와의 성전(holy war)에서 이스라엘의 열두 지파들에서 구성된 열두 레기온의 군사들을 이끌어 승리를 거두시는 "유다의 사자"로 제시하는 형식을 만들기 위해 군사 은유들을 놀라운 방식으로 사용하는 것과 비교될 수 없다.

더욱이 우리는 계시록이 메시아 예수의 사탄에 대한 승리와 세상에 대한 현재적 통치의 시작된 종말론(inaugurated eschatology, 계 4-5, 12)이 로마/가이사를 사탄의 주된 대리자 곧 단 7장의 네 번째 짐승으로 보았던 1세기 유대인 그리스도인 설교자에게 미친 영향의 분명한 한 예를 보여준다는 점을 주목해야 한다. 그 시작된 종말론은 요한으로 하여금 이교도 통치자들에 대한 유대교의 전통적인 태도의 첫 번째 부분을 없애고 보좌에 앉으신 메시아가 로마 제국을 멸하시는 것으로 (그리고 로마의 멸망을 통해 사탄의 삼위일체를 멸하시는 것으로) 그리고 그의 교회는 그의 거룩한 전쟁에서 그의 군사로 섬기는 것으로 제시하는 데 집중하게 했다. 계시록에는 롬 13:1-7에 준하는 것이 아무것도 없다! 우리가 앞서 관찰한 것으로 볼 때 우리는 계시록에서의 이와 같은 일관된 제시를 통해 요한은 자신이 유대교의 두 가지 형태의 전통을 시작된 종말론에 비추어 논리적이고 일관되게 해석하는 사람임을 분명히 증명했다고 말해야 할 것이다. 그럼에도 우리가, 요한의 이 분명한 예를 눈으로 똑똑히 보면서도, 부활절 이후 상황에서 유대교 전통을 짐승인 로마에게 혼란스럽고 자기모순적인 적용만 만들어내는 라이트가 재구성해낸 바울을 받아들여야 하는가?

바울서신과 계시록 사이의 이와 같은 근본적인 차이들은 우리가 바울서신에서 계시록에서와 같이 본질상 같은 종류의 반로마적 논쟁을 읽어내는 일을 하지 못하게 한다. 따라서 바울과 계시록을 이와 같이 비교해 보는 것 또한 바울이 계시록과 마찬가지로 로마 제국을 사탄의 세력들의 주된 대리자, 곧 단 7장의 네 번째 짐승으로 보았다는 라이트의 가정을 유지하기 어렵게 만든다.

그러나 이 지점에서, 라이트는 살후 2:1-12가 바울이 가이사를 사탄의 대리자로 보았다는 것을 보여준다고 지적할 수도 있을 것이다. 거기서 바울은 주 예수 그리스도의 파루시아 전에 "먼저 배교하는 일이 있고 불법의 사람 곧 대적하고 소위 신이나 예배의 대상에 맞서 자기를 높이는 멸망의 아들이 나타나서 하나님의 성전에 자기 자리를 두고서 자기가 하나님이라고 선언한다"는 것과(3-4절) "악한 자의 나타남은 사탄의 활동을 따라 모든 능력과 표적과 거짓 기적과 불의의 모든 속임을 통해서일 것"이며(9-10절) "주 예수께서 강림하여 나타나심으로 [불법의 사람]을 죽이실 것"이라고 말한다(8절). 라이트는 1세기에 오직 로마 황제만이 3-4절에서 "불법의 사람[무/불법자]"에 대해 하는 묘사에 부합할 수 있으며 그 진술은 아마도 가이우스 칼리굴라(Gaius Caligula)를 템플릿으로 하여 만들었을 개연성이 매우 크기 때문에 바울은 여기서 사탄의 꼭두각시 노릇을 하게 될 미래의 가이사를 염두에 두고 있는 것이라고 주장한다(1290-91).

하지만 "불법의 사람"에 대한 묘사에 대한 문자적인 해석과 이 표현으로 가리키는 대상이 로마 황제라는 점을 인정한다 해도,[16] 여기서 강조해야 할 포인트는 바울이 "지금 [그의 출현을] 막고 있는 자가… 길을 비켜준" 이후에나(7절) 나타날 *미래의* 가이사를 생각하고 있었다는 점이다. 따라서 바울은 한 가이사가 온 세상이 하나님과 그의 질서와 통치를 거역하여 모반을 일으키도록 이끄는 "불법의 사람"으로 나타날 것이며 그때 주 예수 그리스도께서 오셔서 그를 멸하고 세상을 심판하고 성도들의 구원을 완성하실 것은 기대했을 수 있다. 따라서 바울은 요한이 계시록에서 묘사하는 미래에 일어날 종말 드라마의 시나리오와 폭넓게 유사한 그런 시나리오를 그리고 있었을 수 있다.

그러나 데살로니가후서를 기록할 때(아마도 AD 50년) 바울은 자기 시대의 가이사를 그 "불법의 사람"으로 보지 않았다. 반면 요한은 자기 시대의(아마도 AD 90년대) 가이사 혹은 로마 제국의 모든 가이사들을 그렇게 보았다. 바울과 계시록의 요한 사이의 가장 근본적인 차이가 바로 거기 있

---

16 은유적 해석 역시 가능하다: 예를 들면, I. H. Marshall, *1 and 2 Thessalonians*(NCBC; London: Marshall, Morgan and Scott, 1983), 191-92.

다. 우리가 보았듯이, 라이트는 바울의 정치 신학에 있어 "종말론이 전부"라고 바르게 선언한다(1275). 그럼에도 불구하고 우리는 라이트가 이 올바른 통찰을 이용하여 바울의 정치 신학을 적절하게 이해하는 데에는 실패했음을 지적했다. 여기서 우리는 같은 문제를 주목하게 된다. 그렇다. 바울의 정치 신학에서 "핵심 질문은 '지금이 어느 때인가?'"이다(1275). 하지만 다시 말하지만, 라이트는 여기서 그 통찰을 올바르게 적용하지 않는다. 요한으로서는 가이사가 사탄에게 권능을 받고 그의 조종을 받는 대리자로서 온 세상을 하나님께 대항하여 반역하도록 이끌고 있었고, 그래서 주 예수 그리스도께서 그를 멸하고 세상을 구원하러 오시는 것이 이미 임박한 그런 때였다. 하지만 바울로서는 그 가이사가 나타날 때는 아직 아니었다. 그러므로 주 예수 그리스도께서 오실 때가 아직 무르익지 않았던 것이다. 이것은 바울이 자기 시대의 가이사가 사탄의 독보적인 도구인 그 "불법의 사람[무/불법자]"이 아니며(혹은 아직은 아니며) 더 많은 면에서 사탄을 섬김에도 어떤 면에서는 그가 여전히 하나님을 섬기고 있다고 보았을 수 있음을 의미한다. 따라서 바울은 그 가이사를 주 예수의 그리스도의 운명적인 대적들인 "이 세대/세상의 통치자들" 중 하나로 분류하면서도(고전 2:6-8) 롬 13:1-7의 권면을 하고 조심스럽게 그 앞에서 받게 될 재판에서 풀려나기를 바랄 수 있었다(빌 1:19-26).

그러므로 바울은, 사탄의 완벽한 도구인 그 가이사가 나타나고 주 예수 그리스도의 파루시아가 있기 전에 남아 있는 짧은 기간 동안 자신이 모든 족속들을 주 예수 그리스도 안에서 "믿음의 순종"으로 이끌거나 "이방인들의 충만한 수"를 하나님과 그의 아들 예수 그리스도의 나라 안으로 인도하는 사도로서의 사명을 완수해야 한다고 믿었다(롬 1:3-6; 11:25-26; 15:18; 16:25-26). 그는 비록 로마 제국의 부정적인 면, 곧 그 선전의 궁극적인 사기성과 그 억압 행위의 악, 부정의, 부패 등에 대해 충분히 알고 있었고 때로는 비판하기까지 했으며(예: 고전 2:6-8; 6:1; 8:5; 빌 2:15; 살전 5:3) 그런 부정적인 면을 자신의 몸으로 견디고 또 그리스도인들에게 그리스도의 파루시아 전에 남은 짧은 임시적인 기간 동안 내내 자신들이 그리

스도 안에서 이미 얻은 구원의 완성에 대한 소망을 가지고 인내하라고
권면해야 했음에도(롬 5:3-5; 8:18-39; 고전 7:29-31; 빌 1:27-30; 살전 5:8-11; 등)
로마 제국의 긍정적인 면인 *pax romana*가 자신의 세계 선교를 위해 필수
적인 물리적 여건들을 제공하는 것으로 인정할 준비가 (그렇지 않았더라면
하기보다) 훨씬 더 많이 되어 있었던 것이라고 생각해 볼 수 있을 것이다.[17]

따라서 바울이 (자기 시대의) 가이사 혹은 로마 제국을 사탄의 주요 대리
자이자 단 7장의 네 번째 짐승으로 보았다는 라이트의 가정과 바울의 복
음을 계시록과 마찬가지로 반로마적인 성격을 띠고 있는 것으로 제시하
려는 그의 연이어지는 시도는 설득력이 없다.

4. 몇몇 서신들에 대한 라이트의 해석

(a) 살전 4-5장

라이트로서는, 살후 2:1-12의 "로마에 대한 분명하고도 '묵시적인' 언
급"이, 자신이 살전 4:13-5:11에서, 특별히 예수의 파루시아가 "가이사의
파루시아를 무대 뒤로 밀어내는 것(upstaging)"으로 제시하고 "평화와 안
전"에 대한 로마의 자랑을 일축하는 것에서 로마에 대한 비슷한 언급을
보는 것을 뒷받침해준다(5:3). 따라서 라이트에 의하면, 바울은 살후 2장에
서 "로마 황제들의 신성모독적 자랑"에 대해 언급하듯이, 살전 5장에서는
"제국의 보호에 대한 자랑"을 일축하는 방식으로 언급을 한다(1291-92).

살전 4:13-18에서 παρουσία/ἀπάντησις라는 어휘를 사용함으로써 바
울이 주 예수의 종말의 재림을 장엄한 방식으로 제시하기 위해 가이사나
다른 고위 관리가 도시를 방문하는 호화로운 의식을 떠올리고 있고, 살
전 5:3에서 "평화와 안전"이라는 슬로건[18]을 일축하는 언급을 통해 바울

---

17 이제 본서 *13장*에 수록된 논문 ""무/불법자'를 '막고 있는 것'(τὸ κατέχον)과 '막고 있는 자'(ὁ
κατέχων) (살후 2:1-12)"를 보라.

18 예를 들면, J. A. D. Weima, "'Peace and Security'(1 Thess 5.3): Prophetic Warning or
Political Propaganda?" *NTS* 58(2012): 331-59; 또한 참고. J. R. White, "'Peace and
Security'(1 Thess 5.3): Is It Really a Roman Slogan?" *NTS* 59(2013): 382-95; idem,
"'Peace' and 'Security'(1 Thess 5.3): Roman Ideology and Greek Aspiration," *NTS*

이 데살로니가인들에게 로마의 헛된 선전을 믿고서 로마 세계에서 안주하고 순응하는 것에 대해 경고하고 있다고 보는 것은 합당하다. 그러나 여기서 로마 제국을 "전복시키려는" 보다 적극적이거나 심각한 반제국적 의도를 볼 수 있는가?

만일 살전 4:13-18에서 주 예수의 파루시아를 정말로 가이사의 파루시아를 무대 뒤편으로 밀어내는 것으로 묘사하려 했던 것이라면, 바울은 가이사는 진짜 κύριος이신 예수의 패러디이며 가이사의 파루시아는 진짜 *Kyrios* 이신 예수의 파루시아의 단지 하나의 패러디에 불과함을 넌지시 말하고 있는 것이었을 수 있다. 라이트의 주장대로 바울이 가이사와 로마 제국의 선전이 주 예수 그리스도와 그의 복음의 패러다임을 그렇게 강하게 의식하고 있었다면 이것은 바울에게 당연하게 기대되는 것으로 보일 수도 있다. 하지만 그런 경우라면 왜 바울은 살전 5:1-11에서 다른 곳에서는 거의 하지 않은 일, 곧 가이사의 "복음"의 한 표현으로 간주될 수 있는 "평화와 안전"에 대해 명시적으로 언급하면서도 그 점을 분명하게 하지는 않았는가? 왜 바울은 거기서 가이사의 "평화와 안전"은 주 예수 그리스도께서 가져오실 참 평화와 안전의 패러디일 뿐이라고 선언하지 않았는가? 왜 바울은 "평화와 안전"이라는 범주 전체를 언급하는 즉시로 내려놓고 그 대신에 그리스도의 구원을 부활 생명과(4:13-18) 하나님의 진노로부터 건지심으로(5:9-10; 또한 1:10; 3:12-13) 제시했는가?[19] 바울이 만일 4:13-5:11에서 그리스도와 가이사를 대조시킴으로써 로마를 전복시킬 것을 의도했다면, 로마의 "평화와 안전"에 대한 자신의 비판을 묵시적인 섹션 첫 부분(4:13-18)에서 주 예수의 *파루시아*에 대해 했던 진술과 직접적으로 연결시키려 하지 않았겠는가? 하지만 어떻게 그는 로마의 "평화와 안전"에 대한 자신의 비판은 하나님의 진노에서 건져 주심과

60(2014): 499-510.

19 반제국적 비판(counter-imperial criticism)은 그의 서신에서 바울의 "일차적 의도"가 아니었고 그가 본문 배후에 암시하기 원했던 어떤 것이었다고 주장함으로써 이 질문에 답하려는 하일리히(Heilig)의 의심스러운 시도를 참고하라(*Hidden Criticisms?* 129-36).

연결시키면서(5:1-11) 주 예수의 파루시아에 대한 그 진술은 죽은 자들의 부활과 우리가 주 예수와 함께 있을 것과 연결시키게 되었는가? 그렇다면 여기서 그리스도께서 주시는 유익들을 가이사가 주는 유익들과 비교하려고 하다가 바울이 사과를 오렌지와 비교하는 것으로 끝나게 된 것인가? 만일 4:13-18에서 바울이 정말 가이사에 대해 생각하고 있었던 거라면, 그리스도에 대해서는 부활 생명을 가져오시는 분이라고 주장하면서 가이사에 대해서는 그가 죽음 문제와 관련하여 능력이 없음을 혹은 심지어 바로 그가 죽음을 가져오는 자임(PFG, 1311)을 최소한 암시라도 하지 않았겠는가?

이 모든 것을 고려해 볼 때, 우리는 살전 4:13-5:11에서 바울이 정말로 가이사와 그의 거짓 복음을 반대하는 논쟁을 벌이고 있었던 것인지 묻게 된다. 이와 같은 고려들은 도리어 가이사가 가져왔다고 자랑하는 그 "구원"을 훨씬 능가하는 그리스도의 구원(하나님의 진노에서 건지심, 부활 생명)을 선포하는 일[20]에 마음을 쏟고 있었기 때문에 바울이 믿는 자들에게 로마 세계의 평화롭고 안전하다고 생각되는 삶에 안주함으로써 믿음에 깨어 있지 못하여 그리스도의 구원을 잃어버리지 말라고 경고하는 것 말고는 굳이 그리스도와 가이사를 비교하지 않았다는 결론으로 이끈다. 위에서 우리는 라이트 역시 바클레이처럼 바울이 가이사가 스스로 신이라 주장하는 것을 무시하고 그를 사탄의 혹은 신적 "세력들"의 일개 대리자에 불과한 것으로 치부하는 것은 그의 입장에서는 실제적인 반제국적 행위와 다름없는 것이라고 생각한다는 것을 주목해보았다. 만일 살전 4-5장에서 반제국주의의 증거를 찾아야 한다면 그저 그런 정도를 찾을 수 있을 뿐이다—물론 이것은 라이트와 다른 반제국적 해석자들이 제안하는 그런 종류의 증거는 아니다. 왜냐하면 바울이 그리스도의 구원을 가이사의 "구원"("평화와 안전")과는 완전히 다른 범주로 제시하고 그 구원이 가이사

---

20 바울의 이 선포는 그가 (죄와) 사망을 그리스도께서 파루시아 때 멸하실 "마지막 원수"로 본 이해와 궤를 같이한다(고전 15:20-28, 54-56; 롬 5-8).

의 구원보다 우월한 것으로 비교하여 말하는 것조차 거부하는 것은 가이사와 그의 제국을 단순히 무시해버리거나 이들을 그리스도와 그의 나라와 부정적인 비교조차 할 가치가 없는 것으로 여기는 그런 "반제국적 행위"를 한 것과 다름없다고 말할 수 있기 때문이다. 바울의 다른 서신들에서도 똑같은 포인트를 관찰할 수 있다.

(b) 빌립보서

빌 2:6-11의 찬송시에 대해 라이트는 신이 나서 이 찬송시가 "예수의 이야기를 들려줌으로써 가이사의 이야기를 반영하고 그 이야기를 무대 뒤로 보낸다"(1294)고 주장하고 또한 특별히 9-11절의 거의 모든 세부 내용이 그리스도를 온 세상의 복종과 존경을 받으실 참된 *Kyrios*와 구원자로 선언하기 위해 그리스도를 가이사와 대립구도 속에 둔다고 주장한다(1294-95). 빌 3:20-21을 자연스럽게 이 찬송시와 연결시키면서 라이트는 거기서 바울이 다시금 가이사가 로마에서 포위된 식민지를 구하러 오는 것을 반영하며 그것을 무대 뒤로 보내기 위해 그리스도께서 하늘에서부터 구원자로서 오심을 제시하고 있다고 주장한다(1292-93). 그는, 아우구스투스가 온 세상에 평화와 번영을 가져왔다고 주장하며 승리자로 부상한 로마의 시민 전쟁의 주요 격전지 중 하나인 빌립보의 역사와 그렇기 때문에 아우구스투스와 그 후계자들은 거기서 "구원자"와 "주"로 환호를 받았으며 빌립보인들은 조상(statues)과 신전들, 동전들, 비문들, 축제 등을 통해 가이사의 제국이 가져온 축복들을 끊임없이 되새기고 있었다는 사실을 언급함으로써 이 해석을 뒷받침한다. 라이트는 빌립보의 믿는 자들이 바울이 빌립보서에서 말하는 것을 그 "울림방(echo chamber)" 안에서 들을 때 그 말을 가이사와 그의 제국에 대한 언급으로 이해할 수밖에 없었다고 주장한다(1292-93). 따라서 그들은 바울이 예수께서 참 "구원자"와 "주," "그리스도, 메시아, 곧 온 세상의 주로 작정된 유대인의 왕"이시라고 말할 뿐 아니라 그들의 시민권(πολίτευμα)이 "단지 지상[도시나 나라]"에 속한 것이 아니라(1293) "하늘에서와 같이 땅에서 이루어지게 될" 하늘[나라]에 속한 것이라고도 말하는 것으로 이해했을 것이다(1293).

그런 다음, 2:6-11 바로 뒤에 이어지는 부분에서 바울이 빌립보의 믿는 자들에게 "너희 자신의 구원을 가져오기를 힘쓰라(work at bringing about your own salvation)"고 촉구하는 것을 흥미롭게 여기고(2:12; 라이트의 번역), 라이트는 이 권면을 예수를 참 주와 구원자로 믿는 빌립보인들이 "가이사의 세계에서의 일상적 삶의 실제적인 일들에서 예수께서 대신 주신 구원(sōteria)을 경험하는 것이 어떤 의미인지를 알아내는 과제"를 가지고 있었다는 의미로 해석한다(1295). 라이트에 의하면, 이를 위해 바울은, 그들 가운데서 역사하시는 하나님(2:13)이 그들이 "자신들의 다양한 종류의 '구원'"과 "자신들의 다양한 politeuma 곧 시민권"을 깨닫도록 도우실 것을 믿으면서 빌 3장에 "몇 가지 신호들(pointers)"을 주었다(1295). 라이트로서는, 바울이 빌 3장에서 준 "신호들"은 그들에게 그리스도께서 신적인 특권들을 내려놓으신 것(2:6-11)과 바울 자신이 유대인의 특권들을 포기한 것(3:4-16)을 본받아 로마의 신민으로서의 그 자신들의 특권을 내려놓으라고 촉구하는 것(3:18-21)으로 이루어져 있었다(1295-97). 그런 다음 라이트는, 빌 3:1b에서 그들이 거기서부터 "그 자신들을 위해 '자신들의 구원'"을 이루어 가도록 하기 위해 바울이 이 "신호들"을 (암호 형태로) 주었다고 주장한다(1314-17). 왜냐하면 바울 "자신이 가이사의 신성모독적 주장들에 대해 생각하는 바로 그 내용을 자세히 설명하는 편지를 쓰기보다 그와 같은 힌트만 주는 것이 보다 안전"했을 것이기 때문이다(1297, 1315).

빌립보에 라이트가 말하는 "울림 방"의 존재를 가정하는 것이 합당하기에 빌립보인들이 바울이 빌립보서에서 말한 내용에서 가이사에 대한 반영들(메아리들)을 들었을 수 있음을 우리가 부인할 필요는 없다.[21] 하지만 우리는 바울이 그렇게 함으로써 라이트가 제안하듯이 과연 가이사의 주장들을 전복시키고 빌립보인들의 로마의 통치에 대한 충성심을 흔들

---

21 Barclay, "Why the Roman Empire Was Insignificant to Paul," 379의 견해에는 미안하지만 동의하지 않는다.

려고 의도한 것인지에 대해서는 질문을 할 필요가 있다.

우선, 라이트의 빌 3장 해석은 여러 가지 어려움이 있다. "안전"(ὀκνηρός, 3:1b)²²이라는 단어를 특이하게 해석하고 3장과 2:12을 연결시키는 것도 문제지만 보다 심각한 것은 왜 바울이 "가이사의 신성모독적 주장들"을 반박하며 예수를 참된 주와 구원자로 제시하는 것(2:6-11; 3:20-21)보다 빌립보의 믿는 자들에게 로마의 신민으로서의 특권을 포기하라고 조언하는 것이 정치적으로 더 위험하다고 보고서, 라이트가 주장하듯이(1293), 전자의 메시지는 "못 듣는 귀"를 가지지 않은 그 누구든지 들을 수 있게 분명하게 선언한 반면 후자의 메시지는 독자들의 안전을 위해 암호화된 언어에 담아야 했는지를 이해하기 어렵다는 점이다. 라이트는 자신의 독자들의 안전을 위한 것이기도 하지만 서신의 길이를 짧게 하기 위해서라도 바울은 몇 가지 "신호들(pointers)"이나 "시사점(suggestions)"을 제시하는 것 이상을 할 수가 없었을 것이라고 말한다(1295). 하지만 빌 3장은 바울이 그 "신호들"을 "일종의 일관된(sustained) 힌트로 만드는 대신 "그들의 다양한 종류의 '구원'"에 대해 분명한 설명을 제시할 수도 있었을 만큼 충분히 길다(1296; 강조는 추가된 것임).²³ 몇몇 "신호들"과 "힌트"만 있고 분명한 설명이 없어서 빌립보인들 "자신들의 다양한 종류의 '구원'"의 모습은 라이트가 그 암호적 요소를 해독한 후에도 여전히 흐릿하게 남아있어 그저 안타까울 따름이다. 그 구원은 바울이 주와 구원자이신 그리스도 예수께서 그의 재림(parousia) 때 가져오실 "[그들의] 낮은 몸을 그의 영광의 몸과 같게 변화시킴"과 연결된 것이었겠는가? 만일 연결된 것이라면 어떤 방식으로 연결되었겠는가? 그럼에도 불구하고 라이트는 바울을 가장 변덕스러운 사람으로 만들고 있다: 가이사가 가짜 주와 구원자, 곧 참 주

---

22 라이트의 해석이 맞다면, 회심자들에게 자신의 "암호화된" 메시지를 따르라는 신호를 보내기 위해 전부 다 드러내는 "안전"이라는 단어를 선택함으로써 바울은 어리석게도 미심쩍어 하는 독자들에게 경각심을 주어 그 단어를 조사하게끔 한 것이다!

23 바울이 로마와 고린도에 있는 그리스도인들에게 보내는 훨씬 더 긴 서신들에서 이들에게 "그 자신들의 다양한 종류의 '구원'"에 대해 분명하게 설명하고 있는가?

와 구원자 되신 예수 그리스도(2:6-11)의 패러디라고 공개적으로 도전한 후에 그는 자신의 반제국 메시지를 암호화된 언어로 감추려고 시도했으며(3:1-17) 그러고 나서는 다시 태도를 바꿔 가이사와 그의 "구원"을 결코 간과하지 못할 만큼 분명하게 조롱했으니 말이다(3:18-21)!

만일 빌 2:6-11과 3:20-21에서 바울이 정말로 메시아 예수를 온 세상의 진짜 주와 구원자라고 선언함으로써 의도적으로 가이사를 도전할 그런 의도가 있었다면, 그는 변덕스러울 뿐만 아니라 분명 제정신이 아닌 사람이었을 것이다. 왜냐하면 바울은 시위대의 감시 아래 감옥 안에서 (1:13) 가이사 앞에서 재판받을 날을 기다리고 무죄 방면되기를 바라면서 그 서신을 쓰고 있었기 때문이다(1:19-26). 시위대 사람들이 자신에게 정치적인 죄가 없음을 믿었음(1:13)과 자신이 전하는 주와 구원자인 예수의 복음으로 가이사의 집안 사람들 몇을 얻었음(4:22)을 밝힘으로써 바울은 자신의 미심쩍은 활동들에 대한 가이사의 경각심을 키우고, 시위대 사람들과 가이사 집안의 몇몇 사람들의 안전을 위태롭게 하고 있었다! 아니면 바울은 빌립보와 데살로니가와 다른 곳에 있는 그리스도인들은 "들을 귀"를 가지고 있었던 반면(1315를 특별히 참고하라) 가이사와 로마의 다른 관리들은 모두 라이트가 자신의 반제국 해석을 비판하는 사람들에 대해 말하는 것처럼 "듣지 못하는 귀"(1293)를 가졌다고 믿은 것인가?[24]

우리가 보았듯이, 라이트는 빌립보서에 대한 자신의 반제국적 해석을 뒷받침하기 위해 로마 식민지로서의 빌립보의 역사와 성격을 강조한다. 하지만 이상하게도 그는 바울이 그 서신을 쓴 실제 상황들은 무시한

---

24 참고. L. H. Cohick, "Philippians and Empire," in *Jesus Is Lord, Caesar Is Not: Evaluating Empire in New Testament Studies*(ed. S. McKnight and J. B. Modica; Downers Grove: InterVarsity, 2013), 175-77. J. D. Fantin (*The Lord of the Entire World: Lord Jesus, a Challenge to Lord Caesar?* [Sheffield: Sheffield Phoenix Press, 2011], 219-66)이 고전 8:5-6; 엡 4:5; 고전 12:3; 롬 10:9; 빌 2:11을 그 서신의 문맥에서 떼어내어 이 문단과 다음 문단들에서 제기하는 그런 염려들에 대한 고려도 없이 이 구절들에서의 예수의 주권에 대한 고백의 반제국적 성격을 주장하는 것은 심각한 오류다(259-65페이지의 그의 견해는 미안하지만 동의하지 않는다).

다. 라이트는 그저 "정치에 무관심하고 탈역사적인 영성"을 가르쳤더라면(1307) "바울은 소요와 투옥과 죽음의 위협을 당하지 않았을 것"이라고 주장한다. 물론 어떤 문제들은, 행 17:1-9에서 누가가 잘 보여주듯이, 그의 복음이 종교적으로나 문화적으로 받을 수 없는 것일 뿐 아니라 정치적으로도 전복적인 것으로 의심을 받게 되었기 때문에 야기되었을 수 있다. 그러나 신기하게도 라이트는 바울이 고후 11:23을 쓰는 때까지 그 모든 상황에서 풀려났으며(참고. 살전 2:2; 고후 1:8-10) 이제 가이사 앞에서 재판을 받는데도 다시 풀려나기를 희망하고 있다(빌 1:19-26)는 사실을 고려하지 않는다. 만일 로마와 지방 관리들이 바울의 "복음"이 라이트가 주장하는 것처럼 그렇게 반제국적인 것을 발견했다면 그들이 바울을 무죄 방면할 수 있었겠는가? 그들이 바울을 노예 시장에 넘기거나 심지어 반역죄로 그를 사형에 처하고 그의 교회들은 허물어버리지 않았겠는가?

중요한 것은 살전 4:13-5:11에서와 같이 빌 3:20-21에서도 바울은 주 예수 그리스도께서 가져오실 구원을 평화와 번영과 같은 가이사의 구원에 견줄 만한 어떤 것이 아니라 완전히 다른 범주의 어떤 것, 곧 "우리 낮은 몸을 그의 영광의 몸과 같이 변화시킴"으로 정의했다는 것이다. 따라서 가이사의 위엄 있는 *파루시아*를 떠올리게 만드는 형식으로 그리스도의 *파루시아*를 제시할 때에도 바울은 사실 그의 독자들이 그리스도를 가이사의 관점에서 이해하지 못하게 하고 있었다. 왜냐하면 그리스도의 구원에 대한 이 충격적인 정의로써 바울은 주와 구원자이신 예수 그리스도께서 자신의 몸과 같은 영광스러운 부활의 몸을 우리에게 주시고(참고. 고전 15:44, 51-53) 우리가 "하나님의 본체"이시고 "하나님의 형상"인 자신과 같이 되도록 만드심으로(2:6-11; 고후 4:4; 골 1:15) 우리가 하나님과 같이 되고 그의 영광에 참여하게 하셨음을 의미하기 때문이다(참고. 롬 8:29; 고전 15:49; 고후 3:18; 골 3:10). 여기서 어떤 그리스 로마의 청중들이 그가 "유대인들의 종교적 궤변"을 가르친다고 비웃은 것은 쉽게 상상이 가능하다(참고. 고전 1:18; 15:35; 행 17:32; 26:24). 하지만 어떻게 그리스 로마 청중들 중에 누구라도 바울이 그런 가르침으로 가이사에게 도전하거나 로마 제국을 전

복하려고 한다고 보았을 수 있었겠는지는 알기가 어렵다.[25]

빌 4:22에 언급되는 가이사의 집안사람들은 분명 바울을 그런 식으로 이해하지 않았으며, 그렇기 때문에 그들은 그의 복음을 받아들일 수 있었다. 바울이 투옥되어 있는 곳에 있던 시위대조차도 그의 복음에서 어떤 문제도 보지 못한 것이 분명하다(빌 1:12-14).[26] 그러므로, 로마의 황제 숭배 의식과 유대교 전통에서 가져온 언어와 이미지를 가지고 예수를 위엄 있는 방식으로 제시하면서도 바울은 자신이 그리스도 예수의 통치와 구원의 참된 성격을 설명하면 가이사의 법정에서 무죄 방면을 받을 것이라고 조심스럽게 희망하고 있었다. 바울은 분명 주 예수의 성령을 통한 통치가 소위 영적 효과들뿐만이 아니라 정치적 효과들도 가지게 되었음을 알고 있었다(참고. 빌 1:27; 아래를 보라). 하지만 이 효과들을 로마의 통치자들을 적대시하는 방식으로 로마 제국에 전복적인 어떤 것으로 보지는 않았다.

(c) 고린도전서

라이트는 데살로니가전후서와 빌립보서, 로마서와 달리 고린도전서는 별도로 다루지 않는다. 그럼에도 불구하고 고전 2:6-8과 8:5-6, 15:20-28, 51-57(또한 참고. 고후 2:14)은 바울의 복음에 대한 그의 반제국적 해석에서 중요한 역할을 한다. 2:6-8의 바울의 진술에서 라이트는 우리가 바울의 "권세들"이나 "통치자들"에 대한 언급들을 "영적" 세력들로만 보기보다 인간 "권세들"과 인간이 아닌 "권세들" 사이의 상호작용

---

25   참고. C. K. Barrett, *A Critical and Exegetical Commentary on the Acts of the Apostles*(ICC; Edinburgh: T&T Clark, 1998), 2: xlviii.

26   바울이 어떻게 결백한 사람의 어조로 자신의 투옥이 "그리스도 때문"임을 시위대와 다른 사람들이 알고 있다고 말하고 또 자신의 투옥을 복음의 전진에 도움을 준 긍정적인 것으로 말하는지를 주목해 보라. 만일 바울이 라이트와 다른 이들의 주장처럼 자신의 그리스도의 복음에 반제국적인 의미를 담았던 것이라면 그는 시위대가 그것을 알게 되면 자신과 회심자들의 안전이 위태롭게 되고 복음의 전진에 장애가 생길까 봐 두려워하지 않았겠는가? 그리고 바울이 투옥된 것 때문에 "형제 중 다수가 주 안에서 신뢰함으로" "겁 없이" "더욱 담대히" 복음을 전하는 일이 어떻게 가능했겠는가?

(interplay)으로, 다시 말해 악한 영들이 이교 "신들" 배후와 그 안에서 역사하듯이 "보이지 않는 세력들" 역시 "권력을 휘두르는 실제 인간들의 배후와 그 안에서 [역사한다]"는 세계관을 전제하고서 보아야 한다고 추론한다(1284-85). 마찬가지로 고전 15:20-28에서 라이트는 이 세계관과 같은 맥락에서 바울이 하나님의 아들 그리스도 예수께서 자신에게 위임된 하나님의 왕권을 가지고 멸하시려는 것은 "바벨론이나 시리아나 심지어 로마"가 아니라 "'죄'와 '사망' 자체"임을 강조하고 있음을 인정한다(1287). 하지만 라이트는 즉시로 입장을 바꾸어 "인간의 삶을 파괴하는 것은 제국들이 아니라 그 제국들 배후에 있는 악한 영들이다"라고 말하는 것은 "사람들을 죽이는 것은 총기가 아니라 사람들을 죽이는 사람들이다"라고 말하는 것만큼이나 잘못된 것이라고 주장하고, 따라서 우리는 "어둠의 세력들이 오만한 폭정을 통해 역사한다"는 것을 인정해야 한다고 촉구한다(1288). 그런 다음 라이트는 바울이 "[악한 영의] 세력들[특히 '사망']이 한 데 모여 바로 로마 안에서, 로마 그 자체를 통해서 가장 최악의 일들을 하는 것을" 보았기에 "로마 제국을 보았을 때 그는 짐승의 모습" 곧 단 7장의 네 번째 짐승을 보았다고 주장한다(1311).

그렇다면, 고전 15:24-26에서 바울이 그리스도 예수께서 자신의 파루시아 때 "모든 통치와 모든 권세와 능력"과 "마지막 원수"인 "사망"을 멸하시는 것에 대해 말할 때, 계시록에서와 같이(참고. 계 19:11-20:15) 이 세력들의 주된 대리자인 로마를 특별히 마음에 두고 있는 것인가? 고전 15장의 긴 장에서 그는 어떤 식으로든 그런 시사를 하고 있지는 않은 것 같다. 그 대신 26절의 요점에 대해 나중에 54-57절에서 자세히 설명할 때, 그는 "사망"을 "죄"와 "율법"과 연결시켜서 자신의 생각이 로마의 정치적 세계 안에서 움직이기보다 유대 신학 세계에서 움직이고 있다는 인상을 준다. 이와 같은 인상은 고전 15:54-57을 펼쳐놓은 것으로 볼 수도 있는 롬 7장에서 더욱 강화된다. 고전 2:6-8에서 바울이 예수를 십자가에 못 박은 "이 세대의 통치자들" 가운데 로마 정권을 꽤 의식적으로 포함하고 "하늘에나 땅에" 있는 "많은 신과 많은 주"에 대해 언급할 때(8:5) 바울이 그런 칭호들로 숭앙을 받는 가이사들을 포함하고 있다고 생각하는 것은 합당하다. 그렇다면, 바울은 고린도전서에서 그런 의식을 가지고 무엇을 하는가? 바울은 고린도의 믿는 자들에게 로마에 대해 어떻게 하라고 요구하고 있는가? 아마도 고전 8-10장에서 바울은 이방의 우상숭배 일반에 대해 경고하면서 황제 숭배를 함축적으로 포함하고 있었을 것이다. 그게 아니라면, 우리는 바울이 그들에게 이것 이상을 하지 말라고 권면하는 것을 본다: '이 (로마가 지배하는) 세상의" 지혜나 그들의 에토스, 그들의 우상숭배적이고 이기적이고 타락한 삶의 방식을 따르지 말고 믿음과 사랑과 소망의 삶을 살거나 진리와 의와 거룩과 사랑과 겸손과 공동체의 평안 등을 추구하라. 이 권면은 그가 빌립보인들과 다른 이들에게 제공하고(참고. 엡 6:10-20) 롬 12:1-2에서 간결하게 요약하는 것과 같은 권면이다. 이 권면이 당시의 로마 제국에 대해 어떤 식으로 "전복적"인가? 이 권면을 "반제국적(counter-imperial)"이라고 지칭하는 것이 과연 적절한가?

(d) 로마서

라이트는 롬 1:3-6과 15:7-12 사이의 수미쌍관을 바울의 반제국적 복음의 가장 분명한 표식들(signs) 중 하나로 간주한다(1299-1301). 로마서의 도입 부분에서 바울은 "복음"을 삼하 7:12-14과 시 2:7, 110:1 등을 성취하여 "다윗의 씨"로 성육신 하시고 죽은 자 가운데서 부활하셔서 하나님의 대권을 받은 "하나님의 아들"로, 다시 말해 만물 위의 "주"로 세우심을 받은 "하나님의 아들"에 관한 것으로 정의한다. 그리고 바울은 이 주 예수의 사도로서 자신이 이 복음을 전하여 열방을 주 예수께 대한 "믿음의 순종"에 이르게 하는 사명을 받았음을 말한다. 라이트는 바울이 이 복음을 통해 유사한 칭호와 주장들을 가진 가이사 아우구스투스와 그의 후계자들을 반대하고 있다고 본다. 그리고 바울이 메시아 예수께서 하나님이 이스라엘의 족장들에게 주신 약속들과 열방도 "이새의 뿌리"의 통치 하에 하나님의 자비하심을 얻게 될 것에 대한 예언들을 성취하셨음을 경축하면서 로마서의 결론을 맺는 것(15:7-12)을 보고, 라이트는 바울이 로마

384

서의 본론에서 수미쌍관을 통해 제시된 이 주된 주제를 발전시키고 있으며 이 세상에 구원과 정의와 번영의 황금 시대를 가져왔다는 로마의 주장들을 반영하고 있다고 보아야 함을 다음과 같이 제안한다: "'하나님의 아들'의 '복음'은 그것을 통해 모든 믿는 자들에게 구원이 오는 하나님의 정의가 묵시적으로 드러남을 제공한다(1.16-17); 이것은 결과적으로 '평화'와(5.1) 온 피조계가 그 썩어짐의 종 노릇하는 데서 해방되는 때(8.19-21) 궁극적으로 새로운 세상을 가져온다"(1301). 따라서 로마서에서 바울은 "예수의 복음으로 가이사의 '복음'을 의도적으로 측면 공격하는" 것으로 보아야 한다는 것이다(1301).

하지만 이 논지를 확증하기 위해 라이트는 바클레이(379)가 제기하는 문제를 신빙성 있게 해결해야 할 것이다: "바울은 '복음'이나 '구원,' '믿음/충성'이라는 용어들을 그 로마적 형태와 대조하여 제시하지 않는다; 하나님의 의/정의는 토라의 의/정의와 대조되지 로마의 그것과 대조되지는 않는다." 더 나아가 우리는 로마서에서 바울이 의/정의/칭의 용어를 주로 하나님과 인간의 관계에 대해 언급하면서 하나님의 심판을 염두에 두고 사용하며 "평화/평안" 개념도, 유대인들이 말하는 샬롬(전반적인 온전함의 상태)은 아니지만, 마찬가지로 주로 하나님과 인간의 관계에 대한 언급에서 그리고 "화해/화목"과 함께 사용한다는 사실(5:1-11; 8:6; 엡 2:11-22; 6:15; 또한 참고. 고후 5:18-21)과 바울이 이 두 개념들을 사람들 사이의 혹은 사회 그룹들 간의 관계에 적용하기는 하지만 그것은 이웃에 대해 적절하게 행동하고 그들과 함께 조화를 이루며 산다는 의미에서일 뿐(롬 6:16; 14:17-19; 고후 6:14; 갈 5:22; 엡 2:11-22; 4:3; 6:14; 빌 4:2-9) 세상에 정의와 평화를 제공한다는 로마 제국의 선전을 떠올리게 하는 정치적 의미에서가 아니라는 사실, 이 두 가지 사실들도 고려할 필요가 있을 것이다.[27]

라이트는 롬 13:1-7을 로마서에 반제국적 의도가 있다고 보는 자신의

27 이 모든 것에 대해서는, Kim, *Christ and Caesar*, 16-21. G. Schrenk, "δικαιοσύνη," *TDNT* 2:210; W. Foerster, "εἰρήνη," *TDNT* 2:411-18를 참고하라.

로마서에 대한 전반적인 평가에 맞추기 위해 갖은 애를 쓴다. 그래서 우선, 그는 다음과 같은 진술로 현재의 논의에 대한 이 구절의 상관성을 줄이려고 시도한다: "이 본문은 로마의 통치를 특정하여 하는 코멘트가 아니다…. 이 본문은 외세의 통치 하에서 어떻게 지혜롭게 살 것인가에 대한 유대인들의 고전적 진술이다"(1302-03). 이것은 "이 세상"이나 그 "통치자들" 일반이 아니라 구체적으로 단 7장의 네 번째 제국인 로마가 바울이 복음 선포에서 암시하는 논쟁의 타깃이었다고 주장하는 사람의 놀라운 주장이다. 다른 곳에서 라이트는 살전 4:13-5:11에서 바울이 주 예수의 오심을 위해 파루시아 언어를 사용한 것의 배후에, 그리고 "평화와 안전"을 언급한 그 배후에 숨어 있는 가이사를 본다고 주장하지 않는가? 자기를 비판하는 사람들에 대해, 그들이 자신의 그런 견해의 타당성에 대해 의문을 제기할 때 역사에 무관심하다고(ahistorical) 그들을 나무라지 않았던가? 분명 로마서의 로마인 독자들은 13:1-7을 단지 유대 전통에 대한 "고전적" 진술의 하나로 보기보다 자신들이 로마의 통치자들을 실제로 대하는 것에 관한 매우 구체적이고 상관성이 큰 조언으로 보았을 것이다.

둘째로, 롬 13:1-7을 해가 되지 않게 해석하기 위해 라이트는 통치자들이 하나님의 종들이라는 바울의 진술은 사실은 그들을 깎아내린 것에 해당된다고 주장한다(1303). 하지만 바울은 그리스도인들은 그들을 존중하고 복종해야 한다는 주요 포인트를 뒷받침하기 위해 그 진술을 긍정적인 관점에서 말하고 있다!

그리고 세 번째로, 라이트는 롬 13:1-7을 12:19에서 바울이 "개인적인 보복"을 금지하는 것과 13:11-14에서 실현된 종말론에 대해 하는 진술의 맥락에서 혹은 12-15장 전체의 문맥 속에서 보아야 한다고 강조한다(1303-04). 물론 롬 13:1-7은 바울이 롬 12:9부터 계속 제시하는 가르침 곧 겸손과 사랑과 심지어 원수 사랑을 실천함으로써 모든 사람과 조화롭게 살라는 가르침의 확장된 적용으로 보아야 한다. 하지만 13:1-7에서 바울이 경로를 벗어나 독자들이 자신들의 통치자들을 존경하고 그들에게 복

386

종할 의무에 대해 가르치고 있음은 엄연한 사실이다. 그리고 이교도 통치자들에 대한 유대교의 이중적 전통의 "고전적" 진술과 관련해서는, 바울은 그 통치자들이 하나님의 종들로서 질서와 정의를 위해 자신들의 권력을 사용하는 긍정적인 면을 너무 일방적으로 강조하여 그 전통의 다른 면 곧 하나님이 종국에는 그 통치자들이 하나님이 주신 기능들을 제대로 수행하지 못한 것에 대해 그들을 심판하실 것이라는 생각을 완전히 무시한다.

위에서 본 것처럼, 라이트는 바울이 유대교 전통의 이 두 번째 측면을 자신의 실현된 종말론에 비추어 수정하고 하나님이 이미 메시아 예수의 죽음과 부활을 통해 그 통치자들을 심판하셨으며 주 예수의 파루시아 때 그들을 멸하실 것이라고 주장했음을 거듭 강조한다. 그렇다면, 13:11-14의 이어지는 구절에서 실현된 혹은 시작된 종말론을 언급하면서도 바울이 그런 생각을 전혀 반영하지 않은 것이 이상하지 않은가? 예를 들어, 바울은 거기서 "그날"이 동터 오기에 하나님은 곧 12:19에서 인용하는 신 32:35에서의 맹세를 이루시고 그 통치자들이 행하는 부정의와 압제 아래 고통 당하는 사람들을 신원해주실 것이라고(따라서 독자들은 악한 통치자들에게 저항하지 말고 당분간 그들에 대해 인내하며 그들에게 복종해야 한다고) 말하지 않는다. 13:11-14에서 바울은 그와 같은 생각 없이 "낮"에 속한 자들로서 그리스도인들은 육체가 지배하는 죄악 된 삶을 피하고 주 예수 그리스도께 순종함으로써 "단정히 행"해야 한다는 일반적인 가르침만 준다(참고. 1:18-32). 따라서 라이트가 바울이 13:11-14의 그 가르침으로 13:1-7에서의 자신의 명령을 뒷받침하는 것으로 분명히 그렇게 보는 것(1303-04)은 참 이상한 일이다.[28]

우리로서는 롬 13:1-7에서 바울이 이교도 통치자들에 대해 유대 전통에 대한 학문적 진술이나 국가에 대한 기독교의 견해를 제시한 것이라기보다 로마의 그리스도인들에게 즉각적으로 상관성이 있는 가르침을 베

---

28 앞의 주 9를 참고하라.

푼 것이라고 보는 것이 최선인 것 같다: 그들이 그 당시에 당면하고 있던
몇몇 정치적, 사회적 문제들을 염두에 두고 바울은 그들이 그런 시민 불
복종 운동이나 심지어 반역에 참여하지 않도록 설득하려 하고 있었던 것
이다. 이 제한적이고 구체적인 목적 때문에 이 구절에서 바울은, 자신이
자주 경험하고 또 종종 비판하기도 했던 로마의 통치자들의 부정적 측면
들은(예: 고전 6:1; 살전 5:3) 언급 없이 지나가면서 그들의 긍정적인 측면만
을 강조하게 된 것이다. 그렇다 손치더라도 이 구절에서의 로마의 통치
자들에 대한 바울의 매우 긍정적인 평가가 로마 제국의 질서와 정의에
대한 그의 근본적인 인식을 드러낸다는 것은 부인할 수 없다.[29] 그 모든
불완전함에도 불구하고 바울은 분명 그 통치자들이 무정부 상태와 혼돈
보다는 훨씬 낫다고 생각했다. 따라서 바울을 반제국 관점에서 해석하는
어느 누구에게든지 롬 13:1-7은 걸림돌로 남는다.[30]

이 모든 것들을 고려할 때 바울이 실제로 로마서에서 과연 얼마나 가
이사의 거짓 "복음"에 대항하려는 의도를 가지고 자신의 그리스도 예수
의 복음을 펼쳐 보였는지가 상당히 불확실해진다.

따라서 바울의 서신들에 대한 라이트의 반제국적 해석은 신빙성이 없
다. 게다가 라이트는 바울의 서신들의 영향사(Wirkungsgeschichte)와도 겨뤄
야 한다: 라이트는 21세기 사람으로 그 자신이 그 서신들에 그렇게 분명
하고 중요하게 들어있는 것으로 발견하는 것을 어떻게 실제로 로마 제국
의 통치 아래 살았던 바울에게서 듣고 그의 서신들을 읽은 사람들은—가
이사 집안 사람들(빌 4:22)과 도시 재무장관 에라스도(롬 16:23)와 같은 그
의 친구들과 목회서신의 저자들(참고. 딤전 2:1-2; 딛 3:1; 벧전 2:13-17)과 황제

---

29 로마서를 AD 56/57에 쓰면서 바울은, 자신을 신격화하고 자기 형상을 예루살렘 성전
　　에 세우려고 시도한 일(AD 40) 때문에 살후 2:3-10에서 "불법의 사람"의 모델로 사용하
　　는 칼리굴라의 끔찍한 통치(AD 37-41) 이후에 클라우디오(AD 41-54)와 초기 네로(AD 54-
　　68)의 상대적으로 나은 통치에 대한 자신의 인식을 반영하는 것 같다. 필자의 주석에서
　　이 구절에 대한 코멘트와 그리고 본서 아래 13장에 수록된 논문 "무/불법자"를 "막고 있는
　　것"(τὸ κατέχον)과 "막고 있는 자"(ὁ κατέχων) (살후 2:1-12)"를 보라.
30 이 모든 것에 대해서는, Kim, *Christ and Caesar*, 36-43을 보라.

숭배에 대한 압력과 기독교에 대한 적대감이 높아가던 시기에 살았던 클레멘트와 터툴리안과 같은 그의 신학적 후계자들과, 그리고 감옥에 있는 그를 감시하던 시위대(빌 1:12-13)와 다른 여러 도시들에서 그를 투옥한 뒤에 석방한 관리들과 같은 로마 제국 질서의 보호자들(참고. 고후 1:8-10; 11:23; 살전 2:2)까지—보지 못했는지를 설명해야 한다. 바울의 1세기 청중들의 경우 그의 설교와 저술들에 반제국적 메시지가 없었기 때문에 그들이 그런 메시지를 발견하지 못했다고 결론을 내려야 하지 않겠는가?[31]

5. 메시아 예수의 통치와 칭의, "하나된 거룩한/의로운 공동체"

바울이 반제국적 신학자였는지 여부와, 만일 그렇다면, 어떤 의미에서 그가 그런 반제국적 신학자였는지에 대한 또 다른 테스트는 바울이 그리스도인들에게 로마에 대해 하라고 가르친 바를 검토하는 것이다. 바울의 서신들에 대해 우리가 위에서 개관해 본 바로는 다음을 이야기할 수 있을 것이다: 로마의 "평화와 번영"의 "복음"을 믿지 말고(살전 4-5장) 황

---

31 참고. Kim, *Christ and Caesar*, 60-64; 또한 Barclay, "Why the Roman Empire Was Insignificant to Paul," 378; G. L. Gordon, "The Church Fathers and the Roman Empire," in *Empire in the NT*(ed. S. E. Porter and C. L. Westfall; Eugene: Pickwick, 2011), 258-82. 라이트(1313-14)는 이 주장을 폴리캅이 순교하기 전에 받은 재판에서 "그리스도를 욕"하고 "가이사를 주"로 고백하고 "맹세하기를 거부한 경우를 들어 반박한다 (*Mart. Pol.* 8.2; 9.2-3; 10.1). 틀림없이, 초기 교회의 많은 순교자들이 그들도 동일한 종류의 궁극적인 시험을 받게 되었을 때 폴리캅의 본을 따라 순교했다. 심지어 필로와 요세푸스 같은 유대인들조차도 만일 그들의 야훼-주에 대해 똑같은 일을 하도록 강요당했다면 비슷한 방식으로 행동했을 것이다. 그러나 이것이 폴리캅과 다른 순교자들이 복음을 로마 제국에 대항하는 "전복적인(subversive)" 것으로 이해하고 로마 제국을 "전복"해야 할 대상으로 보았다는 것을 증명해주지는 않는다. 필로와 요세푸스가 야훼-주에 대한 자신들의 충성을 로마 정부에 대항하는 "전복적인" 것으로 이해했는가? 그와 반대로, 폴리캅은 황제 숭배 종교에 맹세하기를 거절하면서 총독에게 "우리는 하나님께서 임명하신 통치자들과 주권자들이 우리에게 해를 끼치지 않는 한 그들에게 마땅한 존경을 표하도록 가르침을 받았다"고 말하면서 "기독교의 교리"를 설명하려 했던 것으로 전해진다(*Mart. Pol.* 10.2). 폴리캅의 이 말은 분명히 롬 13:1-7의 전통을 암시한다. 사실 필로와 요세푸스 역시 폴리캅이 기독교와 관련하여 제안하고 있는 바로 그것을 유대교와 관련해서도 하지 않았는가? 터툴리안은 황제 숭배에 대해서는 단호했지만 가이사와 그의 제국에는 여전히 충성했던 자들의 좋은 예이다. 바울의 그리스도인 친구들과 신학적 계승자들이 로마 제국과 황제 숭배에 대해 똑같은 입장을 취했다고 믿는 것이 합리적이다.

제 숭배를 포함하는 우상숭배에 참여하지 말라(고전 8-10장). 라이트는 여기에 다음과 같은 논란의 여지가 많은 포인트 두 가지를 추가할 것이다: "이 (로마가 지배하는) 세상"의 지혜나 에토스와 그들의 이기적이고 타락한 생활 방식을 따르지 말라(고전 1-10; 빌 2-3; 롬 12:1-2; 등); 그리고 참 주되신 예수께 충성하기 위해 너희가 로마의 신민으로 가진 특권들을 내려 놓으라(빌 3장). 롬 13:1-7과는 별개로, 몇 안 되는 이 부정적 가르침들은 단 7장의 네 번째 짐승인 로마에 대해 그와 같이 일관되고 강력한 논쟁을 사용한다는 신학자치고는 상당히 빈약해 보인다.

롬 15:12과 (또한 1:1-6과도) 연계하여 라이트는 사도로서 "바울이 거기서 [메시아 예수가 열방을 통치하심을] 알리고 그것이 실재가 되게 하고 있었다"고 관찰한다(1281). 다른 곳에서 그는 "[하나님과 메시아의] 나라에 대한 바울의 비전 곧 그 나라의 현재적 실재와 미래적 완성은 이 세상적인 것으로 남아 있었다… 그 비전은 현재적[지상적] 실재의 변화(transformation)에 대한 것이었지 그것을 버리는 것(abandonment)에 대한 것이 아니었다"고 강조한다(1307). 그리고 또 다른 곳들에서 그는 "하나된 거룩한 사랑의 공동체"로서 주 예수의 교회는 메시아의 현재적 통치를 보여주는 증거이고 그런 존재로서 교회가 온 세상에 대해, 특별히 로마에 도전장을 내밀었다고 말한다(1277-78, 1299). 그러므로 라이트는 위에서 언급한 몇 안 되는 부정적 권면들뿐만 아니라 그 공동체를 본질적으로 반제국적 차원을 가지는 것으로 세우기 위한 바울의 권면 전체를 우리가 고려하기를 원할 수도 있을 것이다.

하지만 라이트는 메시아 예수의 통치가 현재에 실제로 어떤 방식으로 이루어지며, 하나님과 그의 아들 메시아 예수의 나라가 어떻게 로마 제국에 도전장을 내밀면서 현재적 실재의 "변화"를 가져오는지는 설명하지 않는다. 마찬가지로 그는 "메시아 예수의 하나된 거룩한 공동체"를 설명할 때조차도 주 예수의 현재적 통치에 대한 어떤 언급도 하지 않는다(384-450; 또한 참고. 912-1042). 이것은 바울이 그리스도(Christos)를 메시아 칭호로 사용하는 것에 대해, 보통은 "메시아"라는 의미로 사용하지만 종종

"왕"이라는 의미로도 사용한다고 주장하고(815-911) 메시아 예수의 현재적 통치와 그 반제국적 성격을 반복해서 강조하는 라이트 치고는 아주 이상한 일이 아닐 수 없다. 이와 같은 의외의 일이 벌어지는 것은 라이트가 예수의 메시아 되심을 아브라함에게 주신 하나님의 약속이나 혹은 아브라함을 부르신 언약적 목적을 예수께서 성취하였다는 것으로 해석하는 데 집중하기 때문이다(창 12:2-3; 18:18-19; 22:18) (815-911). 따라서 라이트는 심지어 하나님과 메시아의 백성 혹은 "하나된 거룩한 공동체"에 대해 설명할 때도 예수의 메시아 되심의 이 의미만 언급할 뿐 그의 왕적 통치에 대해서는 언급하지 않는다.

따라서 라이트는 예수를 가이사와 대조하는 문맥 밖에서는 예수의 메시아로서 왕적 통치하심의 범주를 별로 사용하지 않는다. 심지어 그런 문맥에서조차도(1271-1319), 그는 그 범주를 단지 예수가 메시아 왕이라고 주장하기 위해서만 사용한다. 라이트는 바울의 복음의 반제국적 성격을 주장하기 위해 롬 1:3-4과 고전 15:20-28 및 기타 그와 유사한 본문들을 반복해서 언급하지만 어떻게 하나님의 아들 메시아 예수께서 이 세상에서 실제로 하나님을 대리하여 하나님의 왕권을 행사하시고 온 피조물을 하나님의 왕권 아래 두고 우주적 샬롬을 이루기 위해 어떻게 현재에 악한 세력들을 멸하시는지에 대해서는 논의를 거의 하지 않는다(또한 참고. 롬 16:20). 하나님의 아들이요 주 되신 메시아 예수 안에 있는 정의, 평화, 구원에 대한 복음으로 바울이 신의 아들이자 주인 가이사를 통해 확보되는 정의와 평화, 구원에 대한 로마의 "복음"을 직접적으로 도전한다고 주장하면서도 라이트는 어떻게 메시아 왕이자 주이신 예수께서 실제로 믿는 자들과 열방들을 다스리시고 정의와 평화, 구원을 현재에 가져오시는지에 대해 설명을 별로 하지 않는다.

그는 롬 1:3-6과 15:7-12이 이루는 수미쌍관과 롬 1:3-4과 1:16-17에서의 복음에 대한 두 정의 사이의 통일성을 강조하고, 이 두 가지가 로마서 전체를 반제국적 성격을 가진 것으로 보게 한다고 주장한다(916, 1300-01). 하지만 그는 바울이 이것들로 하나님이 메시아 예수를 통해 그가 아브라함에게 주신 약속들을 신실하게 이루심으로 유대인들과 이방인들이 메시아 예수의 통치 아래서 하나되게 하셨다는 것만 인정하는 것으로 본다; 그리고 이 견해는 라이트로 하여금 로마서 본론의 바울의 칭의의 복음을 단지 유대인들과 이방인들을 아브라함의 가족으로 만드는 것의 관점에서만 해석하게 이끈다(925-1042).[32]

따라서 라이트는 롬 1:3-4와 15:7-12 사이의 수미쌍관과 롬 1:3-4과 1:16-17에서의 복음에 대한 이중적 정의의 또 다른 차원, 곧 바울이 하나님 나라와 그의 아들 주 예수의 복음(롬 1:3-4)을 1:16-17과 서신의 본론 전체에서 유대인들과 이방인들의 칭의로 해석하는 것[33]은 바울의 칭의의 복음이 사탄의 나라를 이기는 하나님 나라의 종말론적 틀을 가짐을 드러낸다는 점과 그렇기 때문에 칭의(의롭다고 선언하심)가 최후의 심판 때 죄사함 혹은 단순히 의로운 지위를 주거나 누군가를 의롭다고 인정하는 추상적 행위뿐만이 아니라 하나님의 창조의 능력 있는 선언의 말씀(the creative divine word of declaration)을 통해 실제로 의로운 사람—하나님과 올바른 관계에 있는 사람, 사탄의 나라에서 하나님 나라로 옮김 받은 사람—으로 만드시는 것을 의미한다는 점을 놓친다.[34] 따라서 칭의는 창조주 하나님

---

32 따라서 라이트가 자신의 "새 관점(New Perspective)"을 새롭고 보다 포괄적인 "신선한 관점(Fresh Perspective)으로 발전시키고자 시도함에도 불구하고(참고. *Paul: In Fresh Perspective*[Minneapolis: Fortress, 2005]; *PFG*) "새 관점"의 한계가 여전히 남아 있는 것 같다.

33 바울이 하나님의 아들 메시아 예수의 구속하심을 최후의 심판 때 자신의 십자가에서의 대속 제사(8:1-4, 32)와 하나님 우편에서 중보하심을 통해(8:34) 의롭다 하심으로 제시하고 이것을 사탄의 세력들에 대한 하나님의 아들 메시아 예수의 최후의 승리로 만드는 롬 8:31-39을 특별히 주목하라. 이와 같이 8:31-39의 하나님과 그의 아들 예수의 나라에 대한 복음에 대한 바울의 설명은 1:3-4과 1:16-17에서 그 복음을 도입하는 것과 수미쌍관을 이루면서 첫 번째 절정에 이른다. 고전 15:20-28, 50-57; 골 1:13-14과 2:8-15; 빌 2:6-11과 3:20-21; 살전 1:10(참고. 3:12-13; 5:9-10); 갈 1:3-4도 참고하라. 갈 1:3-4에서는 하나님과 그의 아들 예수의 복음이 롬 1:3-4, 16-17과 8:31-39에서와 마찬가지로 죄와 사망의 세력에서 건지심 곧 칭의로 해석된다. 롬 6장에서 바울이 죄의 "왕 노릇/지배"와 죄에게 "종 노릇함/순종함"과 대조되는 의에게 "종이 됨/순종함"에 대해 말할 때 하나님 나라 복음(롬 1:3-4)과 칭의의 복음(롬 1:16-17)에 대한 통합된 견해 혹은 칭의 교리의 묵시적 틀을 어떻게 견지하는지도 주목하라.

34 따라서 칭의는, 케제만(E. Käsemann)이 강조하듯이 ("The Righteousness of God' in Paul," in *New Testament Questions of Today*[Philadelphia: Fortress, 1969], 특히 174, 176-77, 181-82) 혹은

392

에게서 멀어지고 사탄의 죄와 죽음의 통치 아래 떨어진(1:18-3:20) 유대인
들과 이방인들 모두, 사실상 모든 민족을 하나님께로, 그의 의와 생명의
통치로 돌아오게 하는 것이다. 칭의는 그들이 하나님의 왕적 권능을 위
임 받은 하나님의 아들 주 예수께 "믿음의 순종"을 하게 하고(1:3-6) 그럼
으로써 궁극적으로는 하나님 아버지께 순종하게 만드는 것이다(16:26).
이것이 바로 바울이 로마서를 다윗의 자손 메시아 예수께서 하나님을 대
신하여 열방을 다스리는 하나님의 아들로 세움을 받으셨다는 복음의 선
언으로 시작하여(1:3-6), 본론에서 그 의미를 죄악되고 타락한 유대인들
과 이방인들을 하나님이 의롭다 하심으로 설명한 다음, 이 서신을 이방
인들과 유대인들 모두 다윗의 자손 메시아 예수의 통치 아래서 와서 구
원을 받고 하나님을 찬송하는 것을 경축하는 것으로 끝맺음 하는(15:7-12)
이유다.

라이트는 칭의를 하나님과 그 아들 예수 그리스도의 나라로 회복하심
으로 해석하지 않는데, 이것은 그가 그리스도께서 자기 백성과 세상을
자기 (곧 하나님의) 영을 통해 실제로 왕으로 통치하심을 소홀히 여기고 기
독교적 삶에 대한 바울의 가르침을 그의 칭의 교리와 분리된 것으로 방
치하도록 이끈다.[35] 바울의 윤리가 그의 실현된 종말론에 의해 결정된다
고 보면서도, 라이트는 여전히 바울의 윤리적 권면들의 다양한 요소들
을, 그의 하나님의 아들과 주로 세움 받으심이 시작된 종말론의 본질이

___

바울 자신이 골 1:13-14에서 간략하게 제시하듯이 주권 이전(lordship change)이다. 필자
의 *Jesus and God's Kingdom*(Tübingen: Mohr Siebeck, 2018)를 참고하라. 이 책에서 필
자는 이전에 출판하고 이제 본서의 2장에 수록되어 있는 논문인 "Jesus the Son of God
as the Gospel(1 Thess 1:9-10; Rom 1:3-4)," in *Earliest Christian History: History,
Literature, and Theology; Essays from the Tyndale Fellowship in Honor of
Martin Hengel*(Tübingen: Mohr Siebeck, 2012), 117-41을 다시 작업함으로써 이 논지를
입증하려 시도한다.
35 이것은 필자의 저서 *Justification*의 11장("God's Kingdom is a More Comprehensive Category
than Abrahahm's Family for Interpreting the Doctrine of Justification. A Critique of N. T. Wright's
Interpretation")에 보다 상세히 설명되어 있다(141-56).

되는 메시아 예수의 실제적 통치와 연관 짓지 않는다(1095-128).[36] 기독교적 삶은 그 정의상 메시아 왕이시며 주이신 예수께 "믿음의 순종"을 하는 삶이다. 하지만 라이트는 기독교적 삶에 대한 바울의 가르침을 설명하면서 예수의 왕권/주권에 대한 어떤 언급도 하지 않으며 바울의 그와 같은 가르침에 반제국적 성격이 있는지 혹은 없는지에 대해서도 묻지 않는다—이것은 예수의 메시아 되심이 바울의 신학 전체의 기초이며 예수의 메시아 되심에 대한 바울의 이해가 근본적으로 반제국적 성격을 가진다고 주장하는 사람으로서는 이상한 일이다.

제한된 지면으로 인해 여기서 다음과 같은 주제들에 대해 긍정적인 관점에서 다 논증하기는 어렵다. 칭의의 관점에서 제시된 바울의 하나님과 그의 아들 메시아 예수의 복음은 어떻게 "의롭다 함을 받은 자들" 곧 죄와 사망의 사탄의 나라에서 하나님과 그 아들의 의와 생명의 나라로 옮김 받은 사람들[37]과 "육체/육신"으로 말미암은 모든 구분/차별들(divisions of "the flesh")과 그 결과로 오는 부정의와 갈등들이 극복된 "하나된 거룩한/의로운 공동체"에 대한 메시아 예수의 현재적 왕적 통치를 유기적으로 포함하는가(갈 3:28; 롬 1:14-17; 고전 7:17-24; 12:13; 고전 11:17-34; 엡 2:11-22; 골 3:11; 몬; 고전 8-10장; 롬 14-15장 등)?; 어떻게 왕이시며 주이신 예수께서 하나님의/자신의 성령을 통해 실제로 현재에 이 공동체 위에 통치를 하시는가?; 어떻게 하나님 나라의 백성인 "의롭다 함을 받은 자들"이 성령의 도우심을 받아 왕이시며 주이신 하나님의 아들 예수께 "믿음의 순종"을 하고 그들의 일상적 삶에서 종교-도덕적 의미뿐만 아니라 사회-정치적 의미도 갖는 "성령/의의 열매"를 맺는가(갈 5:22-23; 빌 1:11; 롬 6:11-22; 8:4)?; 어떻게 "하나된 거룩한/의로운 사랑의 공동체"인 교회가 그와 같

36 엡 5:5을 언급하며 라이트는 실제로 "메시아의 왕국"(1106)에 대해 언급하고 나중에 심지어 그 개념은 "아마도 현재의 교회 안에서 그리고 교회를 통한 현재적 '메시아 통치'를 가리킨다"고 말하기도 한다(1114, 그의 강조임). 하지만 라이트는 그 주제를 조금도 발전시키지 않는다.
37 혹은 "거룩하게 된" 사람들, 우상숭배와 세상의 부정함에서 분리되어 거룩하신 하나님께 그의 친 백성으로, "성도"로 구별된 사람들(예: 고전 1:2; 6:11).

이 메시아 예수의 현재적 통치를 보여주고 진리와 의와 사랑 등을 가지고 죄와 죽음의 사탄의 세력들과 싸우고(예: 엡 6:10-20) 어둠의 세상에 대해 "전복적인(subversive)" 혹은 보다 구속적인 도전장(redemptive challenge)을 내밀면서(예: 빌 1:27-30; 2:15-16; 참고. 마 5:14-16) 성령의 도우심에 힘입어(롬 14:17) 하나님 나라의 "의와 평강과 기쁨(혹은 행복)"을 이 땅 위에 실현하는가?[38] 이 모든 것을 논증하여 보여줄 수 있다면 바울의 정치 신학에 대한 라이트의 비전의 대안이 될 수 있을 것이다.

아무튼, 라이트는 메시아 예수의 왕적 통치를 뜻밖에도 소홀히 여김으로써 주 예수 그리스도의 통치를 보여주는 증거로서의 "하나된 거룩한/의로운 공동체"의 (사회-정치적 함의들을 비롯한) 모든 함의들을 충분히 설명하지 못하며 또한 그러한 공동체가 로마 제국에게 도전장을 내민다는 자신의 주장의 근거를 제대로 대지 못한다.

결론

라이트는 "바울과 로마 제국"의 문제를 네 가지 열쇠를 가지고 다룬다: (1) 메시아 예수께서 죄와 사망의 권세들을 물리치고 온 세상을 다스리기 위해 보좌에 앉으셨다는 복음; (2) 메시아 예수의 복음과 로마 제국의 선전 사이의 이야기적, 어휘적 병행; (3) 로마 제국을 단 7장의 네 번째 짐승으로 보는 유대 묵시적 관점; (4) 이교도 제국들에 대한 유대인들의 이중적 태도. 앞의 세 가지 열쇠를 하나로 결합시킴으로 라이트는, 바울이 가이사와 그의 제국을 메시아 예수와 그의 나라의 신성모독적 패러디로 볼 "수밖에 없었"으며 따라서 바울의 메시아 예수의 복음 선포는 로마 제국의 선전 혹은 "복음"을 "전복시키는 것"이었음에 틀림없다고 결론을 내린다.

이와 같은 결론을 통해 라이트는 결과적으로 바울을 계시록의 요한의 쌍둥이로 만든다. 하지만 바울에게는 가이사와 단 7장의 네 번째 짐승인

---

38 이 모든 것에 대해서는 필자의 *Justification*, 특히 58-91페이지를 보라.

그의 제국에 대해 암호화된 언급들이 없다는 점과 바울이 그리스도인들에게 (로마의) 통치자들을 존중하고 복종하라고 권면하는 점(롬 13:1-7)과 같은 바울과 요한 사이에서 명백하게 보이는 차이점들은 라이트의 결론과 바울이 로마 제국을 단 7장의 네 번째 짐승 곧 사탄의 세력들의 주된 대리자로 보았다는 그 기본 가정의 타당성에 대해 질문하게 만든다.

그럼에도 불구하고 라이트는 바울서신에서 복음을 요약하는 구절들, 곧 예수께서 메시아 왕권 혹은 주권을 가지셨음을 선언하는 롬 1:3-4; 고전 15:20-28; 빌 2:6-11 등과 같은 구절들과 로마의 선전에 나오는 주(kyrios), 하나님의 아들, 파루시아(parousia), 구원(sōteria), 의(dikaiosynē) 등과 무엇보다 로마의 슬로건으로 간주될 수 있는 "평화와 안전"이라는 단어들을 가지고 있는 구절들(살전 5:3)에 호소하면서 바울의 설교에 반제국적 성격이 있다는 주장을 한다. 그러나 라이트는 그 구절들에서 바울이 어떻게 주 예수의 구원을 로마의 "복음"의 용어와는 완전히 다른 용어로, 다시 말해 최후의 심판 때 하나님의 진노에서 건지심(혹은 의롭다 하심)이나 부활 생명 혹은 그리스도의 형상을 닮고 하나님의 영광을 얻음을 제시함으로 로마 제국을 전복하려고 하는지를 묻는 비평가들의 질문에 답하지 않는다.

바울을 반제국적 관점에서 해석하는 다른 이들과 마찬가지로 라이트 역시 자신의 주장을 입증하기 위해 롬 13:1-7을 설명해야 한다. 이를 위해 그는 위의 네 번째 열쇠를 사용한다. 라이트에 의하면, (로마의) 통치자들을 존중하고 복종하라는 권면은 유대인들이 전통적으로 이교도 통치자들에 대해 가졌던 이중적 입장의 첫 번째 부분, 곧 하나님이 세상에서 질서를 유지하시고자 이교도 통치자들을 당분간 세우셨으며 따라서 이스라엘은 그들에게 복종해야 한다는 견해를 적용한 것이다. 라이트는 예수의 메시아 왕국이 아직 완성되지 않았기에 바울의 입장에서는 현재로서는 이 적용이 필수적이라고 본 것이라고 주장한다. 하지만 우리는 메시아 예수의 오심과 승리로 유대인들의 입장의 두 번째 부분 곧 다가오는 메시아 시대나 종말 때에 하나님이 이교도 통치자들의 오만함과 악한 통치에 대해 그들을 심판하실 것이라는 말씀이 이미 이루어졌기 때문에, 바울의 실현된 종말론은 그로 하여금 유대인들의 전통적 입장의 첫 부분에 대해 그 시효가 만료되었다고 이해하도록 이끌었어야 했을 것이라고 반론을 제기했다. 바울은 라이트가 바울에 대한 반제국적 해석을 위해 호소하는 롬 1:3-4; 고전 15:20-28; 고후 2:14; 빌 2:6-11; 골 2:15과 같은 이 모든 구절들을 통해 보좌에 앉으신 메시아 예수께서 자신이 위임 받은 하나님의 왕권을 가지고 현재에 모든 "정사와 권세들" 혹은 죄와 사망의 세력들을 정복하고 멸하는 과정에 있음을 인정하고 있다. 그렇기 때문에 만일 바울이 로마를 단 7장의 네 번째 짐승 곧 사탄의 세력들의 독특하고 주된 대리자로 보았다면 로마의 그리스도인들에게 (로마의) 통치자들을 존중하고 복종하라고 가르쳤을 수가 없다. 그 대신 실현된 종말론은 그로 하여금 바 코흐바의 추종자들이 그랬던 것처럼 로마에 대항하여 메시아 성전을 벌이도록 이끌거나 적어도 계시록에서 요한이 한 방식으로 복음 선포를 발전시키도록 이끌었어야 했을 것이다. 따라서 라이트의 네 번째 열쇠는 롬 13:1-7을 설명하는 데 별 쓸모가 없다. 이 구절은 바울이 로마를 단 7장의 네 번째 짐승으로 보았다는 그의 가정 자체를 의심하게 만드는 그의 논지의 아킬레스건으로 남는다.

라이트의 반제국적 해석은 바울의 신학을 그의 세 가지 세계—유대적, 헬라적, 로마 제국—와 연관 지어 하나의 통합적인 전체로 해석하려는 원대한 계획의 한 요소다. 그는 바울 신학에서 예수의 메시아 되심이 근본을 이룬다고 바르게 주장한다. 하지만 메시아 예수께서 하나님의 아들과 주로 보좌에 앉으셨다는 바울의 설교가 가이사에게 도전장을 내미는 것임을 강조하면서 라이트는 메시아 예수께서 죄와 사망의 세력들을 멸하기 위해 하나님의 왕권을 실제로 어떻게 행사하시는지를 설명하는 것을 등한시한다. 라이트가 이렇게 등한시하는 이유는 그가 예수의 메시아 되심을 주로 아브라함에게 주신 약속들을 하나님이 성취하심의 관점에서 해석하기 때문이다. 마찬가지로 그는 바울의 기독교적 삶에 대한 가르침이 예수의 주권과 칭의 교리와 분리된 것으로 해석한다. 그리고 그는 교회를 "하나된 거룩한 사랑의 공동체"로 설명하고 이 교회가 메시아 예수의 통치를 보여주는 증거이며 따라서 교회가 로마 제국에 대한 도전장을 낸다고 주장할 때조차도 메시아 예수의 통치에 대한 어떤 언급도 하지 않는다. 따라서 라이트가 바울 신학을 하나의 통합된 전체로 제시하는 것과 바울 신학에 대한 그의 반제국적 해석 모두 심각한 결함이 있다고 할 수 있다.

11장

바울의 공통적인 권면(살전4-5장; 빌2-4장; 롬12-13장)과 롬1:18-32과 12:1-2 사이의 상응 및 로마서 12-13장의 통일성

1. 빌 4:2-9과 살전 5:12-24 사이의 병행

살전 5:16-18에서 바울은 개인의 기본적인 종교적 삶을 위한 일련의 간단한 명령 세 가지를 제시하고 "이것이 그리스도 예수 안에서 너희를 향하신 하나님의 뜻이니라"고 그 당위성을 설명하는 말로 그 명령들을 한 단위로 묶는다. 세 가지 명령 각각에 수반되는 세 가지 부사 "항상," "쉬지 말고," "범사에"와 그 명령들의 정당 근거로 "하나님의 뜻"에 이렇게 호소하는 것은 명령된 세 가지 활동이 기독교적 실존의 본질에 속한다는 의미를 강화시켜 준다.

이와 같은 인상은 살전 5:16-18의 권면이 빌 4:4-6의 권면과 매우 유사하다는 사실을 통해 더욱 확증된다.

살전 5장	빌 4장
"항상 기뻐하라" (πάντοτε χαίρετε)(5:16)	"주 안에서 항상 기뻐하라" (χαίρετε πάντοτε)(4:4)
"쉬지 말고 기도하라"(5:17)	"오직 모든 일에 기도와 간구로, 너희 구할 것을…하나님께 아뢰라"(4:6)
"범사에 감사하라" (ἐν παντὶ εὐχαριστεῖτε)(5:18)	"오직 모든 일에 기도와 간구로 … 감사함으로" (ἐν παντὶ … μετὰ εὐχαριστίας)(4:6)

더 나아가 다음의 병행도 고려해보라:[1]

살전 5장	빌 4장
"모든 사람에게 오래 참으라" (μακροθυμεῖτε πρὸς πάντας)(5:14e – 15)	"너희 관용을 모든 사람에게 알게 하라"(τὸ ἐπιεικὲς ὑμῶν γνωσθήτω πᾶσιν ἀνθρώποις)(4:5a)

바울이 빌 4:4-6의 권면 중간에 확신과 동기 부여를 위해 포함하는 "주
께서 가까우시니라[ἐγγύς]"(빌 4:5b)라는 고백은 살전 5:16-22의 권면 중
간에는 포함되어 있지 않다. 하지만 데살로니가전서 본문은 살전 4:13-
5:11의 주 예수 그리스도의 파루시아에 대한 긴 논의의 틀 가운데 제시
되고 있으며 살전 5:23에서는 그 요점이 되풀이된다. 더욱이 4:13-5:11과
5:23 모두에서 주 예수 그리스도의 파루시아에 대한 언급은 빌 4:5b에서

---

1 참고. J. B. Lightfoot, *Saint Paul's Epistle to the Philippians*(London: Macmillan,
1927), 160. 라잇풋(Lightfoot)은 여기서 τὸ ἐπιεικὲς ὑμῶν을 "너희의 부드럽고 인내하는
정신(your gentle and forbearing spirit)"으로 번역하고 약 5:8(μακροθυμήσατε καὶ ὑμεῖς, … ὅτι ἡ
παρουσία τοῦ κυρίου ἤγγικεν)이 빌 4:5 전체(τὸ ἐπιεικὲς ὑμῶν γνωσθήτω πᾶσιν ἀνθρώποις. ὁ
κύριος ἐγγύς)와 비슷한 것으로 인용한다. 빌 4:4-6과 살전 5:14-21 사이의 네 가지 병행은
J. Piper, *'Love Your Enemies': Jesus' Love Command in the Synoptic Gospels and
the Early Christian Paraenesis*(SNTSMS; Cambridge: Cambridge University Press, 1979), 11
도 인정했다.

와 같이 독자들에게 확신과 그 권면들에 순종할 동기를 제공한다.

다음의 추가적인 병행도 고려하라:

살전 5장	빌 4장
"평강의 하나님"(5:23)	"하나님의 평강"과 "평강의 하나님"(4:7, 9b)

빌립보서 구절들에서 바울은 빌립보의 그리스도인들이 "평강의 하나님"이 그들과 함께하실 것이며(4:9) "하나님의 평강"이 그리스도 예수 안에서 그들의 "마음과 생각"을 지키실 것을(4:7) 확신케 한다. 데살로니가전서 구절에서 바울은 데살로니가의 그리스도인들에게 "평강의 하나님"이 "너희를 온전히 거룩하게 하실" 것임을, 다시 말해 그들의 "영과 혼과 몸이 우리 주 예수께서 강림하실 때에 흠 없게" 보존해주실 것을 확신케 한다. 데살로니가전서 구절과 빌립보서 구절 모두 "평강의 하나님"/"하나님의 평강"이 믿는 자들을 지킬 것을 말하기 때문에 우리는 이 두 구절의 인간론적 용어들에서도 병행을 볼 수 있다:

살전 5장	빌 4장
"너희의 온 영과 혼과 몸을 지키시리라"(5:23)	"너희 마음과 생각을 지키시리라"(4:7, 9b)

이 비교는 살전 5:23에서 종말지향적 성격(eschatological orientation)과 최후의 심판을 고려한 성화의 주제가 두드러진다는 것을 분명히 해주는데, 이것은 분명 데살로니가 교회의 특정한 필요를 반영하는 것 같다(참고. 살전 4:13-5:11; 4:1-8). 그러나 빌 4:7, 9에서 "하나님의 평강"과 "평강의 하나님"을 부르는 것은 독자들이 최후의 심판을 생각하며 인내하게 하기 위함이 아니라 외부적인 박해(빌 1:27-30; 3:18-19)와 내부적인 분열(빌 4:2-3; 참고. 1:27-2:18)에서 생겨나는 현재의 염려들에서 안전하게 보호받게 하려는

것이다. 목적에 있어서 이러한 차이는 바울로 하여금 이 두 구절들에서 인간론적 용어들을 달리 사용하도록 이끌었다.

그러나 바울이 살전 5:23에서 "평강의 하나님"을 부른 것 역시 공동체적 갈등과 그로 인한 염려를 모두 이기는 평강에 대한 그의 관심을 포함하고 있는 것으로 보인다. 살전 5:23의 평강에 대한 언급은 최후의 심판 때 거룩함에 흠이 없음이라는 주제와 쉽게 연결될 수 없기 때문에 이 언급은 바울이 몇 절 앞의 5:13("너희끼리 화목하라[εἰρηνεύετε]")에서 표현했던 데살로니가 교회의 공동체적 평안에 대한 그 자신의 관심의 반영으로 보아야 한다는 사실이 이것을 시사한다. 분명히 그는 데살로니가에서 리더들을 적절하게 인정해주지 못하는 문제와 "게으른 자들"(ἄτακτοι)의 행동으로 인해 생겨난 무질서와 악감정에 대해 염려하고 있다(살전 5:12-14). 일부 고린도인들이 자기들끼리 하나 되지 못하고 또 자신의 사도적 권위에 도전한 일에서 생겨난 비슷한 문제들에 대한 염려 때문에 바울이 어떻게 고후 13:11에서 비슷한 권면을 제시하게 되는지를 주목하라: "온전하게 되며 위로를 받으며 마음을 같이 하며 평안할지어다[εἰρηνεύετε] 또 사랑과 평강의 하나님이 너희와 함께 계시리라." 따라서 고후 13:11의 "평안할지어다"(εἰρηνεύετε)라는 권면과 "평강의 하나님"이 고린도인들과 함께하실 것에 대한 확신의 결합은 살전 5:13과 23에서 우리가 "화목하라"(εἰρηνεύετε)라는 똑같은 권면과 "평강의 하나님"을 부르는 표현을 결합시켜 보는 데 도움이 된다.

살전 5:23에서 바울이 "평강의 하나님"을 부르는 것 또한 예언의 영적 은사를 사용하는 데서 발생한 공동체 내 혼동과 갈등과 연결되어 있는 것 같다(살전 5:19-22). 이 견해는 평강의 하나님을 부르는 것이 은사의 사용에 대한 권면들에 곧바로 이어 나온다는 사실뿐만 아니라 고전 14:33에서 예언의 영적 은사의 사용에서 생겨난 혼동에 대한 비슷한 염려에서 바울이 "평강의 하나님"을 부른다는 사실을 통해서도 뒷받침을 받는다.

그러나 "마음이 약한 자들"에 대한 언급(살전 5:14)과, 악을 행한 자들에게 악으로 갚지 말라는 금지 명령(살전 5:15)과, 보다 더 넓은 문맥에서 하는 박해에 대한 언급들(살전 1:6; 2:14; 3:4)은 살전 5:23에서 "평강의 하나님"을 부르는 것을 우리가 기독교 신앙의 반대자들에 의한 박해에 직면하여 독자들이 가지는 불안을 극복하는 것에 대한 바울의 관심 역시 포함되어 있는 것으로 보도록 이끈다. 이것은 우리가 다음과 같은 또 다른 병행을 볼 수 있음을 말해준다:

살전 5장	빌 4장
"마음이 약한 자들을 격려하고"(5:14)	"아무것도 염려하지 말고"(4:6)

따라서 살전 5:23에서 "평강의 하나님"을 부르는 것은, 비록 종말론적 문맥 속에 위치해 있고 성화의 주제와 연결되지만, 여전히 그 병행 본문인 빌 4:7, 9에 나오는 것들과 같은 관심들을 반영한다: 내적 분열을 극복하는 공동체적 평안에 대한 관심과 외부적 박해에 대한 불안을 극복하는 정신적 평안에 대한 관심.

살전 5:12-24과 빌 4:2-9 사이에 또 다른 병행이 있을 수 있다. 빌 4:8-9에서 바울은 빌립보의 그리스도인들에게 "평강의 하나님"이 자신들 가운데 계심을 경험하기 위해, 바울 자신이 제시하거나 보여준 가르침과 본을 따라 "무엇에든지 참되며… 무엇에든지 사랑받을 만하며… 무슨 덕이 있든지 무슨 기림이 있든지 이것들을" 생각하라고 권면한다. 이것은 "악을 악으로 갚지" 말고 "서로 대하든지 모든 사람을 대하든지 항상 선[τὸ ἀγαθόν]을 따르라"는 살전 5:15의 권면을 보다 자세히 설명한 것으로 볼 수 있을 것이다. 여기서 "선"은 빌 4:8에 언급된 모든 덕목을 축약하는 표현일 수 있다. 살전 5:15의 "항상"과 "모든 사람을"은 빌 4:8의 "무엇에든지[ὅσα] …"와 "무슨[τις] …" 형식과 같이 보편적인 의미를 전달한다.

살전 5:12-24과 빌 4:2-9 두 구절 모두에서 권면이 각각 데살로니가

와 빌립보의 리더십과 하나 됨의 질문들로 시작된다는 점 역시 주목할
만하다. 하지만 이 구절들을 비교해볼 때 차이들 역시 분명히 있다: 살
전 5:12-13에서는 바울이 데살로니가 교회의 리더들이 제대로 인정받게
하고 리더들과 교회의 나머지 사람들 사이에 같은 마음을 가지게 하는
데 관심을 쏟는 반면, 빌 4:2-3에서는 유오디아와 순두게라는 두 리더들
이 한 마음을 가지도록 도와서 온 교회가 하나 되게 하는 데 관심을 기
울인다.

따라서 위의 10가지 비교점들은 살전 5:12-24과 빌 4:2-9 사이에 밀
접한 병행이 있음을 보여준다.

2. 롬 12:9-21과의 병행

같은 종류의 병행이 롬 12:9-21의 바울의 권면들에서도 나타난다. 이
구절에서 바울은 기본적으로 빌 4:2-9과 살전 5:12-24의 권면들과 같은
일련의 금지명령을 (대부분 분사 형태로) 제시한다.[2] 이 권면들 중 일부에 짧
은 코멘트를 달아 나열하자면 다음과 같다:

1. "기뻐하라/즐거워하라"(롬 12:12a//빌 4:4; 살전 5:16)

2. "환난 중에 참으라[ὑπομένοντες]"(롬 12:12b//빌 4:5, ἐπιεικές; 살전 5:14e,
   μακροθυμεῖτε).[3]

3. "기도에 항상 힘쓰라"(롬 12:12c//빌 4:6; 살전 5:17)

---

2   살전 5:12-24과 롬 12:9-21 사이의 병행들 중 몇 가지는 이미 일부 주석가들도 발견한
    것들이다: 예: E. Best, *The First and Second Epistles to the Thessalonians*(BNTC;
    London: Black, 1972), 241; I. H. Marshall, *1 and 2 Thessalonians*(NCBC; London:
    Marshall Morgan & Scott, 1983), 145-46; C. A. Wanamaker, *The Epistles to the
    Thessalonians*(NIGTC; Grand Rapids: Eerdmans, 1990), 191; T. Holtz, *Der erste Brief
    an die Thessalonicher*(EKKNT; Zürich: Benziger; Neukirchen: Neukirchener, 1990), 266; cf.
    also E. G. Selwyn, *First Epistle of St. Peter*(London: Macmillan, [12]1955), 408-09; C.
    H. Talbert, "Tradition and Redaction in Rom. XII.9-21," NTS 16(1969-70): 84 주 2;
    Piper, '*Love Your Enemies*', 8-9.

3   μακροθυμία와 ὑπομονή의 관련성(relatedness)에 대해서는 J. Horst, "μακροθυμία,"
    TDNT 4:384(특히 주 82)를 보라.

4. "서로 마음을 같이하라[τὸ αὐτὸ εἰς ἀλλήλους φρονοῦντες]"(롬 12:16a//빌 4:2: τὸ αὐτὸ φρονεῖν; 참고. 살전 5:12-14). 롬 12:16a과 빌 4:2이 밀접한 병행을 이루고 있음이 분명하다. 살전 5:12-14 역시 이 두 구절에 대해 언어적 병행은 아니지만 내용적 병행을 제공한다. 롬 12:16bcd의 나머지 권면들("높은 데 마음을 두지 말고 도리어 낮은 데 처하며 스스로 지혜 있는 체하지 말라" - 12:10b 또한 참고하라) 역시 빌 2:2-3의 권면들과 밀접한 유사점들을 가진다(참고. 살전 5:12-13).

5. "모든 사람과 더불어 화목하라[εἰρηνεύοντες]"(롬 12:18//빌 4:7, 9; 살전 5:13b[εἰρηνεύετε], 23). 빌 4:7, 9과 살전 5:13, 23에서와 같이 롬 12:18에서도 바울은 동료 그리스도인들과(참고. 롬 12:16) 외부인들 모두와(참고. 롬 12:17, 19-21) 평화롭게 살아야 필요를 염두에 두고 있다.

6. "아무에게도 악을 악으로 갚지 말고… 선한 일을 도모하라"(μηδενὶ κακὸν ἀντὶ κακοῦ ἀποδιδόντες … μὴ νικῶ ὑπὸ τοῦ κακοῦ ἀλλὰ νίκα ἐν τῷ ἀγαθῷ τὸ κακόν, 롬 12:17a, 21//살전 5:15, μή τις κακὸν ἀντὶ κακοῦ τινι ἀποδῷ, ἀλλὰ πάντοτε τὸ ἀγαθὸν διώκετε). 언어적, 내용적 병행이 놀라우리 만큼 밀접하다.

7. "악[τὸ πονηρόν]을 미워하고 선[τῷ ἀγαθῷ]을 붙들라… 모든 사람 앞에서 선한 일[καλά]을 도모하라"(롬 12:9b, 17b//빌 4:8; 살전 5:15, 21b-22). 여기서는 언어적 병행보다 내용적 병행을 이룬다. 하지만 살전 5:21b-22의 경우 "좋은 것[τὸ καλόν]을 취하고 악[πονηρόν]은 그 모양이라도 버리라"라는 권면을 통해 언어적 유사점도 보여준다.

8. "형제의 우애[φιλαδελφία]로 서로 사랑하라"(롬 12:10a; 13:8-10//빌 2:1-4; 살전 4:9-10, φιλαδελφία). 빌 2장과 살전 4:9-10 전체에 이 주제가 매우 강조된다. 일반적으로 드물게 사용되는 용어인 φιλαδελφία가 바울서신에서 롬 12:10과 살전 4:9 이 두 구절에서만 나온다는 점은 주목할 만하다. 바울은 빌 2장과 살전 4:9-10에서 이웃 사랑에 관한 가장 중요한 계명을 특별한 강조점을 가지고 다루었기(참고. 롬 13:8-10; 갈 5:14) 때문에 빌 4:4-9와 살전 5:13-23의 간단한 명령 목록에는 포함하지 않고 지나간다.

9. "성령의 불이 타오르게 하라"(롬 12:11b//살전 5:19; 참고. 빌 2:1; 살전 4:8).**4**

빌 4:2-9(또한 3:20-21)과 살전 5:12-24(또한 4:13-5:11)의 경우 독자들에게 롬 12장에 제시된 유사한 권면들을 따를 확신과 동기부여를 제공하기 위해 주의 임박한 파루시아에 대한 언급을 포함하는 반면 롬 12장의 권면들 목록에는 그것에 대한 언급이 없다. 하지만 그 언급이 정말 없는 것이라기보다는 단지 그것을 매우 강조하는 롬 13:11-14까지 미뤄놓은 것이다. 이렇게 미루게 된 것은 "모든 사람과 더불어 화목하라"(롬 12:18)는 주제를 확장시켜야 할 필요 때문이다. 바울은 분명 로마의 그리스도인들 마음속에 심지어 박해를 받는 상황 가운데서도 겸손과 보복하지 않음과 원수사랑에 대한 생각들을 깊이 박아 놓고자 한다. 그래서 그는 롬 12:14-21에서 예수의 몇몇 말씀들을 반영하여 겸손과 보복하지 않음과 원수사랑에 대한 명령들을 반복하면서 그 주제를 더욱 자세히 설명한다.**5** 바로 뒤에 오는 본문인 롬 13:1-7은 바로 이 목적과 직접적으로 연결된다.**6** 그 구절에서 바울은 "모든 사람과 더불어 화목하라"는 권면을 로마 그리스도인들의 로마 정부 당국자들에 대한 태도에 적용하고 있다:

---

4 어떤 주석가들은 살전 5:12-13과 롬 12:3-8 사이에서도 내용적 병행을 발견한다: 예: Marshall, *Thessalonians*, 145; Best, *Thessalonians*, 223; Holtz, *Thessalonicher*, 266. 롬 12:3-8은 살전 5:12-13의 리더들의 은사와 사역을 알아주는 것에 관한 권면을 교회 내 모든 구성원들의 은사와 사역을 인정해주는 것에 확대 적용하는 것으로 볼 수 있을 것이다. 아래 408페이지를 보라.

5 참고. 마 5:38-48//눅 6:27-36; 막 9:50//마 5:9. 참고. M. Thompson, *Clothed with Christ*(JSNTSSup 59; Sheffield: JSOT, 1991), 90-110; D. Wenham, *Paul: Follower of Jesus or Founder of Christianity?* (Grand Rapids: Eerdmans, 1995), 250-52, 260.

6 참고. J. D. G. Dunn, *Romans 9-16*(WBC; Waco, TX: Word, 1988), 759; R. Jewett, *Romans: A Commentary* (Hermeneia; Minneapolis: Fortress, 2007), 781. D. J. Moo, *The Epistle to the Romans*(NICNT; Grand Rapids: Eerdmans, 1996), 790가 "12:9-21의 느슨하게 연결되어 있는 일련의 권면들"에 대해 말하면서 12:9-21과 13:1-7이 연결되는 것을 보지 못하는 것은 불행한 일이다. 12:9-21과 13:1-7 사이의 연결에 대해 인정함에도 불구하고 Dunn, *Romans 9-16*, 737 역시 12:9-21에 대해 "모든 문단들 중에서 가장 느슨하게 구성되어 있다"고 말한다. 13:1-7을 12:1-13:14 문맥 안에서 하나의 "외딴 본문(alien body)"으로 보는 견해들을 위해서는 Moo, *Romans*, 791 주 3-4를 보라; 13:1-7을 추가된 본문으로 보는 이론을 반박하는 Jewett, *Romans*, 783-84 또한 보라.

406

그들은 당국자들에게 저항하기보다 복종해야 하며 특별히 조세와 관세를 바쳐야 한다.

"모든 사람과 더불어 화목하라"는 이 주제와 여기서 로마 그리스도인들의 로마 정부 당국자들에 대한 태도에 특별히 적용하는 것은 분명 로마의 그리스도인들이 위협적인 로마 당국자들에 대해 반역까지는 아니더라도 저항할 수는 있을 것에 대한 바울의 염려를 반영하는 것 같다. 그는 아마도 세리들이 비간접세를 걷는 타락된 관행에 대한 사람들의 항의로 인해 촉발된 소요(AD 57-58) (Tacitus, *Annales* 13.50-51)에 가담하지 말라고 설득하려는 것 같다.[7] 그는 또한 클라우디오 황제가 유대인들(유대인 그리스인들을 포함한)을 로마에서 추방한 일에 대해 남아 있는 원한과 AD 54년 이후 그들이 로마로 귀환한 것이 유대인 공동체와 로마 당국 사이의 관계와 회당과 교회 사이의 관계 모두에 미치는 영향에 대해서도 염려하고 있었던 것 같다.[8] 아니면 그는 심지어 팔레스타인의 유대인들 사이에 떠오르는 혁명적 열정이 로마에 있는 유대 공동체와 교회에 영향을 줄 수 있다는 점도 염려했을 수 있다.[9] 이 모든 염려가, 혹은 이 중의 한 가지 염려가, 아니면 아마도 우리에게 알려지지 않은 다른 어떤 염려가 바울로 하여금 롬 12:14-2에서 "모든 사람과 더불어 화목하라"는 의례적인 권면을 아주 자세하게 다루고 롬 13:1-7에서 그 권면을 로마의 실제 상황에 구체적으로 적용하게 했을 것이다.

---

7 P. Stuhlmacher, *Paul's Letter to the Romans* (Louisville: Westminster/John Knox, 1994), 200-01; Dunn, *Romans* 9-16, 766, 768; J. A. Fitzmyer, Romans (AB; New York: Doubleday, 1993), 662.

8 참고. E. Bammel, "Romans 13," in *Jesus and the Politics of His Day* (ed. E. Bammel and C. F. D. Moule; Cambridge: Cambridge University Press, 1984), 365-83, 여기서는 369-70페이지; J. Moiser, "Rethinking Romans 12-15," *NTS* 36 (1990): 571-82, 여기서는 577페이지.

9 참고. Bammel, "Romans 13," 370-71; M. Borg, "A New Context for Romans XIII," *NTS* 19(1972/73): 205-18; Fitzmyer, *Romans*, 662; Jewett, *Romans*, 780-803; 또한 K. Wengst, *Pax Romana and the Peace of Jesus Christ*, trans. J. Bowden (Philadelphia: Fortress, 1987), 82-83.

그런 다음 바울은 롬 13:8-10에서의 자신의 권면을, 13:7에서 요약식 명령("모든 자에게 줄 것[ὀφειλάς]을 주라")을 강조하고[10] 그것을 일반화시킨 형태로 한 번 더 강조하고("아무에게든지 아무 빚도 지지 말라[ὀφείλετε]", 8a절)[11] 이웃 사랑의 계명을 강조함으로써(9-10절) 마무리 짓는다. 이렇게 함에 있어, 특히 "사랑은 이웃에게 악을 행하지 않는다"(10a절)는 진술로 바울은 롬 12:14-13:10에서의 자신의 권면 전체 주제, 곧 겸손과 보복하지 않음과 원수사랑을 요약하는 것 같다.

따라서 롬 12:14-13:10은 실제로 한 단위—바울이 로마 독자들의 마음속에 겸손, 보복하지 않음, 원수사랑을 심지어 박해의 상황 가운데서도 실천함으로써 "모든 사람과 더불어 화목하라"는 권면을 박아 놓는, 길지만 하나의 단위다. 그 주제에 대한 이 긴 설명이 바울로 하여금 파루시아 주제를 13:11-14까지 미뤄 두게 이끌었다.

롬 13:11-14은 실제로 "주"의 오심 혹은 가까우심에 대한 어떤 언급도 포함하지 않는다. 그러나 "그날이 가까웠다[ἤγγικεν]"와 "구원이 이제 우리에게 더 가까웠다[ἐγγύτερον]"는 그의 진술은 "주의 날"을 가리키는 것이 분명한데(살전 5:2), 이날은 주께서 오시는 날이요 주께서 가져오시는 구원의 날이다. 이 진술들을 가지고 바울은 자신이 빌 4:2-9(3:20-21)과 살전 5:12-24(4:13-5:11)에서 한 것과 같은 방식으로 로마의 그리스도인들에게 그들의 인내를 위한 확신과 그들이 자기 권면에 순종할 동기부여를 제공한다.

사실 롬 13:11-14은 여러 가지 면에서 살전 5:1-11과 병행을 이룬다:[12]

---

10   13:7은 13:1-6에 나오는 모든 앞선 명령들을 요약하는 결론적 명령이다. H. Schlier, *Der Römerbrief*(HThKNT 6; Freiburg: Herder, 1977), 392를 언급하는 Jewett, *Romans*, 801도 마찬가지 견해다.

11   예를 들면, Dunn, *Romans 9-16*, 775; Jewett, *Romans*, 783, 805을 참고하라.

12   여기 제시하는 병행들 다수를 A. Vögtle, "Paraklese und Eschatologie nach Röm 13, 11-14," in *Dimensions de la Vie Chrétienne*(롬 12-13) (ed. L. de Lorenzi; Rome: Abbaye de S. Paul, 1979), 185과 Thompson, *Clothed with Christ*, 143 역시 관찰한다; Holtz, *Thessalonicher*, 238 또한 참고하라.

- *너희가 이 시기*(καιρός)를 *안다*… (롬 13:11//살전 5:1-2)
- *그날이 가깝다*(롬 13:12//살전 5:2)
- *밤이 깊고 낮이 가까웠다*(롬 13:12; cf. 살전 5:5, 7-8)
- *잠에서 깨어나라*(롬 13:11//살전 5:6-8)
- *낮에와 같이 단정히*(εὐσχημόνως) 행하라(롬 13:13//살전 4:12; 5:5)
- 어둠의 일을 벗고 빛의 갑옷을 입으라(롬 13:12//살전 5:5)
- 술 *취하지*(μέθη/μεθύειν) 말라(롬 13:13b//살전 5:7)
- 빛과 주 예수 그리스도로 옷 *입으라*(롬 13:12, 14//살전 5:8)
- 깨어 있는 삶을 살도록 동기를 부여하기 위해 임박한 혹은 확실한 구원(σωτηρία)에 대해 언급(롬 13:11b//살전 5:9-10)

따라서 롬 12-13장과 살전 4-5장 사이에는 어휘와 생각 면에서 밀접한 병행이 있다.[13] 특별히 롬 12:9-21의 권면들과 빌 4:2-9과 살전 5:12-24, 이 두 구절의 권면들 사이의 병행은 매우 밀접하다. 롬 12:9-21의 권면들 전체가 빌 4:2-9과 살전 5:12-24의 권면들처럼 그렇게 간단한 문장으로 제시되는 것이 아님은 사실이다. 그러나 롬 12:9-21 역시 빌 4:2-9과 살전 5:12-24처럼 간단한 방식으로 권면을 나열하기 시작하지만 12:14 이후로 네 가지 기본적이고 상호 연관된 권면들을 여러 번 반복함으로써 그런 작문 방식이 흐려지게 된다는 점은 쉽게 인정할 수 있다: "높은 데 마음을 두지 말라"(롬 12:16b, c, d), "너희를 박해하는 자에게 보복하지 말라"(12:14b, 17a, 19, 21a), "그 대신에 너희 원수를 사랑하라"(12:14a, 17b, 20, 21b), "따라서 모든 사람과 더불어 화목하라"(12:16a, 18, 아마도 15ab절 역시). 우리는 이 네 권면들이 살전 5:12-24과 빌 4:2-9(그리고 2:2-3) 이 두 병행 본문에도 축약된 형태로 있음을 앞서 본 바 있다. 따라서 이 세 병행 본문이 권면들을 나열하는 방식들을 비교해 볼 때, 우리는 이 구절들

---

13 롬 13:8-10 과 살전 4:9-10 사이에서도 병행을 볼 수 있다. 더 나아가 살전 4:11-12의 권면("조용히 자기 일을 하고… 너희 손으로 일하기를 힘쓰라… 이는 외인에 대하여 단정히[εὐσχημόνως] 행하게… 하려함이라")이 롬 13:1-7의 생각을 포함하는 것으로 볼 수도 있다.

사이에 본질적인 차이는 없고 다만 롬 12:14-21(과 더 나아가 13:1-10)에서
겸손한 태도를 견지하고. 보복하기를 단념하고, 원수를 사랑하는 것을
통해 "모든 사람과 더불어 화목하라"는 주제를 매우 확장시키고 있음을
알 수 있다.[14]

3. 하나님께 감사 드리라는 권면

　롬 12:9-21과 빌 4:2-9과 살전 5:12-24을 병행으로 비교할 때 롬
12:9-12에 하나님께 감사드리라는 권면(빌 4:6; 살전 5:18)이 없는 것이 상당
히 눈에 띄고 놀랍다. 하지만 이 주제가 정말 없는 것은 아니다. 롬 12:9-
21에서 빠져 있는 주의 파루시아에 대한 언급이 롬 13:11-14로 미뤄졌음
을 우리가 앞서 관찰한 바 있다. 마찬가지로 여기서 빠져 있는 하나님께
감사 드리라는 권면이 "너희 몸을 하나님이 기뻐하시는 거룩한 산 제물
로 드리라 이는 너희의 지적 예배(intelligent worship)니라"라는 권면(롬 12:1)
에 이미 포함되어 있음을 알 수 있다. 롬 12-15장 권면 섹션 전체를 위한
요약 진술에 감사에 대한 권면을 함축적으로 포함시켰기 때문에 바울은
롬 12-13장에서 계속하여 권면들을 나열할 때 감사에 대한 권면은 굳이
하지 않은 것이다.
　이와 같이 감사에 대한 권면이 암시되어 있음은 우리가 롬 12:1-2의
구원받은 자들에 대한 주제 진술문(thesis)이 롬 1:18-32에 묘사된 타락한
아담적 실존에 대한 해독제(antidote)로 제시된 것임을 인정할 때 분명해진
다. 롬 1:18-32에 대한 구조 분석과 이 구절과 롬 12:1-2과의 상응관계에
대한 관찰은 이것을 인정하게 이끈다.

(1) 롬 1:18-32의 구조 분석

　많은 주석가들은 롬 1:18-32의 구조 분석을 위해 롬 1:18의 주제 진술

14　일부 주석가들이 12:9-21의 권면 목록에 대해 "느슨한 (loose)" 나열이라고 말하게 된 것은
　　이와 같은 사실들을 인식하지 못한 때문이다 (위의 주 6을 보라).

문으로서의 성격[15]과 세 번 반복되는 "하나님께서 그들을 … 내버려 두셨다"는 문구(24, 26, 28절)의 중요성[16]을 인정한다. 그럼에도 그들은, 이 구절의 단락 구분에 대해서는 의견이 나뉘어진다.[17] 이 단락 구분의 경우 빌켄스(U. Wilckens)와 쉬툴막허(P. Stuhlmacher)를 따르는 것이 최선인 것 같다: 18절; 19-21절; 22-24절; 25-27절; 28-31절; 32절.[18]

A. 주제 진술문(1:18)

"하나님의 진노가 불의로 진리를 막는 사람들의 모든 경건치 않음과 불의에 대하여 하늘로부터 나타나나니"(18절)
- 인간들은 진리를 막기에 경건치 못하고 불의하다: 근본적인 문제로서의 인간의 타락.
- 그들에 대해 하나님의 진노가 나타난다.

B. 기소(1:19-21)[19]

- 진리(함축적으로 진술된)는 하나님을 알고 그를 하나님으로 영화롭게 하거나 그에게 감사를 드리는 것이다(21a절).
- 인간들은 하나님이 자기 자신 곧 자신의 영원한 능력과 신성을 온 피조물을 통해 그들에게 드러내셨기(ἐφανέρωσεν) 때문에 진리를 안다(19-20b절).
- 그러나 그들은 하나님을 영화롭게 하거나 그에게 감사하지 않았다(21a절): 진리를 막음.

---

15 참고. E. Käsemann, *Commentary on Romans* (Grand Rapids: Eerdmans, 1980), 37; U. Wilckens, *Der Brief an die Römer* (Röm 1-5) (EKKNT; Zürich: Benziger; Neukirchen: Neukirchener, 1978), 95; P. Stuhlmacher, *Der Brief an die Römer* (NTD; Göttingen: Vandehoeck & Ruprecht, 1989), 34.

16 참고. E. Klostermann, "Die adäquate Vergeltung in Rm 1, 22-31," ZNW 32 (1933): 1-6.

17 참고. J. A. Fitzmyer, *Romans* (AB; New York: Doubleday, 1992), 276.

18 Wilckens, *Römer* (Röm 1-5), 95; Stuhlmacher, Römer, 34.

19 참고. Käsemann, *Romans*, 37("이방인들의 죄책[guilt]").

- 그들은 그 생각(이성적 사고reasoning/διαλογισμός)이 허망하여졌고 그들의 무지한(ἀσύνετος) 마음(καρδία)이 어두워졌다(21b절): 타락한 마음.
- 따라서 그들은 변명할 수 없다(20c절): 하나님의 진노는 그들을 버려 둠이다.

C. 하나님의 진노(심판) :
세 번 반복되는 "하나님이 그들을 … 내버려 두셨다"(1:22-31)[20]

(1) 22-24절
- "스스로 지혜 있다 하나 어리석게 되어"(ἐμωράνθησαν, 22절 - 21a절의 재 진술: 타락한 마음) 하나님의 영광을 피조물의 우상으로 바꿈(23절 - 21a절의 재 진술: 진리를 막음): 근본적인 문제를 진술함(타락한 마음으로 진리를 막음).
- "그러므로 하나님께서 그들을 마음의 정욕대로 더러움에 내버려 두사"(24a절): 하나님의 진노.
- "그들의 몸[σώματα]을 서로 욕되게 하게 하셨으니"(24b절): 인간의 퇴보(human degeneration).

(2) 25-27절
- "이는 그들이 하나님의 진리를 거짓 것으로 바꾸어 피조물을 조물주보다 더 경배하고 섬김이라[ἐσεβάσθησαν καὶ ἐλάτρευσαν]"(25절): 21-23절에 진술된 근본적인 문제를 요약하여 재진술.

---

20 세 번 반복되는 "하나님이 그들을 … 내버려 두셨다"는 문장은 매번 근본적인 문제(인간의 타락: 타락한 마음으로 진리를 막음)에 대한 진술 다음에 그리고 그에 따른 인간의 삶의 퇴보에 대한 진술 앞에 나온다. 따라서 하나님이 그들을 내버려 두심은 인간들이 그 타락한 마음으로 진리(하나님을 인정하고 섬기는 것)를 막고/왜곡시킨 것에 대한 하나님의 반응임이 분명해진다. Nestle-Aland *Novum Testamentum Graece*(28판)와 이 헬라어 성경 판본을 따르는 몇몇 현대 번역성경들의 단락 구분으로는 (1) 22-23절 - 24a절 - 24b절과 (2) 25절 - 26a절 - 26b-27절, (3) 28a절 - 28b절 - 29-31절에서 세 번 반복되는 이 "인간의 타락- 하나님의 심판 - 인간의 퇴화"의 구조가 잘 드러나지 않으며 32절이 결론적 요약인 점도 보여주지 못한다.

- "이 때문에 하나님께서 그들을 부끄러운 욕심에 내버려 두셨으
니"(26a절 -24a절의 재진술): 하나님의 진노.
- 성적 타락의 예들(26b-27절 - 24b절의 진술의 예시): 인간의 퇴보.

(3) 28-31절
- "그들이 하나님 인정하는 것[ἔχειν ἐν ἐπιγνώσει]을 합당하게 여기
지 않았기 때문에[ἐδοκίμασαν - 타락한 마음]"(28a절- 진리를 막음):
21, 22-23, 25절에 제시된 근본적인 문제를 요약하여 재진술.
- "[그러므로] 하나님께서 그들을 그 버림받은/상실한 마음[ἀδόκιμον
νοῦν]대로 내버려 두사 합당하지 못한 일을 하게 하셨으니"(28b절):
하나님의 진노.
- 29-31절에 예시된 개인적, 사회적 악의 예들: 인간의 퇴보.

D. 결론적 요약:
근본적인 문제와 그에 따른 하나님의 심판을 재진술함(32절): 그들은
- 하나님이나 하나님의 명령을 안다: 진리;
- 하지만 그 명령에 불순종하여 악덕들을 행하고 그것들을 행하는 자
들을 "옳다 한다"(συνευδοκοῦσιν): 진리를 막음과 타락.
- [그러므로 그들은 하나님으로부터 사망의 심판을 받는다 - 참고.
2:1-11: 하나님의 진노].[21]

---

21 τὰ τοιαῦτα로 단지 28-31절에 언급된 악들 만이 아니라 18-31절에 언급된 모든 악들
을 가리키는 로마서 1:32은 1:18-31 섹션 전체의 결론적 요약으로 봐야 한다: 예를 들
어, Käsemann, Romans, 51; O. Michel, Der Brief an die Römer(KEK; Göttingen:
Vandenhoeck & Ruprecht, 1978), 107; C. K. Barrett, The Epistle to the Romans(BNTC;;
London: Black, 21991), 40도 마찬가지로 설명한다; J. D. G. Dunn, Romans 1-8(WBC;
Dallas: Word Books, 1988), 69, 또한 참고하라. "이같은 일을 행하는 자는 사형에 해당한다
고 하나님께서 정하심"이라는 심판의 언어로 볼 때 1:32이 2:1-11로 전환해가는 기능을
한다는 점 역시 인정할 수 있다(예를 들어, Käsemann, Romans, 51; Barrett, Romans, 40도 마찬가지
의견이다; 참고. Moo, Romans, 96). 따라서 32절에 하나님의 진노나 심판에 대한 명시적인 진
술이 포함되어 있지 않음에도 그것이 2:1-11에 자세히 설명되고 있기 때문에 1:32에 그

이 구조 분석은 1:18-32에서의 바울의 주장의 다섯 가지 포인트를 고 스란히 드러낸다:

1. 진리는 인간들이 창조주 하나님을 인정하거나 영화롭게 하거나 섬 기고 그에게 감사를 드리도록 하나님이 의도하셨다는 것이다.

2. 인간들의 근본적인 문제는 이 진리를 막음으로 하나님 섬기기를 거 부하고 대신 피조물을 섬긴다는 것이다.

3. 인간들이 진리를 막고 우상숭배에 빠져들게 이끄는 것은 타락한 마 음이다.

4. 따라서 하나님의 진노가 인간들의 이 경건치 않음과 불의에 대해 나타나는데, 특히 그들을 그 타락한 마음과 욕정에 내버려 두셔서 그들이 그 타락한 마음과 욕정에 고집스럽게 머물러 있게 하시는 것으로 나타난다.

5. 따라서 그들은 부정한 성행위와 온갖 종류의 개인적, 사회적 악들 로 자신들의 몸을 수치스럽게 한다.

롬 1:18-32의 "불경건하고 불의한" 인간들은 주로 창세기 1-3장의 아 담의 타락의 관점에서 묘사하는 것이라는 사실이 자주 주목을 받는다.[22] 이 사실을 염두에 둘 때, 우리는 롬 1:18-32과 12:1-2 사이에 밀접한 구 조적 상응(schematic correspondence)을 볼 수 있는데 많은 공통적인 어휘(νοῦς, σώματα, δοκιμάζειν, λατρεύειν/λατρεία, ἀσύνετος/λογικός, and ὀργή/εὐάρεστος)가 이 와 같은 상응을 뒷받침한다.[23] 사실, 롬 12:1-2의 구원받은 자의 존재 방

생각이 함축적으로 들어있다고 볼 수 있다.

[22] 예를 들면, M. D. Hooker, "Adam in Romans I," *NTS* 6(1959/60): 296-306; A. J. M. Wedderburn, "Adam in Paul's Letter to the Romans," in *Studia Biblica* 1978, vol. 3: Papers on Paul and Other NT Authors(JSNTSup 3; ed. E. A. Livingstone; Sheffield: JSOT Press, 1980), 413-19; Dunn, *Romans 1-8*, 53, 72-73, 76; Wilckens, *Römer(Röm 1-5)*, 107-8; 참고. Moo, *Romans*, 109-10, 121; 아래 주 36도 참고하라.

[23] 이 병행들 중 일부는 C. A. Evans, "Romans 12:1-2: The True Worship," in *Dimensions de la Vie Chrétienne*(롬 12-13) (ed. L. de Lorenzi; Rome: Abbey de S. Paul, 1979), 31도 인정한 바 있다; Dunn, *Romans 9-16*, 708도 참고하라. 아래 주 26을 보라.

식(*Daseinsweise*)에 대한 요약 진술에서 거의 모든 어구나 절은 롬 1:18-32의 타락한 아담적 인간의 존재 방식에 대한 진술과 반제명제 관계로 있는 것으로 볼 수 있다:

- "이 세대를 본받지 말고"(1:18-32에 진술된 아담적 인간의 삶의 방식; 참고. 5:12-21);

- "변화를 받아"(μεταμορφοῦσθε, 즉 새 아담이신 그리스도의 형상을 본받아, 참고. 롬 8:29 [σύμμορφος]; 고전 15:49; 고후 3:18 [μεταμορφούμεθα]; 빌 3:21 [μετασχηματίσει]; 참고. 롬 5:12-21);

- "마음[νοῦς]을 새롭게 함으로"(즉 1:21-23, 25, 28에 묘사된 타락한 마음 [νοῦς 혹은 καρδία]의 갱신[24]);

- 하나님께 "이성적인/지적인/지각 있는 예배[λατρεία]"를 드리라 (1:21-23, 25에 묘사된 대로의 피조물에 대한 "어리석거나" "지각이 없거나" 논리적이지 않은 예배[λατρεύειν]를 고집하는 대신에);

- "너희 몸[σώματα]을 하나님이 기뻐하시는[εὐάρεστος] 거룩한 산 제사/제물로 드리라"(1:24-31에 묘사된 것처럼, 너희 "몸"[σώματα]을 부정하고 수치스러운 음행과 다른 악덕들에 바쳐서 하나님이 기뻐하지 않으심 혹은 진노 [ὀργή]를 불러오는 대신에; 또한 참고. 6:12-13, 19);

- "하나님의⋯ 뜻이 무엇인지 분별하도록 하라[δοκιμάζειν]"(1:19, 21, 28에 묘사된 대로 하나님의 진리를 막고 옛 아담적 삶의 "미련한"[ἀσύνετος] 혹은 "버림받은/상실한"[ἀδόκιμος] 마음을 고집하는 대신에); 그리고

- "선하고, 하나님을 기쁘시게 하고[εὐάρεστος], 온전한 것"을 행하라 (1:18, 24-31에 묘사된 대로 하나님을 기쁘시게 하지 못하고 그의 분노를 유발하는 악하고 부정하고 수치스러운 일을 하는 대신에).

롬 12:1-2이 1:18-32에 대해 반제적으로 상응하는 것은 12:1-2에서

---

24 롬 1:21에서 καρδία는 διαλογισμός[사고]를 하는 기관을 가리킨다. 따라서 알고, 생각하는 기관으로서 καρδία는 1:28의 νοῦς와 같은 의미를 가진다. 참고. Jewett, *Romans*, 159.

롬 12-15장의 권면 섹션 전체의 주제 진술문을 제시하면서 바울이 구원
받은 혹은 의롭다 함을 받은 자들에게 옛 아담적 인간의 죄악된 존재 방
식(*Daseinsweise*)을 새로운 의롭다 함을 받은 혹은 의롭게 된) 인간의 존재
방식으로 역전시키라는 요약식 권면을 하고 있음을 드러내 준다. 이와
같은 역전 혹은 요구되는 "변화"를 위해서는 "마음의 변화"가 중요하다.
왜냐하면 창조주 하나님을 예배하는 것에 대한 진리를 막게 하고 피조물
을 섬기는 "어리석고" "미련한" 우상숭배를 하게 하고 그 결과로 오는 부
도덕적 행위와 다른 죄들을 행하게 이끈 것이 바로 타락한 "마음"이었기
때문이다. 따라서 롬 12:1-2에서 마음에 대한 삼중적 강조가 있는 것이
다: 하나님께 τὴν λογικὴν λατρείαν("이성적/지적/지각 있는 예배")를 드리고,
"하나님의 뜻이 무엇인지 분별할[δοκιμάζειν]" 필요와 이 두 가지를 하기
위한 ἀνακαίνωσις τοῦ νοός("마음의 변화")를 위한 근본적인 필요.[25]

그러나 우리의 목적상 롬 1:18-32과 12:1-2 사이의 상응에서 도출
하게 되는 가장 중요한 포인트는, 롬 12:1에서 바울이 구원받은 자들에

---

[25] Thompson, *Clothed with Christ*, 81-86이 여기에 요약된 것과 같이 롬 1:18-32과
12:1-2 사이의 상응에 대해 상당히 유사한 관찰을 이미 했었는데, 필자의 "Rom 12:1-
2 as an Antidote to Rom 1:18-32"이라는 논문의 비평자가 지적하기까지 필자는 이것
을 주목하거나 기억하지 못했었다. 따라서 그 논문을 별도의 글로 출판하는 대신, 그 핵
심 내용을 종종 요약 형식으로 이 논문 안에 통합시켰다. 필자의 후속적인 "독립적" 관찰
들(과 일부 추가적인 관찰들 - 아래를 보라)이 톰슨의 원래 관찰들의 타당성을 확증해주는 것으
로 간주될 수 있기를 바란다. 그럼에도 1:18-32과 12:1-2 사이의 상응에 대한 이 모든 관
찰은 우리로 하여금 12:1의 많은 논란이 되는 λογικός라는 단어를 1:21, 22, 28, 31의
"미련한"(ἀσύνετος) / "어리석은"(ἐμωράνθησαν) / "버림받음"(ἀδόκιμος)과 대비되는 "이성
적인/지적/지각 있는(rational/intelligent/sensible)"이라는 의미로 해석하고 12:1-2의 τὴν
λογικὴν λατρείαν과 τῇ ἀνακαινώσει τοῦ νοός을 같이 연결하여 이해하게끔 이끈
다(참고. Thompson, *Clothed with Christ*, 81-82). 따라서 λογικὴν λατρείαν ὑμῶν는 "너희
가 변화된 마음 혹은 올바른 지각을 가진 사람들로서 드려야 할 지적 예배"다. 아니면 구
약-유대교 범주를 따라 말하자면, "지혜로운 사람들로서[משכילים]" (필자는 구약-유대교의 이
범주를 풀러신학교의 구약학 동료교수인 존 골딩게이[John Goldingay]와 짐 버틀러[Jim Butler]를 통해 알게
되었다) 드려야 할 "지적 예배"다. 따라서 우리는 롬 12:1b을 이렇게 번역할 수 있을 것이
다: "너희 몸을 거룩하고 하나님께 기쁨이 되는 산 제사/제물로 드리라. 이것은 너희가 (구
원받은 자로서 올바른 마음을 가지고) 드려야 할 지적인 예배다." 참고. NJB: "이는 지각 있는 사
람들로서 너희가 드릴 예배다(that is the kind of worship for you, as sensible people)."

게 하는 "너희 몸을 하나님이 기뻐하시는 거룩한 산[26] 제사/제물로 드리라 이는 너희가 드릴 지적 예배다"라는 권면은 아담적 인간이 진리를 막은 것, 곧 그들이 피조물에게 요구되는 필수적인 일들인 하나님을 영화롭게 하고 예배하고 그에게 감사하기를 거부한 것(롬 1:18, 21-25)을 역전시키라는 포괄적인 요구로 보아야 한다는 것이다. 12:1의 παραστῆσαι … θυσίαν … τῷ θεῷ("하나님께 … 제물로 … 드리라")는 문구는 분명 예배의 제의적 의미를 전달하는데, 부연설명을 위한 동격구인 τὴν λογικὴν λατρείαν가 이를 확증해준다.[27] 12:1-2의 주제진술에서 자신의 권면을

---

26 "Rom 12:1-2 as an Antidote to Rom 1:18-32"이라는 논문에서 필자는 더 나아가 롬 6장 (특히 11-23절)이 롬 1:18-32과 12:1-2 모두에 대해 보이는 밀접한 병행들을 관찰함으로써 롬 12:1-2이 롬 1:18-32과 상응한다는 것을 보여주려 했다 (비록 롬 6장과 1:18-32 사이의 병행은 보지 못하지만 롬 6장과 12:1-2 사이의 병행은 관찰하는 Thompson, *Clothed with Christ*, 79-80을 참고하라). 롬 6장(특히 11-23절)은, 1:18-32의 아담적 인간에 대한 묘사를 반영하고(특히 6:11-23에서 아담적 인간을 묘사하기 위해 사용된 ἐπιθυμία와 ἀδικία, ἀκαθαρσία, ἀνομία, ἐπαισχύνεσθαι, σῶμα/μέλη와 같은 개념들을 주목하라) 또한 12:1-2의 권면을 예기함으로써 (anticipating) (특히 6:4, 11-23에서 다섯 번 반복되는 παραστάναι τὰ μέλη ὑμῶν/ἑαυτούς와 두 번 반복되는 ἁγιασμός와 καινότης를 주목하라), 이 두 구절들 사이에 다리를 놓고 롬 12:1-2의 구원 받은 자들의 의로운 실존을 위한 권면이 1:18-32의 타락한 인간의 죄된 실존에 대한 일종의 해독제로서 제시된 것임을 보여준다. 따라서 12:1의 우리 몸을 "산" (ζῶσαν) 제사/제물로 드리라는 권면이 "너희 자신을 죽은 자 가운데서 다시 살아난 자 같이[ὡσεὶ ἐκ νεκρῶν ζῶντας] 하나님께 드리"라는 6:13b의 권면을 반영하고 또한 우리의 옛 아담적 인간("우리의 옛 ἄνθρωπος," 6:6)이 이미 그리스도 안에서/와 함께 죄에 대해 죽었으므로(6:1-10) 그 부정적인 짝, 곧 아담적 인간이 자기 몸을 죄에 드리는 것을 피하라는 권면(6:13a)을 함축적으로 포함한다는 것이 분명해진다. 따라서 12:1의 "산"(ζῶσαν)이라는 단어는 (많은 주석가들의 해석과 반대로) 죽은 혹은 피 흘리는 동물 제물을 반대하는 것이기보다 죄 가운데서 그리고 죄를 통해 죽은 아담적 실존을 반대하는 것이다. "산"이라는 단어는 "죄에 대하여는 죽은 자요 그리스도 예수 안에서 하나님께 대하여는 살아 있는[ζῶντας δὲ τῷ θεῷ]자로서"(6:11)를 의미한다. Thompson, *Clothed with Christ*, 79도 비슷하게 마찬가지 해석을 한다.

27 παραστάναι (θυσίαν)는 헬라세계에서 제사로 바치는 행위를 위해 사용되는 전문 용어다(C. E. B. Cranfield, *The Epistle to the Romans*[vol. 2; ICC; Edinburgh: T&T Clark, 1979], 598 주 4와 O. Michel, *Der Brief an die Römer*[KEK; Göttingen: Vandenhoeck & Ruprecht, 1978], 369 주 10에 언급된 문헌들을 보라). 이 표현은 칠십인경에는 안 나오지만 요세푸스에 나온다(*J.W.* 2.89; *Ant.* 4.113). 바울은 예배라는 의미와 나란히 어떤 것을 하나님이 쓰시도록 놓는다는 의미 곧 우리가 하나님을 위한 "예배" 행위로서 우리 "몸을" 하나님이 쓰시게 드린다는 의미를 표현하기 위해, 여기서 칠십인경에서 일반적으로 사용되는 προσάγειν이나 προσφέρειν 대신 이 문구를 사용하는 것 같다(참고. 롬 15:16: προσφορά).

간단한 형태로 제시할 필요가 있기 때문에 바울은 12:1에서 하나님을 예배하는 것뿐만 아니라 하나님을 영화롭게 하고 하나님께 감사하는 것 또한 포괄하기 위해 "예배"의 언어를 사용하는 것으로 볼 수 있다. 왜냐하면 1:21-25에서 바울은 불가 분리하게 상호 연결되어 있는 이 세 가지 행위들을 적절한 피조물적 존재에게 요구되는 것들로 명시했기 때문이다.

바울이 "너희 몸을 제사/제물[θυσίαν]로 드리라"는 은유적인 권면을 제시할 때 어떤 종류의 "제사/제물"을 생각하고 있었을지를 고려해본다면,[28] 감사의 주제가 그 권면에 포함되어 있음이 더욱 분명해진다. 왜냐하면 구약-유대교 제의에서 드려지는 다양한 제사들 중에 תורה(감사의 제사)가 여기서의 바울의 은유와 가장 잘 부합하는 것 같기 때문이다. 기스(H. Gese)가 תורה를 드리게 되는 경우에 대해 어떻게 진술하는지 주목해 보라: "누군가 죽음이나 질병이나 죽음의 위협을 제기하는 박해에서 건짐을 받을 때, 그럴 때 그 사람은 자신의 존재의 새로운 기초로서의 감사 제물 위에 세워진 예배로 하나님의 구원하심을 경축한다."[29] 그렇다면, 롬 12:1에서 바울이 우리에게 자신이 롬 3:21-11:36에서 묘사한 아담적 죄와 죽음에서 하나님이 우리를 그리스도 안에 있는 새 생명으로 건져 주심에 대한 "감사의 제사/제물"로 우리 "몸"을 드리라고 권면하는 것은 의미가 완벽하게 통한다. 모든 사람에게 주시는 하나님의 놀라운 자비를 경축하고 [하나님의] 부와 지혜와 지식의 깊이"에 대해 하나님을 예배하고 하나님을 영화롭게 하고, "만물이 주에게서 나오고 주로 말미암고 주에게로 돌아감"을 포괄적으로 고백한(롬 11:30-36) 그런 상황에서 서신을 계속 쓰고 있는 것이기에 바울이 12:1에서 우리에게 하나님이 그 자비와 지혜로 이루신 그 놀라운 구원에 대한 "감사의 제사/제물"로 우리 "몸"을 바치라고 요구하고 있음이 분명하다.

---

28 이 질문은 존 골딩게이(John Goldingay)가 필자에게 제기하였고 우리는 구약의 감사 제사가 그 대답이라고 의견을 모았다.

29 H. Gese, "The Origin of the Lord's Supper," in *Essays on Biblical Theology*(Minneapolis: Augsburg, 1980), 129.

418

그렇다면, 롬 12-15장의 권면 섹션 전체를 위한 요약 진술인 롬 12:
1-2의 모든 것을 포함하는 권면 안에 이미 감사를 드리라는 권면을 이와
같이 포함했기 때문에 롬 12-13장에서 이어지는 권면들 목록에서 감사
에 대한 언급을 빠뜨리고 있는 것임이 더욱 분명해진다.

4. 롬12:1-2과 13:11-14 사이의 수미쌍관

지금까지 우리는 롬 12:9-21과 빌 4:2-9, 살전 5:13-24이 항상 기뻐하
라, 쉬지 말고 기도하라, 범사에 감사하라, 서로 사랑하라, 비방하는 사람
들이나 박해하는 사람들에게 앙갚음하지 말고 인내하라, 화목하게 살라,
악을 피하라, 선을 추구하라 등의 권면들 목록을 비슷하게 가지고 있음
을 살펴보았다.

우리가 영성과 윤리로 부를 수 있는 것에 관심을 두는 이 권면들은 기
독교적 삶의 방식의 몇 가지 근본적인 특징들을 나타낸다. 믿는 자들에
게 그와 같은 삶을 살도록 동기부여를 하기 위해 바울은 그 목록에 주 예
수 그리스도께서 오시는 것과 그의 구원에 대한 언급을 더하고 하나님의
평강이 그들을 지키실 것에 대한 확신을 준다. 롬 12:9-21의 권면 목록
의 경우 하나님께 감사드리라는 권면은 12:1에서 구원받은 실존을 위한
근본적인 요구로서 함축적으로 제시되었고 주의 파루시아에 대한 언급
은 12:14-13:10의 모든 사람과 더불어 화목하라는 주제를 확장해서 설명
해야 할 필요로 인해 미뤄진 후에 롬 13:11-14에 가서 나온다는 점 역시
관찰했다. 이것은, 우리가 롬 12:3-8를 잠시 떼어놓고 본다면(아래를 보라),
롬 12:1-13:14이 빌 4:2-9과 살전 5:13-24의 권면들에 견줄 만한 권면들
목록을 가진 하나의 단위를 이루고 있음을 의미한다.

이 견해는 롬 13:11-14이 12:1-2과 부분적인 수미쌍관을 이루고 있다
는 사실을 통해 힘을 얻게 된다. 위에서 우리는 롬 13:11-14과 살전 5:1-
11 사이의 몇 가지 중요한 병행들을 살펴본 바 있다.[30] 롬 13:11-14에서

---

30 앞의 407-08페이지를 보라.

이 병행되는 것들을 제외시키고 나면, 이 구절에 다음과 같은 것이 남는다:

1. 롬 13:13의 성적인, 사회적인 죄 목록(살전 5:7에는 "술 취함"만 있음);
2. "오직 주 예수 그리스도로 옷 입고"(롬 13:14a)(롬 13:12의 "어둠의 일을 벗고"에 상응함); 그리고
3. "그 정욕을 채우려고 육체를 위해 도모하지 말라"(롬 13:14b) (롬 13:13에 나열된 죄들을 가리킴).

롬 13:11-14과 살전 5:1-11 사이의 전체적인 병행에도 불구하고, "술 취함"만이 이 두 구절에서 불신자들이 "밤"에 하는 것으로 생각되는 "어둠"의 일의 구체적인 예로 언급된다. 롬 13:13에서 바울은 더 나아가 "술 취함" 말고도 κῶμος와 κοίτη, ἀσέλγεια, ἔρις, ζῆλος도 언급한다. 살전 5:1-11에서 그는 그와 같은 성적, 사회적 죄들에 대한 언급을 누락하는 것 같다. 왜냐하면 불과 몇 절 앞에서 데살로니가인들에게 πορνεία, ἀκαθαρσία, ἐπιθυμία와 ὑπερβαίνειν καὶ πλεονεκτεῖν를 피하라고 권면했기에(살전 4:1-8) 이제 그의 관심은 성화된 삶에 대한 구체적인 권면을 제시하기보다 주의 파루시아의 날짜에 대한 데살로니가인들의 염려를 누그러뜨리는 데 있기 때문이다. 그러나 롬 13:11-14를 살전 5:1-11와 차별화하는 세 가지 요소들은 롬 13:11-14에서 바울이 로마인들에게 파루시아와 구원의 완성의 가까움과 확실성에 대해 확신을 주는 것만큼이나 그들에게 성화된 삶을 살아가라고 권면하는 데 관심을 기울인다는 점을 분명히 드러낸다. 롬 13:11-14에서 그는 독자들에게 롬 1:24-32(과 6:11-23; 7:7-8:13)에서 아담적 인간의 악한 삶에 대해 말한 것의 세 가지 요소와 롬 12:1-2(과 6:11-23; 8:3-13)에서 구원받은 인간의 변화된 삶에 대해 말한 것을 상기시킴으로써 성화된 삶을 살아가라고 권면하는 것에 대한 관심을 표현하는 것 같다.

위의 (1)번과 (3)번 요소들로 바울이 독자들에게 롬 1:24-32; 6:11-

23과 8:3-13에서 말한 것을 상기시킨다고 생각하는 데는 몇 가지 이유
가 있다. 우선, 롬 13:11-14과 1:24-32(24, 29절) 모두에 공통적으로 나오
는 악덕에 대한 단어들(ἐπιθυμία와 ἔρις, ζῆλος/φθόνος[31])이 있다. 그리고 롬
13:13의 κῶμος와 κοίτη, ἀσέλγεια 등의 악덕은 적어도 롬 1:26-27에 언
급된 성적인 악덕과 비교될 수 있다. 둘째로, 롬 13:13의 성적, 사회적 악
들은 롬 13:12의 "어둠[σκότος]의 일"의 예들인데 이 사실은 롬 1:26-27,
29-31의 유사한 죄들이 롬 1:21에서 "어두워진"(ἐσκοτίσθη) 마음 때문인
것으로 제시된다는 사실과 상응한다. 따라서 롬 13:13에서 "어둠의 일"
을 피하고 "낮에와 같이 단정히/품위 있게/존경할 만하게[εὐσχημόνως]
행하자"고 권면할 때, 바울은 그와 같은 죄들을 저지르는 것은 "부끄
러운/품위 없는"(ἀσχημοσύνην) 행위들, 곧 "지금은 부끄러워하는 일
들"(ἐπαισχύνεσθε, 6:21)이어서 몸을 "욕되게 하는"(ἀτιμάζεσθαι) 것이라는 자
신이 앞서 한 설명을 염두에 두고 있는 것 같다(1:24, 27).

롬 13:14에서 이 악덕들은 τῆς σαρκὸς πρόνοιαν ... εἰς ἐπιθυμίας(정욕
을 위하여… 육신의 일을 도모)를 한 결과로 간주된다. BDAG 사전은 πρόνοια
를 "필요를 채우기 위해 심사숙고한 계획, 사전 고려, 선견, 섭리"로 정
의한다. 헬라 문헌에 대한 연구에서 벰(J. Behm)은, 이 단어가 보통 "'공
급,' 혹은 '사전 고려,' '의도,' '숙고'라는 의미로" 사용된다고 말하고 "이
단어는 '돌봄' '공급'을 의미할 수 있다"고 덧붙인다.[32] 만일 τῆς σαρκός
를 주격적 소유격으로 보고 εἰς ἐπιθυμίας를 τῆς σαρκὸς πρόνοιαν와 직
접적으로 연결하여 보는 경우 롬 13:14b의 καὶ τῆς σαρκὸς πρόνοιαν μὴ
ποιεῖσθε εἰς ἐπιθυμίας라는 문구는 이런 의미일 것이다: "그리고 정욕
을 위해 육체의 의도를 행하지 말라" 다시 말해 "(부정한) 정욕을 위하
는 육체의 의도를 행동으로 옮기지 말라." 이 해석에 따르면, πρόνοια
라는 단어는 분명 마음의 일("의도")을 의미하는 것으로 볼 수 있다. 하지

---

31 "ζῆλος"와 "φθόνος," 이 두 단어의 동의어적 성격에 대해서는 BDAG 사전을 보라.
32 J. Behm, "προνέω, πρόνοια," *TDNT* 4:1011.

만 πρόνοιαν ποιεῖσθαι τίνος라는 표현은 보통 "어떤 것을 위해 준비하
다, 어떤 것에 대해 마음을 쓰다"라는 의미의 헬라어 숙어적 표현으로 간
주된다.[33] 따라서 롬 13:14b의 καὶ τῆς σαρκὸς πρόνοιαν μὴ ποιεῖσθε εἰς
ἐπιθυμίας는 보통 "그리고 그 정욕을 채우려고 육체를 위해 도모하지 말
라(and make no provision for the flesh, to gratify its desires)"(NRSV)로 번역된다. 하지
만 심지어 이 관용적 해석도 "육체를 위해 도모하다"가 실제로 육체가 원
하는 것을 하는 것이기에 육체의 의도(intention) 개념을 함축적으로 포함
한다.

바울이 이 함의를 염두에 두고 있다는 것은 특별히 그가 롬 8:3-13에
서 기록하는 것을 볼 때 명백하다. 거기서 그는 육신(육체)에 있거나 육
신의 지배를 받는(8:5, 8), 그래서 육신을 따라 사는(8:13) 자들은 "그 생각
을 육신의 일에 둔다"(τὰ τῆς σαρκὸς φρονοῦσιν, 8:5)고 강조하고 이 사실을
τὸ φρόνημα τῆς σαρκός, 곧 "육신의 생각(혹은 마음 자세)[34]"이라는 문구
로 축약한다(8:6, 7). 육신의 지배를 받는 실존과 성령의 지배를 받는 실
존을 비교하면서 그는 우리 구원받은 자들은 더 이상 "육신에게 빚져서
[ὀφειλέται τῇ σαρκί] 육신대로 살"고 "몸의 행실"(τὰς πράξεις τοῦ σώματος)
[35]을 하지 않는다고 주장한다(8:12-13). 롬 13:14b의 바울의 명령(καὶ τῆς
σαρκὸς πρόνοιαν μὴ ποιεῖσθε εἰς ἐπιθυμίας)이, 그가 롬 8:3-13 전체에서 육신의

---

33 "πρόνοια," BDAG; Dunn, *Romans* 9-16, 791.
34 "φρόνημα," BDAG.
35 분명히 바울은 여기서 롬 8:3-13의 문맥상 그리고 그 자신이 통상적으로 σῶμα와 σάρξ
를 구분하는 방식상 기대되는 τῆς σαρκός 대신 (τὰς πράξεις) τοῦ σώματος라는 표현
을 쓴다. 이것은 그가 롬 1:24, 26-27에서 말한 내용을 생각하면서 여기서 기록하고 있기
때문이다. 롬 1:24, 26-27에서 바울은 이렇게 말했다: 하나님을 기쁘시게 하지 않고 하나
님께 적대적인 아담적 인간의 육신적 마음 자세 때문에(참고. 롬 8:7-8) 하나님은 그들을 내
버려 두셔서 "그들의 몸[σώματα]을 서로 욕되게 하게 하"심으로써 그들은 그들의 몸을
이용하는 타락한 행실들로 "수치스러운 정욕"에 빠져들게 되었다. 이 견해는 아담-그리스
도 대조의 맥락에서 말하고 롬 1:18-32에서 아담적 실존에 대해 말한 것(롬 5:12-21)을 분
명하게 암시하면서 바울이 같은 생각을 "죄가 너의 죽을 몸[σῶμα]을 다스리지 못하게 하
는 것"과 "너희 지체[μέλη] 곧 몸의 부분들]를 죄와 부정과 불법에 내주는 것"으로 표현하
는 롬 6:12-13, 19의 뒷받침을 받는다.

마음 자세에 대해 이미 제시한 바 있는 이 가르침에, 특히 롬 8:12-13의 직설법에 기초한 것임을 부인하기 어렵다. 로마서 7-8장에서 바울은 σάρξ의 지배를 받는 실존의 곤경을 주로 창세기 2-3장의 아담의 경험의 관점에서 설명하고[36] 그렇게 함으로써 자신이 롬 1:18-32에서 제시한 타락한 인간에 대한 설명을 이제 율법과 죄와 연관 지어 보다 발전시킨다. 따라서 롬 8:3-13의 직설법 진술들에 함축되어 있는 권면은 성령 안에 있고 육신에 있지 않은 우리 구원받은 자들은 아담이 그렇게 했고 아담적 인간이 여전히 그렇게 하고 있듯이 "우리 마음을 육신의 일들에 두"거나 육신이 원하는 것을 그 자신이 하게끔 만들어서는 안 된다. 따라서 우리는 롬 13:14b에서 이 권면을 다시 요약함으로써 바울이 구원받은 자들에게 그가 롬 1:18-32과 7:7-8:13에서 보여준 것 같이 아담이 따랐고 아담적 인간이 여전히 따르는 육신의 마음(자세)을 따르기를 멈출 것을 권면하고 있음을 알 수 있다.

따라서 롬 13:14b의 이 절을 통해 바울은 독자들에게 롬 1:18-32에서 반복해서 강조한 생각, 곧 롬 1:26-27, 29-31에서 언급되고 롬 13:13에서 그 요점을 되풀이하는 그러한 악덕들에 대한 부정하고 부끄러운 정욕(ἐπιθυμία 혹은 πάθος)으로 끝나는 아담적 인간의 타락한 마음(νοῦς)에 대해 상기시키는 것 같다. 그렇다면, 롬 13:14b에서 바울은 사실상 독자들에게 육체/육신의 의도 혹은 아담적 인간의 삶의 방식을 따르는 "이 세대를 본받지 말라"(롬 12:2a)고 요구하고 있는 것이다. 그렇다면, 13:12b과 14b의 "어둠의 일을 벗으라[ἀποθώμεθα]"와 "정욕을 채우기 위해 육신의 일을 도모하지 말라"는 바울의 같은 의미의 권면들은 실제로 롬 12:2a의 이 권면에 대한 자세한 설명이다.

이와 같은 해석은 13:12c와 14a의 "빛의 갑옷[ὅπλα]을 입자

---

36 로마서 7장의 육신적 "나"의 곤경이 주로 아담의 곤경의 관점에서 진술된다는 견해를 위해서는 예를 들어 Käsemann, *Romans*, 195-98; Dunn, Romans 1-8, 378-80; 특히 H. Lichtenberger, *Das Ich Adams und das Ich der Menschheit*(WUNT 164; Tübingen: Mohr Siebeck, 2004), 107-86를 보라.

[ἐνδυσώμεθα]"와 "주 예수 그리스도로 옷 입으라[ἐνδύσασθε]"는 바울의 같은 의미의 또 다른 권면들이 실제로 롬 12:2b의 "변화를 받으라"는 권면에 대한 자세한 설명일 개연성을 높여준다.[37] 이와 같은 이해는 바울이 "입는 것"과 "변화"를 위한 언어를 사용하는 용법에 대한 조사를 통해서도 확증될 수 있다. 신약에서 오직 바울만이 μεταμορφοῦσθαι와 συμμορφοῦσθαι, μετασχηματίζεσθαι, ἀλλαγήσεσθαι와 같은 "변화"의 용어들을 구원론적, 윤리적 개념으로 사용한다. 그리고 이 용어들을 사용할 때 그는 언제나 믿는 자들이 하나님의 아들 주 예수 그리스도의 형상(εἰκών)으로 "변화되는 것(transformed into)" 혹은 그 형상을 "본받는 것(conformed to)"을 의미한다: 믿는 자들은 이와 같이 변화되는 것이 예정되

---

37 롬 13:12과 13:14에서 교차대조적 구조 속에 놓인 두 쌍의 동의적 명령들 사이의 상응에 주목하라:

A: "어둠의 일을 벗고"
　B: "빛의 갑옷을 입자"
　B': "오직 주 예수 그리스도로 옷 입고"
A': "그 정욕을 채우려고 육체를 위해 도모하지 말라"

AA'는 롬 12:2a의 "이 세대를 본받지 말라"는 권면과 상응하는 반면 BB'는 롬 12:2b는 "오직 마음을 새롭게 함으로 변화를 받으라"는 권면과 상응한다 (이와 비슷한 견해로는 Thompson, *Clothed with Christ*, 151을 보라; Moo, *Romans*, 826 또한 참고하라). 따라서 롬12:2과 13:12, 14 이 일종의 수미쌍관을 이룸을 알 수 있다. AA'는 또한 골 3:9의 "옛 사람[ἄνθρωπος; 인류]과 그 행위를 벗어 버리라"는 권면과 상응하는 반면 BB' 역시 골 3:10의 "자기를 창조하신 이의 형상을 따라 지식에까지 새롭게 하심을 입은 새 사람[인류]을 입으라"는 권면에 상응한다. "벗어 버리다"/"입다"라는 한 쌍의 대조적인 의미를 표현하기 위해 엡 4:22-24은 롬 13:12, 14과 마찬가지로 ἀποτίθεσθαι/ἐνδύεσθαι를 사용한다. 병행 본문인 골 3:8-12은 ἀποτίθεσθαι와 ἀπεκδύεσθαι 모두 ἐνδύεσθαι와 대조적인 의미로 사용함으로써 이 두 단어가 같은 의미임을 보여준다. 골 3:5에서 πορνεία와 ἀκαθαρσία, πάθος 등을 범하는 것과 관련되는 "땅에 있는 지체[μέλη, 즉 몸의 부분]를 죽이라"는 골 3:5의 권면은 아담적 인간이 자신의 "몸"(σῶμα)을 그러한 성적인 죄를 위해 그릇 사용하는 것에 대한 롬 1:24-27의 고소와 롬 12:1에서 우리 "몸"(σῶμα)을 제물로 하나님께 드리라는 권면을 연상케 한다. 이와 비슷하게 골 3:10의 "자기를 창조하신 이의 형상을 따라 지식에까지 새롭게 하심을 입은[ἀνακαινούμενον εἰς ἐπίγνωσιν] 새[사람]을 입으라"는 권면은 롬 12:2의 "마음을 새롭게 함으로[ἀνακαινώσει τοῦ νοός] 변화를 받으라"는 권면을 연상하게 한다. 이와 같이 골 3:5-11은 롬 1:18-32 뿐만 아니라 롬 12:1-2과도 중요한 병행을 보여주며, 따라서 롬 6:11-23(위의 주 26을 보라)과 살전 4:1-8(아래의 섹션 4를 보라) 함께 이 로마서의 이 두 본문(역자주: 롬 1:18-32; 12:1-2)은 함께 놓고 봐야 한다는 견해를 뒷받침해준다.

어 있으며(롬 8:29) 주 예수 그리스도의 파루시아 때 최종적인 완성에 이르기까지(고전 15:52; 빌 3:21) 현재 그 변화를 경험하고 있다(고후 3:18). 마찬가지로, 신약에서 바울 만이 "벗어버리다"/"입다" 언어를 구원론적 진술들과 권면을 위한 진술들을 위해 사용한다(고전 15:44-54; 갈 3:27; 골 3:9-10; 또한 참고. 엡 4:22-24). 고전 15:44-54은 "변화" 용어가 하늘에 속한 사람 곧 마지막 아담의 형상(εἰκών)을 "담지하는 것/입는 것"(φορεῖν)이라는 용어와 마지막 아담이신 그리스도 예수의 썩지 않는 혹은 죽지 않는 속성을 "입는 것"(ἐνδύεσθαι)과 같은 의미임을 보여준다. 따라서 바울은 믿는 자들이 세례 때 그리스도로 "옷 입고"(갈 3:27) "자기를 창조하신 이의 형상을 따라 지식에까지 새롭게 하심을 입은 새 [사람/인류, ἄνθρωπος]"을 "입음으로"(골 3:9-10; 또한 참고. 엡 4:22-24) 구원의 완성 때 그들이 마침내 그리스도의 죽지 않는 속성을 "입게 될 것"에 대해 말한다(고전 15:53-54). 고전 15:44-54과 골 3:9-10 둘 다 이 동의적 용어들이 바울의 아담 기독론/구원론의 한 부분임을 분명히 한다.

이와 같은 사실들은 (1) 롬 12:2a과 12:2b에서 바울이 믿는 자들에게 옛 아담적 인간의 방식을 "본받지" 말고(고전 15:44-54; 골 3:9: "옛 ἄνθρωπος[사람/인류]과 그 행위를 벗어 버리고") 마지막 아담이신 그리스도 예수의 형상을 "본받으라/변화되어 가라"고(롬 8:29; 고전 15:44-54; 고후 3:18; 골3:10) 권면하고 있다는 점과, (2) 롬 13:14a의 "주 예수 그리스도로 옷 입으라"는 권면은, "주 예수 그리스도의 형상을 본받으라/형상으로 변화되어 가라"는 권면과 같은 의미로, 롬 12:2b의 권면을 자세히 설명한 것일 가능성이 크다는 점과, (3) 롬 12:2b의 권면과 13:14a의 권면 모두 바울의 아담-기독론/구원론을 반영하기 때문에 그 자신이 롬 1:18-32; 6:11-23; 7:7-8:13에서 설명한 바 있는 타락한 아담적 인간의 존재 방식을 염두에 두고 바울이 이 권면들을 제시하는 것일 개연성이 크다는 점을 확인해준다.

따라서 우리는 롬 13:11-14을 그 병행이 되는 살전 5:1-11과 차별화해주는 두 요소들 곧 롬 13:12-13에서 어둠의 일의 예로 언급되는 성적,

사회적 죄들과 롬 13:14b의 "그 정욕을 채우려고 육신을 위해 도모하지 말라"는 권면이 롬 1:18-32; 6:11-23; 7:7-8:13; 12:2a에서 바울이 타락한 아담적 인간에 대해 기록한 것을 연상시키는 반면, 세 번째 요소 곧 롬 13:14a의 "주 예수 그리스도로 옷 입으라"는 권면은 바울이 롬 6:1-23; 8:1-13; 12:2b에서 구원받은 인간에 대해 기록한 것을 연상시킨다고 결론 내릴 수 있다.

따라서 롬 13:11-14에서 바울은, 그 병행 구절들인 살전 4-5장과 빌 4:2-9(또한 참고. 빌 3:20-21)에서와 마찬가지로, 독자들에게 인내를 위한 확신을 주고 자신이 롬 12:9-13:10에서 제시하는 윤리적 권면들에 순종하도록 동기부여를 하기 위해 주 예수 그리스도의 파루시아에 대해 언급하는 것이다. 하지만 그는 롬 1:18-32(과 6:11-23과 7:7-8:13)에서 타락한 인간의 악한 실존에 대해 말한 것과 롬 12:1-2(과 6:11-23과 8:1-13)에서 구원받은 인간의 의로운 실존에 대해 말한 것 모두를 염두에 두고 롬 13:11-14을 작성한다. 다시 말해 바울은 롬 13:11-14에서 주 예수 그리스도의 파루시아에 대해 언급할 뿐 아니라 또한 롬 1:18-32에서 묘사한 타락한 인간의 존재 방식과 대조되는 롬 12:1-2에서 말한 구원받은 인간의 존재 방식에 대한 자신의 주제 진술문을 재진술함으로써 롬 12:9-13:10의 권면들을 마무리한다.

만일 롬 13:11-14이 이와 같이 롬 12:1-2과 부분적으로 수미쌍관을 이룬다면, 롬 13:11-14은 단지 롬 12:9-13:10에 제시한 권면들에 대한 결론이기보다는, 바울의 권면의 두 번째 부분인 롬 14-15장에서 음식과 교회의 하나 됨의 구체적인 이슈를 다루기에 앞서 제시하는, 그 권면의 첫 번째 부분인 롬 12-13장 전체의 권면들에 대한 결론이어야 한다. 그 경우 롬 12:1-13:14 전체는 통일성을 가진 하나의 단위로 간주되어야 한다.[38]

그렇다면 롬 12:3-8을 어떻게 설명할 것인지에 대한 질문이 생긴다.

---

38 Thompson, *Clothed with Christ*, 151-53 역시 롬 13:11-14이 롬 12:1-2과 부분적으로 병행을 보임을 인정하고 (비록 롬 1:18-32과의 병행은 인식하지 못하지만) 로마서의 이 두 구절들이 수미쌍관을 이룸을 확인해준다.

426

살전 5:12-24과 롬 12:9-21과 빌 4:2-9 사이의 병행에 대한 근본적인 관찰에서 시작하여 롬 12-13장의 통일성을 확인하기에 이른 이 연구는 롬 12:3-8을 그 병행 구절인 살전 5:12-14과 빌 4:2-3(1:27-2:11)에도 포함되어 있는 교회의 하나 됨이라는 주제를 확장한 것이라고 보는 일부 학자들의 견해를 뒷받침한다.[39]

따라서 로마서 12-13장은 살전 4-5장과 빌 4:2-9의 권면들과 병행이 되는 한 단위로 된 권면을 제시한다. 이 세 구절들 중에 빌 4:2-9이 가장 간단하다. 살전 4-5징에는 파루시아 주제가 상당히 확장되어 있는 반면 (4:13-5:11) 로마서 12-13장에서는 모든 사람들과 더불어 화목하라는 주제 (12:14-13:10)와 교회의 하나 됨의 주제(12:3-8)가 상당히 확장되어 있다. 더욱이, 로마서 12-13장에서는 권면 전체가 분명하게 식별 가능한 아담-그리스도 대조의 틀 속에 놓여 있다.

---

39 위의 주 4를 보라. 롬 14:1-15:13의 권면(paraenesis)의 두 번째 부분은 바울의 공통적인 권면을 로마 교회의 필요들에 확대 적용한 것으로도 볼 수 있다. "강한 자"와 "약한 자"에게 음식 문제와 달력법에 관한 문제에 대해 서로 용납하라고 권면할 때 바울은 특별히 평안과 기쁨을 강조한다. "하나님의 나라는 먹는 것과 마시는 것이 아니요 오직 성령 안에 있는 의와 평강과 희락"(14:17)이라 주장한 다음 바울이 어떻게 다음과 같이 권면하는지 주목해 보라: "그러므로 우리가 화평의 일과 서로 덕을 세우는 일을 힘쓰자"(14:19). 그리고 롬 14:1-15:13의 권면 섹션 전체를 그가 어떻게 다음과 같은 기도로 결론짓는지를 주목해 보라: "소망의 하나님이 모든 기쁨과 평강을 믿음 안에서 너희에게 충만하게… 하시기를 원하노라"(15:13). 평안과 기쁨을 추구하라는 이러한 명시적이고 암시적인 권면들은, 한편으로 바울이 빌립보와 데살로니가의 그리스도인들에게 그들의 공동체적 불화와 그에 따라 공동체가 겪는 우울감을 극복함으로써 평안을 누리고 기뻐하도록 주는 공통적인 권면들에 비길 수 있다(빌 4:2-9과 살전 5:12-24에 관련하여 위에서 제시한 논의를 보라). 다른 한편으로 이 권면들은 "모든 사람과 더불어 화목하라"는 바울의 명령의 한 적용으로 볼 수도 있다. 바울은 그 명령을 로마의 절박한 정치적 상황에 적용하고(13:1-7) 자신의 권면의 주된 부분을 마무리한(13:11-14) 다음에 그것을 로마 교회의 또 다른 심각한 문제인 "강한 자"와 "약한 자" 사이의 공동체적 갈등 문제에 적용한다. 이 두 번째 문제는 훨씬 더 많은 신학적 논증들을 통해 확장하여 다루어야 할 필요가 있기 때문에 바울은 서신에서 한 새로운 섹션을 이 문제를 다루는 데 할애하고 이것을 12:1-2과 13:11-14의 수미쌍관을 통해 하나의 단위로 만든 자신의 주된 권면에 덧붙인다.

4. 살전 4:1-8과 롬1:18-32과 12:1-2 사이의 병행

살전 4:1-8은 롬 1:18-32과 롬12:1-2과 밀접한 병행을 이루는 요소들이 있다. 이 사실은 롬 12:1-2은 롬 1:18-32과 연관 지어 해석해야 하고 롬 12-13장과 살전 4-5장 사이에 전반적인 병행이 있다는 우리 견해를 강화해준다:

1. πορνεία(살전 4:3)와 πάθος ἐπιθυμίας(4:4-5), ἀκαθαρσία(4:7)는 이방인의 특성으로 언급된다(4:5).

2. 이방인들과 같이 색욕을 따라(πάθει ἐπιθυμίας) σκεῦος("몸," 아래 주 42를 보라)를 그릇 사용하지 말고 몸을 ἐν ἁγιασμῷ καὶ τιμῇ(거룩함과 존귀함으로) 적절하게 제어할 것을 촉구한다(4:4-5).

3. 이방인들은 "하나님을 모르는" 자들로 정의된다(4:5).

4. ὑπερβαίνειν καὶ πλεονεκτεῖν 역시 이방인의 행동으로 언급된다 (4:6).

5. 이방인의 특성이 있는 그와 같은 행위에 가담하는 자들에게 "주께서 신원하신다"(ἔκδικος κύριος)는 위협이 언급된다(4:6).

살전 4:1-8과 롬 1:18-32이 이 이방인에 대한 진술에서 병행을 보인다는 것은 너무나 분명하다. 왜냐하면 롬 1:18-32에서도 다음과 같은 사실들을 관찰할 수 있기 때문이다:[40]

1. ἐπιθυμία(롬 1:24)와 ἀκαθαρσία(1:24), (πάθος) ἀτιμίας(1:24, 26a), 음행(1:26b-27)은 이방인의 특성으로 언급된다.

2. 특별히 ἐπιθυμία와 ἀκαθαρσία에서 자신들의 "몸"(σῶμα)을 "욕되게

---

40 살전 4:1-8과 롬 1:18-32 사이의 다음의 병행들 중 일부는 몇몇 주석가들도 주목한 바 있다: 예를 들어, Holtz, *Thessalonicher*, 159; A. J. Malherbe, *The Letters to the Thessalonians*(AB; New York: Doubleday, 2000), 229, 230. 골 3:5-6 역시 살전 4:1-8 과 롬 1:18-32과 기본적으로 같은 병행을 보여준다: πορνεία, ἀκαθαρσία, πάθος, ἐπιθυμία, πλεονεξία, εἰδωλολατρία, πορνεία를 위해 "몸"(τὰ μέλη τὰ ἐπὶ τῆς γῆς) 을 그릇 사용함, ἀκαθαρσία 등과 ἡ ὀργὴ τοῦ θεοῦ. 골 3:8-11이 롬 12:1-2과 13:12, 14과 보이는 병행을 위해서는 위의 주 37을 보라. 따라서 살전 4:1-8과 마찬가지로 골 3:5-11 역시 롬 1:18-32과 12:1-2 모두와 병행을 보인다.

428

하는 것"(ἀτιμάζεσθαι)을 이방인의 죄로 지적한다(1:24).

3. 이 악덕들은 그들이 하나님을 올바르게 알지 못한 즉 하나님을 인정하고 예배하지 못한 결과들이다(1:19-23).

4. 이방인들은 또한 πλεονεξία와 기타 사회적 악들에 대해 정죄를 받는다(1:29-31).

5. 그들의 경건치 못함과 불의에 대해 "하나님의 진노"(ὀργὴ θεοῦ)가 나타날 것으로 언급된다(1:18; cf. 1:24, 26, 28).

이와 같이 살전 4:1-8과 롬1:18-32의 이방인에 대한 진술들은 어휘와 생각에 있어 밀접한 병행을 보인다.[41]

더 나아가 살전 4:1-8과 롬 12:1-2 사이의 병행도 관찰하라. 살전 4:1-8에서 바울은 성화된 혹은 "거룩한" 삶(특히 "그릇"/몸을 ἐν ἁγιασμῷ καὶ τιμῇ[거룩함과 존귀함으로] 통제하여 πάθος ἐπιθυμίας[욕정/색욕]에 빠지지 않는 것; 살전 4:4)은 믿는 자들을 위한 "하나님의 뜻"이며(살전 4:3) "하나님을 기쁘시게 하는" 것(살전 4:1)이라고 말한다. 롬 12:1-2에서 그는 믿는 자들이 자기 "몸"을 산 제사/제물로 하나님께 드리는 것은 "거룩하고"(ἁγία) 하나님께 "기쁨이 되는" 것이며(εὐάρεστον) "하나님의 뜻"을 행하는 것이라고 기본적으로 똑같은 것을 말한다.

따라서 살전 4:1-8은 롬 1:18-32과 12:1-2 둘 다와 병행을 보인다. 이 이중적 병행은 이 두 로마서 구절들과의 상응과 함께 우리가 살전 4:3-8에서 ἁγιασμός(3, 4, 7절)가 τιμή(4절)와는 연결되지만 πορνεία(3절)와 πάθος ἐπιθυμίας(4-5절), ἀκαθαρσία(7절)와는 대조되는 것과 마찬가지로, 롬 12:1에서도 "거룩한"(ἁγία)이라는 단어가 롬 1:18-32의 ἐπιθυμία

---

41 살전 4:1-8과 롬 1:18-32 사이의 이 병행은 살전 4:4의 "그의 그릇[σκεῦος]"이라는 논란이 되는 구를 "그의 아내"보다 그 성적인 측면을 고려하여 "그의 몸"이라는 의미(롬 1:26-27은 몸을 그릇 사용하는 것에 대해 전술하고 정죄한다.)로 해석하는 견해에 더욱 힘을 실어주는 것 같다. 예를 들어 Wanamaker, *Thessalonians*, 151-53; T. Elgvin, "'To Master His Own Vessel': 1 Thess 4.4 in Light of New Qumran Evidence," *NTS* 43 (1997): 604-19를 참고하라. 필자의 주석의 해당 구절에 대한 코멘트를 보라.

와 ἀκαθαρσία, πάθος ἀτιμίας, 음행과 대조되는 것으로 사용된다는 것
을 확인하게끔 이끈다. 따라서 우리는 살전 4:1-8에서 믿는 자들이 이방
인들이 자기 "몸"을 πορνεία와 πάθος, ἐπιθυμία, ἀκαθαρσία를 위해 사
용하는 것과는 대조적으로 자기 "몸"을 "거룩함"(ἁγιασμός) 가운데 제어함
으로써 성화(ἁγιασμός)를 추구하라는 요구를 받듯이 롬 12:1-2에서도 롬
1:18-32에 묘사된 ἐπιθυμία와 ἀκαθαρσία, πάθος ἀτιμίας, 음행의 일에
자기 "몸"을 바치는 이방인의 삶과 달리 믿는 자들이 자기 "몸"을 "거룩
한"(ἁγία) 제사/제물로 하나님께 드리라는 요구를 받는다.

따라서 롬 1:18-32과 살전 4:1-8은 욕정과 음행, 부정을 추구하는 이
방인들의 삶은 하나님을 노엽게 다시 말해 "하나님의 진노"(롬1:18-32) 혹
은 "신원하심"(살전 4:6)을 유발하게 됨을 확인해주는 반면 롬 12:1-2과 살
전 4:1-8은 "거룩한" 삶은 하나님을 "기쁘시게 함"을 확인해준다.

　- 살전 4:1-8과 롬 1:18-32: 불신자들의 방탕하고 부정한 삶은("하나님
　　의 뜻"을 거스르는 것이기에) 하나님을 진노케 한다.
　- 살전 4:1-8과 롬 12:1-2: 믿는 자들의 "거룩한" 삶은 "하나님의 뜻"
　　에 순종하는 것이기에 하나님을 "기쁘시게 한다."

따라서 바울은 살전 4:1-8과 롬 12:1-2 모두에서 "거룩/거룩함"과 "하
나님의 뜻," "몸"/ "그릇(=몸)," "기쁘시게 하다/기쁨을 드리는," 하나님의
"신원하심"/"진노" 등 공통적인 어휘를 가지고 믿는 자들에게 살전 4:1-
8과 롬 1:18-32에 본질적으로 같은 방식으로 묘사되는 이방인들의 삶과
대조되는 성화의 삶을 살도록 "권면한다"(παρακαλῶ).[42] 살전 4:1-8과 롬

42　살전 4:1-8에서 바울이 어떻게 데살로니가인들에게 그들이 성화된 삶을 살아야 할 필요
　　에 대해 이미 가르쳤고(1-2절) 이방인의 죄악 된 삶에 대한 주의 신원하심에 대해 경고했
　　음을 강조하는지 (6절) 주목해 보라. 물론 로마서는 바울이 한 번도 가르친 적이 없는 사람
　　들에게 보내는 서신이다. 그렇기 때문에 바울은 그 서신에서 같은 가르침을 전달하되 롬
　　1:18-32에서는 이방인의 실존의 끔찍함에 대해 살전 4:3-8에서보다 훨씬 더 자세하게 설
　　명하면서 그렇게 한다. 이것은 데살로니가에서 선교하는 동안에 그가 이 가르침을 이미
　　구두로 전달했기 때문일 것이다. 따라서 이방인의 죄악 된 삶에 대한 하나님의 진노/신원
　　하심에 대한 경고와 살전 4:1-8과 롬1:18-32 + 12:1-2이 제시하는 구원받은 자들의 성화
　　된 삶에 대한 요청은 바울이 이방인들에게 선교할 때 전한 단골 메뉴(stable diet), 곧 주된

430

12:1-2 사이의 이러한 병행들은 살전 4-5장과 롬 12-13 장 사이에 전반적으로 병행(an overall parallelism)이 있다는 우리의 견해에 힘을 더해준다.

5. 빌 3:17-21과 살전 4-5장 및 롬12-13장 (및 관련된 본문들) 사이의 병행

이방인들의 우상숭배와 부도덕의 삶과 대조되는 거룩하고 하나님을 기쁘시게 하는 삶을 위한 권면은 빌 3:17-19에도 함축적으로 들어있다: "여러 사람들이 그리스도의 십자가의 원수로 행하느니라. 그들의 마침은 멸망이요 그들의 신이 배요 그 영광은 그들의 부끄러움에 있고 땅의 일을 생각하는[φρονοῦντες] 자라 [그들을 본받지 말고 나를 본받으라]." 이 완전히 축약된 문장은 살전 4:1-8과 롬 12:1-2//13:11-14(//롬1:18-32; 6:11-23; 8:3-13)에서 이방인들의 혹은 아담적 인간의 삶의 방식을 반대하는 권면들을 많이 상기키신다. 빌 3:17-19에 그 권면들의 내용이 다음과 같이 반영되고 있음을 주목하라:

- "십자가의 원수로 행하느니라" - 하나님의 진노를 부추김(롬1:18-32; 8:7-8)과 "하나님을 기쁘시게 함"(롬12:1; 살전 4:1)
- "배" - "몸"(롬1:24; 6:12-19; 8:13)과 "그릇"(살전 4:4)
- (배를) 우상으로 섬김 - 우상숭배(롬1:23, 25)와 하나님을 모름(살전 4:5)
- "그들의 신은 배요" - 정욕과 욕망(롬1:24, 26; 13:14; 6:12; 13:14; 살전 4:5)
- "그 영광은 그들의 부끄러움에 있고" - "욕되게 함"(롬1:24, 26), "부끄러운 일"(롬1:27), "(부적절한 행위)를 행하는 자들을 옳다 함"(롬1:32), "부끄러워함"(롬6:21), "단정히 행함"(롬13:13), "거룩함과 존귀함"(살전 4:4)
- "생각" - 마음(롬1:21-22, 28; 8:5-7; 12:1-2)
- "땅의 일을 생각하는 자라" - "마음의 정욕"(롬1:24)과 "육신의 일을… 생각함"(롬8:5-7; 13:14)
- "그들의 마침은 멸망이요" - 하나님의 진노 혹은 심판(롬1:18, 32; 6:21;

메시지의 일부였을 것이다.

8:6; 살전 4:6)

- 바울을 본받는 자들과 이방인의 방식으로 사는 많은 사람들의 대조
- 구원받은 자들의 삶의 방식과 아담적 인간의 삶의 방식의 대조(롬 12:1-2; 1:18-32; 6:11-23; 8:3-13; 13:11-14; 살전 4:1-8)
- 더 나아가, 인내를 위한 확신과 성화를 위한 동기부여를 위해 주의 파루시아와 우리 구원의 완성에 대해 언급(빌 3:20-21) - 롬 13:11-14과 살전 4:13-5:11과의 병행들.

따라서 빌 3:17-21과 한편으로는 살전 4-5장 사이에, 다른 한편으로는 롬 12-13장(과 롬 1:18-32; 6:11-23; 8:3-13에서 그와 관련된 구절들) 사이에는 많은 밀접한 병행이 있다. 따라서 우리가 빌 3:17-19을 빌 4:2-9에 더하는 경우, 비록 빌립보서 본문들에서의 권면들은 간단한 형태로 제시되고 롬 12-13장과 살전 4-5장의 경우 권면들이 보다 확대되고 보다 자세한 형태로 제시되지만, 빌립보서 본문들의 권면들 목록은 기본적으로 롬 12-13장과 살전 4-5장의 목록들과 같다.[43]

결론

우리는 이 연구를 살전 5:12-24과 롬 12:9-21, 빌 4:2-9 사이의 밀접한 병행에 대한 관찰로부터 시작해서 그 본문들의 보다 넓은 문맥들, 곧 살전 4-5장과 롬 12-13장, 빌 3:17-4:9에서 실질적 병행(substantial parallelism)이 있음을 확인했다. 이 연구를 통해 우리는 또한 로마서 12-13장 전체의 통일성을 확인했는데 특별히 롬 12:1-2과 13:11-14은 수미쌍관을 이루며 12:14-13:10은 "모든 사람과 더불어 화목하라"는 주제를 위한 하부

---

43 롬 12:13의 권면("성도들의 쓸 것을 공급하며 손 대접하기를 힘쓰라")은 분명 빌립보서와 데살로니가전서에는 빠져 있다. 바울은 데살로니가의 그리스도인들이 이미 접대를 잘 실천하고 있고(살전 4:9-10; 참고, 5:12-13) 또 접대를 위해 만들어진 공동 자금을 일부 게으른 사람들이 남용하고 있기에(살전 5:14; 참고, 살후 3:6-15) 이 권면을 데살로니가전서에서는 빼는 것 같다. 빌립보서에서는 빌립보 교회가 자신의 필요를 위해 한 헌금에 대한 민감한 주제를 4:10-20에서 다루려고 하기 때문에 그 권면을 빼는 것 같다.

432

단위라 할 수 있다.

살전 5:12-24과 롬 12:9-21과 빌 4:2-9 사이의 병행은, 그 자신이 고전 4:17에서 암시하는 것처럼 바울이 모든 교회들을 위한 윤리적 권면들 세트를 가지고 있었음을 시사해준다. 이 견해는 그 구절들에서 권해지는 덕목들과 갈 5:22-25의 "성령의 열매"("사랑, 희락, 화평, 오래 참음, 자비, 양선, 충성, 온유, 절제"; 갈 5:19-21에서 "육체의 일"로 제시되는 악덕 목록도 참고하라) 사이에 밀접한 유사성이 있다는 사실을 통해 더욱 뒷받침된다. 따라서 우리는 살전 5:12-24과 롬 12:9-21, 빌 4:2-9, 갈 5:22-25, 각 구절에서 제시된 권면들이 바울의 공통적인 권면(common paraenesis) 혹은 그가 기독교적 실존의 근본적인 방식이라고 생각하는 것을 표현해준다고 결론 내릴 수 있을 것이다.[44] 이 결론은 롬 12:9-21의 권면(과13:1-10에서 그 권면을 확장해 놓은 것)이 롬 12:1-2과 롬 13:11-14이 이루는 수미쌍관의 틀 속에 주어진다는 사실을 통해 뒷받침된다: 롬 12:1-2과 롬 13:11-14 각각은 롬 1:18-21의 타락한 인간의 존재 방식(Daseinsweise)과 대조되는 구원받은 자의 존재 방식에 대한 주제 진술문이자 결론에 해당된다.

살전 5:12-24과 롬 12:9-21과 빌 4:2-9, 이 세 구절들과 이 구절들 각각의 보다 넓은 문맥은 기본적으로 동일한 권면들을 포함하지만, 특정한 권면들을 강조하는 면에서는 차이도 있다. 바울은 분명 이 구절들을 작성하여 보내는 세 교회의 각기 다른 필요들에 맞게 권면들을 변경한다. 예를 들어, 특별히 성령의 은사인 예언의 은사 문제와 특별히 관련된 권면들을 가지고 살전 5:19-22에서 권면들 목록을 확장시키고 "선"과 "악" 개념을 예언을 분별하는 문제에 적용함으로써 바울은 분명 데살로니가 교회의 몇 가지 중요한 문제들을 다룬다. 살전 4:13-5:11에서 파루시아

---

44 이 바울 본문들과 벧전 3:8-12 사이에 있는 몇 가지 부분적인 병행을 감안하여(참고. Selwyn, *First Peter*, 408-10), 어떤 학자들은 바울이 자신의 권면을 위해 공통의 기독교 전승을 이용한다고 생각한다. 그러나 롬 12:9-21에서 바울이 유대 기독교의 윤리적 법령을 14-21절의 헬라 기독교에서 편집하여 추가한 내용들과 함께 재생산하고 있다는 탈벗(Talbert)의 견해("Tradition and Redaction," 83-94)는 너무 지나치게 나가는 것 같다. 이 견해에 대한 반론으로는 Piper, *'Love Your Enemies,'* 15-16를 보라.

주제를 확장하는 경우, 바울은 그 교회의 문제들을 명시적으로 언급한다 (살전 4:13; 5:1). 바울이 자신의 공통적인 권면을 서신을 수신하는 교회의 구체적인 필요들에 맞게 수정하여 사용한다는 것은 "모든 사람과 더불어 화목하라"(롬 12:18)는 권면을 롬 12:14-13:10[45] (또한 참고. 롬 14:1-15:7)에서 보복하기를 포기하고, 원수 사랑을 실천하고, 정부 당국자들에게 순종하고 그들에게 세금을 내라는 등의 권면들로 확장하는 데서도 분명하게 볼 수 있다. 롬 12:14-21에서 바울은 분명 잠시 길을 벗어나서 "겸손을 실천하라," "모든 사람과 더불어 화목하라," "너희를 박해하는 자들에게 보복하지 말라," "너희 원수를 사랑하라"는 네 개의 연관된 권면들을 여러 번, 그리고 다양한 방식으로 반복한다. 그리고 나서 그는 계속해서 롬 13:1-7에서 매우 정치적인 권면들을 제시한다. 롬 12:14-13:10의 이 특징들과 이 긴 본문의 통일성은 병행 본문인 살전 5:12-24과 빌 4:2-9과 비교할 때 더욱 선명하게 드러난다.

따라서 이와 같은 비교는 롬 12:14-13:10에 로마의 그리스도인들의 아주 중요한 사회-정치적 상황과 그들이 로마에서 저항과 보복 운동에 가담하지 않도록 하려는 바울의 진지한 시도가 반영되어 있음을 보다 잘 보는 데 도움이 된다.[46] 따라서 살전 5:12-24과 롬 12:9-21과 빌 4:2-9 각 구절의 권면들 목록들을 공관복음을 편집비평적 관점에서 비교하는 것과 유사한 방식으로 주의 깊게 비교해 봄으로써 우리는 각 교회의 필요들과 각 교회를 위한 바울의 의도를 보다 예리하게 정의할 수 있다.

덧붙여 이 연구의 잠재적 기여 두 가지를 추가로 언급할 수 있을 것이다. (1) 한편의 초기 서신(설사 가장 이른 서신이 아니라 해도) (데살로니가전서)과 두 편의 후기 서신들(로마서와 빌립보서), 이렇게 세 개의 서신에 제시된 기

---

45 따라서 본 연구에서 확인된 롬 12:14-13:10의 통일성은 논란이 되는 구절인 롬 13:1-7 해석을 위해 몇 가지 중요한 함의들을 가진다.

46 따라서 본 연구는 로마서에서 바울이 단지 자신의 신학만 요약하는 것이기보다 로마의 그리스도인들의 실제적 문제들 중 어떤 것들을 해결하도록 돕기를 원하는 것이기도 하다는 견해에 더욱 힘을 실어준다.

434

본적으로 공통적인 권면을 위한 가르침에 대한 관찰은 바울 신학의 "발전"에 대한 토론을 위한 함의들을 가질 수 있다. (2) 롬 1:18-32과 12:1-2을 먼저 직접 상호비교함으로써 관찰하고 그 두 구절들을 로마서의 다른 구절들(6:11-23; 7:7-8:13; 13:11-14)과 그리고 빌 3:17-21과 골 3:5-11, 살전 4:1-8을 추가로 비교함으로써 거듭 확인하게 된 롬 1:18-32과 12:1-2 사이의 상응은 로마서에서의 바울의 일관된 생각의 흐름, 곧 인간의 타락에 대한 설명에서 시작하여(1:18-3:20) 복음의 선포와(3:21-8:39 혹은 11:36) 의롭다 함을 받은 자들을 위한 권면에 이르기까지(12:1-15:13) 아담-그리스도의 대조(5:12-21)를 통해 이어지는 일관된 생각의 흐름을 드러낸다. 이와 같은 발견은 롬 1:18-32을 바울의 대적자들에게 돌리고(attribute to) 부분적으로 그 가정에 근거하여 로마서와 바울의 칭의의 신학에 대한 자신의 새로운 주장들(novel theses)을 제시하고자 하는 더글라스 캠벨(Douglas Campbell)의 시도에 찬물을 끼얹는다.[47]

47 D. Campbell, *The Deliverance of God: An Apocalyptic Rereading of Justification in Paul*(Grand Rapids: Eerdmans, 2009), 특히 519-600.

Paul's Gospel for the Thessalonians and Others

━━━━ **12장** ━━━━

데살로니가후서 1-2장에서의 바울의 칭의 교리와 그 교리의 바울 신학과 데살로니가후서에 대한 함의들

데살로니가의 그리스도인들에게 첫 번째 서신을 보낸 이후에 곧 바울은 분명 그들이 이교도 대적자들에게서 강도가 심해져 가는 박해를 겪고 있으며 또한 주의 날이 이미 왔다는 예언으로 인해 깊이 흔들리고 있다는 소식을 듣고서 이 두 번째 서신을 쓴다. 그래서 바울은 그들을 위로하고 안심시키고자 데살로니가후서의 첫 번째이자 주요한 부분(1-2장)에서 "불법의 사람[무/불법자]"이 나타난 후에야 주 예수의 파루시아가 있을 것이기에 주의 날은 아직 오지 않았음을 분명히 한다. 그리고 그는 마침내 오게 될 주의 날에 있을 "하나님의 공의로운 심판"(1:5)이 그리스도의 복음을 믿는 그들에게는 하나님 나라에서의 칭의와 영광 받음이지만(1:5, 7, 10, 11-12; 2:13-14, 16-17) 복음의 진리를 믿기를 거절하고 오히려 사탄의 대리자인 "불법의 사람"의 거짓을 따르는 그들의 박해자들과 다른 사람들에게는 정죄와 멸망일 것(1:6, 8-9; 2:9-12)이라는 메시지를 반복적으로 강조한다. 그래서 바울은 서신의 중심부에서 주의 날에 대한 데살로니가의 믿는 자들의 염려에 대해 다루면서 그 앞부분(1:5-12)과 그 뒷부분(2:9-17)에서 이신칭의 교리로 하나님의 "공의로운 심판"(1:5)에 대해 설명함으로써 그들을 위로하고 안심시킨다.

1. 주해[1]

(a) 살후 1:5-10

첫 번째 감사 부분(1:3-10)에서 바울은 그 모든 박해 가운데서 독자들의 "인내와 믿음"(4절)은 "[그들이] 하나님의 나라에 합당한 자로 여김을 받을(καταξιωθῆναι) 것이라는 하나님의 공의로운 심판의 증거(ἔνδειγμα τῆς δικαίας κρίσεως τοῦ θεοῦ)"(5절)라고 말한다. 이것이 바울이 박해를 당하고 염려에 빠진 데살로니가의 그리스도인들에게 데살로니가후서에서 전파하는 메시지의 주제 진술이다. 그는 먼저 주 예수 그리스도의 파루시아 때 하나님의 "공의로운"(δικαία) 심판을 합당한 보응(ἀνταποδοῦναι)의 원리로 설명함으로써 그 주제를 입증한다(6-7절): 합당한 보응은 "[믿는 자들에게] 환난을 받게 하는 자들에게는 환난으로 갚으시고" "환난을 받는 [믿는 자들에게는] 안식으로 갚으심으로써" 이 타락한 세상의 공의롭지 못한 현실을 뒤집고 공의를 세우는 것이다.

그런 다음, 그는 더 나아가 하나님의 "공의로운" 심판을 자신의 칭의 교리로 설명함으로써 입증한다(8-10a절): 하나님은 "그의 성도들" 곧 "[복음을] 믿은 모든 자들"에게는 자기 영광에 참여하도록 허락하시지만 "하나님을 모르는 자들과 우리 주 예수의 복음에 복종하지 않는 자들에게는 형벌[ἐκδίκησις]을 내리"셔서 이들이 주의 영광에서 제외되게 하신다. 여기서 그 앞에 있는 3-7a절과 그 뒤에 있는 10b-12절에서 두드러지게 사용되는 2인칭 대명사들과 동사들이 8-10a절에는 안 나오고 데살로니가의 믿는 자들과 그들을 박해하는 자들에 대한 구체적인 언급들 대신 하

---

1 살후 1-2장의 다음 다섯 개의 본문에 대한 보다 상세한 주해를 위해서는 필자의 주석 *1-2 Thessalonians*(WBC; Grand Rapids: Zondervan, forthcoming)을 보라. 여기서는 본 논문의 목적과 관련된 점들만 강조하면서 그 주석의 요약만을 기술한다. 단, 어떤 자료는 때로 그대로 옮겨 놓는다.

나님을 모르고 복음에 복종하지 않는 자들과 하나님의 "성도들" 곧 "모든 믿는 자들"²이라는 일반화시킨 언급들이 사용된다는 점을 주목하라. 그리고 10b절에서 ὅτι 원인절을 추가함으로써 바울은 믿는 자들을 위한 하나님의 공의로운 심판의 긍정적인 결과(10a절)를 독자들에게 개인적으로 적용한다. ὅτι 원인절은 문맥으로부터 주절(main clause)을 채워 넣어 다음과 같이 해석할 수 있을 것이다: "[그러므로] 너희가 우리의 증거[곧 복음]를 믿었으므로 [너희는 주의 영광에 참여하는 이 축복 또한 받을 것이다]." 이와 같은 점들은 8-10a절을 하나님의 공의로운 심판에 대한 일반화된 설명으로 보게 해준다.³ 사실 이 구절에서 바울은, 5절에서 그것을 반영하기 시작하고 10b-12절에서도 계속해서 반영하는 자신의 칭의 교리에 따라 하나님의 심판에 대한 설명을 제시한다. 이 견해는 우리 본문(살후 1:5-10)이 독자들과 불신자들을 대조하여 진술한다는 점에서 그와 병행이 되고 2:12의 바울의 칭의 교리에 따른 하나님의 심판에 대한 일반화된 진술 역시 포함하고 있는 살후 2:9-14에 의해 뒷받침된다.

여기서 바울이 주 예수 그리스도의 파루시아 때 하나님의 "공의로운 심판"의 기준으로서 복음에 대한 믿음을 얼마나 강하게 강조하는지를 주목하라: 데살로니가의 그리스도인들은 그들이 복음을 믿었기 때문에(4-5, 7, 10절) 하나님 나라에 합당한 자라는 판결을 받고 구원("안식"과 "영광")을 상으로 받게 되지만 그들을 박해한 자들은 "형벌/보응"(ἐκδίκησις) 혹은

---

2 롬 1:16의 "모든"(πᾶς)과 롬 3:22-24(또한 참고, 3:28-30)의 "모든"(πάντες/πάντας)과 롬 10:12-13의 "모든/누구든지"(πᾶς)와 마찬가지로 여기서 10a절의 "모든"(πᾶς)은 바울이 하나님이 복음을 믿는 모든 사람을 어떤 차별도 없이 의롭다 하신다는 것을 강조하는 그의 칭의 교리의 한 요소를 나타낸다(갈 3:26, 28의 πάντες 또한 참고하라). 따라서 10a절의 "모든"(πᾶς)은 8-10a절에서 바울이 칭의 교리를 진술하고 있다는 징표(sign)다(2:12 또한 참고하라. 아래를 보라).

3 참고. C. Wanamaker, *The Epistles to the Thessalonians*, NIGT(Grand Rapids: Eerdmans, 1990), 232. 와나메이커(Wanamaker)는 여기서 바울이 그 기원을 분명히 알 수 없는 미리 만들어진 자료를 삽입한다고 생각한다; E. Best, *A Commentary on the First and Second Epistles to the Thessalonians*, BNTC(London: Black, 1977), 267, 또한 참고하라.

"영원한 멸망의 형벌"만이 기다리는 "하나님을 모르는 자들과…우리 주 예수의 복음에 복종하지 않는 자들"에게 속하기 때문에(8-9절) 하나님이 그들에게 환난으로 갚으실 것이다(6절). 여기서 "복음에 순종하다"라는 바울의 독특한 어법은 롬 1:3-4에 인용된 복음과 모든 민족들이 복음이 선포하는 바 "예수 그리스도 우리 주"의 "이름"에 "믿음의 순종"을 드려야 하는 의무에 대한 그의 이해를 반영한다(롬 1:4b-5; 또한 참고. 15:18; 16:26; 고후 9:13; 또한 갈 5:7; 롬 2:8). 롬 10:9-10에서 바울은 우리가 "하나님께서 그를 죽은 자 가운데서 살리신 것을 우리 마음에 믿고" "[우리] 입으로 예수를 주로 시인하면" 우리가 "의롭다 함을 받"거나 "구원을 받"을 것이라고 말한다(이것이 롬 1:3-4 + 16-17의 복음을 요약하여 제시하는 내용임을 특히 주목하라[4]). 그런 다음, 같은 문맥에서(롬 10:16) "그러나 그들이 다 복음을 순종하지 아니하였도다"라고 고발한 다음에 바울은 이 고발의 당위성을 입증하기 위해 사 53:1을 인용한다("주여 우리가 전한 것을 누가 믿었나이까?"). 이와 같이 그는 "복음에 대한 순종"이 칭의와 구원을 가져오는 "복음을 믿음" 혹은 "복음에 대한 믿음의 순종"임을 분명히 한다. 우리 본문에서도 바울은 멸망당할 자들 곧 "복음에 순종하지 않는" 자들(8절)과 복음, 곧 자신과 동료들이 전한 "증거"를 "믿은" 데살로니가의 그리스도인들(10절; 참고. 2:14; 살전 1:5; 고전 1:6)을 대조함으로써 이 점을 분명히 한다. 더 나아가 우리 본문 8절에서 "복음"을 "주 예수의"라는 구로 수식함으로써(단지 여기서만; 다른 곳에서는 보통 "그리스도의 복음") 그는 자신이 롬 1:3-4에 인용된 복음 곧 부활하셔서 모든 것 위에 주로 세움 받으신 하나님의 아들 예수에 관한 복음을 가리킨다는 점 뿐만 아니라 자신이 그 복음에 대한 믿음과 그 복음이 요구하는 그 주 예수에 대한 순종에 대해 말하고 있다는 점 역시 시사한다.

하나님은 그 복음을 믿고 예수를 주로 고백하는 다시 말해 예수의 주권에 순종하는 "모든 사람"을 의롭다(하시고 구원)하신다(롬 1:16-17; 10:9-

---

4　참고. S. Kim, *Justification and God's Kingdom*(Tübingen: Mohr Siebeck, 2018), 15-19.

440

10). 복음을 받아들이거나 믿음으로써 우리는 하나님을 자기 아들을 보내사 다윗의 자손 예수로 성육신 하게 하시고 죽은 자들 가운데서 살아나게 하시고 그를 자기 아들로 높이셔서 그가 "주"라는 자기 이름을 가지고 자기 영을 통해 자신을 대리하여 권능을 행사하게 하신 주 예수의 아버지로 올바르게 "알게" 된다. 데살로니가의 그리스도인들은 이 복음을 받아들였고 그렇게 하여 "살아 계시고 참되신 하나님"을 알고 섬기게 되었으며 "죽은 자들 가운데서 다시 살리신 그의 아들 곧 장래의 노하심에서 우리를 건지시는[다시 말해 최후의 심판 때 우리를 의롭다 하시는] 예수께서 하늘로부터 강림하실 것을 기다리게" 되었다(살전 1:9-10).[5] 하지만 그들을 박해하는 자들은 하나님을 제대로 알지 못하고 복음에 믿음의 순종을 드리지 않는 자들에게 속해 있다. 바울이 보기에 그들은 복음을 "믿은" 독자들(살후 1:10b)과 달리 복음에 제시된 하나님의 구원하시는 은혜를 믿음으로 덕 입기를 거부하고 있다(살후 1:10b). 따라서 하나님은 주 예수 그리스도의 파루시아 때 δικαίωσις("의롭다 하심")와 구원 대신 ἐκδίκησις("보응/형벌") 혹은 영원한 멸망의 δίκη("형벌")을 내리실 것이다(8-9절). 그러므로 5절과 10절과 함께 8절은 분명 바울이 롬 1:3-4, 16-17에서 도입하고 롬 1-8장에서 자세히 설명한 다음에 롬 10장에서 유대인들에게 적용하는 칭의 교리를 반영한다.

이 모든 것으로 볼 때 5절의 부정사 καταξιωθῆναι("합당한 자로 여김을 받다")는 바울의 칭의 교리의 핵심 개념인 전치사 δικαιωθῆναι("의로 여김을 받다, 의롭다 하심을 받다")와 내용적 동의어로 볼 수 있으며[6] 하나님의 "공의로운 심판"에서 믿는 자들이 "하나님 나라에 합당한 자로 여김을 받게 하

---

5 롬 1:16-17의 바울의 칭의 교리의 핵심 논지는 롬 1:3-4에 인용된 기독론적 복음을 구원론적으로 적용한 것이며 살전 1:9-10에 요약된 바울의 복음이 이 두 가지 모두를 반영한다는 견해들을 위해서는 필자의 주석의 해당 구절에 대한 코멘트를 보라; 또한 위의 본서 2장 "복음으로서의 하나님의 아들 예수(살전 1:9-10, 롬 1:3-4)"와 필자의 *Justification*, 15-19를 참고하라.
6 참고. O. A. Rainbow, "Justification according to Paul's Thessalonian Correspondence," *BBR* 19(2009): 251.

시는(καταξιωθῆναι)" 판결은 롬 1:3-4 +16-17의 복음의 관점에서 해석할
수 있다. 여기서 "하나님이 예수를 죽은 자들 가운데서 살리셨음(과 그를
하나님의 아들로 높이셔서 자신의 왕권 혹은 주권을 행사하게 하심)을 믿고 그리고 우
리가 세례 받을 때 롬 1:3-4의 복음에 따라 "예수는 주"시라고 고백함으
로써(롬 10:9-10) 우리가 사탄의 나라에서 하나님의 아들 주 예수 그리스
도의 나라로 옮김 받는다는 것과 이 나라가 현재에 나타나는 하나님 나
라(present manifestation)라는 것(롬 1:3-4의 복음을 자세히 풀어 설명하는 고전 15:23-
28을 참고하라)을 기억할 필요가 있다. 또한 하나님의 의(δικαιοσύνη θεοῦ)
는 단순히 법정적 개념이라기보다는 보다 근본적으로는 하나님의 언약
적 신실하심으로서의 관계적 개념이며 하나님이 의롭다 하심(δικαιοῦν,
δικαιοῦσθαι)은 죄 사면이라는 법정적 행위뿐만 아니라 죄인들을 자신과
올바른, 언약적 관계로 회복시키는 행위이기도 하여서 우리에 대한 하나
님의 칭의(하나님이 우리를 의롭다고 선언하심)는 우리가 사탄의 나라에서 현
재에 그의 아들 주 예수 그리스도의 나라로 대변되는 하나님 나라로 옮
겨짐과 연관된다는 점도 기억할 필요가 있다. 이 진리가 골 1:13-14에 가
장 간명하게 진술되어 있다: "[하나님이] 우리를 흑암의 권세에서 건져
내사 그의 사랑의 아들의 나라로 옮기셨으니 그 아들 안에서 우리가 속
량 곧 죄 사함[곧 의롭다 하심]을 얻었도다". 따라서 칭의는 주권 이전
(Herrschaftswechsel)[7] 곧 우리가 "주 안에서"(ἐν κυρίῳ) 살게 하기 위해 주 예
수 그리스도의 나라 혹은 주권 영역 안으로 옮기심이다. 우리가 세례 받
을 때, 예수의 대속적 죽음과 부활/높임 받으심의 복음을 시인하고 예수
를 주로 고백함으로써 우리가 의롭다 함 곧 우리 죄의 사면을 받고 하나
님과 그 아들 예수 그리스도의 나라로 옮겨진다(롬 10:9-10).
　그러나 이것은 단지 우리의 칭의의 첫 열매이며, 우리는 주 예수 그리

7　E. Käsemann, "Gottesgerechtigkeit bei Paulus," in *Exegetische Versuche und
　Besinnungen(vol. 2; Göttingen: Vandenhoeck & Ruprecht, 1966), 185-93(영어판: "'The
　Righteousness of God' in Paul," in *New Testament Questions of Today*[Philadelphia: Fortress, 1969],
　174-82)를 참고하라.

스도의 파루시아 때 최후의 심판에서 완성된 칭의를 얻게 될 것이다. 그동안은 주 예수께 혹은 그의 왕권 혹은 주권에 "믿음의 순종"을 드리면서, 우리 육신을 통해 우리를 유혹하는 사탄에 순종하기보다 믿음으로 그의 영이신 성령의 인도하심과 능력 주심에 의지하며(롬 8:1-13; 갈 5:16-25)[8] 살아야 한다. 그리고 주 예수 그리스도의 파루시아 때 우리는 우리 행위나(롬 2:5-16; 14:10-12; 고후 5:10; 또한 참고. 롬 6:19-23; 고전 3:10-17; 4:1-5; 6:9-11; 9:16-27; 갈 5:19-21; 6:7-8; 빌 2:12-17; 골 1:21-23; 살전 3:12-13; 5:23) 우리 "믿음의 순종"의 열매나(롬 1:5 등; 곧 우리의 "믿음의 역사," 살후 1:11; 살전 1:3) 성령의 도우심을 통해 우리가 맺은(갈 5:22-23) "의/성화의 열매"(빌 1:11; 롬 6:22)에 따라 우리를 심판하실 하나님의 재판석 앞에 서야 한다. 거기서 하나님의 아들 예수 그리스도의 중보를 통해 우리가 하나님께로부터 궁극적인 칭의 곧 그의 완성된 나라에 들어감(고전 6:9; 15:50; 갈 5:21)과 하나님 아버지와 그 아들 주 예수 그리스도의 영광에 들어감(롬 5:2; 8:17-18; 29-39; 살후 1:10, 12; 2:14)을 마침내 얻게 될 것이다. 데살로니가의 그리스도인들은 바울의 명령에 따라서 "[자신들을] 자기 나라와 영광에 들어가도록 부르신 하나님께 합당하게[ἀξίως] 살았다"(살전 2:11-12). 바울은 그들의 "모든 박해와 환난 중에서의 인내와 믿음"(살후 1:4)을 그와 같은 삶의 증거로 본다. 그러므로 그는 그것이 그 "공의로운 심판"을 통해 하나님이 분명 그들에게 궁극적인 칭의 곧 "너는 내 나라에 들어오기에 합당하다[καταξιωθῆναι]!"(살후 1:5)[9]라는 궁극적인 판결을 주시고 그들로 자기 영광에 참여하게 만드실 것이라는 분명한 "증거"(ἔνδειγμα)이기도 함을 전적

---

8 이 "칭의의 현재적 과정(present process of justification)"에 대한 자세한 설명을 위해서는 필자의 Justification, 73-91에 수록된 논문 "The Present Phase of Justification and the Ethical Imperatives"를 보라. "칭의의 현재적 과정" 개념에 대해서는 P. Stuhlmacher, *Revisiting Paul's Doctrine of Justification: A Challenge to the New Perspective, With an Essay by Donald A. Hagner*(Downers Grove: InterVarsity Academic, 2001), 55-69를 보라; 필자는 Rainbow, "Justification," 274 주 72의 견해에는 미안하지만 동의하지 않는다.

9 9절의 믿지 않는 자들에 대한 심판과 대조하라. 그들에게 주어지는 "영원한 멸망의 형벌"은 주의 임재(얼굴)와 그의 영광에서 추방되는 것임을 암시한다.

으로 확신하고 있다.

(b) 살후 1:11-12

이와 같은 확신을 가지고도 바울은 긴 감사 부분(3-10절)에 하나님이 데살로니가의 믿는 자들이 최후의 심판 때 10절에 언급된 축복(11절을 도입하는 εἰς ὅ[이를 위하여] 표현을 특별히 주목하라) 곧 (5절과 7절에 언급된 축복들을 그 자체 안에 요약적으로 포함하는 바로서) 그들이 주의 영광에 참여함을 얻어 누리도록 도우시기를 간구하는 기도를 덧붙인다. 이 기도의 간구들은 하나님이 "[데살로니가의 그리스도인들을] 그 부르심에 합당한 자로 여기시고[ἀξιώσῃ]" "[그들이] 선을 행할 모든 결심을 하고 그들의 믿음의 역사를 이룰 수 있도록 능력 주시기"를 구하는 두 개 절로 구체화된다.[10] 그러나 두 번째 간구는 첫 번째 간구를 구체화하는 것이기 때문에 이 둘은 하나다. 하나님은 데살로니가의 믿는 자들을 복음을 통해(살후 2:14) 그리고 그 복음에서 그들의 칭의 혹은 성화를 약속하심으로(다시 말해 그들을 하나님의 의로운 혹은 거룩한 백성 삼으시겠다 약속하심으로) 자기 나라로 부르사(참고. 살전 2:12) 그들로 자기 영광에 참여하게 하셨다. 그들이 복음을 받아들임으로써, 그 복음을 통해 하나님이 그들을 부르심이 그들이 세례를 받을 때 실현이 되었다. 그러므로 그들은 이제 하나님을 대리하여 하나님의 백성들을 다스리는 하나님의 아들 주 예수 그리스도께 "믿음의 순종"을 드리면서 하나님의 거룩한 혹은 의로운 백성으로 살아야 한다. 그런 삶이 "[하나님의] 부르심에 합당한" 삶이다. 그 삶은 주 예수의 뜻을 따라 모든 상황 가운데서 선을 행하고 선을 이루겠다는 의지 또는 결심(resolve)을 가지는 것이다. 데살로니가의 그리스도인들은 이 일들을 스스로 할 수 없다. 그래서 바울은 하나님이 "능력으로"(ἐν δυνάμει, 11절, 의심의 여지없이 자신의 영의 능력으로) 혹은 자신의 "은혜"로(12절) 그들이 이 일들을 할 수 있게

---

10 그 두 절들(과 이 논문에서 다루어지는 다른 구절들)에 관한 그러한 해석에 대한 주해적 판단을 위해서는 필자의 주석의 관련 본문에 대한 코멘트를 보라.

하시기를 기도하고 있는 것이다.[11] 하나님이 자기 능력 혹은 은혜로 그들이 선한 일들을 할 수 있게 하시는 목적은 그들로 하여금 하나님의 부르심의 목적이 궁극적으로 성취될 때(참고. 롬 8:30) 완성된 칭의(와 완성된 하나님 나라에 들어감)와 주 예수의 영광에 참여함(12절; 그 병행이 되는 2:14b을 참고하라)을 얻게 하는 것이다.

따라서 바울은 여기서 칭의(혹은 성화)의 현재적 과정에 대한 표준적 가르침을 제시하고 있다: 세례 때 의롭다 함을 혹은 거룩하게 됨을 받은 자들은 하나님의 최후의 심판 때 자신들의 칭의 혹은 성화의 완성을 위해 현재에 선한 일을 할 필요가 있다(예: 롬 2:5-16; 고전 1:8; 고후 5:10; 빌 1:10; 살전 3:12-13)[12]; 하나님은 자기 영의 능력으로 혹은 그 은혜로 그들이 선한 일을 할 수 있게 하신다(고전 15:10; 빌 2:12-16; 골 1:29; 살전 4:8); 그리고 그들은 믿음을 통해 하나님의 그 은혜를 활용하거나 하나님과 그의 아들의 영을 따라 행하여(롬 7-8장; 갈 5장) 그들의 선행이 "믿음의 역사"가 되게 함으로써만(11절; 참고. 살전 1:3) 그렇게 할 수 있다. 이와 같이 칭의는 우리가 세례 받을 때뿐만 아니라 그 현재적 과정에서와 최후의 심판 때에도 하나님의 은혜와 우리 믿음을 통해 이루어진다(참고. 롬 8:31-39; 살전 1:10). 그러므로 바울이 칭의 혹은 구원의 세 단계에 대한 언급들을—하나님이 세례 때 믿는 자들을 부르시고(참고. 갈 1:6) 그들이 현재에 "믿음"의 선한 일을 이루도록 도우시고 마지막에 영광을 주심—"우리 하나님과 주 예수 그리스도의 은혜를 따른" 것으로 마무리하는 것을 보는 것이 상당히 인상적이다.

---

11 참고. J.-N. Aletti, *Justification by Faith in the Letters of Saint Paul: Keys to Interpretation*(tr. from French by P. Manning Meyer; Roma: Gregorian & Biblical Press, 2015), 207: "… 바울로서는 믿는 자들이 그들의 선행이 아니라 하나님의 은혜로 의롭다 하심을 받은[=의롭게 된] 것이라 하더라도 이것이 그들이 의롭다 함을 받은 후에도 선한 일을 행할 능력이 없는 그대로 있게 된다는 의미는 아니다. 그들은 선한 일을 행하고[롬 13:3] 이 동일한 하나님의 은혜를 가지고서 온갖 종류의 선을 이루어갈 필요가 있다[고후 9:8]. 하나님의 은혜는 믿는 자의 의지나 행동을 억누르기보다는 선한 일을 할 능력을 준다."

12 칭의와 성화가 구원에 대한 병행이 되는 은유라는 견해를 위해서는 아래 주 16을 보라(특히 고전 6:11을 참고하라).

(c) 살후 2:9-12

주의 날이 이미 왔다는 예언에 데살로니가의 그리스도인들로 크게 흔들리게 만든 것은 하나님의 최후의 심판에 대한 염려였을 가능성이 크다 (2:1-2). 따라서 이들을 위로하고 안심시키기 위해 바울은 먼저 2:3-8에서 주의 날은 현재는 막힘을 당하고 있는 "불법의 사람"이 나타난 이후에라야 온다고 설명한다. 그런 다음, 2:8에서 그는 결국 막고 있는 자(ὁ κατέχων)가 없어짐과 함께 그 불법의 사람이 나타나게 될 것이고 주 예수께서 재림하심으로 그를 멸하실 것이라고 말씀하심으로 그 설명을 마무리한다.

그러나 그런 다음 바울은 2:9-12에서 주 예수 그리스도의 파루시아와 "우리가 그 앞에 모임"(참고. 2:1)에 대한 진술이나 주의 날에 일어날 사건들에 대한 설명으로 이야기를 이어가기보다 한걸음 물러서 그 무/불법자의 속임의 일과 그 일이 불신자들과 하나님의 그들에 대한 심판에 미치는 영향들에 대해 진술한다. 그런 다음, 2:13-14에서 그는 불신자들에 대한 하나님의 심판에 대한 언급을 독자들 곧 데살로니가의 그리스도인들이 복음을 믿은 것 때문에 하나님이 그들을 구원하심을 다시금 강하게 확신케 하는 메시지로 이어간다. 따라서 2:9-12과 2:13-14 두 부분에서 바울은 자신이 1:5-10에서 제시한 주제들 곧 하나님의 "공의로운 심판"이 데살로니가의 그리스도인들과 다른 믿는 자들에게는 구원과 그의 나라에서의 영광을 상으로 주지만 그들을 박해하는 자들과 복음을 믿기 거부하고 대신 악을 행하는 다른 사람들은 정죄하고 멸하신다는 것에 대해 자세히 설명한다. 따라서 2:9-14(과 16-17절)과 1:5-10(과 11-12절)에서의 바울의 주된 관심은 하나님의 심판의 이 다른 전망들을 반복하여 강조하고 이로써 주 예수 그리스도의 파루시아 때 혹은 주의 날에 있을 하나님의 최후의 심판에 대해 염려하는 고난받는 데살로니가 그리스도인들을 위로하고 안심시키는 것이다.

그러므로 데살로니가후서의 첫 번째와 두 번째 주요 부분 곧 1-2장은 "불법의 사람"의 나타남과 주 예수 그리스도의 파루시아에 대한 묵시론적 시나리오가 아니라 믿는 자들의 칭의 혹은 구원과 불신자들이 주 예수 그리스도의 파루시아 때 하나님의 "공의로운 심판"에서 정죄를 받는 것이 그 주된 주제가 된다고 봐야 한다.

우리 본문(살후 2:9-12)에서 바울은 "불법의 사람[무/불법자]"은 올 때 표적과 기사를 통해 큰 능력을 보여줌으로써 사람들을 속여서 그들이 진리(복음, 참고. 고후 4:2; 13:8; 갈 2:5, 14; 5:7; 엡 1:13; 골 1:5, 6)를 받아들여 구원받는(살후 2:9-10) 대신 그의 거짓말을 믿고 불의(ἀδικία)에 빠져 멸망하게 할 것이라고 말한다. "이러므로 하나님이 미혹의 역사[ἐνέργειαν πλάνης]를 그들에게 보내사 거짓 것을 믿게 하심은[2:11] 진리를 믿지 않고 불의를 좋아하는 모든 자들로 하여금 심판을 받게 하려 하심이라[2:12]." 먼저 여기 살후 2:10과 2:12에서 바울이 진리(복음)를 받음 혹은 믿음은 구원에 이르는 데 반해 복음에 대한 불신은 정죄와 멸망에 이르는지를 어떻게 분명히 하는지를 주목하라. 그리고 더 나아가 2:12의 세 가지 사실들에 주목하라: (a) 그는 1:8-10에서와 같이 그 앞 구절들(2:9-11)에서의 가르침에 대한 결론을 제시하는 방식으로 이 진리를 일반화시킨 형태로("진리를 믿지 않는 모든 자들을 심판을 받을 것이다") 진술한다; (b) 12절의 진술의 언어는 롬 2:8을 반영한다; (c) 그리고 그 내용은 (2:10b의 내용과 더불어) 롬 1:16-17에서 기본적으로 제시하는, 복음을 믿는 모든 자들이 구원을 받을 것이라는 칭의 교리의 부정적 표현이다.

다음으로 우리 본문에서의 불신자들의 죄들에 대한 바울의 진술과 그들에 대한 하나님의 법정적 대응에 대한 설명이 롬 1:18-32에 표현된 것과 어떻게 밀접한 병행을 이루는지를 잘 음미해보라: (a) 여기서 불신자들이 복음의 "진리"를 거부한 것에 대해 비판을 받듯이(살후 2:10, 12) 마찬가지로 로마서 본문에서도 이교도들이 창조에 드러난 "진리"를 거부한 것에 대해 비판을 받는다(롬1:18, 25); (b) 여기서(살후 1:8)와 롬 1:21 모두에서 불신자들은 하나님을 올바로 인정하지 않는 것에 대해 비판을 받는다; (c) 그들이 참되신 하나님의 "진리"를 거부한 일은 여기서(살후 2:4, 11)와 롬 1:25 모두에서 그들로 하여금 거짓된 신의 "거짓말"을 믿게 이끌었

다; (d) 우리 본문(살후 2:11)과 로마서 본문(롬 1:24, 26, 28) 모두에서 하나님
은 불신자들이 "진리"를 거부한 일에 대해 그들을 "거짓"과 불의(ἀδικία)
의 세계에 내버려 두시거나 그들이 그 세계에 더 깊이 빠지게 만드심으
로 대응하신다; (e) 두 본문에서 이 생각을 표현하는 방식들이 매우 유
사하다: 살후 2:11과 롬 1:26 모두에서 이 생각은 διὰ τοῦτο로 도입되며
(롬 1:24의 διό도 참고하라) 여기서 "하나님이 그들에게 미혹의 역사를 보내실
것"이라는 말은 롬 1:28의 "하나님께서 그들을 그 상실한 마음대로 내버
려 두셨다"(1:24, 26을 참고)에 상응한다; (f) 불신자들이 "진리"를 거부함/막
음과 불의에 빠져 있음은 여기서와 로마서 본문에서 유기적인 한 단위를
이룬다; 그리고 (g) 로마서 본문에서 바울이 하나님이 복음을 믿는 모든
사람을 의롭다고 하시는 것(롬 1:16-17)과 대조적으로 하나님의 진노가 그
와 같이 믿지 않고 악을 행하는 모든 사람에 대해 나타난다(롬 1:18; 2:5, 8)
고 선언하는 것과 마찬가지로 우리 본문에서도 그는 (모든) 믿는 자들[13]이
하나님의 구원과 영광을 얻는 것(살후 2:13-14)과 대조적으로 진리(복음)를
믿지 않은 모든 자들이 하나님의 심판에서 정죄를 받을 것(살후 2:12; 참고.
롬 2:8-9)이라고 선언한다.

우리 본문과 로마서 본문 사이에 시간적 관점(temporal perspective)에서 차
이가 있다.[14] 하지만 우리 목적상 이 두 본문에서 바울이 진리/복음은 믿
는 자들을 의롭다고 하심 혹은 구원하심과 대조적으로 하나님이 그 진

---

13 살후 1:10을 참고하라: "모든 믿는 자들." 살전 1:9-10과 롬 2:4-6 사이의 밀접한 유사성
    에 대해서는 본서 위의 2장 "복음으로서의 하나님의 아들 예수(살전 1:9-10과 롬 1:3-4)"(99페
    이지 주 23) 또한 참고하라.
14 우리 본문은 "불법의 사람"이 장차 오는 것의 관점에서 불신자들이 (과거에) 복음의 진리를
    거부한 일과 그들이 (장차) "그 불법의 사람"의 거짓말에 하게 될 반응과 하나님이 (장차 하
    실) 심판을 바라보고 있는 반면 로마서 본문은 복음의 현재적 선포의 관점에서 이교도들
    이 (과거에) 창조세계에 드러난 하나님의 진리를 거부한 일과 그 이교도들의 현재 삶에 영
    향을 미치는 하나님의 (이전에 하신) 심판을 바라보고 있다. 그럼에도 불구하고 인간이 하
    나님의 진리와 구원을 거부한 일이 하나님이 그들로 그 상실한 마음과 도덕적 부패에 머
    물러 있게 내버려두시는 심판으로 반응하시게끔 이끈다는 원리는 두 구절 모두에서 동
    일하다.

448

리/복음을 믿지 않는 자들을 정죄하심에 대해 설명할 때 인간의 죄와 하나님의 반응에 대한 동일한 원리와 동일한 개념과 어휘를 사용한다는 것을 주목하는 것이 중요하다.

우리 본문 살후 2:12는 롬 2:8(τοῖς ἀπειθοῦσιν τῇ ἀληθείᾳ πειθομένοις δὲ τῇ ἀδικίᾳ, "진리를 따르지 아니하고 불의를 따르는 자들[에 대한 하나님의 심판]")과 밀접한 병행을 이룬다. 바울은 살후 1:8에서도 "복음에 순종하지 않는 자들"(τοῖς μὴ ὑπακούουσιν τῷ εὐαγγελίῳ)에 대한 하나님의 심판에 대해 말할 때 롬 2:8을 이미 반영한 바 있다. 사실 살후 1:4-12과 2:10-17에서 바울이 "하나님의 공의로운 심판"(τῆς δικαίας κρίσεως τοῦ θεοῦ, 1:5)에 대해 제시한 설명은 롬 2:5-11(δικαιοκρισίας τοῦ θεοῦ, 5절)에서 설명하는 것과 밀접한 병행을 이룬다. 롬 2:6에서 그는 "하나님의 의로우신 심판"의 원리를 확인하기 위해 잠 24:12을 분명하게 인용한다: "하나님께서 각 사람에게 그 행한 대로 보응하실 것이다[ἀποδώσει]." 그런 다음 그는 그 원리를 "진리(ἀλήθεια)를 순종하지[ἀπειθοῦσιν] 아니하고 불의(ἀδικία)를 순종하는 자"와 "참고(ὑπομονή) 선을 행하는 자들(ἔργου ἀγαθοῦ)"에게 적용한다: "진노의 날 곧 하나님의 의로우신 심판이 나타나는[ἀποκάλυψις] 그 날에" 하나님이 전자에게는 "진노와 분노"로, "환난[θλῖψιν]과 곤고"로 보응하시고 후자에게는 "영광"(δόξαν)과 "평안"(εἰρήνην)과 "영생"(ζωὴ αἰώνιον)으로 보응하실 것이다(롬 2:5-11). 바울은 롬 2:5-11에서도 발견되는 어휘와 생각들을 우리 본문 살후 1:4-12과 2:9-14에서 이용하여 주의 날에 주 예수의 "나타나심"[ἀποκάλυψις]을 통해(1:7) 이루어지게 될 "하나님의 공의로운 심판"에 대해 설명한다(2:9-14); 데살로니가의 그리스도인들은 복음 혹은 "진리"를 믿고 인내(ὑπομονή, 1:4)로 믿음을 견지하는 데 반해 멸망하는 자들의 경우 바울은 그들에 대해 "우리 주 예수의 복음에 복종하지[ὑπακούουσιν] 않는 자들"이라고(1:8) 혹은 "[복음의] ἀλήθεια[진리]를 받아들이거나 믿지 않고 불의(ἀδικία)를 좋아하는 자들"이라고(2:10, 12) 말한다; 그는 하나님이 믿지 않고 악을 행하는 자들에게 환난으로(θλῖψιν, 1:6) "보응하시거나"(ἀνταποδοῦναι) "[그들에게] 형벌을 내리시되"(διδόντος ἐκδίκησιν, 1:8), "영생"(ζωὴν αἰώνιον) 대신 "영원한 멸망[ὄλεθρον αἰώνιον, 1:9; 참고. ἀπολλύναι, 2:10]"의 "형벌[δίκην]"을 내리실 것이지만, 복음[의 진리]를 믿고 선한 일(εὐδοκίαν ἀγαθωσύνης καὶ ἔργον πίστεως; ἔργῳ … ἀγαθῷ)을 인내(ὑπομονή, 1:4)로써 행하는 자들에게는 하나님 나라에서 "영광"(δόξαν)과 "안식"(ἄνεσιν)을 주실 것이라고(1:4, 5, 7, 10-12; 2:13-14, 17) 말한다; 그리고 그는 이 진리가 ("유대인과 이방인"의 구별과 상관없이, 롬 2:10; 참고. 롬 1:16) 믿지 않는 사람들 "모두"와 믿는 사람들 "모두"에게 적용된다는 점을 확인한다(1:10; 2:12). 따라서 우리의 데살로니가후서 본문들(1:5-12과 2:9-14)과 롬 2:5-11 사이에는 "하나님의 공의로운 심판"에 대한 설명에 있어서 광범위하고 밀접한 병행이 있다.

(d) 살후 2:13-14

이 본문은 그 형식상으로는 감사 부분이지만 내용상으로는 그 앞에 나오는 부분(살후 2:9-12)에서 직접적으로 이어지는 본문이다. 복음을 믿기를 거부하는 사람들을 하나님이 장차 정죄하여 심판하실 것에 대해 말한 후에, 이 본문에서 바울은 계속해서 데살로니가의 그리스도인들을 위한 하나님의 구원 역사에 대해 하나님께 감사를 드린다. 하나님은 구원을 위해 그들을 택하셨고, 바울과 그 동역자들이 전하는 복음을 통해 그들을 부르셨으며, 자신의 영으로 그들을 거룩하게, 곧 성령을 통해 그들이 진리(복음)를 믿고 예수를 주로 고백하게 하시고(참고. 롬 10:9-10; 고전 12:3b)[15] 그리하여 자신과 자기 아들의 나라로 그들이 옮김을 받도록 인도하심으로써(참고. 고전 6:11; 골 1:13-14) 그들이 자신의 거룩한 백성이 되게 하셨으며, 그래서 그들이 종말에 구원의 완성을 얻도록 하셨다.

---

15 하나의 기구격 전치사 ἐν 이 지배하는 문장(ἐν ἁγιασμῷ πνεύματος καὶ πίστει ἀληθείας)에서 ἁγιασμὸς πνεύματος가 πίστις ἀληθείας 앞에 놓여 있음을 주목하라. 바울은 데살로니가인들이 그의 영을 통해 역사하시는 하나님의 선행하는 은혜(prevenient grace of God operating through his Spirit)로 그 자신들에게 선포된 진리(복음)를 믿을 수 있게 되었음을 의미한다. 이 주해의 보다 자세한 것은 필자의 주석의 해당 본문에 대한 코멘트를 보라.

하나님이 위하여 독자들을 택하시고 부르신 "구원"은 그의 파루시아 때 "주 예수 그리스도의 영광"을 얻는 것이다. 이 구원은 하나님이 부활하신 그리스도를 자기 우편으로 높이시고 그를 "주"로 삼으시고(참고. 롬 1:3-4; 빌 2:9-11) 자기 "권세와 영광과 왕권"을 그에게 위임하셨으며(롬 1:3-4의 복음을 설명하면서 시 8:7; 110:1과 단 7:14을 반영하는 고전 15:20-27을 참고하라) 그리스도가 "[그] 얼굴에 하나님의 영광을" 가진 "하나님의 형상"이시라는 (고후 4:4, 6) 이해를 전제한다. 바울은 자주 그리스도인들의 종말의 구원을 하나님의 혹은 그리스도의 영광을 얻음으로 표현한다(롬 5:2; 8:17-18, 21, 30; 고전 2:7; 15:43; 고후 4:17; 빌 3:21; 살전 2:12; 또한 참고. 고후 3:18). 살후 2:10-14과 내용적 병행(material parallel)을 이루는 살후 1:8-12에서 그는 이미 독자들은 그의 선교팀이 전한 복음을 믿었기 때문에 주 예수의 파루시아 때 그의 영광에 참여하게 되겠지만 그들의 대적자들은 복음을 믿고 주 예수께 복종하기를 거부했기 때문에 그 영광에서 제외될 것이라고 말했다. 바울은 여기서 독자들을 위한 자신의 확신과 위로의 메시지의 결론의 일환으로 그 요점을 다시 반복하면서 그것을 더욱 분명히 한다.

따라서 살후 2:10-12에서 복음을 믿음으로써 의롭다 함을 받는 칭의 교리를 의롭지 못한 불신자들에게 부정적인 방식으로 적용하고서 이제 여기 2:13-14에서 바울은 그 교리를 데살로니가의 그리스도인들에게 긍정적인 방식으로 적용한다. 살후 2:10-12에서 그는 불신자들이 (그리스도의) 진리를 믿는 대신 "불법의 사람"의 거짓말을 믿은 것과 그들의 불의(ἀδικία) 때문에 하나님이 그들을 정죄하심(κριθῶσιν)에 대한 강조를 통해 그 교리의 법정적 틀을 유지한다. 그러나 여기서는(2:13-14) 그 교리를 최후의 심판의 법정적 틀 안에서 (2:13-14이 그 앞에 있는 2:9-12과 대조관계에 있기 때문에 그 구절에 이 틀이 전제되어 있는 것으로 볼 수 있다) 성화의 범주로 설명한다.[16]

---

16 이런 점에서 살후 2:13-14는 살전 3:12-13과 5:23과 유사하다. 칭의(우리를 하나님과 올바른 관계로 회복시키는 것 곧 우리를 하나님의 의로운 백성의 일원으로 삼으시는 것)와 성화 (하나님께 속하도록 우리를 구별하는 것 곧 우리를 하나님의 거룩한 백성 일원으로 삼으시는 것)는 구원에 대한 병행 은유

(e) 살후 2:16-17

살전 3:11-13과 같이 이 간구 기도(살후 2:16-17)는 서신의 첫 번째 부분 (1-2장, 종말론적 가르침들)의 결론을 맺고 두 번째 부분(살후 3:6-15, 권면들)으로 전환하는 기능을 한다. 내용상 이 기도는 살후 1:11-12에 있는 앞서의 기도-보고(prayer-report)와 밀접한 병행을 보인다. 바울은 2:13-14에 언급된 구원의 행위들, 곧 선택과 부르심과 성화를 가리켜 주 예수 그리스도와 하나님 아버지께서 "우리를 사랑하신" 것으로 말하면서 이 기도를 시작한다. 바울은 또한 주 예수 그리스도와 하나님 아버지께서 그 구원의 행위들의 열매, 곧 (그의 파루시아 때) 주 예수 그리스도의 영광을 얻을 소망을 "우리에게 주신" 것으로 말하고 그 소망을 "영원한 위로와 좋은 소망" 이라 부른다.[17] 이와 같이 하나님과 그리스도의 구원 행위들을 "사랑하심과 주심"으로 요약함으로써, 바울은 이미 사랑하심과 주심이 은혜의 행위들임을 암시했다. 하지만 그 진리를 더욱 명시적이게 만들고 보다 강조하기 위해 그는 다른 곳에서 하나님의 칭의의(혹은 구원의) 역사에 대한 줄임말 혹은 사실상의 *전문 용어(terminus technicus)*로 사용하는(예: 롬 3:24; 4:4, 16; 5:2, 15; 6:1, 15; 갈 1:6; 2:21; 5:4; 엡 2:5, 7, 8) "은혜로"라는 문구를 추가한다(살후 2:16). 그런 다음 바울은 살전 3:12-13; 5:23(또한 참고. 빌 1:9-11)에서 하는 것과 유사하게, 살후 2:17에서 하나님과 그리스도께서 구원의 은혜

(*parallel* metaphors)이기 때문에 이 둘을 개신교 교의학의 *구원의 서정(ordo salutis)*의 관점으로 보면 안 된다. 바울이 성화를 최후의 심판의 법정적 틀 속에 둔다는 사실은 칭의가 바울의 구원론의 보다 근본적인 범주라는 것과 데살로니가의 그리스도인들이 (고린도의 그리스도인들과 같이) 모세의 율법 준수에 대한 이슈보다(참고. 롬 6:19-22) 그 이교적 환경 가운데서 우상숭배와 부도덕의 위험성의 문제에 직면하기 때문에 그가 데살로니가전후서(와 고린도전후서)에서는 칭의 교리를 부분적으로 성화의 관점에서 상황화한다는 점을 시사해준다. 바울의 칭의 언어와 성화 언어 사용에 대한 자세한 비교를 위해서는 필자의 주석에서 살전 3:11-13에 대한 설명을 보라; 또한 본서에서 위의 *3장* "바울이 데살로니가인들에게 전한 복음"의 섹션 20을 참고하라.

17 바울은 고난받는 데살로니가의 그리스도인들이 좋은 소망의 효과를 즉시로 느끼도록 만들기 위해 "영원한 위로"를 "좋은 소망" 앞에다 둔다. 칭의의 결과인 주 예수 그리스도의 영광을 얻을 "좋은 소망"이라는 표현에 대해서는 롬 5:1-2("하나님의 영광을 함께 누릴 소망")을 참고하라. 롬 8:24-25 또한 참고하라.

로 독자들의 "마음을 위로하시고 그들이 (올바른 믿음의 "전통들"[18] 안에, 참고. 2:15) 굳게 서서 (분명 그들의 구원의 완성에 이르기까지 곧 우리 주 예수 그리스도의 영광을 얻기까지) "모든 선한 일과 말"[19]을 열매로 맺도록 도우시기를 간구한다.

살후 1:11-12의 기도-보고에서 한 것 같이 이 간구 기도(2:16-17)에서도 바울은 칭의 혹은 구원의 세 단계에 대한 자신의 언급을—하나님의 과거(2:13-14a)와 미래(2:14b)와 현재(2:17)의 구원 역사—"은혜로(by grace)"된 것이라는 말로 마무리한다(2:16).

그러나 살후 1-2장의 다섯 부분에서 하나님이 그 "공의로운 심판"(곧 자신이 의롭다고 하심)에서 믿는 자들을 구원하심에 대해 말할 때 바울이 "믿음"은 7회 언급하는 반면(1:10[x 2], 11; 2:11, 12, 13; 1:8의 "복음에 대한 [믿음의] 순종/복종"에 함축된 언급도 포함) 하나님의 "은혜"는 단지 2회만 언급한다는 점 (1:12; 2:11)은 주목할 만하다. 로마서와 갈라디아서에서 바울은 칭의 교리와 연결하여 인간의 "믿음"과 하나님의 "은혜"를 자주 언급한다(종종 함께,

---

18 살후 2:17의 στηρίξαι를 "그들이 굳게 서도록 돕다"는 의미로 번역하고 비어 있는 곳에 바울이 가르쳤던 "전통들"을 넣어 생각하는 것(2:15)에 대해서는, 필자의 주석에서 관련된 구절에 대한 코멘트를 보라. 거기서 필자는 또한 데살로니가의 그리스도인들이 주의 날에 대한 거짓 예언에 "속아서" "흔들리고 있는" 것에 대해 바울이 경각심을 가지게 되었다는 사실 (2:1-3)과 2:15의 권면을 "불법의 사람"의 거짓 가르침이나 주장에 대해 독자들에게 경고하고 자신이 전하는, 믿는 자들의 칭의에 대한 복음을 가지고 그들을 격려하는 중간에 위치시킨다는 사실 (2:9-14, 16-17) (특히 추론을 위한 ἄρα οὖν으로 도입하는 점을 주목하라)을 고려하여, 우리는 그가 자신이 데살로니가에서 개척 선교를 할 당시에 데살로니가인들에게 가르쳤던 기독론적/구원론적/윤리적 가르침들과 종말론적 가르침들을 복수로 "전통들"로 언급하고 있음을 볼 필요가 있다고 설명한다. 그렇다면 그가 우리 본문에서 표현하는 칭의의 복음은 그 때 그가 전달했던 "전통"의 하나였을 것이다. 이것은 물론 살전 1:10과 5:9-10을 통해서(또한 참고. 4:1-8) 확증된다. 고린도전후서에도 그 교리가 함축적으로 들어있다는 점에 대해서는 본서에서 위의 *2장* "바울이 데살로니가인들에게 전한 복음" 섹션 14를 참고하라. 아래 주 23도 참고하라.

19 "모든 선한 일과 말"로 바울이 살후 3:6-12에서 무질서한 게으른 자들에게 자기 손으로 일하고 일을 만들기만 하는 자가 되지 말라고 제시하는 명령과 병행 본문인 살후 1:11에서 언급한 일반적으로 선한 "믿음의 일"도 염두에 두고 있다면, 그가 이웃을 사랑하라는 주의 명령을 성취하는 구체적인 형태들로서 그러한 일들이 게으른 자들이 나타내야 하는 선한 "믿음의 일"의 한 부분임을 의미하고 있는 것이 분명하다.

롬 3:24; 4:4-5, 16; 5:2, 15-20; 6:1-4; 갈 2:20-21; 5:4-5). 이 서신들에서 그 교리를
풀어 설명하면서 바울은 하나님이 그리스도를 대리적 속죄의 죽음에 내
어 주시는 구원의 행위를 그의 은혜(*grace*)로 언급하면서 설명하고 죄인
들이 복음을 믿음으로써(*by faith*) 그리스도 안에서 하나님이 하신 그 구원
행위의 덕을 누리게 된다는 점을 강조한다. 그러나 살후에서는 바울은
자신의 칭의 교리 *자체*를 형태적으로 펼쳐 보이거나 자세히 설명하는 데
관심을 두기보다 불안에 휩싸여 있고 박해당하고 있는 서신의 수신자들
에게 그 교리의 마지막 요소를 강조함으로써 그들을 안심시키고 위로하
는 데 초점을 둔다. 따라서 여기서는 하나님의 칭의가 그리스도의 죽음
과 부활로 표현되는 그의 은혜에 그 기초를 두고 있다고 설명하지 않고
단지 주 예수 그리스도의 파루시아 때에 데살로니가의 그리스도인들은
주 예수 그리스도의 복음을 믿었으므로 의롭다 하심(구원)을 받을 것이지
만 그들의 박해자들은 그 복음을 믿지 않았으므로 정죄와 멸망을 받을
것이라는 것만 반복하여 강조한다. 그래서 바울은 살후 1:5-10, 11-12;
2:9-12, 13-14에서 칭의(구원) 혹은 정죄(멸망)의 기준으로 복음을 믿는 것
과 믿지 않는 것을 반복해서 그리고 눈에 띄는 방식으로 언급하는 것이
다. 그렇게 함으로써 그는 자신의 칭의 교리의 그 요소가 분명히 나타나
게 만든다: 복음에 대한 믿음이 인간이 그 복음 안에 제시된 하나님의 구
원 역사의 덕을 누리는 수단이다.

그럼에도 불구하고 살후 1:11b과 2:13-14에서 바울은, 비록 부분적이
고 요약 형태로기는 하지만, 하나님이 이루신 구원 행위들을 언급한다:
1:11에서는 믿는 자들을 세례 때 "부르심"에 대해 언급하고, 2:13-14에서
는 하나님이 믿는 자들을 선택하심과 성령을 통해 거룩하게 하심과 복음
을 통해 그들을 부르심을 언급하는데 이 세 가지 하나님의 행위들은 그
들의 종말론적 구원의 근거를 제공한다. 따라서 1:12과 2:16에서 바울은
하나님의 그와 같은 구원 행위들을 요약하여 언급할 때—비록 그가 다른
곳에서는 그리스도의 대속의 죽음과 부활을 언급하거나 암시하며 "은혜"
라는 단어를 주목할 만한 빈도로 사용하지만 이 구절들의 목록은 하나님

454

의 구원 역사의 중심적 요소 곧 그리스도의 대속적 죽음과 부활을 포함하고 있지 않다 해도[20]—"은혜"라는 단어를 사용한다. 1:12에서 "우리 하나님과 주 예수 그리스도의 은혜대로"라는 문구로 바울은 믿는 자들이 칭의나 성화의 완성에 이르기까지 그 현재적 과정에서 자신들의 믿음의 일을 이룰 수 있도록 능력을 주시는 우리 하나님과 주 예수 그리스도의 현재적 구원을 주로 염두에 둔다(1:11; 참고. 고전 15:10; 빌 2:12-13; 골 1:29). 이에 반해 2:16에서는 "은혜로"라는 문구로 바울은 하나님과 예수 그리스도께서 이미 이루신 구원 행위들을 주로 가리키고(2:13-14a) 부차적으로는 칭의의 현재적 과정에서 믿는 자들을 돕는 사역 또한 가리킨다(2:17). 아무튼, 하나님의 (과거의, 현재의, 미래의) 구원 사역을 설명할 때 바울이 하나님의 은혜를 언급하는 것이며 데살로니가후서에서 그가 단지 두 번만 은혜를 언급한 것은 그가 칭의 교리 자체를 자세히 설명하는데 관심이 있다기보다 고난당하고 염려에 빠진 데살로니가의 그리스도인들을 칭의 교리로 위로하고 그들에게 확신을 심어주는 데 관심이 있기 때문이라는 것이 분명해 보인다: 그 "공의로운 심판"에서 하나님은 그들이 복음을 믿었으므로 그들에게는 하나님 나라에서의 구원을 주시지만 그들을 박해하는 자들은 복음을 믿지 않았기에 하나님이 그들을 정죄하고 멸하실 것이다.

2. 논증들

지금까지 우리는 살후 1:5-12과 2:9-17 모두에서 바울이 칭의 교리를 어떻게 표현하고 있는지(expresses)[21] 살펴보았다. 여기에 칭의 교리가 있음은 이 두 구절의 짧은 지면 안에 주의 날에 "하나님의 공의로운 심판"에

---

20 물론 이것은 바울이 그리스도의 죽음과 부활에 관심이 없기 때문이 아니라 데살로니가후서에서의 자신의 목적상 그것을 언급할 필요를 느끼지 못한 때문이다. 살전 5:9-10에서 바울이 그리스도의 대속의 죽음에 대해 강조하는 언급을 특히 주목하라; 살전 1:10에 있는 그것에 대한 암시 또한 보라.

21 이 표현하다는 동사를 여기서 사용하는 것은 비록 이와 같은 구절들에서 바울이 그 교리의 내용을 표현하지만 이것을 정식으로(formally) 가르치려는 그런 뜻은 아니기 때문이다.

진술에서 δικ-를 어근으로 하는 용어들이 여섯 번 나오고(1:5, 6, 8, 9: 2:10, 12) 믿음에 대한 언급이 일곱 번 나오며(1:10[x 2], 11: 2:11, 12, 13: 여기에 1:8의 "복음에 대한 [믿음의] 순종"도 포함하여: 1:3-4과 3:2에 3회 더[22]: 살전 1:3, 8: 3:2, 5, 6, 7, 10: 5:8의 믿음에 대한 8회 언급도 참고하라), 믿지 않는 자들의 불의(살후 2:10, 12)와 대조되는 선한 일들에 대한 언급들(1:11: 2:17)과 믿는 자들의 구원을 위해 "우리 하나님과 주 예수 그리스도의 은혜"에 궁극적으로 호소하는 것 (1:12: 2:16: 1:11: 2:13, 14, 16에서의 하나님이 믿는 자들을 "부르심," "선택하심," "사랑하심"에 대한 언급 또한 참고하라)에서 이미 판단이 가능하다. 따라서 우리는 바울의 칭의 교리의 필수 요소 대부분에 대한 복수의 언급들을 여기서 가지고 있는 것이다.

살후 1:5-12과 2:9-17에서 하나님의 최후의 심판에 대해 설명할 때, 바울이 어떻게 자신이 나중에 롬 1:18-3:20에서 타락한 인간과 하나님이 모든 믿지 않는 자들을 정죄하심에 대해 그리고 복음을 믿는 모든 사람을 의롭다 하심에 대해 자세히 풀어 설명할 가르침들을 그 구절들에서 제시하고 있는지 우리가 살펴보았다. 바울이 살후 1:11-12과 2:13-17에서 믿는 자들이 완성된(consummated) 칭의(혹은 성화)를 마지막 심판 때 그들이 하나님의 영광을 얻는 것으로 제시하는 것을 그가 로마서에서 하는 것과 비교해볼 수도 있을 것이다. 왜냐하면 로마서에서도 살후 1-2장에서와 같이 타락한 인간의 죄들에 대해 고발한 다음 "모든 사람이 죄를 범하였으매 하나님의 영광에 이르지 못했다"(롬 3:23)고 선언하고 그는 칭의의 복음에 대한 설명 전체를, 믿는 자들의 칭의의 완성은 하나님의 영광을 얻는 것임을 확증함으로써 결론 맺기 때문이다(롬 5:2: 8:17-18, 21, 30). 하나님께 대한 인간의 반역과 그리스도 예수의 복음을 믿는 자들이 하나

---

22 살후 3:2에서 바울이 그리스도인들을 박해하는 자들을 "부당하고 악한 사람들"로 "믿음이 없는" 사람들로 묘사하는 것은 1:5-9과 2:9-12의 생각들을 요약하여 제시하는 것이다. 반면 3:3에서 데살로니가의 믿는 자들에 대해 신실하신 주께서 그들을 믿음 안에 굳게 세우시는(στηρίξει) 일을 계속하실 것에 대한 확신을 말하는 것은 1:10-12과 2:13-17의 생각들을 요약하여 제시하는 것이다.

님의 영광에 참여하도록 하나님이 그들을 구속하시거나 의롭다 여기신다는 전체 계획에 있어서 살후 1-2장과 롬 1-8장 사이에 보이는 이 병행에는 살후 2:13-14("하나님이 너희를 택하시고, 부르시고, 거룩하게 하셔서 너희가 우리 주 예수 그리스도의 영광을 얻게 하려 하셨다")과 롬 8:29-30("[하나님이] [믿는 자들을] 미리 정하시고, 부르시고, 의롭다 하시고, 영화롭게 하셨다")이 이루는 병행도 있다. 두 본문은 고난당하고 최후의 심판에 대한 생각에 염려하는 그리스도인들을 위로하고 안심시키는 똑같은 목적을 가지고 있다(롬 8:18-39). 이와 같은 전반적인 병행은 살후 1-2장에서 바울이 칭의 교리를 표현하고 있으며 이 점에서 이 이른 시기의 서신과 후기 서신인 로마서 사이에 분명한 연속성이 있다는 견해들을 뒷받침해준다.[23]

그러나 살후 1-2장의 하나님의 최후의 심판에 대한 바울의 가르침이 그의 칭의 교리에 기반한 것이라는 우리 설명이 많은 독자들에게는 충격으로 다가올 수도 있을 것이다. 그러나 필자 입장에서 정말 놀라운 것은 Nestle-Aland *Novum Testamentum Graece* 판본들이 롬 1:18-32에서 살후 2:9-14과의 몇 가지 병행에는 주목하면서 살후 1-2장에 롬 1:16-17과의 몇 가지 병행이 있음은 주목하지 못했다는 점이다: 살후 1:10; 2:13에는 긍정적인 병행들이 있고 살후 1:8; 2:10, 12에는 부정적인 병행들이 있다:

롬 *1:16-17:* "[롬 1:2-4의 복음은] [그것을] 믿는 모든 사람에게 구원을 주시는 하나님의 능력이 된다… 왜냐하면 그 복음에 하나님의 의가 믿음을 통해 믿음을 위해 나타나는데 이는 '믿음을 통해 의로운 자가 살 것이다'라고 기록된 대로다."

살후 1:10: 복음을 믿은 모든 자들은 "우리의 증언[/복음]이 믿어졌으

23 만일 우리가 여기서 제안하는 대로 데살로니가후서가 진정한 바울의 서신이라면, 이 서신과 로마서 사이에는 단지 7년의 시간 간격이 있을 뿐이다. 이 사실과 더불어 데살로니가후서를 작성할 즈음에는(AD 50) 전에 "바리새인 서기관"이었던(M. Hengel and A. M. Schwemer, *Paul Between Damascus and Antioch: The Unknown Years*[Louisville: Westminster/John Knox, 1997], 10; 참고. 갈 1:13-14) 바울이 원숙한 기독교 신학적 사고를 발전시키기까지 그 두 배도 넘는 시간을 이미 보낸 그런 상황이었다는 사실 역시 명심해야 한다.

므로" 주의 파루시아 때 그의 영광에 참여할 것이다(1:10에 대한 이와 같은 요약을 위해서는 위의 주해 부분을 보라).

살후 2:13: "…하나님이 너희를 성령을 통한 성화와 진리[/복음]를 믿음을 통해 구원받는 첫 열매로 선택하셨다."

살후 1:8: 하나님이 "하나님을 모르는 자들과 우리 주 예수의 복음에 복종하지[/믿지] 않는 자들에게 형벌[ἐκδίκησις]을 내리신다."

살후 2:10-12: 불법의 사람(무/불법자)에게 속아 그의 거짓말을 믿고 진리(/복음)를 믿지 않은 모든 사람들은 "그들이 진리[/복음]를 사랑하고 그렇게 함으로써 구원받기를 거부했기 때문에" 정죄와 멸망을 당할 것이다.

마찬가지로 주의 날에 있을 하나님의 심판에 대한 우리 본문들에 대한 가장 철저한 연구들에서 주석가들은 데살로니가후서의 그 구절들과 롬 1:18-32 사이의 그와 같은 병행들에 주목한다. 하지만 그들은 하나같이 살후 1:8-10; 2:10-12, 13을 롬 1:16-17과 바울의 이신칭의 교리와는 전혀 연결시키지 않은 채 설명한다. 대부분의 데살로니가후서 주석가들은 살후 1:5-12; 2:9-14과 롬 2:5-11 사이의 여러 병행들을 간과한다. 그런데 이들 중 일부는 적어도 살후 1:5과 롬 2:5의 "하나님의 공의로운/의로우신 심판"과 살후 1:8; 2:12과 롬 2:8의 "복음/진리가 아니라 불의에 순종함," 이 두 문구들이 보이는 중요한 병행들은 인정한다. 그러나 그럼에도 불구하고 그들 역시 이 두 문구들을 롬 1:16-17과 연관 지어 보지는 못한다(또한 참고. 롬 1:5).

데살로니가전서에 칭의 교리가 없다는 것은 신약 학계에서 오랫동안 유지되어온 가설이다. 이 가설은 바울 신학에서 그 교리의 늦은 발전 이론을 뒷받침하는 근거로 자주 인용된다. 그리고 늦은 발전 이론은 다시금 주석가들과 다른 학자들로 하여금 데살로니가전서에 있는 그 교리의 분명한 표식들을 간과하게 만든다.[24] 데살로니가전서에 칭의 교리가 없

---

24 Rainbow, "Justification," 249-74는 분명 데살로니가전후서에서 칭의 교리를 본다

458

다는 이 가설은 데살로니가후서의 바울 저작권에 대한 의심과 짝을 이루어 주석가들이 살후 1:5-12과 2:9-17이 바울의 모든 서신들 중에서 δικ- 어근을 가진 용어들과 믿음에 대한 언급들에 대해 가장 높은 집중도를 보여준다는 사실과 거기서 주 예수 그리스도의 복음에 대한 믿음이 거듭 주의 날에 구원을 위한 하나님의 "공의로운 심판"의 기준으로 제시되고 있다는 결정적인 사실에도 불구하고, 데살로니가후서의 처음 두 장의 하나님의 "공의로운 심판"에 대한 바울의 집중적인 가르침을, 심지어 그 교리가 반영되어 있을 가능성을 고려조차 하지 않은 채 설명하도록 이끌었다.

데살로니가전서에 대해 설명하면서 학자들은 그 서신에 칭의 교리가 있다는 것을 부인하고자 δικαιοῦν 용어와 율법에 대한 언급이 없다는 점을 자주 지적을 한다. 그러나 주 예수 그리스도의 대신적 대속적 죽음(살전 5:9-10)과 파루시아 때에 있을 마지막 심판에서 하나님의 아들로서 우리를 위해 중보하심을 통해(살전 1:10; 3:12-13; cf. 롬 4:25b; 5:10b; 8:32-34) 장차 오는 하나님의 진노에서 우리가 건지심을 받는다는 생각이 강하게 강조되는 상황에서 그와 같은 주장은 바울 본문에 대한 가장 상상력이 부족하고 문자주의적인 해석을 드러낸다.[25] 이제 여기서 우리는 만일 누군가 δικαιοῦν/δικαιοῦσθαι 동사와 율법에 대한 언급이 없는 것을 가리키며 살후 1-2장에 칭의 교리가 있음을 반대하는 주장을 편다면 문자주의적 주해(literalistic exegesis)의 보다 큰 실패가 될 것이라고 주장하고자 한다. 왜냐하면 δικ-를 어근으로 하는 용어들이 아주 많이 나오고 1:5의 καταξιωθῆναι 가 δικαιωθῆναι와 밀접하게 상응하며 2:10, 12의 ἀδικία가 명사 δικαιοσύνη의 반의어이듯이 1:8의 ἐκδίκησις도 δικαίωσις의 반의어

는 점에서 유일한 예외다. 그 교리가 데살로니가전서에 함축적으로(implicitly) 들어있다는 견해를 위해서는 Hengel and Schwemer, *Paul*, 301-10; R. Riesner *Paul's Early Period: Chronology, Mission Strategy, Theology*(Grand Rapids: Eerdmans, 1998), 394-403; S. Kim, *Paul and the New Perspective*(Grand Rapids: Eerdmans and Tübingen: Mohr Siebeck, 2002), 85-100도 보라.

25 위의 본서 *2장 "복음으로서의 하나님의 아들 예수*(살전 1:9-10, 롬 1:3-4)," 섹션 1(88-93페이지)을 보라.

라는 것을 쉽게 이해할 수 있기 때문이다. 여기서 우리는 분명 칭의의 성경적 개념 혹은 교리를 특정한 단어—δικαιοῦν/δικαιοῦσθαι 동사 혹은 그 명사형인 δικαιοσύνη—와 배타적으로 동일시하면서 하나님의 최후의 심판에 대해 다루는 우리 본문들에 있는 그렇게 많은 δικ-어근을 가진 동족어 단어들과 기타 동의적인(혹은 반의적인) 단어들과 개념들은 무시하는 가장 심각한 오류를 본다.[26] 여기서 우리는 간단하게 이렇게 질문해야 한다: 만일 믿는 자들이 주 예수 그리스도의 파루시아 때 종말의 저주에서 건짐 받음 혹은 구원받음(살전 1:10; 5:9-10)을 "칭의"로 부를 수 없다면, 무엇을 그렇게 부를 수 있을까? 혹은 만일 하나님의 "공의로운 심판"에서 데살로니가의 믿는 자들에 대해 그들이 자기 나라에 합당한 자들이라고 판결하시는 것(살후 1:5)이 "칭의"가 아니라면 무엇이 "칭의"인가?

결론과 함의들

데살로니가전서와 후서 모두, 특히 데살로니가후서는 바울이 믿음을 통해 은혜로 의롭다 함 받음에 대한 칭의 교리를 가르친다는 것과 유대주의자들이 그의 이방인 선교와 연결하여 율법 준수 문제를 제기하지 않은 곳에서조차 이렇게 한다는 것을 분명하게 보여준다. 이와 같은 사실들은 칭의 교리가 그의 이방인 선교 이전 초기부터—이방인 선교 이전부터는 그랬던 것은 아니라 해도— 바울의 복음 설교의 본질적 형태였으며 그의 구원론이 이 초기 서신부터 로마서와 빌립보서 같은 후기 서신에 이르기까지 그 핵심 요소들이 변함없이 그대로 유지되었다는 견해를 뒷받침한다.[27] 분명 이 견해는 우리가 보여준 것 같이 살후 1:5-12; 2:9-

---

26 참고. J. Barr, *The Semantics of Biblical Language*(Oxford: Oxford University Press, 1961), 269: "신학적 진술을 언어적으로 담아내는 수단은 보통 문장(sentence)과 보다 큰 단위의 문장들 복합체(the still larger literary complex)이지 결코 단어나 유형론적, 구문론적 메커니즘이 아니다"(또한 참고. 233, 235-36, 249-50, 265-66). 또한 참고. Rainbow, "Justification," 251 주 8. 데살로니가전서에 율법에 대한 언급이 없는 것에 대해서는 위의 본서 *3장* "바울이 데살로니가인들에게 전한 복음," 섹션 3을 보라.

27 위의 주 23을 보라. 누가는 행 13:16b-52의 비시디아 안디옥에서의 바울의 설교에 대한

460

17과 롬 1-2장(과 8장) 사이에 광범위한 병행이 있다는 사실을 통해 보다 구체적으로 뒷받침된다.[28]

실제로 데살로니가전후서는 왜 바울이 칭의 교리를 자신의 이방인 선교나 모세 율법에 대한 논쟁이 없는 곳에서 조차 자신의 복음 설교의 필수적인 요소로 혹은 복음 설교의 주된 형태로 가르쳐야 했는지를 우리가 이해할 수 있게 도와준다. 그가 이렇게 해야 했던 것은 *구원의 완성을 자신의 구약-유대교 신학적 사고를 따라 최후의 심판 때 하나님의 진노 혹은 정죄에서 건지심으로 말해야 했기 때문이다—심지어 헬라인들 혹은 이방인들에게도 말이다*(예: 살전 1:10; 3:12-13; 4:6; 5:9-10, 23-24; 살후 1:5-10; 2:9-14; 또한 참고. 롬 1:18-3:20; 고전 1:8; 4:5; 고후 5:10; 빌 1:10-11; 행 17:31).[29]

따라서 데살로니가전후서에 칭의 교리가 있는 것은 그 교리의 기원과 의미를 설명하기 위해 바울의 이방인 선교에서의 유대인-이방인 관계에 초점을 맞추는 "새 관점" 운동 전체에 대해 심각한 의문들을 제기한다.[30]

더욱이 살후 1:5-12과 2:9-17에 대한 우리의 주해가 맞다면, 그 주해는 바울의 칭의 교리를 죄사면의 법정적 차원과 하나님 나라로 옮기심

보고를 통해 이 견해를 뒷받침한다. 13:16b-52은 그리스도를 믿음으로 율법의 행위 없이 의롭다 함을 받는다(δικαιωθῆναι/δικαιοῦται)는 바울의 교리에 대한 분명한 반영이 있을 뿐 아니라(행 13:38-39) 롬1:1-5, 16-17에서 바울이 자신의 복음을 도입하는 내용과도 전반적으로 병행을 보인다. 위의 본서 3장 "바울이 데살로니가인들에게 전한 복음," 섹션 3을 보라. 누가가 비디시아 안디옥에서 이와 같은 형태로 복음을 전한 것을 예루살렘 사도회의 (행 15장) 앞에 위치시킨다는 점을 특별히 주목하라. 필자는 Aletti, *Justification by Faith*, 209의 견해에는 미안하지만 동의하지 않는다.

28 본서 *11장* "바울의 공통적인 권면(살전 4-5장; 빌 2-4장; 롬 12-13장)"을 참고하라.

29 U. Schnelle(*Apostle Paul: His Life and Theology*[originally Berlin: de Gruyter, 2003; ET by M. E. Boring; Grand Rapids: Baker Academic, 2005], 190)은 이것을 인정한다: "데살로니가전서와 고린도전후서에서의 최후의 심판에 대한 선언은 이와 같이 바울 신학의 지배적인 주제인 *coram deo*[하나님 앞에서], 인간을 받아주심을 가리킨다. 그것은 칭의의 주제(*theme*)에 속한다…" 하지만 그는 계속해서 이렇게 말한다: "그러나 [그것은] 결코 갈라디아서와 로마서에서 발견되는 구체적인 칭의 교리와 인과관계적 연관을 갖지 않는다"(이탤릭은 그의 것임). 하지만 우리가 보기에 그가 여기서 "주제"와 "교리"를 구분하는 것은 바울의 칭의 교리는 로마서와 갈라디아서와 빌립보서 3장에만 있다는 엄격한 학자적 도그마에서 태동한 하나의 자의적 시도 혹은 해결방법(*Verlegenheitslösung*)에 불과하다.

30 본서 *3장* "바울이 데살로니가인들에게 전한 복음"을 참고하라.

혹은 그 나라에 들어감의 관계적 차원 두 관점 모두에서 해석하고 또한 칭의의 현재적 과정이 그 교리의 필수적인 부분[31]임을 강조하고자 하는 우리의 노력들을 뒷받침해준다. 왜냐하면 우리가 보여준 것처럼 이 모든 포인트들이 데살로니가후서에 있기 때문이다.

살후 1-2장에 바울의 칭의 교리가 있다는 것은 당연히 데살로니가후서의 진정성을 지지하는 주장을 매우 강화 시켜 줄 것이다.

---

31 이 포인트들에 대한 보다 자세한 논의를 위해서는 필자의 저서 *Justification*을 보라.

13장

"무/불법자"를 "막고 있는 것"(τὸ κατέχον)과 "막고 있는 자"(ὁ κατέχων)(살후 2:1-12)

살후 2:1-12에서, 주의 날이 이미 왔다는 거짓 예언에 흔들리지 않도록 데살로니가의 그리스도인들을 안심시키고 권면하고자 바울은 그 날이 아직 오지 않았으며 그 날은 "불법의 사람[무/불법자]"의 나타남과 함께 (하나님께 대한) 종말의 반역(rebellion)이 일어난 후에야 올 것이라고 설명한다(2:3).[1] 그는 불법의 사람 곧 사탄의 대리자의 장차의 반역을 단 11:36-37의 "북방 왕"(곧 안티오커스 4세)에 대한 예언의 성취로 진술한다(2:3b-4, 9-11). 하지만 그는 데살로니가의 믿는 자들에게 그 일이 있을 때 주 예수께서 오셔서 복음을 믿은 그들에게는 구원과 자기 영광에 참여할 수 있게 하실 것이지만(2:13-14) 그 무/불법자는 죽이고 그의 반역에 참가한 모든 자들을 정죄하실 것임(2:8, 12)을 확신케 한다. 이 거대한 종말론적 계획을 제시하면서 바울은 특별히 현재 그 무/불법자가 나타나는 것을 "막고 있는 것"(τὸ κατέχον)이 있어서 그것을 "막고 있는 자"(ὁ κατέχων)가 "그 중에서 옮겨질" 때에야 비로소 그 불법의 사람이 나타나게 될 것이고

---

1 살후 2:3에 대한 이러한 해석을 위해서는 필자의 주석에서 관련 구절에 대한 코멘트를 보라.

그 때에야 주 예수께서 오셔서 그를 죽이실 것임을 강조한다(2:6-8).

따라서 우리 본문에서 바울은 주 예수의 파루시아를 가져올 일련의 사건들에 대한 일종의 시나리오를 제시한다. 이 시나리오는 그의 모든 서신에 나오는 이와 비슷한 종류의 시나리오들 중 가장 자세하다. 그러나 그는 그 시나리오에 대해 그들 가운데서 개척 선교를 하는 동안 가르쳤기 때문에 부분적으로는 데살로니가의 그리스도인들이 그 지시대상들에 대해 알고 있다는 사실에 호소하면서(2:5) 그 시나리오에서 핵심적인 역할을 할 어떤 것과 어떤 사람 곧 τὸ κατέχον(막고 있는 것)과 ὁ κατέχων(막고 있는 자)에 대한 암호 같은 언급을 한다. 그러나 τὸ κατέχον과 ὁ κατέχων이라는 이 두 용어가 바울서신과 신약성경 전체에서 다른 곳에는 안 나오고 오직 우리 본문에만 나오고 바울이 이 서신에서 그 지시대상들을 밝히지 않기 때문에 성경해석자들은 다른 곳에서의 바울의 진술들(특히 종말론적 시나리오들)과 가능한 구약성경에 대한 암시들과 바울 당시의 역사적 상황들에 비추어 그 지시대상들을 고려해 봄으로써 암호를 해독하기 위해 최선을 다할 수밖에 없다. 교부 시대 이래로 이와 같은 방식으로 다양한 견해들이 제시되었다. 이 견해들은 메츠거(P. Metzger)와 뢰커(F. W. Röcker)의 최근 연구서들[2]에서 상당히 광범위하게 조사된 바 있고 일부 주석[3]에서도 간략하나마 이 견해들에 대한 개관을 찾아볼 수 있다. 그러나 τὸ κατέχον과 ὁ κατέχων의 지시대상을 밝히려는 학자들의 노력은 합의는 고사하고 다수 의견조차 내지 못했다. 사실 많은 현대 주석가들[4]은 "나는 이것의 의미를 도무지 모르겠다고 솔직히 고백한다"(*City of*

2   P. Metzger, *Katechon: II Thess 2,1-12 im Horizont apokalyptischen Denkens*(BZNW 135; Berlin: de Gruyter, 2005), 15-47; F. W. Röcker, *Belial und Katechon: Eine Untersuchung zu 2 Thess 2,1-12 und 1 Thess 4,12-5,11*(WUNT 2/262: Tübingen: Mohr Siebeck, 2009), 422-58.

3   예를 들면, E. Best, *A Commentary on the First and Second Epistles to the Thessalonians*(BCNT; London: Black, 1977), 296-301; I. H. Marshall, *1 and 2 Thessalonians*(NCBC; London: Marshall, Morgan & Scott, 1971), 196-99; J. A. D. Weima, *1-2 Thessalonians*(BECNT; Grand Rapids: Baker Academic, 2014), 570-77.

4   예를 들면, B. Rigaux, *Les épîtres aux Thessaloniens*(Études bibliques; Paris: Gabalda,

God 20.19)고 말한 어거스틴과 한 대열에 섰다. 그러나 우리는 이미 제시되었지만 그 자체로는 적절치 못한 것으로 판명 난 두 가지 제안에 담긴 몇몇 통찰들을 다시 생각함으로써 그럴 듯한 해석을 제안할 수 있다고 믿는다.

τὸ κατέχον과 ὁ κατέχων의 지시대상을 밝히려는 제안들 가운데 다음 네 가지(와 그 중 두 가지를 결합한 또한 가지) 제안은 보다 진지하게 고려할 가치가 있다.

1. 하나님의 구원 계획과 하나님

이 견해에 따르면, ὁ κατέχων("막고 있는 자")은 하나님을 가리키는 것으로 해석되고 τὸ κατέχον("막고 있는 것") 은 하나님의 구원 계획을 가리키는 것으로 해석된다. 이 견해는 이미 5세기에 맙수에스티아의 티오도레 (Theodore of Mopsuestia)(*PG* 66, 936)와 사이러스의 티오도렛(Theodoret of Cyrrhus) (*PG* 82, 664D-666B)이 제안한 바 있고 현대 시대의 경우 스트로벨(A. Strobel) 이 그 견해를 가장 자세하게 제안했다.[5] 우리 본문이 메시아의 오심이 지체되는 문제에 대한 유대인들의 논의(겔 12:21-25, 26-28; 합 2:2-3)와 연속성이 있는 신약의 그리스도의 파루시아의 지연 문제를 반영한다고 이해하고 스트로벨(101)은 κατέχειν 동사를 합 2:3의 אחר /χρονίζειν("연기하다")와 동의어이면서 "세상을 위한 하나님의 계획에서 계산된 파루시아의 지연을 위한," 후자(χρονίζειν)와 같은 전문 용어로 취한다. 따라서 그(103)는 살

1956), 278-79; D. M. Martin, *1, 2 Thessalonians*(NAC; Nashville: Broadman, 1995), 242; B. R. Gaventa, *First and Second Thessalonians*(Interpretation; Louisville: John Knox, 1998), 114; P. G. Müller, *Der erste und zweite Brief an die Thessalonicher*(Regensburg: Pustet, 2001), 270.

5 A. Strobel, *Untersuchungen zum eschatologischen Verzögerungsproblem auf Grund der spätjüdisch-urchristlichen Geschichte von Habbakuk 2,2ff.* (SuppNovT 2; Leiden: Brill, 1961), 98-116. J. Ernst, *Die eschatologischen Gegenspieler in den Schriften des Neuen Testaments*(BU 3; Regensburg: Pustet, 1967), 55-57; W. Trilling, *Der zweite Brief an die Thessalonicher*(EKKNT 14; Zürich: Benziger; Neukirchen: Neukirchener, 1980), 89-92을 비롯하여 스트로벨을 따르는 학자들에 대해서는 Röcker, *Belial*, 428을 보라.

후 2:6-7를 이런 의미로 해석한다: 불법의 비밀이 이미 활동하고 있지만 "종말을 향하는 시간의 급속한 흐름에 지체되는 순간이 있다: 이것은 하나님 자신의 의지와 의도다. 하나님이 그리스도의 파루시아에 앞서 적그리스도가 와서 나타날 것을 그와 같이 미리 정하신 *katechōn*[막고 있는 자]이시다." 그런 다음, 그(106)는 τὸ κατέχον[막고 있는 것]을 "종말의 사건의 전개를 주권자로서 결정하는 하나님의 뜻 자체"로 해석한다. "그것[*katechōn*]은 보통 생각하는 것처럼 적그리스도가 오는 것을 막는(holds up) 세상 안에 있는 어떤 존재를 가리키는 것이 아니라 하나님의 시간표에 포함되어 있는 [그리스도의] 파루시아의 지연을 가리킨다."

그러나 이것은 6-7절에 대한 이상한 해석이다. 여기서 바울은 그리스도의 *파루시아*를 "지연시키는" 그 무엇과 그 누군가에 대해 말하는 것이 아니라 무/불법자의 나타남을 "막고 있는" 그 무엇과 그 누군가에 대해 말한다. 설사 후자의 일이 그리스도의 파루시아를 지연시키는 결과를 가져오는 경우라도 이 결과는 바울이 여기서 κατέχον/κατέχων 용어를 사용하는 주요 목적이 아니다.[6] 더욱이 자주 지적되는 바와 같이, 이 견해는 왜 바울이 하나님과 그의 구원 계획에 대해 분명하게 말하는 대신 τὸ κατέχον과 ὁ κατέχων이라는 비밀스러운 표현을 사용하는지를 설명할 수 없다. 그런데 이 견해의 가장 심각한 문제는 하나님은 옮겨질 수도, 세상을 다루시는 것에서 물러날 수도 없으시기에 이 견해는 ἕως ἐκ μέσου γένηται절(7절)과 잘 들어맞지 않는다는 것이다. 스트로벨(108)은 μόνον ὁ κατέχων ἄρτι 어구를 괄호문구로 취하고 "불법의 비밀"을 ἕως ἐκ μέσου γένηται라는 절의 주어로 취함으로 이 문제를 피하려고 한다. 하지만 이것은 분명 자연스럽지 못하다.

바울이 하나님을 모든 인간 위에 주권자로서의 권세를 가지고 계신 분으로 역사를 하나님의 뜻이나 계획이 펼쳐지는 무대로 보는 한, 그가

---

6 κατέχον/κατέχων을 "지연시키다"의 의미로 해석하는 것에 반대하는 견해로는 Best, *Thessalonians*, 301를 참고하라.

현재 막혀 있는 불법의 사람이 나타남에서 궁극적으로 하나님과 그의 구원 계획을 보려고 할 것이라고 생각하는 것은 옳다(필자의 주석에서 6-7절에 대한 코멘트를 보라). 그러나 '그 중에서 옮겨질 때까지'라는 절은 ὁ κατέχων 과 τὸ κατέχον에 대해 말할 때 바울이 하나님과 그의 구원 계획을 생각하기보다는 인간 혹은 인간이 아닌 대리자와 하나님의 구원의 경륜에서 역할을 하는 그 인물과 관련된 어떤 것을 생각하고 있음을 분명히 해준다.

2. 천사 미가엘

바울이 ὁ κατέχων으로 천사를 가리킨다는 견해는 몇몇 주석가들에 의해 제안된 바 있다.[7] 하지만 최근에 해나(D. D. Hannah)와 니콜(C. R. Nicholl)이 이 견해를 보다 자세히 제시했다.[8] 이 두 학자는 바울이 단 10-12장의 천사장 미가엘을 특별히 염두에 두고 있다고 생각하는데 와이마(Weima)가 이들의 견해를 밀접하게 따른다(Thessalonians, 574-77). 이들이 이 견해를 위해 제시하는 주장은 다섯 가지다:

(a) 우리 본문에서 바울은 하나님이 역사를 통제하고 계시며 본문에 묘사된 사건들은 하나님의 계획 혹은 통치하심에 따라 일어날 것임을 강조한다. 따라서 하나님 자신이 ὁ κατέχων이 될 수 없다면 하나님의 통제를 받고 쓰임을 받는 그 누군가와 그 무엇이 ὁ κατέχων과 τὸ κατέχον 인 것으로 생각할 필요가 있다(참고. Marshall, Thessalonians, 199; Hannah, Michael,

---

7 예를 들면, Dibelius, *Thessalonicher*, 46-51; Marshall, *Thessalonians*, 199-200; M. J. J. Menken, *2 Thessalonians*(NT Readings; London: Routledge, 1994), 133; G. K. Beale, *1-2 Thessalonians*(IVP NT Commentary Series; Downers Grove, IL.: InterVarsity, 2003), 216-17.

8 D. D. Hannah, *Michael and Christ*(WUNT 2/109; Tübingen: Mohr Siebeck, 1999), 132-34; idem, "The Angelic Restrainer of 2 Thessalonians 2.6-7," in *Calling Time: Religion and Change at the Turn of the Millennium*(ed. M. Percy; Sheffield: Sheffield Academic Press, 2000), 35-45; C. R. Nicholl, *From Hope to Despair in Thessalonica: Situating 1 and 2 Thessalonians*(SNTSMS 126; Cambridge: Cambridge University Press, 2004), 230-49; idem, "Michael, The Restrainer Removed(2 Thess 2:6-7)," *JTS* 51(2000): 27-53.

133).

(b) 초자연적인 존재만이 "불법의 사람"이나 "불법의 비밀"을 막을 수 있다. 그러나 하나님이나 그의 성령은 막고 있는 자일 수 없기 때문에 천사만이 막고 있는 자로 간주될 수 있다(Nicholl, Hope, 230; Weima, Thessalonians, 574; 또한 Marshall, Thessalonians, 199).

(c) 유대교와 신약의 묵시 문학에서 천사들은 종종 사탄과 그의 세력들을 "묶거나" 막는 것으로 묘사된다(예: 1 En 10:4, 11-12; 18:12-19:2; 21:1-6; 54:4-6; 계 20:1-3; 또한 참고. Tob 8:3; Jub. 48:15-16) (Hannah, "Restrainer," 40-41; Nicholl, Hope, 231-32; Weima, Thessalonians, 574).

(d) 바울은 천사들이 그리스도의 파루시아 때 그리스도와 함께 와서(살전 3:13; 살후 1:7) 어떤 역할을 한다고 말한다(살전 4:16) (Weima, Thessalonians, 575).

(e) 우리 본문 3-4절에서 바울이 단 11:31, 36-37(또한 참고.9:27; 12:11)의 "북방 왕"인 안티오커스 4세를 모델 삼아서 "불법의 사람"에 대해 묘사하기 때문에 막는 자에 대한 그의 진술 역시 단 10-12장에 기술된 천사장 미가엘의 활동들 곧 그가 이스라엘의 "높은 군주" 혹은 수호 천사로서 바사와 헬라의 "왕들" 혹은 수호 천사들과 싸운 것(단10:13, 20-21)과 이스라엘을 보호한 것(단 12:1a)을 반영할 가능성이 크다(Hannah, "Restrainer," 42-43; Nicholl, Hope, 232-35; Weima, Thessalonians, 575-76). 게다가 바울의 ἕως ἐκ μέσου γένηται라는 절(7절)은, 만일 여기서 천사를 염두에 둔 것이라면 하나님이 그렇게 하는 것이 적절하다고 여기실 때 그 천사를 옮기실 수 있기 때문에 쉽게 설명이 가능하다(Hannah, "Restrainer," 41). 사실 이 절은 단 12:1a에서 온 것으로 볼 수 있는데 칠십인경은 맛소라 본문의 "미가엘이 יעמד …"("설 것이다")를 "미가엘이 παρελεύσεται …"("옆으로 비켜설 것이다, 지나갈 것이다")로 번역한다(Nicholl, Hope, 239-41; Weima, Thessalonians, 575-76). 단 12:1b-3은 미가엘이 "지나가는 것"에 대한 그 예언을 하나님의 백성들이 당할 유래 없는 환난과 그들의 대적들은 벌을 받고 하나님의 택한 자들은 구원을 받을 마지막 심판에 대한 예언들로 이어간다. 단 10-12장의

468

사건들의 이 순서는 우리 본문인 살후 2:3-12의 사건들의 순서와 밀접하게 상응한다: 미가엘은 악의 세력들을 현재 막고 있다(단10:13, 20-21//살후 2:6a, 7a); 미가엘이 옮겨질 것이다(단12:1a//살후 2:7b); 하나님의 백성들의 유례 없는 환난이 일어날 것이다(단12:1b//살후 2:3-4, 8-10: 배도가 오고 불법의 사람의 나타남); 마지막 심판이 일어날 것이다(단12:1c-3//살후 2:10-14)(Nicholl, *Hope*, 244-45; Weima, *Thessalonians*, 576).

이 다섯 가지 포인트 가운데 첫 번째 포인트 (a)는 ὁ κατέχων과 τὸ κατέχον에 대한 그 어떤 해석을 위해서든 중요하다. 하지만 이 포인트는 우리가 막고 있는 자를 천사 같은 존재로만 생각할 것을 요구하지는 않는다(아래를 보라). 두 번째 포인트 (b)는 "불법의 사람"이 초자연적 존재라는 가정에 기초를 둔다. 하지만 살후 2:4에서 바울이 단 11:36-37의 안티오커스 4세와 로마 황제 칼리굴라를 모델 삼아 그 인물에 대해 묘사하고 있다고 믿는 이들이 그와 같은 가정을 받아들인다는 것은 이상한 일이다. 어쨌든, 아래에서 보겠지만 그 가정은 불필요하며 인간이 막고 있는 자라는 가정을 가지고도 우리 본문에 대한 그럴듯한 해석이 가능하다.[9] 네 번째 포인트 (d)는 우리의 논의와 상당히 상관성이 떨어진다. 왜냐하면 우리 본문에서 바울이 말하는 것은 그리스도의 파루시아 때가 아니라 파루시아 이전 현재에 막고 있는 자의 활동이며 또한 바울이 사실은 쿰란 언약 공동체 사람들이나 다른 묵시론자들과 달리 하나님의 백성을 돕는 천사에 대해 말하는 것을 꺼리기 때문이다. 세 번째 포인트 (c)의 경우, 천사들이 사탄이나 그 세력들을 "묶는다"는(δεῖσθαι) 혹은 "싸운다"는 묵시론적 생각이 "막고 있는 것"(κατέχειν)과 같다고 인정한다고 하더라도(참고. Hannah, *Michael*, 133) ὁ κατέχων과 τὸ κατέχον의 일을 그 천사들을 가지고 해석해야 하는지는 의문이다. 왜냐하면 천사들의 경우 그들이 사탄의 세력들을 "묶고" 그들과 "싸우는" 것은 하나님의 백성을 보호하는 목적을 위한 것이라고 말해지는 반면 (이 점을 강조하는 Nicholl, *Hope*, 239-46;

9 참고. Metzger, *Katechon*, 280.

Weima, *Thessalonians*, 576를 참고하라), ὁ κατέχων/τὸ κατέχον을 가지고 바울은 그런 목적을 표현하지 않는다.[10] 바울은 현재 "불법의 비밀이 이미 활동하고 있"으며(살후 2:7a) ὁ κατέχων과 τὸ κατέχον이 그 무/불법자가 나타나는 것을 "막고 있음"에도(살후 2:6-7) 데살로니가의 믿는 자들이 현재 그들의 이교도 동족들의 박해 아래서 심각한 고난을 당하고 있다는 것(살후 1:4-7)을 충분히 알고 있다. 바울은 분명 여기서 그 무/불법자가 나타남을 막는 것이 현재의 극심한 고난의 기간을 연장하고 주 예수의 파루시아를 지연시키는 것을 의미한다 하더라도 ὁ κατέχων과 τὸ κατέχον 이 믿는 자들을 유례없는 종말론적 고난으로부터 보호하려고 그의 나타남을 막고 있다는 그런 것을 의미하는 것이 아니다!

표면상으로는 마지막 포인트 (e)가 전체적으로 상당히 인상적이다. 그러나 바울의 ἕως ἐκ μέσου γένηται 절을 설명하기 위해 칠십인경이 단 12:1a에서 παρελεύσεται 동사를 사용한 것에 대한 호소는 논리가 다소 약하다. 보다 심각한 문제는 이와 같이 ὁ κατέχων을 단 10-12장의 천사장 미가엘을 가지고 해석하는 것은 τὸ κατέχον을 적절하게 설명하지 못한다는 것이다. 해나(Hannah)는 ("Restrainer," 41-42) "6절의 막고 있는 세력, τὸ κατέχον은 7절의 천사 혹은 ὁ κατέχων의 사역으로 표현되는 하나님의 종말 계획"이라고 생각한다. 니콜(Nicholl) (*Hope*, 247-48)에 따르면, 중성형 τὸ κατέχον이 "특히 그 막는 활동에 초점을 맞추고서 미가엘"을 가리킨다면 남성형 ὁ κατέχων은 "한 인격체로서의 미가엘"을 가리킨다. 그러나 설득력이 전혀 없이 두 가지 설명 다 근본적인 문제를 더욱 악화시키는 것 같다: 왜 바울은 간단히 미가엘(과 미가엘의 사역 혹은 하나님의 계획)을 언급하는 대신 암호같은 용어들을 사용하는가?[11]

10　참고. Metzger, *Katechon*, 281-82, 285. 메츠거는 우리 본문의 ὁ κατέχων과 τὸ κατέχον은 믿는 자들을 환난에서 보호하는 기능이 없다고 거듭 강조한다.

11　참고. Metzger, *Katechon*, 280-81; Röcker, Belial, 435. 필자는 Hannah, "Restrainer," 44,의 입장에는 반대한다. 해나는 "ἀρχαί와 ἐξουσίαι, δυνάμεις 같은 용어들을 선호하여 천사들을 명시적으로 언급하기를 피하려는 바울의 경향"에 호소함으로써 이 질문의 중요성을 최소화하려고 시도한다. 그런데 바울은 ἀρχαί와 ἐξουσίαι,

470

이 모든 이유로 이 천사/미가엘 이론이 점점 더 많은 인기를 얻어감에
도 불구하고 이 이론은 거부하는 것이 마땅하다.

3. 바울의 선교와 바울

오스카 쿨만(Oscar Cullmann)은 τὸ κατέχον을 이방인들에게 복음을 전
하는 것으로 해석하고 ὁ κατέχων은 이방인의 사도, 바울로 해석하는 인
상적인 주장을 제시했다.[12] 이 견해는 부분적으로 사이러스의 티오도렛
(Theodoret of Cyrrhus)이 이미 제안한 바 있고(PG 82, 665A) 칼빈(Calvin)도 살
후 2:6에 대한 주석에서 이 견해를 제시했다.[13] 쿨만은 이 견해를 무엇보
다 종말 이전에 모든 나라에 복음이 먼저 전파되어야 한다는 막 13:10//
마 24:14의 주의 말씀의 기초 위에 둔다. 소위 공관복음의 묵시록으로 불
리는 본문의 일부로서 막 13장과 마 24장 모두에서 이 말씀에 이어 장차
의 종말론적 화와 그리스도의 파루시아에 대한 이야기들이 이어진다. 그
말씀의 내용과 더불어 이와 같은 순서는 모든 나라에 복음을 전하는 과
업을 완수하기까지 그리스도의 파루시아는 일어나지 않을 것이라는 인
상을 준다. 이것은 분명 마 28:19-20; 행 1:6-8; 10:42; 계 6:9-11과 같은
다양한 신약 본문들에 반영되어 있는 것과 같이 초기 기독교의 공통된
확신이었다. 롬 11:25-26에서 바울도 이것을 반영한다. 모든 나라에 복
음을 전하는 일이 그리스도의 파루시아 전에 먼저 성취되어야 하기 때문
에 이 일이 그리스도의 파루시아를 가로막고(holding up) 있는 것이라고 말
할 수도 있다. 이 견해는 온 이스라엘의 회개를 메시아의 도래를 "붙들고
있는"(아람어: עכב) 것으로 보는 유대교 전승(y. Ta'anit 1:64a; 또한 참고. b. Sanh.

δυνάμεις 같은 용어들을 하나님을 반대하는 세력들을 가리킬 때 사용한다!

12 O. Cullmann, "Der eschatologische Charakter des Missionsauftrags und des
apostolischen Selbstbewusstseins bei Paulus: Untersuchung zum Begriff
des κατέχον(κατέχων) in 2. Thess. 2,6-7"(1936), in Vorträge und Aufsätze
1925-1962(Tübingen: Mohr Siebeck, 1966), 305-36.

13 J. Calvin, The Philippians, Colossians, and Thessalonians(Grand Rapids: Baker,
1981), 403.

97b)을 기독교적으로 바꾼 것이다. 바울로서는 온 이스라엘의 회개(혹은 구원)는 이방인의 충만한 수가 하나님 나라에 들어가게 될 때 일어날 것이다(롬 11:11-32, 특별히 25-26절). 그러므로 그에게 있어 그리스도의 파루시아를 "가로막고 있는" 것은 모든 이방인들에게 복음을 전하는 일이다. 그는 살후 2:6-7에서 이 견해를 반영함으로써 거기서 τὸ κατέχον으로 그는 모든 나라에 복음을 전하는 것을 의미한다. τὸ κατέχον에 대해 이와 같이 주장한 다음, 쿨만(327-36)은 바울이 ὁ κατέχων으로 이방인들에게 복음을 전하여 이방인의 충만한 수를 하나님 나라로 데리고 들어가는 독보적인 사명을 받은 사도인 자기 자신을 가리키는 것임을 보여준다. 그와 같은 사도로서의 자기 의식을 위해 쿨만은 갈 1:15-16; 롬 1:5; 1:14; 15:15-18; 고전 9:16; 골 1:22-29; 엡 3:1-13와 같은 다양한 바울 본문들에 호소하고 바울이 "그 자신이 메시아 왕국의 궁극적인 수립에 이르게 될 위대한 드라마의 한 필수불가결한 요소라는 인식"을 가지고 있었다고 주장한다(332).

쿨만의 이 해석은 뭉크(J. Munck)가 밀접하게 따랐으며 보다 최근에는 쉬툴막허(P. Stuhlmacher)와 그의 제자들이었던 쉬테틀러(H. Stettler)와 뢰커(F. W. Röcker)도 이 해석을 따르고 있다.[14] 하지만 살후 2:7의 ἕως ἐκ μέσου γένηται 절이 이 견해에 극복하기 어려운 장애물을 제공한다는 지적이 종종 제기되었다. 왜냐하면 이 서신(살후2:1)과 살전 4:13-18(또한 참고. 고전 15:51-57)에서 바울은 주 예수의 파루시아 때 살아서 주와 만날 기대를 표현하기 때문이다. 쿨만(334)은 바울이 그 절로 강제로 제거됨보다 "사라짐"으로서의 자기 자신의 죽음을 가리킨다고 생각하고 그의 죽음이 이

---

14 J. Munck, *Paul and the Salvation of Mankind*(London: SCM, 1959), 37-42; P. Stuhlmacher, *Biblical Theology of the New Testament*(trans. D. P. Bailey; Grand Rapids: Eerdmans, 2018[독일어판: *Biblische Theologie des Neuen Testaments*, Band I & II; Göttingen: Vandenhoeck & Ruprecht, 1999], 491-92); H. Stettler, "An Interpretation of Colossians 1:24 in the Framework of Paul's Mission Theology," in *The Mission of the Early Church to Jews and Gentiles*(WUNT 127; ed. J. Ådna and H. Kvalbein; Tübingen: Mohr Siebeck, 2000), 198-208; Röcker, *Belial*, 458-76.

방인 복음 전도의 끝을 표시하므로 따라서 "적그리스도의 출현과 메시아
시대의 개막을 위한 결정적인 시간을 나타내는 표식(mark)이 될 것"이라
고 제안한다. 이것은 실제적으로는 바울이 일찍 죽으면 죽을 수록 그리
스도의 파루시아도 더 빨리 있게 될 것을 의미한다! 그러나 바울이 그런
생각을 품었다는 것은 믿기 어려운 일이다(빌 1:21-26을 참고하라!). 쉬툴막
허(Biblical Theology, 491-92)와 쉬테틀러("Colossians 1:24," 202 주 86, 207)와 뢱커
(Belial, 475-76)는 그 절을 바울이 (사도로서의 사명을 완수한 후) 자신의 사도직
에서 "은퇴한다"는 의미로 해석한다. 하지만 바울은 분명 그와 같은 생각
을 ἕως ἐκ μέσου γένηται 라는 표현보다 더 분명하게 (예를 들어 "이방인들
에게 복음이 충분히 전해지기까지"라는 식으로) 표현할 수 있었다. 이 알쏭달쏭한
절과 관련하여 우리는 바울이 그의 서신들 여러 곳에서, 쿨만과 그를 따
르는 이들 스스로가 강조하듯이[15], 자신과 자신의 선교 사역이 종말론적
인 구원의 드라마에서 독보적으로 중요한 역할을 하는 것으로 분명하게
시사하면서 왜 여기서는 자신의 선교 사역과 자기 자신을 가리키기 위해
τὸ κατέχον과 ὁ κατέχων이라는 암호같은 용어들을 사용하는지를 물을
필요가 있다.

그러나 쿨만의 해석에는 지금까지 학계가 적절하게 주목하거나 인식
하지 못했던 훨씬 더 근본적인 문제가 하나 있다. 그것은 그 해석 안에
심각한 혼동이 있다는 것이다. 만일 바울이 모든 이방인들에게 복음을
전하는 것이 그리스도의 파루시아를 위한 조건으로 간주되어야 한다면,
그 필요성(necessity) 곧 종말 이전에 이방인의 충만한 수를 하나님 나라에
들어가게 해야 할 (그리고 그렇게 하여 온 이스라엘의 회개가 이루어지게 해야 할) 필
요는 그리스도의 파루시아(와 따라서 그리스도의 파루시아 전에 있을 무/불법자의
나타남)을 지연시키는 것으로 말할 수 있을지 모른다. 하지만 그의 이방인
선교 자체는 그리스도의 파루시아(와 불법의 사람의 나타남)을 지연시키기보
다 그 반대로 그것을 (혹은 그 두 가지 일 모두를) 재촉한다(hastens)! 그가 더

빨리 복음을 땅끝까지 전하여 이방인의 충만한 수가 하나님 나라에 들어가게 할 수록 온 이스라엘도 그 마음의 완악함에서 해방되고 따라서 그리스도의 파루시아를 위한 조건을 충족시키게 될 것이다. 따라서 바울의 이방인 선교는 불법의 사람의 나타남과 그리스도의 파루시아를 막고 있는 것이 아니라(not restrain) 도리어 그리스도의 파루시아를 (그리고 그렇기 때문에 그 무/불법자의 나타남도) 재촉한다(hastens). 그러므로 바울의 이방인 선교가 τὸ κατέχον일 수 없으며 그가 ὁ κατέχων일 수 없다. 따라서 쿨만의 견해는 바울의 이방인 선교의 필요성(necessity)과 그 선교 자체 사이의 혼동에서 비롯된 오해다.[16]

4. 하나님의 구원 계획/바울의 이방인 선교와 하나님/바울

뢱커(Belial, 458-76)는 전체적으로 쿨만의 해석을 따르지만 그 해석을 스트로벨(Strobel)의 통찰들과 결합시켜서 그것을 강화시키고자 한다. 그(458-65)는 유대 문헌에서 아직 이루어지지 않은 온 이스라엘의 회개가 이스라엘의 종말론적 구속을 가로막고 있다는 이해가 하나님의 정하신 때가 그렇게 하고 있다는 이해와 나란히 있다는 관찰에서 시작한다. 그는 전자를 위해서는 *4 Ezra* 4:36; *2 Bar* 23:5과 *y. Ta'anit* 1:64a; *b. Sanh.* 97b; *b. Yoma* 86b를 인용하고 후자를 위해서는 *4 Ezra* 4:40; *2 Bar* 51:11과 *Midr.* Ps 14를 인용한다. 그(461-62)는 또한 *L.A.B.* 51:5을 인용하면서 거기 나오는 "가로막는 자"에 대한 언급은 하나님을 가리키며 이것은 살후 2:7과도 병행이 된다고 제안한다. 그런 다음 그는 막는 것에 대한 하나님 중심적 관점과 인간 중심적 관점, 이 두 가지 관점들을 위해 구약과 유대 문헌의 다른 본문들과 일부 신약 본문들에 대해 논의한다

---

16 Stettler, "Colossians 1:24," 198-208는 바울의 이방인 선교가 그리스도의 파루시아를 재촉한다고 보지만 그러한 통찰을 골 1:24의 자신의 고난에 관한 바울의 이야기를 해석하는 데만 사용하고 살후 2:6-7의 τὸ κατέχον/ὁ κατέχων의 문제는 단순히 쿨만을 따른다. 따라서 그녀는 두 바울 본문에 대한 자신의 해석 사이의 모순을 해결하지 못한다 (208). 또한 참고. Röcker, *Belial*, 442 주 541.

(466-70). 그리고 그는 τὸ κατέχον과 ὁ κατέχων을 이러한 배경에 비추어 두 관점을 반영하는 것으로, 곧 "이중적 원인(double causality)"으로(472) 이해할 것을 제안한다(468-73). 그의 결론은 살후 2:6의 τὸ κατέχον은 종말에 대한 하나님의 정한 시간(곧 그의 구원 계획)과 (하나님의 구원 계획에서 현재의 주된 의미인) 이방인들과 유대인들의 구원을 가져오기 위해 이방인들에게 복음을 전하는 것이며 살후 2:7의 ὁ κατέχων은 하나님과 복음을 전하는 자라는 것이다. 이와 같은 결론을 통해서 뢱커(475-76)는 ἕως ἐκ μέσου γένηται 절은 이방인에게 복음을 전하는 자인 바울에게만 적용되며 그 절은 하나님이 정하신 때에 그가 자기의 사도적 과업을 완수하고 은퇴하는 것을 의미한다고 제안한다.

위에서 우리는 ἕως ἐκ μέσου γένηται 절에 대한 그와 같은 해석에 문제가 있다고 제안했다. 하지만 뢱커는 그 절의 주어가, ὁ κατέχων이 가리키는 것으로 생각되는 두 존재(하나님과 바울) 중에서 바울에게만 적용되는 것으로 보기 때문에 문제를 이중으로 심각하게 만든다. 따라서 뢱커가 스트로벨과 쿨만의 견해를 결합시키려는 시도는 ἕως ἐκ μέσου γένηται 절을 해석하는 문제를 해결하는 데 도움이 되지 않을 뿐더러 왜 바울이 하나님과 그의 계획에 대해 혹은 바울과 그의 이방인의 사도직에 대해 분명하게 언급하는 대신에 수수께끼 같은 ὁ κατέχων과 τὸ κατέχον을 사용하는지에 대한 질문, 곧 스트로벨과 쿨만의 견해들에 반대하여 제기되는 문제와 질문에 답하는 데도 도움이 되지 않는다. 사실 스트로벨과 쿨만의 견해들은 (적어도 그들이 제시하는 대로는) 결합이 될 수 없다. 위에서 쿨만의 견해에 대해 반박하면서 우리는 *복음을 모든 이방인에게 전할 필요성은 종말이 오는 것을 지연시키는 것으로 볼 수 있을지 몰라도 모든 이방인에게 복음을 전하는 것 자체는 실제로는 종말의 도래를 재촉하는 것*이기 때문에 그렇게 볼 수 없다는 점을 지적했다. 따라서 복음을 믿음으로 모든 유대인들과 이방인들이 구원을 받게 하신다는 하나님의 구원 계획과 모든 나라들에 복음을 전해야 할 필요성은 결합될 수 있고 함께 종말이 오는 것을 지연시키는 것으로 볼 수 있다. 하지만 하나님의 그와 같

은 구원 계획과 모든 나라들에 복음을 전하는 일 그 자체는 그런 견해를
위해 결합될 수 없다. 왜냐하면 전자(하나님의 구원 계획)는 종말이 오는 것
을 막고 있는(restraining) 것으로 볼 수 있는 반면 후자(이방인 선교)는 그것
을 재촉하고 있는(hastens) 것으로 볼 수 있기 때문이다. 마찬가지로, 하나
님과 바울은 ὁ κατέχων, "막고 있는 자"로 결합될 수 없다. 왜냐하면 하나
님은 그 자비하심으로 유대인들과 이방인들이 복음을 듣고 구원을 받을
충분한 시간을 가지도록 종말이 오는 것을 막고 계시는(restrains) 반면 바
울은 전세계 선교를 통해 종말이 오는 것을 재촉하고 있기(hastens) 때문이
다!

　스트로벨과 쿨만의 견해들을 결합하려는 뢱커의 지속적인 노력은 성
공적이지 못하다. 아래에 ὁ κατέχων과 τὸ κατέχον에 대한 우리의 해석
을 소개할 것인데 거기서 이 문구들의 지시대상을 적절하게 규명하기 위
해서는 하나님의 주권적인 계획과 바울의 이방인 선교 둘 다, τὸ κατέχον
그 자체는 아니지만 이 두 가지 모두의 중요성을 적절하게 인정할 필요
가 있다. 스트로벨과 쿨만의 연구들과 아울러 뢱커의 연구는 우리가 우
리 본문을 해석하고 ὁ κατέχων과 τὸ κατέχον의 지시대상을 규명할 때 그
주제들을 계속 고려하게끔 간접적인 도움을 준다는 점에서 그 가치를 인
정할 수 있을 것이다.

5. 로마 제국과 황제

　3세기 초 터툴리안(*Apol.* 32; *Res.* 24.18)과 히폴리투스(*Comm. Dan.* 4.21)와
4세기 크리소스톰(Chrysostom) (*Hom. 2 Thess.*, Hom. 4) 이래로 20세기 중반까
지 가장 인기 있는 견해는 τὸ κατέχον을 로마 제국으로 보고 ὁ κατέχων
을 그 대변자인 황제로 보는 것이었다.[17] 이 견해는 다음의 다섯 가지 고
려에 기초한다: (a) 유대교 묵시문학(*4 Ezra* 11-12장)과 기독교 묵시문학
(계 13장, 17-20장) 모두에서 로마 제국은 단 7장의 네 번째 마지막 짐승으

17　Metzger, Katechon, 15; Röcker, *Belial*, 423을 참고하라.

476

로 대변되는 나라로 제시되며 그 나라가 쇠퇴한 이후 혹은 쇠퇴하는 때
에 (살후 2:3-8의 "불법의 사람"에 버금가는) 하나님의 궁극적인 대적이 나타날
것으로 생각된다; (b) 바울은 자신과 교회가 로마 관리들의 손에 자주 고
난을 받음에도 악을 제어하고 세계의 법과 질서를 유지하는 점에서 분명
로마 제국의 긍정적인 면을 인식한다(참고. 롬 13:1-7); (c) 이와 같은 가설
은 중성형 τὸ κατέχον(로마 제국)에서 남성형 ὁ κατέχων(황제)로의 변화와
바울이 암호화된 용어들을 사용하는 이유를 가장 잘 설명한다(아래를 보
라); (d) 이 가설은 또한 ἕως ἐκ μέσου γένηται 절(7절; 바울이 최근 경험한 칼리
굴라의 "폐위"를 참고하라)을 부드럽게 설명하는 데 반해 다른 가설들은 그것
을 설명하는 데 어려움을 겪는다; 그리고 (e) 바울이 살후 2:3-4에서 "불
법의 사람"에 대해 단 11:36-37의 예언의 안티오커스 4세를 모델로 하
여 묘사한다는 사실과 그가 그렇게 할 때 무법의 칼리굴라 황제도 염두
에 두고 있을 개연성이 있음을 감안할 때 상대적으로 선한 현재 재위 중
인 클라우디오 황제가 "그 중에서 옮겨지고"(살후 2:7) 또 다른 칼리굴라가
위에 오르는 것에 대한 두려움을 가지고 있다고 생각하는 것이 합리적이
다—그는 다니엘의 예언을 성취하여 세상을 하나님께 대한 궁극적인 반
역으로 이끌 수퍼 칼리굴라일 것이다(필자의 주석에서 살후 2:4에 대한 코멘트를
보라).[18] 이러한 고려들이 τὸ κατέχον과 ὁ κατέχων을 각각 로마 제국과 그
황제로 보기 위한 강력한 논증을 함께 만든다는 데 의심의 여지가 없다.

그런데 어떤 주석가들은[19] 당시의 유대 문헌에서 로마 제국이 자주 부
정적인 권세로 간주된다는 사실을 지적하면서 (또한 참고. 계 13-19장) 그리
고 그렇기 때문에 바울이 로마 제국이 그 무/불법자가 나타나는 것을 막
는 긍정적인 역할을 다하는 것으로 보았을 가능성이 없다고 주장하면서

18 이와 같은 포인트들 중 일부를 열거하는 Best, *Thessalonians*, 296를 참고하라.
19 예를 들어, Best, *Thessalonians*, 296; Weima, *Thessalonians*, 571-72는 L. J. L.
Peerbolte, *The Antecedents of Antichrist: A Traditio-Historical Study of the
Earliest Christian View on Eschatological Opponents*(JSJSup 49; Leiden: Brill, 1996),
142를 언급한다.

로마 제국과 그 황제에 대한 이 가설을 거부한다. 바울서신을 반제국적 관점에서 해석하는 데 열심인 현대 해석자들은 분명 이와 같은 반대 의견에 동참할 것이다. 사실 라이트(N. T. Wright)는 로마 제국을 단 7장의 마지막 네 번째 짐승으로 보는 유대교 묵시문학 전통을 따라서 바울이 실제로 우리 본문인 살후 2:3-8에서 장차 올 가이사를 "불법의 사람"으로 제시하면서 자신의 복음을 로마 제국에 대한 반대 명제로 전했다는 강력한 논증을 전개했다.[20] 하지만 라이트는 우리 본문의 핵심 포인트 곧 "불법의 사람"의 나타남이 현재 "가로 막혀(restraint)" 있다는 점을 무시한다. 그래서 그는 비록 바울이 장차 올 가이사가 그 적그리스도로 나타날 것으로 내다보고 있기는 하지만 그가 분명 현재의 가이사를 그렇게 보지는 않는다는 것을 인식하지 못한다.[21] 그러므로 우리 본문에서 바울이 현재의 가이사가 그 자신이 "그 중에서 옮겨지기까지" 배도자 가이사(Rebel Caesar; "불법의 사람")가 나타나는 것을 "막고 있는" 것으로 이해하고 있을 가능성이 논리적으로 배제되는 것은 아니다. 이 가능성은 고전 2:6-8과 살전 5:3과 같은 바울서신의 구절들만 일방적으로 가리키고 결과적으로 롬 13:1-7은 등한시하는 그런 사람들만 부인할 것이다.[22] 그러나 바울이 비록 그 반역적이고 불의한 성격에 대해 종종 암묵적으로(implicitly) 비판함에도 불구하고(예: 고전 2:6-8; 6:1; 8:5; 15:23-27; 빌 1:27-30; 2:15; 살전 2:17-18; 5:3; 또한 참고. 롬 1:18-32) 로마 제국이나 그 황제가 여전히 하나님을 섬기고 있고 현재에 하나님께 위임 받은 종/사역자(διάκονος)로서 그 목적을 이루고 있다고 명시적으로(explicitly) 가르친다는 사실(롬 13:1-7)을 무시하는 것은 결코 바람직하지 않다.

메츠거(Katechon, 289)는 우리 본문에서 katechon(막고 있는 것)/로마 제국

---

20 N. T. Wright, *Paul and the Faithfulness of God*(Minneapolis: Fortress, 2013), 1271-319, 특히 1290-91.

21 이제 본서 9장에 재 출판된 S. Kim, "Paul and the Roman Empire," *in God and the Faithfulness of Paul: A Critical Examination of N. T. Wright*(WUNT 2/413; ed. C. Heilig, J. T. Hewitt, and M. F. Bird; Tübingen: Mohr Siebeck, 2016), 289-91를 보라.

22 참고, Weima, *Thessalonians*, 571.

478

이 하나님의 백성을 보호하는 좋은 권세가 아니라 주의 파루시아를 지연시키고 그렇게 함으로써 하나님의 백성들의 고난의 기간을 연장시키는 악한 권세라고 반복해서 주장함으로 그와 같은 논의를 배제하려고 한다(124, 282, 285-86, 293-94 및 거기 언급된 다른 자료들). 그럼에도 불구하고, 그는 "고대인들의 사고로는 일반적으로 귀신의 세력은 다른 귀신의 세력에 의해 정복된다(참고 막 3:22과 그 병행 구절)"고 반복해서 주장하고(293; 127-28, 288, 290도 보라) 우리 본문의 *katechon*(막고 있는 것)/로마 제국은 "인간이면서 마귀적인" 실체(an entity)라고 주장함으로써(288) τὸ κατέχον과 ὁ κατέχων을 각각 로마 제국과 그 황제로 해석하기를 고집한다. 하지만 그가 자신의 이상한 이론을 뒷받침하기 인용하는 "막 3:22과 그 병행 구절"이 포함되어 있는 막 3:20-27(과 그 병행 구절들) 본문은 사실 그 반대가 참이며 마귀의 세력들을 정복하는 것이 예수이심을 보여줌으로써 그 이론이 틀렸음을 효과적으로 입증해준다![23]

마샬(Marshall)은 우리 본문을 이해하기 위해서는 막고 있는 것/막고 있는 자를 그 성격에 있어 악이 아니라 선으로 볼 필요가 있는 것 같다고 올바르게 지적한다.[24] 따라서 바울이 로마 제국과 그 황제를 각각 τὸ κατέχον과 ὁ κατέχων으로 지칭할 때 그가 이들이 무/불법자가 나타나는 것을 막음으로써 어떤 좋은 목적을 위해 섬기고 있는 것에 대해 긍정적으로 인식하는 것으로 보아야 한다. 바울이 염두에 둔 그 선한 목적은 무엇인가? 그 자신이 로마 당국자들을 세계에서 정의와 질서를 유지하도록 하나님이 위임하신 하나님의 종들로 보기 때문에(롬 13:1-7) 바울이 그들의 좋은 정부를 가지고 하나님이 맡기신 이 사명을 신실하게 감당하고 있는 것에 대해, 다시 말해 무/불법자가 나타나는 것을 막고 세상이

---

23 참고. Röcker, *Belial*, 451-52.
24 Marshall, *Thessalonians*, 199; Weima, *Thessalonians*, 572, 역시 마찬가지 의견이다; 필자는 막고 있는 것/막고 있는 자를 교회의 믿음에 대한 위협으로 보는 G. H. Giblin, *The Threat to Faith*(AnBib 31; Rome: Pontifical Biblical Institute, 1967), 167-242의 견해에는 반대한다.

전적인 반역 혹은 혼돈에 빠져들지 않게 하는 것에 대해 로마 제국에 대해 긍정적으로 인식하고 있는 것인가? 하지만 우리는 이미 바울이 비록 암묵적인 방식으로 기는 하지만 자주 로마 제국을 그 반역적이고 불의한 성격에 대해 비판한다는 것을 관찰한 바 있다. 그렇다면 바울이 로마 제국이 세상을 *상대적으로(relatively)* 선한 질서와 평화 가운데 유지하고 있기에 하나님이 그리스도의 파루시아를 지연시키고 계신다고, 그리고 로마 제국이 참아줄 수 없을 만큼 악하고 혼란스럽게 될 때에만 하나님이 세상에 개입하여 그리스도를 보내시려고 기다리고 계신다고 생각하는 것이라고 상상할 수 있겠는가? 하나님이 지상의 인간 정부가 참아줄 만한 것인 한, 그리스도의 파루시아를 지연시키시는가? 결코 그렇지 않다. 따라서 로마 제국과 그 황제가 선한 정부를 가지고 세상에서 불법을 제지함으로써 하나님께 위임 받은 사명을 성공적으로 완수하고 있다고 보기 때문에 바울이 감사하는 마음으로 로마 제국과 그 황제를 *katechon/katechōn*으로 언급하는 것이라고 믿기는 어렵다.

그렇다면 바울이 로마 제국과 그 황제의 상대적으로 선한 정부를 교회의 박해의 관점에서 보기 때문에 이들을 *katechon/katechōn*으로 언급하면서 긍정적인 인식을 표현하는 것일 수도 있는가?

다시 말해, 믿는 자들 편에서 볼 때 불법의 사람의 나타남이 가져올 종말의 혼돈과 환란을 그 둘이 지연시켜주기 때문에 바울이 이들에 대해 감사하고 있는 것인가? 만일 바울이 믿는 자들의 고난이 늘어가는 것만 염려했다면 그가 불법의 사람이 지체 없이 나타나서 주의 파루시아 역시 지체 없이 있게 되고 믿는 자들이 연장된 기간 동안 박해를 받기보다 더 빨리 구원을 받을 것을 바라는 것이 보다 합리적이지 않겠는가? 이 무/불법자가 나타나는 것을 막고 있는 동안에도 믿는 자들은 "불법의 비밀이 이미 활동하고 있"기 때문에 일어나는(2:7) 이교도들로 인한 박해를 겪고 있기 때문이다(1:4-7). 따라서 믿는 자들의 고난의 관점에서도 바울은 로마 제국과 그 황제를, 감사하는 의미를 담아, 불법의 사람이 나타나는 것을 막고 있는 것/막고 있는 자(*katechon/katechōn*)라 부르지는 않을 것

이다.[25]

그렇다면, 우리가 쿨만과 함께 "로마 제국의 과업과 적그리스도의 도래 날짜 사이에 본질적인(*intrinsic*) 연관성은 없다"(이탤릭은 그의 것임)고 그렇게 결론 내리고 이것을 로마 제국과 그 황제를 *katechon/katechōn*으로 보는 견해를 반박하는 "결정적 주장"으로 받아들여야 하는가?[26]

6. 로마 제국/황제와 바울의 복음 전도

이 지점에서 아이러니하게도 쿨만의 이론의 몇몇 요소들이 도움이 된다.

위에서 우리는 이미 그가 제시한 대로의 이론은 바울의 열방을 위한 선교가 그리스도의 파루시아(와 따라서 불법의 사람의 나타남도)를 제지하기/막기보다 재촉하기 때문에 *katechon*이 될 수 없기 때문에 거부되어야 한다는 것을 보았다. 그러나 우리는 모든 나라들에 복음을 전할 필요성이 그리스도의 파루시아와 불법의 사람의 나타남을 "제지한다/막는다(restraining)"고는 말할 수 있다고 말했다. 그러나 사실 이것은 아주 정확한 말은 아니었다. 왜냐하면 그 필요성 자체는 불법의 사람의 나타남과 그리스도의 파루시아를 막을 힘이 없기 때문이다. 하나님이 이 힘을 가지고 계시다. 따라서 스트로벨의 하나님 중심적 관점과 쿨만의 인간 중심적 혹은 선교적 관점을 결합함으로써 우리는 하나님이 그 자비하심으로 혹은 그의 구원 계획에 따라 교회가 모든 나라에 복음을 전하여 그들을 구원에 이르게 할 시간을 주기 위해 불법의 사람이 나타나는 것과 그리스도의 파루시아를 막고/제지하고 계시다고 말할 수 있을 것이다. 하지만 ἕως ἐκ μέσου γένηται 절(7절)을 고려하여 우리는 바울이 하나님을 ὁ κατέχων으로 의미한 것일 수 없다는 점과 따라서 우리 본문(살후 2:3-8)에서 모든 종말의 사건들이 하나님의 전체적 섭리적 계획에 따라 일어나

---

[25] 믿는 자들의 고난의 관점에서 바울이 로마 제국을 악의 세력으로 본다는 메츠거(*Katechon*)의 주장에 대해서는 위에서 제시한 비평을 참고하라.

[26] Cullmann, "Charakter," 309. 또한 참고. Best, *Thessalonians*, 296: "제국이나 황제와 그 배도자나 그리스도의 파루시아 날짜 사이에 어떤 실재적 연관은 없는 것 같다."

고 있다는 의미를 암묵적으로 전달하고 있다는 사실에도 불구하고 하나
님의 계획 역시 그가 τò κατέχον으로 부르지는 않았을 것이라는 점을 이
미 보았다. 천사가 불법의 사람을 막을 힘을 가진 것으로 믿을 수도 있
다. 하지만 위에서 우리는 또한 바울이 ὁ κατέχων으로 천사를 의미한 것
일 수도 없다는 점 또한 보았다. 만일 하나님과 천사가 ὁ κατέχων의 고려
대상에서 빠진다면, 바울은 어떤 실체가 사탄의 대리자인 그 무/불법자
의 출현을 막을 힘이 있는(9절) 것으로 생각하는가? 이를 위해 가이사와
그의 제국 외에 바울의 사고 세계에서 어떤 다른 옵션이 남아 있는가?

따라서 바울이 실제로 로마 제국과 그 황제를 가리켜 각각 τò κατέχον
과 ὁ κατέχων으로 말한다고 전제해야만 할 것 같다. 그러나 만일 로마 제
국과 그 황제가 하나님께로부터 받은 세계의 질서를 유지하는 사명에 대
한 관심이나 그 결과로서 교회의 고난이 경감될 것에 대한 관심 그 어느
것도 바울이 불법의 사람이 나타나는 것을 막는 존재로서의 이들의 역
할에 대해 긍정적인 인식을 하도록 이끄는 게 아니라면, 어떤 관심이 그
로 하여금 그렇게 하고 있는가? (쿨만이 제시하는 대로의 이론은 거부되어야 하
지만) 여기서 우리 주제와 관련하여 바울의 이방인 선교에 대한 쿨만의
강조는 유익하다. 바울은 로마 제국과 그 황제를 모든 *나라들(열방)에 대
한 그의 선교를 위한 필요의 관점*에서 본다. 그리고 그는 이들이 온 세상
(*oecumene*)의 정치적 통일과 안전뿐만 아니라 법과 질서를 (상대적으로 잘)
유지하는 것에 대해 긍정적으로 생각한다. 왜냐하면 그럼으로써 로마 제
국과 그 황제가 그가 모든 나라들에 대한 선교를 수행하여 이방인의 충
만한 수를 하나님 나라에 들어가게 하고 이것이 온 이스라엘의 회개/구
원을 촉발해서 그리스도의 파루시아가 있도록 할 그런 시간과 기타 여건
을 제공하기 때문이다(롬 11:25-26). 따라서 그들의 현재의 상대적으로 선
한 통치가 불법의 사람, 곧 종말의 배도자가 나타나는 것을 막고 있는 것
으로, 그로써 자신의 열방을 위한 선교를 위한 시간과 여건을 만들어 주
는 것으로 해석하고서 바울은 로마 제국과 현재 황제인 클라우디오를 가
리켜 각각 τò κατέχον과 ὁ κατέχων으로 말하는 것이다.

결론: 바울은 어떻게 그와 같은 독특한 종말론적 견해를 발전시키게 되었으며 어떻게 데살로니가에서 개척 선교를 하는 동안 데살로니가인들에게 그 견해를 가르쳤는가[27]

살후 2:6-7에서 바울은 로마 당국자들이 그들의 정부와 황제가 논란이 많은 신생 종교인 기독교의 하나님의 목적을 위해 일한다는 그 자신의 해석을 불쾌히 여겨 주목하게 될 그런 가능성을 피하기 위해 그런 암호 같은 용어들을 사용한다. 당시의 로마 제국과 현재 재위 중인 황제를 가리키는 그 표현들 자체 안에 함축되어 있는 이들의 역할에 대한 긍정적인 평가는 자신이 모든 이방인들에게 복음을 전하여 이방인의 충만한 수가 하나님 나라에 들어가게 하고 또 그렇게 함으로써 온 이스라엘이 자신들의 마음의 완악함을 회개하고 구원을 얻게 이끌고 이로써 주 예수 그리스도께서 재림하여 세상을 심판하고 믿는 자들의 구원을 완성하시게 해야 한다는 그의 확신에 기반한다.

바울은 이 확신의 내용을 "신비"(롬 11:25-26)라고 부르는데, 이것은 하나님의 종말에 대한 계획으로 유대교에 지나치게 열심인 바리새인이었던 그가(갈 1:13-14; 빌 3:5-6), 교회가 유대인을 위한 선교도 겨우 시작한 때에(AD 32-34), 다메섹 도상에서 *이방인들을 위한* 사도로 부름 받았을 때 그에게 계시된 것이다. 계시의 경험을 해석하고 충격적인 소명과 하나님의 그와 같은 혁명적인 새로운 구원 계획, 이 두 가지 모두의 의미를 이해하기 위해 그는 자연스럽게 사 6장과 42장, 49장, 렘 1:5, 신 32장과 같은 성경 본문들을 찾아 연구해야 했다.[28] 그 구약 본문들과 나란히 주의 말씀이라고 믿는 것에 기초한 초대교회의 공통된 믿음 곧 그리스도의 파루시아 전에 복음이 모든 나라에 전해져야 한다는 말씀(예: 막 13:9-12//마

---

27 데살로니가전후서 주석에서 필자는 살후 2:1-8에 대한 코멘트 끝에 실은 특주(*Excursus*)에 이 글의 요약을 제시한다. 그 요약은 짧지만 여전히 이 결론 전체를 그 안에 포함했다. 왜냐하면 이 질문들에 대한 설명이 그 본문 전체에 대한 필자의 설명을 뒷받침하는 데 중요하다 생각되기 때문이다.

28 Kim, *PNP*, 101-27과 239-58에 각각 실린 필자의 논문 "Isaiah 42 and Paul's Call"과 "The 'Mystery' of Romans 11:25-26 Once More"를 참고하라.

24:17-22; 행 1:6-8; 위를 보라) 뿐만 아니라 그 구약-유대교 배경 곧 온 이스라엘이 회개했을 때 메시아가 오실 것이라는 것도, 쿨만과 웬함과 릭커와 다른 이들이 아주 유익한 방식으로 보여준 것과 같이, 바울이 하나님의 구원 계획에 대한 그 혁명적인 이해를 제시하는 데 도움이 되었을 것이다.[29]

바울은 자신을 이방인의 사도로서 롬 11:25-26에서 말한 하나님의 그 "신비"의 종(διάκονος) 혹은 맡은 자(οἰκονόμος)로—바로 그 종이나 그 말하는 자는 아니라 하더라도—이해하기 때문에(고전 4:1; 엡3:1-13; 골1:23-29; 또한 참고. 갈 2:7-9; 고후 3:1-4:6; 5:11-21)[30] 이방인의 충만한 수가 하나님 나라에 들어가도록 하여 온 이스라엘의 회개와 구원을 촉발하기 위해서 자신의 이방인 선교 사역을 서둘러야 한다. 그는 그리스도의 파루시아 전에 온 세상을 하나님께 대한 완전한 반역/배도로 이끌 불법의 사람[무/불법자]이 나타나야 함을 알고 있다. 바울은 이방인 선교에서 중요한 진전을 이루기 이전인데도 로마 황제 가이우스 칼리굴라(Gaius Caligula)가 10년 전에(AD 40-41) 예루살렘 성전에 자기 형상을 세우려고 했을 때 칼리굴라가 그 불법의 사람인지, 그리고 완전한 반역/배도가 언제든지 일어날 수 있는 것인지에 대해 궁금해하고 있었다(참고. 살후 2:3-4). 하지만 하나님의 은혜로 그의 계획을 따라 칼리굴라가 제거되고 클라우디오가 황제로 즉위를 했다(AD 41). 그리고 클라우디오 아래서 로마 제국은 바울이 이방 나라들에 복음을 전하기 위해 온 세상(oecumene)의 도시들 사이를 상당한 자유를 가지고 안전하게 왕래하기에 충분하게 법과 질서를 잘 유지하고 있었다. 따라서 그는 클라우디오와 그의 제국이 그 무/불법자가 지금 나타나는 것을 "막고" 있는 것으로 보고 그 점에 있어 그들에 대해 긍정적인

---

29 D. Wenham, *Paul: Follower of Jesus or Founder of Christianity?*(Grand Rapids: Eerdmans, 1995), 316-19; Röcker, *Belial*, 411-14, 485-88, 497-502를 참고하라. 그러나 릭커의 경우 우리 본문과 마 24장 사이에 장차 있을 종말의 사건들의 순서에 있어 전반적인 상응이 있음을 말하는 것을 넘어 일부 세부사항의 병행을 주장하는데 이 주장은 때로 지나쳐 보인다.

30 본서 아래 *16장* "종말의 전령으로서의 바울"를 참고하라.

484

인식을 하고 있다. 왜냐하면 그들이 그에게 자신의 사도로서의 사명을
이루기 위한, 다시 말해 이방인들과 유대인들을 하나님 나라에 들어가도
록 인도하여 하나님이 구원 계획을 이루고 그리하여 주 예수 그리스도의
파루시아를 위한 길을 닦을 시간과 여건을 제공해주고 있기 때문이다.
불법의 사람이 "[하나님이 작정하신] 그의 때에 나타나게 하려고" 지금
그것을 막음으로써(살후 2:6) 클라우디오와 그의 제국은 하나님의 종/사역
자로서 하나님의 구원 목적을 위해 일하고 있는 것이다(참고. 롬 13:1-7).[31]
그러나 칼리굴라의 쇠퇴에 대한 경험을 통해 바울은 클라우디오(나 그의
뒤를 이을 다른 비교적 선한 황제)가 칼리굴라처럼 "그 중에서 제거될"(ἐκ μέσου
γένηται) 수 있다는 것을 배웠다. 그때는 또 다른, 훨씬 더 끔찍한 황제 곧
"수퍼 칼리굴라"가 황제에 오를 수도 있다. 그 인물이 살후 2:4에 묘사
된 일들을 하고 단 11:36-37의 예언을 성취하여 온 세상을 하나님께 대
한 반역으로 밀어 넣을 "불법의 사람"이다. 그 일이 일어날 때는 바울이
나 그 어느 누구도 더 이상 선교의 일을 할 수 없을 것이다. 따라서 그는
불법의 사람 "수퍼 칼리굴라"가 머지 않아 나타날 수 있다는 염려를 하고
있으며 클라우디오와 그의 제국이 그 무/불법자의 나타남을 막고 세상
에서 질서와 평화를 유지하는 동안(참고. 롬 15:15-24) 그 짧은 시간 동안 모
든 나라에 복음을 전하기 위해서는 선교를 서둘러야 함(참고. 롬 13:11; 고전
7:29)을 너무도 잘 알고 있다. 그래서 그가 "불법의 사람이 나타남"이라는
주제에 흥분하는 것이다. 그러므로 우리 본문 살후 2:3-8에서 바울은 그
인물과 그가 지금 막혀 있는 것에 대해 말하는 것에 집중하고 3절에서 그
귀결절("주의 날이 이르지 아니하리니")을 분명하게 언급하는 일조차 잊는다.[32]

데살로니가에서 개척 선교를 하는 동안 바울은 데살로니가인들에게
하나님의 구원 계획에 대해 이와 같은 것들을 가르쳤다(살후 2:5). 복음 설
교의 한 부분으로 그는 주 예수 그리스도의 파루시아와(참고. 살전 4:13-18)

---

31 필자의 주석에서 살후 2:6에 대한 코멘트를 보라.
32 필자의 주석에서 3절과 5절에 대한 코멘트와 또한 해설 부분을 보라.

주의 날에 그들의 구원이 완성될 것에 대해서 뿐만 아니라(참고. 살전 5:1-11; 살후 2:1) 주의 파루시아에 이르게 되는 그와 같은 것들 혹은 사건들(살후 2:5-6)에 대해서도 그들에게 가르쳤다.[33] 그가 이것들을 자신의 이방인의 사도직과 이방인 선교와 연관 지어 이해했기 때문에 그는 자연스럽게 하나님의 종말 드라마에서의 자신의 사도직과 선교의 역할을 가리키면서 이것들에 대해 가르쳤을 것이다. 하나님의 종말 드라마를 가르치는 이와 같은 방식은 바울의 독특한 특징이다. 따라서 이 가르침을 전달함에 있어 실루아노와 디모데 같은 그의 동역자들은 그 가르침을 승인하는 것 외에 다른 역할을 한 것이 없다. 주어로 집단적인 "우리"로 표현하다가 살후 2:5("내가 너희와 함께 있을 때에 내가 이 일을 너희에게 말한 것을 기억하지 못하느냐?")에서 갑자스럽게 1인칭 단수로 바뀐 것이 이 사실을 반영해주는 것 같다.[34]

---

33 따라서 그들은 바울이 τὸ κατέχον과 ὁ κατέχων이라는 암호 같은 표현들로 가리키는 바가 무엇인지를 "알고 있다"(살후 2:6-7).

34 필자의 주석에서 해당 본문에 대한 코멘트를 보라. 여기서 ὁ κατέχων을 로마 황제 클라오디오(AD 41-54)를 가리키는 암호로 보는 이 해석은 데살로니가후서의 진정성과 연대에 대한 함의를 지닌다는 점을 덧붙일 수 있을 것이다.

14장

"내 사랑하는 자들아, 너희가 친히 원수를 갚지 말고 하나님의 진노하심에 맡기라"
(롬 12:19; 참고, 살후 1:5-7):
사도 바울과 동해형법(*lex talionis*)*

1. 보복 금지와 하나님의 보응적 심판 개념 사이의 긴장

"삼가 누가 누구에게든지 악으로 악을 갚지 말게 하고 서로 대하든지 모든 사람을 대하든지 항상 선을 따르라." 이것은 사도 바울이 살전 5:15에서 데살로니가인들에게 주는 권면이다. 그리고 그는 롬 12:14-21에서 이 권면을 다음과 같이 확대한다:

> [14] 너희를 박해하는 자를 축복하라 축복하고 저주하지 말라… [17] 아무에게도 악을 악으로 갚지 말고 모든 사람 앞에서 선한 일을 도모하라. [18]… 모든 사람과 더불어 화목하라. [19] 내 사랑하는 자들아, 너희 가 친히 원수를 갚지 말고[레 19:18] 하나님의 진노하심에 맡기라. 기록되었으되 "원수 갚는 것이 내게 있으니 내가 갚으리라'고 주께서 말씀하시니라[신 32:35]." [20] 그러나 '네 원수가 주리거든 먹이고 목마르거든 마시게 하라…' 21 악에게 지지 말고 선으로 악을 이기라.

---

* 튀빙엔대학의 Humboldt Lecture Series at Forum Scientiarum에서 2020년 1월 8일에 발표한 논문임.

따라서 산상/평지 설교(마 5:38-42, 43-48; 눅 6:27-36)에서의 예수처럼 사도 바울은 그리스도인들이 대인관계에서 모세 율법에 그 근본 원리로 명시된(출 21:23-25; 레 24:17-21; 신 19:21) 동해형법(lex talionis), 곧 정의로운 혹은 적절한 보복의 법("눈은 눈으로, 이는 이로")에 따라 행하는 것을 금한다. 그러나 로마서 12:19에서 그가 어떻게 보복에 대한 금지와 원수 갚음을 하나님의 진노의 심판에 맡기라는 권면을 결합시키는지를 주목하라. 살후 1:5-7에서 바울은 데살로니가의 그리스도인들에게 주 예수의 재림 때 그의 "공의로운 심판"에서 하나님이 "너희로 환난을 받게 하는 자들에게는 환난으로 갚으시고 환난을 받는 너희에게는 우리와 함께 안식으로 갚으실" 것이라고 말한다. 따라서 그는 하나님은 악을 행하는 자들에게 보응하시는 분인데 그의 보응은 동해형법의 원리를 따라 이루어질 것이라고 가르친다. 사실 여러 곳에서(예: 롬 2:5-10; 14:10; 고후 5:10; 살후 1:5-10) 바울은 최후의 심판 때 하나님이 모든 인간들에 대해 의로운 자들에게는 영생으로, 악을 행하는 자들에게는 그의 "진노"를 쏟으심으로 그들의 행위에 대해 "공의로운 심판"을 베푸신다고 가르친다. 따라서 동해형법의 관점에서 볼 때 대인관계에서의 보복 금지와 최후의 심판 때에 하나님이 보응하실 것에 대한 기대, 이 두 가지 가르침 사이에는 다소 긴장이 있다. 이 긴장은 특별히 롬 12:19에서 두드러지는데 이는 바울이 이 두 가지 가르침 모두를 거의 연이어 제시하기 때문이다: "내 사랑하는 자들아, 너희가 친히 원수를 갚지 말고[레 19:18a] 하나님의 진노하심에 맡기라. 기록되었으되 '원수 갚는 것이 내게 있으니 내가 갚으리라'고 주께서 말씀하시니라[신 32:35]."

2. 국가 당국자들이 관할하는 하나님의 보응적 정의를 위한 필요(롬 13:1-7)

바울 스스로가 이 긴장을 알고 있으며 그의 서신들에서 이것을 해소하고자 노력하는가? 이 질문에 대답하기 위해서는 우리가 이 긴장의 성격을 보다 자세히 이해할 필요가 있다. 이를 위해 우리는 롬 12:14-21에서의 믿는 자들의 대인관계에 대한 권면들에 이어 바울이 롬 13:1-7에서 그들의 국가 당국자들과의 관계에 대한 권면들을 제시한다는 사실의 함의에 대한 이해에서부터 시작할 수 있을 것이다. 롬 13:1-7에서 그는 믿는 자들에게 정부 당국자들에 대해 그들이 "악을 행하는 자에게 진노하심(ὀργή)을 따라 보응하도록(ἔκδικος)" 하나님이 세우신 하나님의 "사역자들/종들"(13:4)이라고 말하면서 그들에게 복종하라고 권면한다. 따라서 하나님은 지금도 비록 국가 당국자들 곧 자기 종(들)을 통해서이기는 하지만 자신의 진노로 보응하신다. 따라서 바울은 국가의 법과 형법 제도를 사회에서 정의와 질서를 유지하기 위한 하나님의 도구로 승인하고 이들이 동해형법의 원리에 기초하고 있다고 가정한다. 이 사실은 개인적인 관계들에서의 개인들의 화해(참고. 고전 6:7)를 넘어 공동체 전체의 정의와 질서와 평화에 대한 관심을 가지게 되는(참고. 고전 5:1-8, 13b//신 17:7) 사회 윤리를 위한 함의도 지닌다.

3. 동해형법에 따른 하나님의 심판에 대한 유신론적 관점에서의 정당화

유신론적 관점에서 볼 때, 세상의 정의와 질서, 평화를 위해 하나님이, 개인 윤리의 영역에서는 그렇지 않지만, 사회 윤리와 법률학의 영역에서 동해형법의 적용하는 것을 승인하시는 것은 충분히 이해할 만하다. 그렇다면 하나님이 모든 인간들, 그의 피조물들을 그들이 자신의 의로운 통치에 순종하여 세상이 바른 질서 가운데 유지되게 하는 데 긍정적인 기여를 했는지의 여부에 따라 *심판하시는* 것과 하나님이 불의한 자들(그의 통치에 불순종하고 그의 세상의 바른 질서와 평화를 어지럽힌 자들)을 벌하시고 의로운 자들(그의 통치에 순종하고 그의 세상의 바른 질서를 지킨 사람들)에게는 상을 준다는 것 역시 이해할 만하다.

더욱이 옛 시대를 마감하고 새 시대를 시작하는 지점에 하나님이 불의한 자들을 의로운 자들과 분리시키고 그들을 멸하여 그의 세계에서 모든 악이 제거되고 그의 세계가 그의 의로운 통치 아래서 온전하게 회복되고 의로운 사람들을 위한 영원한 집이 되는 *최후의 심판*이 있으리라는 가르침 역시 이해하는 데 어려움이 없다. 이것이 계시록 18-20장의 폭력적 심판 장면들의 주된 의미다.

우리는 이것이 하나님의 최후의 심판이 동해형법에 따라 있을 것으로 설명하는 살후 1:5-10과 2:3-12에서의 그 심판에 대한 엄한 진술들의 참된 의도이기도 하다는 점을 이해할 수 있다(또한 참고. 예: 롬 2:5-11; 고후 5:10; 11:15; 골 3:25).

4. 그러나 하나님의 보응적 심판은 어떻게 그리스도 안에서의 하나님의 은혜의 복음과 조화될 수 있는가?

그러나 하나님의 심판에 대한 바울의 이와 같은 가르침은 하나님이 그 사랑에서 *경건치 못한 자들* 곧 그의 법을 어긴 자들을 의롭다 하시고 자기 원수 된 그들을 자신과 화해하게 되도록 하기 위해 자기 아들 예수 그리스도를 아담적 인간들의 죄를 위한 대속 제물로 내어주셨다고 선언하는 그의 복음과 어떻게 조화되는가(예: 롬 3:24-26; 4:25; 5:6-11, 12-21; 8:3-4; 고후 5:13-21)? 그리스도 예수 안에서의 하나님의 구원 행위는 "선으로 악을 이기는"(롬 12:21) 최고의 본을 보여주지 않는가?

따라서 바울이 자신이 대인관계에서 보복을 금지한 것과 동해형법에 따른 하나님의 심판(혹은 보응하심)에 대한 그의 가르침 사이의 긴장에 대해 의식하고 있는지에 대한 질문은 그가 의롭지 못한 자를 하나님이 의롭다 하신다는 자신의 복음과 동해형법에 따라 하나님이 의롭지 못한 자들을 심판하신다는 교리 사이의 긴장을 의식하고 있느냐 하는 질문으로 바꿔 물어야 한다. 바울은 하나님을 자기 원수를 용서하시기도 하고 보복하시기도 하는 분으로 제시한다! 궁극적으로 이것은 하나님의 은혜와 공의 사이의 긴장에 관한 문제임을 인식해야 한다.[1]

---

1 참고. G. Zerbe, *Non-Retaliation in Early Jewish and New Testament Texts: Ethical Themes in Social Contexts*(JSPSup 13; Sheffield: JSOT Press, 1993), 263-64.

5. 바울의 열성적 바리새인으로서의 배경과 용서하시는 하나님의 은혜에 대한 개인적인 경험

롬 12:19에서 바울이 레 19:18과 신 32:35을 인용하는 것은, 그가 그구약 본문들에 기초하여 보복을 금하고 원수 갚음을 하나님께 미루라고 권면하는 유대교의 가르침들을 잘 알고 있음을 시사한다.[2] 하지만 그는원수들 특히 이방의 원수들에 대한 보복을 장려하는 구약과 유대교의 가르침을 훨씬 더 잘 알고 있었을 것임에 틀림없다. 이것은 이와 같은 가르침들이 보복을 금하는 가르침보다 수적으로 훨씬 많은 때문이기도 하지만[3] 그 자신이 열심 있는 바리새인이었던 배경 때문이기도 하다. 그는 자신이 십자가에 달리신 예수 그리스도의 나타나심/계시를 압도적으로 경험한 일과 그리스도인의 박해자요 하나님의 원수였던 그 자신이 용서함을 받고 사도가 된 그 구원의 은혜를 개인적으로 누리게 된 일을 불의한인류를 위한 하나님의 구원 행위로 종종 언급하거나 암시한다.[4] 다메섹도상에서의 그와 같은 압도적인 경험만이 그로 하여금 하나님의 보응하시는 심판보다 하나님의 용서하시는 혹은 구원하시는 은혜를 훨씬 더 많이 강조하게 이끌 수 있었을 것이다. 그럼에도 불구하고, 그는 신학적 사고에서는 하나님의 보응의 심판을 유지한다. 그리고 사실 그는 하나님의보응의 심판의 종말론적 틀 속에서 하나님의 용서하시는 혹은 구원하시는 은혜의 복음을 선포한다. 결국에는, 바울이 하나님의 은혜와 그의(벌하시는/보응하시는) 정의를 랍비 유대교의 하나님의 두 보좌(two thrones of God)교리의 전통적인 방식을 따라 하나님의 두 가지 속성으로 암묵적으로 인

---

2 필자의 주석에서 살전 5:15의 코멘트와 Zerbe, *Non-Retaliation*, 236를 보라; 또한 참고. W. T. Wilson, *Love without Pretense: Rom 12:9-21 and Hellenistic and Jewish Literature*(WUNT 2/46; Tübingen: Mohr Siebeck, 1991), 192: "종종 심판과 벌을 하나님께 맡기라는 요청을 동반하는 보복에 대한 금지는 [유대교] 지혜 문헌 자료에서 흔히 볼 수 있다."

3 참고. M. Reiser, "Love of Enemies in the Context of Antiquity," *NTS* 47(2001): 418-22.

4 참고. S. Kim, "2 Cor 5:11-21 and the Origin of Paul's Concept of Reconciliation," *NovT* 39(1997): 360-84 (Kim, *PNP*, 214-38에 재 출판되었음).

정하는 것에 불과한가?[5]

6. 바울이 그리스도 안에 있는 하나님의 은혜의 계시에 비추어 하나님의 심판을 재해석함

아니면 바울이 하나님의 심판을 자신의 삶을 바꿔 놓은 그리스도 안에 있는 하나님의 구원의 은혜에 대한 경험에 비추어 해석하고자 애쓰는 것인가? 그 대답은 그렇다이다. 살후 1:5-10에서 그가 악을 행하는 자들에 대한 하나님의 심판을 묘사하는 방식에서 그리고 롬 1:18-32에서 하나님의 심판을 하나님이 그들의 반역과 그 파괴적인 결과에 "[죄인들을] 내버려 두심"으로 묘사하는 방식에서 우리는 그와 같은 노력들을 발견할 수 있다.

(a) 살후 1:5-10

주 예수의 재림 때 의로우신 재판장이신 하나님이 데살로니가의 믿는 자들로 환난을 받게 하는 자들에게는 환난으로 갚으실 것이라고 선언한 다음에(살후 1:6-7) 바울은 계속해서 1:8-10에서 하나님이 보응하실 이 환난을 받게 하는 자들에 대해 묘사하고 하나님의 보응의 내용에 대해 설명한다. 바울은 이 환난을 받게 하는 자들은 "하나님을 모르고 …우리 주 예수의 복음에 복종하지 않는 자들"이며 하나님의 보응은 그들이 "영원한 멸망의 형벌과 주의 임재와 그의 힘의 영광에서 배제됨"을 그 내용으로 한다고 말한다. 이와 같이 바울은 그 환난을 받게 하는 자들을 기본적으로 하나님을 구원자와 주로 인정하기를 거부하고 믿음으로 복음에 제시된 그의 구원의 덕을 입기를 거부한 자들로 묘사한다. 이렇게 거부함으로써 그들은 구원(영생)과 반대되는 것 즉 멸망(영원한 멸망)을 택했으며 주와 영원토록 교제하고 그의 영광에 참여하는 것의 반대 즉 그 두 가지

---

5 *middat ha-din*과 *midat ha-rahamim*; 참고. L. H. Silberman, "Justice and Mercy of God," *Encyclopaedia Judaica* (²2007), 668-69.

492

에서 배제되는 것을 택했다. 그렇다면, 주 예수의 재림 때 하나님이 동해 형법에 따라 그들을 심판하시는 것은 실제로는 그 자신들이 멸망을 택하고 하나님의 영광에 참여함에서 스스로를 배제시킨 그대로 내버려 두신 것에 불과하다.

(b) 롬 1:18-32

롬 1:18-32에서 모든 경건하지 않고 불의한 사람들에 대한 하나님의 종말론적 "진노"(혹은 심판) (롬1:18)가 지금 벌써 나타나고 있음을 설명하면서 바울은 24, 26, 28절에서 "하나님이 [잘못 범한 자들을] [벌을 주는 권능]에 넘겨주심"이라는 구약-유대교의 숙어적 표현을 사용한다.[6] 이 표현은 종종 하나님이 멸망당하거나 벌을 받도록 이스라엘의 대적들을 이스라엘에게 넘겨주거나 아니면 범죄한 이스라엘을 그들의 대적들에게 넘겨주는 것을 위해 사용된다(예: 출 23:31; 수 7:7; 삿 2:14; 6:1, 13; 단 7:25). 이 형식은 또한 신약성경에서 재판이나 벌받는 것을 위해 사용된다(예: 마 5:25//눅 12:58; 마 26:15//막 14:10; 요 19:11, 16; 고전 5:5; 또한 참고. 롬 4:25). 라이트(N. T. Wright)[7]는 바울이 롬 1:18-32에서 이 숙어적 표현을 사용하는 것은 특히 시 81:12에 힘입은 바 크다고 주장한다: "그러므로 내가 [반역하는 이스라엘을] 자신들의 완악한 마음에 내버려 두어 자기 꾀를 따르게 했도다." 하지만 무(Douglas Moo)[8]는 칠십인경에 그 핵심 동사인 παραδιδόναι가 없다는 점을 들어 이 가능성에 대해 의심하고 그 대신 행 7:42를 롬 1장의 바울의 언어에 대한 가장 밀접한 병행으로 인식한다: 이스라엘의 우상숭배 때문에 "하나님이 외면하사 그들을 그 하늘 군대 섬기는 일에 버려 두셨다(παρέδωκεν)." 어쨌든 시 81:13(MT, 맛소라본문)과 행

---

6 참고. M. Wolter, *Der Brief an die Römer*(Teilband 1: *Römer 1-8*) (EKKNT; Ostfildern: Patmos/Göttingen: Vandenhoeck & Ruprecht, 2014), 145.

7 N. T. Wright, "The Letter to the Romans," in vol. 10 of *The New Interpreter's Bible*(ed. Leander E. Keck; Nashville: Abingdon, 2002), 433.

8 D. J. Moo, *The Letter to the Romans*(NICNT; Grand Rapids: Eerdmans, ²2018), 121, 주 86-87.

7:42 모두 바울이 하나님의 벌주심을 반역하는 사람들을 그들의 반역과 그 파괴적 영향에 내버려두심으로 설명하는 이 숙어적 표현을 사용하는 유일한 사람은 아님을 보여준다. 그러나 그 두 본문은 (혹은 다른 어떤 유대교와 기독교 본문들도) 롬 1:24, 26, 28에서 바울이 이 문구를 세 번 반복적으로 강조하여 사용하고 하나님이 그 반역한 사람들을 내버려 두신 것으로 말하는 그들의 상실한 마음과 정욕과 욕심의 파괴적인 결과들에 대해 그가 확장하여 진술한 것과 비교될 수 없다. 분명히 그는 하나님의 심판을 그 회개하지 않는 반역한 사람들을 그들의 반역에 내버려두어 그로 인해 그들이 합당한 벌을 받게 하시는 것으로 이해하는 것에 대해 훨씬 더 많은 숙고를 했다.[9] 던(James Dunn)[10]은 내어줌의 형식은 "측정되고 신중한 행위를 나타내지만 또한 그렇게 내어준 대상에 대한 직접적인 통제를 포기하는 것을 의미하기도 한다"고 지적한다. 따라서 롬 1:18-32의 언어는 하나님이 불의한 사람들의 재판장이자 벌을 내리시는 분이시지만 그들에게 직접적으로 환난을 주시는 것으로 묘사되지 않는 한, 자비와 은혜의 하나님으로서의 그의 성품은 보호되며 그 대신 그들의 상실한 마음과 탐욕스러운 정욕이 그들에게 우상숭배와 비인간화와 도덕적 부패와 온갖 종류의 사회적 갈등들과 같은 다양한 환난을 끼치고[11] 결국은 그들을 죽음에 이르게 한다(롬 1:32)는 것을 분명하게 확인해준다.

(c) 살후 2:9-12

살후 2:9-12에서 바울은 하나님이 "멸망하는 자들"에게 "미혹의 역사 [ἐνέργειαν]"를 보내실 것인데 이 역사는 그들이 자기를 하나님이라 하는 불법의 사람(무/불법자)의 거짓말을 믿고(2:4) 그 능력 과시에 속아서 악

9　Wolter, *Römer* I:146는 내어줌의 형식을 다음과 같이 풀어 설명한다: "하나님은 인간들을 그들의 '욕정'의 힘에 (혹은 지배를 받도록) 내어주신다."

10　J. D. G. Dunn, *Romans 1-8*(WBC 38A; Waco, TX: Word, 1988), 73.

11　롬 1:27을 특히 주목하라: "그들 (자신)의 그릇됨" (동성애)는 이미 "상당한 보응/형벌 (ἀντιμισθίαν)"을 받는 것으로 제시된다.

494

을 행하도록 만듦으로써 그들이 최후의 심판 때 정죄를 받게 할 것이라고 말한다. 언뜻 보기에 하나님이 믿지 않는 사람들에게 "미혹의 역사"를 보내신 것에 대한 언급은 그들을 더 심한 반역으로 몰고 가는 데 있어 하나님께 주도권과 책임이 있음을 강조하여 롬 1:24, 26, 28의 내어줌의 형식과는 반대 방향으로 옮겨가는 것처럼 보인다. 하지만 바울이 반역하는 사람들이 *복음의 진리를 받아들이기를 거부하고서*(2:10) 반역적인 상태에 *있기 때문에* 하나님이 그들에게 "미혹의 역사"를 보내실 것이라고 말한다는 점을 잘 주목하라. 따라서 살후 2:11에서 바울이 하나님이 믿지 않는 자들에게 "미혹의 역사"를 보내심에 대해 이야기하는 것은 기본적으로 롬 1:18-32의 하나님이 "그 상실한 마음과 마음의 정욕과 부끄러운 욕심에 [그 악한 사람들을] 내버려두심" 형식과 같이 하나님이 심판을 위해 눈을 가리우시는 동일한 패턴을 표현해주는 것이다.[12]

(d) 롬 11:7-10

바울로서는 하나님이 심판을 위해 눈을 가리시는 같은 패턴이 불순종한 이스라엘의 경우에도 나타난다. 그래서 롬 11:7-10에서 사 29:10과 신 29:3, 시 68:23-24 등의 여러 구절들을 복합 인용하면서 바울은 이스라엘의 다수가 복음을 고집스럽게 믿지 않았기 때문에(롬 10장) 하나님이 그들에게 "혼미한 심령"을 주시고 그들의 눈을 어둡게 하시고 그들의 마음을 우둔하게/굳어지게 하셨다(hardened) (롬 11:25)고 말한다.

(e) 고후 4:4과의 비교

그런데 고후 4:4에서 바울은 "믿지 아니하는 자들의 마음을 혼미하게 하여 그리스도의 영광의 복음의 광채가 비치지 못하게 한" 것은 "이 세상의 신" 곧 사탄임을 분명히 한다. 그러므로 하나님이 믿지 않는 자들에게

---

12 살후 2:9-12과 롬 1:18-32 사이의 밀접한 병행에 대해서는 필자의 주석에서 살후 2:11에 대한 코멘트를 보라.

"혼미한 심령"이나 "미혹의 역사"를 주시는 것에 대해 말할 때, 바울이 하나님 자신이 그와 같이 눈을 가림이나 속임을 의도적으로 일으킨 장본인이라는 그런 의미로 말했을 가능성은 없다. 따라서 우리는 롬 11:8과 살후 2:11의 그와 같은 진술들을 하나님이 믿지 않는 자들에 대해, 그들이 사탄과 그의 대리자의 거짓말에 동조하여 복음의 진리를 고집스럽게 거부하고 있는 것을 감안하여, 사탄이 눈을 가리거나 속이는 활동에 그들을 내버려두시는 것으로 이해할 필요가 있다.[13] 따라서 더 직접적임에도 불구하고 그와 같은 진술들은 기본적으로 롬 1:18-32의 하나님이 믿지 않고 악을 행하는 사람들을 그들의 정욕과 욕심과 상실한 마음에 혹은 사탄의 부추김을 받는 반역하는 마음에 내버려두심으로 최후의 심판 때 영원한 죽음에 이르게 하신다는 형식과 기본적으로 같은 의미를 가진다.

결론: 하나님의 보응적 심판은 믿지 않고 악을 행하는 사람들을 그들의 반역과 그의 구원의 사랑을 거부함에 내버려 두심이다

롬 1:18-32; 11:7-10과 살후 2:9-12에서 믿지 않고 악을 행하는 자들에게 하나님이 하시는 것으로 제시되어 있는 그들을 그 상실한 마음에 내버려 두심과 그들에게 "혼미한 심령"을 주심, "미혹의 역사"를 보내심, 그들의 마음을 우둔하게/굳어지게 하심과 같은 하나님의 행위들은 그들의 반역에 대해 하나님이 내리실 선취적 심판(proleptic judgment)을 나타낸다(참고. 롬1:18): 이 심판은 그들이 참되신 하나님을 알고 그를 섬기기를, 그리고 믿음으로 복음에 제시한 그의 구원의 덕 입기를 고집스럽게 거부하는 대로 내버려두는 것이다. 그리고 하나님의 최후의 심판은, 살후 1:5-10에서 분명하게 설명되어 있듯이, 그들이 하나님의 구원을 거부한 것과 하나님의 영광에 참여하는 것에서 스스로 배제된 것 곧 스스로 정죄와 멸망을 선택한 것(참고. 살후 2:12; 롬1:32)을 최종적으로 확증하는 것으

13　살후 2:9의 "불법의 사람"의 활동의 배후에 있는 "사탄의 역사[ἐνέργειαν]"에 대한 언급을 특별히 주목하라.

로 이루어진다. 따라서 바울은 최후의 심판을 기본적으로 누가의 큰 잔치 비유(눅 14:15-24; 참고. 마 22:1-10)와 같은 방식으로 제시한다: 하나님 나라의 잔치(구원) 초청을 거절한 사람들은 스스로 그 잔치에서 빠지기로 한 그대로 남겨질 것이다. 이와 같은 이해는 요한복음의 가장 유명한 구절(3:16-21)에도 나타난다: 하나님은 세상을 사랑하셔서 그 아들을 세상에 보내시고 그를 죽는 데까지 내어주셔서 세상이 정죄 당하지 않고 구원을 얻게 하셨다; 그럼에도 불구하고 믿지 않는 자들 스스로가 어둠에 머물러 있기를 더 좋아하여 그리스도 안에 있는 하나님의 빛과 구원을 반대해 돌아서는 그 행위로 인해 (하나님의) 심판은 불가피하게 일어나게 된다.

최후의 심판 때 하나님이 주시겠다고 하신 구원(*Heil*)을 거부한 자들은 스스로가 택한 구원받지 못함 혹은 멸망(*Unheil* or destruction)에 머물러 있도록 내버려둠을 당할 것이다. 그것이 바로 최후의 심판 때 하나님이 믿지 않고 악을 행하는 자들에게 "갚으심/보응하심"(ἀνταποδοῦναι, 살후 1:6; 롬 12:19)이고 "형벌을 내리심"(ἐκδίκησις, 살후 1:8; 롬 12:19)이며 그들이 "형벌을 받음"(δίκην τίσουσιν, 살후 1:9)이다. 그러면 하나님이 반역하는 죄인들을 그 상실한 마음에 내버려 두심과 그들에게 "혼미한 심령"이나 "미혹의 역사"를 주심과 그들의 마음을 우둔하게/굳어지게 하심은 하나님의 심판이 동해형법에 따라 일어난다고 말하는 바울 식의 표현들이라고 볼 수 있는가? 만일 그렇게 볼 수 있다면, 우리는 여기서 바울이 자비와 은혜의 하나님으로서의 하나님의 성품을 보호하면서도 그 성경적 혹은 전통적 언어들을 이용하여 동해형법에 따른 하나님의 공의로운 심판을 제시할 한 가지 방법을 찾은 것임을 인정할 수 있을 것이다.

그렇다면, 우리는 또한 바울이 악을 행하는 자들에게 보복하지 말고 그것을 하나님께 맡기라고 권면할 때 이 권면의 두 요소 사이에 명백한 긴장에 있음에도 그 둘을 동시에 권면할 수 있는 것은 단순히 그것이 성경적 근거가 있고 유대교에서 전통적인 교훈이라서라기보다는 그가 십자가에 달려 죽고 부활하신 그리스도 안에 있는 하나님의 구원의 은혜에

비추어 하나님의 최후의 심판에 대한 새로운 이해를 얻게 되었기 때문인
점 역시 인정할 수 있을 것이다.

후기

그러나 바울은 거역하는 죄인들에 대해 하나님의 최후의 심판이 동해
형법에 따라 이뤄질 것에 대해 그와 같이 위협하는 것에서 멈추지 않는
다. 그는 반역한 이스라엘이 그들의 우둔함/굳어짐에서 해방되어 주 예
수 그리스도의 파루시아 때 구원을 얻게 될 것을 고대한다(롬 11:25-26). 같
은 소망을 가지고, 하나님의 "진노"가 이미 그들을 반역함에 내버려 두심
으로 선취적으로 이미 드러난 "경건하지 않은" 사람들에게(롬 1:18-32; 롬
2:1-3:20 또한 참고하라), 바울은 하나님이 "경건하지 않은" 자들을 그리스도
의 대속의 죽음을 통해 의롭다 하시고 구원하신다는 복음을 전하고 있다
(롬 5:6; 3:21-8:39). 바울은 결국에는 "온 이스라엘"(하나님이 택하신 이스라엘 백
성 전체)이 구원받을 것을 기대하지만(롬 11:26) 이방인들에 대해서는 같은
기대를 말하지 않는다. 그러나 불순종하는 이스라엘이 하나님이 그들에
게 베푸신 자비를 통해 결국에는 구원받게 되리라는 소망에 대한 설명을
바울이 어떻게 다음 진술로 결론을 내리는지를 주목해 보라: "하나님이
모든 사람을 순종하지 아니하는 가운데 가두어 두심은 모든 사람에게 긍
휼을 베풀려 하심이로다"(롬 11:25-32). 여기서 우리가 그가 온 이스라엘에
대해 가진 같은 종류의 담대한 소망을 대다수의 인류에 대해서도 가지고
있는 것으로 볼 수 있지 않은가?

계시록의 요한은 바울 당대보다 훨씬 더 적대적인 로마 제국에서 보
다 적대적인 상황 아래서 썼고 또 믿지 않는 자들에 대한 하나님의 심판
에 대해서도 바울보다 훨씬 더 날카로운 언어로 경고를 한다. 그럼에도
불구하고 그는 여전히 교회가 복음을 구현하고(gospel-embodying) 순교를
준비하는 삶과 선교를 통해 복음의 증인이 됨으로써 지구상 인구의 단지
10분의 1에 해당하는 7천 명을 제외하고 지구상의 모든 사람들이 종국에
는 하나님께 영광을 돌리려고 오는 (다시 말해 그들이 돌이켜 참되신 하나님을 인

정하고 하나님의 구원을 받는) 환상(계 11:13; 왕상 19:18과 대조)[14]과 "세상 나라"가 "우리 주와 그의 그리스도의 나라"가 되는 환상을 본다(계 11:15; 19-21장). 만일 훨씬 더 어두운 때에 요한이 사탄과 그의 죄와 죽음의 권세를 하나님과 그의 구원의 은혜가 이길 것에 대한 자기 확신을 표현할 수 있었다면 바울은 얼마나 더 그 같은 확신을 가질 수 있었겠는가? 롬 8:35-39에서 그가 그리스도 안에서 하나님의 사랑이 모든 악의 세력들과 죽음에 대하여 승리한 것에 대해 하는 격정 넘치는 경축의 말과 롬 15:14-29에서 하나님의 아들 주 예수께 대한 믿음의 순종으로 인도하는(롬 1:5) "모든 열방"에 대한 선교를 위한 그의 굽히지 않는 열정 또한 보라!

그리스도인이 아닌 사람들에게는 이 모든 것이 이상한 신정론(theodicy)으로 들릴 수 있다. 하지만 바울에게는 십자가에 죽고 부활하신 그리스도 예수의 복음 자체를 논리적으로 펼쳐 보인 것 곧 하나님이 선으로 악을 이기심을 의미한다. 이는 하나님이 경건하지 않은 자를 의롭다 하시고 원수 된 자들을 자신과 화해케 하시는 것에서 가장 잘 표현된다(롬 4:5; 5:6, 10). 그리고 많은 그리스도인들에게 그 복음은 그들이 종종 악과 폭력이 압도하는 그런 상황 가운데서도 기본적으로 긍정적이고 소망에 가득 찬 세계관을 유지할 수 있게 해준다.

---

14 참고. R. Bauckham, *The Climax of Prophecy: Studies on the Book of Revelation*(Edinburgh: T&T Clark, 1993), 273-83.

Paul's Gospel for the Thessalonians and Others

15장

그리스도를 본받음(Imitatio Christi)(고전 11:1): 우상의 제물 문제를 다룰 때 바울은 어떻게 예수 그리스도를 본받는가(고전 8-10장)

고전 11:1에서 바울은 고린도의 그리스도인들에게 자기를 본받으라고 요구하고 그 자신이 그리스도를 본받은 자 된 사실을 이 요구의 토대로 제시한다. 따라서 이 구절에서 바울은 사실상 그들에게 그리스도를 본받으라고 요구하고 있는 것이다(또한 참고. 고전 4:16-17; 빌 3:10, 17; 살전 1:6). 그가 그리스도를 독자들이 따라야 할 모범으로 제시할 때도 같은 생각이 배경을 이루고 있는 것 같다(롬 15:1-3, 7; 고후 8:9; 빌 2:5-8). 그러나 바울 자신은 그리스도의 무엇을 본받는가? 또 그것을 어떻게 본받는가? 그리스도의 무슨 모범을 바울은 독자들에게 본받으라고 요구하고 있는가?

1. 비평적 개신교학계의 환원주의

비평적 개신교 학계는 그리스도를 본받음(imitatio Christi)이라는 생각으로 바울이 그리스도의 성육신과 죽음에서 자기를 내어주심만 고려할 뿐 역사적 예수의 가르침과 모범은 고려하고 있지 않다는 것을 인정하는 경향을 보여왔다. 그래서 예를 들면, 오토 메르크(Otto Merk)는 "Nachahmung Christi(그리스도를 본받음)"이라는 논문에서 그리스도를 본받으라는 요구

를 통해 바울은 "본받을 수 없는 십자가 사건과… 선재하신 이를 본받음
과… 예수께서 오신 '그 일'과… 하나님의 구원 행위를 가리키며" "지상
적 예수 곧 (그가 하신) 말씀과 행적에 기초하여 그의 행위를 가리키는 것"
은 아니라고 주장한다.[1] 이 메르크와 의견을 같이 하면서 베츠(H. D. Betz)
는 "바울이 예수의 삶의 구체적인 특징으로 제시하는 것은 선재하신 그
리스도의 성육신과 십자가 죽음과 부활을 가리키는 것이지 복음서가 이
야기하는 것과 유사한 예수의 삶의 구체적인 면들을 말하는 것이 아니"
며[2] 바울에게 그리스도를 본받음은 "결코 역사적 예수의 윤리적이고 도
덕적으로 모범이 되는 성품을 지향하지 않는다"고 주장한다.[3]

　　20세기 후반기 동안에 그리스도를 본받음의 주제에 대한 연구들을 검
토하면서 메르크는[4] 우리 주제와 관련하여 역사적 예수의 가르침과 모
범의 중요성을 보려는 시도들(E. Larsson, W. P. de Boer, D. M. Williams, W. G.
Kümmel 등)[5] 역시 있었음을 주목한다. 그러나 그는[6] 기본적으로 "그리스도
는 모델(Vorbild)이 아니다… 그는 서로 섬기는 것의 모델이 될 수 있다. 하
지만 시종일관 모델이 되는 것은 선재하는 그리스도다"[7]라는 불트만(R.

1　Otto Merk, "Nachahmung Christi: Zur ethischen Perspektiven in der paulinischen
　Theologie," *Neues Testament und Ethik*(R. Schnackenburg FS; ed. H. Merklein; Freiburg:
　Herder, 1989), 201; 202-03, 206페이지에 있는 유사한 진술들도 보라. 불행하게도 메르크
　는 바울이 어떻게 "본받을 수 없는(inimitable)" 것을 "본받을(imitate)" 것으로 생각했는지 설
　명하지 않는다.
2　H. D. Betz, *Nachfolge und Nachahmung Jesu Christi im Neuen Testament*(BHT 37;
　Tübingen: Mohr Siebeck, 1967), 161.
3　Betz, *Nachfolge und Nachahmung Jesu Christi im Neuen Testament*, 168.
4　Merk, "Nachahmung," 175-78, 184.
5　E. Larsson, *Christus als Vorbild: Eine Untersuchung zu den paulinischen Tauf- und
　Eikontexten*(ASNU 23; Uppsala: Gleerup, 1962); W. P. de Boer, *Imitation of Paul*(Kampen:
　Kok Pharoh, 1962); D. M. Williams, "The Imitation of Christ in Paul with the Special
　Reference to Paul as Teacher"(Ph.D. diss., Columbia University, 1967); W. G. Kümmel,
　"Jesus und Paulus," in *Heilsgeschehen und Geschichte I: Gesammelte Aufsätze
　1933-1964*(MATThSt 3; Marburg: Elwert, 1965), 439-56을 참고하라.
6　Merk, "Nachahmung," 179-90.
7　R. Bultmann, "Die Bedeutung des geschichtlichen Jesus für die Theologie
　des Paulus," in *Glauben und Verstehen 1*(Tübingen: Mohr Siebeck, 1933), 206. R.

Bultmann)의 주장을 다소간 되풀이하는 베츠(H. D. Betz), 달(N. A. Dahl), 쉬라게(W. Schrage), 퍼니쉬(V. P. Furnish), 콜란즈(J.-F. Collange), 슐츠(S. Schulz) 등[8]과 같은 입장을 강하게 취한다.

이와 같은 주장은 종종 바울이 예수의 가르침을 몰랐거나 많이 이용하지 않았으며 그의 역사적 인물로서의 면면에 관심이 없었다는 주장을 동반한다. 물론, 불트만도 이 견해를 지지했다.[9] 따라서 메르크는 "공관복음 전승의 증거가… 바울에게서 분명하게 보이지 않는다는 것은 그 반대 견해보다 훨씬 더 견고한 주장이다. 그의 서신에 몇몇 주의 말씀들(Herrenworte)이 나오기는 하지만 바울은 우리에게 공관복음 전승으로 알려진 흐름을 알지 못했다."고 주장한다.[10] 퍼니쉬(Furnish)는 "지상적 예수의 가르침이 바울의 구체적인 윤리적 교훈들에서 구약성경 만큼 중요하거나 적어도 분명한 역할을 하지 않는 것 같다는 사실"을 놀랍게 여긴다.[11] 그로서는 주의 말씀들(Herrenworte)을 인용하는 몇 가지 경우들에서 바울은 그 말씀들을 가리켜 "예수의 말씀"이라고 하지 않고 "주의" 말씀이라고 한다는 사실이 "가장 중요한" 문제인데 이는 그 사실이 "바울이 지상의 선생으로서의 예수에게 호소하기보다… 교회의 주이신 부활하

Bultmann, *Theology of the New Testament 1*(London: SCM, 1952), 188, 또한 보라: "[바울이] 그리스도를 모범으로 언급할 때 그가 생각하는 것은 역사적 예수가 아닌 선재하는 예수다." 또한 참고. M. Dibelius, "Nachfolge Christi," *RGG* (²1930), 4:395-96와 E. Lohse, "Nachfolge Christi," *RGG*(³1960), 4:1286-87(둘 다 Merk, "Nachahmung," 174-75,에서 인용한 것이다).

8 Betz, *Nachfolge und Nachahmung*; N. A. Dahl, "Formgeschichtliche Beobachtungen zur Christusverkündigung in der Gemeindepredigt," in *Neutestamentliche Studien für Rudolf Bultmann*(BZNW 21; Berlin: Walter de Gruyter, 1954); W. Schrage, *Ethik des Neuen Testaments*(Göttingen: Vandenhoeck & Ruprecht, 1982), 198-99; V. P. Furnish, *Theology and Ethics in Paul*(Nashville: Abingdon, 1968), 223; J.-F. Collange, De *Jesus a Paul: L'ethique du Nouveau Testament*(Geneva: Labor et Fides, 1980); S. Schulz, *Neutestamentliche Ethik*(Zürich: Theologischer, 1987).

9 Bultmann, "Bedeutung," 190-91; *Theology*, 188-89.

10 Merk, "Nachahmung," 205.

11 Furnish, *Theology and Ethics*, 55, 또한 참고. 59.

여 통치하시는 *그리스도께 호소하고 있다*"는 것을 보여주기 때문이다.[12]
더욱이 퍼니쉬는 "본받음의 주제를 담은 구절들[고전 4:16-17; 11:1; 빌
3:17; 살전 1:6-7; 2:14] 중 그 어느 것도 지상적 예수의 어떤 특정한 특성
들을 부각시켜 그 특성들을 본받으라고 주장하고 있지 않다. 도리어 최
종적인 호소는 언제나 십자가에 달리시고 부활하신 주의 겸손하시고, 자
기를 내어주시고, 복종하시는 *사랑*에 있는 것 같다"는 점만 주목한다.[13]
메르크 역시 "언급된 구절들 중 그 어느 것도 예수의 말씀과—혹은 심지
어 부활 이후의 예수의 말씀과도—직접적으로 연결되지 않는다"고 주장
함으로써[14] 이 마지막 포인트를 확증한다.

그러나 이 점에 대해 쉬라게(Schrage)는 다소 다른 견해를 제시한다. 그
도 "바울이 기독교적 삶의 구체적인 방향 제시를 위해 예수의 역사적 삶
과 사역에서 가져오는 일이 거의 없다. 따라서 예수를 모범으로 간주하
여 예수의 삶을 모방하거나 본받으려는 모든 시도는 바울적인 것이 아
니다."라고 강조한다. 그러나 쉬라게는 곧 이어 본받음에 대한 본문들은
그리스도께서 성육신과 십자가 죽음을 통해 자신을 내어주심이 "성품
(*Gesinnungsimpuls*)을 위한 형식적 자극(formal impulse)을 중개할 뿐 아니라 기
독교적 삶을 위한 어떤 근본적인 방향을 제시한다"[15]는 것을 보여준다고
말한다.

쉬라게는 더 나아가 바울에게 예수의 말씀들이 중요했다는 점을 다음
과 같이 강조한다:

> 우리가 예수의 삶에 대해 옳게 여기는 것을 예수의 설교에 대해서도 같은 방식으로

---

12 Furnish, *Theology and Ethics*, 56(그의 강조임)는 다시 분명 불트만(R. Bultmann, "Paulus,"
     RGG[21930], 4:1028)을 따르고 있다! 바울이 그 둘을 구분한 것인양! "바울이 지상적 예수
     와 높임 받으신 주를 하나로 본다"는 견해를 위해서는 Kümmel, "Jesus und Paulus,"
     451,을 보라; Schrage, *Ethik*, 201, 또한 참고하라.
13 Furnish, *Theology and Ethics*, 223.
14 Merk, "Nachahmung," 205.
15 이 문단의 두 가지 인용 모두 Schrage, *Ethik*, 199에서 가져온 것이다.

504

적용해 말할 수는 없다. 예수의 말씀들의 중요성에 대해서 우리는 지상적 인물로서의 혹은 도덕적 모델로서의 예수의 중요성에 대해서 하듯이 똑같이 부정적인 판단을 내릴 수 없다… 주의 말씀들(Herrenworte)에 대한 직접적인 언급이 드문 것은 사실이 지만 바울이 어떻게 예수의 말씀들을 취하고 또 그 말씀들에 어떤 중요성을 부여하 는지를 간과하면 안 된다.[16]

그런 다음 쉬라게는 계속해서 "바울은 분명 그 말씀들이 그 말씀을 하신 분과 분리된 것으로 이해하지 않았다"고 말하면서 바울이 자신이 전수받은 주의 말씀들(Herrenworte)을 지상적 예수의 말씀이 아니라 높임 받으신 주의 말씀으로 이해했다는 불트만의 주장을 반박한다.[17] 쉬라게로 서는, 고전 11:23ff.은 "바울이 예수의 지상적 삶의 단순한 형식적인 '사실(Dass)'에 만족하지 않고 예수 그리스도에 대한 어떤 이야기와, 이야기적 요소들과, 다른 무엇보다 예수의 말씀들을 굳게 붙들었음"[18]을 보여준다. 쉬라게는 "고전 11:23ff.을 포함하여 인용된 주의 말씀들이 전부 기독교적 삶의 방식에 관심을 둔다는 점은 주목할 만하다"고 말한다.[19] 그리고 쉬라게는, 바울이 이 말씀들을 사랑의 계명의 관점에서 이해한다는 점[20]을 주목하고서, "그만큼 바울이 보기에는 예수의 삶의 모범적 특성과 그의 말씀 사이에 광범위한 일치가 있다"고 결론을 내린다.[21]

이것이 사실이라면, 바울이 기독교적 삶에 대한 가르침을 위해 예수의 역사적 삶과 사역에서 끌어다 사용한다는 것을 부정하는 불트만의 견해를 쉬라게가 어떻게 그와 같이 강조하여 승인할 수 있는가?[22] 필자가 보기에 쉬라게의 양가적 태도(ambivalence)는 바울과 역사적 예수의 관계 문

16 Ibid., 200 (그의 강조임).
17 Ibid., 201: "이것은 바울로서는 전혀 아는 바가 없는 대안이다."
18 Ibid., 201-02.
19 Ibid., 202.
20 이 점에 있어서는 Schürmann, "Das Gesetz des Christus," 286을 따른다.
21 Schrage, *Ethik*, 202.
22 Schrage, *Ethik*, 199.

제와 관련하여 일부 학자들 사이에 만연해 있는 신학적 편견의 힘만 강조하는 것으로 보인다. 이와 같은 편견에 맞서 우리는 다음과 같은 질문들을 탐구하고자 한다: (1) 그리스도를 본받음(*imitatio Christi*)을 위한 요구를 할 때 바울은 성육신과 십자가 죽음을 통해 그리스도께서 자기를 내어 주심만 염두에 두고 있는가 아니면 역사적 예수의 모범과 가르침도 염두에 두고 있는가? (2) 만일 후자의 경우가 맞다면, 바울은 독자들이 예수 그리스도의 사랑만 본받으라고 요구하는가 아니면 그의 삶과 사역의 어떤 다른 특징들도 본받으라고 요구하는 것인가?[23]

2. 고전 8:1-11:1에 대한 관찰들

(a) 그리스도께서 성육신과 죽음에서 자기를 내어주심 뿐만 아니라 예수의 말씀도 본받음의 내용이다

11:1에서 바울은 고린도인들에게 10:33에서 말한 자신의 모범을 따르라고 요구한다: καθὼς κἀγὼ πάντα πᾶσιν ἀρέσκω μὴ ζητῶν τὸ ἐμαυτοῦ σύμφορον ἀλλὰ τὸ τῶν πολλῶν, ἵνα σωθῶσιν("내가 그리스도를 본받는 자가 된 것 같이 너희는 나를 본받는 자가 되라"). 그의 모범은 사실 그가 그리스도를 본받은 결과다(11:1b: καθὼς κἀγὼ Χριστοῦ). 그러므로 10:33에서 말한 모범은 궁극적으로 그리스도의 모범이다. 그렇다면 이 문장을 가지고 바울이 예수의 삶과 죽음을 일반화시켜서 그것들이 단지 다른 사람들을 위한 희생적인 것이었다고 그렇게 말하고 있는 것인가? 그런 의도를 위한 것이라고 보기에는, 공통적인 반대 명제적 문장 구조 안에 πάντα와 πολλῶν라는 두 개의 공통적인 단어들을 사용하고, 또 기본적으로 같은 개념을 가진 이 구절은 너무나도 분명하게 막 10:45//마 20:28에 전수된 예수의 말

---

23 Schrage, *1. Korinther* (1. Kor 6,12-11,16), 477와 대조해보라: "8:11과 세 장 [8-10장]의 거시적 문맥에서 볼 때, 그리스도를 본받음은 지상적 예수나 심지어 이 삶의 세부 사항을 본받는 데 있지 않고 구원 사건에 근거한 예수의 행동에 일치하는 것, 곧 ἐξουσία (권리)를 포기하신 것과 사랑에서 나오는 '많은 사람들'을 구원하기 위한 자기 목숨을 주심에 있다."

씀을 연상시킨다(또한 참고. 딤전 2:5-6).[24] 이 둘 사이의 밀접한 병행을 주목
해 보라:

고전 10:33	"모든 사람(πάντα)을 기쁘게 하여 자신의 유익을 **구하지 아니하고** 많은 사람(πολλῶν)의 유익을 **구하여** 그들[모든/많은 사람]로 구원을 받게 하라"
막 10:45	"**섬김을 받으려 함이 아니라** 도리어 **섬기려 하고** 자기 목숨을 [많은/모든 사람을 위하여―막 10:44의 πάντων] 많은 사람(πολλῶν)의 대속물로 주려 함이니라."

우리가 보게 되겠지만, 고전 9:19-22과 10:32-33 사이에 밀접한 병행
이 있다. 고전 9:19, 22과 막 10:44-45 사이에도 밀접한 병행이 있기에 이
병행은 고전 10:33과 막 10:45 사이의 병행에 대한 우리 관찰을 강화해준
다:

고전 9:19, 22	πᾶσιν ἐμαυτὸν ἐδούλωσα, ἵνα τοὺς πλείονας κερδήσω ... τοῖς πᾶσιν γέγονα πάντα, ἵνα πάντως τινὰς σώσω
막 10:44-45	ἔσται πάντων δοῦλος ... διακονῆσαι καὶ δοῦναι τὴν ψυχὴν αὐτοῦ λύτρον ἀντὶ πολλῶν

많은 사람을 구원하기 위해 모든 사람의 종이 된다는 같은 개념과 어휘
를 특별히 주목하라.[25]

---

24 따라서 M. Thompson, *Clothed with Christ: The Example and Teaching of Jesus
in Romans 12.1-15.13*(JSNTSup 59; Sheffield: JSOT Press, 1991), 213; D. Wenham,
Paul: Follower of Jesus or Founder of Christianity?(Grand Rapids: Eerdmans, 1995),
269-70; 또한 참고. F. F. Bruce, *1 and 2 Corinthians*(NCBC; London: Marshall, Morgan
& Scott, 1971), 102.

25 따라서 J. Weiss, *Der erste Korintherbrief*(KEK; Göttingen: Vandenhoeck & Ruprecht,
1910), 243; Bruce, *1 and 2 Corinthians*, 86; Thompson, *Clothed with Christ*,

따라서 퍼니쉬와 메르크의 주장과 반대로[26] 그리스도를 본받음에 대해 말하는 문맥에서 바울은 지상적 예수의 말씀(막 10:44-45)을 반영하고 또 예수의 삶의 어떤 질적 특성을 암시/반영한다. 그렇다면 우리의 관심사와 연결해 볼 때 이것은 어떤 함의들을 가지는가? 첫째로, 우리가 쉬라게처럼 고전 1:1에서 바울이 예수보다 그리스도를 본받음에 대해 말하기 때문에 그가 지상적 예수를 본받음의 대상으로 생각하고 있지 않다[27]고 그렇게 주장할 수 없다는 의미다. 더 나아가, 바울이 막 10:44-45의 말씀을 지상적 예수가 아니라 부활하신 주의 말씀으로 이해한다고 생각하기도 어렵다. 바울이 역사적 예수와는 별도로 부활하신 주를 생각하고 있다는 비현실적인 견해를 설사 인정한다 하더라도 자기 목숨을 많은 사람을 위한 대속물로 주신다는 예수의 말씀을 반영하면서 바울이 부활하신 주만 생각하고 실제로 자기 생명을 죽음에 내준 역사적 예수에 대해서는 생각하지 않는다고 생각하는 것은 불가능하다. 그렇다면 바울은 여기서 그리스도께서 성육신과 십자가 죽음에서 자기를 내어주심만 염두에 두고 있는가? 의심의 여지없이 바울은 이것을 주로 염두에 두고 있다. 하지만 바울이 성육신과 죽음이라는 예수의 생애의 단지 두 순간만 염두에 두었다기보다 역사적 예수의 더 많은 특징들을 염두에 두고 있음을 시사하는 증거들이 있다.

213; Wenham, *Paul*, 269; Schürmann, "Das Gesetz des Christus," 286; R. Riesner, "Paulus und die Jesus-Überlieferung," in *Evangelium, Schriftauslegung, Kirche*(P. Stuhlmacher FS; ed. J. Ådna, S. J. Hafemann, and O. Hofius; Göttingen: Vandenhoeck & Ruprecht, 1997), 364. 우리는 여기서 두 가지 방식 다 주장할 수 있을 것이다: 고전 9:19-22//10:32-33—고전 9:19, 22//막 10:44-45—그러므로, 고전10:32-33//막 10:45, 혹은 고전 10:32-33//막 10:45—1 고전 9:19, 22//막 10:44-45—그러므로 고전 10:32-33//9:19-22.

26 위의 주 11-14를 보라. 또한 H. Conzelmann, *Der erste Brief an die Korinther*(KEK; Göttingen: Vandenhoeck & Ruprecht, 1969), 212의 주장과도 반대로.

27 Schrage, *Ethik*, 199; 그러나 위의 주 17을 참고하라.

(b) 자기를 내어주심에 대한 말씀뿐만이 아니라 걸림돌에 대한 말씀도 반영한다

10:32에서 바울은 독자들에게 "유대인에게나 헬라인에게나 하나님의 교회에나 거치는 자가 되지 말라(ἀπρόσκοποι … γίνεσθε)"고 권면한다. 이 권면은 사실 10:33의 긍정적인 진술을 부정적인 표현으로 바꾸어 진술하는 것이다. 따라서 이 두 절에서 바울은 사실상 이런 말을 하고 있는 것이다: "어느 누구에게든지 거침돌이 되지 말고 내가 하려고 하는 것처럼 모든 사람을 기쁘게 하라." 이 조언의 문맥을 주목해 보라: 바울은 고전 8-10장의 우상의 제물을 먹는 문제를 길고 조심스럽게 다룬 후에 그 결론에서 이 조언을 한다. 따라서 10:32-33은 즉각적으로 바울이 처방의 첫 단계의 결론에서 한 진술을 연상시킨다(8:13): "그러므로 만일 음식이 내 형제로 실족하게 한다면(σκανδαλίζει), 나는 영원히 고기를 먹지 아니하여 내 형제를 실족하지 않게 하리라(σκανδαλίσω)." 이와 같은 그의 본은 고린도 교회의 지식을 자랑하는 사람들에게 자신들의 권리/자유를 "약한 자들"에게 "거침돌"(πρόσκομμα)이 되는 그런 방식으로 행사하지 말라(고전 8:9)는 그의 조언을 강화시키고자 제시되는 것이다. 따라서 바울이 πρόσκομμα/προσκόπτειν와 σκάνδαλον/σκανδαλίζειν를 동의어로 사용하고 있음이 분명하다. 이것은 롬 14:13을 통해서도 확증된다: "도리어 부딪칠 것(πρόσκομμα)이나 거칠 것(σκάνδαλον)을 형제 앞에 두지 아니하도록 주의하라"(더 나아가 롬 14:20-21 전체를 보라). σκάνδαλον/σκανδαλίζειν이 성경 헬라어(칠십인경과 신약성경) 밖에서는 거의 사용되지 않으며 예수 전승에서 중요한 역할을 한다는 것은 잘 알려져 있다.[28] 이와 같은 이유와 개념들의 밀접한 병행으로 볼 때, 고전 8:13과 10:32 및 롬 14:13에서 바울이 예수께서 제자들에게 하신 "나를 믿는 이 작은 자들 중 하나라도 실족하게(σκανδαλίζειν)" 말라는 엄한 경고(막 9:42-50//마 18:6-9//눅 17:1-2; 또한 참고. 마 17:24-27)를 반영하고 있을 가능성이 매우 높다.[29] 바울은

---

28 G. Stählin, σκάνδαλον, κτλ., *TDNT* 7:339-56; Thompson, *Clothed with Christ*, 175-79를 보라.

29 Thompson, *Clothed with Christ*, 175-83; Wenham, *Paul*, 264-65; C. H. Dodd,

고전 8-10장과 롬 14-15장에서 "약한" 그리스도인들을 예수의 말씀의 οἱ μικροί(작은 자들)와 동일시하는 것 같다.[30]

그렇다면 그리스도를 본받음에 대해 말하는 맥락에서 바울이 자기를 주는 것에 대한 예수의 말씀(막 10:44-45과 그 병행 구절) 뿐만 아니라 믿는 자들 중 "약한 자들"로 실족하게 말라는 예수의 가르침(막 9:42-50과 그 병행 구절들) 또한 반영한다는 것은 무엇을 의미하는가? 이 사실은 분명 바울이 다른 사람들을 구원하기 위해 자신을 내어주신 분일 뿐 아니라 또한 제자들에게 책임 있는 배려의 행동에 대해 *가르친* 분이기도 한 예수를 염두에 두고 있음을 시사해준다. 따라서 그리스도를 본받음에 대해 이야기하면서 바울은 성육신과 죽음에서 자기를 내어주신 그리스도의 행위뿐만 아니라 다른 사람의 유익을 위해 책임 있게 행동하는 것에 대한 그의 *가르침*도 고려하고 있는 것이다. 다시 말해 바울은 그리스도를 본받음이 그의 자기를 내어주신 행동뿐만 아니라 그의 가르침을 따르는 것과도 연관되어 있음을 말해준다.

(c) 예수의 가르침과 사랑의 행동을 주로 염두에 두고 있다

10:32-33에서 바울이 주로 예수의 다른 사람을 위한 사랑의 행동과 가르침을 염두에 두고 있다는 것은 의심의 여지가 없다. 바울은 고린도인들이 예수께서 많은 사람의 구원을 위해 자기를 내어주신 사랑의 행동을 본받고 그 자신처럼 다른 사람들을 사랑하(고 실족하게 말)라는 예수의 가르침을 따라야 함을 의미한다.

그러나 고전 10:32-33에서 바울이 제시하는 예는 고전 9:19-22에서

"ἔννομος Χριστοῦ," in *More New Testament Studies* (Manchester: Manchester University Press, 1968; 원래 *Studia Paulina*[J. G. Zwaan FS ; Haarlem, 1953]에 출판된 것임), 145; Bruce, *1 and 2 Corinthians*, 82; D. C. Allison Jr., "The Pauline Epistles and the Synoptic Gospels: The Pattern of the Parallels," *NTS* 28(1982): 14-15; Schürmann, "Das Gesetz des Christus," 286; 또한 참고. Furnish, *Theology and Ethics*, 53.

30 참고. Wenham, *Paul*, 264.

인용한 자신이 사도로서 보여준 모범을 요약하여 재진술한 것이다.[31] 따라서 두 본문을 하나로 취해 볼 때 우리는 바울이 이렇게 말하는 것임을 알 수 있다: 유대인들 혹은 "율법 아래 있는 자들"을 실족하게 만들지 않고 그들을 기쁘게 하기 위해 그는 유대인들에게는 "유대인과 같이" 혹은 "율법 아래 있는 자와 같이" 되었다; 헬라인들 혹은 "율법 바깥에 있는 사람들"을 실족하게 만들지 않고 그들을 기쁘게 하기 위해 그는 "율법 바깥에 있는 자들"에게는 "율법 바깥에 있는 자"와 같이 되었다; 하나님의 교회 혹은 교회 안의 "약한" 구성원들을 실족하게 만들지 않고 그들을 기쁘게 하기 위해 그는 "약한 자들"에게 "약한 자"가 되었다.[32] 이 모든 것을 하는 것은 많은 사람의 유익을 구하기 위해 그 자신의 유익을 희생시키는 것이요 자신의 자유를 희생시키고 스스로 모든 사람의 종이 되는 것

---

31 참고. G. D. Fee, *The First Epistle to the Corinthians* (NICNT; Grand Rapids: Eerdmans, 1987), 489-90; Schrage, *1. Korinther* (1. Kor 6,12-11,16), 475-76; C. Wolff, *Der erste Brief des Paulus an die Korinther, Zweiter Teil: Auslegung der Kapitel 8-16* (ThHNT VII/2; Berlin: Evangelische Verlagsanstalt, 1982), 63; D. G. Horrell, "Theological Principle or Christological Praxis? Pauline Ethics in 1 Corinthians 8.1-11.1," *JSNT* 67 (1997), 106. 고전 8-10장의 문맥에서 고전 9장의 기능을 특별히 주목하라: 9장에서 바울은 8장과 10장에서 제시하는 그의 가르침을 더욱 강화하기 위해 그 자신이 복음/교회/다른 사람들을 위해 자기 권리/자유를 부인한 예를 제시하고 있다.

32 9:19-22과 10:32-33 사이의 상응을 감안할 때, 전자의 "약한 자"는 후자의 "하나님의 교회"와 동일시할 수 있을 것 같고 후자에서 바울이 주로 지식을 자랑하는 자들에게 교회의 "약한" 구성원들을 실족하게 말라고 권면하는 것으로 이해할 수 있을 것 같다(참고. Fee, *1 Corinthians*, 489). 9:22에서 "약한 자"라는 문구 앞에서 ὡς를 빠트림으로써 바울은 자신을 고린도의 지식을 자랑하는 자들과 너무 분명히 동일시한다는 인상을 주지 않으려고 한 것 같다. 만일 그가 그 앞 절에서 Ἰουδαῖος와 ὑπὸ νόμον과 ἄνομος 앞에서 그렇게 하듯이 "약한 자" 앞에 ὡς를 썼다면 그는 비록 "약한 자처럼" 되기 위해 자기를 낮춤에도 자기가 사실은 "약한 자"의 반대진영(즉 지식을 자랑하는 사람들 그룹)에 속해 있다는 것을 분명하게 표현하는 그런 경우가 되었을 것이다. 그러나 그는 분명 고린도에 있는 "약한" 형제들의 예민함을 의식하고서 자신을 가능한 그들과 동일시하려고 한다. 그가 "약한 자들에게 약한 자가 될(become)" 수 있는 것은 오직 그가 보통은 "약하지" 않기 때문이다. 그는 "내가 강한 자들에게는 강한 자(같이) 되었다" 같은 문구로 이 구와 균형을 이루게 하지 않는다. 왜냐하면 τοῖς ἀνόμοις ὡς ἄνομος라는 문구에서 이것을 어느 정도 암시를 했기 때문에 그는 자신이 "강한 자들"과 동일시될 수 있음을 강조하기보다 도리어 그들에게 다른 사람들의 필요를 돌보는 일에 자기를 본받으라고 촉구하기를 원한다. 참고. Horrell, "Theological Principle," 94.

이다. 이 모든 것을 그는 그들을 "얻기" 위해 다시 말해 그들을 "구원하기" 위해 한다. 이 두 구절의 밀접한 병행을 고려하여 우리는 또한 9:21의 "그리스도의 율법" 개념과 10:33의 그리스도의 본 개념 사이에도 상응이 있는 것을 보아야 한다: 유대인이나 헬라인이나 "약한" 그리스도인 청중을 기쁘게 하기 위해 자신을 그들에게 맞추려 할 때 바울은 그리스도의 본을 따르거나 "그리스도의 율법"을 지킨다.

9:19-22의 "그리스도 율법"으로 바울은 분명 주로 예수의 사랑에 대한 가르침을 염두에 두고 있다. 우리는 이미 이 본문과 그 병행 구절인 10:32-33에서 바울이 예수의 대속물 말씀(막 10:45과 그 병행 구절)과 걸림돌 말씀(막 9:42-50과 그 병행 구절들)을 반영하고 있음을 관찰한 바 있는데 이 두 구절은 다른 사람을 위한 사랑을 핵심 포인트로 가진다. 갈 6:2에서 바울은 "그리스도의 율법" 개념으로 예수의 사랑의 계명(막 12:28-31과 그 병행 구절들) 역시 염두에 두고 있다. 왜냐하면 거기서 "너희가 짐을 서로 지라 그리하여 그리스도의 법을 성취하라"는 바울의 권면은 그가 앞서 갈 5:14에서 한 진술 곧 "온 율법은 네 이웃 사랑하기를 네 자신같이 하라 하신 한 말씀에서 이루어졌다"는 말(참고. 롬 13:8-10)과 함께 취해야 하기 때문이다.[33] 이것은 고전 9:19-22에서 바울의 "그리스도의 율법" 개념이 예수의 사랑의 계명은 물론 대속물 말씀과 걸림돌 말씀에 포함된 그의 사랑에 대한 가르침 역시 염두에 두고 있을 가능성을 높여준다.[34]

고전 10:23-11:1은 분명 고전 8-10장의 논증을 바울이 그 핵심 포인트들을 요약하여 제시하는 결론 부분이다. 여기서 요약 제시하는 포인트들은 사실 주로 8-10장에서 제시한 것들이다.[35] 이 사실은 고전 8-10장에

---

33 갈 6:2과 롬 13:8-10에서 바울이 예수의 사랑의 계명(막 12:28-31과 그 병행 구절들)을 암시한다는 것을 보여주는 자세한 논증을 위해서는 Thompson, *Clothed with Christ*, 121-40을 보라. 그리고 롬 13:8-10이 예수의 이중 사랑 계명의 두 번째 요소를 반영하는 데 반해 롬 12:1-2은 그 계명의 첫 번째 요소를 반영하는 것일 수 있다는 추가적인 관찰과 함께 Kim, *PNP*, 266-68을 보라.

34 참고. Schürmann, "Das Gesetz des Christus," 290-94.

35 Horrell, "Theological Principle," 102은 J. C. Hurd, *The Origin of 1*

512

서의 바울의 주된 관심은 지식을 자랑하는 사람들이 약한 형제들의 유익을 존중하여 *eidōlothyta*(우상의 제물)를 먹을 권리/자유를 포기해야 할 필요에 있다는 점과 고전 10:1-22은 *eidōlothyta*를 삼가도록 하기 위한 추가적인 논증을 제시한다는 점을 우리가 이해하도록 이끈다.[36]

그러나 호렐(Horrell)은 "이 결론 부분에 10:1-22에 대한 어떤 언급도 없다는 것은 주목할 만하다. 요점을 되풀이하고 반복하는 말들은 모두 8장과 9장과 관련이 있다."고 말함으로 너무 많이 나간다.[37] 우상 숭배는 하나님께 영광을 돌리는 것과 정반대이기에 "주를 노여우시게 하는"(10:22) 우상숭배에 반대하여 방금 길게 논증하고나서(10:1-22) 바울이 10:31에서 그 생각을 하나님께 영광을 돌려야 하는 의무에 대한 이야기와 연관짓지 않았을 것이라고 상상하기는 어렵다. 따라서 우리는 이 절에서 바울이 고린도인들에게 *eidōlothyta*를 먹는 것에 대한 약한 형제들의 우려를 적절하게 존중함으로써 그리고 우상숭배와 연관되는 그런 상황에서 *eidōlothyta*를 먹는 것을 삼감으로써 하나님께 영광을 돌리라고 권면하고 있다는 것을 이해해야 한다. 그럴 때 우리는 같은 문맥에서 예수의 이중 사랑 계명의 두 번째 요소(이웃 사랑; 막 12:31과 그 병행 구절들)의 반영을 들을 수 있는 것처럼(10:28, 32-33; 참고. 9:19-22) 10:31에서도 그 첫 번째 요소 곧 네 하나님을 너의 전 존재를 통해 사랑하라는 말씀(막 12:30과 그 병행 구절들; 참고. 고전 8:6)의 반영을 들을 수 있을 것이다.

이 해석은 10:31-33의 결론 부분의 요약이 바울이 8:1-3의 도입 부분에서 제시하는 주제 진술문과 이루는 수미쌍관(*inclusio*)에 대한 관찰을 통해 강력하게 뒷받침된다. 덕을 세우는(οἰκοδομεῖ, 8:1) 사랑에 대한 강조와 10:32-33의 그 누구도 실족하게 만들지 않는 자기희생적인 사랑에 대한

Corinthians(London: SPCK, 1965), 128를 인용한다: "더 자세한 비교는 고전 10:23-11:1 전체가 고전 8장과 9장의 주장을 포인트 하나 하나 재진술하고 요약한 것임을 보여준다." 또한 Schrage, *1. Korinther*(1. Kor 6,12-11,16), 461.

36 참고. Horrell, "Theological Principle," 100-02.
37 Ibid., 104; 이와 유사한 입장으로 Schrage, *1. Korinther*(1. Kor 6,12-11,16), 461도 보라.

요구 사이의 상응과 8:3의 하나님을 사랑하는 것과 10:31의 하나님께 영
광을 돌리는 것 사이의 상응에 주목하라. 바울은 8:1-3의 도입 부분에서
eidōlothyta 문제에 있어 정말 중요한 것은 "지식"이 아니라 하나님과 이
웃에 대한 사랑이라는 주제 진술문을 제시하고 10:31-33에서 하나님을
사랑하고(영광을 돌리고) 이웃을 사랑하는 요구로 긴 논의를 마무리한다.

따라서 10:31과 32-33에서 예수의 이중 사랑 계명의 두 요소 모두가
나란히 반영되고 있는 것 같다.[38] 그러므로 우리는 10:31-33의 병행 본문
인 9:19-22에서의 "그리스도의 율법" 개념으로 바울이 예수의 이중 사랑
계명의 두 요소들을 고려하고 있다고 추론할 수 있을 것이다.

(d) 음식/정결법에 대한 예수의 가르침 역시 반영한다

그러나 예수의 사랑에 대한 가르침 말고도 "그리스도의 율법" 개념
과 연관되는 것이 더 있는 것 같다. 9:19-22에서 바울이 이 개념을 모세
의 법과 대조하는 것 역시 이와 같은 가능성을 시사해준다. 바울은 자신
이 더 이상 "(모세의) 법 아래" 있지 않고 "그리스도의 율법 아래" 있다고
말한다. 어떤 점에서 "그리스도의 율법"은 "모세의 법"과 다른가?[39] 사랑

---

38 따라서 10:23-11:1은 8-10장 전체의 요약으로 특별히 8-9장의 주된 우려에 강조점을 두
는 것으로 이해할 수 있다. 요약식 결론 부분의 구조는 다음과 같이 도표화해볼 수 있을
것이다:
> 10:23-30 8-9장의 요약 : *adiaphora*에 대한 그리스도인의 자유; 하지만 이웃 사랑
> 을 위해 그 자유를 내려놓아야 할 의무가 있음;
> 10:31 10:1-22의요약 : 하나님에 대한 사랑을 위해 우상숭배는 안 됨(특별히 10:14), -
> 8:3과 수미쌍관을 이룸;
> 10:32-33(특히 9:19-22를 회상하면서) 8-9장의 요약을 반복함 : 다른 사람들을 위해 자
> 신의 이익을 희생함- 8:1과 수미쌍관을 이룸;
> 11:1 10:32-33의 요약 겸 8-10장 전체의 요약 : 하나님 사랑; 이웃 사랑; 그리스도
> 인의 자유.
> 교차대조 구조를 보이는 이중적 수미쌍관을 특별히 주목하라 :
>> (a) 8:1
>>> (b) 8:3
>>> (b') 10:31
>> (a') 10:32-33

39 아래 526-31페이지를 보라; 필자는 이들 사이에 어떤 차이를 보기도 거부하는 P. J.

의 계명만으로는 두 법의 대조를 이끌어내지 못할 것이다. 왜냐하면 모세의 법 역시 사랑의 계명 곧 하나님 사랑과 이웃 사랑을 중심으로 하기 때문이다. 헬라인들("율법 없는 자들")에게 자신이 그들에게 맞추어 "(모세의) 율법 없는 자와 같이" 되지만 "그리스도의 율법 안에" 있는 자로서 그렇게 한다고 말할 때 바울은 모세의 율법과 달리 그리스도의 율법은 그와 같은 적응(adaptation)을 허락한다는 것을 암시한다. 이제 바울의 이 진술의 맥락 곧 그가 *eidōlothyta*를 먹는 것에 대해 논의하는 중임을 고려할 때 바울이 여기서 이웃 사랑의 문제를 넘어선 음식/정결법의 문제를 염두에 두고 있다고 결론을 내릴 수밖에 없을 것 같다. 만일 자신이 바리새인 시절에 했던 것처럼 모세의 율법과 그 율법에 규정된 음식/정결법들을 지키기를 원한다면 그는 지금 하고 있는 것처럼 스스로 이방인과 같이 되지 않을 것이다. 그러나 그는 더 이상 모세의 율법을 지켜야한다고 생각하지 않으며 "그리스도의 율법"이 음식/정결의 문제와 관련하여 자신이 이방인들과 같이 되는 것을 모세의 율법 같이 금하지는 않는다는 것을 이제 안다.

"그리스도의 율법"의 어떤 것이 바울이 모세의 율법의 음식/정결법을 무시하도록 허락하는가? 이웃 사랑의 원리(곧 이방인들을 기쁘게 하고 또 구원하기 위해 그들을 사랑하는 것)만으로는 바울이 이방인들에게 ἄνομος(율법 없는 자)가 되도록, 즉 이방인들을 위해 음식/정결법을 무시하도록 이끌지 못할 것이다. 왜냐하면 그가 정결법에 대한 바리새적 이해를 그대로 가지고 있다면 그는 보다 상위의 원리 곧 하나님에 대한 사랑을 위해 모세의 율법에 명시된 하나님의 정결 규례들을 지켜야 하기 때문이다. 이러한 추론은 바울이 "그리스도의 율법"이 사랑의 계명을 강조할 뿐만 아니라 모세의 율법의 음식/정결법을 폐기하는 것으로 보고 있음을 시사해준다. "그리스도의 율법"으로 바울은 예수께서 사랑의 계명을 강조하신 것뿐만

Tomson, *Paul and the Jewish Law: Halakha in the Letters of the Apostle to the Gentiles*(CRINT; Assen/Mastricht: Van Gorcum; Minneapolis: Fortress, 1990), 278-80의 견해와 반대 입장이다.

아니라 예수께서 음식/정결법을 제쳐 두신 것 역시 가리킨다. "그리스도의 율법"으로 이와 같이 인도를 받을 때만이 바울은 이방인들에게 "율법없는 자 같이" 될 수, 다시 말해 모세 율법의 음식/정결 규례들을 무시할수 있었을 것이다.[40] 이 결론은 막 7:15//마 15:11의 예수의 음식/정결에 대한 말씀, 곧 마가가 예수의 의도를 "이와 같이 그가 모든 음식을 깨끗하다 하셨다"(막 7:19)고 정확하게 해석한 예수의 *마샬* 말씀(*marshal* saying; 비유; 수수께끼)을 가리킨다.[41]

롬 14:14, 20에서 바울이 예수의 이 판결(ruling)을 암시한다는 점은 널리 인정된다.[42] 로마 교회에서 어떤 것도 먹는 "강한" 자들과 채소만 먹는 "약한" 자들 사이의 다툼에 대해 다루면서(롬 14:2, 21) 바울은 분명 고린도인들에게와 마찬가지로 로마인들에게도 매우 유사한 조언을 제시한다. 고전 10:32에서와 같이(또한 참고. 8:13), 롬 14:13에서도 그는 로마인들에게 "부딪칠 것(πρόσκομμα)이나 거칠 것(σκάνδαλον)을 형제 앞에 두지 말라"고 권면한다. 바울은 고전 8:7-13; 9:19-22; 10:25-33에서 고린도의 지식을 자랑하는 자들에게 "약한" 형제들이 망하게 하지 않도록 혹은 그

---

40 따라서 "그리스도의 율법"을 예수 그리스도의 자기를 내어주는 모범적 행동과 그의 사랑에 대한 말씀들에만 초점을 맞추는 것으로 해석하는 쉬르만(Schürmann)의 해석("Das Gesetz des Christus," 283-94)은 수정될 필요가 있다. 바울이 주의 말씀들(Herrenworte)을 언급하거나 반영하는 많은 곳에서 사랑이라는 주제가 지배적인 것은 사실이다(Schürmann, 286,에 있는 목록을 보라). 하지만 쉬르만 스스로가 막 7:15/롬 14:14, 20을 비롯하여 많은 예외들을 인정한다(ibid.). 바울이 예수의 말씀들을 가리켜 사용하는 언어(διατάσσειν, 고전 9:14; ἐπιταγή, 고전 7:25)와 바울이 예수의 말씀들을 사용하는 방식(롬 14:10, 13, 14, 20; 갈 6:1-5; 고전 5:4-5)에 깊은 인상을 받고서 다드(Dodd, "ἔννομος Χριστοῦ," 141-47)는 바울이 "그리스도의 율법"을 그가 그 구절들에서 언급한 것과 같은 예수의 말씀들에 포함되어 있는 예수 그리스도의 교훈들(precepts)로 이해한다고 제안한다. 쉬르만이 "그리스도의 율법"에 대한 자신의 이해를 음식/정결에 대한 예수의 판결과 같은 다른 요소들을 포함하는 것으로 확장할 필요가 있다면, 다드의 경우는 예수의 사랑에 대한 본과 가르침이 "그리스도의 율법"의 초점임을 볼 필요가 있는 것 같다.

41 참고. Fee, *1 Corinthians*, 490 주 70.

42 퍼니쉬(Furnish, *Theology and Ethics*, 53)와 발터(N. Walter, "Paul and the Early Christian Jewish-Tradition," in *Paul and Jesus*[ed. A. J. M. Wedderburn and C. Wolff; Sheffield: JSOT Press, 1989], 71-72; 57페이지에서 그가 한 말에도 불구하고)와 같은 최소주의자들(minimalists)조차도 이것을 인정한다.

516

들을 실족하게 만들지 않도록 *eidōlothyta*를 먹을 자신들의 권리/자유를 내려놓으라고 조언하는 것과 마찬가지로 롬 14:13-23에서도 로마의 "강한" 자들에게 "약한" 형제들을 망하게 하거나 실족하게 만들지 않기 위해 어떤 것이든 먹을 자신들의 권리/자유를 내려놓으라고 조언한다. 따라서 바울은 고린도의 지식을 자랑하는 자들이 *eidōlothyta*를 먹을 "권리"(ἐξουσία, 고전 8:9; 참고. 10:23)나 "자유"(ἐλευθερία, 참고. 고전 9:1, 19)가 있음을 인정하는 것처럼, 롬 14장에서도 마찬가지로 로마의 "강한"자들이 어떤 것이든 먹을 권리/자유가 있음을 전제한다. 그들이 자신들의 권리/자유를 희생하는 것은 오로지 그리스도께서 위하여 죽으신 형제들을 사랑할 때만 가능하다(롬 14:15; 고전 8:11). 롬 14장에서 바울은 그들에게 권리/자유가 있음을 전제하는 근거를 제공한다: "내가 주 예수 안에서 알고 확신하노니 무엇이든지 스스로 속된 것이 없다… 만물이 다 깨끗하다"(14, 20절).

바클레이(John Barclay)는 이 선언의 엄청난 의미를 다음과 같이 말한다: "이것은 유대교 율법에서 가장 민감한 영역들 중 하나에서 그 율법을 근본적으로 거부한 것에 다름 아니다."[43] 그는 바울이 율법을 거부하는 충격적인 방식에도 주목한다: "바울이 여기서 이 판단의 근거를 율법의 '보다 상위의 원리'에 대한 호소나 율법에 대한 알레고리적 해석에 두지 않는다는 것을 관찰하는 게 중요하다."[44] 따라서 바클레이에게는 "바울이 여기서 율법으로부터의 자유를 표현하는 확신과 솔직함은 너무나 숨이 막힐 정도다."[45] 바클레이는 롬 14:14, 20의 진술의 혁명적인 내용

43 John M. G. Barclay, "'Do We Undermine the Law?' A Study of Romans 14.1-15.6," in *Paul and the Mosaic Law*(WUNT 89; ed. J. D. G. Dunn; Tübingen: Mohr Siebeck, 1996), 300.
44 Ibid., 300.
45 Ibid., 301; 또한 참고. Thompson, *Clothed with Christ*, 196. 톰슨(Thompson)은 유대인 그리스도인들이 일부 포함되어 있었을 로마서의 수신자들과 바울이 서신을 통해 자신의 스페인 선교에 대한 그들의 연합된 지지에 호소하려는 그 의도를 고려하여 그 단순한 선언의 놀라운 성격을 더욱 높이 평가한다.

과 그 진술이 제시되는 충격적인 방식 모두에 대한 예리한 관찰을 한 것
에 대해 칭찬을 받을 만하다. 이전에 율법을 위해(갈 1:13-14; 빌 3:5-6), 특
별히 음식과 정결에 관한 규정들에 대해 열심인 바리새인이었던 사람이
그 진술을 했다는 사실(참고. 막 7:1-5과 그 병행 구절!)을 고려할 때 그 두 가
지는 더욱 놀라운 일이다. 따라서 우리는 다드(C. H. Dodd)와 함께 "도대체
어떤 근거로 [바울은] 이 금언(maxim)을 인정하는가?"라고 묻지 않을 수
없다.[46] 바클레이에 따르면, 막 7:15-19의 예수의 말씀이 그 금언 뒤에 있
을 수 있지만, "바울은 여기서 예수를 율법의 해석자로 제시하려는 시도
를 하지 않는다."[47] 다드에 의하면, 롬 14:14의 "내가 주 예수 안에서 알고
확신한다"는 바울의 말은 그가 막 7:15-23과 같은 역사적 예수의 가르침
을 자신의 선언의 기초로 삼고 있음을 시사해준다.[48] 여기서 바울이 예수
의 말씀과 밀접하게 상응하는 놀라운 진술을 하면서 "주 예수"께 호소한
다는 사실은 다드의 해석을 뒷받침해준다.[49]

46　Dodd, "ἔννομος Χριστοῦ," 144.

47　Barclay, "'Do We Undermine the Law?'," 300-01.

48　Dodd, "ἔννομος Χριστοῦ," 144; 보다 자세한 논증을 위해서는 Thompson, *Clothed with Christ*, 194-99을 보라. 톰슨(188-94)은 또한 막 7:15//마 15:11의 말씀의 진정성을 위한 강력한 변증을 제시한다. 롬 14-15장과 고전 8-10장에 이 말씀이 반영되거나 암시되어 있을 개연성이 크다는 점은 다시 그 말씀의 진정성에 더욱 힘을 실어준다.

49　필자는 H. Räisänen, "Zur Herkunft von Markus 7,15," in *The Torah and Christ*(Helsinki: Finnish Exegetical Society, 1986), 209-18의 견해에 반대한다. 레이제넨은 롬 14:14과 막 7:15 이 두 구절 사이에 단어적(οὐδέν and κοινόν), 개념적 일치가 있고, 막 7:19과 롬 14:20 사이에 밀접한 일치가 있음에도 불구하고, 롬 4:14에 막 7:15의 반영이 있음을 임의로(arbitrarily) 부정한다(214-15). 그리고 그는 주장하기를, 막 7:15의 말씀은 영향사(*Wirkungsgeschichte*)가 전혀 없기 때문에 진정성 있는 말씀이 아니라고 주장한다. 같은 책에 수록한(215-41) 후속 논문 "Jesus and the Food Laws: Reflections on Mark 7.15"에서 그는 바울이 고전 8-10장과 롬 14-15장에서 음식 문제를 다룰 때 막 7:15의 말씀을 사용하지 않는다고 주장함으로써 그 말씀의 진정성을 부인하는 자신의 입장을 보다 강화한다(235). 여기서 필자는 고전 8-10장과 롬 14-15장에서의 바울의 논의들은 그 말씀의 영향사의 일부이고 롬 14:14은 특히 그 말씀의 반영인 것이 분명하며 그렇기 때문에 이 구절들이 레이제넨 자신이 말하는 것처럼 "신약 학자들 가운데 폭넓은 합의에 의해" 지지를 받고 있는(219) 그 말씀의 진정성에 보다 힘을 실어준다고 주장한다. 갈 2:11-14에서 안디옥에서의 논쟁에 대해 보고할 때 바울은 예루살렘인들이 그 말씀에 대해 달리 해석하고 있다는 점과 그가 예수 전승에 대해서는 베드로만큼 권위 있게 말

518

그렇다면 바울이 로마서와 고린도전서에서 음식에 대한 기본적으로
같은 문제를 위해 똑같은 조언을 제시할 때 막 7:15의 예수의 말씀을 반
영하고 있다는 것은 어떤 중요성을 가지는가? 두 서신에서 문제들을 제
시하고 바울이 그 문제들을 다루는 것 사이의 유사점들 말고도 우리는
로마서가 고린도전서 자체가 기록된 지 불과 2년 뒤에 고린도에서 기록
되었다는 점 역시 명심해야 한다. 이러한 사실들은 롬 14-15장에서와 같
이 고전 8-10장에서 바울이 막 7:15의 예수의 말씀으로 인도함을 받고
있음을 시사해주는 것 같다. 우리는 이미 고전 9:19-22과 10:32-33를 면
밀하게 관찰해 볼 때 이 구절들 자체가 바울이 막 7:15과 같은 예수의 가
르침을 염두에 두고 있음을 가리킨다는 점을 주목한 바 있다. 따라서 고
전 8-10장에서 자신이 막 7:15의 예수의 가르침을 따른다는 것을 암시하
고 나중에 롬 14-15장에서 이것을 명시적으로 만들고 있다고 결론 내리
는 것이 합리적인 것 같다.

의심의 여지없이, 오로지 막 7:15-23에서와 같은 그런 확신이 있었기
때문에 예수께서는 바리새인들과 서기관들의 반대에 아랑곳 않고 세리
와 죄인들과 먹고 마실 수 있으셨다(막 2:15-17과 그 병행 구절들; 마 11:19//눅
7:34; 눅 15:1-2; 19:1-10; 참고. 마 21:31-2; 눅 7:29). 하나님 나라를 빈번하게 잔치
의 은유로 묘사하면서(마 8:11//눅 7:19; 마 22:1-10//눅 14:16-24; 눅 15:11-32; 등),

---

할 수 없을 것이라는 사실을 의식하고 있었기 때문에 그 말씀을 인용하는 것을 삼가고 있
었을 것이다. 레이제넨(214-15)은 οἶδα καὶ πέπεισμαι ἐν κυρίῳ Ἰησοῦ라는 문장을
바울이 예수의 말씀을 가리켜 말하는 표식(indicator)으로 보는 견해를 반박할 때 이 문장
이 롬 14:14과 막 7:15 사이의 언어적, 개념적 일치와 함께 만드는 누적 효과(cumulative
effect)를 고려하는 데 실패할 뿐만 아니라 "그리스도의 율법"(고전 9:21)과 그리스도를 본
받음(고전 11:1)과 같은 문구들에 비추어 그 문장의 의미를 이해하는 데 실패한다. 우리가
롬 14:14a의 이 문장을 "그리스도의 율법"(고전 9:21)과 그리스도를 본받음(고전 11:1)과 같
은 문구들과 함께 취하는 경우—이 문구들이 음식에 대한 문제들을 다루면서 우리가 지
금 주장하는 것처럼 막 7:15을 강하게 연상시키는 비슷한 교훈들을 제시하는 유사한 맥
락에서 나오기 때문에 함께 취하는 것이 마땅하다.—이 문장은 더욱 분명하게 예수의 가
르침에 대한 언급으로 보인다. 레이제넨에 반대하는 Thompson, *Clothed with Christ*,
188-96; R. H. Gundry, *Mark: A Commentary on His Apology for the Cross*(Grand
Rapids: Eerdmans, 1993), 370-71 또한 참고하라.

예수께서는 하나님 나라로의 초청을 받아들인 죄인들과 잔치를 벌임으로써 자신의 사역 가운데서 하나님 나라가 선취적으로 성취된 것을 보여주셨다. 바울이 막 7:15의 예수의 음식/정결에 관한 판결(ruling)을 알았다면 그는 그 판결의 예시인 예수의 이 특징적이고 악명 높은 행위 역시 알고 있었을 것임에 틀림없다.

(e) 음식/정결법 문제에 대한 그리스도의 자유도 본받으라

그렇다면 우리는 고전 8-10장에서 *eidōlothyta* 문제를 다룸에 있어 바울이 예수의 이중 사랑 계명 뿐만 아니라 예수의 음식/정결에 대한 가르침으로도 인도를 받고 있으며 바울이 그리스도를 본받음이라는 개념으로 그리스도의 다른 사람들을 위한 자기희생적 사랑 뿐만 아니라 예수의 음식/정결 규정들로부터의 자유 역시 염두에 두고 있는 것이라는 그런 결론도 내려야 한다. 우리는 자기를 내어주는 것에 대한 그의 가르침(막 10:45과 그 병행 구절; 9:42-50과 그 병행 구절들; 12:28-34과 그 병행 구절들)과 모범(그의 죽음)을 따를 뿐 아니라 음식/정결법으로부터의 자유에 대한 그의 가르침(막 7:15과 그 병행 구절)과 모범(죄인들과의 잔치)을 따름으로써 그리스도를 본받아야 한다.[50]

음식과 정결에 대한 예수의 가르침을 따르고 그가 죄인들과 먹고 마신 모범을 본받은 결과로[51] 바울은 고린도의 그리스도인들에게 "무릇 시장에서 파는 것은 양심을 위하여 묻지 말고 먹으라"고(고전 10:25) 그리고 이교도 이웃의 초대를 수락하고 "너희 앞에 차려 놓은 것은 무엇이든지

---

50 9:19-23과 10:23-11:1에서 막 7:15과 그 병행 구절; 9:42-50과 그 병행 구절들; 10:45과 그 병행 구절; 그리고 12:28-34과 그 병행 구절들의 예수 말씀에 대한 반영들이 "그리스도의 율법"과 그리스도의 본에 대한 언급들과 함께 나오기 때문에, 이 언급들은 "전승의 표식들(tradition indicators)"(즉 예수 전승을 가리키는 표식들)로 간주될 수 있다.

51 참고. P. Richardson and P. W. Gooch, "Accommodation Ethics," *TynBul* 29(1978): 89-142. 섹션 "B. Early Christian Sources of an Accommodation Ethic—from Jesus to Paul"에서(118-42), 리처드슨(Richardson)은, 고전 9:19-22과 10:31-11:1에서 바울의 소위 말하는 "수용 윤리(accommodation ethic)"는 궁극적으로 죄인들과 세리들을 포함한 다양한 사람들의 필요들에 대해 예수께서 수용하신 예를 발전시킨 것이라고 주장한다.

양심을 위하여 묻지 말고 먹으라"고(고전 10:27) 조언할 수 있다. 고린도의 시장에서 판매되는 음식 중 일부—대다수는 아니라도—는 *eidōlothyta*일 가능성이 많고[52] 마찬가지로 이교도 이웃의 식탁에 올려지는 음식 중 적어도 일부는 *eidōlothyta*일 가능성이 많다. 따라서 이 조언은 모든 음식이, 심지어 *eidōlothyta*도 깨끗하다는(참고. 롬 14:14, 20), 그리고 그리스도인들이 부정하게될 것에 대한 두려움이 없이 믿지 않는 자들과 자유롭게 어울려도 좋다(참고. 고전 7:12-14)는 견해들을 전제한다. 그 자신이 이와 같은 견해들을 가지고 있기에 바울은 고린도의 지식을 자랑하는 자들이 심지어 "우상의 집에서," 다시 말해 아마도 이교 신전에서 열리는 사적인 파티에 참석하여 (물론 *eidōlothyta*를) 먹을 권리가 있음을 인정한다. 비록 그렇게 하는 것이 "약한" 형제들을 실족하게 만들 것이라는 이유로 그들이 그 권리를 행사하는 것에 대해서는 반대하지만 말이다(고전 8:10). 이 놀라울 정도로 "자유로운" 가르침을 위해[53] 바울은 음식/정결 문제에 관해 모세

---

52 고린도에서에서 코셔 음식을 구할 가능성에 대해서는 B. W. Winter, *After Paul Left Corinth*(Grand Rapids: Eerdmans, 2001), 287-301를 참고하라. 윈터(297-301)는 바울의 고린도에서의 첫 번째 선교 사역 이후에 도시의 관료들이 코셔 고기(kosher meat)에 대한 특별 공급을 철회하여 고린도 교회에 어려움을 야기했으며 이와 같은 상황이 바울이 고전 10:25-29의 조언을 하게 된 배경을 이룬다고 추측한다.

53 고전 8:10과 10:25, 27에서의 바울의 가르침의 정신은 샌더스(E. P. Sanders)가 이방인들과 어울리는 것에 대한 1세기 유대인의 태도에 부여하고자 하는 가장 자유주의적 해석보다 비교가 안 될 정도로 더 자유주의적이다("Jewish Association with Gentiles and Galatians 2:11-14," in *Conversation Continues: Studies in Paul and John. J. Louis Martyn FS*[ed. R. T. Fortna and B. R. Gaventa; Nashville: Abingdon, 1990], 170-88). P. Borgen, "'Yes,' 'No,' 'How Far?': The Participation of Jews and Christians in Pagan Cults," in *Paul and His Hellenistic Context*(ed. T. Engberg-Pedersen; Minneapolis: Fortress, 1995), 30-59은 일부 느슨한 심지어 배교한 유대인들이 이방인들과 교제하거나 이교 제의에 참여하는 것에 대해 보이는 자유주의적 태도와 종교적으로 보다 헌신된 유대인들 가운데서 그와 같은 행위들을 엄격하게 금하는 것을 예시하여 보여준다. "바울과 비슷한 실천을 따랐던 유대인들과 그리스도인들이 있었고 어떤 이들은 바울이 한 것보다 훨씬 더 나갔다"고 결론을 내리면서(56-57), 페더센(Pedersen)은 고전 8장과 10장에서의 바울의 자유주의적 태도를 유대인들의 이 태도의 다양성 안에서 설명하고자 한다(다음 섹션에서 논의하게 될 톰슨[Tomson]의 연구를 참고하라). 그러나 그와 같은 시도는, 어떻게 바울과 같이 엄격하고 실로 "열심당 같은" 바리새인(갈 1:13-14; 빌 3:4-6)이 그런 자유적 태도를 가지게 될 수 있었는지를 설명할 수 없는 한, 그렇게 도움이 되지 못한다. 다른 유대인들의 보다 느슨한 태도와 대조적인 바리

의 율법과는 다른 "그리스도의 율법"(고전 9:20)과 궁극적으로는 그리스도
의 본(고전 11:1)에 간접적으로 호소한다.[54]

(f) 사랑이 우선이다

그러나 고전 8-10장에서 바울이 예수의 가르침과 모범에 근거한 그
리스도인의 자유보다 훨씬 더 강조하는 것은 그리스도인의 사랑의 의무
다. 이 의무는 분명 고린도에 있는 지식을 자랑하는 자들의 자신들의 권
리/자유에 대한 보다 공격적인 주장과 "약한" 신자들의 방어적인 입장
에 의해 요구된다(참고. 고전 8:1-3, 7-13). 지식을 자랑하는 자들은 "약한" 형
제들을 실족하게 만들지 않기 위해 이교 신전에서 *eidōlothyta*를 먹을 권
리/자유를 내려놓아야 한다(고전 8:9-12). 이 조언을 자신의 결심으로 본
을 삼아 뒷받침한 다음에(고전 8:13) 바울은 계속해서 자신이 복음으로 생
계를 유지하는 것을 포함하여 사도로서의 다양한 권리들을 포기한 예
와 유대인들과 이방인들과 "약한" 그리스도인들을 구원하기 위해, 청중

새인들의 "철저한 음식법 준수"에 대해서는 A. F. Segal, *Paul the Convert*(New Haven: Yale University Press, 1990), 231-33를 참고하라.

54 어떤 이들은 고전 8-10에서 막 7:15-20의 예수의 가르침이 바울의 조언의 기초들 중 하나라는 필자의 견해에 대해, 고전 10:26에서 바울이 시장에서 파는 고기를 먹는 것을 롬 14:14, 20에서와 같이 예수의 말씀(막 7:15-20)을 언급하기보다 시 24:1을 인용하여 정당화한다는 점을 지적하면서 반대할 수도 있다. 필자는 이미 아래와 같이 주장한 바 있다: (1) 면밀히 관찰해 볼 때 고전 9:19-22과 10:32-11:1 자체는 예수의 그 말씀을 강력하게 가리킨다; (2) 고전 8-10장과 롬 14-15장이 서로 병행이 된다는 점을 감안할 때 롬 14:14, 20에 그 말씀이 반영되어 있다는 사실은 고전 8-10장에서도 바울이 그 말씀을 염두에 두고 있을 개연성을 매우 높여준다; 그리고 (3) 로마서가 고린도전서가 기록된 지 단지 2년 후에 고린도에서 기록되었다는 사실 역시 이 견해를 강화시켜 준다. 고전 8-10장에 그 말씀이 함축적으로 들어있음을 부인하려는 이들은 롬 14:14, 20에 그 말씀이 반영되고 있다는 것을 부인하거나 바울이 그 말씀을 고린도전서 이후와 로마서를 기록하기 이전인 AD 54-56년 동안에 알게 되었다고 말해야 할 것이다. 하지만 이중 어떤 것도 그럴듯해 보이지 않는다. 바울에게 시 24:1은 하나님의 말씀이다. 고린도전서에는 "그리스도의 율법"(9:20)과 그리스도의 본(11:1)을 언급할 때 이 두 가지가 예수의 말씀을 암시한다고 이해하기 때문에 바울은 자신의 조언을 추가적인 권위 곧 하나님의 말씀인 시 24:1으로 더욱 강화시키기로 한다(바울이 복음으로 생계를 유지할 사도로서의 권리에 대한 권위 있는 근거를 제시하기 위해 구약성경 본문과 예수의 말씀을 결합시키는 것에 대해서는 고전 9:8-14을 참고하라).

들의 필요를 위해 자신의 자유를 희생하고 그렇게 함으로써 그들을 얻어 믿음과 구원에 이르게 하고자 한 예를 보여준다(고전 9:1-27). 결론 부분에서 바울은 음식 문제에 있어 그리스도인의 자유를 긍정하지만 곧바로 고린도인들에게 그 자유를 행사하는 것이 이웃을 실족하게 만들 가능성이 클 때는 그 자신들의 자유를 내려 놓으라고 요구한다(고전 10:23-30). 그런 다음 그는 그리스도의 본을 따르는 자신의 본을 인용하면서 다른 사람들을 위해 우리 자신의 유익을 희생할 필요를 강조함으로써(10:32-11:1) *eidōlothyta*를 먹는 문제에 대한 길고도 조심스러운 논의를 마무리한다. 위에서 보았듯이 이 구절들에서 막 9:42-50과 그 병행 구절들과 10:45과 그 병행 구절과 같은 예수의 말씀들을 반영함으로써 바울은 자유보다 사랑이 우선된다는 자신의 가르침이 예수의 자기를 내어줌에 대한 가르침과 모범에 기초를 둔 것임을 분명하게 시사해준다.

요약하자면, 고전 8-10장에서 *eidōlothyta*를 먹는 문제를 다룰 때 바울을 인도하는 두 가지 원리는 하나님과 다른 사람들을 위한 사랑에 대한 절대적인 요구와 음식/정결에 대한 그리스도인의 자유다.[55] 바울은 분명 이 원리들을 하나님 사랑과 이웃 사랑은 절대적인 것으로 만드신 반면(막 12:28-34과 그 병행 구절들) 음식/정결에 대한 규정들은 아디아포라(*adiaphora*)로 만드신(막 7:15-23과 그 병행 구절) 예수께로부터 배웠다. 고전 8-10장에서 바울이 예수의 가르침과 본을 "본으로 삼아" *eidōlothyta*에 대해 제시한 가르침은 다음과 같이 요약할 수 있을 것이다:

바울의 우상의 제물에 대한 가르침(고전 8-10장)
바울은 어떻게 예수 그리스도를 "본받는가"

1. 주제 진술문: 두 가지 근본 원리들(8:1-3)

---

55 이중 사랑 계명을 별도로 두 가지 원리로 분석하는 경우는 세 가지 원리, 교회의 하나 됨과 덕을 세움에 대한 관심을 또 다른 원리로 고려할 수도 있다. 여기서 유일신 신앙(고전 8:4-6)이 근본 전제임은 말할 것도 없다. 아래의 주 72를 참고하라.

1a) 이웃 사랑(8:1) - 10:32-33과 수미쌍관 이룸(6b)

1b) 하나님 사랑(8:3) - 10:31과 수미쌍관 이룸(6a)

(이중 수미쌍관이 교차대조 구조로 제시되는 것을 특별히 주목하라)

2. 네 가지 명령(10:14, 23-33에 있는 요약 참고)

2a) 우상숭배를 피하라: 이교 신전에서 식탁 교제에 참여하지 말 것(10:1-22, 특히 14-22절)

2b) 시장에 파는 고기를 양심을 위하여 묻지 말고 먹으라

2c) 불신자 이웃의 초대를 받았을 때 차려진 음식을 묻지 말고 먹으라

2d) 그러나 너희가 먹는 것이 "약한" 형제들을 실족하게 만들 수도 있는 경우 먹지 말라(혹은 이교도 친구의 그리스도인에 대한 도덕적 기대를 저버릴 수도 있는 경우?)

3. 세 가지 원리들

3a) 우상숭배는 안 됨(위의 2a)

3b) 그리스도인의 자유(위의 2b + 2c)

3c) 이웃 사랑(위의 2d)

4. 예수의 가르침과 상응

4a) 예수께서 유대교의 음식/정결법을 무시하심(막 7:15과 그 병행 구절; 롬 14:14, 20)
(= 2b + 2c; 3b)

4b) 예수의 이중 사랑 계명(막 12:28-34과 그 병행 구절들)

　　- 4ba) 전 존재를 다해 하나님을 사랑하라 ~우상숭배는 안 됨(= 2a; 3a)

　　- 4bb) 이웃을 네 자신같이 사랑하라(= 2d; 3c)

5. 바울은 이 원리들을 자신의 사도적 자세에 적용한다(바울은 예수를 "본받는다" 혹은 "그리스도의 율법"을 지킨다) - 9:19-22

5a) 청중에 따라 아디아포라에 해당되는 사안들에 대해 선교사적 자세를 조정함

- 5aa: 유대인들/약한 자들 가운데서 바울은 음식/정결법을 지킨다

(= 4bb - 이웃 사랑)

- 5ab: 이방인들/강한 자들 사이에서 바울은 음식/정결법을 무시한다

(= 4a + 4bb - 그리스도인의 자유와 이웃 사랑)

5b) 그러나 "하나님의 법" / "그리스도의 율법"에 순종하라(= 4a + 4b)

6. 요약 진술과 요구(이중 사랑 계명)[56]

6a) 모든 것을 하나님의 영광을 위하여 하라(10:31) (= 4ba) - 8:3과 수미쌍관 이룸 (1b)

6b) 그리고 이웃 사랑에서 (10:32-33) (= 4bb) - 8:1과 수미쌍관 이룸(1a)

7. 마지막 요약 및 요구: "내가 그리스도를 본받는 자가 된 것 같이 너희는 나를 본받는 자가 되라"(11:1)

3. 그리스도인의 자유는 없고 오로지 *eidōlothyta*에 대한 절대적인 금지만 있는가?

고전 8-10장에서의 바울의 논증에 대한 이와 같은 해석은 결과적으로 *eidōlothyta*는 우상에게 바쳐진 음식을 의미하고 바울에게 있어 신전 경내에서든 개인 가정집에서든 *eidōlothyta*를 먹는 것 자체가 금해야 할 우상숭배 행위는 아니었으며(8:10; 10:25, 27) 그럼에도 불구하고 만일 그것을 먹는 것이 "약한" 형제들을 실족하게 만들거나(8:10; 10:28) 우상에게 실제로 제사가 드려지는 그런 경우에 거기서 그 식탁 교제에 참여함으로써 그것을 먹는 것이 우상숭배의 성격을 띠게 된다면(10:14-22) 그것을 먹는 일은 피해야 한다는 전통적인 다수 의견의 주요 노선들을 확증해준다.

---

56 이 요약과 요구에서 바울이 하나님을 위한 사랑과 이웃을 위한 사랑의 의무만 강조하는 것은 그의 주된 관심이 지식을 자랑하는 자들을 설득하여 이웃을 위해 언제든지 자신들의 권리/자유를 포기할 준비를 하게 하고 그들이 우상숭배에 빠지는 일이 없도록 경고하는 데 있기 때문이다. 하지만 이 지점까지의 바울의 논증을 주의 깊게 경청함으로써 이 포인트를 깨닫게 된 사람은 10:32-33에 함축적으로 있는 그리스도인의 자유의 원칙을 보게 될 것이다. 왜냐하면 바울이 이웃 사랑에 대한 의무를 다른 사람들을 실족하게 만들지 않는 것으로 설명하기 때문이다.

어떤 학자들은 이 해석이 바울이 신전에서 *eidōlothyta*를 먹는 것을 먼저 원칙적으로 허용하고서(8:10) 그 다음에 그것을 우상숭배 행위로 범주적으로 금함으로써(10:1-22) 자기 모순에 빠지게 만든다고 생각한다. 그래서 이들 중 어떤 이들은 8장에서 바울이 지식을 자랑하는 자들에게 신전에서 *eidōlothyta*를 먹는 것을 원칙적으로 허락한다는 것을 부인한다. 고든 피(Gordon Fee)에 따르면, 바울은 비록 개인 집에서는 *eidōlothyta*를 먹는 것을 허용하지만(10:23-11:1) 8장과 10:1-22 모두에서 신전에서 그것을 먹는 것은 완전히 금지한다. 8장과 10:1-22 사이의 유일한 차이는 8장에서는 바울이 윤리적 이유로 신전에서 *eidōlothyta*를 먹는 것에 반대하는데 비해, 10:1-22에서는 신학적 이유로 그렇게 한다는 것이다.[57] 벤 위더링턴(Ben Witherington)은 εἰδωλόθυτος와 ἱερόθυτος를 구분함으로 이 견해를 더욱 세밀하게 다듬는다. 그에 의하면, εἰδωλόθυτος는 신이 거기 있다고 생각되는 이교 신전에서 먹는 고기를 가리키는 반면[58] ἱερόθυτος는 신전에서 나왔지만 집에서 먹는 음식을 가리킨다.[59] 그런 다음 그는 바울이 εἰδωλόθυτος를 금한 것이지 ἱερόθυτος를 금한 것은 아니라고 주장한다.[60] 하지만 데이빗 호렐(David Horrell)은 위더링턴의 언어적 분석의 타당성에 대해 의문을 제기하고 이런 방식의 해석을 올바르게 반박한다: "만일 10장에서 신전에서 εἰδωλόθυτα를 먹는 바로 그 행위를 금하는 것이 바울의 의도였다면 왜 그가 강한 자들이 심지어 신전에서도 그것을 먹을 ἐξουσία(권리/자유)에 대해 분명 문제 삼지 않은 채 그대로 두어야 하는지를 알기 어렵다."[61] 만일 바울이 실제로 신전에서 εἰδωλόθυτα를 먹는 것

---

57 Fee, *1 Corinthians*, 359-63.
58 B. F. Witherington, "Not So Idle Thought about *EIDŌLOTHYTON,*" *TynBul* 44(1993): 242
59 Witherington, "Not So Idle Thought about *EIDŌLOTHYTON,*" 248.
60 Witherington, "Not So Idle Thought about *EIDŌLOTHYTON,*"
61 Horrell, "Theological Principle," 99. 피와 위더링턴을 반박하는 보다 자세한 언어적, 주해적 논증들을 위해서는 B. N. Fisk, "Eating Meat Offered to Idols: Corinthian Behavior and Pauline Response in 1 Corinthians 8-10(A Response to Gordon Fee)," *Trinity Journal* 10(1989): 56-61를 보라. P. J. Tomson, *Paul and the Jewish*

을 우상숭배 행위로 보고 반대하고 있는 거라면 그는 먼저 바로 그런 점을 근거로 들며 그것에 반대하는 논증을 시작하여 10:1-22에서와 같이 그것을 먹는 것에 대해 경고하거나 롬 1:18-32에서와 같이 범주적 차원에서 그것을 먹는 것 자체를 심판 받을 일로 정죄할 것이다. 분명히 그는 8장에서 자신이 그 일이 약한 형제들을 실족하게 만들 수 있는 것에 대해서만 염려하고 그 우상숭배적 성격에 대해서는 염려하지 않는다는 그런 인상을 남기지는 않을 것이다. 더욱이 만일 8장에서 그가 원칙적으로 지식을 자랑하는 자들이 우상이 있는 신전에서 εἰδωλόθυτα를 먹을 권리/자유가 있음을 전제하고서 그들에게 약한 형제들을 위해 그 권리/자유를 희생하라고 권면하는 것이 아니라면, 9장에서 그 자신이 사도로서 다른 사람들을 위해 자신의 권리/자유를 희생하는/내려 놓는 예를 보여주는 것이 무슨 의미가 있는가?

그러므로 우리는 8:10과 10:14-22의 차이를 다음과 같이 이해하면서 브루스 피스크(Bruce N. Fisk)와 데이빗 호렐(David Horrell)과 더불어 다수 견해를 재확인한다: 바울은 10:14-22에서는 εἰδωλόθυτα를 먹는 일이 우상에게 실제 드려지는 제사를 수반하는 그런 곳에서 이루어지는 것을 생각하고, 8:10에서는 그러한 제사를 수반하지 않는 신전 내 사교적 식사 모임을 생각한다.[62]

그런데 다수 견해에 대한 가장 심각한 도전을 제기한 것은 피터 톰슨(Peter J. Tomson)과 알렉스 청(Alex T. Cheung)이다.[63] 이들은 바울이 어떤 상황

Law, 196은 8:10을 단순히 수사학적 진술인 것으로 평가절하하려 한다; 그리고 A. T. Cheung, *Idol Food in Corinth: Jewish Background and Pauline Legacy*(JSNTSup 176; Sheffield: Academic Press, 1999), 105-06은 톰슨의 견해를 승인한다. 요즈음 어떤 학자들에게 수사학에 대한 호소는 자신의 이론에 불편한 진술은 어떤 것이든 잘라내 버리는 편리한 칼이 되었다. 따라서 톰슨(Tomson)과 청(Cheung)은 여기서 자신들의 해석의 걸림돌들 중 하나에 대한 스스로의 당혹감만 드러내는 것 같다. 아래 주 66을 보라.

62 이러한 결론에 대한 보다 자세한 논증을 위해서는 Fisk, "Eating Meat Offered to Idols," 61-64; Horrell, "Theological Principle," 100-01를 보라.

63 Tomson, *Paul and the Jewish Law*; Cheung, *Idol Food in Corinth*; 비슷한 견해로 G. W. Dawes, "The Danger of Idolatry: First Corinthians 8:7-13," *CBQ* 58(1996):

에서도 εἰδωλόθυτος로 알려진 음식을 먹는 것을 절대적으로 금한다고
주장한다. 톰슨은 고전 8-10장에서의 바울의 가르침에 대한 자신의 해석
을 이렇게 요약한다: "고전 8장이 문제를 도입하고 10:1-22이 우상에게
바쳐진 것으로 알려진 음식에 대한 일반적인 금지 입장을 반복하는 반
면, 10:25-29은 이교적 상황에서 그 성격이 특정되지 않은 그런 음식 문
제를 다룬다"(208). 톰슨에 의하면, 고전 8-10장에서 συνείδησις는 "의도"
를 의미하며(214), 바울은 음식의 성격이 구체적으로 밝혀지지 않은 상
황들의 경우 그들이 "어떤 것도 그 의도 때문에 묻지 말고⋯ 먹을 수 있
다"(10:25, 27)고 말한다(217). 여기서 톰슨은 바울이 그 우상숭배적 의도가
명시적으로 알려지지 않은 그런 일들을 다루는 것을 허용하는 온건한 힐
렐파의 할라카 전승을 따르고 있다고 생각한다(208-20, 또한 266).

9:19-22의 핵심적인 본문에 대한 톰슨(Tomson)의 해석은 너무 본심
을 드러낸다. 먼저 그는 압도적인 사본상의 증거에 반하여 20절에서
Ἰουδαῖος 앞의 ὡς와 μὴ ὢν αὐτὸς ὑπὸ νόμον라는 문구를 제거하려고 한
다(276-79). 그런 다음 그는 20a절과 22a절을 가장 이상한 방식으로 그러
나 본심이 환히 드러나게 다음과 같이 번역한다: "나는 유대인들에게는
유대인으로 태어난 자이고⋯ 예민한 자들[약한 자들]에게는 예민한 자
[약한 자]로 태어난 자다(I was born the Jews a Jew, ⋯ I was born the delicate[the
weak] a delicate[a weak])"(277). 톰슨은 μὴ ὢν αὐτὸς ὑπὸ νόμον라는 문구
가 다만 그 앞에 나오는 τοῖς ὑπὸ νόμον ὡς ὑπὸ νόμον라는 문구에 이미
함축되어 있는 것을 명시적이게 만드는 것에 불과함을 분명히 알고 있
다. 왜냐하면 전자의 문구가 "제한적인 표현인 '율법 아래 있는 자로서
(as under the Law)' 뒤에서 동어반복적 성격을 띈다"고 그가 말하기 때문이
다(278). 그는 이것을 전자의 문구가 후대의 필사자에 의해 첨가되었다
는 자신의 견해를 위한 논증으로 이용한다(278). 그가 μὴ ὢν αὐτὸς ὑπὸ
νόμον라는 문구를 제거하려고 이 모든 노력을 하는 것은 당연히 심지

82-98도 보라.

528

어 그리스도인인 바울도 항상 모세의 법 아래 있었고 그 밖에 있었던 적이 없다는 자신의 전반적인 논지를 위해서다. 그러나 톰슨의 목적은 그 자신이 관찰한 바로 무산이 된다: μὴ ὢν αὐτὸς ὑπὸ νόμον라는 문구가 없이도 τοῖς ὑπὸ νόμον ὡς ὑπὸ νόμον라는 문구는 바울이 21a절에서 사실 말하고 있듯이 그가 τοῖς ἀνόμοις ὡς ἄνομος일 수 (율법 없는 자들에게 율법 없는 자 같이 될 수) 있음을 이미 암시해주고 있다. 마찬가지로 Ἰουδαῖος 앞에서 ὡς를 없애려는 톰슨의 노력도 별 이득이 없다. 왜냐하면 τοῖς Ἰουδαίοις [ὡς] Ἰουδαῖος와 병행이 되는 τοῖς ὑπὸ νόμον ὡς ὑπὸ νόμον 문구는 심지어 그가 원래적 표현이라고 주장하는 τοῖς Ἰουδαίοις Ἰουδαῖος 라는 문구도 우리가 τοῖς Ἰουδαίοις ὡς Ἰουδαῖος(유대인들에게는 유대인 같이) 라는 의미로 이해할 것을 요청하기 때문이다.[64] 사실 톰슨은 '율법 아래 있는 자로서(as under the Law)'라는 문구가 "[바울이] 실제로 '율법 아래' 있지 않거나 모든 점에서 '율법 아래' 있는 것은 아니라는 점"을 시사한다고 인정한다. 그리고 그는 바울이 그리스도인들은 "율법 아래" 있지 않다고 주장하는 롬 6:14과 갈 3:23-25, 5:18과 같은 구절들을 인용하기까지 한다(278). 하지만 그는 아주 불투명한 방식으로 "바울의 묵시적 율법 신학(Paul's apocalyptic Law theology)"에 호소함으로써(278) 이것들을 설명하려 한다. 톰슨은 계속해서 말한다:

> 그러나 왜 이 묵시적 이미지가 그와 같은 다른 문맥에서 오는 희미한 울림 정도의 의미 이상으로 우리 본문과 상관성이 있어야 하는지는 분명하지 않다. 반면 여기서 언급되는 것은 다양한 '실제' 인간의 위치나 계급이다… 만일 바울이 '유대인'이었다면 그는 고대 사회의 모든 기준으로 볼 때 유대교의 율법 '아래' 있을 것이다. 사실 '율법 아래'라는 표현은 '현실적인' 함축적 의미('realistic' connotation)도 가지고 있는데, 여기서는 그 의미가 보다 적절한 것 같다… 그러한 '현실적' 의미에서 자신이 '율

---

64 다시 말해 우리가 그 문구를 Tomson, *Paul and the Jewish Law*, 277이 하듯이 이해불가한 문장으로 바꾸어 놓지 않는다면 말이다: "나는 유대인들에게는 유대인으로 태어난 자이고… 예민한 자들[약한 자들]에게는 예민한 자[약한 자]로 태어난 자다."

법 없는 자가 아니라 그 율법을 존중하고 있다'고 말하는 것 외에, 어떻게 그 자신이
'율법 아래 있지 않다'고도 말할 수 있는지 상상하기 어렵다(278-79).

톰슨이 바울을 율법을 지키는 유대인으로 전제하는 것이 얼마나 그
로 하여금 바울의 율법에 대한 진술들을 왜곡시키도록 만드는지를 보
는 것은 놀랍다. 그와 같은 집착은 분명 톰슨이 (그에 의하면 고전 9:20의 우
리 본문에 대한 "완전하고 중요한 병행[a full and important parallel]"인) 갈 4:4-5을 고
전 9:20의 μὴ ὢν αὐτὸς ὑπὸ νόμον 문구가 원래적인 부분이 아님을 시
사하는 증거로 보도록 오도한다(279). 그와 정반대로, 갈 4:4-5은 하나
님이 자기 아들 예수 그리스도를 보내심이 "율법 아래 있는 자들"이
παιδαγωγός(초등교사)인 율법으로부터 속량을 받아서(redeemed) 더 이상
그 후견인 아래 있지 않게 되는(οὐκέτι ὑπὸ παιδαγωγόν, 갈 3:24-25) 새 시대를
열었다고 선언한다!

톰슨은 고전 9:21에서 핵심적인 문구인 τοῖς ἀνόμοις ὡς ἄνομος를 조
용히 넘어가서 곧 바로 다음 문구인 μὴ ὢν ἄνομος θεοῦ ἀλλ᾽ ἔννομος
Χριστοῦ로 이동한다. 그런 다음 그는 후자의 문구를 다음과 같이 설명한
다: "율법"은 항상 "유대인들의 율법"을 가리키기 때문에 그 문구는 "바
울은 이방인처럼 '율법 밖에' 있지 않다; 바울은 '율법을 존중하는' 유대
인이다.' 그리고 그는 '그리스도의 차원 아래서(under the aspect of Christ)' 율
법을 존중하고 있다: 그는 율법을 지키는 그 자체를 목표로, 홀로 그렇게
하기보다 그리스도의 몸의 다양한 지체들 가운데 있는 자로서 율법을 지
킨다"는 의미다(280). 이 설명은 이해하기가 어렵지만 고전 9:21에 대한
정확한 해석은 분명 아닌 것 같다.

고전 9:19-22에 대한 톰슨의 해석에 대한 이 중요한 검토는 그 구절로
부터 바울이 유대교의 할라카 전승을 신실하게 보존하고 있었다는 자신
의 전제를 보여주려는 그의 시도는 실패이며 따라서 고전 8-10장의 바
울의 *eidōlothyta*에 대한 가르침을 그 전제 위에서 해석하는 그의 해석 전
체가 신빙성이 없다는 결론에 이르게 한다. 톰슨은 분명 그 전제를, "예

수가 성경의 음식법을 위반했으리라는 것은 역사적으로 상상할 수 없는 일"이며(241) 바울이 자기를 유대인으로 말한 것은 그가 음식/정결법을 포함한 "유대교의 율법" 전체 "아래"에 있음을 의미하는데(279) 그 이유는 그런 경우가 아니라면 바울은 "기독교를 유대교에서 분리시킨 따라서 예수의 유대인 제자들을 출교시킨 사도"로 잘못 묘사되게 될 것이기 때문 (228)이라는 자신이 이미 내려놓은 결정에서 발전시켰다. 만일 톰슨이 전제하듯이, 예수와 바울이 그렇게 신실하게 유대교의 율법을 지켰었다면 왜 이들은 유대인들에게 그렇게 심한 박해를 받아야 했을까? 아무튼 바울의 가르침을 랍비들의 할라카의 틀 안에서만 해석하려는 톰슨의 노력은 그로 하여금 안디옥 논쟁을 야고보에게서 온 사람들로 대변되는 샴마이파의 입장과 바울로 대변되는 힐렐파의 입장 사이의 갈등으로 보게 이끈다(230-36). 따라서 톰슨은 바울이 "복음의 진리를 위해" 일어서는 것(갈 2:14)이 사실은 힐렐파의 할라카 전승을 지지하는 것이라고 설명하기까지 한다(236)! 그러나 이것은 갈 1-2장에서 자신이 "열심당적"(샴마이파?) 바리새주의에서 그리스도와 그의 구원의 은혜로 돌이킨 것에 대해 증언하는 바울의 입을 강제로 닫게 만들고 그의 (힐렐파라고 추정되는) 유대교로 그를 돌려보내는 것이다!

톰슨의 바울 해석의 근본적인 문제는 그의 전제가 바울의 기독론이 그의 율법 이해에 영향을 줄 여지를 별로 남기지 않는다는 것이다. 사실 톰슨은 바울의 사고에서 기독론이 본질적인 역할을 한다는 점을 드러내 놓고 부정한다(273). 그러나 이것은 그리스도가 "[모세의] 율법의 마침"이 되신다(롬 10:4)고 말하고 이제 모세의 율법과 분명히 구분되는 "그리스도의 율법"(고전 9:21; 갈 6:2)에 대해 언급하는 바울을 무시할 뿐만 아니라 또한 바울의 사상을 너무나 명백하게 왜곡하여 그것을 가지고 논쟁을 하느라 굳이 시간을 낭비할 필요가 없을 정도다. 아무튼 톰슨은 바울의 사고에 있어 기독론의 역할에 대한 근거 없는 부정과 바울이 모세 율법과 유대교 할라카를 계속 붙들고 있다는 정당화될 수 없는 전제를 통해 *eidōlothyta* 문제를 비롯한 율법 전체에 대한 바울의 가르침에 대한 자신

의 해석의 신빙성을 매우 약화시킨다(quite untenable).⁶⁵

바울이 *eidōlothyta*를 먹는 것을 절대적으로 금하고 그렇게 명시되지 않은 음식을 먹는 것만 허락한다는 견해를 위해 톰슨이 유대교의 할라카에 기초하여 주장을 펼친다면 알렉스 청(Alex T. Cheung)은 구약성경에 기초하여 그와 같은 주장을 펼친다. 톰슨이 바울의 지속되는 유대교적 특성에 호소하는 것처럼 청도 이와 유사하게 유대교와 초기 기독교 모두 *eidōlothyta* 먹는 것을 금했다는 사실에 호소한다. 톰슨이 "예수가 성경의 음식법을 위반했으리라는 것은 역사적으로 상상할 수 없는 일"이라는 자신의 교조주의적 결정(dogmatic decision)을 선언한다면(241) 청(Cheung)도 마찬가지로 자신의 교조주의적 결정을 다음과 같이 선언한다: "바울이 우상의 제물을 먹었다거나 먹는 것을 용인했다거나 하는 것은 초기 그리스도인들로서는 상상할 수 없는 시나리오였다"(104). 기독론이 바울의 율법에 대한 가르침에 관하여 톰슨의 해석에서 어떤 역할도 하지 않듯이 바울의 *eidōlothyta*에 대한 가르침에 대한 청의 해석에서도 기독론은 마찬가지로 어떤 역할도 하지 않는다. 우리 주제에 보다 예리하게 초점을 맞추어 설명하자면, 톰슨이 τοῖς ἀνόμοις ὡς ἄνομος라는 문구를 조용히 지나가고 고전 9:21의 "그리스도의 율법"이라는 문구를 적절하게 해석하지 못하는 것과 마찬가지로 청 역시 이 두 문구를 조용히 그냥 지나간다(142-43). 이와 같은 톰슨과 청 사이의 병행들은 위에서 톰슨에 대해 제기한 비판이 많은 부분에서 청에게도 적용되게 한다.

8:7-10에서 바울이 *eidōlothyta*를 먹는 것이 약한 형제들을 실족하게 만들지 않는 한 지식을 자랑하는 자들에게 그것을 먹을 권리를 원칙적으로 허락한다는 다수 견해를 반박하기 위해, 청은 바울이 *eidōlothyta*를 반대하는 논증을 두 단계로, 먼저 윤리적 근거를 가지고(8:7-13) 그 다음에

<hr>

65 톰슨이 바울의 사고에서 기독론이 하는 어떤 중요한 역할도 부정할 때 바울은 당연히 랍비 바울로, 곧 자신의 할라카에 의해 결정되는, 그의 가르침이 자연스럽게 유대교 할라카로만 해석되어야만 하는 한 명의 보통의 유대인(a normal Jew)으로만 남는다. 하지만 적어도 이것은 분명 신약의 바울이 아니다.

532

는 신학적 근거를 가지고(10:14-22) 발전시키고 있다는 고든 피(Fee)의 효과적이지 못한 설명을 따른다(96, 102-3, 297).[66] 하지만 고전 10:23-30을 해석할 때는 청은 피와 결별하고 톰슨과 합세하여, 바울은 그 종교적인 역사가 특정되지 않은 음식만 먹는 것을 허락하는데 이는 "우상의 제물인 줄 모르고 그것을 먹은 사람은 부정해지지 않을 것"이기 때문이라고 주장한다(152-60, 300, 인용은 153페이지에서). 따라서 청은 "양심"을 위해 음식의 *eidōlothyton*으로서의 성격에 대해 묻지 말라는 바울의 조언(고전 10:25, 27)을 유대교의 원리의 관점에서 해석한다. 그러나 이것은 바울이 결국 그 *eidōlothyton*으로서의 성격이 알려지지 않도록 묻지 말라고 권면한다는 그런 인상을 만드는 결과만 초래할 따름이다(152-53, 297, 300-01 페이지를 보라). 우리가 그의 서신들에서 보는 바울은 바로 이와 같은 율법주의적 염려에서 자유한 사람으로서 그리스도인들에게 이와 같은 율법주의적 염려가 없이 살라고 권면하는 사람이다. 그와 같은 율법주의적 염려가 있었다면 그가 어떻게 τοῖς ἀνόμοις ὡς ἄνομος(율법이 없는 자들에게 율법이 없는 자같이)일 수 있었겠는가? 톰슨이 고전 10:23-30의 바울의 조언에 대한 자신의 해석을 랍비들의 할라카로 뒷받침하려고 하는 반면, 청은 바울의 "시장에서 파는 음식과 불신자의 저녁식사 초대에 대한 다소 결의론 접근(somewhat casuistic approach)"을 위해 출 21:12-13, 28-29; 22:2과 같은 구약 본문들에 호소한다(300-01). 하지만 출애굽기의 예들은 상당히 설득력이 없어 보인다. "만일 너희가 그것이 *eidōlothyton*인 줄 모른다면 사실은 *eidōlothyton*인 것이어도 너희가 먹어도 괜찮다"라고 말하는 것과

---

66 앞의 525-26페이지에 있는 피(Fee)에 대한 반론을 보라. 도스(Dawes)에 의하면("Danger of Idolatry," 98), 8장과 10장의 차이는 단지 바울의 수사적 전략의 문제일 뿐이다: "8:7-13에서 사도는 자신들이 판단하기에 지식이 있다는 자들에게 대답하지만 10:14-22에서는 그들의 행동과는 어긋나는 새로운 고려사항을 도입한다." 그러나 도스 자신이 인정하듯이, 바울이 [지식을 자랑하는 자들이] 가지고 있는 것으로 주장하는 지식의 정확함을 받아들이고"(92) "약한" 자들이 "우상이 아무것도 아닌 존재라는 적절한 지식"을 결여하고 있는 것으로 간주하여 전자 (지식을 자랑하는 자들)와 함께 "이 사람들이 그와 같은 적절한 계몽이 안 된 사람들"이라고 동의할 때(96), 어떻게 이것을 단순한 수사적 전략이라고 설명함으로 문제 자체를 없애 버릴 수 있겠는가?

"너희가 차려진 것은 무엇이든 먹고 그것에 대해 묻지 말라"라고 말하는
것 사이에는 엄청난 차이가 있다! 청과 톰슨은 고전 10:25, 27에서 바울
이 전자를 말한다고 생각하지만 필자는 그가 사실은 후자를 이야기하고
있다고 믿는다. 바울이 계속해서 28-29절에서 누군가 이교도와의 만찬
식탁에 있는 음식의 *eidōlothyton*으로서의 성격에 대해 알려주는 경우 우
리는 우리의 "양심"이 아니라 알게 한 사람의 "양심"을 위해 그 음식을 먹
어서는 안 된다고 말할 때, 그는 분명 원칙적으로는 *eidōlothyton*로 알려
진 음식을 먹을 자유를 허락하지만, 이웃의 "양심"을 존중해야 할 의무를
위해는 먹으면 안 된다고 말하는 것으로 보인다.

그렇다면 그것이 유대교와 초기 기독교의 보편적인 입장이었기 바울
이 *eidōlothyta* 먹는 것을 절대적으로 금한 것임에 분명하다는 청의 반복
되는 주장은 얼마나 효과적인가?(92, 97, 103, 109, 128, 140-41, 147, 278-84, 298-
99). 유대교적 증거는 분명하지만 사도 바울과의 상관성을 찾기는 어렵
다. 왜냐하면 바로 *eidōlothyta*와 같은 문제들과 관련하여 바울은 자기 입
장을 그리스도 사건에 비추어 그 자신이 이전에 바리새파 유대인일 때
가졌던 입장과 차별화한다(예: 고전 7:12-14; 9:19-22; 롬 14:14-20; 갈 2:11-21).
*eidōlothyta*에 대한 초기 기독교 자료에 대한 청의 광범위한 조사(165-295)
는 매우 인상적이다.[67] 그러나 성경의 우상숭배에 대한 강한 혐오감과 사
도회의 결정의 영향(행 15:28-29; 참고. 계 2:14, 20)[68] 뿐만 아니라 바울의 칭의

67　J. C. Brunt, "Rejected, Ignored, or Misunderstood? The Fate of Paul's Approach
to the Problem of Food Offered to Idols in Early Christianity," in *NTS* 31(1985):
113-24, 역시 참고하라.

68　참고. J. Jervell, *The Unknown Paul: Essays on Luke-Acts and Early Christian
History*(Minneapolis: Augsburg, 1984), 34-35: "예를 들어 역사적인 현상[사도회의의 칙령]
은 우상에게 바쳐진 음식을 먹는 문제와 관련하여 교회사에서 결정적인 역할을 했다. 아
무도 바울이 추천한 것(고전 8-9장과 롬 14-15장)을 따르지 않았다. 하지만 우리는 유대인 그
리스도인들의 정책이 힘을 얻게 되었음을 알 수 있다." 사도들의 칙령의 영향 이외에도,
Brunt, "Rejected, Ignored, or Misunderstood?" 120-22는 고전 8-10장에서의 바울의
복잡한 논증과 사랑의 책임에 대한 그의 윤리적 원칙이, 증거본문 찾기 방식의 해석 방법
을 사용하여 *eidōlothyta*와 같은 그런 문제들을 단지 옳고 그름의 관점에서만 논의하려
는 경향을 보이는 초기 그리스도인들에게 얼마나 어려웠겠는지를 올바르게 고려한다.

교리가 사도시대 이후에는 거의 완전히 잊혀진다는 사실[69] 역시 고려하면 초대교회에 바울의 *eidōlothyta*에 대한 가르침의 영향이 없는 것은 설명이 불가능한 게 아니다. 사실, 초기 그리스도인들이 우상의 제물에 대한 세심한 뉘앙스를 가진 바울의 가르침을 거의 보편적으로 단순한 금지로 바꿔 놓은 것과 그들이 바울의 오직 은혜/믿음으로 의롭다 함을 받는다는 교리를 행위-의의 교리로 대체한 것 사이에 유비 아니면 심지어 어떤 연관이 있는 것 같다. 청은 분명 어떻게 이와 같은 일이 일어났는지 이해할 수 없을 것이다. 하지만 필자로서는 청과 톰슨 스스로가 고전 8-10장을 *eidōlothyta*를 절대 금지함의 관점에서 단순화시켜 읽음으로써 자신도 모르게 그와 같은 일이 언제든지 일어날 수 있다는 것을 보여준다!

그러므로 바울의 가르침에 대한 초기 그리스도인들의 해석에 호소함으로 문제를 해결하려 하는 대신, 우리는 무엇보다 먼저 고전 8-10장의 본문 자체를 주해하고 그런 다음에 롬 14:1-15:13; 골 2:16; 딤전 4:3-5과 같은 관련된 구절들과 율법 전체에 대한 바울의 신학을 참고해야 한다. 이렇게 한 이후에라야만 초기 기독교의 증거의 무게를 고려해 볼 수가 있다. 지면 관계로 청이 고전 8-10장 주해에서 실패한 점들에 대해 자세히 보여줄 수는 없지만 핵심 본문들인 고전 8:7-13; 9:19-22; 10:23-30에 대한 그의 해석의 문제점들은 위에서 몇 가지 지적한 바 있다. 청은 롬 14-15장에서 바울이 유대교의 음식법들을 다루는데 그가 생각하기에 이 법들이 고전 8-10장에서 다뤄지는 *eidōlothyta* 문제들과는 다르다는 이유로 이 장들의 중요성을 무시하는 것 역시 유감스러운 일이다(136). 롬 14-15장에서 다뤄지는 유대교의 음식법들이 고전 8-10장에서 다뤄지는 *eidōlothyta* 문제들보다 광범위하며 이 두 구절들에 제시된 "강한" 자들과

---

69 T. Aono, *Die Entwicklung des paulinischen Gerichtsgedankens bei den Apostolischen Vätern*(Bern: Peter Lang, 1979), 403은 교부들에 대한 광범위한 조사의 결과를 다음과 같이 요약한다: "하여간 바울의 칭의론은 거의 일관되게 행위에 의한 칭의론으로 대체된다."

"약한" 자들 사이의 갈등의 성격도 정확하게 같지 않은 것은 사실이다. 그러나 그 두 주제가 전혀 관계가 없다거나 고전 8-10장을 쓴 후 겨우 2년 후에 고린도에서 롬 14-15장을 쓸 때 바울이 전자에 쓴 것을 후자에 반영하지 않는다고 생각하기는 어렵다. 그렇게 생각하기에는 이 두 구절들 사이에 유사점들이 너무 많다! 사실 롬 14-15장의 "약한" 자들이 채소만 먹으면서(14:2) 고기 먹기를 피하는 것은(14:21) 부분적으로는 그 고기가 eidōlothyton일지도 모른다는 두려움 때문일 가능성이 크다. 그러므로 모든 음식은 그 자체로 깨끗하다는 바울의 선언(14:14, 20)과 "강한" 자들은 그렇게 하는 것이 "약한" 자들이 실족하게 만든다면 고기를 먹을 자신들의 권리/자유를 포기하라는 그의 가르침은 우리의 고전 8-10장 해석에 빛을 비춰주되 그것도 청의 논지를 거스르는 방식으로 그렇게 한다.[70] 마지막으로 우리가 바울의 eidōlothyta에 대한 가르침을 그리스도 사건에 비추어 근본적으로 재구성된 그의 율법에 대한 신학적 이해의 포괄적인 틀 안에서 고려한다면 다수 견해가 청과 톰슨의 견해보다 훨씬 더 그럴 듯하다.

4. 예수의 죽음 뿐만 아니라 그의 가르침과 모범 역시 본받으라

본 연구는 바울이 eidōlothyta 문제를 다루는 바로 그 맥락에서 기독론이 결정적인 역할을 함을 보여준다. 이 점은 리처드 헤이스(Richard B. Hays)도 인정을 하는데, 그는 "공동체의 하나님과 그리스도를 본받음"을 다른 곳에서와 마찬가지로 고전 8-10장에서도 바울의 윤리적 가르침을 위한 "두 가지 근본 규범(two fundamental norms)"으로 본다.[71] 데이빗 호렐(David Horrell)은 논문 한편 전체를 "기독론적 실천(christological praxis)" 혹은 "기독

---

70 앞의 516-17페이지를 보라.

71 R. B. Hays, *The Moral Vision of the New Testament*(New York: HaperCollins, 1996), 41-43; 인용은 41페이지에서 온 것임. 그의 논문 "Christology and Ethics in Galatians: The Law of Christ," *CBQ* 49(1987): 268-90에서 헤이스(R. B. Hays)는 갈라디아서에서도 기독론("그리스도의 법" 혹은 그리스도께서 자기를 내어주시는 패턴)이 그리스도인의 삶을 위한 결정적인 패러다임을 제공한다는 것을 보여준다

론적으로 패턴화된 타인 지향성(a christologically patterned orientation to others)"
이 바울서신 전체에 대해서 그러한 것처럼 고전 8-10장에서도 바울이
eidōlothyta 문제를 다루는 데 있어 지침 원리(guiding principle)가 됨을 보여
주는 데 할애했다.[72] 이 논지를 위해 호렐은 바울이 지식을 자랑하는 자
들이 약한 자들의 양심을 무시하고 자신들의 권리를 행사하는 것을 "그
리스도께 대한 죄"라고 부르는 것과(8:12)(90-91) 바울이 다른 사람들의 필
요에 맞추기 위해 "그리스도와 같이 자기를 내어주는 것"과(고전 9:19-22)
(95), 바울이 주의 만찬 때 그리스도의 몸에 대한 언급으로 우상숭배를 반
대하는 주장을 하는 것과(10:16-17)(97-98) 고전 10:23-11:1의 결론 부분
에서 바울이 고린도인들에게 자신을 본받음으로 그리스도를 본받으라
고 명시적으로 요구하는 것을 언급한다(102-04). 호렐은 또한 고전 9:21의
"그리스도의 율법"을 그리스도의 형상을 본받아 사랑하라는 명령으로 이
해하고서[73] 고전 10:33-11:1과 9:19-22의 본받음의 주제와 롬 15:3과 빌
2:4-11의 본받음의 주제를 비교한다.[74]

　　헤이스와 호렐이 고전 8-10장을 비롯한 바울의 윤리 전반에서 그리스
도를 본받음(*imitatio Christi*)의 주제의 중요성을 인정한 것은 우리가 위에서
자세히 살핀 일부 개신교 학자들의 경향성에 개선이 이루어진 것으로 간
주될 수 있다.[75] 하지만 그들 역시 좁게 그리스도의 죽음을 통한 자기희

72　Horrell, "Theological Principle," 인용은 105페이지에서 가져왔음. "기독론적 실천"의
　　중요성을 강조한 점에서는 그가 옳지만, 그가 그것을 "신학적 원리"와 대조시키고 후자가
　　고전 8-10장의 바울의 윤리적 가르침에 영향을 주는 것에 대해서는 부인하는 것은(105-
　　09) 불행한 일이다. *eidōlothyta*에 대한 바울의 "자유주의적" 태도는 근본적으로 그의 신
　　학적 결정들, 곧 유일신 신앙은 우상의 참 존재를 배제한다는 신학적 결정(8:4-8; 10:19)과
　　하나님의 모든 피조물들은 선하다는 신학적 결정(10:14)에 토대를 두고 있다. 그 뿐만 아
　　니라 바울은 또한 그가 하나님의 법에 거하는 것에 대해 명시적으로 말하고(9:21) 독자들
　　에게 하나님을 그들의 최고의 관심사로 만들라고(10:31; 참고. 8:6), 그렇기 때문에 우상숭
　　배를 피하라고(10:14) 권면한다.

73　여기서 Horrell은 Schrage, *1. Korinther*(*1. Kor 6,12-11,16*), 345를 따른다.

74　Horrell, "Theological Principle," 106.

75　참고. Ibid.

생적 사랑에만 초점을 맞춤으로써[76] 그들의 논지가 그와 같은 환원주의적 학자들의 논지에 대한 실질적인 개선(a substantial improvement)을 대변한다고 말할 수는 없을 것 같다. 헤이스는 바울이 *eidōlothyta* 문제를 "예수의 권위 있는 가르침을 가리키기보다… ['강한' 자들에게] 자신들의 특권의 자리를 포기함으로써 그리스도의 모범과 [바울 자신의] 모범을 따르라고 촉구함으로써"[77] 다룬다는 점이 중요하다고 보기까지 한다. 마찬가지로 호렐은 바울이 그리스도의 자기희생을 본받는 것이 심지어 예수의 직접적인 가르침보다 우선한다(override)고 강조한다(고전 9:14-15).[78]

　　그러나 바울이 복음 전도자들은 그 복음으로 살라는 예수의 가르침을 어긴 것은 분명하지만(고전 9:14-15; 참고. 눅 10:7//마 10:10), 호렐 자신도 다른 곳에서 인정하는 바와 같이,[79] 이것은 단지 그 정신 혹은 의도에 실제로 순종하고자 그 문자적 표현을 제쳐 놓는 것에 불과하다. 게다가 우리는 헤이스와 호렐이 제안하는 것처럼 그리스도를 본받음을 그렇게 좁은 개념으로 보기에는 우리 문맥 안에 예수께서 죽음을 통해 자기를 내어주심에 대해서 뿐만 아니라 예수의 다양한 말씀들과 그의 행동에 대한 너무나 분명한 반영들이 있음을 앞에서 보았다. 우리는 막 7:15과 그 병행 구절(고전 10:25, 27; 참고. 9:21)과 막 9:42-50과 그 병행 구절들(고전 10:32, 또

---

76 Hays, *Moral Vision*, 43; Horrell, "Theological Principle," 91, 95, 102, 105-06. Hays, "Christology and Ethics in Galatians," 272-83도 보라.

77 Hays, *Moral Vision*, 43; 또한 참고. idem, "Christology and Ethics in Galatians," 278: "여기서 겸손이나 종 됨에 대한 예수의 가르침들 중 그 어떤 것에 대해서도 언급된 것이 없으며 치유나 '죄인들'과의 식탁 교제나 제자들의 발을 씻기심 같은 예수의 사역 가운데 일어난 역사적 사건들에 대한 언급 역시 없다는 점을 강조할 필요가 있다. 바울은 한결같이 그리스도의 성육신과 죽음의 결정적인 중요성에 초점을 맞춘다."(그의 강조임).

78 Horrell, "Theological Principle," 107은 Schrage, *1. Korinthe*(1. Kor 6,12-11,16), 310의 유사한 진술을 인용한다.

79 D. Horrell, "'The Lord commanded. … But I have not used': Exegetical and Hermeneutical Reflections on 1 Cor. 9.14-15," *NTS* 43(1997): 600은 S. Kim, "Jesus, Sayings of," *Dictionary of Paul and His Letters*(ed. G. F. Hawthorne, R. P. Martin, and D. G. Reid; Downers Grove: InterVarsity, 1993), 475(Kim, *PNP*, 261에 재 출판됨)에서의 필자의 해석에 동의한다.

한 28; 참고. 8:13), 막 12:30과 그 병행 구절(고전 10:31; 참고. 10:14), 막 12:31과 그 병행 구절(고전 10:28, 32-33; 참고. 9:19-22), 막 10:44-45과 그 병행 구절(고 전 10:33; 참고. 9:19-22) 등과 같은 예수의 말씀들과 예수께서 죄인들과 함께 식사하시는 행위에 대한 반영들이(고전 10:27; 참고. 9:21) 별자리(constellation) 처럼 집중적으로 나타나는 것이 8-10장의 바울의 *eidōlothyta*에 대한 가르침 전체의 요약식 결론인 10:23-11:1에서며, 그것도 그리스도를 본받으라는 요구를 하기(11:1) 바로 직전이라는 사실을 관찰함으로써 이 점을 보다 강조할 수 있을 것이다. 이 사실은 분명 고전 8-10장의 바울의 *eidōlothyta*에 대한 가르침 전체에서 예수의 자기희생적 죽음의 행위(고전 8:11; 10:33//막 10:45과 그 병행 구절) 뿐만 아니라 예수의 그 말씀들 역시 지침 원리들을 제공한다는 것과 그리스도를 본받음에 대한 요구에서 바울이 예수의 죽음에 드러난 자기를 내어주신 사랑뿐만 아니라 예수의 가르침과 행동도 염두에 두고 있다는 것을 강력하게 시사한다. 따라서 그리스도를 본받음의 패러다임이 고전 8-10장에서의 바울의 윤리적 가르침에서 핵심적인 것임을 인정할 때 우리는 바울이 예수의 자기희생적 죽음뿐만 아니라 예수의 가르침과 행동 역시 염두에 두고 있음을 이해해야 한다.

이 결론은 여러 고려들을 통해 더욱 뒷받침된다. 고전 9:14에서 바울이 예수의 선교 명령을 인용하는 것은 그가 *eidōlothyta*에 대한 가르침을 전달하면서(고전 8-10장) 바울이 실제로 역사적 예수와 그의 가르침을 의식하고 있음을 나타낸다. 이와 같은 추론은 인접한 문맥에서 바울이 이혼에 대한 가르침을 위한 교훈으로 사용하기 위해 예수의 실제 가르침을 인용한다는 사실(고전 7:10-11)을 통해서도 도출이 가능하다. 바울이 이 인용에서 주 예수의 명령에 대해 가지는 커다란 존경심(고전 7:10과 7:12, 25를 비교하라)은 이 추론에 보다 힘을 실어준다. 똑같은 문맥에서 불신자와의 결혼도 깨어져서는 안 된다는 그의 가르침과 관련하여 바울은 (믿는 배우자들이 그 불신 배우자들을 통해 부정하게 되는 것이 아니라) 불신 배우자들이 믿는 배우자들로 인해 거룩하게 되다는 신학적 기초를 제공한다(고전 7:12-14). 이것은 이전에 "열심당적" 바리새인이었던 사람으로는 매우 주목할 만한 진술인데 그것은 이 연합을 통해 거룩하게 됨의 원리(principle of sanctification by association)가 그가 이전에 바리새인으로 가졌던 연합을 통해 부정하게 됨의 원리(principle of defilement by association)를 효과적으로 뒤집기 때문이다.[80] 바울이 이 새로운 신학적 확신을 예수께서 죄인들 및 다른 부정한 사람들을 하나님의 "정결한" 혹은 거룩한 백성으로 만들기 위해 그들과 교제하시는 그런 "악명높은" 관행들(막 1:40-45과 그 병행 구절들; 2:15-17과 그 병행 구절들; 5:25-34과 그 병행 구절들; 마 11:19//눅 7:34; 눅 19:1-10; 등)과 완전히 무관하게 발전시켰을 가능성은 거의 없다.

우리는 이미 고전 8-10장에서 바울이 예수의 음식과 정결에 대한 가르침(막 7:15//마 15:10)을 함축적으로 사용하신 것을 조명하고자 롬 14:14-20을 살펴본 바 있다. 고전 10:33-11:1과 언어나 사고 구조면에서 유사한 롬 15:1-3에서 바울은 그리스도의 자기희생의 모범을 언급한다. 롬 14:1-15:13에서 "강한"자들 "약한" 자들 사이의 음식에 대한 갈등을 다루는 결론 부분에서 바울은 로마인들에게 "그리스도께서 우리를 받아 하나님께 영광을 돌리심과 같이 너희도 서로 받으라"고 권면한다(롬 15:7; 참고. 14:1). 그 권면은 형제에게 어떤 "걸림돌(πρόσκομμα)이나 장애물(σκάνδαλον)"도 놓지 말라는 경고(롬 14:13-23; 참고. 고전 8:9, 13; 10:32)에 뒤이어 나오는데 이것은 "이 작은 자들 중 하나에게 거침돌을 놓치/실족하게 만들지(σκανδαλίζειν) 말라"는 예수의 말씀을 반영하는 것 같다(마 18:6//막 9:42//눅 17:1). 따라서 이 권면은 예수께서 제자들에게 아이들을 "영접하라"고 하신 말씀을 반영하는 것 같다(마 18:5//막 9:37//눅 9:48). 왜냐하면 마 18:5-6에서 이 말씀은 σκανδαλίζειν 말씀과 비슷하게 결합되어 같이 나오기 때문이다.[81] 그렇다면 여기서 바울은 다시금 그리스도를 본받음이

---

80 이방인과의 결혼에 대해 부정적인 스 9-10장; 느 13:23-30; *m. Gittin* 9:2을 참고하라. 참고. Tomson, *Paul and the Jewish Law*, 118-19; 또한 Sanders, "Jewish Association with Gentiles," 170-88 (특히 177).

81 마찬가지 견해로, Wenham, *Paul*, 262-64. 롬 15:8에서의 막 10:45//마 20:28과 마 15:24의 반영에 대해서는 Thompson, *Clothed with Christ*, 233를 참고하라.

라는 생각에 예수의 가르침을 포함하고 있는 것이다.

살전 1:6에서 바울은 데살로니가의 그리스도인들이 많은 박해에도 불구하고 성령의 기쁨으로 복음을 받아들임으로써 자신과 "주"를 "본받는 자들"(μιμηταί)이 된 것을 축하한다. 바울은 여기서 분명히 예수께서 복음을 전한 것에 대해 대적자들이 주는 박해를 성령의 기쁨으로 인내하신 것을 생각하고 있다(마 12:28//눅 11:20; 눅 10:21; 또한 참고. 눅 6:22-23; 히 12:2). 바울 자신이 그랬던 것처럼(고후 6:10; 8:2), 이제 데살로니가인들도 이 점에서 주 예수를 본받는 자들이 되었다. 따라서 살전 1:6에서 바울은 역사적 예수[82]가 본받음의 대상일 뿐 아니라 예수께서 복음을 위해 박해를 기쁨으로 견디신 것 역시 본받을 점임을 매우 분명히 하고 있다. 물론 예수께서 복음을 위해 견디셨던 박해는 그의 십자가 죽음에서 그 절정에 달했다. 그러나 살전 1:6에서 바울이 결국에는 그것에 이르게 한 예수의 대적자들에 의한 일련의 반대와 박해와는 분리된 그 절정만을 염두에 두고 있다고 주장한다면 너무 임의적일(quite arbitrary) 것이다. 그리스도를 본받음(imitatio Christi)의 주제로 바울이 항상 그리스도의 성육신과 죽음 혹은 그의 자기희생만 생각하는 것은 아니다!

그럼에도 불구하고 고전 11:1이 10:33과 곧바로 연결되어 있는 것은 우리가 바울의 강조점이 그리스도께서 죽음을 통해 자기를 내어주시는 행위를 본받음에 있음을 보도록 인도한다. 왜냐하면 10:33은 자신의 자기희생적 죽음에 대한 예수의 말씀을 반영하기 때문이다(막 10:45와 그 병행 구절).[83] 그러나 이것을 제대로 이해하기 위해서 우리는 고전 10:33-

---

82 복음을 전하는 것 때문에 환난을 당하신 지상적 예수를 "주"로 지칭함으로써 바울은 여기서 그가 높임 받은 주와 지상적 예수를 구분한다거나 본받음의 주제로 그가 선재하신 혹은 높임 받으신 주의 성육신만 생각한다고 제안하려는 모든 시도들을 무효화한다.

83 11:1의 진술은 고전 8-10장 전체의 대결론이다. 따라서 "나를 본받는 자가 되라"는 요구는 10:32-33에서의 바울의 모범과만 관련이 있는 것이 아니라 8:13에서의 그의 본과 9장 전체(특히 9:19-23)에서 그 본을 자세히 설명한 것과도 관련이 있다. 따라서 11:1에서 바울이 그리스도를 본받은 것에 대한 언급 역시 마찬가지로 8-10장 전반에 걸쳐 제시되는 그가 그리스도의 가르침들과 행위를 따르는 것을 포함하는 것으로 이해해야 한다. 하지만 11:1을 10:33에 곧바로 연결시킴으로써 바울이 그리스도의 죽음을 통한 자기희생적 섬

11:1에서 바울이 그리스도의 죽음의 자기희생의 행위로서의 특징을 *예수의 자신의 죽음에 대한 말씀*을 반영함으로써 제시하는 것이 의미하는 바를 먼저 이해할 필요가 있다. 이는 바울이 그리스도의 죽음을 우리의 구원을 위한 자기희생적 섬김의 행위로 해석하는 것은 단지 그가 초기 교회의 케리그마를 받아들이기 때문이라기보다는 보다 기본적으로는 그가 그리스도의 죽음을 예수 자신의 해석의 관점에서 이해하기 때문임을 의미한다. 만일 그가 "그리스도께서 우리를/우리 죄를 위하여 죽으셨다"는 것을 케리그마(고전 15:3; 갈 1:3-4; 살전 5:9-10; 등)에서 처음 배운 것이라면 그는 주의 말씀 곧 예수께서 자신의 죽음에 대해 해석하신 바를 가지고 그것에 대해 확증을 받았을 것을 것임에 틀림없다. 이것은 바울의 신학적 방법[84]뿐만 아니라 예수-바울 논쟁 전반에 대해 엄청난 함의를 지닌다. 바울이 역사적 예수의 삶과 가르침을 무시한 채 교회의 케리그마나 그 케리그마가 말하는 그리스도의 죽음에만 초점을 맞춘다고 말하는 것은 도무지 불가능하다. 바울은 그리스도의 자기희생적 죽음에 대해 생각할 때 지상적 예수의 삶과 연결되는 선이 전혀 없는 수학에서의 점과 같이 하나의 고립된 사건으로 생각하는 것이 아니다(하나의 추상적 원리로 생각하지 않는 것은 말할 것도 없다). 그와 반대로, 고전 10:33-11:1은 바울이 자기 죽음이 많은 사람들을 위한 섬김임을, 그들의 구속을 위한 희생임을 말하면서 그 죽음의 길을 가신 예수를 충분히 의식하는 가운데 그리스도의 죽음에 대해 생각하고 있다는 것을 보여준다. 따라서 고전 10:33-11:1에서 바울은 자기 죽음이 많은 사람의 구속을 위한 희생임을 말하면서 그 죽음의 길을 가신 그 그리스도 혹은 그 예수를 그 자신과 우리가 본받을 본으로 제시하고 있는 것이다.

김을 강조한다는 것은 부인할 수 없다.

84 예수의 주장과 초대교회의 케리그마가 다메섹 계시를 통해 확증된 것으로 보고 그 계시를 성경과 예수 전승에 비추어 해석하는 혹은 그 반대로 그 계시에 비추어 성경과 예수 전승을 해석하는 바울의 신학적 방법에 대해서는 필자의 *PNP*, 126-27, 194-208, 238, 257(주 59), 259-90, 296-97를 보라.

이와 같이 바울이 그리스도의 죽음을 그의 지상적 삶과 가르침과 분리시켜 고려하는 것으로 보려는 어떤 시도에도 반하는 한편으로, 고전 10:33-11:1은 그럼에도 불구하고 바울이 그리스도의 죽음에 초점을 맞추고 있음을 보여준다. 이 두 절에서 고전 8-10장에서의 자신의 가르침 전체에 대한 대결론을 제시할 때 바울이 막 10:45과 그 병행 구절에 있는 예수의 죽음에 대한 말씀을 반영하고 있다는 사실은 분명 그가 그리스도의 죽음을 예수의 희생적 섬김을 가장 극적으로 보여주는 예로, 그리고 그런 점에서 그 자신과 우리가 본받을 가장 분명한 모델로 생각한다는 것을 분명히 시사해준다. 공통적으로 막 10:45과 그 병행 구절을 반영하는 10:32-11:1과 9:19-22 사이의 병행은 똑같은 효과를 낸다. 이러한 인상은 자연스럽게 우리가 여기서의 그리스도의 본받음의 요구를 빌 2:5-11(또한 참고. 3:10-17)과 고후 8:9(참고. 롬 15:1-3)의 유사한 요구들과 연결하도록 이끈다. 이 구절들은 그리스도께서 성육신과 죽음을 통해 자기를 비우시고 자기를 내어주심을 가장 충격적인 용어들로 묘사한다. 그리고 그 구절들은 그리스도의 성육신과 죽음에 초점을 맞추는데, 그의 생애의 이 두 시점 사이에 위치한 그의 가르침이나 모범이 되는 행위에 대한 성찰을 위해 멈추지 않는다. 더욱이 바울서신 전반에 걸쳐 그리스도의 죽음(과 부활)에 엄청난 강조점이 있다. 따라서 이러한 사실들의 압도적인 인상으로 인해 학자들이 고전 11:1의 그리스도를 본받음에 대한 요구 역시 좁게 그리스도의 자기희생적 죽음의 차원에만 초점을 맞추었던 것은 이해할 만하다. 그러므로, 우리가 바울서신 전체에서 그리스도를 본받음의 주제를 고려할 때 그리스도의 죽음(과 성육신)[85]의 자기를 내어주는 사랑(self-giving love)의 차원을 그 주제에 중심적인 것으로 강조하는 것은 아주 적절하다. 고전 10:33로 볼 때, 그 차원이 고전 11:1의 그리스도를 본

---

85 바울이 그리스도의 죽음으로부터 가지게 된 자기희생적 그리스도 상을 성육신에서 자신을 비우심을 확증하기 위해 거꾸로 역사 이전에 투영시킨다는 견해에 대해서는, A. J. M. Wedderburn, "Paul and the Story of Jesus," in *Paul and Jesus* (JSNTS 37; ed. A. J. M. Wedderburn and C. Wolff; Sheffield: JSOT Press, 1989), 188-89을 참고하라.

받음의 요구에서도 중심적이라고 보는 것 역시 적절하다. 다만 여기서 한 가지 호소하기는, 그 중심성(centrality)을 인정하는 것이 그 본받음의 요구와 또한 관련이 있는 지상적 예수의 가르침과 모범이 되는 행위를 무시하게 이끌도록 해서는 안 된다는 것이다. 그 자신의 죽음에 대한 예수의 말씀의 반영인 고전 10:33 자체가 우리로 이렇게 하지 못하게 한다.

　　웨더번(A. J. M. Wedderburn)은, 바울이 이방인 선교를 통해 자신이 헬라파 유대인 그리스도인들에게서 배운 대로 예수께서 죄인들을 하나님 나라로 영접하신 것을 따르고 있는 것이라고 주장한다.[86] 그리고 볼프(C. Wolff)는 예수와 바울 사이에 병행을 보이는 삶과 사역의 측면들을 네 가지로 제시하고(가난, 독신, 겸손한 섬김, 박해를 받음) 바울은 예수의 "참 제자(a true follower)"였다고 결론 내린다.[87] 볼프의 판단을 승인하면서 웨더번은 더 나아가 바울이 그리스도인들에게 가질 것을 권면하는 덕목들(고전 13:4-7; 갈 5:22-23)이 "궁극적으로는 지상적 예수의 성품으로 기억되는 것들에서 나온 것 일"[88] 수 있다고 제안한다. 따라서 바울서신 전체의 거시적 맥락에서뿐만 아니라 우리가 선택한 본문인 고전 8-10장에서도 우리는 바울이 역사적 예수의 가르침을 따르고 그의 모범을 본받으려 했음을 확인할 수 있다. 동시에 웨더번은, 예수의 죽음의 관점에서 "바울이 예수의 지상적 삶의 나머지 부분들과 예수의 이야기의 다른 세상적(other-worldly) 차원에 대한 부분들을 평가하고 있는데 모든 것이 이것과 일관되어야 한다(all must be consistent with this)"고 관찰함으로써[89] 바울에게는 예수 이야기에서 예수의 자기희생적 죽음이 중심된 것이었다고 강조한다. 그

86　Wedderburn, "Paul and Jesus: Similarity and Continuity," in ibid., 130-43.

87　Wolff, "Humility and Self-Denial in Jesus' Life and Message and in the Apostolic Existence of Paul," in ibid., 145-60; 인용은 160에서 온 것임.

88　Wedderburn, "Paul and the Story of Jesus," 180은 J. D. G. Dunn, *Jesus and the Spirit*(London: SCM, 1975), 321을 언급한다.

89　Wedderburn, "Paul and the Story of Jesus," 181-89; 인용은 187페이지에서 온 것임. Wedderburn(181)은 예수의 역사가 "십자가에서의 그의 죽음으로 요약되고 그 죽음에 집중되어 있다"고 이해하는 H. Weder, *Das Kreuz Jesu bei Paulus*(FRLANT 125; Göttingen: Vandenhoeck & Ruprecht, 1981), 229를 언급한다.

544

러나 웨더번은 예수의 지상적 삶이 그리스도의 성육신에 대한 바울의 주
장들에 대해서 가지는 중요성에 대해서도 다음과 같이 주장한다:

> 만일 예수께서 지상적 삶을 사실 때 자기를 주장하는 식으로 행동하셨으면 그의 성
> 육신에서 자기를 부인하신 모범에 호소하는 것(고후 8:9; 빌 2:6-7)은… 적어도 방해 받
> 고 훼손되었을 것이다(obstructed and vitiated): 그런 경우 바울의 회심자들은 예수의 어
> 떤 모범을 따라야 하느냐는 합당한 질문을 했을 수 있고 자신들은 자기를 부인하는
> 천상적 예수보다 자기를 주장하는 지상적 예수를 따르는 것을 더 선호한다고 주장
> 했을 수도 있다.[90]

이 똑같은 주장을 예수의 성육신과 그의 지상적 삶 사이의 관계에 적
용한 것처럼 예수의 죽음과 그의 지상적 삶의 나머지 부분들 사이의 관
계에도 적용할 수 있다. 어쨌든 이 모든 고려들은 그리스도를 본받음에
대해 생각할 때 바울은 지상적 예수의 죽음뿐만 아니라 그의 삶과 가르
침 또한 염두에 두고 있음을 확증해준다. 예수의 자기희생적 죽음은 자
기를 내어주며 섬기신 그의 전 생애의 결론이자 자기를 내어주는 사랑에
대한 그의 가르침의 최고의 예시(the supreme demonstration)였다. 따라서 바울
은 이것이 자신의 도덕적 권면에 가장 강력한 동기부여의 힘을 제공한다
고 본다. 이 점에 대해 톰슨(M. Thompson)이 잘 설명한다:

> 바울에게 있어 예수의 죽음과 부활은 종말이 시작되게 했으며 이로써 수난에 이르
> 기까지의 그의 모든 말씀들과 행위들의 중요성을 덮어버렸다(eclipsing). 예수께서
> 십자가에서 완전한 순종을 하신 모범을 인용할 수 있는데 왜 바울이 예수의 사역 동
> 안 있었던 사랑이나 겸손 혹은 긍휼히 여김을 가리켜야 하는가? 부활에 대해 언급
> 할 수 있는데 왜 그가 치유의 능력을 인용해야 하는가? 예수께서 그의 죽음과 부활
> 을 통해 옳다 인정하심을 받기 전에 말씀하시고 행하신 모든 것은 그리스도 사건에

90 Wedderburn, "Paul and the Story of Jesus," 182.

비할 때 그 중요성은 그 빛이 바래지게 되었다.[91]

이 논의는 왜 자신의 윤리적 권면에서 바울이 예수의 죽음을 통한 그리고 (그 연장선상에서) 성육신을 통한 자기희생에 초점을 맞추는지를 분명히 한다. 그러나 이 논의는 또한 바울이 어떤 식으로 지상적 예수의 가르침들과 모범이 되는 행위에 대한 분명한 암시들이나 반영들을 남겨주는지, 그리고 바울이 어떻게 예수의 가르침들과 모범이 되는 행위가 예수의 자기희생적 죽음으로 요약할 수 있을 만큼 일관성을 가진다고 보는지를 분명히 해준다. 바울에게 있어 그리스도는 더 이상 지상적 인물, 단순한 지상적 인물이 아니라는 사실과 예수께서 죽음(과 성육신)을 통해 자기를 내어주신 것에 대한 이와 같은 초점이, 아마도 바울이 그리스도를 본받음 개념 안에 지상적 예수의 가르침과 모범을 따르는 것을 포함시킴에도 불구하고 복음서 전승의 ἀκολουθεῖν 용어를 빼고 그 대신 μιμηταί라는 용어를 배타적으로 사용하게 되는 배경이 되는 것 같다.

결론

이제 우리 연구의 결과들을 취합하고 그 함의들에 대해 살펴보고자 한다. 고전 8-10장에서 *eidōlothyta* 문제를 다룸에 있어 바울은, 예수의 이중 사랑 계명(막 12:28-34과 그 병행 구절들)과 다른 가르침들(막 9:42-50과 그 병행 구절들; 10:44-45과 그 병행 구절)에 구체화되어 있는 하나님과 이웃을 사랑하라는 절대적인 요구들과, 음식과 정결에 대한 가르침(막 7:15과 그 병행 구절)과 같은 예수의 *가르침들뿐만* 아니라 이 가르침들을 예시하는 바 예수께서 다른 사람들을 섬기기 위해 죽기까지 자신을 내어주신 것(고전 8:11)과 죄인들과의 자유로운 교제와 같은 그의 행위도 따른다. 바울은 자기가 그리스도를 본받는 자가 된 것으로 말하면서(11:1), 자기 자신을 고린도인들이 본받을 모범으로 제시하는 고전 8:13과 9:19-22과 10:23-33

---

91 Thompson, *Clothed with Christ*, 73.

등의 핵심 본문들에서 예수의 그와 같은 말씀들과 그와 같은 행위를 특별히 분명하게 반영한다. 그렇기 때문에 그는 그리스도를 본받으려고 할 때 예수의 그러한 말씀들과 그러한 행위를 염두에 두고 있음이 분명하다. 그러나 바울이 *eidōlothyta*에 대한 긴 논의의 대결론을 예수의 많은 사람의 구속을 위해 자기를 내어주는 죽음에 대한 말씀(막 10:45//고전 10:33)을 반영함으로써, 그리고 자기를 그리스도를 본받는 자로 여기고 자신을 본받으라고 요구하면서 맺는 것을 볼 때(11:1) 우리는 바울의 그리스도를 본받음 개념에 있어 그리스도의 죽음의 중심성을 인정해야 한다.

따라서 고전 8-10장은, 바울이 예수의 구체적인 가르침과 행위를 어떻게 따르는지, 그리고 논의의 절정에서 어떻게 그가 예수께서 자신의 죽음에 대해 해석하신 것의 관점에서 그리스도의 죽음에 대해 언급을 하는지를 보여준 다음, 우리가 바울의 그리스도를 본받음에 대한 개념과 관련하여 예수의 삶과 가르침과 분리된 하나의 고립적 사건이 아닌 그것들의 절정인 그리스도의 죽음의 중심성을 인정해야 함을 가르쳐준다. 바울로서는 예수께서 십자가 죽음을 통해 자기를 희생하심은 분명 사랑에 대한 그의 가르침의 최고의 예시일 뿐 아니라 예수께서 자기를 내어주어 섬기신 모범이 되는 그의 삶의 절정이기도 하다. 그러므로 바울의 신학과 윤리에 있어 그리스도의 죽음의 중심성을 인정하면서도 우리는 또한 바울이 예수의 가르침들과 모범을 따른 것에 대해서도 마땅히 주의를 기울여야 한다.

이 연구의 이 결과로 우리는 다음의 세 가지 부차적인 결과들 역시 확증할 수 있다. (1) 이 연구는 바울이 *eidōlothyta*를 다루는 것에 대한 전통적인 다수 견해가 옳음을 확증했다. (2) 이 연구는 더 나아가 그리스도인의 자유와 그리스도인의 사랑의 의무 사이의 균형을 놀라우리만치 유지하는 바울의 *eidōlothyta*에 대한 탁월한 조언이 적어도 부분적으로는 그가 예수의 가르침들과 모범을 적용한 결과라는 것을 보여주었다. 바울은 예수의 말씀들과 행위를 반영함으로써 간접적으로 이 점을 시사하는 것이 아니라 사실은 우리 본문에서 자신이 "그리스도의 율법"과 그리스도

의 본을 따른다는 주장(고전 9:21; 11:1)을 통해 직접적으로 이 점을 시시한
다. (3) 이 결과들보다 아마도 훨씬 더 중요한 것은 막 7:15과 그 병행 구
절; 9:42-50과 그 병행 구절들; 10:45과 그 병행 구절; 12:28-34과 그 병
행 구절들과 같은 예수의 핵심적인 말씀들을 고전 8-10장에서 예수의
가르침들로 사용하기 때문에 이 연구가 그 말씀들의 진정성을 더욱 강
화시켜 주었다는 점이다. 바울은 분명 막 10:45과 그 병행 구절의 말씀을
알고 있었다; 사실 그는 이 말씀을 우리 본문에서 두 번이나 반영할 만
큼 중요하게 여겼다(9:19, 22; 10:33; 참고. 딤전 2:5-6).[92] 이 사실이 바울의 예수
의 죽음에 대한 이해와 예수-바울 논쟁과 부활절 이후 교회의 케리그마
의 발생에 대한 문제 전반에 대해 그리고 역사적 예수 탐구(the quest of the
historical Jesus)에 대해 가지는 엄청난 함의들은 아무리 강조해도 지나치지
않다.

　이와 같은 결과들을 통해 이 연구는 더 나아가 다음의 두 가지 포인트
들에도 중요한 함의를 지닌다. 바울이 예수의 몇몇 구체적인 말씀들과
모범을 알았고 또한 그것들을 가르침을 위해 효과적으로 사용했음을 분
명히 함으로써 이 연구는 우리가 바울의 신학과 윤리 이해를 위해 역사
적 예수가 가지는 중요성을 강조하게 이끈다. 더 나아가 바울이 이방인
선교 현장에서 맞닥뜨리게 되는 *eidōlothyta* 문제를 다룸에 있어 예수의
가르침들과 모범이 되는 행위를 지침 원리들로 사용하는 방식은 우리의
선교적 상황들에서 우리가 하는 해석학적이고 신학적인 시도들에 대해

---

92 바울이 막 10:45과 그 병행 구절의 말씀을 반영하는 문맥들, 곧 그가 "그리스도의 율법"
　　과 그리스도의 모범을 따르는 것에 대해 말하는 문맥들은 그가 이것을 더욱 광범위하게
　　적용하고 있음을 나타낸다(이제 본서 5장에 수록된 논문 또한 참고하라). 9:21과 11:1에서 바울이
　　각각 "그리스도의 율법"과 그리스도의 모범을 언급한 것이 막 7:15과 그 병행 구절, 9:42-
　　50과 그 병행 구절들, 10:45과 그 병행 구절, 12:28-34과 그 병행 구절들의 말씀들을 암
　　시 혹은 반영하는 것을 말해주는 "전승 표식"(tradition indicators)이라는 견해를 위해서는
　　위의 주 50을 보라. 이 모든 것들은 바울이 이 논문에서 보여준 것처럼 주의 말씀들을 사
　　용하는 것이 그 말씀들의 진정성을 입증하는 다중 증거(multiple attestation)의 경우로 간주
　　되어야 함을 시사해준다(이 마지막 포인트는 필자의 논평자인 데이빗 라우리[David Lowery]를 통해 발
　　견하게 된 것이다).

하나의 패러다임으로서의 의미를 가진다.

바울의 그리스도를 본받음의 주제에 대한 연구는 이 주제와 또 다른 바울 연구의 주제 곧 그리스도인들이 하나님의 형상(εἰκών)이신(고후 4:4; 골1:15; 참고. 빌 2:6) 그리스도의 형상(εἰκών)을 닮아가거나(συμμορφοῦσθαι) 그 형상으로 변해간다(μεταμορφοῦσθαι)는 개념(롬 8:29; 고전 15:49; 고후 3:18; 빌 3:20-21; 골 3:9-10; 참고. 엡4:22-24)과의 관계에 대한 고려 없이는 불완전할 것이다. 바울은 이 두 주제의 관계를 어떻게 이해했는가(참고. 빌 2:1-30; 3:10-11; 고후 4:10)? 이 질문은 학계에서 등한시되었다. 후자의 주제가 구원론과 윤리 전체를 아우르는 바울의 특징적이고 중요한 주제라는 점을 강조했기 때문에[93] 필자는 이 질문의 긴급성을 느낀다. 하지만 이 주제는 이 논문의 범위 안에서 다루는 것은 불가능하기에 그 주제에 대한 연구는 다음 기회의 과제로 이 논문의 후속 논문으로 남겨두어야 할 것 같다.

---

93 S. Kim, *The Origin of Paul's Gospel*(WUNT 2/4; Tübingen: Mohr Siebeck, 1981, 21984; Grand Rapids: Eerdmans, 1982), 135-268(특히 223-33), 315-27; idem, *PNP*, 165-213을 보라.

Paul's Gospel for the Thessalonians and Others

16장

종말의 전령으로서의 바울

로마서는 바울의 후기 서신들 중 하나다(AD 56/57). 이 서신을 기록하는 목적들 중 하나는 자신의 스페인 선교를 위해 로마 교회의 후원을 얻는 것이다(롬 1:10-13; 15:22-32). 그러나 그는 마게도냐와 아가야의 이방인 교회들로부터 모교회를 위해 거둔 선물들(헌금)을 가지고 예루살렘을 곧 방문하게 될 때(롬 15:25-32) 그 도시 교회의 지도자들과 가질 의논도 염두에 두고 이 서신을 기록한다. 이와 같은 이유들과 아마 어떤 다른 이유들로 로마서에서 바울은 논쟁이 되는 자신의 칭의의 복음을 가장 분명하고 체계적으로 펼쳐 보여줄 뿐 아니라 자신의 사도로서의 사역의 성격에 대해 그 자신이 어떤 이해를 가지고 있는지를 다른 어떤 서신에서보다 훨씬 더 풍부하게 제시한다. 로마서의 그와 같은 성격들은 이미 통상적이지 않게 긴 서두 부분(1:1-6)에 이미 암시되어 있다. 이 서두 부분에서 바울은 자신을 "하나님의 복음" 곧 하나님의 아들 다윗의 자손 메시아에 대한 종말의 메시지를 선포하는 사명을 받은 "사도"로 밝힌다. 따라서 바울은 자신이 종말의 전령(eschatological herald)으로 부름 받았음을 보여준다. 따라서 우리가 우리 주제를 다룸에 있어 이 표제의 인도를 받는 것이 최선인 것 같다.

1. 복음: 바울이 종말의 전령으로서 선포해야 할 메시지[1]

종말의 전령으로서의 바울의 모습을 충분히 이해하기 위해 로마서의 압축적인 서두 부분을 하나하나 풀어감에 있어 그가 전하도록 위임 받은 복음에서부터 시작하는 것이 편리하다. 복음이 근본적으로 하나님께로부터 기원한 것으로, 그리고 계시사적/구원사적으로 구약성경의 선지자들을 통해 하나님이 약속하신 것들의 성취로 정의한 다음에 바울은 그 복음을 그 내용이 되는 하나님의 아들로 정의한다. 그런 다음 그는 하나님의 아들에 대해 원래 예루살렘 교회가 만든 신앙고백으로 일반적으로 알려져 있는 것을 가지고 설명한다. 이 신앙고백은 육신으로 계시는 동안 다윗의 자손 메시아이셨고 죽은 자들 가운데서 부활하시고 "능력 있는 [하나님의] 아들"로 세우심을 입은 예수에 초점을 맞춘다(1:3-4). 바울은 예루살렘 교회의 신앙고백의 두 번째 요소에 함축적으로 들어있는 시 110:1을 명시적으로 언급하면서 "능력 있는 [하나님의] 아들"이라는 표현을 예수 그리스도께서 우리 "주"가 되심으로 보다 자세히 설명한다(참고. 롬 8:32-34). 하나님이 시 110:1을 성취하시어 부활을 통해 그리스도를 자기 우편으로 높이시고 그가 자신을 대신하여 자신의 주권("주")을 행사하게 하셨고 이를 통해 삼하 7:12-14과 시 2:7을 성취하시어 메시아("다윗의 씨")를 자기 아들("상속자")로 세우셨기에 그는 이제 "능력 있는 하나님의 아들 곧 하나님의 능력을 행사하는 하나님의 아들"이시다.

그의 서신들에서 바울은 예수께서 다윗의 자손 메시아 되심을 드물게 언급한다. 하지만 이것은 그의 기독론의 전제이자 근본이라 할 수 있다. 바울은 예수의 다윗의 자손 메시아 되심을 롬 15:12에서 다시 언급하는데 여기 1:3의 언급과 수미쌍관(*inclusio*)을 이루는 그 언급은 서신 전체

---

1 이 섹션은 위의 본서 *2장* "복음으로서의 하나님의 아들 예수(살전 1:9-10과 롬 1:3-4)"의 섹션 4와 일부 자료를 공유함을 밝혀둔다.

에서 그가 설명하는 예수 그리스도의 구원 사역을 우리가 예수께서 다윗의 자손 메시아로서 행하신 일로 이해하도록 이끈다.[2] 그러나 서신의 본론에서 바울은 시온에 회복된 다윗 왕국이 로마 제국을 대체할 것인지에 대해서는 어떤 언급도 하지 않는다. 그는 그리스도 예수께서 죄와 육체와 율법과 사망의 세력들을 그의 대속적 죽음과 부활을 통해 이기심으로써 우리를 구원하시는지만 강조한다. 그는 유대인들이 메시아이신 예수께서 이방인들을 정치적으로 다스리시는 일에 참여할 것에 대해서도 일절 언급하지 않는다. 그 대신 그는 유대인들뿐만 아니라 이방인들도 그리스도 예수를 믿음을 통해 칭의와 구원을 얻는다는 것을 설명하는 데 집중한다. 그래서 그는 어떻게 예수께서 하나님이 이스라엘의 족장들에게 주신 약속을 성취하여 다윗의 자손 메시아로서 이스라엘을 위해 섬기신 일이 하나님께 영광을 돌릴 이방인들을 데려와서 그들이 메시아 왕국에서 이스라엘과 함께 소망과 기쁨에 참여하는 그런 결과가 있게 하는가 (15:7-13)를 축하하기(celebrate) 위해 일련의 상호 연결된 구약 인용들(시 17:50; 신 32:43; 시 117:1; 사 11:10)로 서신의 절정에 이른다.

그의 서신들 전체에서 바울은 하나님 나라를 단지 여덟 번 언급함에도 불구하고(롬 14:17; 고전 4:20; 6:9-10; 15:50; 갈 5:21; 골 4:10-11; 살전 2:11-12; 살후 1:5; 참고. 고전 15:24; 골1:13) 이를 통해 그는 그 자신이 예수의 하나님 나라 복음을 알고 있음을 시사한다. 그러나 훨씬 더 자주 바울은 "주" 예수 그리스도에 대해 말한다. 시 110:1을 반영하는 롬 1:3-4와 다른 구절들 (예: 빌 2:6-11)에 인용된 신앙고백에서 우리는 그가 왜 그렇게 하는지 쉽게 추측할 수 있다. 하나님 우편으로 높임 받으신 하나님의 아들 예수 그리스도께서 그의 아버지께로부터 왕권 혹은 주권을 상속받으셨기에 하나님 나라는 이제 "[하나님의] 사랑하시는 아들의 나라"로 표현된다(골 1:13). 고전 15:23-28에서 바울은 하나님이 자기 아들 그리스도에게 현재에 대한 자기 왕권을 위임하신 목적을 시사함으로써 이 생각을 보다 자

---

2 N. T. Wright, *Paul in Fresh Perspective*(Minneapolis: Fortress, 2005), 44를 보라.

세히 설명한다. 하나님의 왕권은 그리스도에게 위임되는데 이는 그리스도께서 "그의 모든 원수들" 곧 우리에게 악의 세력(Unheilsmächte)으로 작용하는 하나님을 거역하는 세력들을 정복하게 하시려는 것이다. 하나님의 아들 그리스도께서 그 과업을 완수할 때 그는 왕권을 하나님 아버지께 들려드려 온 피조물이 창조주 하나님의 통치 아래 평화를 누리게 하실 것이다. 따라서 골 1:13-14에서 자기 아들에게 자신의 왕권을 위임하심으로 이 구원의 역사를 시작하신 하나님 아버지의 관점에서 이 진리를 표현하면서, 바울은 하나님이 "우리를 흑암의 권세에서 건져내사 그의 사랑의 아들의 나라로 옮기셨으니 그 아들 안에서 우리가 속량 곧 죄사함을 얻었다"고 말한다.

골 1:13-14에서 "흑암의 권세"를 이기는 하나님의 아들의 나라는 "속량 곧 죄사함"으로 설명된다. 그 반면 고전 15:23-28에서 죽음은 하나님의 아들이 자신의 신적 왕권을 가지고 멸하실 "마지막 원수" 곧 악한 통치와 권세들와 세력들 중 마지막이라고 불린다. 고전 15:51-57에서 바울은 주 예수 그리스도께서 그의 파루시아 때 멸하실 마지막 원수로서 사망이 죄와 율법과 연대를 하고 있음을 보다 구체적으로 설명한다. 따라서 이 구절들은 바울에게 사탄의 나라로부터 건져 냄의 범주와 죄와 사망의 문제 해결의 범주는 동전의 양면과 같음을 시사해준다. 우리가 하나님의 아들을 통해 사탄의 나라에서 건짐을 받고 하나님의 아들 그리스도께서 하나님을 대신하여 다스리시는 하나님 나라로 옮김 받은 것은 사탄과 그의 우상 대리자들을 섬긴 우리 죄를 용서하는 행위이자 우리를 우리 창조주요 참되신 하나님과 올바른 관계로 회복시키시는 행위다. 따라서 하나님의 왕적 권능을 가지고 우리를 사탄의 세력에서 건지시는 하나님의 아들 그리스도의 역사는 우리의 칭의를 가져오는 혹은 우리를 하나님과 올바른 관계로 회복하는 결과를 가져오는 그의 속죄 역사와 같은 것이다. 따라서 갈 1:4에서 바울은 그리스도께서 "이 세상의 신"이 다스리는(고후 4:4) 세대인 "이 악한 세대에서 우리를 건지시려고 우리 죄를 대속하기 위하여" 대속의 죽음에 자신을 내어주신 것에 대해 말한다.

그런데 롬 1:3-4에서 정의된 복음을 설명하기 위해 언급한 고전 15:23-28(특히 26절)과 골 1:13-14, 이 두 구절 모두 하나님께서 그의 아들 예수 그리스도를 통해 이루신 구원 역사를 시작하신 분임을 분명히 한다. 이것은 롬 1:3-4에서 τοῦ ὁρισθέντος라는 분사구문의 신적 수동 (*passivum divinum*) 형식과 신앙고백을 "하나님의 복음"(롬 1:1)으로 말하는 언급을 통해서도 시사된다. 롬 1:3에서 "그의 아들"을 τοῦ γενομένου라는 분사 구문의 선행사로 만듦으로써 바울은 롬 1:3이 갈 4:4과 밀접한 병행을 이루게 한다:

롬 1:3	(περὶ τοῦ υἱοῦ αὐτοῦ) τοῦ γενομένου ἐκ σπέρματος Δαυὶδ κατὰ σάρκα ...
갈 4:4	ἐξαπέστειλεν ὁ θεὸς τὸν υἱὸν αὐτοῦ γενόμενον ἐκ γυναικός ...

이 병행은 우리가 그 신앙고백을 갈 4:4-5과 롬 1:3-4 (하나님께서 그의 아들을 … 하시려고 보내셨다)의 "보냄의 형식"과 비슷하게 이해하도록 이끈다. 그럴 때 우리는 롬 1:3-4에서 περὶ τοῦ υἱοῦ αὐτοῦ(그의 아들에 관하여) 라는 도입 문구를 통해 바울이 그 신앙고백이 그 아들의 선재와 하나님 이 그를 성육신하도록 보내심이라는 생각을 가지도록 하고 있음을 알 수 있다. 더 나아가 롬 1:3-4의 그 신앙고백의 두 부분 사이에 바울이 하나님의 아들의 죽음(과 부활)을 통한 구속 역사에 대해 의식하고 있다고 가정해 볼 수 있다. 이 구속 역사를 바울은 나중에 롬 8:3-4의 "보냄의 형식"을 통해서 그리고 롬 5:8-10; 8:32-34에서 하나님의 사랑을 하나님의 아들의 죽음의 관점에서 자세히 설명하는 것을 통해서 확증할 것이다.

그렇다면 바울은 롬 1:3-4의 신앙고백을 인용할 때 적어도 다음 개념 들을 염두에 두고 있을 것이다: "하나님의 복음"은 하나님이 이스라엘의 메시아로 태어나도록 보내시고, 죄를 위한 대신적 대속의 죽음에 내어 주시고, 자기 우편으로 높이셔서 자기를 대신하여 능력을 행사하고 최후의 심판 때 믿는 자들을 위해 중보하게 하신 하나님의 아들에 관한 것이다. 그 복음은 그의 아들과 함께 혹은 그 아들을 통한 하나님의 그 행위들에 대한 소식이다. 따라서 롬 1:17에서 바울은 "[그 복음]에 하나님의 의가 나타난다"고 말한다. 왜냐하면 그 복음 선포를 통해 그리스도 사건이 하나님이 이스라엘과 그의 온 피조물과 하신 언약을 신실하게 성취하여 이루신 종말의 구원 역사임이 분명하게 드러나기 때문이다.[3] 1:2에서 바울은 복음이 하나님이 "선지자들을 통하여 성경에 미리 약속하신" 것을 성취하신 것을 나타낸다고 말함으로써 복음의 이 성격(곧 하나님의 언약적 신실성 혹은 "의"의 체현[embodiment]으로서의 그리스도 사건)을 이미 강조한 바 있다. 복음을 믿거나 믿음으로 그 복음을 받아들이는 사람은 누구든지 하나님의 의(즉 자신의 언약의 약속들을 신실하게 성취하여 그 아들을 통해 이루신 구원 행위들)의 덕을 입어 의롭다 함을 받는다(즉 죄 사함을 받고 하나님과 올바른 관계로 회복된다; 롬 3:21-26; 4:25; 5:1-11; 등). 따라서 그 사람은 하나님의 진노에서 건짐 받고(참고. 롬 1:18; 8:34) 그리스도께서 하나님의 아들 되심에 참여함으로써 그의 형상을 닮아가고 하나님의 영광을 얻게 될 하나님의 자녀가 된다(8:14-17, 29-30; 또한 참고. 갈 4:4-6). 따라서 바울은 복음을 또한 "모든 믿는 자에게, 즉 먼저는 유대인에게와 또한 헬라인에게도, 구원을 주시는 하나님의 능력"으로 정의하기도 한다(롬 1:16).

　로마서의 본론에서 바울은 1:16-17에서 주로 하나님의 의롭다 하시는 의의 범주로 주제 진술문 형태로 요약하고 유대인들만이 아니라 이방인들도 율법의 행위와 상관없이 믿음을 통해 하나님의 의의 덕을 입는 것을 강조하는 이 복음을 자세히 설명한다. 그러나 롬 1:18-32과 16:20뿐만 아니라 7-8장으로부터 우리는 그 배경에 칭의의 인간론적 초점을 위한

3　그런 다음, 롬 3:21-26에서 바울은, 그리스도 사건의 중심, 곧 하나님이 그리스도를 종말의 속죄 제물로 삼으신 것에 예리하게 초점을 맞추면서, 하나님의 구원 역사를 하나님의 의의 나타남(manifestation)으로 다시 진술한다. 바울은 거기서 다시금 하나님이 구약성경을 신실하게 성취하신다는 주제를 강조한다. 바울이 하나님의 아들에 대한 언급을 통해 하나님의 신실하심에 대해 고백하는 고전 1:9와 고후 1:18-20도 참고하라.

556

거대한 우주적 틀(framework)로서의 사탄의 세력들의 멸망 혹은 그 세력들로부터의 구속(redemption)의 범주가 있음을 볼 수 있다. 이것은 바울이 하나님께 의롭다 함을 받은 백성들에게 "이 세대"—"이 세상의 신"이 다스리는 세대(고후 4:4; 또한 참고. 고전 2:6-8)로서 그 끝이 다가오고 있는(고전 7:29-31; 10:11)—를 본받지 말고(또한 참고. 고전 1:20; 2:6-8; 3:18) 자신들의 전 존재를 하나님의 뜻을 행하는 데 드리라고 권면하는 롬 12:1-2에도 시사되어 있다.

따라서 이와 같이 종말의 전환점에 서 있음을 의식하고서 바울은 사탄의 세력들로부터 인류를 구속하시고 창조주 하나님이 다스리시는 새 시대를 여는 하나님의 아들 예수 그리스도의 왕권/주권(kingship/lordship)에 대한 복음 혹은 기쁜 소식을 전한다. 그리고 주 예수 그리스도의 사도로서 혹은 전권을 위임 받은 대행자(agent)로서 바울은 모든 이방인들에게 회개를 통해 "흑암의 권세" 혹은 사탄의 나라에서 나와서(참고. 롬 2:4-6) 믿음으로 하나님 혹은 그의 아들의 나라로 들어가라(골1:13; 참고. 롬 11:15; 살전 2:12)고 요구한다. 세례 받을 때 그들이 예수를 주로 명시적으로 고백할 때 이와 같은 일이 일어난다(롬 10:9-10; 참고. 고전 8:6; 12:3; 빌 2:9-11). 따라서 바울은 하나님의 아들 주 예수 그리스도의 "이름을 위하여 모든 이방인 중에서 믿어 순종하게" 하려는 것이다(롬 1:5). 데살로니가의 그리스도인들은 바울의 그와 같은 복음 선포에 반응하여 "우상을 버리고 하나님께로 돌아와서 살아 계시고 참되신 하나님을 섬겼으며 죽은 자들 가운데서 다시 살리신 그의 아들이 하늘로부터 강림하실 것을 기다렸다"(살전 1:5-6, 8, 9-10). 사탄의 나라에서 그와 같이 하나님 나라로 돌아서는 사람들은 "속량 곧 죄 사함"(골 1:13-14)을 받거나 하나님께 "의롭다 함"을 받고 그와 "화목하게" 된다(롬 3-8장; 고후 5:18-21). 그들은 하나님의 진노 혹은 정죄로부터 건지심을 받거나(롬 5:9; 8:1, 32-34; 살전 1:9-10; 또한 고전 1:7-9; 살전 3:12-13; 등) 죄와 육신/육체와 율법이 우리를 그 속으로 몰고간 죽음에서 궁극적으로 건지심을 받기를 기대할 수 있는데 이 궁극적인 건지심은 주 예수 그리스도의 파루시아 때 사탄의 세력들이 완전히 멸망당할 때 일어날 것이다(고전 15:26, 53-57; 롬 7-8장). 이와 같은 복음을 전함으로써 바울은 모든 이방인들을 하나님의 아들의 나라로 인도하여 그들이 창조주 하나님께 회복되어 그의 영광과 그의 생명(=영생)을 받게 하려 한다.

2. 사도: 이방인들에게 복음을 전하는 종말의 전령

롬 1:1-5에서 바울은 그와 같은 복음을 전하는 종말의 전령으로서의 자신의 자격을 제시한다: "예수 그리스도의 종 바울은… 모든 이방인 중에서 믿어 순종하게 하기 위해 … 사도로 부르심을 받아[κλητός] 그의 아들에 대한 하나님의 복음[εὐαγγέλιον]을 위하여 택정함을 입었다[ἀφωρισμένος] …" 이것은 갈 1:15-16에서 바울이 제시한 자기 소개의 또 다른 버전이다: "내 어머니의 태로부터 나를 택정하시고[ἀφορίσας] 그의 은혜로 나를 부르신[καλέσας] 이가 그의 아들을 [복음으로] 이방에 전하기 위하여 그를 내 속에 나타내시기를 기뻐하셨을[εὐδόκησεν] 때에…" 이 갈라디아서 본문에서 바울은 다메섹 도상에서 그리스도 예수께서 하나님의 아들로 나타나신/계시되신 것과 자신이 이방인을 위한 사도로 소명받은 것을 언급하고 있다. 여기서 사 49:1, 6과 렘 1:5이 반영되어 있음을 보고서(καλεῖν[= 사 49:1, 6; 참고. 렘 1:5의 τίθημι; 고전 12:28]); ἐκ κοιλίας μητρός μου[= 사 49:1; 참고. 렘 1:5]; ἐν τοῖς ἔθνεσιν[= 사 49:6; 렘 1:5]) 주석가들은 일반적으로 바울이 자신의 사도적 소명을 사 49장의 야훼의 종의 소명과 선지자 예레미야의 소명의 관점에서 해석하고 있다는 데 동의한다.

그러나 필자는 갈라디아서 본문과 바울서신의 다른 곳에서 사 42장의 첫 번째 종의 노래가 반영되고 있다는 점 역시 관찰함으로써 이 견해를 보완하고자 했다.[4] 우선, 갈 1:15의 εὐδόκησεν은 Codex Marchalianus(Q)와 Syro-Hexapla 등에서 (ὁ ἐκλεκτός μου) ὃν εὐδόκησεν ἡ ψυχή μου(내 영혼이 기뻐한[나의 택한 자])로 번역된 사 42:1의 רצתה נפשי을 반영하는 것

---

4 S. Kim, "Isaiah 42 and Paul's Call," in *PNP*, 101-27. 여기서 다음 세 문단은 그 논문의 관련된 섹션들을 요약한 내용이다.

으로 보인다(또한 참고. 마 12:18-21; 3:17 병행 구절들). 사 42장의 첫 번째 종
의 노래와 사 49장의 두 번째 종의 노래는 서로 밀접하게 연관이 되는데,
이 노래들에는 공통적으로 하나님이 종을 "이방의 빛"으로 "부르심"에 대
한 언급이 나온다(사 42:6-7; 49:1, 6). 갈 1:15-16에서 바울이 사 49:1, 6뿐만
이 아니라 사 42:6-7도 반영하고 있다는 것은, 자신의 다메섹 도상에서
의 그리스도 현현 경험을 반영하는 고후 4:4-6에서 그가 사 42:6; 49:6의
εἰς φῶς ἐθνῶν과 사 42:7의 ἀνοῖξαι ὀφθαλμούς 둘 다를 반영하고 있다
는 사실을 통해서도 시사된다(또한 참고. 행 26:16-18). 바울은 다메섹 도상
에서 사도로 소명을 받은 후 곧 바로 "아라비아"를 자신의 선교지로 선택
한 것 같다(갈 1:17). 이것은 그가 사 42:11의 קדר(게달; 북아랍부족)과 סלע(셀
라; LXX: Πέτρα)가 "아라비아," 곧 페트라를 수도로 하는 나바테아 왕국을
가리키는 것으로 보았기 때문이다(두 표현 모두를 단순히 "아라비아의 광야"로 번
역하는 Tg Isa를 참고하라). 더욱이 갈 1:15의 "택정하심"(ἀφορίσας) 개념은 사
42:1의 선택(ἐκλεκτός) 개념(또한 참고. ἐξελεξάμην, 사 41:8-9)과 렘 1:5의 성별
(ἡγίακα) 개념을 결합시키는 것으로 보인다.

사 42장을 반영하는 것으로 보이는 바울의 가르침과 사역에 대한 몇
가지 추가적인 관찰을 하고 나서 필자는 바울서신에서 갈 1:15-17 이
외 부분으로 사 42장에 대한 가장 중요한 반영이 발견되는 구절은 고
후 1:21-22이라고 주장했다. 거기서 자신이 약속한 대로 고린도에 가
지 않기로 한 자신의 결정을 변호하는 맥락에서(고후 1:12-2:4) 바울은 "우
리를 너희와 함께 그리스도 안에서 굳건하게[βεβαιῶν] 하시고 우리에게
기름을 부으신[χρίσας] 이는 하나님이시니 그가 또한 우리에게 인치시
고[σφραγισάμενος] 보증으로[ἀρραβῶνα] 우리 마음에 성령을 주셨느니라
[δούς]"고 말한다. 이 진술에 대한 해석은 모든 믿은 자들에게 적용되는
세례 시 신앙고백의 관점에서 그것을 보려는 시도로 인해 혼란스럽게 되
었다. 하지만 21b-22절에서 세 번 반복되는 "우리"를 바울과 그 동역자들
뿐만 아니라 독자들까지 포함하는 것으로 해석해야 하는 그 시도는 21b
절의 주목할 만한 단순과거 분사 χρίσας나 어떻게 바울이 자신의 사도

로서의 행동을 변호하는 맥락에서 갑자기 돌이켜 자신과 고린도의 그리
스도인들의 세례 시 경험에 대한 일반적인 고백에 대한 진술을 하는지
에 대한 질문 그 어느 것도 만족스럽게 설명하지 못한다. 21a절에서 바
울이 "너희"를 "우리"와 특별히 분리시키고나서 21b절에서 곧 바로 이어
서 나오는 "우리"에는 "너희"를 포함시킨다면 그것은 이상한 일일 것이
다. 21a절의 "우리"는 분명 바울과 그의 동역자들을 가리키기 때문에 21b
절의 "우리" 역시 이들만을 가리키는 것임에 틀림없다. 마찬가지로 22절
의 "우리"도 바울과 그의 동역자들을 가리키는 것임에 틀림없다. 23절의
강조적 "나"(ἐγώ)는 1:12-2:4의 변증 섹션 전반에서 바울이 주로 자기 자
신을 생각하고 있다는 것을 분명히 한다. 왜냐하면 계획했던 방문의 취
소는 바울 자신이 자기 팀의 리더로서 내린 결정이었기 때문이다. 이것
은 2:1-4에서 아주 분명해진다. 1:21-22에서 자신이 계획했던 방문을 취
소한 것이 하나님의 거룩하고 진실하심으로 행한 결과임 확증하기 위해
(1:12) 바울은 신실하신 하나님이 그리스도 안에서 자기를 현재 붙들고
계심(βεβαιῶν) 뿐만 아니라 자신이 과거에 기름부음을 받은 것(χρίσας)과
인침을 받은 것(σφραγισάμενος)과 하나님이 자기에게 성령을 주신 것(δούς)
에도 호소한다. 이 세 개의 단순과거 분사들을 통해 바울은 다메섹 도상
에서 자신이 사도로서 사명을 받은 것을 가리키는 것 같다. 그렇다면, 바
울이 사도로서 사명 받은 것을 하나님이 성령으로 기름 부으심으로 이해
한다는 것이 가장 중요하다. 위에서 열거한 모든 포인트들과 더불어 이
포인트 역시 그가 다메섹 도상에서 사도로서 사명 받은 것을 하나님이
자기 택한 종에게 자기 영을 부어 주신다고 약속하시는 사 42:1의 관점
에서 해석하고 있음을 시사해준다.

그렇다면 바울이 자신의 사도적 사명이 사 42장과 49장의 종의 노래
들과 밀접하게 연관되어 있는 본문인 사 61:1-3에도 예표되어 있는 것
으로 보았으리라고 생각하는 것은 자연스러운 일이다. 왜냐하면 그 구절
에서 야훼께서 자기 종을 성령으로 "기름을 부으시고"(מָשַׁח / ἔχρισέν) 그
를 "보내사"(שָׁלַח / ἀπέσταλκέν) "복음을 전하게"(לְבַשֵּׂר / εὐαγγελίσασθαι) 하

시기 때문이다. 뒤의 두 개념만으로도 바울이 자신의 사도적 사명을 이 본문에 비추어 이해한 것이라는 견해를 지지하는 증거로 제시되기에 충분하다. 하지만 이 본문은 χρίσας라는 중요한 단어와 우리가 고후 1:21-22의 바울의 사도적 사명에 대한 암시에서 결정적인 요소인 것을 발견했던 성령을 부어 주신다는 생각 역시 포함하고 있다. 바울이 자신의 사도적 사명을 사 61:1-3의 관점에서도 보았다는 이 견해는, 그가 자신의 사도적 사명을 ἀπέστειλέν με Χριστὸς ... εὐαγγελίζεσθαι로 묘사하고(고전 1:17) 이어서 자신이 "성령의 나타나심으로" 복음을 전한 것에 대해 언급할 때(고전 2:4) 보이는 그 본문에 대한 반영들로 더욱 뒷받침된다. 고후 4:4-6와 밀접한 행 26:16-18에 있는 바울 전승 역시 바울의 사도적 사명을 사 42:7, 16과 61:1을 연결한 것에 대한 암시를 통해 설명함으로써 이 견해에 보다 힘을 실어준다.

따라서 갈 1:15-16에서 바울은 자신의 사도적 소명을 특별히 사 42, 49, 61장의 야훼의 종의 소명의 언어를 반영하여 진술한다. 그래서 우리는 바울이 자신의 사도직 그 이사야서 본문들의 야훼의 종의 소명과 사역에 예표되어 있는 것으로 보았다고 결론 내릴 수 있을 것이다.

이와 같은 발견들은 로스 왜그너(J. Ross Wagner)가 바울이 롬 10:15; 10:16; 15:21에서 각각 사 52:7; 53:1; 52:15를 인용하는 것에서 발견한 바와 통합되어야 한다. 왜그너의 전반적인 주장은, 바울이 그 이사야서 본문들을 사용하는 방식은 사 51-55장이 바울이 자신의 사도로서의 사역에 대한 개념을 형성하는 데 영향을 미쳤음을 드러낸다는 것이다. 왜냐하면 바울은 이 장들에서 "그리스도를 모르는 곳에서 유대인에게나 이방인에게나 동일하게 자신이 그리스도의 복음을 전하는 것에 대한 예표 혹은 예고"[5] 혹은 "구속의 드라마에서 자신이 맡은 역할의 예표"[6] 뿐만 아니라 이방인들을 포용함과 이스라엘의 우둔함/굳어짐과 최종적인 구속에 대한 예언들 역시 보았기 때문이다.[7]

바울이 이방인들을 위한 자신의 사도직과 하나님의 구원 계획들을 그와 같이 이해하도록 도왔던 더 많은 구약 본문들이 있음은 의심의 여지가 없다. 이 제한된 지면의 논문에서 그 모든 본문들을 고려한다는 것은 가능하지 않다. 하지만 이사야서의 종에 관한 구절들과 51-55장이 자신의 사도직과 하나님의 구원계획에 대한 바울의 이해에 얼마나 큰 영향을 주었는지를 보았기 때문에 우리는 이사야서라는 같은 책 안에서 적어도 마지막 날에 이방인들이 야훼를 예배하고 그의 구원에 참여하기 위해 끊임없이 시온으로 오는 것에 대해 예언하는 2:2-4; 11:10; 25:6-10; 55:3-5; 56:6-8; 60:1-5; 66:18-21 같은 본문들(이 본문들은 편의상 "종말에 이방인들이 시온에 순례 온다는 사상[the Gentiles' eschatological pilgrimage to Zion; GEP]" 본문으로 부를 것이다; 또한 참고. 미 4:1-3; 렘 3:17; 습 3:8-10; 슥 2:8-12; 8:20-23[8])과 이스라엘의 굳어짐(hardening)과 종국적인 회복에 대해 말하는 사 6장과 같은 본문들 역시 강조할 수 있을 것이다. 다메섹 도상에서 유대교에 지나치게 열심인 바리새인이었던(갈 1:13-14; 빌 3:4-6) 바울이 부활하신 주 예수 그리스도께로부터 이방인을 위한 사도가 되라는 소명을 받았을 때, 그 일은 그 논리와 의미를 위해 성경을 새롭게 봄으로써만 해소될 수 있는 엄청난

5　J. R. Wagner, "The Heralds of Isaiah and the Mission of Paul: An Investigation of Paul's Use of Isaiah 51-55 in Romans," in Jesus and the Suffering Servant: Isaiah 53 and Christian Origins(ed. W. H. Bellinger Jr. and W. R. Farmer; Harrisburg, PA: Trinity International, 1998), 194; 또한 참고. J. P. Dickson, Mission-Commitment in Ancient Judaism and in the Pauline Communities: The Shape, Extent and Background of Early Christian Mission(WUNT 2/159; Tübingen: Mohr Siebeck, 2003), 165-77.

6　Wagner, "Heralds of Isaiah," 222.

7　Wagner, "Heralds of Isaiah," 201, 222.

8　제 2성전기 유대교 문헌에서 이러한 전승이 이어지는 것을 보려면 예를 들어 다음 문헌들을 참고하라: Tob 13:11; 14:5-7; 1 En. 48:4-5; 90:33; T. Sim. 7:2; T. Levi 18:2-9; T. Jud. 24:6; 25:5; T. Naph. 8:3-4; 2 Bar. 68:5; Sib. Or. 3:710-30; 등.

562

충격이었을 것임에 틀림없다. 만일 그가 이사야서의 종에 관한 본문들과 51-55장에서 이방인의 사도로서의 소명과 이방인들을 불러 모으시고 이스라엘을 굳어지게/우둔하게 되게 하시지만 결국은 구원하시는 하나님의 구속사에서의 그 역할에 대한 확신을 얻었다면, 그는 분명 같은 *책* 안에서 "종말에 이방인들이 시온에 순례 온다는 사상"에 대한 본문들도 찾아보고 보다 큰 확신을 가지게 되었을 것이다.

그러나 다른 무엇보다 다메섹의 그리스도 현현의 어떤 것이 바울로 하여금 이사야서의 그 본문들에 주목하도록 이끌었을까? 혹은 다메섹 계시는 그 본문들에 어떤 빛을 비추었기에 열심 있는 바리새인이었던 바울이 그 본문들에서 이방인들을 불러 모으심과 이스라엘의 현재의 굳어짐/우둔하게 됨과 장차의 구원에 대한 하나님의 계획들뿐만 아니라 그 계획들 안에서 자신의 역할에 대해 읽어낼 수 있었던 것일까? 첫째로, 구약과 유대교에서의 선지자들의 소명 환상의 양식사와 전승사를 감안할 때[9], 다메섹 그리스도 현현의 *성격* 혹은 *형식*이 바울로 하여금 그 현현이 자신에게 어떤 의미인지를 해석하기 위해 사 6장과 겔 1장의 선지자적 소명 환상들에 주의를 기울이게 이끌었다는 것과, 사 6장과 종에 관한 본문들의 소명/사명 이야기들을 연관 지어 읽음으로써 그가 주께서 자신을 이방인을 위한 사도로 부르시고 보내신다는 확신과, 유대인들이 현재 복음에 저항하는 것에서부터 그가 확증할 수도 있었을 이스라엘의 현재적 굳어짐에 대한 개념에 대한 확신을 얻게 되었다는 것을 *상상하기란 어렵지 않다.*[10]

다메섹 그리스도 현현의 주 *내용* 역시 고려할 필요가 있다: 메시아를 빙자하다가 십자가에 못박혀 죽은 예수가 하나님에 의해 높임 받으신 모

9 참고. W. Zimmerli, *Ezechiel* 1(Neukirchen: Neukirchener, 1969), 16-21; H. Wildberger, *Jesaja* 1(Neukirchen: Neukirchener, 1972), 234-38; W. Stenger, "Biographisches und Idealbiographisches in Gal 1,11-12, 14," *in Kontinuität und Einheit*, F. Mussner FS(ed. P.-G. Müller and W. Stenger; Freiburg: Herder, 1981), 132-40.
10 참고. S. Kim, "The 'Mystery' of Romans 11:25-26 Once More," in *PNP*, 247-50.

습으로 나타난 그 환상은 바울에게 어떤 의미로 다가왔을까? 그 환상은
바울이 박해하고 있던 예수 믿는 사람들의 케리그마 곧 예수가 정말 메
시아이시며 그가 하나님의 아들로, 주로 하나님 우편으로 높임 받았다
는 그 메시지가 참임을 바울에게 확증시켜 주었을 것이다. 바울은 나중
에 자신이 롬 1:3-4에서 인용하게 될 그들의 신앙고백이 확증된 것으로
볼 수밖에 없었다. 그것은 오랫동안 기다려온 다윗의 자손 메시아가 인
간 예수로 오셨다는 것과 야훼께서 다윗의 씨요 자기 아들인 예수를 통
해 시온에 오셨고 이 예수는 이 땅에 계시는 동안에는 야훼의 왕적 통치
를 드러내셨고 이제는 높임 받으셔서 그를 대신하여 그 왕적 통치를 행
사하고 계심을 바울이 깨달았음을 의미한다. 이 깨달음이 바울을 자연스
럽게 사 52:7-10로 이끌었을 것인데 그는 실제로 롬 10:15에서 그 본문
의 7절을 인용함으로 자신의 사도적 사명에 대한 이해를 위한 이 본문의
중요성을 시사한다. 거기서 바울은 다메섹 그리스도 현현을 통해 자신에
게 계시된 것은 다름 아닌 그 선지서 본문에서 예언된 "복음"(εὐαγγέλιον)
이었음을 확인하게 되었을 것이다: 야훼께서 시온에 오셨고 다스리고 계
신다, 혹은 야훼께서 열방을 위해 구원의 "거룩한 팔을 펴셨다."[11] 거기서
그는 그 복음이 유대인들에게만이 아니라 이방인들에게도 전해져야 한
다는 것 역시 깨달았을 것이다. 왜냐하면 거기에 "땅끝까지도 모두 우리
하나님의 구원을 보았도다"라고 되어 있기 때문이다(사 52:10). 더 나아가,
그는 하나님이 자신에게 선지자적 소명 환상의 전통적인 형식으로 그리
스도 현현 환상을 주신 것은 곧 자기를 이사야서 본문에 예언된 "복음의

11 Wagner, "Heralds of Isaiah," 207를 참고하라. 왜그너는 롬 10:15에서 바울이 사
52:7을 사용하는 것은 그가 자신을 사 52:7에서 "복음의 전령들"(מבשר טוב /τῶν
εὐαγγελιζομένων [τὰ] ἀγαθά)로 예언된 자들 중 하나로 이해하고 있음을 드러낼 뿐 아니
라 자신의 "복음"(εὐαγγέλιον, 롬 10:16) 곧 "예수는 주시다"(롬 10:9-13)가 사 52:7의 전령들
이 전할 것으로 예언된 구원의 메시지 곧 "네 하나님이 통치하신다"에 상응하는 것으로
이해하고 있음도 드러낸다는 것을 강조한다. 여기서 우리 논의가 바울이 사용하는 "복
음"(εὐαγγέλιον) 용어의 주된 배경이 사 52:7; 61:1과 사 40-65장에서 그와 연관된 본문들
이라는 견해를 강화해준다 점은 말할 필요도 없다(쉬툴막허[P. Stuhlmacher] 같은 보다 이른 시기
의 학자들의 연구들을 확증하는 Dickson, Mission-Commitment, 153-77를 참고하라).

전령들"(τῶν εὐαγγελιζομένων [τὰ] ἀγαθά) 중 하나로, 사실상 특별히 이방인들을 위한 복음의 전령으로 부르신 것을 의미한다는 것 역시 깨달았을 것이다.

그리고 나서 바울은 하나님이 자신을 이방인을 위한 사도로 부르심에 대한 깨달음을 특별히 사 42장과 49장, 61장의 종의 본문들에 대한 연구를 통해 더욱 확증을 받았을 것이다. 하지만 하나님이 그를 통해 다스리시고 모든 민족을 구원하심으로 "땅 끝까지도 모두 우리 하나님의 구원을 보게 하실"(사 52:10) 하나님의 아들인 다윗의 자손 메시아의 계시는 자연스럽게 먼저 "종말에 이방인들이 시온에 순례오는 것"(Gentile's eschatological pilgrimage to Zion; 이후 GEP로 표기)에 대해 예언한 이사야의 같은 책 안의 본문들과 마찬가지 예언을 하는 다른 책들의 그 많은 구절들로 이끌었을 것이다. 그 본문들에서 그는 더 나아가 다메섹 계시에서 자신이 깨달은 것이 실제로 그 본문들의 예언의 주요 요소들을 이루고 있음을 보게 되었을 것이다: 다윗의 자손 메시아의 도래(사 11:10; 55:3)와 하나님이 다스리기 위해 오심(52:7-8; 60:1), 하나님의 영광이 드러남(사 11:10; 40:5; 60:1; 66:19), 하나님이 다윗의 자손 메시아를 영화롭게 하심(사 55:5), 그리고 심지어 이스라엘의 회복(예: 사 11:11-12; 25:8-9; 52:1-10; 60:1-5).

바울은 이스라엘의 다수가 지금은 "우둔하게 되어" 복음을 거역하고 있음을 깨달았으며 따라서 "온 이스라엘"의 회복은 주 예수 그리스도의 파루시아 때에야 이루어질 것으로 기대했다(롬 11:25-26). 하지만 그는 분명 예루살렘 교회(ἡ ἐκκλησία τοῦ θεοῦ/ קהל יהוה, 갈 1:13)를 중심으로 모이는 적은 수의 유대인 신자들("남은 자")에게서 적어도 온 이스라엘의 그와 같은 종국적인 회복의 한 선취(prolepsis)의 증거를 보았다(롬 11장). 이것은 마치 누가가 보고하는 대로(행 15:16-18) 야고보가 예수께서 선택하신 "열두" 사람으로 이루어진 "기둥"(참고. 갈 2:9)을 가진 예루살렘 교회의 존재에서 "다윗의 무너진 장막을 다시 지은 것" 곧 암 9:11-12의 이 예언의 종

말론적 성취로서의 다윗 왕국의(이스라엘의) 회복을 본 것과 마찬가지다.[12]

바울은 GEP 본문들의 다른 모든 주요 요소들(main elements)이 이와 같이 성취되었음을 보았으므로, 그 본문들의 예언에서 아직 남아 있는 우선되는 요소(primary element) 곧 이방인들이 시온으로 밀려들어 오는 것이 이제 성취될 것이라고 확신했을 것이다: 이방인들이 주께 돌아와 그의 나라에 "들어가서"(참고. 롬 11:25) 그의 구원을 받을 모든 조건이 무르익었다.[13] 그의 추론은, 하나님이 돌이켜 다윗의 나라를 회복시키심으로써 "그 남은 자와 내 이름으로 일컫는 만국을 기업으로 얻게 하리라"는 약속을 선언하는 암 9:11-12(칠십인경; 렘 1:15의 반영과 함께)을 인용함으로써 이방인 선교를 변호하는(행 15:16-17), 누가가 보고하는 대로의 야고보의 함축적인 추론과 유사했을 것이다.

그런 다음, 바울은 사 52:6-10에서 이방인들에게 복음의 전령이 되라는 하나님의 부르심을 이해한 다음에, 그것을 사 42장과 49장, 61장의 종의 본문들과 사 6장을 통해 확증하면서 자신이 GEP 예언의 성취의 결과를 가져올 복음의 종말의 전령의 한 사람(바로 그 전령은 아니라 하더라도)[14]으로 이해했을 것이다. 부름 받고, 성별되고, 성령으로 기름부음을 받은 주의 종으로서 그는 하나님의 아들 메시아 예수께서 구원의 주시라는 복음 혹은 하나님의 구원의 의의 복음을 전파함으로써 혹은 하나님의 빛과 구원을 가져옴으로써 이방인들이 주께로 돌아와 그를 경배하고 섬기게 하는 이방인들을 위한 사도로 보냄을 받은 것이다. 따라서 그는 이방인들에게 복음을 전하여 그들로 시온으로 종말론적 순례를 하도록 부르는 종

---

12 참고. P. Stuhlmacher, "Matt 28:16-20 and the Course of Mission in the Apostolic and Postapostolic Age," in *The Mission of the Early Church to Jews and Gentiles*(WUNT 127; ed. J. Ådna and H. Kvalbein; Tübingen: Mohr Siebeck, 2000), 40.

13 어떤 GEP 본문들은 이방인들에 대한 보복과 이방인들이 이스라엘을 섬긴다는 생각도 포함한다. 바울은 분명, 예수께서 사 61:1-2(눅 4:18-19)과 사 35:5-6(마 11:4-6//눅 7:22-23)과 같은 본문들을 인용하실 때 그러셨던 것처럼, 그 개념은 무시했다.

14 이 성가신 표현은 바울이 이방인들에게 복음을 전하는 다른 설교자들을 인정하는 것(예: 롬 15:20; 16:7; 3:5-9)과 모든 이방인들을 위한 자신의 독특한 사도직에 대한 그의 인식(예: 롬 1:5-6, 13-15; 11:13; 15:15-16) 모두를 적절하게 고려하려는 시도다.

말의 전령의 한 사람(혹은 바로 그 전령)이었다. 따라서 그는 종말에 이방인들이 시온에 순례오는 것을 위한 일꾼의 하나(혹은 바로 그 일꾼)였다!

그러므로 바울은 "그리스도의 영광의 복음의 빛"을 혹은 "그리스도의 얼굴에 있는 하나님의 영광에 대한 지식"을 "이 세상의 신"에게 그 눈을 가리운 자들에게 가져와서(고후 4:4-6)[15] 그들이 "주께로 돌아가"도록(고후 3:16) 혹은 구원을 위해 예수를 주로 고백하거나 그의 이름을 부르도록(롬 10:9-13; 고전 1:2) 초청했다. 따라서 그는, 우리가 로마서에 있는 상대적으로 보다 자세한 복음 설교의 샘플에서 볼 수 있는 것처럼(특히 1:2-5과 15:7-8, 12 사이의 수미쌍관과 15:9-12의 이방인들에 대한 결론적 초청을 주목하라), 하나님의 구원적 통치 혹은 의롭다 하시는 의를 드러내신 다윗의 자손/하나님의 아들 주 예수의 복음을 전했으며 따라서 이방인들에게 하나님을 찬송할 뿐 아니라 그를 기뻐하고 그에게 소망을 두라고 요청했다. 데살로니가의 그리스도인들은 바울의 복음에 반응하여 "우상을 버리고 하나님께로 돌아와서 살아 계시고 참되신 하나님을 섬겼"고[16] 이로써 하나님의 아들 주 예수 그리스도의 파루시아 때 하나님의 진노에서 건짐을 받고 하나님의 "나라와 영광"에 들어가게 되었다(살전 1:5-10; 2:12). 이와 같은 방식으로 바울은, "이방인의 충만한 수"가 하나님 나라 안으로 들어와 GEP의 모든 과정이 완성되는 그날을 바라보며, 모든 이방인들을 주 예수 그리스도의 "이름을 위하여 믿음의 순종"으로 인도하여(롬 1:5; 15:18; 16:26) 그들을 하나님께 드리는 제물이 되게 하려 했다(롬 15:15-16; 참고. 사 66:20).[17]

---

15 이방인들에게 비취는 하나님의 영광의 빛과 그들이 흑암에서 나와 빛으로 오는 것을 강조하는 일부 GEP 본문들의 예로 사 60:2-3; 66:18-19; T. *Levi* 18:4-5를 참고하라.

16 일부 GEP 본문들은 이방인들이 자기 우상들을 버리고 주께로 돌아온다는 것을 명시적으로 표현한다. 예: Tob 14:5-7; *Sib. Or.* 3:715-24.

17 "이방인의 충만한 수"가 바울이 GEP의 예언을 염두에 두고 사용하는 용어라는 견해를 위해서는 W. Keller, *Gottes Treue, Israels Heil: Röm 11,25-27-Die These vom "Sonderweg" in der Diskussion*(SBB 40; Stuttgart: Katholisches Bibelwerk, 1998), 174를 참고하라(이 전거는 E. J. Schnabel, *Early Christian Mission, vol. 2: Paul and the Early Church*[Downers Grove: InterVarsity, 2004], 1295에서 가져온 것임).

3. 종말의 일꾼: 종말에 이방인들이 시온에 순례온다는 예언의 성취로 서의 바울의 예루살렘으로의 헌금 호송 여정

일부 GEP 본문들이 이방인들이 그들의 선물을 시온으로 가지고 온다는 예언도 포함하고 있기 때문에(예: 사 56:6-8; 60:1-10; 66:19-21; 습 3:8-10; Tob 13:11), 바울이 이방인 교회들로부터 예루살렘 교회를 위해 헌금을 거두고 이방인 사절단과 함께 그 헌금을 예루살렘으로 호송하는 것(롬 15:25-32; 고전 16:3-4; 고후 8:16-24)에서 그 예언을 반영한다는 것이 널리 인정된다. 그러나 최근 이 견해를 데이빗 다운스(D. J. Downs)가 강하게 반박했다.[18]

이방인들의 종말의 순례의 "전승"을 정의하고자 다양한 성경 자료들에서 본문들을 모으는 예레미야스(J. Jeremias)의 방법[19]을 비판하면서 다운스는 구약과 유대교 문헌 안에 그와 같은 확립된 전통이 과연 존재하는지를 의심한다(3 주 9). 그러나 그것을 의심한다 하더라도, 다운스는 롬 1:2-5에서 바울이 복음과 자신의 이방인을 사도직에 대해 도입하는 것과 수미쌍관을 이루는 롬 15:12의 복음 제시의 절정에서 그 GEP 본문들 중 하나인 사 11:10을 바울이 인용하고 있는 것의 중요성을 파악했어야 했다. 바울의 이방인 선교에 대한 이해가 적어도 이사야서 내의 본문들, 곧 그가 실제로 인용하거나(사 11:10; 52:7, 15; 53:1) 암시하는(사 6, 42, 49, 61) 본문들과 인접해 있는 본문들과/이나 그와 비슷한 예언들을 포함하거나 후자 본문들의 예언들과 연결될 수 있거나 그럴 필요가 있는 그런 본문들인 사 2:2-5; 11:10; 25:6-9; 56:6-8; 60:1-22; 66:19-21에 의해 얼마나 많은 영향을 받았겠는지를 우리가 여기서 한 것처럼 다운스가 고려하지 않는 점 역시 유감스럽다. 다운스는 이와 같이 자기 스승의 연구의 함의를 보지 못한 채[20] "명시적 인용이 없으니 영향도 없다!"는 식의 다분히 원자

---

18 *The Offering of the Gentiles: Paul's Collection for Jerusalem in Its Chronological, Cultural, and Cultic Contexts*(WUNT 2/248; Tübingen: Mohr Siebeck, 2008), 3-9. 필자의 학생이었고 현재 동료교수인 다운스(Downs)의 견해에 반대해야 하는 점을 유감스럽게 여긴다!

19 J. Jeremias, *Jesus' Promise to the Nations*(London: SCM, 1958).

20 롬 10:15-16과 15:21에서 바울이 사 52:7, 15; 53:1을 인용한 것에 대한 연구에서 로스

론적이고 실증주의적 주해를 시도한다.

일반적인 견해에 반대하는 다운스의 첫 번째 주장은 고전 16:1-4; 고후 8-9; 롬 15:25-32의 헌금에 대한 본문에서 바울이 어떤 GEP 본문도 인용하지 않는다는 것이다 (6). 하지만 그는, 이방인들이 종말론적인 다윗의 자손 메시아의 나라에 들어가는 것을 확증하기 위해 롬 15:9-12에 연쇄적으로 인용되는 구약 본문들과 이어지는 섹션인 롬 15:14-32에서 바울이 자신의 이방인을 위한 사도 사역에 대해 설명하는 내용들 사이의 연결을 이해하는 데 실패한다. 그래서 그 연쇄적인 구약본문 인용의 정점에서 인용된 사 11:10가 GEP의 암시일 가능성을 인정하면서도 다운스는, "롬 15:25-32에서 바울이 헌금에 대해 명시적으로 하는 코멘트들에 순례 본문들에 대한 어떤 언급도 없다는 것"은 바울이 헌금에 GEP의 의미를 결부시키지는 않았음을 보여준다고 주장한다(7). 그러나 그렇다면 마찬가지 논리로 헌금이 바울의 이방인 교회들과 유대의 유대인 교회 사이의 교제와 일치를 촉진하는 에큐메니칼한 목적을 가지고 있다는 다운스 자신의 견해(15-19) 역시 거부되어야 할 것이다. 바울이 헌금에 그러한 의미를 덧붙였다는 것은 부인할 수 없다(참고. 갈 2:1-10). 여기서는 바울이 롬 15:25-32에서 GEP를 언급하지 않듯이 그런 의미를 언급하지 않는다는 것만 관찰할 수 있을 뿐이다. 롬 15:26의 κοινωνίαν τινὰ ποιήσασθαι 라는 문구를 "일종의 파트너십을 형성하는 헌금을 하다(to make a certain partnership-forming contribution)"로 번역함으로써 그 문구에 에큐메니칼한 목적을 매달아 놓으려는 다운스의 시도(16-17)는 성공적이지 못한 것 같다.

다운스의 두 번째 주장은 롬 15:14-32에서 바울이 자신의 이방인 대표단에 대해 언급하고 있지 않다는 사실에 기초한다(7-8). 그 본문에서 바울은 단지 자기 자신에 대해서만 말하고 있으며 독자들에게 하나님이 유대에 있는 믿지 않는 자들에게서 자기를 건져 주시도록 그리고 자신의

왜그너(J. Ross Wagner)가 내린 결론 중 하나는 "바울의 인용들은 이사야서를 무작위로 여기저기 뒤지다가 건지게 된 노획물이 아니라 [사 51-55장의] 본문을 이방인의 사도로서의 자신의 상황에 비추어 주의 깊게 읽어낸 열매다"라는 것이다("Heralds of Isaiah," 221).

사역이 예루살렘의 성도들에게 잘 받아질 수 있도록 기도해 줄 것을 부탁한다. 그러나 그는 자신의 이방인 동역자들이 헌금을 예루살렘으로 전달하는 것에 대해 언급하는 것은 고사하고 그들에 대해서도 일절 언급하지 않는다. 다운스로서는 이 점이 "헌금을 종말의 순례로 읽는 것의 타당성을 의심하게 한다"(8). 그러나 그렇다면 다시금 같은 논리로 헌금은 에큐메니칼한 목적을 가지고 있었다는 다운스 자신의 견해 역시 거부되어야 할 것이다. 왜냐하면 그의 논리대로라면 롬 15:25-32에서 바울이 자신의 이방인 대표단을 언급하고 독자들에게 예루살렘 교회가 그들을 호의로 잘 받아주도록 기도를 부탁하지 않는 것 역시 그가 이방인 교회들과 예루살렘 교회 사이의 에큐메니칼한 교제를 촉진시킬 생각이 없었음을 시사하는 것으로 그렇게 봐야 할 것이기 때문이다.

다운스는 롬 15:16의 προσφορὰ τῶν ἐθνῶν을 "이방인에 의해 드려지는 제물"(149)과 "이방인들에 의한 순종과 제의적 예배의 제물(an offering of obedience and cultic worship made by the Gentiles)"(151)이라는 의미로, 그리고 구체적으로 헌금을 가리키는 것으로(149-56) 취하며 이 견해의 근거를 부분적으로는 롬 15:16의 제의 언어(λειτουργός, ἱερουργέω, προσφορὰ εὐπρόσδεκτος, and ἁγιάζω)와 롬 15:25-32의 제의 언어(λειτουργέω, εὐπρόσδεκτος, 또한 참고. ἐπιτελέω, σφραγίζω) 사이의 병행에서 찾는다(154-55). 하지만 롬 15:16에 대한 이 해석이 사실은 바울이 자신의 헌금 계획에서 GEP 예언을 반영한다는 견해를 보통의 해석보다 더욱 강력하게 뒷받침해준다는 점을 다운스가 보지 못한다는 것이 이상할 따름이다.[21] 롬 15장의 제의 언어에 대해 살피면서 다운스는 그러한 용어들의 은유적 용법과 바울이 그 용어

---

[21] 대다수의 주석가들은 προσφορὰ τῶν ἐθνῶν 문구의 속격을 동격적 혹은 부연설명적 속격(epexegetic; 이방인들이 곧 제물이다)으로 취한다. 하지만 이 문구는 그들의 선물, 곧 이어지는 섹션(롬 15:25-32)의 주요 주제인 헌금에 대한 언급도 포함하는 것으로 볼 필요가 있다. 참고. P. T. O'Brien, *Gospel and Mission in the Writings of Paul: An Exegetical and Theological Analysis*(Grand Rapids: Baker, 1995), 51: "제물은 그 대표자들이 가져오는 물질로 드린 선물들(헌금)로 대변되는(epitomized) 이방인들 그 자신들이다."

들을 이방인 선교와 이방인 교회들의 예루살렘 교회를 위한 섬김에 적용하고 있음을 지적한다. 그는 또한 바울의 기독교(Pauline Christianity)에 문자적 성전 개념과 동물 제사와 절기들과 같은 제의적 행위에 대한 개념이 없다는 점을 주목한다. 따라서 어떻게 다운스가 바울이 예루살렘 성전이 아니라 예루살렘 교회로 헌금을 가져왔으므로 우리가 그의 헌금 계획에 GEP 의미가 반영되어 있다고 볼 수 없다(8-9)고 주장할 수 있는지 이해하기 어렵다. 사실 바울은 교회를 하나님의 성전으로 부르는데(고전 3:16-17) 이는 분명 그가 교회를 하나님이 그 영을 통해 거하시는 하나님의 종말 백성으로 이해하기 때문이다(참고. 고전 6:19; 신 12:5, 11, 21; 시 114:2; 슥 2:10-11; 1QS 5:5-6; 8:4-10; 9:3-6; 등). 따라서 우리는 바울이 예루살렘 교회 (ἡ ἐκκλησία τοῦ θεοῦ/ קהל יהוה, 갈 1:13)를 그리스도의 터 곧 그리스도의 종말의 속죄 제사와 언약 위에 세워진 시온의 하나님의 성전으로 간주했다고(참고 고전 3:11; 11:24-25; 롬 3:24-26) 충분히 그렇게 상상해볼 수 있다. 그렇다면, 이방인들의 헌금을 예루살렘 교회로 가져올 때 바울은 GEP 예언들에 대한 소망들 중 하나를 성취한다고 충분히 그렇게 생각했을 수 있다.

헌금에 대해 언급할 때 바울은 예루살렘의 가난한 그리스도인들에게 구제 헌금을 제공한다는 목적만 명시적으로 밝힌다(롬 15:25-27; 고후 8:4; 9:1, 12). 그것이 우선적인 목적이었음은 의심의 여지가 없다. 하지만 단지 그 목적만을 위해 그가 특히 고린도 교회와 그렇게 많은 오해와 갈등을 겪으면서도—그 중 일부는 예루살렘 교회와 어떤 연관이 있는, 외부에서 고린도 교회로 들어온 바울의 유대인 그리스도인 대적자들에 의해 야기되거나 악화되었다(특히 고후 10-13장을 참고하라)—그렇게 오랜 기간 동안 그토록 엄청난 노력을 했다고 믿기는 어렵다. 따라서 GEP와 에큐메니칼한 의미 등과 같은 헌금을 위한 더 많은 진지한 목적들이 있었을 것임에 틀림없다. 바울이 그러한 의미들을 명시적으로 언급하지 않은 이유는 롬 15:25-32; 고전 16:1-4; 고후 8-9장에서 바울이 헌금의 의미들을 설명하는 것보다 다른 것에 관심을 두고 있다는 사실뿐만 아니라, 구제의 목적

에 대한 명시적 언급의 경우, 예루살렘 교회에 진짜 그 구제헌금이 필요
할 뿐만 아니라 그 지도자들도 특별히 요청한 일인 한(갈 2:10), 논쟁의 여
지가 없는 반면 그 두 가지 의미들에 대한 언급은 자신의 이방인 선교를
반대하는 일부 유대인 그리스도인 대적자들의 마음에 논쟁을 부추길 수
도 있을 가능성을 그가 의식했다는 사실로도 설명이 가능하다.

  그러나 바울은 헌금의 두 다른 목적들을 완전히 비밀로 묻어두지는
않는다. 고후 9:13-14에서 그가 헌금에 대해 말하는 것을 주목해 보라:
"이 섬김의 행위를 통해 제공되는 증거[δοκιμή]를 보고 그들[예루살렘
교회]이 너희의 그리스도의 복음에 대한 고백 안에서 하는 순종과 그들
과 모든 사람과의 교제에 대한 이해의 진정성으로 인해 하나님께 영광을
돌릴 것이다. 그리고 그들이 너희를 위해 기도할 때 너희에게 부어 주신
하나님의 풍성한 은혜로 인해 너희 보기를 간절히 소망할 것이다."[22] 여
기서 바울은 예루살렘 교회가 자신들의 부족한 것을 채우는 고린도인들
의 헌금(고후 9:12)을 고린도인들이 자신들과의 교제의 진정성의 "증거"로
간주할 것이며 예루살렘 교회가 그들을 위해 기도할 뿐 아니라 그들을
보기를 간절히 바랄 것임을 분명히 시사한다. 따라서 바울은 헌금의 에
큐메니칼한 목적을 드러낸다. 하지만 바울의 진술에서 보다 충격적인 것
은 예루살렘 교회가 헌금을 고린도인들이 그리스도의 복음으로 돌아선
것과 그들이 하나님의 구원의 은혜를 풍성히 받았다는 "증거"로 취할 것
이라는 점이다. 바울이 여기서 종말에 주께 돌아와 그의 구원을 경험하
는 이방인들이 선물들을 가지고 시온으로 올 것이라는 일부 GEP 본문들
의 예언을 반영하고 있다고 보는 것은 분명 합리적이다.[23]

  따라서 고후 9:13-14은 바울이 자신이 예루살렘 교회를 위해 이방인
교회들 가운데서 조성한 헌금으로 바울은 GEP 비전을 실현하고자 했음

---

22 이 번역은 M. E. Thrall, *The Second Epistle to the Corinthians*(ICC; Edinburgh: T&T
    Clark, 2000), 2:563에서 가져온 것이다.
23 참고. D. Georgi, *Remembering the Poor: The History of Paul's Collection for
    Jerusalem*(Nashville: Abingdon, 1992), 106.

을 확증해준다. 이로써 그 구절은 바울이 그 자신을 GEP를 실현하는 일꾼으로 이해했다는 위에서 내린 결론 또한 확증해준다. 그렇다면 예루살렘으로 헌금을 호송하는 그의 여정(롬 15:25-32)을 GEP를 실현하는 것(enactment)으로 보는 것이 타당하다. 고전 16:3-4; 고후 8:17-23; 9:3-5에서의 바울의 언급들을 고려하여 우리는 그 여정에 그가 디도와 같은 몇몇 이방인 그리스도인 동역자들뿐만 아니라 그 헌금 계획에 참여했던 교회들의 대표들로 구성된 사절단도 자신과 함께 동반하도록 했다고 생각할 필요가 있다. 그러나 우리는 이들이 구체적으로 누구인지 혹은 몇 명이었는지는 알지 못한다(행 20:4-5의 여러 도시와 지방 출신의 바울의 동반자들의 목록에도 불구하고). 하지만 바울에게 그 사절단의 규모는 그리 중요하지 않았을 것이다. 왜냐하면 그는 GEP를 모든 이방인 그리스도인들이 시온으로 오게 한다는 문자적 의미가 아니라 상징적인 의미로, 아마도 민 17:17-21에서 도출한 첫 열매 원리를 적용하여(롬 11:16) 그 대표자들을 통해 실현하고 있었기 때문이다.

롬 15:30-32에서 바울은 유대의 믿지 않는 유대인들로부터 있으리라고 예견되는 위협과 이방인 교회들의 선물들을 예루살렘 교회가 거부할 가능성에 대한 자신의 우려를 표현한다. 하지만 그는 그 위험한 여정을 포기하지 않는다. 자신이 그렇게 오랫동안 바래 왔던 로마로의 여행을 미루면서까지 그는 예루살렘으로의 여정을 반드시 이루겠다 결심한다(롬 1:10-13; 15:22-25). 불굴의 믿음과 지칠 줄 모르는 소망을 가진 이 사람은(참고. 롬 4:18-21; 5:5; 고후 4:8-12) 분명 고후 9:13-14에서 표현한 소망—예루살렘 교회가 이방인 교회들의 선물들에서 그들이 GEP 예언을 성취하여 진실되게 주께로 돌아와서 하나님의 구원의 은혜를 받았다는 "증거"를 보고 그 사절단과 선물들을 환영할 것이라는 소망—으로 확신을 얻고 염려를 이기고 그 위험스러운 여정을 실천에 옮긴다. 바울은 예루살렘 교회가 자신의 이방인 선교를 통해 GEP에 대한 성경의 예언이 성취되는 것을 그와 같이 인정하고 그 자신은 그들에게 자신의 복음을 로마서에서 제시한 그런 형태로 설명하고[24] 그렇게 함으로써 그들이 점점 더 강화되는 유대주의적 경향에서 벗어나 그의 이방인 선교를 전심으로 승인하는 방향으로 나가게 하기를 희망한다. 자신의 복음과 이방인 선교에 대해 시비를 거는 유대주의자들과 지금까지 겪었던 어려움들을 고려할 때 바울은 그와 같은 희망이 예루살렘으로의 위험스러운 여정을 그만큼 가치 있게 만든다는 것을 알게 될 것이다. 만일 그 희망이 이루어진다면, 그것은 로마 세계의 동반부(the Eastern hemisphere)에서의 그의 선교가 성공적으로 완료되었음을 알리는 이정표가 될 것이며(롬 15:18-19) 그는 서반부 선교를 시작하기 위해 실제로 로마로 "기쁨으로 갈" 수 있을 것이다(롬 15:22-24, 32).

그런데 선물을 들고 가는 이방인 사절단과 함께 예루살렘으로 올라감으로써 바울이 믿지 않는 유대인들에게도 깊은 인상을 주는 것 역시 생각하고 있었을 가능성이 크다. 롬 11:13-14에서 그는 말한다: "… 내가 이방인의 사도인 만큼 내 직분을 영광스럽게 여기노니 이는 혹 내 골육을 아무쪼록 시기하게 하여 그들 중에서 얼마를 구원하려 함이라." 바울의 헌금 호송 여정과 이 구절을 연결시켜 바울의 그 여정의 목적들 중 하나가 바로 믿지 않는 유대인들로 이방인들이 구원 얻는 것에 대해 시기하게 만들어 그들 중 얼마라도 돌이켜 구원을 얻게 하는 것이라고 처음 제안한 것은 뭉크(J. Munck)였다.[25] 뭉크의 논증에 몇 가지 미심쩍은 요소들이 있음에도 불구하고 그의 기본 논지는 건전하다. 우리는 바울이 롬 11:13-14의 그 문장들을 예루살렘으로 헌금을 호송하는 그 여정에 오르기 직전에 쓰고 있다는 점을 잊으면 안 된다. 그리고 그 헌금 여정이 분

---

24 이것이 바울이 로마서를 기록한 목적들 중 하나라고 보는 견해에 대해서는 *The Romans Debate*(ed. K. P. Donfried; revised ed.; Peabody, MA: Hendrickson, 1991), 3-64에 수록된 맨슨(T. W. Manson)과 본캄(G. Bornkamm), 클라인(G. Klein), 저벨(J. Jervell)의 논문들을 참고하라.

25 J. Munck, *Paul and the Salvation of Mankind*(Richmond: John Knox, 1959), 301-05; 마찬가지로 Georgi, *Remembering the Poor*, 118-19; K. F. Nickle, *The Collection: A Study in Paul's Strategy*(London: SCM, 1966), 129-43.

명 바울이 자신의 이방인을 위한 사도로서의 사역을 "영광스럽게 드러내는(glorifies)" 방법들의 한 예가 된다는 사실 역시 무시하면 안 된다(참고. 롬 15:15-29). 따라서 그가 롬 11:13-14을 이제 막 있게 될 헌금 여정이 예루살렘 교회뿐만 아니라 믿지 않는 유대인들에게 미치게 될 효과들에 대해 충분히 고려하면서 기록하고 있다고 생각하는 것이 자연스럽다. 따라서 바울은 성경에 예언된 대로 이방인들이 구원받고 종말에 시온으로 순례 오는 것을 보여줌으로써 자신이 신 32:21에서 깨닫게 된 하나님의 일하시는 방식에 따라 유대인들로 시기하게 하고(참고. 롬 10:19; 11:11) 그리하여 그들 안에 복음에 대한 관심을 불러일으켜 그들 중 얼마라도 결국은 구원으로 나오도록 이끌기를 희망한다.[26]

따라서 바울이 자신의 이방인들을 위한 사도로서의 사역을 이방인들의 구원뿐만 아니라 이스라엘의 구원을 위하는 도구로도 보고 있음이 분명하다. 이 사실은 우리가 위에서 관찰한, 그리스도의 복음의 종말의 전령의 한 사람(혹은 바로 그 전령)이자 종말에 이방인들이 시온으로 순례 오는 것을 실현하는 일꾼의 한 사람(혹은 바로 그 일꾼)이라는 바울의 자기 이해와 잘 부합된다. 그런데 바울은 로마 세계의 동반부에서 자신이 "복음을 편만하게 전하였다[πεπληρωκέναι]"고 말하고(롬 15:19), 그것도 그 선교의 열매들인 이방인 회심자들을 그들의 대표자들을 통해 하나님께 제물로 드리게 될 헌금 호송 여정을 준비하는 중에 그렇게 말한다(롬 15:16, 25-32). 그렇기 때문에 우리는 그가 동반부의 "이방인의 충만한 수[πλήρωμα]"를 하나님 나라에 들어가도록 인도하는 과업(롬 11:25)이 완료된 것으로 보고 있는 것인지와 그가 "이방인의 충만한 수"를 인도해 들이는 전체 과업이 자신이 계획하고 있는 서반부 선교를 성공적으로 완수할 때 성취되는 것으로 간주할 것인지에 대해 질문해 볼 수 있다. 이 질문들에 긍정적으로 답하는 것은 바울이 자신을 "이방인의 충만한 수"를 하나

---

26 M. Baker, "Paul and the Salvation of Israel: Paul's Ministry, the Motif of Jealousy, and Israel's Yes," *CBQ* 67(2005): 474-77의 견해에는 미안하지만 동의하지 않는다.

님 나라로 인도해 들어가게 하라는 명령을 받은 이방인의 사도로 간주하고 있음을 의미한다. 이것은 또한 이방인들을 위한 그의 사도직이 "온 이스라엘"의 구원을 위한, 사실상 그가 "신비"(τὸ μυστήριον, 롬 11:25-26)라 부르는 하나님의 구원 계획 전체를 위한 결정적인 도구이기도 하다는 뜻일 것이다. 골 1:24-29에서 자신이 "하나님의 말씀 곧 신비[τὸ μυστήριον]를 이루게 하시려[πληρῶσαι] 하나님의 οἰκονομία(경륜)를 따라 일꾼"이 되었다고 말할 때(참고. 엡 3:1-13) 바울은 아마도 자신의 사도직의 구원사적 역할에 대한 이와 같은 이해를 표현하는 것 같다. 이 연구는 결국 우리를 다음 질문으로 인도한다. 살후 2:6-7에서 그리스도의 파루시아 전에 있게 될 "불법의 사람(무/불법자)"의 나타남을 "막고 있는 것"(τὸ κατέχον)으로 바울은 "이방인의 충만한 수"를 하나님 나라로 인도해 들어가게 하는 자신의 사명을 말하고 따라서 "막고 있는 자"(ὁ κατέχων)는 자기 자신을 가리키는 것인가? "종말의 전령으로서의 바울"이라는 주제에 대한 우리의 논의는 이 모든 어려운 질문들에 대한 적절한 논의가 이뤄질 때만이 온전하게 될 것이다. 그러나 여기서는 그 논의들을 지면의 여유가 없다.[27]

결론

필자는 다음의 네 가지 확증한 내용으로 이 연구의 간단한 결론을 맺고자 한다:

1. 사도로서 바울은 그 자신을 이방인들과 유대인들을 위한 복음의 종말의 전령으로 이해한다.

2. 그의 메시지는 주 예수 그리스도의 복음, 곧 구원의 새 시대를 열고 악의 세력들의 시대를 끝장내는 하나님의 아들 다윗의 자손 메시아를 통한 하나님의 구원의 통치에 관한 혹은 하나님의 의롭다 하시는 의에 관한 기쁜 소식이다.

---

27 이제 위의 본서 *13장*에 수록된 논문 "무/불법자"를 "막고 있는 것"(τὸ κατέχον)과 "막고 있는 자"(ὁ κατέχων)(살후 2:1-12)를 보라.

3. 사도로서 그리고 종말의 전령으로서 바울은 자신을 하나님의 구원 계획을 위한 결정적인 일꾼 혹은 도구로 이해하고 있으며 복음 전도를 통해 이방인들을 위한 하나님의 구원 계획을 성취하기 위해 일하는 동안에도 자신의 이방인 선교를 통해 유대인들을 위한 하나님의 구원 계획을 성취하려고 애쓰기도 한다.

4. 바울은 자신의 복음과 사도직, 하나님의 구원 계획에 대한 그와 같은 이해를 다메섹 계시를 성경, 특히 이사야서를 통해 해석함으로 발전시킨다.

Paul's Gospel for the Thessalonians and Others

===== 17장 =====

목회자 바울 : 그의 설교와 사역[*]

설교는 기독교 사역에서 가장 기본적인 요소는 아닐지 몰라도 하나의 중요한 요소다. 사도 바울은 지중해 동쪽 세계의 여러 도시들에서 복음을 전하고 교회를 개척한 선교사였다. 그는 또한 목회자로서 그 교회들에서 섬기기도 했는데 어떤 도시들에서는 개척 방문 때 짧게 그러나 다소와 안디옥, 에베소, 고린도와 같은 다른 도시들에서는 보다 긴 기간 동안 목회를 했다. 자신이 세운 교회들과 물리적으로 떨어져 있는 동안에도 그는 디모데와 디도와 같은 자신의 동역자들과 서신들을 보내 추가적인 가르침과 권면들을 제시함으로써 그 교회들을 위한 목회 사역을 수행했다. 신약성경에는 그와 같은 목회적 서신 여러 편이 보존되어 있는데 거기서 그는 서신을 수신하는 교회들에게 자신이 그들에게 전한 복음을 명시적으로나 함축적으로 상기시키고, 그들의 다양한 상황들 가운데서

---

[*] 2012년 7월 5-6일 양일간 "초대교회의 설교와 사역"이라는 주제로 한국 서울에서 열렸던 아시아태평양 초대교회연구학회(Asia-Pacific Early Christian Studies Society) 모임에서 주요 논문으로 발표했던 논문인 "Paul as a Preacher and Pastor"를 약간 수정한 버전임.

생겨나는 이슈들과 필요들에 대한 보다 진전된 가르침을 통해서 그가 전했던 복음을 보다 자세히 설명하고, 그 교회들을 위한 다른 목회적 노력들을 한다. 따라서 바울은 신약성경에서 설교자가 자신의 설교를 어떻게 목회 사역 전반에 연결시켰는지를 우리가 관찰할 수 있는 최고의—유일한 예는 아니라 하더라도—예라 할 수 있다.

1부. 바울의 복음과 사도직

바울은 다메섹 인근에서 하나님의 아들 그리스도 예수의 나타남/계시를 통해 자신의 복음과 사도 직분을 받았다고 주장한다(갈 1:11-17; 참고. 행 9:1-22; 22:6-21; 26:12-18).

1. 그의 복음

바울은 다메섹에서의 그리스도 현현을 통해 십자가에 죽으신 예수께서 하나님의 곁으로 높임 받으신 모습으로 계시되신 것을 보고서 초대교회가 예수를 메시아와 주, 하나님이 우리의 구원을 위해 보내신 하나님의 아들로 전하는 복음을 받아들이게 되었다. 이와 같이 바울은 복음, 그리스도 예수 안에서의 종말론적 구속에 관한 기쁜 소식을 가지게 되었고 그 복음을 종종 자기보다 먼저 그리스도인 된 사람들에게서 받은 형식들로, 다시 말해 하나님의 아들 그리스도 예수로 요약하여 전하기 시작했다(롬 1:3-4; 3:24-26; 4:25; 고전 15:3-5; 고후 5:21; 등).[1] 이 하나님의 아들은 우리 죄를 대속하기 위해 죽음으로 넘겨지셨고 우주의 주로 높임 받아 하나님을 대신하여 다스리고 계시며 심판과 하나님 나라에서의 구원의 완성을 위해 다시 오실 것이다. 자신이 전하는 이 복음을 들은 사람들에게 바울

---

1 많은 학자들은 롬 8:3-4; 갈 4:4-5; 빌 2:6-11; 골 1:15-20; 살전 1:9-10과 같은 본문들도 바울-이전 전승으로 간주한다.

580

은 그 복음을 믿고, 그렇게 함으로써 그 복음에 제시된 하나님의 은혜를
통한 구원의 덕을 입고, 하나님 나라의 의롭다 함을 받은 혹은 거룩하게
된 백성들이 되고, 주 예수 그리스도의 파루시아 때 그들이 누릴 완성된
구원의 첫 열매이자 보증인 성령을 받으라고 초청했다(롬 8:23; 고후 1:22;
5:5).

2. 사도와 목회자

바울이 자신을 무엇보다 사도, 곧 그의 복음을 유대인들과 이방인들
모두에게 전하여 그리스도께서 하나님의 아들로서 하나님 아버지를 대
신하여 다스리시는 하나님 나라에 들어가도록 인도하라고(롬 1:1-5; 15:7-
12; 고전 15:23-28; 골1:13; 살전 2:12; 등), 주 예수 그리스도께 전권을 위임 받고
또 보내심을 받은 특사로 이해했다고 주장하기 위해서는 긴 논증을 필요
치 않는다. 따라서 바울은 그 자신을 일차적으로는, 복음을 전하고 순회
선교 여행을 하면서 여러 다른 지역들에서 하나님의 종말의 백성들을 창
조한 다음 곧 교회를 "개척하"거나 "[그] 터를 놓"은 다음 그 교회들을 계
속해서 세워가는 것은 다른 하나님의 종들에게 남겨두는 것을 주요 과
업으로 하는 개척 선교사로 이해했다(고전 3:5-10; 또한 롬 15:20). 이것이 바
로, 적어도 세계 선교를 하는 동안에는 한 곳에 오래 머물기보다 개척의
과업이 완성되자마자 곧 다른 도시로 옮겨가는 것을 분명 자신의 보통의
원칙으로 삼은 이유다.[2]

그러나 어떤 도시나 마을에서 그가 머문 기간이 얼마나 짧았든지 간
에 그는 목회자의 마음을 가지고 사도로서의 과업을 수행했다.[3] 데살로

---

2 그는 종종 박해와 같은 외부적인 상황 때문에 옮길 수밖에 없게 되기도 했다. 세계 선교 여
행 중에 보다 긴 기간을 고린도(약 18개월, 행 18:11)와 에베소(2-3 년, 행 19:10; 20:31)에서 머
무른 것은 예외적인 일이었다. 참고. R. Riesner, *Die Frühzeit des Apostels Paulus:
Studien zur Chronologie, Missionsstrategie und Theologie*(WUNT 71; Tübingen: Mohr
Siebeck, 1994), 186, 194.

3 참고. J. W. Thompson, "Paul as Missionary Pastor," in *Paul as Missionary:
Identity, Activity, Theology, and Practice*(LNTS. ed. T. J. Burke and B. S. Rosner; London:

니가전서가 이것을 잘 보여준다. 분명히 그는 데살로니가에서 선교를 하
는 동안 거기에 3개월 이상 머물지 않았다.[4] 이 짧은 기간 동안 그는 회심
자들에게 복음을 설명하고(1:9-10; 4:14; 5:9-10), 기독교적 삶의 방식에 대
한 가르침을 제시하고(4:1-2), 믿음과 사랑과 소망의 삶(1:3)과 우상숭배와
방탕이 팽배한 이교적 환경에서 성화의 삶(4:1-8)을 살도록 권면하기 위
해 최선을 다했다. 그래서 그는, 데살로니가전서에서 데살로니가인들에
게 "어떻게 우리가 너희 각 사람에게 아버지가 자기 자녀에게 하듯 권면
하고(παρακαλοῦντες) 위로하고(παραμυθούμενοι) 경계하여(μαρτυρόμενοι) 너
희를 자기 나라와 영광으로 부르시는 하나님께 합당히 행하게 하려 했"
는지를 상기시킨다(2:11-12).[5] 그는 이 목회 사역을 "아버지가 자기 자녀
에게 하듯" 수행했을 뿐 아니라(참고. 고전 4:14-15; 몬 10; 또한 고후 11:2; 12:14)
"그 자녀를 돌보는 유모같이" 그 사역을 수행하기도 했다(2:7). 갈 4:19에
서, 갈라디아에서 문제가 생긴 회심자들을 위한 자신의 목회 사역을 예
시하고자 그는 해산하는 고통을 견디는 "어머니" 이미지를 사용한다. 롬
15:16에서 바울은 자신의 사역을 이방인들을 성령으로 거룩하게 된 제물
로 바치는 "제사장 직분"(ἱερουργοῦντα)으로 묘사한다. 이 이미지들로 그는
자신의 권위와 책임, 사랑으로 돌봄, 목회자로서 회심자들을 위한 희생
이라는 의미를 효과적으로 전달한다. 데살로니가에서 목회 사역을 하면
서 그는 "거룩하고 의롭고 흠이 없는" 방식으로 행동했으며 이로써 자신
이 회심자들에게 하나님 나라 시민들로서 살아가라고 권면하는 흠 없는
성화의 삶을 본으로 보여주었다(2:3-6, 10-12; 3:12; 4:1-8; 참고. 빌 1:27).
　　분명 바울은 데살로니가에서의 3개월 정도의 사역은 거기에 교회의

T&T Clark, 2011), 25-36.

4　예를 들어, Riesner, *Die Frühzeit des Apostels Paulus*, 323; A. J. Malherbe, *The
Letters to the Thessalonians*(AB; New York: Doubleday, 2000), 61을 참고하라.

5　바울은 자신의 목회적 활동들을 묘사하기 위해 여기서의 세 동사들과 함께 다음과 같은 동
사들도 사용한다: "구하다"(ἐρωτᾶν, 살전 4:1; 5:12); "명령하다"(παραγγέλειν, 살전 4:2, 11); "미
리 말하다/경고하다"(προλέγειν, 살전 4:6); "증언하다(solemnly declare)" (διαμαρτύρεσθαι, 살전
4:6); "권하다"(νουθετεῖν, 고전 4:14; 골 1:28).

터를 충분히 든든히 다질 수 있을 만큼의 긴 기간은 아니라고 생각했다
(참고. 살전 3:10). 그래서 그 도시에서 갑작스럽게 쫓겨난 후 그는 자신의
회심자들이 이교도들의 박해에 흔들리지 않고 계속 믿음에 남아 있을지
가 너무 염려되어 몇 번이고 그들에게 돌아가려고 애썼다. 하지만 그들
을 도우려고 직접 가는 것이 불가능한 것을 알고서 그는 "[그들을] [그들
의] 믿음 안에 굳게 세우고 [그들을] 권면하여 아무도 이 환난들로 흔들
리지 않게 하려고" 자신의 동역자 디모데를 보냈다(2:17-3:5). 디모데가 그
들의 믿음과 사랑에 대한 기쁜 소식을 가지고 돌아왔을 때(3:6), 바울은
기쁨에 겨워 하나님께 감사를 드리면서 그들의 믿음을 공고히 하고 그들
이 씨름하고 있는 몇 가지 종말론 관련 문제들에 대한 추가적인 가르침
과 성화의 삶과 공동체의 하나 됨 및 치리에 관한 추가적인 권면을 제공
하고자 이 데살로니가전서를 썼다.

    따라서 자신이 세운 교회를 떠난 후에도 바울은 그 교회가 계속 믿음
과 사랑에서 자라가도록 하는 데 관심이 많아서 그 교회에 기도를 통해,
직접 다시 방문함으로, 그리고 자기 동역자(들)과 서신(들)을 보냄으로써
지속적으로 목회적 돌봄을 제공하려 애썼다. 데살로니가 교회에 보여준
이 목회적 돌봄의 패턴은 고린도 교회에 대해서도 반복되는데 바울은 훨
씬 긴 기간에 걸쳐 고린도 교회를 두 번 직접 다시 방문했고(고전 4:19; 고후
1:15-16) 디모데(고전 4:17; 16:10)와 디도(고후 7:6-7)를 이 교회로 보냈으며 또
한 몇 개의 목회적 서신들(고전 5:9-11; 고후 7:8; 등)을 보냈다. 이는 그들의
잘못을 바로잡고, 그들이 문의한 것들에 대해 보다 많은 가르침을 전달
하고 성화된 삶과 교회의 하나 됨과 건강을 위한 강력한 권면들을 제시
하기 위한 것이었다.

    데살로니가전서와 고린도전후서의 예들로 볼 때 바울은 분명 "모
든 교회를 위한 염려로 날마다 눌리는 것"을 견뎌내는 목회자였다(고후
11:28). 이러한 염려로 눌림 때문에 그는 또한 갈라디아서와 고린도후서와
같은 절박한(desperate) 서신들과 데살로니가전서와 빌립보서와 같은 긍정
적(affirmative)인 서신들을 쓰게 되었다. 따라서 자신이 세우지 않은 교회

에 보내는 서신인 로마서를 포함한 그의 모든 서신들은 개별적으로 각기
독특한 방식으로 목회적 서신들이다.

이 모든 목회적 노력들을 통해 바울은 복음을 믿는 자들의 공동체들
을, "하나님께 합당한" 혹은 "그리스도의 복음에 합당한" 삶(살전 2:12; 빌
1:27; 또한 참고. 빌 1:27 + 3:20; 롬 14:17) 곧 믿음과 사랑과 소망을 그 특징으로
하는 삶을 사는(고전 13:13; 살전 1:3; 3:13; 4:9-12; 5:8-9; 또한 참고. 살후 1:3-4) 하
나님 나라 백성들로 만들고 세움으로써 주 예수 그리스도의 파루시아 때
그들을 하나님께 흠 없이 거룩케 된 제물로(롬 15:16; 빌 2:15-16; 살전 3:13;
5:23; 또한 참고. 고전 1:8-9; 빌 1:6, 9-11) 혹은 그리스도께 "정결한 처녀로" 드
리고자 했다(고후 11:2). 이와 같은 목회적 목표를 위해 바울은 그리스도인
들에게 그리스도/하나님의 형상으로 변화되어 가는 과정에서 예수 그리
스도의 파루시아 때 그것이 완성될 것을 바라보면서 계속해서 성장해갈
것을(롬 12:1-2; 8:29; 고전 15:49; 고후 3:18; 갈 4:19; 빌 3:20-21; 골3:10; 등) 또는 옛
아담적 인간을 "벗어 버리고" 그리스도로 혹은 새 사람을 "입으라"고 가
르치고 권면한다(롬 13:12-13; 고전 15:44-45; 갈 3:37; 골 3:9-11; 또한 참고. 엡 4:22-
25).[6]

하나님의 은혜로(고전 15:10) 혹은 성령의 도우심으로(롬 15:18-19), 바울
은 자신의 목회 사역을 성공적으로 마무리하여 최후의 심판 때 자신의
"상"(고전 3:14; 9:18) 혹은 "면류관"(빌 4:1; 살전 2:19-20)을 받기를 희망한다.
이 "상"은 구원에 더하여 추가로 받는 선물이 아니라 그의 교회들이 흠
없이 성화된 교회들로 영광스럽게 빛나는 모양으로 나타나는 것을 의미
하는데(빌 1:10-11; 2:15-16; 살전 3:13; 고전 1:8) 이로써 그의 구원이 완성될 것
이다.[7]

---

6 J. W. Thompson, *Pastoral Ministry according to Paul: A Biblical Vision*(Grand
 Rapids: Baker, 2006), 특히 20-23, 59.
7 본서 8장에 수록한 논문 "바울의 '소망이나 기쁨이나 자랑의 면류관'으로서의 데살로니가
 교회(살전 2:19-20)"를 보라. S. H. Travis, *Christ and the Judgment of God: The Limits
 of Divine Retribution in NT Thought*(Milton Keynes: Paternoster, ²2008), 172-73도 참고
 하라.

584

3. 그의 설교와 복음의 목회적 적용

여기서 우리가 바울 신학의 일관성(coherence)과 상황성(contingency)에 대한 복잡한 문제는 논의할 수 없지만[8] 바울이 어떻게 그의 교회들 각각의 다양한 필요나 문제들에 복음을 목회적으로 적용하면서 설교하는지에 대한 몇 가지 간단한 관찰은 할 수 있다.

데살로니가전서에서 바울은 분명 복음을 자세히 설명할 어떤 필요도 보지 못한다. 그래서 그는 독자들에게 그들이 새롭게 가지게 된 그리스도 예수에 대한 믿음 안에 굳게 서라고 격려하고 그들에게 주 예수 그리스도의 파루시아 때 그들의 구원이 완성될 것에 대한 소망을 가지고 성화의 삶을 살라고 권면하는 데 초점을 맞춘다. 그러나 종말론과 관련한 두 가지 문제에서 생겨난 그들의 슬픔과 염려에 대해 다루면서 바울은 그들이 익숙히 알고 있는 예수의 죽음과 부활의 복음의 케리그마 형식을 언급한다. 데살로니가인들에게 주의 파루시아 전에 죽은 그들의 동료 신자들의 운명에 대해 안심시키기 위해(4:13-18) 바울은 그들에게 만일 그들이 예수의 죽음과 부활의 복음 진정으로 믿으면 그들은 예수를 죽은 자 가운데서 살리신 하나님이 "이와 같이 예수 안에서 자는 자들도 그와 함께 데리고 오실" 것(4:14)을 확신하고 마음에 평안을 가져야 한다고 가르친다. 그리고 파루시아의 날짜에 대한 그들의 염려를 누그러뜨리기 위해(5:1-11) 바울은 예수의 우리를 위한 대신적, 대속적 죽음에 대한 근본 복음에 암시된 하나님의 구원 계획을 설명한다(5:9-10). 따라서 데살로니가인들에게 복음의 핵심, 곧 그리스도 예수의 죽음과 부활의 함의들을 적절하게 이해하도록 도움으로써 그는 그들을 안심시켜 종말에 대한 긍정적인 소망을 가지게 하고 그들에게 주의 파루시아를 고대함으로 깨어

---

8 참고. J. C. Beker, *Paul the Apostle: The Triumph of God in Life and Thought*(first paperback edition; Philadelphia: Fortress, 1984); Thompson, *Pastoral Ministry*. 톰슨은 바울 서신에 있어서의 일관성(coherence)을 교회의 변화(transformation)를 만들어가는 그의 사역의 관점에서 보는데, 이 사역은 바울이 서신을 보낸 회중의 상황성(contingency)에 따라 다양하게 표현된다.

서 절제 있게 살라고 권면한다.[9]

빌립보서에서 바울은 내부적으로는 나뉘어져 있고 바깥으로부터는 압력과 박해에 직면한 교회에 대해 염려한다. 여기서 바울은 다시금 독자들로 하여금 그리스도의 죽음과 부활의 복음을 적절하게 음미하게 만듦으로 그들의 필요를 채운다. 한편으로는, 그리스도의 자기를 비우심, 겸비, 십자가에서 고통당하심을 감동스럽게 묘사하는 찬송시를 인용함으로써(2:6-8; 3:10), 바울은 독자들에게 교회의 하나 됨을 이루기 위해 그리스도를 본받아 자기 이익을 추구하기를 포기하고 자기 자신을 낮추고 다른 사람을 사랑하라고 권면한다(2:1-5, 12-30; 4:1-2). 다른 한편으로는, 십자가에 달리신 그리스도께서 온 세상의 주로 높임 받으신 것과(2:9-11) 그리스도의 "부활의 능력"(3:10) 혹은 그의 "만물을 자기에게 복종하게 하실 수 있는 능력"(3:20-21)을 강조함으로 바울은 독자들에게 지금 그들을 박해하는 악의 세력들에 대해 주를 통해 그들이 궁극적인 승리를 얻게 될 것을 다시 확신하게 한다. 이 종말론적 소망을 굳게 붙들고 독자들은 멸망당할 운명의 이 세상에 속한 그들의 대적자들(참고. 3:18-19; 고전 7:31; 15:24)을 상대하여 "한마음으로 서서 한뜻으로 복음의 신앙을 위하여 함께 싸워야" 한다. 바울은 그들에게 이것이 "그리스도의 복음에 합당한" 혹은 하나님 나라 시민으로서 합당한 "[공동체적] 삶의 방식"이라고 가르친다(1:27-28; 3:20-21).

고린도 교회의 다양한 문제를 당면하여 바울은 그 도시의 믿는 자들에게 서신들을 통해 설교하고 복음을 그들의 문제들에 적용한다. 우리는 고린도전서에서 특별히 이 점을 분명하게 보여주는 세 가지 예들을 간략하게 관찰하고자 한다. 고전 1-4장에서, 바울은 먼저 교회의 내적 분열 문제를 다룬다. 그는 그들이 헬라적 지혜/지식과 수사적 능력의 관점에서 복음과 성령의 은사에 대해 오해한 것을 문제의 근본 원인으로 본

---

9 참고. S. Kim, "Jesus Tradition in 1 Thess 4:13-5:11," *NTS* 48 (2002): 225-42(이제 본서의 6장에도 수록되어 있음).

586

다. 이와 같은 오해에서 그들은 분명 새로 얻게 된 은사들을 헬라적 방식으로 경쟁적으로 자랑했고 이 경쟁 의식은 그들로 하여금 자기가 좋아하는 선생을 따라 라이벌 그룹들을 만들어, 각자가 바울과 아볼로, 베드로, 심지어 그리스도에게 호소하게 이끌었다(1:12). 이와 같은 일탈에 대응하여 바울은 세상에게는 어리석음과 약함이지만 믿는 자들에게는 세상의 지혜를 멸하고 세상의 모든 자랑을 무효화하는 하나님의 지혜와 능력이 되는 십자가에 달리신 그리스도의 복음의 역설을 설명한다. 바울은 이와 같이 고린도인들이 가진 세속적 세계관과 하나님의 종들에 대한 그들의 세상적 관점에서의 평가를 교정한다.

고전 8-10장에서 바울은 고린도인들이 그에게 보내는 편지에서 제기한 우상에게 드려진 음식에 대한 문제를 다룬다. 그 문제가 이교적 환경에 있는 그리스도인들에게 가지는 무게와 그 특성상 교회 안에 분열을 야기할 수 있는 가능성을 알기에, 바울은 세 장에 걸쳐 그 문제에 대한 길고, 주의 깊게 균형을 유지한 목회적인 설교를 제시한다(참고. 롬 14:1-15:13). 그는 독자들이 그들의 문제에 대한 해답을 찾을 수 있는 규범을 제시함으로 그 문제에 대한 가르침을 시작한다. 그 규범은 고린도의 지식을 자랑하는 자들이 자랑하는 지식이 아니라 이중 사랑 곧 하나님 사랑과 이웃 사랑의 계명이다(8:2-3). 바울은 이 설교의 결론 부분에서 독자들에게 모든 것을 하나님께 영광을 돌리고 어느 누구도 실족하게 만들지 않고 모든 사람을 기쁘게 하기 위해 하라고 권면하여 이 규범의 결정적인 중요성을 강조하고(10:31-33) 그렇게 함으로써 그 규범이 설교의 서론과 수미쌍관을 이루게 한다.[10] 그리스도인들이 하나님은 한 분이시며 이교도들이 음식을 제물로 바치는 소위 신 혹은 주라는 하는 자들은 실제 신이 아니라 우상에 불과하며 따라서 그리스도인들이 시장에서 파는 음

---

10 고전 8:2-3과 10:31-33 사이의 수미쌍관과 바울이 우상의 제물에 대해 이중 사랑 계명에 따라 권면한 것에 대한 보다 자세한 내용을 위해서는 S. Kim, *"Imitatio Christi*(1 Corinthians 11:1): How Paul Imitates Jesus Christ in Dealing with Idol Food(1 Corinthians 8-10)," BBR 13 (2003): 193-226을 보라(이제 본서 15장에 재 출판되어 있다).

식이나 이교도 이웃의 집에 차려진 음식을, 설령 거기 차려진 음식이 이
교 신에게 드려지는 제사 의식 과정을 통해 준비가 된 것일지라도 그 음
식을 먹을 자유가 있다는 지식(8:4-7; 10:25-27)을 가지는 것은 분명 중요하
다. 그러나 8:6에 인용된 기독교 쉐마(shema)[11] 말씀은 우리가 창조주시요
아버지이신 하나님을 위해 존재한다는 것을 분명히 한다. 그러므로 참
되신 한 분 하나님에 대한 적절한 지식은 한편으로 그의 영광을 위해 살
고(10:31) 따라서 출애굽 세대처럼 우상숭배로 하나님을 질투케 하지 말
아야 할(10:14, 22) 의무와 연결된다. 이 지식은 다른 한편으로 바울 자신
이 하듯 "하나님의 법" 혹은 "그리스도의 율법"에 순종하여 우리 이웃을
사랑하고(9:19-22; 10:33; 참고. 갈 5:14; 6:2; 롬 13:8-10) 따라서 우상에게 바쳐
진 고기를 먹을 우리 자유를 무차별하게 사용함으로써 "연약한" 형제들
을 실족하게 만드는 일을 삼가야 할 의무와 연결된다(8:7-13; 10:28-30, 32-
33; 또한 참고. 9:20, 22). 살전 1:5-6, 9-10은 우상으로부터 돌이킴에 대한 요
구를 수반하는 "살아 계시고 참되신 [한 분] 하나님"에 대한 선포가 바울
의 복음 설교에서 하나의 필수 요소였음을 시사해준다. 말할 필요도 없
이, 이것은 헬라 세계에서 복음을 전하는 유대인 그리스도인 설교자에게
서만 기대할 수 있는 바다. 따라서 여기 고전 8-10장에서 우리는 바울이
복음의 그 요소를 고린도의 회심자들이 직면한 문제 곧 우상에게 바쳐진
음식을 먹는 문제에 목회적으로 적용하고 있음을 알 수 있다.

그런데 기독교 쉐마는 주 예수 그리스도를 창조와 구속에 있어 하나
님 아버지의 대행자로 고백한다. 바울은 같은 서신의 뒷부분에서 이 진
리를 혹은 적어도 그리스도께서 하나님의 구속 역사의 대행자 되심을 하
나님의 아들 그리스도 예수께서 하나님 아버지를 대신하여 다스리시고
모든 악의 세력들을 정복하는 왕적 권능을 행사하시는 것으로 설명한다

---

11 고전 8:6을 신 6:4의 쉐마에 대한 바울의 기독교적 해석으로 보는 견해를 위해서는 N. T.
   Wright, "Monotheism, Christology and Ethics: 1 Corinthians 8," in *The Climax of
   the Covenant: Christ and the Law in Pauline Theology*(Minneapolis: Fortress, 1991),
   120-36을 보라.

588

(고전 15:23-28). 따라서 고전 8:6과 고전 8-10장 전체를 통해 바울이, 롬
14-15장의 병행 구절(특히 롬 14:17-20)에서와 마찬가지로, 예수의 복음의
핵심 단어인 하나님 나라를 의식하고 있을 가능성이 있다. 이 가능성은
고전 8-10장에서 바울이 자신이 그리스도를 본받은 것(11:1)에 대해 말
하고 몇몇 예수의 말씀들을 반영하고 있다는 사실을 통해 보다 강화된
다(예: 고전 9:19, 22과 10:33에서의 막 10:45[과 그 병행 구절]의 대속물 말씀; 고전 8:13;
10:32과 롬 14:13, 20-21에서의 막 9:42-50[과 그 병행 구절들]의 걸림돌 말씀; 고전 8:2-
3; 9:19-22; 10:31-33에서의 막 12:28-31[과 그 병행 구절들]의 이중 사랑 계명 등).[12] 그
리스도인들이 우상의 제물을 먹는 문제에서조차 "하나님의/그리스도의
율법"을 순종해야 하는 것은 하나님 나라의 담지자이신 예수 그리스도께
서 율법 전체를 하나님 사랑과 이웃 사랑 곧 이중 사랑 계명으로 요약하
셨기 때문이다.[13] 지식을 자랑하는 자들에게 "연약한" 사람들로 실족하게
만들지 말라고 권면할 때 바울이 후자를 "그리스도께서 위하여 죽으신
형제[들]"로 정의하고(8:11; 또한 롬 14:15) 우리가 우리 이웃을 그리스도의
모든 사람을 위한 대신적 대속의 죽음의 복음의 관점에서 보아야 한다고
분명하게 시사하는 것은 놀라운 일이다. 따라서 고전 8-10장의 고린도인
들의 우상의 제물 문제에 대한 바울의 목회적인 대응은 그가 복음을 그
문제에 포괄적으로 적용한 것을 반영한다.

　고린도전서 15장에서 바울은, 부활을 부인하는 어떤 사람들의 문제에
주목하고(15:12), 고린도인들의 부활의 소망을 더욱 강화시키고자 한 편
의 설교를 제시한다. 예상되는 일이지만, 그는 자신이 그들에게 전했던

12　위의 본서 15장 "그리스도를 본받음(Imitatio Christi) (고전 11:1)," 505-19페이지를 보라. 막
　　7:15, 19의 예수의 음식/정결에 대한 판결(참고, 마 15:11) 역시 여기에 반영되어 있다; 또한
　　롬 14:14, 20. 아래의 주 53을 보라.
13　바울이 고전 9:20에서 자신은 "(모세의) 율법 아래 있지 않다"고 말하고 또한 그리스도인들
　　에게 유대교의 할라카 전통이 허용하는 것보다 우상의 제물을 먹을 훨씬 더 많은 자유를
　　허용할 수 있는 것은 같은 이유 때문이다 (위의 본서 15장 "그리스도를 본받음[Imitatio Christi] [고
　　전 11:1]," 526-35페이지를 보라; 필자는 P. J. Tomson, *Paul and the Jewish Law: Halakha in the Letters
　　of the Apostle to the Gentiles*[CRINT; Assen/Mastricht: Van Gorcum/ Minneapolis: Fortress, 1990],
　　189-220,의 견해에 반대한다).

원래 복음을 인용하고 그 복음에 그리스도의 부활의 증인들 목록와 그 자신의 간증을 덧붙임으로(15:3-8) 그리스도의 부활을 강력하게 확증함으로써 이 설교를 시작한다. 그런 다음 부활에 대한 믿음을 위한 다양한 논증을 제시하면서 바울은 그리스도의 부활의 의미를 아담-그리스도(마지막 아담) 대조를 통해 설명하고(15:20-28, 42-50) 그리스도인들을 위한 영광스러운 부활 소망을 제시함으로써 그 설교를 마무리한다(15:50-57).

갈라디아서는 바울이 자기 교회들의 필요나 문제들에 복음을 목회적으로 적용한 또 다른—가장 명백한 예는 아니라고 하더라도—예를 제시해준다. 이 서신에서 바울은 갈라디아 회심자들이 자신들에게 할례를 받고 모세의 율법을 지켜야 한다고 설득하는 유대주의자들로 인해 흔들리고 있기 때문에 이들을 "복음의 진리"로 회복시키고자 한다(2:5, 14; 4:16; 또한 참고. 1:6-9). 그 목적을 위해 바울은 그리스도의 십자가에서의 대속의 죽음을 통한 하나님의 구속에 대해 반복하여 언급하고(1:3-4; 2:20-21; 3:1, 13; 4:4-5; 6:14), 믿음을 그 구속의 덕을 입는 수단으로 강조하고(2:18-3:19; 5:2-6; 등), 독자들에게 그들이 그리스도를 믿게 되었을 때 받았던 성령으로 살라고 권면한다(3:1-5; 4:6; 5:5, 16-25; 6:8; 등). 율법의 행위들에 대한 요구에 반대하여 그리스도 안에서의 구원의 오직 은혜로/오직 믿음으로 (*sola gratia/sola fide*)의 성격을 강조하기 위해, 갈라디아서에서 (나중에 로마서에와 마찬가지로) 바울은 그리스도 안에서의 구원을 위해 특별히 칭의의 범주를 사용한다.

이와 달리 데살로니가서신과 고린도서신에서는 칭의를 단지 함축적으로 암시하는데 이는 데살로니가 교회와 고린도 교회에서는 율법의 행위들에 대한 그런 요구가 없었기 때문이다(참고. 살전 1:10; 3:13; 4:6; 5:9-10; 고전 1:8; 3:13-15; 4:4-5; 6:11; 고후 5:10; 등).

그리스도 안에 있는 하나님의 은혜에 의한 구원의 복음과 믿음을 통해 그 구원의 덕을 입는 것은 구별되는 인간적 특성들을 근거로 한 한 집단의 엘리트주의와 다른 집단에 대한 차별을 무효화한다. 따라서 갈 3:23-28에서 유대인이든지 이방인이든지 모든 사람은 믿음의 세례를 통

590

해 그리스도와 연합할 때 하나님의 자녀가 된다고 말하면서 바울은 선언한다: "너희는 유대인이나 헬라인이나 종이나 자유인이나 남자나 여자나 다 그리스도 예수 안에서 하나이니라."[14] 갈라디아서에서 바울은 이와 같은 방식으로 은혜와 믿음을 통한 칭의의 복음을 자신들의 율법의 행위들에 근거한 유대인들의 엘리트주의와 싸우고 율법의 행위들이 없는 이방인 회심자들이 선취적으로 죄 사함을 받고 하나님과 올바른 관계로 회복된 하나님의 백성인 것을 정당화하는 데 적용한다. 고전 1-4장에서 그는 같은 복음을 자신들의 지혜와 지식을 자랑하는 고린도의 그리스도인들의 헬라적 엘리트주의를 교정하는 데 적용한다. 고전 7:1-16에서 결혼생활과 이혼에 관한 질문들에 대해 남녀 동등성과 상호성의 원칙—이것은 고대 세계에서는 주목할 만한 원칙이다—을 기초로 목회적 상담을 제공할 때, 그는 분명 복음의 목회적 적용을 남녀 관계로 확장하고 있다. 그가 여성들이 그들의 머리에 수건을 쓰는 한, 공 예배 때 그들이 기도하거나 설교하는 것을 허락하는 것(고전 11:2-16) 역시 복음에 대한 동일한 목회적 적용을 반영한다. 그가 믿는 종을 "주께 속한 자유인"으로 이해하고 믿는 주인을 "그리스도의 종"으로 이해하는 것(고전 7:21-22)과 그가 빌레몬에게 도망친 자기 종 오네시모를 "사랑하는 형제"로 받아주라고 권면하고(몬 16) 고린도 교회의 부유한 구성원들에게 주의 만찬 때 그렇지 못한 형제들을 배려하라고 권면하는 것에 대해서도 복음에 대한 목회적 적용을 하는 것이라고 마찬가지로 말할 수 있다(고전 11:17-22, 33-34). 이 모든 예들은 바울이 얼마나 일관되게 복음의 함의들을 회심자들의 다양한 삶의 차원들에 목회적으로 적용하고 있는지, 그렇게 하여 교회를 이 세상의 편가르기와 부정의를 극복하는 종말론적인 공동체로 세워가는지를

---

14 잘 알려진 바와 같이 바울의 칭의 교리의 이 차원 혹은 의미를 최근 바울에 대한 새 관점 지지자들이 매우 강조했다. 하지만 심지어 옛 관점의 틀 안에서도 달(N. A. Dahl)이 이미 이 차원을 적절하게 이해한 바 있다("The Doctrine of Justification: Its Social Function and Implications," in *Studies in Paul: Theology for the Early Christian Mission*[Minneapolis: Augsburg, 1977], 108-10, 118-20[원래 *Norsk Theologisk Tidsskrift* 65[1964]에 출판된 것임]).

인상 깊게 보여준다.

의심의 여지없이, 적어도 자신의 세계 선교를 시작할 즈음에는—그 때보다 아주 오래 전은 아니라 하더라도—바울은 숙고를 통해 만든 자신의 복음의 핵심 혹은 신학을 가지고 있었을 것이다. 그는 이 핵심을 주어진 상황의 필요들에 적용하여 그것의 어떤 차원들을 확장시키거나 아니면 축약하거나 필요들에 따라 심지어 어떤 차원은 빼기도 했다. 그와 같은 목회적이고 상황적인 적용의 과정은 다시금 그가 자신의 신학을—그가 다양한 구체적인 이슈들과 관련하여 자신의 신학을 보다 넓고 깊게 생각하게 만든다는 의미에서—"발전시키고" 그것을 보다 분명하고 구체적으로 표현하게 이끌었다. 따라서 그가 복음을 목회적으로 적용하는 것은 그가 신학을 발전시키는 데 도움을 주었다. 우리는 그의 서신들을 연구함으로써 그의 신학을 확인하는데 그 서신들은 다양한 목회적 상황들과 필요들에 그가 자신의 신학을 다양하게 목회적으로 적용한 바들을 반영한다. 따라서 그의 신학은 상황적이고 목회적이라고 말할 수밖에 없다.

2부. 복음에 부합하는 목회적 실천들

바울은 자신의 교회들을 "그리스도의 복음에 합당하게" 사는 공동체들로(빌 1:27) 혹은 하나님 나라의 백성으로(살전 2:12) 세우기 위해 그 자신이 그와 같은 삶의 모범이 되어야 하고 그에 부합되게 목회 사역을 수행해야 한다. 따라서 우리는 그의 삶의 방식과 사역이 그리스도의 십자가와 부활의 복음을 의식적으로 반영한다는 것을 볼 수 있다.

1. 십자가에 달린 그리스도의 복음을 설교하기

바울이 전하는 그리스도 예수는 인간을 혹은 하나님의 백성들을 섬기기 위해 자기를 희생하신 분이시다(롬 15:7-8; 고후 8:9; 갈 2:20; 빌 2:6-11). 바울이 이 진리를 얼마나 깊이 이해하고 중요하게 여기는지는 막 10:45/

마 20:28의 예수의 대속물 말씀("인자가 온 것은 섬김을 받으려 함이 아니라 도리어 섬기려 하고 자기 목숨을 많은 사람의 대속물로 주려 함이니라[διακονῆσαι καὶ δοῦναι τὴν ψυχὴν αὐτοῦ λύτρον ἀντὶ πολλῶν]")을 반복해서 반영하는 것에서 확인해 볼 수 있다(고전 9:19-22; 10:33; 갈 1:4; 2:20; 살전 2:6-8; 또한 참고. 딤전 2:5-6; 딛 2:18-19).[15] 그리스도의 사도 혹은 전권을 받은 대행자로서(고후 5:20; 갈 4:14), 바울은 섬기는 종(διάκονος, 롬 15:8; δοῦλος, 빌 2:7)으로 오신 이 그리스도를 전하거나(롬 15:18; 고후 3:13) "그려낸다"(참고. 갈 3:1). 그는 이 일을 말로 하는 설명을 통해서만이 아니라 그 말로 표현한 것이 효과적이도록 자신의 삶과 사역을 통해서도 그렇게 한다. 따라서 그리스도의 자기희생적 섬김을 표현하기 위해 예수의 대속물 말씀을 반영하기도 하지만(갈 1:4; 2:20) 바울은 또한 자기 자신의 사역을 묘사하는 데도 그 말씀을 반영하는데(고전 9:19-22; 10:33; 살전 2:6-8) 이는 그리스도를 본받음의 일환이다(고전 11:1). 고전 9:19-22과 살전 2:6-8에서는, 대속물 말씀에 대한 암시가 교회로부터 사례 받는 것을 포기하고 생계를 위해 직접 일하기로 한 자신의 사도로서의 자세에 대해 설명하는 맥락들에서 이루어진다(고전 9:15-18; 살전 2:5-6, 9-10). 이것은 분명 바울이 그러한 자기희생적 자세를 예수의 그 말씀에서 영감을 받아서 가지게 된 것임을 시사한다. 따라서 대속물 말씀을 소중히 여기면서 바울은 자신이 설교하는 예수 그리스도의 희생적 섬김을 자신의 희생적 섬김을 통해 예시하고자 한다.

이로 볼 때, 바울이 어떻게 자기를 하나님과 주 예수 그리스도의 "종"으로 부를 뿐만 아니라(롬 1:1; 고전 4:1; 갈 1:10; 빌 1:1; etc.) 회심자들에 대해

---

15 고전 9:19-22과 10:33에 대해서는 위의 본서 15장 "그리스도를 본받음(Imitatio Christi)(고전 11:1)," 505-06을 보라. 살전 2:6-8에 대해서는 본서 5장 섹션 1(244-50페이지)과 거기 포함된 그 본문과 막 10:35-45 사이의 병행 도표를 보라. R. Riesner, "Back to the Historical Jesus through Paul and His School(The Ransom Logion - 막 10:45; Matthew 20.8)," *Journal for the Study of the Historical Jesus* 1(2003): 171-99, 또한 참고하라. 리스너(Riesner)는 골 1:13-14; 빌 2:7; 롬 5:15; 갈 2:17(2:20과 함께); 3:13; 4:5; 롬 15:8-9과 몇몇 다른 구절들 역시 반영 가능성이 있는 경우들로 본다. 롬 8:3-4(롬 7:24-8:4의 문맥 안에서)과 갈 4:4-5 (3:13과 함께)의 보냄의 형식 역시 대속물 말씀에 대한 암시를 포함하고 있을 개연성이 상당히 크다.

서도 "종"으로도 부르는지(고전 3:5; 9:19; 고후 4:5)와 어떻게 자신의 일을 가
리켜 다시금 하나님과 주 예수 그리스도를 위한 διακονία라고 말할 뿐만
아니라(롬 11:13; 고후 4:1; 5:18; 6:3) 하나님의 백성들을 위한 διακονία로 말
하는지(롬 15:25, 31; 고후 11:8)가 충분히 이해가 가능하다. 사실 διακονία/
διάκονος는 바울이 다른 그리스도인들이 교회 안에서 하는 일과 직분
을 위해서도 사용하는 특징적 용어이기도 하다(고전 3:5; 12:4-11; 16:15; 고
후 8:4; 9:1, 12-13; 골 4:17; 살전 3:2; 등). 그가 사도의 직분과 사역을 διακονία/
διάκονος로 부르기 때문에(고전 3:5), 빌립보 교회의 ἐπίσκοπος의 직분과
사역을 비롯한(빌 1:1; 참고. προϊστάμενος, 롬 12:8; 살전 5:12) 교회 안의 다른 기
능들과 직분들에 대해서도 마찬가지로 여기고 있을 가능성이 매우 크다
(고전 12:28; 참고. 엡 4:11-12). 우리가 "식탁에서 시중들다"는 어근 의미를 가
진 διακονεῖν이라는 단어가 일반적으로 헬라인들에게 열등한 지위의 사
람이 하는 업신여김 받는 기능에 대한 경멸감을 내포하는 것으로 여겨졌
다는 사실과 이 단어가 칠십인경(LXX)에서는 안 나온다는 사실을 고려
할 때[16] 이 개념의 의미를 보다 잘 이해할 수 있다. 따라서 바울이 기독교
사역을 위해 διακονία/διάκονος 언어를 선택한 것은, 모든 그리스도인들
이 교회를 하나님 나라의 참된 표현으로, 이 세상에 대한 대안적 사회로
이 땅 위에 세우기 위해 기독교 사역을 종으로 오신 그리스도의 복음에
부합되게 수행해야 한다는 것을 그가 얼마나 많이 의식하고 있는지를 잘
보여준다(참고. 막 10:41-45과 그 병행 구절들).[17]

따라서 회심자들을 위한 "종"으로서(고전 9:19; 고후 4:5), 바울(과 그의 동
료 사역자들)은 "[그들이] [그에게/그들에게] 사랑하는 자가 되기 때문에
하나님의 복음뿐만 아니라 [자신의/그들의] 목숨(τὰς ἑαυτῶν ψυχάς)까지

---

16 참고. H. W. Beyer, διακονέω, *TDNT* 2:81-83; K. Hess, διακονέω, *The New
International Dictionary of NT Theology*(ed. C. Brown; Exeter: Paternoster, 1971),
3:545.

17 참고. E. Schweizer, "Ministry in the Early Church," in *The Anchor Bible
Dictionary*(New York: Doubleday, 1992), 4:835-36.

594

도 [그들에게] 줄(μεταδοῦναι)"(살전 2:8) 혹은 "크게 기뻐함으로 재물을 사용하고 [그들의] 목숨도 내어 줄"(고후 12:14-15) 준비가 되어 있다. 자신의 목회 사역을 위해 그는 아버지와 어머니(갈 4:19)와 유모(살전 2:7)의 이미지뿐만 이나라 종과 노예의 이미지도 사용한다. 그러나 아버지의 권위를 행사하여 회심자들에게 하나님의 백성으로서 성화된 삶을 살 것을 "권면하고" "격려하고" "명령할" 때조차도(살전 2:11-12; 고전 4:14-21; 고후 10:1-8) 그는 권위주의적으로 되지 않으며(고후 1:24; 10:1-2; 살전 2:7-8) 섬김을 받으려고 하지 않고(고후 12:14) 도리어 자기 영적 "자녀들"을 가장 자기희생적인 방식으로 섬긴다(고후 11:7-9, 20-21; 12:14-17; 살전 2:5-6, 9-10).

바울에게 그리스도의 십자가 죽음은 그의 인류를 위한 섬김의 초점이다. 따라서 십자가에 달리신 그리스도가 바울이 "그려내는" 그리스도상의 중심을 차지한다(갈 3:1). 그의 복음 설교는 십자가에 달리신 그리스도에 모든 초점이 모아지기 때문에(고전 2:2) 그는 복음을 간단히 "십자가의 말씀"(고전 1:18)으로 언급할 수 있으며 자신의 복음을 반대하는 자들을 "그리스도의 십자가의 원수"로 부를 수 있다(빌 3:18). 하지만 다시금 바울은 십자가에 달리신 그리스도를 말로만이 아니라 자신의 삶과 목회자로서의 행실로 그려낸다. 믿음으로 그가 "그리스도와 함께 십자가에 못박혔"기에 "이제 [그가] 사는 것이 아니요 오직 [그 안에] 그리스도께서 사시는 것"이기 때문에(갈 2:20) 그는 "항상 예수의 죽음을 몸에 짊어"지거나(고후 4:10) "그의 고난에 참여하고 그의 죽으심을 본받"음으로써(빌 3:10) 믿음 안에서 일어난 일이 자신의 사역에서 현실이 되게 한다(actualizes). 그는 극심한 가난과 고난 가운데서(어려움의 목록을 보라: 고전 4:8-12; 고후 4:7-12; 6:4-10; 11:23-29, 10; 등) 자신의 선교사로서와 목회자로서의 사역을 수행함으로써 이것을 실천으로 옮긴다.[18] 크리스티안 볼프(Christian Wolff)는 가난과 독신, 겸손한 섬김, 박해를 받음에 있어 예수와 바울 사이에 병행이 있

---

[18] 참고. S. C. Barton, "Paul as Missionary and Pastor," in *The Cambridge Companion to St. Paul*(ed. J. D. G. Dunn; Cambridge: Cambridge University Press, 2003), 36, 42.

음을 관찰하고 이 병행을 (비록 그가 역사적 예수의 "제자"는 아니었지만) 바울이
부활 이후 상황에서 예수를 "따른"(ἀκολουθεῖν) 것으로 이해한다.[19] 마이클
고먼(Michael J. Gorman)도 그리스도의 자기비하적 성육신(kenontic incarnation)
과 십자가를 지는 종의 모습을 실현하는 섬김(cruciform servanthood) (빌 2:6-
8—"비록" "하나님의 형상이셨으나"; 또한 "하나님의 형상이셨기" "때문에"; 참고. 고후 8:9)
과 바울의 자기비하적이고 십자가를 지는 종의 모습을 실현하는 사도적
실존(kenontic cruciform apostolic existence) (살전 2:6-8; 고전 9:19-22—"비록" 그가 자기
권리를 주장할 수 있는 사도이자 자유인이었지만; 또한 그런 사도이자 자유인이었기 "때
문에") 사이의 병행을 강조하고 바울의 그리스도를 "본받음"(imitation) 혹은
그리스도의 형상을 본받음(conformity to Christ) (고전 11:1)의 의미를 음미한
다.[20] 제임스 톰슨(James W. Thompson)은 빌 1:27-4:3로부터 바울이 그리스
도께서 자기를 비우신 것에 대한 이야기와 자신의 모범과 그 동역자들인
디모데와 에바브로 디도가 그리스도의 본을 따라 자기희생의 변화된 삶
을 사는 모범을 빌립보의 그리스도인들에게 마찬가지로 자기희생의 삶
을 살고 사랑과 하나 됨의 공동체를 세우라고 권면하는 데 사용하는지를
관찰한다.[21]

따라서 바울은 교회를 "그리스도의 복음에 합당하게 사는"(빌 1:27; 살전
2:12) 하나님의 하늘에 속한 나라의 시민들의 성화된 공동체로 이 땅 위에
세우기 위해 자신의 사도적 사명과 목회적 과업을 "그리스도의 복음에
합당하게" 혹은 자신이 전하는 복음에 부합되게 수행하고 있는 것이다.

---

19 C. Wolff, "Humility and Self-Denial in Jesus' Life and Message and in the
Apostolic Existence of Paul," in *Paul and Jesus: Collected Essays*(JSNTS; ed. A. J.
M. Wedderburn; Sheffield: JSOT Press, 1989), 145-60.
20 M. J. Gorman, *Inhabiting the Cruciform God: Kenosis, Justification, and
Theosis in Paul's Narrative Soteriology*(Grand Rapids: Eerdmans, 2009), 22-27.
21 Thompson, *Pastoral Ministry*, 46-53.

2. 하나님의 은혜의 복음을 설교하기

(a) 은혜의 복음을 값없이 전하기

고전 9:1-14에서 바울은 왜 자신이 주 예수 그리스도의 사도로서 자기가 섬기는 교회들로부터 재정적인 후원을 받을 권리가 있는지 그 일련의 이유를 제시하고 그 절정에서 주 예수의 "명령"(마 10:10//눅 10:7)을 언급한다. 그러나 9:15-18의 이것을 충격적으로 뒤집는 내용에서 바울은, 자신은 그 권리를 사용하지 않고 도리어 값없이 복음을 전한다고 선언한다. 따라서 적어도 데살로니가와 고린도에서 사역하는 동안에는[22] 그는 그 도시의 회심자들에게 자신의 제반 비용을 댈 것을 요구하기보다 직접 힘든 일을 하면서 생계비를 벌었다(살전 2:9; 고전 4:12; 고후 6:5; 11:7). 왜 바울은 주 예수의 "명령"을 형식상 불순종하기까지 하면서 그와 같은 정책을 따라 행동하기로 결정했을까?

살전 2:1-11에서 바울이 선교사로서 자신이 실천하는 바와 사기꾼 철학자들의 관행을 대조하는 것이 우리가 이 질문에 답하는 데 도움이 된다. 거기서 바울은 자신이 데살로니가에 선교사로서 "들어감"(εἴσοδος)을 되새김하면서 자신의 설교는 "간사함이나 부정에서 난 것이 아니요 속임수로 하는 것도 아니"라는 것과 또 자신은 "아첨의 말"을 "탐심의 탈"로 사용하거나 "사람에게서 영광을 구하"거나 "그리스도의 사도로서 요구를 하"지도 않았다고 말한다. 이 데살로니가전서 본문과 디오 크리소스톰 (Dio Chrysostom)의 *Oration to the Alexandrians*(esp. 32)의 비교를 통해 맬허비(Abraham J. Malherbe)는 바울이 자신이 거리를 두는 그 악덕들이 디오가 사기꾼 철학자들의 악덕들로 비판하는 것들임을 보여주었다.[23] 브루스

---

22 바울은 빌립보 교회로부터 재정적인 지원을 받았다(빌 1:5; 4:15-16, 18; 또한 참고. 고후 11:9). 참고. S. Walton, "Paul, Patronage and Pay: What Do We Know about the Apostle's Financial Support?" in *Paul as Missionary: Identity, Activity, Theology, and Practice*(LNTS; ed. T. J. Burke and B. S. Rosner; London: T&T Clark, 2011), 220-33.
23 A. J. Malherbe "'Gentle as a Nurse': The Cynic Background to 1 Thess ii,"

윈터(Bruce W. Winter)는 돈과 명예와 아첨을 통한 칭찬과 기타 남을 속이기 위한 수사적 기교들을 추구하는 것으로 비난받는 사기꾼들은 사실 떠돌이 소피스트들이었다고 주장한다.[24] 윈터에 의하면, 1세기에 소피스트들은 잘 확립된 "들어감"의 관행을 따라 한 도시에 "들어갔다"(εἴσοδος).[25] 바울이 살전 1:9; 2:1에서 εἴσοδος(들어감)를 준전문 용어로(a quasi-technical term) 사용하는 것과 데살로니가에 자신이 "들어감"에 대해 이어서 진술하는 내용(2:2-12)은 그가 자신의 εἴσοδος(들어감)를 소피스트들의 그것과 대조하고 있음을 시사해준다. 왜냐하면 거기서 그는 소피스트들에게 종종 돌려지는 악덕들을 부인하고 그 반대가 되는 덕목들을 자기를 위해 주장하기 때문이다(고전 2:1-5; 3:1-2에서 바울이 고린도에서의 자신의 εἴσοδος[들어감]에 대해 진술한 것 또한 참고하라).[26] 이 견해는 한편으로 살전 2:1-11과 다른 한편으로 고후 1-7장과 10-13장 사이에 존재하는 광범위한 병행들로 뒷받침되는데 여기에 대해서는 필자가 다른 곳에서 확인한 바 있다.[27] 이 모든 것은 바울이 의도적으로 데살로니가와 고린도에 들어갈 때 소피스트들의 εἴσοδος(들어감)와 반대되는 방식을 택했음을 의미한다.[28]

이렇게 하는 것이 바울에게 절대적으로 필요했는데, 그것은 그가 참되고 살아 계신 한 분 하나님의 복음("하나님의 말씀," 살전 2:13)으로서의 자신의 메시지를 간사함과 불순한 동기에서 나는(살전 2:3) 인간들의 가르침들("사람의 말," 살전 2:13)과 차별화하기 위해서는 그 자신을 그 하나님이 보

NovT 12(1970): 203-17는 디벨리우스가 처음 한 제안을 발전시킨다(M. Dibelius, *An die Thessalonicher I. II*(HNT 11; Tübingen: Mohr Siebeck, 1937, 7-11).

24 B. W. Winter, "The Entries and Ethics of the Orators and Paul(1 Thess 2.1-12)," *TynBul* 44(1993): 54-74; 참고. C. vom Brocke, *Thessaloniki—Stadt des Kasander und Gemeinde des Paulus*(WUNT 2/125; Tübingen: Mohr Siebeck, 2001), 143-51.

25 Winter, "Entries," 57-60.

26 Winter, "Entries," 67-68.

27 S. Kim, "Paul's εἴσοδος and the Thessalonians' Faith(살전 1-3)," *NTS* 51(2005): 533-37(이제 본서 1장에 수록된 논문 "데살로니가전서 1-3장의 구조 및 기능과 데살로니가전서의 저술 동기 및 목적," 56-62페이지를 보라).

28 Winter, "Entries," 68-70.

내신 참된 특사로(살전 1:9) 그 도시들에서 활동하는 떠돌이 소피스트들과
사기꾼 철학자들과는 차별화해야 했기 때문이다.²⁹ 그의 메시지 곧 복음
은 설교자로서의 그 자신의 순전성(integrity)이 어떠하냐에 따라 일어서기
도 넘어지기도 하기 때문이다. 그가 떠돌이 사기꾼 말쟁이들 중 하나로
폄하되면, 그의 복음은 돈을 위해 청중을 속일 목적으로 고안해낸 거짓
가르침으로 폄하될 것이다.³⁰ 어떤 데살로니가인들은 소피스트들과 반대
되는 바울의 εἴσοδος(들어감)를 긍정적으로 보았고 그래서 그의 메시지를
"하나님의 말씀"으로 받게 되었다.³¹ 하지만 그들의 이교도 동족들은 그
들이 기독교 신앙으로 개종한 것 때문에 그들을 박해했으며(살전 2:13-14)
계속해서 바울의 사역을 소피스트들의 속임수라고 중상모략함으로써 그
들로 그 새로 가지게 된 기독교 신앙을 떠나게 만들려고 했다(살전 2:17-
3:5).³² 그래서, 아직 믿은 지 얼마 안 되는 그리스도인들이 그런 중상비방
전략에 넘어갈까 염려하여 바울은 살전 2:1-12에서 "소피스트들과 대조
되는" 자신의 데살로니가에 들어감에 대해 되새김한다. 이것은 데살로니
가인들의 그것에 대한 긍정적인 인식을 공고히 하고자 함이다(살전 3:6).³³
데살로니가전서의 증거에 대한 이와 같은 해석은 바울이 자신과 자신이
전하는 복음을 헬라 도시들에서 활동하는 떠돌이 사기꾼 철학자들과 그
들의 메시지와 차별화하기 위해 얼마나 노심초사했는지를 잘 보여준다.

그와 같은 차별화를 위해서는, 강의를 전달하고 청중이나 학생들에게
돈을 걸었던 떠돌이 사기꾼 철학자들과 대조적으로 바울은 복음을 값없
이 전하는 것이 필수적이었다. 그렇게 함으로써 그는 자신의 메시지가

---

29 참고. Walton, "Paul, Patronage and Pay," 223-25.

30 참고. T. Holtz, *Der erste Brief an die Thessalonicher*(EKKNT 13; Zürich: Benziger;
Neukirchen: Neukirchener, 1986; 21990).

31 바울이 복음의 성공 혹은 데살로니가인들의 믿음을 자신의 εἴσοδος와 어떻게 다섯 번
연결시키는지를 주목해 보라(1:5; 1:9-10; 2:1, 13; 3:6). 이것의 의미를 위해서는 Kim, "Paul's
Entry," 519-42을 보라(본서 *1장*, 28-70페이지).

32 Holtz, *Thessalonicher*, 93-94.

33 Kim, "Paul's Entry," 533-34를 보라(본서 *1장* 56-70페이지).

진리요 불순한 금전적 동기를 숨긴 사기가 아니라는 것뿐만 아니라 보다
중요하게는 그 메시지가 하나님의 은혜, 값없이 주시는 선물에 관한 참
복음(기쁜 소식)이라는 것을 보여주어야 한다. 복음이 저 견유학파나 소
피스트의 행복한 혹은 성공적인 삶에 관한 교훈들 중 하나로 내던져지지
않도록 그것을 효과적으로 전하기 위해 바울은 그 복음을 값없이(gratis)
전함으로써 그 "은혜"로서의 성격을 보여주어야 했다.[34]

바울은 분명 이것이 주의 "명령"에, 비록 문자에 대해서는 아니지만 그
의도나 정신에 대해, 진정으로 순종하는 방식이라고 생각했다.[35] 바울이,
하나님 나라 운동의 지지자들이 자기들 마을을 돌아다니며 사역하는 자
기 제자들을 영접하는 것을 기대하실 수 있었던 그런 갈릴리와 유대 상
황에서[36] 예수께서 자기 제자들에게 먹고사는 문제로 주의가 분산되게
않도록 그러한 재정적 지원을 받아 복음 전하는 일에 집중하는 것을 돕
고자 그 명령을 주신 것으로 이해했을 가능성이 크다.[37] 따라서 바울은
예수의 명령의 의도를 새로운 제사장 계급을 만드는 것보다 복음의 효
과적인 전도로 이해했다. 그렇다면 바울은 분명 달라진 선교적 상황에서
예수의 명령을 문자적으로 순종하는 것이 복음 전도를 촉진하기보다 도
리어 그것을 방해하게 되어(참고. 고전 9:12) 그 명령의 의도에 역행하게 될
수 있다는 점을 알았던 것 같다. 그래서 그는 주의 명령의 의도에 순종하
여 다시 말해 효과적인 복음 전도를 위해 손수 일하여 생계비를 벌면서

---

34 참고. G. D. Fee, *The First Epistle to the Corinthians* (NICNT; Grand Rapids: Eerdmans, 1987), 421.

35 참고. S. Kim, "Jesus, Sayings of," in *Dictionary of Paul and His Letters* (Downers Grove: InterVarsity, 1993), 475; D. Horrell, "'The Lord commanded ... But I have not used': Exegetical and Hermeneutical Reflections on 1 Cor. 9.14-15," *NTS* 43 (1997): 600.

36 참고. G. Lohfink, *Wie hat Jesus Gemeinde gewollt? Zur gesellschaftlichen Dimension des christlichen Glaubens* (Freiburg: Herder, 1982), 67-68; 또한 G. Theissen, "Legitimation und Lebensunterhalt: Ein Beitrag zur Soziologie urchristlicher Missionare," in *Studien zur Soziologie des Urchristentums* (WUNT 19; Tübingen: Mohr Siebeck, 1983), 207-08 (원래 *NTS* 21 [1974/75]에 출판된 것임).

37 참고. D. A. Hagner, *Matthew 1-13* (WBC; Dallas: Word Books, 1993), 272.

600

복음을 값없이 전하는 것을 자신의 정책으로 삼기로 결정했던 것이다.

(b) 하나님의 은혜의 복음을 인간의 혹은 세상의 부수적 수단 없이 전하기

바울이 그의 설교에서 인간의 혹은 세상의 부수적 수단(*Hilfsmittel*; auxiliary means)을 사용하기를 거부한 것은 하나님의 은혜의 복음에 부합하는 그의 목회 사역의 또 다른 측면이다. 바울은 그들의 헬레니즘적 환경에 영향을 받은 그리고 아마도 거짓 선생들에게도 영향을 받은 고린도인들과 지혜/지식(고전 1-4장)과 수사적 기교(고전 2:1-5; 고후 10:10; 11:6), 권위있어 보이는 외모(고후 10:1, 8-10; 11:18, 20), 자신의 혈통, 인맥, 혹은 우월감을 주는 다른 점들에 대한 자랑을 통한 긍정적인 자기 투사(고후 10:12, 18; 11:4-6, 12, 18-23; 12:11), 추천서(고후 3:1), 영적 경험(고후 12:1-4) 등을 평가하기 위해 논쟁하는 과정에서 자신은 자신의 목회를 위해 이와 같은 "육체의 무기"를 사용하지 않는다는 점을 분명히 한다(고후 10:4). 왜냐하면 그가 설교 사역에서 이와 같은 인간적인 수단들에 의지한다면, 청중들이 그의 설교에서 얻게 되는 것은 인간 존재에 불과한 바울 자신이나 그의 육신적 지식과 능력이지 하나님의 지혜와 능력이신 그리스도 예수가 아니기 때문이다(고전 1:18-24; 2:5; 고후 4:5-6). 그렇게 되면 그의 설교는 하나님의 구원의 지혜와 능력은 텅 비어 있을 것이다. 바울은 그리스도 대신 그 자신이 청중들의 관심의 중심이 되는 일이 없도록 하고자 성령을 통한 환상과 계시의 경험들조차도 자랑하지 않는다(고후 12:1-8). 따라서 그는, 자신이 "이 [그리스도라는] 보배를 질그릇[자신의 육신의 연약함]에 가지고" 있는 것은 "심히 큰 능력이 하나님께 있고 [그 자신에게] 있지 아니함"을 보여주기 위함인 줄 알고서(고후 4:7), 도리어 "[자신의] 약한 것들을 자랑하여 그리스도의 능력이 [그 자신에게] 머물게 하려 한다"(고후 12:9). 믿는 자들에게 구원을 주시는 하나님의 능력과 지혜이신 십자가에 달리신 그리스도의 복음(고전 1:18-24; 고후 4:3-6)과 그 자신이 하나님께 이 복음을 전하는 사도로 위임 받은 것(고후 3:1-4:1, 7; 5:18-20; 6:4; 10:7; 11:23)에 대한 확신을 가지고서 그는 자신의 설교에서 십자가에 달리신 그리스도에 초점을 맞추고(고전 2:2; 고후 4:5), 인간의 지혜와 능력을 부수적 수단으로 의지하거나 그런 것들로 "하나님의 말씀을 혼잡하게 하는"(고후 4:2) 대신 "자기의 연약함을 보여주는 것들을 자랑한다"(고후 11:30). 이와 같은 방식으로 그는 자신의 사역에서 구원을 위한 하나님의 지혜와 능력이신 그리스도께서 자신의 "질그릇"을 통해 드러나게 한다.

물론 우리가 여기서 바울의 이 진술들을 이해함에 있어 극단적 문자주의는 피해야 한다. 바울은 비록 자신의 수사적 기교가 약할지 몰라도 자신의 지식은 그렇지 않다고 주장하고(고후 10:6) 또한 "온전한 자들 중에서는" 자신이 "지혜를 말하는데… 이 세상의 지혜가 아니라… 하나님의 지혜"(고전 2:6-7)라고 주장한다. 그의 수사적 기교에 관한 한, 오늘날 많은 학자들이 바울이 서신들을 작성할 때 고대 그리스-로마의 수사학 교과서들의 관행들을 따랐다고 확신한다.[38] 그 견해를 똑같이 따르는 것은 아니지만 바울의 서신들에서 분명하게 확인되는 바울의 수준 높은 수사적 능력에 대해 여전히 긍정적인 언급들을 하는 또 다른 학자들도 있다.[39] 따라서 바울이 설교에서 복음의 간단한 형식 곧 그리스도 예수께서 우리 죄를 위해 죽으시고 죽은 자들 가운데서 다시 살아나셨다는 것만 반복한 것은 아니다. 그의 서신들은 그의 신학적 사고의 너비와 깊이와 인간의 실존에 대한 그의 통찰들, 그의 주해적, 논증적 기술들 등을 풍성하게 보여준다.

따라서 바울은 설교에서 심오한 신학적 지혜와 효과적인 수사적 기교

---

38 예: H. D. Betz, *Galatians*(Hermeneia; Philadelphia: Fortress, 1979); G. A. Kennedy, *New Testament Interpretation through Rhetorical Criticism*(Chapel Hill: University of North Carolina Press, 1984); S. K. Stowers, *Letter Writing in Greco-Roman Antiquity*(LEC; Philadelphia: Westminster, 1986); 그리고 이들의 선구적 연구를 따르는 많은 최근 주석가들.

39 예: U. von Willamowitz-Moellendorf, *Die griechische Literatur des Altertums*(= *Die Kultur der Gegenwart*; ed. P. Hinneberg; Berlin/Leipzig, 1912), 1.8: 232; 그리고 G. G. A. Murray, *Four Stages of Greek Religion*(New York, 1912), 146—이 두 자료 모두 F. F. Bruce, *Paul: Apostle of Heart Set Free*(Grand Rapids: Eerdmans, 1977), 15-16에 인용된 것들이다; G. Bornkamm, *Paulus*(Stuttgart: Kohlhammer, 1969), 33도 보라.

들을 사용했다. 바울은 자신의 지혜를 자신이 비판하는 철학자들과 소피스트들의 지혜와 어떻게 차별화하는가? 고전 2:6-16에서 그는 자신의 지혜를 "하나님의 지혜"(또한 참고. 고전 1:21)로, 하나님의 영의 계시를 통해 제공되는 하나님의 생각과 방식에 대한 지식으로, 인간들이 하나님을 사랑하도록(고전 2:9; 또한 참고. 8:2) 그래서 종말에 그의 영광을 나누어 가지도록 이끄는 지식(고전 2:7)으로 정의한다. "하나님의 지혜"와 반대로, "이 세상의 지혜 혹은 이 세상의 통치자들의 지혜"(고전 2:6; 참고. 1:20)는 허탄한 인간의 마음에서 발원하여 인간들로 그 자신과 피조물들에 대한 우상숭배와 도덕적 타락으로 이끄는 지혜일 것이다(참고. 롬 1:18-31). 바울은 설교에서 전자의 지혜(하나님의 지혜)는 사용하지만 후자의 지혜(이 세상의 지혜)는 거절한다. 그가 후자의 지혜를 거절하는 것은 그 지혜가 우리가 하나님을 진정으로 알고 그를 사랑하고 순종하는 것을 방해하기 때문이다. 그러나 우리가 하나님을 더 잘 알고 순종할 수 있게 돕는 지혜는 그 어떤 것이든지 바울은 그것을 하나님의 선물로 여기고(고전 12:8; 참고. 빌 4:8) 자신의 사역을 위해 사용할 것이다. 마찬가지로 바울은 진리를 왜곡시키거나 우리가 진리를 아는 것을 방해하는 수사적 도구는 피하겠지만 하나님의 진리를 청중에서 가능한 가장 분명하고 설득력 있게 설명하는 것을 도와주는 수사적 기교는 그것이 어떤 것이든지 성령의 선물/은사로 감사히 여기며 사용할 것이다.

따라서 바울은, 세상의 지혜/지식과 수사적 기교들을 통해서가 아니라 성령이 공급하시는 지혜/지식과 수사적 기교들을 통해 성령의 능력을 그와 같이 보여주면서 복음을 전했으며(고전 2:4; 또한 롬 15:18-19; 살전 1:5) 회심자들을 위해 목회했다. 바울이 하나님의 은혜의 복음을 인간의 지혜와 기술들을 통해서보다 하나님의 성령의 도우심을 통해 전한 것은 전적으로 적절한 일이었다. 그러나 성령의 지혜와 능력을 보여줄 때도 바울은 자신의 놀라운 성령의 은사들과 경험들에 과도하게 호소하여 사람들이 하나님보다 자기에게 더 관심을 쏟게 만듦으로써 스스로를 성령의 소유자요 분여자로 높이지 않으려고 극도로 조심했다. 하나님의 은혜의 복

음을 전하는 사명을 받은 주 예수 그리스도의 종으로서의 그의 사도적
이해와 철저하게 일관되는 이와 같은 자세는 자신들의 특별한 영적 경험
들을 자랑했던 "지극히 큰 사도들"에 대한 고린도인들의 열심에 대한 그
의 반대 논증(고후 12:1-11)과 방언의 은사에 대한 고린도인들의 지나친 열
심을 그가 교정하는 것(고전 14:1-40)에 잘 반영되어 있다.

(c) 율법의 행위를 행하지 말고 성령의 도우심을 통해 주 예수 그리스도께 복종하라는 목회적 권면들

율법의 행위들이 아니라 하나님의 은혜를 통한 칭의의 복음에 따라,
바울은 자신의 율법의 행위들 곧 공로가 되는 율법 준수를 통해 얻은 자
신의 "흠 없는 의"와 하나님의 언약 백성 이스라엘의 한 구성원으로서의
자신의 특권들을 자신의 사역을 위한 부수적 수단으로 사용하지 않을 것
이다(빌 3:2-6; 참고. 고후 11). 이것은 세상의 지혜/지식과 수사적 기교들을
그가 사용하지 않는 것과 마찬가지다. 그는 믿는 자들에게 율법의 행위
들을 함으로써 거룩함에서 자라가라고 권면하지도 않을 것이다. 그 대신
그는 하나님의 언약 백성을 "하나님의 성령으로 [하나님을] 예배하고 그
리스도 예수로 자랑하고 육체를 신뢰하지 않는" 자들로 재정의하고 그
들을 율법의 행위들에서 떼어 놓는다(빌 3:2-3). 왜냐하면 그들은 "죽이는"
"문자/율법의 조문이 아니라" "살리는" "성령의" "새 언약"의 백성이기 때
문이다(고후 3:6). 그들은 "율법에서 벗어나 [그들을] 사로잡은 것들에 대
해 죽었으므로 [그들은] 성령의 새로운 방식으로 섬기고 율법 조문의 옛
방식으로 섬기지 않는다"(롬 7:6). 그들은 하나님의 아들 그리스도 예수의
속죄를 덕 입고 이제 "육신을 따르지 않고 성령을 따라 행함으로" "율법
의 의로운 요구"를 성취하는 사람들이다(롬 8:3-4). 율법의 행위 없이 자신
의 은혜를 통해 그들을 의롭다 하신 후에 하나님은 그들이 자신이 회복
케 하신 그 올바른 관계에 계속해서 있도록 지키시는데, 다시금, 율법의
행위 없이 자신의 은혜로 그렇게 하신다.

다시 말해서, "주 예수 그리스도의 이름과 우리 하나님의 성령 안에서

[그들을] 씻으시고… 거룩하게 하시고… 의롭다" 하신(고전 6:11) 후에, 혹
은 "[그들을] 거룩으로 부르신" 후에, 하나님은 "[그들에게] 그의 성령을
주"시사(살전 4:7-8; 또한 참고. 롬 8:1-17; 갈 4:4-6) 그들이 성령의 인도하심과
능력 주심을 따라 의와 거룩함 가운데 행하게 하신다. "성령[의 일하심]
으로 시작했"기 때문에 의롭다 함을 받은 자들은 "육체로 온전해지기"를
다시 말해 율법을 육신적 방식으로 지킴으로써 "온전해지기"를 바랄 수
없다(갈 3:3).[40]

따라서 새 언약의 일꾼으로 섬기도록 하나님의 위임을 받은 바울이(고
후 3:6) 새 언약 백성들에게 육신을 부추겨 죄를 짓게 하고 그래서 그들에
게 죽음을 가져오는(롬 7:5, 7-25) "문자" 혹은 율법 조문에 따라서가 아니
라 성령을 따라 행하라는 자신의 목회적 권면을 제공하는 것은 당연히
기대되는 일이다. 바울은 한편으로 아담적 인간 혹은 이스라엘의 육신적
인 율법 준수는 죄와 죽음에 이르게 할 뿐이라는 것(롬 7:4-25)[41]과 다른 한
편으로 성령을 통해 덕 입음을 얻게 되는 하나님의 은혜가 믿는 자들로
겔 36:27; 37:14 등의 예언을 성취하여 "율법의 의로운 요구"(즉 궁극적으로
는 의의 열매,[42] 참고. 롬 6:15-23; 7:4; 빌 1:10)를 이룰 수 있게 한다고 확신한다
(롬 8:3-4; 살전 4:8).[43] 따라서 살전 4:1-8에서 토라와 유대교 전승 모두에 포

---

40 참고. G. D. Fee, *God's Empowering Presence: The Holy Spirit in the Letters of Paul*(Peabody, MA: Hendrickson, 1994), 384-86, 876.

41 예를 들면, E. Käsemann, *An die Römer*(HNT; Tübingen: Mohr Siebeck, 21974), 189-202; D. Moo, *The Epistle to the Romans*(NICNT; Grand Rapids: Eerdmans, 1996), 423-31를 참고하라.

42 참고. Fee, *God's Empowering Presence*, 530.

43 이 구절들에서의 겔 36:27; 37:14의 반영에 대한 논의을 위해서는 예를 들어 Holtz, *Thessalonicher*, 167; J. A. D. Weima, "1-2 Thessalonians," in *Commentary on the NT Use of the OT*(ed. G. K. Beale and D. A. Carson; Grand Rapids: Baker Academic, 2007), 878-89; H. Hübner, *Biblische Theologie des Neuen Testaments*, Band 2: *Die Theologie des Paulus und ihre neutestamentliche Wirkungsgeschichte*(Göttingen: Vandenhoeck & Ruprecht, 1993), 301-6; M. M. B. Turner, *The Holy Spirit and Spiritual Gifts*(Peabody, MA: Hendrickson, 21998), 109; V. Rabens, "The Development of Pauline Pneumatology," *BZ* 43(1999): 178-79; S. Kim, *Paul and the New Perspective: Second Thoughts on the Origin of Paul's Gospel*(Grand Rapids:

함되어 있는 도덕적 명령들[44]인 성적 부도덕을 피하고 성화된 삶을 살라는 목회적 권면들을 제시할 때 전에 랍비 훈련을 받았던 바울은 심지어 에스겔 36:27을 반영하면서도(살전 4:8) 율법의 "법도와 율례" 중 어떤 것에도 호소하지 않고 도리어 하나님의 부르심과 성령 주신 것에 호소한다 (4:7-8). 그가 "하나님의 뜻"을 명시적으로 언급하면서(4:3) 이렇게 하는 것이 더욱 의미 심장하다. 유대교에서 하나님의 뜻이 토라에 고정되어 있음을 잘 알면서도(롬 2:18; 시 40:8), 바울은 모세 율법의 계명들의 관점이 아니라 주 예수 그리스도(살전 4:1-2)와 하나님의 성령의 관점에서(4:8) 그 요구들을 펼쳐 놓는다. 이것은 그리스도께서 하나님의 뜻의 계시의 수단으로서의 토라를 완성하셨(고 그래서 그런 점에서 그것을 폐기하셨)다는(참고. 롬 10:4) 그리고 하나님의 뜻인 우리의 성화라는 결과를 가져오는 것은 율법의 계명들에 대한 순종이 아니라 내주하시는 성령의 촉구하심을 따라 하나님의 아들이시요 부왕이신 주 예수 그리스도께 대해 하는 순종(롬 1:3-5)이라는 바울의 이해를 반영한다.

리처드 헤이스(Richard Hays)는 비슷하게 바울이 궁극적으로 레 18:8의 법("너는 네 아버지의 아내의 하체를 범하지 말라")에 근거하여 자신의 판단을 내림에도 불구하고 아버지의 아내와 근친상간적 관계에 있는 사람을 어떻게 레 18:8에 대한 언급 없이 정죄하는지를 관찰한다(고전 5:1-5).[45] 바울이 우상의 제물 먹는 문제를 다루는 것(고전 8-10장)과 관련하여 헤이스는 이

Eerdmans/Tübingen: Mohr Siebeck, 2002), 158-63을 참고하라. 필자의 주석에서 살전 4:8-9 에 대한 코멘트도 보라.

44 참고. Tomson, *Paul and the Jewish Law*, 91-92. 톰슨은 이 교훈들의 유대적 특징을 강조한다. 톰슨의 견해를 확장하면서 후커(M. Hooker)는 "[살전 4:1-12에서] 바울의 윤리가 어느 정도까지 그의 기독론에 의해 그 모양이 재구성되었는가"를 묻고 심지어 "이 가르침은 기독교의 꼬리표를 달고 나온다. 하지만 그 가르침의 내용에서 무엇이 기독교적인지를 알기가 어렵다"고 선언하기까지 한다("Concluding Reflections: 'Our Gospel Came to You, Not in Word Alone but in Power Also'(1 Thess 1:5)," in *Not in the Word Alone: The First Epistle to the Thessalonians*[ed. M. D. Hooker; St. Paul's Abbey-Rome: "Benedictina" Publishing, 2003], 162; 이탤릭은 그녀의 것).

45 R. Hays, *The Moral Vision of the New Testament: Community, Cross, New Creation*(New York: HarperCollins, 1966), 43.

606

렇게 말한다:

> 따라서 우리는 바울이 고린도에서 이 목회적 문제를 토라에서 적절한 할라카를 찾
> 거나 예수의 권위 있는 말씀이나 사도회의의 결정(행 15장)을 가리키기보다 고린도
> 교회의 강한 구성원들에게 자신의 특권의 자리를 양보함으로써 그리스도의 본과
> 사도의 본을 따르라고 촉구함으로 다루고 있음을 본다. 이와 같은 행동의 목적(telos)
> 은 개인적인 덕이나 겸손을 앙양하는 것뿐만이 아니라 그리스도의 공동체의 하나
> 됨을 공고히 하는 것이기도 하다. 그렇다면, 윤리적인 규범은 미리 결정된 규칙 혹
> 은 행동을 위한 규칙들 세트 형태로 주어지는 것이 아니다; 도리어 올바른 행동은
> 그 공동체의 필요를 고려하는 가운데 기독론의 패러다임에 기초하여 분별되어야
> (discerned) 한다.[46]

바울에게 토라의 할라카에 대한 호소가 없는 것에 주목하고 또 "기독
론적 패러다임"을 바울의 결정적인 윤리적 규범으로 이해한 점에서 헤
이스는 옳다.[47] 하지만 우리는 기독론적 패러다임은 그리스도의 모범뿐
만 아니라 그의 가르침도 포함한다고 제안하고자 한다. 우리는 이미 고
전 8-10장에서 바울이 어떻게 예수의 대속물 말씀(막 10:45//마 20:28)을 두
번 반영하고(고전 9:19-22과 10:33; 또한 참고. 갈 1:4; 2:20; 살전 2:6-8) 그리고 걸림
돌(skandalon) 말씀(막 9:42-50//마 18:6-9//눅 17:1-2; 또한 참고. 마 17:24-27)도 다
시 두 번 반영하는지(고전 8:13과 10:32; 또한 참고. 고전 8:9; 롬 14:13, 20-21)를 보
았다.[48] 우리는 고전 10:32-33에서 예수의 그 두 말씀들을 반영하고 또
자기 자신에게 적용하는 진술들을 하고 곧 바로 이어서 그 자신이 그리
스도를 본받은 것에 대해 바울이 어떻게 말하고 고린도인들에게 그리스
도를 본받는 자 된 자기를 본받으라고 어떻게 권면하고 있는지(고전 11:1)
를 주목하는 일을 놓쳐서는 안 된다. 사실 바울은 롬 15:1-3, 7-9이나 빌

---

46 Ibid. (이탤릭은 그의 것임).
47 또한 참고. Wright, "Monotheism, Christology and Ethics: 1 Corinthians 8," 136.
48 앞의 588페이지를 보라.

2:5-8에서와는 달리 고전 8-10장에서는 예수의 모범적인 행위에 대한 직접적인 언급을 하지 않는다. 그 대신 그는 예수의 모범이 그의 말씀들, 특히 대속물 말씀 속에 주어지는 것으로 보는데, 이는 그가 그 말씀에 따라 예수께서 자기 목숨을 많은 사람을 위해 내어 주셨음을 알기 때문이다.

우리는 또한 바울이 어떻게 시작(고전 8:1, 3)과 끝(고전 10:31-33)에서 이중 사랑 계명을 교차대조 구조로, 수미쌍관을 이루도록 제시하여 그 계명을 우상의 제물을 먹는 문제를 해결하는 규범으로 만드는지 보았으며 이로써 바울이 예수의 하나님 사랑과 이웃 사랑의 절대 명령(막 12:28-35과 그 병행 구절들)을 반영하고 있다고 제안했다.[49] 바울은 하나님을 우리 전 존재로 사랑하라는 계명을 염두에 두고서는 지식을 자랑하는 자들에게 (이교 신전에서 제사와 연결되어 열리는 잔치에 참여함으로 범해지는) 우상숭배 (고전 10:14)[50]를 피하고 모든 것을 하나님의 영광을 위해 하라(고전 10:31)고 권면하는 한편으로 이웃을 자기 자신과 같이 사랑하라는 계명을 염두에 두고서는 우상의 제물을 먹는 것이 다른 사람들을 실족하게 만들 경우 그들에게 그 음식 먹을 권리를 내려 놓으라고 권면한다(고전 8:9-13; 10:28).[51] 우상의 제물 먹는 일이 이중 사랑 계명에서 나온 두 요구사항에 저촉되지 않는다면, 바울은 그것을 아디아포론(adiaphoron)으로 여기고 그런 음식을 먹는 것을 허용한다(고전 10:25-27; 참고. 롬 14:17). "[모세의] 율법 아래" 있는 어떤 유대인 선생도 그런 자유를 허용하기는 어려울 것이다.[52] 하지만 전

---

49 앞의 주 13을 보라. 본서 *15장* 509-13페이지를 보라. 롬 13:8-10과 갈 6:2에서 바울이 예수의 사랑의 계명 (막 12:28-31과 그 병행 구절들)을 암시한다는 논증을 위해서는 M. Thompson, *Clothed with Christ: The Example and Teaching of Jesus in Romans 12.1-15.13*(JSNT 59; Sheffield: JSOT Press, 1991), 121-40도 보라. 롬 13:8-10이 예수의 이중 사랑 계명의 두 번째 요소를 반영하듯이 롬 12:1-2은 그 첫 번째 요소를 반영할 수 있다는 추가적인 관찰을 포함하는 Kim, *PNP*, 266-68도 보라.
50 참고. N. T. Wright, "Monotheism, Christology and Ethics: 1 Corinthians 8," 134.
51 롬 14-15장에서 기본적으로 고전 8-10장에서와 같은 문제를 다룰 때 바울이 어떻게 이중 사랑 계명에 의해 비슷하게 인도함을 받는지 또한 주목해 보라: 하나님 사랑 (롬 14:6-9)과 이웃 사랑 (14:13-15, 19-21).
52 위의 본서 *15장* 520페이지 주 53을 보라. 거기서 E. P. Sanders("Jewish Association with Gentiles and Galatians 2:11-14," in *Conversation Continues: Studies in Paul and John*. J.

608

에 랍비 수업을 받았던 바울은, 그가 더 이상 "(모세의) 율법 아래" 있지 않고 "그리스도의 율법 안에"(고전 9:20-21) 있기 때문에 그리고 정결에 대한 말씀들(막 7:15//마 15:11; 막 7:19) 같은 예수의 가르침[53]과 죄인들과 세리들 등과의 식탁 교제 같은 예수의 행위(막 2:15-17과 그 병행 구절들; 마 11:19//눅 7:34; 등)[54]를 통해서도 인도함을 받아서 그런 자유를 허용할 수 있다. 이러한 논의는 바울에게 윤리적 규범으로서의 기독론적 패러다임이 그리스도의 모범적 행위뿐만 아니라 그의 가르침도 포함한다는 점을 보여주기에 충분하다.[55] 결과적으로, 우리는 바울이 "그리스도의 율법"을 따르는 것에 대해 말할 때(고전 9:21; 갈 5:14과 함께 갈 6:2 또한 참고) 그가 그리스도의 행위(그의 대속물 말씀에 설명된 그의 자기를 내어주심과 십자가에서의 그의 죽음을 그 초점으로 하는)뿐만 아니라 그의 가르침(이중 사랑 계명을 그 초점으로 하는)도

Louis Martyn FS[ed. R. T. Fortna and B. R. Gaventa; Nashville: Abingdon, 1990], 170-88)와 P. Borgen("'Yes,' 'No,' 'How Far?': The Participation of Jews and Christians in Pagan Cults," in *Paul and His Hellenistic Context*[ed. T. Engberg-Pedersen; Minneapolis: Fortress, 1995], 30-59)의 이 문제에 대한 연구들에 대해 논의한 바 있다.

53 롬 14:14, 20에서 바울이 그 가르침을 암시하는 것은 이러한 개연성을 매우 높여준다. 위의 본서 *15장* 513-19페이지를 보라.

54 바울은 고전 7:12-16에서 연합을 통해 거룩해짐의 원리(the principle of sanctification by association)를 믿는 자와 믿지 않는 자 사이의 혼합결혼에 적용한다. 이것은 거룩함을 위해 이방인들로부터 분리를 추구하는 유대인들의 모든 시도들의 동기가 되는 연합을 통해 부정하게 됨의 원리(the principle of defilement by association)를 뒤집는 것이다(참고. F. F. Bruce, *1 and 2 Corinthians*[NCBC; London: Oliphants, 1971], 69; C. K. Barrett, *First Epistle to the Corinthians*[BNTC; London: Black, 21971], 165). 후자의 원리를 특별히 엄격한 방식으로 지키는 바리새적 배경을 가진 바울이, 예수의 정결에 대한 가르침과 그가 죄인들과 세리들 등과 식탁 교제를 하신 일과 "부정한" 사람들을 만져서 고치신 일(막 1:40-45과 그 병행 구절들; 5:25-34과 그 병행 구절들; 6:56//마 14:36; 등)에 대해 그가 알게 되었을 때, 그리고 요일 4:4에 표현되어 있는 믿는 자 안에 계신 그리스도의 영이 세상의 적그리스도의 영보다 크다는 그런 신학적 확신을 그가 가지게 되었을 때(참고. 롬 5:15-20), 전자의 원리로 돌아서게 된 것일 개연성이 크다. 따라서 이 연합을 통해 거룩해짐의 새 원리를 가지고 바울 사도는 이방 선교를 시작하고, 그들 가운데서 이방인들과 같이 살고(고전 9:20), 또한 믿는 자들이 성령을 가진 자들로서 믿지 않는 자들과 교제하고 어울리며 그들에게 좋은 영향을 끼치는 것을 옹호할 수 있었다.

55 헤이스(Hays)와 호렐(Horrell)이 그리스도의 가르침은 배제한 채 그리스도의 모범적 행동에만 초점을 맞춘 것에 대한 보다 자세한 비판을 위해서는 위의 본서 *15장* 535-39페이지를 보라.

염두에 두고 있다고 결론 내릴 수 있을 것이다.[56]

그러므로 비록 더 이상 "[모세의] 율법 아래 있지 않지만, 믿는 자들의 성화를 위해 토라에 호소하지 않고 "그리스도의 율법 안에" 있는 자로서[57] 바울은 고전 7:10-11에서는 예수의 이혼 말씀(막 10:9-12//마 19:6, 9)을, 그리고 고전 9:14에서는 복음을 전하는 자들은 그 복음으로 살라는 예수의 "명령"(눅 10:7//마 10:10)을[58] 명시적으로 언급한다. 믿는 자와 믿지 않는 자의 결혼이나 "처녀"의 결혼에 관해 주의 "명령"을 가지고 있지 않은 것에 대해 은근히 그리고 명시적으로 아쉬워함으로써(고전 7:12, 25) 그는 만일 그런 "명령"이 있었더라면 그것을 인용했을 것임을 시사한다. 롬 12:14-21에서 그는 로마의 그리스도인들에게 원수를 사랑하고 보복하지 말라고 권면하면서 평지/산상설교에 수집된 여러 예수의 말씀들(눅 6장과 마 5장)을 반영하고 고전 4:11-13에서는 자신을 예수의 그와 같은 가르침들을 실천하는 자로 내세운다.[59]

그러나 전반적으로 바울이 예수의 말씀들을 드물게 인용하는 것은 분명하다.[60] 사실 그는 예수의 가르침들을 인용하기보다는 보다 자주 그 가르침들을 암시하거나 반영한다. 그 가르침들을 인용할 때조차도 그는,

56 참고. H. Schürmann, "Das Gesetz des Christus," 283-94; C. H. Dodd, "ἔννομος Χριστοῦ," in *More New Testament Studies*(Manchester: Manchester University Press, 1968; 원래는 *Studia Paulina*[J. G. Zwaan FS, Haarlem, 1953] 에 출판된 것임), 141-47. 위의 본서 *15장* 515페이지 주 40에서 이 두 사람에 대해 한 코멘트도 참고하라.

57 여기서 그리스도의 율법과 모세의 율법의 관계에 대해 자세하게 논의할 수는 없다. 여기서는 예수께서 (모세의) 율법 전체를 이중 사랑 계명으로 요약하신 것을 알고 바울은 구약에서 하나님 사랑과 이웃 사랑에 대한 많은 구체적인 법도들을 받아들이고서 그것들을 예수의 가르침과 모범의 관점에서, 다른 무엇보다 그의 죽음과 부활의 관점에서 재해석했을 것이다(참고. 롬 13:8-10; 갈 5:14; 6:2). 참고. J. Barclay, *Obeying the Truth: Paul's Ethics in Galatians*(Edinburgh: T&T Clark, 1988), 131-42 (특히 134).

58 고전 9:14에 대해 위에서 제시한 우리 해석을 보라: 바울은 그 구절에 인용된 예수의 명령의 (문자보다) 의도나 정신에 순종한다.

59 예를 들면, N. Walter, "Paul and the Early Christian Jesus-Tradition," in *Paul and Jesus: Collected Essays*(ed. A. J. M. Wedderburn; JSNT 37; Sheffield: JSOT Press, 1989), 56; Thompson, *Clothed with Christ*, 90-110을 참고하라.

60 이에 대한 다양한 이유에 관한 논의를 위해서는 Kim, "Jesus, Sayings of," 487-90을 참고하라.

그가 예수의 이혼에 대한 가르침과 선교 명령의 의도를 존중하지만 헬레니즘적 상황에서 그 가르침과 명령을 어떻게 유연하게 적용하는지를 우리가 볼 수 있는 것 같이(고전 7:10-16; 9:14-23), 율법주의적인 방식으로 그 가르침들을 사용하지 않는다. 따라서 헤이스가 바울은 목회적인 문제를 "간단한 판결(ruling)을 제시"하거나 "예수의 권위 있는 가르침"을 인용함으로써 해결하지는 않는다고 지적한 것[61]은 맞는 말이다. 그는, 고전 8-10장(과 롬 14-15장)에서 볼 수 있듯이, 예수의 가르침들을 반영하면서도 독자들과 같이 생각하고, 어떻게 그들이 구체적인 이슈들을 가진 그들의 상황에서 그 반영된 말씀들에 그 뜻이 분명히 드러나 있는 주 예수 그리스도께 순종할지를 혹은 어떻게 그들이 다른 사람들을 위한 자기를 내어주는 사랑에서 그를 본받을지를 분별하도록 돕는다.

바울은 이 분별의 과정에서 그가 믿는 자들 안에 거하시는 하나님과 그 아들 예수 그리스도의 영으로 믿는 성령이(롬 8:9-11) 그들을 인도하여 (롬 8:14; 갈 5:18) 주 예수 그리스도의 뜻을 발견하고 그 뜻에 순종하도록 도우심으로 그들이 성령의 인도하심과 능력 주심의 결과[62]로서 "성령의 열매"(갈 5:22)라는 이름으로도 불리는 "의의 열매"(빌 1:11)를 맺게 하실 것임을 분명히 믿는다. 따라서 빌립보의 그리스도인들에게 "그리스도의 복음에 합당하게" 생활함으로써, 다시 말해 겸손과 자기희생적 사랑을 통해(빌 1:27-2:30), 공동체의 하나 됨을 이루라고 권면하면서, 바울은 그리스도의 모범을 칭송하고(2:6-11) 곧 바로 그들에게 "[그들의] 구원[곧 그들의 공동체의 행복]을 이루라"는 명령을 덧붙이고 "하나님이 [그의 영 안에서] [63] 자신의 기쁘신 뜻을 소원하고 그것을 위해 일하도록 [그들 중에서] 역사하신다"는 확신을 표현한다(2:12-13). 문맥 속에서 이 명령의 함

61　Hays, *Moral Vision*, 42-43.

62　마찬가지 견해로, Fee, *God's Empowering Presence*, 735 주 5.

63　여기에 성령에 대한 언급은 없지만 초월의 하나님이 그의 영 안에서 혹은 그의 영을 통해서 믿는 자들 안에 거하시기 때문에 성령에 대한 언급이 함축적으로 들어있다고 볼 수 있다. 마찬가지 견해로, Fee, *God's Empowering Presence*, 735 주 5.

의는 성령이 믿는 자들에게 감동을 주셔서 그리스도의 자기를 낮추고 자기를 희생하는 모범을 본받기를 소원하게 하시고 그들에게 능력을 주셔서 그 소원을 실천으로 옮겨 하나님의 뜻인 교회의 하나 됨을 이루게 하신다는 것이다. 따라서 성령의 인도하심을 받거나 성령을 따라 행함으로써, 믿는 자들은 "그리스도의 율법"으로 표현되는 바 "율법의 의로운 요구"(롬 8:4)를 성취한다. 따라서 바울은 일반적으로 자신의 목회적 권면들은 그리스도 예수의 주권뿐만 아니라 성령의 역사도 언급하면서 제시한다.

3. 높음 받으신 주이신 그리스도 예수의 복음을 전하기

신약성경 전체에서와 같이 바울에게도 그리스도 예수의 십자가에서의 죽음과 부활은 하나님의 종말론적 구원 사건의 중심이다. 복음은 바로 이 구원 사건에 대한 기쁜 소식이다. 하나님이 그리스도 예수를 죽은 자들 가운데서 일으키신 것은 그를 하나님의 아들, 곧 하나님이 자신의 왕권/주권을 위임하여 자기를 대신하여 만물의 주로서 다스리시고 모든 피조물을 창조자 하나님께 복종하게 하시는 분으로 높이신 것으로 해석된다(롬 1:3-5; 고전 15:23-28; 골 1:13). 바울은 자신이 주 예수 그리스도의 사도 곧 전권을 받은 특사로서 세상에 그리스도 예수를 주로 전하여 세상이 그리스도와 하나님 아버지께 대한 믿음의 순종에 이르도록 데려오는 사명을 받았음을 매우 분명하게 의식하고 있다(롬 1:1-5; 15:18; 16:26; 고전 1:1; 9:1-2; 고후 1:1; 5:18-21; 10:7-8; 갈 1:1; 등). 따라서 부활하신 주를 우주의 주로 전하는 그의 복음은, 자신의 사도적 사명에 대한 그의 깨달음과 함께 바울을 하나의 우주적 사명—그것이 모든 피조물을 하나님 나라로 회복시키는 주 예수 그리스도의 구속 역사의 수단이라는 이해를 가지고 그가 수행하는 사명—으로 이끈다(고후 5:18-21; 롬 10:9-17; 고전 4:1; 골 1:23-29; 살후 2:5-8; 또한 참고. 엡 3:1-13).[64] 더 나아가, 하나님이 죄와 사망의 세력들을

---

64 불트만(R. Bultmann, *Der zweite Brief an die Korinther*[KEK; Göttingen: Vandenhoeck & Ruprecht, 1976], 162)의 고후 5:18에 대한 코멘트를 참고하라: "그러므로 설교 자체도 구원 사건의 일부다"; idem, *The Theology of the NT*(ET; London: SCM, 1968), 1:301-03. 또한 참

그리스도의 죽음과 부활로 이기심에 대한 바울의 복음은 그가 가진 대의 (cause), 곧 하나님과 그의 아들 예수 그리스도의 나라의 궁극적인 승리에 대한 그의 확신에 자양분을 제공하고(고전 15:23-28; 빌 3:20-21) 모든 역경과 고난 가운데서도 그가 끝까지 인내하도록 붙들어 준다(롬 8:31-39; 고후 1:9-10; 2:14-16; 4:13-14; 빌 3:10-11; 등).

주 예수 그리스도의 사도 혹은 전권을 받은 대행자로서(고후 5:20; 갈 4:14), 바울은 또한 자신의 권위에 대해 의식하고 있다. 그래서 그는 교회 를 "세우라고 주께서 [자신에게] 주신" 사도로서의 "권위(ἐξουσία)"에 대 해 말한다(고후 10:8; 13:10). 이 권위는 자신이 세운 교회들로부터 재정 지 원을 받을 권리뿐만 아니라(고전 9:12; 또한 참고. 살전 2:7) 믿는 자들의 성화 와 교회의 건강을 위해 그들에게 권면하거나 교훈하거나, 명령하거나 경 고하는[65] 능력과도 상관된다. 때로 바울은 주 예수의 "명령"(παραγγελία) 을 직접 전달한다(고전 7:10). 하지만 직접적인 주의 "명령"(ἐπιταγή)을 가지 고 있지 않은 상황들에서도(고전 7:25), 그는 믿는 자들을 위한 자신의 "명 령들"(παραγγέλλιαι)을 주 예수의 권위를 가지고 준다(살전 4:1-2). 그가 이렇 게 할 수 있는 것은 그가 주의 마음을 가진, 주께 전권을 받은 대행자(고전 2:16)이고 주의 뜻을 신실하게 실행하고 있기 때문이다(고전 7:25; 또한 참고.

고. O. Cullmann, "Der eschatologische Charakter des Missionsauftrags und des apostolischen Selbstbewusstseins bei Paulus: Untersuchung zum Begriff des κατέχον(κατέχων) in 2. Thess. 2,6-7," in *Vorträge und Aufsätze 1925-62*(Tübingen: Mohr Siebeck, 1966; 원래는 1936), 305-36; J. Munck, *Paul and the Salvation of Mankind*(London: SCM Press/Richmond, VA: John Knox Press, 1959), 36-67; H. Stettler, "An Interpretation of Colossians 1:24 in the Framework of Paul's Mission Theology," in *The Mission of the Early Church to Jews and Gentiles*(WUNT 127; ed. J. Ådna and H. Kvalbein; Tübingen: Mohr Siebeck, 2000), 198-208; F. W. Röcker, *Belial und Katechon: Eine Untersuchung zu 2 Thess 2,1-12 und 1 Thess 4,13-5,11*(WUNT 2/262; Tübingen: Mohr Siebeck, 2009), 458-523; S. Kim, "Paul as an Eschatological Herald," in *Paul as Missionary: Identity, Activity, Theology, and Practice*(LNTS; ed. T. J. Burke and B. S. Rosner; London: T&T Clark, 2011), 9-24(이제 본서 16 장에 재 출판되어 있음). 본서 13장에 수록된 논문 "무/불법자"를 "막고 있는 것"(τὸ κατέχον)과 "막고 있는 자"(ὁ κατέχων)(살후 2:1-12) 특히 482-85페이지 또한 보라.

65 앞의 주 5를 보라.

살전 2:4). 따라서 바울은 고린도 교회에 공 예배 때 예언의 은사를 질서 있게 사용할 것에 대한 자신의 가르침을 "주의 명령[ἐπιταγή]"으로 인정할 것을 요구한다(고전 14:37-38).[66]

그와 같은 사도적 권위를 "아버지"의 관점에서 표현하면서(고전 4:14-17; 또한 참고. 살전 2:11-12), 바울은 자신의 영적 자녀들인 고린도 교회가 그릇된 길로 빠질 때 그들에게 경고하고, 그들을 훈계하고 책망하고(고전 5장과 6장) 심지어 주의 권위와 능력으로 그들에게 "벌을 주겠다고(ἐκδικῆσαι)" 겁을 주기도 한다(고전 4:18-21; 고후 10:1-6; 13:1-4, 10). 이것은 그가 주께서 주신 권세를 부정적으로 사용하는 극단적인 경우다. 하지만 그것은 궁극적으로는 그 권세를 적절하게 사용하는 것이다.

왜냐하면 그것은 바울이, 고린도의 일부 그리스도인들의 그의 사도직과 그의 가르침에 반대하여 반기를 드는 것을 자기를 보내신 그리스도 자신에 대한 불순종으로 간주하고(고후 10:5-6; 참고. 갈 4:14),[67] 이 문제를 그와 같이 다룸으로써, 교회를 파괴하는 그들의 행동을 교정하고 그 자신의 사도적 사명에 따라 교회를 세우려는 것이기 때문이다(고후 10:8; 13:10). 그러나 바울은 심지어 사도로서의 권위를 행사하는 동안에도 결코 권위주의적이 되면 안 됨을 매우 분명하게 의식하고 있다(고후 1:24). 따라서 독자들에게 자신의 사도로서의 권위에 대해 상기시키면서도 그는 자신의 영광이나 이익을 위해 그것을 사용하기를 거절하고 도리어 종의 자세(고전 9:1-23; 고후 4:5)[68]나 자녀들을 부드럽게 돌보는 유모의 자세(살전 2:5-8)를 취한다. 반기를 드는 고린도인들에게 겁을 줄 때도 바울은 "그리스도의 사랑과 온유한 마음"을 가지고 호소하고 있으며 그 호소의 말을 들어서 자신이 가서 엄중한 치리를 시행해야만 하는 그런 상황을 만드는 일이 없도록 해달라고 심지어 "간청하기"(δέομαι)까지 한다(고후 10:1-2; 또

---

66 여기서 바울은 대행자/메신저는 보낸자/위임한 자와 같다는 이해를 염두에 두고 있을 수 있는데 이 이해는 미쉬나에 그 공식적인 표현이 나온다(Ber. 5.5).

67 앞의 주를 보라.

68 앞의 섹션 2.1을 보라.

한 고전 4:21).

따라서 바울이 목회 사역을 위해 자신의 사도로서의 권위를 사용하는 것 역시 십자가에 달리고 부활하신 그리스도 예수의 복음에 부합한다.

결론

사도 바울은 다른 무엇보다 복음을 이방인들에게 전한 선교사였다. 하지만 그는 동시에 회심자들이 믿음과 사랑에서 성장하도록 돕고 그들의 공동체들을 하나님의 거룩하고 의롭고 하나 된 백성으로 세우기 위해 일한 목회자였다. 이 목회적 목적을 위해 서신들을 쓰면서 바울은 자신이 전했거나 전하고 있는 복음을 보다 깊이 있게 설명했고, 그 복음을 다양한 교회들의 다양한 필요들에 적용했다. 그의 서신들은 어떻게 그가 목회 사역을 자신이 전한 복음에 부합되게 수행했는지를 보여준다. 바울은 하나님의 백성을 십자가에 죽기까지 섬기셨던 그리스도 예수의 복음에 따라 자신의 목회 사역을 철저하게 종 혹은 노예의 *diakonia*(섬김)가 되게 했다. 그리고 자신의 희생적인 섬김을 통해 그 목회 사역이 예수 그리스도의 고난과 죽음에 참여하는 것이 되게 했다.

그리스도 안에 있는 하나님의 은혜의 복음에 따라 바울은 자신의 사역을 통해 복음의 은혜적 특성을 보여주고자 했고 복음 설교를 율법의 행위들이나 세상의 지혜에 의지하거나 그것들에 대한 자랑으로 혼잡하게 하기를 거부했으며 세상이 인종, 성, 계급을 따라 나누는 모든 구분들(divisions)을 극복하는 하나님의 종말 백성 공동체를 세우고자 애썼다. 마찬가지로, 높임 받은 주이신 그리스도 예수의 복음과 주이신 이 예수의 사도로서의 자기 이해에 따라, 바울은 교회들을 흠 없는 거룩함의 공동체들로 세우기 위해 믿는 자들을 가르치고, 권면하고, 훈계하는 일에 자신의 목회적 권위를 행사했다. 따라서 회심자들에게 "그리스도의 복음에 합당하게 생활하라"(빌 1:27; 또한 참고. 살전 2:12)고 요청한 목회자로서, 바울은 그 자신이 설교한 "그 복음에 합당한 방식으로" 목회 사역을 수행했

다.[69]

---

69 물론 이 연구는 거의 전적으로 바울 자신의 증언들에 의존한 것이다. 하지만 우리는 그의 서신들과 신약성경의 다른 자료들과 초대교회 문헌들로부터 그의 복음 설교와 그의 목회적 행위를 문제 삼았던 대적자들이 많았다는 것을 안다. 만일 우리가 그들의 반대 주장들을 객관적으로 평가하고 그것들을 바울 자신의 증언들과 비교할 수 있는 비평적 도구를 개발할 수 있었더라면, 아마도 우리가 목회자로서의 바울에 대한 보다 객관적인 그림을 그릴 수 있었을 것이다. 자명한 일이지만, 우리는 여기서 그 어려운 과제를 수행하지 못했다. 따라서 목회자로서의 바울의 이 그림은 일방적이라는 판단을 받을 수밖에 없다. 그럼에도 불구하고 이 그림이 적어도 바울 자신이 되기를 바랬고 또한 다른 설교자들과 목회자들도 그와 같이 되기를 바라는 이상적인 목회자상으로 그렇게 이해될 수 있기를 바란다.

616

18장

바울과 폭력

1. "폭력"에 대한 현대의 포괄적 정의에 따른 폭력적인 사람으로서의 바울

그의 수작 *Killing Enmity*(적대감 죽이기)에서 요더 노이펠트(T. R. Yoder Neufeld)는 "폭력"이라는 개념이 현대의 논의에서 어떻게 극적으로 확장되었는지를 관찰한다.[1] 이 개념은 이제 물리적인 해나 손상을 끼치는 행위뿐만 아니라 다른 사람의 감정을 상하게 하는 말을 가리키는 데도 사용된다. 개인들 사이의 인간 관계에 적용될 뿐 아니라 사회의 다양한 제도들과 구조 및 우리 삶에 영향을 주는 다양한 문화 트렌드에도 적용된다. 더욱이 폭력을 구성하는 것은 가해자의 의도와 상관없이 종종 그것을 경험하는 사람이 그것을 어떻게 인식하느냐에 의해 결정된다. 누구든지 간에 개인이나 집단의 어떠한 행동이나 말 혹은 어떠한 사회와 문화 체계나 구조가 자신의 인격이나 웰빙에 억압적인(oppressive) 혹은 가학적인 것

---

1 T. R. Yoder Neufeld, *Killing Enmity: Violence and the New Testament*(Grand Rapids: Baker Academic, 2011), 1-8.

으로(abusive) 느껴진다면 그것을 폭력(violence)으로 인식될 수 있다.

성경 안에 있는 폭력에 대해 논의함에 있어서, 폭력에 대한 독자-중심적 혹은 희생자-중심적 인식은 "만일 해석자나 독자가 한 본문을 그와 같은 방식으로 경험하거나 사용한다면 그 본문은 폭력적"이라고 본다.[2] 신약성경에는 그리스도인들에게 다른 사람들에게 물리적인 폭력을 행사하라고 실제로 가르치는 가르침은 없다. 하지만 유대인과 이방인 박해자들과 교회 안의 거짓 선생들과 교사들과 잘못된 행실에 빠진 교회 구성원들에 대한 비판과 고소와 정죄는 많이 나온다. 그러한 부정적인 언어들뿐만 아니라 신약성경에 있는 다음과 같은 가르침들도 폭력을 암시하거나 부추기는 것으로 간주된다: 아내가 남편에게 혹은 종이 주인에게 복종해야 한다고 가르치는 가정 규칙들(household code); 그리스도를 믿는 자들은 구원받는 자들로 그리고 믿지 않는 자들을 심판 받는 자들로 구분하는 것; 하나님의 심판에 대한 가르침들이나 경고들;[3] 계시적 진리에 대한 (잠재적으로 관용적이지 못한) 주장들;[4] 전쟁과 무기에 대한 은유들;[5] 등등. 성경의 속죄 제사 개념 전체는 폭력으로 물들어 있는 것으로 보이고 십자가에서의 그리스도의 대속 제사는 "최악의 종류의 폭력인 유아살해나 자녀 제사의 은유"로 비난을 받는다.[6]

---

2 Yoder Neufeld, *Killing Enmity: Violence and the New Testament*, 4.

3 J. S. Vos, "Splitting and Violence in the New Testament: Psychoanalytic Approaches to the Revelation of John and the Letters of Paul," in *Destructive Power of Religion: Violence in Judaism, Christianity, and Islam*, vol. 2 of *Religion, Psychology, and Violence*(ed. J. H. Ellens; Westport, CT: Praeger, 2004), 191-94; Yoder Neufeld, *Killing Enmity*, 7를 보라.

4 Yoder Neufeld, *Killing Enmity*, 5.

5 Neufeld, *Killing Enmity*, 122-49; C. J. Roetzel, "The Language of War (2 Cor 10:1-6) and the Language of Weakness (2 Cor 11:21b-13:10)," in *Violence, Scripture, and Textual Practice in Early Judaism and Christianity*(ed. R. S. Baustan, A. P. Jassen, and C. J. Roetzel; Leiden: Brill, 2010), 87-88를 보라.

6 J. H. Ellens, "Religious Metaphors Can Kill," in *The Destructive Power of Religion: Violence in Judaism, Christianity, and Islam*, vol. 1 of *Sacred Scriptures, Ideology, and Violence*(ed. J. H. Ellens; Westport, CT: Praeger, 2004), 263.

"폭력"이 그와 같이 정의된다면, 바울은 분명 폭력적인 사람이다. 왜냐하면 바울은 그의 서신에서 폭력을 조장하는 것으로 생각될 그런 언어를 사용하고 그런 가르침을 베풀기 때문이다. 예를 들어 갈라디아서에서 자신이 가르친 복음을 떠나 "다른 복음으로 향하는" 갈라디아의 그리스도인들에 대한 강한 실망과 염려를 그와 같이 표현하면서(갈 1:6; 4:20) 바울은 그들을 "꾀임을 받은 자들," "어리석은 자들"이라고 부른다(3:1, 3). 그는 유대주의 대적자들에 대해 자신들은 율법을 지키지 않으면서 어떤 은밀한 동기를 가지고 갈라디아 회심자들에게 할례를 받고 율법을 지키도록 "강요하고" 있는 위선자들이라고 강하게 비난한다(6:12-13). 그는 심지어 그들을, 사실은 복음이 아닌 "그리스도의 왜곡된 복음" 혹은 "다른 복음"을 전함으로써 갈라디아의 믿은 지 얼마 안 되는 그리스도인들을 "교란하고" 그렇게 하여 성령 받은 하나님의 자녀들인 그들을 오도하여(4:1-7) 여종 하갈의 육체로 난 자녀들 진영으로 돌아가게 하는(4:21-31) 거짓 교사들 혹은 선지자들로 저주한다(1:6-9). 안디옥에서 이방인 그리스도인들과의 식탁 교제 문제로 게바와 바나바와 다툰 일을 되새김하면서 바울은 마찬가지로 자신의 동료 사도들도 "위선자들"로 정죄한다(2:11-14).[7] 바울은 갈라디아의 유대주의 대적자들의 할례를 그들의 몸을 베어 버림(apokoptein)에 불과한 것으로 평가절하하고 그들이 할례를 요구하는 자신들의 거짓 복음으로 거기 있는 그리스도인들의 믿음을 흔들어 놓는 것에 대해 하나님의 심판을 받고 멸망당할 운명에 처한 자들로 그들을 책망한다(갈 5:10, 12). 마찬가지로, 그는 또한 빌립보에 있는 유대주의 대적자들을 "개"(유대인들이 이방인들을 악마화하는 전형적인 방식을 뒤집어서)로 악마화하고 그들의 할례(peritomē)를 단순히 몸을 상해하는 것(katatomē)으로 평가절하할 뿐 아니라 최후의 심판 때 그들이 멸망당할 것이라고 위협한다(빌 3:2, 19). 폭력의 이슈를 논의하는 맥락에서 보통 등한시되는 것이기는 하

---

7 F. Tolmie, "Violence in the Letter to the Galatians?," in *Coping with Violence in the New Testament*(ed. P. Williams and J.W. Henton; Leiden: Brill, 2012), 74-75를 보라.

지만, 이와 같은 거친 말들만이 아니라 바울이 그 말들로 변호하는 것 곧 그의 이방 선교 그 자체도 그 당시의 대부분의 유대인들과 이방인들에게 하나의 폭력적인 행위였음에 틀림없었을 것이라는 점을 지적할 필요가 있다.[8] 사실 이방 선교는 이와 같은 말들을 입 밖으로 내는 것보다 훨씬 더 "폭력적으로" 공격적인 행동이었다.

고린도서신에서 그는 고린도의 그리스도인들의 라이벌의식과 분열(고전 1-4장), 성적인 죄들(고전 5-6장), 소송(6:1-8) 등과 같은 다양한 잘못들에 대해 그들을 강하게 책망하기도 한다. 그는 우상숭배와 부도덕으로 멸망당한 광야 세대 이스라엘 백성들의 예를 사용하여 지식을 자랑하는 자들에게 그들이 우상숭배적 행위에 위험스럽게 연관되는 것에 대해 경고한다(고전 10:1-12). 그는 주의 만찬을 남용하여(abuse) 가난한 형제 자매들을 부끄럽게 만드는 일부 부유한 구성원들을 책망하고 육체적 질병과 죽음으로 이미 드러나고 있는 하나님의 심판에 대해 말하면서 으름장을 놓는다(고전 11:17-22, 27-34). 그는 고린도 교회에게 그들 중에 있는 근친상간 관계를 맺는 그 사람을 "육신을 멸하기 위해 사탄에게" "내 주라"고 명한다(고전 5:1-5). 고린도의 말 안 듣는 회심자들로 그들의 구원의 종말의 완성을 향해 가는 동안 성실하게 자기 절제하는 삶을 살라고 요구하면서 그는 자신이 자기 "몸"을 "쳐" "복종하게 하는 것"을 그들이 본받을 모델로 제시한다(고전 9:24-27). 고후 10-13장에서 그는 자신의 사도로서의 정당성을 부정하고 자신의 재정 관행에 대해 비방하는 대적자들과 자신이 사탄에 빗대기도 하는 그 대적자들에게 휩쓸려서 의심을 가지고 자기를 대하는 고린도의 회심자들 모두에 대한 신랄하고 가장 냉소적인 논쟁으로 그 분노를 폭발한다(고후 11:12-15).[9] 고린도의 회심자들의 잘못된 행동

---

8 바울의 복음을 받아들이지 않는 이방인들로서는, 바울이 그들 가운데 와서 선교를 하는 그 자체가 그들의 종교와 삶의 방식에 대한 그의 "폭력적인" 부정과 공격을 나타내는 것이었을 것이다.

9 Roetzel, "The Language of War," 84-91을 보라. 뢰첼(Roetzel)은 고후 10:1-6에서의 바울의 논쟁의 특징을 헬라와 로마 문헌의 전쟁 이야기들에 견줄 수 있는 "군사 수사학(martial rhetoric)"으로 설명한다.

들에 대한 실망감을 강하게 표현한 다음 그는 사도로서의 혹은 아버지로
서의 권위를 가지고 그들에게 가서 그들을 조사하고 필요하다면 매로 징
계하겠다고 위협한다(고전 4:21; 고후 13:1-4, 10).

그러한 "폭력적인" 언어와 별개로 어떤 비평가들은 바울의 다양한 가
르침들 역시 불관용과 폭력을 불러일으키는 것으로 인식했다. 우선, 그
는 하나님의 계시로 자신이 십자가에 달리신 예수가 높임 받은 주와 메
시아와 하나님의 아들이시라는 복음을 받았는데(갈 1:11-17; 고전 9:1; 15:3-8)
이 복음은 유대인들이든지 이방인들이든지 모든 사람이 율법의 행위들
과 상관없이 하나님의 의(즉 언약적 신실함 혹은 은혜)의 복음에 대한 믿음을
통해 의롭다 함을 받거나 구원을 받는다는 것을 의미한다고 주장한다(롬
1:3-5, 16-17; 갈 1-4장). 한편으로 복음을 믿음을 통해 사탄의 나라에서 하나
님과 그 아들 예수의 나라로 옮김 받고 하나님의 아들이요 부왕이신 주
예수께 대한 "믿음의 순종"을 드리기로 맹세한 사람들(예, 롬 1:3-5; 10:9-10;
골1:13-14; 살전 1:9-10)과 다른 한편으로 하나님과 그 아들의 나라로 옮김을
받지 못하고 하나님 나라 혹은 교회의 "외인"으로 있는(살전 4:12), "하나님
을 모르고" "주 예수의 복음에 복종하지 않는" 자들(살전 4:5; 살후 1:8) 사이
에 분명한 구분이 있다.[10] 후자, 곧 믿지 않는 자들이 그런 사람들인 것은
그들의 마음을 "이 세상의 신" 사탄이 가려서 그들이 하나님의 아들 예수
그리스도께서 자신의 죽음과 부활을 통해 그리고 하나님 나라의 완성을
위해 하나님의 왕적 권능으로 사탄의 세력들을 멸망시키는 현재적 과정
을 통해 사탄에 대한 결정적 승리를 거두신다는 복음을 이해하지 못하게
하기 때문이다(고전 15:20-28; 고후 4:4). 그래서 그들은(특히 그리스도인들을 박
해하는 자들은) 주 예수 그리스도의 파루시아 때 하나님의 심판에서 하나님

---

10 갈 3-4장과 고후 3장과 같은 본문들에서 바울이 유대교에 대해 부정적으로 제시한 것도
보라. C. T. Davis III, "The Evolution of a Pauline Toxic Text," in *The Destructive
Power of Religion: Violence in Judaism, Christianity, and Islam, vol. 1 of Sacred
Scriptures, Ideology, and Violence*(ed. J. H. Ellens; Westport, CT: Praeger, 2004), 200-02
는 이런 묘사를 "신랄하게 깎아내리는 성경 해석(caustic interpretation of Scripture)"이라고
비판한다.

께 "형벌" 혹은 "영원한 멸망의 형벌"을 받을 것이다(살후 1:8-9; 2:10-12; 살전 5:3; 빌 1:28). 그 반면 믿는 자들은 그들의 칭의의 완성 곧 하나님의 진노에서 건짐 받고 그의 영광에 참여함을 얻게 될 것이다 (롬 5:6-11; 8:31-39; 살전 1:10; 5:9-10; 살후 1:5; 2:13-14). 바울은 그리스도인들에게 하나님의 최후의 심판 때 그들도 그 행한 일들에 따라 심판을 받을 것이라고 경고하면서(예: 롬 2:1-11; 14:10; 고후 5:10) 사탄의 나라에 떨어져 최후의 심판 때 하나님의 형벌을 받게 되지 않도록(살전 4:3-8) 주 안에 굳게 서서 그에게 믿음의 순종을 드리라(예: 롬 11:22; 고전 10:12; 골 1:21-23; 살전 3:8)고 강력하고 권면한다. 이와 같은 이유 때문에 그는 빌립보의 그리스도인들에게 "두렵고 떨림으로 그들의 구원을 이루라"고 촉구한다(빌 2:12). 최후의 심판 때의 그 완성으로 가는 과정인 칭의의 현재 단계에서의 그리스도인의 제자도의 엄중함을 강조하기 위해 바울은 그것을 믿는 자들이 자신들의 지체를 "불의의 무기[hopla]"로 죄(사탄에 대한 환유어[metonym])에게 드려 사망을 열매로 거두기보다 "영생"(오는 시대 곧 하나님 나라의 생명)을 열매로 거두기 위해 "의의 무기[hopla]"로 하나님께 드려야 할 영적 전쟁의 과정으로 묘사한다(롬 6:12-23; 그리스도인의 제자도와 사명을 위한 또다른 무기 은유를 위해서는 고후 6:6-7; 엡 6:10-17; 살전 5:8 또한 보라). 따라서 바울은 경고한다: "만일 누구든지 주를 사랑하지 아니하면 저주를 받을지어다[anathema]"(고전 16:22).

그리스도 예수의 구원의 사건의 두 순간들 중에서 바울이 그의 부활보다 그의 죽음에 보다 초점을 맞춘다는 것은 널리 알려진 사실이다. 그는 자신의 복음을 하나님이 우리 죄의 사면과 우리 구원을 위해 제공하신 대속의 제물로서의 그리스도 예수의 십자가 죽음의 관점에서 반복해서 설명한다(예: 롬 3:24-26; 4:25; 5:6-10; 6:2-11; 8:3-4, 32; 고전 15:3; 고후 5:14-21; 갈 1:4; 2:20; 3:13; 골 1:20, 22; 살전 5:9-10). 따라서 그는 복음을 간단히 "십자가의 말씀"이라 부르고(고전 1:18; 그의 복음을 반대하는 자들을 "그리스도의 십자가의 원수"로 부르는 빌 3:19도 보라) 고린도인들을 위해 개척 선교를 할 때 그는 "예수 그리스도와 그가 십자가에 못 박히신 것"만 선포했다(고전 2:1-2; 또한 갈

6:14을 보라). 갈라디아인들에게 그는 그들을 위해 개척 선교를 하는 동안 자신이 "예수 그리스도께서 십자가에 못 박히신 것이 [그들] 눈 앞에 밝히 보이게 했다"고 말한다(갈 3:1). 바울에게 그리스도의 십자가에서의 자기희생은 우리의 대속을 위한 사건으로서 중요할 뿐 아니라 우리가 본받을 모델로서도 중요하다(빌 2:5-11; 고전 10:31-11:1; 또한 롬 15:7-9을 보라). 바울의 신학은 그리스도의 십자가에서의 죽음에 초점이 맞춰져 있어서 학자들은 그 신학의 특징을 *십자가 신학(theologia crucis)*으로 설명하기를 좋아한다. 성경의 대속 제사에 대한 생각 자체가 폭력을 불러일으키는 혹은 조장하는 것으로 보는 사람들에게는 바울이 그리는 자기 피를 통해 우리 속죄를 위해 십자가에 죽으신 그리스도 예수의 모습은 분명 가장 극단적인 형태의 폭력이다. 바울이 보냄의 형식과 내어줌의 형식을 통해 자기 아들 예수를 그와 같은 피 흘림의 제사로서의 죽음에 내어주신 분이 바로 하나님 자신이었음을 강조할 때(롬 3:24-26; 4:25 [동사의 신적수동형에 주목하라]; 8:3-4, 32; 고후 5:21; 롬 5:8도 보라) 그가 그리스도의 십자가 죽음과 관련된 잔인함의 정도를 강조하려는 것으로 볼 수 있다.

위에서 제시한 대로 폭력에 대한 현대의 정의를 따르는 경우 바울은 분명 폭력적인 사람이고 그의 가르침도 상당히 폭력적이다.

2. 폭력에 대한 현대적 정의의 문제들

예수께서는 심지어 이웃에 대해 화를 내거나 욕을 하는 것을 살인에 버금가는 일로 간주하시고(마 5:21-22) 보복을 금하시고 원수 사랑을 가르치셨다(마 5:38-48). 그럼에도 불구하고 그 또한 폭력적인 분이시다. 왜냐하면 하나님 나라의 담지자로서 그는 사탄의 나라와 힘차게 싸우시면서 사탄을 제압하고 그 귀신들을 쫓아내실 뿐 아니라(예: 막 3:22-27; 마 12:22-30; 눅 11:14-23) 종종 바리새인들과 서기관들과 사두개인들과 논쟁을 벌이면서 바울과 비슷한 가르침을 베푸시고 (그 자신의 사도 바울이 나중에 이방인들과 교제를 하는 것처럼) 죄인들과 세리들과 먹고 마시면서 대부분의 동료 유대인들의 분노를 사기 때문이다. 그리고 그는 폭력적인 표적 행위를 통

해 성전의 파괴를 예언하기까지 한다(막 11:15-19과 그 병행 본문들).[11]

그렇지만, 폭력에 대한 위에서 묘사한 대로의 현대적 정의에 따를 때, 폭력적이지 않은 사람이 있을 수 있겠는가? 만일 진리나 의를 안다고 주장하면서 거짓이나 악을 비판하는 사람은 누구나 관용적이지 못하고 폭력적인 사람으로 인식된다면 폭력적이라는 비난을 피할 수 있는 사람이 누가 있겠는가? 필자의 상상으로는 실제의 선이나 악은 없(으며 단지 선과 악으로 보이는 것만 있)다고 믿는 어떤 수도승들의 경우 거짓과 악과 싸우고 그것들을 없앤다는 개념 자체가 없을 수도 있겠다는 생각이 든다. 하지만 힌두교 신앙이 지배적인 인도에서의 종교적 갈등은 현실에 있어서는 심지어 수도원적 힌두교도 그 수도원의 근본 전제를 받아들이지 않는 경쟁하는 종교적 주장들을 관용하지는 않을 것임을 시사한다. 필자의 한국에서의 경험으로 볼 때, 근본적으로 수도원적 세계관을 가진 많은 불교 신자들조차도 참 지식에 대한 자신들의 견해를 선전하고, 개인적 악덕들과 사회적 악을 억제하고, 개인적, 사회적 선을 고취하기 위해 노력한다. 그들이 그러한 노력들을 폭력을 불러일으키는 것으로 말하는, 거짓이나 악을 "억제하다," 그것들에 대항하여 "싸우다," 혹은 그것들을 "제거하다" 와 같은 언어를 사용하지 않고 표현할 수 있을지 잘 모르겠다. 그러나 필자 생각에는 비록 그들이 동물의 생명을 빼앗지 않으려고 끈질기게 채식주의를 고집한다 해도 그 자신의 존재를 유지하기 위해서는 식물들에 폭력을 가하는 것을 피할 수 없듯이 그들이 개인적인 악들과 사회적 악들을 억제한다는 그런 용어를 사용하기를 주저할 수 있음에도 불구하고 실제로 그 악들을 억제하는 것을 피할 수는 없다. 사실 그들은 사회 정의에 대한 열망이 있고 종종 부당한 정치-사회-경제 제도들에 맞서 싸우는 사회적 약자들을 적극적으로 지원한다. 이것은 남성중심적인 문화와 가

---

11 Ellens, "Religious Metaphors Can Kill," 258; J. H. Ellens, "The Violent Jesus," in *The Destructive Power of Religion: Violence in Judaism, Christianity, and Islam*, vol. 3 of *Models and Cases of Violence in Religion*(ed. J. H. Ellens; Westport, CT: Praeger, 2004), 22-32를 보라.

624

부장적 가족 제도들과 싸우는 성평등을 추구하는 페미니스트들의 경우에도 마찬가지라고 생각된다. 얼마나 많은 소수 인종과 사회적 취약계층의 사람들이 자신들의 인권을 확보하고 사회 정의를 확립하기 위해 노력하는 가운데 그런 언어를 피하는 데 성공할 수 있을지 잘 모르겠다. 심지어 절대 평화주의자들도 억압적이고 착취적인 제도와 문화와 씨름하거나 싸우는 생각을 피할 수 없을 것이라 생각한다. 만일 그와 같은 노력들을 표현함에 있어 그 어떤 폭력적인 언어도 피하기를 원한다면 그 생각을 표현하기 위해 그들은 어떤 언어를 사용해야 할까? 바울이나 예수의 "폭력적인" 가르침들과 언어에 대해 그들을 날카롭게 비판하는 일부 사람들의 경우 그들이 그렇게 함으로써 스스로도 폭력적인 사람이라는 것을 증명하는 것은 아닐까? 폭력에 대한 현대의 확장된 정의에 의거해서도 폭력적이지 않은 참다운 인간 존재가 과연 실제로 존재할 수 있겠는가?

더욱이 거짓과 악을 비판하고(즉, 참과 거짓이나 옳고 그름을 구분하고 때로 거짓된 혹은 잘못된 쪽을 비난하기도 하고) 판단하고 정죄하고 그 가해자들을 처벌하는 것을 포기하는 것이 과연 바람직한가? 만일 판단하고 정죄한다는 생각 자체를 버린다면 어떻게 우리가 사회에 정의와 질서와 평화를 확립할 수 있겠으며, 어떻게 사회가 무정부상태에 빠져드는 것을 방지할 수 있겠으며, 어떻게 약한 자들과 선한 이들을 강한 자들과 악한 자들로부터 보호하고 평화로운 사람들을 폭력적인 사람들로부터 지켜낼 수 있겠는가? "산상 설교에 기초한 철저하게 평화 지향적인 윤리를 확립하기 위한" 노력에서 글랜 스타센(Glenn Stassen)이 어떻게 "보호의 이익을 위해서 제한과 심지어 약간의 강제의 필요성"을 인정하는지를 지적하면서 요더 노이펠트(Yoder Neufeld)는 "강도 짓과 한 사람을 강제로 위험에서 끌어내는 것을 같은 범주로 만드는 것"은 "의미 있는 윤리적 분별과 논쟁을 약화시키는 것"으로 보일 수 있다고 말한다.[12] 일부 극단적인 반폭력 관

---

12 Yoder Neufeld, Killing Enmity, 7. 그는 여기서 스타센의 저작들을 언급한다:

점들은 "분별과 논쟁"의 행위들조차도 결국은 "비판"—옳은지 그른지를
분석하고 그것들에 대해 (적어도 가치) 판단을 내리는 것—과 연관이 되기
때문에 폭력으로 간주할지 모른다. 하지만 "강도 짓"을 정죄하지 못하고
"사람을 강제로 위험에서 끌어내는 것"을 칭찬하지 못할 때 개인과 사회
의 복지에 어떤 결과가 초래될지 생각해 보라. 만일 우리가 새롭게 확장
된 의미의 폭력을 저지르는 것을 두려워하여 "정치적 억압과 싸우고 온
갖 종류의 사회 악을 뿌리뽑아야 한다"와 같은 일반적인 말투도 피하고
그런 악을 민주국가에서 용인되는 법적 수단을 통해 강제로 억제하려는
노력을 포기한다면 그러한 말투가 사회의 예민한 사람들에게 상처를 주
는 것보다 훨씬 더 많은 사람들에게 훨씬 더 심각한 방식으로 해를 끼치
는 사회의 실제적인 폭력이 사실상 늘어나게 만드는 데 기여하게 될 것
이다.

하나님의 최후의 심판에 대한 바울과 예수의 가르침들이 폭력적이라
고 반대하는 사람들에게 그들이 그렇다면 어떤 나라나 사회의 사법 제도
전체와 사법 절차에 대해서도 폭력적 제도와 과정이라고 반대할 수 있겠
는지 물을 필요가 있다. 어떤 이는 하나님의 심판의 기준이 주 예수 그리
스도께 대한 "믿음의 순종"이라는 바울의 주장을 반대할 수도 있을 것이
다. 우리는 불의한 판단을 내리고 그럼으로써 사회에서 정의보다 부정의

G. Stassen, *Living the Sermon on the Mount: A Practical Hope for Grace
and Deliverance*(San Francisco: Jossey-Bass, 2006); G. Stassen with M. W. White,
"Defining Violence and Nonviolence," in *Teaching Peace: Nonviolence and
the Liberal Arts*, ed. J. D. Weaver and G. Biesecker-Mast(Lanham, MD: Rowman &
Littlefield, 2003), 17-37. 그러나 W. Wink, "Beyond Just War and Pacifism: Jesus'
Nonviolent Way," in *The Destructive Power of Religion: Violence in Judaism,
Christianity, and Islam*, vol. 4 of *Contemporary Views on Spirituality and
Violence*(ed. J. H. Ellens; Westport, CT: Praeger, 2004), 53-76(특히 67-68)를 보라. 윙크(Wink)
는 마 5:38-42에서 예수께서 악에 대한 "강제적(coercive)"이지만 "비폭력적인(nonviolent)"
저항에 대해 가르치는데, 이것은 의로운 전쟁(just war)과 절대적 평화주의(absolute
pacifism; = 무저항(nonresistance))의 이론들의 약점을 극복하는 제3의 길이라고 주장한다. 하
지만 그러한 비폭력적이지만 "강제적인(coercive)" 저항은 폭력에 대한 현대의 확장된 정의
에 따르면 여전히 폭력의 한 형태가 아닌가?

를 강화하는 나쁜 사법 제도와 절차를 정죄할 수 있으며 또한 마땅히 정죄해야 한다. 우리는 우리 사법 제도가 의롭게 되도록 일해 나가야 한다. 그러나 만일 우리가 심판 개념 자체를 폭력으로 치부하여 거부하고 따라서 사법 제도를 원칙적으로 거부한다면 어떻게 우리가 우리 사회에서 정의와 질서가 확립되는 것을 볼 수 있겠으며 약자들이 권력 가진 압제자들의 폭력으로부터 보호받도록 할 수 있겠는가? 사법 제도의 구속력은 종종 제한적이고 심지어 공격적으로—다시 말해 폭력에 대한 현대적 정의에 따르면 "폭력적"으로 느껴진다. 그렇다면 이런 이유로 우리가 사법 제도 전체를 폐기 처분하고 우리 사회가 전적인 무정부상태에 빠지도록 내버려두어야 하겠는가? 사회로서, 사법 제도 안에서 작거나 온건한 형태의 "폭력"을 가지는 편이 무정부 상태에서 거대하고 심각한 형태의 폭력을 가지는 것보다 낫지 않겠는가?

우리가 자신의 창조세계와 역사를 다스리시고 그 지으신 인간들이 그 행위에 대해 책임을 지게 하시는 초월적 하나님을 믿는 한, 하나님이 그들의 행위에 대해 심판하신다는 개념은 불가피하다. 그의 법이나 규례뿐만 아니라 그의 심판에 대한 언급 역시 종종 억압적이고 심지어 위협적으로, 다시 말해 그 현대적 정의에 따라 "폭력적"으로 느껴진다. 하지만 믿는 자는 이것들을 그가 이를 등한히 여겼을 때 결과적으로 자신이나 다른 사람들에게 가져올 결과들보다는 덜 "폭력적"인 것으로 받아들인다. 바울이 하나님의 심판에 대해 가르치고 그리스도인들에게 그것을 의식하여 참된 믿음과 의로운 행동을 하며 살라고 경고하는 것에 대해 그를 비판해야 하는가? 사실 그러한 경고가 어떤 이들이 다른 사람들에게 상처를 주고 또 그리스도 안에서 제공되는 하나님의 구원의 은혜를 저버리는 많은 사람들 가운데로 스스로를 밀어 넣을 수도 있는 그런 악들을 행하지 않게 이끌 수 있기 때문에 우리가 그런 경고를 사랑의 행동으로 볼 수는 없는가? 우리 자신의 신념이나 세계관에 따라서 우리는 하나님의 심판 개념 전체를 잘못된 것으로 여기거나 바울이 그것에 대해 잘못 가르치고 있다고 그를 비판할 수도 있다. 하지만 그가 유신론자로서 하나님의 심판에 대해 가르치는 그 자체를 폭력적 행동으로 비판하는 것이 과연 옳은가? 만일 그렇다면 그러한 비판이나 판단 역시 자신의 신념과 다른 신념에 대해 관용하지 못하는 것 혹은 폭력의 한 형태가 아닌가? 바울이 하나님의 심판에 대해 사용하는 언어 중 어떤 것들("형벌," "영원한 멸망의 형벌" 등)은 분명 가혹하고 폭력적이다(아래 섹션 4 "바울은 원수에게까지도 자기를 내어주는 사랑에 대한 자신의 가르침을 실천하는 데 얼마나 성공적인가?"를 보라). 하지만 하나님의 종말의 심판에 대한 그의 믿음을 인정할 때, 그런 언어는 하나님이 궁극적으로 악을 제거하실 것에 대한 근본적인 소망과 사람들에게 하나님의 은혜를 스스로 저버리지 말라는 경고를 표현하는 그의 전통적인 방식으로 이해될 수 있지는 않을까? 아니면 그와 같은 소망과 그와 같은 경고를 위해, 폭력을 부추기게 될 것을 두려워한 나머지 폭력에 대한 어떤 은유의 사용도 없이 "하나님이 결국에는 악의 문제를 해결할 것이다" 그리고 "결국에 하나님의 은혜에서 제외되는 것은 나쁜 일일 것이다"라고 그저 밋밋하게 그렇게만 말해야 하는가?[13]

이 모든 고려들은 독자의 주관적 관점에서 발전된, 현대의 폭력에 대한 확장된 이해를 바울서신과 다른 성경 본문들에 적용하는 데는 어떤

---

[13] 롬 1:18-32에서 바울은 모든 경건치 않고 악한 인간들에 대해 나타나는 하나님의 진노에 대해 말한다. 그는 하나님의 진노에 대해 하나님이 그들을 그 상실한 마음에 내버려 두셔서(특별히 24, 26, 28절을 보라) 그들이 진리를 억누르고 하나님보다 우상을 섬기는 쪽으로 기울어지게 하시고 그들을 또한 그들의 정욕과 욕심에 내버려 두셔서 그들이 부정하고 악한 행위들을 계속하게 하신 것으로 묘사한다. 그는 하나님의 진노를 복음을 믿는 사람들에게 그들을 의롭다 하셔서 그들로 구원과 생명을 얻게 하시는 것으로 드러나는 하나님의 의(1:16-17)와 대조하여 묘사한다. 하나님의 의 혹은 의롭다 하심은 현재에 시작되고 최후의 심판 때 완성될 것이다. 마찬가지로 하나님의 진노 혹은 정죄 역시 현재에 시작되어 최후의 심판 때 완성될 것이다. 하나님이 경건치 않은 사람들과 불의한 사람들에 대해 내리시는 현재적 심판에 대해 바울이 이와 같이 말하는 것을 보고 어떤 예민한 현대 독자들은 그가 그들에 대한 하나님의 최후의 심판에 대해 그것을 하나님의 "형벌," "영원한 멸망의 형벌" 등과 같이 "폭력적으로" 묘사하는 대신에, 하나님이 그들이 택한 그리스도 안에 있는 하나님의 구원의 은혜를 거부하는 길을 끝까지 가도록 그들을 마찬가지로 내버려두시는 것으로 말하지 않는 것을 유감스럽게 생각할지 모른다. 하지만 하나님의 심판이 그리 멀리 있지 않음을 내다보기에, 바울은 저 먼 미래의 독자들의 언어적 감수성을 고려하는 일보다 믿는 자들과 믿지 않는 자들 모두에게 하나님의 은혜를 저버림으로써 불미스러운 최후를 맞게 되는 일이 없도록 하라고 엄중히 경고하는 데 더 관심을 기울인다.

한계가 있어야 함을 보여준다. 신약성경에서 바울이나 다른 이들의 어떤 가르침들과 언어가 폭력적인지 아닌지를 판정하기 위해 우리는 일부 (항상 지적인 것은 아닌) 독자들의 그 가르침들과 언어에 대한 느낌뿐만 아니라 그 가르침들과 언어는 정당화되는가와 그것들은 부정적인 결과를 내기보다 긍정적인 목적에 기여하는가와 같은 다른 요소들 역시 고려해야 한다.

3. 바울은 어떻게 폭력적인 "열심당원"에서 "평화주의자" 그리스도인과 사도로 변화되었는가?

"폭력"에 대한 주관적인 정의에 대한 우려 말고도 이 논문에서 필자는 다음 질문을 고려하는 것을 주된 목적으로 한다: 어떻게 바울은 폭력적인 "열심당원"에서 그리스도인으로 그리고 이웃을 사랑하고 평화를 위해 애쓰는 방도들을 가르치는 사도로 변화되었는가? 바울의 가르침과 언어와 행위를 폭력의 관점에서 논하는 이들 가운데서 이 질문 혹은 관점은 대체로 무시되고 있는 것 같다.

(a) 화해와 평화의 복음

그 자신의 고백에 의하면, 바울은 회심 전에 바리새인이자 "열심당원"이었는데 유대교의 조상들의 전통에 대해 다른 사람과 비교가 안 될 정도로 대단한 열심을 가지고서 "하나님의 교회를 심히 박해하여 멸하려 했었다"(갈 1:13-14; 빌 3:6; 또한 행 22:3-4; 고전 15:9을 보라). 분명, 그는 예수를 메시아로 믿는 자들이 하나님과 그의 율법에 대해 신성모독죄를 짓는 것으로 생각했다. 왜냐하면 그에게 예수의 십자가 죽음은 분명 그가 하나님의 율법이 선언하는 하나님의 저주 아래서 죽었음을 분명하게 입증하는 것이었기 때문이다(신 21:23; 갈 3:13도 보라).[14] 따라서 비느하스(민 25:1-5)

---

14 제임스 던(Dunn)과 다른 바울에 대한 새 관점 지지자들은 회심 이전의 바울이 교회를 핍박한 것은 교회가 이방인들에게 할례와 안식일, 정결법 같은 율법의 준수를 요구하지 않고 복음을 전함으로써 하나님의 거룩한 백성으로서의 이스라엘의 순전성(integrity)을 더럽히고 있었기 때문이라는 견해를 유행시켰다. J. D. G. Dunn, "Paul's Conversion - A

와 엘리야(왕상 18:36-40; 19:10-18)와 마카비 가문 사람들과(1 Macc 2:15-28) 하나님의 명예와 하나님의 율법의 순전성을 위하는 사람들의 "열심"의 전통을 따라서 그는 교회를 폭력적인 방법으로 박해했다.[15]

하지만 누가에 의하면, 다메섹에 있는 그리스도인들을 박해하려고 거기로 가는 길로 여행하는 동안(행 9:1-18), 바울은 십자가에 달리신 그리스도께서 높임 받은 주와 하나님의 아들로 나타나신 것을 보았다(고전 9:1; 15:8; 갈 1:15-16). 고후 5:11-21에서, 교회의 박해자로서의 그의 과거를 문제 삼고 그가 사도직을 위해 다메섹에서의 그리스도 현현 환상에 호소하는 것(고후 5:13에서 특별히 *exesteēmen*을 사용하는 것을 주목하라)[16]의 정당성을 의심하는 어떤 유대인 그리스도인 대적자들에게 바울은 그리스도 현현이 그 자신 안에 만들어낸 신학적 혁명에 대한 자서전적 이야기를 제시한

Light to Twentieth Century Disputes," in *Evangelium, Schriftauslegung, Kirche: Festschrift für Peter Stuhlmacher zum 65. Geburtstag*(ed. J. Ådna, S. J. Hafemann, and O. Hofius; Göttingen: Vandenhoeck & Ruprecht, 1997), 90; J. D. G. Dunn, *The Partings of the Ways between Christianity and Judaism*(Philadelphia: Trinity, 1991), 121-22등을 보라. 하지만 그리스도인들이 십자가에 달린 예수를 메시아로 전하는 것이 "열심당적" 바리새인이었던 바울에게 얼마나 도발적인 것으로 인식되었겠는지를 가볍게 여기고(고전 1:22-23를 보라) "헬라파 유대 그리스도인들"이 이방인들에게 전한 것으로 추정하는 것에만 초점을 맞추는 것은 현실적이지 못하다. Kim, *PNP*, 2-19을 보라.

15 요세푸스가 유대 전쟁사(*Jewish War*) (4:161, 225; 7:268-70; 등)에서 언급하는 열심당은 AD 66-70년의 유대 전쟁 기간 동안 형성되었을 것이다. 하지만 "열심"이라는 이데올로기는 유대 전쟁 이전에도 바울과 반로마 저항 집단들의 사람들 같은 많은 다른 이들에게도 영감을 주었다. W. R. Farmer, *Maccabees, Zealots, and Josephus*(New York: Columbia University Press, 1956); M. Hengel, *The Zealots: Investigations into the Jewish Freedom Movement in the Period from Herod I until 70 AD*(Edinburgh: T&T Clark, 1989); R. A. Horsley and J. S. Hanson, *Bandits, Prophets, and Messiahs*(Minneapolis: Winston, 1985); D. Rhoads, "The Zealots," *ABD* 6:1043-54; M. R. Fairchild, "Paul's Pre-Christian Zealot Associations: A Re-Examination of Gal 1.14 and Acts 22.3," *NTS* 45 (1999): 514-32을 보라.

16 Nestle-Aland *Novum Testamentum Graece* 26판과 27판의 난외 주에서 고후 12:1ff 과 고전 14:2을 이 구절(고후 5:13)의 병행으로 제시하고 있는 것도 주목하라 (28판은 고후 12:1ff를 고전 14:15, 18f.로 대체한다). 행 26:24-25과 특별히 "베드로"가 시몬 (바울의 별명)이 하나님의 아들 예수의 계시와 자신의 사도적 소명의 수단으로 환상에 호소하는 것을 거부하는 *Kerygmata Petrou* 17:13-19도 보라.

다.[17] 그는 다메섹에서 영광 가운데 계신 주 예수 그리스도의 환상을 보기 전에는(고후 3:6, 18; 4:1, 6을 보라) 자신이 예수가 메시아시라는 그리스도인들의 주장을 거부하고 그것 때문에 그들을 박해했음을 암묵적으로 시인한다. 왜냐하면 예수는 유대인의 메시아가 다윗 왕국을 회복하고 열방을 멸하거나 정복하고 이스라엘을 위해 의와 평화의 영원한 시대를 열 것이라는 기대[18]를 충족시키지 못했으며 도리어 하나님의 저주 아래서 죄수로서 죽임을 당했기 때문이다. 하지만 십자가에 달리신 예수께서 메시아로, 하나님의 아들과 주로서 나타나신 것을 보고, 바울은 십자가에서 예수께서 우리 죄에 대한 하나님의 저주를, 우리 대신에, 우리를 위해 짊어지셨다는 것과(고후 5:21; 롬 8:3-4; 갈 3:13) 그것이 그의 진정한 메시아적 행위였음을 하나님이 그를 죽은 자들 가운데서 살리시고 그를 하늘에 자기 우편으로 높이심으로써 확증해주신 것이라는 것을 깨닫게 되었다. 다메섹 계시를 통해 바울은 예수의 진정한 메시아직은, 바로 죄인들을 의롭게 하는, 다시 말해, 그들을 하나님과 올바른 관계로 회복시키는, 우리 죄를 대속하는 그의 죽음에 있음을 깨닫게 되었다(고후 5:14-15, 21). 따라서 다메섹 계시는, 그가 유대교의 메시아 사상을 "육신을 따른" 이해(고후 5:16)로 여기고 돌이켜 롬 1:3-4과 고전 15:3-5(혹은 롬 4:25에 있는 그 셈어적 병행)에 인용되어 있는 그런 형식들 안에 명시되어 있는 예루살렘 교회의 복음을 받아들이게 했다. 그리고 그 계시는 바울로 하여금 복음을 믿음으로써 그리스도 예수의 속죄의 덕을 입게 했고 그럼으로써 "새로운 피조물"이 되게 했다. 그리스도 예수께 대한 적대 행위와 그의 교회를 박

---

17 이 구절에 대한 아래에 제시하는 해석의 보다 자세한 내용과 그 지지 논증을 위해서는 S. Kim, *The Origin of Paul's Gospel*(Tübingen: Mohr Siebeck, 1981; 21984; Grand Rapids: Eerdmans, 1982), 311-15과 이제 Kim, *PNP*, 214-38에 재 출판된 S. Kim, "2 Cor 5:11-21 and the Origin of Paul's Concept of Reconciliation," *NovT* 39 (1997): 360-84을 보라.

18 이 기대가 "전환기의 유대교 메시아사상의 공통적인 핵심"을 이루고 있었다는 견해를 위해서는 J. J. Collins, *The Scepter and the Star: Messianism in Light of the Dead Sea Scrolls*(Grand Rapids: Eerdmans, 22010), 77-78를 보라.

해한 일을 비롯한 그 자신의 모든 죄는 "다 지나가고" 그는 이제 "새것이
되었다"(고후 5:17; 사 43:18-19 또한 보라).

이 신학적 혁명은 바울로 하여금 메시아 예수께서 우리에게 궁극적
인 멸망(Unheil)을 가져오는 진짜 대적, 곧 로마와 같은 적국이 아니라 죄
와 사망으로 우리를 다스리는(즉 우리가 죄짓게 혹은 하나님의 왕권에 거역하여 행
하게 만들어서 죽음으로 우리의 삶을 지불하게 만드는—롬 6:23) 사탄의 나라를 결정
적으로 물리치셨음을 깨닫게 만들었다.[19] 따라서 바울은 이방 나라들이

---

19 계시록의 저자와 달리 바울은 가이사를 인간의 모습을 한 사탄의 주된 대리자로 보거나
로마 제국을 사탄의 통치의 체현(embodiment)으로 보지 않았다. 따라서 그는, 사탄의 지
배 하에 있는 이 악한 세상의 한 부분으로서 로마 제국의 부정적인 면(우상숭배, 군사적 억압,
착취, 타락 등)에 대해 비판적인 태도를 가지고 있음에도 불구하고, 그것을 전복시키려 하지
않았다. 도리어 그는 그 긍정적인 면(정치적 통일, 법의 통치, 상대적 정의와 평화, 빠르고 안전한 육
로와 해상로 등)을 적극 활용하여 이방 선교를 수행함으로써 하나님과 그 아들 예수 그리스
도의 나라의 복음으로 제국 내 사람들을 구속하고자 했다. N. T. Wright, *Paul and the
Faithfulness of God*(Minneapolis: Fortress, 2013), 1271-319에 반대하는 견해를 위해서
는 S. Kim, "Paul and the Roman Empire," in *God and the Faithfulness of Paul:
A Critical Examination of the Pauline Theology of N. T. Wright*(ed. C. Heilig, J. T.
Hewitt, and M. F. Bird; Tübingen: Mohr Siebeck, 2016), 277-308 (본서 10장에 재 출판되어 있다)과
S. Kim, *Christ and Caesar: The Gospel and the Empire in the Writings of Paul
and Luke*(Grand Rapids: Eerdmans, 2008), 3-71을 보라. 주 예수 그리스도께서 이방 나라들
이 아니라 사탄의 세력들과 소탕작전을 벌이고 계시고 이 싸움은 "혈과 육을 상대하는 것
이 아니요… 하늘에 있는 악의 영들을 상대하는"(엡 6:12) 것이기에, 바울은 그리스도인들,
곧 그리스도의 백성에게 그의 군대로서 거룩한 전쟁을 싸우라고 촉구하면서 구약과 유
대교의 거룩한 전쟁 전승을 "영적인 것으로" 혹은 "도덕적인 것으로" 만들고 그들에게 사
탄의 세력들에 대한 그 전쟁을 진리와 의와 믿음과 사랑과 소망과 평안의 복음 곧 하나님
의 말씀과 기도의 무기로 승리하라고 가르친다(롬 6:13-23; 살전 5:8; 엡 6:10-20; 또한 고후 6:6-7;
10:1-6도 보라). Yoder Neufeld, *Killing Enmity*, 138-49를 보라(특히 142페이지: "바울이 이
권면에서 사용하는 전쟁 이미지의 폭력은 폭력을 가치 있는 것으로 만드는가? 아니면 예수의 사역과 죽음과 부
활에서 가장 강렬하게 드러나 보이는 미덕들 곧 신실함과 사랑, 소망의 행사와 융합되어 전쟁의 폭력을 전복시
키고, 재정의하고, 마침내 없애 버리는가? 그것은 죽이는 적대감인가(enmity that kills) 아니면 죽게 된 적대감
인가(enmity that is killed)? 내 생각으로는 후자가 그 대답이다"; 147페이지도 보라). 그러나 바울이 사용
하는 그런 전쟁과 무기 은유에서도 폭력을 느끼는 일부 독자들이 있을 수 있다. 이것은 어
떤 독자들이 엡 6:10-20을 축사 등을 통한 샤머니즘적 "영적 전쟁"을 가르치는 것으로 읽
는 것과 마찬가지다. 만일 그들이 폭력을 조장하지 않기 위해 그러한 은유를 피해야 한다
고 주장한다면, 그들은 주 예수 그리스도의 사역과 우리의 삶과 세상에서 가장 심각한 악
의 문제를 제거하거나 해결하는 우리의 과업에 대해 도대체 우리가 어떻게 달리 보다 평
화적이면서도 여전히 효과적으로 말해야 하는지를 우리에게 가르쳐 주어야 한다.

멸망의 대상이 아니라 구원의 대상임을 깨달았다. 하나님은 다윗의 자손 메시아를 자기 아들로 그 우편에 높이시고 그에게 왕적 권능 혹은 주권을 주셨는데(롬 1:3-4) 이것은 열방을 멸하기 위함이 아니라 사탄의 세력들에 대한 소탕작전을 계속 하기 위함이며(고전 15:23-28) 이스라엘과 열방을 사탄의 나라에서 건져내시기 위함이다. 바울은 사도로서 이 승리하신 하나님의 아들 메시아 예수를 모든 나라에 선포하여 그들이 그의 주권에 대한 "믿음의 순종"을 드리도록 이끎으로써(롬 1:5) 그들이 사탄의 나라에서 건짐 받아 하나님과 그의 아들의 나라로 옮김을 받고 그 나라에서 구원을 얻게 하는 사명을 받았다(골 1:13-14).

다메섹 그리스도 현현 때 회심을 하고 사도적 소명을 받은 것에 대한 자서전적 진술에서 바울은 그리스도의 대신적 속죄의 죽음이 우리가 하나님의 의를 얻게 되는 결과를 가져왔음을 분명히 한다(고후 5:21). 하지만 그의 대적들이 예수 그리스도께 대한 자신의 과거 적대감(그를 보내시고 그를 대속의 죽음에 내어주신 하나님께 대한 적대감이기도 한; 롬 8:3-4, 32; 갈 4:4-5, 등)과 자신이 과거에 교회를 박해한 것을 암시하는 것을 특히 감안하여 바울은 "화해/화목"을 하나님이 그리스도를 화목 제물로 내어주신 것을 설명하는 새로운 구원론적 용어로 도입한다: "곧 하나님께서 그리스도 안에 계시사 세상을 자기와 화목하게 하시며 그들의 죄를 그들에게 돌리지 아니하셨다"(고후 5:19a). 그리고 바울은 그리스도의 대속의 죽음 안에서 하나님의 이 은혜를 자신이 경험한 것에 대해 증언한다: "그가 그리스도로 말미암아 우리를 자기와 화목하게 하셨다"(고후 5:18a; 고후 5:18-20의 "우리"는 다른 무엇보다 바울 자신을 가리키는 문체적 복수 표현이다). 그런 다음 대적자들이 자신의 사도직을 부정하는 것을 생각하면서 그는 계속해서 "하나님이 우리에게 화목하게 하는 직분을 주셨으며"(18b절) "화목하게 하는 말씀을 우리에게 부탁하셨다"(19b절)고 말한다. 따라서 그리스도의 사도로서 그는 하나님의 화목하게 하는 말씀을 고린도인들뿐만 아니라 다른 이방 나라들에도 전하며 "하나님과 화목하라"(20절)고 호소하는 "그리스도를 대신하는 사신"이다. 따라서 복음은 하나님의 "화목하게 하시는 말씀"이며 사도 바울은 하나님의 혹은 그리스도의 평화의 사자다!

다메섹 그리스도 현현으로 시작된, 민족주의적이고 심지어 전투적인 유대교 메시아 사상에서 하나님의 속죄와 화해의 은혜를 특징으로 하는 메시아사상으로 전환하게 된 그와 같이 엄청난 신학적 혁명은 그가 예루살렘 복음(롬 1:3-4)에서 하나님의 은혜와 믿음을 통한 칭의의 복음을 발전시키도록 이끌었다(롬 1:16-17).[20] 롬 1:1-4에서 바울은 "하나님의 복음"을 하나님의 아들에 대한 것으로 정의하는데, 하나님은 그를 "다윗의 씨로 태어나도록"(갈 4:4; 롬 8:3을 보라) 보내시고, 우리 죄를 위한 대속의 죽음에 내어주시고(롬 4:25; 8:3-4, 32; 롬 3:24-26; 고후 5:21을 보라), 죽은 자들 가운데서 부활하게 하시고 자기 아들로 세워 자기를 대신하여 자신의 왕적 권능을 행사하게 하셨다(삼하 7:12-14; 시 2:7; 110:1).[21] 복음에서 선언하거나 이야기하는 하나님의 구원 행위는 하나님이 성경에서 그의 선지자들을 통해 하신 약속들의 성취다(롬 1:2; 15:7-12). 따라서 복음 안에 하나님의 의(하나님이 이스라엘과 열방을 돌보시겠다는 자기 언약에 신실하심)가 나타난다(롬 1:17; 롬 3:21-26 또한 보라). 그러므로 복음을 믿는, 다시 말해 복음을 받아들이는 사람은 누구나(고전 15:1-5 보라) 하나님의 의, 곧 그리스도를 보내시고 그를 자신의 죄를 위한 종말의 대속 제물로 주시고 그를 자신의 주로 세우시는 하나님의 은혜의 덕을 입음으로써 죄 용서 혹은 죄의 사면을 받고, 하나님과 올바른 관계로 회복되고, 사탄의 나라에서 하나님의 아들 예수께서 하나님을 대신하여 현재에 다스리고 계신 하나님의 나라로 옮김 받게 된다(고전 15:23-28; 골 1:13-14을 보라). 따라서 복음은 "모든 믿는 자에게 구원을 주시는 하나님의 능력"이다(롬 1:16).

이 복음을 "그리스도께서 경건하지 않은 자를 위하여 죽으심"(롬 5:6)이

---

20 Kim, *Origin of Paul's Gospel*, 268-311; 그리고 idem, *Justification*, 15-71을 보라.

21 롬 1:3-4의 예루살렘 복음을 그와 같이 바울의 눈으로, 다시 말해, 그 안에 함축된 보냄과 내어줌의 형식들로 보는 것(갈 4:4-5; 2:20; 롬 4:25; 8:3-4, 32; 등)의 정당성에 대해서는 Kim, *Justification*, 53-55을 보라.

나 "하나님이 경건하지 아니한 자를 의롭다 하심"(롬 4:5)[22]이나 "하나님이 원수된 자들을 자기와 화목하게 하심"(롬 5:10; 고후 5:19) 같은 충격적인 용어들로 제시하고 또한 거역하는 피조물인 우리를 향한 하나님의 사랑을 강조함으로써(롬 5:8; 8:32; 고후 5:14; 등) 바울은 이 복음의 상상을 초월한 경이로움을 표현하고자 한다. 그가 유대교 시절에 가졌던 민족주의적이고 전투적인 메시아 사상을 생각해보면, 하나님과 그의 피조물 사이의 갈등과 적대감을 해소하고 그 둘 사이에 평화를 확립하는 이 복음에 대해 그가 느끼는 경외감을 충분히 이해할 수 있다(롬 5:1; 골 1:20; 엡 2:14-16).

하나님의 은혜와 우리의 믿음을 통한 (율법의 행위들과 상관없는) 칭의의 복음은 하나님과 인간 사이에서뿐만 아니라 인간들 상호간에서 의와 평화의 관계를 확립한다. 왜냐하면 그 복음은 인종, 성, 사회계급, 지적 능력, 도덕적 성취 등에 따른 모든 형태의 차별을 무효화하기 때문이다. 하나님 앞에서 모든 인간은, 그들이 태어날 때 어떤 존재였든지 혹은 그들이 살아서 어떤 성취를 했는지와 상관없이 단지 죄인일 뿐이다(빌 3:3-4; 고전 1:26-31를 보라). 경건치 않은 죄인들이자 하나님의 원수들로서, 모든 인간은 그리스도 안에 있는 하나님의 은혜로 의롭다 하심을 받거나 하나님과 화목하게 된다. 따라서 바울은 복음은 "모든 믿는 자에게 구원을 주시는 하나님의 능력이 됨이라 먼저는 유대인에게요 그리고 헬라인에게로다"라고(롬 1:16) 그리고 이방인들을 위한 사도로서 그는 자신이 "헬라인이나 야만인이나 지혜 있는 자나 어리석은 자에게" 복음을 전할 의무가 있다(롬 1:14)고 선언한다. "율법의 행위로 말미암지 않고 오직 예수 그리스도를 믿음으로 말미암는 칭의"의 복음을 위해 논증하는 과정에서(갈 2:16), 그는 훨씬 더 포괄적으로 "너희는 유대인이나 헬라인이나 종이나 자유인이나 남자나 여자나 다 그리스도 예수 안에서 하나이니라"고 선언한다(갈 3:28; 또한 롬 3:22, 28-30; 10:12; 고전 12:13; 골 3:11을 보라). 복음에 대

---

22 이 문구는 구약과 유대교의 하나님의 율법에 대한 근본 이해와 심지어 상충되기까지 한다(출 23:7; 잠 17:15; 사 5:23; CD 1:19을 보라).

한 이와 같은 이해는 유대교의 상황에서는 혁명적인 일이었을 그의 이
방 선교를 위한 신학적 정당성의 근거를 그에게 제공했을 것이다. 그래
서 그는 이방인들에게 복음을 전할 수 있었고 그들을 이끌어 유대인들
과 더불어 하나님과 그의 아들의 나라에 혹은 아브라함과 하나님이 가
족 안으로 들어가게 하려고 노력할 수 있었던 것이다. 그리고 나중에 엡
2:11-22에서 그는 그리스도의 십자가에서의 대속 제사에 기초를 둔, 은
혜와 믿음을 통한 칭의의 복음(엡 2:1-10, 14-15)을 통해 자신의 이방 선교
에서 맺은 열매들에 대해 하나님과 인간 사이뿐만 아니라 유대인과 이방
인들 사이에도 화해와 평화를 가져온 일로, 유대인들과 이방인들을 하나
님의 권속 안에서 하나되게 한 일로 축하한다. 복음에 대한 동일한 이해
가 바울로 하여금 또한 남성과 여성을 동등한 존재로 다루고 남편과 아
내에게 피차 복종하라고 권면하고(고전 7:1-16; 엡 5:21을 보라) 여성이 (적절
한 복장 규정을 준수하는 경우; 고전 11:2-16) 교회에서 예배를 인도할 권리를 인
정할 수 있게 했다. 더욱이 은혜와 믿음을 통한 칭의의 복음은 바울이 주
인들과 종들이 주 안에서 이 세상의 구분을 초월하라고 권면하도록 이끌
었는데(고전 7:20-24; 몬), 이것은 고대 사회에서는 정말로 혁명적인 가르침
이었다. 이와 같은 예들은 어떻게 그의 은혜와 믿음을 통한 칭의의 복음
이 다른 인종들과 성, 사회 계층들 간의 갈등들과 압제와 폭력을 제거하
거나 줄임으로써 심지어 여기서 지금 하나님의 구원이나 치유를 가져오
는지[23] 그리고 어떻게 예수의 하나님 나라 복음의 부활절 이후 구원론적
형태인 그 복음이 하나님 나라의 "의와 평강과 희락[혹은 복지/행복]"(롬
14:17)을, 비록 그 첫 열매 형태로기는 하지만, 여기서 지금 실현하는지를
보여준다.[24]

---

23 역사상 교회가 그 복음을 올바르게 전하고 믿는 자들이 그 복음에 합당하게 살았을 때는
언제든지, 그 복음은 인권을 진전시켰으며 많은 나라들에서 자유와 정의와 평화를 고취
했다; 하지만 유감스럽게도 교회는 종종 왜곡된 복음을 전파함으로써 도리어 "육체의 일"
을 열매로 맺었다(갈 5:19-21).
24 Kim, *Justification*, 117-39를 보라.

(b) 자기희생을 통한 그리스도 예수의 사탄의 세력들에 대한 승리

그리스도께서 사탄의 세력들을 물리치신 것에 대해 말할 때 바울은 일부 묵시문학에서와 같이 우주적 전쟁을 묘사하지 않는다. 그 대신 그는 단순히 그리스도의 십자가에서의 우리 죄를 위한 대속의 죽음이 "통치자들과 권세들"을 물리치시고 우리를 "세상의 초등학문"에서 건져내시는 수단이었다고 주장한다(갈 3:13-4:11; 골 2:8-23). 바울은 종종 이 승리를 자기 아들 그리스도 예수를 보내시고 우리를 위한 대속의 죽음으로 그를 내어주신 하나님의 주도권 덕분으로 돌린다(예: 갈 4:1-7; 롬 3:24-26; 4:25; 8:3-4, 32; 골2:13-15). 또 어떤 때는 이 진리를 그리스도께서 구속 사역을 시작하신 것을 강조하여 표현하기도 한다: "그리스도께서… 이 악한 세대에서," 곧 "이 세상의 신"이 다스리는 세대에서(고후 4:4; 그리고 고전 2:6-8 또한 보라), "우리를 건지시려고 우리 죄를 대속하기 위하여 자기 몸을 주셨다"(갈 1:4; 예를 들어 갈 2:20; 롬 5:6-11; 고후 5:14-15 또한 보라). 따라서 바울은 하나님의 사랑(롬 5:5, 8; 8:31-32)을 강조하거나 그리스도의 사랑(롬 8:35; 고후 5:14; 갈 2:20)을 강조한다. 전자가 후자(그리스도의 대신적 속죄)에서 실제로 드러난 것이기 때문에 둘 다 동일한 실제를 가리키는 것이다. 그래서 바울은 "그리스도 안에 있는 하나님의 사랑"에 대해 말하기도 한다(롬 8:39).

바울의 복음은 하나님 혹은 그리스도께서, 기본적으로 그리스도의 자기를 주심 혹은 하나님이 자기 아들을 주심인 그의 사랑을 통해 사탄의 세력들에 대한 승리를 거두셨다고 선언한다. 따라서 복음은 하나님의 혹은 그리스도의 자기를 주는 사랑이 아담적 인간이 사탄의 부추김 아래서(창 3:1-5을 보라) 모든 압제와 폭력 행위의 배후에 있는 죄인 자기를 주장하거나 자기를 추구하는 죄를 극복하거나 해결한다고 선언한다. 자기를 주는 사랑만이 미움과 공격의 문제를 해결할 수 있다. 하나님의 신적 충만(pleēroma)으로부터 자신을 주시는 신적 사랑만이 모든 인간들을, 인간의 유한성(즉 결핍)으로 인해 부추김을 받는 자기를 추구하는 병폐에서 건질 수 있다. 십자가는 고대 지중해 세계에서 가장 잔인한 처형 방법이었다. 십자가에 달리신 그리스도는 인간의 폭력의 가장 극단적인 표현, 곧 인간의 자기 주장의 가장 폭력적인 형태와 그것을 극복한 자기를 주는 사랑으로서의 신적 본질의 궁극적인 계시 둘 다를 보여준다.

그러므로 일부 저술가들이 바울의 그리스도의 대속에 관한 복음을 폭력을 조장한다고 정죄하는 것은 상당히 아이러니하다. 엘렌스(J. H. Ellens)가 그 한 좋은 예다.[25] 복음을 구약과 유대교에서 죄를 위한 속죄 제사로서 하나님께 제사를 드리는 제의의 관점에서 보면서, 그는 복음을 "최악의 폭력인 유아살해 혹은 자녀 제사의 은유"로 정죄한다. 히브리인들의 속죄 제도는 "히브리인들의 은혜의 언약 전승에 정확하게 반대된다"고 주장하면서 그는 십자가에서의 그리스도의 속죄 제사에 대한 복음 역시 "그 복음이 표현하고자 하는 은혜 윤리와 극단적인 모순을 일으키며 최악의 종류의 폭력에 의지하여 궁극적인 문제들을 해결하는 지배적인 모델을 가지고 그[은혜 윤리의] 뿌리를 자른다"고 주장한다. 하지만 불행히도 엘렌스는 복음에 대한 혁명적으로 새로운 생각, 즉 자기 아들 그리스도 예수를 인간의 죄를 위한 속죄 제물로 드리는 것은 인간이 아니라 하나님이라는 사실에 대해 적절하게 성찰하지 않는다.[26] 그는 그 메시지로 실제로 전달하는 바, 곧 타락한 인류를 위한 하나님의 사랑이나 거역하는 피조물들(그의 "대적들")을 자신과 화목하게 하려는 하나님의 뜻을 적절하게 음미해보지도 않는다. 그는 어떻게 우리가 그리스도께서 십자가에 달려 죽으신 것을, 그가 바울의 문 앞에 가져다 놓는 그런 종류의 비난을 피하는 방식으로, 하나님의 구원행위로 말할 수 있는지를 보여주지도 않는다. 여기서 질문은 단순히 가장 잔인한 형태의 폭력인 예수의 십자가 죽음이라는 논쟁의 여지가 없는 역사적 *사실*을 폭력과의 연관을 불러일으키지 않으면서, 은유적으로든 어떤 방식들로든지, 언급하는 방법이 있

---

25 Ellens, "Religious Metaphors Can Kill," 255-72. 다음의 세 가지 인용은 엘렌스의 책 263페이지에서 가져온 것이다. J. G. Gager, with E. L. Gibson, "Violent Acts and Violent Language in the Apostle Paul," in *Violence in the New Testament*(ed. E. L. Gibson and S. Matthews; New York: T&T Clark, 2005), 13-21(특히 16-19페이지) 또한 보라.

26 R. G. Hamerton-Kelly, *Sacred Violence: Paul's Hermeneutic of the Cross*(Minneapolis: Fortress, 1992), 80를 보라.

638

느냐 하는 것이다. 어떤 독자들이 엡 6:10-20을 폭력적인 전쟁이나 열광
적인 축사를 격려하는 것으로 읽을 수 있듯이, 십자가에 달리신 그리스
도의 복음의 하나님의 사랑과 화해의 메시지로서의 의미를 이해하고 음
미하지 못하고서 그 복음을 폭력에 호소함으로써 문제를 해결하는 것을
격려하는 것으로 간주하는 그런 독자들도 있을 것이다. 하지만 그런 독
자들이 존재한다는 사실은 십자가에서의 그리스도의 대속에 관한 복음
과 전쟁 은유들을 버려야 할 이유가 되지는 못한다.

(c) 주 예수 그리스도의 군대로서의 교회: "그리스도의 율법"을 지키는 것과 그 리스도를 본받는 것

십자가에서의 대속적 죽음과 부활을 통해 사탄을 결정적으로 이기신
후에 하나님이 아들이요 높임 받은 주이신 예수 그리스도께서는 계속해
서 자신이 위임 받은 하나님의 왕적 권능을 가지고 사탄의 세력들을 소
탕하신다(고전 15:23-28). 그는 의롭다 함을 받고 구속함을 받은 우리를 다
스리심으로써, 다시 말해, 우리가 사탄의 통치에 복종하여 "육체의 일"을
열매로 맺는 대신(갈 5:19-21) 그의 통치에 순종하여 "성령의/의의 열매"를
맺도록 그의 영(하나님의 영)을 통해 우리를 인도하시고 능력을 주심으로
써(갈 5:22-23; 빌 1:11; 고후 9:8-10; 롬 6:12-22; 7:4-6; 8:1-16; 골 1:10; 살전 4:3, 7) 이
일을 하신다. 실천적인 용어로 표현하자면, 이것은 도덕적 선택의 매 순
간마다 우리가 사탄의 유혹에 굴복하여 우리 육체의 욕망을 채우고 그리
하여 악의 열매를 맺는 대신 주 예수 그리스도께서 그의 영을 통해 우리
가 그의 뜻을 행하거나 그의 법("그리스도의 율법"[고전 9:21; 갈 5:14; 6:2], 즉 그의
이중 사랑 계명: 하나님 사랑과 이웃 사랑[막 12:28-34과 그 병행 구절들])에 순종하고
그렇게 함으로 "의의 열매"를 맺도록(빌 2:12-15) 우리를 인도하시고 우리
에게 능력을 주신다는 것을 의미한다.[27]

---

27 바울이 "성령의 열매"의 예로 언급하는 평화와 평화를 낳는 덕목들("사랑, 희락, 화평, 오래 참
음, 자비, 양선, 충성, 온유, 절제")과 폭력을 낳는 "육체의 일"의 악덕들("분쟁, 시기, 분냄, 당 짓는 것,
분열함, 이단, 투기, 술 취함") 사이의 대조도 주목하라(갈 5:19-23; 그리고 고후 6:4-7도 보라). 따라서

이것이 하나님의 아들 주 예수 그리스도께서 그의 파루시아 때 우리 구원의 완성에 이르기까지 현재에 계속해서 우리를 사탄의 나라에서 건지시는 방식이다. 이것을 다른 관점에서 조망하자면, 이것이 하나님의 부왕이신 주 예수께서 사탄의 세력들을 멸하시고 그의 파루시아 때 하나님 나라가 완성에 이르게 하는 방식이다(다시금 고전 15:23-28). 그러므로 의롭다 함을 받은 사람들, 곧 사탄의 나라에서 하나님과 그의 아들의 나라로 옮김을 받은 자들(골1:13-14)[28]은 주 예수 그리스도께서 사탄의 나라에 대한 그의 거룩한 전쟁에서 사용하시는 군대다. 우리는 우리 몸을 죄(사탄에 대한 환유어)에게 "불의의 무기[hopla]"로 드리지 말고 하나님께(혹은 현재에 하나님을 대신하여 다스리시는 그의 아들 주 예수 그리스도께) "의의 무기[hopla]"로 드려야 한다(롬 6:12-23). 따라서 그의 군대로서 우리는 진리와 의와 믿음과 사랑과 소망과 평안의 복음 곧 하나님의 말씀과 기도의 무기를 가지고(엡 6:10-20; 또한 고후 6:6-7; 10:1-6; 살전 5:8을 보라) "마귀의 간계에 맞서… 통치자들과 권세들과 이 어둠의 세상 주관자들과 하늘에 있는 어떤 영들에 맞서" 거룩한 전쟁을 싸우고 주 예수 그리스도께서 하나님의 "정의와 평안과 희락"의 나라(롬 14:17)를 여기서 지금 실현하시는 그 역사에 참여해야 한다. 그리고 그의 파루시아 때 주 예수 하나님의 아들은 마지막 원수 사망을 멸하고 죽은 자들을 부활시키심으로(고전 15:26; 살전 4:13-18) 그리고 하나님의 심판 보좌 앞에서 중보하심을 통해 우리의 칭의를 완성하시고 또한 온 세상을 사탄의 죽음의 권세에서 건져내어(롬 8:17-39) 하나님의 왕적 통치가 그의 모든 피조물들 위에 편만해지고 우주의 샬롬이 확립되게 하심으로써(고전 15:28; 롬 16:20)[29] 사탄의 세력들에 대한

그의 영을 통해 의롭다 함을 받고 구속 받은 사람들을 다스리심으로써 하나님의 아들 주 예수 그리스도께서는 계속해서 사탄의 나라에서의 자기 추구와 갈등과 폭력의 악들을 이기고 "의와 평강과 희락"의 하나님 나라를 실현하고 계신다 (롬 14:17).

28　칭의의 주권 이전(lordship-transfer)으로서의 의미에 대해서는 Kim, *Justification*, 59-71을 보라.

29　하나님의 아들 주 예수 그리스도의 현재의 구원적 통치에 대한 이 요약 진술에 대한 보다 자세한 내용을 위해서 Kim, *Justification*, 73-91을 보라.

승리를 완성하실 것이다.

우상의 제물을 먹는 문제에 대한 고린도인들의 논쟁을 끝내고 그들의 공동체적 평화를 회복시키는 것으로 목표로 하는 이 문제에 대한 바울의 긴 논의(고전 8-10장)는, 그가 그리스도인들이 마땅히 그들의 일상 생활에서 "그리스도의 율법"을 준수함으로써 주 예수 그리스도의 통치에 복종하고 정의와 평화를 확립해야 한다고 생각하는 방식을 잘 보여준다. 이것은 그가 그 문제에 대한 논의 전체를 고전 8:1-2과 10:31-33의 하나님 사랑과 이웃 사랑에 대한 요구들이 서로 수미쌍관(교차대조 구조 속에: 8:1//10:32-33; 8:2//10:31)을 이루는 틀 속에 둔 것에서도 시사된 바 있다. 우상의 제물 먹는 문제에 대한 바울의 가르침은 다음과 같이 세 가지 포인트로 요약될 수 있을 것이다:

(1) 기본적으로 그리스도인들은 시장에서 팔거나 그리스도인이 아닌 이웃의 집의 식탁에 차려진 고기를 먹을 자유가 있다(고전 10:25-27).

(2) 하지만 지식을 자랑하는 고린도인들은 이교 신전에서의 식사에 참여하는 것 같은 그런 상황들에서 실제 우상숭배에 가담하게 될 위험을 피해야 한다(고전 10:1-22, 특히 14-22절).

(3) 그들은 또한 "연약한" 형제 자매들이 그것을 먹는 것을 반대한다면 그들로 실족하게 만들지 않기 위해 시장에서 팔거나 이웃집의 식탁에 차려진 고기를 먹을 권리를 내려놓아야 한다(고전 8:7-13; 10:23-24, 28-30).

첫 번째 포인트를 통해 바울은 그리스도인들은 더 이상 모세의 법에 매이지 않는다는 것을 분명히 한다. 그런 다음 두 번째와 세 번째 포인트를 통해 그는 어떤 형태의 우상숭배도 배제하는, 하나님을 전심으로 사랑하라는 예수의 명령(8:2//10:31을 보라)과 이웃의 유익을 돌볼 것을 요구하는, 이웃을 자기 자신같이 사랑하라는 예수의 명령(8:1//10:32-33을 보라)을 각각 염두에 두고 있음을 시사한다. 이 가르침을 베푸는 중간, 곧 9장에서 바울은 사도로서 자기를 희생하여 다른 사람들을 섬긴 예를 가지고 이 가르침을 뒷받침한다: 그가 사도로서 교회로부터 재정적 지원을 받을 권리를 포기한 것(고전 9:1-18)과 율법 아래 있는 유대인들과 율법 바깥

에 있는 이방인들 모두에 대해 "더 많은 사람을 얻고자 스스로 모든 사람
에게 종이 된다"는 그의 선교적 정책(9:19-23). 그는 그 맥락에서 모세의
정결 규정들을 암묵적으로(implicitly) 아디아포라(*adiaphora*)로 다루면서 그
는 자신은 "[모세의] 율법 아래 있지 않"고(9:20) "그리스도의 율법 안에"
있다(9:21)고 선언함으로써 그와 같은 방식으로 자신이 실제로는 하나님
께 대한 법적인 책임(9:21) 곧 하나님을 사랑해야 할 의무를 성취하고 있
음을 시사한다. 여기서 그가 "내가 더 많은 사람을 얻고자 스스로 모든
사람에게 종이 된다"(9:19)는 자신의 선교적 정책에 대해 설명하면서 막
10:45//마 20:28의 예수의 대속물 말씀을 반영하고 있다는 점을 특별히
주목할 필요가 있다. 그가 우상의 제물 먹는 문제에 대해 세 장에 걸쳐
확장해서 가르친 다음에 먼저는 하나님을 전심으로 사랑하고("무엇을 하든
지 다 하나님의 영광을 위하여 하라," 고전 10:31) 다음으로 이웃을 사랑하라는 두
가지 권면으로 그 결론을 맺는데 두 번째 권면의 경우 예수의 동일한 대
속물 말씀(고전 10:[32-]33: "나와 같이 모든 일에 모든 사람을 기쁘게 하여 자신의 유
익을 구하지 아니하고 많은 사람의 유익을 구하여 그들로 구원을 받게 하라")과 걸림돌
말씀(고전 10:32: "유대인에게나 헬라인에게나 하나님의 교회에나 거치는 자가 되지 말
라"[막 9:42-50//마 18:6-9//눅 17:1-2과 비교하라; 고전 8:13 또한 보라])을 강하게 반
영하는 단어들을 통해 그것을 표현한다는 점 역시 마찬가지로 주목할 만
하다.[30] 이 모든 것으로 볼 때, 우리는 바울이 자신의 확장된 가르침에 대
해 "내가 그리스도를 본받는 자가 된 것 같이 너희는 나를 본받는 자가
되라"(고전 11:1)는 이 지침으로 대결론을 삼는 것은 전적으로 옳은 일임을
인정할 수 있다.[31] 따라서 고전 8-9장은 바울이 어떻게 고린도의 믿는 자

---

30 바울이 고기를 먹는 것에 대한 논쟁을 확대해서 다루고(롬 14:1-23) 대속물 말씀의 정신
을 연상시키는 단어들을 이용한 권면으로 비슷하게 그 결론을 맺는 롬 15:1-6 또한 보라:
"강한 자들"은 그리스도를 본받아 자기 이익이 아니라 "연약한 자들"의 이익을 구하고(롬
15:1-3) 그렇게 함으로 교회 안에 화평과 조화를 이루고(롬 14:19; 15:5) 함께 하나님께 영광
을 돌려야 한다(롬 15:6; 그리고 14:5-9, 13 또한 보라).

31 이 요약 진술의 보다 자세한 내용은 S. Kim, *"Imitatio Christi*(1 Corinthians 11:1): How
Paul Imitates Jesus Christ in Dealing with Idol Food(1 Corinthians 8-10)," *BBR*

들에게 우상의 제물 문제에 대한 공동체 내의 갈등을, 주 예수 그리스도
의 통치에 순종하는 길인 "그리스도의 율법"(사랑의 이중 계명)을 따름으로
써 해결하라고 가르치는지, 그리고 그가 그 법에 순종하여 사도로서 어
떤 자세를 취하는지를 보여준다.

　이 논의는 또한 그리스도를 본받음이 그의 율법에 순종함으로써 주
예수 그리스도께 순종하는 길임을 보여준다. "그리스도의 율법"에 순종
하여 하는 바울의 사도적 사역은 사실 대속물 말씀의 그리스도를 본받기
위한 것이다(고전 9:19, 22; 10:33). 바울은 고린도인들에게 자신이 대속물 말
씀의 그리스도를 본받는 것을 따라서(고전 11:1) 그리스도를 그렇게 본받
음으로써 "그리스도의 율법"을 마찬가지로 성취하라(고전 10:33)고 권면한
다. 공관복음의 증언에 따르면(막 10:35-45//마 20:20-28; 그리고 눅 22:24-27 또
한 보라), 예수께서는 제자들에게 자기 추구와 다른 사람들 위에 군림하고
자 하는 충동을 포기하고 그 자신의 모범을 따르라고 가르치기 위해 이
방인 통치자들이 다른 사람들 위에 군림하는 것과 대조되는 그 자신의
다른 사람들을 위한 자기희생적 섬김에 대한 대속물 말씀을 주셨다. 바
울은 그 말씀을 그리스도께서 십자가에서 우리의 대속을 위해 자기를 내
어 주심에 대한 설명으로(예: 갈 1:4; 2:20) 이해할 뿐 아니라 이웃 사랑의 최
고의 모범으로(요 15:13; 롬 5:7-8을 보라) 이해하기도 한다. 따라서 그는 기본
적으로 사도로서의 자기희생적 자세를 그 말씀에 따라 정하고(고전 9:19,
22; 10:33 외에도 살전 2:5-9 또한 보라) 고린도인들에게도 그 말씀에 따라 다
른 사람들의 이익을 위해 자기를 희생하기를 실천하라고 권면한다(고전
10:33). 하나님의 형상이심에도 자기를 비워 종의 모양을 취하시고 자기를
낮추어 십자가에 죽기까지 하나님께 순종하시는 그리스도의 그림(빌 2:6-
8)은 대속물 말씀을 반영하는 것일 개연성이 아주 크다. 빌립보서의 찬송
시(2:6-11)가 설령 바울 이전 전승이라고 하더라도 대속물 말씀에 대한 바

---

13 (2003): 193-226(이제 본서의 15장에도 수록되어 있다)을 보라. 거기에서 필자는 바울이 본받
는 예수의 행위와 가르침의 몇 가지 다른 측면들도 보여준다. Kim, *Justification*, 82-
85(특히 주 12) 또한 보라.

울의 이해에 비춰볼 때 그가 그 찬송시를 대속물 말씀의 그리스도를 묘
사하는 것으로 이해하고 있을 개연성이 매우 크다. 바울이 빌립보의 그
리스도인들에게 그 찬송시를 제시하는 것은 그들에게 그리스도의 본을
따라서 겸손과 다른 사람들에 대한 자기희생적 사랑을 통해 공동체 내
분열을 끝내고 하나 됨을 이루라고 권면하기 위함이다(빌 2:1-11).[32] 그는
더 나아가 이 권면을 희생적 섬김으로 그리스도를 본받는 디모데와 에바
브로디도의 모범(빌 2:19-30)과 빌립보인들을 위해 자기 자신을 기꺼이 희
생하려는 그 자신의 모범(빌 2:17)을 통해서도 뒷받침한다. 유오디아와 순
두게와 그들 주변 사람들이 "주 안에서," 다시 말해 주 예수의 통치에 순
종하여, 이웃을 사랑하라는 그의 법을 지켜서(빌 4:2), 혹은 그리스도의(그
리고 바울의) 다른 사람을 섬기기 위한 자기희생을 본받아서 같은 마음을
품으면, 빌립보 교회는 평강과 기쁨을 가지게 될 것이다(빌 3:1; 4:4-9).[33] 그
와 같이 그리스도를 본받는 삶은 그리스도의 파루시아 때 완성에 이르
기까지(빌 3:20-21; 롬 8:29; 고전 15:49) 우리가 "그와 같은 형상으로 변화하여
영광에서 영광으로 이르게"(고후 3:18) 할 것이다. 예수를 주로 고백하는
사람들의 공동체인 교회는 그를 본받아 그의 통치에 순종하는 삶을 살아
가면서 교회 안팎에서 그의 나라의 정의와 평화, 기쁨을 실현하기 위해
힘써야 한다.

대속물 말씀은 이웃 사랑에 대한 그리스도의 율법을 가장 잘 보여준
다. 하지만 예수의 다른 말씀들 역시 그 구체적인 예들을 제공해준다(예:
롬 14:13, 20; 고전 8:13; 10:32에 반영되어 있는 걸림돌 말씀[막 9:42-50//마 18:6-9//눅

---

[32] 예수의 대속물 말씀이 바울 신학의 기초를 형성하고 그의 사도적 자세를 위한 근본 원리
로 기능을 한다는 견해를 위해서는 위의 본서 5장에 수록한 논문을 참고하라.

[33] 고전 6:1-8에서 교인 중 하나가 다른 교인을 대상으로 세상 법정에 소송하는 문제에 대해
바울이 어떻게 고린도인들을 책망하는지 주목해 보라: "너희가 피차 고발함으로 너희 가
운데 이미 뚜렷한 허물이 있나니 차라리 불의를 당하는 것이 낫지 아니하며 차라리 속는
것이 낫지 아니하냐?"(7절) 바울은 분명 고린도의 그리스도인들이 이웃을 자신과 같이 사
랑하라는 그리스도의 명령에 순종하여 자기 유익 구하기를 포기하고 싶어하지 않는다는
사실에 한탄하고 있다.

17:1-21). 이 말씀들 가운데 산상/평지 설교의 원수들에게 보복하지 말고 그들을 사랑하라는 예수의 명령들(마 5:38-48//눅 6:29-36)이 가장 충격적이다. 롬 12:14-13:10에서 바울은 그 명령들을 반영하고 확장하면서(고전 4:12-13; 살전 5:15 또한 보라) 십계명의 두 번째 돌판의 모든 계명들의 요약으로서의 이웃 사랑의 계명을 명시적으로 언급한다(롬 13:8-10).[34] 거기서 바울의 목적은 로마의 그리스도인들에게 모든 사람에게, 심지어 로마의 통치자들을 비롯한 그들의 박해자들과 원수들에게도, 이웃 사랑을 실천함으로써(롬 13:1-7) "모든 사람과 더불어 화목하게 살라"(롬 12:18; 그리고 살전 5:13, 23 또한 보라)고 권면하는 것이다.

따라서 교회는 하나님의 아들 주 예수 그리스도의 군대로서 사탄의 나라에 대한 거룩한 전쟁을 수행하고 그리스도의 통치에 대한 "믿음의 순종"을 통해 사탄의 죄의 권능에 대해 승리한다. 그리스도의 통치에 대한 "믿음의 순종"은 실천적으로는 "의의 열매"를 맺고 그의 나라의 "의/정의와 평강과 희락(혹은 복지)"를 실현하기 위해 그의 율법 곧 사랑의 이중 계명을 지키는 것을 의미한다. 그리스도인들은 "많은 사람을 위한 대속물"로 자신을 주신 그리스도 예수를 본받아 그 자신을 희생하여 다른 사람들을 섬김으로써 "그리스도의 율법"을 지킨다. 따라서 그리스도 예수께서 십자가에서 죄인들을 위해 자기를 주시는 사랑을 통해 사탄을 결정적으로 이기신 것처럼 그의 제자들 혹은 군대 역시 다른 사람들을 위해 자신을 내어주는 사랑을 통해 아직도 활동하고 있는 사탄의 세력들을 계속해서 소탕해 나가야 한다. 사탄의 통치 아래서 첫 아담의 인류가 자기를 주장하거나 자기를 추구하는 것은 오로지 하나님과 그의 아들의 나라로 구속 받은 마지막 아담의 인류의 자기를 주는 사랑을 통해서만 격퇴될 수 있다. 전자(자기 주장과 추구)가 가져오는 불의/부정의와 갈등(혹은 폭

---

34 M. Thompson, *Clothed with Christ: The Example and Teaching of Jesus in Romans 12.15-15.3* (Sheffield: Sheffield Academic, 1991), 90-160; D. Wenham, *Paul: Follower of Jesus or Founder of Christianity?* (Grand Rapids: Eerdmans, 1995), 250-70 을 보라.

력)과 고통은 후자(자기를 주는 사랑)에 의해서만 극복될 수 있다.

4. 바울은 심지어 원수를 위해서도 자기를 내어주는 사랑에 대한 자신의 가르침을 얼마나 성공적으로 실천하는가?

바울은 갈등과 폭력을 극복하고 화해와 평화를 촉진하는 다른 사람들을 위한 자기를 주는 사랑에 대해 자신이 가르친 바를 얼마나 성공적으로 실천하는가? 우리는 위에서 그가 어떻게 자신의 사도로서의 역할을 기본적으로 예수의 대속물 말씀에 따라 교회를 위해 자기희생적으로 섬기는 것으로 정의하는지, 또 그가 얼마나 의식적으로 그 말씀을 하신 그리스도의 사역을 본받아 자신의 사역을 수행하는지를 살펴보았다(고후 12:13-18, 특히 15절 또한 보라).

하나님의 최후의 심판에 대한 그의 가르침에 대해서도 우리가 생각해봤다. 거기서 그의 신학적 관점에서 우리는 최후의 심판의 필연성에 대해 확인하고 그리스도인들이 종말에 그들이 구원의 완성을 얻게 될 때까지 믿음과 사랑 안에서 인내할 것을 격려하는 최후의 심판의 그 긍정적인 의도에 대해 이해하려 했다. 그러나 최후의 심판 때에 있을 믿지 않는 자들과 그리스도인들을 박해하는 자들의 멸망에 대한 그의 언어가 현대적 감수성의 관점에서는 지나치게 가혹하고 폭력을 떠올리게 하는 것은 분명하다. 바울이 그런 언어를 사용하는 것은 종종 구약 본문들과 유대교 전승을 반영하는 것이라는 점에서 전통적이다(예: 롬 12:19, 20;[35] 살전 2:14-16; 5:3; 살후 1:6-9). 그럼에도 불구하고 그가 원수에게 보복하려 하지 말고 그들을 사랑하고 박해자들을 저주하지 말고 축복하는 것에 대해 자신이 가르친 것들을 염두에 두었다면(롬 12:14-21) 그는 분명 기독교 신앙

---

35 만일 잠 25:21-22의 인용("그리 하는 것은 핀 숯을 그의 머리에 놓는 것과 일반이요")이 최후의 심판 때의 하나님의 정죄로 부정적으로 해석될 수 있다면(K. Stendahl, "Hate, Non-Retaliation, and Love, 1 QS x, 17-20 and Rom. 12:19-21," *HTR* 55 [1962]: 343-55을 보라); 비록 "하나님이 원수를 네 친구로 만드실 것이다"라는 의미로 긍정적으로 해석하는 것이 보다 그럴 듯해 보이기는 하지만 말이다(J. G. D. Dunn, *Romans 9-16*, WBC 38B [Dallas: Word, 1988], 750-51을 보라).

을 반대하는 사람들에 대한 자신의 언어를 적어도 온건하게 만들고 믿지 않는 자들의 운명을 덜 가혹하게 표현했을 수도 있었을 것이다.[36]

바울은 다음의 두 종류의 사람들에게 특별히 가혹한 혹은 심지어 폭력적인 정죄를 쏟아붓는다:

(1) 복음을 왜곡시키고 자신의 사도직을 부정함으로 회심자들이 바른 신앙에서 떠나게 하는 그의 그리스도인 대적자들(갈라디아 교회의 유대주의자들 혹은 "거짓 선생들"과 고린도 교회의 "지극히 큰 사도들") (위의 섹션 3 "바울은 어떻게… 변화되었는가?"를 보라);

(2) 복음 설교를 방해하고 강제로 회심자들이 복음에 대한 믿음을 포기하게 만드는 그리스도인 아닌 박해자들(예: 살전 2:14-16; 살후 1:6-9; 그리고 빌 1:28-29; 3:18-19[?] 또한 보라).

이 두 그룹의 사람들에게는, 바울은 원수 사랑에 대한 자기 가르침을 적용할 준비가 안 되어 있다. 그러나 그는 "지극히 큰 사도들"에게 오도되어 자신의 사도직의 진정성과 예루살렘 교회를 위한 그의 헌금 사역을 의심을 품었다가 나중에 그 잘못을 회개한 고린도 교회(고후 1-9장)에 대해서는 감동적인 방식으로 사랑을 표현한다. 그는 자신을 특별히 고통스럽게 한 것이 틀림없는 교회 내 한 특정한 사람을 자신이 용서했음을 표현하고 온 교회에 그를 용서하고 사랑하라고 요청한다(고후 2:5-11). 따라서 "거짓 사도들/선생들"과 그리스도인 아닌 박해자들의 경우 그리스도인들이 올바른 믿음에서 떠나게 하거나 다른 사람들이 하나님의 구원의 은혜의 복음에 대한 믿음으로 나오는 것을 막는 일을 지속하는 한 바울은 그들에게 원수 사랑에 대한 자기 가르침을 적용할 수는 없을 것으로 생각하는 것 같다. 왜냐하면 이웃 사랑의 의무는, 그들의 죄악된 행위들에 대해 그들을 용서하는 것이 사실상 그 행위들을 용인하는 것이 될 수 있기에, 그에게 그런 사람들을 용서하기보다 그들과 싸울 것을 요구하기 때문이다. 그렇다 해도, "거짓 선생들/사도들"에 대한 바울의 폭력

---

36 위의 주 13을 보라.

적 언어가 거친 신학적 논쟁의 전통과 특별히 교회사에서 "이단들"을 폭력적으로 다루는 전통이 생겨나게 하는 데 상당한 기여를 한 것임에는 틀림없다. 그럼에도 불구하고, "거짓 사도들/선생들"이나 박해자들에 대한 가장 날 선 비판들을 하면서도 그가 그들에 대한 물리적 폭력의 행사를 제안한 일이 결코 없다는 점 또한 주목할 필요가 있다.

이와 연관하여 자신이 당한 고난을 나열하는 가운데(고전 4:9-13; 고후 4:7-10; 6:4-10; 11:23-27; 12:10; 또한 고후 1:3-11; 빌 1:12-18) 바울이 자신을 박해한 자들에 대한 분노를 거의 표현하지 않으며 원한의 마음은 더더군다나 표현하지 않는다는 점은 주목할 만하다. 이 점에 있어 그는 분명 "내 사랑하는 자들아 너희가 친히 원수를 갚지 말고 하나님의 진노하심에 맡기라"(롬 12:19)는 자신의 가르침을 실천하고 있다.[37] 어떤 이들은 살전 2:14-16을 가리키면서 이 관찰에 반대할 수도 있을 것이다. 그 구절에서 바울은 자신을 박해하고 자신이 이방인들에게 복음을 전하는 것을 방해한 유대인들에 대한 일종의 분노를 표현한다. 하지만 그 감정은 그들이 자기들의 메시아 예수를 현재 믿지 않는 것에 대한 그의 탄식의 일부로 이해해야 한다. 그는 그 불신앙을 그들이 하나님께 불순종하고 하나님의 참 선지자들을 박해한 기나긴 역사의 절정으로 본다(롬 9-11장을 보라). 더욱이, 이교도 박해자들과 연대하여 불과 몇 개월 전에 자신을 데살로니가에서 "쫓아내고" 막 태동한 교회를 데살로니가에 "고아"같이 남겨두게 만들어 그 교회에 대해 많이 염려하게 만든 그 유대인들에 대해 이야기하는 데살로니가 본문(살전 2:17-3:10)에서조차도, 바울은 희미한 분노만 담아 그들을 그저 하나님의 진노에 맡긴다. 바울이, 일부 묵시문학(예: 계 19:11-20:10)이나 심지어 저주시(예: 시 69:23-25; 109:8-11; 140:8-11)에서와 달리, 최후의 심판 때 하나님이 믿지 않는 자들과 교회의 핍박자들을 "멸

---

37 이 목록들 중 하나에서 바울이 자신을 박해하는 자들에게 "깨끗함과 지식과 오래 참음과 자비함과 성령의 감화와 거짓이 없는 사랑과 진리의 말씀과 하나님의 능력"과 같은 "의의 무기"로(고후 6:6-7), 곧 폭력을 조장하는 "육신의 일"보다 평화를 촉진하는 "성령의 열매"로(갈 5:19-23; 빌 4:8-9도 보라) 대응한다고 말하는 것을 주목하라.

648

망"시킬 것에 대해 말하면서도 그 멸망을 보다 상세히 설명하여 그것을
섬뜩하게 그려내는 데 관심이 없다는 점도 주목하라. 그는 분명 최후의
심판 때 하나님의 원수들의 "멸망"이라는 개념을 가지고, 하나님이 그 원
수된 자들에게 우리를 대신하여 보복해주실 것이라는 생각으로 위안을
삼는 것보다 하나님이 그의 피조세계에서 모든 악을 청소하시고 우주적
샬롬을 확립하실 것임을 확증하는 데 보다 많은 관심을 둔다.[38]

분명 바울은 원수 사랑에 대한 자신의 가르침을 실천하는 데 완벽하
지는 않다. 그러나 여기서 우리는 이 질문을 할 필요가 있다. "우리 중 얼
마나 많은 사람들이 우리를 박해하는 자들에 대해 바울보다 더 잘 대응
한다고 주장할 수 있는가?" 믿지 않는 자들과 악을 행하는 사람들에 대한
하나님의 심판에 대한 그 모든 부정적인 혹은 심지어 "폭력적인" 진술들
에도 불구하고, 바울이 자신의 대적들에게 보복하겠다는 생각이 전혀 없
는 것에서 우리는 예수의 보복을 금하신 명령과 원수 사랑에 대한 예수
의 권면이 한 때 유대교의 "열심당원"이요 분명 욱하는 성격을 가진 열정
적인 사람이었던 그에게 대단히 주목할 만한 영향을 미쳤음을 우리가 인
정할 수 있다.[39]

결론

바울은 회심자들이 바른 신앙에서 떠나게 만드는 "거짓 사도들/선생
들"과 자신이 그리스도 예수의 복음을 전하는 일을 못하게 하려고 자신
을 박해하고 회심자들로 그 기독교 신앙을 버리게 하려고 그들을 박해

---

38 Vos, "Splitting and Violence," 193-94를 보라. 이제 위의 본서 *14*장에 수록된 "내 사
랑하는 자들아, 너희가 친히 원수를 갚지 말고 하나님의 진노하심에 맡기라"(롬 12:19; 참고.
살후 1:5-7): 사도 바울과 동해형법(lex talionis)을 보라. 거기서 필자는 (1) 바울이 믿지 않고
악을 행하는 자들이나 기독교 신앙을 반대하는 자들에 대한 하나님의 심판과 멸망을 주
로 그들을 하나님께 대한 반역에, 그리고 스스로 하나님의 구원의 은혜에서 떨어져 나가
는 것에 내버려 두심으로 이해한다는 점과 (2) 그가 대다수의 불순종하는 유대인들과 이
방인들에게 하나님의 자비하심이 확장될 것이라는 종말론적 소망을 견지하고 있는 것 같
다는 점을 관찰한다.

39 G. Bornkamm, *Paul*(tr. D. M. G. Stalker; Minneapolis: Fortress, 1995), 239을 보라.

하는 기독교 신앙의 반대자들에게 가혹하고 폭력적인 정죄의 말들을 던
진다. 바울서신의 독자들 중 일부는 그의 삶과 가르침의 이 면에만 초점을
맞추고서 그들이 자신들의 반대자들에 대해 비슷하게 폭력적인 언어를 사
용하는 것이 정당한 것으로 느끼거나 심지어, 바울은 결코 그것을 시사한
적이 없는데, 자신들이 그들을 물리적으로 공격하도록 영감을 받았다고
생각할 수 있다. 그러나 그러한 초점은 바울이 하나님과 하나님의 아들의
자기를 주시는 사랑을 통한 하나님의 구원에 대해 가르치는 복음과 바울
이 그 복음을, 하나님의 구원이 하나님과 인간 사이에 그리고 인간들 상호
간에 의/정의와 평화를 확립한다는 진리를 가장 효과적으로 표현해주는
은유들인, "칭의"와 "화해/화목"으로 열정적으로 설명하는 것을 무시하는
것이다. 그 초점은 또한 그가 사도로서 보인 다른 사람들을 위해 자기희생
적으로 섬기는 인상적인 삶과 그리스도인들은 "그리스도의 복음에 합당하
게" 살아야 한다(빌 1:27)는, 다시 말해 그리스도를 본받음으로, 그리고 자
신이 사도로서 보여준 모범을 본받음으로 이웃(원수들을 포함한)을 위해 자
기를 주는 사랑을 실천해야 한다는 그의 가르침 모두를 무시하는 것이다.

엡 6:10-20의 도입하는 말들에만 초점을 맞추고서 폭력적인 전쟁을
정당화하도록 고무되거나 샤머니즘적인 "영적 전쟁"을 수행하도록 부추
김을 받지 말고 전체 본문을 보고 (그리고 전체 복음에 비추어 보면서) "영적 전
쟁"의 진정한 의미와 방법을 깨달으라고 자기 양떼들을 가르치는 것은
성경 해석자들과 신학자들과 목회자들의 책임이다. 마찬가지로 바울이
그리스도인이 된 이후에도 여전히 폭력적인 "열심당원"으로 남아 있었는
지[40] 아니면 자기의 주장대로 새롭게 지으심을 받아 열방에 화해와 평화를
가져다주는 하나님과 그의 아들 예수 그리스도의 특사가 되었는지(고후 5:14-
21)에 대해 판단하기 위해 바울의 폭력적인 언어에만 초점을 맞추지 말고 그
의 가르침과 사역 전체를 고려하라고 가르치는 것 역시 이들의 몫이다.

---

40 게이저(Gager)가 깁슨(Gibson)과 더불어 그렇게 주장한다("Violent Acts and Violent
Language," 13-21).

========= 부록 =========

예수와 성전[*]

서론

예루살렘 성전에 대한 예수의 태도는 지금까지 충분히 설명된 적이 없는 중요하면서도 어려운 문제다. 이 주제의 특별한 중요성은 성전에

---

[*] 이 논문은 필자가 독일 튀빙엔의 알렉산더 폰 홈볼트(Alexander von Humboldt) 펠로우로 있는 동안 1985년 5월에 완성한 것으로 이 논문의 독일어판("Die Vollmacht Jesu und der Tempel: Der geschichtliche Zusammenhang und der theologische Sinn der 'Tempelreinigung' Jesu")은 그 후에 *Aufstieg und Niedergang der römischen Welt* II.26.1(Berlin: de Gruyter)에서 출판되기로 승인된 바 있다. 하지만 그 편집자가 이 논문의 빠른 출판에 대해 거듭 확언하고 심지어 그 논문집의 다음 권 목차에 포함되어 거듭 광고가 나왔음에도 불구하고 아직까지 출판되지는 못했다! 그러나 일부 저자들은 필자가 그 후속편으로 쓴 논문인 "Jesus - the Son of God, the Stone, the Son of Man, and the Servant: The Role of Zechariah in the Self-Designations of Jesus," *Tradition and Interpretation in the New Testament*, E. E. Ellis, *Festschrift*(ed. G. F. Hawthorne and O. Betz; Grand Rapids: Eerdmans; Tübingen: Mohr Siebeck, 1987), 134-48의 서론 부분에서 그 내용을 요약한 것을 보고는 그 논문을 언급했다. 어떤 동료 학자들은 개인적으로 그 원고를 요청하기도 했다. 에드 샌더스(Ed P. Sanders)가 1985년 가을에 예수의 목적을 이해함에 있어서 그의 성전에 대한 태도의 중요성을 강조하는 *Jesus and Judaism*(Philadelphia: Fortress)라는 저서의 출

대한 예수의 말씀이 그가 산헤드린 앞에서 재판 받을 때 그를 유죄로 기소하는 증거, 사실상 유일한 구체적 증거가 된다는 사실(막 14:58//마 26:61)을 통해 이미 분명해진다. 하지만 성전의 파괴와 새로운 성전의 건설에 대한 이 말씀은 예수의 성전에 대한 독특한 태도의 단지 한 측면만을 반영한다. 그 측면과 함께 우리는 네 가지 다른 사실들도 고려할 필요가 있다:

(1) 비록 성전이 당대의 유대교에서 예배의 중심이었음에도 예수께서는 분명 그 성전에 대해 충분한 경외심을 보이지 않았다. 공관복음의 보고들은 예수께서 공생애 기간 동안 단지 한 번—그것도 그 공생애 마지막에 성전을 방문하신 것에 대해 말하면서 그가 성전 제의에 참여한 것

판을 통해 역사적 예수에 대한 신약학의 흐름을 결정적인 방식으로 새롭게 형성해가는 것을 보면서도 필자는 *ANRW*에 필자의 논문이 출판되기를 이 모든 세월 동안 기다릴 수밖에 없었다. 그러나 여러 해 동안 그 논문집의 편집인이나 발행인에게서 더 이상 연락이 없었기에 이 논문을 본서의 부록으로 출판하기로 결정했다. 필자가 학자로서 초창기에 썼던 연구를 이제 학자로서의 삶을 마무리하는 단계에 정식으로 출판을 하게 되니 참 묘한 기분이 든다.

필자가 여기에 출판하는 영어판 원문은 1985년 봄에 완성했던 내용과 대체로 같은 것이다. 그 글을 오늘 다시 읽으면서 필자는 필자의 논증을 개선할 필요와 이 글을 완성한 이후 다른 학자들이 그 주제에 대해 한 기여들에 대한 논의로 보충할 필요를 느낀다(특별히 J. Ådna, *Jesu Stellung zum Tempel: Die Tempelaktion und das Tempelwort als Ausdruck seiner messianischen Sendung*[WUNT 2/119; Tübingen: Mohr Siebeck, 2000]; J. H. Charlesworth ed., *Jesus and Temple: Textual and Archaeological Explorations*[Minneapolis: Fortress Press, 2014]; S. J. Joseph, *Jesus and the Temple: The Crucifixion in its Jewish Context*[SNTSMS 165; Cambridge: Cambridge University Press, 2016]; N. Perrin, *Jesus the Temple*[Grand Rapids: Baker Academic, 2010]; idem, *Jesus the Priest*[Grand Rapids: Baker Academic, 2019]; B. Pitre, *Jesus and the Last Supper*[Grand Rapids: Eerdmans, 2017]; N. T. Wright, *Jesus and the Victory of God*[Minneapolis: Fortress Press, 1997]를 참고하라). 그러나 원래 논문의 내용은 건드리지 않고 그대로 두었고 다만 여기 저기 문체를 개선하고 사소한 수정을 하는 정도로 변경을 했다. 단지 두 곳에서만 몇 가지 보다 실질적인 수정을 했다: 섹션 3 C의 두 번째 부분의 설명을 보다 깔끔하게 만들었고(거기 주 100도 추가했다) 매우 압축된 원래의 결론을 보다 자세히 펼쳐 보이는 방식으로 결론을 다시 썼다. 이 글이 꽤 오래 된 것임에도 적어도 어떤 독자들에게는 이 글의 몇몇 포인트들이 학계에서 계속 논의할 가치가 있는 것으로 그렇게 받아들여질 수 있기를 바란다.

652

에 대해서는 일절 언급하지 않는다.[1]

(2) 그 대신 예수께서는 죄 용서와 치유를 위한 사역을 하셨는데, 이 두 가지는 성전에서의 속죄 제사들의 목적으로 간주되는 것들이다 (reserved for the atoning sacrifices).

(3) 일련의 진술들(막 7:1-23//마 15:1-20)과 활동들(막 1:41과 그 병행 본문들; 5:1-20과 그 병행 본문들; 5:21-43과 그 병행 본문들)에서, 예수께서는 하나님의 백성들이 성전 제의에 참여할 수 있게 하는 목적을 가진 제의적 정결을 위한 레위기의 규정들을 무시하거나 정결과 부정의 문제를 새로운 방식으로 결정하셨다.

(4) 예수께서는 당대의 타락한 제의적 관행(cultic practices)을 비판하셨다(막 7:10-12//마 15:4-6; 마 23:23//눅 11:42; 막 7:15-20; 눅 11:39-41//마 23:25-26). 소위 "성전 청결" 행위(막 11:12-19과 그 병행 구절들)는 이것을 가장 잘 보여주는 예다.

이 모든 사실들은 예수의 사역과 예루살렘의 성전 제의 간에 긴장이 있음을 시사한다. 그러나 이 사실들은 또한, 그의 하나님 나라 선포나 그의 "인자"라는 자기 칭호나 하나님을 "아빠"(abba; 아버지)로 부르신 것과 마찬가지로, "예수와 성전"이라는 주제 역시 우리가 예수의 자기 이해라는 결정적인 질문에 대한 대답을 찾는 데 도움이 될 수 있음을 시사해준다.

이 짧은 연구에서 예수의 성전에 대한 태도의 이 모든 차원들을 다 다룰 수는 없다. 따라서 우리는, 예수의 "성전 청결"과 산헤드린 앞에서의

---

[1] 요한복음은 명백하게 다른 그림만을 제시한다. 분명 공관복음과 달리 요한복음은 예수께서 유월절(6장)과 초막절(7-9장), 수전절(10:22-29) 등의 유대교 절기들에 참여하신 것으로 보고 하는데, 이 절기들은 성전 안에서 지켜졌다. 그 밖에도, 요한은 예수께서 유월절 절기 중에 처형되셨다는 인상을 준다(12-19장). 하지만 이와 같은 경우들에 요한은 예수께서 성전 제의를 긍정적으로 승인하는 것을 보여주기보다 그 제의의 진정한 의미가 예수를 통해 성취될 것임을 강조한다. 이것은 공관복음의(혹은 적어도 마가와 마태의) 진술들과 맥을 같이하는데 그 진술들에 따르면 예수께서는 성전의 참 의미를 완성하신다. 이 점은 아래에서 보여줄 것이다.

그에 대한 재판과 연관 지어 살펴봐야 하는, 소위 "예수의 권위에 대한
질문(*Vollmachtsfrage*)"(막 11:27-33과 그 병행 구절들; 역자주: 이후 "예수의 권위에 대한
질문"은 이 본문을 가리킴)에 초점을 맞추고자 한다. 이와 같은 제한된 연구로
도 예수의 성전과의 관계의 필수 요소들에 대한 그림을 제시할 수 있으
며 특히 그의 성전에 대한 태도를 결정지은 것으로 생각될 수 있는 그의
자기 이해 문제를 명확하게 할 수 있을 것이다.

1. 예수의 권위에 대한 질문들(막 11:27-33//마 21:23-27//눅 20:1-8)

(a) 전승과 편집

우리 본문(pericope)의 마가판이 원래적인 것인데 마태와 누가가 이를
이어받아 문체를 개선한 것이라는 것이 주석가들 사이의 일반적인 합의
다.[2] 따라서 본 연구는 그 이야기의 역사적 토대를 파고들기를 바라면서
마가판에 초점을 맞추고자 한다.

본문 내에서 마가의 편집(redaction)에 대해서는 거의 합의가 이루어지
지 않고 있다. 하지만 막 11:27a는 일반적으로 편집된 내용으로 간주되는
데 마가는 이 구절을 통해 여기서 보고되는 대면(confrontation)이 예수와 그
의 제자들이 예루살렘을 세 번째 방문했을 때(참고. 11:11, 15), 그리고 그의
성전 행위 하루 뒤에 일어난 일임(11:15-19)을 시사한다.[3]

다수의 주석가들이 27b절의 적어도 일부는 전승(tradition)으로 보는
데 반해 프라이크(E. J. Pryke)는 27b절 전체를 편집으로 보는 것 같다. 그
는 그 본문의 도입 절(들)에서 지리적 혹은 연대기적 지시를 위해 분사

---

2 자세한 내용은 Gam Seng Shae, "The Question on the Authority of Jesus," *NovT*
   16(1974): 3-4와 주석들을 보라. C. M. Tuckett, *The Revival of the Griesbach
   Hypothesis*(Cambridge: Cambridge University Press, 1983), 66-67도 참고하라. 터킷은 마
   21:23; 막 11:27과 눅 20:1 사이의 상관관계가 그리스바하(Griesbach) 가설보다 마가복음
   우선설을 전제로 할 때보다 자연스럽게 설명됨을 보여준다.

3 그러나 27a절을 마가 이전 전승으로 주장하는 R. Pesch, *Das Markusevangelium* II.
   Teil(Freiburg: Herder, 1977), 210를 보라.

의 절대 속격(genitive absolute) (여기서는 περιπατοῦντος αὐτοῦ)을 사용하는 마가의 편집적 경향성[4]과 그가 "마가의 편집적 언어" 가운데 포함시키는 γραμματεύς와 ἱερόν을 가리킨다.[5] 그러나 심지어 그의 계산대로 하더라도 γραμματεύς의 경우 마가복음에서 총 21회 사용되는 중에 단지 12회만 편집의 경우에 해당되고 ἱερόν은 총 9회 중에서 6회만 편집의 경우에 해당된다. 따라서 우리 본문에서 이 두 단어가 편집적이어야 할 필요는 없다.[6] 그가 이 단어들을 편집적이라고 판정하는 것은 단지 절대 속격 표현을 보고서 27b절 전체가 편집인 것으로 그가 결정한 때문이다. 절대 속격 περιπατοῦντος αὐτοῦ가 실제로 편집의 경우일 수도 있다. 하지만 마

---

4 E. J. Pryke, *Redactional Style in the Marcan Gospel*(Cambridge: Cambridge University Press, 1978), 62-63.

5 Pryke, *Redactional Style in the Marcan Gospel*, 145.

6 프라이크는 성전 청결 본문의 ἱερόν의 세 경우만 전승을 반영하는 것으로 허용하고 막 11-14장에 나오는 다른 모든 경우들은 편집이라고 단언한다. 하지만 막 13:1f.의 ἱερόν 역시 마가의 편집으로 돌려진다면, 예수의 재판에서 핵심적인 역할을 하고(막 14:58) "신약에서 가장 많이 나오는 예수의 말씀들" 중 하나인 성전 예언(막 14:58//마 26:61; 막15:29// 마 27:40; John 2:19-21; 행 6:13-14; 참고. 행 7:48; 17:24; 히 9:11, 14; 참고. O. Betz, "Probleme des Prozesses Jesu," *Aufstieg und Niedergang der römischen Welt* II.25.1[Berlin: de Gruyter, 1982], 630) 이 마가에게서 온 것이라고 그렇게 판단해야만 할 것이다. 하지만 이것은 가능성이 거의 없다(아래 참고). 우리는 왜 성전에서 지키는 유월절 절기 때에 예루살렘에 도착했을 때 예수께서 마가가 보고하는 대로(11:11) 성전을 방문할 수 없는 것인지 그리고 왜 이것을 마가가 처음으로 상상한 어떤 일로 판단해야 하는지 이해할 수 없다. 막 12:35과 14:49의 경우, "메시아적 지혜 교사"인 예수(M. Hengel, "Jesus als messianischer Lehrer der Weisheit und die Anfänge der Christologie," *Sagesse et réligion*[Paris: Presses Université de France, 1979], 147-88; R. Riesner, *Jesus als Lehrer*[Tübingen: Mohr Siebeck, 21984])께서 유월절 절기를 맞아 예루살렘에 머무르는 동안 자신의 가르침의 장소로 가장 자연스럽게 성전을 택하는 것은 충분히 가능하고도 남는 일이었을 것이다. 참고. S. Safrai, *Die Wallfahrt im Zeitalter des zweiten Tempels*(Neukirchen: Neukirchener, 1981), 261ff. 프라이크가 막 11:15-17에 나오는 ἱερόν의 세 경우만 전승으로 허용하기 때문에 막 11:27b의 ἱερόν이 편집적인지 아닌지는 막 11:27-33의 "예수의 권위에 대한 질문(*Vollmachtsfrage*)"이, 마가가 암시하듯, 막 11:15-19의 성전 행위와 원래부터 연결되어 있는가에 대한 판단에 달려 있다. 따라서 우리는 막 11:27b의 ἱερόν을 전승으로 취한다. 이와 같은 고려들은 우리로 하여금 "ἱερόν이라는 키워드는 마가 이전 수난 이야기의 예루살렘 자료의 특징(예: 11:11, 15, 16, 27; 12:35; 14:49)"(Pesch, *Markus* II, 269)이라는 것이 얼마나 자연스러운지를 보게끔 이끈다. ἱερόν이라는 단어와 관련한 이와 같은 관찰은 프라이크가 사용하는 류의 순전히 문학비평적인 방법들(the kind of purely literary critical methods)의 한계를 시사해주는 것 같다.

가의 편집은 전부를 만들어내거나 그가 전승에서 받은 것의 의미를 바꾸는 것이었기보다 예수께서 성전에 계실 때 유대 당국자들이 그에게 와서 질문을 하는 그런 효과가 나도록 단순히 전승으로 받은 진술에 자신이 선호하는 절대 속격 형식을 입히는 그런 것이었을 수 있다. 프라이크 자신이 περιπατεῖν을 마가의 편집적 용어 목록에 포함하지 않는다는 사실이 이 가능성을 시사하는 것 같다.[7]

불트만(R. Bultmann)은 27b절의 οἱ ἀρχιερεῖς καὶ οἱ γραμματεῖς καὶ οἱ πρεσβύτεροι를 마가의 편집이라고 믿는다.[8] 그닐카(J. Gnilka)에 의하면, 마가 이전 전승은 "그리고 대제사장들과… (?) 그에게 와서 말했다…"고 이렇게 시작했으며 "서기관들"과/이나 "장로들"이 원래 그 전승에서 언급되고 있었는지 더 이상 확신할 수가 없다.[9] 위에서 말한 것처럼, 프라이크(Pryke)는 마가복음에서 γραμματεύς가 총 21회 나오는 중에서 12회는 편집의 경우에 해당되며 27절에 나오는 γραμματεύς는 그 편집의 경우들 중 하나라고 믿는다. 그러나 적어도 그 12회의 경우들 중 일부에서 그 단어 자체는 마가가 편집한 (만일 그가 편집했다면) 전승 자료의 일부였을 가능성이 크다. 우리 본문의 "대제사장들과 서기관들과 장로들"은 아마도 산헤드린의 대표단(delegation)으로 생각될 수 있기 때문에 그들이 원래 전승에 있었는가 하는 질문은 마가가 "예수의 권위에 대한 질문(Vollmachtsfrage)"을 예수의 성전 행위와 연결시킨 것이 옳으냐의 질문과 연관이 될 수 있다. 왜냐하면 만일 그가 이것으로 역사적 실재를 반영한다면, 성전 제의에 대한 심각한 도전인 성전 행위 후에 예수께서 산헤드린의 세 구성요소들을 대표하는 대표단에게서 질문을 받은 것일 가능성이 크기 때문이다.[10]

7　J. Gnilka, *Das Evangelium nach Markus*. 2. Teilband(Zürich: Benziger; Neukirchen: Neukirchener, 1979), 137 (주 8)에 반대하여.

8　R. Bultmann, *Die Geschichte der synoptischen Tradition*(Göttingen: Vandenhoeck & Ruprecht, 71967), 18.

9　Gnilka, *Markus* II, 137.

10　J. Jeremias, *Jerusalem in the Time of Jesus*(ET; London: SCM, 1976), VIII-X장, 특히

656

불트만이 "예수의 권위에 대한 질문(Vollmachtsfrage)"의 원래 전승이 28-
30절에만 있다고 보고 27절을 그 전승에서 완전히 제거해버릴 때, 그리
고 그닐카가 마가 이전 전승이 어떤 연대기적 혹은 지리적 틀도 없이 시
작하도록 할 때, 그들은 당연히 물론 양식비평의 전제들, 다시 말해 복음
서 전승의 개별 본문들이 원래는 고립된 단위들로 전수되었다는 전제와
그 지리적, 연대기적 틀은 복음서 저자들이 만든 것이라는 전제에 기초
하여 그렇게 하는 것이다. 하지만 최근에 이 전제들은 엄청난 비판을 받
게 되었다.[11] 우리 본문이 양식비평의 방법을 통해 적절하게 설명될 수
있겠는지는 곧 검토를 할 것이다. 그러나 위에 언급한 양식비평의 전제
들에 지나치게 많은 신뢰를 주어야 한다는 부담을 가지지 않는다면 그
리고 우리가 "방법론적 회의"를 너무 고집하지 않는다면, 우리는 27절을
(혹은 적어도 27b절을) "예수의 권위에 대한 질문(Vollmachtsfrage)"에 속하는 마
가 이전 전승으로 취할 수 있을 것이다. 그럴 때 우리는 페쉬(R. Pesch)가
27절에 대해 한 코멘트가 그 이야기의 문맥에 대한 최선의 설명임을 알
게 될 것이다: 비록 예수께서 성전에서 "날마다 가르치신" 것으로 언급되
고 있음에도 불구하고 (막 14:49; 참고. 11:17-18, 35) 그가 그렇게 가르치는 동
안 그에게 접근한 당국자들이 없었다는 사실은 여기서 "틀에 박힌 장면
이 제시되는 것이 아니며; 11:18 이후 문맥은 질문을 한 자들이 예수께서
성전 경내에 도착하자마자 (그가 거기서 거닐고 있는 동안; 참고. 요 10:23) 곧 바
로 나타났다는, 다시 말해 그들이 예수를 '기다렸다'는 인상을 준다"는 것
을 시사한다.[12]

179, 222-23, 236-37페이지; E. Lohse, συνέδριον, ThWNT 7: 861-62를 보라.

11 예를 들면, G. N. Stanton, "Form Criticism Revisited," *What About the New Testament?*, C. F. Evans *Festschrift*(London: SCM, 1975), 13ff.; P. Stuhlmacher ed., *Das Evangelium und die Evangelien*(Tübingen: Mohr Siebeck, 1983), 특히 쉬툴막허의 논문("Zum Thema: Das Evangelium und die Evangelien," 75-76)과 엘리스(E. E. Ellis)의 논문("Gospel Criticism: A Perspective on the State of the Art," 39ff.)과 게핫슨(B. Gerhardsson)의 논문("Der Weg der Evangelientradition," 83ff.).

12 Pesch, *Markus* II, 210.

28-30절의 전승적 성격에 대해서는 논란이 없다. 불트만과 그닐카만이 33절을 편집으로 보는 것 같다.[13] 심지어 프라이크조차 그 구절을 그렇게 보지 않는다. 베스트(E. Best)는 "33절이 없이는 이 구절들(28-30절)은 분명 설득력 있는 결론(a telling conclusion)이 없어지게 되는 것"[14]이라고 잘 관찰한다. 불트만은 원래의 전승이 30절에서 끝나는 것으로 보는데 이것은 그가 랍비들의 논쟁 이야기들이 보통 반대 질문(a counter-question)으로 끝나는 것으로 믿기 때문이다.[15] 하지만 물론 이 일반화는 잘못된 것이다. 왜냐하면 반대 질문으로 끝나지 않고 도리어 반대 질문에 대한 상대방의 대답에서 도출한 "설득력 있는 결론"으로 끝나는 랍비들의 논쟁 이야기들의 예도 많기 때문이다(예: *b. Sanh.* 65b; *Gen. R.* 27[17c]; *Ex. R.* 30; *Midr. Qoh.* 1.7; *Midr. Qoh.* 5.10).[16] 사실 데이빗 다브(D. Daube)는 (1) 논쟁상대방의 질문; (2) 반대 질문; (3) 상대방이 줄 수밖에 없게 만든 대답; (4) 반박으로 구성된 랍비들의 논쟁 이야기들의 양식을 확립하려 시도하면서 우리 본문을 이 양식에 부합하는 신약성경의 사례들 중 하나로 들었다.[17] 따라서 양식비평에 근거하든지 아니면 다른 어떤 근거에서든지 간에 33절은 편집된 것으로 말할 수 없다.

31-32a절은 예수의 반대 질문에 대한 두 가지 선택 가능한 대답에 대해 유대 당국자들이 상의하는 것에 대한 보고이고 32b절은 왜 두 번째 안 역시 채택될 수 없었는지 그 이유를 추론한 것이다. 불트만으로서는 여기서 πιστεύειν이라는 단어는 31-32절이 헬라파 유대인 그리스도

---

13 Bultmann, *Geschichte*, 18f.; Gnilka, *Markus* II, 137.

14 E. Best, *The Temptation and the Passion*(Cambridge: Cambridge University Press, 1965), 85.

15 Bultmann, *Geschichte*, 38, 43ff.

16 불트만이 신약성경의 논쟁 이야기들 중에서 예로 든 것들 중 일부가 그의 주장에 부합하지 않는다(예: 막 2:17, 19; 3:24-25; 7:6, 28; 10:6-8; 참고. Bultmann, *Geschichte*, 42-43)는 점을 지적한 J.-G. Mudiso M. Mundla, *Jesus und die Führer Israels*(Münster: Aschendorff, 1984), 10를 보라.

17 D. Daube, *The New Testament and Rabbinic Judaism*(London: Athlone Press, 1956), 151-52.

인이나 마가 자신에게서 온 것임을 시사한다.[18] 하지만 그는 이 주장에 대한 이유를 제시하지 않는다. 구약성경에 이미 우리가 하나님이 보내신 사자를 믿는다(Glauben schenken)는 개념이 있는데(MT: ל הַאֲמִין = LXX: πιστεύειν + 여격; 예: 출 4:1, 8-9; 대하 32:15; 렘 40:14), 왜 팔레스타인 전승은 세례 요한에 대해 "믿는다"라는 단어를 사용할 수 없었겠는가?[19] 프라이크는 32b절의 괄호문구와 설명적 γάρ 때문에, 그리고 διαλογίζεσθαι와 Ἰωάννης, ὄχλος, προφήτης, φοβεῖσθαι 때문에 31-32절을 마가의 편집으로 판단한다.[20] 하지만 프라이크가 여기서 마가의 편집을 시사하는 것으로 간주한 두 가지 구문론적 특징들과 단어들은(διαλογίζεσθαι를 제외하고) 모두 32b절에 국한되어 있다. 심지어 프라이크도 이 단어들 중 하나가 나올 때마다 편집의 경우라고 주장하지는 않기 때문에 마가가 여기서 전승 자료를 사용해서 괄호문구를 만들어냈다고 생각하는 것이 불가능한 것은 아니다. διαλογίζεσθαι가 마가의 편집이라고 하더라도 그 이유 때문에 31-32a절 전체가 편집된 것으로 판단할 수는 없다. 프라이크는 32a절에서 마가가 범한 두 가지 문법적 오류에 대해 말한다: "그는 두 번째 조건문(ἀλλ᾽ εἴπωμεν · ἐξ ἀνθρώπων;)을 귀결절(apodosis)을 제시하지 않고 깨트리고 귀결절은 ἐφοβοῦντο라는 설명절로 대체한다… 여기서도 εἶχον τὸν Ἰωάννην ὄντως ὡς προφήτην이라고 쓰는 대신 ὅτι 절을 사용한다: ὄντως ὅτι προφήτης ἦν."[21] 그러나 전자의 경우, 비록 ἀλλ᾽ ἐὰν εἴπωμεν · ἐξ ἀνθρώπων …이라는 조건문이 여기 있어서 31b절과 병행을 이루는 것이

18 Bultmann, *Geschichte*, 19.
19 A. Schlatter, *Der Evangelist Matthäus*(Stuttgart: Calwer, 1929), 623; E. Lohmeyer, *Das Evangelium des Markus*(Göttingen: Vandenhoeck & Ruprecht, 171967), 242 (주 5)를 참고하라. F. Neirynck, "The Redactional Text of Mark," *Evangelica*(BETL 60. ed. F. van Segbroeck. Leuven: Leuven University Press, 1982), 620-21, 627ff.가 간편한 도표로 보여주듯이, 마가의 편집 어휘를 검토했던 사람들 중에 몰겐탈러(R. Morgenthaler)를 제외하고 그 누구도(J. C. Hawkins, L. Gaston, E. J. Pryke, and F. Neirynck) πιστεύω를 그 목록에 포함하지 않는다.
20 Pryke, *Redactional Style*, 145.
21 Pryke, *Redactional Style*, 43.

문체적으로 보다 깔끔하겠지만, 문법적인 오류는 아니다. 왜냐하면 마태
와 누가의 병행 본문들도 마찬가지 경우이기 때문이다. 전승이 유대 당
국자들 사이에 서로 속삭이는 장면을 생생하게 보고했을 가능성이 있다:
"만일 우리가 '하늘로부터다'라고 말하면 그는… 라고 말할 것이다. 아니
면[22] 우리가 '사람에게서다'라고 말한다면? …"

따라서 문학비평적인 근거로 우리의 본문(27-33절) 전체의 전승적 성
격을 부정할 수는 없다. 32b절에서만, 그리고 아마도 27a절에서도, 어느
정도의 확신을 가지고 마가의 편집적 손질이 있었다고 말할 수 있을 것
이다.[23] 그런데 거기서도(특히 32b절) 마가가 어떤 전승 자료를 사용했을
가능성이 배제되는 것은 아니다.[24]

(b) 양식비평 : 루돌프 불트만과 그의 영향

우리 본문은 일반적으로 논쟁 이야기로 간주되는데 그 양식비평적 분
석을 위해 랍비들의 논쟁 이야기가 종종 병행으로 제시된다. 랍비들의
학습토론과 논쟁(Schul- und Streitgespräche)에서 보통 (1) 랍비가 교리에 관
한 포인트나 어떤 성경 해석이나 종교적 관행에 관한 포인트에 대해 질
문을 받고; (2) 그 랍비가 반대 질문으로 대답을 하고; (3) 처음 질문을
한 사람이 랍비가 기대하는 방식으로 대답을 하고; (4) 랍비가 그 질문자
의 대답에서 결론적인 답변을 도출해낸다. 많은 랍비들의 논쟁 이야기들
이 랍비와 질문자 사이에 질문과 대답을 주고받기를 한 차례 이상 하지

---

22 참고. J. Wellhausen, *Das Evangelium Marci*(Berlin: Reimer, 1903), 99: "Ἀλλά는 혹은
    아니면(*oder aber*) = *vella* …를 의미한다."
23 유사한 결론에 도달하는 Shae, "Authority," 4-10, and Mundla, *Führer*, 8-12를 참고하라.
24 만일 31-32a절이 여기서 전승인 것으로 판정된다면, 그 전승이 32절을 질문으로 끝내게
    한다고 생각하기는 어렵다. 32a절 뒤에 왜 유대 당국자들이 두 번째 안을 수용할 수 없었
    는지에 대해 그 이유를 제시하는 내용(즉 32b절)이 따랐어야 했을 것이기 때문이다. 세례
    요한이 일반적인 유대인들에게는 존경을 받았지만 유대인 지도자들에게는 배척을 받았
    다는 것은 신약성경과 요세푸스에서 잘 확인할 수 있는 바다(예: 막 9:13; 마 21:23; 눅 7:29-30;
    Josephus, *Ant.* 18.116-19). 따라서 마가 이전 전승에서 32a절 뒤에 우리의 32b절을 있게 한
    무언가 뒤따라왔을 개연성이 매우 크다.

660

만 위에 제시한 것은 그 기본 패턴이다.[25]

우리 본문을 이와 같은 패턴에 비춰보면서 불트만은 30절이 공격에 대한 답변과 반박을 포함하는 반대 질문으로 랍비적 패턴에 잘 부합한 다고 관찰한다: "세례자와 그의 ἐξουσία가 하나님께로부터 오고 사람에 게서 온 게 아니듯 나 역시 그렇다!" 만일 우리 본문의 원래 전승이 랍비 적 패턴을 따른 것이라면 이 반대 질문에 대한 질문자들의 반응은 "하늘 로부터"였거나 적어도 자기들끼리 이런 고려를 했을 것이다: "우리가 하 늘로부터라고 말하면 예수 역시 이 ἐξουσία를 자기를 위해 주장할 것이 다!" 하지만 우리 본문에서 31-32절은 이 랍비적 패턴을 방해한다. 그래 서 불트만은 이 절들이 여기서 포인트를 오해하여 편집하여 추가된 것으 로 본다. 결론적으로 그는 28-30절만이 "진정한 팔레스타인 아포프테그 마(apophthegma)"를 구성한다고 선언하는데 그는 이것을 초대교회가 반대 자들이 그들의 세례 관행에 대해 논쟁을 제기하는 것에 대한 대답으로 만들어낸 것으로 보고싶어 한다.[26]

우리 본문에 대한 불트만의 이 양식비평적 분석을 공관복음의 비평 적 주석가들 대다수가 대체로 따른다. 하지만 그와 같은 분석을 가장 자 세하게 발전시킨 것이 갬 셍 쉐(Gam Seng Shae)다.[27] 쉐에 의하면[28] 28절의 두 질문들은 일반적으로 생각하는 것처럼 하나의 같은 질문의 두 형태 가 아니라 두 개의 다른 질문들이다. 두 질문들은 전승사의 두 단계를 보 여준다. 첫 번째(28a절) 질문은 29b절과 33b절에서 반복되는 데 반해 두 번째 질문은 30절의 예수의 반대 질문에 반영되어 있다. 28b절과 30절 (ἀποκρίθητέ μοι를 제외한)은 보다 이른 전승의 한 꼭지를 나타낸다. 불트만

25 Billerbeck I, 660-61, 861-62, 893ff. 등과 Bultmann, *Geschichte*, 43ff.에 있는 다수 의 예들을 보라.
26 이 모든 것을 위해서는 ibid., 18-19, 40-41를 보라("…논쟁들은 모두 실제 상황들을 그대로 묘사한 것들이 아니라 머리속으로 상상한 상황들에 대한 묘사들이다… 그들은 교회가 예수에게서 유래했다는 기본 사 상을 하나의 구체적인 사건에서 드러나게 하는 상상의 장면들이다").
27 위의 주 2를 보라.
28 아래 내용을 위해서는 그의 "Authority," 10-20를 보라.

을 인용하면서 쉐는 또한 31-32절이, 세례 요한과 예수 사이의 병행을
이끌어내는 반응이 그런 것만큼 질문(28b절)과 그 반대 질문(30절)과 논리
적으로 그와 같이 깔끔하게 어울리지는 않는다고 생각한다. 그러므로 이
절들은 보다 나중 단계를 나타내는 것으로 봐야 한다. 따라서 쉐는 논쟁
이야기 속에 들어있는 보다 이른 전승이 이렇게 구성되어 있었다고 믿는
다:

28b절 τίς σοι ἔδωκεν τὴν ἐξουσίαν ταύτην ἵνα ταῦτα ποιῇς;
29a절 ὁ δὲ Ἰησοῦς εἶπεν αὐτοῖς ·
30절 τὸ βάπτισμα τὸ Ἰωάννου ἐξ οὐρανοῦ ἦν ἢ ἐξ ἀνθρώπων;

그러나 이 재구성된 전승이 랍비들의 논쟁 이야기 패턴의 마지막 두 요
소, 곧 (3) 질문자의 대답과 (4) 랍비의 절정에 이르는 반응을 결여하기
때문에 쉐는 이보다 이른 전승이 원래는 다음 요소들로 계속되었을 것이
라고 추측한다:

καὶ ἔλεγον αὐτῷ·
ἐξ οὐρανοῦ.
ὁ Ἰησοῦς εἶπεν αὐτοῖς ·
οὕτως ἐστὶν ἡ ἐξουσία μου
ἐξ οὐρανοῦ.

쉐는 이보다 이른 전승이 원래는 나중에 논쟁 이야기로 만들어진 가르침
의 한 형태였다고 믿는다.

쉐는 더 나아가 이 학습토론(Schulgespräch)이 진정성 있는 말씀이라 믿
는다. 비유사성의 기준(criterion of dissimilarity)은 이 견해를 지지한다. 왜냐
하면 예수 당시의 유대교 지도자들은 세례 요한을 선지자로 받아들이지
않았으며(막 9:13; 11:31; 마 21:32; 눅 7:30; Josephus, Ant. 18.116ff.), 쉐(와 불트만)에

의하면, 30절이 시사하듯이 복음서에는 권위 면에서 예수와 세례 요한 사이에 병행을 보기보다 세례 요한을 예수 아래 놓이게 하고자 하는 경향성이 있기 때문이다. 다른 한편으로, 예수께서 요한을 높이 평가하시는 것은 진정성 있는 예수 전승에서 아주 잘 확증된다(마 11:11//눅 7:28; 마 11:18//눅 7:23; 마 11:12//눅 16:16).

그러나 양식비평적 전제에 따라 30절이 요청하듯이, 27b절의 "대제사장들과 서기관들과 장로들"이 세례 요한의 선지자로서의 권위를 인정했을 리가 없기 때문에 쉐는 27b절을 보다 나중 단계에 31-33절이 추가될 때 추가된 것으로 보고 그것을 전승의 이른 단계로부터 제거한다. 이것은 원래의 전승이, 우리 본문이 마가의 현재 문맥에서 예수의 성전 행위와 연관이 있는 것으로 보이는 것과 같이 그 행위와 연관되지는 않았음을 의미한다. 따라서 쉐는 원래 전승의 삶의 정황(Sitz im Leben)과 28절의 ταῦτα의 원래의 지시 대상에 대해 추측하기 시작한다. 불트만의 추측[29]을 뛰어 넘어 쉐는 다음과 같이 생각한다:

ταῦτα라는 단어는… 아마도 예수께서 사람들에게 자신의 운동에 참여하라고 부르시고 하나님 나라에 대해 가르치심으로 시작하신 운동 전체를 가리킬 것이다. 질문은 아마도 예수의 사역에서 세례 요한의 사역과는 다른 새로운 운동이 일어나는 것을 본, 이전에 요한의 제자였던 사람들(예수 자신도 그들 중 하나였다)에게서 왔을 것이다… 이 질문자들에게 주시는 예수의 대답은 짧고 단호하다: "요한이 그 나라를 준비하기 위해 종말론적 세례를 주는 사역이 하나님께로부터 온 것인 것처럼 내가 하나님 나라 운동을 이끄는 권위 역시 하나님께로부터 온 것이다."[30]

마가가 이 학습토론(Schulgespräch) 혹은 (쉐가 부르는 대로) "논쟁 이전 이야기(the pre-conflict story)"를 접하게 될 즈음에는, 쉐에 따르면, 그 이야기는

29 Bultmann, *Geschichte*, 18 (주2).
30 Shae, "Authority," 18.

27절과 31-33절을 추가하여 교회와 성전이 연관되는 보다 완전한 논쟁
이야기로 발전되었을 것이다. 이러한 변화는 결과적으로 이 나중 (마가 이
전) 전승이 다음 두 가지를 말하게 했을 것이다: "(1) 예수는 가장 지위 높
은 유대교 지도자들을 판단하는 참 권위자다; (그리고) (2) 요한의 세례를
믿지 않기 때문에 유대 당국자들은 판단을 받는다(대답하기를 거부했다) (31f.
절)."[31]

쉐는 계속해서 이 "마가 이전 논쟁 이야기"의 삶의 정황에 대해 추측
하고 마가의 편집 단계에서의 논쟁 이야기의 의미에 대해 논한다.[32] 그러
나 지금까지 그의 논문을 요약한 내용으로도 이미 문제가 많기 때문에
이 논의를 여기서 요약할 필요는 없을 것 같다.

"예수의 권위에 대한 질문(Vollmachtsfrage)"의 원래 전승을 추측하여 재
구성하기 위해 불트만과 쉐 둘 다 그 원래 전승이 랍비들의 학습토론
과 논쟁(Schul- und Streitgespräche)에 부합되었을 것임이 틀림없다고 전제
해야 한다. 이 전제에 기초하여 그들은 우리 본문의 27절과 31-33절
을 원래 전승에서 제거하고 그 대신 가설적인 문장들로 대체한다. 그러
나 이 전제가 옳은 것인가? 심지어 28-30절에서 혹은 원래 전승에서,
쉐가 예수께서 선생이 아니라 "준사법적으로(quasi-juridically) 심문을 당
하는 사람"으로 보이도록 가설적으로 재구성했다는 사실[33]과 그 논점
이 교리에 관한 포인트나 어떤 성경 해석이나 종교적 관행에 관한 포인
트가 아니라 개인에 대한 비난이라는 사실[34]은 이미 "예수의 권위에 대
한 질문(Vollmachtsfrage)"을 우리가 랍비들의 학습토론과 논쟁(Schul- und
Streitgespräche)의 틀 안에 억지로 집어넣는 것을 주저하게 만든다.[35]

---

31 Shae, "Authority," 20.
32 Shae, "Authority," 20-28. 우리가 여기서 쉐의 주장을 자세하게 분석하는 것은 한편으로
   는 그 주장이 불트만이 시작한 양식비평적 접근을 가장 온전하게 적용하기 때문이고 다른
   한편으로는 Gnilka, *Markus*, II, 136ff.가 그 주장을 거의 그대로 채택하기 때문이다.
33 Pesch, *Markus*, II, 209.
34 "논쟁 이전 이야기"가 "논쟁 이야기"로 발전한다는 쉐의 언급은 상당히 부적절하다.
35 Pesch, *Markus*, II, 209; I. H. Marshall, *The Gospel of Luke*(Exeter: Paternoster, 1978),

훨씬 더 심각한 것은, 불트만과 쉐의 양식비평적 결론이 그들의 양식비평 방법의 핵심 전제들과 상충된다는 점이다. 그들의 양식비평적 분석은 그들이 원래 전승이라고 부르는 것의 전체 요점이 예수가 세례 요한과 병행(parallelism)이 되거나 동등하다는 점에 기반하여 예수의 권위를 세우는 데 있다고 보도록 이끈다.³⁶ 그러나 이 전승이 만들어지고/만들어지거나 전수된 초대교회의 역사의 삶의 정황을 우리가 상상할 수 있는가? 그 전승이 요한의 권위와의 유비(analogy) 혹은 동등성에 기초하여 예수의 권위를 변증한다는 생각은 초대교회의 알려진 경향성과 모순된다.³⁷ 만일 예수의 혹은 초대교회의 권위에 대해 문제를 제기한 것이 요한의 제자들이었다면³⁸ 그들은 자신들이 그렇게 할 권리가 있다고 느꼈기 때문에 그렇게 했을 것이고 예수께서 요한에게 세례 받으신 일과 예수도 그들처럼 요한의 제자였음을 가리킴으로써 그 권리를 주장했을 것임에 틀림없다. 그렇다면 어떻게 초대교회가 요한이 하나님께로부터 온 권위를 가졌듯이 예수께서도 하나님께로부터 온 권위를 가지고 있다는 선언으로 그 도전을 물리칠 수 있을 것이라고 상상할 수 있었을까? 요한의 제자들은 아주 쉽게 그리고 정당하게 예수께서 요한에게 세례를 받으신 것과 그 역시 요한의 제자였다는 사실뿐만 아니라 예수께서 요한과 다르게 가르치셨고(혹은 가르치고 계셨고) 행동하셨다는(혹은 행동하고 계셨다는) 점을 가리켰을 것이다!³⁹ 따라서 원래 전승이 예수의 생애 동안 있었던 에

723을 참고하라.

36 비슷하게 또한 M. Albertz, *Die synoptische Streitgespräche*(Berlin: Trowitzsch, 1921), 21, 29; V. Taylor, *The Gospel according to Mark*(London: Macmillan, 21966), 471; Gnilka, *Markus*, II, 137; Mundla, *Führer*, 24-25; J. Roloff, *Das Kerygma und der irdische Jesus*(Göttingen: Vandenhoeck & Ruprecht, 21973), 94-95.

37 참고. Shae, "Authority," 15; Lohmeyer, *Markus*, 243.

38 불트만과 쉐의 이론들은 원래의 질문자들이 요한의 제자들이거나 적어도 요한을 선지자로 받아들인 사람들일 것을 요구한다. 이에 대한 Shae, "Authority," 18; Gnilka, *Markus*, II, 137의 명시적 언급을 보라.

39 그 도전이 요한의 추종자들이 아니라 다른 쪽에서 나왔다 하더라도, 요한과 예수 둘 사이의 유비(analogy)에 근거한 이러한 주장은 그들에게 효과가 없었을 것이다. 왜냐하면 Lohmeyer(*Markus*, 243)가 예리하게 지적하듯이, 결정적인 질문 ("무엇이 이 유비를 정당화하는

피소드에 대한 진정성 있는 보고였다는 쉐의 견해는 그가 똑같은 어려움에서 벗어나는 데 도움이 되지 않는다. 왜냐하면 요한과 그 자신 사이의 병행 혹은 동등함에 기반한 그런 주장으로 심지어 예수 자신이라도 요한의 제자들을 반박하거나 이길 수 있었을 것이라고 상상하는 것은 불가능하기 때문이다. 설령 예수께서 요한의 제자들의 질문에 대해 이와 같은 방식으로—따라서 상당히 성공적이지 못하게—주장을 했다고 생각하는 것이 어쨌든 가능하다 하더라도 초대교회가 자신들의 이야기들에서 그와 달리 일반적으로 요한을 예수 권위 아래 복속 시키면서 그 에피소드를 보존하고 전수한다고 생각하는 것이 가능하겠는가? 그 논쟁 이야기(*Streitgespräch*)에서 초대교회의 주이신 예수께서 패배자 혹은 설득력 없는 선생으로 보이게 될 것이 분명한데 그 이야기를 전수함으로 초대교회가 무슨 이득을 얻겠는가?

쉐가 자신이 전승사를 재구성하는 데 힌트를 제공한다고 보는 28절의 두 질문들의 경우, 그것들을 전승사의 두 다른 단계를 대변하는 두 개의 다른 질문으로 보기보다 대다수의 주석가들과 함께 두 가지 방식으로 표현된 한 가지 질문으로 보는 것이 더욱 그럴 듯하다. 우선, 행 4:7의 ἐν ποίᾳ δυνάμει ἢ ἐν ποίῳ ὀνόματι ἐποιήσατε τοῦτο ὑμεῖς; 라는 질문과 28절의 두 질문들 사이의 병행에 대한 쉐의 주장은 그다지 설득력이 있는 것 같지 않다. 그가 전자가 우리 본문의 28a절(ἐν ποίᾳ ἐξουσίᾳ ταῦτα ποιεῖς;)과 병행을 이루는 것으로 볼 때, 그는 ἐν ποίᾳ δυνάμει가 우리 본문의 28a절(ἐν ποίᾳ ἐξουσίᾳ …)과 밀접한 병행을 이룸으로써 δύναμις와 ἐξουσία가 여기서 거의 동의어로 사용되는 한편으로 행 4:7의 ἐν ποίῳ ὀνόματι 역시 우리 본문의 28b절(τίς σοι ἔδωκεν τὴν ἐξουσίαν ταύτην …;)과 둘 다 임명한 권위자 이름을 대라고 요구한다는 점에서 밀접한 병행을 이루

가?")에 대한 답은 여전히 찾지 못한 채 남을 것이기 때문이다. 설령 여기서 예수와 요한의 관계가 유비의 관계라 하더라도, 요한을 하나님이 보내신 예언자로 받아들이는 사람들이 예수도 그렇게 받아들여야 할 이유는 없다.

는 것을 분명 보지 못한다.[40] 둘째로 28b절의 원래 질문이 "재해석되어 초
대교회의 진정한 기독론적 관심을 표현하는 새로운 질문 아래로 들어가
게 되었다"는 쉐의 견해[41]는 매우 이상하다. 왜 28a절의 질문이 28b절의
질문보다 기독론적으로 더 많은 무게를 가지는가? 28b절의 질문에 대한
답이 하나님이면, 예수께서는 자신이 "이러한 일들"을 행할 권위를 가진
하나님이 임명하신 특사라고 주장하는 것이다. 그렇다면 28a절의 질문
에 대한 대답은 "하나님의 특사로서 하나님이 내게 주신 권세"다. 따라서
28절의 두 질문들 사이에 무슨 차이가 있는가? 사실 접속사 ἤ와 정관사
τήν, 지시 형용사 ταύτην을 가지고 두 번째 질문은 첫 번째 질문의 포인
트를 보다 정밀하게 만든다.[42] 선지자 혹은 하나님의 사자가 하나님께 보
냄 받고 승인을 받은(즉 권위를 받은) 경우에만 권위를 주장할 수 있는 구약
과 유대교 배경을 고려할 때(참고. 신 18:15-22), 대적자들이 보기에 메시아
혹은 선지자인 체하는 예수는 이 이중적 형태로 질문을 받았어야 했을
것이다. 예수의 권위의 성격에 대한 질문은 그 권위를 준 자가 그 성격을
결정하기 때문에 결국 그 권위를 준 자에 대한 질문을 통해 보다 분명하
게 되거나 설명된다. 더욱이 블랙(M. Black)은 28절의 두 질문들을 셈어의
시적 형태의 "병행법(parallelism of lines)"의 예들 목록에 포함시킨다.[43]

---

40 참고. W. Foerster, ἐξουσία, *ThWNT* 2: 301-302; G. Friedrich, δύναμις, *EWNT* 1, 861ff.; I. Broer, ἐξουσία, *EWNT* 2, 24ff.

41 Shae, "Authority," 19.

42 대다수의 주석가들이 그렇게 본다: 예를 들면, Lohmeyer, *Markus*, 241; Taylor, *Mark*, 470; W. Grundmann, *Das Evangelium nach Markus*(Berlin: Evangelische Verlagsanstalt, ⁸1980), 317; Mundla, Führer, 14.

43 M. Black, *An Aramaic Approach to the Gospels and Acts*(Oxford: Oxford University Press, 31967), 159. F. Neirynck, "Duplicate Expressions in the Gospel of Mark," *Evangelica*(BETL 60. ed. F. van Segbroeck. Leuven: Leuven University Press, 1982), 125 역시 "두 질문들은 서로 떼어놓을 수 없다: 두 번째 질문은 첫 번째 질문에 정밀함을 더하고 설명을 한다"고 강조한다. 그럼에도 불구하고, 그는 분명 두 번째 질문을 마가의 편집으로 돌리는 쪽으로 기운다. 하지만 이 문단에서 우리가 고려한 바와 블랙의 관찰은 이 질문의 이중적 형식이 전승을 반영하는 것임을 시사하는 것 같다. 설령 두 번째 질문이 마가의 편집이라고 해도, 그 사실이 첫 번째 질문의 의미를 바꾸지는 않는다: 그것은 두 번째 질문의 포인트를 보다 정밀하게 이끌어낸다.

31절의 대적자들이 자기들끼리 하는 논의가 28절의 질문과 30절의 반대 질문과 논리적으로 잘 맞지 않는다는 불트만과 쉐의 견해 역시 근거가 없다. 우리 본문이 세례 요한과 예수 사이의 병행을 통해서만 의미가 통할 수 있다는 양식비평적 전제를 받아들이는 사람들 만이 30절과 31절 사이에 논리적인 단절이 있다 느낄 것이다. 하지만 이 전제가 개연성이 없음을 우리가 위에서 보았다. 28절의 대적자들의 도전의 성격과 31-32절의 그들이 자기들끼리 하는 논의와 함께 우리 본문이 랍비들의 학습 토론과 논쟁(*Schul- und Streitgespräche*)의 통상적인 양식과 차별화되게 만드는 그들의 대답("우리가 알지 못하노라")과 예수의 결론적 대답("나도 … 너희에게 이르지 아니하리라")은 일부 열성적인 양식비평가들에게는 성가시게 여겨질 수 있다. 하지만 우리 본문이 어떤 특정한 이상적인 양식에 정확하게 부합해야 한다는 그런 전제 없이 이 본문을 본다면, 우리는 거기서 아무런 논리적 단절도 보지 못한다. 아래에서 보여주겠지만, 우리 본문은 "하나의 통일성 있는 보고(einheitlicher Bericht)"[44]로서 의미가 아주 잘 통한다.

따라서 불트만과 쉐의 "예수의 권위에 대한 질문(*Vollmachtsfrage*)"에 대한 양식비평적 접근들은 무너진다. 설령 그들의 접근들이 랍비들의 학습토론과 논쟁(*Schul- und Streitgespräche*)의 패턴에 맞추기 위해 전승에 대해 대대적인 수술을 하도록 둔다 하더라도, 그 접근들은 우리 본문에 대한 설득력 있는 설명을 제시하지 못한다.[45] 그러나 그러한 대대적인 수술과 복잡한 전승사의 재구성이 그럴듯한 설명을 낸다고 하더라도 그 방법은 우리 본문에 대한 똑같이 그럴듯한 설명이 그렇게 하지 않고는 불가능한 그런 때만 사용되어야 한다. 사실 우리 본문은 있는 그대로도 의미가 아주 잘—예수의 주장과 다른 곳에서도 볼 수 있는 바 그 משל(마샬)적 성격과 부합되는 방식으로—통할 수 있다.[46]

---

44 Pesch, *Markus* II, 209.
45 "마가 이전 갈등 이야기"에 대한 이상한 설명을 위해서는 Shae, "Authority," 20, 33를 참고하라.
46 쉐의 양식비평적인 접근에 대한 또 다른 반론은 그 접근이 예수께서 자신의 권위가 하나

(c) 새로운 해석

바로 앞 섹션에서의 우리 논의를 통해 다음 두 가지 포인트가 분명해졌다: (1) 비록 우리가 "예수의 권위에 대한 질문(*Vollmachtsfrage*)"를 논쟁(*Streitgespräche*)으로 부르거나 유대교의(혹은 랍비들의) 논쟁(*Streitgespräche*)과 폭넓게 비교해볼 수 있지만, 그 차별화되는 특징들 중 어떤 것들은 억지로 그것을 후자의 패턴에 정확하게 맞추려는 어떤 시도도 거부한다; (2) 예수의 반대 질문의 포인트가 세례 요한과 예수 자신 사이의 병행 혹은 유비에 놓여 있다는 종종 제안되는 견해는 폐기되어야 한다.

대안적 해석을 자세히 펼쳐 보임에 있어, 우리는 30절의 예수의 반대 질문에서부터 시작하는 것이 최선이라고 제안한다. 예수께서는 유대교의(혹은 랍비적) 방식 대로 질문자들에게 반대 질문으로 응수하신다. 하나님에 대한 매우 유대적인 우회적 표현("하늘")과 매우 유대적인 대조(하나님 대 인간)를 사용하여, 예수께서는 그들에게 그들이 "요한의 세례"를 하나님께로부터인 것으로, 다시 말해 하나님이 사명을 주신(따라서 권위를 주신) 것으로 보는지 아니면 단지 "사람에게서" 온 것으로, 다시 말해 피조물이며 오류를 범할 수 있는(혹은 죄악 된) 인간들에 의해 시작된 것으로(따라서 신적 권위와 절대적 주장을 할 어떤 권리도 없는 것으로) 보는지에 대해 질문을 하신다. 어떤 주석가들은 여기서 "요한의 세례"를 세례 운동을 그 특징으로 하는 세례 요한과 그의 사역 전반을 가리키는 것으로 본다. 이를 위해 테일러(V. Taylor)는 그것을 행 1:22과 18:25의 τὸ βάπτισμα Ἰωάννου와 비교한다.[47] 하지만 사도행전의 두 구절들에서 이 문구는 구체적으로 요한의 세례를 가리키는 것 같다. 그리고 행 1:22에서는 사실 구체적으로 예수께서 요한에게 세례를 받으신 것을 그의 사역의 시작점으로 언급하고

님으로부터 기원한 것임을 명시적으로 혹은 암묵적으로 선언하게 함으로써 "메시아 비밀(messianic secret)" 없는 예수를 제시하고 우리 단화의 משל(마샬)적 성격을 없애 버린다는 것이다. 마 11:2-6과 눅 7:18-23은 심지어 요한의 제자들에게까지 예수의 자기정체성 제시가 간접적이었음을 시사한다. 아래 주 56을 보라.

47 예를 들면, Taylor, *Mark*, 470.

있는 것 같다. 질문을 "세례 요한이 하늘에서 왔는가(ἦλθεν) 아니면 사람
에게서 왔는가?"(참고. 마 11:18//눅 7:33)라거나 "세례 요한이 하늘에서 보냄
을 받았는가(ἀπεστάλη) 아니면 인간에게서 보냄을 받았는가?"(참고. 요 1:6)
라고 하지 않은 것이 아마도 중요할 것이다. 행 5:38에서도 ἐξ ἀνθρώπων
와 ἐκ θεοῦ의 대조가 사도들이 하나님께로부터 사명을 받았느냐 아니냐
와 관련되기보다 그들의 βουλή(사상)와 ἔργον(소행)이 하나님께로부터 나
온 것인지 아닌지와 관련된다는 점 역시 주목할 만하다. 따라서 우리 본
문 30절의 "요한의 세례"는 요한의 인격과 사역 전반이 아니라 그의 세례
를 구체적으로 가리킬 가능성이 크다. 전자가 세례 운동을 그 특징으로
하기에 두 대안들 사이의 실질적인 차이는 사실상 별로 없다. 초점과 강
조점의 문제일 뿐이다. 우리의 고려는 여기서 관심의 초점이 요한의 인
격과 사역 전반보다 그의 *세례*에 구체적으로 모아지고 있음을 시사하는
것 같다. 그렇다면, 30절의 반대 질문은 요한이 사역을 할 때 하늘에서 받
은 권위를 가졌느냐 아니냐가 아니라 요한의 세례의 성격에 대한 질문이
다: 그 세례는 하나님의 작정에서 나온 것인가 아니면 사람의 생각에서
나온 것에 불과한가?[48] 많은 주해가들은 반대 질문을 전자의 의미로 이
해한다. 왜냐하면 그들이 그 질문의 포인트를 요한과 예수 사이의 유비
의 관점에서 잘못 이해하기 때문이다. 그러나 우리는 그 둘 사이의 유비
의 문제가 아님을 보았다.

　만일 30절의 반대 질문이 구체적으로 요한의 세례에 대해 말하는 것
이라면, 31절의 αὐτῷ는 중성이고 세례 요한보다 30절의 "요한의 세례"를
가리키는 것일 수 있다. 그러나 "요한의 세례"보다 "요한"이 32절에 있다
는 사실은 31절의 αὐτῷ가 아마도 남성이고 요한의 세례보다 요한 자신
을 가리키는 것일 개연성이 크다. 그렇다면 질문자들은 자신들이 요한을
회개의 세례를 주도록 하나님이 사명을 주신 선지자로 인정하지 않는 것
에 대해 예수께서 비판하실 수도 있다는 두려움을 표현하는 것이다. 대

---

48 참고. Lohmeyer, *Markus*, 242.

670

부분의 주석가들은 αὐτῷ를 남성으로 취하여 요한을 가리키는 것으로 이해하는데 이는 단순히 그들이 30절의 예수의 반대 질문의 포인트가 요한과 예수 자신 사이의 유비라고 전제하기 때문이다. πιστεύειν 동사는 하나님께 사명을 받았다고 주장했던 요한을 가리키는 여격 표현과 함께 든지 아니면 그가 하나님이 시행하라고 사명을 주셨다고 주장하는 세례를 가리키는 여격 표현과 함께든지 간에 똑같이 잘 어울린다.[49] 따라서 우리가 보기에, αὐτῷ를 남성으로 취하는 쪽으로 보다 기울어지게 만드는 유일한 포인트는 앞서 관찰한 포인트 곧 32b절에서 "요한의 세례" 대신 "요한"이 나오는 것인데 이 "요한"이 31c절의 αὐτῷ와 같은 기능을 하는 것이다. 그러나 31절의 αὐτῷ를 "요한의 세례"가 아니라 "요한"을 가리키는 것으로 취하는 것은 30절의 τὸ βάπτισμα τὸ Ἰωάννου 가 요한과 그의 사역 전반을 가리키기보다 구체적으로 그의 세례를 가리킨다는 우리 결론에 영향을 주지 않는다. 왜냐하면 그럴 경우 31c절의 의미는 다음과 같을 것이기 때문이다: "(만일 너희가 요한의 세례가 하나님이 사명으로 맡기신 일이라고 말한다면) 왜 너희는 그 세례를 베풀도록 하나님의 사명을 받은 자인 요한을 믿지 않았느냐?"

32a절은 질문한 자들이 요한의 세례가 요한 자신이나 그의 동료들에게서 말미암은 것이고 따라서 신적 권위도 그와 같은 절대적 주장을 할 권리도 없는 것이라 말해야 하는지에 대해 했던 대안적 고려를 제시한다. 하지만 질문자들은 이 대답이 불가능하거나 적절치 않음을 깨닫고서 이 대안적 고려를 중단한다. 그것이 적절치 않은 이유를 마가가 (실질적으로 마가 이전 전승에 기초하여?[50]) 32b절에서 제시한다: 질문자들은 요한을 선지자로 믿는 사람들의 분노를 유발하는 것을 두려워했기 때문이다. 질문자들이 요한의 세례는 그저 인간적인 일이었다고 대답했다면, 사람들이

49 참고. *Bauer-Arndt-Gingrich*, s.v. האמין. πιστεύειν에 상응하는 히브리어 동사 האמין 역시 사람이나 사물을 가리키기 위해 여격 표현을 취한다(예: 출 1:9-10; 왕상 10:7//대하 9:6; 사 53:1; 렘 40:14; 합 1:5; 대하 32:15).
50 Pesch, *Markus* II, 211을 참고하라.

볼 때 이것은 하나님의 사명을 받은 선지자의 일을 사람이 자기 마음대로 한 (따라서 죄악 된) 행동으로 폄하하고 궁극적으로 하나님이 그에게 주신 사명 자체를 거부하는 것이 될 것이다.

31a절은 질문자들 사이에 자기들끼리의 논의가 있었음을 시사한다.[51] 하지만 원래의 화자가 그들이 속삭이는 소리를 엿들었다고 생각하기는 어렵다. 따라서 31-32a절은 화자가 질문자들의 대답 οὐκ οἴδαμεν(우리가 알지 못하노라) (32a절)에서 그들의 마음 속으로 생각했을 것으로 혹은 자기들끼리 수군거렸을 것으로 추론하는 것일 가능성이 크다. 우리는 이미 예수의 반대 질문이 대적자들의 "하늘로부터"라는 반응을 유도하여 "마찬가지로 나의 권위도 하늘로부터다"라고 선언하려 했다고 생각하는 것이 불가능함을 관찰했다. 그러므로 31-32a절의 화자의 추론이 예수의 반대 질문에 담긴 의도에 따른 것일 개연성이 크다: 예수께서는 질문자들이 요한의 세례가 하나님께 사명 받아 행한 일이라고 생각한다고 답하는 경우 그들이 요한을 믿지 않은 것에 대해 그들을 비판하려고 의도하셨고 또한 그들이 사람들 앞에서 요한의 세례를 사람이 자기 마음 대로 한 행위로 폄하하는 것이 불가능하게 만들려고 의도하셨다.[52] 이것은 질문자들이 요한의 제자들이나 요한에 대해 우호적인 사람들이 아니었음을 의미한다. 많은 해석자들은 예수께서 당혹스러운 심문을 피하기 위해 단지 편법에 호소했다는 해석을 정당하게 거부한다.[53] 따라서 우리는 그들이 요한을 믿지 못한 것에 대한 비판으로 예수께서 어떤 긍정적인 포인트를 전달하려고 하셨는지를 질문해야 한다. 자신의 권위의 기원과 성격과 연관 지어 요한의 세례의 기원과 특징에 대해 묻는 예수의 질문 배후에 어떤 긍정적인 이유가 있었을까? 질문자들이 요한에 대해 우호적이지 않은 것으로 드러나는 경우 예수께서 그들이 요한을 믿지 않은 것에 대해

---

51 참고. Ibid., 211.
52 참고. Lohmeyer, *Markus*, 242-43: "이 고려는 확실히 초기 기독교 화자가 삽입한 것이기는 하지만, 그의 창작이 아니라 대화의 필수적인 부분임이 분명하다"(242).
53 예를 들면, Lohmeyer, *Markus*, 242; Taylor, *Mark*, 470.

그들을 비판할 그런 의도였다면, 그들이 요한에 대해 우호적인 것으로 드러나고 그래서 그의 반대 질문에 자연스럽게 "하늘로부터"라고 대답하는 경우에는 어떻게 반응할 의도이셨을까? 무엇이 예수의 반대 질문을 그의 권위의 기원과 성격에 대해 의문을 제기하는 그의 대적자들에게 대답하려는 진지한(단순한 편법이 아닌) 시도가 되게 하는가? 그것이 단순히 편법이 아니었다면, *예수의 반대 질문은 요한의 세례가 자신의 권위의 기원과 성격과 상당한 관련이 있거나 보다 정확하게 말하자면 전자가 후자의 근거를 밝히는 성격을 가지고 있는 경우에만 그 의미가 통했을 것이다.*

이것은 우리로 하여금 예수께서 요한에게 받으신 세례에 대한 복음서 전승에 주목하도록 이끈다. 이 전승에 따르면, 요한에게 세례를 받으실 때 예수께서는 성령으로 기름부음을 받으셨으며 하나님께 그의 아들로서 사명을 위임받았다(막 1:10-11과 그 병행 구절들). 단지 예수의 권위와 요한의 세례가 그와 같은 연관이 있었던 바로 그 이유 때문에, 예수께서는 반대 질문에서 후자(요한의 세례)를 언급하신 것이다. *따라서 반대 질문을 할 때 예수께서는 그 자신이 요한에게 세례 받으신 것을 분명히 염두에 두고 계셨으며 그 세례에 대한 언급을 통해 자신의 권위가 "하늘로부터" 왔음을(그 권위를 주신 분이 하나님이심을) 그리고 그것이 하나님의 아들의 권위임을 함축적으로 시사하신 것이다.*[54]

이것이 그러하다면, 우리 본문에서 예수께서 요한의 세례를 자신의 권위의 기원과 성격과 연관 지어 언급하는 것은 우연치 않게도 예수의 세례에 대한 공관복음의 이야기들의 핵심 주장들의 진정성을 확증해준다. 이 언급은 예수께서 실제로 요한에게 세례를 받으셨음과 예수께서 자신의 세례를 그 자신이 하나님의 아들 혹은 메시아로서 하나님께 사명을 받으신 사건으로(혹은 그 수단으로) 이해하셨음을 분명하게 시사

---

54 마찬가지로 Grundmann, *Markus*, 317-18; R. Gundry, *Matthew*(Grand Rapids: Eerdmans, 1982), 420. Best, *Temptation*, 85-86는 이것을 인정하지만 그것을, Shae, "Authority," 27-28와 마찬가지로 마가의 편집으로 돌린다.

해준다. 자신이 요한에게 받은 세례에 대한 예수의 이해에 대한 그와 같
은 전제 없이는, 우리 의견으로는, 예수께서 "예수의 권위에 대한 질문
(*Vollmachtsfrage*)"에서 요한의 세례를 언급하는 것 배후의 논리를 아는 것이
불가능하다.

그러나 예수께서 요한에게 세례를 받으실 때 하나님께로부터 이 사명
과 이 권위를 받으셨기 때문에, 다시 말해 예수의 사명과 권위가 어떤 실
제적인 의미에서 요한이나 그의 세례를 매개로 하여 주어진 것이기 때문
에, 그 사명과 권위에 대한 주장은 요한을 하나님의 작정을 실행하도록
혹은 하나님의 작정으로서의 세례를 베풀도록 하나님께 사명 받은 선지
자로 믿었던 사람들에게만 설득력이 있을 것이다.[55] 이것이 바로 자신의
권위의 기원과 성격에 대한 질문에 답하려는 시도로 예수께서 자신에게
질문한 사람들에게 그들이 요한의 세례를 하나님께서 이루라고 주신 사
명으로 믿고 있는지 아니면 사람이 자기 마음대로 만들어낸 뜻에서 생겨
난 것이라고 믿고 있는지를 질문한 이유다. 대적자들은 이 질문에 어느
쪽으로 답하든지 적절치 않다고 보았다. 그래서 그들은 οὐκ οἴδαμεν이라
고 대답했다. 그들에게 예수께서는 자신의 권위의 기원과 성격을 설명할
어떤 포인트도 보지 못했다. 왜냐하면 그들이 예수께서 자신이 하나님께
받은 사명과 권위의 기초로 삼는 그 근거 자체(즉 요한의 세례)를 인정하지
않았기 때문에 그 포인트는 그들에게 이해되거나 용납될 만한 것이 아니
었을 것이다. 그래서 예수께서는 질문자들에게 단정적인 대답을 주기를
거부하셔야 했던 것이다.

우리는 이미 31-32a절에서 화자가 질문자들이 자기들끼리 논의하는
것을 추론하여 제시하는 내용이 예수께서 반대 질문으로 그들 사이에 일
어나기를 기대하셨던 바에 상응하는 것임을 살펴보았다. 예수께서는 그
들이 우호적이지 않음을 아셨고 따라서 처음부터 자신의 권위의 기원과
성격을 그들이 믿게 만들 수 없을 것을 아셨다. 그럼에도 불구하고, 역사

---

55 참고. Grundmann, *Markus*, 317-18.

적 사실로 볼 때 자신의 권위의 기원과 성격이 요한의 세례와 결부되어 있었기 때문에 그는 처음부터 자신의 권위에 대한 그들의 질문에 답하기를 거부하기보다(예수의 성품이, 아니면 당시 상황상 이렇게 하는 것이 불가능하게 했을 것이다) 요한의 세례에 대해 언급하면서 그 질문에 답하려고 시도하셨다. 만일 질문자들이 요한을 믿지 않은 것에 대해 예수께서 자신들을 비판하시는 것에 대해 "그가 살아 있었을 때는 우리가 믿지 않았지만 이제 거꾸로 돌아보면서 그가 정말로 선지자였다고 믿는다"라고 반응했다면, 예수께서는 어떻게 자신이 요한에게 세례를 받을 때 하나님의 사명과 하나님의 아들로서의 권위를 받았는지를 계속해서 설명하셨을 것이다. 요한에 대해 우호적이지 않은 질문자들에게 결국에는 대답하기를 거부할 때조차도 예수께서는 그들이 (들을 귀가 있다면!) 자신의 반대 질문에 함축되어 있는 그의 주장을 파악할 수 있으리라는 소망을 가졌다.

자신의 권위에 대한 질문에 대답하는 이 간접적인 방식과 우리 본문에서 보이는 하나님의 아들로서의 하나님의 사명과 권위를 가지고 있다는 그의 함축적인 주장 둘 다 복음서 전승에 드러나 있는 예수의 특징들이다. 이것들을 표현하는 반대 질문은 משל(마샬)의 성격을 띠는데(참고. 막 4:9) 이것은 예수의 잘 알려진 특징 중 하나다: 그의 수수께끼 같은 자기를 드러내는 말씀(self-disclosure)은 들을 귀 있는 사람들만 이해할 수 있다.[56]

31-32a절을 포함하는 우리 본문에 대한 이와 같은 고려는 질문자들이 27절에 진술된 대로 유대 당국자들이었음을 시사한다. 그러나 우리가 31-32a절을 우리 고려에서 제외한다고 하더라도 같은 결론을 도출할 수 있다. 28절의 질문과 30절의 반대 질문과 33절의 결론은 분명 (1) 질문자들이 예수의 하시는 일에 대해 진지한 관심을 가진 우호적인 질문자들이

---

56 참고. L. Goppelt, *Theologie des Neuen Testaments*(Göttingen: Vandenhoeck & Ruprecht, 1976), 222ff. J. Jeremias, *Neutestamentliche Theologie*(Gütersloh: Mohn, ³1979), 40; Riesner, *Jesus als Lehrer*, 367ff.; 또한 S. Kim, *"The 'Son of Man'" as the Son of God*(Tübingen: Mohr Siebeck, 1983; Grand Rapids: Eerdmans, 1985), 특히 35-36, 99ff.

나 예수에게 설득될 수 있는 중립적인 질문자들이 아니었으며, (2) 그들
은 예수의 하시는 일로 심기가 불편해져 있었으며, (3) 그들은 자신들이
예수를 심문할 권리가 있다고 믿었음을 전제한다. 보통 사람들은 이 세
가지 특징을 가지고 있지 않았을 것이다. 세례 요한의 제자들은 그 특징
들을 가지고 있었을 수 있다. 하지만 앞 섹션에서 우리는 요한의 제자들
이 질문자들이었을 가능성은 없음을 살펴보았다. 따라서 (심지어 31-32절이
없이) 28절과 30절만 가지고도 질문자들이 유대 당국자들이라는 암시를
얻을 수 있다. 이것은 질문자들이 대제사장들과 서기관들과 장로들이었
다는 27절의 명시적 진술과도 일관된다.

2. "예수의 권위에 대한 질문(Vollmachtsfrage)"의 역사적, 신학적 맥락

(a) "성전 청결"(막 11:15-19과 그 병행 구절들)

예수에 관한 무엇이 유대 당국자들로 그의 권위에 대해 심문하도록
자극했을까? 다브(D. Daube)는 그들은 예수가 정식으로 임명 받지 않고
서 랍비처럼 행동했기 때문에 그를 공격한 것이며 그들이 의문을 제기
한 것은 랍비로서 가르치는 그의 권위였다고 생각한다 (רשותא / רשות).[57]
이 견해는 ταῦτα가 예수의 성전에서의 가르침을 가리키는 것으로 보
이는 우리 본문의 마태와 누가 문맥들에서의 분명한 암시를 통해 뒷받
침 받는 것 같다(마 21:23//눅 20:1f.). 하지만 다브는 또한 예수의 답변에서
ἐξουσία(רשות)라는 단어가 "신적 권위"라는 의미를 가지며 28절의 동사
ποιεῖς의 경우 "논쟁이 단순한 가르침 이상의 어떤 것 때문에 일어났음"
을 시사한다고 생각한다. 사실 다브는, 논쟁을 불러일으킨 것은 마가가
시사하는 것처럼(막 11:15-18) 그의 가르침이 수반되었던 예수의 성전 행
위였음에 틀림없다고 명시적으로 진술한다.[58]

---

57 Daube, *Rabbinic Judaism*, 217ff.
58 Ibid. (인용은 220페이지에서 가져온 것임).

만일 ποιεῖν 동사가 28절의 ταῦτα가 그가 말씀하시거나 가르치셨던 어떤 것보다 그가 하신 어떤 것을 가리키는 것임을 시사하는 것이라면[59] 예수의 성전 행위 외에 다른 어떤 행동을 가리켰을 수 있겠는가? 우리에게 알려진 예수의 삶으로 볼 때, 우리는 성전 행위와 마찬가지로 유대 관원들이 "이런 일들을 할" 권위에 대해 의문을 제기하도록 자극했을 수 있는 예수의 죄 용서 행위(혹은 선언) (막 2:1-12과 그 병행 구절들)와 아마도 안식일에 하신 활동들(막 2:23-28과 그 병행 구절들; 3:1-6과 그 병행 구절들)을 생각해볼 수 있다. 그러나 복음서 전승은 그 행위들은 유대 관원들이 그의 권위에 대해 문제 제기를 하도록 이끌지는 않았음과 도리어 예수의 죄 용서는 그들이 신성모독으로(막 2:7과 그 병행 구절들), 그리고 그의 안식일 활동들은 율법을 깨뜨린 것으로(막 2:23-27과 그 병행 구절들; 3:1-6과 그 병행 구절들) 정죄하도록 이끌었음을 분명하게 그리고 보다 논리적으로 보여준다.[60] 예수의 예루살렘 입성(막 11:1-11과 그 병행 구절들)이, 그 상징적인 성격 때문에(참고. 슥 9:9) 유대 관원들이 예수의 주장에 대해 질문하게 자극했을 가능성 또한 생각해볼 수 있다. 그러나 그런 경우라면 그 질문은 예루살렘에서 온 유대 대표단이 세례 요한에게 그의 세례 운동과 연관하여 제기한 것으로 말해지는 그런 질문들과 보다 유사하지 않았을까?: σὺ τίς εἶ; ... ὁ προφήτης εἶ σύ; ... τί οὖν βαπτίζεις εἰ σὺ οὐκ εἶ ὁ χριστὸς οὐδὲ Ἡλίας οὐδὲ ὁ προφήτης; ("네가 누구냐? … 네가 선지자냐? … 네가 만일 그리스도도 아니요 엘리야도 아니요 그 선지자도 아닐진대 어찌하여 세례를 베푸느냐?") (요 1:19-25). 아니면 그 질문이 세례 요한이 보낸 사람이 예수께 물었던 그 질문 같은 것이 아니었을까?: σὺ εἶ ὁ ἐρχόμενος; ("네가 그리스도냐?") (마 11:2-3// 눅 7:18-19). 예수의 "이런 일들을 행할 권위"에 대해 심문하기 위해서는

---

59 Ibid. 220; Marshall, *Luke*, 724. 만일 성전에서의 예수의 가르침이 유대 당국자들의 심기를 불편하게 했다면, "무슨 권위로 네가 이런 것들을 가르치느냐? 혹은 누가 네게 이런 것들을 가르칠 권위를 주었는가?"라는 질문을 예수께서 받지 않았을까?

60 참고. 막 7:5//마 15:1-2. 여기서 바리새인들과 예루살렘에서 온 서기관들은 예수의 제자들이 씻지 않은 손으로 먹는 것을 보고 예수에게 왜 제자들이 "장로들의 전통을 준행하지 아니"하는지를 못마땅한 듯이 물었던 것으로 나온다.

"이런 일들"은 예수를 위한 어떤 주장을 제시했을 뿐만 아니라 유대 관원들의 신학적 인식에 위배된 것과 그들에 대한 직접적인 비판과도 연관이 있었을 것이다. 위에서 언급한 예수의 세 가지 행위들과 달리, 그의 성전 행위는 단순한 질문 혹은 정죄보다 준사법적 *심문*을 가져오는 특별한 성격이 있었다. 왜냐하면 유대 관원들로서는 그 성전 행위가 예수 자신에 대한 함축적인 메시지를 담고 있을 뿐 아니라 자신들의 신학적 인식에 위배되고 성전 당국자들인 자신들에 대한 비판/도전을 제시하기도 하는 하나의 *표적 행위*(sign-act)인 것이 너무도 분명했기 때문이다(아래를 보라). 따라서 성전 행위는 그들이 그 행위에 대해 그의 "권위"에 대해 심문하도록 자극할 수 있었던 유일한 행동이었던 것으로 보인다.

복수형의 ταῦτα(이런 것들)는 유대 당국자들이 예수께서 성전 안에서 일으킨 여러가지 소란 행위들(매매하는 자들을 내쫓으시고 상과 의자를 둘러 엎으시고 아무나 물건을 가지고 성전 안으로 지나다니는 것을 금하신 것; 막 11:15-16과 그 병행 구절들) 뿐만 아니라 그 행위들에 수반되는 그의 가르침의 행위(막 11:15-17와 그 병행 구절들)와 그의 예루살렘 입성(막 11:1-11과 그 병행 구절들) 또한 염두에 두고 있었음을 시사하는 것일 수 있다.[61] 유대 당국자들이 그의 "랍비로서의 권위"에 대해 질문을 했지만 예수께서는 정식으로 랍비 교육을 받고 랍비가 된 것이 아니기 때문에 그 질문에 답하면서 더 높은 권위인 "신적 권위"를 함축적으로 주장했을 수 있다. 하지만 그들이 자신이 하나님의 보내심을 받은 자라는(심지어 메시아라는) 예수의 함축적인 주장을 알고 또 그 주장이 그의 성전 행위에 반영되는 것을 보고서 그가 그 주장을 공개적으로 말하도록 유도하려고 했을 개연성이 더욱 크다.[62]

위의 고려는 "예수의 권위에 대한 질문(Vollmachtsfrage)" 본문 자체가 예

---

61 ταῦτα는 예수의 모든 행위를 가리킬 수 없고 그의 구체적인 행위들을 가리킨다. F. Hahn, *Christologische Hoheitstitel*(Göttingen: Vandenhoeck & Ruprecht, 41974), 171 (주 3); Roloff, *Kerygma*, 91 (주 131)도 그렇게 본다.

62 M. Hengel, "Probleme des Markusevangeliums," *Das Evangelium und die Evangelien*(P. Stuhlmacher ed.; Tübingen: Mohr Siebeck, 1983), 238도 그렇게 본다; Pesch, *Markus* II, 210 또한 참고하라.

수의 성전 행위와 연결될 것을 요구한다는 것을 시사한다. 그런데 많은 해석자들은 예수의 성전 행위가 성전 전체 혹은 매매가 이뤄지는 이방인의 뜰 전체와 관련된 큰 스케일의 소동이었다기보다 선지자로서의 상징적 시위였다고 생각한다.[63] 그 범위가 제한적이었기 때문에, 그 행위는 아마도 안토니아 요새에 주둔해 있는 로마 수비대가 개입하거나 성전 경찰이 예수를 즉각적으로 체포할 필요가 있는 그런 정도의 일로 여겨지지는 않았던 것 같다. 예수께서 대중의 지지를 받는 것을 고려하여 성전 당국자들이 "예수에 대해 비공식적인 방식으로 일을 벌이지는 않는 게 가장 지혜롭겠다고 생각했을"[64](막 11:18) 가능성도 있다. 그러나 성전 행위 후에 예수께서 아무런 고소도 없이 유대 당국자들에게 그냥 놓임을 받았다고 믿기는 매우 어렵다. 예수께서 성전 안에서 잘 확립된 관행을 방해한 일은 분명 예배자들의 눈에는 성전 제의에 대한 방해로 비쳐졌을 것인데,[65] 이 일은 성전 내에서 매매하는 것을 허락했던 성전 당국자들에 대한 그의 도전[66]과 함께 자연스럽게 성전 경찰을 통해 그 수장과 성전의 감독자들이었던 다른 대제사장들에게 보고되었을 것이다.[67] 더욱이 성전 행위는 성전의 기득권 세력에 대한 호의적이지 않은 가르침이 수반되었던 것 같다. 소란 행위와 가르침에 대한 보고는 성전 당국자들이 예수에 대해 적대적으로 반응하도록 자극을 했음이 분명하다(참고. 막 11:18). 그 행위의 엄중함은 분명 적어도 "예수의 권위에 대한 질문(Vollmachtsfrage)"

---

63 예를 들면, M. Hengel, *War Jesus Revolutionär?*(Stuttgart: Calwer, 1973), 15-16 (33-34 n. 53); Goppelt, *Theologie*, 147-48; C. K. Barrett, "The House of Prayer and the Den of Thieves," *Jesus und Paulus*, W. G. Kümmel FS(Göttingen: Vandenhoeck & Ruprecht, 1975), 13; Pesch, *Markus* II, 200; E. Schweizer, *Das Evangelium nach Markus*(Göttingen: Vandenhoeck & Ruprecht, 1975), 126f.; Grundmann, *Markus*, 309; D. Flusser, *Die letzten Tage Jesu in Jerusalem*(Stuttgart: Calwer, 1982), 47. 따라서 이 사건을 전통적으로 "성전 청결" 사건으로 부르는데 이것은 잘못 붙여진 이름이다.

64 Marshall, *Luke*, 720.

65 이것에 대한 보다 자세한 내용은 아래를 보라.

66 참고. V. Eppstein, "The Historicity of the Gospel Account of the Cleansing of the Temple," *ZNW* 55(1964): 55-56.

67 참고. Jeremias, *Jerusalem*, 179-80.

과 같은 예수에 대한 심문과 같은 반응을 요청했을 것이다.

이것은 우리가 원인과 결과로 연결된 두 사건에 대한 마가의 이야기를 실제의 역사적 현실(historical reality)을 반영하는 것으로 판단해야 함을 의미한다.[68] 마가의 문맥에서 28절의 ταῦτα가 예수의 성전 행위를 가리킨다는 점에는 의심의 여지가 별로 없다. 이 표현은 분명 예수께서 성전에서 거니시는 것(περιπατεῖν)을 가리킬 수 없다(v. 27). 그가 무화가 나무를 저주하신 것(막 11:20-26)을 가리킬 수도 없는데 그것은 성전 안에서 거니심(περιπατεῖν)과 같이 그의 권위에 대한 질문을 하도록 자극했을 법한 그런 행동은 아니었기 때문이다. 따라서 우리는 예수께서 성전 안에서 소란 행위를 하고 가르치는 것에 대해 듣고서 "대제사장들과 서기관들"이 어떻게 그를 제거할 것인지를 논한 것으로 되어 있는 막 11:18을 주목해 보게 된다. 그 다음날 성전에서 예수를 다시 보고는 그가 성전에서 한 그 일들을 할 권위의 기원과 성격에 대해 심문하고자 장로들과 합세하여 그에게 온 사람들이 바로 이 대제사장들과 서기관들이다(27-28절).

그닐카(Gnilka)에 의하면, "예수의 권위에 대한 질문(*Vollmachtsfrage*)"의 마가 이전 전승이 대제사장들은 언급했지만 원래의 질문자들 목록에 서기관들과/서기관들이나 장로들이 대제사장들에 이어서 언급되고 있었는지는 확실치 않다.[69] 하지만 그닐카의 학생인 문틀라(J.-G. M. M. Mundla)의 주장에 아마도 어느 정도의 설득력이 있는 것 같다. 그는 마가가 11:18에서 "대제사장들과 서기관들"만 예수를 제거하려는 것으로 언

---

68 이 견해는, 양식비평이 해석자들에게 복음서 단화들을 독립된 단위로 고려하도록 강요하기 이전에는 대다수의 주석가들의 지지를 받았었다. 최근에 이 견해를 재확인한 예로는 Taylor, *Mark*, 468-69; Grundmann, *Markus*, 316-17; Pesch, *Markus* II, 210; Marshall, *Luke*, 724; Daube, *Rabbinic Judaism*, 220f.; Roloff, *Kerygma*, 91-92; Goppelt, *Theologie*, 148; Hahn, *Hoheitstitel*, 171을 보라. 이 결론은 물론 예수에 대한 이야기들이 일대기적 내용에 관심을 두지 않은 채 독립된 단위들로 전수되었다는 양식비평의 전제에 역행한다. 참고. 위의 주 11; G. N. Stanton, *Jesus of Nazareth in New Testament Preaching*(Cambridge: Cambridge University Press, 1974), 117-71; M. Hengel, *Zur urchristlichen Geschichtsschreibung*(Stuttgart: Calwer, 1979), 특히 26ff. 페이지.

69 Gnilka, *Markus* II, 137.

급하고 난 후에 자신의 복음서에서 특별한 관심을 두지 않는 "장로들"을 추가한다면 이상한 일일 것임을 가리키면서 27절의 "대제사장들과 서기 관들과 장로들"이 마가 이전 전승에 해당된다고 주장한다.[70] 대제사장들과 서기관들과 장로들은 산헤드린을 구성하는 사람들이다.[71] 하지만 마가는 분명 질문자들이 산헤드린 전체라고 이해하지는 않는다. 왜냐하면 산헤드린 전체를 의미할 때 그는 당국자들의 세 그룹들에 대한 언급에 πάντες(14:53)나 καὶ ὅλον τὸ συνέδριον(15:1)을 추가하기 때문이다. 따라서 여기서는 아마도 이 세 그룹의 몇몇 대표자들로 구성된 산헤드린의 대표단을 염두에 둔 것일 수 있다.[72] 예수의 성전에서의 행위들에 대한 성전 수장의 보고를 받고서 산헤드린이 그를 심문하기 위해 그 대표단을 보낸 것이 분명하다.

이것이 사실이라면, 산헤드린의 대표자들은 그 심문을 통해 예수에 대한 보다 예리한 프로파일을 얻게 될 수도 있다. 여기서 우리 본문과 사도행전 5:34-39의 가말리엘의 연설과 비교해보는 것이 도움이 된다. 산헤드린이 예수의 이름으로 가르치는 것에 대해 사도들을 심문하고 그들을 죽이고자 했을 때 가말리엘은 그들의 예수 운동이 단지 사람에게서 온 것(ἐξ ἀνθρώπων)이면 무너질 것이지만 만일 하나님께로부터 온 것이면(ἐκ θεοῦ) 산헤드린이 하나님과 싸우는 것이 될 것이라 주장하면서 그들을 그대로 내버려둘 것을 제안한다. 이 주장을 위해 가말리엘은 스스로 선지자 혹은 메시아로 선전하던 드다와 열심당 지도자 유다의 시도가 무너졌고 그렇게 되어 그들이 하나님께로부터 온 게 아님이 증명된 일이 있었음을 언급한다. 오토 베츠(O. Betz)는 거기서 가말리엘의 주장 배후에 하나님이 "모세와 같은 선지자"를 약속하시면서 참 선지자와 거짓 선지자를 구분하는 기준으로 거짓 선지자의 메시지는 이루어지지 않을 것이라

---

70 Mundla, *Führer*, 9.

71 참고. Jeremias, *Jerusalem*, 222.

72 마찬가지로, Taylor, *Mark*, 469; Pesch, *Markus* II, 210; Marshall, *Luke*, 724.

고 말씀하는 신 18:15-22이 있음을 설득력 있게 보여주었다.[73] 거기서 하
나님은 하나님의 이름을 말한다고 자기 마음대로 주장하는 거짓 선지자
는 죽일 것을 명령하신다. 드다와 유다의 운동이 무너진 것에서 가말리
엘은 분명 그들이 하나님의 참 선지자의 기준을 충족하지 못했다고 본
다. 요세푸스는 헤롯 대왕의 죽음(4 BC)와 유대 전쟁(AD 66-70) 사이에 드
다와 다른 이들이 자신들을 위해 "모세와 같은 선지자"에 대한 약속을
주장하면서 일어났다고 말한다. 가말리엘처럼 요세푸스 역시 신 18:20-
22의 기준을 그들에게 적용하고 그들의 파국에서 그들이 거짓 선지자였
음에 대한 확증을 발견한다.[74] 가말리엘의 연설과 요세푸스의 이야기들
로부터 우리는 신 18:20-22이 자신이 선지자라고 혹은 "모세와 같은 선
지자"(신 18:15-19)라고 주장하는 누구에게든지 적용되었다고 추론할 수
있다. 신 18:15-22은 참 선지자는 하나님께 사명을 받고 하나님의 메시
지를 받아서 하나님의 이름으로 말하여 모두가 그에게 순종하게 만드는
사람이고 거짓 선지자는 하나님께 사명을 받지 않았지만 자기가 하나님
께로부터 받은 메시지를 전한다고 자기 마음대로 주장하는 사람임을 분
명히 한다. 참 선지자는 하나님께로부터 온 자(ἐκ θεοῦ)이고 거짓 선지자
는 사람에게서 온 자(ἐξ ἀνθρώπων) 곧 인간이 자기 멋대로 만든 뜻에 따라
온 자다.

신 18:15-22의 내용과 행 5:32-39의 가말리엘의 연설과 스스로 선지
자나 메시아로 선전했던 사람들에 대한 요세푸스의 이야기들에 대한 이
러한 고려는 산헤드린의 대표자들이 예수께 그의 권위의 기원과 성격
에 대해 물었을 때 신 18:15-22과 신명기에서 관련된 본문들(13장; 17:1-7)
을 충분히 염두에 둔 것이었을 수 있음을 시사해준다. 예수께서 자신의
반대 질문에서 요한의 세례에 대해 제시하신 두 가지 선택안(ἐξ οὐρανοῦ
혹은 ἐξ ἀνθρώπων) (막 11:30)은 이것이 산헤드린 대표자들이 자신의 권위에

73 Betz, "Prozess," 584ff.
74 Josephus, *Ant*. 18.85-87; 20.97-99, 167-172; *J.W.* 2.258-63; 7.437-453. Betz,
   "Prozess," 585-88를 보라.

대해 제기한 질문에서 본 바로 그 두 가지 선택안이었음을 시사해준다. 산헤드린의 대표자들은 분명 예수의 함축적인 메시아 주장이나 적어도 그의 제자들의 메시아적 기대를 알고 있었다.[75] 하지만 그들로서는 예수께서 성전 제의를 방해하신 일은 결코 참 선지자나 메시아의 행위일 수가 없었고 비록 그가 하나님의 이름으로 말했지만 성전에 대한 그의 가르침도 하나님이 전하라고 그의 입에 담아준 말씀(신 18:18)일 수가 없었다. 그와 반대로, 그 행위와 가르침은 그가 이단적 가르침으로 백성들을 배교로 이끄는 거짓 선지자라는 분명한 표징들이었다(신 13장).[76] 따라서 이스라엘의 최고 종교와 사법 기관인 산헤드린으로서는 그를 심문하고 결국에는 그를 기소해야 할 의무가 있었다.

(b) 예수의 함축적 대답: 악한 농부 비유(막 12:1-12과 그 병행 구절들)

"예수의 권위에 대한 질문(*Vollmachtsfrage*)"과 그 역사적 맥락에 대한 우리 해석의 결과는 다음과 같이 정리해 볼 수 있다: 예수의 성전 행위의 여파로 산헤드린의 대표단은 그를 거짓 선지자로 고소하기를 바라는 마음을 품고서 그가 성전에서 그 표적 행위를 하는 권위의 기원과 성격에 대해 그를 심문했다. 예수께서는 자신이 세례 요한에게 세례 받을 때 하나님께 위임 받은 하나님의 아들의 권위로 그 일을 했음을 함축적인 방식으로 대답하려 하셨다.

이 결론은 악한 농부의 비유를 통해 확증이 된다(막 12:1-12과 그 병행 구절들). 이 비유를 자세히 분석[77]하는 것은 이 연구의 범위를 벗어난다. 여

---

75 참고. Hengel, "Probleme," 238; Pesch, *Markus* II, 210.

76 참고. Betz, "Prozess," 570-80; P. Stuhlmacher, "Reconciliation in the Preaching and Work of Jesus," *Theology, News and Notes* (Pasadena: Fuller Theological Seminary, 1985), 5. 또한 예수께서 신 13; 17, 18에 따라 백성을 길을 잃게 만든 거짓 선지자로 재판을 받게 되었다는 견해에 대해서는 A. Strobel, *Die Stunde der Wahrheit* (Tübingen: Mohr Siebeck, 1980), 82-94를 참고하라.

77 K. Snodgrass, *The Parable of the Wicked Tenants* (Tübingen: Mohr Siebeck, 1983)를 보라.

기서는 다만 그 비유의 주요 요점을 요약하는 것은 필요하다. 최근 스노드그래스(K. Snodgrass)는 이 비유의 진정성[78]과 이 비유가 "예수의 권위에 대한 질문(Vollmachtsfrage)"과 원래부터 연결되어 있음[79]을, 우리가 판단하기에는, 설득력 있게 잘 논증했다. 예수께서는 산헤드린의 대표자들이 요한의 세례가 하나님이 사명으로 주신 것임을 받아들이지 않고 따라서 자신이 하나님의 아들로서 사명을 받은 근거로 그 세례에 호소하는 것을 받아들일 준비가 안 되어 있는 것을 보셨다. 그렇기 때문에 그는 그들의 질문에 대해 그들이 요구하는 대로 명시적인 용어들로 대답하기를 거부하셨다(막 11:33). 그러나 그런 다음 그는 그들에게 비유를 들려주심으로 자신의 반대 질문의 요점(막 11:30)이 좀 더 명시적으로 드러나게 만드신다. 여기서 "예수의 권위에 대한 질문(Vollmachtsfrage)"(막 11:27-33와 그 병행 본문들)과 악한 농부의 비유(막 12:1-12과 그 병행 본문들)를 하나의 단위로 취하는 것이 전자만 취하는 것보다 랍비들의 논쟁(Streitgespräche)의 패턴에 보다 잘 부합된다. 왜냐하면 대답하기를 거부하는 것으로 논쟁을 끝내는 것은 랍비들의 논쟁(Streitgespräche)에는 그에 상응하는 것이 없는 반면, 논쟁을 대답을 포함하는 비유로 결론을 맺는 것은 분명 랍비들에 의해 자주 사용된 방법이었기 때문이다(예: *Midr. Qoh.* 1.7; 5.10; *b. Sanh.* 91a).[80]

그 비유에서 예수께서는 유대 지도자들을 이스라엘의 택한 백성으로서의 특권들을 맡은 자들로서 하나님을 거역하고 그가 보내신 선지자들

---

78 Ibid., 특히 72-118페이지. 108페이지 주 154에서 그는 이 비유의 진정성을 주장하는 사람들의 목록을 제시하는데 그 중에는 C. H. Dodd, J. Jeremias, Van Israel, E. Lohmeyer, M. Hengel, M. Ubaut, R. Pesch, H.-J. Klauck, H. Weder, F. Mussner, A. Weiser, X. Leon-Dufour, H. Frankmöller, R. Silva, A. Friedrichsen 등이 포함되어 있다.

79 Snodgrass, *Parable*, 45-46. 또한 M. Hengel, "Das Gleichnis von den Weingärtnern, Mc 12, 1-12 im Lichte der Zenonpapyri und der rabbinischen Gleichnisse," *ZNW* 59 (1968): 38-39; J. A. T. Robinson, "The Parable of the Wicked Husbandmen: A Test of Synoptic Relationships," *NTS* 21(1974/75): 444; D. Flusser, *Die rabbinische Gleichnisse und der Gleichniserzähler Jesus*, 1. Teil: Das *Wesen der Gleichnisse*(Bern: Lang, 1981), 74를 보라.

80 참고. Billerbeck I. 661, 895-96.

684

을 죽이는 자들로 묘사하신다. 예수께서는 자신이 하나님이 종말의 특사로 보내신, 선지자들이 유대 지도자들의 손에서 당한 같은 운명을 당하게 될 뿐인 하나님의 아들이심을 암시한다.[81] 예수는 그들에게 하나님의 심판에 대해, 그리고 자신이 그들에게 버림받은 후 하나님의 높여 주심을 받을 것에 대해 경고한다.

이 비유는 사실상 "예수의 권위에 대한 질문(*Vollmachtsfrage*)"에서의 산헤드린 대표자들의 질문에 대한 대답이었다: 그는 마지막 때를 위해 하나님의 권위를 가지고 하나님께 보냄을 받은(참고. m. *Ber.* 5,5) 하나님의 아들이시다. 이 비유로 예수께서는 자신의 반대 질문으로 전달하고자 했던 요점(막 11:30)을, 비록 여전히 간접적이고 함축적인 방식으로 긴 하지만, 보다 분명하게 제시하셨다.[82]

따라서 예수께서는 산헤드린 대표자들에게 *자신이 성전에서 하신 일을 하나님의 아들로 하셨음*[83]을 함축적으로 시사하셨다. 이 결론은 예수의 성전 행위를 선지자적 표적 행위로 보는 유행하는 견해가 부적절함을 보여준다. 그 행위는 선지자적 행위 그 이상이었다. 그것은 메시아적 표적 행위(*messianic sign-act*)였다.[84] 성전 행위에서 그리고 그 행위를 통해 예수께서는 자신의 하나님의 아들됨을 표현하셨다. *성전 행위는 예수께서 자신이 하나님의 아들로서 이루도록 하나님께 사명을 받은 그 일을 표현하는 표적이었다.*

---

81 막 12:6의 υἱὸς ἀγαπητός가 예수께서 세례 받으실 때 하늘에서 들린 소리(막 1:11과 그 병행 구절들)를 반영하고 있는 것을 주목하라.

82 Hengel, "Gleichnis," 38; Snodgrass, *Parable*, 45-46.

83 Best, *Temptation*, 86는 이 점을 인정하지만 그것을 마가의 편집으로 돌리는 것 같다. 또한 J. Schniewind, *Das Evangelium nach Markus*(Göttingen: Vandenhoeck & Ruprecht, ⁹1960), 116-17를 보라.

84 마찬가지로, Betz, "Prozess," 632(주 189): "성전 청결은 또한 메시아적 표적 행위(messanische Zeichenhandlung)였다. 그러므로 그것은 예수의 권위에 대한 질문을 촉발시켰으며(막 11,27-33) 악한 포도원 농부와 아들을 보내심에 대한 비유를 통해 그 대답이 제시되었다(12,1-12)." Taylor, *Mark*, 469 또한 보라. 필자는 Roloff, *Kerygma*, 94-98의 견해에는 반대한다.

(c) 예수의 성전 행위의 의도와 그의 자기 이해 및 그 자신의 죽음에 대한 견해

그렇다면 이것이 성전 행위를 하신 예수의 의도를 해석하는 열쇠가 됨이 틀림없다. 그 행위에 대한 공관복음의 진술들이 그 자체 안에 그 의미를 해석할 분명한 열쇠를 제공하지 않는 것 같기 때문에 그것은 너무나 환영할 만한 열쇠임에 틀림없다.

사실 마가가 그 행위의 장면에 덧붙이는 예수의 가르침의 요약(11:17과 그 병행 구절들)이 열쇠를 제공할 수도 있지만 많은 비평적 학자들은 그 진정성이나 적어도 그것이 원래부터 현재의 문맥에 속했는지에 대해 의심을 한다. 따라서 우리는 막 11:15-16(과 그 병행 구절들)의 행위 자체만 고려할 수 있다. 그러나 그 경우에도 막 11:16이 마태와 누가 모두에서 누락되어 있기 때문에 어떤 이들은, 비록 빈번하게는 아니라 하더라도, 이 구절의 진정성 역시 의심한다.

따라서 예수의 성전 행위의 근본 자료는 막 11:15(과 그 병행 구절들)로 축소된다: 성전에 들어가셔서 예수께서 이방인의 뜰에서 제사를 드릴 동물들을 매매하는 자들을 내쫓으시고 환전하는 자들의 상들과 비둘기 파는 자들의 의자들을 둘러 엎으셨다. 성전 행위의 이 근본 자료 만으로는 그 행위의 의미나 그 행위를 하신 예수의 의도가 명료하게 드러나지 않는다. 설명을 위해 뒤따라 나오는 악한 농부 비유(막 12:1-12과 그 병행 구절들)가 그 의미나 예수의 의도에 대해 약간의 빛을 비추어 준다. 하지만 여전히, 그것들에 대한 적절한 해석을 위해 더 넓은 문맥에서 더 많은 열쇠들을 찾을 필요가 있다.

그 행위가 성전 안에서 일어났다는 사실은 성전의 신성함이 강조되는 구약-유대교 본문들로 자연스럽게 이끈다. 그 중 특별히 슥 14:21이 예수의 행위에 동기부여를 한 것으로 종종 인용된다: "그 날에는 만군의 여호와의 전에 상인들(כנעני)이 다시 있지 아니하리라."[85] 덧붙여, 그 진정성

---

[85] 예를 들면, C. Roth, "The Cleansing of the Temple and Zechariah XIV.21," *NovT* 4(1960): 174-81; Barrett, "House of Prayer," 19-20; Jeremias, *Theologie*, 145; Roloff, *Kerygma*, 96을 보라.

을 결코 의심할 수 없는[86] 성전 파괴에 대한 예수의 예언(막 13:1-2과 그 병행 구절들; 참고. 막 14:58//마 26:61; 15:29//마 27:40)도 고려해야 한다. 비록 문학비평적 방법을 통해 이 예언과 예수의 성전 행위 사이의 직접적인 연관성을 확립하는 것이 쉽지는 않지만[87] 그 둘이 내용적으로 서로 연결되어 있음에 틀림없다는 점은 의심하기 어렵다.[88] 그리고 그 다음에 예수께서 했다고들 주장하는 예루살렘 성전을 헐겠다는 위협과 함께 산헤드린 앞에서 재판 받을 때 고소의 결정적인 이유가 되는 그의 새 성전을 짓겠다는 약속 또한 우리가 고려해야 한다(막 14:58//마 26:61; 막 15:29//마 27:40). 이 말씀의 진정성에 대해서는 물론 논란이 아주 많다. 하지만 우리는 개스턴(Gaston)의 그 진정성을 입증하는 논증의 결론이 상당히 신빙성이 있다고 본다. 로마이어(E. Lohmeyer)와 빈디쉬(H. Windisch)와 알렌(S. Aalen)의 선구적 연구[89]를 발전시키면서, 개스턴은 예수께서 하나님 나라를 집의 관점에서 거기 "들어가는 것"에 대해 자주 하시는 말씀들로부터 예수께서 하

86 Betz, "Prozess," 632(주 190)를 보라. 베츠는 티투스(Titus)가 그의 승리의 징표(sign)로 의도적으로 성전의 서쪽 벽을 남겨두었기 때문에 성전이 정확하게 그 예언에서 말해진 대로 파괴된 것은 아니었다는 점을 들어 이 예언이 이미 일어난 일에 근거하여 만들어 낸 가상적 예언(vaticinium ex eventu)일 수 없다는 점을 지적한다; Taylor, *Mark*, 501; Grundmann, *Markus*, 351; Pesch, *Markus* II, 271; Roloff, *Kerygma*, 97; G. Theissen, "Die Tempelweissagung Jesu: Prophetie im Spannungsfeld von Stadt und Land," in *Studien zur Soziologie des Urchristentums*(Tübingen: Mohr Siebeck, ²1983), 142ff.; M. Trautmann, *Zeichenhafte Handlungen Jesu: Ein Beitrag zur Frage nach dem geschichtlichen Jesus*(Würzburg: Echter Verlag, 1980), 123ff.도 보라; 참고. L. Gaston, *No Stone on Another*(Leiden: Brill, 1970), 424-25. 필자는 Gnilka, Markus II, 184의 견해에는 반대한다.

87 마찬가지로 Trautmann, *Handlungen*, 124f. 참고. D. Juel, *Messiah and Temple*(Missoula: Scholars Press, 1977); Gaston, *No Stone*.

88 참고. Hengel, Jesus, 34(주 54); Flusser, *Die letzten Tage*, 417ff.; Grundmann, *Markus*, 412-13; Schweizer, *Markus*, 127, 179; Goppelt, *Theologie*, 147-48.

89 H. Windisch, "Die Sprüche vom Eingehen in das Reich Gottes," *ZNW* 27(1928): 163-92; E. Lohmeyer, *Kultus und Evangelium*(Göttingen: Vandenhoeck & Ruprecht, 1942); S. Aalen, " 'Reign' and 'House' in the Kingdom of God in the Gospels," *NTS* 8(1961/62): 215-40을 보라.

나님 나라를 새 성전으로 인식하셨으며 그 새 생전을 구체적으로 자신이
세울 공동체로 보셨다는 논지를 세운다. 이것은 개스턴으로 하여금 사
흘 만에 새 성전을 짓겠다는 예수의 약속(막 14:58//마 26:61; 참고. 막 15:29//
마 27:40)의 진정성을 확증하고 마 16:17-19의 그 말씀을 이 빛 아래서 해
석함으로써 예수께서 새 성전을 짓겠다 주장하신 것을 확증하도록 이끈
다.[90] 다시금, 비록 이 약속과 그의 성전 행위 사이의 직접적인 연관을 이
제 문학비평적 방법을 통해서 확립하는 것은 아마도 불가능하겠지만,[91]
그 둘이 적어도 내용적으로는 서로 연결되어 있음은 의심하기 어려울 것
이다.[92]

마지막으로, 우리는 예수의 성전 행위와 그 자신의 죽음에 대한 그의
견해와의 연관성도 고려해야 한다. 예수께서 유대 당국자들과의 갈등의
결과로서 자신이 폭력적으로 죽임을 당할 가능성을 염두에 두셨다는 것
은 의심의 여지가 없다. 그의 성전 행위가 우연히 일어난 일이라기보다
하나의 사전에 많은 생각 가운데 준비된 표적 행위(a pre-meditated sign-act)
였다는 점(참고. 막 11:11) 역시 의심하기 어렵다.[93] 그가 결국 성전에서 하

---

90 Gaston, *No Stone*, 161-243(특히 229-43페이지). 비슷한 입장으로 B. F. Meyer, *The Aims of Jesus*(London: SCM, 1979), 181-97도 보라. 새 성전을 짓겠다는 예수의 약속의 진정성에 대해서는 Theissen, "Tempelweissagung,"142ff.; Betz, "Prozess," 630; Flusser, *Die letzten Tage*, 418; Lohmeyer, *Markus*, 327; Taylor, *Mark*, 566; Grundmann, *Markus*, 412; Strobel, *Stunde*, 63ff.도 보라; 참고. Roloff, *Kerygma*, 97-98, 104-05; Goppelt, *Theologie*, 148.
91 참고. Juel, *Messiah*; Gaston, *No Stone*.
92 참고. Flusser, *Die letzten Tage*, 417-18; Roloff, *Kerygma*, 97-98; Schweizer, *Markus*, 179; Goppelt, *Theologie*, 147-48. 성전 파괴에 대한 예수의 예언과 새 성전을 짓겠다는 그의 약속의 진정성을 그 자신이 부인함에도(*Markus* II, 184, 276), 그닐카(Gnilka)는 예수의 성전 행위와 연관해서 다음과 같이 말한다: "또한 성전 장사에 개입한 것은 하나님 나라와 함께 임할 종말의 새 성전을 상징적으로 가리키기 위해 의도된 것이라고 보는 것이 합리적이다"(*Markus* II, 131).
93 참고. Meyer, *Aims*, 170. 우리 의견으로는, 그 중요한 (혹은 심지어 운명적인) 행위 전에 예수께서 성전의 지형을 살피셨다는 인상을 주는 막 11:11은 매우 현실적이다. 왜냐하면 (성전의 부패에 대한 예수의 거룩하고 의로운 분노에 대한 그 모든 낭만적인 묘사에도 불구하고) 예수께서 충동적으로 그리고 우발적으로, 순간적인 충동에 못 이겨, 성전 행위를 했다 거나 유월절을 맞아 갈릴리에서 온 순례자가 적어도 그 자신이 성전 경내에 익숙해지지도 않은 채 예수께

게 된 것 같은 그런 소란 행위가 자신을 유대 당국자들과(로마 당국자들과
는 아니라 하더라도) 갈등 관계로 이끌 것임을 그가 알았다는 점 역시 의심
의 여지가 없다.[94] 그는 자신의 성전 행위가 자신에 대한 기소와 심지어
죽음으로까지 이어질 가능성을 염두에 두셨던 것이 분명하며 성전 행위
로 이러한 기소와 처형의 과정을 의도적으로 "자극하신" 것일 가능성 역
시 매우 크다.[95] 따라서 자신에 대한 기소와 처형이 역사 속에 실제로 이
루어진 대로 일어나도록 하기 위해 예수께서 의도적으로 성전 행위를 하
셨을 가능성이 매우 크다.[96] 그렇다면, 자신의 임박한 죽음에 관한 예수의
견해에 대한 정확한 이해는 그의 성전 행위를 해석하는 또 다른 열쇠를
제공하게 될 것이다.[97]

지금까지 우리는 예수의 성전 행위를 해석하기 위한 여섯 개의 열쇠
들을 확인했다:

(1) 성전의 거룩성에 대한 예수의 관심

(2) 성전 파괴에 대한 그의 예언

서 하신 것처럼 할 수 있었다고 생각하기란 쉽지 않기 때문이다.

94 만일 악한 농부의 비유가 우리가 주장하는 것처럼 성전 행위의 문맥에 속하는 것이라면,
그 비유에서 아들의 죽음에 대한 언급 (막 12:8)은 분명 예수께서 자신의 성전 행위의 결과
를 알고 계셨음을 시사한다.

95 참고. Hengel, *Jesus*, 15와 Stuhlmacher, "Reconciliation," 5. 헹엘과 쉬툴막허는 예
수의 성전 행위에 대한 그들의 논의에서 "자극"에 대해 이야기한다. Pesch, *Markus* II,
200; Goppelt, *Theologie*, 274-75("예수는 그와 같이 자신이 버림받도록 도발하셨고... 그는 넘겨 지
신다... ").

96 참고. Stuhlmacher, "Reconciliation," 7: "사실, 그는 '성전 청결 행위'을 통해 직접 예
루살렘에서의 마지막 치명적 갈등을 심지어 야기하신 것이다." 막 11:18이 시사하는 예
수의 성전 행위와 그의 재판 및 사형 집행 사이의 역사적 연관을 위해서는 Jeremias,
Theologie, 145; Goppelt, *Theologie*, 274-75; Betz, "Prozess," 596ff.; Pesch,
Markus II, 212; Roloff, *Kerygma*, 98, 110를 보라. J. Wellhausen(*Markus*, 131)을 인
용하면서 예수의 성전 말씀(들) (막 13:2; 14:58)이 산헤드린으로 그를 고소하도록 이끌었다
고 제안하는 G. D. Kilpatrick, *The Trial of Jesus*(London: Oxford University Press, 1953),
10ff를 참고하라.

97 다시 말해 그의 성전 행위가 단순히 자신의 기소와 처형 과정을 시작하기 위해 무작위로
선택된 방편이었다면 말이다. 아래에 제시할 우리 논의는 성전 행위가 그런 성격의 것일
수 없었음을 보여줄 것이다.

(3) 새 성전을 짓겠다는 그의 약속

(4) 그 자신의 죽음에 대한 그의 견해

(5) 하나님께 하나님의 아들로서의 사명을 받았다는 그의 자의식

여기서 예수의 성전 행위 본문을 자세히 연구하는 것은 거의 불가능하다. 우리는 이 다섯 개의 열쇠들을 가지고 예수의 의도를 확증하는 것으로만 그 범위를 한정해야 한다. 예수께서는 성전을 부패한 것으로 그리고 성전 안에서 매매하는 것을 그 부패의 상징으로 보았다. 그는 제사제도를 중심으로 하는 성전 종교 전체가 워낙 고칠 수 없을 만큼 부패하고 하나님을 거역하는 것이어서 그것에 대한 하나님의 심판이 불가피하다고 보셨을 개연성이 매우 크다.[98] 그는 분명 성전의 부패와 성전 기득권 세력이 하나님을 거역하는 것이 하나님의 아들이요 마지막 사자인 자신을 죽이는 것으로 극에 달하게 될 것을 그리고 그리하여 성전과 성전 기득권 세력에 대한 하나님의 심판이 자신의 죽음과 함께 성전의 파괴 형태로 오게 될 것을 보셨다. 따라서 첫 번째 두 개의 열쇠들은 우리가 성전 행위가 다른 무엇보다 성전 파괴의 모양으로 장차 올 하나님의 심판에 대한 선지자적 시위로 의도되었음을 확증하도록 이끈다.[99] 이것은 아마도 악한 농부의 비유에 암시되어 있을 수 있는데(막 12:1-12과 그 병행 구절들) 그 비유는 유대 지도자들(=성전 기득권 세력)의 하나님에 대한 반역

98 참고. Josephus, *J.W.* 4.323. 요세푸스는 AD 70년의 성전 파괴에 대해 이렇게 말한다: "그러나 내 생각에는 하나님이 그와 같이 부드러운 애정을 가지고 예루살렘과 그 성전에 매달리는 사람들을 끊어 버리신 것은 그가 그 부패함 때문에 그 도시를 정죄하여 파괴되게 하시고 그 성전을 불로 정결케 하기를 원하신 때문이었다." 또한 참고. Theissen, "Tempelweissagung," 특히 149ff.

99 마찬가지로 예를 들어 Hengel, *Jesus*, 15-16 (34 주 54); Roloff, *Kerygma*, 97; Schweizer, *Markus*, 127-28; Grundmann, *Markus*, 310; Trautmann, *Handlungen*, 122-26. 마가가 성전 행위(막 11:15-19)를 무화과 나무에 대한 저주(막 11:12-14, 20-21)로 샌드위치처럼 감쌈으로써 이와 같은 의도를 분명히 드러낸다는 것이 널리 인정된다. 주석들 외에도, W. R. Telford, *The Barren Temple and the Withered Tree*(Sheffield: JSOT Press, 1980)를 보라.

이 그들이 그(하나님의) 아들을 죽이는 것에서 절정에 이르고 불가피하게
도 그들에 대한 하나님의 심판(=파괴)을 초래하는 것으로 묘사한다.[100]

자신의 죽음에 대한 예수의 견해는 성전 행위에 대한 우리 해석에 어
떤 영향을 미치는가? 오늘날 비평적 학계에서 강력한 회의주의가 지속
됨에도 불구하고, 예수께서 자신의 임박한 죽음을 대속 제사로 보셨음
을 여전히 시인하는 학자들이 있다.[101] 특별히 예수의 두 가지 "인자" 말

---

100 [2021년 2월에 추가]: 1985년에는 양식비평과 편집비평이라는 지배적인 방법 아래서
복음서 자료의 역사적 신뢰성에 대한 일반적인 회의가 오늘날보다 훨씬 컸었다. 그러므
로 필자는 이와 같이 조심스러운 방식으로만 생각을 표현할 수 있었고 악한 농부 비유가
"예수의 권위에 대한 질문(*Vollmachtsfrage*)"의 본질적인 부분이라고 주장하면서도 그 자료
를 그와 같이 소심하고 제한된 방식으로만(참고. 위의 주 94) 사용할 수 있었다. 오늘날, 복
음서 비평의 보다 긍정적인 환경이 조성되었기에 필자는 그 비유를 성전 행위를 하신 예
수의 의도나 그 사건 전체의 의미를 이해하는 여섯 번째이자 가장 직접적인 열쇠로 사용
하기를 주저해서는 안 된다고 제안한다. 그러나 여기서는 짧은 요약 노트만 추가할 수 있
을 것이다: 악한 농부 비유에서 예수께서는 비유 자체(1-9절)에 시 118:22-23 인용을 덧
붙이시고(10-11절) 그렇게 함으로써 히브리어로 "아들"(בֵּן, 벤) (6절)과 "돌"(אֶבֶן, 에벤) (10
절) 사이에 언어유희를 만들어 하나님의 "아들"과 "돌"을 동일시하고 하나님의 "아들"을 죽
이는 "농부들"(7-8절)과 그 "돌"을 버리는 "건축자들" (10절)을 동일시한다(참고. Snodgrass,
Parable, 63, 113-18). 비록 예수께서 그 비유에서 "농부들"에 대한 하나님의 심판에 대해서
만 그들이 하나님의 "아들"을 죽인 것 때문에 하나님께 "진멸"을 당하는 것으로 말씀하시
지만(9절) 그는 성전 자체의 파괴를 "농부들"/ "건축자들"(유대 지도자들/성전 제도)의 "진멸"에
함축적으로 포함하시는 것으로 보인다. 왜냐하면 예수께서는 하나님이 버림받은 "돌"을
(새로운 건물, 곧 새 성전의) "머릿돌"이 되게 하심으로 그 "돌"을 옳다 인정하시는 것에 대해 말
씀하시기 때문이다(10절). 따라서 그 비유에서 예수께서는 자신의 죽음이 성전 파괴의 형
태로 하나님의 심판을 촉발하고 새 성전을 짓도록 이끌 것으로 묘사하신다. 따라서 "예
수의 권위에 대한 질문(*Vollmachtsfrage*)"에서의 예수의 함축적 설명들과 성전 파괴에 대
한 그의 예언 및 새 성전을 짓겠다는 그의 약속에 비추어 볼 때, 그의 성전 행위는 성전 파
괴의 형태로 오는 하나님의 임박한 심판에 대해 예언하실 뿐만 아니라 메시아(다윗의 아들/
하나님의 아들이자 "돌")로서 삼하 7:12-16; 슥 3:8-9; 4:7; 6:12 등의 메시아적으로 해석되
는 예언들을 성취하여 자신의 죽음을 통해서 새 성전 지을 것을 보여주시는 표적 행위였
다. 이 견해에 대한 보다 자세한 설명을 위해서는 필자의 후속 논문 "Jesus - the Son of
God, the Stone, the Son of Man, and the Servant," 135-40를 참고하라.

101 예를 들면, M. Hengel, *The Atonement*(London: SCM, 1981); H. Schürmann, *Jesu
ureigener Tod*(Freiburg: Herder, 1975); W. Grimm, *Die Verkündigung Jesu und
Deuterojesaja*(Frankfurt: Lang, 2 1981); O. Betz, *Wie verstehen wir das Neue
Testament?*(Wuppertal: Aussaat-Verlag, 1981); P. Stuhlmacher, "Existenzstellvertretung
für die Vielen: Mark 10,45(Mat 10,28)," *Versöhnung, Gesetz und
Gerechtigkeit*(Göttingen: Vandenhoeck & Ruprecht, 1981), 27-42; Jeremias, *Theologie*,

씀들 곧 "대속물" 말씀(막 10:45//마 20:28)과 성만찬 말씀(막 14:21-25과 그 병
행 구절들)의 분석에 초점을 맞추었던 필자의 보다 이른 연구에서[102] 필자
는 예수께서 요한에게 세례 받으실 때 하늘에서 받은 소명을 시 2:7; 삼
하 7:12-16; 사 42:1 뿐만 아니라 단 7장에도 비추어 해석하셨고 자신을
"사람의 아들 같은 이"로 나타나서 하나님의 보좌 옆 보좌에 앉으시고(단
7:13-14; 단 7:9의 복수형 표현 כרסין /θρόνοι/보좌들을 특히 주목하라) "권세와 영광
과 나라"를 받으시는 것으로 묘사되는 인물(곧 말 그대로 하나님 아버지의 권한
을 "이어받은" 하나님의 아들)과 동일시하셨다고 제안했다. 그리고 예수께서
자신이 "지극히 높으신 이의 성도들" 곧 하나님의 신실한 백성들을 하늘
보좌로 높이시는, 다시 말해 그들이 하나님의 종말의 나라에 참여하도
록 혹은 그의 왕권을 함께 공유하도록 만드시는(단 7:18-28) 하나님의 아
들로 부름 받은 것으로 이해하셨다고 제안했다. 필자는 또한 대속물 말
씀과 성만찬 말씀을 가지고 예수께서 "그 '사람의 아들'"로서의 이 메시
아적 사명을, 열방을 정복하고 이 땅의 왕들처럼 군림함으로써가(참고. 막
10:42과 그 병행 구절들) 아니라 자기 자신을 "많은 사람들을 위한" 혹은 모든
사람들을 위한 대속 제사로, 그리고 언약을 체결하는 제사로 드리심으로
써 혹은 하나님에 의해 드려 지심으로써(막 10:45//마 20:28; 막 14:21-25과 그
병행 구절들), 수행하고 계심을 시사하셨다고 제안했다. 필자는 예수께서
이렇게 하신 것은 세례 때 받은 소명을 야훼의 종의 역할을 수행하고 그
죄를 사함 받은(속죄, 사 53:10-12; 참고. 사 43:3-4) 하나님의 새 백성을 창조하
는(언약, 사 42:6; 49:8) 역할로 보시기도 했기 때문이라고 주장했다.

　만일 이것이 그러하다면, 예수께서는 자신의 죽음을 다른 무엇보다 성
전의 진정한 의미와 목적, 곧 그들의 언약 관계가 유지되도록 하는 방편
이었던 이스라엘의(그리고 세상의) 죄의 속죄와 그들이 하나님과 화목하게

263-84; R. Pesch, *Das Abendmahl und Jesu Todesverständnis*(Freiburg: Herder,
1978); I. H. Marshall, *Last Supper and Lord's Supper*(Exeter: Paternoster, 1980);
K. Kertelge ed., *Der Tod Jesu*(Freiburg: Herder, 1981).
102　Kim, *"The 'Son of Man',"* 특히 15-102페이지.

되게 하는 일을 종말론적으로 성취하는 것으로 보신 것임이 분명하다. 그렇다면 그의 성전 행위는 그 당시 성전에서 드려지는 제사들은 (부패로 인해) 효력이 없을 뿐 아니라 그의 종말론적 제사로 대체될 것이기 때문에 사실은 불필요하게 중복되는 것이었음을 시사하기 위해 의도된 것임에 틀림없다. 예수께서 제사로 드릴 물건들을 매매하는 것을 막으시고 제의를 위한 그릇들을 성전 뜰을 통해 제단으로 가져가는 것을 금하셨을 때 이 메시지를 전달하기 원하셨던 것 같다.[103]

예수가 그 자신의 죽음에 대해 가진 견해에 대한 위의 제안이 맞다면, 그는 자신의 죽음을 성전의 진정한 의미와 목적을 성취하는 것으로 보셨을 뿐 아니라 "새 성전"을 짓는 일로도 보신 것이 분명하다. 새 언약을 체결함으로써 그의 죽음은 하나님의 종말의 백성이 존재하게 하거나 그가

---

103 예수의 성전 행위가 성전의 제사 제도 자체에 대한 부정적인 심판을 암시하지는 않았다는 주장을 하는 이들이 종종 있다. 이 견해를 지지하는 논증은 예수의 행위가 제단이 있는 성소 안이 아니라 보다 외곽에 있는 "이방인의 뜰"에서 일어났다는 사실에 호소한다. 페쉬 (Pesch) (*Markus* II, 199)는 더 나아가 순례자들이 직접 자기 동물들을 가져오거나 감람산의 시장에서 동물들을 살 수 있었기 때문에 성전 제사가 성전 경내에서의 제사 동물들과 헌물들의 매매에 의존하지는 않았다고 지적한다. 그러나 이 주장은 예수의 성전 행위의 상징적 성격을 오해하는 것이다. 상징적 행위를 위해서 예수께서 성소에 들어가서 거기서 제사 절차들을 방해하려고 싸울 필요가 없었다. 만일 그가 그렇게 하려고 시도했다면, 그는 거기서 상징적 행위를 하는 것은 그만 두고라도 성소에 들어가는 것조차 할 수가 없었을 것이다 (그는 제사장이 아니고 따라서 성소에 들어가는 것이 허락되지 않았다) (참고. Flusser, *Die letzten Tage*, 52). 완력으로 성소에 들어가기 원했다면, 그는 성전 경찰을 이기기 위해 상당한 수의 함께 몸 싸움할 사람들을 필요로 했을 것이고 그 경우 그 행위는 더 이상 상징적 행위가 아니라 성전을 의도적으로 모독하는 행위가 되고 본격적인 반역이 되었을 것이다. 성전 제사에 대해 부정적인 메시지를 전하기 위해서는 예수께서 제사 동물들과 헌물들 매매와 (아마도 제물들을 옮기기 위해 사용되었던) 제사를 위한 그릇들을 가지고 성전 경내를 지나다니는 것을 금하시는 것으로 충분했다. 예수께서는 분명 성전 경내가 자신의 상징적 행위를 위해 가장 적절한 장소라고 보았다. 왜냐하면 거기서 그는 성전제의 전체의 부패의 상징인 성전 안에서 매매하는 것에 대해 다룰 수 있었을 뿐만 아니라 자신의 성전 행위와 그에 수반되는 말씀을 통해 전달하고자 하는 메시지에 대해 예배드리러 온 사람들의 관심을 끌 수도 있었기 때문이다. 이와 같은 고려는 우리가 막 11:16의 애매모호한 말씀을 *m. Ber*. 9.5 (참고. Josephus, *Ag. Ap.* 2.7)의 관점에서 보기보다는 그가 제사 활동들을 방해한 행위의 한 부분으로 이해해야 함을 시사한다. 참고. Telford, *Temple*, 92-93.

"성전"으로 이해했던 하나님 나라가 시작되게 할 것이다.[104] 따라서 그는 메시아가 새 성전을 지을 것이라는 기대를 성취할 것이다.[105] 우리는 이미 예수께서 성전 행위를 통해 의도적으로 자신의 기소와 처형을 자극하셨을 가능성을 보았다. 예수가 자신의 죽음에 대해 가졌던 견해에 대한 이와 같은 숙고에 비추어, 우리는 성전 행위가 사실은 성전의 진정한 의미와 목적을 성취하고 "새 성전" 곧 하나님 나라의 백성을 창조하기 위해 예수께서 자신의 대속적이고 언약을 체결하는 죽음을 실행하기 위해 선택한 수단이었음을 알 수 있다.

요약하자면, 예수께서는 단 7장의 "그 '사람의 아들'"/하나님의 아들로서 자신의 *메시아로서의* 과업은 하나님의 종말의 백성들("지극히 높으신 이의 성도들")을 창조하고 하나님 나라가 시작되게 하는 것인데 이것은 또한 사 42-53장의 야훼의 종의 역할을 성취함으로써 새로운 종말론적 성전을 짓는 것이라고 이해하셨다. 예수께서 그와 같은 하나님의 아들로서의 자기 이해와 메시아로서의 과업에 대한 그와 같은 이해를 가지셨음은 우리의 현재 탐구를 통해서도 확증된다. 왜냐하면 우리가 한편으로 "예수의 권위에 대한 질문(*Vollmachtsfrage*)"에서 성전 행위를 하나님의 아들로서 하신 것이라는 예수의 주장을 확인했고, 다른 한편으로 예수께서 성전의 진정한 의미와 목적을 이루고 하나님의 종말의 백성들을 "새 성전"으로 짓기 위해 자신의 대속적이고 언약을 체결하는 죽음이 성전 행위를 통해 실행되게 하시기를 의도했음을 우리가 방금 보았다. 따라서 그의 성전

---

104 이를 이해서는 Gaston, *No Stone*, 161-243 외에도 Windisch, "Sprüche," 163-92; Lohmeyer, *Kultus*, 71ff.; Aalen, "Reign," 215-40; B. Gärtner, *The Temple and the Community in Qumran and the New Testament*(Cambridge: Cambridge University Press, 1965), 105ff.; Betz, "Prozess," 630ff.; Jeremias, *Theologie*, 238 또한 보라; 참고. Roloff, *Kerygma*, 97-98; Meyer, *Aims*, 20ff.; 미안하지만 필자는 G. Klinzing, *Die Umdeutung des Kultus in der Qumrangemeinde und im Neuen Testament*(Göttingen: Vandenhoeck & Ruprecht, 1971), 202-10의 견해에는 동의하지 않는다.

105 참고. 삼하 7:13; 즉 6:12; Tg Isa 53:5; Tg Zech 6:12; Billerbeck I, 1004-05. 또한 참고. Juel, *Messiah*, 169-97.

행위에서 예수께서는, 하나님의 종말의 백성들을 창조하시고 자신의 대속적이고 언약을 체결하는 죽음을 통해 "새 성전"을 지으실 하나님의 아들과 메시아로서의 자기 이해를 암묵적으로(implicitly) 드러내셨다.

예수의 이와 같은 메시아로서의 자기 이해는 (삼하 7:12-16을 반영하는) 시 2:7과 사 42:1에 기초한 것이다. 예수께서는 자신이 요한에게 세례 받으실 때 받은 하나님의 "사랑하는 아들"로서의 소명(막 1:10-11과 그 병행 구절들)을 이 두 구절을 결합한 것에 비추어 해석하셨다. 메시아로서, 다시 말해 다윗의 자손/하나님의 아들로서 그리고 하나님이 사랑하시는 종으로서, 예수께서는 자신이 과업을 하나님을 위해 "집"(성전)을 짓는 것으로 이해하셨다. 그는 분명 단 7장에서 "그 '사람의 아들'"/하나님의 아들로서 사 42-53장의 야훼의 종의 역할을 수행함으로써 하나님 나라의 종말의 백성을 창조하는 하나님이 주신 동일한 사명을 보았다: ὁ υἱὸς τοῦ ἀνθρώπου ... ἦλθεν ... διακονῆσαι καὶ δοῦναι τὴν ψυχὴν αὐτοῦ λύτρον ἀντὶ πολλῶν("인자가 온 것은… 도리어 섬기려 하고 자기 목숨을 많은 사람의 대속물로 주려 함이니라") (막 10:45); ὁ ... υἱὸς τοῦ ἀνθρώπου ὑπάγει καθὼς γέγραπται περὶ αὐτοῦ ... τοῦτό ἐστιν τὸ αἷμά μου τῆς διαθήκης τὸ ἐκχυννόμενον ὑπὲρ πολλῶν ("인자는 자기에 대하여 기록된 대로 가거니와… 이것은 많은 사람을 위하여 흘리는 나의 피 곧 언약의 피니라") (막 14:21, 24). (다윗의 아들/하나님의 아들인) 솔로몬이 나단의 신탁(삼하 7:12-14)에 따라 (옛) 성전을 지었듯이, 예수께서도 요한에게 세례 받을 때 (다윗의 자손)/하나님의 아들로 성령의 기름부음을 받은 자로서 성전을, 비록 솔로몬이 인간의 손으로 돌과 나무로 지은 성전과 같지 않지만, 메시아적으로 재해석된 나단의 신탁에 따라서 자신의 대속적이고 언약을 체결하는 제사를 통해 창조된 하나님의 종말론적 백성으로 이루어진 새 성전을 지으셔야만 했다.[106] 따라서 성전 행

---

[106] 산헤드린 앞에서 예수께서 재판 받으실 때 증인들이 했던 고소 곧 그가 "손으로 짓지 아니한 성전"을 짓겠다고 주장했다는 고소(막 14:58)는 예수의 이 가르침을 반영하는 것일 수 있다. 성전과 제사들을 각각 하나님의 백성 공동체와 그들의 기도, 예배, 하나님의 뜻에 순종하는 삶으로 보는 은유적(혹은 "영적") 해석이 이미 쿰란 문헌에 나온다(예: 1QS 5:4-7;

위를 통해 자신의 기소와 죽음을 촉발하심으로써 예수께서는 다윗의 자손/하나님의 아들로서 새 성전을 짓는 메시아로서의 과업을 성취하는 과정을 시작하셨다.

따라서 성전 행위에서 예수께서는 (1) 부패한 성전과 하나님을 거역하는 성전 기득권 세력이 하나님의 심판을 통해 파괴되고 멸망할 것과 그 자신이 하나님의 아들로서 자신의 대속적이고 언약을 체결하는 죽음을 통해 새로운, 종말론적 성전을 지을 것을 상징적으로 선언하시고 (2) 그 상징적으로 선언된 일들이 실제로 현실화되게 할 일들을 시작하실 그런 의도를 가지고 계셨다.

예수의 체포, 재판, 처형의 전체 과정 곧 그가 자신을 대속 제사로, 언약을 체결하는 제사로 드리는 모든 과정이 실행되게 만든 것은 바로 예수의 성전 행위였다. 자기 죽음을 불러올 성전에 대한 공격을 통해, 다시 말해 이스라엘 가운데 성전에 대한 열심을 일으킴으로써(참고. 요 2:17) 그 성전의 의미와 목적을 성취하고 새 성전을 지으셔야 한다는 것은 어떤 의미에서 아이러니한 일이다. 그 성전 행위와 그것과 결부되어 있는 그의 주장 때문에 예수를 사형에 마땅한 자로 정죄함으로써 (자신의 대제사장의 직분에 따라!) 하나님의 백성 전체를 구하기 위해 그를 종말론적 제사/제물로 바친 것이 다름 아닌 대제사장이었다는 사실은 아마도 훨씬 더 큰 아이러니일 것이다—이 아이러니는 요 11:47-53에서 매우 현실적이면서도 효과적으로 강조된다.

3. 예수의 재판

따라서 예수께서는 성전에서 하신 일들을 다윗의 자손/하나님의 아들로서 하셨다. 그는 산헤드린 대표자들이 성전 행위에 대한 그의 권위에 대해 물었을 때 그 질문에 대해 요한에게 세례 받을 때 하나님의 아들로서 하나님의 사명을 받은 것을 가리킴으로 함축적으로 대답을 하셨다.

8:4-10; 9:3-6; 4QpsIsa^d fr. 1). 참고. **Gärtner**, *Temple*.

산헤드린이 대표자들은 분명 그가 하나님의 아들 곧 메시아로 자기를 지칭하는 것과 그의 성전 행위의 의도를 어느 정도는 파악을 한 것이 분명하다. 왜냐하면 예수에 대한 이 심문이 그들로 하여금 그를 제거할 방법을 찾게 이끌었고(막 11:18//눅 19:47; 막 12:12//마 21:46//눅 20:19) 결국은 산헤드린이 예수를 체포하고 재판하게 이끌었기 때문이다. 이와 같은 역사적 맥락에서만 우리는 예수를 재판할 때 대제사장이 한 질문들(막 14:58-61//마 26:59-66)과 그가 십자가에 달리셨을 때 지나가는 사람들이 그를 조롱하며 한 말(막 15:29-32//마 27:40-41)을 이해할 수 있는데, 둘 다 예수께서 하나님의 아들, 메시아라는 주장과 함께 성전의 파괴와 성전을 다시 짓는 것에 대해 하신 말씀(들)과 연결된다. 성전의 파괴와 성전을 다시 짓는 것에 대한 말씀이 특별히 중요하다. 예수께서 자신이 성전(ναός)을 헐고 다른 성전을 짓는다고 말했다는 고소에 대해 아무 대답을 하지 않으셨기 때문에, 대제사장은 그에게 물었다: "네가 찬송 받을 이의 아들 그리스도냐?" 마가는 예수에 대한 고소를 "거짓" 고소라 부르는데 이는 예수께서는 사실 하나님의 심판을 받아 성전이 하나님에 의해 파괴될 것과 자신이 "손으로 짓지 않은 새 성전"을 지을 것을 선언하셨는데 반해 "거짓" 증인들은 "내가 손으로 지은 이 성전을 헐겠다"라는 말을 예수의 입술에다 두었기 때문으로 보인다.[107] 그리고 예수께서 그 거짓 고소에 대해 대답하지 않으신 것은 자신이 "내가 성전을 헐겠다"고 말한 게 아니라 하나님의 심판을 받아 성전이 파괴될 것을 단지 선언한 것이라고 설명하는 것이 소용이 없었기 때문으로 보인다. 예수를 자신이 메시아라고 주장함으로써 로마 당국과 갈등을 일으키고 그렇게 하여 이스라엘의 평화와 안정을 위태롭게 할 수 있는 거짓 선지자나 자칭 메시아로 보았던 산헤드린으로서는(참고. 요 11:47-48),[108] 그가 하나님의 심판을 통해 성전이 파괴될

---

107 마찬가지로, Betz, "Prozess," 632.

108 성전 행위가 산헤드린이 예수를 거짓 선지자로 보는 근거들 중 하나였으며 산헤드린의 이와 같은 관점이 예수를 체포하고 재판하게 된 결정적인 근거였다는 견해를 위해서는 Betz, "Prozess," 596-603와 Stuhlmacher, "Reconciliation," 5-6을 보라. 참고.

것을 선언한 것만으로도 죽어 마땅했을 것이다(참고. 렘 28:1-24).[109] 더욱이
만일 산헤드린이나 증인으로 나선 자들이 예수께서 하나님의 심판과 이
스라엘에서 자신이 거부당한 것을 연결하신(막 12:1-12과 그 병행 구절들) 의
미를 이해했다면, 그들은 그 포인트를 거짓 고소한 그 방향으로 몰고갔
을 수 있다. 이와 같은 상황에서 예수께서 성전 파괴에 대해 선언할 때
자신이 말했던 정확한 어구에 대한 시시콜콜한 논쟁을 벌이는 것이 무슨
소용이 있었겠는가? 그래서 그는 거짓 고소에 대답하지 않으신 것이다.
하지만 거기서부터 대제사장이 계속하여 그가 메시아, 곧 하나님의 아들
인지에 대한 직접적인 질문을 했다는 점이 매우 중요하다.

오토 베츠(Otto Betz)는 산헤드린 앞에서 예수께서 재판 받을 때 받은
두 가지 질문은 삼하 7:12-14을 기반으로 서로 연결되어 있다고 거듭 강
조했다.[110] 여기서 우리는 삼하 7:12-14에서 생겨난 전승(슥 6:12; Tg Zech
6:12; Tg Isa 53:5 등)이 이미 예수의 성전 행위와 성전에 대한 말씀들의 배경
에 있었다는 것과, 산헤드린의 대표자들이 예수에 대한 예비 심문(악한 농
부 비유를 포함하는 "예수의 권위에 대한 질문[*Vollmachtsfrage*]")에서 삼하 7:12-14에
근거한 예수의 이 함축적인 주장을 알아차렸다는 것과, 바로 이 때문에
산헤드린 앞에서 대제사장이 정확하게 예수의 성전에 대한 말씀(들)과
그의 메시아 주장 이 두 가지에 대해 질문했는데 이 두 질문은 사실상 예
수께서 자신이 삼하 7:12-14의 약속에 따라 새 성전을 지을 메시아, 다윗
의 자손/하나님의 아들이라고 주장하는지를 묻는 하나의 질문이라는 것

Jeremias, *Theologie*, 82-83, 145; Strobel, *Stunde*, 81ff.

109 요세푸스가 보고하는 아나니아스의 아들 예수의 경우(*J.W.* 6.300-09)를 참고하라. AD 62
년경에 그가 예루살렘과 성전에 대해 부정적인 예언을 한 것에 대해 유대 당국자들은 아
마도 사형에 처하도록 하기 위해 그를 로마 총독이었던 알비누스(Albinus)에게 데리고 갔
다. 아나니아스의 아들 예수와 나사렛 예수 사이의 유사성에 대해서는 J. Blinzler, *Der
Prozess Jesu*(Regensburg: Pustet, 1969), 243(참고. 143페이지); Strobel, *Stunde*, 24ff.;
Betz, "Prozess," 589ff.; Theissen, "Tempelweissagung," 145-46를 보라. 더 나아가
성전 기득권 세력과 예루살렘 주민들이 성전에 대한 위협에 대해 가졌던 민감함에 대해
서는 Theissen, "Tempelweissagung," 153-58을 보라.

110 가장 최근에 그의 "Prozess," 630-33; 또한 참고. Jeremias, *Theologie*, 247.

을 제안한다.¹¹¹

예수께서는 대제사장의 질문에 긍정적으로 답을 하셨고 단 7:13과 시 110:1을 가리키면서 자신이 "그 '사람의 아들'"로서 높임 받을 것과 강림 하실 것(parousia)에 대해 말씀하셨다(막 14:62과 그 병행 구절들). 이것을 듣고 대제사장은 "신성 모독죄"로 정죄하고 사형 받아 마땅하다는 판결로 재 판을 마무리했다.¹¹² 오늘날까지 해석자들은 예수의 대답의 그 무엇이 이 와 같은 판결에 이르게 했는지에 대해 논쟁을 벌이고 있다.¹¹³ 어떤 이 들은 "신성 모독자는 그가 (야훼라는) 이름을 명시적으로 발음할 때만 유 죄가 인정된다"(m. Sanh. 7.5)는 미쉬나의 "신성 모독"에 대한 협의의 정의 를 염두에 두고서, 이 판결을 산헤드린 앞에서 예수께서 재판을 받으시 는 것에 대한 마가와 마태 이야기가 역사적으로 신뢰할 만한 것이 못됨

---

111 삼하 7:12ff.의 구약적 배경과 이 역사적 맥락을 이해하지 못한 탓에 많은 이들이 산헤 드린 앞에서의 재판에 대한 전승의 다른 층들을 가정하거나 심지어 대제사장의 두 가 지 질문들을 서로 완전히 분리시켜서 그 배경에 다른 전승들이 있는 것으로 가정했다. E. Linnemann, *Studien zur Passionsgeschichte*(Göttingen: Vandenhoeck & Ruprecht, 1970), 109-35(특히 125-27); D. R. Catchpole, *The Trial of Jesus*(Leiden: Brill, 1971), 128ff.; Strobel, *Stunde*, 62ff.; Gnilka, *Markus* II, 276가 그 예다. 삼하 7:12-14; 슥 6:12; Tg Isa 53:5의 구약-유대교 전승을 막 14:58의 예수의 성전에 대한 주장을 근거 로 한 고소의 배경으로 강조함에도, 쥬얼(Juel) (*Messiah*, 208-13)은 막 14:58의 성전 말씀 이 유대교와 기독교 사이의 논쟁의 맥락에서 발전되어 재판에 대한 이야기 전승 안에 마 가에 의해 삽입된 것이라는 결론에 이른다. 우리가 보기에 이 견해는 그가 예수의 재판 의 역사적 맥락을 적절하게 조사하는 데 실패한 데 따른 결과이며, 이와 같은 실패는 단 순한 편집비평적 방법과 그 양식비평적 전제를 고집하는 데 그 뿌리를 두고 있다. J. R. Donahue("Temple, Trial and Royal Christology," *The Passion in Mark: Studies in Mark* 14-16[W. H. Kelber ed.; Philadelphia, 1976], 77) 역시 비슷하게 삼하 7:12-14을 근거로 성전 말씀과 예수의 메시아됨에 대한 질문 사이의 연관성을 인정하지만 이것을 마가의 신학으로 돌린다. 여기 서 우리는 다시금 모든 곳에서 마가의 편집적 손질을 보고 편집은 항상 비역사적인 것이라 는, 그래서 편집으로 간주되는 내용에 대해서는 역사적 질문을 하는 것이 불필요하다는 그 런 전제를 가지고 연구하는 철저한 편집비평 연구자의 한계를 보는 것 같다.

112 대제사장의 질문("네가 하나님의 아들이냐?")과 예수의 대답("… 인자가 권능의 우편에 앉아 있는 것 과 하늘 구름을 타고 오는 것을 너희가 보리라")(마 26:63-64//막 14:61-62)과 대제사장의 결론("그가 신 성 모독하는 말을 하였다!")은 하나님의 보좌 옆 보좌에 앉아 "권세와 영광과 나라"를 받으시는 "사람의 아들 같은 이"(단 7:13-14)는 하나님의 아들로 해석되어야 한다는 필자의 견해를 확 증해준다(참고. Kim, "The 'Son of Man'," 15-81; 위의 주 102 밑에 있는 문단을 보라).

113 Blinzer, *Prozess*, 188ff.; Catchpole, *Trial*, 72-152; Strobel, *Stunde*, 92-94를 보라.

을 나타내는 증거로 보기를 주저하지 않았다. 예수 당시에 "신성 모독"에 대한 고소가 훨씬 더 폭넓게 적용되었을 것이라고 옳게 생각하는 이들은 그 판결의 다양한 근거들을 고려한다: 예수께서 자기가 메시아인 것을 시인한 것, 무력한 예수께서 자신이 하나님의 아들됨을 주장하신 것, 예수께서 자신을 하나님의 자리에 두는 것 등. 하지만 대제사장이 예수에 대해 제기한 두 가지 고소, 곧 그가 성전에 대하여 했다는 말에 대한 고소와 그의 메시아 주장에 대한 고소가 사실은 두 다른 순간의 관점에서 표현한 하나의 고소라고 보는 것이 정당하다면, 우리는 대제사장이 "신성 모독죄"로 판결을 한 것이 그 두 순간과도 연결되었던 것은 아닌지를 고려해야 한다.

삼하 7:12-14에서 파생되는 전승을 고려할 때, 대제사장과 산헤드린 입장에서는 예수가 자신이 메시아라고, 하나님의 아들이라고 인정한 것은 증인들이 자신에 대해 내세운 고소 곧 자신이 성전을 헐고 새 성전을 짓겠다고 말했다는 그 고소를 인정하는 것이나 다름이 없었다. 자신이 메시아됨을 예수께서 시인한 것에서 그들은 아마도 그가 성전과 관련된 고소에 침묵하셨음에도 스스로 메시아라고 주장함으로써 그가 삼하 7:12-14; 슥 6:12을 성취하여 (새) 성전을 짓겠다고, 그리고 그 새 성전을 짓기 위해 지금 있는 성전을 헐겠다고 주장한 것이 분명하다고 결론을 내렸던 것 같다.[114] 여기서 그들은 성전에서의 그의 표적 행위가 이와 같은 결론을 위한 분명한 증거라고 충분히 그렇게 생각했을 수 있다.

하지만 그들 앞에 무력하게 서 있는 예수께서는 그들이 기대하는 메시아와는 정반대였다. 그래서 그들은 그가 스스로 메시아와 하나님의 아들이라고 주장하고 자신이 하나님 우편에 오를 것이라고 예언한 것을 하나님의 존엄과 영광에 대한 관용할 수 없는 위반으로 보았음에 틀림없다. 동시에 그들은 예수께서 한 것으로 말해지는 성전을 헐겠다는 위협

---

114 성전과 관련된 고소를 언급하는 모든 구절들에서 성전을 헐고 새 성전을 짓는 것은 서로 연결되는 두 단계를 가진 하나의 행위로 간주된다(막 14:58; 마 26:61; 막 15:29; 마 27:40; 요 2:19).

을 하나님에 대한 반역, 곧 하나님의 이름에 대한 신성 모독죄로 인식했음이 분명하다. 왜냐하면 성전은 그것이 하나님께 속했다는 의미에서뿐만 아니라 하나님이 자기 이름(יהוה)이 거하게 하신 집(예: 신 12:5, 11, 21; Temple Scroll 45:12-13; 46:12; 47:4, 11, 18)이라는 그런 의미에서도 "주의 전"이었기 때문이다. 성전을 파괴하는 것은 곧 하나님의 이름을 파괴하는 것이었다![115]

따라서 대제사장이 "신성 모독" 판결을 내린 것은 단순히 무력한 예수께서 자신이 하나님의 아들 메시아라고 주장한 것 때문만이라기보다는 그 주장이 새 성전을 짓겠다는 그의 의도와 예루살렘 성전을 멸하겠다(고 했다)는 그의 위협과 결부되어 있었던 때문이기도 했을 가능성이 크다.

결론

예수의 예루살렘 성전에서의 표적 행위(막 11:15-18과 그 병행 구절들)의 여파로 산헤드린의 대표자들은 그 행위를 하는 그의 권위의 기원과 성격에 대해 심문했다. 예수께서는 세례 요한에게 세례 받으신 것을 가리키면서 그들에게 대답하려고 하셨는데 이것은 바로 그때 그가 성령으로 기름 부음을 받고 하나님께로부터 하나님의 아들 메시아로 사명을 받았기 때문이다(막 1:9-11과 그 병행 구절들; 참고. 시 2:7; 삼하 7:12-14). 그러나 질문을 하는 자들이 요한을 하나님의 경륜을 수행한 참 선지자로 받아들이지 않는 것을 보시고 예수께서는 그들에게 직접적으로 대답하기를 거부하셨다. 그럼에도 그는 계속해서 그들에게 악한 농부의 비유(막 12:1-12과 그 병행 구절들)를 말씀하시면서 자신이 삼하 7:12-14과 시 118:22-23를 성취하기 위해 유대 당국자들(성전 기득권 세력)에게 버림받고 죽임을 당함으로써

---

[115] 스데반이 예수께서 성전을 허시고 모세의 율법을 고치겠다고 말했다고 가르쳤다는 그 가르침이 행 6:11-14에서 ῥήματα βλάσφημα εἰς Μωϋσῆν καὶ τὸν θεόν (모세와 하나님을 모독하는 말)로 언급되고 있다는 점을 주목하는 것이 중요하다. 성전을 허물겠다는 위협은 신성 모독의 말이었다! 이 죄 때문에 스데반은 미쉬나의 법과 성전의 신성함이 침해된 경우 산헤드린이 사형을 집행할 수 있도록 한 로마의 정책에 따라 돌에 맞아 죽게 된 것이다(참고. Josephus, J.W. 6.126).

새 성전을 지을 하나님의 아들, 하나님의 종말의 특사로서 그 성전 행위를 하신 것이라는 암묵적인 주장을 보다 분명히 하셨다. 질문자들은 예수의 주장을 알아챘고 산헤드린이 그가 하나님의 아들이라 주장했고 성전을 헐겠다고 위협하고 새성전을 짓겠다고 주장했다는 고소를 근거로 그에 대해 정식으로 재판하게끔 이끌었다. 이 고소들은 사실상 예수께서 자신이 나단의 신탁(삼하 7:12-14)에서 파생하고 제2성전을 건설하는 동안 스룹바벨에게 그것을 적용했던(슥 6:12) 그 전승에 따라 성전을 지으실 것으로 기대되는 메시아, 곧 다윗의 자손이자 하나님의 아들이라고 주장하신 것에 대한 하나의 같은 고소였다. 재판은 산헤드린이 예수께서 자칭 메시아로서 성전을 헐겠다고 위협했고 그렇게 함으로 주의 전에 거하시는 하나님의 이름에 대해 "신성 모독하는 말"을 했다는 고발에 근거하여 사형 판결을 하는 것으로 끝이 난다. 그리고 산헤드린은 빌라도에게 예수를 자칭 메시아로 처형하라고 설득했다. 무리는 산헤드린의 고소를 그대로 따라서 십자가에 못박히신 예수께서 자신이 "메시아(하나님의 아들), 이스라엘의 왕"이라 주장하시고 성전을 헐고 새 성전을 짓겠다고 주장하셨다고 그를 조롱했다(막 15:29-32//마 27:39-43; 또한 참고. 눅 23:35-37). 하지만 하나님의 아들 메시아로서 새 성전을 짓(고 그렇게 하기 위해 지금 있는 성전을 헐)겠다고 주장하신 것 때문에 재판을 받고 처형되신 이 예수는, 성전 행위와 그 후에 산헤드린 대표자들이 와서 자신이 그 표적 행위를 할 권위에 대한 심문하는 것에 대해 주신 함축적인 답을 통해서(막 11:27-12:12) 자신의 기소와 죽음을 촉발하시고 마지막 만찬 때 자기 제자들에게 자신이 곧 당할 죽음이 종말론적 속죄 제사이자 언약을 체결하는 제사라고 말씀하신(막 14:21-25과 그 병행 구절들) 바로 그 똑같은 예수셨다. 그러므로 예수의 성전 행위와, 그 후에 산헤드린 대표자들에게 심문받으실 때, 또 산헤드린 앞에서 재판 받으실 때 주셨던 그의 함축적 대답들은 마지막 만찬에서 밝히신 그 자신의 죽음에 대한 그의 견해와 함께 고려되어야 한다. 그럴 때 예수께서 자신의 죽음을 성전의 의미와 목적을 성취하고 (따라서 예루살렘 성전을 문자적으로 "허무는" 것은 아니지만 그것을 중복된 것으로 만들고) 다윗의 자손이자 하나님의 아들인 메시아로서 나단의 신탁에 따라 하나님의 종말론적 백성으로 새 성전을 짓는 사건으로 보셨음이 분명해진다.

따라서 "예수의 권위에 대한 질문(*Vollmachtsfrage*)"에 대한 우리의 결론적 주장은 우리가 예수의 성전 행위의 의미를 해석할 수 있게 할 뿐만 아니라 예수의 체포와 재판, 처형 배후의 역사적 논리와 재판 때 대제사장의 심문에서 "신성 모독죄"의 판결로 이어지는 것을 일관성 있게 설명할 수 있게 해준다. 필자의 판단으로는 이 점이 우리 논지를 확증해주는 것으로 간주되어야 한다. 더 나아가 우리가 여기서 확증한 많은 포인트들이 요한의 성전 행위에 대한 진술과 권위에 관한 주장 이야기(요 2:13-22)에 얼마나 정확하게 반영되어 있는지도 분명해진다.

마지막으로, "예수의 권위에 대한 질문(*Vollmachtsfrage*)"에 대한 이 연구는 역사적 예수의 자기 이해와 자신의 사명에 대한 이해를 확인함에 있어 "예수와 성전"이라는 주제의 중요성을 명확하게 드러내 보여준다.

Paul's Gospel for the Thessalonians and Others

1장

데살로니가전서 1 – 3장의 구조 및 기능과 데살로니가전서의 저술 동기 및 목적

이 논문은 다음 두 논문을 약간 수정한 것이다: "Paul's Entry(εἴσοδος) and the Thessalonians' Faith(1 Thess 1 – 3)," *NTS* 51(2005): 519 – 42과 "The Structure and Function of 1 Thess 1 – 3," in *History and Exegesis: New Testament Essays in Honor of Dr. E. Earle Ellis on His 80th Birthday*(ed. Sang-Won Aaron Son; New York and London: T&T Clark, 2006), 170 – 88. 이 두 논문들은 각각 Cambridge University Press와 Bloomsbury Publishing의 허락을 받아 여기서 재사용되었다.

2장

복음으로서의 하나님의 아들 예수(살전 1:9 – 10, 롬 1:3 – 4)

이 논문은 원래 영국 Cambridge에 있는 2010년 7월 7 – 9일에 있었던 Tyndale House 의 Tyndale Fellowship for Biblical and Theological Research의 신약 그룹 미팅에서 마틴 헹엘(Martin Hengel)의 연구에 대한 응답으로 발표했던 논문을 수정한 것이다. 그 논문은 그 후에 *Earliest Christian History: History, Literature, and Theology: Essays from the Tyndale Fellowship in Honor of Martin Hengel*(WUNT 2/320; ed. M. F. Bird and J. Maston; Tübingen: Mohr Siebeck, 2012), 117 – 41에 출판되었다. 여기 실린 글은 그 논문에 몇몇 추가적인 수정을 가한 것이다.

6장

데살로니가전서 4:13 – 5:11에서의 예수 전승

2001년 8월 1일 캐나다 Montreal에서 있었던 SNTS 모임의 the Seminar on the Thessalonian Correspondence에서 발표하고 이후에 *New Testament Studies* 48(2002): 225-42에 출판된 논문을 수정한 것이다. 이 글은 Cambridge University Press의 허락을 받아 약간 수정된 형태로 여기 다시 싣게 되었다.

10장
바울과 로마 제국

God and the Faithfulness of Paul: A Critical Examination of N. T. Wright(WUNT 2/413: ed. C. Heilig, J. T. Hewitt, and M. M. F. Bird; Tübingen: Mohr Siebeck, 2016), 277-308의 글을 여기 재 출판한 것이다.

11장
바울의 공통적인 권면(살전 4-5장; 빌 2-4장; 롬 12-13장)과 로마서 1:18-32과 12:1-2 사이의 상응 및 롬 12-13장의 통일성

Tyndale Bulletin 62(2011): 109-39에 출판된 논문을 허락을 받아 약간 수정하여 여기 재 출판하게 되었다.

12장
데살로니가후서 1-2장에서의 바울의 칭의 교리와 그 교리의 바울 신학과 데살로니가후서에 대한 함의들

이 논문은 *Biblica* 102(2021): 78-96에 출판되었던 논문 "Paul's Doctrine of Justification in 2 Thess 1-2"을 약간 수정 보완한 것이다. *Biblica*의 허락을 받아 여기서 재사용되었다. 이 논문의 축약판은 2020년 6월 23일에 튀빙엔대학교 개신교 신학부의 *Studientag*(특강일)에 강의로 전달되기도 했다.

15장

그리스도를 본받음(*Imitatio Christi*) (고전 11:1): 우상의 제물 문제를 다룰 때 바울은 어떻게 예수 그리스도를 본받는가(고전 8 - 10장)

이 논문은 The Pennsylvania State University Press의 허락을 받아 *Bulletin of Biblical Research* 13(2003): 193 - 226에 실렸던 논문을 약간 수정하여 재 출판한 글이다. 이 논문의 축약판이 Toronto에서 2002년 11월 23일에 Society of Biblical Literature 모임 동안에 있었던 Institute for Biblical Research 연례 모임에서 발표된 바 있다.

16장

종말의 전령으로서의 바울

이 논문은 Bloomsbury Publishing의 허락을 받아 *Paul as Missionary*(ed. T. J. Burke and B. S. Rosner; London: T&T Clark, 2011), 9 - 24에 실린 글을 재 출판한 것이다.

18장

바울과 폭력

시카고의 North Park Theological Seminary의 Theological Interpretation of Scripture 심포지엄 때 전달했던 강연이다. 이 강연은 이후에 *Ex Auditu* 34(2018): 67 - 89에 출판되었다. Wipf and Stock Publishers의 허락을 받아 여기서 재사용되었다. 성경인용은 주로 NRSV에서 가져왔지만 어떤 것들은 필자의 사역이다.

참고문헌

Aalen, S. "'Reign' and 'House' in the Kingdom of God in the Gospels." *NTS* 8(1961/62): 215-40.

Ådna, J. *Jesu Stellung zum Tempel: Die Tempelaktion und das Tempelwort als Ausdruck seiner messianischen Sendung.* WUNT 2/119. Tübingen: Mohr Siebeck, 2000.

_____. "The Suffering Servant of Isaiah 53 as Triumphant and Interceding Messiah: The Reception of Isaiah 52:13-53:12 in the Targum of Isaiah with Special Attention to the Concept of the Messiah." Pages 189-224 in *The Suffering Servant: Isaiah 53 in Jewish and Christian Sources.* Edited by B. Janowski and P. Stuhlmacher. Grand Rapids: Eerdmans, 2004.

Aejmelaeus, L. *Wachen vor dem Ende: Traditionsgeschichtliche Wurzeln von 1. Thess 5:1-11 und Luk 21:34-36.* SESJ 44. Helsinki: Kirjapaino Raamattualo, 1985.

Albertz, M. *Die synoptischen Streitgespräche.* Berlin: Trowitzsch, 1921.

Aletti, J.-N. *Justification by Faith in the Letters of Saint Paul: Keys to Interpretation.* Translated from French by P. Manning Meyer. Roma: Gregorian & Biblical Press, 2015.

Allison, D. C. Jr. "The Pauline Epistles and the Synoptic Gospels: The Pattern of the Parallels." *NTS* 28(1982): 1-32.

Aono, T. *Die Entwicklung des paulinischen Gerichtsgedanken bei den Apostolischen Vätern*. Bern: Peter Lang, 1979

Aune, D. E. *Prophecy in Early Christianity and the Ancient Mediterranean World*. Grand Rapids: Eerdmans, 1983.

Baker, M. "Paul and the Salvation of Israel: Paul's Ministry, the Motif of Jealousy, and Israel's Yes." *CBQ* 67(2005): 469-84.

Bammel, E. "Romans 13." Pages 365-83 in *Jesus and the Politics of His Day*. Edited by E. Bammel and C. F. D. Moule. Cambridge: Cambridge University Press, 1984.

Barclay, J. M. G. "Why the Roman Empire Was Insignificant to Paul." Pages 363-87 in *Pauline Churches and Diaspora Jews*. WUNT 275. Tübingen: Mohr Siebeck, 2011.

_____. "Conflict in Thessalonica." *CBQ* 55(1993): 512-30.

_____. "'By the Grace of God I Am What I Am': Grace and Agency in Philo and Paul." Pages 140-57 in *Divine and Human Agency in Paul and His Cultural Environment*. Edited by J. M. G. Barclay and S. J. Gathercole. London: T&T Clark, 2006.

_____. "'Do We Undermine the Law?' A Study of Romans 14.1-15.6." Pages 287-308 in *Paul and the Mosaic Law*. WUNT 89. Edited by J. D. G. Dunn.

Tübingen: Mohr Siebeck, 1996.

Barr, J. *The Semantics of Biblical Language*. Oxford: Oxford University Press, 1961.

Barrett, C. K. *Acts of the Apostles*. ICC. Edinburgh: T&T Clark, 1998.

_____. "Das Fleisch des Menschensohnes[Joh 6,53]." Pages 342-54 in *Jesus und der Menschensohn*. Freiburg: Herder, 1975.

_____. *The First Epistle to the Corinthians*. BNTC. London: Black, 1968, 1971.

_____. *The Epistle to the Romans*. BNTC. London: Black, 21991.

_____. "The House of Prayer and the Den of Thieves." Pages 13-20 in *Jesus und Paulus*. W. G. Kümmel FS. Edited by E. E. Ellis and E. Grässer. Göttingen: Vandenhoeck & Ruprecht, 1975.

Barton, S. C. "Paul as Missionary and Pastor." Pages 34-48 in *The Cambridge Companion to St. Paul*. Edited by J. D. G. Dunn. Cambridge: Cambridge University Press, 2003.

Bash, A. *Ambassadors for Christ: An Exploration of Ambassadorial Language in the NT*. WUNT 2/92. Tübingen: Mohr Siebeck, 1997.

Bauckham, R. *Jesus and the God of Israel: God Crucified and Other Studies on the New Testament's Christology of Divine Identity*. Grand Rapids: Eerdmans, 2008.

_____. "Synoptic Parousia Parables and the Apocalypse." *NTS* 23(1977/78): 162-76.

_____. *The Climax of Prophecy: Studies on the Book of Revelation.* Edinburgh: T&T Clark, 1993.

Beale, G. K. *1-2 Thessalonians.* IVP NT Commentary Series. Downers Grove, IL: InterVarsity, 2003.

Becker, J. *Paulus der Apostel der Völker.* Tübingen: Mohr Siebeck, ³1998. ET: *Paul: Apostle to the Gentiles.* Louisville: Westminster/Knox, 1993.

Beker, J. C. *Paul the Apostle: The Triumph of God in Life and Thought.* First paperback edition. Philadelphia: Fortress, 1984.

Best, E. *The First and Second Epistles to the Thessalonians.* BNTC. London: Black, 1972.

_____. *The Temptation and the Passion.* Cambridge: Cambridge University Press, 1965.

Betz, H. D. *Galatians.* Hermeneia. Philadelphia: Fortress, 1979.

_____. *Nachfolge und Nachahmung Jesu Christi im Neuen Testament.* BHTh 37. Tübingen: Mohr Siebeck, 1967.

Betz, O. *Jesus und das Danielbuch: Die Menschensohnworte Jesu und die Zukunftserwartung des Paulus(Daniel 7,13-14).* vol. 2 of 2. Frankfurt: Peter

Lang, 1985.

―――――. "Das Mahl des Herrn bei Paulus." Pages 217-51 in *Jesus der Herr der Kirche*. WUNT 52. Tübingen: Mohr Siebeck, 1990.

―――――. "Die Übersetzung von Jes 53(LXX, Targum) und die Theologia Crucis des Paulus." Pages 197-216 in *Jesus der Herr der Kirche*. WUNT 52. Tübingen: Mohr Siebeck, 1990.

―――――. "Probleme des Prozesses Jesu." Pages 565-647 in *Aufstieg und Niedergang der römischen Welt* II.25.1. Berlin: de Gruyter, 1982.

―――――. *Wie verstehen wir das Neue Testament?* Wuppertal: Aussaat-Verlag, 1981.

Billerbeck, P.(H. L. Strack). *Kommentar zum Neuen Testament aus Talmud und Midsrasch*. 6 vols. München: C. H. Beck, 1922-61.

Bird, M. F. "The Incident at Antioch(Gal 2.11-14): The Beginnings of Paulinism." Pages 329-61 in *Earliest Christian History: History, Literature, and Theology. Essays from the Tyndale Fellowship in Honor of Martin Hengel*. WUNT 2/320. Edited by M. F. Bird and J. Maston. Tübingen: Mohr Siebeck, 2012.

Black, M. *An Aramaic Approach to the Gospels and Acts*. Oxford: Oxford University Press, ³1967.

Blinzler, J. *Der Prozess Jesu*. Regensburg: Pustet, 1969.

Bockmuehl, M. "1 Thess 2:14-16 and the Church in Jerusalem." *TynBul* 52(2001): 1-31.

Boers, H. "The Form Critical Study of Paul's Letters. 1 Thess as a Case Study." *NTS* 22(1976): 141-54.

Borg, M. "A New Context for Romans XIII." *NTS* 19(1972/73): 205-18.

Borgen, P. "'Yes,' 'No,' 'How Far?': The Participation of Jews and Christians in Pagan Cults." Pages 30-59 in *Paul and His Hellenistic Context*. Edited by T. Engberg-Pedersen. Minneapolis: Fortress, 1995.

Bornkamm, G. *Paulus*. Stuttgart: Kohlhammer, 1969. ET: *Paul*. Translated by D. M. G. Stalker. Minneapolis: Fortress, 1995.

Bruce, F. F. *1 and 2 Thessalonians*. WBC 45. Waco, TX: Word, 1982.

_____. *1 and 2 Corinthians*. NCBC. London: Marshall, Morgan & Scott, 1971.

_____. *Paul: Apostle of Heart Set Free*. Grand Rapids: Eerdmans, 1977.

Brunt, J. C. "Rejected, Ignored, or Misunderstood? The Fate of Paul's Approach to the Problem of Food Offered to Idols in Early Christianity." *NTS* 31(1985): 113-24.

Bryan, C. *Render to Caesar: Jesus, the Early Church, and the Roman Superpower*. Oxford: Oxford University Press, 2005.

Burchard, C. "Nicht aus Werken des Gesetzes Gerecht, sondern aus Glauben an Jesus Christus—seit wann?" Pages 405-15 in *Geschichte - Tradition - Reflexion 3: Frühes Christentum: Festschrift für Martin Hengel.* Edited by H. Cancik, H. Lichtenberger, and Peter Schäfer. Tübingen: Mohr Siebeck, 1996.

Bultmann, R. "Das Verhältnis der urchristlichen Christusbotschaft zum historischen Jesus." Pages 445-69 in *Exegetica.* Tübingen: Mohr Siebeck, 1960.

_____. *Der zweite Brief an die Korinther.* KEK. Göttingen: Vandenhoeck & Ruprecht, 1976.

_____. "Die Bedeutung des geschichtlichen Jesus für die Theologie des Paulus." Pages 188-213 in *Glauben und Verstehen* 1. Tübingen: Mohr Siebeck, 1933.

_____. *Die Geschichte der synoptischen Tradition.* Göttingen: Vandenhoeck & Ruprecht, 71967.

_____. "Jesus und Paulus." Pages 210-29 in *Exegetica.* Tübingen: Mohr Siebeck, 1960.

_____. *Theology of the New Testament.* London: SCM, 1968.

Calvin, J. *The Philippians, Colossians, and Thessalonians.* Grand Rapids: Baker, 1981.

Campbell, D. *The Deliverance of God: An Apocalyptic Rereading of Justification in Paul*. Grand Rapids: Eerdmans, 2009.

Carter, W. Review of Seyoon Kim, *Christ and Caesar in Review of Biblical Literature*. July 2009.

Catchpole, D. R. *The Trial of Jesus*. Leiden: Brill, 1971.

Cerfaux, L. *Christ in the Theology of St. Paul*. New York: Herder, 1959.

Charlesworth J. H. ed. *Jesus and Temple: Textual and Archaeological Explorations*. Minneapolis: Fortress Press, 2014.

Chester, A. "Jewish Messianic Expectations and Mediatorial Figures and Pauline Christology." Pages 17-89 in *Paulus und das antike Judentum: Tübingen - Durham - Symposium*. WUNT 58. Edited by M. Hengel and U. Heckel. Tübingen: Mohr Siebeck, 1991.

Cheung, A. T. *Idol Food in Corinth: Jewish Background and Pauline Legacy*. JSNTSup 176. Sheffield: Academic, 1999.

Cohick, L. H. "Philippians and Empire: Paul's Engagement with Imperialism and the Imperial Cult." Pages 165-82 in *Jesus Is Lord, Caesar Is Not: Evaluating Empire in New Testament Studies*. Edited by S. McKnight and J. B. Modica. Downers Grove, IL: InterVarsity, 2013.

Collange, J.-F. *De Jesus a Paul. L'ethique du Nouveau Testament*. Geneva: Labor et Fides, 1980.

Collins, A. Y. and J. J. Collins. *King and Messiah as Son of God*. Grand Rapids: Eerdmans, 2008.

Collins, J. J. *The Scepter and the Star: Messianism in Light of the Dead Sea Scrolls*. Grand Rapids: Eerdmans, ²2010.

Conzelmann, H. *Der erste Brief an die Korinther*. KEK. Göttingen: Vandenhoeck & Ruprecht, 1969.

Cosgrove, C. H. "Justification in Paul: A Linguistic and Theological Reflection." *JBL* 106(1987): 653-70.

Cranfield, C. E. B. *The Epistle to the Romans*. vol. 2 of 2. ICC. Edinburgh: T&T Clark, 1979.

Crump, D. *Jesus the Intercessor: Prayer and Christology in Luke-Acts*. WUNT 2/49. Tübingen: Mohr Siebeck, 1992; Grand Rapids: Baker, 1999.

Cullmann, O. "Das Rätsel des Johannesevangeliums im Licht der Handschriftenfunde." Pages 260-91 in *Vorträge und Aufsätze 1925-1962*. Edited by K. Fröhlich. Tübingen: Mohr Siebeck, 1966.

_____. "Der eschatologische Charakter des Missionsauftrags und des apostolischen Selbstbewusstseins bei Paulus: Untersuchung zum Begriff des κατέχον(κατέχων) in 2. Thess. 2,6-7"(1936). Pages 305-36 in ibid.

Dahl, N. A. "Formgeschichtliche Beobachtungen zur Christusverkündigung in der Gemeindepredigt." Pages 3-9 in *Neutestamentliche Studien für Rudolf*

716

Bultmann. BZNW 21. Berlin: de Gruyter, 1954.

_____. "The Doctrine of Justification: Its Social Function and Implications." Pages 95-120 in *Studies in Paul: Theology for the Early Christian Mission*. Minneapolis: Augsburg, 1977.

Daube, D. *The New Testament and Rabbinic Judaism*. London: Athlone Press, 1956.

Davies, W. D. and D. C. Allison. *The Gospel according to Saint Matthew*. ICC. Edinburgh: T&T Clark, 1997.

Davis, C. T. III "The Evolution of a Pauline Toxic Text." Pages 191-206 in *The Destructive Power of Religion: Violence in Judaism, Christianity, and Islam*, vol. 1 of *Sacred Scriptures, Ideology, and Violence*. Edited by J. H. Ellens. Westport, CT: Praeger, 2004.

Dawes, G. W. "The Danger of Idolatry: First Corinthians 8:7-13." *CBQ* 58(1996): 82-98.

de Boer, W. P. *Imitation of Paul*. Kampen: Kok, 1962.

Deissmann, G. A. *Light from the Ancient East: The New Testament Illustrated by Recently Discovered Texts of the Graeco-Roman World*. Grand Rapids: Baker, 1978.

Dibelius, M. *An die Thessalonicher I, II*. HNT 11. Tübingen: Mohr Siebeck, 1937.

_____. "Nachfolge Christi." *RGG*(²1930), 4:395-96.

Dickey, S. "Some Economic and Social Conditions of Asia Minor Affecting the Expansion of Christianity." Pages 393-416 in *Studies in Early Christianity*. Edited by S. J. Case. New York: Century, 1928.

Dickson, J. P. *Mission-Commitment in Ancient Judaism and in the Pauline Communities: The Shape, Extent and Background of Early Christian Mission*. WUNT 2/159. Tübingen: Mohr Siebeck, 2003.

Dodd, C. H. "ἔννομος Χριστοῦ." Pages 134-48 in *More New Testament Studies*. Manchester: Manchester University Press, 1968.

Donfried, K. P. "Issues of Authorship in the Pauline Corpus: Rethinking the Relationship between 1 and 2 Thessalonians." Pages 81-113 in *2 Thessalonians and Pauline Eschatology*. P. Porkorný Festschrift. Edited by C. Tuckett. Leuven: Peeters, 2013.

_____. "Justification and Last Judgment in Paul." Pages 253-78 in *Paul, Thessalonica, and Early Christianity*. Grand Rapids: Eerdmans, 2002.

_____ ed. *The Romans Debate*. Peabody, MA: Hendrickson, ²1991.

Donahue, J. R. "Temple, Trial and Royal Christology." Pages 61-79 in *The Passion in Mark: Studies in Mark 14-16*. Edited by W. H. Kelber. Philadelphia: Fortress, 1976.

Downs, David J. *The Offering of the Gentiles: Paul's Collection for Jerusalem in*

Its Chronological, Cultural, and Cultic Contexts. WUNT 2/248. Tübingen: Mohr Siebeck, 2008.

Dunn, J. D. G. *Christianity in the Making. Vol 2: Beginning from Jerusalem.* Grand Rapids: Eerdmans, 2009.

_____. *Christology in the Making: A New Testament Inquiry into the Origins of the Doctrine of the Incarnation*. Grand Rapids: Eerdmans, ²1989.

_____. *Jesus and the Spirit. London:* SCM, 1975.

_____. "Paul's Conversion - A Light to Twentieth Century Disputes." Pages 77-93 in *Evangelium, Schriftauslegung, Kirche: Festschrift für Peter Stuhlmacher zum 65. Geburtstag*. Edited by J. Ådna, S. J. Hafemann, and O. Hofius. Göttingen: Vandenhoeck & Ruprecht, 1997.

_____. "Prophetic 'I'-Sayings and the Jesus Tradition: The Importance of Testing Prophetic Utterances within Early Christianity." *NTS* 24(1978): 175-98.

_____. *Romans 1-8.* WBC 38A. Waco, TX: Word, 1988.

_____. *Romans 9-16.* WBC 38B. Waco, TX: Word, 1988.

_____. *The Epistle to the Galatians*. BNC. Peabody, MA: Hendrickson, 1993.

_____. *The New Perspective on Paul*. Grand Rapids: Eerdmans, ²2008.

_____. *The Partings of the Ways between Christianity and Judaism.*

Philadelphia: Trinity, 1991.

Dupont, J. "Filius meus est du." *RSR* 35(1948): 522-43.

_____. "'Assis a la droite de Dieu': L'interprétation du Ps 110,1 dans le Nouveau Testament." Pages 340-422 in *Resurrexit: Actes du Symposium International sur la Résurrection de Jésus(Rome 1970).* Edited by B. M. Ahern et al. Citta del Vaticano: Libreria editrice vaticana, 1974.

Eckart, K.-G. "Der zweite echte Brief des Paulus an die Thessalonicher." *ZTK* 63(1961): 30-44.

Eckert, J. "Zur Erstverkündigung des Paulus." Pages 279-99 in *Theologie im Werden: Studien zu den theologischen Konzeptionen im Neuen Testament.* Edited by J. Hainz. Paderborn: F. Schöningh, 1992.

Elgvin, T. "'To Master His Own Vessel': 1 Thess 4.4 in Light of New Qumran Evidence." *NTS* 43(1997): 604-19.

Ellens, J. H. "Religious Metaphors Can Kill." Pages 255-72 in *The Destructive Power of Religion: Violence in Judaism, Christianity, and Islam,* vol. 1 of *Sacred Scriptures, Ideology, and Violence.* Edited by J. H. Ellens. Westport, CT: Praeger, 2004.

_____. "The Violent Jesus." Pages 15-38 in *The Destructive Power of Religion: Violence in Judaism, Christianity, and Islam, vol. 3 of Models and Cases of Violence in Religion.* Edited by J. H. Ellens. Westport, CT: Praeger, 2004.

Elliott, N. *The Arrogance of Nations: Reading Romans in the Shadow of Empire.* Minneapolis: Fortress, 2008.

_____. *Liberating Paul: The Justice of God and the Politics of the Apostle.* Maryknoll, NY: Orbis, 1994.

_____. "Romans 13:1-7 in the Context of Imperial Propaganda." Pages 184-204 in *Paul and Empire.* Edited by R. A. Horsley. Harrisburg, PA: Trinity Press International, 1997.

Ellis, E. E. "Gospel Criticism: A Perspective on the State of the Art." Pages 25-74 in *Das Evangelium und die Evangelien.* WUNT 28. Edited by P. Stuhlmacher. Tübingen: Mohr Siebeck, 1983.

Eppstein, V. "The Historicity of the Gospel Account of the Cleansing of the Temple." *ZNW* 55(1964): 43-58.

Ernst, J. *Die eschatologischen Gegenspieler in den Schriften des Neuen Testaments.* BU 3. Regensburg: Pustet, 1967.

Evans, C. A. *Mark 8:27-16:20.* WBC 34B. Nashville: Nelson, 2001.

_____. "Romans 12:1-2: The True Worship." Pages 7-33 in *Dimensions de la Vie Chrétienne(Rom 12-13).* Edited by L. de Lorenzi. Rome: Abbey de S. Paul, 1979.

Fairchild, M. R. "Paul's Pre-Christian Zealot Associations: A Re-Examination of Gal 1.14 and Acts 22.3." *NTS* 45(1999): 514-32.

Fantin, J. D. *The Lord of the Entire World: Lord Jesus, a Challenge to Lord Caesar?* NT Monographs 31. Sheffield: Sheffield Phoenix, 2011.

Farmer, W. R. *Maccabees, Zealots, and Josephus.* New York: Columbia University Press, 1956.

Fee, G. D. *God's Empowering Presence: The Holy Spirit in the Letters of Paul.* Peabody, MA: Hendrickson, 1994.

_____. *The First and Second Letters to the Thessalonians.* NICNT. Grand Rapids: Eerdmans, 2009.

_____. *The First Epistle to the Corinthians.* NICNT. Grand Rapids: Eerdmans, 1987.

Fisk, B. N. "Eating Meat Offered to Idols: Corinthian Behavior and Pauline Response in 1 Corinthians 8-10(A Response to Gordon Fee)." *Trinity Journal* 10(1989): 49-70.

Fitzmyer, J. A. *Romans.* AB 33. New York: Anchor, 1992.

Flusser, D. *Die rabbinische Gleichnisse und der Gleichniserzähler Jesus*, 1. Teil: *Das Wesen der Gleichnisse.* Bern: Lang, 1981.

_____. *Die letzten Tage Jesu in Jerusalem.* Stuttgart: Calwer, 1982

Frey, J. "Rechtfertigungstheologie im ersten Korintherbrief." Pages 1:549-85 in *Saint Paul and Corinth: 1950 Years since the Writing of the Epistle to the*

Corinthians. Edited by C. J. Belezos, S. Despotis, and C. Karakolis. vol. 1. Athens: Psychogios, 2009.

Friedrich, G. "Ein Tauflied hellenistischer Judenchristen." *TZ* 21(1965): 502-16.

Funk, R. W. "The Apostolic *Parousia*: Form and Significance." Pages 249-68 in *Christian History and Interpretation: Studies Presented to John Knox*. Edited by W. R. Farmer, C. F. D. Moule, R. R. Niebuhr. Cambridge: Cambridge University Press, 1967.

Furnish, V. P. *1 Thessalonians, 2 Thessalonians*. ANTC. Nashville: Abingdon. 2007.

_____. *Theology and Ethics in Paul*. Nashville: Abingdon, 1968.

Gager, J. G. with E. L. Gibson. "Violent Acts and Violent Language in the Apostle Paul." Pages 13-21 in *Violence in the New Testament*. Edited by E. L. Gibson and S. Matthews. New York: T&T Clark, 2005.

Gärtner, B. *The Temple and the Community in Qumran and the New Testament*. Cambridge: Cambridge University Press, 1965.

Gaston, L. *No Stone on Another*. NovTSup 23. Leiden: Brill, 1970.

Gathercole, S. J. *The Pre-Existent Son: Recovering the Christologies of Matthew, Mark, and Luke*. Grand Rapids: Eerdmans, 2006.

_____. Where Is Boasting? *Early Jewish Soteriology and Paul's Response in*

Romans 1-5. Grand Rapids: Eerdmans, 2002.

Gaventa, B. R. *First and Second Thessalonians*. Interpretation. Louisville: John Knox, 1998.

Georgi, D. "God Turned Upside Down." Pages 148-57 in *Paul and Empire: Religion and Power in Roman Imperial Soiety*. Edited by R. A. Horsley. Harrisburg, PA: Trinity, 1997.

_____. *Remembering the Poor: The History of Paul's Collection for Jerusalem*. Nashville: Abingdon, 1992.

Gerhardson, B. "Der Weg der Evangelientradition." Pages 79-102 in *Das Evangelium und die Evangelien*. WUNT 28. Edited by P. Stuhlmacher. Tübingen: Mohr Siebeck, 1983.

Gese, H. "Die Sühne." Pages 85-106 in *Zur biblischen Theologie: Alttestamentliche Vorträge*. München: Kaiser, 1977. ET: "The Atonement." Pages 93-116 in *Essays on Biblical Theology*. Minneapolis: Augsburg, 1981.

_____. "The Origin of the Lord's Supper." Pages 117-40 in ibid.

Giblin, G. H. *The Threat to Faith*. AnBib 31. Rome: Pontifical Biblical Institute, 1967.

Gillman, J. "Paul's ΕΙΣΟΔΟΣ: The Proclaimed and the Proclaimer(1 Thess 2,8)." Pages 62-70 in *The Thessalonian Correspondence*. ETL 87. Edited by R. F. Collins. Leuven: Leuven University Press, 1990.

Gnilka, J. *Das Evangelium nach Markus*. EKKNT. 2. Teilband. Zürich: Benziger; Neukirchen: Neukirchener, 1979.

Goppelt, L. *Theologie des Neuen Testaments*. Göttingen: Vandenhoeck & Ruprecht, 1976.

Gordon, G. L. "The Church Fathers and the Roman Empire." Pages 258-82 in *Empire in the NT*. Edited by S. E. Porter and C. L. Westfall. Eugene, OR: Pickwick, 2011.

Gorman, M. J. *Inhabiting the Cruciform God: Kenosis, Justification, and Theosis in Paul's Narrative Soteriology*. Grand Rapids: Eerdmans, 2009.

Grimm, W. *Die Verkündigung Jesu und Deutero-Jesaja*. Frankfurt: Lang, 21981.

Grundmann, W. *Das Evangelium nach Markus*. Berlin: Evangelische Verlagsanstalt, 81980.

Gundry, R. H. *Mark: A Commentary on His Apology for the Cross*. Grand Rapids: Eerdmans, 1993.

_____. *Matthew*. Grand Rapids: Eerdmans, 1982.

Gupta, N. K. *Paul and the Faith Language of Paul*. Grand Rapids: Eerdmans, 2020.

Hafemann, S. J. *Suffering and Ministry in the Spirit*. Grand Rapids: Eerdmans, 1990.

Hagner, D. A. *Matthew 1-13*. WBC. Dallas: Word Books, 1993.

Hahn, F. *Christologische Hoheitstitel*. FRLANT. Göttingen: Vandenhoeck & Ruprecht, 41974.

Hamerton-Kelly, R. G. *Sacred Violence: Paul's Hermeneutic of the Cross*. Minneapolis: Fortress, 1992.

Hannah, D. D. *Michael and Christ*. WUNT 2/109. Tübingen: Mohr Siebeck, 1999.

_____. "The Angelic Restrainer of 2 Thessalonians 2.6-7." Pages 35-45 in *Calling Time: Religion and Change at the Turn of the Millennium*. Edited by M. Percy. Sheffield: Sheffield Academic Press, 2000.

Hardin, J. K. Review of Seyoon Kim, *Christ and Caesar. Themelios* 35.2(2010): 282-83.

Harrison, J. R. "Paul and the Imperial Gospel at Thessaloniki." *JSNT* 25(2002): 71-96.

Hartman, L. *Prophecy Interpreted: The Formation of Some Jewish Apocalyptic Texts and of the Eschatological Discourse Mark 13 Par*. ConBNT 1. Lund: Gleerup, 1966.

Hawthorne, G. F. and R. P. Martin. *Philippians*. WBC. Nashville: Nelson, 22004.

Hay, D. M. *Glory at the Right Hand: Psalm 110 in Early Christianity*. SBLMS 18. Nashville: Abingdon, 1973.

Hays, Richard B. "Christology and Ethics in Galatians: The Law of Christ." *CBQ* 49(1987): 268-90.

_____. *Echoes of Scripture in the Letters of Paul*. New Haven: Yale University Press, 1989.

_____. *The Moral Vision of the New Testament*. New York: HaperCollins, 1996.

Heil, John P. "Those Now 'Asleep'(not dead) Must be 'Awakened' for the Day of the Lord in 1 Thess 5.9-10." *NTS* 46(2000): 464-71.

Heilig, C. *Hidden Criticism? The Methodology and Plausibility of the Search for a Counter-Imperial Subtext in Paul*. WUNT 2/392. Tübingen: Mohr Siebeck, 2015.

Hengel, M. "Das Gleichnis von den Weingärtnern, Mc 12, 1-12 im Lichte der Zenonpapyri und der rabbinischen Gleichnisse." *ZNW* 59(1968): 1-39.

_____. "Das Mahl in der Nacht, 'in der Jesus ausgeliefert wurde'(1 Kor 11,23)." Pages 451-95 in *Studien zur Christologie, Kleine Schriften IV*. WUNT 201. Edited by C.-J. Thornton. Tübingen: Mohr Siebeck, 2006.

_____. "Jesus als messianischer Lehrer der Weisheit und die Anfänge der Christologie." Pages 147-88 in *Sagesse et religion*. Edited by E. Jacob. Paris: Presses Université de France, 1979.

_____. *Der Sohn Gottes*. Tübingen: Mohr Siebeck, 1975.

_____. "Probleme des Markusevangeliums." Pages 221-65 in *Das Evangelium und die Evangelien*. WUNT 28. Edited by P. Stuhlmacher. Tübingen: Mohr Siebeck, 1983.

_____. "Sit at My Right Hand!" Pages 119-225 in *Studies in Early Christology*. Edinburgh: T&T Clark, 1995.

_____. *The Atonement: A Study of the Origins of the Doctrine in the New Testament*. Translated by J. Bowden. London: SCM, 1981.

_____. "The Origins of the Christian Mission." Pages 48-64 in *Between Paul and Jesus: Studies in the Earliest History of Christianity*. Philadelphia: Fortress, 1983.

_____. *The Pre-Christian Paul*. London: SCM, 1991.

_____. *War Jesus Revolutionär?* Stuttgart: Calwer, 41973.

_____. *The Zealots: Investigations into the Jewish Freedom Movement in the Period from Herod I until 70 AD*. Edinburgh: T&T Clark, 1989.

_____. *Zur urchristlichen Geschichtsschreibung*. Stuttgart: Calwer, 1979.

Hengel, M. and M. Schwemer. *Paul Between Damascus and Antioch: The Unknown Years*. Louisville: Westminster John Knox, 1997.

Hock, R. F. *The Social Context of Paul's Ministry: Tentmaking and Apostleship*. Philadelphia: Fortress, 1980.

728

Hofius, O. "Sühne und Versöhnung: Zum paulinischen Verständnis des Kreuzestodes Jesu." Pages 33-49 in *Paulusstudien*. WUNT 51. Tübingen: Mohr Siebeck, 1989.

Holtz, T. *Der erste Brief and die Thessalonicher*. EKKNT. Zürich: Benziger; Neukirchen: Neukirchener, 1990.

_____. "On the Background of 1 Thess 2:1-12." Pages 69-80 in *The Thessalonians Debate*. Edited by K. P. Donfried and J. Beutler. Grand Rapids: Eerdmans, 2000.

Hooker, M. D. "Adam in Romans I." *NTS* 6(1959/60): 296-306.

_____. "Concluding Reflections: 'Our Gospel Came to You, not in word alone but in power also'[1 Thess 1:5]." Pages 155-66 in *Not in the Word Alone: The First Epistle to the Thessalonians*. Edited by M. D. Hooker. Rome: Benedictina, 2003.

_____. "1 Thess 1, 9-10: A Nutshell—but What Kind of Nut?" Pages 435-48 in *Geschichte—Tradition—Reflexion. Festschrift für M. Hengel zum 70. Geburtstag*. Edited by H. Cancik, H. Lichtenberger and P. Schäfer. Tübingen: Mohr Siebeck, 1996.

_____. "Paul and Covenantal Nomism." Pages 47-56 *in Paul and Paulinism. Essays in Honour of C. K. Barrett*. Edited by M. D. Hooker and S. G. Wilson. London: SPCK, 1982.

Horbury, W. "1 Thess ii.3 as Rebutting the Charge of False Prophecy." *JTS* 33(1982):

492-508.

Horrell, D. "'The Lord commanded … But I have not used': Exegetical and Hermeneutical Reflections on 1 Cor. 9.14-15." *NTS* 43(1997): 587-603.

_____. "Theological Principle or Christological Praxis? Pauline Ethics in 1 Corinthians 8.1-11.1." *JSNT* 67(1997): 83-114.

Horn, F. W. "1. Korinther 15,56 - ein exegetischer Stachel." *ZNW* 82(1991): 88-105.

Horsley, R. A. *Hidden Transcripts and the Arts of Resistance: Applying the Work of James Scott to Jesus and Paul.* Atlanta: SBL Literature, 2004.

_____. ed. *Paul and the Roman Imperial Order.* Harrisburg, PA: Trinity Press International, 2004.

Horsley, R. A. and J. S. Hanson. *Bandits, Prophets, and Messiahs.* Minneapolis: Winston, 1985.

Hübner, H. *"Pauli Theologiae Proprium." NTS* 26(1980): 445-73.

_____. *Biblische Theologie des Neuen Testaments, vol. 2: Die Theologie des Paulus.* Göttingen: Vandenhoeck & Ruprecht, 1993.

Hughes, F. W. "The Rhetoric of Letters." Pages 14-240 in *The Thessalonians Debate: Methodological Discord or Methodological Synthesis?* Edited by K. P. Donfried and J. Beutler. Grand Rapids: Eerdmans, 2000.

————. "The Rhetoric of 1 Thess." Pages 94-116 in *The Thessalonian Correspondence*. BETL 87. Edited by Raymond J. Collins. Leuven: Leuven University Press, 1990.

————. "The Social Function Implied by Rhetoric." Pages 241-54 in ibid.

Hurd, J. C. *The Origin of 1 Corinthians*. London: SPCK, 1965.

Hyldahl, N. "Auferstehung Christi - Auferstehung der Toten(1 Thess. 4,13-18)." Pages 119-35 in *Die Paulinische Literatur und Theologie*. Edited by S. Pedersen. Arhus: Forlaget Aros, 1980.

Jeremias, J. "Das Lösegeld für Viele(Mk 10,45)." Pages 216-29 in *Abba. Studien zur neutestamentlichen Theologie und Zeitgeschichte*. Göttingen: Vandenhoeck & Ruprecht, 1966.

————. *Die theologische Bedeutung der Funde am Toten Meer*. Göttingen: Vandenhoeck & Ruprecht, 1962.

————. *Jerusalem in the Time of Jesus*. ET: London: SCM, 1976.

————. *Jesus' Promise to the Nations*. London: SCM, 1958.

————. *Neutestamentliche Theologie*. Gütersloh: Mohn, 31979.

Jervell, J. *The Unknown Paul: Essays on Luke-Acts and Early Christian History*. Minneapolis: Augsburg, 1984.

Jewett, R. *Romans*. Hermeneia. Minneapolis: Fortress, 2007.

_____. *The Thessalonian Correspondence: Pauline Rhetoric and Millenarian Piety.* Philadelphia: Fortress, 1986.

Johanson, B. C. *To All the Brethren: A Text-Linguistic and Rhetorical Approach to 1 Thess* CBNT 16. Stockholm: Almqvist & Wiksell International, 1987.

Joseph, S. J. *Jesus and the Temple: The Crucifixion in Its Jewish Context.* SNTSMS 165. Cambridge: Cambridge University Press, 2016.

Juel, D. *Messiah and Temple*. Missoula, MT: Scholars Press, 1977.

Jüngel, E. *Paulus und Jesus*. HUT 2. Tübingen: Mohr Siebeck, 41972.

Käsemann, Ernst. "Gottesgerechtigkeit bei Paulus." Pages 181-93 in *Exegetische Versuche und Besinnungen*. vol. 2. Göttingen: Vandenhoeck & Ruprecht, 1966. ET: "'The Righteousness of God' in Paul." Pages 168-82 in *New Testament Questions of Today.* Philadelphia: Fortress, 1969.

_____. *An die Römer.* HNT. Tübingen: Mohr Siebeck, ²1974. ET: *Commentary on Romans*. Grand Rapids: Eerdmans, 1980.

Keener, C. S. *Acts. An Exegetical Commentary. vol. 2. 3:1-14:28.* Grand Rapids: Baker, 2013.

_____. *Acts. An Exegetical Commentary. vol. 3.15:1-23:35.* Grand Rapids: Baker, 2014.

Keller, W. *Gottes Treue, Israels Heil: Röm 11,25-27 - Die These vom "Sonderweg"*
in der Diskussion. SBB 40. Stuttgart: Katholisches Bibelwerk, 1998.

Kennedy, G. A. *New Testament Interpretation through Rhetorical Criticism*.
Chapel Hill: University of North Carolina Press, 1984.

Kern, P. K. *Rhetoric and Galatians*. SBTSMS 101. Cambridge: Cambridge
University Press, 1998.

Kertelge K. *'Rechtfertigung' bei Paulus*. Münster: Aschendorf, 1967.

_____. ed. *Der Tod Jesu*. Freiburg: Herder, 1981.

Kilpatrick, G. D. *The Trial of Jesus*. London: Oxford University Press, 1953.

Kim, S. *1-2 Thessalonians*. WBC. Grand Rapids: Zondervan(forthcoming)

_____. "2 Corinthians 5:11-21 and the Origin of Paul's Concept of
Reconciliation." *NovT* 39(1997): 360-84(Pages 226-33 in *PNP*).

_____. *Christ and Caesar: The Gospel and the Empire in the Writings of Paul
and Luke*. Grand Rapids: Eerdmans, 2008.

_____. "*Imitatio Christi*(1 Corinthians 11:1): How Paul Imitates Jesus Christ in
Dealing with Idol Food(1 Corinthians 8-10)." *BBR* 13(2003): 193-226.
_____. "Isaiah 42 and Paul's Call." Pages 101-27 in *PNP*.

_____. "Jesus, Sayings of." Pages 474-92 in *Dictionary of Paul and His Letters*.

Edited by G. F. Hawthorne, R. P. Martin, and D. G. Reid. Downers Grove: InterVarsity, 1993(Pages 259-97 in *PNP*).

_____. "Jesus the Son of God as the Gospel(1 Thess 1:9-10; Rom 1:3-4)." Pages 117-41 in *Earliest Christian History: History, Literature, and Theology: Essays from the Tyndale Fellowship in Honor of Martin Hengel*. WUNT 2/320. Edited by M. F. Bird and J. Maston. Tübingen: Mohr Siebeck, 2012.

_____. "Jesus - the Son of God, the Stone, the Son of Man, and the Servant: The Role of Zechariah in the Self-Designations of Jesus." Pages 134-48 in *Tradition and Interpretation in the New Testament*, E. E. Ellis *Festschrift*. Edited by G. F. Hawthorne and O. Betz. Grand Rapids: Eerdmans; Tübingen: Mohr Siebeck, 1987.

_____. *Justification and God's Kingdom*. Tübingen: Mohr Siebeck, 2018.

_____. *Paul and the New Perspective: Second Thoughts on the Origin of Paul's Gospel*. WUNT 140. Tübingen: Mohr Siebeck; Grand Rapids: Eerdmans, 2002(often abbreviated as *PNP*).

_____. "Paul and the Roman Empire." Pages 277-308 in *God and the Faithfulness of Paul: A Critical Examination of the Pauline Theology of N. T. Wright*. WUNT 2/413. Edited by C. Heilig, J. T. Hewitt, and M. F. Bird. Tübingen: Mohr Siebeck, 2016.

_____. "Paul as an Eschatological Herald." Pages 9-24 in *Paul as Missionary: Identity, Activity, Theology, and Practice*. LNTS. Edited by T. Burke and B. Rosner. Edinburgh: T&T Clark, 2011.

_____. "Paul's Common Paraenesis(1 Thess 4-5; Phil 2-4; and Rom 12-13): The Correspondence between Romans 1:18-32 and 12:1-2 and the Unity of Romans 12-13." *TynBul* 62(2011): 109-39.

_____. "Paul's Entry(εἴσοδος) and the Thessalonians' Faith(1 Thess 1-3)." *NTS* 51(2005): 519-42.

_____. "Paul and Violence." *Ex Auditu* 34(2018): 67-89.

_____. "The 'Mystery' of Rom 11.25-26 Once More." *NTS* 43(1997): 412-29(Pages 239-57 in *PNP*).

_____. *The Origin of Paul's Gospel.* WUNT 2/4. Tübingen: Mohr Siebeck, 1981, 21984; Grand Rapids: Eerdmans, 1982; Eugene, OR: Wipf & Stock, 2007.

_____. *"The 'Son of Man'" as the Son of God.* WUNT 30. Tübingen: Mohr Siebeck, 1983; Grand Rapids: Eerdmans, 1984; Eugene, OR: Wipf & Stock, 2011.

_____. "The Structure and Function of 1 Thess 1-3." Pages 170-88 in *History and Exegesis: New Testament Essays in Honor of Dr. E. Earle Ellis on His 80th Birthday.* Edited by Sang-Won Aaron Son. New York and London: T&T Clark, 2006.

Klinzing, G. *Die Umdeutung des Kultus in der Qumrangemeinde und im Neuen Testament.* Göttingen: Vandenhoeck & Ruprecht, 1971.

Klostermann, E. "Die adäquate Vergeltung in Rm 1, 22-31." *ZNW* 32(1933): 1-6.

Kramer, W. *Christ, Lord, Son of God*. SBT 50. London: SCM, 1966.

Krentz, E. "1 Thess: Rhetorical Flourishes and Formal Constraints." Pages 287-318 in *The Thessalonians Debate: Methodological Discord or Methodological Synthesis?*. Edited by K. P. Donfried and J. Beutler. Grand Rapids: Eerdmans, 2000.

Kuck, D. W. *Judgment and Community Conflict: Paul's Use of Apocalyptic Judgment Language in 1 Corinthians 3:5-4:5*. NovTSup 66. Leiden: Brill, 1992.

Kümmel, W. G. "Jesus und Paulus." Pages 439-56 in *Heilsgeschehen und Geschichte I. Gesammelte Aufsätze 1933-1964*. MATThSt 3. Marburg: Elwert, 1965.

Lambrecht, J. "Thanksgivings in 1 Thess 1-3." Pages 135-62 in *The Thessalonians Debate: Methodological Discord or Methodological Synthesis?*. Edited K. P. Donfried and J. Beutler. Grand Rapids: Eerdmans, 2000.

Lang, F. *Die Briefe an die Korinther*. NTD. Göttingen: Vandenhoeck & Ruprecht, 1986.

Larsson, E. *Christus als Vorbild. Eine Untersuchung zu den paulinischen Tauf- und Eikontexten*. ASNU XXIII. Uppsala: Gleerup, 1962.

Lautenschlager, M. "Εἴτε γρηγορῶμεν εἴτε καθεύδωμεν: Zum Verhältnis von Heiligung und Heil in 1 Thess 5,10." *ZNW* 81(1990): 39-59.

Leivestad, R. "Exit the Apocalyptic Son of Man." *NTS* 18(1971/72): 243-67.

Lichtenberger, H. *Das Ich Adams und das Ich der Menschheit*. WUNT 164.
Tübingen: Mohr Siebeck, 2004.

Lightfoot, J. B. *Saint Paul's Epistle to the Philippians*. London: Macmillan, 1927.

Lindars, B. *Jesus Son of Man*. Grand Rapids: Eerdmans, 1983.

Linnemann, E. *Studien zur Passionsgeschichte*. FRLANT. Göttingen:
Vandenhoeck & Ruprecht, 1970.

Lohfink, G. *Die Himmelfahrt Jesu: Untersuchungen zu den Himmelfahrts- und
Erhöhungstexten bei Lukas*. SANT 2. München: Kösel, 1971.

_____. *Wie hat Jesus Gemeinde gewollt? Zur gesellschaftlichen Dimension des
christlichen Glaubens*. Freiburg: Herder, 1982.

Lohmeyer, E. *Das Evangelium des Markus*. KEK. Göttingen: Vandenhoeck &
Ruprecht, 171967.

_____. *Kultus und Evangelium*. Göttingen: Vandenhoeck & Ruprecht, 1942.

Lohse, E. "Nachfolge Christi." *RGG*(³1960), 4:1286-87.

Luckensmeyer, D. *The Eschatology of First Thessalonians*. NTOA 71. Göttingen:
Vandenhoeck & Ruprecht, 2009.

Luz, U. *Das Geschichtsverständnis des Paulus*. BevT 49. München: Kaiser, 1968.

Lyons, G. *Pauline Autobiography: Toward a New Understanding*. SBLDS 73. Atlanta: Scholars Press, 1985.

Malherbe, A. J. *Ancient Epistolary Theorists*. SBLSBS 12. Atlanta: Scholars Press, 1988.

_____. "Exhortation in First Thessalonians." *NovT* 25(1983): 238-56.

_____. "'Gentle as a Nurse': The Cynic Background to 1 Thess ii." *NovT* 12(1970): 203-17.

_____. *Paul and the Thessalonians: The Philosophical Tradition of Pastoral Care*. Philadelphia: Fortress, 1987.

_____. *The Letters to the Thessalonians*. AB. New York: Doubleday, 2000.

Marshall, I. Howard. *1 and 2 Thessalonians*. NCBC. London: Marshall, Morgan and Scott, 1983.

_____. *Last Supper and Lord's Supper*. Exeter: Paternoster, 1980.

_____. *The Gospel of Luke*. Exeter: Paternoster, 1978.

Martin, D. M. *1, 2 Thessalonians*. NAC. Nashville: Broadman, 1995.

Martin, R. P. *2 Corinthians*. WBC. Waco, TX: Word, 1986.

738

Martin, R. P. and G. F. Hawthorne. *Philippians*. WBC. Nashville: Nelson, 22004.

März, C.-P. "Das Gleichnis vom Dieb: Überlegungen zur Verbindung von Lk 12, 39 par Mt 24,43 und 1 Thess 5,2.4." Pages 633-76 in *The Four Gospels 1992, F. Neirynck Festschrift*. Edited by F. van Segbroeck et al. Leuven: Leuven University Press, 1992.

Marxsen, W. *Der erste Brief an die Thessalonicher*. Zürich: Theologischer Verlag, 1982.

Menken, M. J. J. *2 Thessalonians*. New Testament Readings. London: Routledge, 1994.

Merk, O. "Nachahmung Christi: Zur ethischen Perspektiven in der paulinischen Theologie." Pages 172-206 in *Neues Testament und Ethik, R. Schnackenburg Festschrift*. Edited by H. Merklein. Freiburg: Herder, 1989.

Metzger, P. *Katechon: II Thess 2,1-12 im Horizont apokalyptischen Denkens*. BZNW 135. Berlin: de Gruyter, 2005.

Meyer, B. F. *The Aims of Jesus*. London: SCM, 1979.

Michel, O. *Der Brief an die Römer*. KEK. Göttingen: Vandenhoeck & Ruprecht, 1978.

Mitchell, M. M. "New Testament Envoys in the Context of Greco-Roman Diplomatic and Epistolary Conventions: The Example of Timothy and Titus." *JBL* 111(1992): 641-62.

_____. *Paul and the Rhetoric of Reconciliation*. Louisville: Wesminster/John Knox, 1993.

Moiser, J. "Rethinking Romans 12-15." *NTS* 36(1990): 571-82.

Moo, D. J. *The Epistle to the Romans*. NICNT. Grand Rapids: Eerdmans, 1996.

Müller, P.-G. *Der erste und zweite Brief an die Thessalonicher.* Regensburg: Pustet, 2001.

Munck, J. *Paul and the Salvation of Mankind.* London: SCM, 1959.

Mundla, J.-G. Mudiso M. *Jesus und die Führer Israels*. Münster: Aschendorff, 1984.

Murray, G. G. A. *Four Stages of Greek Religion*. New York, 1912.

Neirynck, F. "Duplicate Expressions in the Gospel of Mark." Pages 83-142 in *Evangelica*. BETL 60. Edited by F. van Segbroeck. Leuven: Leuven University Press, 1982.

_____. "Paul and the Sayings of Jesus." Pages 267-31 in *L'Apotre Paul: Personnalite, style et conception du ministere*. BETL 73. Edited by A. Vanhoye. Leuven: Leuven University Press, 1986.

_____. "The Redactional Text of Mark." Pages 618-36 in *Evangelica*. BETL 60. Edited by F. van Segbroeck. Leuven: Leuven University Press, 1982.

740

Nicholl, C. R. *From Hope to Despair in Thessalonica: Situating 1 and 2 Thessalonians*. SNTSMS 126. Cambridge: Cambridge University Press, 2004.

_____. "Michael, The Restrainer Removed(2 Thess 2:6-7)." *JTS* 51(2000): 27-53.

Nickle, K. F. *The Collection: A Study in Paul's Strategy*. London: SCM, 1966.

Novenson, M. V. "What the Apostles Did Not See." Pages 55-72 in *Reactions to Empire: Sacred Texts in Their Socio-Political Contexts*. WUNT 2/372. Edited by J. A. Dunne and D. Batovici. Tübingen: Mohr Siebeck, 2014.

Oakes, P. "Re-Mapping the Universe: Paul and the Emperor in 1 Thessalonians and Philippians." JSNT 27(2001): 301-22. Now reprint in pages 135-55 in his *Empire, Economics, and the New Testament*. Grand Rapids: Eerdmans, 2020.

O'Brien, P. T. *Introductory Thanksgivings in the Letters of Paul*. NovTSup 4. Leiden: Brill, 1977.
_____. *Gospel and Mission in the Writings of Paul: An Exegetical and Theological Analysis*. Grand Rapids: Baker, 1995.

_____. *The Epistle to the Philippians*. NIGTC. Grand Rapids: Eerdmans, 1991.

Pannenberg, W. *Christ—God and Man*. London: SCM, 1968.

Park, J. S. *Conceptions of Afterlife in Jewish Inscriptions*. WUNT 2/121. Tübingen: Mohr Siebeck, 2000.

Pearson, B. "1 Thess 2:13-16: A Deutero-Pauline Interpolation." *HTR* 64(1971): 79-94.

Peerbolte, L. J. L. *The Antecedents of Antichrist: A Traditio-Historical Study of the Earliest Christian View on Eschatological Opponents*. Supplements to the Journal for the Study of Judaism 49. Leiden: Brill, 1996.

Perrin, N. *Jesus the Priest*. Grand Rapids: Baker Academic, 2019.

_____. *Jesus the Temple*. Grand Rapids: Baker Academic, 2010.

Pesch, R. *Das Abendmahl und Jesu Todesverständnis*. Freiburg: Herder, 1978.

_____. *Das Markusevangelium* II. Teil. HThKNT. Freiburg: Herder, 1977.

Pfitzner, V. C. *Paul and the Agon Motif*. NovTSup 16. Leiden: Brill, 1967.

Piper, J. *"Love Your Enemies:" Jesus' Love Command in the Synoptic Gospels and the Early Christian Paraenesis*. SNTSMS. Cambridge: Cambridge University Press, 1979.

Pitre, B. *Jesus and the Last Supper*. Grand Rapids: Eerdmans, 2017.

Plevnik, J. "The Taking Up of the Faithful and the Resurrection of the Dead in 1 Thess 4:16-18." *CBQ* 46(1984): 274-83.

_____. *Paul and the Parousia: An Exegetical and Theological Investigation*. Peabody, MA: Hendrickson, 1997.

Porter, S. E. "The Theoretical Justification for Application of Rhetorical Categories to Pauline Epistolary Literature." Pages 100-22 in *Rhetoric and the New Testament: Essays from the 1992 Heidelberg Conference*. Edited by S. E. Porter and T. H. Olbricht. JSNTSup 90. Sheffield: JSOT Press, 1993.

Pryke, E. J. *Redactional Style in the Marcan Gospel*. SNTSMS. Cambridge: Cambridge University Press, 1978.

Rabens, V. "The Development of Pauline Pneumatology." *BZ* 43(1999): 161-79.

Räisänen, H. "Jesus and the Food Laws: Reflections on Mark 7.15." Pages 215-41 in *The Torah and Christ*. Helsinki: Finnish Exegetical Society, 1986.

_____. "Zur Herkunft von Markus 7,15." Pages 209-18 in ibid.

Rainbow, O. A. "Justification according to Paul's Thessalonian Correspondence." *BBR* 19(2009): 249-74.

Rhoads, D. "The Zealots." *ABD* 6:1043-54.

Reiser, M. "Love of Enemies in the Context of Antiquity." *NTS* 47(2001): 418-22.

Richard, E. J. *First and Second Thessalonians*. SP 11. Collegeville, MN: Liturgical Press, 1995.

Richardson, P. and P. W. Gooch. "Accommodation Ethics." *TynBul* 29(1978): 89-142.

Riesner, R. "Back to the Historical Jesus through Paul and His School(The Ransom Logion—Mark 10.45; Matthew 20.28)." *JSHJ* 1(2003): 171-99.

_____. *Die Frühzeit des Apostels Paulus: Studien zur Chronologie, Missionsstrategie und Theologie*. WUNT 71. Tübingen: Mohr Siebeck, 1994. ET: *Paul's Early Period: Chronology, Mission Strategy, Theology*. Grand Rapids: Eerdmans, 1998.

_____. *Jesus als Lehrer*. WUNT 2/7. Tübingen: Mohr Siebeck, 21984.

_____. "Paulus und die Jesus-Überlieferung." Pages 356-65 in *Evangelium, Schriftauslegung, Kirche. Festschrift für P. Stuhlmacher*. Edited by J. Ådna, S. J. Hafemann, and O. Hofius. Göttingen: Vandenhoeck & Ruprecht, 1997.

_____. "Rechtfertigung aus Glauben—wie früh? Ein chronologischer und exgetischer Beitrag zum Reformationsjubiläum." *TBei*(2017): 201-18.

Rigaux, B. *Saint Paul: Les épîtres aux Thessaloniens*. Études bibliques. Paris: Jl. Gabalda, 1956.

Röcker, F. W. *Belial und Katechon. Eine Untersuchung zu 2 Thess 2,1-12 und 1 Thess 4,12-5,11*. WUNT 2/262. Tübingen: Mohr Siebeck, 2009.

Roetzel, C. J. "The Language of War(2Cor 10:1-6) and the Language of Weakness(2Cor 11:21b-13:10)." Pages 77-98 in *Violence, Scripture, and Textual Practice in Early Judaism and Christianity*. Edited by R. S. Baustan, A. P. Jassen, and C. J. Roetzel. Leiden: Brill, 2010.

Roloff, J. *Das Kerygma und der irdische Jesus*. FRLANT. Göttingen: Vandenhoeck & Ruprecht, ²1973.

Roth, C. "The Cleansing of the Temple and Zechariah XIV.21." *NovT* 4(1960): 174-81.

Safrai, S. *Die Wallfahrt im Zeitalter des zweiten Tempels*. Neukirchen: Neukirchener. 1981.

Sanders, E. P. *Jesus and Judaism: A Comparison of Pattern of Religion*. Philadelphia: Fortress, 1985.

_____. "Jewish Association with Gentiles and Galatians 2:11-14." Pages 170-88 in *Conversation Continues: Studies in Paul and John. J. Louis Martyn Festschrift*. Edited by R. T. Fortna and B. R. Gaventa. Nashville: Abingdon, 1990.

Sandness, K. O. *Paul—One of the Prophets?* WUNT 2/43. Tübingen: Mohr Siebeck, 1991.

Satake, A. "Apostolat und Gnade bei Paulus." *NTS* 15(1968-69): 96-107.

Schlatter, A. *Der Evangelist Matthäus*. Stuttgart: Calwer, 1929.

Schlier, H. *Der Römerbrief*. HThKNT 6. Freiburg: Herder, 1977.

Schlueter, C. J. *Filling up the Measure: Polemical Hyperbole in 1 Thess 2.14-16*. JSNTSS 98. Sheffield: Sheffield Academic Press, 1994.

Schmidt, D. "1 Thess 2:13-16: Linguistic Evidence for an Interpolation." *JBL* 102(1983): 269-79.

Schmithals, W. *Paulus und Gnostiker*. Hamburg: Herbert Reich-Evangelischer Verlag, 1965.

Schnabel, E. J. *Early Christian Mission, II: Paul and the Early Church*. Downers Grove: InterVarsity, 2004.

Schnelle, U. *Apostle Paul: His Life and Theology*. Translated by M. E. Boring. Grand Rapids: Baker Academic, 2005.

Schniewind, J. *Das Evangelium nach Markus*. KEK. Göttingen: Vandenhoeck & Ruprecht, [9]1960.

Schoon-Janssen, J. *Umstrittene 'Apologien' in den Paulusbriefen: Studien zur rhetorischen Situation des 1. Thessalonicherbriefes, des Galaterbriefes und des Philipperbriefes*. Göttingen: Vandenhoeck & Ruprecht, 1991.

Schrage, W. *Der erste Brief an die Korinther(1. Kor 1,1-6,11)*. EKKNT 7/1. Zürich: Benziger; Neukirchen: Neukirchener, 1991.

_____. *Ethik des Neuen Testaments*. Göttingen: Vandenhoeck & Ruprecht, 1982.

Schreiber, S. *Der erste Brief an die Thessalonicher*. ÖTK 13:1. Gütersloh: Gütersloher Verlagshaus, 2014.

_____. *Der zweite Brief an die Thessalonicher*. ÖTK 13:2. Gütersloh: Gütersloher Veralghaus, 2017.

Schubert, P. *Form and Function of the Pauline Thanksgivings*. BZNW 20. Berlin: Töpelmann, 1939.

Schürmann, H. "'Das Gesetz des Christus'(Gal 6, 2): Jesu Verhalten und Wort als letztgültige sittliche Norm nach Paulus." Pages 283-300 in *Neues Testament und Kirche*, R. Schnackenburg *Festschrift*. Edited by J. Gnilka. Freiburg: Herder, 1974.

_____. *Jesu ureigener Tod*. Freiburg: Herder, 1975.

Schulz, S. *Neutestamentliche Ethik*. Zürich: Theologischer Verlagshaus, 1987.

Schweizer, E. *Das Evangelium nach Markus*. Göttingen: Vandenhoeck & Ruprecht, 1975.
_____. "Ministry in the Early Church." Pages 835-36 in *The Anchor Bible Dictionary*. vol. 4. New York: Doubleday, 1992.

Segal, A. F. *Paul the Convert*. New Haven: Yale University Press, 1990.

Seifrid, M. *Justification by Faith: The Origin and Development of a Central Pauline Theme*. NovTSup 68. Leiden: Brill, 1992.

Selwyn, E. G. *First Epistle of St. Peter*. London: Macmillan, ²1955.

Shae, Gam Seng. "The Question on the Authority of Jesus." *NovT* 16(1974): 1-29.

Siber, P. *Mit Christus leben: Eine Studie zur paulinischen Auferstehungshoffnung.* ATANT 61. Zürich: Theologischer Verlag, 1971.

Silberman, L. H. "Justice and Mercy of God." Pages 668-69 in *Encyclopaedia Judaica,* [2]2007.

Smalley, S. S. *1, 2, 3 John.* WBC 51. Waco, TX: Word, 1984.

Snodgrass, K. *The Parable of the Wicked Tenants.* WUNT 27. Tübingen: Mohr Siebeck, 1983.

Söding, Thomas. "Der erste Thessalonicherbrief und die frühe paulinische Evangeliumsverkündigung. Zur Frage einer Entwicklung der paulinischen Theologie." *BZ* 35(1991): 180-203.

Stanton, G. N. "Form Criticism Revisited." Pages 13-27 in *What About the New Testament? C. F. Evans Festschftift.* Edited by M. Hooker. London: SCM, 1975.

_____. *Jesus and Gospel. Cambridge*: Cambridge University Press, 2004.

_____. *Jesus of Nazareth in New Testament Preaching.* SNTSMS 27. Cambridge: Cambridge University Press, 1974.

Stassen, G. *Living the Sermon on the Mount: A Practical Hope for Grace and Deliverance.* San Francisco: Jossey-Bass, 2006.

748

Stassen, G. with M. W. White. "Defining Violence and Nonviolence." Pages 17-37
in *Teaching Peace: Nonviolence and the Liberal Arts*. Edited J. D. Weaver
and G. Biesecker-Mast. Lanham, MD: Rowman & Littlefield, 2003.

Stendahl, K. "Hate, Non-Retaliation, and Love, 1 QS x, 17-20 and Rom. 12:19-21."
HTR 55(1962): 343-55.

Stenger, W. "Biographisches und Idealbiographisches in Gal 1,11-12, 14." Pages
132-40 in *Kontinuität und Einheit, F. Mussner Festschrift*. Edited by P.-G.
Müller and W. Stenger. Freiburg: Herder, 1981.

Stettler, H. "An Interpretation of Colossians 1:24 in the Framework of Paul's
Mission Theology." Pages 185-208 in *The Mission of the Early Church
to Jews and Gentiles*. WUNT 127. Edited by J. Ådna and H. Kvalbein.
Tübingen: Mohr Siebeck, 2000.

_____. "Did Paul Invent Justification by Faith?" *TynBul* 66(2015): 161-96.

Still, T. D. *Conflict in Thessalonica*. JSNTSS 183. Sheffield: Sheffield Academic
Press, 1999.

Stowers, S. K. *Letter Writing in Greco-Roman Antiquity*. LEC. Philadelphia:
Westminster, 1986.

Strobel, A. *Die Stunde der Wahrheit*. WUNT 21. Tübingen: Mohr Siebeck, 1980.

_____. *Untersuchungen zum eschatologischen Verzögerungsproblem auf
Grund der spätjüdisch-urchristlichen Geschichte von Habbakuk 2,2ff*.

NovTSup 2. Leiden: Brill, 1961.

Stuhlmacher, P. *Biblische Theologie des Neuen Testaments.* vol. 1: *Grundlegung von Jesus und Paulus.* Göttingen: Vandenhoeck & Ruprecht, 1992. ET: *Biblical Theology of the New Testament.* Translated by D. P. Bailey. Grand Rapids: Eerdmans, 2018.

_____. "Christus Jesus ist hier, der gestorben ist, ja vielmehr, der auch auferweckt ist, der zur Rechten Gottes ist und uns vertritt." Pages 351-61 in *Auferstehung - Resurrection: The Fourth Durham-Tübingen Research Symposium.* WUNT 135. Edited by F. Avemarie and H. Lichtenberger. Tübingen: Mohr Siebeck, 2001.

_____. *Das paulinische Evangelium: I. Vorgeschichte.* FRLANT 95. Göttingen: Vandenhoeck & Ruprecht, 1968.

_____. *Der Brief an die Römer.* NTD. Göttingen: Vandenhoeck & Ruprecht, 1989. ET: *Paul's Letter to the Romans.* Louisville: Westminster John Knox, 1994.

_____. "Existenzstellvertretung für die Vielen: Mark 10,45(Mat 10,28)." Pages 27-42 in *Versöhnung, Gesetz und Gerechtigkeit.* Göttingen: Vandenhoeck & Ruprecht, 1981.

_____. "Jesustradition im Römerbrief?" *TBei* 14(1983): 240-50.

_____. "Matt 28:16-20 and the Course of Mission in the Apostolic and Postapostolic Age." Pages 17-43 in *The Mission of the Early Church to Jews and Gentiles.* WUNT 127. Edited by J. Ådna and H. Kvalbein. Tübingen:

Mohr Siebeck, 2000.

_____. "Reconciliation in the Preaching and Work of Jesus." Pages 2-14 in *Theology, News and Notes*. Pasadena: Fuller Theological Seminary, 1985.

_____. *Reconciliation, Law, and Righteousness*. Philadelphia: Fortress, 1986.

_____. *Revisiting Paul's Doctrine of Justification: A Challenge to the New Perspective, With an Essay by Donald A. Hagner*. Downers Grove: InterVarsity Academic, 2001.

_____. "Zum Thema: Das Evangelium und die Evangelien." Pages 1-26 in *Das Evangelium und die Evangelien*. WUNT 28. Edited by P. Stuhlmacher. Tübingen: Mohr Siebeck, 1983.

Talbert, C. H. "Tradition and Redaction in Rom. XII.9-21." *NTS* 16(1969-70): 83-93.

Tan-Gatue, P. *The Coherence of Justification in Luke 18:9-14 with Authentic Jesus Tradition*. Eugene, OR: Wipf and Stock, 2021.

Taylor, V. *The Gospel according to Mark*. London: Macmillan, ²1966.

Telford, W. R. *The Barren Temple and the Withered Tree*. JSNTSS 1. Sheffield: JSOT Press, 1980.

Theissen, G. "Die Tempelweissagung Jesu: Prophetie im Spannungsfeld von Stadt und Land." Pages 142-59 in *Studien zur Soziologie des Urchristentums*. WUNT 19. Tübingen: Mohr Siebeck, 21983.

_____. "Legitimation und Lebensunterhalt: Ein Beitrag zur Soziologie urchristlicher Missionare." Pages 201-30 in ibid.

_____. *The Religion of the Earliest Churches: Creating a Symbolic World.* Edited by J. Bowden. Minneapolis: Fortress, 1999.

Tellbe, M. *Paul between Synagogue and State: Christians, Jews, and Civic Authorities in 1 Thessalonians, Romans, and Philippians.* ConBNT 34. Stockholm: Almqvist & Wiksell, 2001.

Theobald, M. "Der Kanon von der Rechtfertigung(Gal 2,16; Röm 3,28)—Eigentum des Paulus oder Gemeingut der Kirche?" Pages 131-92 in *Worum geht es in der Rechtfertigungslehre?* Edited by T. Söding. Freiburg: Herder, 1999.

Thiselton, A. C. *The First Epistle to the Corinthians.* NIGTC. Grand Rapids: Eerdmans, 2000.

Thompson, J. W. *Pastoral Ministry according to Paul: A Biblical Vision.* Grand Rapids: Baker, 2006.

Thompson, M. *Clothed with Christ: The Example and Teaching of Jesus in Romans 12.1-15.13.* JSNTSSup 59. Sheffield: JSOT, 1991.

Thrall, M. E. *The Second Epistle to the Corinthians.* ICC. vol. 1. Edinburgh: T&T Clark, 1994.

_____. *The Second Epistle to the Corinthians.* ICC. vol. 2. Edinburgh: T&T Clark, 2000.

Tödt, H. E. *The Son of Man in the Synoptic Tradition*. London: SCM, 1965.

Tolmie, F. "Violence in the Letter to the Galatians?" Pages 69-82 in *Coping with Violence in the New Testament*. Edited by P. Williams and J. W. Henton. Leiden: Brill, 2012.

Tomson, P. J. *Paul and the Jewish Law: Halakha in the Letters of the Apostle to the Gentiles*. CRINT. Assen/Mastricht: Van Gorcum; Minneapolis: Fortress, 1990.

Trautmann, M. *Zeichenhafte Handlungen Jesu: Ein Beitrag zur Frage nach dem geschichtlichen Jesus*. Würzburg: Echter Verlag, 1980.

Travis, S. H. *Christ and the Judgment of God: The Limits of Divine Retribution in New Testament Thought*. Milton Keynes: Paternoster, [2]2008.

Trilling, W. *Der zweite Brief an die Thessalonicher*. EKKNT. Zürich: Benziger; Neukirchen: Neukirchener, 1980.

Tuckett, C. M. "Synoptic Tradition in 1 Thess?" Pages 160-82 in *The Thessalonian Correspondence*. BETL 87. Edited by R. F. Collins. Leuven: Leuven University Press, 1990.

_____. *The Revival of the Griesbach Hypothesis*. Cambridge: Cambridge University Press, 1983.

Turner, M. M. B. *The Holy Spirit and Spiritual Gifts*. Peabody, MA: Hendrickson, [2]1998.

van Unnik, W. "The Christian Freedom of Speech in the NT." Pages 269-89 in *Sparsa Collecta*. Part Two. NovTSup 30. Leiden: Brill, 1980.

Vögtle, A. "Paraklese und Eschatologie nach Röm 13,11-14." Pages 557-73 in *Dimensions de la Vie Chrétienne(Rom 12-13)*. Edited by L. de Lorenzi. Rome: Abbaye de S. Paul, 1979.

vom Brocke, C. *Thessaloniki—Stadt des Kasander und Gemeinde des Paulus*. WUNT 2/125. Tübingen: Mohr Siebeck, 2001.

von Bendemann, R. "'Frühpaulinisch' und 'spätpaulinisch'? Erwägungen zu der These einer Entwicklung der paulinischen Theologie am Beispiel des Gesetzesverständnis." *EvT* 60(2000): 210-29.

von Willamowitz-Moellendorf, U. *Die griechische Literatur des Altertums(= Die Kultur der Gegenwart)*. Edited by P. Hinneberg. Berlin/Leipzig, 1912.

Vos, J. S. "On the Background of 1 Thess 2:1-12: A Response to Traugott Holtz." Pages 81-88 in *The Thessalonians Debate: Methodological Discord or Methodological Synthesis?*. Edited by K. P. Donfried and J. Beutler. Grand Rapids: Eerdmans, 2000.

_____. "Splitting and Violence in the New Testament: Psychoanalytic Approaches to the Revelation of John and the Letters of Paul." Pages 177-98 in *Destructive Power of Religion: Violence in Judaism, Christianity, and Islam, vol. 2 of Religion, Psychology, and Violence*. Edited by J. H. Ellens. Westport, CT: Praeger, 2004.

Wagner, J. R. "The Heralds of Isaiah and the Mission of Paul: An Investigation of Paul's Use of Isaiah 51-55 in Romans." Pages 193-222 in *Jesus and the Suffering Servant: Isaiah 53 and Christian Origins*. Edited by W. H. Bellinger Jr. and W. R. Farmer. Harrisburg, PA: Trinity International, 1998.

Walter, N. "Paul and the Early Christian Jesus-Tradition." Pages 51-80 in *Paul and Jesus*. JSNTSS 37. Edited by A. J. M. Wedderburn and C. Wolff. Sheffield: JSOT Press, 1989.

Walton, S. *Leadership and Lifestyle: The Portrait of Paul in the Miletus Speech and 1 Thess* SNTSMS. Cambridge: Cambridge University Press, 2000.

_____, "Paul, Patronage and Pay: What Do We Know about the Apostle's Financial Support?" Pages 220-33 in *Paul as Missionary: Identity, Activity, Theology, and Practice*. LNTS. Edited by T. J. Burke and B. S. Rosner. London: T&T Clark, 2011.

Wanamaker, C. *The Epistles to the Thessalonians*. NIGTC. Grand Rapids: Eerdmans, 1990.

Weder, H. *Das Kreuz Jesu bei Paulus*. FRLANT 125. Göttingen: Vandenhoeck & Ruprecht, 1981.

Wedderburn, A. J. M. "Adam in Paul's Letter to the Romans." Pages 413-30 in *Studia Biblica 1978, III: Papers on Paul and Other NT Authors*. JSNTSup 3. Edited by E. A. Livingstone. Sheffield: JSOT Press, 1980.

_____. "Paul and Jesus: Similarity and Continuity." Pages 117-43 in *Paul and*

Jesus. JSNTSup 37. Edited by A. J. M. Wedderburn and C. Wolff. Sheffield: JSOT Press, 1989.

_____. "Paul and the Story of Jesus." Pages 161-89 in ibid.

Weima, J. A. D. "An Apology for the Apologetic Function of 1 Thess 2.1-12." *JSNT* 68(1997): 73-99.

_____. *1-2 Thessalonians*. BECNT. Grand Rapids: Baker Academic, 2014.

_____. "1-2 Thessalonians." Pages 871-89 in *Commentary on the NT Use of the OT*. Edited by G. K. Beale and D. A. Carson. Grand Rapids: Baker Academic, 2007.

_____. "'Peace and Security'(1 Thess 5.3): Prophetic Warning or Political Propaganda?" *NTS* 58(2012): 331-59.

_____. "What Does Aristotle Have to Do with Paul? An Evaluation of Rhetorical Criticism." *Calvin Theological Journal* 32(1997): 458-68.

Weiss, J. *Der erste Korintherbrief*. KEK. Göttingen: Vandenhoeck & Ruprecht, 1910.

Wellhausen, J. *Das Evangelium Marci*. Berlin: Reimer, 1903.

Wengst, K. *Pax Romana and the Peace of Jesus Christ*. Translated by J. Bowden. Philadelphia: Fortress, 1987.

756

Wenham, D. *Paul: Follower of Jesus or Founder of Christianity?* Grand Rapids: Eerdmans, 1995.

White, J. L. *The Body of the Greek Letter*. SBLDS 2. Missoula: Scholars Press, 1972.

White, J. R. "'Peace and Security'(1 Thess 5.3): Is It Really a Roman Slogan?" *NTS* 59(2013): 382-95.

_____. "'Peace' and 'Security'(1 Thess 5.3): Roman Ideology and Greek Aspiration." *NTS* 60(2014): 499-510.

Wilckens, U. *Die Missionsreden der Apostelgeschichte*. WMANT 5. Neukirchen: Neukirchener, 1974.

_____. "Der Ursprung der Überlieferung der Erscheinung des Auferstandenen." Pages 139-93 in *Dogma und Denkstrukturen, E. Schlink Festschrift*. Edited by W. Joest and W. Pannenberg. Göttingen: Vandenhoeck & Ruprecht, 1963.

_____. *Der Brief an die Römer (Röm 1-5)*. EKKNT VI/1. Zürich: Benziger; Neukirchen: Neukirchener, 1978.

Wildberger, H. *Jesaja, 1. Teilband*. BKAT. Neukirchen: Neukirchener, 1972.

Williams, D. M. "The Imitation of Christ in Paul with the Special Reference to Paul as Teacher." PhD Diss., Columbia University, 1967.

Wilson, W. T. *Love without Pretense: Rom 12:9-21 and Hellenistic and Jewish*

Literature. WUNT 2/46. Tübingen: Mohr Siebeck, 1991.

Windisch, H. "Die Sprüche vom Eingehen in das Reich Gottes." *ZNW* 27(1928): 163-92.

Wink, W. "Beyond Just War and Pacifism: Jesus' Nonviolent Way." Pages 53-76 in *The Destructive Power of Religion: Violence in Judaism, Christianity, and Islam*, vol. 4 of *Contemporary Views on Spirituality and Violence*. Edited by J. H. Ellens. Westport, CT: Praeger, 2004.

Winter, B. W. *After Paul Left Corinth*. Grand Rapids: Eerdmans, 2001.

_____. "Is Paul among the Sophists?" *RTR* 53(1994): 28-38.

_____. "The Entries and Ethics of the Orators and Paul(1 Thess 2.1-12)." *TynBul* 44(1993): 54-74.

Witherington, B. F. "Not So Idle Thought about *EIDŌLOTHYTON.*" *TynBul* 44(1993): 237-54.

Wolff, C. *Der erste Brief des Paulus an die Korinther. Zweiter Teil: Auslegung der Kapitel 8-16*. THNT VII/1. Berlin: Evangelische Verlagsanstalt, 1982.

_____. *Der zweite Brief des Paulus an die Korinther.* THNT VII/2. Berlin: Evangelische Verlagsanstalt, 1989.

_____. "Humility and Self-Denial in Jesus' Life and Message and in the Apostolic Existence of Paul." Pages 145-60 in *Paul and Jesus*. JSNTS 37. Edited by A. J. M. Wedderburn and C. Wolff. Sheffield: JSOT Press, 1989.

758

Wolter, M. *Der Brief and die Römer(Teilband 1: Römer 1-8)*. EKKNT. Ostfieldern: Patmos/Göttingen: Vandenhoeck & Ruprecht, 2014.

Wright, N. T. *Jesus and the Victory of God. The Origin of Christianity and the Question of God 2*. Minneapolis: Fortress Press, 1997.

_____. "Monotheism, Christology and Ethics: 1 Corinthians 8." Pages 120-36 in *The Climax of the Covenant: Christ and the Law in Pauline Theology*. Minneapolis: Fortress, 1991.

_____. *Paul: A Biography*. San Francisco: HarperOne, 2018.

_____. *Paul and the Faithfulness of God*. vol. 2. Christian Origins and the Question of God 4. Minneapolis: Fortress, 2013.

_____. *Paul: In Fresh Perspective*. Minneapolis: Fortress, 2005.

_____. "Paul's Gospel and Caesar's Empire." Pages 166-73 in *Paul and Politics: Ekklesia, Israel, Imperium, Interpretation; Essays in Honor of Krister Stendahl*. Edited by R. A. Horsley. Harrisburg, PA: Trinity, 2000.

_____. "The Letter to the Romans." Pages 393-770 in vol. 10 of *The New Interpreter's Bible*. Edited by Leander E. Keck. Nashville: Abingdon, 2002.

_____. *The Resurrection of the Son of God. The Origin of Christianity and the Question of God 3*. Minneapolis: Fortress, 2003.

Yeung, M. *Faith in Jesus and Paul. A Comparison with Special Reference to 'Faith*

That Can Remove Mountains' and 'Your Faith Has Healed/Saved You.' WUNT 2/147. Tübingen: Mohr Siebeck, 2002.

Yinger, K. L. *Paul, Judaism, and Judgment according to Deeds*. SNTSMS. Cambridge: Cambridge University Press, 1999.

Yoder Neufeld, T.R. *Killing Enmity: Violence and the New Testament*. Grand Rapids: Baker Academic, 2011.

Zerbe, G. *Non-Retaliation in Early Church and New Testament Texts: Ethical Themes in Social Contexts*. JSPSup 13. Sheffield: JSOT Press, 1993.

Zimmerli, W. *Ezechiel 1*. BKAT. Neukirchen: Neukirchener, 1969.

저자 색인

Aalen, S.   686, 693

Ådna, J.   337, 651

Aejmelaeus, L.   284−85, 287, 289

Albertz, M.   664

Aletti, J.−N.   444, 460

Allison, D. C.   286, 509

Aono, T.   176, 534

Arndt, W. F.   9

Aune, D. E.   291

Baker, M.   574

Balz, H.   10

Bammel, E.   406

Barclay, J. M. G.   45, 56, 66, 294, 332,
     345, 355−59, 369, 377, 384−88,
     516−17, 609

Barr, J. 136, 217, 459

Barrett, C. K.   272, 317, 335, 381, 412,
     608, 678, 685

Barton, S. C.   594

Bash, A.   64

Bauckham, R.   118, 286, 291, 498

Bauer, W.   9

Beale, G. K.   466

Becker, J.   138, 185

Behm, J.   420

Beker, J. C.   584

Best, E.   36, 88, 219, 283, 290, 309−
     10, 403, 405, 438, 463, 465, 476,
     480, 657, 672, 684

Betz, H. D.   501−02, 601

Betz, O.   188, 224, 233−36, 258, 337,
     654, 680−82, 684, 686−88, 690,
     693, 697

Beyer, H. W.   593

Billerbeck, P.   9, 660, 683, 693

Bird, M. F.   177−79, 181−83, 205,
     631, 704−05

Black, M.   9, 666

Blass, F.   9

Blinzler, J.   697

Bockmuehl, M.   71

Boers, H.   37−38, 71 ,712

Borg, M.   406

Borgen, P.   520, 607

Bornkamm, G.   110−11, 115, 118, 573,
     601, 648

Botterweck, G. J.   12

Broer, I.   666

Brown, C.　　　　　　　　　　11

Bruce, F. F.　284, 286, 506−07, 509,
　　　601, 608

Brunt, J. C.　　　　　　　　533

Bryan, C.　　　　　　　　　366

Bultmann, R.　203, 242, 268, 501−03,
　　　611, 655, 657−58, 660, 662

Burchard, C.　　　　　　185−86

Calvin, J.　　　　　　　　470

Campbell, D.　　　　　　　434

Carter, W.　　　　　　　　344

Catchpole, D. R.　　　　　698

Cerfaux, L.　　　　　　219, 299

Charlesworth, J. H.　　　　651

Chester, A.　　　　　　　267

Cheung, A. T.　　　526, 531−34

Cohick, L. H.　　　　　　379

Collange, J.−F.　　　　　502

Collins, A. Y.　　　　　　231

Collins, J. J.　　　　　231, 630

Conzelmann, H.　　　　　507

Cosgrove, C. H.　　　　　331

Cranfield, C. E. B.　102, 230, 416

Crump, D.　　　　　　　229

Cullmann, O.　187, 470−75, 480−81,
　　　611

Dahl, N. A.　　　　　　502, 590

Danker, F. W.　　　　　　9

Daube, D.　　　　　657, 675, 679

Davies, W. D.　　　　　　286

Davis, C. T.　　　　　　620

Dawes, G. W.　　　　526, 532

de Boer, W. P.　　　　　501

DeBrunner, A.　　　　　　9

Deissmann, G. A.　　　　353

Dibelius, M.　　42, 466, 502, 597

Dickey, S.　　　　　　　303

Dickson, J. P.　　　　561, 563

Dodd, C. H.　508, 515, 517, 608, 683

Donahue, J. R.　　　　　698

Donfried, K. P.　　　　331, 349

Downs, David J.　　　　567−69

Dunn, J. D. G.　94, 102, 138, 167−
　　　69, 171, 174−75, 177−79, 181,
　　　183, 205, 210, 255−57, 291, 293,
　　　331, 337, 339, 388, 340, 405−07,
　　　412−22, 493, 543, 628−29, 645

Dupont, J.　　　　219, 229, 299

Eckart, K.−G.　　　　　　71

Eckert, J.　　　　　　209, 216

Elgvin, T.　　　　　　　428

Ellens, J. H.　　　　617, 623, 637

Elliott, N.　　　　　　344, 366

Ellis, E. E.　　　　　　656

Eppstein, V.　　　　　　678

Ernst, J.　　　　　　　464

Evans, C. A.   252, 258, 271, 413

Fairchild, M. R.   629

Fantin, J. D.   379

Farmer, W. R.   629

Fee, G. D.   308, 323, 510, 515, 525, 532, 599, 604, 610

Fisk, B. N.   525−26

Fitzmyer, J. A.   94, 230, 406, 410

Flusser, D.   678, 683, 686−87, 692

Foerster, W.   384, 666

Frey, J.   161

Friedrich, G.   12, 88, 219, 299, 666

Funk, R. W.   9, 38

Furnish, V. P.   174, 502−03, 507, 509, 515

Gager, J. G.   637, 649

Galling, K.   11

Gärtner, B.   683, 693, 695

Gaston, L.   658, 686−87, 693

Gathercole, S. J.   255, 332, 335−36

Gaventa, B. R.   464, 520, 607

Georgi, D   103−04, 345, 571, 573

Gerhardson, B.   656

Gese, H.   331, 417

Giblin, G. H.   478

Gibson, E. L.   637, 649

Gillman, J.   66

Gingrich, F. W.   9

Gnilka, J.   655−57, 663−64, 679, 686−87, 698

Goppelt, L.   674, 678, 686−88

Gordon, G. L.   388

Gorman, M. J.   595

Grimm, W.   245, 258, 690

Grundmann, W.   666, 672−73, 678−79, 686−87, 689

Gundry, R. H.   518, 672

Gupta, N. K.   152

Hafemann, S. J.   58

Hagner, D. A.   442, 599

Hahn, F.   677, 679

Hamerton−Kelly, R. G.   637

Hannah, D. D.   466−69

Hanson, J. S.   629

Hardin, J. K.   344, 346

Harrison, J. R.   346

Hartman, L.   284, 287, 289

Hawthorne, G. F.   309, 323

Hay, D. M.   229

Hays, Richard B.   368−69, 535−37, 605, 608, 610

Heil, John P.   277, 278

Heilig, C.   359, 374

Hengel, M.   84, 86−87, 97, 99, 102, 115, 118, 135−36, 138, 142, 153, 166, 181, 190, 209, 217, 223,

235−36, 251−52, 269, 456, 458, 629, 654, 677−79, 682−84, 686, 688−90, 704

Hess, K. 593

Hock, R. F. 58

Hofius, O. 113, 160, 263, 285, 331, 507, 629

Holtz, T. 32, 46, 66, 69, 70, 72, 75, 88, 151, 220, 275, 284, 292, 309−10, 403, 405, 407, 427, 598, 604

Hooker, M. D. 88−91, 220, 335, 413, 605

Horbury, W. 72

Horn, F. W. 161

Horrell, D. 510−512, 525−26, 535−37, 599, 608

Horsley, R. A. 103, 344−45, 366, 629

Horst, J. 403

Howard, W. F. 11

Hübner, H. 216, 337, 604

Hughes, F. W. 83

Hurd, J. C. 511

Hyldahl, N. 275, 280, 287, 289

Jenni, E. 324

Jeremias, J. 187, 201, 258, 270, 567, 655, 674, 678, 680, 683, 685, 688, 690, 693, 697

Jervell, J. 533, 573

Jewett, R. 83−84, 102, 294, 303, 344, 405−06, 407, 414

Johanson, B. C. 53, 55, 66, 70

Joseph, S. J. 282

Juel, D. 686−87, 693, 698

Jüngel, E. 203

Käsemann, E. 102, 108, 326, 327, 391, 410, 412, 422, 441, 604

Keener, C. S. 123, 193, 198−99

Keller, W. 566

Kennedy, G. A. 601

Kern, P. K. 84

Kertelge, K. 327, 691

Kilpatrick, G. D. 688

Kim, S. 13, 28, 54, 83−84, 87−89, 101−02, 104, 106, 107, 109, 115, 122, 123, 125, 131−33, 136, 138, 144, 149, 152−53, 158, 159, 163, 167−68, 175, 190, 209−10, 212−13, 217, 219−22, 224, 226, 228, 232, 238−39, 242, 248, 254, 256, 261, 267, 271, 290, 294, 303, 324−25, 327, 332, 336, 338, 340, 343−51, 358, 367, 384, 387−88, 392, 394, 415, 428, 437, 439−40, 443, 449, 451−52, 458, 461−62, 466, 476−77, 482, 484−85, 490, 494, 511, 537, 541,

548, 557, 562, 585−86, 597−
99, 604, 607, 609, 612, 629−31,
633, 635, 639, 641−42, 661, 674,
690−91, 698

Klein, G.   573

Klinzing, G.   693

Klostermann, E.   410

Kramer, W.   90, 98, 101, 251, 254

Krentz, E.   84

Kuck, D. W.   312

Kümmel, W. G.   501, 503, 678

Lambrecht, J.   38

Lang, F.   263

Larsson, E.   501

Lautenschlager, M.   277−78

Leivestad, R.   270

Lichtenberger, H.   337, 422

Lightfoot, J. B.   399

Lindars, B.   270

Linnemann, E.   698

Lohfink, G.   281, 599

Lohmeyer, E.   658, 664, 666, 669, 671,
683, 686−87, 693

Lohse, E.   502, 656

Luckensmeyer, D.   323

Luz, U.   281, 297

Lyons, G.   47−50, 54

Malherbe, A. J.   35−36, 41−42, 46−

50, 53−55, 69, 75, 79−80, 84,
88−89, 249, 275−78, 284, 290,
297, 308, 346, 427, 581, 596

Manson, T.   573

Marshall, I. H.   36−7, 43, 49, 94, 275,
276, 282, 284, 287, 289, 292,
298, 371, 403, 405, 463, 466−67,
478, 506, 663, 676, 678−80, 691

Martin, D. M.   464

Martin, R. P.   10, 263, 294, 309, 537

Marxsen, W.   37

März, C. P.   286

Maurer, C.   261

Menken, M. J. J.   466

Merk, O.   500−503

Metzger, P.   463, 469, 472, 475

Meyer, B. F.   687, 693

Michel, O.   94, 412, 416

Migne, J.−P.   11

Milligan, G.   11

Mitchell, M. M.   64, 84

Moiser, J.   406

Moo, D. J.   95, 102, 336, 405, 412−13,
423, 492, 604

Morgenthaler, R.   658

Moulton, J. H.   11

Müller, P.−G.   464

Munck, J.   471, 573, 612

Mundla, J.-G. Mudiso M.   657, 659, 664, 666, 679, 680

Murray, G. G. A.   601

Neirynck, F.   253, 290, 658, 666

Nicholl, C. R.   466-469, 472

Nickle, K. F.   573

Novenson, M. V.   356

O'Brien, P. T.   75-6, 309, 569

Oakes, P.   343, 346

Pannenberg, W.   113

Park, J. S.   297

Pearson, B.   71

Peerbolte, L. J. L.   476

Perrin, N.   651

Pesch, R.   653-54, 656, 663, 667, 670, 677-80, 682-83, 686, 688, 691-92

Pfitzner, V. C.   369

Piper, J.   399, 403, 432

Pitre, B.   651

Plevnik, J.   282

Porter, S. E.   84

Pryke, E. J.   653-55, 657-58

Rabens, V.   133, 337, 604

Rainbow, O. A.   136, 440, 457, 459

Räisänen, H.   517

Reiser, M.   490

Rhoads, D.   629

Richard, E. J.   323

Richardson, P.   519

Riesner, R.   43, 70, 107, 115, 138, 184, 186-89, 196, 199, 200, 202-03, 205, 248, 270, 458, 507, 580-81, 592, 654, 674

Rigaux, B.   231, 463

Röcker, F. W.   463-64, 469, 471-75, 478, 483, 612

Roetzel, C. J.   617, 619

Roloff, J.   664, 677, 679, 684-89, 693

Roth, C.   685

Safrai, S.   654

Sanders, E. P.   328, 335, 520, 539, 607, 650

Sandness, K. O.   72

Satake, A.   325

Schlatter, A   658

Schlier, H.   407

Schlueter, C. J.   71

Schmidt, D.   71

Schmithals, W.   37, 62

Schnabel, E. J.   566

Schneider, G.   10

Schnelle, U.   138, 161, 180-81, 207, 460

Schniewind, J.   684

Schoon-Janssen, J.   50-51, 55

Schrage, W.   113, 502-05, 507, 510,

512, 536−37

Schreiber, S.   164

Schrenk, G.   384

Schubert, P.   75−76, 78, 83

Schulz, S.   502

Schürmann, H.   504, 507, 509, 511, 515,
    608, 690

Schweizer, E.   219, 299, 593, 678,
    686−89

Schwemer, A. M.   115, 135−36, 138,
    142, 153, 166, 181, 209, 217,
    456, 458

Segal, A. F.   521

Seifrid, M.   176−77

Selwyn, E. G.   403, 432

Shae, Gam Seng   653, 659, 660, 662−
    64, 666−67, 672

Siber, P.   276−77, 297

Silberman, L. H.   491

Smalley, S. S.   228

Snodgrass, K.   682−84, 690

Söding, T.   137−45, 147, 151−55, 157,
    166

Stählin, G.   508

Stanton, G. N.   342, 656, 679

Stassen, G.   624−25

Stendahl, K.   645

Stenger, W.   562

Stettler, H.   184, 186, 189, 200−03,
    471−73, 612

Still, T. D.   70

Stowers, S. K.   601

Strack, H. L.   9

Strobel, A.   464, 473, 682, 687, 697,
    698

Stuhlmacher, P.   95, 97, 100, 113, 126,
    209, 229, 232, 252, 258, 264,
    270, 285, 287, 293, 331, 337−38,
    406, 410, 442, 471, 507, 563−64,
    656, 677, 682, 688, 690, 696

Talbert, C. H.   403, 432

Tan−Gatue, P.   201

Taylor, V.   664, 666, 668, 671, 679−80,
    684, 686−87

Telford, W. R.   689, 692

Tellbe, M.   66

Theissen, G.   179, 181, 183, 599, 686−
    87, 689, 697

Theobald, M.   184−86

Thiselton, A. C.   113

Thompson, J. W.   580, 583−84, 595

Thompson, M.   405, 407, 415−16, 423,
    425, 506, 507, 508, 511, 516−18,
    539, 544−45, 607, 609, 644

Thrall, M. E.   58, 60, 208, 571

Tödt, H. E.   270

Tolmie, F. 618

Tomson, P. J. 514, 520, 525−35, 539,
    588, 605

Trautmann, M. 686, 689

Travis, S. H. 313, 319−20, 331, 583

Trilling, W. 464

Tuckett, C. M. 284−87, 653

Turner, M. M. B. 337, 604

Turner, N. 11

van Unnik, W. 122

Vögtle, A. 407

vom Brocke, C. 43, 70, 597

von Bendemann, R. 136, 161, 205

von Willamowitz−Moellendorf, U. 601

Vos, J. S. 68, 617, 648

Wagner, J. R. 560−61, 563, 568

Walter, N. 253, 284−85, 293, 515, 609

Walton, S. 47, 596, 598

Wanamaker, C. 49−55, 66, 69, 76, 80,
    83−84, 88, 220, 276, 286−87,
    308, 403, 428, 438

Wedderburn, A. J. M. 413, 542−44

Weder, H. 543, 683

Weima, J. A. D. 47, 66, 69, 70, 84, 373,
    463, 466−69, 476−78, 604

Weiss, J. 506

Wellhausen, J. 659, 688

Wengst, K. 406

Wenham, D. 106, 229, 230−31, 284,
    286−87, 290, 292, 298, 405, 483,
    506−09, 539, 644

White, J. L. 38

White, J. R. 373

White, M. W. 625

Wilckens, U. 88, 219−20, 252, 299,
    410, 413

Wildberger, H. 562

Williams, D. M. 501

Wilson, W. T. 490

Windisch, H. 686, 693

Wink, W. 625

Winter, B. W. 43−44, 46, 84, 520, 597

Witherington, B. F. 83, 525

Wolff, C. 510, 543, 594, 595

Wolter, M. 492−93

Wright, N. T. 18, 103, 122, 331, 344,
    345, 352−97, 477, 492, 552, 587,
    606−07, 631, 651

Yeung, M. 202

Yinger, K. L. 311, 319, 320, 323, 331,
    335, 340

Yoder Neufeld, T. R. 616−17, 624, 631

Zerbe, G. 489−90

Zimmerli, W. 562

Zobel 324

감사 부분(thanksgiving section)　　70-82

게으른 자들, 게으름　17, 50, 302, 304-
　　06, 401, 431, 452

견유학파 철학자들　　13, 43, 88, 599

구속/속량/건지심(redemption)　21, 94-
　　108, 114-18, 134-35, 166, 211,
　　213, 215-16, 232-33, 254, 258-
　　69, 336-38, 374-75, 417, 441,
　　455-59, 553-56, 그 외 여러 곳

그리스도를 본받음　20, 233, 248, 253,
　　500-24, 535-48, 640-45, 648

"그리스도의 율법"　23, 133, 247-49,
　　329, 337, 510-14, 517-21, 523-
　　24, 531, 546, 587, 607-11, 638-
　　45

그리스도의 중보　97-101, 108, 111,
　　114-15, 117, 225-32, 273, 그 외
　　여러 곳

그리스도의 파루시아　17-19, 234, 238,
　　241, 271-72, 274-302, 323,
　　342-45, 370-75, 380, 382, 385-
　　86, 436-38, 440-42, 445-46,
　　450-51, 458, 462-73, 478-85,
　　564-66, 639, 그 외 여러 곳

그리스도인의 자유　　519-35

기본적 교리선언문(Basissatz) 혹은 근본적
　　교리선언문(Grundsatz) (칭의 교리의
　　기본적 교리선언문)　185-204

내어줌의 형식(giving-up [or delivering]
　　formula)　110, 254, 255-66, 270-
　　73

다메섹 사건　21, 86, 163, 168, 175,
　　178-80, 186-87, 203, 205, 214,
　　235, 256, 324-26, 363, 482, 490,
　　628-34, 그 외 여러 곳

대속물 말씀(막 10:45//마 20:28)　16, 232-
　　33, 244-66, 505-07, 그 외 여
　　러 곳

데살로니가전서(안디옥 논쟁 이후 서신으로서
　　의)　15-16, 205-15

데살로니가전서와 고린도전후서에서의 칭
　　의 교리의 상황화　15, 136, 205-
　　217, 333

데살로니가후서의 진정성　　485, 461

동해형법(lex talionis)　　486-98

"들어감"(εἴσοδος, 혹은 사도적 행실)　13-14,
　　30, 38-47, 347, 596-98, 그 외 여
　　러 곳

로마 제국 18, 342-97, 475-84, 그 외 여러 곳

"막고 있는 것"/"막고 있는 자"(κατέχον/ κατέχων) 19, 462-85

믿음, 믿다 152-57, 452-59, 그 외 여러 곳

"믿음의 순종" 128, 240, 339, 372, 383, 392-93, 439, 442, 443, 455, 566, 620, 625, 632, 644

"믿음의 역사/일" 79, 81, 153, 154, 442-44, 452, 454

바울 복음의 통일성과 연속성 14, 18-19, 114-16, 120-217

바울 신학의 발전 15, 136-202, 209, 216, 223-24, 232, 257, 432-34, 457-59, 519

바울 이전 신앙고백/전승/자료 88, 140-45, 150, 166, 183-85, 189,196-97, 202-04, 217, 219, 223, 257, 579, 642

바울, 모델(본)로서의 47-55, 84-85, 619, 그 외 여러 곳

바울에 대한 "새 관점" 16, 126, 161, 198, 208-10, 335-39, 391, 460, 590, 628

바울의 목회적 실천 38-47, 56-62, 244-48, 578-615

바울의 비시디아 안디옥 설교 (행 13:16-48) 120-28, 173, 459-60

바울의 예루살렘으로의 헌금 여정 21, 567-75

바울의 회심/소명 21, 167-71, 그 외 여러 곳

반제국적 해석(counter-imperial/anti-imperial interpretation) 18, 20, 103-4, 342-97, 476-77

베드로의 오순절, 성전 설교, 예루살렘 공의회 연설 190-200

변증 혹은 변증적 목적 40-47, 55, 62-70, 84-85, 그 외 여러 곳

보냄의 형식(sending formula) 109, 144, 200, 254-57, 260, 263-65, 267, 270, 271, 554, 592, 622

복음 101-14, 117-18, 그 외 여러 곳

복음의 요약 14, 88-93, 101, 117, 120, 189, 214, 221

"불법의 사람," 혹은 "무/불법자" 19-20, 371-73, 387, 436, 446, 450, 452, 457, 462, 465-84, 493, 495, 575

상급/상 398-434, 437, 445, 487, 그 외 여러 곳

선행 199, 321, 333, 337, 341, 444, 448, 451-54

성령의 역사 15, 147-52

성만찬 말씀(막 14:21-25과 그 병행 구절들) 17, 106, 200-02, 232-33, 241-42, 244, 251-73, 691

성전   650-702

성화(sanctification)   15, 135, 142, 145-52,
        165-66, 212-17, 333, 338-39,
        398-402, 428-31, 442-44, 450-
        57, 그 외 여러 곳

소피스트   43-44

속죄(atonement)   93-97, 107, 110-11,
        114-115, 232-33, 258-65, 269,
        271-13, 그 외 여러 곳

수사비평   14, 54-55, 82, 83

"신비"/"비밀"   19, 290, 482, 483, 574

양식비평   14, 38, 76, 82, 656, 659-60,
        662, 664, 667, 690, 698

영광   41, 42, 56, 111, 131, 246, 320,
        437-38, 442, 449, 451, 456, 491,
        그 외 여러 곳

예수-바울 논쟁 혹은 예수와 바울의 연속성
        16-17, 20, 199-204, 218, 232-
        33, 240-42, 541-48, 606-08

예수의 말씀들 혹은 예수 전승   16-17,
        220-42, 244-73, 283-300, 306,
        505-24, 537-48

예수의 재판   695-700

우상의 제물(idol food)   500-48, 586, 588,
        604, 607, 640-42

율법(모세의)   125-34, 157-63, 174, 그
        외 여러 곳

은혜   136, 198, 202, 250, 255, 259,

        264, 320, 322, 324-38, 451-54,
        그 외 여러 곳

의/성화의 열매   321, 328-29, 332-34,
        336-41, 442, 610, 638, 644

이방인 선교   127, 167-71, 182, 203-04,
        459, 471-73, 482-85, 547, 571,
        632, 그 외 여러 곳

인자   16-17, 218-42, 244-73, 그 외 여
        러 곳

"자랑의 면류관"   18, 308-10, 322, 334,
        583

잠, 깨어 있음   275-79, 286-89, 408,
        584

종말론   15-16, 139, 147-51, 274-300,
        462-85, 550-76, 그 외 여러 곳

주권 이전(lordship-transfer)   108, 212,
        392, 441, 639

주의 날   17, 19, 222, 286-87, 294, 296-
        97, 347, 407, 436, 445, 452, 462,
        482-85

죽음의 형식(dying formula or death-formula)
        90, 98, 251, 262-65, 271

칭의(justification)   14-16, 18, 94-116,
        120-217, 259, 263, 310, 327-39,
        352, 384, 388-97, 436-61, 489,
        497-98, 534, 550-57, 589-91,
        603, 621, 633-35, 649

폭력, 혹은 반폭력적 해석(anti-violence

interpretation) 22-23, 616-49

하나님 나라 14, 16, 102-111, 327-32, 347-51, 388-94, 436-44, 481-84, 686, 693-94, 그 외 여러 곳

하나님의 "의" 혹은 언약적 신실성 112-14

하나님의 구원 계획 19-20, 290, 365, 464-66, 473-75, 480-85, 575

하나님의 심판 19-20, 22, 330-36, 436-61, 48-98, 그 외 여러 곳

하나님의 아들 주 예수 그리스도의 현재적 통치 102-08, 147-51, 324-33

하나님의 아들 14-18, 86-118, 253-60, 그 외 여러 곳

하나님의 진노 87-89, 91, 93-101, 114-29, 410-13, 428-30, 486-88, 그 외 여러 곳